WITHDRAWN

HARVARD LIBRARY

WITHDRAWN

Kohlhammer

Münchener Kirchenhistorische Studien

herausgegeben von
Georg Schwaiger und Manfred Weitlauff

Band 10

Stefan Samerski

„Wie im Himmel, so auf Erden"?

Selig- und Heiligsprechung
in der Katholischen Kirche 1740 bis 1870

Verlag W. Kohlhammer

Die Deutsche Bibliothek – CIP-Einheitsaufnahme

Samerski, Stefan:
„Wie im Himmel, so auf Erden"?:
Selig- und Heiligsprechung in der Katholischen Kirche 1740 bis 1870 /
Stefan Samerski. - Stuttgart ; Kohlhammer, 2002
   (Münchener Kirchenhistorische Studien ; Bd. 10) (Münchener
   Universitätsschriften : Katholisch-Theologische Fakultät)
   ISBN 3-17-016977-7

Habilitationsschrift auf Empfehlung der Katholisch-Theologischen Fakultät (Fachbereich) der Universität München gedruckt mit Unterstützung der Deutschen Forschungsgemeinschaft.

Alle Rechte vorbehalten
© 2002 W. Kohlhammer GmbH Stuttgart
Umschlag: Data Images GmbH
Gesamtherstellung:
W. Kohlhammer Druckerei GmbH + Co. Stuttgart
Printed in Germany

Ihr Name lebt fort von Geschlecht zu Geschlecht.
Von ihrer Weisheit erzählt die Gemeinde
und ihr Lob verkündet das versammelte Volk.
Jesus Sirach 44,14–15

Der Heilige erscheint immer in einer unheiligen Zeit.
Walter Nigg, Der exemplarische Mensch

Vorwort

Der Seligen- und Heiligenkult bildet gerade in den letzten Jahren ein vielfältig thematisiertes Feld wissenschaftlicher Erforschung. Dabei kam der modernen Beatifikations- und Kanonisationspraxis der römischen Kurie eine höchstens statistische Bedeutung zu, ohne Genese und Funktionalität der einzelnen Prozesse an der früheren Ritenkongregation in den Blick zu nehmen. Das liegt zweifellos an der fehlenden Rezeption des breitgefächerten und vielschichtigen Quellenbestandes (Kongregation, Postulationsarchive), der bei übergeordneten Fragen der Beatifikation und Kanonisation bisher nicht zur Kenntnis genommen wurde. Damit fiel ein ganzer Sektor der Frömmigkeits-, Mentalitäts- und Papstgeschichte im historisch arbeitenden Diskurs aus. Die vorliegende Studie, die im Sommersemester 2000 von der Katholisch-Theologischen Fakultät der Ludwig-Maximilians-Universität München als Habilitationsschrift angenommen wurde, stellt deshalb nicht Selige und Heilige in den Vordergrund der Darstellung, sondern die konstitutiven Rahmenbedingungen, die häufig auftretenden Instrumentalisierungen und die regionalen Spezifika von Beatifikation und Kanonisation im Wandel der Epochen.

Das war zunächst nur durch den ungehinderten Zugang zu den Archiven möglich. An dieser Stelle möchte ich daher vor allem Pater Dr. Boguslaw Turek C.S.M.A. (Congregazione per le Cause dei Santi/Vatikan), Professor Dr. Peter Gumpel SJ (Archivio della Postulazione Generale della Compagnia di Gesù/Rom) und Frau Dr. Jitka Balatková (Zemský archiv v Opave, pobočka Olomouc) für ihre Unterstützung Dank sagen, aber auch den Herrn Professoren P. Dr. Ambrosius Eßer OP (Rom) und Dr. Peter Segl (Bayreuth) sowie Frau Dr. Gisela Droßbach (München), Herrn Dr. Otto Weiß und Herrn Dr. Joachim Bahlcke (Leipzig) für wichtige Hinweise und die Durchsicht einzelner Kapitel. Anregungen, Ergänzungen und Hilfen bei der Texterstellung haben bei einer so breiten Thematik viele geleistet, denen ich in besonderer Weise dankbar bin. Für das Habilitationsstipendium der Görres-Gesellschaft, das mir ein konzentriertes und zügiges Arbeiten ermöglichte, danke ich Herrn Professor Dr. Erwin Gatz (Rom), ferner den beiden Gutachtern der Fakultät, Herrn Professor Dr. Manfred Weitlauff (München), der die Arbeit bis zur Drucklegung uneingeschränkt begleitet und gefördert hat, und Herrn Professor Dr. Ludwig Mödl (München). Die Deutsche Forschungsgemeinschaft und das Erzbistum München-Freising haben sich mit namhaften Druckkostenzuschüssen an den Produktionskosten des Werkes beteiligt.

München, im März 2001 *Stefan Samerski*

Inhaltsverzeichnis

Vorwort	6
Abkürzungsverzeichnis	11
Literatur- und Quellenverzeichnis	13
1. Nichtpublizierte Quellen	13
2. Publizierte Quellen	16
3. Literatur	17
Einleitung	51
1. Teil: Das Prozeßverfahren	61
I. Historische Fundamente	61
II. Personelle Verwaltungsstruktur	78
1. Der Präfekt und die Kardinäle der Ritenkongregation	78
2. Der Sekretär der Kongregation	78
3. Der Promotor fidei generalis	78
4. Weitere Mitarbeiter in der Ritenkongregation	79
III. Idealtypischer Ablauf des Selig- und Heiligsprechungsverfahrens	81
2. Teil: Papsttum und Kultapprobation	85
I. Benedikt XIV.	85
1. Theologische und technische Fundamentierung	85
2. Ein persönliches Anliegen: Madame de Chantal	93
3. Chantal als Symptom	101
II. Clemens XIII.	107
1. Der Papst und die Ritenkongregation	107
2. Die Verstaatlichung der Heiligen	110
2.a. Vorgeschichte	110
2.b. Venedigs Staatspatron: Gregorio Barbarigo	112
2.c. Clemens XIII. als Ausdruck der Symbiose von Kirche und Staat	123

III.	Pius VI. – die Generalprobe vor Pius IX.		129
IV.	Pius IX.		134
1.	Ein Papst des Umbruchs		134
2.	Josaphat Kuncewycz – das zweifache Martyrium		138
2.a.	Eine vergessene Causa		138
2.b.	Josaphats Botschaft		141
2.c.	Das Eingreifen Pius' IX.		143
2.d.	Das Punctum saliens der Causa		146
3.	Pedro de Arbués – der heilige Inquisitor		156
3.a.	Die Bluttat von Zaragoza		156
3.b.	Das politische Programm der Causa		159

3. Teil: Typologie 171

I.	Jan Sarkander – Jubiläumsheiliger, Staatsprotektor, Nationalpatron		171
1.a.	Die Anfänge der Causa		171
1.b.	Staatsprotektor gegen den protestantischen Eindringling		174
1.c.	Diözesane Feierlichkeiten		179
1.d.	Bischöfliches Desinteresse		184
1.e.	Zwiespältiger Nationalpatron		191
II.	Farmacia Vaticana		198
1.	Juan Grande – der selige Phönix aus der Asche		198
2.	Märtyrer für die Mission		207
3.	Giuseppe Maria Tomasi – die Seligsprechung als Kulteinsetzung		211
III.	Familienheilige		217
1.	Erfolg mit fremder Hilfe: Carlo Spinola		218
2.	Der Prototyp: Giacinta Marescotti		224
3.	Familieninteresse in einzelnen Prozeßphasen		231
4.	Die Eitelkeit der Päpste		235
IV.	Jesuitenheilige		247
1.	Benedikt XIV. und die Gesellschaft Jesu		248
1.a.	Sein differenziertes Verhältnis zu den Jesuiten		248
1.b.	Papst und Ritenkongregation		251
2.	Ein Prozeß in der Nischensituation des Ordens		261

3.	Ordensnahe Causen	267
3.a.	Die „abenteuerliche" Causa der Paredes y Flores	267
3.b.	Herz-Jesu-Verehrung und die Seligsprechung der Marguérite-Marie Alacoque	273
3.c.	Josaphat und Sarkander	275
4.	Der Wiederaufbau der Gesellschaft Jesu und die erste Phase der Wiederbelebung der Ordenscausen	278
5.	Der Schrittmacher Alfonso de' Liguori	287
6.	Kein Durchbruch für ordenseigene und ordensnahe Causen	289
7.	Die Kampftruppe Pius' IX.	293
7.a.	Der Papst und die Gesellschaft Jesu	293
7.b.	Der Ausbau des ordenseigenen Heiligenhimmels	296
7.c.	Causen im Schlepptau der päpstlichen Gunst	306
V.	Revolutions-Heilige?	311
1.	Die Kirche und die Französische Revolution	311
2.	Der „weiche Revolutions-Typ"	314
3.	Antirevolutionäre Kampftypen	318
3.a.	Francesco de Gerolamo	318
3.b.	Alfonso de' Liguori	319
4.	Frankreichs Reaktion schlägt zurück: Germaine Cousin	333
VI.	Rom spricht für die Welt	345
1.	Erste Ansätze	345
2.	Aufbruch unter Gregor XVI.	348
3.	Durchbruch unter Pius IX.	364
VII.	Das wiederentdeckte Martyrium	374
1.	Fundamentale Weichenstellung durch Benedikt XIV.	376
2.	Zaghafte Ansätze seit der Wende zum 19. Jahrhundert	382
3.	Gregor XVI. und die Mission	384
4.	Der Dammbruch unter Pius IX.	387

4. Teil: Grundkonstanten ... 397

I.	Ordensfragen	397
1.	Ordensdominanz	397
2.	Ordensgründer	403

II.	Mezzogiorno	421
III.	Nobilitas	437
IV.	Romanitas	443

5. Teil: *Non olet* ... 455

I.	Voraussetzungen	455
II.	Der Prozeß an der Ritenkongregation	457
III.	Die feierliche Beatifizierung und Kanonisierung	465
1.	Die Seligsprechung	465
2.	Die Heiligsprechung	468
2.a.	Vorbereitungen und Kosten im 18. Jahrhundert	468
2.b.	Apologetik und Anachronismus	471
2.c.	Vorbereitungen und Kosten im 19. Jahrhundert	474
3.	Päpstliche Sonderwünsche	481
4.	Die Finanzierung durch die Orden	483

Zusammenfassung und Ausblick ... 492

Personen- und Ortsregister ... 500

Abkürzungsverzeichnis

AAS	=	Acta Apostolicae Sedis, Rom 1909–1929, Vatikanstadt 1930ff.
AGOP	=	Archivio Generale Ordinis Praedicatorum
AP	=	Archivio Storico della Sacra Congregazione per l'evangelizzazione dei popoli o „De Propaganda Fide"
ARSI	=	Archivum Romanum Societatis Iesu
ASRC	=	Archivum Sacrae Rituum Congregationis
BBKL	=	Biographisch-Bibliographisches Kirchenlexikon, begr. und hg. von Friedrich Wilhelm Bautz, fortgeführt von Traugott Bautz, Herzberg 1975ff.
BCAB	=	Biblioteca Comunale dell'Archiginnasio Bologna
Bd.	=	Band
BN	=	Bibliothèque nationale de France (Paris)
BS	=	Bibliotheca Sanctorum, hg. vom Istituto Giovanni XXIII della Pontificia Università Lateranense, 12 Bde., Rom 1961–1969.
BUB	=	Biblioteca Università di Bologna
BV	=	Biblioteca Apostolica Vaticana
c.	=	Canon
CA	=	Congregatio Antepraeparatoria
cap.	=	capitulum
CG	=	Congregatio Generalis
CGST	=	Congregatio Generalis super tuto
CIC	=	Codex Iuris Canonici
CP	=	Congregatio Praeparatoria
CSEL	=	Corpus scriptorum ecclesiasticorum latinorum, Wien 1866ff.
DBI	=	Dizionario Biografico degli Italiani, Rom 1960ff.
DH	=	Denzinger, Heinrich (Hg.), Enchiridion symbolorum, definitionum et declarationum de rebus fidei et morum, Freiburg/Br. ^{37}1991
DHGE	=	Dictionnaire d'Histoire et de Géographie ecclésiastiques, hg. von Alfred Baudrillart u.a., Paris 1912ff.
DIP	=	Dizionario degli Istituti di Perfezione, hg. von Guerrino Pelliccia/Giancarlo Rocca, Rom 1974ff.
EC	=	Enciclopedia Cattolica, 13 Bde., Vatikanstadt 1949–1969
ed.	=	ediert
Ep.	=	Epistolae
fol.	=	folio
HC	=	Hierarchia Catholica medii (et recentioris) aevi, begr. von Konrad Eubel, 8 Bde., Münster 1898–1935, Padua 1952–1979
LMA	=	Lexikon des Mittelalters. Studienausgabe, 9 Bde., Stuttgart-Weimar 1999
LThK	=	Lexikon für Theologie und Kirche, hg. von Walter Kasper u.a., Freiburg/Br. – Basel – Wien ^{3}1993ff.
NDB	=	Neue Deutsche Biographie, Berlin 1953ff.

o.J.	=	ohne Jahr
Or.	=	Original
p.	=	pagina
sess.	=	sessio
ST	=	super tuto
tav.	=	tavola
vol.	=	volume(n)
ZAO	=	Zemský archiv v Opave

Literatur- und Quellenverzeichnis

1. Nichtpublizierte Quellen

Bologna:

Biblioteca Università di Bologna (BUB):
   Ms. 1071, vol. 7–10, 25, 27
   Ms. 4107

Biblioteca Comunale dell'Archiginnasio Bologna (BCAB):
   Ms. B 517
   Ms. B 698/2.
   Ms. B 2729
   Ms. B 3704
   Ms. B 4383

Grottaferrata:

Archivio del Monumento Nazionale Badia Greca (Archivio Grottaferrata):
   Busta XXIV (726)
   Ms. cryt. Z.a. XCIII (Memorie Grottaferratesi sulla canonizzazione di S. Giosafat V.M. dell'ordine di S. Basilio)

Olmütz:

Zemský archiv v Opave, podočka Olomouc [Staatsarchiv Opave, Nebenstelle Olmütz] (ZAO):
Arcibiskupství Olomouc [Archiv des Ordinariats] (AO):
   Karton 682
Kapitula Olomouc [Archiv des Domkapitels] (MCO):
   Karton 1229 (Sign. 33/15)

Arcibiskupská Konsistoř v Olomouci [Archiv des Erzbischöflichen Konsistoriums] (ACO)
   Karton 506
   Karton 508
   Karton 510
   Karton 511 (Sign. AD A1)

Paris:

Bibliothèque nationale de France (BN), site François-Mitterrand
Fonds des canonisations:
   H 675 (Angelo ab Acrio)
   H 728 (Giuseppe Labré)
   H 734 (Benedetto a S. Filadelfo)
   H 892 (Francesco de Gerolamo)
   H 975 (Giacinta Marescotti)

H 999 (Giovanna Francesca de Chantal)
H 1027 (Giovanni Battista de Rossi)
H 1066 (Giovanni Leonardi)
H 1130 (Giuseppe da Copertino)
H 1168 (Leonardo da Porto Maurizio)
H 1210 (Maria Francesca a 5 Piaghe)
H 1242 (Maria Anna de Paredes)
H 1263 (Niccolò Albergati)
H 1281 (Paolo Burali)

Rom:

Archivio della Curia Generalizia dei Francescani Conventuali:
Akten der Postulatur:
   Scatola Bonaventura da Potenza
   Scatola Giacinta Marescotti
   Giuseppe da Copertino: Scatola 3 und 4

Archivio Generale Ordinis Praedicatorum (AGOP)
Serie X:
   Akte 1164, 1165 (Francesco de Posadas)
   Akte 292, 679b, 685, 690, 691A, 691B, 691C, 692, 696 (Caterina de' Ricci)
   Akte 1401, 1403 (Imelda Lambertini)
   Akte 1556 (Martino de Porres)
   Akte 1534 (Giovanni Massias)

Archivio della Postulazione Generale della Compagnia di Gesù (Archivio della Postulazione SJ)
   Akte 730, 731, 732, 734, 736, 738, 740, 751, 752 (Giovanni de Britto)
   Akte 594, 599, 600, 603 (Andrea Bobola)
   Akte 246, 248, 249, 250, 251, 253, 255, 256 (Francesco de Gerolamo)
   Akte 268, 308 (Giovanni Berchmans)
   Akte 423, 420 (Petrus Canisius)
   Akte 337, 338 (Pietro Claver)
   Akte 257, 258, 259, 262, 264 (Martiri giapponesi)
   Akte 42, 43, 44, 45, 46, 49 (Spinola e Soci)

Archivum Romanum Societatis Iesu (ARSI)
Elenco dei voti, Hisp. 32

Vatikan:

Archivio Segreto Vaticano (AV):
Archivio Ruspoli:
   Giacinta Marescotti (Div. 2ª, Armad. B, Tom. 58)

Archivum Congregationis SS. Rituum (Arch. Congr. SS. Rituum)
   Processus 273, 633, 635, 800, 801, 802, 878, 882, 884, 1896, 1898, 2042, 2048, 2703, 2706, 2707, 2917, 2918, 3136, 3478, 3507, 3508, 4221, 6866

Archivio Storico della Sacra Congregazione per l'evangelizzazione dei popoli o „De Propaganda Fide" (AP)

Congregazione particolare (CP) Cina e regni adjacenti, vol. 76 (1833–1840)
Congregazione particolare (CP) Cina, Scritture Originali, vol. 76 (1833–1840)
Lettere/Decreti e Biglietti di Mons. Segretario, 1832
Lettere/Decreti e Biglietti di Mons. Segretario, 1833
Lettere/Decreti e Biglietti di Mons. Segretario, 1840, Teil 1 u. 2
Lettere/Decreti e Biglietti di Mons. Segretario, 1842, Teil 1 u. 2
Miscellanee varie, vol. XVIII
Scritture riferite nei Congressi: Cina e regni adjacenti 1838–1840.
Scritture Originali referite nella Congregazione Generale (SOCG), vol. 182.

Biblioteca Apostolica Vaticana (BV)
Ferrarioli IV 8405

Sacra Congregazione per le Cause dei Santi:
Archivum Sacrae Rituum Congregationis (ASRC)

Decreta:
  1738–1741, 1742–1744, 1745–1747, 1748–1750, 1751–1753, 1754–1757, 1757–1760, 1760–1762, 1763–1765, 1766–1768, 1769–1771, 1772–1774, 1775–1778, 1778–1780, 1781–1785, 1785–1791, 1791–1804, 1805–1810, 1814–1821, 1821–1826, 1827–1831, 1832–1833, 1834–1836, 1837–1840, 1840–1841, 1842–1844, 1845–1847, 1848–1851, 1852–1853, 1854, 1855–1856, 1857–1859, 1860–1862, 1863–1864, 1865–1866, 1867–1868

Fondo E:
  Josaphat

Fondo dei Processi Antichi:
  Nr. 226 (Arbues)

Fondo Q:
  Alphonsus de Liguori, Bd. 1 (18. Jh.)
  Bd. 2 (19. Jh.)
  Angela Merici
  Caterina de Ricci
  Germana Cousin
  Giacinta Marescotti
  Giapponesi Martiri; Alfonso Navarette O.P. e compagni
  Giovanna Francesca de Chantal
  Giovanni Sarcander, 2. Bd. (XVIII.–XX. Jhd.)
  Gregorio Barbarigo
  Ignatius Delgado et soc.
  Ioannes Grande
  Josaphat
  Josephus Maria Tommasi
  Maria Anna a Jesu Paredes
  Martyres Japoneses
  Martyres Sinarum
  Pietro de Arbues
  Simone de Roxas

Fondo Sc:
    Acta Canonizationis 1746
    Acta Canonizationis 1767–1807
    Acta Canonizationis 1839:   alle Heiligen
                                        Alfonso de Liguori, Bd. 1
    Acta Canonizationis 1867:   Bd. 1 (Josaphat et altri)
                                        Bd. 1 (Pedro de Arbués)
                                        Germana Cousin
    Maria Anna a Jesu Paredes

Fondo stampato:
    Catharinae de Ricciis C 35

Venedig:

Archivio del Seminario Patriarcale di Venezia (Archivio Seminario)
Ms. 1202
Ms. 1203
Ms. 1206 A-1

Biblioteca Nazionale Marciana (Marciana)
Ms. IT VII 649 (8068)
Ms. IT VII 2220
Ms. IT VII 2297 (9651)
Ms. IT X 157 (6953)
Ms. IT X 471, fasc. C.

Biblioteca del Museo Correr (Correr)
Cod. Cicogna 1540

2. Publizierte Quellen

Acta Apostolicae Sedis 61 (Vatikanstadt 1969), 75 (Vatikanstadt 1983), 88 (Vatikanstadt 1996), 89 (Vatikanstadt 1997), 90 (Vatikanstadt 1998) (zit.: AAS).
Acta Gregorii papae XVI., hg. von Antonio Maria Bernasconi, vol. 3, Rom 1902.
Acta Sanctae Sedis 3 (Rom 1878).
Bartolini, Domenico (Hg.), Commentarium actorum omnium canonizationis sanctorum Josaphat Kuncewicz ..., Petri de Arbues ..., XIX. Martyrum Gorcumiensium, Pauli a Cruce ..., Leonardi a Portu Mauritio ..., Maria Franciscae a Vulneribus D.N.I.C. et Germanae Cousin ..., 2 Bde., Rom 1868 (zit.: Bartolini, Commentarium actorum I–II).
Benedikt XIV., De servorum dei beatificatione et beatorum canonizatione in septem volumina distributum. Editio novissima (Opera Omnia, Bd. I–VII), Prati 1839–1842 (zit.: Benedikt XIV., Opera Omnia. Die Binnengliederung nach Büchern, Kapiteln und Nummern wird zusätzlich in Klammern angegeben).
Benedikt XIV., Opera Omnia in tomos XVII distributa, Prati 1839–1842.
Bernhard von Clairvaux. Sämtliche Werke lateinisch/deutsch, hg. von Gerhard B. Winkler, Bd. II, Innsbruck 1992.
S.D.N. Benedicti Papae XIV. Bullarium, 4 Bde., Venedig 1760–1768.
Bullarium diplomatum et privilegiorum sanctorum romanorum pontificium, Bd. VIII, XX, XXII, Turin 1863–1871.

Cicero, Pro Cn. Plancio Oratio, in: M[arcus] Tulli Ciceronis Orationes (Scriptorum Classicorum Bibliotheca Oxoniensis), Oxford 1964.
Codex Iuris Canonici Pii X Pontificis Maximi iussu digestus Benedicti Papae XV auctoritate promulgatus, Freiburg/Br. – Regensburg 1918 (zit.: CIC 1917).
Collectanea S.C. De Propaganda Fide seu decreta, instructiones, rescripta pro Apostolicis Missionibus, vol. 1: 1622–1866, Rom 1907.
Compendium Historiae Martyrii et Miraculorum necnon actorum in causa Canonizationis Beati Petri de Arbues ..., Rom 1866.
Concilium Tridentinum. Sacrosancti oecumenici et generalis Concilii Tridentini Paulo III., Iulio III. et Pio IV. pontificibus maximis celebrati canones et decreta, hg. von Wilhelm Sments, Bielefeld [6]1868.
Enzyklika *Ut unum sint* von Papst Johannes Paul II. über den Einsatz für die Ökumene, 25. Mai 1995 (Verlautbarungen des Apostolischen Stuhls), hg. vom Sekretariat der Deutschen Bischofskonferenz, Bonn 1995.
Sancti Eusebii Hieronymi epistolae, pars II (CSEL 55), Wien – Leipzig 1912 = New York – London 1961.
Beati Petri Canisii Societatis Iesu Epistolae et Acta, hg. von Otto Braunsberger, 8 Bde., Freiburg/Br. 1896–1923.
Friedberg, Emil (Hg.), Corpus Iuris Canonici, pars secunda: Decretalium Collectiones, Bd. II, Leipzig 1881 (zit.: Friedberg).
Iuris Pontificii De Propaganda Fide, pars I, vol. 5, Rom 1893.
Lettere, brevi, chirografi, bolle ed appostoliche determinazioni prese dalla Santità di N.S. papa Benedetto XIV nel suo pontificato, Bd. III: 1750–1755, Bologna 1756.
Lettere di S. Alfonso Maria de' Liguori, Fondatore della Congregazione del Santissimo Redentore, hg. von Friedrich Kuntz/Francesco Pitocchi, Bd. I u. III, Rom 1887, 1890.
Morelli, Emilia (Hg.), Le lettere di Benedetto XIV al card. de Tencin, 3 Bde. (Storia e letteratura 55, 101, 165), Rom 1955–1984 (zit.: Morelli I–III).
Opere ascetiche di S. Alfonso Maria de Liguori, Bd. II, Turin 1880.
Pásztor, Lajos (Bearb.), Il Concilio Vaticano I: Diario di Vincenzo Tizzani (1869–1870), 2 Teilbde. (Päpste und Papsttum 25/1–2), Stuttgart 1991–1992.
Pii IX Pontificis Maximi Acta, pars I, vol. 6, 7, Rom 1874–1875.
Rahner, Karl/Vorgrimler, Herbert (Hg.), Kleines Konzilskompendium. Sämtliche Texte des Zweiten Vatikanums, Freiburg/Br. – Basel – Wien [15]1981 (zit.: Rahner/Vorgrimler, Kleines Konzilskompendium).
Die Register Innozenz' III., 1. Pontifikatsjahr 1198/99. Texte, hg. von Othmar Hageneder/Anton Haidacher (Publikationen der Abtlg. für historische Studien des Österreichischen Kulturinstituts in Rom, 2. Abtlg., 1. Reihe), Graz – Köln 1964.
Vezzosi, Antonio Francesco (Hg.), Opera omnia di G.M. Tomasi, 11 Bde., Rom 1747–1769.

3. Literatur

Achermann, Hansjakob, Die Katakombenheiligen und ihre Translationen in der schweizerischen Quart des Bistums Konstanz (Beiträge zur Geschichte Nidwaldens 38), Stans 1979.
Aigrain, René, L'hagiographie. Ses sources, ses méthodes, son histoire, Paris 1953.
Ajello, Raffaele, Art. Carlo di Borbone, in: DBI XX 239–251.
Alcalá Galve, Angel, Los orígenes de la inquisición en Aragón: S. Pedro Arbués, mártir de la autonomía aragonesa, Zaragoza 1984 (zit.: Alcalá Galve).
[*Alfieri, Giovanni Maria*], Vita del Beato Giovanni Grande detto il „Peccatore", religioso professo dell'Ordine Ospetaliero di S. Giovanni di Dio, Rom 1853.
Algoud, François Marie, 1600 jeunes saints, jeunes témoins, Vatikanstadt 1994.

Alla Santità del Sommo Pastore Clemente XI ed a tutta la Cerarchia de' venerabili, e sacri pastori di Santa Chiesa, ohne Ort, o.J.

Alonso, Justo Fernández, Art. Palafox y Mendoza, Giovanni, in: BS X 45f.

Altermatt, Urs, Katholizismus und Moderne. Zur Sozial- und Mentalitätsgeschichte der Schweizer Katholiken im 19. und 20. Jahrhundert, Zürich 1989.

Ambrasi, Domenico, Art. Giovanni Giuseppe della Croce, in: BS VI 1009–1012.

Ders., Art. Maria Francesca delle Cinque Piaghe, in: BS VIII 1065–1067.

Amici, Giacinto/Giattini, Vincenzo Antonio, Compendio della Vita, Virtù, e Miracoli del venerabil Servo di Dio Alfonso Maria de' Liguori …, Rom 1802.

Ammann, Albert M., Abriß der ostslawischen Kirchengeschichte, Wien 1950 (zit.: Ammann).

Amore, Agostino, La canonizzazione vescovile, in: Antonianum 52 (1977) 231–266.

Ders., Culto e canonizzazione dei santi nell'antichità cristiana, in: Antonianum 52 (1977) 38–80.

Andreu, Francesco, Art. Burali, Paolo, in: BS III 602–604.

Ders., Art. Chierici Regolari Teatini, in: DIP II 999.

Ders., Art. Maria Crocifissa della Concezione (Isabella Tomasi), in: BS VIII 1053–1055.

Ders., Il pellegrino alle sorgenti. San Giuseppe Maria Tomasi dei principi di Lampedusa. La vita, il pensiero, le opere, Rom ²1987 (zit.: Andreu, S. Giuseppe Maria Tomasi).

Anesaki, Marasharu, Prosecution of Kirishitans after the Shimabara Insurrection, in: Monumenta Nipponica. Studies on Japanese Culture, Past and Present 1 (1938) 293–300.

Angelini, Nicola, Vita di S. Giovanni Berchmans della Compagnia di Gesù, Rom 1888.

Angenendt, Arnold, Geschichte der Religiosität im Mittelalter, Darmstadt 1997.

Ders., Heilige und Reliquien. Die Geschichte ihres Kultes vom frühen Christentum bis zur Gegenwart, München ²1997 (zit.: Angenendt).

Anodal, Gabriela, Una maestra di vita per la donna d'oggi. Santa Caterina de' Ricci, Bologna 1995.

Aquilecchia, Giovanni, Art. Bruno, Giordano, in: DBI XIV 654–665.

Archivio Segreto Vaticano, Index der Bestände und entsprechende Mittel der Beschreibung und der Forschung, Vatikanstadt 1998.

Arens, Anton, Die Entwicklung der Gesellschaft Jesu bis zu ihrer Aufhebung im Jahre 1773 und nach ihrer Wiederherstellung im Jahre 1814, in: Für Gott und die Menschen. Die Gesellschaft Jesu und ihr Wirken im Erzbistum Trier. Katalog-Handbuch zur Ausstellung im Bischöflichen Dom- und Diözesanmuseum Trier, 11. September 1991 – 21. Oktober 1991 (Quellen und Abhandlungen zur Mittelrheinischen Kirchengeschichte 66), Mainz 1991, 27–41.

Arisio, Emilio, Memorie sulla vita di Clemente X, Rom 1863.

Armellini, Mariano, Le Chiese di Roma dalle loro origini sino al secolo XVI, Rom 1887.

Arnodal, Gabriela, Una maestra di vita per la donna d'oggi. Santa Caterina de' Ricci, Bologna 1995.

Aubert, Roger, Art. Germaine Cousin, in: DHGE XX 937f.

Ders., Vaticanum I (Geschichte der ökumenischen Konzilien 12), Mainz 1965.

Ders./Martina, Giacomo, Il Pontificato di Pio IX (1846–1878), 2 Halbbde. (Storia della Chiesa 21, 1–2), Rom 1990.

Auletta, Gennaro, Art. Mattei, Alessandro, in: EC VIII 481.

Aussenda, Giovanni Antonio, Art. Chierici regolari poveri della Madre di Dio delle scuole pie, in: DIP II 927–945.

Aymans, Winfried, Die Communio Ecclesiarum als Gestaltgesetz der einen Kirche, in: Archiv für katholisches Kirchenrecht 139 (1970) 69–90.

Bachmann, Johannes, Die päpstlichen Legaten in Deutschland und Skandinavien 1125–1159 (Eberings historische Studien 115), Berlin 1913.

Bahlcke, Joachim, Kontinuität und Wandel im politischen Selbstverständnis der katholischen

Geistlichkeit Mährens (1580–1640), in: Jan Skutil (Hg.), Morava a Brno na sklonku třicetileté války, Prag – Brünn 1995, 84–98.
Balcárek, Pavel, Kardinál František z Ditrichštejna (1570–1636), Kremsier 1990.
Bangen, Joh[annn] Heinr[ich], Die Römische Curie, ihre gegenwärtige Zusammensetzung und ihr Geschäftsgang, Münster 1854.
Barone, Gilles, Une hagiographie sans miracles. Observations en marge de quelques vies du Xe siècle, in: Les fonctions des saints dans le monde occidental (IIIe–XIIIe siècle) (Collection de l'École française de Rome 149), Rom 1991, 435–446.
Bartoccini, Fiorella, Roma dell'Ottocento. Il tramonto della „Città santa", nascita di una capitale (Istituto nazionale di Studi Romani), Bologna 1985.
Batllori, Miguel, Art. Giuseppe Pignatelli, in: BS VI 1333–1337.
Battandier, Albert, Le cardinal Jean-Baptiste Pitra, évêque de Porto, bibliothécaire de la Sainte Eglise, Paris 1893.
Baumann, Ferdinand, Art. Giovanni de Britto, in: BS VI 989–993.
Ders., Art. Giovanni Francesco Régis, in: BS VI 1002–1007.
Ders., Art. Luigi Gonzaga, in: BS VIII 348–353.
Baumeister, Theofried, Die Entstehung der Heiligenverehrung in der Alten Kirche, in: Gerhard Ludwig Müller (Hg.), Heiligenverehrung – ihr Sitz im Leben des Glaubens und ihre Aktualität im ökumenischen Gespräch, München – Zürich 1986, 9–30.
Ders., Art. Hagiographie, in: LTHK III 1143–1147.
Baumgart, Peter, Art. Joseph II. und Maria Theresia 1765–1790, in: Anton Schindling/Walter Ziegler (Hg.), Die Kaiser der Neuzeit 1519–1918. Heiliges Römisches Reich, Österreich, Deutschland, München 1990, 249–276.
Baumgartner, Alexander, P. Rudolf Cornely, in: Stimmen aus Maria Laach 74 (1908), 357–370.
Baumstark, Reinhold (Hg.), Rom in Bayern. Kunst und Spiritualität der ersten Jesuiten. Katalog zur Ausstellung des Bayerischen Nationalmuseums, 30. April bis 20. Juli 1997, München 1997.
Baviera, Salvatore, Aspetti della pastorale a Bologna nel Settecento, in: Cecchelli, Benedetto XIV I 235–273.
Becher, Hubert, Die Jesuiten. Gestalt und Geschichte des Ordens, München 1951.
Bednarski, Stanisław, Art. Brzozowski, Rajmund (1763–1848), in: Polski Słownik Biograficzny III 67.
Ders., Art. Brzozowski, Tadeusz (1749–1820), in: Polski Słownik Biograficzny III 68.
Begheyn, Paul, Canisiusliteratur im zwanzigsten Jahrhundert, in: Julius Oswald/Peter Rummel (Hg.), Petrus Canisius – Reformer der Kirche. Festschrift zum 400. Todestag des zweiten Apostels Deutschlands, Augsburg 1996, 287–294.
Beinert, Wolfgang (Hg.), Die Heiligen heute ehren. Eine theologisch-pastorale Handreichung, Freiburg/Br. – Basel – Wien 1983.
Ders., Die heilende Sorge der Kirche in den Sakramenten, in: ders. (Hg.), Heil und Heilen als pastorale Sorge, Regensburg 1984, 71–113.
Bellido, Julia, Giovanni Grande, la grandezza di farsi piccolo, Rom 1996.
Bellinati, Claudio, Attività pastorale del card. Carlo Rezzonico, vescovo di Padova poi Clemente XIII (1743–1758). Studio storico nel secondo centenario dalla morte (2 febbraio 1769), Padua [1969].
Ders., S. Gregorio Barbarigo. „Un vescovo eroico" (1625–1697), Padua 1960.
Ders./Bolis, Ezio, San Gregorio Barbarigo ai suoi sacerdoti, Padua 1997.
Belvederi, Raffaele, Il Giansenismo negli anni di Benedetto XIV, in: Cecchelli, Benedetto XIV I 379–443.
Berliner A[braham], Geschichte der Juden in Rom von der ältesten Zeit bis zur Gegenwart (2050 Jahre), Bd. II/1, Frankfurt/M. 1893.
Bernard-Maitre, Henri, Art. Chine, in: DHGE XII 693–730.

Bernardy, Amy, L'ultima guerra turco-veneziana (MDCCXIV–MDCCXVIII), Florenz 1902.

Bernecker, Walther L./Pietschmann, Horst, Geschichte Spaniens von der frühen Neuzeit bis zur Gegenwart, Stuttgart u.a. ²1997.

Bertier de Sauvigny, Guillaume de, Die Kirche im Zeitalter der Restauration, in: Geschichte der Kirche, Bd. IV: Die Kirche im Zeitalter der Aufklärung, Revolution und Restauration, Einsiedeln – Zürich – Köln 1966, 177–344.

Ders., Metternich. Staatsmann und Diplomat für Österreich und den Frieden, Gernsbach 1988.

Bertini, Giovanni, Santa Caterina de' Ricci, Florenz 1935.

Bertola, Arnaldo, Art. Ponente, in: EC IX 1739–1740.

Bertoli, Bruno (Hg.), La Chiesa di Venezia nel Settecento (Contributi alla Storia della Chiesa di Venezia 6), Venedig 1993.

Bertone, Tarcisio, Il governo della chiesa nel pensiero di Benedetto XIV (1740–1758) (Biblioteca di Scienze religiose 21), Rom 1977.

Bertucci, Sadoc M., Art. Delgado y Cebrian, Clemente Ignazio, in: BS IV 542f.

Ders., Art. Henares, Domenico, in: BS VII 586f.

Ders., Art. Martino de Porres, in: BS VIII 1240–1245.

Bettanini, Anton M., Benedetto XIV e la repubblica di Venezia. Storia delle trattative diplomatiche per la difesa dei diritti giurisdizionali ecclesiastici. Decreto veneto 7 settembre 1754, Padua 1966.

Bianchini, Pio, Art. Chierici Regolari Somaschi, in: DIP II 975–978.

Billanovich, Liliana, L'episcopato padovano (1664–1697). Indirizzi, riforme, governo, in: dies./Gios, Gregorio Barbarigo I 395–481.

Dies./Gios, Pierantonio (Hg.), Gregorio Barbarigo. Patrizio veneto, vescovo e cardinale nella tarda controriforma (1625–1697). Atti del convegno di studi, Padova 7–10 novembre 1996, 2 Bde., Padua 1999 (zit.: Billanovich/Gios, Gregorio Barbarigo I–II).

Bindelli, Pietro, Enrico Stuart, cardinale duca di York, Frascati 1982.

Die Bischöfe des Heiligen Römischen Reiches 1448–1648. Ein biographisches Lexikon, hg. von Erwin Gatz, Berlin 1996 (zit.: Die Bischöfe 1448–1648).

Die Bischöfe des Heiligen Römischen Reiches 1648 bis 1803. Ein biographisches Lexikon, hg. von Erwin Gatz, Berlin 1990 (zit.: Die Bischöfe 1648–1803).

Die Bischöfe der deutschsprachigen Länder 1785/1803 bis 1945. Ein biographisches Lexikon, hg. von Erwin Gatz, Berlin 1983 (zit.: Die Bischöfe 1785/1803–1945).

Bischof, Franz Xaver, Die Kanonisierung Bischof Ulrichs auf der Lateransynode des Jahres 993, in: Manfred Weitlauff (Hg.), Bischof Ulrich von Augsburg 890–973. Seine Zeit – sein Leben – seine Verehrung. Festschrift aus Anlaß des tausendjährigen Jubiläums seiner Kanonisation im Jahre 993, Weißenhorn 1993, 197–222.

Ders., Theologie und Geschichte. Ignaz von Döllinger (1799–1890) in der zweiten Hälfte seines Lebens. Ein Beitrag zu seiner Biographie (Münchener Kirchenhistorische Studien 9), Stuttgart – Berlin – Köln 1997.

Bláha, Josef/Pojsl, Miloslav/Hyhlík, Vladimír, Olomouc – Kostel sv. Michala, Olmütz 1992.

Blasucci, Antonio, Art. Maria di Gesú di Ágreda, in: BS VIII 995–1002.

Blessing, Werner K., Reform, Restauration, Rezession, in: Schieder, Wolfgang (Hg.), Volksreligiosität in der modernen Sozialgeschichte, Göttingen 1986, 103–123.

Blisch, Bernd, Art. Pacca, Bartolomeo, in: BBKL VI 1405f.

Böhmer, Heinrich, Die Jesuiten, Stuttgart ²1957.

Boero, Giuseppe, Breve Istoria della vita e dei miracoli della Beata Germana Cousin …, Rom 1854.

Ders., Relazione della gloriosa morte di ducento e cinque beati martiri nel Giappone, Rom 1867.

Ders., Vita della beata Marianna di Gesù de Paredes e Flores, vergine secolare americana detta il giglio di Quito, Rom 1854, deutsch: Würzburg 1869.

Ders., Vita del Beato Pietro Canisio della Compagnia di Gesù detto l'apostolo della Germania, Rom 1864.

*Boesch Gajano, Sofia (*Hg.), Santità, culti, agiografia. Temi e prospettive. Atti del I convegno di studio dell'associazione italiana per lo studio della santità, dei culti e dell'agiografia. Roma, 24–26 ottobre 1996, Rom 1997 (zit.: Boesch Gajano, Santità culti, agiografia).
Bogliolo, Luigi, Pio IX. Profilo spirituale, Vatikanstadt [1994] (zit.: Bogliolo).
Bonald, Heinrich von, Das Verfahren der katholischen Kirche bei der Canonisation ihrer Heiligen, Regensburg 1842.
Boresky, Theodosia, Life of St. Josaphat, Martyr of the Union, New York 1955.
Borsi, Franco, Gian Lorenzo Bernini. Architekt. Das Gesamtwerk, Stuttgart – Zürich 1983.
Borzomati, Pietro u.a. (Hg.), Chiesa e società nel Mezzogiorno. Studi in onore di Maria Mariotti, 2 Bde., Soveria Mannelli 1998.
Bosbach, Franz, Art. Wied, Hermann Graf zu, in: Die Bischöfe 1448–1648 755–758.
Bosi, Roberto (Hg.), Gli ordini religiosi, Bd. III, Florenz 1997.
Bosl, Karl, Der „Adelsheilige", Idealtypus und Wirklichkeit, Gesellschaft und Kultur im merowingischen Bayern des 7. und 8. Jahrhunderts, in: Clemens Bauer/Laetitia Böhm/Max Müller (Hg.), Speculum Historiale. Geschichte im Spiegel von Geschichtsschreibung und Geschichtsdeutung, München [1965], 167–187.
Botifoll, Riccardo, Art. Benedetto Menni, in: DIP V 1218f.
Ders., Art. Ospedalieri di San Giovanni di Dio, in: DIP VI 982–988.
Bougaud, Emil, Die heilige Johanna Franziska von Chantal und der Ursprung des Ordens von der Heimsuchung, Freiburg/Br. $^{3-4}$1924.
Boyle, Leonard E., Blessed Imelda Lambertini, in: Doctrine and Life 6 (1957) 48–65.
Brandmüller, Walter, Natur und Zielsetzung primatialer Intervention im zweiten Jahrtausend, in: Il primato del successore di Pietro. Atti del simposio teologico. Roma, dicembre 1996, Vatikanstadt 1998, 360–378.
Bremond, Henri, Sainte Chantal, Paris 1912.
Breve narrazione del martirio di cento diciotto, e più martiri, martirizzati con atrocissimi tormenti per la fede di Nostro Sig. Giesù Cristo l'anno 1622 nel Giappone, Neapel 1625.
Brieskorn, Norbert, Art. Heinrich v. Segusia, in: LMA IV 2138.
Brinktrine, Johannes, Die feierliche Papstmesse und die Zeremonien bei Selig- und Heiligsprechungen, Rom ^{3}1950.
Brodrick, James, St. Peter Canisius, London 1935 = 2 Bde. Wien 1950.
Ders., Robert Bellarmin, Saint and Scolar, London 1961.
Brovetto, Costante, Il Settecento spirituale: fuoco sotto la cenere (1700–1799), in: ders./Mezzadri/Ferrario/Ricca, Storia della spiritualità V 197–404.
Ders./Mezzadri, Luigi/Ferrario, Fulvio/Ricca, Paolo (Hg.), Storia della spiritualità, Bd. V: La spiritualità cristiana nell'età moderna, Rom 1987 (zit.: Brovetto/Mezzadri/Ferrario/Ricca, Storia della spiritualità V).
Brown, Peter, The body and society: men, women and sexual renunciation in early christianity, New York 1988.
Ders., Die Heiligenverehrung. Ihre Entstehung und Funktion in der lateinischen Christenheit, Leipzig 1991.
Brückner, Wolfgang, Die Katakomben im Glaubensbewußtsein des katholischen Volkes. Geschichtsbilder und Frömmigkeitsformen, in: Römische Quartalschrift 89 (1994) 287–307.
Brühl, J.A. Moritz, Neueste Geschichte der Gesellschaft Jesu. Schicksale der Jesuiten auf dem ganzen Erdboden von ihrer Wiederherstellung durch Pius VII. bis zum Jahre 1846, Gleiwitz 1847.
Brunner, August, Die Heiligen und die Geschichtlichkeit des Christentums, in: Stimmen der Zeit 179 (1967) 16–27.
Buchheim, Karl, Ultramontanismus und Demokratie. Der Weg der deutschen Katholiken im 19. Jahrhundert, München 1963.
Buchowiecki, Walther, Handbuch der Kirchen Roms, Bd. II, Wien 1970.
Bühlmann, Walbert, Gomidas Keumurgian, in: Manns, Die Heiligen in ihrer Zeit II 377f.

Bugnion-Secretan, Perle, La mère Angélique Arnauld 1591–1661. D'après ses écrits, Paris 1991.
Burckhardt, Carl J., Richelieu, 4 Bde., München ²1978–1980.
Burke, Peter, Städtische Kultur in Italien zwischen Hochrenaissance und Barock. Eine historische Anthropologie, Berlin 1987.
Burlini Calapaj, Anna, I vescovi nel Settecento, in: Pierantonio Gios (Hg.), Diocesi di Padova (Storia religiosa del Veneto), Padua 1996, 271–296.
Busch, Norbert, Katholische Frömmigkeit und Moderne. Zur Sozial- und Mentalitätsgeschichte des Herz-Jesu-Kultes in Deutschland zwischen Kulturkampf und Erstem Weltkrieg (Religiöse Kulturen der Moderne 6), Gütersloh 1997.
Ders., Frömmigkeit als Faktor des katholischen Milieus. Der Kult zum Herzen Jesu, in: Olaf Blaschke/Frank-Michael Kuhlemann (Hg.), Religion im Kaiserreich. Milieus – Mentalitäten – Krisen, Gütersloh 1996, 136–165.
Busenbaum, Hermann, Medulla theologiae moralis ..., Münster 1645.
Busolini, Dario, Art. Gentili, Antonio Saverio, in: DBI XXXVI 253–255.

Cabibbo, Sara/Modica, Marilena, La Santa dei Tomasi. Storia di suor Maria Crocifissa (1645–1699), Turin 1989.
Cabrol, Fernand, Histoire du Cardinal Pitra bénédictin de la congrégation de France, Paris 1893.
Cacciatore, Giuseppe, S. Alfonso de' Liguori e il Giansenismo: le ultime fortune dal moto giansenistico e la restituzione del pensiero cattolico nel secolo XVIII, Florenz 1944.
Ders., Art. Alfonso Maria de Liguori, in: DBI II 342–350.
Caffiero, Marina, Art. De Gregorio, Emanuele, in: DBI XXXVI 212–215.
Dies., Art. Di Pietro, Michele, in: DBI XL 245–248.
Dies., La politica della santità. Nascita di un culto nell'età dei Lumi (Studi e Ricerche 4), Bari 1996.
Dies., Santi, miracoli e conversioni a Roma nell'età rivoluzionaria, in: Luigi Fiorani (Hg.), „Deboli progressi della filosofia". Rivoluzione e religione a Roma, 1789–1799 (Ricerche per la storia religiosa di Roma. Studi, documenti, inventari 9), Rom 1992, 155–186.
Dies., Santità, politica e sistemi di potere, in: Boesch Gajano, Santità, culti, agiografia 363–371.
Dies., Torlonia, in: Volker Reinhardt (Hg.), Die großen Familien Italiens, Stuttgart 1992, 528–532.
Cajani, Luigi/Foa, Alberto, Art. Clemente XIII, in: DBI XXVI 328–343.
Calabrese, Antonio, Maestro e mistico. San Paolo della Croce, Rom 1993.
Callovini, Carlo, Art. Collalto, Giuliana, in: BS IV 88.
Campanelli, Marcella, Note sul patrimonio dei Teatini in Italia alla vigilia della inchiesta innocenziana, in: Galasso/Russo, Per la storia 179–238.
Cappellari, Mauro (Bartolomeo Alberto), Il trionfo della Santa Sede e della Chiesa contro gli assalti de' Novatori respinti e combattuti colle stesse loro armi, Rom 1799, deutsch: Augsburg 1833, ²1848.
Carreyre, Jean, Art. Tencin (Pierre Guérin de), in: Dictionnaire de Théologie catholique XIV 115f.
Cassese, Michele, Gregorio Barbarigo e il rapporto con ebrei e non cattolici, in: Billanovich/Gios, Gregorio Barbarigo II 1023–1056.
Castillo, Juan del, Vita della venerabile Marianna di Gesù de Paredes y Flores, vergine secolare americana, soprennominate il Giglio di Quito, Rom 1776 = ²1853.
Catalogo cronologico della Chiesa Metropolitana Fiorentina, hg. von Salvino Salvini, Florenz 1782.
Caussette, Richard P., Vie du Cardinal d'Astros archevêque de Toulouse, Paris 1853.
Caviglia, Stefano, L'identità salvata. Gli ebrei di Roma tra fede e nazione. 1870–1938, Rom – Bari 1996.

Cecchelli, Marco (Hg.), Benedetto XIV (Prospero Lambertini). Convegno internazionale di studi storici sotto il patrocinio dell'Archidiocesi di Bologna. Cento 6–9 dicembre 1979, 2 Bde., Cento 1981–1982 (zit.: Cecchelli, Benedetto XIV I–II).

Cenacchi, Giuseppe, Benedetto XIV e l'Illuminismo, in: Cecchelli, Benedetto XIV II 1077–1102.

Centi, Timoteo, La beata Imelda Lambertini vergine domenicana, con studio critico e documenti inediti, Florenz 1955.

Ders., Art. Lambertini, Imelda, in: BS VII 1076f.

Certeau, Michel de, Art. Carlo Borromeo, in: DBI XX 260–269.

Chadwick, Owen, The popes and european revolution, New York – Oxford 1981.

Chateaubriand, François-René Vicomte de, Le Génie du Christianisme, Paris 1802.

Chaumont, Denis, Appell aux âmes charitables en faveur des missions chez les peuples idolâtres de la Chine, de la Cochinchine et du Tonkin, Paris 1814.

Ders., Exposé de l'état actuel et des bisoins des missions françaises de la Chine, du Tonkin, de la Cochinchine, de Siam et des Indes orientales, confiées aux soins du Séminaire des Missions Etrangères de Paris, Paris 1815.

Chiaretti, Archivio Leonessano. Documenti riguardanti la vita e il culto di San Giuseppe da Leonessa (Subsidia scientifica franciscalia 2), Rom 1965.

Chierotti, Luigi, Art. Arras, Martiri di, in: BS II 468f.

Ders., Art. Giovanna Francesca Frémyot de Chantal, in: BS VI 581–586.

Ders., Art. Vincenzo Depaul, in: BS XII 1155–1168.

Civiltà Cattolica, Rom 1850, 1867, 1884, 1886, 1888, 1890, 1892, 1929, 1990.

Claude, Hubert, Art. Benedetto Giuseppe Labre, in: BS II 1218–1220.

Il beato Claudio de la Colombière della C.d.G., direttore spirituale di S. Margherita M. Alacoque (1641–1682), in: Civiltà Cattolica 1929 (II) 490–504.

Cochois, Peter, Die Lehre des II. Vatikanischen Konzils über die Heiligkeit, in: Six, Joseph-Franz (Hg.), Heilige gestern – Heilige heute, Wien – Linz – Passau o.J., 190–218.

Cognet, Louis, Benoît-Joseph Labre, in: Manns, Die Heiligen in ihrer Zeit II 393–395.

Ders., Jeanne-Françoise Frémyot de Chantal, in: Manns, Die Heiligen in ihrer Zeit II 329–331.

Ders., Johannes Franz Regis, in: Manns, Die Heiligen in ihrer Zeit II 334f.

Ders., Franz von Sales, in: Manns, Die Heiligen in ihrer Zeit II 326–329.

Ders., Die Karmelitinnen von Compiègne, in: Manns, Die Heiligen in ihrer Zeit II 399–401.

Ders., Marguerite-Marie Alacoque, in: Manns, Die Heiligen in ihrer Zeit II 331–333.

Ders., La mère Angélique et son temps, 2 Bde., Paris 1950–1952.

Ders., Vinzenz von Paul, in: Manns, Die Heiligen in ihrer Zeit II 338–340.

Colafranceschi, Carlo, San Camillo de Lellis. Un santo vicino ai sofferenti, Sesto San Giovanni 1997.

Colapietra, Raffaele, Insediamenti ambientali e funzione socio-culturale degli ordini religiosi in Abruzzo, Molise e Capitanata fra Quattro e Settecento, in: Pellegrino/Gaudioso, Ordini religiosi I 1–31.

Compendio della Vita del Beato Martire Giovanni Sarcander ..., Rom 1859.

Coniglio, Giuseppe, Art. Francesco Caracciolo, in: BS V 1197–1201.

Ders., I Gonzaga, Varese 1967.

Sacra Congregazione per le Cause dei Santi. Regolamento della S. Congregazione per le Cause dei Santi vom 21. März 1983, Rom 1983.

Constantin, C., Chateaubriand (François-René, vicomte de), in: Dictionnaire de Théologie Catholique II 2331–2339.

Contieri, Nicola, Vita di S. Giosafat, arcivescovo e martire ruteno dell'ordine di S. Basilio il Grande, Rom 1867.

Continuatori del B. Claudio de la Colombière in Roma e il primo officio del S. Cuore, in: Civiltà Cattolica 1929 (III) 238–243.

Cornaro, Andreas, Art. Saurau, Franz Josef Graf von, in: Österreichisches Biographisches Lexikon 1815–1950, Bd. IX, 444f.

Cornely, Rudolf, Leben des seligen Märtyrers Karl Spinola aus der Gesellschaft Jesu, Mainz 1868.

Costantini, Celso, Gregorio XVI e le missioni, in: Gregorio XVI. Miscellanea commemorativa, Bd. 2, Rom 1948, 1–28.

Ders., Richerche d'archivio sull'istruzione „de clero indigena" emanata dalla S.C. de Propaganda Fide il 23 novembre 1845, in: Miscellanea Pietro Fumasoni Bioni, Bd. 1, Rom 1947, 1–78.

Cozza, Giuseppe, Della vita, miracoli e culto del martire S. Pietro de Arbues canonico regolare della chiesa metropolitana di Saragossa, Rom 1867 (zit.: Cozza, Arbues).

Cozzi, Gaetano, Venezia barocca. Conflitti di uomini e idee nella crisi del Seicento veneziano, Venedig 1995.

Croci, Enrico, Gaetano Moroni e il suo Dizionario, in: Gregorio XVI. Miscellanea commemorativa, Bd. 2, Rom 1948, 135–152.

Cugnoni, Giuseppe, Vita di Luigi Maria Rezzi, Imola 1879.

Da Arenzano, Bonaventura, Art. Angelo da Acri, in: BS I 1234f.

Da Carmignano di Brenta, Arturo M., San Lorenzo da Brindisi, „Dottore Apostolico", in: D'Alatri, Santi e santità nell'ordine cappuccino I 121–151.

Da Langasco, Cassiano, Art. Fornari Strata, Maria Vittoria, in: BS V 969–971.

D'Alatri, Mariano, Art. Coletta di Corbie, in: BS IV 76–81.

Ders., Art. Fedele da Sigmaringen, in: BS V 521–524.

Ders. (Hg.), Santi e santità nell'ordine cappuccino, 3 Bde., Rom 1980–1983.

D'Alfonso, Marco, Origine divina della fama di santità e suo valore giuridico ecclesiale sociale, in: Monitor Ecclesiasticus 104 (1979) 474–490.

Dalla Torre, Giuseppe, Santità ed economica processuale. L'esperienza giuridica da Urbano VIII a Benedetto XIV, in: Gabriella Zarri, Finzione e santità tra medioevo ed età moderna, Turin 1991, 231–263.

Da Mareto, Felice, Art. Veronica Giuliani, in: BS XII 1050–1056.

Damerini, Gino, Settecento Veneziano in Palazzo Rezzonico, in: Le Tre Venezie 14 (1936) 3–68.

Dammig, Enrico, Il movimento giansenista a Roma nella seconda metà del secolo XVIII (Studi e Testi 119), Vatikanstadt 1945.

Daniele, Ireneo, Art. Di Pietro, Michele, in: EC IV 1684.

Ders., Art. Eustochio, in: BS V 305f.

Ders., Art. Gregorio Giovanni Gaspare Barbarigo, in: BS VII 387–403.

Ders., S. Gregorio Barbarigo, in: Pierantonio Gios (Hg.), Diocesi di Padova (Storia religiosa del Veneto), Padua 1996, 245–269.

Ders., Art. Tagliapietra, Contessa, in: BS XII 94f.

Da Osimo, Agostino, Storia dei diciannove martiri gorcumiesi, Rom 1867.

Ders., Storia dei ventitre martiri giapponesi dell'Ordine dei Minori Osservanti detti scalzi di S. Francesco ..., Rom 1862.

D'Aria, Francesco Maria, Un restauratore sociale. Storia critica della vita di san Francesco de Geronimo, Rom 1943.

Da Riese Pio X, Fernando, Il beato Angelo d'Acri, frate e missionario dai difficili inizi, in: D'Alatri, Santi e santità nell'ordine cappuccino II 9–28.

Ders., Il protomartire di Propaganda Fide. San Fedele da Sigmaringen, in: D'Alatri, Santi e santità nell'ordine cappuccino I 153–173.

Darricau, Raymond, Art. Margherita Maria Alacoque, in: BS VIII 804–809.

Dassmann, Ernst, Ambrosius und die Märtyrer, in: Jahrbuch für Antike und Christentum 18 (1975) 50–68.

Da Villapadierna, Isidoro, Art. Giovanni da Prado, in: BS VI 870f.

De Bonhome, Louis, Art. Heroîcité des vertus, in: Dictionnaire de Spiritualité VII 337–343.
De Camillis, Mario, Art. Pedicini, Carlo, in: EC IX 1064.
Ders., Art. Saluzzo, Ferdinando, in: EC X 1713.
Ders., Art. Stuart, Enrico Benedetto Maria Clemente, duca di York, in: EC XI 1434.
De Dalmases, Cándido, Art. Favre, Pietro, in: BS V 501–503.
Dedieu, Joseph, Art. Astros (Paul-Thérèse-David D'), in: DHGE IV 1253–1255.
De Giorgi, Fulvio, Il culto al Sacro Cuore di Gesù: forme spirituali, forme simboliche, forme politiche nei processi di modernizzazione, in: Fattorini, Santi, culti, simboli 195–211.
Del Ciuco, Salvatore, Giacinta Marescotti, una santa moderna, Viterbo 1991.
Delehaye, Hippolyte, Les origines du culte des martyrs (Subsidia hagiographica 20), Brüssel ²1933.
Ders., Sanctus. Essai sur le culte des saints dans l'antiquité (Subsidia hagiographica 17), Brüssel 1927.
De' Liguori, Alfonso, Vittorie de' Martiri ovvero le vite dei più celebri martiri della Chiesa, 2 Bde., Bassano 1829.
Della Purificazione, Biagio, Vita e virtù dell'insigne Servo di Dio don Giulio Tomasi ..., Rom 1685.
Dell'Oro, Ferdinando, Beatificazione e Canonizzazione. „Excursus" storico-liturgico (Bibliotheca „Ephemerides liturgicae", „subsidia" 89), Rom 1997.
Del Negro, Piero, Introduzione, in: ders./Paolo Preto (Hg.), Storia di Venezia dalle origini alla caduta della Serenissima, Bd. VIII: L'ultima fase della Serenissima, Rom 1998, 8–80 (zit.: Del Negro, Introduzione).
Ders., Venezia e la fine del patriarcato di Aquileia, in: Luigi Tavano/France M. Dolinar (Hg.), Carlo Michele d'Attems, primo arcivescovo di Gorizia (1752–1774) fra Curia romana e stato asburgico, Bd. II: Atti del convegno, Görz 1990, 31–60.
Delooz, Pierre, Sociologie et canonisations, Lüttich – Den Haag 1969.
Del Re, Niccolò, Art. Accademia di Religione Cattolica, in: Mondo Vaticano 17f.
Ders., Benedetto XIV e la Curia romana, in: Cecchelli, Benedetto XIV I 639–663.
Ders., Art. Camera Apostolica, in: Mondo Vaticano 168–170.
Ders., Art. Caterina Thomàs, in: BS III 1047f.
Ders., Art. Congregazioni romane soppresse, in: Mondo Vaticano 363–372.
Ders., Art. De Gregorio, Emanuele, in: EC IV 1332.
Ders., Art. Fabbrica di San Pietro, in: Mondo Vaticano 477f.
Ders., Art. Giuseppe da Copertino, in: BS VI 1300–1303.
Ders., Art. Giuseppe Oriol, in: BS VI 1331–1333.
Ders., Art. Girolamo Miani, in: BS VI 1143–1148.
Ders., Art. Maestro di Camera, in: Mondo Vaticano 679f.
Ders., Art. Minutanti, in: Mondo Vaticano 696.
Ders., Art. Penitenzieria Apostolica, in: Mondo Vaticano 823–825.
Ders., Art. Rojas (Roxas), Simone de, in: BS XI 298f.
Ders., Art. Segreteria delle Lettere Latine, in: Mondo Vaticano 972.
Ders., Art. Tuy, Pietro, in: BS XII 724f.
Delumeau, Jean, Le catholicisme entre Luther et Voltaire, Paris 1971.
De Majo, Silvio, Art. Ferdinando I di Borbone, in: DBI XLVI 212–226.
Denzler, Georg, Pius V., in: Manns, Die Heiligen in ihrer Zeit II 193–197.
De Paoli, Scipione, Art. Bonomo (Bonhomo), Giovanna Maria, in: BS III 346–348.
De Rosa, Gabriele, Storie di Santi (Quadrante 34), Bari 1990.
De Töth, Paolo, Il beato cardinale Niccolò Albergati e i suoi tempi 1375–1444, 2 Bde., Viterbo o.J.
De vita ac rebus gestis Beati Gregorii Barbardici S.R.E. Cardinalis ep. Patav., 3 Bde., Rom 1761.
De Vitiis, Vincenzo, Il concordato del 1818 e la proprietà ecclesiastica: restituzione e ristrutturazione nel Molise, in: Galasso/Russo, Per la storia 531–577.

Di Agresti, Guglielmo, Art. Caterina de' Ricci di Firenze, in: BS III 1044f.
Ders., Art. Lorenzo Giustiniani, in: BS VIII 150–156.
Dietz, Matthias, Der hl. Alfons Rodriguez, Laienbruder aus der Gesellschaft Jesu. Eine Blüte spanischer Mystik, Freiburg/Br. 1925.
Dinzelbacher, Peter, Zur Erforschung der Geschichte der Volksreligion. Einführung und Bibliographie, in: ders./Dieter R. Bauer, Volksreligion im hohen und späten Mittelalter, Paderborn 1990, 9–27.
Ders., Heilige oder Hexen? Schicksale auffälliger Frauen in Mittelalter und Frühneuzeit, Zürich 1995.
Dipper, Christoph, Volksreligiosität und Obrigkeit im 18. Jahrhundert, in: Wolfgang Schieder (Hg.), Volksreligiosität in der modernen Sozialgeschichte (Geschichte und Gesellschaft. Zeitschrift für Historische Sozialwissenschaft, Sonderheft 11), Göttingen 1986, 73–96.
Di S. Maria, Valentino, Art. Compiègne, XVI Carmelitane, in: BS IV 135–138.
Döllinger, Joh[ann] Jos[eph] Ign[az] v., Rom und die Inquisition, in: F[ranz] H[einrich] Reusch (Hg.), Kleinere Schriften, gedruckte und ungedruckte von Joh. Jos. Ign. von Döllinger, Stuttgart 1890, 286–356.
Döring, Heinrich, Vom Edelknaben zum Märtyrer: Der selige Johannes de Britto S.J. 1647–1693, Freiburg/Br. 1920.
Dudon, Paul, Pourquoi la cause de Bellarmin est-elle restée trois cents ans pendante devant la Congrégation des Rites? in: Recherches de science religieuse 11 (1921) 145–167.
Du Jeu, E[mmanuel], Madame de Chantal. Sa vie dans la monde et sa vie religieuse, Paris ³1927.
Duhr, Bernhard, Geschichte der Jesuiten in den Ländern deutscher Zunge, 4 Bde., München – Regensburg 1907–1928 (zit.: Duhr I–IV).
Dussel, Enrique, Martin von Porres, in: Manns, Die Heiligen in ihrer Zeit II 315–317.
Ders., Petrus Claver, in: Manns, Die Heiligen in ihrer Zeit II 318–320.

Eberhard, Winfried, Art. Dietrichstein, Franz Seraph, in: Die Bischöfe 1448–1648, 129–133.
Ders., Voraussetzungen und strukturelle Grundlagen der Konfessionalisierung in Ostmitteleuropa, in: Joachim Bahlcke/Arno Strohmeyer (Hg.), Konfessionalisierung in Ostmitteleuropa. Wirkungen des religiösen Wandels im 16. und 17. Jahrhundert in Staat, Gesellschaft und Kultur (Forschungen zur Geschichte und Kultur des östlichen Mitteleuropa 7), Stuttgart 1999, 89–103.
Elencho dei cardinali, patriarchi, arcivescovi e vescovi presenti in Roma il giorno della canonizzazione dei martiri del Giappone, Rom 1862.
Elm, Kaspar, Franziskus und Dominikus. Wirkungen und Antriebskräfte zweier Ordensstifter, in: Saeculum 23 (1972), 127–147.
Erba, Andrea M., Art. Annunziate Turchine o Celesti, in: DIP I 668–670.
Esposito, Rosario F., La Massoneria e l'Italia dal 1800 ai nostri giorni, Rom 1979.
Ders., Pio IX. La Chiesa in conflitto col mondo. La S. Sede, la Massoneria e il radicalismo settario, Rom 1979 (zit.: Esposito, Pio IX).
Ders., Pio IX e la Massoneria, in: Atti del I convegno di ricerca storica sulla figura e sull'opera di Papa Pio IX. Senigallia, 28–30 settembre 1973, Senigallia 1974, 170–294.
Eßer, Ambrogio, Il concetto della virtù eroica nella storia, in: Antonio Moroni/Carlo Pinto/Marcello Bartolucci (Hg.), Sacramenti, liturgia, cause dei santi. Studi in onore del cardinale Giuseppe Casoria, Neapel 1992, 605–636.
Evenou, Jean, Canonisations, béatifications et confirmations de culte, in: Notitiae 234 (1986) 41–47.

Fabiani, Giuseppe, Art. Serafino da Montegranaro, in: BS XI 850–852.
Falk-Veits, Sabine, Friedrich Fürst zu Schwarzenberg (1836–1850), Säule der Kirche im Vormärz, in: Peter F. Kramml/Alfred Stefan Weiß (Hg.), Lebensbilder Salzburger Erz-

bischöfe aus zwölf Jahrhunderten. 1200 Jahre Erzbistum Salzburg, Salzburg 1998, 203–220.

Fanti, Mario, Prospero Lambertini, arcivescovo di Bologna (1731–1740), in: Cecchelli, Benedetto XIV I 163–233.

Fantuzzi, Giovanni, Notizie degli scrittori Bolognesi, 7 Bde., Bologna 1781–1789.

Fasano Guarini, Enzo, Art. Aldrovandi, Pompeo, in: DBI II 115–118.

Fasola, Umberto M., Art. Francesco Saverio Maria Bianchi, in: BS V 1238–1241.

Fattorini, Emma (Hg.), Santi, culti, simboli nell'età della secolarizzazione (1815–1915), Turin 1997 (zit.: Fattorini, Santi, culti, simboli).

Fedalto, Giorgio, Il cardinale Gregorio Barbarigo e l'Oriente, in: Billanovich/Gios, Gregorio Barbarigo II 977–1001

Ders., Le chiese d'oriente, Bd. II u. III, Mailand 1993, 1995.

Ders., San Lorenzo Russo da Brindisi, in: Silvio Tramontin/Giorgio Fedalto (Hg.), Santi e beati vissuti a Venezia, Venedig 1971, 135–146.

Felici, Guglielmo, Art. Famiglia Pontificia, in: EC V 999–1008.

Ferrari, Giorgi E., Reliquie manoscritte di Flaminio Corner in biblioteche veneziane, in: Ateneo Veneto 18 (1980) 77–108.

Filanti, Giuseppe Maria, Le stragi di Spagna e il beato Pietro de Arbues, Fossombrone 1872.

Fink, Karl August, Das vatikanische Archiv. Einführung in die Bestände und ihre Erforschung, Regensburg [2]1951.

Fiorani, Luigi, Città religiosa e città rivoluzionaria (1789–1798), in: ders. (Hg.), „Deboli progressi della filosofia". Rivoluzione e religione a Roma, 1789–1799 (Ricerche per la storia religiosa di Roma. Studi, documenti, inventari 9), Rom 1992, 65–154.

Fiorentino, Carlo M., Chiesa e stato a Roma negli anni della Destra storica 1870–1876. Il trasferimento della capitale e la soppressione delle corporazioni religiose (Istituto per la Storia del Risorgimento italiano, biblioteca scientifica, serie II, vol. 61), Rom 1996.

Firtel, Hilde, Camillo de Lellis, in: Manns, Die Heiligen in ihrer Zeit II 255–258.

Dies., Joseph von Calasanz, in: Manns, Die Heiligen in ihrer Zeit II 340–343.

Dies., Katharina de' Ricci, in: Manns, Die Heiligen in ihrer Zeit II 280f.

Fischer, Joseph Władisław, Geschichte der königlichen Hauptstadt und Gränzfestung Olmütz in Markgrafthume Mähren, Bd. I, Olmütz 1808.

Flynn, James T., The Uniate Church in Belorussia: A Case of Nation-building? in: James Niessen (Hg.), Religious Compromise, political Salvation: The Greek Catholic Church and Nation-building in Eastern Europe, Pittsburgh 1993, 27–46.

Fois, Marco, Art. Compagnia di Gesù, II. Storia, in: DIP II 1265–1287.

Fonsega, Cosimo Damiano, Art. Albergati, Niccolò, in: BS I 662–668.

Fonzi, Fausto, Art. Acton, Carlo, in: DBI I 204.

Formica, Marina, Art. Doria Pamphili Landi, Antonio Maria, in: DBI XLI 470–472.

Francini, Mario, Il tevere sotto il letto. Quattro secoli di assistenza a Roma nell'opera dei Fatebenefratelli, Rom 1982.

Frank, Karl Suso, Franziskaner, Minoriten, Kapuziner, Klarissen, in: Georg Schwaiger (Hg.), Mönchtum, Orden, Klöster von den Anfängen bis zur Gegenwart. Ein Lexikon, München [2]1994, 188–218

Frascisco, Reginaldo, Il primo santo dei negri d'America. San Martín de Porres, Bologna 1994.

Fried, Pankraz/Winterholler, Heinrich, Die Grafen von Dießen-Andechs, Markgrafen von Istrien, Pfalzgrafen von Burgund, Herzöge von Meranien, Dalmatien und Kroatien, München – Zürich 1988.

Friedrich, Johann, Ignaz von Döllinger. Sein Leben auf Grund seines schriftlichen Nachlasses, 3 Bde., München 1899–1901.

Frois, Luis, Relatione della gloriosa morte di XXVI. posti in croce per comandamento del re di Giappone alli 5 di febraio 1597 ..., Rom 1599.

Frutaz, Pietro Amato, Auctoritate ... beatorum Apostolorum Petri et Pauli. Saggio sulle formule di Canonizzazione, in: Antonianum 42 (1967) 435–501 (zit.: Frutaz, Auctoritate).
Ders., Le principali edizioni e sinossi del De Servorum Dei Beatificatione et Beatorum Canonizatione di Benedetto XIV. Saggio per una bio-bibliografia critica, in: Cecchelli, Benedetto XIV I 27–90.
Furet, François, Zur Historiographie der Französischen Revolution heute, München 1989.
Furlani, Silvio, Art. Caracciolo, Diego Iñico, in: EC III 737f.
Ders., Art. Tencin, Pierre-Guérin de, in: EC XI 1909f.

Gabet, J[oseph], Coup d'œil sur l'état des missions de Chine présenté au Saint Père le Pape Pie IX, Poissy 1848.
Gabriel, Karl, Christentum zwischen Tradition und Postmoderne, Freiburg 1992.
Galanti, Giuseppe Maria, Nuova descrizione storica e geografica delle Sicilie, Bd. I, Neapel 1787.
Galasso, Giuseppe, L'altra Europa. Per un'antropologia storica del Mezzogiorno d'Italia, Mailand 1982.
Ders., Mezzogiorno medievale e moderno, Turin 1965.
Ders., Napoli capitale. Identità politica cittadina. Storia e ricerche 1266–1860, Neapel 1998.
Ders./Russo, Carla (Hg.), Per la storia sociale e religiosa del Mezzogiorno d'Italia, Bd. 1, Neapel 1980 (zit.: Galasso/Russo, Per la storia).
Galeota, Gustavo (Hg.), Roberto Bellarmino Arcivescovo di Capua, teologo e pastore della Riforma cattolica, Capua 1990.
Gallerano, Calogero, Isabella Tomasi, Sorrent 1963.
García-Rivera, Alex, St. Martín de Porres. The „Little Stories" and the Semiotics of Culture, New York 1995.
Garmier-Azais, Marie – Louise, Germaine, enfant sans importance, Toulouse 1960.
Garms, Jörg, Kunstproduktion aus Anlaß von Heilig- und Seligsprechungen – Rom 1767 und 1769, in: Römische Historische Mitteilungen 18 (1976) 153–164.
Gatz, Erwin, Art. Schwarzenberg, Friedrich Fürst zu, in: Die Bischöfe 1795/1803–1945, 686–692.
Gelmi, Josef, Die Minutanten im Staatssekretariat Benedikts XIV. (1740–1758), in: Manfred Weitlauff/Karl Hausberger (Hg.), Papsttum und Kirchenreform. Historische Beiträge. Festschrift für Georg Schwaiger zum 65. Geburtstag, St. Ottilien 1990, 537–561.
Ders., Art. Taxil, Leo, in: LThK IX 1305.
Gelzer, Matthias, Cicero. Ein biographischer Versuch, Wiesbaden ²1983.
Gencarelli, Elvira, Art. Archinto, Giovanni, in: DBI III 766f.
Gentz, Günther, Art. Athanasius, in: Reallexikon für Antike und Christentum I 860–866.
Gerosa, Libero, Heiligkeit und Kirchenrecht. Das Heiligsprechungsverfahren als Ansatzpunkt für die Wiederentdeckung der theologischen Grundlagen des kanonischen Prozeßrechts, in: Theologie und Glaube 87 (1997) 177–191.
Gherardini, Bruno, Il martirio nella moderna prospettiva teologica, in: Divinitas 26 (1982) 19–35.
Gill, Joseph, Konstanz und Basel-Florenz (Geschichte der ökumenischen Konzilien 9), Mainz 1967.
Gilmour, David, The last Leopard. A Life of Giuseppe di Lampedusa, London – New York 1988.
Giorgini, Fabiano/Naselli, Carmelo Amedeo, Art. Passionisti, in: DIP VI 1236–1247.
Giuntella, Vittorio Emanuele, Art. Altieri, Ludovico, in: DBI II 559f.
Gleijeses, Vittorio, La storia di Napoli dalle origini ai giorni nostri, Bd. 2, Neapel 1996.
Goñi, Dionisio Ruiz, Addio Tribunali! S. Alfonso Maria de Liguori (1696–1787), Materdomini 1995.
Goodich, Michael, Vita perfecta. The Ideal of Sainthood in the Thirteenth Century, Stuttgart 1982.

Gordini, Gian Domenico, Art. Caterina da Bologna, in: BS III 980–982.
Ders., Art. Cunegonda, in: BS IV 393–397.
Ders., Art. Francesco di Sales, in: BS V 1207–1226.
Ders., Art. Giappone, martiri del, in: BS VI 434–441.
Ders., Art. Giovanni Leonardi, in: BS VI 1033–1039.
Gori, Severino, Art. Leonardo da Porto Maurizio, in: BS VII 1208–1221.
Ders., Art. Tommaso da Cori, in: BS XII 573–576.
Gottschalk, Joseph, St. Hedwig Herzogin von Schlesien (Forschungen und Quellen zur Kirchen- und Kulturgeschichte Ostdeutschlands 2), Köln – Graz 1964.
Goyau, Georges, Les Missions Étrangères de Paris, Paris 1960.
Gramatowski, Wiktor, Polonika liturgiczne w kongregacji obrzędów 1588–1632. Studium z dziejów Kurii Rzymskiej (Seria „Bobolanum" 13), Rom – Warschau 1988.
Graus, František, Volk, Herrscher und Heiliger im Reich der Merowinger. Studien zur Hagiographie der Merowingerzeit, Prag 1965.
Gregorio XVI. Miscellanea commemorativa, 2 Bde., hg. von Alfonso Bartoli u.a. (Miscellanea Historiae Pontificiae 13 u. 14), Rom 1948.
Grieco, Gianfranco, Il pelegrino della Costiera. Vita del Beato Bonaventura da Potenza, Gorle 1989.
Griewank, Karl, Die Französische Revolution 1789–1799, Wien [7]1980.
Großeholz, Carsten, Glaube und Lebensformen. Beobachtungen in drei Berliner Stadtteilen – Ost und West, in: Klaus-Peter Jörns/Carsten Großeholz (Hg.), Was die Menschen wirklich glauben. Die soziale Gestalt des Glaubens – Analysen einer Umfrage, Gütersloh 1998, 81–104.
Grot, Zdzisław, Art. Przyłuski, Leon Michał von, in: Die Bischöfe 1785/1803–1945, 577–579.
Grulich, Rudolf, Der selige Johannes Sarkander, in: Forum für Kultur und Politik, Heft 9, Bonn 1994, 3–26.
Grumel, Venance, Art. Cirillo e Metodio, in: BS III 1328–1337.
Guennou, Jean, Floraison missionnaire dans les persecutions: Les Missions d'Indochine au XIXème siècle, in: Metzler, Sacrae Congregationis De Propaganda Fide memoria rerum III/1 461–475.
Ders., Art. Società per le Missioni estere, in: DIP VIII 1654–1661.
Guépin, Alphonse, Un apôtre de l'union des églises au XVIIe siècle. Saint Josaphat et l'église greco-slave en Pologne et en Russie, 2 Bde., Paris – Poitiers 1897–1898 (zit.: Guépin I–II).
Guissani, Antonio, I fasti della famiglia patrizia Comasca dei Rezzonico in Como, Genova, Venezia, Bassano e Roma, Como 1931.
Gusta, Francesco, Dell'influenza dei giansenisti nella rivoluzione di Francia aggiuntevi alcune notizie interessanti sul numero e qualità dei preti costituzionali, Ferrara [2]1794.

Habicht, Christian, Cicero, der Poliker, München 1990.
Hajjar, Joseph, Die Kirche im Nahen Osten, in: Geschichte der Kirche, Bd. 4: Die Kirche im Zeitalter der Aufklärung, Revolution und Restauration, Einsiedeln – Zürich – Köln 1966, 345–390.
Hamann, Brigitte, Art. Rudolf Johann Josef Rainer, in: dies. (Hg.), Die Habsburger. Ein biographisches Lexikon, Wien [2]1990, 413–415.
Hamon, André Jean Marie, Histoire de la dévotion au Sacré Cœur, 5 Bde., Paris 1923–1940.
Hanke, Gerhard, Das Zeitalter des Zentralismus (1740–1848), in: Karl Bosl (Hg.), Handbuch der Geschichte der Böhmischen Länder, Bd. II, Stuttgart 1974, 415–645.
Harvolk, Edgar, „Volksbarocke" Heiligenverehrung und jesuitische Kultpropaganda, in: Peter Dinzelbacher/ Dieter R. Bauer (Hg.), Heiligenverehrung in Geschichte und Gegenwart, Ostfildern 1990, 262–278.
Hasler, August Bernhard, Pius IX. (1846–1878). Päpstliche Unfehlbarkeit und 1. Vatikani-

sches Konzil. Dogmatisierung und Durchsetzung einer Ideologie, 2 Teilbde. (Päpste und Papsttum XII/1–2), Stuttgart 1977 (zit.: Hasler).

Hattler, Franz Xaver, Lebensbild des ehrwürdigen Paters Claude de la Colombière nebst seinem geistlichen Tagebuch, Freiburg/Br. 1903.

Haub, Rita, Petrus Canisius als Schriftsteller, in: Julius Oswald/Peter Rummel (Hg.), Petrus Canisius – Reformer der Kirche. Festschrift zum 400. Todestag des zweiten Apostels Deutschlands, Augsburg 1996, 151–177.

Haynes, Renée, Philosopher King. The humanist Pope Benedict XIV, London 1970.

Hayward, F., Le dernier siècle de la Rome pontificale, Bd. 2, Paris 1927.

Hearder, Harry, Italy in the Age of the Risorgimento 1790–1870, New York – London 1983.

Hehl, Ernst-Dieter, Lucia/Lucina – Die Echtheit von JL 3848. Zu den Anfängen der Heiligenverehrung Ulrichs von Augsburg, in: Deutsches Archiv 51 (1995) 195–211.

Heinrich, Gerd, Geschichte Preußens. Staat und Dynastie, Frankfurt/M. – Berlin – Wien 1984.

Heimbucher, Max, Die Orden und Kongregationen der katholischen Kirche, 2 Bde., Paderborn ³1932–1934 (zit.: Heimbucher I–II).

Heinrich, Gerd, Geschichte Preußens. Staat und Dynastie, Frankfurt/M. – Berlin – Wien 1984.

Heinzelmann, Martin, „Adel" und „Societas sanctorum": Soziale Ordnungen und christliches Weltbild von Augustinus bis zu Gregor von Tours, in: Otto Gerhard Oexle/Werner Paravicini (Hg.), Nobilitas. Funktion und Repräsentation des Adels in Alteuropa (Veröffentlichungen des Max-Planck-Instituts für Geschichte 131), Göttingen 1997, 216–256.

Heinzmann, Josef, Unruhe der Liebe. Alfons Maria de Liguori, Freiburg/Br. ²1984.

Hellmann, Manfred, Grundzüge der Geschichte Venedigs, Darmstadt ²1981.

Henn, William, Historical-theological synthesis of the relation between primacy and episcopacy during the second millennium, in: Il primato del successore di Pietro. Atti del simposio teologico. Roma, dicembre 1996, Vatikanstadt 1998, 222–273.

Hensel, Felix, Frömmigkeit in Beharrung und Wandel. Überlegungen zum Verständnis religiös-volkskundlicher Forschung als theologische Disziplin, in: Klaus Welker (Hg.), Heilige in Geschichte, Legende, Kult. Beiträge zur Erforschung volkstümlicher Heiligenverehrung und zur Hagiographie, Karlsruhe 1979, 3–23.

Henze, Clemens, Art. Alfonso Maria de' Liguori in: BS I 837–859.

Ders., Art. Clemente Maria Hofbauer, in: BS IV 50f.

Hersche, Peter, Italien im Barockzeitalter 1600–1750. Eine Sozial- und Kulturgeschichte, Wien – Köln – Weimar 1999.

Hertel, Peter, Nicht nur Corps des Papstes, sondern Kampftruppe, in: Börsenblatt 20, 10. März 1992.

Hertling, L[udwig], Materiali per la storia del processo di Canonizzazione, in: Gregorianum 16 (1935) 170–195 (zit.: Hertling, Materiali).

Hilaire, Yves-Marie (Hg.), Benoît Labré. Errance et sainteté. Histoire d'un culte 1783–1983, Paris 1984.

Hillgarth, Jocelyn Nigel, The Spanish Kingdoms, 1250–1516, Bd. II: 1410–1516, Oxford 1978.

Himka, John-Paul, The Greek Catholic Church in Nineteenth-century Galicia, in: Geoffrey A. Hosking, Church, Nation and State in Russia and Ukraine, New York 1991, 52–64.

Ders., The Greek Catholic Church and the Ukrainian Nation in Galicia, in: James Niessen (Hg.), Religious Compromise, political Salvation: The Greek Catholic Church and Nation-building in Eastern Europe, Pittsburgh 1993, 7–26.

Hofmann, Konrad, Hieronymus Aemiliani, in: Manns, Die Heiligen in ihrer Zeit II 215–217.

Hofmann, Rudolf, Die heroische Tugend. Geschichte und Inhalt eines theologischen Begriffes, München 1933.

Holzapfel, Heribert, Handbuch der Geschichte des Franziskanerordens, Freiburg/Br. 1909.

Holzbauer, Hermann, Mittelalterliche Heiligenverehrung – Heilige Walpurgis – (Eichstätter Studien. Neue Folge 5), Kevelaer 1972.

Holzem, Katakomben und katholisches Milieu. Zur Rezeptionsgeschichte urchristlicher Lebensformen im 19. Jahrhundert, in: Römische Quartalschrift 89 (1994) 260–286.
Horst, Ulrich, Die Lehrautorität des Papstes nach Augustinus von Ancona, in: Analecta Augustiana 53 (1991) 271–303.
Ders., Unfehlbarkeit und Geschichte. Studien zur Unfehlbarkeitsdiskussion von Melchior Cano bis zum I. Vatikanischen Konzil (Walberberger Studien der Albertus-Magnus-Akademie, Theologische Reihe 12), Mainz 1982.
Huber, Augustin Kurt, Nation und Kirche 1848–1918, in: Ferdinand Seibt (Hg.), Bohemia Sacra. Das Christentum in Böhmen 973–1973, Düsseldorf 1974, 246–257.
Ders., Art. Rudolf Johann Josef Rainer, in: Biographisches Lexikon zur Geschichte der böhmischen Länder III 538.
Ders./Hubert Reitterer, Art. Rudolf Johann Josef Rainer, in: Österreichisches Biographisches Lexikon 1815–1950, Bd. IX, 316f.
Hudal, Alois, Die österreichische Vatikanbotschaft 1806–1918, München 1952.
Hunecke, Volker, Der venezianische Adel am Ende der Republik 1646–1797. Demographie, Familie, Haushalt (Bibliothek des Deutschen Historischen Instituts in Rom 83), Tübingen 1995.

Incisa della Rocchetta, Giovanni, Art. Chigi, Famiglia, in: EC III 1529–1534.
Indelicato, Salvatore, Il Processo Apostolico di Beatificazione, Rom 1945.
Inskip, Hilary, Art. Edoardo il Confessore, in: BS IV 921–925.
Iparraguirre, Ignacio, Art. Compagnia di Gesù, III. Spiritualità, in: DIP II 1287–1293.
Ders., Art. Roberto Bellarmino, in: BS XI 248–259.
Iriarte, Lázaro, Der Franziskusorden. Handbuch der franziskanischen Ordensgeschichte, Altötting 1984.
Iszak, Angelico, Art. Pio V, in: BS X 883–897.
450 Jahre Ursulinen. Festschrift hg. von der Föderation deutschsprachiger Ursulinen, Werl 1985.

Jaitner, Klaus (Bearb.), Die Hauptinstruktionen Clemens' VIII. für die Nuntien und Legaten an den europäischen Fürstenhöfen 1592–1605, 2 Halbbde. (Instructiones pontificum Romanorum), Tübingen 1984.
Jakovenko, Natalia, The conversion of the ukrainian nobility – the social-cultural aspect, in: Hubert Łaszkiewicz, Churches and confessions in the east central europe in early modern times (Proceedings of the Commission internationale d'Histoire ecclesiastique comparee, Lublin 1996, Teil 3), Lublin 1999, 78–85.
Jansen, Gerald, Art. Gorcum, Martiri di, in: BS VII 111f.
Jedin, Hubert, Augustin Theiner. Zum 100. Jahrestag seines Todes am 9. August 1874, in: Archiv für schlesische Kirchengeschichte 31 (1973), 134–176.
Ders., Geschichte des Konzils von Trient, 4 Bde., Freiburg/Br. 1949–1976.
Jörns, Klaus-Peter, Vergleichende Beobachtungen zu Menschen ohne Religionszugehörigkeit, in: ders./Carsten Großeholz (Hg.), Was die Menschen wirklich glauben. Die soziale Gestalt des Glaubens – Analysen einer Umfrage, Gütersloh 1998, 105–126.
Ders., Die neuen Gesichter Gottes. Was die Menschen heute wirklich glauben, München 1997.
Jones, Frederick M., Alphonsus de Liguori, the Saint of Bourbon Naples, 1696–1787, founder of the Redemptorists, Dublin 1992.
Jorgensen, Kenneth J., The Theatines, in: Richard L. DeMolen (Hg.), Religious orders of the Catholic Reformation. Essays in honor of John C. Olin on his seventy-fifth birthday, New York 1994, 1–30.

Karttunen, Liisi, Les Nonciatures Apostoliques permanentes de 1650 à 1800, Genf 1912 (zit.: Karttunen).

Ders., Antonio Possevino. Un diplomate pontifical au XVIe siècle, Lausanne 1908.
Keller, Hagen, „Adelsheiliger" und Pauper Christi in Ekkeberts Vita sancti Haimeradi, in: Josef Fleckenstein/Karl Schmid (Hg.), Adel und Kirche. Gerd Tellenbach zum 65. Geburtstag dargebracht von Freunden und Schülern, Freiburg – Basel – Wien 1968, 307–324.
Kellermann, Diether, Heilig, Heiligkeit und Heiligung im Alten und Neuen Testament, in: Peter Dinzelbacher/Dieter R. Bauer (Hg.), Heiligenverehrung in Geschichte und Gegenwart, Ostfildern 1990, 27–47.
Kemp, Eric Waldemar, Canonization and authority in the Western Church, Oxford 1948.
Kent, Charles, Art. Wiseman, in: Dictionary of National Biography, Bd. LXII, 243–246.
Kertzer, David I., Die Entführung des Edgardo Mortara. Ein Kind in der Gewalt des Vatikans, München – Wien 1998 (zit.: Kertzer, Mortara).
Kiermeier, Josef/Schütz, Alois (Hg.), Herzöge und Heilige. Das Geschlecht der Andechs-Meranier im europäischen Mittelalter (Veröffentlichungen zur bayerischen Geschichte und Kultur 24), Regensburg 1993.
The Sacral Kingship. Contributions to the central theme of the VIIIth international congress for the history of religions (Rome, april 1955) (Studies in the history of religions 4), Leiden 1959.
Klaniczay, Gábor, Königliche und dynastische Heiligkeit in Ungarn, in: Jürgen Petersohn (Hg.), Politik und Heiligenverehrung im Hochmittelalter (Vorträge und Forschungen, hg. vom Konstanzer Arbeitskreis für mittelalterliche Geschichte 42), Sigmaringen 1994, 343–361.
Klauser, Renate, Zur Entwicklung des Heiligsprechungsverfahrens bis zum 13. Jahrhundert, in: Zeitschrift der Savigny-Stiftung für Rechtsgeschichte 71, Kanonistische Abteilung 40 (1954) 85–101.
Klauser, Theodor, Die Liturgie der Heiligsprechung, in: Odo Casel (Hg.), Heilige Überlieferung. Ausschnitte aus der Geschichte des Mönchtums und des Heiligen Kultes, Festschrift für Ildefons Herwegen zum silbernen Abtsjubiläum (Beiträge zur Geschichte des alten Mönchtums und des Benediktinerordens, Supplementband), Münster 1938, 212–233.
Ders., Christlicher Märtyrerkult, heidnischer Heroenkult und spätjüdische Heiligenverehrung. Neue Einsichten und neue Probleme, in: Arbeitsgemeinschaft für Forschung des Landes Nordrhein-Westfalen, Heft 91, Köln – Opladen 1960, 27–38.
Kleinschmidt, Harald, Formen des Heiligen im frühmittelalterlichen England, in: Peter Dinzelbacher/Dieter R. Bauer (Hg.), Heiligenverehrung in Geschichte und Gegenwart, Ostfildern 1990, 81–85.
Kneller, C[arl] A., Um Bellarmin, in: Zeitschrift für katholische Theologie 47 (1923) 141–154.
Koch, Ludwig, Jesuiten-Lexikon. Die Gesellschaft Jesu einst und jetzt, Paderborn 1934.
Körtner, Ulrich H.J., Markus, der Mitarbeiter des Petrus, in: Zeitschrift für die neutestamentliche Wissenschaft und die Kunde der älteren Kirche 71 (1980) 160–173.
Kötting, Bernhard, Die Anfänge der christlichen Heiligenverehrung in der Auseinandersetzung mit Analogien außerhalb der Kirche, in: Peter Dinzelbacher/Dieter R. Bauer (Hg.), Heiligenverehrung in Geschichte und Gegenwart, Ostfildern 1990, 67–80.
Ders., Entwicklung der Heiligenverehrung und Geschichte der Heiligsprechung, in: ders. (Hg.), Ecclesia peregrinans. Das Gottesvolk unterwegs. Gesammelte Aufsätze, Bd. II, Münster 1988, 120–136.
Ders., Der frühchristliche Reliquienkult und die Bestattung im Kirchengebäude, in: ders. (Hg.), Ecclesia peregrinans. Das Gottesvolk unterwegs. Gesammelte Aufsätze, Bd. II, Münster 1988, 90–119.
Ders., Reliquienverehrung, ihre Entstehung und ihre Formen, in: ders. (Hg.), Ecclesia peregrinans. Das Gottesvolk unterwegs. Gesammelte Aufsätze, Bd. II, Münster 1988, 61–74.
Ders., Die Stellung des Konfessors in der alten Kirche, in: ders. (Hg.), Ecclesia peregrinans. Das Gottesvolk unterwegs. Gesammelte Aufsätze, Bd. I, Münster 1988, 122–144.
Korff, Gottfried, Kulturkampf und Volksfrömmigkeit, in: Wolfgang Schieder (Hg.), Volksreligiosität in der modernen Sozialgeschichte, Göttingen 1986, 137–151.

Koser, Reinhold, Geschichte Friedrichs des Großen, 4 Bde., Stuttgart – Berlin ⁷1921–1925 = Neudruck Darmstadt 1963.
Kovács, Elisabeth, Der Pabst in Teutschland. Die Reise Pius' VI. im Jahre 1782, München 1983.
Krajcar, J[an], Saint Josaphat and the Jesuits of Lithuania, in: Analecta Ordinis S. Basilii Magni, Bd. VI (Miscellanea in honorem S. Josaphat), Rom 1967, 75–84.
Krebs, Ricardo, Die iberischen Staaten von 1659 bis 1788, in: Theodor Schieder (Hg.), Handbuch der europäischen Geschichte, Bd. 4: Europa im Zeitalter des Absolutismus und der Aufklärung, Stuttgart 1968, 549–584.
Kretschmayr, Heinrich, Geschichte von Venedig in 3 Bänden, Darmstadt 1964.
Krötzl, Christian, Prokuratoren, Notare und Dolmetscher: Zu Gestaltung und Ablauf der Zeugeneinvernahmen bei spätmittelalterlichen Kanonisationsprozessen, in: Hagiographica 6 (1999), 119–140.
Kubis, Albert, La théologie du martyre au vingtième siècle. Dissertatio, Rom 1968.
Kuß, Otto, Der Römerbrief. Übersetzt und erklärt von, 2. Lieferung (Röm 6,11–8,19), Regensburg 1959.
Kuttner, Stephen, La réserve papale du droit de canonisation, in: Revue historique de droit français et étranger, 4. série, 17. année (1938) 172–228.
Kux, Johann, Geschichte der königlichen Hauptstadt Olmütz bis zum Umsturz 1918 (Sudetendeutsche Stadtgeschichte 1), Reichenberg – Olmütz 1937.

Ladero, Miguel Angel, Das Spanien der Katholischen Könige. Ferdinand von Aragon und Isabella von Kastilien 1469–1516, Innsbruck 1992.
Langasco, Cassiano da, Art. Giuseppe da Leonessa, in: BS VI 1305–1307.
Langevin, Gilles, Synthèse de la tradition doctrinale sur la primauté du successeur de Pierre durant le second millénaire, in: Il primato del successore di Pietro. Atti del simposio teologico. Roma, dicembre 1996, Vatikanstadt 1998, 147–168.
Langner, Albrecht (Hg.), Säkularisation und Säkularisierung im 19. Jahrhundert (Beiträge zur Katholizismusforschung), München – Paderborn – Wien 1978.
Languet, Joh[ann] Joseph, Das Leben der gottseligen Mutter Margaretha Maria Alacoque ..., 2 Bde., Regensburg – Landshut 1836–1837.
Lapide, Pinchas E., Rom und die Juden, Freiburg/Br. – Basel – Wien 1967.
Launay, Adrien, Histoire de la Société des Missions Étrangères, 3 Bde., Paris 1894.
Laures, Johannes, Geschichte der katholischen Kirche in Japan, Kaldenkirchen 1956.
Ders., Takayama Ukon und die Anfänge der Kirche in Japan, in: Missionswissenschaftliche Abhandlungen und Texte 18, 274–279.
Lea, Henry Charles, Geschichte der Inquisition im Mittelalter, 3 Bde., New York 1888 = Frankfurt/M. 1997.
Ders., The Martyrdom of San Pedro Arbués, New York 1889.
Le Brun, Jacques, Politik und Spiritualität. Die Herz-Jesu-Verehrung in der neueren Zeit, in: Concilium 7 (1971) 617–624.
Lédochowska, Thérèse/Montagna, Davide-Marie/Rocca, Giancarlo, Art. Orsoline, in: DIP VI 834–857.
Likowski, Ernst, Geschichte des allmählichen Verfalls der unierten ruthenischen Kirche im XVIII. und XIX. Jahrhundert unter polnischem und russischem Szepter, 2 Bde., Posen 1885–1887.
Lill, Rudolf, Geschichte Italiens in der Neuzeit, Darmstadt ⁴1988.
Ders., Das Zeitalter der Restauration, in: Martin Greschat (Hg.), Das Papsttum II. Vom Großen Abendländischen Schisma bis zur Gegenwart, Stuttgart u.a. 1985, 171–183.
Litta, Pompeo, Famiglie celebri italiane, 11 Bde., Mailand/Turin 1819–1888 (zit.: Litta I–XI).
Liverani, Francesco, Das Leben und Leiden des seligen Märtyrers Johannes Sarkander ..., Olmütz 1860.
Llorca, Bernardino, La inquisición en España, Barcelona ⁴1940.

Lluch, Ramón Robres, Art. Giovanni de Ribera, in: BS VI 1053–1059.
Lodi, Enzo, Contributi di metodologia storiografica del card. Lambertini all'agiografia bolognese, in: Cecchelli, Benedetto XIV I 311–340.
Lodolini, Armando, L'amministrazione pontificia del „Buon Governo", in: Gli archivi Italiani 6 (1919), 181–236.
Löw, Giuseppe, Art. Beatificazione II, in: EC II 1096–1100.
Ders., Art. Canonizzazione, II. La canonizzazione nella storia, in: EC III 571–607.
Ders., Art. Triduo, Ottavario (Ottiduo), Novena, in: EC XII 516–519.
Lombardi, Teodosio, Benedetto XIV e gli ordini religiosi, in: Cecchelli, Benedetto XIV I 509–604.
L'ordine de Santa Maria della Mercede (1218–1992). Sintesi storica, Rom 1997.
Lorenzetti, Giulio, Ca' Rezzonico, Venedig 1936.
Lucius, Ernst, Die Anfänge des Heiligenkults in der christlichen Kirche, Tübingen 1904.
Lübbe, Hermann, Säkularisierung. Geschichte eines ideenpolitischen Begriffs, Freiburg – München ²1975.

Maccarone, Michele, Die Cathedra Petri im Hochmittelalter. Vom Symbol des päpstlichen Amtes zum Kultobjekt, in: Römische Quartalschrift 75 (1980), 171–207; 76 (1981) 137–172.
Ders., La „cathedra sancti Petri" nel Medioevo: da simbolo a reliquia, in: Piero Zerbi/Raffaello Volpini/Alessandro Galuzzi (Hg.), Romana Ecclesia, Cathedra Petri, Bd. II, Rom 1991, 1249–1373.
Machilek, Franz, Welehrad und die Cyrill-Method-Idee im 19. und 20. Jahrhundert, in: Archiv für Kirchengeschichte von Böhmen – Mähren – Schlesien 6 (1982) 156–183.
Maier, Hans, Die Französische Revolution und die Katholiken, in: ders. (Hg.), Nachdenken über das Christentum. Reden und Aufsätze, München 1992, 38–51.
Ders., Die Französische Revolution und die Kirchen, in: Venanz Schubert (Hg.), Die Französische Revolution. Wurzeln und Wirkungen, St. Ottilien 1989, 155–189.
Ders., Revolution und Kirche. Zur Frühgeschichte der Christlichen Demokratie, Freiburg/Br. – Basel – Wien ⁵1988.
Malone, Edward E., The monk and the martyr. The monks as the successor of the martyr. A dissertation (The Catholic University of America Studies in Christian Antiquity 12), Washington D.C. 1950.
Manns, Peter (Hg.), Die Heiligen in ihrer Zeit, 2 Bde., Mainz 1966 (zit.: Manns, Die Heiligen in ihrer Zeit I–II).
Manzini, Luigi M., Il card. Luigi Lambruschini (Studi e testi 203), Vatikanstadt 1960.
Mapelli, Celestino/Della Croce, Giovanni, Padre Giovanni Maria Alfieri, Priore Generale dei Fatebenefratelli, un corrispondente della carità 1807–1888, 2 Bde., Rom 1988.
March, José Maria, El restaurador de la Compagnia de Jesús, beato José Pignatelli, y su tiempo, 2 Bde., Barcelona 1935–1944.
Marchi, Giuseppe de, Le nunziature apostoliche dal 1800 al 1956 (Sussidi eruditi 13), Rom 1957 (zit.: Marchi).
Marconi, Giuseppe Loreto, Ragguaglio della vita del Servo di Dio Benedetto Labre, francese, Rom 1783; deutsch: Augsburg 1787.
Marduel, M[arianne], Sainte Marguérite-Marie, sa physionomie spirituelle, Paray-le-Monial 1964.
Margiotti, Fortunato, La Cina cattolica al traguardo della marturità, in: Metzler, Sacrae Congregationis De Propaganda Fide memoria rerum III/1 508–540.
Mariani, Goffredo, Art. Giacinta Marescotti, in: BS VI 322–324.
Mariani, Luciana/Tarolli, Elisa/Seynaeve, Marie, Angela Merici. Contributo per una biografia, Mailand 1986.
Marino, Adelmo, La questione delle feste religiose e la loro riduzione al tempo di Benedetto XIV, in: Cecchelli, Benedetto XIV I 677–694.

Mariotti, Maria, Rapporti tra vescovi e religiosi in Calabria (attraverso i sinodi diocesani 1574–1795), in: Pellegrino/Gaudioso, Ordini religiosi I 302–324.

Maritz, Heinz, Die Selig- und Heiligsprechung, in: Joseph Listl/Heribert Schmitz (Hg.), Handbuch des katholischen Kirchenrechts, Regensburg ²1999, 1023f.

Martin, Joseph, Leben des P. Pieter Beckx, General der Gesellschaft Jesu, Ravensburg 1897.

Martina, Giacomo, Osservazioni sullo studio della santità in età contemporanea, in: Boesch Gajano, Santità, culti, agiografia 91–104.

Ders., Pio IX, 3 Bde. (Miscellanea Historiae Pontificiae 38, 51, 58), Rom 1974–1990 (zit.: Martina I–III).

Ders., Storia della Chiesa da Lutero ai nostri giorni, Bd. III: L'età del liberalismo, Brescia 1995 (zit.: Martina, Storia della Chiesa III).

Martyrs de la Corée, du Tonkin, de la Cochinchine et de la Chine, in: Analecta Iuris Pontificii, vol. 25, Rom 1858, 531–593.

Mascareñas, Juan, Vida, virtudes y maravillas del ven. siervo de Dios Fr. Juan Pecador, religioso de la Orden de S. Juan de Dios y fundadór del hospital de ciudad de Jerez de la Frontera, Madrid 1665 = El pobrecillo esclavo de los pobres de Cristo, Jerez 1981.

Masetti Zannini, Gian Ludovico, Giuseppe Maria Tomasi, C.R., Cardinale Santo e Liturgista Principe, Rom 1986.

Ders., Prospero Lambertini e la sua educazione al Collegio Clementino (1689–1692), in: Cecchelli, Benedetto XIV I 141–160.

Ders., Art. Tomasi, Giuseppe Maria, in: BS XII 530–533.

Masson, Jean, Art. Dufresse (Jean-Gabriel-Taurin), in: DHGE XIV 1006f.

Ders., Art. Japon, in: DHGE XXVI 994–1010.

Mastai-Ferretti, Giovanni, Viaggio al Chile di G.M. Mastai, Rom 1846.

Matteucci, Benvenuto, Art. Passionei, Domenico, in: EC IX 922–924.

Mattoni, Giovanni Battista, Nei sentieri della Sapienza. Vita di San Giuseppe Maria Tomasi teatino, cardinale di S. Romana Chiesa, Palermo 1986.

Matzke, Josef, Der selige Johannes Sarkander (Schriftenreihe des Sudetendeutschen Priesterwerkes Königstein/Ts. 7), Königstein 1960.

Ders., Mährens frühes Christentum (Schriftenreihe des Sudetendeutschen Priesterwerkes Königstein/Ts. 13), Königstein 1969.

Ders., Die Olmützer Erzbischöfe (Schriftenreihe des Sudetendeutschen Priesterwerkes Königstein/Ts. 18), Königstein 1973.

Ders., Die Olmützer Fürstbischöfe (Schriftenreihe des Sudetendeutschen Priesterwerkes Königstein/Ts. 19), Königstein 1974.

Ders., Zur Siedlungsgeschichte von Alt-Olmütz (Schriftenreihe des Heimatverbandes Olmütz und Mittelmähren 22) Steinheim/Main 1976.

Ders., Wallfahrtsorte des Ostsudetenlandes (Sudetenland – Marianisches Land 3; Schriftenreihe des Sudentendeutschen Priesterwerkes Königstein/Ts. 3,3), Königstein 1956.

McManus, Frank R., The Congregation of Sacred Rites. Dissertation (The Catholic University of American Canon Law Studies 352), Washington D.C 1954.

Menniti Ippoliti, Antonio, La Curia Romana al tempo di Gregorio Barbarigo, in: Billanovich/Gios, Gregorio Barbarigo I 129–146.

Menozzi, Daniele, Le chiese italiane e la rivoluzione: il caso di Bologna, in: ders. (Hg.), La Chiesa italiana e la Rivoluzione francese, Bologna 1990, 121–179.

Ders., Devozione al Sacro Cuore e instaurazione del regno sociale di Cristo: la politicizzazione del culto nella Chiesa ottocentesca, in: Fattorini, Santi, culti, simboli 161–194.

Mercati, Giovanni, Opuscoli inediti del Beato Cardinale G.M. Tomasi (Studi e Testi 15), Rom 1905.

Merkle, Sebastian, Benedikt XIV. – Benedikt XV., in: Hochland 12 (1914/15) 340–347.

Metzler, Josef, Compendio di Storia della Sacra Congregazione per l'evangelizzazione dei popoli o „De Propaganda Fide" 1622–1972. 350 anni al servizio delle missioni, Rom 1973.

Ders. (Hg.), Sacrae Congregationis De Propaganda Fide memoria rerum. 350 anni a servizio delle missioni ..., 1622–1972, 3 Bde., Rom – Freiburg/Br. – Wien 1971–1976 (zit.: Metzler, Sacrae Congregationis De Propaganda Fide memoria rerum I–III).

Ders., Präfekten und Sekretäre der Kongregation im Zeitalter der neueren Missionsära (1818–1918), in: ders., Sacrae Congregationis De Propaganda Fide memoria rerum III/1 30–66 (zit.: Metzler, Präfekten und Sekretäre).

Ders., Die Synoden in China, Japan und Korea 1570–1931 (Konziliengeschichte, Reihe A), Paderborn u.a. 1980.

Ders., Die Synoden in Indochina 1625–1934 (Konziliengeschichte, Reihe A), Paderborn u.a. 1984.

Meyer, Otto, Translatio Sanctae Cunegundis: 9. September 1201, in: Fränkische Blätter 3 (1951) 73–85.

Mezzadri, Luigi, Le missioni popolari della congregazione della missione nello Stato della Chiesa (1642–1700), in: Rivista di Storia della Chiesa in Italia 33 (1979) 12–44.

Michel, Walter, Das Jesuitentheater, in: Für Gott und die Menschen. Die Gesellschaft Jesu und ihr Wirken im Erzbistum Trier. Katalog-Handbuch zur Ausstellung im bischöflichen Dom- und Diözesanmuseum Trier, 11. September 1991 – 21. Oktober 1991 (Quellen und Abhandlungen zur Mittelrheinischen Kirchengeschichte 66), Mainz 1991, 147–158.

Mikoletzky, Lorenz, Art. Franz II., in: Brigitte Hamann (Hg.), Die Habsburger. Ein biographisches Lexikon, Wien ²1990, 130–134.

Minisci, Teodoro, Santa Maria di Grottaferrata. La chiesa e il monastero, Grottaferrata o.J.

Miscellanea in occasione del IV centenario della Congregazione per le Cause dei Santi (1588–1988), hg. von der Congregazione per le Cause dei Santi, Vatikanstadt 1988.

Mola, Aldo A., Storia della Massoneria italiana dalle origini ai nostri giorni, Mailand 1992.

Molien, Antoine, Art. Arnauld (Jacqueline-Marie-Angélique), in: DHGE IV 489–493.

Molinari, Paolo, Art. Giovanni Berchmans, in: BS VI 963–968.

Ders., Die Heiligen und ihre Verehrung, Freiburg/Br. – Basel – Wien 1964.

Molitor, Wilhelm, Cardinal Reisach (Deutschlands Episcopat in Lebensbildern, Bd. II, Heft IV), Würzburg 1874.

Molmenti, Pompeo, Venezia e il clero, in: Atti del Reale Istituto Veneto di scienze, lettere ed arti, anno accademico 1900/1901, Bd. 60, 2. Teil, 673–684.

Mondani Bortolan, Giuseppe, La famiglia Lambertini e gli ascendenti di Benedetto XIV, in: Cecchelli, Benedetto XIV I 123–140.

Mondo vaticano, passato e presente, hg. von Niccolò Del Re, Vatikanstadt 1995 (zit.: Mondo vaticano).

Monsagrati, Giuseppe, Art. Ferretti, Gabriele, in: DBI XLVII 72–77.

Ders., Art. Fransoni, Giacomo Filippo, in: DBI L 254–256.

Montini, Renzo U., Art. Margotti, Giacomo, in: EC VIII 74f.

Ders., Art. Moroni, Gaetano, in: EC VIII 1423.

Morabito, Giuseppe, Art. Benedetto il Moro, in: BS II 1102f.

Ders., Art. Bernardo da Corleone, in: BS III 42f.

Morello, Giovanni, Art. Cattedra di S. Pietro, in: Mondo Vaticano 243–245.

Moreschini, Cesare A., S. Andrea Bobola, martire della Compagnia di Gesù, Isola del Liri 1938.

Moroni, Gaetano (Hg.), Dizionario di erudizione storico-ecclesiastica, 103 Bde., Venedig 1840–1861 (zit.: Moroni I–CIII).

Moßmaier, Eberhard, Fidelis von Sigmaringen, in: Manns, Die Heiligen in ihrer Zeit II 241–243.

Ders., Laurentius von Brindisi, in: Manns, Die Heiligen in ihrer Zeit II 239–241.

Mousnier, Roland, L'homme rouge ou la vie du cardinal de Richelieu (1585–1642), Paris 1992.

Müller, Gerhard Ludwig, Katholische Dogmatik für Studium und Praxis der Theologie, Freiburg/Br. – Basel – Wien 1995.

Ders., Gemeinschaft und Verehrung der Heiligen. Geschichtlich-systematische Grundlegung der Hagiologie, Freiburg/Br. – Basel – Wien 1986.
Ders., Die Verehrung der Heiligen in der Sicht der katholischen Dogmatik, in: Peter Dinzelbacher/Dieter R. Bauer (Hg.), Heiligenverehrung in Geschichte und Gegenwart, Ostfildern 1990, 345–357.
Müller, Heribert, Die Franzosen, Frankreich und das Basler Konzil (1431–1449), 2 Bde. (Konziliengeschichte, Reihe B), Paderborn u.a. 1990.
Müller, Johannes, Das Jesuitendrama in den Ländern deutscher Zunge vom Anfang (1555) bis zum Hochbarock (1665), 2 Bde., Augsburg 1930.
Mulders, Alphons, Missionsgeschichte. Die Ausbreitung des katholischen Glaubens, Regensburg 1960.
Musatti, Gabriele, Art. Giacomo II, in: EC VI 325.
Musolini, Giovanni/Niero, Antonio/Tramontin, Silvio (Hg.), Santi e beati veneziani. Quaranta profili, Venedig 1963 (zit.: Musolini/Niero/Tramontin, Santi e beati veneziani).
Muzzarelli, Alfonso, Dell'obligo dei pastori in tempo di persecuzione. Opuscolo del conte canonico Alfonso Muzzarelli per servire di apologia alla generosa fermezza dei zelanti Pastori della Chiesa Gallicana in questi tempi, Foligno 1791.

Nachbaur, Sigmund, Der heilige Johannes Franziskus Regis aus der Gesellschaft Jesu, Freiburg/Br. 1924.
Nacken, Heinrich, Probleme bei den Selig- und Heiligsprechungsprozessen, in: Hans J. Limburg/Heinrich Rennings (Hg.), Beglaubigtes Zeugnis. Selig- und Heiligsprechungen in der Kirche, Würzburg 1989, 71–78.
Nanni, Stefania, Il mondo nuovo delle missioni (1792–1861), in: Fattorini, Santi, culti, simboli 401–427.
Napoletano, Patrizia, Art. Sacri Cuori, Sacro Cuore di Gesù, Sacro Cuore di Maria, in: DIP VIII 258–274.
Naruscewicz, Pietro/Fini, Giosuè, Giosafat Kuncewycz, in: BS VI 545–548.
Naselli, Carmelo Amedeo, La soppressione napoleonica delle corporazioni religiose. Contributo alla storia religiosa del primo Ottocento italiano 1808–1814 (Miscellanea Historiae Pontificiae 52), Rom 1986.
Nedbal, Johannes, Art. Freimaurerei, in: Hans Gaspe/Joachim Müller/Friederike Valentin (Hg.), Lexikon der Sekten, Sondergruppen und Weltanschauungen. Fakten, Hintergründe, Klärungen, Freiburg/Br. – Basel ⁴1995, 321–328.
Nemec, Jaroslav, L'archivio della Congregazione per le Cause dei Santi (ex-S. Congregazione dei Riti), in: Miscellanea in occasione del IV centenario della Congregazione per le Cause dei Santi (1588–1988) 339–352.
Netanyahu, Benzion, The origins of the Inquisition in Fifteenth Century Spain, New York 1995.
Neu, Augustin, Johann Philipp Roothaan, der bedeutendste Jesuitengeneral neuerer Zeit, Freiburg/Br. 1928.
Neumayr, Maximilian, Veronika Giuliani, in: Manns, Die Heiligen in ihrer Zeit II 371f.
Nevett, A.M., John de Britto and his times, Anand/Indien 1980.
Nientiedt, Klaus, Neue Heilige – immer zahlreicher und umstrittener. Zur Selig- und Heiligsprechungspraxis unter Johannes Paul II., in: Herder-Korrespondenz 45 (1991) 572–577.
Niero, Antonio, L'iconografia di San Gregorio Barbarigo nel Patriarcato di Venezia, in: Billanovich/Gios, Gregorio Barbarigo II 1179–1223.
Ders., Art. Pietro Orseolo, in: BS X 852–859.
Ders., Spiritualità dotta e popolare, in: Bertoli, La Chiesa di Venezia nel Settecento 127–157.
Nigg, Walter, Große Heilige, Zürich 1986.

Odoardi, Giovanni, Art. Bonaventura da Potenza, in: BS III 300f.

Oliger, Livario, Art. Agiografia, in: EC I 449–454.
Orazi Ausenda, Renata, Art. Belluga Moncada, Luis Antonio, in: EC II 1200f.
Orcibal, Jean, Art. Duvergier de Hauranne, Jean, in: DHGE XIV 1216–1241.
Ders., Jean Duvergier de Hauranne, Abbé de Saint-Cyran, et son temps, 2 Bde., Paris 1948.
Ders., Saint-Cyran et le jansénisme, Paris 1961.
L'ordine di Santa Maria della Mercede (1218–1992). Sintesi storica, Rom 1997.
Ordini religiosi e società nel Mezzogiorno moderno (Atti del seminario di Studio Lecce), 3 Bde., Lecce 1987.
Orlandi, Giuseppe, S. Alfonso Maria de Liguori e l'ambiente missionario napoletano nel Settecento: la compagnia di Gesù, in: Spicilegium Historicum congregationis SSmi Redemptoris 38 (1990) 5–195.
Ders., Centocinquanta anni fa Alfonso de Liguori veniva proclamato santo: Spicilegium Historicum Congregationis SSmi Redemptoris 38 (1990) 237–247.
Ders., Benedetto XIV, S. Alfonso Maria de Liguori e i redentoristi, in: Cecchelli, Bendetto XIV I 605–627.
Ders., I redentoristi napoletani tra rivoluzione e restaurazione, in: Spicilegium Historicum Congregationis SSmi Redemptoris 42 (1994) 179–229.
Ders., Il Regno di Napoli nel Settecento. Il mondo di S. Alfonso Maria de Liguori (Spicilegium Historicum Congregationis SSmi Redemptoris 44), Rom 1996.
Ders., Vera e falsa santità in alcuni predicatori popolari e direttori di spirito del Sei e Settecento, in: Gabriella Zarri (Hg.), Finzione e santità tra medioevo ed età moderna, Turin 1991, 435–463.
Ortalli, Gherardo, Petrus I. Orseolo und seine Zeit. Anmerkungen zur Geschichte der Beziehungen zwischen Venedig und dem Ottonischen Reich (Centro Tedesco di Studi Veneziani. Quaderni 39), Venedig 1990.
Orth, Stefan, Heiligenverehrung heute, in: Herder-Korrespondenz 53 (1999) 55–57.
Oswald, Julius/Rummel, Peter (Hg.), Petrus Canisius – Reformer der Kirche. Festschrift zum 400. Todestag des zweiten Apostels Deutschlands, Augsburg 1996.

Pacca, Bartholomäus, Historische Denkwürdigkeiten Sr. Eminenz des Cardinals Bartholomäus Pacca, über seinen Aufenthalt in Deutschland in den Jahren 1786 bis 1794 ..., Augsburg 1832.
Paci, Renzo, Art. Cadolini, Ignazio Giovanni, in: DBI XVI 88.
Paciocco, Roberto, „Sublima negotia". Le canonizzazioni dei santi nella curia papale e il nuovo ordine dei Frati minori, Padua 1996.
Paciuszkiewicz, Mirosław (Hg.), Będę jej głównym patronem: o świętym Andrzeju Boboli, Krakau 1995.
Padovani, Umberto Antonio, La soppressione della Compagnia di Gesù a Napoli, Neapel 1962.
Pagiaro, Sergio, Il santuario di S. Angela Merici, Brescia 1985.
Palazzini, Pietro, La perfettibilità della prassi processuale di Benedetto XIV nel giudizio di Pio XII, in: Miscellanea in occasione del IV centenario della Congregazione per le Cause dei Santi (1588–1988) 61–87.
Palese, Salvatore, L'attività dei Vincenziani di terra d'Otranto nell'età moderna. Fonti e Metodo, in: Pellegrino/Gaudioso, Ordini religiosi II 381–409.
Palumbo, Lorenzo, Enti ecclesiastici e congiuntura nell'età moderna. Proposte per la rilettura delle carte patrimoniali degli ordini religiosi, in: Pellegrino/Gaudioso, Ordini religiosi II 441–466.
Papa, Egidio, Art. Francesco de Geronimo, in: BS V 1201–1204.
Papa, Giovanni, La Sacra Congregazione dei Riti nel primo periodo di attività (1588–1634), in: Miscellanea in occasione del IV centenario della Congregazione per le Cause dei Santi (1588–1988) 13–52.

Paschini, Pio, Art. Paleotti, Gabriele, in: EC IX 600.
Ders., Art. Spinola, Famiglia, in: EC XI 1125f.
Pascucci, Vittorio, Art. Chierici regolari della Madre di Dio, in: DIP II 909–912.
Passerin d'Entrèves, Ettore, Art. Cavour, Camillo Benso Conte, in: DBI XXIII 120–138.
Pastor, Ludwig Frhr. von, Geschichte der Päpste seit dem Ausgang des Mittelalters, 16 Bde., Freiburg/Br. [5–7]1925–1933 (zit.: Pastor I–XVI).
Pásztor, Edith, Art. Albergati, Niccolò, in: DBI I 619–621.
Dies., Art. Stefano, in: BS XII 19–22.
Pásztor, Lajos, Archivio della Congregazione dei Riti, in: ders. (Hg.), Giuda delle fonti per la storia dell'America Latina negli archivi della Santa Sede e negli archivi ecclesiastici d'Italia, Vatikanstadt 1970, 339–344.
Pavlyk, Partenio, Nicola Contieri, il postulatore e l'autore della vita di S. Giosafat, in: Analecta Ordinis S. Basilii Magni, Series II, Sectio III, Bd. VI, Rom 1967, 201–216.
Pavone, Mario, I Tomasi di Lampedusa nei secoli XVII e XVIII (Pubblicazioni del Centro Studi „G.B. Hodierno" di Ragusa 2), Ragusa 1987.
Pedica, Stefano, Art. Angela Merici, in: BS I 1191–1195.
Pedot, Lino M., La Sacra Congregazione De Propaganda Fide e le Missioni del Giappone (1622–1838), Vicenza 1946.
Pellegrini, Carlo, San Girolamo Miani, i Somaschi e la cura degli orfani nel sec. XVI, in: San Girolamo Miani e Venezia. Nel V. centenario della nascita, Venedig 1986, 9–38.
Pellegrino, Bruno/Gaudioso, Francesco (Hg.), Ordini religiosi e società nel Mezzogiorno moderno. Atti del seminario di studio (Lecce, 29–31 gennaio 1986), 2 Bde., Lecce 1987 (zit.: Pellegrino/Gaudioso, Ordini religiosi I–II).
Petersohn, Jürgen, Bischof und Heiligenverehrung, in: Römische Quartalschrift 91 (1996) 207–229.
Ders., Die päpstliche Kanonisationsdelegation des 11. und 12. Jahrhunderts und die Heiligsprechung Karls des Großen, in: Stephen Kuttner (Hg.), Proceedings of the 4. International Congress of Medieval Canon Law. Toronto, 21–25 august 1972, Vatikanstadt 1976, 163–206.
Ders. (Hg.), Politik und Heiligenverehrung im Hochmittelalter (Vorträge und Forschungen, hg. vom Konstanzer Arbeitskreis für mittelalterliche Geschichte 42), Sigmaringen 1994.
Petrocchi, Massimo, Storia della spiritualità italiana, Turin 1996.
Piacentini, Ernesto, L'infallibilità papale nella canonizzazione dei santi, in: Monitor Ecclesiasticus. Commentarius internationalis juris canonici 117 (1992) 91–132.
Pierini, Caterina, La spiritualità di S. Caterina de' Ricci nel suo epistolario, Rom 1994.
Pietramellara, Giacomo, Elenco delle famiglie nobili Bolognese, Bari 1908.
Pignatelli, Giuseppe, Art. Bofondi, Giuseppe, in: DBI XI 172f.
Ders., Art. Calini, Ferdinando, in: DBI XVI 722f.
Ders., Art. Calini, Lodovico, in: DBI XVI 723–725.
Ders., Art. Caracciolo, Diego Innico, in: DBI XIX 335–337.
Pii, Eluggero, Un aspetto della reazione cattolica: il caso Spedalieri, in: Daniele Menozzi (Hg.), La Chiesa italiana e la Rivoluzione francese, Bologna 1990, 47–74.
Pio XII, La figura, il pensiero e le opere del Sommo Pontefice Benedetto XIV, in: Discorsi e radiomessaggi di Sua Santità Pio XII, Bd. XX, Vatikanstadt 1959, 450–472.
Piolanti, Antonio, Art. Wiseman, Nicholas Patrick, in: EC XII 1704–1706.
Pirotte, Jean, Japon (Martyrs du), in: DHGE XXVI 1024–1032.
Pirri, Pietro, Art. Acquaviva, Rodolfo, in: DBI I 183f.
Ders., La Questione Romana 1856–1864, 2 Bde. (Miscellanea Historiae Pontificiae 16–17), Rom 1951.
Ders., Vita del servo di Dio Carlo Odescalchi, Isola del Liri 1935.
Platelle, Henri, Art. Pietro di Arbuès, in: BS X 665.

Plöchl, Willibald M., Geschichte des Kirchenrechts, Bd. III: Das katholische Kirchenrecht der Neuzeit. Erster Teil, Wien – München 1959.

Plongeron, Bernard, Chiesa e rivoluzione: i sacerdoti emigrati a Roma e a Londra raccontano (1792–1802), in: Daniele Menozzi (Hg.), La chiesa italiana e la Rivoluzione francese, Bologna 1990, 75–120.

Po-chia Hsia, Ronnie, Gegenreformation. Die Welt der katholischen Erneuerung 1540–1770, Frankfurt/M. 1998.

Pohlmann, Constantin, Leonhard von Porto Maurizio, in: Manns, Die Heiligen in ihrer Zeit II 379–381.

Polc, Jaroslav V., Art. Giovanni Nepomuceno, in: BS VI 847–855.

Polívka, Miloslav, Art. Johannes v. Pomuk, in: LMA V 595.

Polonyi, Andrea, Römische Katakombenheilige – Signa authentischer Tradition. Zur Wirkungsgeschichte einer Idee in Mittelalter und Neuzeit, in: Römische Quartalschrift 89 (1994) 245–259.

Ponti, Ermanno, Il Banco di Santo Spirito e la sua funzione economica in Roma papale (1605–1870), Rom 1951.

Pottino, Filippo Benedetto, Il Beato Giuseppe Maria Tomasi nella vita e nelle opere, Palermo ²1916.

Pratesi, Riccardo, Art. Bonaventura da Barcellona, in: BS III 283–285.

Preto, Paolo, Art. Corner, Flaminio, in: DBI XXIX 191–193.

Prinz, Friedrich, Die Böhmischen Länder von 1848 bis 1914, in: Karl Bosl (Hg.), Handbuch der Geschichte der Böhmischen Länder, Bd. III, Stuttgart 1968, 3–235.

Proja, Giovanni Battista, Art. Giovanni Battista de Rossi, in: BS VI 959–963.

Ders., Art. Keumurdjian, Gomidas, in: BS VII 1042–1043.

Puza, Richard, Die Konzilskongregation. Ein Einblick in ihr Archiv, ihre Verfahrensweise und die Bedeutung ihrer Entscheidungen von ihrer Errichtung bis zur Kurienreform Pius X. (1563–1908), in: Römische Quartalschrift 90 (1995) 23–42.

Raab, Heribert, Zur Geschichte der Herz-Jesu-Verehrung im Mittelrheingebiet während des 18. Jahrhunderts, in: Franz Rudolf Reichert (Hg.), Beiträge zur Mainzer Kirchengeschichte in der Neuzeit. Festschrift Anton Philipp Brück, Mainz 1973, 177–190.

Ders., Das Jahrhundert der Aufklärung, in: Martin Greschat (Hg.), Das Papsttum II: Vom Großen Abendländischen Schisma bis zur Gegenwart, Stuttgart u.a. 1985, 141–157.

Radice, Gianfranco, Pio IX e Antonio Rosmini (Studi Piani 1), Vatikanstadt 1974.

Radó, Polycarp, Enchiridion Liturgicum complectens theologiae sacramentalis et dogmata et leges, Bd. I, Rom – Freiburg/Br. – Barcione 1961.

Raes, Alfonso, Art. Ruteni, in: EC X 1482–1492.

Raggi, Angelo Maria, Art. Francesco Saverio, in: BS V 1226–1238.

Rahner, Karl, Vom Geheimnis der Heiligkeit, der Heiligen und ihrer Verehrung, in: Manns, Die Heiligen in ihrer Zeit I 9–26.

Ders., Die Kirche der Heiligen, in: ders., Schriften zur Theologie, Bd. III: Zur Theologie des geistlichen Lebens, Einsiedeln – Zürich – Köln 1967, 111–126.

Ders./Ratzinger, Joseph, Episkopat und Primat (Quaestiones Disputatae 11), Freiburg/Br. – Basel – Wien 1961.

Ranke, Leopold von, Die römischen Päpste in den letzten vier Jahrhunderten, Wien o.J.

Ratzinger, Joseph, in: Notizen, in: Herder-Korrespondenz 43 (1989) 192.

Rauch, Winthir, Joseph von Copertino, in: Manns, Die Heiligen in ihrer Zeit II 367–370.

Ravier, André, Petite vie de Jeanne de Chantal, Paris 1992.

Rayez, André, Art. Pietro Claver, in: BS X 818–821.

Razzi, Serafino, Vita di Santa Caterina de' Ricci, Florenz 1965.

La Recezione del pensiero Alfonsiano nella Chiesa. Atti del congresso in occasione del terzo

centenario della nascita di S. Alfonso Maria de Liguori. Roma 5–7 marzo 1997 (Bibliotheca Historia Congregationis SSmi Redemptoris 18), Rom 1998.
Redigonda, Luigi Abele, Art. Massias (Marcías), Giovanni, in: BS IX 11.
Relazione del Martirio di due cristiani nel Tonkino, o. Ort, o.J.
Repertorium der diplomatischen Vertreter aller Länder seit dem Westfälischen Frieden (1648), hg. von Friedrich Hausmann, Bd. II: 1716–1763, Zürich 1950 (zit.: Repertorium der diplomatischen Vertreter).
Rey-Mermet, Théodule, Il santo del secolo dei lumi: Alfonso de' Liguori (1696–1787), Rom ²1993.
Rhode, Gotthold, Kleine Geschichte Polens, Darmstadt 1965.
Riccardi, Andrea, Il Martirio: un modello per il cristiano nel mondo islamico tra Ottocento e Novecento? Il caso dei martiri di Damasco nel 1860, in: Fattorini, Santi, culti, simboli 259–283.
Richstätter, Karl, Die Herz-Jesu-Verehrung des deutschen Mittelalters. Nach gedruckten und ungedruckten Quellen, Regensburg – München ²1924.
Rienzo, Maria Gabriella, Il processo di cristianizzazione e le missioni popolari nel mezzogiorno. Aspetti istituzionali e socio-religiosi, in: Galasso/Russo, Per la storia 439–481 (zit.: Rienzo, Il processo).
Ries, Markus, Heiligenverehrung und Heiligsprechung in der Alten Kirche und im Mittelalter. Zur Entwicklung des Kanonisationsverfahrens, in: Manfred Weitlauf (Hg.), Bischof Ulrich von Augsburg 890–973. Seine Zeit – sein Leben – seine Verehrung. Festschrift aus Anlaß des tausendjährigen Jubiläums seiner Kanonisation im Jahre 993, Weißenhorn 1993, 143–167.
Rieß, Florian, Der selige Petrus Canisius aus der Gesellschaft Jesu, Freiburg/Br. 1865.
Rispal, Antoine, Art. Astros, Paul-Thérèse David D', in: Nouvelle Biographie Général III 485f.
Roberg, Burkhard, Verkehrung der Fronten? Bartolomeo Pacca und der Nuntiaturstreit 1785–1794, in: Alexander Koller (Hg.), Kurie und Politik. Stand und Perspektiven der Nuntiaturberichtsforschung (Bibliothek des Deutschen Historischen Instituts in Rom 87), Tübingen 1998, 376–394.
Rocchi, Antonio, La badia di Grottaferrata, Rom ²1904.
Rösch, Eva Sybille/Rösch, Gerhard, Venedig im Spätmittelalter 1200–1500, Freiburg/Br. – Würzburg 1991.
Rösch Widmann, Eva S[ybille], I Widmann. Le vicende di una famiglia veneziana dal Cinquecento all'Ottocento (Quaderni 15), Venedig 1980.
Rösch, Gerhard, Art. Orseolo, in: LMA VI 1476f.
Romanelli, Giandomenico/Pedrocco, Filippo, Ca' Rezzonico, Mailand 1986.
Rosa, Enrico, Nel secondo centenario della prima confraternità del Sacro Cuore di Gesù in Roma (1729–1929), Rom 1929.
Rosa, Mario, Art. Alessandro VII, in: DBI II 205–215.
Ders., Art. Benedetto XIV, in: DBI VIII 393–408 (zit.: Rosa, Art. Benedetto XIV).
Ders., Prospero Lambertini tra „regolata devozione" e mistica visionaria, in: Gabriella Zarri (Hg.), Finzione e santità tra medioevo ed età moderna, Turin 1991, 521–549.
Ders., Regalità e „douceur" nell'Europa dell '700: La contrastata devozione al Sacro Cuore, in: Francesco Traniello (Hg.), Dai Quaccheri a Gandhi. Studi di storia religiosa in onore di Ettore Passerin d'Entrèves, Bologna 1988, 71–98.
Rossi, Angelo, Cardinali santi, Rom 1994.
Rouet de Journel, M[arie] J[osephine], La compagnie de Jésus en Russie. Un Collège de Jésuites en Saint-Petersbourg 1800–1816, Paris 1922.
Rubino, Antonio, Art. Mercedari, in: DIP V 1219–1228.
Ruggeri, Costantino, Testimonia de b. Nic. Albergati ..., Rom 1744.
Rummel, Peter, Canisiusverehrung im Bistum Augsburg, in: Julius Oswald/Peter Rummel

(Hg.), Petrus Canisius – Reformer der Kirche. Festschrift zum 400. Todestag des zweiten Apostels Deutschlands, Augsburg 1996, 275–299.

Ruspoli, Francesco Maria, Compendio della vita, virtù e miracoli della B. Giacinta Marescotti ..., Rom 1726.

Ruspoli, Sforza, I Marescotti, Florenz 1914.

Russo, Francesco, Presenza francescana in Calabria in età moderna (sec. XVI–XVIII), in: Pellegrino/Gaudioso, Ordini religiosi I 257–267.

Russo de Caro, Erina, Giacinta, la santa degli emarginati, Gaeta 1992.

Russotto, Gabriele, Art. Camacho, Francesco, in: BS III 704f.

Ders., San Giovanni di Dio e il suo Ordine Ospedaliero, Bd. I, Rom 1969.

Ders., Art. Grande, Giovanni, in: BS VII 145–149.

Ders., L'ordine ospedaliero di S. Giovanni di Dio (Fatebenefratelli). Sintesi storica, Rom 1950.

Ders., Spiritualità Ospedaliera, Rom 1958.

Rzepkowski, Horst, Lexikon der Mission: Geschichte, Theologie, Ethnologie, Graz – Wien – Köln 1992.

Saccarelli, Carl'Antonio, Vita della beata Giovanna Francesca Fremiot di Chantal ..., Rom 1751 (zit.: Saccarelli, Vita).

Sacra Congregazione per le Cause dei Santi, Regolamento della S. Congregazione per le Cause dei Santi, Rom 1983.

Salimberti, Fulvio, La chiesa veneziana nel Seicento, in: Bruno Bertoli (Hg.), La chiesa di Venezia nel Seicento (Contributi alla storia della chiesa di Venezia 5), Venedig 1992, 19–54.

Sallmann, Jean-Michel, Naples et ses saints à l'âge baroque. 1540–1750, Paris 1994.

Ders., Sainteté e societé, in: Boesch Gajano, Santità, culti, agiografia 327–340.

Ders., Il santo e le rappresentazioni della santità, in: Quaderni storici 41 (1979) 584–602.

Samerski, Stefan, Ein Apostel muß kein Priester sein. Im Berlin der zwanziger Jahre berief Maximilian Kaller auch Laien in den Kirchendienst, in: Frankfurter Allgemeine Zeitung, 27. Oktober 1997, 44.

Ders., Jesuiten in Preußen. Toleranzprobleme, in: Patrick Bahners/Gerd Roellecke (Hg.), Preußische Stile. Ein Staat als Kunststück, Stuttgart 2001, 190–203.

Ders., „Sie mußte kein Mauerblümchen mehr sein". Seligkeit nach ordnungsgemäßem Verfahren: Schwester Maria Restituta Kafka als Exempel, in: Frankfurter Allgemeine Zeitung, 18. Dezember 1998, 47.

Sancho de Sopranis, Hipólito, Biografía documentada del beato Juan Grande, O.H., Fundadór del hospital de Candelaria de Jerez de la Frontera, 2 Bde., Jerez 1960.

Sanfilippo, Matteo, Art. Deti, Giovan Battista, in: DBI XXXIX 460f.

S. Maria, Valentino di, Art. Compiègne, XVI Carmelitane, in: BS IV 135–138.

Santoloci, Quirino, Art. Giuseppe Calasanzio, in: BS VI 1321–1330.

Ders., San Giuseppe Calasanzio, un grande amico dei fanciulli, Rom ²1994.

Santovito, Emma, Art. Aldrovandi, Pompeo, in: EC I 741.

Dies., Art. Della Somaglia, Giulio Maria, in: EC IV 1382f.

Sarazani, Fabrizio, Ruspoli, famiglia romana, Rom 1977.

Scarabello, Giovanni, Il Settecento, in: Gaetano Cozzi/Michael Knapton/Giovanni Scarabello (Hg.), La repubblica di Venezia nell'età moderna. Dal 1517 alla fine della Repubblica, Turin 1992, 553–676.

Schalhorn, Andreas, Historienmalerei und Heiligsprechung. Pierre Subleyras (1699–1749) und das Bild für den Papst im 17. und 18. Jahrhundert, München 2000.

Schamoni, Wilhelm/Besler, Wilhelm, Charismatische Heilige. Besondere Gnadengaben bei Heiligen nach Zeugenaussagen aus Heiligsprechungsakten, Stein am Rhein 1989.

Schamoni, Wilhelm, Inventarium Processuum Beatificationis et Canonizationis Bibliothecae

Nationalis Parisiensis provenientium ex Archivis S. Rituum Congregationis typis mandatorum inter annos 1662–1809, Hildesheim – Zürich – New York 1983.
Ders., Johann Sarkander, in: Manns, Die Heiligen in ihrer Zeit II 206–208.
Schatz, Klaus, Der päpstliche Primat. Seine Geschichte von den Ursprüngen bis zur Gegenwart, Würzburg 1990.
Ders., Pius IX., in: Martin Greschat (Hg.), Das Papsttum II: Vom Großen Abendländischen Schisma bis zur Gegenwart (Gestalten der Kirchengeschichte 12), Stuttgart u.a. 1985, 184–202.
Ders., Vaticanum I 1869–1870, 3 Bde. (Konziliengeschichte. Reihe A: Darstellungen), Paderborn u.a. 1992–1994.
Schenk, Hans, Die Böhmischen Länder. Ihre Geschichte, Kultur und Wirtschaft (Historische Landeskunde. Deutsche Geschichte im Osten, Bd. 1), Bonn 1993.
Schenk, Max, Der Apostel einer großen Stadt, Regensburg 1954.
Ders., Die Unfehlbarkeit des Papstes in der Heiligsprechung. Ein Beitrag der theologiegeschichtlichen Seite der Frage (Thomistische Studien 9), Fribourg 1965.
Schieder, Theodor, Friedrich der Große. Ein Königtum der Widersprüche, Berlin ²1996.
Schimmelpfennig, Bernhard, Afra und Ulrich. Oder: Wie wird man heilig? in: Zeitschrift des Historischen Vereins für Schwaben 86 (1993) 23–44.
Schindling, Anton/Ziegler, Walter (Hg.), Die Kaiser der Neuzeit 1519–1918. Heiliges Römisches Reich, Österreich, Deutschland, München 1990.
Schlemmer, Karl (Hg.), Heilige als Brückenbauer. Heiligenverehrung im ökumenischen Dialog, St. Ottilien 1997.
Schleyer, Franz L., Die Weisungen Benedikts XIV. an die Ritenkongregation zur Beurteilung von Wunderheilungen, in: Archiv für katholisches Kirchenrecht 123 (1944/48) 316–438.
Schmidlin, Josef, Gregor XVI. als Missionspapst (1831–46), in: Zeitschrift für Missionswissenschaft und Religionswissenschaft 21 (1931) 209–228.
Ders., Katholische Missionsgeschichte, Steyl [1925].
Ders., Papstgeschichte der neuesten Zeit, 4 Bde., München ²1933–1939 (zit.: Schmidlin I–IV).
Schmidt, Peter, Das Collegium Germanicum in Rom und die Germaniker. Zur Funktion eines römischen Ausländerseminars (1552–1914) (Bibliothek des Deutschen Historischen Instituts in Rom 56), Tübingen 1984.
Schmugge, Ludwig/Hersperger, Patrick/Wiggenhauser, Beatrice, Die Supplikenregister der päpstlichen Pönitentiarie aus der Zeit Pius' II. (1458–1464) (Bibliothek des Deutschen Historischen Instituts in Rom 84), Tübingen 1996.
Schneider, Burkhart, Francesco de Geronimo, in: Manns, Die Heiligen in ihrer Zeit II 362–364.
Ders., Giuseppe Maria Pignatelli, in: Manns, Die Heiligen in ihrer Zeit II 395–398.
Ders., Johannes Berchmans, in: Manns, Die Heiligen in ihrer Zeit II 359–362.
Ders., Art. Pietro Canisio, in: BS X 798–814.
Schöch, Nikolaus, Die Frage der Reduktion der Feiertage bei Benedikt XIV. Eine rechtshistorische Untersuchung (Pontificium Athenaeum Antonianum Facultas Iuris Canonici. Dissertationes ad Doctoratum 106), Rom 1994.
Schoeters, K[arel], De Heilige Joannes Berchmans, Alken ²1940.
Schrott, Alois, Seelsorge im Wandel der Zeiten. Formen und Organisation seit der Begründung des Pfarrinstitutes bis zur Gegenwart. Ein Beitrag zur Pastoralgeschichte, Graz 1949.
Schütz, Alois, Das Geschlecht der Andechs-Meranier im europäischen Hochmittelalter, in: Josef Kirmeier/Alois Schütz (Hg.), Herzöge und Heilige. Das Geschlecht der Andechs-Meranier im europäischen Hochmittelalter (Veröffentlichungen zur bayerischen Geschichte und Kultur 24), Regensburg 1993, 21–185.
Schulin, Ernst, Die Französische Revolution, München ³1990.
Schulz, Winfried, Das neue Selig- und Heiligsprechungsverfahren, Paderborn 1988.

Schwaiger, Georg, Bettelorden (Mendikanten), in: ders. (Hg.), Mönchtum, Orden, Klöster von den Anfängen bis zur Gegenwart. Ein Lexikon, München ²1994, 111–113.

Ders./Seppelt, Franz Xaver, Geschichte der Päpste von den Anfängen bis zur Mitte des zwanzigsten Jahrhunderts, Bd. V: Das Papsttum im Kampf mit Staatsabsolutismus und Aufklärung. Von Paul III. bis zur Französischen Revolution, München ²1959 (zit.: Schwaiger V).

Ders. (Hg.), Mönchtum, Orden, Klöster von den Anfängen bis zur Gegenwart. Ein Lexikon, München ²1994.

Ders., Päpstlicher Primat und Autorität der Allgemeinen Konzilien im Spiegel der Geschichte, München – Paderborn – Wien 1977.

Schwedt, Hermann H., Augustin Theiner und Pius IX., in: Erwin Gatz (Hg.), Römische Kurie. Kirchliche Finanzen. Vatikanisches Archiv. Studien zu Ehren von Hermann Hoberg, 2. Teil (Miscellanea Historiae Pontificiae 46), Rom 1979, 825–868.

Ders., Die römische Kongregation der Inquisition und des Index und die Kirche im Reich (16. und 17. Jahrhundert), in: Römische Quartalschrift 90 (1995), 43–73.

Ders., Art. Tomasi, Giuseppe Maria, in: BBKL XII 318–326.

Scicolone, Ildebrando, Il cardinale Giuseppe Tomasi di Lampedusa e gli inizi della scienza liturgica (Analecta Liturgica 5), Rom ²1982.

Scipioni, Noemi Crostarosa, Art. Aquino-Sora-Pontecorvo, in: EC I 1729.

Scirocco, Alfonso, Art. Ferdinando II., in: DBI XLVI 226–242.

Scorza, Angelo M.G., Le famiglie nobili Genovesi, Genua 1924.

Senyk, Sophia, Die geistlichen Quellen des hl. Josaphat Kunzewyč, in: Der christliche Osten 41 (1986) 246–256.

Dies., The Background of the Union of Brest (Analecta Ordinis S. Basilii Magni 19), Rom 1994.

Seybold, Michael, Art. Unbefleckte Empfängnis, in: Remigius Bäumer/Leo Scheffczyk (Hg.), Marienlexikon VI, St. Ottilien 1994, 519–525.

Sieger, Marcus, Die Heiligsprechung. Geschichte und heutige Rechtslage (Forschungen zur Kirchenrechtswissenschaft 23), Würzburg 1995 (zit.: Sieger).

Silvagni, David, La corte pontificia e la società romana nei secoli XVIII e XIX, Bd. II, Rom 1971.

Simon, Costantino, I ruteni: passato e presente, in: Civiltà Cattolica 1990 (III) 400–412.

Skowron, Czesław, Art. Giovanni Canzio, in: BS VI 644f.

Snider, Carlo, Benedetto XIV. Maestro delle Cause dei Santi (Sonderdruck des Vortrags vom 3. Mai 1958, ohne Ort o.J. (zit.: Snider, Benedetto XIV.).

Sofri, Gianni, Art. Albani, Alessandro, in: DBI I 595–598.

Sommervogel, Carlos, Bibliothèque de la Compagnie de Jésus, Bibliographie, 9 Bde., Brüssel – Paris ²1890–1900 (zit.: Sommervogel).

Soppressioni, in: DIP VIII 1781–1891.

Soranzo, Giovanni, Peregrinus Apostolicus. Lo Spirito pubblico e il viaggio di Pio VI a Vienna, Mailand 1937.

Spadafora, Francesco, Art. Marco, Evangelista, in: BS VIII 711–724.

Spagnolo, Giovanni, Generosità ed espiazione nella vita del beato Bernardo da Corleone, in: D'Alatri, Santi e santità nell'ordine cappuccino I 325–340.

Spahr, Gebhard/Spahr, Colombano, Art. Enrico II, in: BS IV 1240–1244.

Spedicato, Mario, Capacità contributiva ed articolazione patrimoniale dei regolari in terra d'Otranto alla fine dell'antico regime, in: Pellegrino/Gaudioso, Ordini religiosi II 361–379.

Spinola, Fabio Ambrogio, Vita del Padre Carlo Spinola della Compagnia di Giesù, morto per la Santa Fede nel Giappone, Bologna ²1647.

Spiriti, Andrea, „Un bellissimo pezzo di fabbrica". Il Fatebenefratelli tra Barocco e Neoclassico (Monografie di „Arte Lombarda". I monumenti 6), Mailand 1992.

Spreti, Vittorio, Enciclopedia storico-nobiliare italiana, 6 Bde., Mailand 1928–1932 (zit.: Spreti).

Srbik, Heinrich Ritter von, Metternich, der Staatsmann und der Mensch, 2 Bde., München ²1957.
Stabell, Theodor, Lebensbilder der Heiligen in der Ordnung des bürgerlichen Kalenders, 2 Bde., Schaffhausen 1865.
Stano, Gaetano, Il rito della beatificazione da Alessandro VII ai nostri giorni, in: Miscellanea in occasione del IV centenario della Congregazione per le Cause dei Santi (1588–1988) 367–422.
Steinhuber, Andreas, Geschichte des Kollegium Germanikum Hungarikum in Rom, 2 Bde., Freiburg/Br. 1906.
Stella, Aldo, Art. Barbarigo, Agostino, in: DBI VI 50–52.
Stella, Pietro, Le „Vies des saints" di Adrien Baillet: diffusione e recezione in area italiana, in: Sofia Boesch Gajano (Hg.), Raccolte di vite di santi dal XIII al XVIII secolo. Strutture, messaggi, fruizione, Brindisi 1990, 215–234.
Strohmayer, Hermenegild, Der Hospitalorden des hl. Johannes von Gott. Barmherzige Brüder, Regensburg 1978 (zit.: Strohmayer).
Suttner, Ernst Christoph, Österreichs Politik gegenüber der griechisch-katholischen Kirche Galiziens, in: Ostkirchliche Studien 46 (1997), 3–14.
Svoboda, Václav, Die innere Entwicklung des tschechischen Katholizismus in den letzten hundert Jahren, in: Ferdinand Seibt (Hg.), Bohemia Sacra. Das Christentum in Böhmen 973–1973, Düsseldorf 1974, 162–174.

Tacchi Venturi, Pietro, Il beato Roberto Bellarmino. Esame delle nuove accuse contro la Sua Santità, Rom 1923.
Talamo, Giuseppe, Cavour, Rom 1992.
Tannoia, Antonio Maria, Della vita ed istituto del ven. servo di Dio mons. Alfonso de' Liguori, 3 Bde., Neapel 1798–1802 (zit.: Tannoia I–III).
Tapié, Victor Lucien, Maria Theresia. Die Kaiserin und ihr Reich, Graz – Wien – Köln ²1989.
Taurisano, Innocentius, Hierarchia Ordinis Praedicatorum, 1. Teil, Rom ²1916 (zit.: Taurisano).
Tavani, Michele, Vita del B. Giovanni Battista de Rossi …, Rom – Turin 1867.
Tellechea, José Ignacio, Art. Maria Anna di Gesú, de Paredes y Flores, in: BS VIII 1033–1035.
Testore, Celestino, Art. Andrea Bobola, in: BS I 1153–1155.
Ders., Art. Alfonso Rodriguez, in: BS I 861–863.
Ders., Art. Brancati di Lauria, in: EC III 23.
Ders., Art. Dat, Giovanni, in: BS IV 486–488.
Ders., Art. Dufresse, Gabriele Taurino, in: BS IV 851f.
Ders., Sant'Alfonso Rodriguez, Venedig 1938.
[Theiner, Augustinus], Vicende della Chiesa Cattolica di amendue i riti nella Polonia e nella Russia da Caterina II sino a' nostri dì, Lugano 1843.
Thieme, Ulrich/Becker, Felix, Allgemeines Lexikon der bildenden Künstler von der Antike bis zur Gegenwart, Bd. XXIV, Leipzig 1940 = München 1992.
Thils, Gustave, Primauté et infaillibilité du Pontife romain à Vatican I et autres études d'ecclésiologie (Bibliotheca ephemeridum theologicarum Lovaniensium 89), Löwen 1989.
Ting Pong Lee, Ignatius, De jure missionario in Concilio Vaticano, in: Commentarium pro Religiosis et Missionariis 25 (1944/46), 105–137.
Ton, Josef, Suffering, Martyrdom, and Rewards in Heaven, Lanham u.a. 1997.
Toppi, Francesco Saverio, Un evangelizzatore dei poveri: Giuseppe da Leonessa, in: D'Alatri, Santi e santità nell'ordine cappuccino I 99–119.
Torcellan, Gian Franco, Art. Barbarigo, Giovanni Francesco, in: DBI VI 64–66.
Tosti, Mario, Gli ‚atleti della Fede': emigrazione e controrivoluzione nello Stato della chiesa

(1792–1799), in: Daniele Menozzi (Hg.), La Chiesa italiana e la Rivoluzione francese, Bologna 1990, 233–285.
Ders., Vescovi e rivoluzione nello Stato della Chiesa: L'Umbria negli anni 1789–1800, in: Rivista di Storia della Chiesa in Italia 49 (1995) 43–65.
Tramontin, Silvio, Cataloghi dei „santi veneziani", in: Musolini/Niero/Tramontin, Santi e beati veneziani 19–26.
Ders., Flaminio Corner agiografo veneziano, in: Ateneo Veneto n.s. 18 (1980) 39–49.
Ders., S. Girolamo Miani, in: Musolini/Niero/Tramontin, Santi e beati veneziani 277–291.
Ders., Art. Giustiniani, Lorenzo, in: LMA IV 1471f.
Ders., S. Gregorio Barbarigo, in: Musolini/Niero/Tramontin, Santi e beati veneziani 303–317.
Ders., Pietro Acotanto, in: Musolini/Niero/Tramontin, Santi e beati veneziani 137–144.
Trullás, Manuel, San Juan de Britto de la Compañía de Jesús (Lisboa 1647 – Oriur 1693) (Biblioteca „Nuestros santos" 4 febrero), Barcelona 1950.
Turchi, Giacomo, Art. Pacifico da S. Severino Marche, in: BS X 7–9.

Ugolini, Romano/Pirro, Vittorio (Hg.), Giuseppe Petroni. Dallo Stato pontificio all'Italia unita, Neapel 1991.
Unger-Dreiling, Erika, Josafat, Vorkämpfer und Märtyrer für die Einheit der Christen, Wien – Heidelberg 1960.

Valk, Johannes Petrus de, Roomser dan de paus? Studies over de betrekkingen tussen de Heilige Stoel en het Nederlands katholicisme 1815–1940, Nijmegen 1998.
Válka, Josef, Morava, reformace, renesance a baroka (Dejiny Moravý, Bd. 2), Brünn 1995.
Valtierra, Angel, El santo que libertó una raza, San Pedro Claver, S.J., esclavo de los esclavos negros. Su vida y su época, Bogotà 1954.
Vanti, Mario, Art. Camillo de Lellis, in: BS III 707–714.
Vauchez, André, La sainteté en occident aux derniers siècles du moyen âge. D'après les procès de canonisation et les documents hagiographiques, Rom ²1988 (zit.: Vauchez, La sainteté).
Vaughan, Herbert M., The last of the royal Stuarts: Henry Stuart, Cardinal Duke of York, London 1906.
Vendittelli, Marco, Orsini, in: Volker Reinhardt (Hg.), Die großen Familien Italiens, Stuttgart 1992, 389–402.
Venohr, Wolfgang, Der große König. Friedrich II. im Siebenjährigen Krieg, Bergisch Gladbach 1995.
Ventimiglia, Geronimo, Vita della Vergine S. Giacinta Marescotti ..., Rom ²1907.
Veraja, Fabijan, La Canonizzazione equipollente e la questione dei miracoli nelle cause di canonizzazione, in: Appollinaris 48 (1975), 222–245, 475–500 und Apollinaris 49 (1976) 182–200.
Ders., La beatificazione. Storia, problemi, prospettive (Sussidi per lo studio delle cause dei santi 2), Rom 1983.
Ders., Commento alla nuova legislazione per le Cause dei Santi, Rom 1983.
Ders., Heiligsprechung. Kommentar zur Gesetzgebung und Anleitung für die Praxis, Innsbruck 1999.
Vezzosi, Antonio Francesco, I scrittori dei Chierici Regolari, Bd. II, Rom 1780.
Vie de Benoît-Joseph Labré mort a Rome en odeur de sainteté, Lille ¹²1839.
Vierhaus, Rudolf, Säkularisation als Problem der neueren Geschichte, in: Irene Crusius (Hg.), Zur Säkularisation geistlicher Institutionen im 16. und im 18./19. Jahrhundert (Veröffentlichungen des Max-Planck-Instituts für Geschichte 124), Göttingen 1996, 13–30.
Villefranche, J.M., Die japanischen Martyrer, nebst einer Geschichte des Christenthumes in Japan, von seiner Einführung daselbst bis auf die Gegenwart, Mainz 1862.
Vita del beato Giovanni Leonardi, fondatore della Congregazione dei Chierici regolari della Madre di Dio ..., Rom 1861.

Vita della Beata Margherita Maria Alacoque, religiosa professa dell'ordine della visitazione di Santa Maria ..., Rom 1864.
Vlnas, Vít, Jan Nepomucký. Ceská legenda, Prag 1993.
Völkel, Markus, Römische Kardinalshaushalte des 17. Jahrhunderts. Borghese-Barberini-Chigi (Bibliothek des Deutschen Historischen Instituts in Rom 74), Tübingen 1993.
Volpe, Michele, I Gesuiti nel Napoletano. Note ed appunti di storia contemporanea da documenti inediti e con larghe illustrazioni 1814–1914, Bd. I, Neapel 1914.
Vones, Ludwig, Art. Torquemada, Tomás de, in: LMA VIII 878.

Waach, Hildegard, Johanna Franziska von Chantal, Eichstätt 1954.
Wagner, Fritz, Europa im Zeitalter des Absolutismus und der Aufklärung. Die Einheit der Epoche, in: Theodor Schieder (Hg.), Handbuch der europäischen Geschichte, Bd. IV: Europa im Zeitalter des Absolutismus und der Aufklärung, Stuttgart 1968, 1–163.
Wasselynck, René, Art. Germana Cousin, in: BS VI 226f.
Weber, Christoph (Hg.), Kardinäle und Prälaten in den letzten Jahrzehnten des Kirchenstaates. Elite-Rekrutierung, Karriere-Muster und soziale Zusammensetzung der kurialen Führungsschicht zur Zeit Pius' IX. (1846–1878), 2 Teilbde. (Päpste und Papsttum 13,1–2), Stuttgart 1978 (zit.: Weber I u. II).
Ders. (Hg.), Liberaler Katholizismus. Biographische und kirchenhistorische Essays von Franz Xaver Kraus (Bibliothek des Deutschen Historischen Instituts in Rom 57), Tübingen 1983.
Ders., Senatus Divinus. Verborgene Strukturen im Kardinalskollegium der frühen Neuzeit (1500–1800) (Beiträge zur Kirchen- und Kulturgeschichte 2), Frankfurt/M. 1996.
Ders., Die ältesten päpstlichen Staatshandbücher. Elenchus congregationum, tribunalium et collegiorum urbis 1629–1714 (Römische Quartalschrift, Supplementheft 45), Rom – Freiburg/Br. – Wien 1991.
Weber, Peter Johannes, Die Brieffreundschaft zwischen Petrus Canisius und dem Solothurner Patrizier Hans Jakob von Staal d.Ä., in: Freiburger Geschichtsblätter 74 (1997) 93–143.
Weinstein, Donald/Bell, Rudolph M., Saints and Society: The Two Worlds of Western Christendom, 1000–1700, Chicago – London 1982.
Weiß, Otto, Alfons von Liguori und seine Biographen. Ein Heiliger zwischen hagiographischer Verklärung und historischer Wirklichkeit, in: Studia et subsidia de vita et operibus S. Alfonsi Mariae de Liguori (1696–1787), Rom 1990, 151–284.
Ders., Deutsche oder römische Moral? Der Streit um Alfons von Liguori. Ein Beitrag zur Auseinandersetzung zwischen Romanismus und Germanismus im 19. Jahrhundert (Quellen und Studien zur neueren Theologie-Geschichte 5), Regensburg 2001.
Ders., Die Redemptoristen in Bayern (1790–1909). Ein Beitrag zur Geschichte des Ultramontanismus (Münchener Theologische Studien, I. Histor. Abtlg. 22), St. Ottilien 1983.
Weismayer, Josef (Hg.), Mönchsväter und Ordensgründer. Männer und Frauen in der Nachfolge Jesu, Würzburg 1991.
Weitlauff, Manfred, Die Dogmatisierung der Immaculta Conceptio (1854) und die Stellungnahme der Münchener Theologischen Fakultät, in: Georg Schwaiger (Hg.), Konzil und Papst. Historische Beiträge zur Frage der höchsten Gewalt in der Kirche. Festgabe für Hermann Tüchle, München – Paderborn – Wien 1975, 433–501.
Ders., Der Staat greift nach der Kirche. Die Säkularisation von 1802/03 und ihre Folgen, in: ders. (Hg.), Kirche im 19. Jahrhundert, Regensburg 1998, 15–53.
Welykyj, Athanasius, Audientiae Sanctissimi de rebus ucrainae et bielarusjae (1650–1850), Bd. II: 1780–1862 (Analecta Ordinis S. Basilii Magni, Series II, Sectio III), Rom 1965.
Ders., Documenta Pontificum Romanorum Historiam Ucrainae Illustrantia (1075–1953), Bd. II: 1700–1953 (Analecta Ordinis S. Basilii Magni, Series II, Sectio III), Rom 1954.
Ders., Epistolae Jasonis Junosza Smogorzewskyj, Metropolitae Kioviensis Catholici (1780–1788) (Analecta Ordinis S. Basilii Magni, Series II, Sectio III, vol. VIII), Rom 1965.
Ders., Epistolae Metropolitarum Kioviensium Catholicorum: Theodosii Rostockyj, Heraclii

Lisowskyj, Gregorii Kochanowicz, Josaphat Bulhak 1788–1838 (Analecta Ordinis S. Basilii Magni, Series II, Sectio III, vol. 9), Rom 1980.
Ders., Historia Beatificationis et Canonizationis S. Josaphat, in: Analecta Ordinis S. Basilii Magni, Series II, Sectio III, vol. VI = Miscellanea in honorem S. Josaphat, Rom 1967, 1–16.
Ders., S. Josaphat Hieromartyr, 3 Bde. (Analecta Ordinis S. Basilii Magni, Series II, Sectio III), Rom 1952–1967.
Ders., Litterae S.C. de Propaganda fide ecclesiam catholicam ucrainae et bielarusjae spectantes, Bd. VII: 1790–1862 (Analecta Ordinis S. Basilii Magni, Series II, Sectio III), Rom 1957.
Ders., La stampa romana del 1867 sulla canonizzazione di S. Giosafat, in: Analecta Ordinis S. Basilii Magni, Series II, Sectio III, vol. VI = Miscellanea in honorem S. Josaphat, Rom 1967, 254–290.
Wendehorst, Alfred, Art. Heinrich II., in: LMA IV 2037–2039.
Ders., Art. Kunigunde, in: LMA V 1570f.
Wesseling, Klaus-Gunther, Art. Theiner, Augustin, in: BBKL XI 791–795.
Wieland, Franz, Mensa und Confessio. Studien über den Altar der altchristlichen Liturgie, Bd. I: Der Altar der vorkonstantinischen Kirche, München 1906.
Wieser, Johannes, Die Bedeutung der Herz-Jesu-Andacht und des Gebetsapostolates für unsere Zeit. Mit besonderer Berücksichtigung auf Deutschland, Innsbruck 1869.
Wilk, Karl, Der selige Johann Sarkander, Märtyrer des Beichtgeheimnisses, Paderborn 1935.
Willeke, Bernward H., Maßnahmen für die verfolgte Missionskirche in Japan, in: Metzler, Sacrae Congregationis De Propaganda Fide memoria rerum I/2 582–596.
Ders., Die Propagandakongregation und die Erneuerung der japanischen Kirche (1800–1922), in: Metzler, Sacrae Congregationis De Propaganda Fide memoria rerum III/1 541–558.
Winter, Eduard, Der Kampf der ecclesia ruthenica gegen den Rituswechsel, in: Martin Grabmann/Karl Hofmann (Hg.), Festschrift für Eduard Eichmann zum 70. Geburtstag, Paderborn 1940, 237–243.
Ders., Rom und Moskau. Ein halbes Jahrtausend Weltgeschichte in ökumenischer Sicht, Wien 1972.
Wiseman, Nicolaus Cardinal, Erinnerungen an die letzten vier Päpste, Köln 1858.
Wolf, Hubert, Der „Syllabus errorum" (1864). Oder: Sind katholische Kirche und Moderne unvereinbar? in: Weitlauff, Manfred (Hg.), Kirche im 19. Jahrhundert, Regensburg 1998, 115–139.
Wołoszyński, Ryszard W., Art. Maria, Karolina Zofia Felicja Leszczyńska (1703–1768), in: Polski Słownik Biograficzny X 5–8.
Woodward, Kenneth L., Die Helfer Gottes. Wie die katholische Kirche ihre Heiligen macht, München 1991.

Zangelmi, Pier Luigi, Modernità e Attualità di Santa Giacinta Marescotti, Neapel 1982.
Zanotti, Ercole Maria, Vita del B. Niccolò Albergati, Bologna 1757.
Zaragoza, E[rnesto], Art. Guépin (Hildefons-Marie), in: DHGE XXII 670–672.
Zarri, Gabriella, Le sante vive. Cultura e religiosità femminile nella prima età moderna, Turin 1990.
Zatloukal, Pavel/Charouz, Jindřich Z./Hyhlík, Vladimír, Olomouc, Kaple bl. Jana Sarkandra, Olmütz 1992.
Zeis, Anton, Art. Reisach, Karl August Graf von, in: Die Bischöfe 1785/1803–1945, 603–606.
Zelenka, Aleš, Art. Blümegen, Hermann Hannibal Reichsfreiherr (seit 1768 Reichsgraf) von, in: Die Bischöfe 1648–1803, 34f.
Ders., Art. Schrattenbach, Wolfgang Hannibal Graf von, in: Die Bischöfe 1648–1803, 450f.
Ders., Art. Troyer, Ferdinand Julius Graf von, in: Die Bischöfe 1648–1803, 526f.
Zera, Roberto, La fama di santità (Fondamento morale e rilevanza giuridica), Crotone 1984.

Ziegler, Walter, Art. Franz II. 1792–1806, Franz I. von Österreich 1806–1835, in: Anton Schindling/Walter Ziegler (Hg.), Die Kaiser der Neuzeit 1519–1918. Heiliges Römisches Reich, Österreich, Deutschland, München 1990, 289–328.
Zlámal, Bohumil, Blahoslavený Jan Sarkander, Prag ²1990.
Ders., Art. Sarkander, Giovanni, in: BS XI 654–659.
Zoffoli, Enrico, S. Paolo della Croce. Storia critica, 3 Bde., Rom 1962–1968.
Ders., Art. Paolo della Croce, in: BS X 232–257.

Einleitung

Die Selig- und Heiligsprechung, die nach den Worten des gelehrten Kardinals Michele Di Pietro[1] „sicherlich zu den gewichtigsten und bedeutendsten Angelegenheiten der Kirche Gottes"[2] gehört, hat sowohl als kirchliches Rechtsinstitut als auch als öffentlicher Ausdruck des kirchlichen Heilsauftrags unter Johannes Paul II. eine neue Dimension erhalten. Das liegt zum einen an der unproportional gestiegenen Anzahl von Beatifizierten und Kanonisierten, die alle bisherigen Pontifikate in den Schatten stellt[3], zum anderen an der Neuordnung[4] der kirchlichen Prozeßordnung im Jahre 1983. Zudem wird der seit Mitte des 13. Jahrhunderts beanspruchte unfehlbare Charakter der Kanonisation, die der Papst mit der Autorität des Lehramtes vollzieht[5], jüngst noch-

---

[1] Di Pietro (1747–1821), Professor des Kirchenrechts und der Kirchengeschichte am Collegio Romano, unter Pius VI. Sekretär von verschiedenen päpstlichen Kommissionen, Erzbischof von Isauria, 1798 Apostolischer Delegat für die Verwaltung Roms in Abwesenheit des Papstes, 1800 Patriarch von Jerusalem, 1801 Kardinal, 1809 Apostolischer Delegat in Rom, wie der Papst nach Frankreich verschleppt, 1816 Bischof von Albano, 1820 transferiert nach S. Rufina; vgl. Ireneo Daniele, Art. Di Pietro, Michele, in: EC IV 1684; Marina Caffiero, Art. Di Pietro, Michele, in: DBI XL 245–248 (Lit.).

[2] ASRC, Fondo Q, Alphonsus de Liguori, Bd. 2 (19. Jhd.), Aufzeichnung Di Pietros, 1809: „sono certamente uno de' più gravi e maggiori affari nella Chiesa di Dio".

[3] Dazu die statistische Auswertung: Jean Evenou, Canonisations, béatifications et confirmations de culte, in: Notitiae 234 (1986) 41–47; ferner: Klaus Nientiedt, Neue Heilige – immer zahlreicher und umstrittener, in: Herder-Korrespondenz 45 (1991) 572–577; Stefan Samerski, Ein Apostel muß kein Priester sein. Im Berlin der Zwanziger Jahre berief Maximilian Kaller auch Laien in den Kirchendienst, in: Frankfurter Allgemeine Zeitung, 27. Oktober 1997, 44.

[4] Eine Neuordnung des Prozeßverfahrens wurde bereits von zahlreichen Bischöfen auf dem Zweiten Vaticanum angeregt und durch das Motu Proprio „Sanctitas clarior" vom 19. März 1969 (AAS 61 [1969] 149–153) aufgegriffen. Das Ziel der Neufassung sollte ein durchsichtigeres und zügigeres Verfahren sein. Durch die Apostolische Konstitution „Sacra Rituum Congregatio" vom 8. Mai 1969 (ebd. 257–305) schuf Paul VI. aus der zweiten Sektion der Ritenkongregation das selbständige Dikasterium „Sacra Congregatio pro Causis Sanctorum", dem die Ordnung der Reliquienverehrung und -aufbewahrung sowie das Selig- und Heiligsprechungsverfahren übertragen wurden. Der neue Codex Iuris Canonici von 1983 nahm keinerlei Bestimmungen über Beatifikation und Kanonisation auf, sondern präjudizierte ein „besonderes päpstliches Gesetz" (c. 1403 Paragraph 1). Unter dem 25. Januar 1983 traten die neuen Normen für das Selig- und Heiligsprechungsverfahren durch die Apostolische Konstitution „Divinus perfectionis Magister" (AAS 75 [1983] 349–355) in Kraft. Sie fand Ergänzung in den Durchführungsbestimmungen und in einem Dekret über die Verfahrensweise der Kongregation – beide vom 7. Februar (ebd. 396–404) – sowie in einer Geschäftsordnung der Kongregation vom 21. März 1983 (Sacra Congregazione per le Cause dei Santi, Regolamento della S. Congr. per le Cause dei Santi, Rom 1983). Zur Neuordnung des Verfahrens: Winfried Schulz, Das neue Selig- und Heiligsprechungsverfahren, Paderborn 1988; Fabijan Veraja, Commento alla nuova legislazione per le Cause dei Santi, Rom 1983; Sieger 163–206. Zur theologisch-kirchenrechtlichen Ausdeutung vgl. Libero Gerosa, Heiligkeit und Kirchenrecht, in: Theologie und Glaube 87 (1997) 177–191.

[5] Dazu immer noch grundlegend: Max Schenk, Die Unfehlbarkeit des Papstes in der Heiligsprechung, Fribourg 1965, hier vor allem S. 5. Ferner: Horst, Die Lehrautorität des Papstes nach Augustinus von Ancona 285; Sieger 414. – Seit dem 18. Jahrhundert ist die päpstliche Infallibilität unbestritten, ab dem 13. Jahrhundert liegen erste Zeugnisse zu dieser Frage vor. Piacentini koppelt die Unfehlbarkeit direkt an das Aufkommen des päpstlichen Reservatrechts. Zur Diskussion: Ernesto Piacentini, L'infallibilità papale nella canonizzazione dei santi, in: Monitor Ecclesiasticus 117 (1992) 91–132.

mals deutlich unterstrichen[6]. Zwar beziehen sich weder die Selig- noch die Heiligsprechung auf das *Depositum fidei*, besitzen damit keine direkte dogmatische Dimension[7], sie unterscheiden sich aber auf der anderen Seite deutlich von Urteilen, die partikuläre Fakten wie etwa Verwaltungsfragen betreffen. Ihnen kommt daher „nur eine mittlere Position zwischen Glaubensdefinition und den eben genannten alltäglichen Rechtssachen"[8] der römischen Kurie zu.

Außerdem schaffen Beatifikation und Kanonisation keine neue Realität; sie sind nach ihrem eigenen Selbstverständnis „nur" bestätigende, sanktionierende Einrichtungen[9]. Aufgrund seiner Aufgabe, die Kirche zu lehren, zu heiligen und zu leiten, erklärt der Heilige Stuhl die von der Gemeinschaft der Gläubigen Verehrten nach einem Prozeßverfahren, das die kultische Verehrung, den Tugendgrad des Kandidaten bzw. das Martyrium sowie entsprechende Wunder zu prüfen hat, zu Seligen oder Heiligen[10]. Denn „im Leben derer, die, zwar Schicksalsgenossen unserer Menschlichkeit, dennoch vollkommen dem Bilde Christi gleichgestaltet werden[11], zeigt Gott den Menschen in lebendiger Weise sein Antlitz"[12]. Heiligsprechung durch die Kirche ist damit ebenso Ausdruck der Heiligkeit der Kirche wie des Volkes Gottes selbst, das in der *Communio*[13] von Lebenden und bereits Verherrlichten vergewissert wird[14]. Damit ist die Kanonisation „ein unerläßliches Stück des Daseinsvollzugs der Kirche selbst"[15]. Das schließt nicht das Heer von Millionen „stiller Heiligen"[16], also solche Personen aus, die nie zur Beatifizierung oder Kanonisierung aufrücken, aber ebenso Anteil an der spezifischen Heiligkeit haben. In der relativ geringen Zahl von Heiliggesprochenen manifestiert sich dementsprechend die „ausdrückliche, reflexe Selbstfindung im amtlichen, öffentlichen Bereich, die die Kirche durch die Kanonisation dieser Heiligen vollzieht"[17]. Damit ist auch die Heiligsprechung als singulärer Akt stets notwendigerweise konkret, ebenso wie die entsprechenden Gestalten, und damit zeitbedingt[18]. „Da

---

[6] Dazu das Motu proprio „Ad tuendam fidem" vom 18. Mai 1998 (AAS 90 [1998] 457–461) in Verbindung mit den Formeln und dem lehrmäßigen Kommentar der Kongregation für die Glaubenslehre vom 29. Juni 1998 (ebd. 542–551).

[7] Der lehrmäßige Kommentar der Kongregation für die Glaubenslehre vom 29. Juni 1998 zur Schlußformel der Professio fidei (Nr. 11) beschreibt die Heiligsprechung als „dogmatische Tatsache".

[8] Horst, Die Lehrautorität des Papstes nach Augustinus von Ancona 288.

[9] Das streicht kürzlich abgrenzend und deutlich heraus: Orth, Heiligenverehrung heute 57.

[10] Dazu die Einleitung von „Divinus perfectionis Magister" 350.

[11] 2 Kor 3,18.

[12] *Lumen Gentium* 50 zitiert nach: Rahner/Vorgrimler, Kleines Konzilskompendium 184. – Auf die umfängliche Literatur zur Begriffsbestimmung von „Seligen" bzw. „Heiligen" sowie auf den Gesamtkomplex Heiligenverehrung kann hier nicht eigens eingegangen werden.

[13] Dazu: Müller, Gemeinschaft und Verehrung der Heiligen 236–264; Paolo Molinari, Die Heiligen und ihre Verehrung, Feiburg – Basel – Wien 1964. Die kirchenrechtliche Dimension bei: Winfried Aymans, Die Communio Ecclesiarum als Gestaltgesetz der einen Kirche, in: Archiv für katholisches Kirchenrecht 139 (1970) 69–90.

[14] Dazu exemplarisch: *Lumen Gentium* Nr. 50; Rahner, Die Kirche der Heiligen 112–122; Sieger 7–13; differenziert: Müller, Gemeinschaft und Verehrung der Heiligen 301–307.

[15] Rahner, Die Kirche der Heiligen 113.

[16] Schulz, Das neue Selig- und Heiligsprechungsverfahren 19.

[17] Rahner, Die Kirche der Heiligen 124.

[18] Brunner, Die Heiligen und die Geschichtlichkeit des Christentums 20–23. Er definiert „die Heiligen als die geschichtlich bedingte, auch immer unvollkommene und einseitige Verwirklichung der inneren Gesinnung und Haltungen Christi" (26).

diese Situation aber der Geschichte unterliegt, ist die Antwort der Heiligen eine geschichtliche"[19], die auf eine bestimmte oder mehrere Funktionen hindeutet.[20] Das ist auch der Grund, weshalb die Katholische Kirche[21] keinen „cultus sanctitatis" im Sinne abstrakter Heiligkeit pflegt, sondern nur einen „cultus sanctorum".

Ausgangspunkt jedes Prozesses an der Kongregation ist die *Fama sanctitatis*, die eng mit der *Vox populi* verknüpft ist[22]. Damit ist die Verehrung durch das Kirchenvolk auslösendes Moment und ursächlicher Anfang der Kultsanktionierung[23]. Als greifbare Merkmale einer authentischen *Fama sanctitatis* legte Benedikt XIV. (1740–1758) Dauer und Verbreitung der Verehrung fest und verlangte eine wachsende Ausdehnung der *Fama* auf immer neue Personengruppen und sogar Nationen[24]. Der Papst begnügte sich nicht etwa mit einem großen Teil des Gottesvolkes für den Erweis der *Fama*, sondern forderte die „maior pars", sonst handele es sich um ein Gerücht[25]. Die tatsächliche Relevanz dieser prozeßimmanenten Forderungen bleibt im einzelnen zu prüfen und ist bis heute ein vieldiskutiertes Thema.

Weitere Aktualität verleihen der hier zu behandelnden Fragestellung die schwindende Akzeptanz einer in Selig- und Heiligsprechung differenzierten Kultapprobation[26] sowie einige kontrovers beurteilte Beatifikationen bzw. Kanonisationen[27]. Hinzu kommen verschiedene unlängst zu beobachtende Phänomene im öffentlichen Leben – sei

---

[19] Schulz, Das neue Selig- und Heiligsprechungsverfahren 20. Joseph Ratzinger unterstrich 1989 kritisch, daß neue Heilige eine Botschaft darstellen müßten, die über eine bestimmte Gruppe hinausreiche und die Kirche von heute betreffe: Herder-Korrespondenz 43 (1989) 192 (Notizen).

[20] Für die Funktionalität der Kultapprobation sprechen sich dezidiert aus: Schulz, Das neue Selig- und Heiligsprechungsverfahren 20; Rahner, Die Kirche der Heiligen 123 f.; Sieger 11 f.

[21] Obgleich der Heiligenkult faktisch etwas Trennendes zwischen den christlichen Kirchen bedeutet, bestimmt Johannes Paul II. die Heiligenverehrung in seiner Enzyklika „Ut unum sint" vom 25. Mai 1995 als einheitstiftendes „gemeinsames Erbgut": „In der Ausstrahlung, die vom Erbe der Heiligen ausgeht, die allen Gemeinschaften angehören, erscheint der Dialog der Bekehrung zur vollen und sichtbaren Einheit nur unter einem Licht der Hoffnung": zitiert nach: Enzyklika *Ut unum sint* von Papst Johannes Paul II. über den Einsatz für die Ökumene, 25. Mai 1995 61. Dazu auch die neue Andechser Reihe, Band 1: Karl Schlemmer, Heilige als Brückenbauer, St. Ottilien 1997. Zu Protestantismus und Heiligenverehrung: Müller, Gemeinschaft und Verehrung der Heiligen 28–78.

[22] Die Grundlage schon bei: Benedikt XIV., Opera Omnia II 339–345 (II, 39, 7–13); Zera, La fama di santità, Crotone 1984.

[23] Zera, La fama di santità 62; Sieger 214–218. – Im amtlichen Prozeßverfahren muß sichergestellt werden, daß die Volksverehrung sowohl dauerhaft als auch echt und tragfähig ist.

[24] Benedikt XIV., Opera Omnia II 343 (II, 39, 8 f.). Die Forderung ist auch in den CIC von 1917 (c. 2050 Paragraph 2) eingegangen. Dazu auch: Schulz, Das neue Selig- und Heiligsprechungsverfahren 28; D'Alfonso, Origine divina della fama di santità 478–485; Zera, La fama di santità 51; Sieger 217; Veraja, Heiligsprechung 22–26.

[25] „Quia vero, si opinio de sanctitate et miraculis alicuius viguisset in aliqua parte tantum, non autem in majore parte populi, non famae, sed rumoris nomen habere deberet": Benedikt XIV., Opera Omnia II 343 (II, 39, 8). – Auf die Diskrepanz von *Vox populi* und Kultapprobation im Anschluß an die päpstliche Reservierung der Heiligsprechung weisen stellvertretend hin: Schulz, Das neue Selig- und Heiligsprechungsverfahren 28; Ratzinger, in: Herder-Korrespondenz 43 (1989) 192; Sieger 193 f. Zur Bipolarität ebenfalls: Angenendt 333–335.

[26] Veraja, La beatificazione 110 f.; Schulz, Das neue Selig- und Heiligsprechungsverfahren 154–156; Piacentini, L'infallibilità papale nella canonizzazione dei santi 130 f.; Sieger 425–433.

[27] Als wohl deutlichstes Beispiel ist die Seligsprechung von Josémaria Escrivá de Balaguer 1992 zu nennen; Stimmen dazu: Woodward, Die Helfer Gottes 483–488; Orth, Heiligenverehrung heute 57; Peter Hertel, Nicht nur Corps des Papstes, sondern Kampftruppe, in: Börsenblatt 20, 10. März 1992.

es die Mythifizierung Prominenter auf einer quasi-religiösen Gefühlsebene[28], sei es die plakative, sinnentwertende Verwendung von genuin kirchlichen Begriffen wie „Heilige", „Märytrer" und „Ikone"[29], sei es die an Intensität zunehmende wissenschaftliche Beschäftigung mit Beatifikation und Kanonisation aus verschiedenster Perspektive[30]. Merkwürdigerweise weist hier gerade die Kirchengeschichtsschreibung einen Rückstand auf, der sich vor allem für die Neuzeit beobachten läßt, während Heiligenverehrung und Kultapprobation von der Alten Kirche bis zum Mittelalter relativ gut erforscht sind[31]. Seit einigen Jahren hat die italienische Forschung versucht, diese Lücke zu schließen; sie weist jedoch in weiten Teilen sehr geringe Quellenhaftung auf[32]. Das verwundert nicht, wenn man allein die abschreckend unüberschaubaren Archivbestände der früheren Ritenkongregation[33] sichtet, die heute größtenteils

---

[28] Trendtheologen deuteten den Personenkult um die ums Leben gekommene Prinzessin Diana als säkularen Heiligenkult. Tatsächlich lassen sich bei diesem areligiösen Personenkult zahlreiche Elemente der christlichen Heiligenverehrung erkennen (Wallfahrtswesen, Verehrung am Grab, Devotionsformen und Devotionalien, ein für Krankenbesuche gegründetes Korps der „Engel Dianas", Inschrift in der Nähe des Grabes: „Wer in Not ist, kann auf mich zählen. Ich werde rasch dasein, wo immer sie sind!"); dazu: Stefan Orth, Heiligenverehrung heute, in: Herder-Korrespondenz 53 (1999) 55–57.

[29] Dazu beispielsweise die wissenschaftliche Auswertung von Umfragen: Großeholz, Glaube und Lebensformen. Beobachtungen in drei Berliner Stadtteilen – Ost und West 91f.; Jörns, Vergleichende Beobachtungen zu Menschen ohne Religionszugehörigkeit 124. Ferner: Stefan Samerski, „Sie mußte kein Mauerblümchen mehr sein". Seligkeit nach ordnungsgemäßem Verfahren: Schwester Maria Restituta Kafka als Exempel, in: Frankfurter Allgemeine Zeitung, 18. Dezember 1998. – Unterstützt wird diese Tendenz durch die Autoritätserosion der Kirche in Amts-, Lehr- und Kultfragen und das Auseinandertreten von Heil und Heilung im öffentlichen Bewußtsein; dazu: Beinert, Die Heilende Sorge der Kirche in den Sakramenten 71–87; Jörns, Die neuen Gesichter Gottes 226.

[30] Exemplarisch für die kirchenrechtliche Perspektive: Sieger; Heinz Maritz, Die Selig- und Heiligsprechung, in: Listl/Schmitz, Handbuch des katholischen Kirchenrechts, Regensburg ²1999, 1023–1024. Zur dogmatischen Sichtweise vor allem: Gerhard Ludwig Müller, Gemeinschaft und Verehrung der Heiligen, Freiburg/Br. – Basel – Wien 1986; Karl Rahner, Die Kirche der Heiligen, in: Schriften zur Theologie III 111–126; ders.: Vom Geheimnis der Heiligkeit, der Heiligen und ihrer Verehrung, in: Manns, Die Heiligen in ihrer Zeit I 9–26; Gerhard L. Müller, Die Verehrung der Heiligen in der Sicht der katholischen Dogmatik, in: Dinzelbacher/Bauer, Heiligenverehrung in Geschichte und Gegenwart, Ostfildern 1990, 345–357. – Stellvertretend für die Pastoraltheologe ist vor allem der Sammelband: Wolfgang Beinert, Die Heiligen heute ehren, Freiburg – Basel – Wien 1983. Liturgisch: Ferdinando dell'Oro, Beatificazione e Canonizzazione. „Excursus" storico-liturgico, Rom 1997.

[31] Aus der Masse der einschlägigen Literatur seien hier exemplarisch die neueren Monographien angeführt: André Vauchez, La sainteté en occident aux derniers siècles du moyen âge, Rom ²1988; Peter Brown, Die Heiligenverehrung. Ihre Entstehung und Funktion in der lateinischen Christenheit, Leipzig 1991 (englischsprachiges Original: Chicago 1981); obgleich thematisch bis zur Gegenwart ausgreifend, doch vorwiegend an der Alten Kirche und am Mittelalter orientiert: Arnold Angenendt, Heilige und Reliquien. Die Geschichte ihres Kultes vom frühen Christentum bis zur Gegenwart, München ²1997.

[32] Exemplarisch: Gabriele De Rosa, Storie di santi, Bari 1990; Marina Caffiero, La politica della santità. Nascita di un culto nell'età dei Lumi, Bari 1996; ferner die Sammelbände: Sofia Boesch Gajano, Santità, culti, agiografia. Temi e prospettive, Rom 1997; Emma Fattorini, Santi, culti, simboli nell'età della secolarizzazione (1815–1915), Turin 1997.

[33] Die 1588 gegründete Ritenkongregation erlosch durch die Neuordnung ihrer Arbeitsbereiche 1969. Eine befriedigende Behördengeschichte existiert bislang nicht. Brauchbare Ansätze bei: Giovanni Papa, La Sacra Congregazione dei Riti nel primo periodo di attività, in: Miscellanea in occasione del IV centenario della Congregazione per le Cause dei Santi (1588–1988), Vatikanstadt 1988, 13–52; Del Re, Art. Congregazioni romane soppresse 370. – Zum Archiv der Ritenkongregation:

von der *Congregazione per le Cause dei Santi* in Rom verwahrt werden[34]. Es war vor allem die nicht zu bewältigende, bisher kaum zur Kenntnis genommene Aktenmasse, die eine Bearbeitung erschwerte. Vereinzelt wurden diese Bestände punktuell herangezogen, wie etwa für Werkausgaben von Heiligen, zur Untersuchung einzelner Kultapprobationen und selbstverständlich für die Hagiographie, die nicht auf das obligatorische Schlußkapitel über die Selig- und Heiligsprechung verzichten kann[35]. Darüber hinaus liegen keine übergreifenden Darstellungen vor, die die Arbeit der Ritenkongregation in der Moderne skizzieren.

Eine Zäsur in der Geschichte der Ritenkongregation bedeutet zweifellos das Pontifikat Benedikts XIV., der durch seine kanonistisch und historisch fundierte Kodifizierung des Selig- und Heiligsprechungsverfahrens als Vater der modernen Kultapprobation gilt[36]. „Dieses Werk Benedikts XIV.", urteilte Pius XII. (1939–1958) in der Retrospektive, „läßt sich in gewisser Hinsicht mit der *Summa Theologica* des Thomas von Aquin vergleichen"[37]. Daneben hatte er auch exemplarisch, durch sein direktes Eingreifen in bestimmte Causen, bleibende Maßstäbe gesetzt. Ein weiterer fundamentaler Einschnitt für das Papsttum und die Kirchengeschichte als solche stellt unzweifelhaft der Verlust des Kirchenstaates im Jahre 1870 und das Erste Vaticanum dar. Zwischen diesen beiden Eckpunkten, die mehrere epochale Krisen- und Wendepunkte – etwa die Jahre 1789 bis 1815 oder die Revolution von 1848 – in sich einschließen, machte sowohl die Arbeit der Ritenkongregation als auch die Interessenlage der Petenten eine Entwicklung durch, die im folgenden anhand der römischen Sanktionspraxis aufgezeigt werden soll. Dabei stehen alle Causen zur Untersuchung an, die in dem entsprechenden Zeitraum nach einem Prozeßverfahren an der Ritenkongregation zu einem positiven Abschluß gelangt sind. Eine historische Ein- und Hinführung, die in groben Zügen die Entwicklung der Selig- und Heiligsprechung umreißt und deren schematischen Ablauf sowie die wichtigsten Amtsträger des römischen Prozeßverfahrens kurz vorstellt, ist dabei unerläßlich. Eine behördengeschichtliche Untersuchung, so wichtig und wünschenswert sie auch wäre, kann an dieser Stelle nicht geleistet werden. Ebensowenig geht es um formale Prozeßfragen, die der Kirchenhistoriker nicht zu beant-

---

Gramatowski, Polonika liturgiczne w kongregacji obrzędów 1588–1632 63–72 (Lit.); Jaroslav Nemec, L'archivio della Congregazione per le Cause dei Santi (ex-S. Congregazione dei Riti), in: Miscellanea in occasione del IV centenario della Congregazione per le Cause dei Santi (1588–1988), Vatikanstadt 1988, 339–352.

[34] Auf den Wert dieser Archivbestände, insbesondere den der *Positiones*, für die Geschichte der Heiligsprechung weist jüngst hin: Giacomo Martina, Osservazioni sullo studio della santità in età contemporanea, in: Boesch Gajano, Santità, culti, agiografia. Temi e prospettive, Rom 1997, 91–104.

[35] Aigrain, L'hagiographie 7; Livario Oliger, Art. Agiografia, in: EC I 449–454; Theofried Baumeister, Art. Hagiographie, in: LTHK III Freiburg/Br. ³1995, 1143–1147.

[36] Bereits Pius XII. nennt ihn „il Maestro per eccellenza dei loro ordinamenti": Pio XII, La figura, il pensiero e le opere del Sommo Pontefice Benedetto XIV 465. Dazu: Pietro Palazzini, La perfettibilità della prassi processuale di Benedetto XIV nel giudizio di Pio XII, in: Miscellanea in occasione del IV centenario della Congregazione per le Cause dei Santi (1588–1988), Vatikanstadt 1988, 61–87; dazu auch weiter unten die Angaben in den Abschnitten „Historische Grundlagen" und „Benedikt XIV.".

[37] „Quest'opera di Benedetto XIV – osserva egli – si potrebbe in qualche modo paragonare alla Somma di San Tommaso d'Aquino": Pio XII, La figura, il pensiero e le opere del Sommo Pontefice Benedetto XIV 465.

worten hat. Vielmehr kreist die Untersuchung um die Historizität und Funktionalisierung von Beatifikation und Kanonisation, die für den fraglichen Zeitraum der päpstlichen Sanktionsgewalt zugeordnet sind. Da hier faktisch Neuland betreten wird – allein schon durch den gesteckten Zeitraum und die Quellengrundlage –, sind Orientierungspunkte relativ frei zu wählen. Die nächstliegenden Fragen betreffen naturgemäß das *Wie* und *Warum* von Kultapprobation, dann aber auch die Suche nach Entwicklungssträngen, dem Wandel von Heiligentypen und dem Entstehen von neuen. Damit wird der Blick auf die Heiligentypologie gelenkt[38], die nur sehr bedingt auf Vorgaben aus der mediävistischen Erforschung von Selig- und Heiligsprechung zurückgreifen kann[39]. Neue, brauchbare Ansätze lassen sich hier und da finden[40] – beispielsweise im Typus des Revolutions-Heiligen[41], Ordensheiligen[42] etc. –, entbehren aber bislang einer fundierten Untersuchung, um tatsächlich neue und zuverlässige Kategorien abzugeben. Weitere Ordnungsmuster ergeben sich direkt aus den Quellen: Auffällig- und Unregelmäßigkeiten führen naturgemäß ebenso zu tiefergehendem Studium der Causen wie mehr oder minder deutliche Aussagen der Beteiligten, die die Amtsakten der Kongregation oder der Postulaturen liefern. Neben diesen abstrakten Strukturelementen sollen jedoch auch organische zu Wort kommen, das heißt die Praxis der Kultapprobation in den einzelnen, in sich geschlossenen Pontifikaten, wenn diese besondere Charakteristika aufweisen, so wie die Amtszeit Benedikts XIV., Clemens' XIII. (1758–1769), Pius' VI. (1775–1799) und Pius' IX. (1846–1878). Aus dem Erarbeiteten ergeben sich Grundkonstanten, die als fundamentale Rahmenbedingungen der modernen Beatifikations- bzw. Kanonisationspraxis in einem eigenen Teil abgehandelt werden.

Neben der Auswertung der Amtsakten der römischen Kurie war es immer wieder erforderlich, auswärtiges, mit der Person des Papstes oder einer bestimmten Causa

---

[38] Bereits Brunner weist darauf hin, daß „sich das ideale Bild des Heiligen im Lauf der Geschichte" geändert hat: Brunner, Die Heiligen und die Geschichtlichkeit des Christentums 26.

[39] Beispielsweise fällt der Königs- oder Adelsheilige, der im Mittelalter große Bedeutung genoß, für den Zeitraum von 1740 bis 1870 fast vollständig aus; vgl. Vauchez, La sainteté 187–195, 204–206; Angenendt 99–101.

[40] Verschiedentlich werden mehrere Heilige zu Gruppen zusammengefaßt und geschlossen abgehandelt; bekanntestes Beispiel ist die Sammlung von Heiligen eines Ordens, z.B. Mariano d'Alatri, Santi e Santità nell'ordine cappuccino I–III, Rom 1980–1983. Ferner: François Marie Algoud, 1600 jeunes saints, jeunes témoins, Vatikanstadt 1994 (Nachschlagewerk über jugendliche Heilige und Selige); Angelo Rossi, Cardinali Santi, Rom 1994 (heilige und selige Kardinäle); Josef Weismayer, Mönchsväter und Ordensgründer. Männer und Frauen in der Nachfolge Jesu, Würzburg 1991 (Gründertypus); Deutungen aus der Frauenforschung in den Aufsätzen von Lucetta Scaraffia, Elisabetta Vezzosi, Adriana Valerio, Francesco de Palma, Anna Scattigno in: Emma Fattorini, Santi, culti, simboli nell'età della secolarizzazione (1815–1915), Turin 1997; Peter Dinzelbacher, Heilige oder Hexen? Schicksale auffälliger Frauen im Mittelalter und Frühneuzeit, Zürich 1995.

[41] Anhand des Beatifikationsprozesses des Joseph Benoît Labré versucht Marina Caffiero den Typus eines Patrons der Restauration zu kreieren: Marina Caffiero, La politica della santità. Nascita di un culto nell'età dei Lumi, Rom – Bari 1996; dies., Santità, politica e sistemi di potere, in: Boesch Gajano, Santità, culti, agiografia. Temi e prospettive, Rom 1997, 363–371.

[42] Dieser Typ wird mit dem Aufkommen der Mendikanten schließlich zu einer alles beherrschenden Größe der Kultapprobation; dazu: Vauchez, La sainteté 131f., 253, 373, 388, 396. In seiner Dominanz wird er daher im Teil „Grundkonstanten" behandelt.

verknüpftes Archivmaterial heranzuziehen[43]. Ebenso unumgänglich war es, die Untersuchung der entwicklungsgeschichtlichen Raster „Mission" und „Martyrium" durch die Bestände der römischen Kongregation der Propaganda Fide zu ergänzen. Außerdem lagert eine Fülle von gedrucktem und in geringerem Umfang auch handschriftlichem Material in der Bibliothèque nationale de France in Paris, das unter Napoleon in die französische Hauptstadt verschleppt und nach 1815 nicht zurückgegeben wurde[44].
In einem Schlußkapitel soll die Erörterung wirtschaftlicher Fragen Klarheit über ein viel diskutiertes Thema schaffen[45]. Das hierfür herangezogene Material stammt direkt aus den Archiven der Ritenkongregation und der Postulaturen. Es handelt sich dabei um amtliche Bilanzen, Abrechnungsbücher und Rechnungen im Original, deren Quellenwert unbestritten ist.

Anhand der so strukturierten Themenstellung ergeben sich für die Selig- und Heiligsprechungspraxis von Benedikt XIV. bis Pius IX. ganz neue und auch bereits bekannte Einzelfragen von allein, so etwa die verschiedentlich vorgebrachte nach der Rolle des Papstes bei der Kultsanktionierung[46], die nur individuell beantwortet werden kann, oder die nach den Interessenten, deren Einwirkungsmöglichkeiten und realem Einfluß auf das Prozeßgeschehen. Neben einzelnen sozial- und mentalitätsgeschichtlichen Gesichtspunkten[47], die punktuell berücksichtigt werden, drängt sich jedoch noch eine andere Dimension der päpstlichen Sanktionspraxis auf: „Wer über die Heiligen und ihre Reliquien spricht, gerät unvermeidlich in die derzeit uferlose Diskussion um die Volksreligiosität"[48]. Das notwendige Zusammenspiel von populärer Devotion und

---

[43] So etwa für Benedikt XIV. die Archive seiner Geburtsstadt Bologna, für Clemens XIII. die seiner Heimatstadt Venedig, zu Pius IX. beispielsweise das Staatsarchiv in Olmütz für die Causa Sarkander oder das Archiv in Grottaferrata für die Causa Kuncewycz.

[44] 1810 hatte Napoleon die Bestände der päpstlichen Archive nach Paris bringen lassen. Nach seinem Sturz sind vor allem die mehrfach vorhandenen, gedruckten Akten aus Kostengründen von der Ritenkongregation nicht wieder zurückgenommen worden. Der Aktenbestand in Paris nennt sich seither „Fonds des Canonizations"; vgl. dazu: Schmidlin I 104; Nemec, L'archivio della Congregazione per le Cause dei Santi (ex-S. Congregazione dei Riti) 342f. Bestandsübersicht bei: Wilhelm Schamoni, Inventarium Processuum Beatificationis et Canonizationis Bibliothecae Nationalis Parisiensis, Hildesheim – Zürich – New York 1983.

[45] Mangels präziser Zahlen und Kenntnisse hat das Thema immer wieder Anlaß zu Spekulationen, Gerüchten und harscher Kritik gegeben: Nacken, Probleme bei den Selig- und Heiligsprechungsprozessen 76f.; Po-chia Hsia, Gegenreformation 176; Nientiedt, Neue Heilige – immer zahlreicher und umstrittener 575.

[46] Woodward glaubt, daß der entsprechende Einfluß des Papstes allgemein überschätzt wird: Woodward, Die Helfer Gottes 479. Nientiedt dagegen schreibt beispielsweise die Vielzahl der Kultapprobationen unter Johannes Paul II. ganz dessen ureigener Absicht zu: Nientiedt, Neue Heilige – immer zahlreicher und umstrittener 572f.

[47] Diese Forschungsrichtung hat sich im Gegensatz zu Antike und Mittelalter nur vereinzelt mit der Neuzeit beschäftigt: Pierre Delooz, Sociologie et canonisations, Lüttich – Den Haag 1969; Donald Weinstein/Rudolph M. Bell, Saints and Society: The Two Worlds of Western Christendom, 1000–1700, Chicago – London 1982; Peter Brown, The body and society: men, women and sexual renunciation in early christianity, New York 1988; Gabriella Zarri, Le sante vive. Profezie di corte e devozione femminile tra '400 e '500, Turin 1990; Jean-Michel Sallmann, Naples et ses saints à l'âge baroque. 1540–1750, Paris 1994; ders., Sainteté e società, in: Boesch Gajano, Santità, culti, agiografia. Temi e prospettive, Rom 1997, 327–340; Angenendt 253–256, 293–306, 318–332. Dazu auch die Aufsatzsammlung: Emma Fattorini, Santi, culti, simboli nell'età della secolarizzazione (1815–1915), Turin 1997.

[48] Angenendt 333; Übersicht bei: Peter Dinzelbacher, Zur Erforschung der Geschichte der Volksreligion. Einführung und Bibliographie, in: ders./Bauer, Volksreligion im hohen und späten Mittel-

Kultapprobation ist bereits als wichtiger Bestandteil und Ausgangspunkt des Prozeßverfahrens angesprochen worden, ebenso das Problem des Lobbyismus. Es kann hier aber nicht nur um den Nachweis oder die Falsifizierung jenes Junktims *in praxi* gehen, sondern auch grundsätzlich um den historiographischen Konnex von päpstlichem Sanktionswesen und Frömmigkeitsgeschichte, das bedeutet den direkten Rückschluß von Beatifikation und Kanonisation auf die tatsächliche spirituelle Situation des Kirchenvolkes[49]. Dabei ist generell anzumerken, daß der Heiligenkult nur einen Ausschnitt aus dem Gesamtspektrum ‚Spiritualität' darstellt. Dennoch bringt gerade die quellennahe Erforschung der Selig- und Heiligsprechungspraxis durch die „bodenständige" Aussagekraft ihrer amtlichen Dokumente unabweisbare Vorteile mit sich, wenn man etwa an Postulationsschreiben, Gebetserhörungen, Spendenfreudigkeit etc. denkt. Trotz der Fülle des äußerst vielfältigen und sprechenden Materials können Antworten hier nur für Einzelfälle gesichert gegeben werden. Beispielhaftigkeit liegt nur dann vor, wenn in auffallender Weise und besonders intensiv außergewöhnliche Phänomene deutlich greifbar zutage treten, wie etwa bei den Märtyrer- und Missionscausen im 19. Jahrhundert.

Damit ist das Thema Quellen angeschnitten. Wichtigste Grundlage der folgenden Untersuchungen sind die Amtsakten der früheren Ritenkongregation, die sich zum Großteil in der *Congregazione per le Cause dei Santi*[50] befinden, zu einem geringeren Teil aber auch im *Archivio Segreto Vaticano*[51] und in Paris[52]. Als Basis für die einzelnen Kapitel dient hier zunächst und vor allem der Fonds *Decreti*, der Supliken, Aufzeichnungen aus Papstaudienzen, Protokolle der Kongregationssitzungen, Memoriali und alle einschlägigen Dekrete aufnimmt. Mit Hilfe der *Decreti* kann der gesamte Ablauf des römischen Prozeßverfahrens – gegebenenfalls auch seine Vorgeschichte – und jeder Eingriff von außen rekonstruiert und nachvollzogen werden. Reichhaltiges

---

alter, Paderborn 1990, 9–27; außerdem: Felix Hensel, Frömmigkeit in Beharrung und Wandel, in: Welker, Heilige in Geschichte, Legende und Kult, Karlsruhe 1979, 3–23. – Zur Begriffsbestimmung: Christoph Dipper, Volksreligiosität und Obrigkeit im 18. Jahrhundert, in: Schieder, Volksreligiosität in der modernen Sozialgeschichte, Göttingen 1986, 73–96.

[49] Kanonisation und Beatifikation als Indikator der Spiritualität beispielsweise noch bei: Brovetto/Mezzadri/Ferrario/Ricca, Storia della spiritualità V 199–386.

[50] Für den Archivbestand der ehemaligen Ritenkongregation liegen nur zu Einzelbeständen Findbücher vor. Aufgrund der Fülle des ganz unterschiedlichen und unübersehbaren Materials mußte eine Auswahl getroffen werden. Eine kurze Bestandsaufnahme bei: Lajos Pásztor, Archivio della Congregazione dei Riti, in: ders., Guida delle fonti per la storia dell'America Latina negli archivi della Santa Sede e negli archivi ecclesiastici d'Italia, Vatikanstadt 1970, 339–344; Gramatowski, Polonika liturgiczne w kongregacji obrzędów 1588–1632 63–72; Nemec, L'archivio della Congregazione per le Cause dei Santi (ex-S. Congregazione dei Riti) 345–352.

[51] Neben einer Reihe von *Posizioni* und *Decreti* sind 1927 vor allem Bistums- und Apostolische Prozesse an das Päpstliche Geheimarchiv abgegeben und sorgfältig geordnet worden; sie sind aber nicht vollständig zugänglich; vgl. Fink, Das vatikanische Archiv 120f.; Archivio Segreto Vaticano, Index der Bestände und entsprechende Mittel der Beschreibung und der Forschung 33.

[52] Insgesamt ist nur sehr wenig einschlägiges Archivmaterial publiziert, sieht man einmal vom Œuvre Benedikts XIV. ab: Benedikt XIV., Opera Omnia I–VII, Prati 1839–1842. Äußerst nützlich für die Heiligsprechung des Jahres 1867 sind die vom Sekretär der Ritenkongregation herausgegebenen Akten: Bartolini, Commentarium actorum I–II, Rom 1868. Weiterhin bieten die meisten umfangreicheren Viten den Abdruck der wichtigsten Dekrete des Verfahrens. Außerdem sind *Positiones* zahlreicher Verfahren in verschiedenen Bibliotheken greifbar. Angaben bei: Schamoni, Inventarium Processuum Beatificationis et Canonizationis.

Hintergrundmaterial bieten die Fondi *Q* und *Sc*. Ergänzungen zu einzelnen Causen liefern verschiedene, meist ordenseigene Postulationsarchive, die auch den Grundstock für die Erforschung wirtschaftlicher Fragen bilden. Zeitgenössisches hagiographisches Material wird dann herangezogen, wenn die Aussagekraft einer Causa in ihrem kontextuellen Bezug näher beleuchtet werden soll.

Die besondere Relevanz der Quellennähe liegt gerade für den Forschungskomplex Selig- und Heiligsprechung auf der Hand – vor allem auch wegen seiner möglichen Ausstrahlung auf andere Forschungsrichtungen, sei es die Sozial-, Mentalitäts- und politische Geschichtsschreibung, sei es die kirchenrechtliche Diskussion, die auch nach 1983 nicht verstummt ist[53], seien es die Religionswissenschaften. Die Quellenabsicherung der getroffenen Aussagen und Interpretationen ist daher das *Erste Gebot* für die Historiographie der Selig- und Heiligsprechung. Daß die vorliegenden Kapitel keine Vollständigkeit bieten können, sondern sich als hoffnungsvoller Anlauf verstehen, der zu weiteren Forschungen einladen will, liegt bereits in der Fülle des einschlägigen Aktenmaterials selbst begründet.

---

[53] Zusammenfassend für den Stand der Diskussion und Litertur auf diesem Gebiet: Sieger 417–436.

1. Teil: Das Prozeßverfahren

I. Historische Fundamente

Das Neue Testament, vor allem der Apostel Paulus, qualifiziert die christliche Gemeinde *in toto* als Heilige, die durch die Annahme des Glaubens an den auferstandenen Herrn Jesus Christus und den Empfang des Hl. Geistes als Eigentum Gottes[1] geheiligt wurden[2]. Durch den Tod und die Auferstehung Jesu Christi ist das Volk Gottes erlöst und heilig[3]. Diese spezielle Qualität der Christen bedeutet Teilhabe am Wesen und an der Gestalt des Herrn[4] und damit an seiner göttlichen Natur[5], bleibt aber neben ihrer ontologischen Bestimmung ständiger Auftrag zur *Imitatio Christi* als Selbsthingabe im Gehorsam gegen Gott und in der Liebe zum Nächsten[6]. Heiligkeit ereignet sich in der Anteilhabe an der *Communio* des einen mystischen Leibes Christi[7]. Damit ist sie wesentlich auch immer kirchliche Heiligkeit, ohne diese untrennbar mit der kirchlichen Sanktionsgewalt zu verknüpfen, das heißt einerseits, daß es auch außerhalb kirchlicher Entscheidungen Heilige geben kann, und andererseits, daß die amtliche Kanonisation nicht das Konstitutivum von Heiligkeit ist[8].

Beim Übergang von der Urgemeinde zur Volkskirche trat das Bewußtsein von der „Kirche der Heiligen" hinter die „indikativische Heilszusage"[9] des einzelnen zurück, so daß sich Ideal und Verehrung eines personalen Heiligen entwickeln konnten, zunächst im Märtyrer, dann auch im Bekenner[10]. Auch hier kommt der *Communio*-Gedanke zum Ausdruck, nämlich im Glauben an die Gemeinschaft der Lebenden und der

---

[1] Eph 1,13f.
[2] Röm 15,16. Vgl. dazu: Sieger 4f.; Angenendt 24–28.
[3] Kol 1,22.
[4] Röm 8,29.
[5] 2. Pt 1,4. Vgl. dazu schon: Rahner, Vom Geheimnis der Heiligkeit, der Heiligen und ihrer Verehrung 10.
[6] Mk 10,45; Röm 12,1; Eph 5,1f.; 1. Tess 4,3–8. Hierzu auch: Kötting, Die Anfänge der christlichen Heiligenverehrung 73; Müller, Gemeinschaft und Verehrung der Heiligen 216, 224–228; ders., Die Verehrung der Heiligen in der Sicht der katholischen Dogmatik 21. – Stark ethisch ausgerichtete Begriffsbestimmung: Angenendt 25–28.
[7] Dazu grundlegend: Paolo Molinari, Die Heiligen und ihre Verehrung, Freiburg – Basel – Wien 1964; Müller, Gemeinschaft und Verehrung der Heiligen 191–202.
[8] Vgl. Sieger 5; Cochois, Die Lehre des II. Vatikanischen Konzils über die Heiligkeit 194.
[9] Der Römerbrief, übersetzt und erklärt von Otto Kuß, 2. Lieferung (Röm 6,11–8,19), Regensburg 1959, 410. Vgl. zum Indikativ der Heilszusage und dem Imperativ der sittlichen Verwirklichung bei Paulus: ebd. 396–430.
[10] Kellermann, Heilig, Heiligkeit und Heiligung im Alten und Neuen Testament 35; Sieger 7. Die kultische Verehrung des Märtyrers setzt erst um das Jahr 160 ein; ein Rückgriff auf jüdische Praxis ist damit unwahrscheinlich: Baumeister, Die Entstehung der Heiligenverehrung in der Alten Kirche 11; Brown, Die Heiligenverehrung 21. Das unterstreicht auch: Kellermann, Heilig, Heiligkeit und Heiligung im Alten und Neuen Testament 40f. (einzelne Menschen werden im Alten Testament nur sehr selten als heilig bezeichnet). Etwa seit dem Übergang zur Volkskirche wurde der Begriff Märtyrer – griechisches Wort für „Zeuge" – ausschließlich für diejenigen verwandt, die durch die Hingabe ihres Blutes ihren Glauben bekräftigt und dadurch Zeugnis für die Offenbarung Gottes in Christus abgelegt hatten; dazu: Kötting, Entwicklung der Heiligenverehrung und Geschichte der Heiligsprechung 122.

bereits bei Gott Verherrlichten, der sich in besonderer Weise in der Eucharistie manifestiert. Die *Communio* ist dabei der Ausgangspunkt der Mittler- und Fürsprecherfunktion der bereits Vollendeten[11].

Die im zweiten Jahrhundert zunächst nicht theologisch reflektierte Märtyrerverehrung[12] verstand das Leiden und Sterben um des Glaubens willen als „Höchstform der Christusnachfolge"[13] und siedelte die Blutzeugen unmittelbar in der Ewigkeit Gottes an. Das Märtyrergrab wurde zur Stätte der Devotion, an der sich die Gemeinde vor allem an den Gedenktagen versammelte und des errungenen Sieges als Ansporn und Vorbild gedachte[14]. Theologische Vertiefung fand die Märtyrerverehrung bei Origenes: Die Blutzeugen hatten die Willensangleichung an Christus vollzogen und konnten den Gläubigen nun Beispiel und Hilfe bieten. Ihr Opfer war dem Opfer Christi ähnlich; sie standen am himmlischen Altar und erflehten dort Vergebung für die Sünden des Volkes[15]. Als Freunde Gottes wurde ihnen wirkungsvolle Redefreiheit zugesprochen, so daß ihre Funktion als Fürsprecher seit dem Ende des dritten Jahrhunderts zum christlichen Allgemeingut werden konnte[16]. Mit der Möglichkeit zur Anrufung von Märtyrern war bereits früh die Wunderwirkung der Blutzeugen verknüpft[17].

Nachdem man erkannt hatte, daß die heroische Leistung der Lebenshingabe nicht allein den Märtyrern vorbehalten sein konnte, bildete sich ein weiterer Typus aus, der des *Confessors*[18]. Cyprian von Karthago ordnete an, daß diesem dieselbe Ehre zu erweisen sei wie den Märtyrern[19]. Als die Zeit der Christenverfolgungen im vierten Jahrhundert vorüber war, verdrängte dieser neue Typ den Märtyrer in seiner Ausschließlichkeit und erweiterte seine eigene inhaltliche Bestimmung: Neben vorbildlicher Lebensführung wurden vor allem Askese und Jungfräulichkeit gefordert[20]. Obgleich das Martyrium bis ins vierte Jahrhundert den Maßstab christlicher Vollkommenheit schlechthin bildete[21], findet sich bereits in den Schriften der Väter – im Osten früher als im Westen[22] – die Hochschätzung von Askese und Mönchtum[23]. Für Cle-

---

[11] Vgl. Molinari, Die Heiligen und ihre Verehrung 83–108; Müller, Gemeinschaft und Verehrung der Heiligen 236–240; ders., Verehrung der Heiligen in der Sicht der katholischen Dogmatik 18f.
[12] Vgl. Kötting, Entwicklung der Heiligenverehrung und Geschichte der Heiligsprechung 121f.
[13] Angenendt 36. Als erstes greifbares Beispiel für diese Deutung nennt Angenendt das Martyrium des Polykarp († um 156 bzw. 167). Vgl. dazu auch: Baumeister, Die Entstehung der Heiligenverehrung in der Alten Kirche 13.
[14] Kötting, Reliquienverehrung, ihre Entstehung und ihre Formen 61; Delehaye, Les origines 33; Amore, Culto e canonizzazione dei Santi 40; Sieger 15f.
[15] Vgl. Angenendt 36.
[16] Vgl. Baumeister, Die Entstehung der Heiligenverehrung in der Alten Kirche 14. – Fürbittgebete finden sich schon als *Graffiti* aus der zweiten Hälfte des 3. Jahrhunderts in römischen Katakomben: Klauser, Christlicher Märtyrerkult 28f.; Angenendt 106; Brown, Die Heiligenverehrung 18.
[17] Lucius, Die Anfänge des Heiligenkults 60; Amore, Culto e canonizzazione dei santi 47–49. – Brown macht auf den Zusammenhang von Heiligenkult und Exorzismus/Heilung aufmerksam: Brown, Die Heiligenverehrung 104–114.
[18] Dazu: Kötting, Die Stellung des Konfessors in der alten Kirche 122–144; Amore, Culto e canonizzazione dei santi 49–65. Der neue Heiligentyp ist generell in zwei Gruppen aufzuteilen: Bischöfe und Asketen (ebd. 54).
[19] Delehaye, Les origines 96; Amore, Culto e canonizzazione dei santi 50f.
[20] Kötting, Die Stellung des Konfessors 144.
[21] Lucius, Die Anfänge des Heiligenkults 51; Sieger 26.
[22] Zur Phasenverschiebung vgl. Klauser, Christlicher Märtyrerkult 30; Baumeister, Die Entstehung der Heiligenverehrung in der Alten Kirche 20.

mens von Alexandrien erfüllte sich das Streben nach Vollkommenheit weniger im Opfer des Lebens für Christus als in einem Leben des Opfers für Christus[24]. Diese Ablösung der Idealvorstellungen hin zu Mönchtum und Askese vollzog dann Origenes[25]. Auch am Grab des *Confessors* verehrte man Reliquien, errichtete Gotteshäuser, hielt Gedenktage ab; der Begräbnisort wurde zum Ziel von Pilgerreisen, dem man besondere Gnaden und Wunder zusprach[26].

Warf die Legitimität der Verehrung von Märtyrern keine Probleme auf – aufgrund des allgemein bekannten Faktums wurden diese vom Ortsbischof in den Kalender der Lokalkirche eingeschrieben[27] –, so mußte das Leben der Bekenner zunächst geprüft werden, ehe sie Aufnahme in das Kalendarium fanden. Diese Praxis wechselte von Ort zu Ort und ging nur in seltenen Fällen auf die Intervention des Bischofs zurück[28].

Im vierten Jahrhundert setzte die Reliquientranslation ein, um den Heiligen auch außerhalb seines Begräbnisortes verehren und Gnaden empfangen zu können[29]. Damit verbunden war die personelle Ausweitung der Heiligenkalender über die lokalen Grenzen hinweg[30]. Auch läßt sich gegen Ende des dritten Jahrhunderts im Osten ein neuer Heiligentyp ausmachen, der sich erst mit der bekannten Phasenverschiebung im Westen etablieren konnte: der des Bischofs[31]. Er erlangte kultische Verehrung wegen seiner persönlichen Amts- und Lebensführung[32]. Außerdem ist fast überall während des gesamten Mittelalters die Praxis erkennbar, den Gründerbischof einer neuen Diözese als Heiligen zu verehren[33].

---

23 Darauf weist bereits hin: Lucius, Die Anfänge des Heiligenkults 337. Der Märtyrerkult blieb nach wie vor in ungeschwächter Kraft bestehen; einzig seine Ausschließlichkeit fiel neuen Heiligentypen zum Opfer.
24 Vgl. Malone, The monk and the martyr 10; Sieger 25.
25 Vgl. Malone, The monk and the martyr 14. – Zu Bekenner und Asket: Angenendt 55–61.
26 Vgl. Wieland, Mensa und Confessio 57–66; Amore, Culto e canonizzazione dei santi 56; Brown, Die Heiligenverehrung 14.
27 Die Listen der anerkannten Märtyrer (Festkalender, Martyrologien) teilte man auch den anderen Gemeinden und Bischöfen mit, die dann einige in ihren eigenen Festkalender aufnahmen: Kötting, Entwicklung der Heiligenverehrung und Geschichte der Heiligsprechung 123.
28 Vgl. Delehaye, Sanctus 117; Sieger 27f.
29 Vgl. Kötting, Der frühchristliche Reliquienkult und die Bestattung im Kirchengebäude 15; Brown, Die Heiligenverehrung 87–103.
30 Vgl. Sieger 29–31. – Zur Kontroverse über die Reliquienteilung: Angenendt 152–155. Der Konnex Reliquientranslation und Kultausweitung ist nicht ausschließend zu verstehen. Amore weist darauf hin, daß durch die Praxis der Elevation und Translation der Bischof stärkeres Gewicht bei der Kanonisation der Bekenner erhielt: Amore, Culto e canonizzazione dei santi 73; ders., La canonizzazione vescovile 231.
31 Baumeister (Die Entstehung der Heiligenverehrung in der Alten Kirche 23) setzt den Beginn dieser Entwicklung nach 350 an, Kötting (Entwicklung der Heiligenverehrung und Geschichte der Heiligsprechung 132) bezeichnet Gregor Thaumaturgos († ca. 270) als ersten öffentlich verehrten Bischof, der kein Märtyrer war. Schon in der frühen Kirche stand die Verehrung der ersten Bischöfe, die durchweg Märtyrer waren, in Zusammenhang mit der apostolischen Sukzession; Klauser, Christlicher Märtyrerkult 37f.
32 Dazu: Baumeister, Die Entstehung der Heiligenverehrung in der Alten Kirche 23. Daneben wurden aber noch bis ins sechste Jahrhundert Bischöfe als Märtyrer verehrt, obwohl zu ihrem Blutzeugnis häufig keine zeitgenössischen Quellen vorlagen; Kötting, Entwicklung der Heiligenverehrung und Geschichte der Heiligsprechung 132.
33 Kötting, Entwicklung der Heiligenverehrung und Geschichte der Heiligsprechung 132. Vorsichtiger: Petersohn, Bischof und Heiligenverehrung 208f. Etwa die Hälfte der im 11. und 12. Jahrhundert Kanonisierten waren Erzbischöfe und Bischöfe.

In der Merowingerzeit trat dann an die Stelle der Einschreibung in den Kalender die Elevation bzw. Translation der Reliquien oder Gebeine: Die Überreste eines als heilig verehrten Verstorbenen wurden auf Anordnung eines Bischofs oder einer Synode an einen Ort überführt, der für die Zelebration der Messe geeignet war[34]. Die Verbindung von Altar und Reliquien galt als strikt beidseitig: kein Heiligenleib ohne Altar, kein Altar ohne Heiligenleib[35]. Dieser Akt der Translation war bis ins hohe Mittelalter gleichbedeutend mit der Kanonisierung[36]. *Elevatio* und *Translatio*, denen „kulteinrichtende Bedeutung"[37] zukam, stellten damit die Klammer zwischen der Volksfrömmigkeit und dem sich später ausbildenden römischen Sanktionsmonopol dar[38]. Ausgangspunkt des Verfahrens war die *fama sanctitatis*, verbunden mit dem Ruf, Wunder zu wirken. Die Vita des Kandidaten und die ihm zugeschriebenen Wunder wurden dem Bischof oder einer Synode vorgelegt, um die Zustimmung zum Kult und zur Translation, an der auch die Nachbarbischöfe teilnehmen sollten, zu erwirken[39]. Ein *nihil obstat* des Oberhirten oder der Bischofsversammlung war relativ leicht zu erreichen; selten wurden die Angaben überprüft[40]. Die Vita zeigte zeitgebundene, oft recht farbige Formen; die bekannte, tatsächliche sittliche Lebensführung des Verehrten wies verschiedentlich Mängel auf, obwohl sich seit der Spätantike Maßstäbe eines heroischen Tugendgrades[41] ausgebildet hatten, die sich jedoch zunächst grundsätzlich auf die Jungfräulichkeit bezogen[42].

Hatte man schon am Ende des vierten Jahrhunderts den Bischöfen die Aufgabe zugewiesen, die Auffindung der Märtyrergebeine zu überwachen, so ist seit dem achten Jahrhundert die Tendenz erkennbar, die kirchliche Autorität stärker als bisher einzubinden: Synoden schärften das Verbot ein, unbekannte Heilige oder solche zu verehren, die den Titel „Märtyrer" zu Unrecht trugen[43], so daß sich die Anrufung mehr

---

34 Delehaye, Sanctus 184; Sieger 34f.; Petersohn, Bischof und Heiligenverehrung 216f. – Bereits bei Ambrosius von Mailand läßt sich die Weihe des Altars durch eine Translation nachweisen. Die Übertragung der Gebeine des Gervasius und Protasius in die Basilika Ambrosiana 386 bezeichnet Dassmann nicht wegen der Verbindung von Altar und Grab als Neuheit, sondern aufgrund der Kirchendedikation: Dassmann, Ambrosius und die Märtyrer 54.
35 Angenendt 169.
36 Hertling, Materiali 173
37 Klauser, Zur Entwicklung des Heiligsprechungsverfahrens 87.
38 Ebd. 86–88.
39 Hertling, Materiali 171; Sieger 37–39.
40 Vgl. Klauser, Zur Entwicklung des Heiligsprechungsverfahrens 89f.
41 Der Begriff des heroischen Tugendgrades ist schillernd. Er geht auf die aristotelische Nikomachische Ethik zurück und wurde durch die Scholastik vollständig ausgebildet. Immer noch grundlegend: Rudolf Hofmann, Die heroische Tugend. Geschichte und Inhalt eines theologischen Begriffes, München 1933; Zusammenfassung: Ambrogio Eßer, Il concetto della virtù eroica nella storia, in: Moroni/Pinto/Bartolucci, Sacramenti, liturgica, cause dei santi, Neapel 1992, 605–636; Louis De Bonhome, Art. Heroîcité des vertus, in: Dictionnaire de Spiritualité VII 337–343.
42 Für die Spätantike hing die Jungfräulichkeit nicht zuletzt mit der Parusieerwartung und einem Zivilisationsüberdruß zusammen. Aber auch für spätere Jahrhunderte galt: „Grundvoraussetzung war im allgemeinen das jungfräuliche Leben": Kötting, Entwicklung der Heiligenverehrung und Geschichte der Heiligsprechung 132. Zur Bewertung der Jungfräulichkeit bis ins Hochmittelalter: Angenendt 89–93.
43 Vgl. die „Admonitio Generalis" von 789: Klauser, Zur Entwicklung des Heiligsprechungsverfahrens 88; Kötting, Entwicklung der Heiligenverehrung und Geschichte der Heiligsprechung 132f. Die Synode von Frankfurt legte 794 fest, daß keiner als Heiliger angerufen werden dürfe, dessen Leben oder Martyrium nicht von der kirchlichen Autorität geprüft worden war; Amore, La cano-

und mehr auf die offiziell Anerkannten konzentrierte. Da sich jedoch eine Kanonisierungsmethode, die nachträgliche bischöfliche Billigung oder Duldung einer greifbaren Volksverehrung *(per viam cultus)*, über das ganze Mittelalter hinweg durchhielt[44] und es dadurch vereinzelt zu Mißständen gekommen war, gewannen die Kriterien des heroischen Tugendgrades für die kirchlichen Amtsträger an Relevanz ebenso wie der Wunsch „nach einer vorgreifenden formellen Bestätigung der kirchlichen Obrigkeit"[45].

Der Papst als Oberhaupt der lateinischen Kirche wurde erstmals[46] im Jahre 993 tätig, als Otto III. (983–1002) um die Kanonisierung des Bischofs Ulrich von Augsburg bat[47]. Diese Heiligsprechung durch das Kirchenoberhaupt auf der Lateransynode von 993 stellte zwar keinen formalen Bruch mit der bisher geübten Praxis dar[48], bedeutete aber aus der Retrospektive eine richtungsweisende Zäsur auf dem Weg zum modernen prozessualen Verfahren, da bereits hier alle wesentlichen Elemente ausgebildet und zusammenhängend erkennbar sind. Die Kanonisierung auf der Lateransynode gliederte sich in drei Schritte: die *Petitio* des Antragstellers mit Vorlage von Vita und Wunderbericht, die *Informatio*, das heißt die Prüfung des Materials durch den Papst bzw. seine Beauftragten, und die *Publicatio*, die feierliche Verkündigung der Kanonisation, über die eine Urkunde ausgestellt wurde. Deren Aufgabe war es, diesen Akt weitesten Kreisen der Christenheit bekannt zu machen. Die *Translatio* der Gebeine bildete den Schlußpunkt der Heiligsprechung[49].

Noch wurde indes die *Petitio* nicht an den Papst gerichtet, sondern an die Synode als zuständige Instanz. Ein Wandel bahnte sich unter Eugen III. (1145–1153) an, als die-

---

    nizzazione vescovile 240–243. Die Synode von Mainz verfügte 813, keine Translation ohne die Zustimmung des Kaisers, der Bischöfe oder der Synode durchzuführen: Hertling, Materiali 174; Petersohn, Bischof und Heiligenverehrung 217.

[44] Die Kanonisation *per viam cultus* wurde auch dann noch praktiziert, als ein regelrechtes Prozeßverfahren ausgebildet war. Bis ins 14. Jahrhundert konnte sich die Vielfalt religiöser Bestrebungen auf dem Gebiet der Heiligenverehrung ohne Widerstände der „Amtskirche" entfalten; vgl. Klauser, Zur Entwicklung des Heiligsprechungsverfahrens 89.

[45] Kötting, Entwicklung der Heiligenverehrung und Geschichte der Heiligsprechung 133. Vgl. auch: Klauser, Zur Entwicklung des Heiligsprechungsverfahrens 89.

[46] Klauser weist darauf hin, daß die Rolle des Papstes bei der Heiligsprechung bis ins 10. Jahrhundert willkürlich und rechtlich ungeregelt war: Klauser, Zur Entwicklung des Heiligsprechungsverfahrens 90.

[47] Vgl. dazu: Franz Xaver Bischof, Die Kanonisierung Bischof Ulrichs auf der Lateransynode des Jahres 993, in: Weitlauff, Bischof Ulrich von Augsburg 890–973, Weißenhorn 1993, 197–222. Zur Quellenkritik vgl. die Kontroverse: Bernhard Schimmelpfennig, Afra und Ulrich. Oder: Wie wird man heilig? in: Zeitschrift des Historischen Vereins für Schwaben 86 (1993) 23–44; Ernst-Dieter Hehl, Lucia/Lucina – Die Echtheit von JL 3848. Zu den Anfängen der Heiligenverehrung Ulrich von Augsburg, in: Deutsches Archiv 51 (1995) 195–211. – Zeugnisse für die Bedeutung dieses Ereignisses in der Entwicklungsgeschichte der Heiligsprechung: Angenendt 180; Petersohn, Die päpstliche Kanonisationsdelegation des 11. und 12. Jahrhunderts 164–169.

[48] Hertling, Materiali 176; Ries, Heiligenverehrung und Heiligsprechung in der Alten Kirche und im Mittelalter 149; Sieger 41; Petersohn, Bischof und Heiligenverehrung 217.

[49] Dazu: Klauser, Zur Entwicklung des Heiligsprechungsverfahrens 91f.; Kötting, Entwicklung der Heiligenverehrung und Geschichte der Heiligsprechung 133. – Hertling erwähnt, daß dieses Beispiel Schule machte: Hertling, Materiali 177: „D'altra parte già del secolo XI troviamo sempre più diffusa l'opinione che soltanto il Papa sia la vera autorità competente per la Canonizzazione".

ser 1146 durch die Heiligsprechung Kaiser Heinrichs II.[50] (1002–1024) bewußt den Regelfall durchbrach und sich für diesen speziellen Akt die alleinige Entscheidungskompetenz vorbehielt[51]. Auch Alexander III. (1159–1181) betonte noch die grundsätzliche Zuständigkeit eines Konzils, vollzog aber die Kanonisierung Eduard des Bekenners aus eigener Machtvollkommenheit[52]. Etwa um diese Zeit ersetzte auch die Kanonisationsbulle die *Translatio* in ihrer Bedeutung als konstitutives Element der Kanonisation[53].

Es wäre kurzsichtig, allein den allgemein religiösen Aufbruch sowie den Prestige- und Autoritätsgewinn des Papsttums im 11. Jahrhundert für die sich herausschälende Dominanz des Kirchenoberhaupts bei der Heiligsprechung verantwortlich zu machen. Die historische Entwicklung zugunsten des päpstlichen Sanktionsmonopols läßt sich nicht monokausal deuten[54]. Die größere Feierlichkeit und Sicherheit, die eine Kanonisation durch den Papst mit sich brachte, mag hier ebenso eine Rolle gespielt haben; bereits auf lokaler Ebene versuchte man, diese Ziele durch eine möglichst breite Beteiligung von Nachbarbischöfen zu erreichen[55]. Weltgeltung konnte man anfangs von einer päpstlichen Sanktion nicht erwarten: Von den ersten Kanonisationsbullen beanspruchte nur ein Teil universelle Geltung; der Rest beschränkte sich auf die Ortskirche[56].

Die besagte Heiligsprechung Heinrichs II. durch Eugen III. ist das erste Beispiel dafür, daß ein Papst ohne Präsenz und Votum einer Synode kanonisierte. Da man sich bewußt war, gegen gängigen Usus verstoßen zu haben, holte man den Rat der in Rom anwesenden Erzbischöfe und Bischöfe ein[57]. Spätere Entscheidungen bezogen den stadtrömischen Klerus ein[58], so daß eine direkte Linie von der Institutionalisierung der Synode zu der des Kardinalskollegiums erkennbar wird[59].

Etwa gleichzeitig gewannen die Wunder an Bedeutung. Ohne sie konnte ein Kult im 12. und 13. Jahrhundert selbst bei festgestellter Heiligmäßigkeit des Lebens nicht approbiert werden. Nicht nur, daß Wunder als „Grundvoraussetzung für die Aufnahme eines Kanonisationsverfahrens"[60] angesehen wurden, für ihren Nachweis forderte man immer größere Strenge[61]. Das bedeutete aber nicht, daß die Sicherstellung der sittlichen Heiligkeit zur Marginalie degradierte. Das Hochmittelalter legte auf den ethi-

---

50 Zu Person und Kult: Alfred Wendehorst, Art. Heinrich II., in: LMA IV 2037–2039; Gebhard Spahr/Colombano Spahr, Art. Enrico II, in: BS IV 1240–1244.
51 Klauser, Zur Entwicklung des Heiligsprechungsverfahrens 92f.
52 Vgl. Kötting, Entwicklung der Heiligenverehrung und Geschichte der Heiligsprechung 133; Amore, La canonizzazione vescovile 261f. – Eduard der Bekenner (1004–1066) wurde am 7. Februar 1161 kanonisiert: Hilary Inskip, Art. Edoardo il Confessore, in: BS IV 921–925.
53 Vgl. Ries, Heiligenverehrung und Heiligsprechung in der Alten Kirche und im Mittelalter 150.
54 Warnt jüngst vor Monokausalität: Sieger 42f.
55 Ebd. 43.
56 Ebd.
57 Ebd. 52.
58 Die *Publicatio* erfolgte dann ebenfalls vor dem römischen Klerus: Klauser, Zur Entwicklung des Heiligsprechungsverfahrens 97.
59 Darauf weist bereits hin: Kuttner, La réserve papale du droit de canonisation 184f.
60 Klauser, Zur Entwicklung des Heiligsprechungsverfahrens 93. Um 1120 ist die Notwendigkeit bezeugter Wunder allgemein anerkannt.
61 Sieger 45; Barone, Une hagiographie sans miracles 446; Kötting, Entwicklung der Heiligenverehrung und Geschichte der Heiligsprechung 134.

schen Lebenswandel des Kandidaten größten Wert. Innozenz III. (1198–1216) betonte, daß Verdienste ohne Wunder sowie Wunder ohne Verdienste unzureichend seien, um ein Zeugnis über die Heiligkeit auszustellen[62]. Der *Informatio*, die Mitte des 12. Jahrhunderts bereits Lokaltermine und Zeugenbefragungen kannte[63], kam nun entscheidende Bedeutung zu. Damit wurde ein eigenes Prozeßverfahren, das heißt eine formgebundene Prüfung des Materials, das der *Actor* als Auftraggeber des Verfahrens einsandte, obligatorisch[64].

Seit dem 12. Jahrhundert wurde das päpstliche Urteil als letztgültige Instanz der Heiligsprechung – zum Teil aus rein praktischen Gründen[65] – allgemein anerkannt[66]. Der Praxis fehlte nur noch die theoretische Fixierung[67]. Bekanntlich hatte Alexander III. in einem Sonderfall die Kanonisationskompetenz für sich beansprucht, ohne dadurch grundsätzlich synodale Befugnisse beschneiden zu wollen. In seiner Dekretale „Audivimus"[68], einem Brief an den König von Schweden, deutete man die apodiktisch anmutenden Worte „non liceret vobis (ipsum) pro sancto absque auctoritate Romanae ecclesiae eum publice venerari"[69] durch die Aufnahme der Schrift in die Dekretalensammlung Gregors IX. (1227–1241) als umfassende *reservatio papalis*[70]. Aber erst Innozenz III. schuf mit der Kanonisierung der Kaiserin Kunigunde[71] die formaljuristische Basis und theologische Untermauerung des päpstlichen Monopolrechts[72]. Er band außerdem auf dem IV. Laterankonzil von 1215 die Verehrung neu aufgefundener Reliquien an die päpstliche Approbation[73]. Jener Papst war es auch, der von den Untersuchungskommissionen präzise Nachforschungen forderte, um zuverlässige Zeugnisse für Tugenden und Wunder zu erhalten. Rasch bildete sich nun ein einheitliches Verfahren aus, und es wurde Usus, die vom Papst eingesetzten Kommissionsmitglie-

---

[62] Angenendt 79f. Brief Innozenz' III. vom 12. Januar 1199: Othmar Hageneder, Die Register Innozenz' III. I/1 (Nr. 528 [530]) 761–764, hier 762: „duo tamen, virtus videlicet morum et virtus signorum, opera scilicet pietatis in vita et miraculorum signa post mortem, ut quis reputetur sanctus in militanti ecclesia, requiruntur".

[63] Im Rahmen des Heiligsprechungsverfahrens für Heinrich II. befragte der Kardinalpriester Thomas in Bamberg 1145 persönlich Zeugen, um die Angaben der Bamberger Gesandtschaft in Rom zu überprüfen: Bachmann, Die päpstlichen Legaten in Deutschland und Skandinavien 1125–59 73 u. 165.

[64] Sieger 48.

[65] Die Autorität und Unabhängigkeit des Hl. Stuhls, die eine weite Verbreitung gewährleisteten, spielten dabei eine wichtige Rolle ebenso wie einheitliche Richtlinien für den Prozeßablauf: Kötting, Entwicklung der Heiligenverehrung und Geschichte der Heiligsprechung 134.

[66] Sieger 56.

[67] Klauser, Zur Entwicklung des Heiligsprechungsverfahrens 99.

[68] Zur kirchenrechtlichen Diskussion um „Audivimus": Sieger 57–61. Er selbst hält „Audivimus" für den entscheidenden Einschnitt: „Auch wenn nicht Alexander III. die Kanonisation für den Papst reservierte, bildete sein Pontifikat doch eine Zäsur in der Geschichte der Heiligsprechung" (ebd. 61).

[69] Decretales Gregorii IX liber III tit. 45 cap. 1 (Friedberg II 650).

[70] Klauser, Zur Entwicklung des Heiligsprechungsverfahrens 99f.

[71] Zu Person und Kult der Kunigunde († 1023), der Gattin Heinrichs II.: Alfred Wendehorst, Art. Kunigunde, in: LMA V 1570f.; Gian Domenico Gordini, Art. Cunegonda, in: BS IV 393–397; Otto Meyer, Translatio Sanctae Cunegundis: 9. September 1201, in: Fränkische Blätter 3 (1951) 73–85.

[72] Klauser, Zur Entwicklung des Heiligsprechungsverfahrens 100; Kötting, Entwicklung der Heiligenverehrung und Geschichte der Heiligsprechung 134.

[73] Kanon 62 des Konzils: Friedberg II 650 (X.III 45, 2).

der zu vereidigen und die nach Rom gesandten Prozeßakten zu siegeln[74]. Postulatoren bzw. Prokuratoren, die schon im 12. Jahrhundert erwähnt wurden, agierten bereits Anfang des 13. Jahrhunderts nach einem bestimmten Rollenschema. Häufig vom *Actor* einer Causa berufen, brachten sie Zeugen und Materialien herbei und sorgten für zügige Fortschritte beim Ablauf des Prozesses[75].

Die formalrechtliche Fixierung der päpstlichen Prärogative bedeutete aber keineswegs, daß fortan ausschließlich an der Kurie heiliggesprochen wurde. Die Gesamtzahl der im Mittelalter im Zentrum der Christenheit Kanonisierten wird mit 79 angegeben[76]. Dabei läßt sich insgesamt eine deutlich abnehmende Tendenz wahrnehmen: Von 1198 bis 1304 wurden 49 Prozesse durchgeführt, von denen knapp die Hälfte, nämlich 24, mit der Heiligsprechung endete; zwischen 1304 und 1378 waren zwölf Untersuchungen in Rom anhängig, die in sechs Kanonisationen mündeten, und zwischen 1379 und 1431 erzielten zehn Verfahren fünf positive Abschlüsse[77]. Die Gründe für diesen Rückgang gehen auf die an Kompliziertheit zunehmenden Prozesse, die eine immer stärker werdende formalrechtliche Bindung aufwiesen, und die hohen Prozeßkosten zurück[78]. Die expandierende Volksfrömmigkeit suchte sich daher eigene Wege, so daß sich im 13. Jahrhundert eine Unterscheidung von „Seligen" und „Heiligen" ausbildete, das heißt die Differenzierung zwischen offiziell Heiliggesprochenen und allen sonstigen Fürsprechern lokalen Kolorits[79]. Allein zwischen 1215 und 1334 erlangten um die 500 Personen den Ruf der „Seligkeit", die unbefangen als Heilige verehrt wurden[80]. Eine offizielle Unterscheidung in „beatus" und „sanctus" führte erst Sixtus IV. (1471–1484) ein, der dem päpstlich approbierten Seligen öffentliche Verehrung zubilligte[81]. In der Definition eines Kanonisten des ausgehenden 15. Jahrhunderts wurde der ‚beatus' als derjenige beschrieben, der nicht kanonisiert ist, das heißt, daß für ihn weder ein feierliches Gedächtnis des Todestages noch ein Offizium noch eine Kirchendediktation vorgesehen war[82]. Seit Leo X. (1513–1521) beanspruchte die römische Kurie die alleinige Kompetenz bei der Kultgewährung der „beati", die nicht notwendig mit der Konzession von Offizium und Meßformular verbunden sein mußte[83].

Von den ersten päpstlichen Kanonisationen liegen keine liturgischen Zeugnisse vor. Während der Heiligsprechung Godehards 1131 wurde das *Te Deum* intoniert; für die Kanonisierung Bernhards von Clairvaux 1174 wird eine vom Papst gesungene hl.

---

[74] Diese Vorgehensweise läßt sich schon bei der Kanonisation von Wilhelm von Bourges 1218 beobachten: Sieger 64f. Zum formalen Ablauf des hoch- und spätmittelalterlichen Kanonisationsverfahrens: Christian Krötzl, Prokuratoren, Notare und Dolmetscher, in: Hagiographica 6 (1999) 119–140.
[75] Sieger 77. Die Bedeutung der Postulatoren in jener Zeit kann kaum überschätzt werden.
[76] Klauser, Die Liturgie der Heiligsprechung 173–176.
[77] Angenendt 182. – Die negativen Prozeßabschlüsse gingen meist auf Formfehler zurück, wie z.B. das nicht wörtliche Protokollieren von Aussagen oder die fehlenden Einzelbefragungen von Zeugen. In einigen Fällen mußten die Untersuchungen erneut durchgeführt werden.
[78] Darauf weist bereits hin: Vauchez, La sainteté 71f.; Angenendt 182.
[79] Für diese „beati" gab es kein eigenes Offizium und kein Meßformular: Sieger 107.
[80] Goodich, Vita perfecta. The Ideal of Sainthood in the Thirteenth Century 82.
[81] Veraja, La beatificazione 17–19; Sieger 106f.
[82] Zur Definition des 1496 gestorbenen Troilo Malvezzi: Frutaz, Auctoritate 483; Veraja, La beatificazione 17; Vauchez, La sainteté 114.
[83] Veraja, La beatificazione 19; Sieger 107f.

Messe erwähnt[84]. Innozenz III. fügte seinen Kanonisationsbullen die Oration für den neuen Heiligen bei. Die erste vollständig erhaltene Heiligsprechungsformel ist die des hl. Franz von Assisi von 1228. Die feierliche Kanonisation fanden erst seit Eugen IV. (1431–1447) generell in Rom statt[85].

Durch den Kardinalbischof von Ostia, Heinrich von Segusia[86], ist der Prozeßgang eines Kanonisationsverfahrens aus dem 13. Jahrhundert überliefert, der erstaunliche Ähnlichkeiten zum modernen Verhandlungsverlauf aufweist. Der Kardinal beschrieb den Prozeß in zwölf Schritten[87]: Der Papst wurde von der Ortskirche ein- oder mehrmals um die Kanonisation eines Kandidaten gebeten, wartete aber mit der Beauftragung für die Untersuchung der *Fama*, bis weitere Wunder auftraten. War das Interesse konstant, legte er die Angelegenheit dem Konsistorium vor und betraute nach Möglichkeit einige Bischöfe, die aus dem näheren Umkreis des Kandidaten stammten, mit der Untersuchung der *Fama*, der Verehrung durch die Gläubigen und der Wunder *in genere*. Ergab diese Voruntersuchung, daß man nach Rom die Wahrheit berichtet hatte und daß sich eine nähere Untersuchung *in specie* lohnen würde, rief der Papst abermals die Kardinäle zusammen, um durch die *Litterae remissoriales* einen Prozeß vor Ort *in specie* in Auftrag zu geben, durch den *Fama*, Vita und Wunder sorgfältig anhand der beigefügten Artikel und Interrogatorien geprüft wurden. Die gesiegelten Akten wurden dann nach Rom übersandt und dort Mitarbeitern der Kardinäle oder anderen herausragenden Persönlichkeiten zur Prüfung übergeben, die aus dem Material Rubriken (später *Summaria*) anfertigten. Diese wurden von Papst und Konsistorium nochmals einer Prüfung unterzogen und anschließend die Kardinäle befragt (später *Consistorium secretum*), ob eine Kanonisierung gerechtfertigt sei. Daraufhin teilte der Pontifex seinen Willen den Kardinälen im Geheimen mit. In einem weiteren Konsistorium, an dem auch alle in Rom anwesenden Bischöfe teilnahmen (später *Consistorium publicum*), trug der Papst den Stand der Dinge öffentlich vor, enthielt sich aber eines persönlichen Votums und erfragte die Meinung der Anwesenden. Dann wurde ein bestimmter Tag festgesetzt, an dem der Großteil des Klerus und der Gläubigen Roms in einer bestimmten Kirche zusammenkamen. Dort gab der Papst kurz den Prozeßverlauf wieder und listete die Beweise auf; dann bat er die Gläubigen um ihre Fürbitte, daß Gott ihn nicht irren lasse. Es folgte ein Gebet und das *Veni Sanctae Spiritus* oder ein anderer Hymnus. Dann erklärte der Pontifex den Kandidaten für heilig und gab Anweisung, den Betreffenden in das Heiligenverzeichnis einzutragen und sein Fest an dem entsprechenden Tag zu begehen. Das Zeremoniell schloß mit dem *Te Deum* und der Eucharistiefeier zu Ehren des neuen Heiligen.

Mit der Errichtung der Ritenkongregation durch die Apostolische Konstitution „Immensa aeterni Dei" vom 22. Januar 1588, die Ausdruck der sixtinischen Kurienreform sowie der apologetischen Haltung gegenüber der von der Reformation in Frage ge-

---

[84] Klauser, Die Liturgie der Heiligsprechung 220.
[85] Sieger 68.
[86] Heinrich von Segusia (ca. 1220–1271), Professor in Bologna und Paris, 1261 Kardinalbischof von Ostia, gilt als bedeutendster Dekretalist seiner Zeit; vgl. Norbert Brieskorn, Art. Heinrich v. Segusia, in: LMA IV 2138.
[87] Zum folgenden: Sieger 71–73. – Zur Entwicklung des Prozeßverfahren im 12. und 13. Jahrhundert: Paciocco, „Sublima negotia" 35–56.

stellten Heiligenverehrung war[88], sorgte man für eine stärkere Einheitlichkeit und Institutionalisierung der Heiligsprechungsprozesse. Das brachte für das Konsistorium und vor allem für die Rota-Auditoren, die bislang mit dem Studium der Causen und der Abfassung der Berichte beschäftigt waren[89], zunächst eine Verwaltungsvereinfachung mit sich, gleichzeitig aber auch eine Verselbständigung der Amtsgeschäfte und eine Verlagerung der Vorentscheidung vom Konsistorium zur entsprechenden Kardinalskongregation[90].

Der neuerrichteten Ritenkongregation, die zunächst aus fünf Kardinälen bestand, welche ihrerseits Theologen, Juristen und weitere Experten zu Sachfragen heranziehen konnten, überwies Sixtus V. (1585–1590) unter anderem die Überprüfung und Approbation des Heiligenoffiziums, die Vorbereitung der Kanonisierung von Heiligen sowie die Sorge um die Feier der Festtage nach der Überlieferung der Väter[91]. Die Heiligsprechung galt der Kongregation anfangs nicht als vordringlichste Aufgabe; vielmehr wurden Riten und Zeremonien als einheitliches Arbeitsfeld angesehen, obwohl sie unterschiedliche Vorgehensweisen und Methoden erforderten[92]. Überblickt man die ältere Geschichte des neuen Dikasteriums, lassen sich nach einer ersten Phase des Übergangs und Suchens seit etwa 1634 administrative und prozessuale Neu- und Umstrukturierungen beobachten, die ihre volle Entfaltung und Kodifizierung unter Benedikt XIV. erfuhren[93]. Jener Papst, der Prozeßinhalt und -ablauf bis ins einzelne festlegte, schuf die bis 1917 unverändert geltende, autoritative Grundlage jedes Selig- und Heiligsprechungsverfahren.

In den ersten Jahren der Ritenkongregation schienen Kanonisationsprozesse in nur geringem Umfang durchgeführt worden zu sein[94]. Das änderte sich erst aufgrund der Reformen Urbans VIII. (1623–1644) in der zweiten Hälfte des 17. Jahrhunderts[95]; jener Papst wies auch der Kongregation Amtsräume im Apostolischen Palast zu und richtete dort ein Archiv ein[96]. Die Verehrung einiger weder selig- noch heiliggesprochener Personen verursachte in Rom und anderen Gebieten Italiens zu Beginn des 17. Jahrhunderts großen Unwillen: Statuen nichtlegitimierter Verehrungsträger mit Votivkerzen fanden in den Kirchen Aufstellung[97]. Trotz fortschreitender Kanonistik und des Ausbaus des kurialen Administrativapparates sowie deutlich zutage tretenden Zentralisierungs- und Vereinheitlichungstendenzen ließen sich solche spontanen Auswüchse der Volksfrömmigkeit noch nicht formalrechtlich kanalisieren. Schon im Pontifikat Clemens' VIII. (1592–1605) ist der Wille erkennbar, die verschiedensten Formen des

---

[88] Papa, La Sacra Congregazione dei Riti nel primo periodo di attività 15.
[89] Sieger 83f.
[90] Dazu schon: Plöchl, Geschichte des Kirchenrechts III/1 141f., 157.
[91] Das apostolische Schreiben vom 22. Januar 1588 „Immensa aeterni Dei" in: Bullarium diplomatum et privilegiorum sanctorum romanorum pontificium VIII 985–996.
[92] Papa, La Sacra Congregazione dei Riti nel primo periodo di attività 17f.; Sieger 86.
[93] Papa, La Sacra Congregazione dei Riti nel primo periodo di attività 13–21.
[94] Ebd. 24.
[95] Zu dieser Zeit bestand die Personaldecke der Ritenkongregation aus zwei Gruppen von Mitarbeitern; durch die Heiligsprechungsprozesse besaß dieses Dikasterium mehr als alle anderen Kongregationen den Charakter eines Gerichts; McManus, The Congregation of Sacred Rites 29.
[96] Vgl. Nemec, L'archivio della Congregazione per le Cause dei Santi (ex-S. Congregazione dei Riti) 341.
[97] Vgl. Sieger 97.

öffentlichen Kultes, die außerhalb des papalen Sanktionsradius lagen, zu unterbinden. Paul V. (1605–1621) bereitete offensichtlich ein formelles Verbot für die öffentliche Verehrung Nichtkanonisierter vor, ohne jedoch die entsprechenden Dekrete zu publizieren[98]. Erst Urban VIII. untersagte 1625 Mißbräuche beim öffentlichen Kult durch ein Dekret der Inquisition und reformierte bzw. erweiterte das Prozeßverfahren[99]. Zunächst regelte man die Entfernung von Zeichen der Heiligkeit (Strahlen, Nimben etc.) an öffentlichen und privaten Orten, ließ behauptete Wunder, Gnadenwirkungen und Offenbarungen vom jeweiligen Ordinarius prüfen – ebenso wie einschlägige Druckwerke – und band die Anbringung von Lichtern und Exvotos an den Ortsbischof. Urban VIII. eliminierte zwar einerseits jeden Kult ohne päpstliche Sanktion, gestand aber andererseits seit alters her bestehender Verehrung weiterhin liturgische und juristische Relevanz zu. Bestand ein Kult durch den allgemeinen Konsens der Kirche, seit unvordenklichen Zeiten – mindestens 100 Jahre –, aufgrund der Schriften der Väter oder heiligen Männer oder etwa über einen längeren Zeitraum mit Wissen und Duldung des Hl. Stuhls oder des Ordinarius, so galt die öffentliche Verehrung einer Person als rechtmäßig. Der Nachweis über einen solchen *casus exceptus* mußte eigens durch einen Prozeß erbracht werden.

Von 1628 bis 1632 beschäftigte sich der päpstliche Gesetzgeber mit den Prozeßmodalitäten und dem internen Geschäftsgang der Ritenkongregation. Der Institution des Papstes kam in diesen Verfahren eindeutig die Prärogative zu. Entsprechend wurde der Kanonisationsprozeß als solcher unter Urban VIII. endgültig zu einer autonomen Einrichtung[100]. Dreimal jährlich sollten die in Rom anhängigen Causen vor dem Papst referiert und diskutiert werden, jedoch maximal drei bis vier pro Zusammenkunft. An diesen Sitzungen nahmen außer den Kardinälen noch der Apostolische Protonotar, der Sakristan des Papstes, der Promotor fidei und der Sekretär der Kongregation teil. Die Konsultoren, die im Vorraum ihren Platz hatten, konnten bei schwierigen Fragen hinzugezogen werden. Die Gültigkeit der lokalen Prozesse sowie die Tugenden und Wunder wurden in diesen Zusammenkünften *(Congregationes Ordinariae)* einer Prüfung unterzogen. Vor diesen (Haupt-)Sitzungen konnten ein oder mehrere *Congregationes Particulares*[101] in der Residenz des Kardinalpräfekten anberaumt werden, in welchen die Kardinalponenten ihre Causen referierten. Die *Congregationes Ordinariae* regelten die Aufnahme der Verfahren an der Ritenkongregation – die Tugenden konnten in der Regel nicht vor 50 Jahren nach dem Tod des Kandidaten diskutiert werden –, die Berufungen von Richtern etc. Von allen Mitarbeitern verlangte Urban VIII. den für die hl. Inquisition üblichen Eid, ihre Aufgabe treu zu erfüllen und das Amtsgeheimnis zu wahren. Dem Promotor fidei kam bei der Prozeßführung eine her-

---

[98] Erwähnt: Benedikt XIV., Opera Omnia II 61f. (II, 10, 5).
[99] Auf die Bedeutung Urbans als Reformer des Prozeßverfahrens weist bereits hin: Kötting, Entwicklung der Heiligenverehrung und Geschichte der Heiligsprechung 134. Zum folgenden: Sieger 98–105. Die Dekrete Urbans VIII. gedruckt in: Benedikt XIV., Opera omnia II 475–495 (II, Appendix prima).
[100] Dalla Torre, Santità ed economia processuale 234.
[101] Aus ihr gingen später die *Congregatio Antepraeparatoria* und die *Praeparatoria* hervor. Der Name *Congregatio particularis* wurde in späteren Zeiten zur Bezeichnung für eine Sonderkommission, die meist ohne Konsultoren gebildet wurde und ein Votum über spezielle Dispens- oder Vorgehensfragen für den Papst erstellen sollte. Dazu: Bangen, Die Römische Curie 208f.

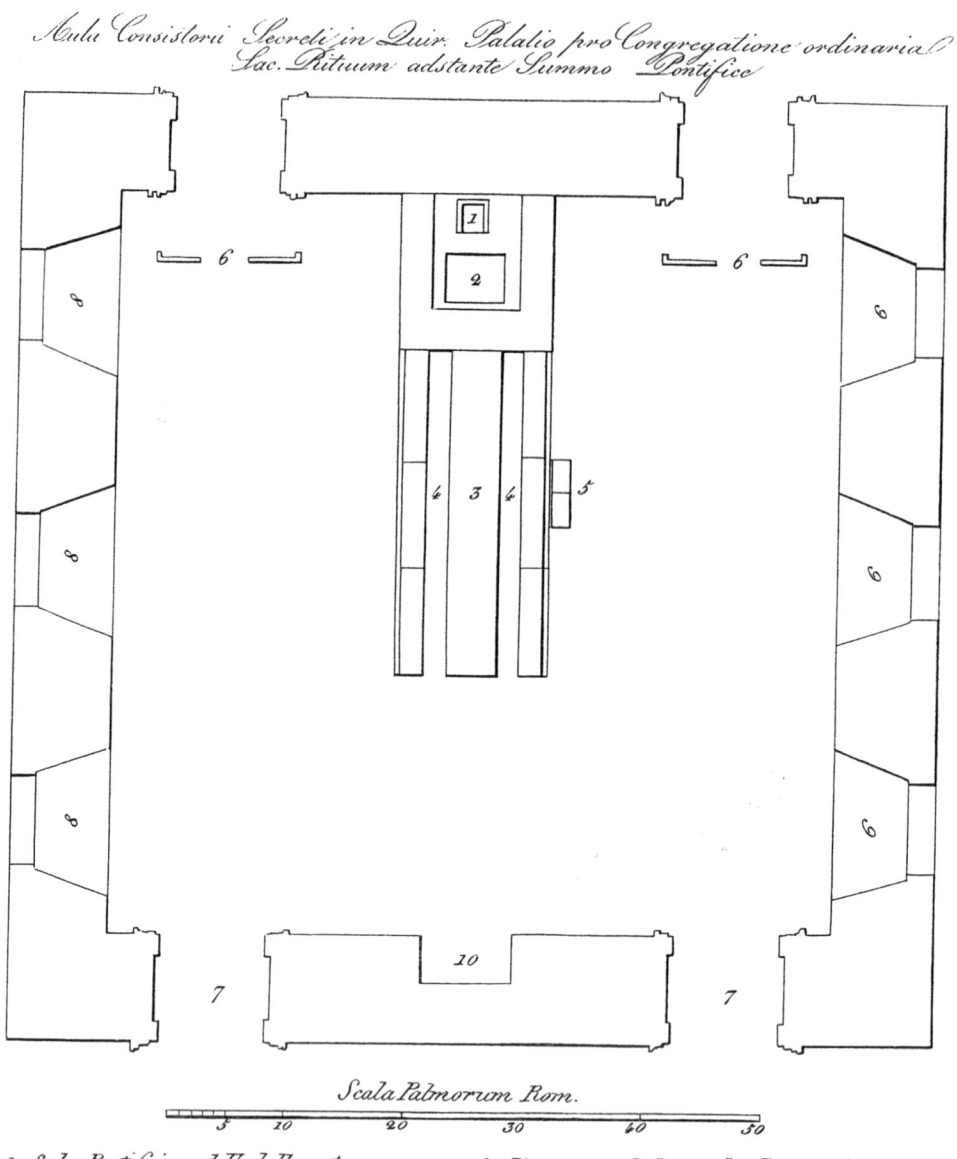

Aula Consistorii Secreti in Quir. Palatio pro Congregatione ordinaria Sac. Rituum adstante Summo Pontifice

1. Sedes Pontificia sub Umbella a terra per gradum elevata.
2. Mensa Scriptoria pro Papa.
3. Altera oblonga pro Cardinalibus.
4. Cardinalium Sedilia.
5. Praealtium Scamnum ad scribendum pro Secretario.
6. Lignea vestibula (vulgo Bussole).
7. Ianuae ab Aula Parafrenariorum.
8. Fenestrae versus Quirinale Atrium.
9. Alice versus Viridarium.
10. Infimibulum.

Abb. 1: *Congregatio Ordinaria* im Quirinalspalast, Sitzplan, 18. Jahrhundert.
(Aus: Benedikt XIV., De Servorum Dei Beatificatione, et Beatorum Canonizatione, Bd. 7, Prati 1832)

ausragende Position zu. So wie er bei der Aufnahme einer Causa konsultiert werden mußte, damit der Papst der Ritenkongregation durch die eigenhändig unterschriebene *commissio generalis* die notwendigen Vollmachten übertragen konnte, so war er auch bei jeder weiteren Prozeßetappe zu befragen, und wenn er sich außerhalb Roms befand, ein von ihm ernannter Subpromotor fidei.

Nach der Aufnahme des Prozesses lief das Heiligsprechungsverfahren folgendermaßen ab: Der Papst betraute einen oder mehrere Bischöfe mit dem Apostolischen Prozeß *in genere* durch die *Litterae remissoriales*. Der Prokurator oder Postulator der Causa mußte dazu die *Positiones* und *Articuli* über Leben, Tugenden und Wunder vorlegen und diese von der Kongregation prüfen lassen. Anhand der vom Promotor fidei erstellten Interrogatorien vernahmen dann die beauftragten Bischöfe Zeugen und sammelten beglaubigtes Schriftgut des Kandidaten, wie Briefe, Urkunden, Druckwerke etc. Der Untersuchungsbericht wurde unter Aufsicht eines vereidigten Notars verschlossen und durch einen ebenfalls vereidigten Boten an die Ritenkongregation übersandt. Die beteiligten Bischöfe gaben ihre persönliche Bewertung der Zeugenaussagen sowie ein Votum ab, ob man eine Untersuchung *in specie* durchführen könne. Kernpunkt des ersten Prozesses war die Feststellung der *fama sanctitatis*, ohne die ein weiteres Vorgehen nicht möglich war.

In einer neuen Kongregationssitzung entschied der Papst, ob der Prozeß *in specie* in Auftrag gegeben werden sollte. War das der Fall, wurden anhand von neuen *Litterae remissoriales* und Interrogatorien Nachforschungen angestellt, zunächst über die *Fama*, dann über die Vita und drittens über die Wunder. Die *Formula litterarum remissorialium, et compulsorialium in specie* ist entsprechend auch dieselbe wie die der *Formula* der Prozesse *in genere*, jedoch erweitert durch die *Facultas*, das Grab zu besuchen, was im Geheimen zu geschehen hatte. Anschließend wurden diese Prozesse von den Rota-Auditoren geprüft und in Rubriken zusammengefaßt. Außerdem gaben diese eine Relation an den Papst ab, die frei von subjektiver Meinung sein sollte. Eigens von ihnen anzufertigende Voten wurden der Kongregation in Gegenwart des Papstes gesondert zugeleitet. Bevor eine Entscheidung über eine mögliche Kanonisierung des Kandidaten fiel, wurde das Schriftgut des Kandidaten geprüft. Dann legte der Kardinalponens eine *Relatio* über den Inhalt der bereits durchgeführten Prozesse vor, ferner über die Zubilligung kultischer Verehrung – eine Vorform der zu jener Zeit noch nicht institutionell vollständig ausgebildeten Seligsprechung durch den Papst –, und über das, was nach der Kultgewährung geschehen war.

Das an Komplexität zunehmende Prozeßverfahren unter Einschärfung der kurial-römischen Sanktionsgewalt erhielt noch im 17. Jahrhundert eine weitere Differenzierung in Form von Selig- und Heiligsprechung als eigenständige prozessuale Größen. Bis zum Pontifikat Alexanders VII. (1655–1667) wurde der Titel *beatus* inclusive Messe und Offizium durch ein päpstlich bestätigtes Breve der Ritenkongregation im Anschluß an einen relativ kurzen Prozeßvorgang verliehen[102]. Jener Papst legte dann 1659/60 die rechtliche Grundlage für die ausschließlich lokale Verehrung eines Seligen und lie-

---

[102] Sieger 110.

ferte damit die bis heute gültigen Unterscheidungskriterien von *selig* und *heilig*[103]. Als in sich geschlossenes Rechtsinstitut ist die Seligsprechung unter Clemens IX. (1667– 1669) greifbar, der 1668 festlegte, daß das *dubium* über die Sicherheit der Beatifizierung selbständig formuliert sein müsse – ohne jeden Hinweis auf eine mögliche Kanonisation[104]. Damit hatte sich auch das Prozeßverfahren der Beatifikation von dem der Kanonisation emanzipiert. Eine erste formelle Seligsprechung in der vatikanischen Basilika hatte es bereits 1662 mit Franz von Sales gegeben[105]: Am Vormittag wurde das päpstliche Breve verlesen und darauf eine Messe zu Ehren des neuen Seligen zelebriert. Erst am Nachmittag besuchte der Papst persönlich die Petersbasilika, um den Beatifizierten zu ehren[106]. Benedikt XIV. legte 1741 verbindlich fest, daß alle feierlichen Seligsprechungen ebenso wie die Kanonisationen ausschließlich in St. Peter stattfinden sollten[107].

Vor allem aber widmete sich dieser große Rechtsgelehrte auf dem Stuhle Petri der Kodifizierung des Selig- und Heiligsprechungsverfahrens, das bis zum Beginn des 20. Jahrhunderts uneingeschränkt in Geltung blieb.[108] Die juristische Praxis des 17. und 18. Jahrhunderts brachte eine Präzisierung von Rechtsobjekt und Prozeßweg mit sich, die sich nicht nur in formaler, sondern auch in materieller Hinsicht äußerte[109]. Seit Urban VIII. hatte man die Feststellung des historischen Befundes, die Reinheit der vorgetragenen Lehre und die Existenz einer legitimen *Fama* sowie bewiesener Wunder mehr und mehr spezifiziert[110]. Die Adaptierung der Kriminalprozeßordnung hatte zweifelsohne eine Bürokratisierung der kanonisierten Heiligkeit zur Folge und damit eine Abschwächung der Impulse, die aus dem christlichen Volk hervorgingen[111]. Benedikt XIV. brachte diesen Weg zu einem verbindlichen Abschluß und grenzte dadurch Magie, Ritualismus und verschiedenste andere Arten der Übertreibung aus. Stattdessen schrieb er den Rekurs auf die Heilige Schrift, die Tradition, die Konzilien, die Kirchenväter und auf die päpstliche Gesetzgebung in dieser hierarchischen Reihenfolge als Grundlagen für die Selig- und Heiligsprechung fest[112]. Sein kanonisti-

---

[103] Neue Kriterien legte das Dekret der Ritenkongregation vom 27. September 1659 und die *Declaratio* vom 17. April 1660 fest: Veraja, La beatificatione 94–96; auch Sieger 110f.

[104] Sieger 112.

[105] Die Frage wird konstant diskutiert, ob der feierliche Abschluß in St. Peter den *Terminus post quem* bildet, seit dem man von einer prozessual formvollendeten *Beatificatio* sprechen kann. Ein weiteres Kriterium wäre das Beatifikationsbreve, insofern sein Ausstellungsdatum mit dem Termin der Feierlichkeit korrespondiert. Dies wird aber erst seit Pius XI. Usus. Dazu: Frutaz, Auctoritate 482– 484; Veraja, La beatificazione 109; Indelicato, Il Processo Apostolico di Beatificazione 381; Sieger 111f.

[106] Zum Ritus: Indelicato, Il Processo Apostolico di Beatificazione 382f.; Stano, Il rito della beatificazione da Alessandro VII ai nostri giorni 383–388; Dell'Oro, Beatificazione e Canonizzazione 17– 32.

[107] Bulle „Ad sepulchra Apostolorum" vom 23. November 1741 (publiziert am 13. Dezember 1741): S.D.N. Benedicti Papae XIV. Bullarium I 42f.; Schalhorn, Historienmalerei und Heiligsprechung 37.

[108] Sieger 114; Snider, Benedetto XIV 2, 9, 11f.

[109] Dalla Torre, Santità ed economia processuale 233.

[110] Ebd. 235.

[111] Ebd. 251.

[112] Bertone, Il governo della chiesa 180. Der Papst zitierte in seinem Werk „De Servorum Dei Beatificatione ..." immerhin 2312 Autoren und verschaffte seiner Arbeit damit eine breite Quellenbasis: Snider, Benedetto XIV 6.

sches Arbeiten stand in enger Verbindung zur Geschichtswissenschaft und ihrer Methodik[113].

Nach dem Studium der Theologie sowie des bürgerlichen und kirchlichen Rechts, das er weniger scholastisch-spekulativ als historisch deduktiv betrieb[114], unterstützte Prospero Lambertini, der spätere Benedikt XIV., zunächst seinen Landsmann in Rom, Alessandro Caprara aus Bologna, der Auditor der Rota war[115]. Aufgrund von Lambertinis herausragenden juristischen Fähigkeiten ernannte ihn Clemens XI. (1700–1721) 1701 zum Konsistorialadvokat und übertrug ihm die Kanonisationsprozesse Pius' V.[116] und der Caterina Vigri[117]. 1708 trat er sein neues Amt als Promotor fidei an, das er über fast zwanzig Jahre hinweg mit ungeheurem Fleiß, unbestechlicher Gründlichkeit und wegweisender Gelehrsamkeit verwaltete. 1716 zum Kardinal *in petto* kreiert, 1727 Erzbischof von Ancona und 1731 zum Oberhirten von Bologna ernannt, verarbeitete er in seiner Heimatstadt die in Rom gesammelten Erfahrungen[118] und Notizen zu dem vierbändigen Werk „De servorum Dei beatificatione et beatorum canonisatione"[119]. Das lambertinische *Opus magnum* besitzt weniger durch seine langatmigen historischen Deduktionen als vielmehr durch die Normierung der Prozeßordnung und seiner theologischen Grundlagen, vor allem was den heroischen Tugendgrad, das Martyrium und die Wunder betrifft[120], bis heute breite, ungebrochene Bedeutung[121]. Eher zufällig – aufgrund seiner langjährigen Erfahrung – widmete sich Lambertini der Neuumschreibung und historisch-theologischen Fundierung des Prozeßverfahrens, der noch Papst Pius XII. 200 Jahre nach dem Tod Benedikts XIV. unübertreffliche Gründlichkeit und Geschichtsnähe attestierte[122]. Als Papst bekannte Lambertini, daß er sich „zu angenehmeren Studien, wozu mich auch mein lebhafter Geist antrieb, [hätte] hinwenden können; aber in meinem Innern fühlte ich mich von der Religion selbst berufen, für ihre Verherrlichung zu arbeiten, und da ich frühzeitig mit den Bea-

---

[113] Vgl. Bertone, Il governo della chiesa 175, 180; Pio XII, La figura e l'opera di Benedetto XIV 463. – Gerade die Methodik sichert dem Prozeßverfahren aktuelle Akzeptanz: Snider, Benedetto XIV 9.

[114] Durch die persönliche Bevorzugung der historischen Methode, die sein gesamtes juristisches Werk prägte, eilte Lambertini seinen Fachkollegen um einige Zeit voraus; dazu: Merkle, Benedikt XIV. – Benedikt XV. 341; Schwaiger V 430f. Benedikt als bedeutendster Vertreter der positivistisch-historischen Methode: Bertone, Il governo della chiesa 181.

[115] Auch zum folgenden: Pastor 16/1 17–19, 221f.

[116] Paolo Ghislieri (1504–1572) bestieg als Pius V. (1566–1572) den Stuhl Petri. Er wurde 1672 seliggesprochen und 1712 kanonisiert; vgl. Angelico Iszak, Art. Pio V, in: BS X 883–897; Georg Denzler, Pius V., in: Manns, Die Heiligen in ihrer Zeit II 193–197.

[117] Zur Vigri vgl. die Angaben im Abschnitt „Die Eitelkeit der Päpste".

[118] Bereits als Konsistorialadvokat (1701–1708) begann er mit der Materialsammlung: BCAB, Ms. B 3704, fol. 6r.

[119] Die erste Auflage erschien in Bologna 1734–1738. Dazu auch: Kemp, Canonization and authority in the Western Church 148. Zu den Mitarbeitern und zahlreichen Editionen seines Hauptwerkes: Pietro Amato Frutaz, Le principali edizioni e sinossi del De Servorum Dei Beatificatione et Beatorum Canonizatione di Benedetto XIV, in: Cecchelli, Benedetto XIV I 27–90.

[120] Eingehende Darlegung des Wunderphänomens: Franz L. Schleyer, Die Weisungen Benedikts XIV. an die Ritenkongregation zur Beurteilung von Wunderheilungen, in: Archiv für katholisches Kirchenrecht 123 (1944/48) 316–438.

[121] Veraja, Heiligsprechung 4; Sieger 115; Snider, Benedetto XIV 5.

[122] Pio XII, La figura e l'opera di Benedetto XIV 454, 458f. Die Rede stammte zwar aus der Feder des Papstes, konnte aber von ihm nicht mehr gehalten werden. Dazu: Pietro Palazzini, La perfettibilità della prassi processuale di Benedetto XIV nel giudizio di Pio XII, in: Miscellanea in occasione del IV centenario della congregazione per le cause dei Santi (1588–1988), Vatikanstadt 1988, 61–87.

tifikationsprozessen mich zu beschäftigen Gelegenheit fand, so wurde es mir nicht schwer, mich diesem Gegenstand zu widmen. Ich ergriff ihn um so bereitwilliger, als das Verfahren bei den Kanonisationen kaum irgend jemand[em] außer den hierbei beschäftigten Personen bekannt war"[123].

In Benedikts Werk über die Selig- und Heiligsprechung manifestierte sich die tridentinische bzw. nachtridentinische Vorstellung von Kirche, verbunden mit einem Ausbau der institutionellen Kräfte der römischen Kurie[124]. In der direkten Appellation der Petenten an den Pontifex, die dieser in vollständiger Freiheit und Autonomie verwalten konnte, kam nicht nur die persönliche Überzeugung des Papstes von seiner amtlichen Autorität und dem besonderen Beistand Gottes zum Ausdruck, sondern auch sein tiefes, nicht unbegründetes Mißtrauen gegenüber dem inferioren Verwaltungsapparat[125]. Beatifikation und Kanonisation deutete er stets als Akt und Ausdruck der Gesamtkirche[126]. Lambertini verstand sein Werk als die Zementierung eines Mittelwegs in formaler wie inhaltlicher Hinsicht. Das Prozeßverfahren der Beatifikation und Kanonisation, das fortan die Kurie mit Ausschließlichkeit durchführte, verstand sich permissiv und nicht institutionalisierend, das heißt, der Papst und die Ritenkongregation schafften keine neuen Kulte, sondern approbierten bereits greifbare Verehrung im Kirchenvolk[127]. Diese Permission brachte neben einer steuernden Wirkung auch funktionalisierende Effekte mit sich[128]: Der Zentralismus der Kurie schuf zwar keine neuen Modelle der Heiligkeit, konnte aber – was sich in den meisten Prozeßabläufen nachweisen läßt – bestimmte Typen favorisieren oder zurückstellen, die den zeitgenössischen Pastoralmodellen der kirchlichen Amtsträger entsprachen bzw. ihnen zuwiderliefen[129].

Benedikt XIV., der persönlich äußerste Vorsicht bei außergewöhnlichen spirituellen Manifestationen übte und übernatürliche Ereignisse an die Überprüfung der *ratio* band[130], verlangte jedoch gleichzeitig Wunder für die Aufnahme eines Selig- bzw. Heiligsprechungsverfahrens. Hier kam sein Selbstverständnis als Wahrer und Verteidiger kirchlicher Traditionen zum Ausdruck, das beispielsweise auch in der Reform

---

[123] Zitiert nach: Pastor XVI/1 19.
[124] Rosa, Prospero Lambertini tra „regolata devozione" e mistica visionaria 530; ders., Art. Benedetto XIV 394.
[125] Neben dem direkten Rekurs an den Hl. Stuhl verfocht er das persönliche Eingreifen in den Prozeßablauf und eigenständige Entscheidungsgewalt: Bertone, Il governo della chiesa 146.
[126] Stella, Le „Vies des saints" di Adrien Baillet 230; Dalla Torre, Santità ed economia processuale 253. Einheitsstiftendes Element: Bertone, Il governo della chiesa 107: „La Sede Apostolica promuove l'unità".
[127] Dalla Torre, Santità ed economia processuale 253. Auch Rosa (Prospero Lambertini tra „regolata devozione" e mistica visionaria 532) spricht von einer „regolata santità".
[128] Der anerkannte Rechtsexperte und Konsistorialadvokat Dalla Torre stellt zwar die funktionalisierende Kraft der römischen Prärogative nicht in Abrede, spricht aber andererseits von einem Ausbalancieren des Verehrungsdrucks des Volkes und der öffentlichen Funktion von Heiligenmodellen. Daher wäre letztendlich die Heiligsprechung alleiniger (!) Ausdruck des Volkes Christi: Dalla Torre, Santità ed economia processuale 252f.
[129] Ebd. 251f.
[130] Rosa, Prospero Lambertini tra „regolata devozione" e mistica visionaria 524f.; Orlandi, Vera e falsa santità in alcuni predicatori popolari e direttori di spirito del Sei e Settecento 435.

des Breviergebetes und des römischen Heiligenkalenders greifbar wird[131]. Die Gratwanderung zwischen nachtridentinischen und aufklärerischen Vorstellungen vollzog Lambertini nach den Worten Rosas zugunsten einer *devozione regolata*, statt sich einem *cristianesimo ragionevole* anzunähern[132].

---

[131] Stella, Le „Vies des saints" di Adrien Baillet 228f. Zur Brevierreform Benedikts, die schon von Innozenz XII. in Auftrag gegeben wurde, und der Neuerung des Heiligenkalenders: Pastor XVI/1 213–215, 229f.; Adelmo Marino, La questione delle feste religiose e la loro riduzione al tempo di Benedetto XIV, in: Cecchelli, Benedetto XIV I 677–694. Zum behutsamen Vorgehen bei der Verminderung der Festtage vor allem: Schöch, Die Frage der Reduktion der Feiertage bei Benedikt XIV. 60–116.

[132] Rosa, Prospero Lambertini tra „regolata devozione" e mistica visionaria 530.

II. Personelle Verwaltungsstruktur

1. Der Präfekt und die Kardinäle der Ritenkongregation

Die Ritenkongregation, die anfangs nur aus fünf Kardinälen bestand, leitete der ranghöchste Purpurträger als Vorsitzender[133]. Wegen der Kollegialität bei der Entscheidungsfindung war er stets auch in die tatsächliche Arbeit involviert. Im 17. Jahrhundert wurde dann die freie Ernennung eines Präfekten durch den Papst gebräuchlich[134]. Der Präfekt und der Sekretär der Kongregation gaben durch ihre Unterschrift den Dekreten der Behörde Gültigkeit[135]. Die Kardinäle, deren Zahl nach dem Willen des Pontifex variierte, fungierten außerdem als Relatoren oder Ponenten einer Causa, das heißt, sie referierten in der Kongregation über den *Processus Ordinarius* und später auch über den *Apostolicus*[136]. Ihnen stand gewissermaßen die interne Betreuung einer Causa zu[137]. Der Ponens, der häufig vom Postulator vorgeschlagen wurde, erhielt seine Ernennung vor der formellen Aufnahme eines Prozeßverfahrens vom Papst. Schon 1665 wählte man für eine solche Funktion einen angesehenen Kardinal aus[138].

2. Der Sekretär der Kongregation

Die Bulle Urbans VIII. „Immensa aeterni Dei" legte fest, daß die jeweiligen Sekretäre der einzelnen Kardinäle die anfallenden Arbeiten zu erledigen hatten. Der Amanuensis des ersten Kardinalpräfekten war somit der erste Sekretär der Ritenkongregation, der seit 1609 durch ein eigenes Breve ernannt und in der Anfangszeit aus dem Kreis der Apostolischen Protonotare genommen wurde[139]. Seit Urban VIII. war ihm ein bestimmter Wochentag im päpstlichen Audienzkalender reserviert, und er hatte das Recht, am öffentlichen Konsistorium teilzunehmen[140]. Benedikt XIV. schrieb fest, daß der Sekretär im Rang eines Titularbischofs stehen sollte[141].

3. Der Promotor fidei generalis

Die Institution des Promotors fidei, gemeinhin *Advocatus diaboli* genannt, läßt sich bereits im Pontifikat Leos X. nachweisen[142], fehlte aber in den ersten Jahrzehnten der

---

[133] Papa, La Sacra Congregazione dei Riti nel primo periodo di attività 34. Die drei *Ordines* des Kardinalates und die Würde der Titelkirchen gaben die Rangfolge an. Papa weist darauf hin, daß die Leitung und Verantwortlichkeit ursprünglich kollegial verstanden wurden.
[134] Ebd. 35.
[135] Diesen Usus legte Urban VIII. am 21. August 1632 fest: Moroni XVI 265.
[136] Sieger 90.
[137] Arnaldo Bertola, Art. Ponente, in: EC IX 1739–1740; Moroni LIV 93.
[138] Benedikt XIV., Opera Omnia I 99f. (I, 16, 12).
[139] Vgl. Papa, La Sacra Congregazione dei Riti nel primo periodo di attività 36–39. Zur Funktion: Bangen, Die Römische Curie 224.
[140] Benedikt XIV., Opera omnia I 107 (I, 17, 5).
[141] Ebd. Er griff damit einen häufig praktizierten Usus auf.
[142] Sieger 67.

Kongregationsgeschichte und setzte sich erst Anfang des 17. Jahrhunderts durch[143]. Als juristisch geschulter Experte wachte er über die Anwendung der geltenden Rechtsnormen. Der Promotor fidei generalis, der für sämtliche an der Kongregation anhängigen Causen zuständig war, hatte seit 1631 das Recht, auf allen Kongregationssitzungen in jede Frage der Selig- und Heiligsprechung einzugreifen, Einwände gegen die behandelten Themen zu erheben sowie Zeugenbefragungen und Schriftuntersuchungen anzufordern. Als *pars formalis* des Prozeßverfahrens informierte er den Papst und die Kardinäle über Rechts- und Sachfragen. Ihm mußten die authentischen Kopien aller Prozesse, aller vorzulegenden Schriften und jede Information über auftretende Zweifelsfälle vorgelegt werden, damit er das gesamte Material sichten und Antworten entwerfen konnte. Seine Einwendungen und die Antworten der Advokaten der einzelnen Causen bildeten die wesentlichen internen Elemente der Wahrheitsfindung und dienten zur Vorbereitung von Entscheidungen in den Kongregationssitzungen.

4. Weitere Mitarbeiter in der Ritenkongregation

Der Ritenkongregation war von Anfang an ein Apostolischer Protonotar zugeordnet, der bei der Zeugenvernehmung der in Rom durchgeführten Apostolischen Prozesse mitwirkte und die Aufgaben eines Kanzlers versah. Er wurde vom Papst aus dem Kollegium der Protonotare ernannt[144]. Bedeutsamer war die Funktion der Rota-Auditoren, die vom Papst oder direkt von der Kongregation ernannt wurden. Zum Aufgabenbereich dieser Rechtsexperten gehörte es, die Relationen über die Gültigkeit der bereits durchgeführten Prozesse sowie über den Nachweis der Tugenden bzw. des Martyriums und der Wunder abzufassen und ein persönliches Urteil darüber abzugeben. In Zweifelsfällen holten sie Gutachten von Theologen und Medizinern ein. Seit Innozenz X. (1644–1655) gehörten drei Auditoren dem Konsultorengremium der Kongregation an[145]. Seit 1625 besaß die Ritenkongregation einen eigenen Notar, der vom Papst vorgeschlagen und dann von der Kongregation gewählt wurde. In seinen Zuständigkeitsbereich fiel auch das Archiv[146].
Weiterhin zog das Dikasterium auswärtige Experten als Konsultoren hinzu, die ihre Meinung zu bestimmten Sachfragen abgaben und bei den Abstimmungen in den Kongregationssitzungen die definitive Entscheidung des Papstes vorbereiteten. Ihre Ernennung war dem Pontifex vorbehalten. War ihnen die Anwesenheit bei den Abstimmungen nicht möglich, konnten sie auch ein schriftliches Votum hinterlassen. Es bildeten sich allmählich zwei Gruppen heraus: die Prälatenkonsultoren als *Consultores*

---

[143] Seine Aufgabe wurde in den Anfangsjahren von anderen Kongregationsmitgliedern wahrgenommen. Vgl. auch zum folgenden: Moroni LV 292–295; Papa, La Sacra Congregazione dei Riti nel primo periodo di attività 39–42; Sieger 91f.; Bangen, Die Römische Curie 225f.

[144] Vgl. Benedikt XIV., Opera omnia I 106 (I, 17, 3); Papa, La Sacra Congregazione dei Riti nel primo periodo di attività 42–44; Sieger 92f.

[145] Vgl. Benedikt XIV., Opera omnia I 107f., 110 (I, 17, 6 u. 8 u. 13); Papa, La Sacra Congregazione dei Riti nel primo periodo di attività 44–46; Sieger 93f.

[146] Vgl. Benedikt XIV., Opera omnia I 118–120 (I, 19, 2–6); Nemec, L'archivio della Congregazione per le Cause dei Santi (ex-S. Congregazione dei Riti) 341.

nati der Kongregation und die theologischen Konsultoren, zu denen meist Fachleute der Großorden gehörten[147]. Ihre Zahl variierte im Laufe der Jahrhunderte; entsprechend veränderte sich ihre Zusammensetzung[148]. 1741 waren insgesamt 17 theologische Konsultoren zu den Sitzungen zugelassen[149], deren Zahl auf 21 bis zum Ende des Jahrhunderts anwuchs[150], um nach der napoleonischen Epoche auf elf abzusinken[151]. Danach änderte sich die Zahl nicht wesentlich[152]. Ähnliche Wandlungen machte auch das Gremium der Prälatenkonsultoren durch, die zuallermeist der römischen Kurie entstammten. Seit Benedikt XIV. gehörten dieser Gruppe ein Referendar der Beiden Signaturen, der *Magister Sacri Palatii*, der Apostolische Protonotar der Ritenkongregation, der Promotor fidei, der Präfekt der Päpstlichen Aula, der Rotadekan und die beiden hauseigenen Rota-Auditoren an, ferner sieben Titularbischöfe und -erzbischöfe, wobei einer mit dem Sekretär der Kongregation identisch war[153]. Sie alle waren durch Eid zur Geheimhaltung der Vorgänge *sub poena excommunicationis latae sententiae* verpflichtet, die dem Papst reserviert war[154]. Ihnen mußte das gesamte Material zur Vorbereitung der Kongregationssitzungen vorgelegt werden, um ein Urteil über die zentralen Prozeßpunkte fällen zu können. Seit Innozenz XI. (1676–1689) wurde die Kongregation auch von Ärzten und Naturwissenschaftlern bei Fragen beraten, die die Wunderprozesse betrafen. Sie hatten aber bei den Hauptsitzungen der Behörde kein Stimmrecht[155].

Die Postulatoren gehörten zwar nicht zum Mitarbeiterkreis der Ritenkongregation, nahmen aber indirekt an ihrer Arbeit teil und mußten bei der Kurie beglaubigt sein. Ihr Aufgabenkreis wurde bereits im 12. Jahrhundert erwähnt[156]. Der Postulator vertrat den Antragsteller, den *Actor*, in der Kongregation, lieferte dort das einschlägige Prozeßmaterial ab und verwaltete das Geld für die Spesen des Prozesses. Ihm stand ein Advokat als interner Mitarbeiter der Ritenkongregation zur Seite[157].

---

[147] Benedikt XIV. legte fest, daß das gesamte Gremium der Konsultoren „ex coetu Praesulum Romanae Curiae, ex Clero saeculari, et regulari" ausgewählt werden sollte: Benedikt XIV., Opera Omnia I 100 (I, 16, 13). Vgl. auch: Bangen, Die Römische Curie 221f.

[148] Von Anfang an gehörten stets ein Dominikaner und ein Franziskaner zu diesem Gremium, seit Benedikt XIII. auch ein Franziskanerkonventuale, ein Barnabit und ein Servit. Benedikt XIV. zog weiterhin einen Theatiner, einen Augustinereremiten und einen Jesuiten als ständige Mitglieder hinzu.

[149] Zum theologischen Konsultorengremium gehörten 1741: ein Piarist, ein Jesuit, ein Mitglied der Congregatio Piorum, ein Augustinereremit, ein Silvestriner, ein Servit, ein Franziskanerkonventuale, ein Franzikanerobservant, ein Benediktinerabt, ein reformierter Franziskaner, ein Minorit, ein Somasker, zwei Dominikaner, ein Unbeschuhter Karmelit, ein Zisterzienserabt und ein Theatiner: ASRC, Decreta 1738–1741, fol. 341: CG, 26. September 1741.

[150] ASRC, Decreta 1781–1785, fol. 61–63: CG, 22. Januar 1782.

[151] ASRC, Decreta 1827–1831, fol. 2–4: CG, 12. Februar 1822.

[152] ASRC, Decreta 1867–1868, fol. 39A: CA, 10. September 1867. Zu den theologischen Konsultoren gehörten ein Dominikaner, ein Unbeschuhter Karmelit, ein Kapuziner, ein Barnabit, ein Lazarist, ein Augustinereremit, ein Theatiner, ein Jesuit, ein Franziskanerkonventuale, ein Beschuhter Karmelit und ein Servit.

[153] Besetzung nach: ASRC, Decreta 1738–1741, fol. 341: CG vom 26. September 1741.

[154] Bangen, Die Römische Curie 223.

[155] Dazu: Benedikt XIV., Opera omnia I 100–102, 123f. (I, 16, 13–16; I, 19, 17); Papa, La Sacra Congregazione dei Riti nel primo periodo di attività 46f.; Sieger 95; Bangen, Die Römische Curie 222.

[156] Sieger 77.

[157] Benedikt XIV., Opera omnia I 120–123 (I, 19, 9–14).

III. Idealtypischer Ablauf des Selig- und Heiligsprechungsverfahrens

Das von Benedikt XIV. kodifizierte Verfahren wurde bis zum Anfang des 20. Jahrhunderts beobachtet[158]. Die ersten Untersuchungen wurden vom Diözesanbischof am Begräbnisort des Verehrten durchgeführt. Dieser *Processus ordinarius* hatte zwei Aufgaben: Material über die *Fama sanctitatis*, die Tugenden bzw. das Martyrium sowie über die Wunder, die auf Anrufung des Kandidaten zu Lebzeiten oder nach dessen Tod aufgetreten waren, zu sammeln und festzustellen, ob bisher keine öffentliche Verehrung stattgefunden hatte. Der Bischof sandte das Aktenmaterial, das mit seinem persönlichen Urteil versehen sein mußte, an den Notar der Ritenkongregation. Dort öffnete man die Prozeßakten auf Anweisung des Papstes. Der in Rom ansässige Postulator bat dann um die Aufnahme des Verfahrens, die auf einer Kongregationssitzung vom Papst und den Kardinälen beschlossen wurde. Nun wurden die Unterschriften und Siegel der Prozeßakten identifiziert, der Promotor fidei verfaßte eine Art kritisches Gutachten, die *animadversiones*, zu der ein vom Postulator bestimmter Konsistorialadvokat Stellung bezog. Man bat den Papst, einen Ponens aus dem Kreis der Kardinäle der Ritenkongregation zu ernennen und examinierte dann das Schriftgut des Kandidaten, wenn das Urteil des Ortsbischofs approbiert worden war. Die Kongregation prüfte anschließend die Frage: *An sit signanda commissio introductionis causae N.N. beatificationis*, und reichte ihr Votum an den Papst weiter, der definitiv entschied, ob der formelle Prozeß der Seligsprechung an der Ritenkongregation aufgenommen werden konnte. Dies war in der Regel nicht früher als zehn Jahre nach Einsendung des *Processus ordinarius* möglich. Erfolgte die *Signatio Commissionis* durch den Papst, konnte der Kandidat den Titel *Venerabilis* oder *Servus Dei* führen.
Nun wurde die Frage der öffentlichen Verehrung in der Kongregation untersucht und diskutiert. Fiel sie negativ aus, stellte das Dikasterium die *Litterae remissoriales* zur Durchführung des Apostolischen Prozesses *in specie* aus (Dauerhaftigkeit der *Fama sanctitatis*, Untersuchung der Tugenden und Wunder bzw. des Martyriums), der vor Ort mit einer großen Anzahl von Zeugenvernehmungen – möglichst von Augenzeugen – absolviert wurde. Die Kongregation überprüfte dann, ob die nach Rom gesandten Prozeßakten formgerecht angefertigt worden waren, und untersuchte anschließend den heroischen Tugendgrad bzw. das Martyrium. Über das Für und Wider gaben Promotor und Advokat jeweils schriftliche Urteile ab. Die Diskussion über die Tugenden durfte gewöhnlich nicht früher als 50 Jahre nach dem Tod des Kandidaten stattfinden.
Die abschließende Entscheidungsfindung geschah in drei Kongregationssitzungen – der *Antepraeparatoria*, der *Praeparatoria* und der *Generalis* –, denen die Positionen

---

[158] Im folgenden werden bei der Darstellung des Beatifizierungs- und Kanonisierungsprozesses (schematischer Normalfall) zwei knappe Zusammenfassungen zugrunde gelegt: Bonald, Das Verfahren der katholischen Kirche bei der Canonisation ihrer Heiligen 68–74; Moroni IV 265–269; Moroni VII 288–292. Eine griffige Zusammenfassung bietet auch: Schamoni, Inventarium Processuum Beatificationis et Canonizationis Bibliothecae Nationalis Parisiensis ... 35–45; Bangen, Die Römische Curie 227–246. Außerdem grundlegend: Benedikt XIV., Opera Omnia I 74–104 (I, 13–16).

super virtutibus bzw. *super Martyrio* zugrunde lagen, die wiederum aus dem *Summarium* aller Prozeßakten, der *Informatio* des Advokaten, der Entgegnung des Promotors und der Antwort des Konsistorialadvokaten bestanden. In der *Antepraeparatoria*, die unter dem Vorsitz des Ponens tagte, gaben die beiden Konsultorengruppen ihre Voten ab; in der *Praeparatoria*, an der alle Kardinäle und Konsultoren teilnehmen sollten, wurden die Fragen gegebenenfalls anhand von neuen schriftlichen Einwänden und Erwiderungen vertieft. Nachdem die Kardinäle die Voten der Konsultoren gehört hatten, entschieden sie, ob eine endgültige Entscheidung gründlich vorbereitet sei, oder ob man eventuell die *Praeparatoria* wiederholen solle. In der *Generalis*, die vor dem Papst stattfand, wurde ein abschließendes Votum herbeigeführt, ob der Kandidat die theologischen und Kardinaltugenden im heroischen Maß besessen habe bzw. ob das Martyrium stichhaltig nachgewiesen sei. Wenn dies der Fall war, entschied der Papst einige Tage später, das Dekret über den Tugendgrad bzw. das Martyrium zu promulgieren.

Für die Bestätigung der Tugenden bzw. des Martyriums war der Nachweis von zwei Wundern, die nach dem Tod des Kandidaten aufgetreten sein mußten, dann notwendig, wenn genügend erstrangige Zeugnisse (Augenzeugen etc.) für den heroischen Tugendgrad vorgelegen hatten; wenn nicht, wurden gewöhnlich drei oder vier gefordert. Als Experten für die Stichhaltigkeit der Wunder wurden Ärzte und Chirurgen zu Rate gezogen. Die prozessuale Diskussion geschah in der gleichen Weise wie die des Tugendgrades bzw. des Martyriums; die verbindliche Approbation der Wunder wurde durch den Papst in Form eines Dekrets ausgesprochen.

Abschließend wurde eine weitere *Generalis* vor dem Pontifex abgehalten, die zu entscheiden hatte: *an tuto procedi possit ad Beatificationem*. Fiel auch dort das Votum positiv aus, das durch das *Decretum super tuto* approbiert wurde, hielt man drei Konsistorien ab, und erst dann entschied der Papst, dem Sekretär den Auftrag zur Expedierung des Beatifikationsbreves zu erteilen.

Traten neue Wunder auf, konnte der Postulator um die Eröffnung des Heiligsprechungsverfahrens an der Kongregation bitten, das identisch mit dem letzten Teil des Beatifikationsprozesses war. Auf Bitten des Postulators ernannte der Papst nach dem Bericht des Sekretärs einen Kardinal zum Ponens der Causa. Aufgrund der *Litterae remissoriales* wurden die neuen Wunder vor Ort untersucht und die Prozeßakten nach Rom gesandt. Nach der Prüfung des Aktenmaterials durch die Ritenkongregation und der Diskussion der Wunder wurden dann wiederum drei Sitzungen (*Antepraeparatoria*, *Praeparatoria* und *Generalis*) angesetzt, die über die Stichhaltigkeit von mindestens zwei Wundern zu entscheiden hatten. War dies der Fall, wurde ein Dekret über die Approbation ausgestellt und einer neuen *Generalis* die Frage vorgelegt, *an tuto procedi possit ad Canonizationem*. Nach dem *Decretum super tuto* rief man ebenfalls drei Konsistorien ein und gab abschließend für den Tag der feierlichen Heiligsprechung die Kanonisationsbulle aus.

Abb. 2: Kongregationssitzung bei der Zeugenvernehmung, 18. Jahrhundert.
(Aus: Benedikt XIV., De Servorum Dei Beatificatione, et Beatorum Canonizatione, Venedig 1766)

2. Teil: Papsttum und Kultapprobation

I. Benedikt XIV.

1. Theologische und technische Fundamentierung

Ohne Zweifel hat sich Benedikt XIV.[1] epochale und zukunftsweisende Verdienste um das Kirchenrecht, vor allem aber um die grundlegende Fassung des Selig- und Heiligsprechungsverfahrens erworben[2]. Dabei ist nochmals festzuhalten, daß seine Leistungen auf dem Gebiet der Prozeßführung und Kultsanktionierung weniger revolutionär als klassisch in dem Sinne waren, daß das von ihm fixierte Verfahren mit kleinen Modifikationen formell bis 1983 beobachtet wurde. Der Papst war der kirchlichen Tradition viel zu sehr verpflichtet[3], als daß er neue Wege in der Kanonistik und Dogmatik eingeschlagen hätte. In diesen Zusammenhang gehört auch der Gedanke der päpstlichen Zentralgewalt als oberster kirchlicher Autorität, der bei ihm deutlich ausgebildet ist, was sich sogar an „seinen" Causen ablesen läßt[4]: die „Wiederentdeckung" und zügige Seligsprechung des Kartäuserkardinals Niccolò Albergati beispielsweise, der sowohl auf dem Basler als auch auf dem Unionskonzil von Ferrara-Florenz[5] nachdrücklich die Rechte des Hl. Stuhls, vor allem die des päpstlichen Primats, verfocht[6].

---

[1] Mit Recht wird immer wieder darauf hingewiesen, daß eine fundierte, moderne und umfassende Biographie des Papstes noch aussteht. Brauchbare Ansätze liefern die beiden Kongreßbände: Marco Cecchelli, Benedetto XIV (Prospero Lambertini), convegno internazionale di studi storici. Cento, 6–9 dicembre 1979 I–II, Cento 1981f. Den alten Forschungsstand spiegeln wider: Pastor XVI/1 3–439; Schwaiger V 428–455; knappe Synthese: Raab, Das Jahrhundert der Aufklärung 149–151; Chadwick, The popes and european revolution 295–298. Ausführliches Quellen- und Literaturverzeichnis zu Benedikt XIV. bei: Mario Rosa, Art. Benedetto XIV, in: DBI VIII 393–408.

[2] Vgl. dazu Kapitel „Historische Fundamente".

[3] Hierzu schon: Pastor XVI/1 211. Außerdem: Bertone, Il governo della chiesa nel pensiero di Benedetto XIV 191; Rosa, Art. Benedetto XIV 394; Brovetto, Il Settecento spirituale 212.

[4] Dazu Bertone, Il governo della chiesa nel pensiero di Benedetto XIV 146; zuletzt: Schöch, Die Frage der Reduktion der Feiertage bei Benedikt XIV. 82f. – Schalhorn macht darauf aufmerksam, daß Benedikt die Selig- und Heiligsprechung an das Grab des Apostelfürsten band und damit sogar gegen die Lateranbasilika polemisierte: Schalhorn, Historienmalerei und Heiligsprechung 37.

[5] Auf dem Konzil von Basel (1431–37) wurde der Entscheidungskampf zwischen Papsttum und Konziliarismus ausgefochten. Der Sieg des Papsttums ist besonders der wiedererstarkten Idee des Primats und den Fehlern des Konzils zuzuschreiben; Heribert Müller, Die Franzosen, Frankreich und das Basler Konzil (1431–1449) I–II, Paderborn u.a. 1990. – Das Unionskonzil von Ferrara-Florenz – Rom (eröffnet 1438) stellte kurzfristig die Kirchenunion mit den Ostkirchen her. Seine Bedeutung liegt in den dogmatischen Definitionen, in der Vereitelung der Ziele der Konzilsbewegung und der Diskussion über den Primat des Papstes: Gill, Konstanz und Basel – Florenz 145–256 (Basel), 259–341 (Florenz). – Albergatis propäpstliches Wirken streicht am deutlichsten das Beatifikationsbreve vom 25. September 1744 heraus: ASRC, Decreta 1742–1744, fol. 220.

[6] Zu Albergati vgl. zunächst die Angaben im Abschnitt „Die Eitelkeit der Päpste". – Zu seiner theologischen Ausrichtung: Pastor I 280f.; Edith Pásztor, Art. Albergati, Niccolò, in: DBI I 619–621; Cosimo Damiano Fonsega, Art. Albergati, Niccolò, in: BS I 662–668. Dazu auch die dreiteilige Vita vom Zeitgenossen und vertrauten Mitarbeiter Benedikts XIV.: Costantino Ruggeri,

Es entsprang Benedikts ureigenem Willen, Albergati „auszugraben", um ihn der Kirche als leuchtendes Beispiel vorzustellen, denn „die Welt ist nicht ausreichend informiert über das Verdienst des seligen Niccolò Albergati"[7], wie der Papst 1744 bemerkte. An dieser Stelle ist auch das signifikante Datum von Benedikts erster und einziger Heiligsprechung, das Peter-und-Pauls-Fest von 1746, zu erwähnen.

Primatialische Funktionen lassen sich nicht nur in der lambertinischen Legislative erkennen, die die römische Zentralgewalt als entscheidendes Organ der Kultsanktionierung konkurrenzlos festschrieb; sie haben auch in der formalrechtlichen Praxis der Selig- und Heiligsprechung gravierende Spuren hinterlassen. Als höchste kirchliche Instanz beanspruchte Benedikt XIV. bei allen juristischen und jurisdiktionellen Fragen persönlich vollständige Freiheit und Autonomie. Nicht selten zog er aus eigener Machtvollkommenheit Streitfälle zur Entscheidung an sich[8]. Die letztinstanzliche Appellation an den Heiligen Stuhl wurde dadurch nicht berührt. Die päpstliche Autorität auf dem Gebiet der Selig- und Heiligsprechung, die bis ins 19. Jahrhundert sogar bei Einzelentscheidungen unangefochten blieb, beruhte in weiten Teilen auf Benedikts jahrzehntelanger Erfahrung, oder – wie es ein Vertrauter und Weggefährte Lambertinis ausdrückte – darauf, daß er über ein „absolut richtiges und unfehlbares Urteil [...] bei den Causen der Heilig- und Seligsprechungen der Diener Gottes"[9] verfügte. Seine eigene Arbeitshaltung kam ihm da entgegen: Geradezu skrupulös überzeugte er sich im persönlichen Studium von jedem einzelnen Sachverhalt[10]. Außerdem führte der Papst vor einer Entscheidung stets eine ausgedehnte historische Analyse durch[11].

Noch ein weiteres Moment trat hinzu, das die kirchliche Zentralgewalt unwillkürlich stärken mußte: Eigene Erfahrung nährte ein gewisses Mißtrauen gegenüber dem inferioren kurialen Verwaltungsapparat[12], der mit Benedikts eigener Gründlichkeit kaum Schritt halten konnte. In seinem bekannten Sarkasmus klagte der Pontifex 1736 über „die äußerst selten ausgestreute Gabe der Wissenschaftlichkeit, die der Herrgott nicht automatisch [...] den Beamten"[13] der Selig- und Heiligsprechung mitgegeben habe. Zwangsläufig führte das zu einer absoluten Dominanz des Hl. Stuhls, die Benedikt XIV. stets als Dienst an der Einheit der Kirche verstand, welchem er große Bedeutung beimaß[14]. Nicht nur, daß von Amts wegen „der Hl. Stuhl die Einheit fördert"[15], sondern gerade in der Appellation der Gläubigen an den Papst, die bei der Eröffnung

---

    Testimonia de b. Nic. Albergato, Rom 1744; ebenfalls zeitgenössisch: Fantuzzi, Notizie degli scrittori Bolognesi I 99–133.
7   BCAB, Ms. B 3704, 81r: Benedikt XIV. an den Senat von Bologna, 8. Juli 1744: „il mondo non sia abbastanza informato del merito del B. Niccolò Albergati".
8   Vgl. Bertone, Il governo della chiesa nel pensiero di Benedetto XIV 146.
9   BCAB, Ms. B 2729, Einleitung: „rettissimo, ed infallibile giudicio vostro nelle Cause di Canonizazione, e Beatificazione de' Servi di Dio". Der Autor Flaminio Scarselli (vgl. Kapitel „Familienheilige") war schon in Bologna Lambertinis Mitarbeiter und Vertrauter.
10 Bertone, Il governo della chiesa nel pensiero di Benedetto XIV 179.
11 Ebd. 175.
12 Ebd. 146.
13 BCAB, Ms. B 3704, fol. 9r: Auszug aus einem Brief Lambertinis vom 12. Februar 1736: „esser rarissimo il dono della scienza infusa, e non darsi dal Sig. Iddio ordinariamente [...] agli Uomini periti".
14 Vgl. Bertone, Il governo della chiesa nel pensiero di Benedetto XIV 107.
15 Ebd.: „La Sede Apostolica promuove l'unità".

einer Causa zur Regel wurde, vollzog sich das einheitsstiftende Wirken des Pontifex. Diese Einheit bedeutete ihm stets Einheitlichkeit; Regelwidrigkeit und Ungehorsam verursachten dem Papst „Irritationen"[16].

Diese progammatischen Schemata korrespondierten mit einer Neustrukturierung und Präzisierung der faktisch anfallenden Arbeit in der Ritenkongregation, wenn es um die Selig- und Heiligsprechung ging. Benedikt XIV. versuchte damit, aus eigener Erfahrung nicht nur Ordnung in den offensichtlichen Prozeßdschungel zu bringen und reibungslose Abläufe zu ebnen, sondern gleichzeitig gewisse Causen systematisch zu fördern. Das sollte ihm mit Hilfe eines Vier-Jahres-Planes gelingen[17]. Der Papst ließ sich eine Art Laufzettel für die anfallenden Kongregationssitzungen für die Monate Januar 1741 bis November 1744 ausarbeiten, der jeweils in den Monaten Januar, März, Mai, Juli, September und November *Congregationes Antepraeparatoriae*, *Praeparatoriae* und *Generaliae* vorsah. Bei der Auswahl der Kandidaten fällt auf, daß es sich überwiegend um Ordensleute handelte: Von den 25 Dienern Gottes gehörten immerhin 21 einem Orden, zumindest dem dritten Zweig, an. Fünf davon waren Ordensgründer; der Rest verteilte sich auf Bischöfe und tatsächliche Laien. Die Liste war so angelegt, daß zwischen den *Antepraeparatoriae* neuer Kandidaten stets ein bestimmtes Zeitintervall lag[18]. Dieser Vier-Jahres-Plan regulierte nicht nur die Arbeit der Kongregation und garantierte kontinuierliche Fortschritte, er machte damit auch die Kultsanktionierung berechenbar – sogar in finanzieller Hinsicht –, und wirkte sich gleichfalls faktisch als Warteliste für neue Kandidaten aus, die sich gewissermaßen in die Schlange der Aspiranten einreihen und auf einen neuen Vier-Jahres-Plan warten mußten. Ein Mehr an regulären Kongregationssitzungen konnte nämlich aus technischen Gründen neben der übrigen Arbeit der Behörde nicht durchgeführt werden.

Das Phänomen der Ordensdominanz wird eigens erörtert, hat aber in diesem Zusammenhang seine tiefere Ursache. Die starke Inanspruchnahme der Ritenkongregation durch die Großorden ist in erster Linie weniger der Präferenz des Papstes zuzuschreiben als der Virulenz des Zeitgeistes und den inneren Mechanismen der römischen Kultsanktionierung. Der Papst hatte nämlich den religiösen Instituten systematisch die Selig- und Heiligsprechung erleichtert. Gleich zu Anfang seines Pontifikats dekretierte Benedikt XIV. einen „Mengenrabatt", der sich bei der besonders aufwendigen Kanonisation tatsächlich kostensparend und damit attraktiv auswirkte. Der Papst nahm eine Summe von 32 712 Goldscudi für die liturgische Feier der Heiligsprechung an[19]. Legte man mehrere Kandidaten zusammen, mußten sich selbstverständlich die Ausgaben für jeden einzelnen reduzieren. Den Kunstgriff, den der Papst hier anwandte, war der, nicht die Gesamtkosten einer Feier auf alle Postulatoren gleichmäßig zu verteilen, sondern die Beiträge entsprechend der Anzahl derjenigen Kandidaten, die von demselben Orden betreut wurden, zu staffeln. Zunächst hatte Benedikt XIV. durch die Festlegung der Gesamtbeträge Ordnung und Berechenbarkeit in die Finanzierung

---

[16] Ebd. 31. So zum Beispiel beim Ungehorsam der Jesuiten gegenüber den Weisungen des Papstes in den Missionsgebieten: Pastor XVI/1 309–313 (apologetisch); Schwaiger V 453.
[17] Auch zum folgenden: AV, Arch. Congr. SS. Rituum, Processus 6866, fol. 359: Laufzettel für die Kongregationssitzungen vom 1. Januar 1741 bis November 1744.
[18] Pro Jahr setzten etwa 6 bis 7 neue Causen ein.
[19] Vereinfachte Aufrechnung der Kosten: AV, Arch. Congr. SS. Rituum, Processus 6866, fol. 383.

solcher Feierlichkeiten gebracht und dadurch vielfältig eingerissene Mißbräuche abgestellt oder zumindest eingedämmt; gleichzeitig hatte der Papst mehrfache Kanonisationen durch einen spürbaren Rabatt vorteilhaft gestaltet: Die zweite Kanonisation kostete denselben Orden nämlich noch 20 711 Goldscudi, die dritte 16 711, die vierte 14 711 und die fünfte „nur noch" 13 511[20]. Das war eine Verminderung der Ausgaben um etwa 60 Prozent. Über ein derartiges Finanzvolumen, das für die Heiligsprechung von fünf Kandidaten ausreichte – die stets gleichbleibenden Prozeßkosten waren nicht mitinbegriffen –, verfügten nur die zentral organisierten Großorden, und das auch nur im 18. Jahrhundert. Es ist bereits bezeichnend, daß Benedikt seinen „Mengenrabatt" bis zur Fünferzahl auslegte – hält man sich die enormen Aufwendungen für Prozeß, Kanonisationsbulle und Feierlichkeit vor Augen. Es lag aber offensichtlich in der Absicht des Papstes, die Heiligsprechung zahlenmäßig zu fördern.

Der Grund, weshalb Lambertini dem Heiligenkult so große Bedeutung beimaß, ist nicht einfach zu erfassen. Zunächst ist er durch seine kuriale Tätigkeit schlicht in dieses Genre hineingeschlittert, wie er selbst bekannte[21]. Es waren aber nicht nur theologisch-ekklesiologische Motive, die ihn antrieben, auch nicht die Auszeichnung der um Kirche und Gottesvolk verdienten Persönlichkeiten. Hinter jeder Beatifikation und Kanonisation steckte hintergründig stets ein pastorales Anliegen. Anläßlich seiner ersten und einzigen feierlichen Heiligsprechung vom 29. Juni 1746[22] stiftete er die namhafte Summe von 1600 Goldscudi und empfahl diese Praxis auch seinen Nachfolgern auf dem Stuhle Petri[23]. Dieser generöse Akt unterstrich nicht nur die persönliche Selbstlosigkeit des Papstes und trat allen Einwänden gegen eine teuer zu erwerbende Heiligkeit entgegen, die Benedikt XIV. auch noch in anderer Weise bekämpfte; diese Geste zeigt auch, daß es dem Pontifex nicht um Triumph, Pomp und Geldeintreiberei ging, sondern daß für ihn tatsächlich etwas anderes im Vordergrund stand: „Wir sind zu Geldgeschenken anläßlich der Kanonisation der fünf Heiligen verpflichtet, da man sich mit Hilfe der Heiligen um die Verbreitung des Glaubens bemüht"[24]. Im Rahmen dieses pastoralen Interesses stand auch Lambertinis Bestreben, diesen Feierlichkeiten größeren Glanz zu verleihen, den er beispielsweise dadurch zu erreichen suchte, daß er die Durchführung der Beatifizierung und Kanonisierung an die Petersbasilika im Vatikan band[25].

Aber auch der innere Glanz der Causen sollte durch erhöhte wissenschaftliche Gründlichkeit bei den internen Untersuchungen aufpoliert werden. In den Zusammenhang des päpstlichen Bemühens um die Förderung der Wissenschaften[26] muß auch die an-

---

[20] AV, Arch. Congr. SS. Rituum, Processus 6866, fol. 270: Dritter Abschnitt der lambertinischen Gebührenordnung, 14. April 1741.
[21] Lambertini an den Regulierten Chorherrn Galli: Pastor XVI/1 19.
[22] In dieser Feier wurden Fidelis von Sigmaringen, Camillo de Lellis, Pietro Regalato, Giuseppe da Leonessa und Caterina de' Ricci kanonisiert.
[23] BCAB, Ms. B 3704, fol. 82r: Briefabschrift Lambertinis, 10. September 1745.
[24] Ebd.: „toccata a Noi nelle regaglie della canonizzazione dei cinque Santi [...] per conto de' Santi s'impieghi nella propagazione della Fede".
[25] Vgl. Pastor XVI/1 222.
[26] Charakterisierung durch Raab: „Benedikt XIV. gilt als gelehrter und aufgeklärter Papst, als Mann von außerordentlicher Arbeitskraft und hoher Geistes- und Herzensbildung": Raab, Das Jahrhundert der Aufklärung 149. Dazu auch: Pastor XVI/1 129–160; Schwaiger V 431–432; Rosa, Art. Benedetto XIV 401.

gestrebte Qualitätssteigerung der Wunderprozesse und der Ausbau des Konsultorenkollegiums gestellt werden. Jesuiten[27], Augustiner[28] und Theatiner – letztere besonders wegen des berühmten und gelehrten Kardinals Giuseppe Maria Tomasi – erhielten zwischen 1745 und 1748 einen ständigen Sitz in diesem Gremium der Ritenkongregation[29]. Ferner ordnete der Papst 1741 an, daß die medizinischen Gutachter eigens von der Kongregation zugelassen werden mußten und nicht unnötig viele Testate über die Wunder ausstellen, „sondern in einem einzigen Schriftstück komprimiert die Gründe über jedes vorgeschlagene Wunder anführen"[30] sollten. Offensichtlich war es in der vergangenen Zeit verschiedentlich zu Mißbräuchen gekommen, die stets zu Lasten der Postulatoren und der Zuverlässigkeit der Zeugnisse ging. Außerdem setzte Benedikt XIV. in der Kongregationssitzung vom 17. September 1743 ein Gremium aus Ärzten und Chirurgen ein, die vorwiegend dem Lehrkörper der römischen Universität Sapienza entstammten und nun über die Auswahl und Zulassung derjenigen Mediziner zu befinden hatten, die die Wunderprozesse in Zukunft untersuchen und begutachten sollten[31]. Bereits in Bologna hatte sich Lambertini über den Wert und das Zeugnis von akademisch gebildeten Physikern und Ärzten persönlich überzeugen können[32]. Die Relevanz von Expertenargumenten, deren Stichhaltigkeit und allgemeine Akzeptanz waren dem stets um Wissenschaftlichkeit Bemühten oberstes Gebot[33].

Der Papst gedachte jedoch nicht nur, die Qualität der Wunderuntersuchungen zu heben; auch das Tempo bei der Durchführung der lokalen Prozesse sollte entscheidend gesteigert werden. Aus dem Süden Italiens wurden Klagen über die Verschleppung von Apostolischen Prozessen laut, die auf die Vernachlässigung der Residenzpflicht zurückzuführen waren. Vor allem schien der Erzbischof von Neapel, dem man bisher zahlreiche Kommissionen übertragen hatte, häufig die süditalienische Metropole verlassen zu haben[34]. Benedikt XIV. dekretierte daraufhin Ende Oktober 1744, daß man diese Kommissionen auch an benachbarte Oberhirten oder Weihbischöfe in Neapel adressieren könne, um die zahlreichen süditalienischen Causen nicht durch solch formale Hürden zu gefährden[35]. Immer wieder kam es wegen der Säumigkeit oder Über-

---

27 Die Jesuiten schätzte er vor allem wegen ihrer wissenschaftlichen Arbeit. Verschiedene Gelehrte aus der Gesellschaft Jesu zog er als persönliche Mitarbeiter heran: Pastor XVI/1 220; Bertone, Il governo della chiesa nel pensiero di Benedetto XIV 30.
28 Durch das Dekret vom 25. September 1747 erhielt ein Augustinereremit einen festen Platz im Konsultorium. 1830 wurde dem Orden dieser Platz anscheinend streitig gemacht, da das Schreiben am 7. September 1830 nochmals der Ritenkongregation eingereicht wurde; vgl. die Aufzeichnung der Kongregation vom September 1830: ASRC, Decreta 1827–1831, fol. 160.
29 Pastor XVI/1 218.
30 AV, Arch. Congr. SS. Rituum, Processus 6866, fol. 322–336, Taxenordnung vom 14. April 1741: „ma in una scrittura addurre strettamente le ragioni sopra ciascuno de' miracoli proposti" (Punkt 5).
31 AV, Arch. Congr. SS. Rituum, Processus 6866, fol. 337: Gedruckter Elenco der zugelassenen Ärzte.
32 Pastor XVI/1 211f. Seine Erfahrungen mit Ärzten und Physikern seiner Heimatstadt flossen immer wieder in sein grundlegendes Werk über die Selig- und Heiligsprechung ein.
33 Hierzu der unkonventionelle Diskurs über die Überprüfung der Wunder: Haynes, Philosopher King. The humanist pope Benedict XIV 121–137.
34 Die Vernachlässigung der Residenzpflicht im Süden war während der ganzen frühen Neuzeit keine Seltenheit: Hersche, Italien im Barockzeitalter 187.
35 ASRC, Decreta 1742–1744, fol. 222: Staatssekretariat an Ritenkongregation, 26. Oktober 1744. Die Bischöfe seien „sotto vari pretesti" abwesend, heißt es in diesem Brief. – Im Königreich Nea-

lastung der bischöflichen Tribunale zu Verzögerungen bei den Lokalprozessen, die vor allem für die Postulatoren ärgerliche, das heißt finanzielle Folgen hatten. So mußte beispielsweise die Frist für einen Wunderprozeß in der Diözese Valencia, der bereits 1733 in Auftrag gegeben worden war, 1743 um weitere sechs Jahre verlängert werden, weil die Richter lange Zeit aus unbekannten Gründen verhindert waren[36]. In Rom wartete man bis in den Mai 1744 auf einen 1736 in Auftrag gegebenen Apostolischen Prozeß *in specie* aus Burgos, ehe man sich entschloß, neue *Litterae* zu expedieren[37]. Eine typische Situation, die häufig eine Verschleppung des Verfahrens mit sich brachte, war der Tod des Ordinarius. Beispielsweise erhielt 1741 der Bischof von Cordoba die *Litterae remissoriales* für einen *Processus Apostolicus in genere*[38], starb dann jedoch plötzlich; sein Nachfolger führte bald nach seinem Amtsantritt eine Diözesanvisitation durch, für die sein Stellvertreter, der Generalvikar, unerläßlich war[39]. Der Papst mußte daraufhin Ende Mai 1744 eine Vollmacht zur Delegation neuer Richter ausgeben[40].

Waren all diese Maßnahmen des Papstes lediglich punktuelle Reformen und engumschriebene Neuerungen, so bedeutete die Finanzreform der Ritenkongregation eine Richtungsänderung von grundlegender Bedeutung, die zumindest ihrer Intention nach bleibenden Charakter hatte. Im Rahmen der finanziellen Neuordnung der römischen Kurie, die zu den „ersten Sorgen Benedikts XIV."[41] gehörte, hatte die Reform der Ritenkongregation Pilotfunktion. Gleich im ersten Pontifikatsjahr widmete sich der Papst dieser Behörde, die er am besten kannte. Auch hier zeigte sich wieder das typisch lambertinische Vorgehen: Modifikation statt Neuanfang. Bislang galten die Gebührenordnungen Innozenz' XI. vom 6. August und 15. Oktober 1678[42], die vielfach zu Mißbräuchen und nicht ungerechtfertigten Protesten der Postulatoren Anlaß gegeben hatten. Innozenz hatte lediglich Höchstbeträge für Honorare und die Ausgabe von amtlichen Schreiben durch die Ritenkongregation festgesetzt, während Benedikt

---

pel war die Dichte der Diözesen äußerst groß. Im Schnitt kam dort auf etwa 18 000 Einwohner ein Bischof: Hersche, Italien im Barockzeitalter 185.

[36] ASRC, Decreta 1742–1744, fol. 115: Prozeßverlängerung um 6 Jahre für die Causa Andreas Hibernon, 24. Juli 1743.

[37] ASRC, Decreta 1742–1744, fol. 175: Ausgabe neuer *Litterae remissoriales* zur Untersuchung von Tugenden und Wundern *in specie* am 20. Mai 1744 für die Causa Maria de Gesù Ágreda.

[38] ASRC, Decreta 1742–1744, fol. 137: Aufzeichnung der *Congregatio Ordinaria* vom 7. Dezember 1743 über die Causa Francisco de Posadas. Die *Litterae* datieren vom 27. Mai 1741; die Frist betrug 3 Jahre. Nach dem Tod des Oberhirten gestattete der Papst dem Kapitularvikar am 14. April 1742 den Vorsitz im Tribunal: ebd., fol. 170.

[39] Pedro de Salazar, Bischof von Cordoba von 1738–1742, starb am 21. Februar 1742. Zu seinem Nachfolger wurde Michael Vincentius Cebrían y Augustín am 24. September 1742 ernannt; vgl. HC VI 183 Anm. 3.

[40] ASRC, Decreta 1742–1744, fol. 170: Delegationsvollmacht zur Ernennung neuer Richter, 20. Mai 1744.

[41] Del Re, Benedetto XIV e la Curia romana 653: „Una delle prime cure di Benedetto XIV". – Zur Sanierung der zerrütteten päpstlichen Finanzen (1740–1750): Rosa, Art. Benedetto XIV 400f.

[42] AV, Arch. Congr. SS. Rituum, Processus 6866, fol. 270: Aufzeichnung über die neue Gebührenordnung. Druck der Ordnungen Innozenz' XI.: ebd., fol. 277–286 (6. August) und fol. 282f. (15. Oktober, 17 Punkte). – Die finanzielle Neuordnung der Ritenkongregation unter Innozenz XI. stand wahrscheinlich im Zusammenhang mit der Reform der römischen Tribunale und der Kanzlei: Pastor XIV/2 958f.

in seiner Taxenordnung vom 14. April 1741 feste Preissätze fixierte[43]. Ferner schärfte dieser Papst ein, daß nicht unnötige Schriftsätze und Kopien von der Kongregation ausgestellt werden dürften, die stets zulasten des zahlenden Postulators gingen[44]. Reskripte sollten nur noch bei abschließenden Entscheidungen ausgegeben werden. Die *Mancia*, eine Art Trinkgeld, und andere Geschenke an Kuriale – das wohl dunkelste Kapitel der römischen Kultsanktionierung – sollten in Zukunft ebenfalls einem strengen Regulativ unterworfen werden[45]. Aufmerksamkeiten und persönliche Zuwendungen, die an der Kongregation bei jedem Vorgang gang und gäbe waren, wurden grundsätzlich abgeschafft; nur noch zu *Ferragosto* (15. August) oder Weihnachten sollten kleinere Gaben zulässig sein[46]. Die dadurch den Kurialen, vor allem den Advokaten, entstandenen finanziellen Ausfälle wurden durch eine jährliche Pension von 300 Scudi aufgefangen. Dadurch versuchte man, der allgegenwärtigen Korruption Herr zu werden. Auch die *Mancie* für die unteren Angestellten wie Diener oder Schreiber, die sich meist aus der *Famiglia* der höchsten Kongregationsmitglieder rekrutierten, also nicht direkt von der Kongregation beschäftigt wurden, sollten von nun an einen niedrig fixierten Betrag für wichtige Botengänge, Reinschriften, Ermahnungen etc. nicht überschreiten[47]. Da durch das damals gebräuchliche *Famiglia*-Wesen[48] häufig unklar war, wer zum eigentlichen Personal der Ritenkongregation gehörte, versuchte Benedikt XIV. durch einen „Dienststellenplan" und fest umrissene Büroanweisungen sicherzustellen[49], daß sich nicht Unbefugte aus Gewinnabsichten Kompetenzen aneignen konnten. Zu Mißbräuchen schien es nicht selten gekommen zu sein, schon weil das Amt des *Promotors fidei* nicht ständig von dem des *Advocatus fiscalis* getrennt war[50]. Der Erfolg der lambertinischen Maßnahmen wird wohl in der Praxis recht gering gewesen sein, wovon noch die Kongregationsarbeit des 19. Jahrhunderts beredtes Zeugnis ablegte. *Famiglia* und Kongregation ließen sich zwar institutionell auseinanderhalten, arbeitstechnisch war dies jedoch unmöglich, vor allem bei den Kardinälen, die sich auf das Urteil ihrer Hoftheologen und die Mitarbeit ihrer *famigliari* bei der Materialbeschaffung und -bearbeitung verlassen mußten. Bereits Urban VIII. hatte den Purpurträgern je zwei *famigliari*, den Rota-Auditoren je einen für das Studium der Causen zugesprochen; Innozenz X. erweiterte 1654 dieses Zuge-

---

[43] Taxenordnung Benedikts XIV.: AV, Arch. Congr. SS. Rituum, Processus 6866, fol. 322–336.
[44] Ebd.
[45] Bekanntlich bestritten die unteren Bediensteten der Kurie und die *famigliari* der hohen Prälaten ihren Lebensunterhalt zu einem großen Teil aus Trinkgeldern. Tatsächlich waren in Rom alle relevanten Akte mit *Mancie* für das entsprechende Personal verbunden: Weber I 175.
[46] Ebd. Die Taxenordnung spricht von Naturalien: „in piccola quantità di Commestibili nel dicembre …".
[47] Ebd. *Sostituti*, Diener und Sekretäre sollten beispielsweise für ein Reskript nicht mehr als 2 bis 4 Scudi erhalten.
[48] Zum Kreis der Günstlinge, Angestellten und sonstigen Personen, die unter dem Patronat eines Kardinals o.ä. standen, die grundlegende Studie: Völkel, Römische Kardinalshaushalte des 17. Jahrhunderts. Borghese – Barberini – Chigi 15–47.
[49] AV, Arch. Congr. SS. Rituum, Processus 6866, fol. 308–312: Liste der 1724 anhängigen Prozesse, unter Punkt 2: Stellenplan, wer zum Personal der Kongregation gehört, und Dienstanweisungen.
[50] Die neue Taxenordnung bewilligt in Punkt 5 nur demjenigen Advokaten die entsprechende Pension zu, der nie gleichzeitig die Funktion des Promotors übernommen hatte.

ständnis auf den Sekretär der Kongregation[51]. Benedikt XIV. schaffte die *Mancia* nicht generell ab, versuchte aber, diese Zuwendungen, die für die unteren Chargen stets Teil des Lebensunterhaltes bedeuteten[52], zumindest zu limitieren und nicht zu institutionalisieren: „Es sei der vollkommenen Freiheit und Willkür der Agenten, Postulatoren und Prokuratoren der Causen anheimgestellt, *Mancie* an die *Famiglia* des Kardinalpräfekten, des Kardinalponens, des Sekretärs und des Promotors für günstige Reskripte zu geben oder nicht zu geben"[53]. Um auch bei der Ablieferung der fälligen Taxen Mißbräuche abzustellen, sollten diese in Zukunft nur beim Promotor fidei eingezahlt werden[54]. Auch bei der *Signatio Commissionis* versuchte der Papst, den allgemein gebräuchlichen Aufwand zu beschränken, indem er festlegte, welche Persönlichkeit mit einem Bild des neuen *Servus Dei* bedacht werden durfte[55]. Bei der liturgischen Feierlichkeit der Selig- oder Heiligsprechung ließ Benedikt XIV. jedoch keinerlei Reduktion zu. Hier und da versuchte er, Mißstände bei der üblichen Verteilung von Geschenken einzudämmen[56] und die Mehrfachverwendung von liturgischen Gewändern und Geräten von Subalternen festzuschreiben[57]. Einen neuen kostbaren Kelch und eine Juwelenmitra reklamierte er aber anläßlich der Heiligsprechung auch weiterhin für sich. Der bedeutende finanzielle Stolperstein für die Postulatoren, die 6000 Scudi am Prozeßende, die der Papst auf 3–4000 Scudi ermäßigte, sollte zukünftig nicht mehr direkt dem Papst zukommen, sondern „auf ewige Zeiten der Hl. Kongregation der Propaganda" überwiesen werden, in der Hoffnung, „daß auch die Nachfolger diesen Usus approbieren zur Verbreitung des katholischen Glaubens und für die Bekehrung der Völker, die im Dunkel des Irrtums leben"[58]. Tatsächlich haben sich die Nachfolger an die neue Zweckbindung gehalten, ebenso wie an den von Benedikt XIV. eingeführten Grundsatz, das 200 bis 300 Scudi teure Geldgeschenk für den Papst an dessen *Famiglia* im Apostolischen Palast zu verteilen[59].

---

[51] Die Konsultoren, der *Magister Sacri Palatii* und der Promotor gingen bislang leer aus. Erst durch ein Dekret Pius' VI. wurde ihnen ein bzw. dem Promotor zwei Gehilfen zugestanden, wobei sein zweiter Mitarbeiter der Subpromotor fidei war. Dazu das *Decretum Generalis* vom 8. Juli 1789: ASRC, Decreta 1785–1791, fol. 278.

[52] Zu den Einkommen der unteren Kurialen, die oft kaum zum Leben reichten: Gelmi, Die Minutanten im Staatssekretariat Benedikts XIV. 540; Weber I 175.

[53] AV, Arch. Congr. SS. Rituum, Processus 6866, fol. 322–336: Taxenordnung, 14. April 1741, Abschnitt *Mancie*: „Sia in totale libertà, ed arbitrio degli Agenti, Postulatori, e Procuratori delle Cause, dare, o non dare Mancie alle famiglie del Cardinale Prefetto, del Cardinale Ponente, del Segretario, e del Promotore per gli rescritti favorevoli, che portano".

[54] Ebd., fol. 322.

[55] Ebd., Abschnitt *Quadri*. Für die *Signatio* durften acht Personen ein kleines Bild erhalten. Bei der feierlichen Seligsprechung mußten der Papst und der Kardinalpräfekt beliefert werden, bei der feierlichen Heiligsprechung alle Mitglieder der Kongregation und der Pontifex.

[56] Ebd., fol. 333–336: Verteilungsschlüssel der Geldgeschenke auf 4 1/2 Seiten.

[57] Ebd., fol. 330–333: Abschnitt Selig- und Heiligsprechung. Die *Mancie* der Bediensteten wurden hier genau festgelegt.

[58] Ebd., Abschnitt Heiligsprechung: „ed in perpetuo restino applicati alla S. Congregazione di Propaganda Fide [...], sperandosi, che anco gli altri Pontefici Successori approveranno un sì uso per la propagazione della Fede Cattolica, e per la conversione de' Popoli, che vivono nelle tenebre dell'errore". – Zum Missionsaspekt, der in seinen ersten Pontifikatsjahren zusammen mit der Neustrukturierung der römischen Institutionen Priorität besaß: Rosa, Art. Benedetto XIV 395.

[59] AV, Arch. Congr. SS. Rituum, Processus 6866, fol. 330–333.

Auch die finanzielle Modifikation des eigentlichen Beatifikations- und Kanonisationsprozesses legte Zeugnis ab für den lambertinischen Primat von Mission und Seelsorge[60]. Heiligkeit als pastorales Programm stieß aber in der harten Realität des päpstlichen Alltags rasch an Grenzen, denn politische Rücksichten spielten bei der Kultsanktionierung unter Benedikt XIV. stets eine große Rolle[61]. Eklatantes Beispiel ist die Einstellung des Seligsprechungsprozesses von Kardinal Roberto Bellarmino, gegen den die Repräsentanten Frankreichs heftig opponierten[62]. Überhaupt konnten die Jesuiten, denen zu jener Zeit der Wind ins Gesicht blies, vom Papst kaum Förderung erwarten. Mit dieser seiner ausgeprägt „politischen" Haltung innerhalb eines Bereiches, der als genuin innerkirchlich zu bezeichnen ist, stand er im Gegensatz zu etlichen seiner Nachfolger, beispielsweise zu Clemens XIII. oder vor allem zu Pius IX., der gerade durch Selig- und Heiligsprechungen Kirchenpolitik betrieb. Seine Persönlichkeitsstruktur und der realpolitische Handlungsspielraum setzten Benedikt XIV. Grenzen[63], die er jedoch in Einzelfällen zu überspringen bereit war, etwa wenn es um die Kanonisation seiner Landsleute und Familienangehörigen ging oder die Seligsprechung von Madame de Chantal, die er geradezu aus eigenem Antrieb voranbrachte.

2. Ein persönliches Anliegen: Madame de Chantal

Nicht zufällig fand die Causa der Stifterin der Salesianerinnen das Interesse des Pontifex, der neben Madame de Chantal drei weitere Ordensgründer beatifizierte[64]. Außer dem rein äußerlichen Ordens- und Stifteraspekt ist sie auch deshalb typisch, weil man im Prozeßverfahren dezidiert die Hand des Papstes nachweisen kann. Auf der anderen Seite wird hier aber auch deutlich, daß Benedikt XIV. der Arbeit der Ritenkongregation trotz seines starken persönlichen Interesses weitestgehend freien Lauf ließ und nicht etwa autokratisch eingriff. Tatsächlich wirkte sich aber die pure persönliche Anteilnahme stets wie eine indirekte Intervention des Pontifex auf das Selig- und Heiligsprechungsverfahren aus. Außerdem schien im Falle der Chantal der sonst sehr korrekte Benedikt die Grenzen der Formalitäten zu verwischen; mehrmals bezeichnete er sich beispielsweise als Mit-Ponens der Causa[65].
Die 1572 als Tochter des burgundischen Parlamentspräsidenten geborene Jeanne Françoise Frémyot de Chantal lebte nach dem Tod ihres Mannes ganz dem Gebet, den

---

[60] Sebastian Merkle formulierte es pointiert so: Benedikt XIV. vertrete den Grundsatz, „daß der Papst dem Herrscher voranzugehen habe": Merkle, Benedikt XIV. – Benedikt XV. 341.
[61] Sehr wohlwollend: Schweiger V 433f.: „Er hat daher konsequent den Staaten gegenüber eine Politik kluger Mäßigung und Nachgiebigkeit sowie aufrichtiger Friedensliebe geführt. Glänzende Augenblickserfolge und -vorteile waren bei solchem Verhalten nicht zu erzielen; aber diese Politik verhütete Schlimmeres".
[62] Dazu die Angaben im Kapitel „Jesuitenheilige".
[63] Pastor XVI/1 437–439; Schwaiger V 433f.; Rosa, Art. Benedetto XIV 395f.
[64] Von den sechs Kandidaten, die Benedikt XIV. in seinem Pontifikat feierlich beatifizierte, waren vier Ordensgründer: Camillo de Lellis, Girolamo Miani, Giuseppe da Calasanzio und Jeanne Françoise de Chantal.
[65] Benedikt XIV. an Tencin, 14. September 1746: „gran Serva di Dio Chantal, della quale ella è ponente, e Noi stessi, in di lei assenza" (Morelli I 362); 20. Juli 1751: „Noi, come sostituiti a lei nella ponenza della causa" (Morelli II 403).

Werken der Nächstenliebe und der Erziehung ihrer Kinder[66]. Persönliche Schwierigkeiten und Glaubensanfechtungen ließen sie einen Seelenführer suchen, den hl. Franz von Sales[67], mit dem sie eine tiefe geistliche Freundschaft verband. Mit ihm gründete sie 1610 im savoyardischen Annecy den caritativen Orden der Salesianerinnen. Die mystisch Begabte führte fortan ein aufreibend tätiges Leben im Dienste der Ordensverbreitung, geprägt von der willigen Annahme ihres inneren Leides, das ihren Glauben und ihre vollständige Hingabe an Gott zum Ausdruck brachte.

Das römische Beatifikationsverfahren schien 1719 seinen Anfang gefunden zu haben, als man die Akten des Bistumsprozesses nach Rom übersandte[68]. Alles schien zunächst unter einem unguten Verdikt zu stehen, was sicherlich nicht zum wenigsten den unerfahrenen Salesianerinnen zuzuschreiben war[69]. Sie hatten nach der *Signatio Commissionis*[70] vom 11. August 1719 trübe Erfahrungen mit verschiedenen Postulatoren machen müssen, die wohl auch vor der Veruntreuung von Geldern nicht zurückgeschreckt waren[71]. Hinzu kamen noch massive inhaltliche Probleme, die die Causa fast zu Fall gebracht hätten. Fatalerweise hatte nämlich der römische Kleriker Cesare Benvenuti[72], der seit 1734 als Postulator beschäftigt war[73], Anfang April 1737 Schriften der Chantal der Ritenkongregation zur Prüfung übergeben[74], die dort das Schreckgespenst des Jansenismus heraufbeschworen[75]. Dabei waren diese Briefe aller Welt zu-

---

[66] Zur Vita der Chantal (1572–1641) zeitgenössisch für den Prozeß: Carl'Antonio Saccarelli, Vita della beata Giovanna Francesca Fremiot di Chantal, Rom 1751; ferner: Henri Bremond, Sainte Chantal, Paris 1912; Emil Bougaud, Die heilige Johanna Franziska von Chantal und der Ursprung des Ordens von der Heimsuchung, Freiburg/Br. 3–41924 (derselbe Autor hat auch in mehreren Bänden ihre Werke und Briefe herausgegeben); Emmanuel Du Jeu, Madame de Chantal. Sa vie dans le monde et sa vie religieuse, Paris 31927; Hildegard Waach, Johanna Franziska von Chantal, Eichstätt 1954; Luigi Chierotti, Art. Giovanna Francesca Frémyot de Chantal, in: BS VI 581–586; Louis Cognet, Jeanne-Françoise Frémyot de Chantal, in: Manns, Die Heiligen in ihrer Zeit II 329–331; André Ravier, Petite vie de Jeanne de Chantal, Paris 1992 (Kurzform des Buches von 1983).

[67] Franz von Sales (1567–1622), 1594 Priesterweihe, bedeutende Missionserfolge am Genfer See, 1599 Koadjutor von Genf, 1602 dort Bischof, Seelenführer der Madame de Chantal u.a.; Louis Cognet, Franz von Sales, in: Manns, Die Heiligen in ihrer Zeit II 326–329; Gian Domenico Gordini, Art. Francesco di Sales, in: BS V 1207–1226.

[68] Vgl. Chierotti, Art. Giovanna Francesca Frémyot de Chantal 585.

[69] ASRC, Fondo Q, Giovanna Francesca de Chantal, Aufzeichnung des Postulators vom 6. April 1737.

[70] ASRC, Fondo Q, Giovanna Francesca de Chantal, Minute des Dekrets über die *Signatio Commissionis* vom 11. August 1719.

[71] Die genauen Zahlungsmodalitäten, die der Orden 1738 mit dem neuen Postulator Saccarelli vereinbarte und die unter anderem keine Auszahlung ohne vorherige Prüfung durch die Generaloberin zuließen, lassen auf dunkle Erfahrungen schließen. Tatsächlich hatte der Orden bislang zahlreiche Postulatoren beschäftigt: AV, Arch. Congr. SS. Rituum, Processus 878, fol. 991: Aufzeichnung über den Besuch der Salesianerinnen in der Ritenkongregation vom 14. Mai 1738.

[72] Der Abbate Cesare Benvenuti war Regularkanoniker des Laterans: ASRC, Fondo Q, Giovanna Francesca de Chantal, Supplik Benvenutis, 1734.

[73] Ernennung Benvenutis: ASRC, Fondo Q, Giovanna Francesca de Chantal, Supplik 1734.

[74] ASRC, Fondo Q, Giovanna Francesca de Chantal, Brief Benvenutis vom 6. April 1737.

[75] Der Postulator übergab Briefe der Chantal, die größtenteils an die Äbtissin von Port-Royal und an Saint-Cyran gerichtet waren: ebd. – Saccarelli befand sich im Zugzwang. Seit der *Signatio* war nicht viel geschehen, da die Kongregation das Fehlen der *Testes de visu* – Zeugnisse der Zeitgenossen der Chantal – für den Nachweis des Tugendgrades bemängelte. Im Februar 1737 hatte dann der Papst zunächst grünes Licht für den Fortgang der Causa gegeben; vgl. Saccarelli, Vita 181f.

gänglich, da seit Jahrzehnten veröffentlicht[76]. Über 20 Jahre war nämlich Madame de Chantal durch eine enge Freundschaft mit der Äbtissin des Klosters von Port-Royal, Angélique Arnauld[77], und ihrer Schwester verbunden gewesen[78]. Sowohl in einer zeitgenössischen Vita wie in den *Animadversiones* des Promotors wurde ihnen eine „intima amicitia" bescheinigt[79]. Die Freundschaft zu Mutter Angélique und zum Abt von Saint-Cyran, Jean-Ambroise Duvergier de Hauranne[80], in dessen Schlepptau sich auch die Äbtissin befand, brachte Madame de Chantal in den fatalen Verdacht des Jansenismus. Saint-Cyran, ein Weggenosse Jansenius', hatte entscheidenden Anteil an der theologischen Ausformung und Verbreitung des Jansenismus gehabt. Für den Promotor war Duvergier ein geschworener Jansenist, der deswegen von Kardinal Richelieu[81] verurteilt und hinter Gitter gebracht worden war[82]. Weil Saint-Cyran und die beiden Schwestern „maximi Jansenianiae Haeresis Patroni et Propugnatores"[83] gewesen seien, war auch Madame de Chantals Ruf der Rechtgläubigkeit in größter Gefahr[84].

---

[76] BN, H 999, *Summarium obiectionale* um 1740, „Anmerkung an den Leser": Seit etwa 50 Jahren lag ein Teil des Briefwechsels gedruckt vor.

[77] Arnauld (1591–1661), 1599 Koadjutorin des Zisterzienserinnenklosters Port-Royal, 1602 Äbtissin, seit 1609 strenge Reform des Klosterlebens. 1619 lernte sie ihren Seelenführer Franz von Sales kennen und Madame de Chantal. 1626 verlegte sie ihr Kloster in die Pariser Vorstadt Saint-Jacques und stand seit 1635 unter dem Einfluß von Saint-Cyran, der sie zu einem rigiden und nach außen arrogant erscheinenden Klosterleben hinführte, das dem Jansenismus nahestand. Der päpstlichen Verurteilung dieser Richtung folgte Angélique nicht; Pastor XIII/2 641–648; Louis Cognet, La mère Angélique et son temps I–II, Paris 1950–1952; Antoine Molien, Art. Arnauld (Jacqueline-Marie-Angélique), in: DHGE IV 489–493; Perle Bugnion-Secretan, La mère Angélique Arnauld 1591–1661. D'après ses écrits, Paris 1991.

[78] BN, H 999, *Animadversiones* des Promotors gegen den Tugendgrad, 1737. Dazu auch: Chierotti, Giovanna Francesca Frémyot de Chantal 584f. Dieses Faktum wird von den meisten Biographien unterdrückt.

[79] BN, H 999, *Animadversiones* 1737, S. 4, und *Summarium obiectionale*, S. 2. Das *Summarium* weist darauf hin, daß Madame de Chantal bei ihren Parisaufenthalten stets das Kloster Port-Royal besucht hatte.

[80] Duvergier de Hauranne (1581–1643), hatte mit Jansenius in Paris studiert, 1618 Priesterweihe, 1620 Kommendatarabt von St-Cyran, schloß sich den kirchlichen Neuerungsbestrebungen an und wurde Schüler von Bérulle, 1635 Seelenführer einzelner Nonnen, vor allem der Äbtissin Angélique von Port-Royal, geriet in die Nähe des Jansenismus, 1638 durch Richelieu wegen seines großen Einflusses verhaftet, nach dem Tod des Kardinals 1643 befreit; Jean Orcibal, Jean Duvergier de Hauranne, Abbé de Saint-Cyran, et son temps I–II, Paris 1948; ders., Saint-Cyran et le jansénisme, Paris 1961; ders., Art. Duvergier de Hauranne, in: DHGE XIV 1216–1241.

[81] Armand-Jean du Plessis de Richelieu (1585–1642), Begründer des französischen Absolutismus, 1607 Bischof von Luçon, 1622 Kardinal, 1624 Erster Minister; Carl J. Burckhardt, Richelieu I–IV, München ²1978–1980; Roland Mousnier, L'homme rouge ou la vie du cardinal de Richelieu (1585–1642), Paris 1992.

[82] BN, H 999, *Animadversiones* des Promotors, 1737, S. 6. – Tatsächlich wurde Duvergier vom Kardinal wegen seines (kirchen)politischen Einflusses „kaltgestellt", da er nach den Worten des Ersten Ministers „gefährlicher als 6 Armeen" gewesen sei. Ob Duvergier de Hauranne tatsächlich Jansenist war, ist bei seinen Biographen umstritten. Der Promotor gab sich in den *Animadversiones* alle Mühe, Saint-Cyran zum Jansenisten zu stempeln.

[83] BN, H 999, *Animadversiones* des Promotors, 1737, S. 4.

[84] Des weiteren wurde die Chantal in diesen *Animadversiones* verdächtigt, dem Quietismus nahezustehen und diesen verbreitet zu haben: BN, H 999, *Positio super dubio an praetensa communicatio* ..., Rom 1741.

Die Causa, 1737 gerade wieder angelaufen, hatte nun die härteste Bewährungsprobe zu bestehen. Bereits in der *Praeparatoria* vom November über die Tugenden wurden Stimmen laut, die die Freundschaft der Chantal mit der Äbtissin Angélique und den Briefverkehr mit Saint-Cyran als eindeutig jansenistisch verurteilten. Der Promotor fidei und einige Konsultoren verlangten die Untersuchung der einschlägigen Texte, so daß sich Clemens XII. (1730–1740) schließlich genötig sah, die separate Prüfung der Schriften durch das Hl. Offizium anzuordnen und ewiges Schweigen zu verhängen[85].

Neuen Schwung sollte die stockende Causa nach dem Willen der Ordensleitung durch einen neuen, rührigen Postulator erhalten. Mitte Mai 1738 erschienen in der Ritenkongregation zwei Salesianerinnen aus Annecy, die in offensichtlicher Unkenntnis der Situation um die Beschleunigung ihrer Causa baten und einen neuen Stellvertreter aus Turin präsentierten[86]: Antonio Saccarelli[87] hatte sich schon seit einigen Jahren mit der Causa Chantal beschäftigt. Königin Maria Leszczyńska[88] von Frankreich hatte nämlich Saccarelli beauftragte, eine Vita der Ordensgründerin zu schreiben. Nachdem diese 1734 abgeschlossen worden war und ein Jahr später sogar den Beifall des Papstes gefunden hatte, kam die Sache – wenn auch mit Verzögerung – dank Saccarellis weiterer Initiative in Gang[89]. Er hatte sich nämlich erfolgreich bei der Ordensleitung um das Amt des Postulators bemüht. In der Ritenkongregation war jedoch das päpstliche Schweigegebot nicht zu brechen.

Das wäre das Ende der Causa gewesen, wenn nicht der Nachfolger auf dem Stuhle Petri, Benedikt XIV., offensichtliches Interesse bekundet hätte[90]. Spitzfindig regte der Postulator noch 1740 eine Untersuchung an[91], in welcher Weise die Chantal mit Angélique und Saint-Cyran Umgang gepflegt habe, und überzeugte den neuen Papst, das *Dubium* des Tugendgrades nochmals in einer Kongregationssitzung zur Sprache zu bringen. Benedikt erteilte Anfang April 1741 eine Dispens, den Zweifel ohne Konsultoren zu diskutieren, und versprach die Behandlung der Materie auf der *Ordinaria* im September[92]. Erwartungsgemäß räumte diese auf die persönliche Intervention des Papstes die jansenistische Blockade aus und ebnete so den Weg für einen raschen und

---

[85] ASRC, Decreta 1738–1741, fol. 299: Bittschrift des Postulators, am 4. April 1741 vom Papst gebilligt.
[86] AV, Arch. Congr. SS. Rituum, Processus 878, fol. 991: Aufzeichnung über den Besuch der Nonnen vom 14. Mai 1738.
[87] Saccarelli war Mitglied der Chierici Regolari Ministri degl'Infermi: Titelseite seiner Vita über die Chantal, Rom 1751.
[88] Maria Leszczyńska (1703–1768), polnischer Abstammung, heiratete 1725 Ludwig XV. von Frankreich; Ryszard W. Wołoszyński, Art. Maria Karolina Zofia Felicja Leszczyńska, in: Polski Słownik Biograficzny X 5–8; Nouvelle Biographie Générale depuis les temps les plus reculés jusqu'a 1850–60 XXXIII 693–695.
[89] AV, Arch. Congr. SS. Rituum, Processus 878, fol. 991: Aufzeichnung über den Besuch vom 14. Mai 1738.
[90] Bis 1741 hatte sich das Hl. Offizium noch nicht mit dieser Materie beschäftigt: BN, H 999, *Positio super dubium an praetensa communicatio* ..., Rom 1741, Bittschrift Saccarellis.
[91] AV, Arch. Congr. SS. Rituum, Processus 878, fol. 997: Bittschrift Saccarellis, 1740.
[92] ASRC, Decreta 1738–1741, fol. 299: Notiz über die Approbation der Bittschrift durch den Papst vom 4. April 1741.

erfolgreichen Fortgang der Causa[93], obwohl die Opposition weiterhin ihren Widerstand aufrecht erhielt[94]. Ihr Haupt scheint der Promotor fidei, Ludovico Valenti[95], gewesen zu sein, der hauptsächlich mit der Prüfung des Materials beschäftigt war und spätestens seit 1738 harsche Kritik anmeldete[96]. Auch im lambertinischen Pontifikat klagte er beständig ein ausschlaggebendes Mitspracherecht ein, vor allem bei der Wunderapprobierung[97].

Den stürmischen Neuanfang begleiteten Wunder, die rasch durch Bistumsprozesse untersucht, welche ebenso schnell gegen den Widerstand der Kongregation approbiert wurden: Gegen den Protest Valentis wurde am 26. September 1741 ein Wunderprozeß anerkannt[98], ein weiterer aus Rom nach Diskussion ohne Konsultoren Mitte Dezember 1742[99]. Das alles war nicht zum mindesten dem Ponens der Causa zu verdanken, dem „vertrauten Freund"[100] Benedikts XIV., Kardinal Pierre Guérin de Tencin[101]. Als dieser im Herbst 1742 als Apostolischer Legat nach Frankreich zurückgekehrt war, fand man für kurze Zeit einen Stellvertreter in der Person des Kardinals Belluga y Moncada[102]. Gleichzeitig stellte Benedikt XIV. aber sicher, daß dieser Ersatzmann nur als verlängerter Arm des Pontifex agierten konnte: „Der Vertreter für Sie in der Funktion des Ponens war der gute Kardinal Belluga", schrieb der Papst seinem französischen Freund. „Wir möchten sagen, daß wir Grund haben zu glauben, daß Sie zufrieden gewesen wären, so als ob wir selbst das Amt des Ponens ausgeübt hätten. Wir agierten also in Ihrem Namen durch den Ponens, und die Causa verlief äußerst glücklich, so

---

[93] ASRC, Decreta 1738–1741, fol. 331: Dekret über das Ausräumen des Zweifels, 20. September 1741. Die Kongregation tagte am 16. September: AV, Arch. Congr. SS. Rituum, Processus 878, fol. 997.
[94] BN, H 999, Neue *Animadversiones* des Promotors in 77 Punkten auf 37 Seiten. Der Promotor fertigte eigens ein *Summarium obiectionale* von 17 Seiten an, das sich mit der Beziehung der Chantal zu Saint-Cyran und den Schwestern Arnauld beschäftigte. Auf diese Anschuldigungen antwortete der Postulator mit 240 (!) Punkten: ebd.
[95] Valenti (1695–1763) aus Trevi bei Spoleto, Dr. iur. utr. 1719 in Rom, Priesterweihe 1736, Kurienadvokat und Referendar beider Signaturen, 1734 bis 1754 Promotor fidei, 1759 Kardinal und Bischof von Rimini: Miscellanea in occasione del IV centenario della Congregazione per le cause dei Santi 427; HC VI 21 u. 100 Anm. 5.
[96] AV, Arch. Congr. SS. Rituum, Processus 878, fol. 989–990.
[97] AV, Arch. Congr. SS. Rituum, Processus 878, fol. 991 und 1002.
[98] AV, Arch. Congr. SS. Rituum, Processus 878, fol. 1002.
[99] ASRC, Decreta 1742–1744, fol. 75: Approbation des Wunderprozesses der Clara de Rubeis, 12. Dezember 1742. Der Prozeß wurde am 1. Februar 1742 abgeschlossen und am 21. April in der Kongregation geöffnet (ASRC, Decreta 1742–1744, fol. 30). Insgesamt hatte der Kardinalvikar von Rom zwischen 1741 und 1742 mehrere Wunder zu derselben Causa zu untersuchen.
[100] Pastor XVI/1 435.
[101] Tencin (1679–1758) erhielt seine Ausbildung bei den Oratorianern, Abschluß an der Sorbonne, 1702 Abt von Vézelay, 1703 Generalvikar von Sens, 1721 französischer Chargé des affaires beim Konklave, 1724 Erzbischof von Embrun, 1739 Kardinal, 1740 Erzbischof von Lyon. Tencin hielt sich von 1740 bis 1742 in Rom als Chargé des affaires auf, kehrte dann nach dem Tode Fleurys (26. August 1742) nach Lyon zurück, 1742 bis 1756 Apostolischer Legat in Frankreich: Silvio Furlani, Art. Tencin, Pierre – Guérin de, in: EC XI 1909f.; Jean Carreyre, Art. Tencin (Pierre Guérin de), in: Dictionnaire de Théologie catholique XIV 115f.
[102] Der spanische Theologe Luis Antonio Belluga y Moncada (1662–1743), 1705 Bischof von Cartagena, Generalkapitän des Vizekönigs von Valencia, schaltete sich 1712 vermittelnd zwischen Hof und Kurie ein, 1724 Kardinal, resignierte auf den Bischofsstuhl von Cartagena und zog sich nach Rom zurück: Renata Orazi Ausenda, Art. Belluga Moncada, Luis Antonio, in: EC II 1200f.

wie sie es verdiente"[103], meldete Benedikt, nachdem drei Tage zuvor der Tugendgrad der Chantal erfolgreich approbiert worden war, allerdings mit der Auflage von vier Wundern[104]. Grund zur Freude und zur raschen Benachrichtigung Tencins hatte der Papst, denn die Approbation mußte kein leichtes Stück Arbeit gewesen sein. Benedikt XIV. war jedoch bestens vorbereitet gewesen und hatte die Tugenden der Chantal völlig frei verteidigt, ohne ein Manuskript zu benutzen[105]. Man hatte eigens herbeigeholte Zeugen *de auditu* vernommen und Historiker vor der Kongregation aussagen lassen[106]. Die Opposition war jedoch nicht zu brechen, agierte aber mit der üblichen diplomatischen Gewandtheit: Bei der Schlußabstimmung blieben viele theologische Konsultoren und sogar zahlreiche Kardinäle der Sitzung fern. Das Dekret verzögerte sich entsprechend bis Ende März 1743[107].

Belluga, der offensichtlich als päpstlicher Strohmann weisungsgemäß handelte, starb bereits kurz nach der *Generalis*. Benedikt XIV. schien nun seine persönlichen Interessen keinem Außenstehenden mehr anvertrauen zu wollen. Mitte 1744 schrieb er an den fernen Tencin, daß dieser der eigentliche Relator der Causa sei, und der Papst die Angelegenheit sehr wichtig nehme[108]. Einen anderen wollte er nicht ernennen und bezeichnete sich 1746 sogar selbst als Ponens stellvertretend für den abwesenden Kardinal[109]. Der Pontifex als Ponens – das widersprach sämtlichen Regeln und Gebräuchen der Kongregation und auch dem sonst so korrekten Umgang des Papstes mit der Kurienbehörde.

Der *Vicarius Christi* und Frankreich zogen an einem Strang. Die französische Königin polnischer Abstammung zeigte immer noch großes Interesse an der Causa. Tencin sollte ihr im Namen des Papstes versichern, daß „man sich ernsthaft um die Beschleunigung der Causa kümmern werde"[110]. Noch 1746 berichtete Benedikt ausführlich über die Vorbereitung der bevorstehenden Kongregationssitzung, damit sich die Monarchin, die „sehr interessiert an der Seligsprechung jener großen Dienerin Gottes"[111] war, ein Bild von den kommenden Ereignissen machen konnte. Als schließlich die feierliche Beatifikation der Chantal bevorstand, empfing der Papst am 24. August 1751 einen französischen Geistlichen, der im Namen der Salesianerinnen dem Ponti-

---

[103] Benedikt XIV. an Tencin, 8. März 1743: „Il sostituto di lei nella ponenza era il buon card. Belluga. Dicemmo che potevamo credere ch'ella si sarebbe contentata se Noi ne avessimo assunta la ponenza. Facemmo dunque da ponente in nome suo, e la causa andò felicissimamente come meritava d'andare": Morelli I 59.

[104] ASRC, Decreta 1742–1744, fol. 89: CG über Tugenden, 5. März 1743. Die meisten Konsultoren stimmten mit *constare*.

[105] Benedikt XIV. an Tencin, 19. April 1743: „Ella ci domanda il nostro discorso fatto nella causa della Serva di Dio Chantal: ma caro sig. cardinale ci serviremo d'un testo di S. Gregorio [...], non avendo posto cosa veruna in carta, ma avendo detto tutto a memoria": Morelli I 67.

[106] Geht aus dem Brief Benedikts XIV. an Tencin vom 14. September 1746 hervor: Morelli I 362. Die Aussagen der Historiker verstand man als *prova sussidiaria*.

[107] ASRC, Decreta 1742–1744, fol. 96: Tugenddekret vom 31. März 1743.

[108] Benedikt XIV. an Tencin, 8. August 1744: Morelli I 187.

[109] Benedikt XIV. an Tencin, 14. September 1746: „la causa della gran Serva di Dio Chantal, della quale ella è ponente, e Noi stessi, in di lei assensa": Morelli I 362.

[110] Benedikt XIV. an Tencin, 8. August 1744: „seriamente s'applicherà al disbrigo della medesima": Morelli I 187.

[111] Benedikt XIV. an Tencin, 14. September 1746: „tanto interessata per la Beatificazione di quella gran Serva di Dio": Morelli I 362.

fex dankbar und ehrfurchtsvoll den Fuß küßte. Benedikt XIV. wehrte scherzend ab, indem er vielsagend meinte, dieses Verdienst käme dem französischen Botschafer Louis-Jules Barbon-Mancini-Mazarini, Herzog von Nevers zu[112].

So weit war man aber 1745 noch nicht. Anfang des Jahres ging man gut vorbereitet in die *Antepraeparatoria*; immerhin ließen sich fünf Wunder vorweisen[113]. Die Opposition war jedoch noch nicht verstummt: Das vierte und fünfte Mirakel quittierte man überwiegend mit *non constare*, das erste gar mit *negative*, sonst enthielt man sich meist eines Urteils. Trotz „unseres großen Engagements"[114], wie der Papst Tencin im Frühjahr 1746 mitteilte, müsse man nun Geduld aufbringen, da die Ritenkongregation mit der bevorstehenden Kanonisationsfeierlichkeit stark in Anspruch genommen sei[115]. In Paris regten sich schon Zweifel am guten Ausgang der Causa[116]. Auch die *Praeparatoria* Ende 1746 verlief nicht mehr als glimpflich. Das zweite und dritte Wunder ernteten nun Zustimmung, die restlichen ein Schulterzucken[117].

Der Papst hatte dies geduldig mitangesehen und den Dingen ihren Lauf gelassen. Er wußte genau, daß, „wenn die Causa in die *Congregatio Generalis* vor Uns kommt, wir in der Lage sind, vorzuschlagen und approbieren zu lassen"[118]. Er besaß nämlich eine Trumpfkarte, die er sich schon seit einiger Zeit direkt aus Orlèans hatte zukommen lassen. Der dortige Bischof hatte ihm persönlich einen Wunderprozeß zugesandt, den der Papst selbst durchgearbeitet und für stichhaltig befunden hatte, obgleich die Lesbarkeit der Akten zu wünschen übrig ließ[119]. Diese Alternative behielt Lambertini „als Reserve im Ärmel"[120], falls es hart auf hart kommen sollte, wie er Tencin im September 1746 verschmitzt und erfahren wissen ließ.

Statt dieses persönlichen Coups ließ der Papst kurzerhand die vergangene Sitzung Mitte 1748 wiederholen, da von den vorgeschlagenen Wundern nur zwei Aussicht auf Approbation zeigten. Er täuschte sich aber in der Hartnäckigkeit der Kongregationsväter, die er nicht so fest im Griff hatte, wie beispielsweise sein Nachfolger Pius IX.[121] Zunächst einmal fehlten bei der Reprise zehn Kongregationsväter, dann spendete man

---

112 Benedikt XIV. an Tencin, 25. August 1751: Morelli II 411. – Barbon-Mancini-Mazarini war von Januar 1749 bis Januar 1752 französischer Botschafter in Rom: Repertorium der diplomatischen Vertreter aller Länder seit dem westfälischen Frieden (1648) II 118.
113 ASRC, Decreta 1745–1747, fol. 5: CA über 5 Wunder, 26. Januar 1745.
114 Benedikt XIV. an Tencin, 2. März 1746: „è di nostra gran premura": Morelli I 320.
115 Im Geheimen Konsistorium vom 18. April 1746 verkündete der Papst, eine Heiligsprechung vornehmen zu wollen, die am 29. Juni stattfinden sollte: ASRC, Fondo Sc, Acta Canonizationis 1746, Aufzeichnung über das Konsistorium vom 18. April 1746.
116 Benedikt XIV. an Tencin, 2. März 1746: Morelli I 320.
117 ASRC, Decreta 1745–1747, fol. 171: CP über 5 Wunder, 6. Dezember 1746. Die Wunder 1, 4 und 5 erhielten *suspendit iudicium*.
118 Benedikt XIV. an Tencin, 14. September 1746: „ma quando la causa verrà nella Congregazione generale avanti di Noi, siamo in grado di proporre e far approvare": Morelli I 362.
119 Benedikt XIV. an Tencin, 14. September 1746: „da Noi ben letto, benché con caratteri piccolissimi, e ben considerato": Morelli I 362.
120 Ebd.: „il quarto che teniamo in manica e per riserva".
121 Vgl. dazu das Kapitel „Pius IX.". – Vor allem die Prälaten-Konsultoren gehörten aus der Sicht des Papstes zu den weniger zuverlässigen Beamten, da beispielsweise den Rota-Auditoren quasi per Amt „enorme Karrierechancen" (Weber I 158) zukamen, die „ein völlig anderes Lebensgefühl bewirken mußten" (ebd. 159).

dem ersten und fünften Wunder nur Ablehnung oder Enthaltung; Zustimmung war lediglich bei den drei mittleren Mirakeln zu erwarten[122].

Da nun auch dieser Schachzug fehlschlug, hieß es abwarten, ob sich eventuell neue Wunder einstellten. Dem ungeduldigen Tencin riet er Anfang 1750, nichts zu überstürzen[123]. Als sich aber nichts Wunderbares ereignete, wechselte der Papst die Taktik. In einem bisher unbekannten Aktionismus gab er Empfänge, führte Besprechungen, warf seinen persönlichen Einfluß in die Waagschale und legte sich Mitte 1751 mit seinem ganzen Gewicht als Oberhaupt der Weltkirche ins Zeug, um die abschließende *Generalis* erfolgreich durchzubringen[124]. Nicht ohne Effekt, da die Kongregationsväter im Juli Wunder Nummer zwei und drei einheitlich annahmen und nur beim ersten und vierten geringen Widerstand anmeldeten[125]. Tatsächlich war die Beatifikation der Chantal zu „einem guten Teil unseren Mühen"[126] zuzuschreiben, wie Benedikt XIV. einen Monat später dem vertrauten Tencin meldete. Die Sache war ihm so wichtig, daß er persönlich das Wunderdekret bearbeitete, aus Respekt vor seinem Freund aber diesen als Ponens einsetzte, obgleich ein anderer Name an jener Stelle angemessener gewesen wäre[127]. Großzügig hatte der Papst vier Wunder approbiert, obgleich das Votum der Kongregation dafür keinen befriedigenden Hintergrund bot[128]. Für die Ausgabe des Dekrets hatte Benedikt XIV. sogar die Neuauflage seines Werkes über die Selig- und Heiligsprechung verzögert, damit dieses apostolische Schreiben noch aufgenommen werden konnte[129]. Auch der Zeitpunkt der Promulgierung war nicht ohne Vorbedacht gewählt worden: Der 21. August 1751 war der Geburtstag des hl. Franz von Sales und der elfte Jahrestag der Papstkrönung[130].

Auf die *Generalis super tuto* wurde kurzerhand verzichtet, da Benedikt XIV. in der Audienz vom 21. August meinte, daß diese „zu nichts diene"[131]. Auch das Schlußdekret stammte wieder aus der Feder des Papstes[132]. Damit war aber die Sorge Benedikts um die Causa Chantal noch nicht erschöpft. Die Kosten für die feierliche Seligsprechung, die dem Papst „eine unsagbare Genugtuung"[133] bedeutete, wurden nach seinem Willen auf ein Minimum reduziert[134]. Damit nicht genug! Er sandte den wenig

---

[122] ASRC, Decreta 1748–1750, fol. 34: CP über 5 Wunder, 11. Juni 1748. Das zweite und dritte Wunder stieß fast ausschließlich auf Zustimmung.
[123] Benedikt XIV. an Tencin, 21. Januar 1750: Morelli II 234.
[124] Hierzu: Benedikt XIV. an Tencin, 20. Juli 1751: Morelli II 402f.
[125] ASRC, Decreta 1751–1753, fol. 22: CG über 5 Wunder, 13. Juli 1751. Dieses Mal fehlten nur sehr wenige Väter.
[126] Benedikt XIV. an Tencin, 11. August 1751: „una buona parte delle nostre fatiche": Morelli II 407.
[127] Ebd.
[128] ASRC, Decreta 1751–1753, fol. 30–32: Dekret über die Anerkennung von vier Wundern, 21. August 1751.
[129] Benedikt XIV. an Tencin, 15. September 1751: Morelli II 415. Druck: Benedikt XIV., Opera Omnia VI 331–341 (II, Appendix II).
[130] Darauf weist Benedikt XIV. Tencin am 25. August 1751 hin: Morelli II 408. Franz von Sales wurde am 21. August 1567 in Schloß Sales bei Thorens geboren; Gordini, Art. Francesco di Sales 1207. Pastor (XVI/1 17) gibt den Tag der Krönung irrtümlich mit dem 22. August an.
[131] Benedikt XIV. an Tencin, 25. August 1751: „che a nulla serviva": Morelli II 410f.
[132] Ebd. 411.
[133] Benedikt XIV. an Tencin, 29. September 1751: „un'indicibile consolazione": Morelli II 419.
[134] Benedikt XIV. an Tencin, 5. Januar 1752: Morelli II 445.

begüterten Salesianerinnen in Rom ein Gemälde der neuen Seligen für das feierliche Triduum[135], das er ebenfalls aus eigener Tasche bestritt[136].
Die Beatifikation von Madame de Chantal fand am 21. November 1751 statt. Traditionell nahm der Papst an dieser Feier nicht teil; Benedikt XIV. zog es vor, in der römischen Kirche der Salesianerinnen die hl. Messe zu feiern[137]. Die Reliquien, die dem Papst aus Anlaß der Feierlichkeit üblicherweise übersandt wurden, stiftete er dem Nonnenkloster Sant'Angeli seiner überaus geschätzten Heimatstadt Bologna mit der Auflage, sie auszustellen und am Todestag der Chantal im Konvent deren Vita zu verlesen[138].

3. Chantal als Symptom

Woher kommt das tiefe Interesse Benedikts XIV. an der Causa, die er wie keine andere persönlich favorisierte und protegierte, so daß sie tatsächlich zu *seiner* Causa wurde? Ohne Zweifel war der erfolgreiche Abschluß zum allergrößten Teil sein persönliches Werk. Obgleich die ursächliche Motivation im letzten weiterhin im Dunkeln liegt, lassen sich einige Akzidenzien ausmachen, die eine Annäherung an die Lösung des Problems erlauben. Lambertinis Freund Tencin hatte nicht zum wenigsten Anteil an der Kultverbreitung der Chantal – mußte ihm doch als Protektor des Ordens von der Heimsuchung Mariens[139] an der Seligsprechung der französischen Stifterin besonders gelegen sein.
Außerdem stand Benedikt XIV. den französischen Heiligen, die sich im beginnenden 17. Jahrhundert der tätigen Nächstenliebe verschrieben hatten, in besonderer Weise nahe. Aus seiner Zeit als Bischof von Ancona ist überliefert, daß er eine besondere Verehrung für Vinzenz von Paul[140], den Seelenführer der Chantal nach dem Tode Franz von Sales', und für Jean François Régis[141] hatte[142]. An der gemeinsam am 16. Juni 1737 durchgeführten Kanonisation der beiden war er in besonderer Weise betei-

---

[135] Zum Triduum die Angaben im Kapitel „Non olet".
[136] Benedikt XIV. an Tencin, 29. September 1751: Morelli II 419. Das Gemälde ließ der Papst bei einem renommierten Maler in Rom anfertigen.
[137] Benedikt XIV. an Tencin, 29. September 1751: Morelli II 418.
[138] Benedikt XIV. an das Kloster Sant'Angeli, 8. März 1752: Lettere, brevi, chirografi, bolle ed appostoliche determinazioni prese dalla Santità di N.S. papa Benedetto XIV 100f.
[139] Die Funktion des Ordensprotektors geht hervor aus: Benedikt XIV. an Tencin, 29. September 1751: Morelli II 419.
[140] Vinzenz von Paul (1581–1660) gilt als Erneuerer des religiösen Lebens von Klerikern und Laien, als Initiator der Missionierung der armen Landbevölkerung und der sozial-caritativer Tätigkeit; 1625 Gründung des Lazaristenordens, 1633 Einrichtung der Dienstagskonferenzen: Luigi Chierotti, Art. Vincenzo Depaul, in: BS XII 1155–1168 (Lit.); Louis Cognet, Vinzenz von Paul, in: Manns, Die Heiligen in ihrer Zeit II 338–340.
[141] Régis (1597–1640), 1616 Novize bei den Jesuiten in Toulouse, 1630 Priesterweihe, Pflege der Pestkranken und ausgedehnte Lehr- und Predigttätigkeit, 1633 letzte Gelübde des Jesuitenordens. Sein Wunsch, in Kanada zu missionieren, wurde von den Ordensoberen nicht erfüllt; statt dessen missionierte er in Südfrankreich und betätigte sich caritativ; vgl. Sigmund Nachbaur, Der heilige Johannes Franziskus Régis, Freiburg/Br. 1924; Koch, Jesuiten-Lexikon 934–936; Ferdinand Baumann, Art. Giovanni Francesco Régis, in: BS VI 1002–1007 (Lit.); Louis Cognet, Johannes Franz Regis, in: Manns, Die Heiligen in ihrer Zeit II 334f.
[142] Bologna, BCAB, Ms. B 3704, fol. 20r.

ligt, ebenso wie bereits an ihren Seligsprechungen[143]. Die Gründerin der Salesianerinnen paßte ganz offensichtlich in diesen Kontext. Benedikt XIV. ordnete 1751 an, daß das von ihm gestiftete Gemälde der Chantal in der römischen Klosterkirche von der Heimsuchung zwischen den Bildern von Vinzenz von Paul und Franz von Sales aufgehängt werden sollte[144]. Der französische Schwesternorden hatte zudem die Sympathie des Papstes gewonnen. Ihre tatsächliche Armut und das widrige Schicksal, das den Beatifikationsprozeß der Chantal in seinen Anfängen unverdienterweise getroffen hatte, weckten nicht nur das päpstliche Mitleid, sondern auch die besondere Wertschätzung Lambertinis.

Der Prozeß der Chantal kann insofern als symptomatisch für die Heilig- und Seligsprechungspraxis unter Benedikt XIV. gelten, als der Papst mit offensichtlicher Vorliebe Causen aus der Zeit der Reformation und der Katholischen Reform voranbrachte[145], besonders wenn die Kandidaten im Dienst an der Glaubensverbreitung sowie in der Armen- und Krankenpflege gestanden hatten: Der Kapuziner Fidelis von Sigmaringen[146], den Calvinisten beim Versuch, die Schweiz zu rekatholisieren, 1622 ermordet hatten, wurde 1729 selig- und 1746 heiliggesprochen; der Gründer (1582) des späteren Kamillianerordens, Camillo de Lellis[147], der sich nach seiner Bekehrung vor allem den Kranken und Sterbenden gewidmet hatte, wurde von Benedikt 1742 beatifiziert und vier Jahre später kanonisiert. Der 1612 gestorbene Kapuziner Giuseppe da Leonessa[148] ist bei dem Versuch, den Muslimen das Evangelium zu verkünden, in Konstantinopel gemartert worden und hatte sich anschließend als Volksmissionar und Sozialapostel in Mittelitalien betätigt; nach der 1737 erfolgten Seligsprechung wurde er schon 1746 kanonisiert. Giuseppe da Calasanzio[149], der Begründer der Piaristen, hatte sich der Erziehung mitteloser Kinder gewidmet und 1597 in Rom die erste

---

[143] Lambertini war schon als Subpromotor fidei mit der Beatifikation von Vinzenz von Paul beschäftigt (Opera Omnia I 117f. [I, 18, 15]), ebenso als Promotor für die Seligsprechung von Régis (ebd. 147 [I, 22, 10]).

[144] Benedikt XIV. an Tencin, 29. September 1751: Morelli II 419.

[145] Hersche tituliert Benedikt XIV. als einen der bedeutendsten päpstlichen Vertreter der frühneuzeitlichen Reformbemühungen: Hersche, Italien im Barockzeitalter 196.

[146] Fidelis von Sigmaringen (1578–1622), Dr. phil et theol. 1603/1611, 1612 Priester und Kapuziner, Prediger in der Ostschweiz, 1622 Leiter der rätischen Mission, am 24. April 1622 von calvinistischen Bauern erschlagen, Protomärtyrer der Propaganda Fide; Mariano d'Alatri, Art. Fedele da Sigmaringen, in: BS V 521–524 (Lit.).

[147] Camillo de Lellis (1550–1614), 1575 bekehrt, dann Kapuziner, 1582 Gründung der religiösen Gemeinschaft der Krankenpfleger, unter Leitung des hl. Filippo Neri 1584 Priesterweihe. Sein Orden entwickelte eine umfassende caritative Tätigkeit in ganz Italien mit praktischen Impulsen für die Reform der Seelsorge: Mario Vanti, Art. Camillo de Lellis, in: BS III 707–714 (Lit.); Carlo Colafranceschi, San Camillo de Lellis, Sesto San Giovanni 1997.

[148] Giuseppe da Leonessa (1556–1612), 1587 als Missionar in Konstantinopel, dort zum Tode verurteilt und mit Haken an Händen und Füßen aufgehängt, nach drei Tagen befreit, wirkte dann caritativ und predigend in Umbrien und den Abruzzen: Cassiano da Langasco, Art. Giuseppe da Leonessa, in: BS VI 1305–1307 (Lit.); Francesco Saverio Toppi, Un evangelizzatore dei poveri: Giuseppe da Leonessa, in: D'Alatri, Santi e santità nell'ordine cappuccino I 99–119.

[149] Giuseppe da Calasanzio (1556/7–1648), seit 1592 in Rom, Gründung des Schulordens, der 1617 als Institut mit einfachem Gelübde approbiert wurde, 1621 als Orden mit feierlichem Gelübde. Die Einrichtung breitete sich rasch über ganz Italien, Böhmen, Mähren und Polen aus: Quirino Santoloci, Art. Giuseppe Calasanzio, in: BS VI 1321–1330; Hilde Firtel, Joseph von Calasanza, in: Manns, Die Heiligen in ihrer Zeit II 340–343; Quirino Santoloci, San Giuseppe Calasanzio, un grande amico dei fanciulli, Rom ²1994.

unentgeltliche öffentliche Elementarschule Europas eingerichtet; seit 1748 konnte ihm lokale kultische Verehrung erwiesen werden. In diese Kategorie fiel auch der Gründer der Somasker, Girolamo Miani[150], der 1532 in der Lombardei eine Gemeinschaft von Regularklerikern ins Leben gerufen hatte, die sich seither der Leitung von Waisen- und Armenhäusern, vor allem aber der Jugenderziehung widmete[151]. Benedikt XIV., der selbst Schüler des von ihm geschätzten Collegio Clementino gewesen war, das in Rom von den Somaskern geleitet wurde[152], brachte den langwierigen Beatifikationsprozeß Mianis überstürzt zum Abschluß[153] und sprach den Ordensgründer 1747 selig[154]. Außerdem verhalf der Papst der Approbation des Martyriums von Andrzej Bobola zum Durchbruch, der als Missionar in Litauen 1657 von Schismatikern ermordet worden war[155].

Madame de Chantal paßte in diese Reihe, ebenso wie ihre von Benedikt XIV. verehrten Seelenführer Franz von Sales und Vinzenz von Paul. Die Ursachen für diese eindeutige Bevorzugung von sozial-caritativen Gestalten aus der Zeit der Katholischen Reform hatten ihre tieferen Wurzeln in den Volksmissionen, die in Italien mit einer gewissen Phasenverschiebung seit Ende des 17. Jahrhunderts sehr erfolgreich durchgeführt wurden[156]. Vor allem in süditalienischen Regionen entfaltete die Volksmission, die zunächst von den Jesuiten durchgeführt[157], dann aber auch seit etwa 1700 von der Genossenschaft der Pii Operai[158], den Lazaristen und schließlich von den Redemptoristen fortgesetzt wurde[159], eine umfassende Wirkung. Im Königreich Neapel wurde diese Mission, „die als Hauptimpuls zur Erneuerung und strukturellen Stärkung

---

150 Der Venezianer Girolamo Miani (latinisiert *Aemiliani*) (1486–1537) führte seit 1528 ein Leben der Nächstenliebe und Buße, pflegte Kranke und Obdachlose, errichtete Waisenhäuser in Oberitalien. Er bereitete in seiner Heimatstadt 1528 für seine caritativen Anstalten die Gründung einer Ordensgemeinschaft vor, die er 1532 in Somasca tatsächlich ins Leben rief und die 1540 approbiert wurde. Miani starb 1537 im Dienst an den Pestkranken; er gilt als Patron der Waisen und der verlassenen Jugend: Niccolò Del Re, Art. Girolamo Miani, in: BS VI 1143–1148; Konrad Hofmann, Hieronymus Aemiliani, in: Manns, Die Heiligen in ihrer Zeit II 215–217.
151 Zu den Somaskern: Pio Bianchini, Art. Chierici regolari Somaschi, in: DIP II 975–978; Schwaiger, Mönchtum, Orden, Klöster von den Anfängen bis zur Gegenwart 414f.
152 Lambertini genoß eine Erziehung am Collegio Clementino zwischen 1689 und 1692. Dazu: Rosa, Art. Benedetto XIV 394; Gian Ludovico Masetti Zannini, Prospero Lambertini e la sua educazione al Collegio Clementino (1689–1692), in: Cecchelli, Benedetto XIV I 141–160.
153 Dabei wurde auf die *Generalis super tuto* verzichtet. Benedikt XIV. meinte, nach über 100 Jahren Prozeßdauer den Somaskern „Gerechtigkeit" widerfahren lassen zu müssen: Dekret *super tuto*, 5. August 1747: ASRC, Decreta 1745–1747, fol. 226.
154 Del Re, Art. Girolamo Miani 1146.
155 Zu Prozeß und Vita vgl. die Angaben im Abschnitt „Das wiederentdeckte Martyrium".
156 Zur Durchführung der Volksmissionen der Lazaristen in Italien: Mezzadri, Le missioni popolari della congregazione della missione nello stato della chiesa 18–25.
157 Die Jesuiten leisteten auch methodisch Pionierarbeit: Rienzo, Il processo 445. Zu ihren Volksmissionen: Koch, Jesuiten-Lexikon 1824f.
158 Carlo Carafa (1561–1633) gründete in Neapel die Genossenschaft der *Pii Operai*, eine Vereinigung von Weltpriestern, die ohne Gelübde in großer Strenge lebten und sich besonders dem Unterricht und der Volksmission widmeten. Die Genossenschaft wurde 1621 von Gregor XV. bestätigt und blieb in ihrem Aktionsradius größtenteils auf den Süden Italiens beschränkt: Heimbucher II 573f.
159 Rienzo, Il processo 443.

die Wirksamkeit der Kirche verkörperte"[160], zum typischen Element der Katholischen Reform[161]. Die Tätigkeit der Volksprediger zielte besonders auf die Landbevölkerung, die meist nicht nur des Lesens und Schreibens unkundig, sondern häufig auch in religiöser und sozialer Hinsicht entwöhnt war[162]. Der geringe Christianisationsgrad des Mezzogiorno[163], der weitgehend störungsfreie Ablauf der Volksmissionen[164] sowie das tatsächliche Eingehen der Patres auf die Bedürfnisse der Bewohner führten zu einer Breitenwirkung dieser Spezialseelsorge, die auch die Korrumpierung der Sitten, die zum Teil heftigen sozialen Spannungen und regionaltypische, folkloristische Elemente in ihrem Programm berücksichtigte[165]. Aber auch Adel und Säkularklerus der Region wurden eingeladen, an den Aktionen der Patres teilzunehmen[166]. Dabei lassen sich zwei Typen von Volksmissionen unterscheiden, die im Süden Italiens und in Spanien eine fruchtbare Symbiose eingingen: die in Frankreich im 17. Jahrhundert entwickelte katechetische Mission, die sich vor allem der Instruktion des Volkes widmete, und die Mission der Buße und des Sündenbewußtseins, die im südlichen Europa die Mißstände der allgemeinen Sitten und des Alltags abstellen sollte, vor allem durch das Wirken der Redemptoristen[167]. Die Volksmission als religiöse Pionierarbeit diente außerdem als sozialer, politischer und kultureller Stabilisator, der seinen Aktionsradius nicht nur auf die entferntesten Teile des Mezzogiorno ausdehnte, sondern auch alle Teile der Gesellschaft erfaßte[168]. Dies führte einerseits zu einem flächendeckenden Erfolg der Missionen, andererseits zur Ausbildung einer *Religiosità popolare*[169], die eine große Anhänglichkeit an die Patres vor allem bei der Landbevölkerung zur Folge hatte[170]. Diese Implantierung spezieller Frömmigkeitsformen sowie ein gewisser regionaltypischer euphorisch-religiöser Grundzug[171] führte in Süditalien dazu, daß neben der Gesellschaft Jesu die neuen, meist im 17. und 18. Jahrhundert gegründeten Orden eine breite und intensive Verehrung genossen, in die neben den aktiven Trägern der Missionen auch die Gründungsväter miteinbezogen wurden[172].

---

[160] Ebd. 441: „intorno ai quali si articolò l'azione della Chiesa, nel suo generale impulso al rinnovamento e al rafforzamento delle sue strutture".

[161] Dazu bereits: Delumeau, Le catholicisme entre Luther et Voltaire 275f.

[162] Rienzo, Il processo 470.

[163] Palese, L'attività dei Vincenziani di terra d'Otranto nell'età moderna 383. Delumeau, Le catholicisme entre Luther et Voltaire 276, bezeichnet den Mezzogiorno als die am wenigsten christianisierte Zone Europas.

[164] Die Patres erhielten von den Ortsordinarien Missionsgebiete zugewiesen, enthielten sich jeder politischen Propaganda und nahmen keine Spenden an; daher kam es zu keinen nennenswerten Rivalitäten zwischen den einzelnen Orden und dem Säkularklerus: Rienzo, Il processo 447–451.

[165] Palese, L'attività dei Vincenziani di terra d'Otranto nell'età moderna 387; Delumeau, Le catholicisme entre Luther et Voltaire 277; Rienzo, Il processo 470, 473–480.

[166] Rienzo, Il processo 452.

[167] Ebd., 442; Mezzadri, Le missioni popolari della congregazione della missione nello stato della chiesa 18.

[168] Rienzo, Il processo 452, 464; Palese, L'attività dei Vincenziani di terra d'Otranto nell'età moderna 387.

[169] Rienzo, Il processo 479.

[170] Vgl. Delumeau, Le catholicisme entre Luther et Voltaire 276; Rienzo, Il processo 480. – Die Anhänglichkeit der Landbevölkerung hing auch damit zusammen, daß die Missionare sich um Alltagssorgen, landwirtschaftliche Probleme und soziale Fragen kümmerten.

[171] Vgl. Palese, L'attività dei Vincenziani di terra d'Otranto nell'età moderna 383.

[172] Träger im Mezzogiorno waren neben den Jesuiten vor allem die 1602 gegründeten Pii Operai, die

Benedikt XIV. empfahl den süditalienischen Bischöfen 1745 lebhaft Volksmissionen als wirksamstes Mittel, um die religiöse Ignoranz der Bevölkerung zu beheben und diese gegen häretische Einflüsse zu stärken[173]. Das Schreiben des Papstes war Ausdruck seiner Sorge um die Reform des kirchlichen Lebens. Er ermahnte die Oberhirten, die christliche Bildung der Gläubigen zu intensivieren, und verurteilte jene kaum trennbare Verschmelzung von Sakralem und Profanem, die für die Religiosität des 18. Jahrhunderts typisch war[174]. Hauptverantwortliche waren nach Ansicht des Papstes die Beichtväter, die es unterlassen hätten, die Gewissen der Gläubigen zu schärfen.

Der Papst sprach aus Erfahrung. Neben einer Volksmission, die Lambertini als Erzbischof von Bologna vom 12. April bis zum 1. Mai 1733 in seiner Heimatstadt durch die eigens herbeigerufenen Lazaristen hatte durchführen lassen[175], zeitigten auch die Missionen in Mittelitalien[176] bedeutende Erfolge und wurden dadurch – ähnlich wie im Mezzogiorno – zum Signum der kirchlichen Erneuerung des 18. Jahrhunderts, der sich Lambertini verschrieben hatte[177]. Seine Bemühungen um eine bessere Ausbildung des Klerus und verstärkte Katechese der Gläubigen hatten nicht zuletzt in der katholischen Aufklärung ihre tieferen Wurzeln[178]. Diesem Primat der Seelsorge, die in lambertinischer Perspektive tridentinische, gegenreformatorische und missionarische Züge aufwies[179], war auch Papst Benedikt XIV. treu geblieben[180]. Dafür spricht beispielsweise die rasche Approbation des von ihm begünstigten Redemptoristenordens am 25. Februar 1749[181], der seit seiner Gründung im Jahre 1732 zunächst im Mezzogiorno Volksmissionen durchgeführt hatte[182]. Ebenso schätzte und förderte er den großen franziskanischen Volksprediger Italiens, Leonardo da Porto Maurizio[183], der

---

1625 ins Leben gerufenen Lazaristen, die 1646 in Neapel gestifteten *Apostoliche Missioni* und die 1732 gegründeten Redemptoristen; vgl. Rienzo, Il processo 443.

[173] Vgl. das Breve *Gravissimum* vom 8. September 1745, in: S.D.N. Benedicti Papae XIV. Bullarium I 248–250.

[174] Auch zum folgenden: Goñi, Addio Tribunali! 70.

[175] Vgl. Fanti, Prospero Lambertini, arcivescovo a Bologna 195f. Die Lazaristen waren bis zu jenem Zeitpunkt in Bologna unbekannt. – In seiner Diözese wurden weitere Volksmissionen unter Leonardo da Porto Maurizio durchgeführt: Pastor XVI/1 22f.

[176] Die Volksmissionen im Kirchenstaat begannen etwa 50 Jahre vor denen des Mezzogiorno. Zu den Missionen in Mittelitalien: Luigi Mezzadri, Le missioni popolari della congregazione della missione nello stato della chiesa (1642–1700), in: Rivista di storia della chiesa in Italia XXXIII (1979) 12–44.

[177] Lombardi, Benedetto XIV e gli ordini religiosi 550–554.

[178] Dazu: Baviera, Aspetti della pastorale a Bologna nel Settecento 250–255; Cenacchi, Benedetto XIV e l'Illuminismo 1081.

[179] Rosa, Art. Benedetto XIV 394f.

[180] Ebd. 395; differenziert: Cenacchi, Benedetto XIV e l'Illuminismo 1083.

[181] Pastor XVI/1 221; Goñi, Addio Tribunali! 93–95. Zu Benedikts persönlicher Verehrung gegenüber Alfonso Maria de' Liguori: Lombardi, Benedetto XIV e gli ordini religiosi 553f.; Giuseppe Orlandi, Bendetto XIV, S. Alfonso Maria de Liguori e i redentoristi, in: Cecchelli, Benedetto XIV I 605–627.

[182] Rienzo, Il processo 443; Goñi, Addio tribunali! 63–72.

[183] Leonardo da Porto Maurizio OFMRef (1676–1751), 1702 Priester, hielt in 44 Jahren 326 Volksmissionen in Nord- und Mittelitalien, Rom und Korsika ab. Er förderte Kreuzwegandachten, Marienverehrung, Bußprozessionen, Passionsandachten, Sakraments- und Herz-Jesu-Verehrung: Severino Gori, Art. Leonardo da Porto Maurizio, in: BS VII 1208–1221; Constantin Pohlmann, Leonhard von Porto Maurizio, in: Manns, Die Heiligen in ihrer Zeit II 379–381.

zusammen mit den Jesuiten, Redemptoristen, Lazaristen und Passionisten die größte Bedeutung für die italienischen Volksmissionen hatte[184].

Die Beatifikation der Ordensstifterin Chantal bildete keineswegs den Schlußpunkt der päpstlichen Bemühungen. Nachdem in Frankreich etliche neue Wunder[185] aufgetreten waren und sich nun plötzlich auch in Rom die Stimmung zugunsten der Chantal gewendet hatte, eröffnete der Papst Ende Mai 1754 das Heiligsprechungsverfahren[186]. Zahlreiche Königshäuser und Würdenträger des europäischen Hochadels bemühten sich nun ebenso um die Kanonisation wie Bischöfe und Ordensobere[187]. Viel mehr konnte Benedikt XIV. nicht für die Ordensfrau tun, da ihm der Tod die Initiative aus den Händen nahm. Der Boden war aber vorbereitet, so daß die feierliche Heiligsprechung durch seinen Nachfolger Clemens XIII., der der Causa ähnliches Wohlwollen entgegenbrachte[188], schon 1767 stattfinden konnte. Daß die Stimmung im Pontifikat Benedikts XIV. tatsächlich „gekippt" war, zeigen die ersten beiden Kongregationssitzungen der Heiligsprechung: Nicht nur, daß nun die allermeisten Väter anwesend waren, auch die ersten beiden vorgeschlagenen Wunder trafen auf Anhieb auf die Zustimmung der Väter[189]. Damit kam in relativ kurzer Zeit eine Causa zum Abschluß, die ganz die Handschrift Benedikts XIV. trug. Kein anderer Prozeß kann so deutlich nachweisbar mit der Person und dem Wirken des bedeutenden Gelehrten auf dem Stuhle Petri in Verbindung gebracht werden wie der der Chantal. Die Verhandlungen an der Ritenkongregation zeigen auf der anderen Seite, daß der Papst das formale Prozeßreglement im Prinzip nicht antastete; in einigen Fällen, beispielsweise bei der Frage der Ponentenschaft, überschritt er jedoch die von ihm akkurat festgelegten Grenzen. Anders als bei den „Familiencausen", wo er bewußt und souverän die Maschinerie der Kongregation außer Kraft setzte, ließ er hier dem Prozedere der Kurienbehörde freien Lauf.

---

[184] Hierzu: Delumeau, Le catholicisme entre Luther et Voltaire 275; Lombardi, Benedetto XIV e gli ordini religiosi 539–547. Benedikt XIV. ließ Kreuzwegstationen im Colosseum einrichten und nahm 1749 selbst an den großen Volkspredigten Leonardos auf der Piazza Navona zur Vorbereitung des Jubeljahres teil. Lombardi bezeichnet Leonardo als „confidente del Pontefice e da questi altamente stimato e venerato" (ebd. 542). Dazu auch: Pastor XVI/1 230f.

[185] Wunderuntersuchungen wurden angeordnet im Erzbistum Besançon, 22. Mai 1754 (ASRC, Decreta 1754–1757, fol. 45), in Angers am 17. März 1756 (ebd., fol. 177), in Lyon am 10. November 1756 (ebd., fol. 235) und gleichzeitig auch in Annecy (ebd., fol. 235).

[186] ASRC, Decreta 1754–1757, fol. 31: Aufnahme des Kanonisationsprozesses am 22. Mai 1754.

[187] Unter den Bittstellern war der Exilkönig von England, Jakob III., die Witwe Kaiser Karls VII., Erzherzogin Maria Amalia, die Generale der Jesuiten und der Piaristen: ebd. Vgl. dazu auch die Vielzahl von Postulationsschreiben vom Frühjahr 1754: ASRC, Fondo Q, Giovanna Francesca de Chantal, Faszikel mit Postulationsschreiben.

[188] Bereits 1759 sanierte Clemens XIII. eine Reihe von Wunderprozessen: ASRC, Decreta 1757–1760, fol. 197: Approbation von Prozessen, 11. Juli 1759.

[189] ASRC, Decreta 1763–1765, fol. 84: CA über 3 Wunder, 20. März 1764; CP über 3 Wunder, 26. März 1765: ebd., fol. 170.

II. Clemens XIII.

1. Der Papst und die Ritenkongregation

Das breite Interesse, das Clemens XIII. dem Heiligenkult ausgerechnet in einer Zeit entgegenbrachte, die Wunder, Interzessions- und Reliquienpraxis heftig kritisierte[190], läßt sich bereits an der Anzahl der anhängigen Prozesse ablesen:[191] In den Jahren 1760 bis 1762 wurden insgesamt 85 Causen an der Ritenkongregation verhandelt[192]. Die bloße Zahl täuscht jedoch. Oft wurde nur ein neuer Ponens eingesetzt oder andere, weniger substantielle Dinge verhandelt, die zwar nominell ein Verfahren aufrecht erhielten, aber kaum etwas zu dessen Fortschritt beitrugen. Ähnliches war bereits unter Benedikt XIV. zu beobachten gewesen. Dennoch läßt sich das Pontifikat des Venezianers nicht als unbedeutend für die Geschichte der Selig- und Heiligsprechung qualifizieren – schon allein wegen der Kanonisationsfeierlichkeit von 1767, die bis weit ins 19. Jahrhundert hinein Maßstäbe gesetzt hatte.

Nur kurze Zeit nach seiner Krönung ernannte Clemens XIII. am 11. September 1758 seinen Neffen Carlo Rezzonico zum Kardinal[193] und berief diesen Ende November in die Ritenkongregation[194]. Er verfolgte damit die Absicht, dem Verwandten als Ponens verschiedene Causen zu übertragen, die dem Papst am Herzen lagen: am 29. August 1761[195] die der venezianischen Benediktinerin Giovanna Maria Bonomo[196], ferner die des in Venedig geborenen Ordensstifters Girolamo Miani[197] sowie die Causa des päpstlichen Verwandten Gregorio Barbarigo. Diese Häufung von Prozessen aus der Heimat des Papstes ist kaum zufällig, ebensowenig die deutlich erkennbaren Fortschritte bei Jesuitencausen. Obgleich das Pontifikat Clemens' XIII. ganz im Zeichen der Auflösung der Gesellschaft Jesu stand, ließ der Papst nicht nur dem Orden und der mit diesem eng verbundenen Herz-Jesu-Verehrung persönliche Gunst und Unterstützung zukommen[198], er war auch der letzte Pontifex des 18. Jahrhunderts, der die Beatifikationsprozesse von Jesuiten aktiv vorantrieb.

---

190 Dazu: Angenendt 261–270; Müller, Gemeinschaft und Verehrung der Heiligen 123–128.
191 Zum Pontifikat Clemens' XIII.: Pastor XVI/1 443–1011; Luigi Cajani/Alberto Foa, Art. Clemente XIII, in: DBI XXVI 328–343; Chadwick, The popes and european revolution 359–368 (jesuitenzentriert und wenig Neues); Raab, Das Jahrhundert der Aufklärung 151–153. Pastoralhistorische Darstellung seiner Amtszeit als Bischof von Padua: Claudio Bellinati, Attività pastorale del Card. Carlo Rezzonico, vescovo di Padova poi Clemente XIII (1743–1758), Padua [1969].
192 ASRC, Decreta 1760–1762.
193 Pastor XVI/1 981. – Carlo wurde 1758 Vizekanzler, 1763 Kämmerer der Römischen Kirche. Er starb 1799 in Rom: HC VI 20.
194 Staatssekretariat an die Ritenkongregation, 24. November 1758: ASRC, Decreta 1757–1760, fol. 137.
195 ASRC, Decreta 1760–1762, fol. 167: Ernennung Rezzonicos zum Ponens, 29. August 1761.
196 Giovanna Maria Bonomo (1606–1670), in Asiago geboren, 1621 Eintritt in den Benediktinerinnenkonvent des venezianischen Bassano, 1652 Äbtissin, reiche charismatische Gaben, 1783 beatifiziert: Scipione De Paoli, Art. Bonomo, Giovanna Maria, in: BS III 346–348 (Lit.).
197 ASRC, Decreta 1760–1762, fol. 166: Ernennung Rezzonicos zum Ponens, 29. August 1761.
198 Pastor richtet fast die gesamte Beschreibung des Pontifikats unter apologetischer Prämisse auf die Jesuitenfrage aus: Pastor XVI/1 547–955. Auch: Raab, Das Jahrhundert der Aufklärung 153.

Die feierliche Heiligsprechung vom 16. Juli 1767 – die nächste nach der von 1746 und die letzte des Jahrhunderts – ließ Clemens XIII. mit besonderem Pomp ausrichten[199]. Allein für die juwelenbesetzte Mitra, die der Papst im Gottesdienst trug, wurden 1600 Scudi ausgegeben[200]. Inmitten einer sich für die Kirche innerlich und äußerlich zuspitzenden Situation „sei es für ihn ein Trost, die Gläubigen hinweisen zu können auf die großen Männer der Kirche, die in festem Anschluß an Christus ihren Weg gewandelt seien, ohne sich beirren zu lassen durch die Trugschlüsse menschlicher Weisheit"[201].

Etwa im Sommer 1766 zeichnete sich der baldige Prozeßabschluß für die Causen des Serafino da Montegranaro[202], der Ordensstifterin Jeanne Françoise de Chantal, des Somaskergründers Girolamo Miani und des Piaristenfundators Giuseppe da Calasanzio ab. Es war wohl der schlechte Gesundheitszustand des Papstes, der zur Eile antrieb: Seine zunehmende Korpulenz ließ bereits 1763 befürchten, daß sein Leben nicht von langer Dauer sein werde. Im August 1765 wurde Clemens XIII. von einer so schweren Ohnmacht befallen, daß er in unmittelbarer Lebensgefahr schwebte und man ihm daher die Krankensalbung spendete. Mehrere Schlaganfälle im Dezember ließen die auswärtigen Gesandten mehr denn je an ein bevorstehendes Konklave denken[203]. So entschloß man sich zu einem mehr als außergewöhnlichen Kunstgriff, um möglichst rasch eine Kanonisationsfeierlichkeit abhalten zu können: Die *Congregatio generalis super tuto* der vier Causen wurden kurzerhand zusammengelegt[204]. Dabei fällt auf, daß an dieser Sitzung im September 1766 verhältnismäßig wenig Kardinäle teilnahmen. Auch die Schlußdekrete wurden am selben Tag promulgiert[205]. Damit wäre der Weg frei gewesen, um rasch ein Datum für die Heiligsprechung festsetzen zu können. Um die Feierlichkeit zu erhöhen und größere Finanzmittel verfügbar zu haben, wartete man jedoch noch das bevorstehende Prozeßende des Krakauer Professors Jan Kanty[206] und das des Giuseppe da Copertino[207] ab. Auch in der Schlußphase der Causa Kanty machte sich ein starkes Desinteresse der Prälaten und Kardinäle bemerkbar[208], das offensichtlich auf die polnische Herkunft des Kandidaten zurückzuführen

---

[199] Dazu: Garms, Kunstproduktion aus Anlaß von Heilig- und Seligsprechung 161–163.
[200] ASRC, Fondo Sc, Acta Canonizationis 1767–1807, Aufzeichnung über die Feierlichkeit von 1767.
[201] Ansprache des Papstes vor dem Konsistorium vom 27. April 1767; zitiert nach: Pastor XVI/1 987.
[202] Serafino da Ascoli oder da Montegranaro (1540–1604), nach dem Tod des Vaters Maurer, trat dann in den Kapuzinerorden ein, ging dann durch zahlreiche Konvente der Marken und setzte sich dort für die Beilegung von Konflikten sowie für ein tridentinisches Ordensleben ein. Er wurde 1729 beatifiziert; Giuseppe Fabiani, Art. Serafino da Montegranaro, in: BS XI 850–852 (Lit.).
[203] Dazu: Pastor XVI/1 460f.
[204] ASRC, Decreta 1766–1768, fol. 109: Gemeinsame CGST vom 23. September 1766 für Serafino da Montegranaro, Chantal, Miani und Calasanzio.
[205] ASRC, Decreta 1766–1768, fol. 118: Dekret *super tuto* für Miani, 12. Oktober 1766; für Calasanzio: ebd., fol. 117; für die Chantal: ebd., fol. 119; für Serafino: ebd., fol. 115.
[206] Jan Kanty (1390–1473), 1416 Säkularpriester in Krakau, von 1429 bis 1473 Lehrtätigkeit an der dortigen Universität in der philosophischen und theologischen Fakultät. Neben Pilgerreisen nach Rom und Jerusalem zeichnete er sich durch Nächstenliebe und Papsttreue aus; Czesław Skowron, Art. Giovanni Canzio, in: BS VI 644f. (Lit.).
[207] Der Franziskanerkonventuale Giuseppe da Copertino (1603–1663), 1628 Priesterweihe, wegen spektakulärer charismatischer Gaben und Ekstasen (Körperflug) in die Marken versetzt, wo er in der Abgeschiedenheit starb: Nigg, Große Heilige 364–395; Niccolò Del Re, Art. Giuseppe da Copertino, in: BS VI 1300–1303.
[208] Vgl. die *Generalis* über die Wunder von Kanty, 2. Dezember 1766: ASRC, Dekreta 1766–1768, fol. 128.

ist. Nachdem das Schlußdekret für Kanty und Giuseppe da Copertino Anfang Februar 1767 promulgiert worden war[209], konnte mit der Vorbereitung der Feier begonnen werden.

Die weltkirchlich verbindliche Kanonisation handhabte Clemens XIII. ganz wie eine Familienangelegenheit. Die Organisatoren der Feier standen im nahen verwandtschaftlichen Verhältnis zum venezianischen Pontifex: Zum Prokurator der Feierlichkeit wurde der Kardinalnepote Carlo Rezzonico ernannt; Giovanni Battista Rezzonico, der Maggiordomo des Papstes[210], war für die Finanzierung zuständig[211]. Typisch venezianisch war auch der Präzedenzstreit bei der Rangordnung der neuen Heiligen, der gewissenhaft und detailfreudig ausgetragen wurde, damit nicht etwa ein Kandidat nach den althergebrachten, aber längst nicht ausgefeilten Kriterien einem anderen den gebührenden Vortritt nähme. Man kam bis zum März 1767 zu keinem schlüssigen Ergebnis, da bei der Vielzahl von neuen Heiligen auch zahlreiche gleichwertige Qualifikationen auftraten. Miani beispielsweise war zwar Ordensgründer, ohne Priester gewesen zu sein, dafür war Giuseppe da Copertino Konventualenpater, ohne jedoch ein kirchliches Institut gestiftet zu haben[212]. Der päpstliche Zeremonienmeister zerbrach sich den Kopf, kam aber zu keinem zufriedenstellenden Ergebnis, da die Kriterien Weihe, Ordensgründung, Todesdatum und Geschlecht bisher nicht hierarchisch geordnet waren. Der älteste Brauch war das Sterbedatum, das Gregor XV. (1621–1622) als Ordnungsprinzip 1622 eingeführt hatte. Dadurch konnte jedoch ein Laie einem Kleriker den Rang streitig machen[213]. Clemens X. (1670–1676) legte 1671 eine neue *regola generale* fest, die sich an der *Hierarchia ecclesiastica* orientierte. Erst wenn mehrere Kandidaten desselben Ranges untereinander konkurrierten, entschied das Todesjahr. Die Ordenshierarchie mußte an den geistlichen Weihegraden Maß nehmen. Für den Zeremonienmeister Clemens' XIII. stand zumindest fest, daß der Krakauer Professor Kanty vor Calasanzio komme – aus Gründen der Ancienität. Ob dann Miani, der dem Papst besonders nahe stand[214], oder Copertino folgen sollte, war dem *Maestro* ein heikles Problem. Selbstverständlich und unzweifelhaft schien zumindest zu sein, daß eine Frau in jedem Falle hinter einem Mann rangieren müsse; auch habe der Priester immer vor einem Laien den Vorrang. Was aber, wenn der Laie weit vor dem Priester gestorben war und dazu noch einen Orden gestiftet hatte? Selbst Benedikt XIV. hatte zur Präzedenzfrage keine befriedigende Antwort gegeben[215]. Clemens XIII. mußte also selbst entscheiden. Dieser rief in der Audienz vom 7. März 1767

---

[209] ASRC, Decreta 1766–1768, fol. 162: Dekret *super tuto* für Kanty, 2. Februar 1757; ebd., fol. 160: Dekret *super tuto* für Copertino, 2. Februar 1767.
[210] Der Neffe Giovanni Battista Rezzonico wurde unter Clemens XIII. zum Apostolischen Protonotar sowie 1766 zum Maggiordomo ernannt und unter Clemens XIV. 1770 Kardinal: Pastor XVI/1 456 Anm. 5; Pastor XVI/2 324; Lorenzetti, Ca' Rezzonico 11.
[211] Dem Maggiordomo kam die Mobilisierung von Geldern für die Feierlichkeit zu: Abrechnung der Feier von 1767: ASRC, Fondo Sc, Acta Canonizationis 1767–1807.
[212] Auch zum folgenden: ASRC, Decreta 1766–1768, fol. 175: Aufzeichnung des Zeremonienmeisters über den Präzedenzstreit, März 1767.
[213] Dazu die Stellungnahme des Promotors fidei: ASRC, Decreta 1766–1768, fol. 184.
[214] Miani war ein gebürtiger Venezianer; die Causa wurde gezielt von der Republik und dem Papst selbst gefördert.
[215] Benedikt XIV. legte folgende Hierarchie fest: Weihegrad vor Ordensstand vor Todesdatum: Benedikt XIV., Opera Omnia I 227–229 (I, 36, 4).

eigens eine *Congregatio particularis* in Leben, die aus drei Kardinälen, dem Promotor fidei und dem Sekretär der Ritenkongregation bestand[216]. Am 20. März kam man zum Ergebnis, daß Copertino vor Miani rangieren müsse[217]. Damit hatte der Weihegrad die Kriterien Ordensgründung und (!) Alter auf die Plätze verwiesen. Immerhin gab man dem Laien Miani den Vortritt vor dem Kapuzinerbruder Serafino, weil jener die Somasker gestiftet hatte. Der Papst approbierte tags darauf die Heiligenhierarchie: Kanty, Calasanzio, Copertino, Miani, Serafino und Chantal. Dann erst wurden die Absprachen mit den Postulatoren über Organisation und Ablauf des Gottesdienstes getroffen. Diese Rangordnung blieb für die Folgezeit maßgebend, ebenso wie die Vorbereitung und Gestaltung der letzten Kanonisation des Ancien Régime. 1807 und 1839 rekurrierte man auf diese Feier, um in neuen Zeiten neuen Heiligen den alten Glanz zu verleihen[218].

2. Die Verstaatlichung der Heiligen

2.a. Vorgeschichte

Auffallend häufig hatte der venezianische Papst Clemens XIII. seine Landsleute mit einer Selig- oder Heiligsprechung ausgezeichnet oder zumindest entsprechenden Prozessen starke Impulse verliehen. Die beiden venezianischen Adligen Gregorio Barbarigo und Girolamo Miani wurde 1761 bzw. 1767 beatifiziert, der Seligsprechungsprozeß von Lorenzo da Brindisi, der in der Lagunenstadt aufgewachsen war und dort seine steile Ordenslaufbahn begonnen hatte, machte unter Clemens XIII. rasche Fortschritte, ebenso wie das Verfahren der Ursulinengründerin Angela Merici, die von der *Terra ferma*, aus Desenzano am Gardasee, stammte[219]. Der Rezzonico-Papst sorgte auch dafür, daß das Fest des heiligen Protopatriarchen von Venedig, Lorenzo Giustiniani[220], durch ein Dekret vom 12. September 1759 weltweit begangen werden konnte[221]. Für die Mehrzahl dieser Causen läßt sich außerdem eine massive Unterstützung durch den Senat der Serenissima nachweisen. Die Ursachen für dieses ausgeprägte Engagement sind in der außergewöhnlichen verfassungsrechtlichen Struktur der Seerepublik zu suchen.

Das Verhältnis von Kirche und Staat in der Republik Venedig stellte zumindest für italienische Verhältnisse eine recht eigenwillige Symbiose dar, wobei der Senat eindeutig als dominanter Part hervortrat. Die Serenissima rühmte sich stets ihrer Ortho-

---

[216] Aufzeichnung der Audienz vom 7. März 1767: ASRC, Decreta 1766–1768, fol. 175 Rückseite.
[217] ASRC, Decreta 1766–1768, fol. 182: Aufzeichnung der *Congregatio Particularis* vom 20. März 1767.
[218] Aufzeichnung über die Organisation der Feierlichkeit von 1839: ASRC, Fondo Sc, Acta Canonizationis 1839.
[219] Zur Inanspruchnahme durch Venedig: Niero, Spiritualità dotta e popolare 133.
[220] Der adlige Giustiniani (1381–1456) wurde durch die Transferierung des Patriarchats von Grado nach Venedig unter Papst Nikolaus V. erster Patriarch der Lagunenstadt. Er wurde 1690 kanonisiert: Guglielmo Di Agresti, Art. Lorenzo Giustiniani, in: BS VIII 150–156; Tramontin, Art. Giustiniani, Lorenzo, in: LMA IV 1471f.
[221] Pastor XVI/1 989.

doxie und ihrer Verteidigungsfunktion gegenüber dem Islam[222]. Der Kampf gegen den äußeren Feind, die Mohammedaner, wie auch gegen die Häretiker nach innen verstand der Senat gleicherseits als seine eigene vornehmste Aufgabe. In der Lagune hatte sich seit dem 9. Jahrhundert die Autorität des Dogen gegenüber der des Papstes durchgesetzt; auch der Patriarch hatte nur untergeordnete Bedeutung. Nicht nur, daß der Staat ohne Rücksprache von seinen Patronatsrechten Gebrauch machte, Bischöfe und Priester nach eigener Willkür einsetzte und besoldete, er strich auch die Rendite der geistlichen Besitzungen ein und disziplinierte den Klerus. Konflikte mit Rom waren daher vorprogrammiert und hatten folglich eine gewisse Tradition ausgebildet[223]. „Indem er der Religion gedankenmäßig und gesellschaftlich alle Förderung zuteil werden ließ, verurteilte sie der Staat zu jener Leblosigkeit, die für das Verhältnis beider Mächte in Venedig immer bezeichnend gewesen ist"[224]. Die Regierung der Serenissima, die weitgehend die weltliche und geistliche Gerichtsbarkeit innehatte, gewährte der religiösen Praxis freie Entfaltung, zügelte aber sofort jeden Überschwang, wenn politische Interessen berührt waren. Die Behörden legten großen Wert darauf, daß einerseits religiöse Feiern mit allem Pomp begangen wurden, ohne jedoch im Widerspruch zu den Volksbräuchen zu stehen, und daß andererseits die Feste des Staates stets durch katholische Zeremonien überhöht wurden. Das auf diese Weise geförderte Zusammengehörigkeitsgefühl der Venezianer und die Verteidigung strikter Autonomie auch auf religiöser Ebene charakterisiert treffend der Satz eines Dekrets der Zehn: „prima veneziani e poi cristiani"[225]. Venezianische Religiosität stand demnach stets im Zeichen einer lokalstolzen Nationalidentität[226]. Die Republik wachte nicht nur über ihre (kirchen-)politische Souveränität und über die Orthodoxie ihrer Gläubigen, was beispielsweise in nur scheinbar widersprüchlicher Weise dadurch zum Audruck kam, daß man Giordano Bruno[227] als Häretiker auslieferte und Paolo Sarpi[228] als Staatstheolo-

---

[222] Zum Verhältnis von Kirche und Staat in Venedig: Pompeo Molmenti, Venezia e il clero, in: Atti del Reale Istituto Veneto di scienze, lettere ed arti 60 (1900/1901) 673–684; Kretschmayr, Geschichte von Venedig III 105–113; Pastor XII 82–85 (kritisch). Fulvio Salimberti beschreibt das Kirche-Staat-Verhältnis in Venedig prägnant mit „cesaropapismo dogale d'ascendenza bizantina, che pur conta, v'è una radicata compenetrazione del sacro e del profano": Salimberti, La chiesa veneziana nel Seicento 23. – Nach den letzten Türkenkriegen, Anfang des 18. Jahrhunderts, bezeichneten venezianische Publizisten die Seerepublik als mediterrane Vorkämpferin und Verteidigerin des Christentums und der römischen Kirche. Dazu die Denkschrift „Alla Santità del Sommo Pastore Clemente XI ed a tutta la Cerarchia de' venerabili, e sacri pastori di santa chiesa": Marciana, Stampati.
[223] Molmenti, Venezia e il clero 675.
[224] Kretschmayr, Geschichte von Venedig III 105.
[225] Molmenti, Venezia e il clero 678.
[226] Den Begriff der *Nazione* wandten die Venezianer bis ins 20. Jahrhundert auf ihr Staatswesen an.
[227] Der Renaissancephilosoph Giordano Bruno (1548–1600) trat 1562/63 in den Dominikanerorden ein, mußte wegen häretischer Äußerungen über die katholischen Grunddogmen fliehen; nach verschiedenen Konfessionswechseln wurde er nach Venedig eingeladen, dort jedoch 1592 wegen häretischer Ideen der Inquisition angezeigt, 1593 nach Rom gebracht, wo er 1600 verbrannt wurde: Pastor XI 459–466; Giovanni Aquilecchia, Art. Bruno, Giordano, in: DBI XIV 654–665 (Lit.).
[228] Paolo Sarpi (1552–1623), Servit 1565, 1585–1588 Generalprokurator, wegen seiner antikurialen Einstellung als Bischofskandidat abgelehnt, verteidigte als theologischer Berater und als Staatstheologe seit 1606 durch Streitschriften und Gutachten den staatskirchlichen Standpunkt der Republik. Venedig verweigerte nach der Beilegung des Streits mit Rom die Auslieferung Sarpis, der bis zu seinem Tod exkommuniziert blieb. – Zum Konflikt zwischen Rom und Venedig: Pastor XII 93–154; Cozzi, Venezia barocca 77–120.

gen besoldete; die Serenissima kontrollierte und überwachte auch den Klerus, so daß sich unter den venezianischen Priestern „nicht viel Beispiele des Ungehorsams fanden und sich selten ein Feind der zivilen Freiheit zeigte"[229]. Dadurch degradierten kirchliche Institutionen zu einer Art Zweig der öffentlichen Verwaltung und der Klerus zu einer geistlichen Polizei der Regierung. Der Priesterberuf galt keinesfalls als sozialer Aufstieg; stattdessen versuchten die venezianischen Geistlichen, die Kleidung des Patriziats zu adaptieren.

Auf der anderen Seite wurde allem, was die Katholische Kirche heilig hielt, große und tiefe Verehrung entgegengebracht; da jedoch Venedig für sich apostolische Tradition[230] in Anspruch nahm, entschied sie selbständig über die Umsetzung der katholischen Doktrin und die Praxis der geistlichen Institutionen. Das politische Klima der römisch-venezianischen Beziehungen hatte sich im 18. Jahrhundert spürbar verbessert[231], so daß der Senat die Jahrhundertfeier der Kirche Santa Maria della Salute 1730 mit großer Feierlichkeit beging[232]. Ein Jahr später wurde der Doge Pietro I Orseolo[233] kanonisiert. Der Senat ordnete dreitätige Feierlichkeiten an und beging dieses Ereignis als Staatsakt mit allem nur denkbaren Pomp und großer Devotion[234].

2.b. Venedigs Staatspatron: Gregorio Barbarigo

Im Rahmen der allgemeinen Beatifikations- und Kanonisationspraxis erscheint die Causa des Kardinals Gregorio Barbarigo, die der mütterlicherseits mit dem Kirchenfürsten direkt verwandte Clemens XIII.[235] sehr eigenmächtig und zügig zu Abschluß

---

[229] Molmenti, Venezia e il clero 678: „non si trovano molti esempi di disobbedienza, e raramente si manifestò inimico della libertà civile".

[230] Entsprechend der Tradition wurde der Evangelist Markus mit der gleichnamigen Person des 1. Petrusbriefes identifiziert (1 Pt 5,13). Dazu kritisch: Ulrich H.J. Körtner, Markus, der Mitarbeiter des Petrus, in: Zeitschrift für die neutestamentliche Wissenschaft und die Kunde der älteren Kirche 71 (1980) 160–173. Einer Überlieferung zufolge soll er von Petrus zur Bistumsgründung in das Gebiet der Lagune entsandt worden sein, wandte sich dann nach Alexandria, wo er eine Diözese einrichtete. Der hl. Markus wurde nach der Translation nach Venedig zum Symbol der politischen Macht der Seerepublik: Francesco Spadafora, Art. Marco, Evangelista, in: BS VIII 711–724; Rösch/Rösch, Venedig im Spätmittelalter 21.

[231] Dazu: Kretschmayr, Geschichte von Venedig III 422.

[232] Niero, Spiritualità dotta e popolare 130. Die Salutekirche wurde 1630 wegen des Endes der Pest errichtet.

[233] Orseolo (um 928–988), 948 venezianischer Flottenkommandant, zog sich dann aus dem öffentlichen Leben zurück, nach dem blutigen Sturz des Dogen Pietro IV Candiano 976 zum Dogen ausgerufen, stellte Verfassung und inneren Frieden der Republik wieder her und wirkte caritativ, verließ 978 die Stadt mit einigen Begleitern und zog sich in das Pyrenäenkloster Cusa zurück: Antonio Niero, Art. Pietro Orseolo, in: BS X 852–859; Gerhard Rösch, Art. Orseolo, in: LMA VI. Kritisch: Gherardo Ortalli, Petrus I. Orseolo und seine Zeit, Venedig 1990.

[234] Niero, Spiritualità dotta e popolare 132f.

[235] Der Vater des Papstes, Giovanni Battista, heiratete Vittoria Barbarigo; schematische Stammtafel der Familie Rezzonico-Widmann: Eva S. Rösch Widmann, I Widmann, Le vicende di una famiglia veneziana dal Cinquecento all'Ottocento, Venedig 1980, Anhang. Der entsprechende Familienzweig der Rezzonico della Torre stammte vom Comer See, ließ sich 1640 in Venedig nieder, wo er mit Seidenhandel und anderem Gewerbe enormen Reichtum zusammenbrachte. Dazu: Antonio Guissani, I fasti della famiglia Patrizia Comasca dei Rezzonico in Como, Genova, Vene-

brachte, als Paradebeispiel für die enge Symbiose von Staat und Kirche. Dabei ist die Vorgeschichte der Causa für das venezianische Eigenleben mindestens so aufschlußreich wie das Finale des Beatifikationsprozesses.

Der 1625 in Venedig geborene Gregorio Barbarigo[236] machte in Begleitung des venezianischen Gesandten auf dem Friedenskongreß in Münster sein Glück: Der päpstliche Sondergesandte Fabio Chigi[237] wurde auf ihn aufmerksam und rief ihn nach seiner Wahl zum Papst 1656 nach Rom. Schon ein Jahr später erhielt er das Bistum Bergamo, 1660 den Purpur und 1664 die bedeutende Diözese Padua. Seine persönlichen Qualitäten rechtfertigen den raschen Aufstieg: Als moderne tridentinische Bischofsgestalt reformierte er seine Diözese nach dem Vorbild des hl. Carlo Borromeo[238], richtete Seminare ein, förderte das Studium der orientalischen Sprachen und bemühte sich um die Union mit den Ostkirchen[239].

Schon kurz nach seinem Tod ereigneten sich um 1700 in Venedig verschiedene Wunder[240], die den zahlreichen Bistumsprozessen bedeutende Impulse gaben[241]. Bereits im Sommer 1716 lag das umfangreiche Prozeßmaterial in Rom vor[242]. Den entscheidenden Anstoß für die Aufnahme des Beatifikationsprozesses an der Ritenkongregation lieferte jedoch weniger religiöse Begeisterung und persönliche Verehrung einzelner Gläubigen als vielmehr das Staatsinteresse, das erst vor dem Hintergrund der damaligen politischen und militärischen Ereignisse verständlich wird[243]. Bereits das Lesen der zahlreichen Postulationsschreiben erinnert an das spezifische Kirche-Staat-Verhältnis in der Lagune. Die Briefe fordern eine Art sakralisierte Galionsfigur für einen neuen „Heiligen Krieg" der Serenissima gegen die Türken: Gregorio Barbarigo sollte

---

zia, Bassano e Roma, Como 1931; Damerini, Settecento Veneziano in Palazzo Rezzonico 7; Bellinati, Attività pastorale del card. Carlo Rezzonico 4.

[236] Zur Vita Barbarigos (1625–1697): De vita ac rebus gestis Beati Gregorii Barbardici S.R.E. Cardinalis ep. Patav., Rom 1761; Ireneo Daniele, Art. Gregorio Giovanni Gasparre Barbarigo, in: BS VII 387–403; Silvio Tramontin, S. Gregorio Barbarigo, in: Musolini/Niero/Tramontin, Santi e beati veneziani 303–317; Claudio Bellinati, S. Gregorio Barbarigo. „Un vescovo eroico" (1625–1697), Padua 1960. Zu Barbarigos Spiritualität: Bellinati/Bolis, San Gregorio Barbarigo ai suoi sacerdoti 215–256; Liliana Billanovich/Pierantonio Gios, Gregorio Barbarigo. Patrizio veneto, vescovo e cardinale nella tarda controriforma (1625–1697) I–II, Padua 1999.

[237] Chigi (1599–1667), 1639 Nuntius in Köln, 1643 Sondergesandter auf dem Friedenskongreß in Münster, 1652 Staatssekretär, 1655 als Alexander VII. auf dem Papstthron: Mario Rosa, Art. Alessandro VII, in: DBI II 205–215 (Lit.).

[238] Borromeo (1538–1584), 1560 Kardinal und Administrator von Mailand, 1563 Bischofsweihe, gilt als Exempel des tridentinischen Reformbischofs: Michel de Certeau, Art. Carlo Borromeo, in: DBI XX 260–269 (Lit.).

[239] Auf die typologische Beziehung Barbarigo/Borromeo weist vor allem hin: Bellinati, S. Gregorio Barbarigo 94. Anläßlich Barbarigos Erhebung zum Kardinal 1660 wurde aus Mailand der Ausspruch überliefert: „Noi abbiamo un santo Cardinale morto, ma voi ne avete uno vivo!" Eine differenzierte Gegenposition vertritt: Liliana Billanovich, L'episcopato padovano (1664–1697). Indirizzi, riforme, governo, in: Billanovich/Gios, Gregorio Barbarigo I 395–481.

[240] Marciana, Ms. IT VII 2220, fol. 97r–102r: Verzeichnis der Wunder nach dem Tod Barbarigos. Um 1700 wurden insgesamt 9 Wunder untersucht, die vorwiegend in Venedig aufgetreten waren.

[241] Informativprozesse wurden in Padua, Venedig, Bergamo, Rom, Florenz, Mailand, Modena und Benevent durchgeführt; Daniele, Art. Gregorio Giovanni Gaspare Barbarigo 400.

[242] Archivio Seminario, Ms. 1206 A-1, 1. Fasz., Aufzeichnung. Am 11. Juli 1716 konnten sämtliche Informativprozesse geöffnet werden.

[243] In Padua nahm der Kult seinen Ausgangspunkt, später läßt er sich in Bergamo nachweisen: De vita ac rebus gestis Beati Gregorii Barbardici 285.

allen voran wie ein vom Papst geweihtes Banner in die Seeschlacht ziehen. Unnötig herauszustreichen, daß die Staatsräson auch hier wieder handlungsleitend und motivierend war.

Tatsächlich befand sich die Seerepublik 1716 im Endkampf gegen den Halbmond[244]. In den Friedensverträgen von Karlowitz 1699 hatte die Hohe Pforte der Abtretung des Peloponnes an Venedig zustimmen müssen. Deshalb suchten die Türken in der Folgezeit nach einer günstigen Gelegenheit für einen neuen Angriff, die sie in der Untätigkeit der Seerepublik während des spanischen Erbfolgekrieges entdeckten. 1714 hörte man von umfangreichen osmanischen Rüstungen, so daß sich die Serenissima ihrerseits nach Bundesgenossen umzusehen begann. Clemens XI. (1700–1721) zeigte sich zur Abwehr des türkischen Angriffes entschlossen und versuchte sogar, eine Liga der katholischen Fürsten Europas ins Leben zu rufen. Der durch den Erbfolgekrieg erschöpfte Kaiser verweigerte sich. Außerdem war aus Istanbul zu erfahren, daß sich der Sultan als Kriegsziel die Rache an Venedig gesteckt hatte, obgleich auch ein Angriff auf Ungarn befürchtet werden mußte.

Im Juni 1715 fiel bereits die erste Felsenfestung auf dem Peloponnes der türkischen Flotte in die Hände, bald ging die ganze Halbinsel verloren, und man begann mit der Belagerung von Korfu. Selbst als diese im August 1716 aufgegeben werden mußte, blieben Dalmatien und Albanien weiterhin Kriegsgebiet. In dieser für Venedig äußerst kritischen Situation schwenkte die Politik der Serenissima gegenüber dem Hl. Stuhl vollständig um: Nicht mehr Abwehrhaltung und das eifersüchtige Wachen über die eigene Autonomie und Souveränität selbst in geistlichen Dingen bestimmten nun den Umgang mit der Kurie, sondern die Suche nach einem Bündnispartner[245]. Die Denkschrift eines anonymen venezianischen Patriziers, der als Bischof im Herrschaftsgebiet der Seerepublik amtierte, spiegelt am deutlichsten das damalige politische Denken wider[246]: In einem dringenden Appell wurde der Papst als Oberhirte der katholischen Weltkirche zur Kooperation und Hilfeleistung aufgefordert. Es gehe dabei nicht allein um einen türkischen Angriff auf Korfu, sondern um den heiligen Glauben, um die Sache Christi, denn das letzte Ziel der „universal Monarchia"[247] des Halbmondes sei Rom als Zentrum der Christenheit. Venedig habe sich bisher, „getragen vom katholischen Eifer [...], als neues Bollwerk für den Glauben, Italien und den Kirchenstaat"[248] erwiesen, ohne auf Landgewinn ausgewesen zu sein. Dem vergangenen Türkenkrieg habe man „mehr als 85 Millionen [Zecchini] und viele Opfer an Leib und Leben geweiht – alles einzig um den Glauben an Christus zu verteidigen und zu

---

[244] Zum Türkenkrieg: Amy Bernardy, L'ultima guerra turco-veneziana (MDCCXIV–MDCCXVIII), Florenz 1902; Pastor XV 81–91; Kretschmayr, Geschichte von Venedig III 356–361; Hellmann, Grundzüge der Geschichte Venedigs 159f.; Scarabello, Il Settecento 556–560.

[245] Hierzu die Andeutung bei: Pastor XV 81.

[246] Auch zum folgenden die Denkschrift, um 1715: Marciana, Stampati, „Alla Santità del Sommo Pastore Clemente XI ed a tutta la Cerarchia de' venerabili, e sacri pastori di santa chiesa". Die Identität des Autors geht aus S. III hervor.

[247] Ebd. S. IV. Der Papst hatte schon Anfang 1715 das päpstliche Militärwesen reorganisiert und seine Flotte verstärkt.

[248] Ebd. S. VI: „trasportata da Cattolica Zelo [...] per sostituire alla Fede, all'Italia, ed a gli Stati Ecclesiastici un nuovo Antemurale".

verbreiten sowie dem Apostolischen Thron Sicherheit zu geben"[249]. Obgleich sich der Verfasser vordergründig bemühte, sein „interesse per la gloria di Sua Santità"[250] herauszustellen, und er zunächst nicht um finanzielle Unterstützung bat, fällt dem Leser sofort die Funktionalität des Hl. Stuhles als internationale diplomatische Drehscheibe sowie sein Einfluß auf die gutgefüllten Kassen verschiedenster geistlicher Institutionen ins Auge. Die letzten Zeilen der Denkschrift fassen dies auch mehr oder weniger deutlich in Worte: Venedig sei allein zu schwach für den Widerstand; man brauche für diese Art Kreuzzug wieder eine Heilige Liga. Der Papst sei nicht nur für das Seelenheil seiner Schafe verantwortlich, sondern auch weltlicher Fürst, dessen Herrschaft bedroht sei; sein Kredit sei seine Stellung als Haupt der Kirche[251].

Durch die Vermittlung der Kurie kam es im April 1716 tatsächlich zu einem Bündnis zwischen dem Kaiser und der Seerepublik; der Hl. Stuhl steuerte für den Türkenkrieg außerdem hohe Geldsummen bei[252]. In dieser militärischen Konfiktsituation wurde in Venedig der Ruf nach einem symbolträchtigen, transzendenten Schirmherrn laut. Die Gestalt des Gregorio Barbarigo kam gerade recht, um ihn zu einer Identifikations- und Galionsfigur mit Protektorfunktionen zu stilisieren. Folglich konnte der Bischof von Belluno in seinem Postulationsschreiben sogar von einer „Reipublicae Venetae necessitas in auxilium de Sancto"[253] sprechen. In Erinnerung an den heiliggesprochenen Pius V., der 1571 die Heilige Liga gegen die Türken zusammengeschmiedet hatte[254], sei nun Barbarigo als einendes, spirituelles Symbol der Türkenabwehr in die Riege der Seligen aufzunehmen. Alles deutet auf eine Art Kuhhandel hin: Beatifizierung gegen Interzession. Das wirkmächtige Eingreifen des verewigten Bischofs von Padua wird in diesem Schreiben gleichsam vorausgesetzt. Deutlicher in Worte faßte dieses wechselseitige Tauschgeschäft Antonio Ferdinando Gonzaga[255] im März 1717: Der Papst wurde gebeten, „seiner Herde in diesem Jahrhundert durch die Vermehrung der himmlischen Protektoren Mut zuzusprechen, an die sie sich in ihrem Elend mit fester Zuversicht wendet – umso mehr, da sie sich heute [durch Barbarigo] vor den an Heftigkeit zunehmenden musulmanischen Attacken geschützt fühlt, so daß frommerweise anzunehmen ist, daß Barbarigos Verteidigungskampf würdig dem eines großen Helden ist, der aus Heimatverbundenheit handelt"[256]. Protektion sollte also himmlische – oder doch sehr weltliche? – Früchte tragen und umgekehrt. Der Bischof der dalmati-

---

249 Ebd.: S. VI: „più di Ottantacinque Milioni, e tante vittime […] tutto fece puramente per difendere, e dilatare la Fede di Cristo, e per assicurare maggiormente l'Apostolico Trono".
250 Ebd. S. XII.
251 Ebd. S. XIX.
252 Pastor XV 90f.
253 Archivio Seminario, Ms. 1202, S. 8–9: Postulationsbrief des Bischofs von Belluno, 1. April 1717.
254 Die Hl. Liga wurde im Mai 1571 zwischen der Kurie, Spanien und Venedig geschlossen. Dazu: Pastor VIII 574–581.
255 Zu Antonio Ferdinando Gonzaga duca di Guastalla (1687–1729, 1714 duca di Guastalla): Litta III tav. IX (Gonzaga di Mantova, duci di Guastalla); Coniglio, I Gonzaga 492.
256 Archivio Seminario, Ms. 1202, S. 52f.: Antonio Ferdinando Gonzaga an den Papst, 9. März 1717: „in questo secolo a consolare il suo Gregge coll'additarle in Cielo i Protettori, a' quali con ferma sicurezza vogliono ricorrere nelle loro indigenze, la maggiore delle quali essendo al dì d'oggi quella di vedere riparato il Christianesimo da sempre più terribili attentati dell'ottomani Potenza, è piamente da credersi che lo più proprio propugnacolo vaglia ad essere questo gran Eroe, interessandosi e dall'impegno di sua origine".

schen Diözese Makarska äußerte sich aber noch grundsätzlicher: Haben nicht die Venezianer, die sich stets als Avantgarde im Kampf gegen den gemeinsamen Feind des Christentums bewährt hatten, allesamt einen der ihren als neuen Seligen verdient?[257]

In der militärischen Krise wurde der Ruf nach einem beglaubigten Protektor laut. Auch der Patriarch von Venedig bat um die Seligsprechung „genau in den gegenwärtigen dringenden Nöten der Christenheit und der Republik, seinem Heimatland"[258]. Mit der gleichen Intention baten auch der Bischof von Torcello[259], der Bischof von Belluno[260] und selbstverständlich auch der Senat der Serenissima[261] um die Beatifizierung ihres Landsmanns.

Auf die Frage, warum ausgerechnet Barbarigo zum venezianischen Patron der Türkenabwehr stilisiert wurde, geben die Postulationsbriefe keine vollständig überzeugende Antwort; die Argumentationen wirken wie Hilfskonstrukte. Da ist zum Beispiel im Brief des Oberhirten von Makarska die Rede davon, daß der venezianische Kardinal als Bischof von Padua Pius V. zur Türkenabwehr aufgerufen habe[262]. In einem weiteren Brief hob der katholische Würdenträger aus Dalmatien die Bedeutung der gesamten Familie Barbarigo im Kampf gegen den Halbmond hervor und muß dabei offensichtlich an den venezianischen Oberbefehlshaber Agostino Barbarigo[263] gedacht haben[264], der am Sieg von Lepanto 1571 maßgeblich beteiligt gewesen war und dabei sein Leben verloren hatte.

Überzeugender wirken Gregorio Barbarigos pastorale Bemühungen um die Evangelisierung des Nahen Ostens[265]. Durch seine Tätigkeit als Protektor der illyrischen Nation, die Dalmatien und Albanien einschloß, war er bereits 1663 direkt mit Missionsfragen in Berührung gekommen[266]. Als er 1678 Mitglied der Propaganda-Kongregation geworden war, hatte er mit Tatkraft den Gedanken verfolgt, in seinem Seminar in Padua eine Pflanzstätte für Missionare einzurichten, die in den Osten zur Verkündigung des Evangeliums ausgesandt werden sollten[267]. In einer *Laudatio* vor Benedikt XIII. (1724–1730) machte ein oberitalienischer Konsistorialadvokat 1728 auf diese missionarischen Meriten Barbarigos aufmerksam[268]: Das Seminar in Padua lehrte

---

[257] Archivio Seminario, Ms. 1202, S. 20f.: Bischof von Makarska an den Papst, 16. Juli 1717.
[258] Archivio Seminario, Ms. 1202, S. 193f.: Brief des Patriarchen an den Papst, 20. November 1717: „e precisamente ne' presenti urgentissimi bisogni della Christianità, e della Republica sua Patria".
[259] Archivio Seminario, Ms. 1202, S. 33: Postulationsbrief des Bischofs von Torcello, 24. März 1717: „a questi tempi calamitosi, ne' quali coll'aggiunta di un nuovo intercessore possa con più fiducia ricorrere ad implorare favore".
[260] Archivio Seminario, Ms. 1202, S. 8f.: Brief des Bischofs von Belluno an den Papst, 1. April 1717.
[261] Archivio Seminario, Ms. 1202, S. 3f.: Senat Venedigs an den Papst, 1. August 1716.
[262] Archivio Seminario, Ms. 1202, S. 20: Bischof von Makarska an den Papst, 10. April 1717.
[263] Barbarigo (1516–1571), 1554–57 Botschafter in Frankreich, 1560 Botschafter in Spanien, dann Statthalter auf der Terra ferma, 1567 Statthalter in Zypern, 1570 *Provveditore generale da Mar*, 1. April 1571 *Capitano generale*. Er starb 2 Tage nach der Schlacht von Lepanto: Aldo Stella, Art. Barbarigo, Agostino, in: DBI VI 50–52; Pastor VIII 587–589.
[264] Archivio Seminario, Ms. 1202, S. 20f.: Bischof von Makarska an den Papst, 16. Juli 1717.
[265] Dazu jüngst: Giorgio Fedalto, Il cardinale Gregorio Barbarigo e l'Oriente, in: Billanovich/Gios, Gregorio Barbarigo II 977–1001; Michele Cassese, Gregorio Barbarigo e il rapporto con ebrei e non cattolici, in: Billanovich/Gios, Gregorio Barbarigo II 1023–1056.
[266] Daniele, S. Gregorio Barbarigo 258.
[267] Vgl. Daniele, Art. Gregorio Giovanni Barbarigo 397.
[268] Archivio Seminario, Ms. 1203, gedruckte Rede des Giovanni Ascevolini, Rom 1728.

nach 1678 neben Griechisch auch die orientalischen Sprachen, um den Alumnen Mentalität und Denkstrukturen der Orientalen nahezubringen und sie für die Bekehrung von Türken, Juden, Armeniern, Chaldäern und Griechen vorzubereiten[269].
Barbarigos Evangelisierungs- und Schutzfunktion für Dalmatien und Albanien sollten auch in der Ewigkeit nicht enden – zumindest nach dem Willen der illyrischen Oberhirten des beginnenden 18. Jahrhunderts. Der Erzbischof von Korfu bat um die Seligsprechung „für Illyrien, meine Nation, dessen wirkmächtiger Protektor Barbarigo auf Erden war"[270], und der Erzbischof von Zara verwandte sich für den venezianischen Kardinal, da dieser „dem Senat der Kirche zum Ruhme Dalmatiens voranleuchtete"[271]. Ähnliches liest man im Postulationsschreiben des Bischofs von Makarska[272].
In einem Brief des bereits erwähnten Bischofs von Belluno ist beispielhaft noch ein anderes für den venezianischen Heiligenkult signifikant. Unter den Petenten für die Beatifizierung listete der Oberhirte „praesertim Excellentissimus Senatus Venetus"[273] auf, dann erst kirchliche Würdenträger von Rang und Bedeutung. Hier manifestierte sich nicht nur die Unterordnung der Kirche unter die staatliche Gewalt, sondern ebenso das starke Zusammengehörigkeitsgefühl aller Venezianer und die weitgehend problemlose Identifikation kirchlicher Würdenträger mit der Prestige verleihenden und einheitstiftenden Staatsmacht. Das fiel umso leichter, da Gregorio Barbarigo tatsächlich ein altadliger Venezianer war – die hohe Abstammung wird in den Postulationsschreiben stets herausgestrichen – und die Aristokratie Venedigs den eigentlichen politischen Entscheidungsträger der Seerepublik darstellte[274]. Der Bischof von Treviso betonte 1716, daß es den „höchsten Ruhm bedeute, [Barbarigo] unter uns mit der Krone des Seligen auszuzeichnen"[275]. Hier kam nicht nur Nationalstolz und das intensive venezianische Gemeinschaftsgefühl zum Ausdruck, sondern ebensosehr das Streben nach Protektion und himmlischem Abglanz. Der Senat brachte es im August 1716 in der Kurzformel zum Ausdruck: Der Papst möge „unsere Republik befähigen, einen eigenen Sohn [der Stadt] als wahren Diener des Allerhöchsten verehren zu können, der als unser Protektor im Himmel wirkmächtig eingreifen kann"[276]. Auch der Patriarch von Venedig hob die Bedeutung von Barbarigos Seligsprechung für die „Republica, Sua Patria"[277], hervor und geht in seinem Patriotismus sogar noch einen

---

[269] Vgl. Tramontin, S. Gregorio Barbarigo 309. Tatsächlich wurde in der Priesterausbildungsstätte neben Griechisch und Hebräisch auch die türkische, arabische, persische und syrische Sprache gelehrt. – Zur Einrichtung des tridentinischen Seminars jüngst: Bellinati, S. Gregorio Barbarigo 139–146; Daniele, S. Gregorio Barbarigo 255–262.
[270] Archivio Seminario, Ms. 1202, S. 56: Erzbischof von Korfu an den Papst, 25. März 1717: „Pro caeteris Illyrica mea Natio, quem in Terris Protectorem fortita est".
[271] Archivio Seminario, Ms. 1202, S. 40: Erzbischof von Zara, 20. Februar 1717: „Sacro Purpuratorum Senatui praeluxit ad gloriam Dalmatis".
[272] Archivio Semimario, Ms. 1202, S. 20f.: Bischof von Makarska an den Papst, 16. Juli 1717.
[273] Archivio Seminario, 1202, S. 7: Bischof von Belluno an den Papst, 15. Dezember 1716.
[274] Zum venezianischen Adel des 17./18. Jahrhunderts unter soziologischer/demographischer Perspektive: Volker Hunecke, Der venezianische Adel am Ende der Republik 1646–1797, Tübingen 1995.
[275] Archivio Seminario, Ms. 1202, S. 4: Bischof von Treviso an den Papst, 15. Dezember 1716: „farà a somma gloria [...] in coronare della corona di Beato tra noi".
[276] Archivio Seminario, Ms. 1202, S. 3f.: Senat Venedigs an den Papst, 1. August 1716: „Republica Nostra, abilitandola a poter venerare un vero Servo dell'Altissimo in un proprio Figlio, che protettore nostro in Cielo interponerà validamente".
[277] Archivio Seminario, Ms. 1202, S. 193f.: Patriarch von Venedig an den Papst, 20. November 1717.

Schritt weiter: Venedig „spiegelte den Adel seiner Geburtsstadt und die Heiligkeit seiner Sitten wider"[278]. Verständlicherweise führen die zahlreichen außervenezianischen Postulationsschreiben von Königen und Kirchenfürsten keine solche Wendung[279]. Ebenso fehlten Kriegs- und Protektionsfragen, die der Bischof von Makarska überdeutlich im Begriff des „belli patronus"[280] zum Ausdruck brachte.

War das noch der historische Kardinal Gregorio Barbarigo, Bischof von Padua? Das spezifische Verhältnis von Kirche und Staat in Venedig sowie das Gemeinschaftsgefühl der Untertanen, zu denen sich auch der hohe Klerus zählte, formten den Reformbischof aus Padua in einer politischen und militärischen Krisensituation zu einem genuin venezianischen Nationalpatron der Türkenabwehr. Die staatliche Prärogative bei diesem Umdeutungsprozeß, die bedingungslose Unterordnung alles Kirchlichen unter die Staatsräson ist dabei unverkennbar. Barbarigo wurde ohne Widerspruch gleichsam „verstaatlicht".

Die zahlreichen Postulationsschreiben[281] taten in Rom ihre Wirkung. Schon Mitte September 1721 wurde ein Ponens für die Causa Barbarigo eingesetzt, dann jedoch langatmig die *Signatio Commissionis* diskutiert, die erst Anfang 1724 erfolgte[282]. Der Durchbruch bei der Eröffnung des Verfahrens ist nicht zum mindesten einem Familienmitglied zuzuschreiben, das 1723 den Bischofsstuhl von Padua bestieg: dem Neffen des Reformbischofs, Giovanni Francesco Barbarigo[283]. Er hatte einen Postulator aus dem Franziskanerorden für die Prozeßführung bestellt[284] und transferierte die

---

[278] Archivio Seminario, Ms. 1202, S. 192: Patriarch von Venedig an den Papst, 3. Juli 1717: „questa città, e diocesi, ove riportò la nobiltà de' suoi natali, e fece risplendere la Santità de' suoi costumi".

[279] In dem entsprechenden Band (Archivio Seminario, Ms. 1202) befinden sich Postulationsbriefe von Kaiser Karl VI. (16. Oktober 1717), Jakob von England (1. November 1717), des Königs und der Königin von Portugal (26. Februar bzw. 12. März 1720), des Königs von Spanien (5. Februar 1718), des Königs von Frankreich (17. April 1720), des Erzbischofs von Neapel (17. Februar 1717) etc.

[280] Archivio Seminario, Ms. 1202, S. 20: Postulationsschreiben des Bischofs von Makarska, 10. April 1717. – Ähnlich auch der Brief des Bischofs von Cittanova in Istrien, 8. Februar 1717 (ebd., S. 11f.).

[281] Insgesamt wurden 357 Schreiben an Clemens XI. gerichtet: De vita ac gestis Beati Gregorii Barbardici 286.

[282] Archivio Seminario, Ms. 1203: Sammlung der Dekrete. Kardinal Anton Felice Zondadari wurde am 16. September 1721 Ponens; die Diskussion der *Signatio* ohne Konsultoren begann am 28. November 1722, am 29. Januar 1724 erfolgte die *Signatio Commissionis*, nachdem am 11. Dezember 1723 die Kongregationsväter zugestimmt hatten. Vgl. auch die Aufzeichnung der Kongregation in: ASRC, Fondo Q, Gregorio Barbarigo. – Zondadari (1665–1737), 1699 Erzbischof von Damaskus, Nuntiaturtätigkeit, 1712 Kardinal, stand der Causa nur bis zu seinem Tod 1737 zur Verfügung: Incisa della Rocchetta, Art. Chigi, Famiglia 1533; Weber, Die ältesten päpstlichen Staatshandbücher 165.

[283] Giovanni Francesco Barbarigo (1658–1730), gebürtiger Venezianer, 1698 Bischof von Verona, 1714 Bischof von Brescia, 1719 Kardinal, 1723 Bischof von Padua; vgl. Gian Franco Torcellan, Art. Barbarigo, Giovanni Francesco, in: DBI VI 64–66; HC V 309; Burlini Calapaj, I vescovi nel Settecento 277–280. – Tramontin schreibt Benedikt XIII. die Verfahrenseröffnung zu, da dieser einmal als Erzbischof von Benevent auf die Fürsprache Barbarigos Erhörung in einem wichtigen Anliegen fand (Tramontin, S. Gregorio Barbarigo 313); Pietro Francesco Orsini wurde jedoch erst am 29. Mai 1724 zum Papst gewählt.

[284] Archivio Seminario, Ms. 1203, vier Druckseiten über die *Signatio Commissionis*. Bernardino de Nicea OFMRef wurde „specialiter deputatus per Rev. Card. Joannem Franciscum Barbardicum, & alios de eandem nobili Familia Barbardica".

Gebeine des Onkels, dem er bereits als Bischof von Verona nachzueifern versucht hatte[285], im September 1724 an einen würdigeren Ort[286].

Der baldige Tod des Giovanni Francesco Barbarigo im Jahre 1730 verhinderte jedoch rasche Fortschritte. Erst mit seinem Nachfolger Carlo Rezzonico, der im März 1743 zum Bischof von Padua ernannt wurde[287], kam wieder Bewegung in den Prozeß. Rezzonico konnte dann nach seiner Wahl zum Papst noch mehr für die Causa tun. Sein verwandtschaftliches Verhältnis zu Gregorio Barbarigo mag ebenso der Grund für sein intensives Interesse an der Beatifikation gewesen sein wie die Absicht, seine eigene Familie, die sich erst im Jahre 1687 in das Goldene Buch Venedigs eingeschrieben hatte[288], vollständig zu etablieren und auszuzeichnen[289].

Die bereits bekannte Haltung der Geistlichen gegenüber der Serenissima ist auch Rezzonico zu attestieren. Als dieser als Rota-Auditor[290] am 20. Dezember 1737 in das Heilige Kollegium aufgenommen wurde[291], griff er noch am selben Tag zur Feder und zeigte der Seerepublik dankend seine Ernennung an. Der Papst habe damit nicht allein eine politische Entscheidung gefällt, sondern „auch einen Sohn erhöht, der vollkommen am Ruhm der Serenissima Republica interessiert"[292] sei. Mit dem „Respekt eines Sohnes"[293] versicherte er dem Senat für die Zukunft, „mich mit all meinen Kräften zu bemühen, am Ruhm und Vorteil des erlauchtigsten Vaterlandes mitzuarbeiten"[294]. Das waren mehr als bloße Floskeln! Als Papst wird er endgültig den Beweis antreten, daß ihm diese euphorischen Worten ernst waren.

In der zweiten Jahreshälfte 1744 erhob der Promotor fidei Einwände gegen den heroischen Tugendgrad Barbarigos, da einige seiner Werke noch nicht durchgesehen worden waren. Neben dem Patriarchen von Venedig wurde Rezzonico Anfang Dezember mit der Schriftenrevision betreut[295]. Dies war nicht der letzte Auftrag zur Prüfung des Schriftgutes. Rezzonico selbst brachte im Juli und November 1745 zwei entspre-

---

285 Torcellan, Art. Barbarigo, Giovanni Francesco 65; Burlini Calapaj, I vescovi nel Settecento 279f.
286 Gregorio Barbarigo wurde zunächst provisorisch in der Bischofsgruft von Padua beigesetzt, dann kraft eines Dekrets der Ritenkongregation vom 25. September 1724 transferiert; Archivio Seminario, Ms. 1203, Dekret vom 25. September 1724; vgl. auch: Daniele, Art. Gregorio Giovanni Gaspare Barbarigo 400f.
287 Rezzonico wurde am 11. März 1743 zum Bischof von Padua ernannt: HC VI 330.
288 Durch den Eintrag in das Goldene Buch am 17. Mai 1687 wurde die Familie in den venezianischen Adel aufgenommen. Rezzonico erkaufte sich diese Gunst durch eine Spende von 60 000 Scudi für das Ospedale dei Mendicanti in Venedig und durch einen Beitrag von 100 000 Dukaten für den Krieg um Candia, wovon 60 000 als Darlehen galten: Lorenzetti, Ca' Rezzonico 11; Damerini, Settecento Veneziano in Palazzo Rezzonico 6.
289 Der anonyme Biograph Barbarigos wertete 1761 den gesamten Beatifikationsprozeß als Werk Clemens XIII., der sich bereits seit langer Zeit für die Seligsprechung der Kardinals eingesetzt hatte: De vita ac gestis Beati Gregorii Barbardici S. VIII.
290 Für dieses Amt wurde er vom Senat 1728 vorgeschlagen: Correr, Cod. Cicogna 1540, S. 148f.: Rezzonico an den Senat Venedigs, 20. Dezember 1737.
291 Dazu: Pastor XV 681f. – Venedig hatte zuerst Daniele Delfino als Kandidaten favorisiert; der Neffe des Papstes, Kardinal Neri Corsini, gab dann zugunsten Rezzonicos den Ausschlag; Cajani/Foa, Art. Clemente XIII 328.
292 Correr, Cod. Cicogna 1540, S. 148f.: Rezzonico an den Senat Venedigs, 20. Dezember 1737: „ma ancora d'esaltare un figlio totalmente interessato nelle glorie dela Serenissima Republica".
293 Ebd.: „mio Filiale rispetto".
294 Ebd.: „adoperarmi con tutto lo spirito nel cooperare alla Gloria ed alli vantaggi dela Seren. Patria".
295 ASRC, Decreta 1742–1744, fol. 303: Brief und Instruktion für den Bischof von Padua, 2. Dezember 1744. Die Postulatoren hatten am 28. November 1744 um die *Litterae* zur Revision gebeten.

chende Prozesse in Padua zum Abschluß, die er persönlich unterschrieb[296]. Der Promotor fidei gab sich immer noch nicht zufrieden und forderte weitere Untersuchungen. Die *Congregatio Ordinaria* vom 7. Mai 1746 machte jeder weiteren Kritik ein Ende und schloß damit die Revisionsfrage ab[297].

Der Promotor versuchte jedoch auch weiterhin, den Tugendgrad des Kardinals zu unterminieren. Nachdem ihm das mit Hilfe noch ungeprüfter Briefe offensichtlich nicht gelungen war, setzte er den Hebel bei der Reisetätigkeit Barbarigos an. Eine von Benedikt XIV. eingesetzte *Congregatio particularis* entschied im September 1755 den endgültigen Abschluß des Revisionsverfahrens, meldete aber Bedenken gegenüber der Einhaltung der bischöflichen Residenzpflicht an[298]. Tatsächlich hatte sich Barbarigo allein anläßlich der Papstwahl von Innozenz XI. dreieinhalb Jahre lang in Rom aufgehalten, da ihn der Neugewählte nicht zurückkehren gelassen und ihm weitere kuriale Aufgaben zugewiesen hatte[299]. In dieser kritischen Situation[300] übernahm Kardinal Rezzonico die Postulatur[301], da außerdem Probleme mit dem Apostolischen Prozeß auftauchten. Rezzonico bat den Papst kurzerhand im März 1757 um die Aufnahme von zahlreichen Zeugnissen des Informativprozesses in den *Processus Apostolicus*, weil dieser inhaltlich auf den Widerstand der Kongregationsväter gestoßen war[302]. Benedikt XIV. dispensierte[303] und ließ noch im selben Monat die *Antepraeparatoria* abhalten[304].

Tatsächlich kam durch Rezzonicos Postulatur Bewegung in das Verfahren. Heilungen traten auf, die im Sommer desselben Jahres untersucht wurden[305]. Der Tod des Papstes am 3. Mai 1758 hätte das Ende der Causa bedeuten können, wenn nicht die bislang treibende Kraft der Causa sein Nachfolger geworden wäre. Inzwischen wurde Barbarigo längst nicht mehr mit dem Patronat der Türkenabwehr in Verbindung gebracht. Seit dem 1718 zwischen Venedig und der Hohen Pforte geschlossenen Vertrag von Passarowitz, der als letzter politischer Vertrag 1733 von der Türkei bestätigt wurde, konnte von einer Bedrohung der Serenissima durch die Osmanen keine Rede mehr

---

[296] ASRC, Fondo Q, Gregorio Barbarigo, 2. Fasz., Aufzeichnung über die Schriftenrevision.
[297] ASRC, Decreta 1745–1747, fol. 141–145: Approbation der Schriften. Die *Ordinaria* entschied am 7. März 1746, daß man die Diskussion des Tugendgrades fortsetzen könne. Der Papst stimmte dem am 12. Mai zu.
[298] ASRC, Decreta 1754–1757, fol. 136: Aufzeichnung über die *Congregatio particularis* vom 6. September 1755. Der Papst approbierte das Ergebnis am 10. September.
[299] Dieser Romaufenthalt dauerte von Juli 1676 bis Februar 1680: Daniele, Art. Gregorio Giovanni Gaspare Barbarigo 394; Antonio Menniti Ippoliti, La Curia Romana al tempo di Gregorio Barbarigo, in: Billanovich/Gios, Gregorio Barbarigo I 129–146.
[300] Gegen den vorliegenden Apostolischen Prozeß entstand ein „scrupolo presso de' consultori più rigidi": ASRC, Fondo Q, Gregorio Barbarigo, 1. Fasz., Bittschrift Rezzonicos an den Papst vom März 1757.
[301] Als Postulator ist er spätestens seit 1757 nachgewiesen: ASRC, Fondo Q, Gregorio Barbarigo, 1. Fasz., Bittschrift Rezzonicos an den Papst, März 1757. Vgl. auch: ASRC, Decreta 1754–1757, fol. 253: Aufzeichnung über die Dispens vom 9. März 1757.
[302] ASRC, Fondo Q, Gregorio Barbarigo, 1. Fasz., Bittschrift Rezzonicos an den Papst, März 1757.
[303] ASRC, Decreta 1754–1757, fol. 253: Dispens vom 9. März 1757.
[304] ASRC, Decreta 1757–1760, fol. 15: CA über die Tugenden, 29. März 1757.
[305] ASRC, Decreta 1757–1760, fol. 37: Wunderuntersuchungen in Padua und Famagusta, 27. Juli 1757.

sein[306]. Barbarigo trat nun ganz in seiner wahren Gestalt als Reformbischof in Erscheinung, als „Carlo Borromeo von Padua"[307].
Die Wahl Rezzonicos zum Papst am 6. Juli 1758 beschleunigte verständlicherweise den Ablauf des Beatifikationsverfahrens. Die anscheinend bereits vorbereitete *Praeparatoria* verlief im September noch nach altem Muster. Zwar ernteten Barbarigos Tugenden breite Zustimmung, doch blieben zahlreiche Prälaten der Anstimmung fern[308]. Ende November übernahm der Neffe des Papstes, der ebenfalls Carlo Rezzonico hieß, die Causa Barbarigo[309]. In dieser Funktion standen ihm zwei weiterer Mitarbeiter aus Venedig zur Seite: der Rota-Auditor Giovanni Cornelio[310], der als Postulator fungierte[311], und der Senator und Hagiograph Flaminio Corner[312]. Statt die geistliche Laufbahn einzuschlagen, wurde Corner für eine steile politische Karriere bestimmt, die er bis zur Senatorenwürde durchlief – ungeachtet seiner emsigen kirchengeschichtlichen Forschungen über seine Heimatstadt. Der Kenner der venezianischen Archivlandschaft sammelte geradezu leidenschaftlich einschlägige Zeugnisse, um die Kultbestätigung heimatlicher Heiliger zu erlangen oder neue Causen anzuregen. Nach der Papstwahl Rezzonicos konnte er davon ausgehen, daß er in Rom auf offene Ohren stoßen würde[313]. Für den Verlauf der Causa Barbarigo schien er jedoch keine führende Rolle gespielt zu haben; sie stand ganz im Zeichen des venezianischen Papstes und seiner Familie[314]. Corner fungierte demnach als eine Art Verbindungsmann in der Lagunenstadt und wirkte zumindest als stark interessierter Zuarbeiter am Beatifikationsverfahren des Kardinals aus Padua mit. Das geht aus einem Brief aus der römischen Kurie Mitte 1759 hervor, der sich für Corners Hilfe bedankte und ihm Informationen über den Stand der Verhandlungen versprach[315]. Kurz nach der Seligsprechung wies der Senator nochmals auf das von ihm eingesandte Material hin[316].
Die Causa schien sich durch die Patronage Clemens' XIII. stärker aus der politischen Machtsphäre der Lagunenrepublik zu lösen. Außerdem konnte Rezzonico als Papst dafür sorgen, daß der Prozeß rasch das angestrebte Ziel erreichte. Bereits Ende Januar 1759 wurde die *Generalis* über den Tugendgrad abgehalten, die noch auf geringes

---

306 Dazu: Kretschmayr, Geschichte von Venedig III 360f.; Del Negro, Introduzione 10–14; Hellmann, Grundzüge der Geschichte Venedigs 159f.; Scarabello, Il Settecento 556–560.
307 Das beweisen die Voten der Kongregation für die *Generalis* der Tugenden, Januar 1759: ASRC, Fondo Q, Gregorio Barbarigo, 1. Fasz.
308 ASRC, Decreta 1757–1760, fol. 135: CP über die Tugenden, 19. September 1758. 9 Kardinäle waren anwesend. Die Sitzung muß offensichtlich ohne Postulator durchgeführt worden sein.
309 ASRC, Decreta 1757–1760, fol. 137: Berufung Rezzonicos am 24. November 1758 durch einen Brief des Staatssekretariats.
310 Cornelio war 1764–1773 nachweislich Rota-Auditor; Hoberg, Inventario dell'archivio della Sacra Romana Rota 93.
311 Aufzeichnung des Sekretärs der Ritenkongregation, 20. September 1761: ASRC, Fondo Q, Gregorio Barbarigo, 1. Fasz.
312 Zu Corner (1693–1778): Silvio Tramontin, Flaminio Corner agiografo veneziano, in: Ateneo Veneto 18 (1980) 39–49; Paolo Preto, Art. Corner, Flaminio, in: DBI XXIX 191–193. – Großes Lob für seine kirchengeschichtlichen und hagiographischen Werke von Benedikt XIV.: Pastor XVI/1 138.
313 Vgl. Niero, Spiritualità dotta e popolare 133.
314 Auf das starke persönliche Interesse des Papstes weist bereits Pastor hin: Pastor XVI/1 987.
315 Marciana, Ms. IT X 471, fasc. C, Brief 1: Nachricht der Kurie an Corner, 18. August 1759.
316 Marciana, Ms. IT X, 471, fasc. C, Brief 3: Corner an einen hohen Geistlichen, vermutlich aus Rom, 24. Juli 1761.

kuriales Interesse stieß[317]. Das überrascht nicht weiter, denn man darf vor der Seligsprechung nicht mit einer intensiven und ausgreifenden Verehrung Barbarigos außerhalb von Padua und Bergamo rechnen. Selbst in seiner Heimatstadt Venedig war der Kult nur auf wenige adlige und kirchliche Kreise beschränkt[318].

Nach der Veröffentlichung des Tugenddekrets[319] Anfang Februar 1759 ging es dann ebenso zügig weiter. Schon ein Jahr später konnte die *Antepraeparatoria* über vier Wunder abgehalten werden[320]. Bis zum Januar 1761 hatten diese die noch fehlenden Kongregationssitzungen durchlaufen[321], und zwei davon waren Ende des Monats approbiert worden[322], so daß nach der *Generalis super tuto*[323] bereits am 16. Juli, dem Jahrestag der Papstkrönung[324], das *Decretum super tuto*[325] promulgiert werden konnte. Wiederum hatten auffallend wenige Prälaten und Kardinäle auch an dieser Phase des Prozesses teilgenommen. Das Beatifikationsbreve[326] bestätigte unzweifelhaft den posthumen Identitätswechsel Barbarigos, der bereits zu Beginn der letzten Prozeßetappe durch die Einwirkung Rezzonicos zu beobachten war: Im Vordergrund standen nun seine tatsächliche Papabilität in zahlreichen Konklaven[327] sowie sein tridentinisches Pastoralkonzept, das dem Beispiel des hl. Carlo Borromeo folgte.

Das bedeutete jedoch nicht, daß Gregorio Barbarigo losgelöst vom venezianischen Ambiente beatifiziert worden wäre. Dagegen sprach allein schon die Person des *Spiritus rector* der Causa, der Papst aus der Serenissima. Clemens XIII. nahm vor der feierlichen Seligsprechung, die selbstverständlich auch in Venedig mit großem Pomp begangen wurde[328], Rücksprache mit dem Dogen, dem lokalen Patriziat und dem hohen Klerus, um Zeitplan und Durchführung abzustimmen[329].

---

[317] Allein 6 Kardinäle blieben der Schlußabstimmung fern; ASRC, Decreta, 1757–1760, fol. 161: CG über Tugenden, 30. Januar 1759.

[318] Bis etwa 1770 wurde Barbarigo fast ausschließlich in Bergamo und Padua verehrt. Dazu: Tramontin, S. Gregorio Barbarigo 314f.

[319] ASRC, Decreta 1757–1760, fol. 169: Tugenddekret vom 8. Februar 1759.

[320] ASRC, Decreta 1760–1762, fol. 3: CA über 4 Wunder, 26. Februar 1760. Das erste und dritte Wunder stieß auf breite Zustimmung; 6 Prälaten waren abwesend.

[321] ASRC, Decreta 1760–1762, fol. 96: CG über 4 Wunder, 20. Januar 1761. Je 4 Prälaten und Kardinäle fehlten.

[322] ASRC, Decreta 1760–1762, fol. 102–104: Dekret über zwei Wunder, 31. Januar 1761.

[323] ASRC, Decreta 1760–1762, fol. 129: CGST, 7. Juli 1762. Je vier Prälaten und Kardinäle waren nicht gekommen.

[324] Vgl. Pastor XVI/1 452. Die absichtliche Koinzidenz geht aus einer Aufzeichnung des Ritensekretärs vom 20. September 1761 hervor: ASRC, Fondo Q, Gregorio Barbarigo, 1. Fasz.

[325] ASRC, Decreta 1760–1762, fol. 136–138: Dekret *super tuto*, 16. Juli 1761.

[326] ASRC, Decreta 1760–1762, fol. 194: Beatifikationsbreve vom 11. September 1761.

[327] Vor allem in den Konklaves von 1689 und 1691 hatte er die besten Aussichten; er selbst lehnte aber seine Erhebung ab: Daniele, Art. Gregorio Giovanni Barbarigo 394; Pastor XIV/2 1049, 1074–1077.

[328] Vgl. Bertoli, La Chiesa di Venezia nel Settecento 6.

[329] ASRC, Fondo Q, Gregorio Barbarigo, 1. Fasz., Aufzeichnung des Ritensekretärs vom 20. September 1761.

2.c. Clemens XIII. als Ausdruck der Symbiose von Kirche und Staat

Die enge Interessenverflechtung von Kirche und Staat kam neben der Causa Barbarigo auch auf anderen Gebieten zum Ausdruck. Clemens XIII. kam der Seerepublik auch auf kirchenpolitischer Ebene weitgehend entgegen. Während seines Pontifikats wurde das mehr oder weniger gespannte Verhältnis zwischen römischer Kurie und venezianischem Senat auf ein neues Fundament gestellt[330]. Bereits seine Wahl zum Papst hatte zu Freudenkundgebungen in der Lagunenstadt und deren römischen Botschaft, die sich über Tage hinzogen[331], Anlaß gegeben. Auch die Übersendung der Goldenen Rose im Jahre 1759, zahlreiche offizielle Empfänge im venezianischen Stadtpalast und die Verleihung hoher Staatsämter an Verwandte des Pontifex waren Zeichen eines völlig neuen und entspannten politischen Klimas, das nicht zuletzt dem Prestige des Rezzonicoclans zugute kam[332]. Bereits Benedikt XIV. hatte 1751 mit Weitblick erkannt, daß „die Familie adlig ist, aber von neuem Adel [...], und deshalb hätte es wenigstens 200 Jahre gebraucht, bis einer von ihnen eine solche Stellung einnehmen würde, wie jetzt der Bruder des Kardinals"[333], den man in Venedig im gleichen Jahr zum Senator ernannt hatte.

Neben persönlichem Gewinn brachte der Pontifikatswechsel von 1758 auch handfeste politische Vorteile ein. Der alte, unter Benedikt XIV. wiederaufgeflammte Streit um Aquileia[334], der sich zu einem grundsätzlichen Konflikt über die allgemeine Anerkennung päpstlicher Schreiben in der Seerepublik und deren ungehindertem und unmittelbarem Verkehr mit der römischen Kurie entwickelt hatte, wurde durch das heimatverbundene Entgegenkommen Clemens' XIII. rasch beigelegt[335]. Die Serenissima hatte mit dem Dekret vom September 1754 jede direkte Kontaktaufnahme ihrer Katholiken

---

[330] Darauf weist bereits hin: Pastor XVI/1 453; vgl. auch: Bettanini, Benedetto XIV e la repubblica di Venezia 212f.; Del Negro, Introduzione 57.
[331] Pastor XVI/1 452.
[332] Lorenzetti, Ca' Rezzonico 11f.; Romanelli/Pedrocco, Ca' Rezzonico 7; Del Negro, Indroduzione 57. – 1759 wurde beispielsweise Aurelio Rezzonico zum *Cavalliere perpetuo* und 1759 zum *Procuratore* von San Marco ernannt; sein Sohn Lodovico erhielt 1762 ebenfalls den Prokurorentitel.
[333] Morelli II 380: „La famiglia è nobile, ma di nobiltà nuova essendo comasca, e però ci volevano almeno dugent'anni, avanti che uno d'essa arrivasse al grado, a cui ora è giunto il fratello del cardinale". – Der Bruder Ludovico Rezzonico war dann von März 1761 bis Juni 1762 Prokurator von San Marco: Niero, L'iconografia di San Gregorio Barbarigo nel Patriarcato di Venezia 1192.
[334] Das Patriarchat Aquileia lag zum Teil auf österreichischem Staatsboden, zum Teil auf venezianischem. Der Patriarch residierte in Udine (Venedig) und übte seit 1628 keine Jurisdiktionsgewalt mehr im österreichischen Teil aus. Maria Theresia forderte ein eigenes Bistum, wozu sich Venedig nicht bereit fand, es sei denn als Suffragan von Aquileia. 1749 errichtete Benedikt XIV. ein eigenes Apostolisches Vikariat als Zwischenlösung, um einem Streit mit der Republik auszuweichen. Diese erkannte die päpstliche Lösung nicht an und brach die diplomatischen Beziehungen zum Hl. Stuhl und zum Kaiser ab. Kardinal Rezzonico bemühte sich weiterhin auf allen Seiten um Vermittlung. 1751 wurde schließlich das Patriarchat aufgehoben zugunsten zweier Erzbistümer Görz und Udine. Die Serenissima wollte sich aber mit dem Verlust des Patriarchats nicht zufriedengeben und verbot 1754 allen Gläubigen, sich ohne staatliches Placet nach Rom zu wenden. Benedikt XIV. konnte diese Schmälerung kirchlicher Rechte nicht hinnehmen, willigte aber in Verhandlungen ein, die erst Clemens XIII. zum Abschluß brachte; vgl. dazu: Pastor XVI/1 408–415; ausführlicher: Anton M. Bettanini, Benedetto XIV e la repubblica di Venezia, Padua 1966; Scarabello, Il Settecento 569–573.
[335] Dazu: Kretschmayr, Geschichte von Venedig III 423; Bettanini, Benedetto XIV e la repubblica di Venezia 223; Caiani/Foa, Art. Clemente XIII 337f.; Del Negro, Introduzione 57.

mit dem Hl. Stuhl sowie die Ausführung päpstlicher Bullen in ihrem Herrschaftsbereich verboten. In einem Abkommen vom August 1758 hob der Senat zwar das Dekret auf, übte aber faktisch weiterhin das Recht auf Approbation von römischen Schreiben aus – „formal sohin die Kurie, sachlich der Senat recht behielt"[336]. Auch in bezug auf finanzielle Fragen und hinsichtlich der Aufhebung von Klöstern und anderen kirchlichen Instituten konnte man sich rasch einigen[337].

Auch in anderer Weise bewies der Papst seinen nach wie vor engen Bezug zu seiner Geburtsstadt. Am 10. Januar 1761 teilte Clemens XIII. dem Senat mit, daß er diesem per Indult auf ewige Zeiten das Nominationsrecht für die bedeutende Stelle eines Rota-Auditors zugesprochen hatte[338]: In Zukunft solle die Republik bei einer entsprechenden Vakanz vier adlige *Doctores iuris utriusque* für den Posten vorschlagen, von denen dann der Hl. Stuhl einen auswählen werde. Dieses Sonderrecht hatte bislang nur europäischen Königen und Kaisern zugestanden, so daß die Serenissima das Indult als enormen Prestigegewinn und hohe Auszeichnung verbuchen konnte, was sie in ihrem Dankesbrief auch zum Ausdruck brachte[339]. Interessant dabei ist, daß sie dieses Zugeständnis auf ein „spontaneo movimento"[340] des Papstes zurückführte und damit die Heimatbezogenheit des Pontifex herausstrich. Neben zahlreichen Mitgliedern der Familie Rezzonico[341] war damit ein weiterer Venezianer ständig am päpstlichen Hof präsent[342].

Ebenso bekundete die Seerepublik ihre Verbundenheit. Anläßlich der Seligsprechung Barbarigos überbrachte eine Abordnung aus Padua und Venedig ein Geschenk des venezianischen Adels nach Rom: ein kostbares Reliquiar des neuen Seligen[343]. Clemens XIII. dankte für diese Erwiderung heimatlicher Verbundenheit, zumal er sich schon als Bischof von Padua Barbarigo als geistliches Vorbild gewählt hatte[344].

Aus dem bisher Gesagten geht deutlich hervor, daß adelsstolzer Patriotismus, das Bedürfnis nach Aufwertung der eigenen Familie und Herkunft sowie die Intention, das Prestige der Serenissima auszubauen, unzweifelhaft die wesentlichen Triebfedern der Seligsprechung Barbarigos darstellten. Die Persönlichkeit Rezzonicos, des späteren Papstes, ist im Prozeßverfahren als so dominant erkennbar, daß sie die politische Facette fast vollständig in den Schatten stellte. Bei den beiden anderen venezianischen

---

[336] Kretschmayr, Geschichte von Venedig III 423. Vgl. dazu auch: Pastor XVI/1 453; Bettanini, Benedetto XIV e la repubblica di Venezia 223. Bettanini wertet das Übereinkommen als „dare un segno di esultanza al novello Pontefice", denn vorher hatte die Kurie „riconosciuta la potestà legislativa di Venezia" (ebd.).

[337] Kretschmayr, Geschichte von Venedig III 423f.; Del Negro, Introduzione 57.

[338] Correr, Cod. Cicogna 1540, S. 153–156: Clemens XIII. an den Senat der Republik, 10. Januar 1761.

[339] Correr, Cod. Cicogna 1540, S. 159f.: Senat an Clemens XIII., 16. Januar 1761.

[340] Correr, Cod. Cicogna 1540, S. 159.

[341] Der Neffe des Papstes, Carlo Rezzonico, wurde Kardinal, der Bruder Aurelio General der *Cavalleggeri*, der Neffe Lodovico Thronassistent und *Gonfaloniere* des römischen Senats, Abbondio Rezzonico römischer Senator und Giovanni Battista Rezzonico Apostolischer Protonotar und unter Clemens XIV. Kardinal: Lorenzetti, Ca' Rezzonico 11.

[342] Das Amt des Rota-Auditors nahm zu jener Zeit der Postulator der Causa Barbarigo, Giovanni Cornelio, ein.

[343] Auch zum folgenden: Correr, Cod. Cicogna 1540, S. 432f.: Breve Clemens XIII. an den Senat, 19. September 1761.

[344] Ebd.; Bellinati, Attività pastorale del card. Carlo Rezzonico 7, 14.

Causen Miani und Merici herrschte unzweifelhaft der Einfluß des Senats vor, so daß man dort auch in der letzten Prozeßphase uneingeschränkt von „Staats-Heiligen" sprechen kann. Entscheidend war hier neben der Tätigkeit des Senators Flaminio Corner die Tatsache, daß die mächtige Seerepublik offensichtlich einen Nachholbedarf an beglaubigten Heiligen entdeckte. Der offizielle Heiligenkatalog von 1761 wies nur sieben „Selige und Heilige Venedigs aus, für die man Offizium und Messe abhalte"[345]. Gemeinhin nahm man noch andere Gestalten für den venezianischen Heiligenhimmel in Anspruch, die aber zu Lebzeiten nicht unmittelbar mit der Lagunenstadt in Verbindung gestanden hatten oder deren Kult nicht approbiert war. Der fromme Senator arbeitete daher an der Vergrößerung der venezianischen Heiligenschar und an der Verifizierung von Reliquien, denn das „würde diese Stadt ehren und ihr allgemeinen Beifall verschaffen"[346]. Dreißig Jahre lang betrieb er unablässig die Approbation von Kulten oder die Selig- bzw. Heiligsprechung seiner Landsleute und versuchte, in seinem Ambiente zahlungskräftige Financiers für die Durchführung solcher Prozesse an der Ritenkongregation zu finden[347].

Weniger wegen finanzieller Probleme als aufgrund des komplizierten Prozederes der Kongregation erreichte er nur in wenigen Fällen sein Ziel. Die Kultapprobation der venezianischen Äbtissin Giuliana da Collalto konnte er bereits unter Benedikt XIV. als Erfolg verbuchen[348]. Dagegen wurde Lorenzo da Brindisi erst 1783 seliggesprochen[349]. Die Venezianer beanspruchen ihn noch heute für sich[350], da er mit 15 Jahren nach Venedig kam, auf der Giudecca seine Berufung zu den Kapuzinern erhielt, in der Lagune Philosophie und Theologie studierte und dort seit 1594 als Provinzial und *Definitor generalis* (1596) wirkte[351]. Dem Seligen Pietro Acotanto[352] verschaffte Corner immerhin Meßformular und Offizium[353]. Gleiches bewilligte Clemens XIII. der Benediktinerin Eustochio aus Padua für ihr Heimatkloster, 1764 dann für das gesamte Bistum und 1767 für das ganze Herrschaftsgebiet der Serenissima[354]. Bei der in Vene-

---

[345] Tramontin, Cataloghi dei „santi veneziani" 21. Der Katalog wurde 1761 im „Protogiornale Veneto" veröffentlicht.
[346] Marciana, Ms. IT X 157 (6953), fol. 328: Corner an den Abt aus Padua, Giovanni Brunacci, 18. November 1746: „adornerebbe questa città, e si concilierebbe l'universale applauso".
[347] Mit seinen Briefen an unbekannte Adressaten in Rom werden immer wieder Wechsel für die Prozesse an der Ritenkongregation übersandt: Marciana, Ms. IT X 471, fasc. C, Brief Nr. 6–9, 12.
[348] Giuliana Collalto (1186–1262) war Äbtissin in Venedig; sie gründete den Konvent SS. Biagio e Cataldo auf der Giudecca. Der Kult als Selige wurde von Benedikt XIV. bestätigt: Carlo Callovini, Art. Collalto, Giuliana, in: BS IV 88.
[349] Zu den Bemühungen Corners für den Kapuziner: Niero, Spiritualità dotta e popolare 133.
[350] Ebd. 133.
[351] Zur venezianischen Sichtweise: Giorgio Fedalto, San Lorenzo Russo da Brindisi, in: Tramontin/Fedalto, Santi e beati vissuti a Venezia, Venedig 1971, 135–146. Weitere biographische Daten im Abschnitt „Mezzogiorno".
[352] Zu Acotanto (ca. 1108–1187): Silvio Tramontin, Pietro Acotanto, in: Musolini/Niero/Tramontin, Santi e beati veneziani 137–144.
[353] Tramontin, Flaminio Corner agiografo veneziano 41.
[354] Die Benediktinerin Eustochio, eigentlich Lucrezia Bellini (1444–1469), wurde in Padua geboren, trat 1461 in den Benediktinerinnenkonvent ihrer Heimatstadt ein, erlitt schwere Versuchungen und wurde als Hexe eingesperrt. Ihre Tugenden wurden jedoch bald von ihren Mitschwestern anerkannt, obgleich sie weiteren schweren Anfechtungen ausgesetzt war: Ireneo Daniele, Art. Eustochio, in: BS V 305f. 1766 setzte sich Corner dafür ein, die Verwendung des Meßformulars und des Offiziums auf das Territorium der Diözese Padua und das gesamte Herrschaftsgebiet Venedigs

dig als Selige verehrten Contessa Tagliapietra[355] bemühte sich Corner jedoch vergeblich.

Mehr Erfolg hatte er dagegen bei den bedeutenderen Selig- und Heiligsprechungen von Girolamo Miani und Angela Merici. Miani, der Gründer der Somasker und Erzieher der Jugend, den bereits Benedikt XIV. beatifiziert hatte, war „eine der zentralen Figuren der Katholischen Reform Venedigs, ein typischer lokaler Exponent"[356]. Der Doge und das adlige Venedig hatten sich bereits zugunsten seiner Seligsprechung an den Papst gewandt[357]. Die Verehrung des adligen Miani scheint auch in der Familie Rezzonico Wurzeln ausgebildet zu haben[358].

Obwohl der Kanonisationsprozeß bereits im Juli 1748 aufgenommen worden war[359] und im Sommer 1752 Wunder in Trient und Venedig untersucht wurden[360], kam der Prozeß erst 1761 in Gang, als der Neffe des neuen Papstes, Carlo Rezzonico, zum Ponens bestellt wurde[361]. In Bergamo wurde eine weitere Heilung untersucht, ebenso in Venedig[362], dessen Prozeßakten Ende 1762 ohne Konsultoren diskutiert werden konnten[363]. Anfang 1765 gelangten dann drei ausgewählte Wunder in die *Antepraeparatoria*. Im vollbesetzten Sitzungssaal erhielt nur das dritte Mirakel breite Zustimmung; die beiden anderen ernteten Ablehnung oder verzögernde Unentschlossenheit[364]. Die *Praeparatoria* lieferte ein Jahr später ein einheitliches Bild der Zustimmung zum ersten und dritten Wunder[365], so daß die *Generalis* vom Mai 1766 nur noch eine Formsache war[366]. Die Zeit drängte, denn die Prozesse der Chantal und des Serafino da Montegranaro waren bereits im März mit der Wunderapprobation abgeschlossen. Die gemeinsame *Generalis super tuto* erfolgte am 23. September[367], und schon Mitte Oktober konnte das Schlußdekret promulgiert werden[368]. Mit der feierlichen

---

auszudehnen: Marciana, Ms. IT X 471, fasc. C, Brief 11: Corner an den venezianischen Botschafter in Rom, 29. November 1766.

355 Die venezianische Adlige Tagliapietra (1288–1308) zeichnete sich durch caritative Tätigkeit und ein Leben des Gebets und der Buße aus. Eine Kultanerkennung ist nicht erfolgt: Ireneo Daniele, Art. Tagliapietra, Contessa, in: BS XII 94f. – Spätestens seit 1761 sind Corners Bemühungen um die Gewährung von Offizium und Meßformular nachweisbar: Marciana, Ms. IT X 471, fasc. C, Brief 4: Brief Corners vom 19. November 1761.

356 Tramontin, S. Girolamo Miani 277: „una delle figure centrali della riforma cattolica veneziana, un tipico esponente locale". Vgl. zum Anspruch Venedigs auch: Carlo Pellegrini, San Girolamo Miani, i Somaschi e la cura degli orfani nel sec. XVI, in: San Girolamo Miani e Venezia. Nel V centenario della nascita, Venedig 1986, 9–38.

357 Vgl. das Beatifikationsbreve vom 22. September 1747: ASRC, Decreta 1745–1747, fol. 246.

358 Darauf weist schon Tramontin hin: Tramontin, S. Girolamo Miani 289f.

359 *Signatio Commissionis* vom 24. Juli 1748: ASRC, Decreta 1748–1750, fol. 45.

360 ASRC, Decreta 1751–1753, fol. 130: Wunderuntersuchung in Trient, 24. Juli 1752, und gleichzeitig in Venedig (ebd., fol. 131).

361 ASRC, Decreta 1760–1762, fol. 166: Ernennung Rezzonicos zum Ponens, 29. August 1761.

362 ASRC, Decreta 1760–1762, fol. 186: Wunderuntersuchung in Venedig angeordnet, 16. September 1761, und gleichzeitig in Bergamo (ebd., fol. 186).

363 Dispens vom 11. Dezember 1762: ASRC, Decreta 1760–1762, fol. 306.

364 ASRC, Decreta 1763–1765, fol. 165: CA über 3 Wunder, 5. Februar 1765.

365 ASRC, Decreta 1766–1768, fol. 24: CP über 3 Wunder, 4. März 1766.

366 ASRC, Decreta 1766–1768, fol. 35: CG über 3 Wunder, 13. Mai 1766. Es wurde nur noch über das 1. und 3. Wunder abgestimmt.

367 ASRC, Decreta 1766–1768, fol. 109: CGST, 23. September 1766.

368 ASRC, Decreta 1766–1768, fol. 118: *Decretum super tuto*, 12. Oktober 1766.

Kanonisation vom 16. Juli 1767 machte sich der Pontifex selbst ein Geschenk zum neunten Jahrestag seiner Krönung[369].

Auch die Seligsprechung der Ursulinengründerin Angela Merici[370] aus dem venezianischen Desenzano konnte Clemens XIII. erfolgreich durchbringen. Dabei wies die Genese ihres Beatifikationsprozesses große Ähnlichkeiten mit dem Heiligsprechungsverfahren Mianis auf. Noch deutlicher als beim Somaskergründer bildete die Papstwahl Rezzonicos die eigentliche Zäsur: Im Januar 1759 wurde der Informativprozeß[371] aus Brescia vom vorhergehenden Jahr geöffnet[372] und am 7. Februar der erste Ponens eingesetzt[373]. Die *Signatio* zog sich wegen hartnäckiger Einwände des Promotors, die vom Papst durch kontinuierliches Dispensieren schließlich überwunden wurden, bis zum August 1763 hin[374].

Noch auffallender war jedoch das direkte Eingreifen des venezianischen Senats. Nur wenige Monate nach dem Ende des Konklaves sandte er eine Supplik aus Brescia, die um die Beatifikation bat, an die römische Kurie[375]. Schon eine Woche später meldete der venezianische Botschafter in Rom, daß er alle Hebel in Bewegung gesetzt habe, um die Causa einzuleiten[376].

Das alles war mehr als nötig, da sich die Kongregation gegen das Beatifikationsverfahren geradezu verschworen hatte. Hauptargumente, die vor allem vom Promotor fidei vorgetragen wurden, bildeten die Einwände gegen die ununterbrochene kultische Verehrung der Merici. Als die Kongregation Mitte März 1768 diese Frage abschließend mit *dilata* entschied[377], entschloß sich Clemens XIII. eilig, den Kunstgriff des Indults anzuwenden[378]. Durch eine *Beatificatio aequipollens*[379] erklärte er am 30. April Angela Merici zur Seligen, gewährte im Mai die Feier des Gedenktags für den

---

[369] Dazu: Pastor XVI/1 987.

[370] Angela Merici (1474–1540) erkannte schon früh die zeitgenössischen Gefahren für Frauen und Mädchen und unterrichtete mit Gleichgesinnten Kinder in der christlichen Lehre; nach einer Pilgerreise nach Jerusalem (1524) erwirkte sie von Clemens VII. die Bestätigung der weiblichen Genossenschaft der hl. Ursula, die sich 1535 definitiv konstituierte. Sie wurde 1537 zur ersten Oberin gewählt: Stefano Pedica, Art. Angela Merici, in: BS I 1191–1195; Luciana Mariani/Elisa Tarolli/Marie Seynaeve, Angela Merici. Contributo per una biografia, Mailand 1986.

[371] Das bischöfliche Tribunal formierte sich am 23. Januar 1758; vgl. zur Durchführung des Prozesses in Brescia: Mariani/Tarolli/Seynaeve, Angela Merici 343–346.

[372] ASRC, Decreta 1757–1760, fol. 155: Öffnung der Akten aus Brescia, 20. Januar 1759.

[373] ASRC, Decreta 1757–1760, fol. 167: Kardinal Feroni wird am 7. Februar 1759 zum Ponens berufen.

[374] ASRC, Decreta 1763–1765, fol. 45: *Signatio Commissionis*, 13. August 1763.

[375] Am 16. September 1758 sandte der Senat eine undatierte Bittschrift aus Brescia an seinen Botschafter in Rom: Mariani/Tarolli/Seynaeve, Angela Merici 348.

[376] Der Botschafter antwortete am 23. September 1758: „… interporrò, come da me, li più pressanti uffizzi": ebd.

[377] ASRC, Decreta 1766–1768, fol. 277: Entscheidung der Kongregation über *cultu publico*, 15. März 1768.

[378] ASRC, Decreta 1766–1768, fol. 292: Dekret *pro cultu immemorabilis*, 30. April 1768.

[379] Die aequipollente Seligsprechung, die Benedikt XIV. erstmals begrifflich faßte, erkennt einen legitimen alten Kult ohne formelles Beatifikationsverfahren an. Dazu ist es notwendig, daß die Causa als *Casus exceptus* im Sinne der urbanianischen Reform anerkannt wurde. Eine solche Kultbestätigung war im 18. und 19. Jahrhundert relativ einfach zu erwerben. Der *Casus exceptus* konnte durch die Vorlage der entsprechenden Dokumente ohne einen Prozeß *super cultu* nachgewiesen werden. Meßformular und Offizium mußten allerdings eigens gewährt werden; vgl. dazu: Veraja, La beatificazione 115–135; Sieger 137f.

Orden und dehnte anschließend diese Kommemoration auf die Weltkirche aus[380]. Damit hatte nicht nur der Papst ein persönliches Anliegen durchgesetzt, sondern auch faktisch gegen die Kongregation entschieden. Unterstützung erhielt er von der Serenissima, die sich Ende 1765 für den Abschluß des Prozesses verwandte. Anfang Dezember meldete der venezianische Botschafter in Rom, daß man bereits eine Reihe von Monarchen für die Causa mobilisiert habe[381]. Neben dem allgemeinen Interesse, das eine Seligsprechung stets erfordere, könne eine Vielzahl von prominenten Bittstellern noch zusätzlich den Glanz und das Prestige der Causa vermehren[382].

Auffallend bei all diesen Verfahren im Pontifikat Clemens' XIII. ist, daß der Wille zur konkreten Selig- bzw. Heiligsprechung weniger der *Vox populi* entsprang als der politischen Absicht des venezianischen Senats, das Ansehen der Serenissima zu heben und ihr auch auf anderen Gebieten Anerkennung zu verschaffen. Kirchliche Würdenträger waren da nur Mittel zum Zweck. So koinzidierte auch das Interesse der Familie Rezzonico sehr vorteilhaft mit dem des Staates und brachte die Causa des Gregorio Barbarigo rasch zum Ziel. Sein Beatifikationsprozeß ist ein wahres Lehrstück für das symbiotische Verhältnis von Kirche und Staat der Seerepublik, noch dazu da er in den Jahren 1716/17 den Kulminationspunkt der Interessenverschmelzung markiert. In keinem anderen Staatswesen ist eine Gestalt derart umgedeutet und geradezu einstimmig zu einem puren staatlichen Funktionsträger im Himmel degradiert worden, der außerdem für eventuelle Meriten mit einem Beatifikationsverfahren belohnt werden sollte. Barbarigos Prozeß zeigt aber auch exemplarisch, daß die venezianische Heiligenwelt des 18. Jahrhunderts – so wie die politische – eine Adelswelt war. Dabei bildeten Gefolgschaft und Verdienst die Einlaßkriterien. Ein venezianischer Papst brachte nicht nur das nötige Interesse für entsprechende Kandidaten mit, er schwenkte auch auf die kirchenpolitischen Mechanismen der Staatsführung ein. Zusammen mit dem Senator Flaminio Corner und weiteren Zuarbeitern im zweiten Glied konnten die Causen der Markusrepublik beträchtlich vermehrt werden, so daß das Pontifikat Clemens' XIII. zu einer „Glanz"-Zeit venezianischer Heiligenverehrung wurde – Glanz für den bislang dürftigen Heiligenkalender und Glanz für die Serenissima.

---

380 Vgl. dazu die einschlägigen Dokumente bei: Mariani/Tarolli/Seynaeve, Angela Merici 350–352.
381 Der Botschafter schickte am 7. Dezember ein entsprechendes Memoriale an den Senat: Mariani/Tarolli/Seynaeve, Angela Merici 348.
382 Dazu auch: Niero, Spiritualità dotta e popolare 133.

III. Pius VI. – die Generalprobe vor Pius IX.

Kein Papst hatte bislang die Selig- und Heiligsprechung in einer derartigen Weise zu einem kirchenpolitischen Instrumentarium funktionalisiert wie Pius VI.[383] Das läßt sich nicht nur allein an der gewaltigen Zahl der Beatifizierten – immerhin achtzehn Kandidaten[384] – ablesen, sondern auch an den fünf Causen, die er parallel zur Kanonisation führte. Der feierliche Abschluß der Prozesse von Angela Merici[385], Benedetto da S. Filadelfo[386], Francesco Caracciolo[387], Coletta Boillet[388] und Giacinta Marescotti[389] blieb allerdings seinem Nachfolger vorbehalten. Die Kanonisationsbulle des Francesco Caracciolo sprach es deutlich aus: Der Zeitkontext verhindere die feierliche Heiligsprechung, obgleich alle fünf Prozesse gemeinsam Mitte August 1790 abgeschlossenen seien[390]. Der Papst hatte sogar Ende Mai 1790 besonders günstige Zahlungsmodalitäten gewährt, um das Schlußdekret unverzüglich promulgieren zu können – offensichtlich kam das Prozeßende für die Orden zu rasch[391]. Dennoch ließ

---

[383] Zu Leben und Pontifikat (1775–1799): Pastor XVI/3 3–632; Schwaiger V 484–490; Raab, Das Zeitalter der Revolution 158–163.

[384] Bonaventura da Potenza wurde am 26. November 1775 seliggesprochen, Michele de Sanctis am 2. Mai 1779, Maria Anna di Gesù am 25. Mai 1783, Lorenzo da Brindisi am 2. Juni 1783, Giovanna Maria Bonomo am 9. Juni 1783, Nicola Fattore am 18. Mai 1786, Tommaso da Cori am 25. Mai 1786, Pacifico da S. Severino am 13. August 1786, Gaspare di Bono am 10. September 1786, Nicola Saggi am 17. September 1786, Giovanni Giuseppe della Croce am 24. Mai 1789, Sebastiano dell'Aparizione am 31. Mai 1789, Maria dell'Incarnazione am 15. Mai 1791, Andrea Hibernon am 22. Mai 1791, Caterina Thomàs am 12. August 1792, Bernardo da Offida am 25. Mai 1795, Leonardo da Porto Maurizio am 19. Juni 1796, Giovanni de Ribera am 18. September 1796.

[385] Am 27. Januar 1790 wurden drei Wunder approbiert, die CGST fand am 3. Juli 1790 statt, das Dekret *super tuto* wurde am 15. August 1790 ausgestellt: ASRC, Decreta 1805–1810, fol. 522: Kanonisationsbulle vom 24. Mai 1807 für Angela Merici.

[386] Benedetto da S. Filadelfo (1526–1589), Sohn eines äthiopischen christlichen Sklaven, lebte seit 1547 nach der Franziskanerregel, 1562 Franziskanerobservant in Palermo, dort Laienbruder, der die Reformatenbewegung förderte: Giuseppe Morabito, Art. Benedetto il Moro, in: BS II 1102f. (Lit.). – Die erforderlichen Wunder wurden am 5. April 1790 approbiert, am 15. August 1790 gab der Papst Anweisung, das Dekret *super tuto* auszustellen, was jedoch unterblieb: ASRC, Decreta 1805–1810, fol. 522: Kanonisationsbulle vom 24. Mai 1807.

[387] Francesco Caracciolo (1563–1608), 1587 Priesterweihe in Neapel, widmete sich Armen und Sträflingen, gründete mit Agostino Adorno den Orden der Minderen Regularkanoniker, der 1588 und 1605 bestätigt wurde: Giuseppe Coniglio, Art. Francesco Caracciolo, in: BS V 1197–1201. – Die beiden erforderlichen Wunder wurden am 17. Dezember 1786 approbiert; die CGST fand am 15. August 1790 statt: ASRC, Decreta 1805–1810, fol. 522: Kanonisationsbulle vom 24. Mai 1807.

[388] Coletta (1381–1447) wurde mit 21 Jahren Reklusin, 1406 Klarisse, begann 1408 ihr Reformwerk des Ordens (sog. Colettinnen), führte zahlreiche Klöster zur ursprünglichen Regeltreue und gründete über 20 neue Klöster. Ihr Kult wurde 1740 bestätigt; vgl. Mariano d'Alatri, Art. Coletta di Corbie, in: BS IV 76–81 (Lit.). – Das Dekret *super tuto* wurde am 15. August 1790 promulgiert: ASRC, Decreta 1805–1810, fol. 522: Kanonisationsbulle vom 24. Mai 1807 für Coletta Boillet.

[389] Die Wunder wurden schon am 10. Dezember 1789 approbiert, das *Decretum super tuto* am 15. August 1790 ausgestellt: ASRC, Decreta 1805–1810, fol. 522: Kanonisationsbulle vom 24. Mai 1807. – Angaben zur Person im Abschnitt „Familienheilige".

[390] ASRC, Decreta 1805–1810, fol. 522: Kanonisationsbulle vom 24. Mai 1807 für Francesco Caracciolo.

[391] Gewöhnlich mußten 1000 Scudi vor der CGST in der Sakristei von St. Peter eingezahlt werden. Da sich alle betreffenden Postulatoren außerstande sahen, diese Summe sofort aufzutreiben, ge-

sich die so energisch betriebene Kanonisation nicht durchführen, denn schon Ende 1792 verschlechterten sich die äußeren politischen Bedingungen in Rom und im Kirchenstaat dramatisch: Anfang 1793 wurde trotz des heftigen Protests Pius' VI. päpstliche Bildnisse und Wappen verbrannt und die französischen in Rom durch Revolutionsembleme ersetzt. Kurz darauf verletzte die aufgebrachte Menge den französischen Gesandtschaftssekretär, der den Papst spöttisch als „seliggesprochenen Märtyrer" tituliert hatte[392], so schwer, daß er zwei Tage später starb[393]. Trotz Drohgebärden aus Paris wahrte der Papst in den Koalitionskriegen gegen Frankreich strikte Neutralität. Das Damoklesschwert eines kriegerischen Angriffs schwebte jedoch seit Anfang 1793 über der Ewigen Stadt[394]. Hinzu kam, daß sich im Winter und Frühjahr 1795 wegen der schlechten Brotversorgung innerhalb und außerhalb Roms Tumulte ausbreiteten und eine Finanzkrise immer weitere Kreise zog[395]. In dieser angespannten inneren und äußeren Situation war an eine angemessene und störungsfreie Kanonisationsfeierlichkeit nicht mehr zu denken.

Die auffallend wachsende Zahl von Selig- und projektierten Heiligsprechungen sowie ihre gezielte Förderung unter Pius VI. war – ähnlich wie bei seinem namensgleichen Nachfolger Pius IX. – hauptsächlich von dem Gedanken getragen, dem Zeitgeist entgegenzusteuern: Der Verweltlichung und Dekadenz sowie dem Niedergang der Disziplin wurden franziskanischer Pauperismus, priesterlicher Seeleneifer, Demut und Jungfräulichkeit gegenübergestellt[396]. „Irrtümer, Aufruhr, Zwietracht stürmten zu seiner Zeit in erhöhtem Maß auf das Schifflein des hl. Petrus ein, und wäre nicht die göttliche Versicherung, daß die Pforten der Hölle seiner nicht Meister werden könnten, so müßte man fürchten, es möchte endlich völlig von den Fluten bedeckt werden"[397] – so das Beatifikationsbreve der spanischen Augustinerin Caterina Thomàs[398]. Interessant nicht nur die vordergründige Aussage vom Kampf gegen die Häresie mit den Waffen der Keuschheit, Treue und Demut, sondern vor allem das alte Identifika-

---

währte der Papst am 22. Mai 1790 eine entsprechende Dispens: Aufzeichnung über die Audienz vom 22. Mai 1790: ASRC, Decreta 1785–1791, fol. 324.

[392] Pastor XVI/3 520.

[393] Der Gesandtschaftssekretär Hugon de Bassville, der mit der dreifarbigen Kokarde dekoriert eine Ausfahrt durch Rom unternahm und dabei die Trikolore schwenken ließ, wurde am 13. Januar 1793 mit Steinen und Messern attackiert: Pastor XVI/3 521f.; Plongeron, Chiesa e revoluzione: i sacerdoti emigrati a Roma e a Londra raccontano (1792–1802) 86f.; Chadwick, The popes and european revolution 449f.

[394] Der Pariser Konvent teilte dem Papst im Februar 1793 unannehmbare Bedingungen als Genugtuung für den Tod Bassvilles mit. Das Direktorium gab Bonaparte im Februar 1796 der Plan der Eroberung Roms mit auf den Weg: Pastor XVI/3 560.

[395] Zur Eindämmung von weiteren Münzverschlechterungen wurde sogar Kirchensilber eingezogen: ebd. 559.

[396] Dazu schon: ebd. 246.

[397] Paraphrasiertes Beatifikationsbreve der Caterina Thomàs vom 3. August 1792 zitiert nach: ebd. Das Breve befindet sich in: ASRC, Decreta 1791–1804, fol. 90.

[398] Die Frühwaise Caterina Thomàs (1531–1574) aus Mallorca legte 1555 die Gelübde der Regularkanonissen ab und zeichnete sich durch zahlreiche und vor allem langanhaltende Ekstasen aus. Schon zu Lebzeiten stand sie im Ruf der Heiligkeit. 1628 begann der Beatifikationsprozeß, der 1792 zum Abschluß kam. Sie wurde am 22. Juni 1930 heiliggesprochen: Niccolò Del Re, Art. Caterina Thomàs, in: BS III 1047f. (Lit.).

tionsmuster von „Ecclesia" und „Frau", das dem mittelalterlichen Topos der *Sponsa Christi* folgt und der Kirche im aktuellen feindlichen Weltgetriebe eindeutig den schwächeren Part zuweist[399]. Dieses traditionelle weibliche Rollenbild bot für die zeitgenössische Situation der Kirche zahlreiche Vergleichsmomente.

Pius VI. ebnete aber nicht nur den reibungslosen Ablauf vieler Prozesse, er erleichterte außerdem wie kaum einer seiner Vorgänger die Arbeit der Ritenkongregation. Schon knapp zwei Monate nach seiner Thronbesteigung wurde der Promotor fidei gewissermaßen von der Flut der Causen erdrückt, die teilweise noch als Erblasten auf das Konto des Vorgängerpapstes gingen. Der Promotor klagte vor allem über die kaum mehr zu bewältigende Schriftenrevision. Allein das selbstverfaßte Schriftgut der Kandidaten nehme so viel Zeit in Anspruch, daß kaum mehr ein ordentliches Verfahren gewährleistet sei. Demensprechend war es dem Kurialen ein dringendes Anliegen, vor allem den Ortsbischöfen diese Arbeit zu erleichtern, was der Papst sofort gestattete[400]. Pius VI. tat aber noch mehr, um Probleme bei der Prozeßführung aus dem Weg zu räumen und das Institut der Kultsanktionierung im Gegenwind des Zeitgeistes attraktiv zu gestalten. Zeitraubend und kostspielig waren vor allem die Übersetzungsarbeiten der Bistumsprozesse[401]. Wieder war es der Promotor fidei, der die Initiative zur Kostenreduktion von Übersetzung und geheimer Durchsicht ergriff, die Mitte April 1776 dekretiert wurde[402]. Was sich zunächst ausnahm wie eine Kleinigkeit, hatte tatsächlich spürbare Folgen, wenn man sich vor Augen hält, daß Bistumsprozesse stets mehrere hundert Seiten stark waren. Begünstig wurden dadurch nicht nur außeritalienische Causen als solche, sondern auch Wunderuntersuchungen im Ausland.

Die Mitte 1778 ausgegebenen außerordentlichen Fakultäten für den Sekretär der Ritenkongregation schienen ebenfalls ursächlich durch die Prozeßflut initiiert worden zu sein. So weitgehende Kompetenzen sind im einzelnen und in ihrer Gesamtheit nie an ein Mitglied dieses Dikasteriums übertragen worden. Am 13. Juni 1778 erteilte der Papst dem Kongregationssekretär folgende Fakultäten: die Beauftragung der Ortsordinarien mit Apostolischen Prozessen, deren Verlängerung sowie die Öffnung der eingesandten Akten. Neben solch tatsächlich arbeitserleichternden Maßnahmen, die den päpstlichen Schreibtisch zu Recht entlasteten, gesellten sich jedoch auch Vollmachten, die in das genuin päpstliche Dispenswesen hineinreichten: die Entscheidung über die *Signatio Commissionis*, wenn noch nicht zehn Jahre nach dem Eintreffen des Informativprozesses verstrichen waren; die Sanktionsgewalt über die Aufnahme der Tugenddiskussion nach weniger als 50 Jahren nach dem Tod des Kandidaten sowie über die Diskussion der *Signatio* ohne Beisein der Konsultoren. Weiterhin konnte der Sekretär fortan den Promotor fidei mit der Schriftenrevision und den Übersetzungs-

---

[399] ASRC, Decreta 1791–1804, fol. 90.
[400] ASRC, Decreta 1775–1778, fol. 15: Aufzeichnung über die Audienz vom 4. April 1775.
[401] Auch zum folgenden: ASRC, Decreta 1775–1778, fol. 123: Reform der Übersetzungsgebühren, 19. April 1776.
[402] Innozenz XI. hatte einen bestimmten Preis pro Seite für die Übersetzungsarbeit und die geheime Durchsicht innerhalb der Kongregation festgelegt. Die Taxenordnung wurde von Benedikt XIV. am 14. April 1741 reformiert. Vgl. ebd.

arbeiten beauftragen[403]. Damit hatte der Papst einen nicht unerheblichen Teil seiner eigenen Vollmachten an einen Kurialen im Rang eines Bischofs delegiert, um die langwierige und arbeitsintensive Kultsanktionierung zu beschleunigen und zu fördern.

Diese päpstliche Kompetenzerosion konnte jedoch nicht ohne die vorhersehbaren Folgen bleiben. Bereits eineinhalb Jahre später stellte Pius VI. Mißbräuche bei der Prozeßpraxis der Ritenkongregation fest und schärfte die permanente Geheimhaltungspflicht – den nie und durch nichts einzudämmenden Mißstand der Behörde – energisch ein[404]. Vor allem die Konsultoren standen im Ruf, diese Verpflichtung nicht immer treu befolgt zu haben. Weder vor noch nach den Sitzungen, weder direkt noch indirekt sollten fortan Informationen weitergegeben werden. Ansonsten drohte Amtsentzug und Exkommunikation. Ähnliches war bei Betrügereien und Vetternwirtschaft vorgesehen. Das allgemeine Nachlassen der Disziplin am Vorabend der Französischen Revolution spiegelte sich auch beim häufigen Fernbleiben der Konsultoren von den Kongregationssitzungen wider. Mit deutlichen und scharfen Worten wurde das allerorts zu beobachtende Verhalten gegeißelt, nur zu den persönlich interessanten Abstimmungen zu erscheinen. Solcher Nachlässigkeit sollte mit der Entfernung aus dem Amte sowie mit dem Entzug aller Ehren und Rechte begegnet werden[405].

Die martialischen Strafandrohungen waren die ersten Äußerungen auf eine großzügiger gehandhabte Verfahrensweise an der Ritenkongregation. Ein Mehr an Seligen und Heiligen war offensichtlich weder zum arbeitstechnischen Nulltarif noch durch besondere päpstliche Großzügigkeit zu erreichen. Es zeigte sich auch hier wieder, daß die eigene Schwerkraft der Kongregation das päpstliche Regulativ erforderte. Bis 1782 schien der Papst auch die dem Sekretär erteilten Vollmachten zurückgenommen zu haben, denn im Frühjahr desselben Jahres wagte er einen ähnlichen Versuch mit dem Präfekten der Kongregation – allerdings nur für den Notfall. Dem Pontifex schien nun auch umfassend bewußt geworden zu sein, daß er auf seine „sovra expresse facoltà"[406] verzichtete. Dem Präfekten wurde für die Zeit, in der sich der Papst außerhalb Roms aufhielt, größtenteils dieselben Fakultäten übertragen wie 1778 dem Sekretär. Weiterhin konnte der Kardinal in solchen Zeitabschnitten die *Signatio Commissionis*, die Einsetzung von Ponenten sowie die Durchführung von Kongregationssitzungen – abgesehen von der *Generalis*, die weiterhin in Gegenwart des Papstes stattfinden sollte – frei entscheiden[407]. Diese Maßnahme stand unzweifelhaft mit der Abreise

---

403 Fakultäten für den Ritensekretär vom 13. Juni 1778: ASRC, Decreta 1778–1780, fol. 37.
404 Vgl. auch zum folgenden das Dekret der Ritenkongregation vom 22. Dezember 1779: ASRC, Decreta 1778–1780, fol. 163.
405 Ebd.
406 Vgl. den handschriftlichen Vermerk des Papstes unter das Dekret vom 23. Februar 1782: ASRC, Decreta 1781–1785, fol. 73.
407 Die Vollmachten bezogen sich auf die Person des Präfekten Giovanni Archinto (1781–1799), waren also von Anfang an nicht als eine dauernde Übertragung von päpstlichen Rechten an den jeweiligen Amtsinhaber gedacht. Dazu das Dekret vom 23. Februar 1782: ASRC, Decreta 1781–1785, fol. 73.

Pius' VI. nach Österreich in Zusammenhang, die Ende Februar 1782 erfolgte[408]. Sie war jedoch expressis verbis nicht auf diese Reise beschränkt[409].

Auch das *Decretum generale* der Kongregation vom 8. Juli 1789 blieb der alten Zielsetzung, den Heiligenkult zu fördern, treu und sah nur Arbeitserleichterungen beim Studium der Causen vor: Die Prälaten-Konsultoren, denen bisher keine Hilfsperson zur Seite gestanden hatte, erhielten je einen *Coadjutor* für die Bearbeitung des Aktenmaterials, der Promotor fidei zwei, wovon einer den Titel eines *Subpromotors fidei* trug[410]. All diese Gehilfen wurden auf den üblichen Amtseid verpflichtet. Ausgelöst wurde diese Neuerung durch die Bitte des Kongregationssekretärs um Unterstützung. Daraufhin hatte der Papst drei Wochen vor dem *Decretum generale* dem zweiten Mann der Kongregation zwei Geheim-*Substituti* bewilligt, die fortan im Sekretariat Dienst tun sollten[411].

Als Fazit läßt sich folgendes festhalten: Ohne Zweifel war es Pius VI., der nach Benedikt XIV. am deutlichsten in die Arbeit der Ritenkongregation eingegriffen hatte, um ein rascheres Verfahren zu ermöglichen. Die Vielzahl von Selig- und projektierten Heiligsprechungen legt den Vergleich mit Pius IX. nahe. Ähnlich wie dieser verstand Pius VI. das Institut der Kultsanktionierung als kirchenpolitisches Instrument. Wirksamer als es die Glanz- und Prachtentfaltung der römischen Kirche sowie die Förderung von Kunst und Wissenschaft sein konnte, sah Pius VI. ein effektives Mittel, dem Zeitgeist der Aufklärung, Kirchenfeindlichkeit und Säkularisierung der Welt entgegenzusteuern, in einer forcierten Beatifikations- und Kanonisationspraxis. Zu diesem Zweck war er sogar bereit, seine päpstlichen Hoheitsrechte zu opfern. Solche Funktionalisierung im Rahmen des Regierungsprogramms des Braschi-Papstes waren jedoch technisch und historisch zum Scheitern verurteilt. Pius IX. folgte dem anderen Pius-Papst bei der politischen Instrumentalisierung der Heiligen und baute diese Zweckbindung sogar noch unbekümmert aus, ließ es jedoch nicht zu den bekannten Mißständen kommen – sei es durch einen Lernprozeß oder aus Gründen des Zentralismus. Obgleich Pius IX. punktuell großes Entgegenkommen zeigte, wenn es etwa um Märtyrercausen oder Jesuiten ging, so gab er doch generell als Papst nie das Heft aus der Hand: Die teilweise sehr großzügig gehandhabte Dispensvollmacht blieb stets an seine Person gebunden.

---

[408] Ursache der Reise waren die Auseinandersetzungen zwischen Joseph II. und dem Papst, die vor allem um die Vergabe der Mailänder Benefizien kreisten. Ferner ging es um den eigenmächtigen Umgang des Kaisers mit der kirchlichen Jurisdiktion in den Erblanden. Der Papst setzte das Konsistorium am 25. Februar offiziell von seiner Reise in Kenntnis und traf alle notwendigen Vorbereitungen. Er verließ am 27. Februar Rom: Pastor XVI/3 324–336; Giovanni Soranzo, Peregrinus Apostolicus, Mailand 1937; Raab, Das Zeitalter der Revolution 159f.; Chadwick, The popes and european revolution 417f.; Elisabeth Kovács, Der Pabst in Teutschland. Die Reise Pius' VI. im Jahre 1782, München 1983.

[409] Pius VI. setzte eigenhändig unter das Dekret „durante il tempo della N.ra assenza". Die Fakultäten galten nach Aussage des Dekrets während der Abwesenheit des Papstes aus Rom.

[410] *Decretum Generale* vom 8. Juli 1789: ASRC, Decreta 1785–1791, fol. 278.

[411] Dekret vom 17. Juni 1789: ASRC, Decreta 1785–1791, fol. 274.

IV. Pius IX.

1. Ein Papst des Umbruchs

Unzweifelhaft bedeutet das Pontifikat Pius' IX. den Höhepunkt der neuzeitlichen Heilig- und Seligsprechungspraxis[412]. Die Ursachen sind nur vordergründig in der langen Regierungszeit des Papstes zu suchen; auf die von ihm bewußt und bevorzugt eingesetzten Kultsanktionierungen wirkten sich weit entscheidender seine eigene Persönlichkeitsstruktur[413], die tiefgreifenden politischen, sozialen und wirtschaftlichen Umbrüche sowie die geistes- und kirchengeschichtlichen Umwälzungen seiner Zeit aus. In diesem Rahmen sind als wichtigste Triebfedern seines spezifischen Heiligenkultes sicherlich die inneren und äußeren Angriffe auf die römische Kirche zu erkennen, wie sie im Liberalismus und Rationalismus in all ihren Ausprägungen sowie im siegreichen *Risorgimento* zutage traten. Zu einem tieferen Verständnis seiner sehr persönlich gehandhabten Sanktionsgewalt trägt außerdem die Beobachtung bei, daß eine nüchterne Analyse der Gegenwartsprobleme nicht zu den Stärken Pius' IX. gehörte; stattdessen erfaßte er die epochalen Umbrüche seiner Zeit nicht „anders als in bloß moralischen Kategorien"[414]. Vor allem die Revolution von 1848 sowie die Bedrohung und der schließlich vollständige Verlust des Kirchenstaates haben außerordentliche Kräfte im Bereich der Selig- und Heiligsprechung mobilisiert[415]. Besonders die schrittweise Eliminierung der weltlichen Souveränität des Papsttums und die fortschreitende Ausbreitung des politischen Liberalismus in Europa beantwortete der Papst gezielt und unmittelbar mit symbolisch zu verstehenden, rasch aufeinander folgenden Causen. Allein schon die Chronologie der äußeren Ereignisse drängt eine solche Deutung auf: 1859 ging die Romagna dem Kirchenstaat verloren, 1860 folgten Umbrien und die Marken, so daß die päpstliche Herrschaft, die sich auf französische Schutztruppen stützen mußte, auf Latium beschränkt wurde. Im September 1864 kam das sich einende Italien mit Napoleon III. überein, die französischen Kontingente nach einer Souveränitätsgarantie für den Papst zurückzuziehen. Am 20. September 1870 ist dann der letzte Rest der weltlichen papalen Herrschaft beseitigt worden[416]. Angesichts

---

[412] Zu Person und Pontifikat vgl. aus der breiten Literaturbasis zunächst das detaillierte Standardwerk: Martina I–III; ferner: Schmidlin II 6–330; Roger Aubert/Giacomo Martina, Il Pontificato di Pio IX I–II, Turin 1969; Hasler I 81–151; Klaus Schatz, Pius IX., in: Greschat, Das Papsttum II, Stuttgart u.a. 1985, 184–202. Zu Personal- und Kurialstrukturen vgl. Weber I u. II.

[413] Unzweifelhaft brachte Pius IX. übernatürlichen Phänomenen, wie Wunder, Prophezeiungen, Visionen u.ä., Glauben und besondere Wertschätzung entgegen. In Krisenzeiten neigte er dazu, weniger dem politischen Denken als der „mirakulösen Dazwischenkunft der göttlichen Vorsehung" (Schatz, Pius IX. 187) den Vorzug zu geben. Pointiert negative Darstellung: Hasler I 125–151.

[414] Schatz, Pius IX. 187.

[415] Zum Fall des Kirchenstaates: Schmidlin II 80–93; Pietro Pirri, La questione romana 1856–1864 I–II Rom 1951; Lill, Geschichte Italiens in der Neuzeit 157–195; Harry Hearder, Italy in the Age of the Risorgimento 1790–1870, London/New York 1983.

[416] Dazu eingehend und ausgewogen, mit reichem Literaturverzeichnis: Martina, Storia della Chiesa III 227–252; dann: Fiorentino, Chiesa e stato a Roma negli anni della Destra storica 1870–1876 11–14.

dieser sich dramatisch zuspitzenden politischen und militärischen Bedrohung gedieh an der Kurie eine nach 1850 zu beobachtende Mentalität der belagerten Festung[417], die sich vor allem in den Selig- und Heiligsprechungen der Jahre 1862 und 1867 Ausdruck verschaffte, welche zum allergrößten Teil Märtyrer *ex parte tyranni* berücksichtigten[418]. In der politischen und ideologischen Isolierung des Papstes kam der in zahlreichen Ländern zu beobachtende Ultramontanismus und der nun ursächlich einsetzende Papstkult gerade recht, um dem Pontifex eine helfende Hand zu reichen: Ad-limina-Besuche, zahlenstarke Bischofsversammlungen, vermehrte römische Audienz- und Pressetätigkeit sowie ein enormer Aufschwung des Pilgerwesen, der von den neuen technischen Möglichkeiten profitierte, stabilisierten die antiliberale und kompromißlose Haltung des Papstes[419]; sie gaben darüber hinaus ein breites und glanzvolles Forum für die Selig- und Heiligsprechungen ab.

Weniger die bisher nie dagewesene Anzahl von Causen, die er zum Abschluß brachte – es waren immerhin 26 –, lassen seine Bedeutung für die moderne Kultsanktionierung erahnen; es ist vielmehr die persönliche Intention des Papstes, die als subtiles kirchenpolitisches Programm den Gläubigen bei fast allen zur Ehre der Altäre erhobenen Kandidaten entgegenschlug, sowie sein selbstsicheres Aufgreifen und rasches Durchführen von Prozessen, die er mit einer bestimmten Botschaft etikettierte. Ohne zu zögern, zog er eine längst vergessene mittelalterliche Causa aus dem fernen Spanien aus den Archiven, um durch den aragonesischen Inquisitor Pedro de Arbués die vermeintlichen Wurzeln des politischen Liberalismus zu geißeln. Der Märtyrer der ostkirchlichen Union, Josaphat Kuncewycz, diente ihm zum Gespräch mit den Orientalen und zur Vorbereitung auf die Dogmatisierung des Jurisdiktionsprimats. Die Aufwertung und Förderung der sozial-caritativen Einrichtungen und des Hospitalwesens im Kirchenstaat, die bei ihm bereits vor seiner Papstwahl als pastorales Anliegen deutlich erkennbar waren[420], erhielten nun neue seliggeprochene Patrone und Stimulatoren[421]. Ganz abgesehen davon erlebten längst vergessene Heiligentypen unter seinem Pontifikat eine stürmische Renaissance: Die Idee des urchristlichen Martyriums wurde in einem ganz anderen Zeitkontext mit neuem Leben und neuen Aussagen erfüllt[422], der Jesuitenorden wurde für die Jahre seiner Aufhebung entschä-

---

[417] Schatz, Der päpstliche Primat 183; ders., Vaticanum I I 19f., 29. – Der nicht mehr zu rettende Kirchenstaat führte nicht nur zur Abwehr und Verurteilung allen Fortschritts, sondern schließlich auch zur Ghettoisierung der Kirche: Schwaiger, Päpstlicher Primat und Autorität 160f.; Hasler I 129f. Vgl. zur Diskussion über die Entwicklung des Primatgedankens im 19. Jahrhunderts: Langevin, Synthèse de la tradition doctrinale 160–166; Henn, Historical-theological synthesis of the relations between primacy and episcopacy 251–261; Thils, Primauté et infaillibilité du Pontife romaine à Vatican I 3–114 (Lit.). Vgl. zu den Anfängen der Auseinandersetzung mit dem Haus Savoyen: Martina I 434–455.
[418] Vgl. hierzu den Abschnitt „Das wiederentdeckte Martyrium" sowie die folgenden Teile „Josaphat Kuncewycz – das zweifache Martyrium" und „Pedro de Arbués – der heilige Inquisitor". – Selbst der Spiritualität Pius' IX. wird der Charakter des inneren Martyriums zugesprochen: Bogliolo 156–158.
[419] Buchheim, Ultramontanismus und Demokratie 83–113, 234–254; Aubert, Vaticanum I 23f.; Brandmüller, Natur und Zielsetzung primatialer Interventionen 368f.
[420] Schatz, Pius IX. 184; Bogliolo 57–59, 78–82, 120–123.
[421] Hierzu der Abschnitt „Juan Grande – der selige Phönix aus der Asche".
[422] Hierzu die Angaben im Abschnitt „Das wiederentdeckte Martyrium".

digt und ausgezeichnet[423] und die katholischen Missionare erhielten einen erneuten Zugang zum kanonisierten Heiligenhimmel[424]. Dafür waren zum Teil gravierende Eingriffe in das formelle Prozeßverfahren als solches notwendig. Wenn Beatifikationen und Kanonisationen den inneren Zustand der Katholischen Kirche in ihrer jeweiligen Zeit widerspiegeln, dann läßt das Pontifikat Pius' IX. nicht nur ein sich ausweitendes geographisches und ekklesiologisches Bewußtsein von Kirche und ihrem Auftrag beobachten, sondern auch eine äußerst intensive und selbstbewußte Auseinandersetzung mit politischen und geistesgeschichtlichen Zeitströmungen. Selig- und Heiligsprechungen sind von ihrem inneren Verständnis her jedoch keine kurzlebigen propagandistischen Äußerungen, sondern auf Ewigkeit hin ausgerichtet und selbst rein innerweltlich auf dauerhafte Geltung angelegt, beispielsweise als Grundlage für Kirchenpatronate. Außerdem waren sie dem Papst unzweifelhaft ein pastorales Anliegen, das er aufgrund der Ausweitung seiner persönlichen Popularität, der Verkehrstechnik und der Publizistik zu einem (kirchen-)politischen Programm auswalzte, das bis an die Grenzen der Erde ausstrahlen sollte. Paradoxerweise halfen ihm dabei die äußeren „widrigen" Umstände ebenso wie die Kurialbürokratie, die nach 1850 ganz auf ihn ausgerichtet war[425]. Auch die Ritenkongregation wurde in ihrer Funktionalität zu einem effektiven Instrument des Papstes in seiner Auseinandersetzung mit Welt und Zeitgeist. Bei ihrer Arbeit brauchte er mit keinerlei Widerständen oder Hemmnissen zu rechnen. Ab 1852 läßt sich zudem feststellen, daß so gut wie alle Kongregationsväter an den Abstimmungen des Dikasteriums teilnahmen[426].

Nicht erst nach seiner Rückkehr aus Gaeta 1850, sondern bereits Anfang 1847 sind erste Maßnahmen zur Beschleunigung des Prozeßverfahrens an der Ritenkongregation erkennbar. Seinem Vorgänger Pius VI. nicht unähnlich, ermöglichte er die Aufstockung des Personalbestands bei der Durchführung der Ordentlichen und Apostolischen Prozesse vor Ort, so daß diese rascher abgeschlossen werden konnten[427]. Diesem Zweck diente auch die Vergrößerung des Beamtenapparats der Kongregation um weitere Notare in den Jahren 1860 bis 1862[428] und um neue Advokaten in den darauffolgenden zwei Jahren[429]. Es verwundert daher nicht, daß die Gesamtzahl der an der Ritenkongregation anhängigen Causen von 56 beim Amtsantritt Pius' IX.[430] über 60 in den Jahren 1860/62[431] bis auf 73 um 1866[432] gesteigert werden konnte.

Die persönliche Handschrift des Papstes läßt sich auch bei der Vorbereitung der liturgischen Feiern ablesen. Dabei spielten Zuverlässigkeit und Gefolgstreue der Mit-

---

423 Hierzu die Ausführungen im Kapitel „Jesuitenheilige".
424 Hierzu das Kapitel „Rom spricht für die Welt".
425 Weber I 159, 266, 327, 374; Hasler I 81.
426 Vgl. das Abstimmungsverhalten in den Aufzeichnungen der Sitzungen: ASRC, Decreta 1852–1853.
427 Der Papst entschied am 5. März 1847 auf Vorschlag der Kongregation vom 27. Februar, daß Gehilfen zu den *Processi Ordinarii* und *Apostolici* hinzugezogen werden konnten: ASRC, Decreta 1845–1847, fol. 146.
428 Ernennung von drei Notaren: ASRC, Decreta 1860–1862.
429 Unter den elf Neuernennungen der Jahre 1863 bis 1864 waren die von Advokaten besonders zahlreich: ASRC, Decreta 1860–1864.
430 Vgl. ASRC, Decreta 1845–1847.
431 Vgl. ASRC, Decreta 1860–1862.
432 Vgl. ASRC, Decreta 1865–1866.

arbeiter eine wesentliche Rolle wie beispielsweise bei der Vorbereitung der Heiligsprechung von 1862[433] – nicht nur, um einen reibungslosen und raschen Ablauf zu gewährleisten, sondern auch und vor allem, weil delikate Finanzfragen in den Adunanzen der „Congregazione economica della Canonizzazione" geregelt wurden[434]. Als ihr Präsident fungierte der spätere Kardinal Salvatore Nobili Vitelleschi[435]; der eigentliche Drahtzieher und direkte Verbindungsmann zum Papst war ein gewisser Vincenzo Becchio, über den die drei zahlenden Ordenspostulatoren[436] heftigen Unmut äußerten[437]. Er setzte sich häufig genug über die berechtigten Anliegen der Postulatoren hinweg, entfaltete eine breite taktische Aktivität und stellte schließlich die Ordensleute vor vollendete Tatsachen[438].

Noch deutlicher interessierte sich Pius IX. für die vordergründig subalterne Arbeit, die Vorbereitung der großen Heiligsprechung von 1867. Immerhin wurde die 1800. Wiederkehr des Märtyrertodes der beiden Apostelfürsten gefeiert, die mit dem Abschluß von sieben Causen aufgeputzt werden sollte[439]. Im Frühjahr 1867 wählte der Papst persönlich ein Gremium von ihm ganz ergebenen Kardinälen[440] und Prälaten aus, die die Organisation der Feierlichkeit besorgten[441].

Aus alledem wird deutlich, daß das Rechtsinstitut der Kultsanktionierung ganz bewußt zu einem politischen Instrument des Papstes geworden war. Die fast willkürliche Wiederaufnahme von Prozessen, ihre gezielte Durchführung und ihr rascher Abschluß sowie die Organisation der Feierlichkeiten durch persönliche Vertrauensleute weisen darauf hin, daß jede eigenständige und unabhängige Arbeit der Ritenkongregation von vorn herein ausgeschlossen sein mußte, um pünktlich die gewünschten Ergebnisse liefern zu können. Damit erweist sich das Pontifikat Pius' IX. nicht nur als technisch innovativ im Sinne der Rechtspraxis, sondern ebenso produktiv auf inhaltlicher Ebene: Mastai-Ferretti schlug ganz neue Kapitel der Heiligentypologie auf. Gerade

---

[433] Am 8. Juni 1862 sprach Pius IX. die 26 japanischen Märtyrer und Michele de Santi heilig.
[434] Vgl. hierzu die Angaben im Kapitel „Non olet".
[435] Vitelleschi (1818–1875), 1839 Kanoniker von St. Peter im Vatikan, 1842 *Ponente del Buon Governo*, 1851 Prälat der Konzilskongregation, 1852 Rota-Auditor, 1856 Titularerzbischof von Seleuca und Nuntius in Neapel, trat diesen Posten aber nicht an, 1859 Sekretär der *Congregazione dell'Immunità Ecclesiastica*, 1863 Erzbischof von Osimo und Cingoli, konnte aber aus politischen Gründen diese Stelle nicht antreten, wird 1871 daher wieder nach Seleuca transferiert, 1871 Sekretär der *Congregazione dei Vescovi e Regolari*, 1875 Kardinal: HC VIII 21, 511; Weber II 492f.
[436] Entsprechend der Causen kamen die Postulatoren der Jesuiten, Franziskaner (26 japan. Märtyrer) und Trinitarier (Michele de Santi) zu den Adunanzen zusammen.
[437] Vgl. hierzu den undatierten Handzettel aus der Postulatur der Jesuiten: Archivio della Postulazione SJ, Akte 264 (Martiri giapponesi). – Über Becchio ist weiter nichts bekannt; er wird in der Aufzeichnung als „persona della Sua [d.i des Papstes] confidenza nota" bezeichnet.
[438] Dazu die Angaben im Kapitel „Non olet".
[439] Am 29. Juni 1867 wurden Josaphat Kuncewycz, Pedro de Arbués, die 19 Märtyrer aus Gorkum, Paolo della Croce, Leonardo da Porto Maurizio, Maria Francesca delle Cinque Piaghe und Germaine Cousin kanonisiert.
[440] Beispielsweise Patrizi und Barnabò, die noch 1871 zu den Mitarbeitern seines Vertrauens gehörten: Weber I 268.
[441] Die Besetzung der Kommission (Patrizi, Altieri, Barnabò, Roberti sowie der Promotor fidei, der Protonotar, der Assessor und der Sekretär der Ritenkongregation, ferner der Präfekt der päpstlichen Zeremonien) geht aus dem Brief des Sekretärs der Ritenkongregation vom 3. Juni 1867 hervor; der direkte und persönliche Wunsch des Papstes aus dem Brief des Staatssekretariats an Kardinal Altieri vom 3. Juni 1867; beides in: ASRC, Fondo Sc, Acta Canonizationis 1867, 1. Teil. – Die erste Adunanz der *Congregatio particularis* war vermutlich am 23. März 1867.

auch sie wurden bedingungslos in sein kirchenpolitisches Programm integriert, das aus Heiligen Chiffren, aus Tugenden Ideologie und aus der Ritenkongregation ein Propagandainstrument formte. Heilig- und Seligsprechung degradierte zum Politikum. Im folgenden werden diese allgemeinen Beobachtungen anhand von verschiendenen Einzelfällen exemplarisch verifiziert und ihre spezifisch politischen Intentionen nachgewiesen.

2. Josaphat Kuncewycz – das zweifache Martyrium

2.a. Eine vergessene Causa

Die Kanonisation des Josaphat, eines damals – zumindest in der westlichen Welt – so gut wie vergessenen Seligen[442], stellt das Ergebnis eines ganzen Bündels von völlig disparaten Einzelinteressen dar[443]. Nicht nur die Genese der Heiligsprechung, an deren Ende die historische Untermauerung und zeichenhafte Bekräftigung eines neuen Dogmas stehen sollte, sondern auch das Leben der neuen Galionsfigur der Rechtgläubigkeit liegen in weiten Teilen im Dunklen, besonders was die Anfänge betrifft. Die Historizität der Vita spielt dabei eine nachgeordnete Rolle; wesentlicher ist das Woher und Weshalb des außergewöhnlichen und persönlichen Interesses Pius' IX., das für den Historiker deutlich greifbar in einem der raschesten Prozeßverfahren an die Oberfläche tritt[444].
Die Herkunft des ruthenisch-unierten Erzbischofs von Polozk, Josaphat Kuncewycz (um 1580–1623)[445], ist nicht unumstritten. Die Hagiographie spricht von einer alten

---

[442] Die Causa geriet seit der Mitte des 17. Jahrhunderts in Vergessenheit: Contieri, Vita di S. Giosafat 402. Der Kult ging selbst in Litauen, Weißrußland, der Ukraine und Polen Ende des 18. Jahrhunderts aus politischen Gründen stark zurück: Welykyj, Historia Beatificationis et Canonizationis S. Josaphat 12; Contieri, Vita di S. Giosafat V. – In Rom scharten sich die wenigen Ruthenen um die Pfarrkirche *SS. Sergio e Bacco*, auch bekannt unter dem Namen *Madonna del Pascolo*, die Urban VIII. 1641 den Basilianern übergeben hatte: Welykyj, Audientiae Sanctissimi de rebus ucrainae et bielarusjae (1650–1850) II 257; Armellini, Le Chiese di Roma dalle loro origini sino al secolo XVI 611; Pastor XIII/2 710 Anm. 2.

[443] Senyk weist schon darauf hin, daß sein Martyrium immer noch kontrovers beurteilt wird und ein wirkliches Verständnis der Person verhindert: „Er wird nur als Verkörperung der Sache gesehen, für die er starb": Senyk, Die geistlichen Quellen des hl. Josaphat Kunzewyč 246.

[444] Historiographisch ist die Causa Josaphat als Glücksfall zu bezeichnen, da neben dem spärlichen, aber vollständigen Kongregationsmaterial die privaten Aufzeichnungen (1870 abgefaßt) des direkt involvierten Basilianermönchs Antonio Rocchi (1839–1908) aus dem Kloster Grottaferrata bei Rom vorliegen: Archivio Grottaferrata, Ms. cryt. Z.a. XCIII (Memorie Grottaferratesi sulla canonizzazione di S. Giosafat V. M. dell'ordine di S. Basilio).

[445] Zur Biographie vgl. zunächst die Vita, die der Heiligsprechung zugrunde gelegt und von einem Basilianermönch aus Grottaferrata, der gleichzeitig Postulator war, verfaßt wurde: Nicola Contieri, Vita di S. Giosafat, arcivescovo e martire ruteno dell'ordine di S. Basilio il Grande, Rom 1867; ferner die polnisch interessierte, umfangreiche Vita eines Benediktiners aus Solesme: Alphonse Guépin, Un apôtre de l'union des église au XVIIe siècle. Saint Josaphat et l'église greco-slave en Pologne et en Russie, Poitiers 1874 (2. Auflage in 2 Bänden = Paris/Poitiers 1897/98); Athanasius Welykyj, S. Josaphat Hieromartyr I–III, Rom 1952–67. Ferner: Theodosia Boresky, Life of St. Josaphat, Martyr of the Union, New York 1955; Erika Unger-Dreiling, Josafat, Vorkämpfer und Märtyrer für die Einheit der Christen, Wien – Heidelberg 1960. Schwerpunkt auf dem geistlichen Leben: Sophia Senyk, Die geistlichen Quellen des hl. Josaphat Kunzewyč, in: Der christliche

adligen, aber verarmten ukrainisch-orthodoxen Familie aus Wolodymyr (Wolhynien); wahrscheinlicher ist jedoch, daß er polnischer Abstammung war[446]. Orthodox auf den Namen Johannes getauft, lernte er auf Wunsch der Eltern neben der Lokalsprache auch Polnisch[447]. Während seiner Studien in Wilna kam er zum ersten Mal mit dem Unionsgedanken in Kontakt, der seinerzeit unter den Bischöfen des Landes heftig umkämpft war. Die durch die Reformtätigkeit der Jesuiten vorbereitete Kirchenunion führte die seit 1386 unter polnischer Herrschaft stehende Metropolie von „Kiev und ganz Ruthenien" unbeschadet ihres byzantinisch-slawischen Ritus zur Katholischen Kirche. Die 1595 geschlossene Union wurde ein Jahr später auf der Synode von Brest bestätigt[448]. Johannes trat nicht nur der Union bei, sondern auf Anraten der Gesellschaft Jesu auch dem Orden des Hl. Basilius, der ihm den Namen Josaphat gab. Auf Betreiben der Jesuiten, die sich als Seelenführer der Basilianer in Wilna betätigten, zogen Josaphat und seine Gefährten aus, um neue Niederlassungen zu gründen[449]. Auf der Synode von Brest hatten zwar einige Archimandriten im Namen ihrer Klöster der Union zugestimmt; insgesamt blieb der Ordensklerus der Kirchenunion jedoch fern[450]. Nach seiner Priesterweihe 1609 erwarb sich Josaphat als begabter Prediger einen Namen, warb bei Katholiken und Orthodoxen in aller Öffentlichkeit für die Union und machte sich bei seiner alten Glaubensgemeinschaft wegen seiner Missionserfolge – als „Seelenräuber" tituliert – verhaßt. Rasch stieg er in der kirchlichen Hierarchie auf: 1613 Hegumenos in Byten; 1614 Archimandrit in Wilna; 1617 Koadjutor des neunzigjährigen Oberhirten von Polozk, Vitebsk und Mstystaw; 1618 Erzbischof von Polozk. Noch stärker als bisher widmete er sich nun dem Unionsgedanken durch mündliche wie schriftliche Überzeugungsarbeit: Er forderte die Dissidenten auf, zur Gemeinschaft mit dem Hl. Stuhl zurückzukehren, widerlegte ihre Irrtümer und Anklagen, erläuterte genuin römisch-katholische Lehre und gab selbst einen speziellen Katechismus[451] des katholischen Glaubens heraus. Kirchenpolitisch verfolgte er die Wiederherstellung der bischöflichen Jurisdiktion und die Herausgabe der von Laien usurpierten Kirchengüter.

Osten 41 (1986) 246–256; Pietro Narusczewicz/Giosuè Fini, Art. Giosafat Kuncewycz, in: BS VI 545–548 (Lit.).
[446] Dies betont Guépin I S. II, 4 an zahlreichen Stellen. Die Frage ist nicht unerheblich, da sich an seiner Nationalität im Rahmen der Heiligsprechung verschiedene Protest- und Boykottaktionen entzündeten. Dezidiert spricht sich für die polnische Abstammung aus: Pavlyk, Nicola Contieri, il postulatore e l'autore della Vita di S. Giosafat 208. Pavlyk entlarvt das spezielle Interesse des Vitenschreibers Contieri, auf dessen Werk bis heute fast alle Biographien Josaphats beruhen. Während des Kanonisationsprozesses mußte Contieri verschiedenen Angriffen von außen begegnen; deshalb bezeichnete er den neuen Heiligen in seiner Vita stets als „vescovo ruteno", also als Ukrainer. Außer der irreführenden Herkunft weist Pavlyk weitere historische Irrtümer in Contieris Vita nach. Auch Martina III 39 bezeichnet Josaphat als „polacco".
[447] Contieri, Vita di S. Giosafat 6.
[448] Dazu grundlegend: Ammann 199–215; Pastor XI 403–416; Sophia Senyk, The Background of the Union of Brest, Rom 1994; Fedalto, Le chiese d'oriente II 128–136. Zur Geschichte der Ruthenen vgl. kurz: Constantin Simon, I ruteni: passato e presente, in: Civiltà Cattolica 141 (1990) 400–412.
[449] Den Basilianern in Wilna „standen als verstehende Berater Jesuiten zur Seite": Ammann 305. Durch Josaphats Wirken innerhalb seines Ordens gewann die Union an Gewicht: Fedalto, Le chiese d'oriente III 71.
[450] Ammann 305.
[451] Josaphats lateinischsprachiger Katechismus ist abgedruckt bei: Contieri, Vita di S. Giosafat, Annex.

Die stetig wachsende Gegnerschaft der Orthodoxie erreichte einen Höhepunkt, als im Jahre 1620 im gesamten Metropolitanverband Kiev orthodoxe Oberhirten eingesetzt wurden, die sich nur mit Moskaus Hilfe halten konnten. Polozk erhielt den intelligenten und eifernden Erzbischof Meletij Smotryckyj, der das Kirchenvolk gegen die Union aufwiegelte. Während seiner Pastoralreise wurde Josaphat in Vitebsk von einer aufgehetzen Volksmenge am 12. November 1623 überwältigt, grausam mißhandelt und umgebracht. Nach Bekanntwerden des blutigen Martyriums traten nicht nur viele Orthodoxe der Union bei, auch Smotryckyj wechselte die Fronten und wirkte fortan als eifriger Verfechter des Unionsgedankens[452].

Der Kult des Märtyrerbischofs Josaphat wurde in Litauen vor allem von der Gesellschaft Jesu propagiert. In der Stadt Vitebsk, die nach Josaphats Ermordung zum Zentrum der unierten Ruthenen avancierte, erhoben die Jesuiten den Unionsapostel 1648 zum herausragenden Patron ihres Kollegs; gleiches geschah in Polozk[453]. In der zweiten Hälfte des 17. Jahrhunderts beging man Josaphats Gedenktag bereits in allen ruthenischen Niederlassungen der Gesellschaft[454].

Polen und Litauer waren es dementsprechend auch, die sich – unterstützt von der Propaganda Fide – für eine Seligsprechung Josaphats einsetzten[455]. Ihre Bemühungen führten zu einem unerwartet raschen Erfolg unter dem Papst, der während seines gesamten Pontifikats unermüdlich für die Union tätig war[456]: Urban VIII. sprach den Märtyrer am 16. Mai 1643 selig[457]. Das Beatifikationsbreve[458] streicht daher die Kirchenunion als Hauptmotiv für Josaphats Martyrium heraus.

Auch der Kanonisationsprozeß verlief überraschend zügig an. In den Jahren 1663 bis 1665 unternahmen Polen und Litauer gemeinsam energische Schritte, um die Causa Josaphat voranzubringen. Postulationsbriefe der Bischöfe von Lemberg und Brest, litauischer Großfürsten, der Königin von Polen und des Kaisers Leopold I. (1658–1705) trafen in großer Zahl in der Ritenkongregation ein[459]. Bemerkenswert ist vor allem die Bittschrift vom Juli 1665, die von über 100 polnischen und litauischen Fürsten sowie hohen Verwaltungsbeamten signiert worden war und die den für die Union gestorbenen Josaphat als *Magnus Patriota noster et nobis Patronus* bezeichnete[460]. Selbst westliche polnische Diözesen machten sich für die Causa stark[461].

---

[452] Vgl. dazu auch: Ammann 311. Zu Smotryckyj (1580–1652) differenziert: Jakovenko, The conversion of ukrainian nobility 78–80; HC IV 202.
[453] Krajcar, Saint Josaphat and the Jesuits of Lithuania 77.
[454] Ebd. 84.
[455] Das Beatifikationsbreve führt die polnischen Könige Sigismund III. und Władisław IV. sowie Bischöfe und Fürsten aus Polen und Litauen an: AP, SOCG, vol. 182, S. 329–330. Vgl. auch: Contieri, Vita di S. Giosafat 401.
[456] Pastor XIII/2 706–710.
[457] Contieri, Vita di S. Giosafat 401.
[458] Beatifikationsbreve vom 14. Dezember 1642: ASRC, Fondo E, Josaphat, *Sententia pro veritate* von Minetti, Rom 1864, S. 26–28; AP, SOCG, vol. 182, S. 329–330. Druck: Welykyj, Historia Beatificationis et Canonizationis S. Josaphat 9f.
[459] ASRC, Fondo Q, Josaphat, Postulationsbriefe 1663–1664.
[460] ASRC, Fondo Q, Josaphat, Postulationsbrief vom 30. Juli 1665.
[461] ASRC, Fondo Q, Josaphat, Postulationsbrief des Erzbischofs von Gnesen/Posen, 25. Februar 1865.

In der Folge geriet das Verfahren beim Kirchenvolk in Vergessenheit[462]. Ausschlaggebend waren vor allem politische Gründe. Die Erste Polnische Teilung von 1772 schlug die Ruthenen Weißrußlands mit dem Erzbistum Polozk dem Zarenreich zu, wo sie seit der Regierung Katharinas II. (1762–1796) großem politischen und religiösen Druck ausgesetzt waren[463]. Bereits kurz nach der Ersten Teilung glaubt man aus einem Schreiben des Polozker Erzbischofs an den Papst Anzeichen einer in Kürze einsetzenden Verfolgung sowie eine schutzsuchende Annäherung an die lateinische Kirche herauslesen zu können[464].

2.b. Josaphats eigentliche Botschaft

Josaphat war indessen nicht vergessen. Stattdessen wuchs seine Bedeutung als Verteidiger der Union und des katholischen Glaubens, und er wurde dadurch gleichsam zum personifizierten Bindeglied zwischen Lateinern und Ruthenen. Dieses spezifische Epitheton läßt sich im kirchlichen Schriftverkehr ausnahmslos und mit Ausschließlichkeit bis zur Wiederaufnahme des Prozesses unter Pius IX. nachweisen. In einer 1723 abgefaßten Bittschrift der Basilianer um eine Indulgenz wird Josaphat als „coronatus per unione cum S.E. Ecclesiae"[465] ins römische Gedächtnis gerufen; 1768 machte der Papst den unierten Kiever Oberhirten auf den Seligen als denjenigen aufmerksam, der „pro tuenda Unione Ruthenorum Ecclesiae cum Beati Petri sacratissima Sede Schismaticorum gladiis occuerit"[466]; die Propaganda Fide fertigte 1791 ein internes Promemoria[467] über die Kirche in der Ukraine und Weißrußland an, in dem sie Josaphat als „Martire della S. Unione" bezeichnete. 1803 richtete der Erzbischof von Polozk an den Nuntius in Polen eine Denkschrift über die desolate Situation der unierten Kirche[468] und erinnerte an den Märtyrer, der nach wie vor für die Union stehe, für die er sein Blut vergossen habe[469]. Allein seine Diözese weise nur 22 gut dotierte Pfarreien aus, die einen eigenen unierten Priester unterhalten konnten, ferner schlecht ausgebildete, arme Geistliche von einfachster Herkunft, zahlreiche Vertreibungen von Priestern und ein allgemeines Zusammenschrumpfen des byzantinisch-unierten Kultes auf etwa 30 Prozent gegenüber der Blütezeit der Union. Noch 1827

---

[462] Welykyj, Historia Beatificationis et Canonizationis S. Josaphat 10; Contieri, Vita di S. Giosafat 402.
[463] Ernst Likowski, Geschichte des allmählichen Verfalls der unierten ruthenischen Kirche im XVIII. und XIX. Jahrhundert unter polnischem und russischem Szepter I–II, Posen 1885–87; Ammann 432–438; Fedalto, Le chiese d'oriente III 76.
[464] Brief des Erzbischofs vom 4. Dezember 1773: Welykyj, Epistolae Jasonis Junosza Smogorzevskyj, Metropolitae Kioviensis Catholici (1780–1788) 108.
[465] Bittschrift und Indulgenzbreve vom 27. Juli 1723 mit ähnlich lautender Bezeichnung: Welykyj, S. Josaphat Hieromartyr III 232f.
[466] Brief des Papstes vom 14. Februar 1768: ebd. 237f.
[467] Promemoria vom 3. September 1791: Welykyj, Litterae S.C. de Propaganda fide ecclesiam catholicam ucrainae et bielarusjae spectantes VII 64.
[468] Die Polnischen Teilungen haben auch die Ruthenische Kirche in zwei Hälften gespalten: eine in Galizien unter österreichischer Herrschaft, die andere unter russischer Herrschaft.
[469] Denkschrift der Erzbischofs von Polozk vom 29. Mai 1803: Welykyj, Epistolae Metropolitarum Kioviensium Catholicorum: Theodosii Rostockyj, Heraclii Lisowskyj, Gregorii Kochanowicz, Josaphat Bulhak 1788–1838 286.

berichtete das Protokoll einer Papstaudienz über Josaphat, daß dieser „martitizzato per la fede ed Unità cattolica"[470] sei. Bei dieser Gelegenheit erfährt man auch, daß der Josaphat-Kult in Rom aufgewertet wurde[471], während oder gerade weil die unierten Ruthenen unter Zar Nikolaus I. (1825–1855) schwersten Verfolgungen ausgesetzt waren. Der antiromanisch und josephinistisch erzogene unierte Bischof Iosyf Siemaszko[472] proklamierte mit einigen Gesinnungsgenossen 1839 die Unterwerfung der Unionskirche unter die Orthodoxie Moskaus; im Anschluß daran wurde mit Gewalt jede unierte Eigenständigkeit ausgelöscht und der resistente Klerus deportiert[473]. Aus dieser Situation heraus erhielt die Josaphat-Verehrung neue Nahrung.

Mehr eine Episode als einen produktiven Ansatz für die Wiederaufnahme der Causa bildete die Einrichtung einer außerordentlichen Kurienkommission zur Anbindung der zwangsrussifizierten Ruthenen an die Lateinische Kirche im Jahr 1848. Um sich bei den Völkern des Ostens Sympathien zu erwerben, beabsichtigte man als ersten Schritt der Annäherung, Josaphat heiligzusprechen[474]. Dieser Impuls erwies sich jedoch nicht als ausreichend, um die Ritenkongregation in Bewegung zu setzen.

Die Erzählung, die über die tatsächliche Wiederaufnahme der Causa überliefert wird, trägt selbst alle Züge einer veritablen Heiligen-Legende. Zumindest soviel an Tatsächlichem läßt sich als gesichert festhalten, daß das Interesse an einer Kanonisation plötzlich neu erwachte[475] und von außen angeregt wurde. Im September 1860 stellte der tatkräftige Basilianermönch von Grottaferrata, Teodoro Toscani[476], im Auftrag eines Jesuitenpaters Recherchen über die leibliche Aufnahme Mariens in den Himmel an. Bei seinen liturgischen und historischen Studien im Klosterarchiv stieß der Basilianer wie zufällig auf das Beatifikationsbreve Josaphats[477]. Das gleichzeitig von ihm aufgefundene Breve über die Seligsprechung der 26 japanischen Märtyrer von 1627 stellte Schlüssel und Motor der weiteren Entwicklung dar, nachdem diese fernöstlichen Glaubenszeugen 1862 kanonisiert wurden. Am 6. März fand die *Generalis super tuto*[478] für die drei Jesuitenmärtyrer aus Japan statt, die gemeinsam mit 23 anderen Ordensleuten drei Monate später heiliggesprochen wurden[479]. Schon am 27. März erwogen die Basilianer ernsthaft eine ähnliche Aufwertung für Josaphat[480].

Der rasche Abschluß der japanischen Causa und die Komparabilität der Beatifika-

---

[470] Aufzeichnung des Propaganda-Sekretärs aus der Papstaudienz am 23. September 1827: Welykyj, S. Josaphat Hieromartyr III 245.
[471] Das Fest des Seligen in jenem Jahr „è cominciando a farlo con molta pompa e solennità": ebd.
[472] Siemaszko (1798–1868), Sohn eines unierten Priesters, 1821 Priesterweihe, 1822 Assessor am unierten Departement des römischen Kirchenkollegiums in St. Petersburg, 1829 Weihbischof in Zyrowice: Ammann 507–509.
[473] Ammann 507–511; Himka, The Greek Catholic Church in Nineteenth-century Galicia 55f.
[474] Archivio Grottaferrata, Ms. cryt. Z.a. XCIII., p. 3. Kurze Erwähnung: Pavlyk, Nicola Contieri 204.
[475] Contieri (Vita di S. Giosafat 402) spricht davon, daß Gott die „Causa alla mente del Suo Vicario" urplötzlich zurückgerufen habe.
[476] Toscani (1827–1867) trat dann im Prozeßverfahren nicht weiter in Erscheinung; vgl. zur Person: Pavlyk, Nicola Contieri 204. – Zur Basilianerabtei griechischen Ritus vgl. Antonio Rocchi, La badia di Grottaferrata, Rom ²1904; Teodoro Minisci, Santa Maria di Grottaferrata. La chiesa e il monastero, Grottaferrata o.J.
[477] Archivio Grottaferrata, Ms. cryt. Z.a. XCIII., p. 3f.
[478] ASRC, Decreta 1860-62, fol. 192.
[479] Dazu das Kapitel: „Das wiederentdeckte Martyrium".
[480] Archivio Grottaferrata, Ms. cryt. Z.a. XCIII., p. 4.

tionsbreven entfachten den Eifer der Basilianer von Grottaferrata, die Toscani für die Idee der Kanonisierung begeistern konnte. In dieser Situation erwies es sich als günstig, daß das Kloster nicht nur über einen ausgezeichneten Gelehrten, Nicola Contieri[481], verfügte, sondern daß auch der Sekretär der Ritenkongregation, Domenico Bartolini, ein alter Freund[482] des Hauses war, mit dem man die Frage unverzüglich erörterte[483]. Formale Probleme sehe er nicht, meinte der Sekretär; ähnlich wie bei den japanischen Märtyrern fehle nur noch eine Kongregationssitzung und der feierliche Akt der Kanonisation[484]. Gegenüber inhaltlichen Fragen verhielt sich Bartolini jedoch skeptisch, vor allem da es sich bei Josaphat um einen Nichtlateiner und Basilianerbischof handelte[485]. Außerdem hatte soeben eine feierliche Heiligsprechung stattgefunden.

2.c. Das Eingreifen Pius' IX.

Ein erster Vorstoß des Klosters bei der Kongregation, der aller Wahrscheinlichkeit nach von Bartolini begleitet wurde, verlief im Sande[486]. Auch die Bittschrift des polnischen Basilianerpaters Michael Dombrovskyj, die auf den 15. Mai 1862 datiert[487], blieb in der Kongregation unbearbeitet liegen. Dombrovskyj, der das Märtyrergrab Josaphats seit seiner Schulzeit kannte[488], war einst *Superior provincialis* der Basilianerprovinz Polen und Rußland, floh aus seiner Heimat und gelangte schließlich 1847 nach Rom, wo er im Basilianerhospiz *SS. Sergio e Bacco* Wohnung nahm[489]. Erst als Pius IX. Interesse zeigte, in wenigen Jahren eine neue Kanonisationsfeier abzuhal-

---

[481] Der 1827 in Bari geborene Contieri kam im dortigen Seminar mit neoscholastischem und ostkirchlichem Gedankengut in Berührung, wurde 1844 Novize in Grottaferrata und empfing 1851 die Priesterweihe. Als Lehrer, Novizenmeister, Archivar und Prior führte er die Abtei zu einer wissenschaftlichen und kulturellen Blüte. Er gilt als *Spiritus rector* der Heiligsprechung Josaphats, dessen Postulator er war, und verfaßte die ihr zugrundeliegende Vita. 1869 wurde er zum Archimandrit seiner Abtei ernannt und 1876 zum Erzbischof von Gaeta. Contieri zog sich 1891 nach Grottaferrata zurück, wo er 1899 starb. – Contieri erwies sich als Seele der Kanonisierungsidee: Dombrovskyj schreibt ihm am 12. August 1865: „tutta questa Santa Causa partiene a Lei": Archivio Grottaferrata, Busta XXIV (726). Zur Biographie: Partenio Pavlyk, Nicola Contieri, il postulatore e l'autore della vita di S. Giosafat, in: Analecta OSB VI, Rom 1967, 201–216; HC VIII 169 Anm. 3 (Caietan.).

[482] Bartolini war 1854 Gast in Grottaferrata und seither „sempre nostro amico": Archivio Grottaferrata, Ms. cryt. Z.a. XCIII., p. 5. Er informierte Contieri häufig über den Fortgang der Causa; Briefwechsel in: Archivio Grottaferrata, Busta XXIV (726).

[483] Archivio Grottaferrata, Ms. cryt. Z.a. XCIII., p. 5.

[484] Archivio Grottaferrata, Ms. cryt. Z.a. XCIII., p. 5.

[485] Archivio Grottaferrata, Ms. cryt. Z.a. XCIII., p. 4.

[486] Contieri und Toscani erklärten in der Ritenkongregation ihre Absicht auf Heiligsprechung: Welykyj, Historia Beatificationis et Canonizationis S. Josaphat 13.

[487] ASRC, Decreta 1863/64, fol. 10A (Rückseite).

[488] Geht aus der Bittschrift von 1863 hervor: ASRC, Decreta 1863/64, fol. 10A. – Zu Dombrovskyj (Basilianerprovinzial 1838–1841): Ammann 526.

[489] Anstatt des ungeeigneten Bilewicz, der auf dem Provinzialkapitel der Basilianer von 1838 gewählt wurde, setzte der Bischof von Chełm den tüchtigen Dombrovskyj als Provinzial ein. Er mußte 1841 auf Geheiß der Regierung weichen und schließlich aus Polen fliehen. In Rom fand er Zuflucht und Sicherheit vor den Verfolgungen der Zarenregierung. Dombrovskyj wurde später einer der Postulatoren. Er starb 1878: Welykyj, S. Josaphat Hieromartyr III 247 Anm. 78; Ammann 526.

ten[490], kam Bewegung in die Angelegenheit. Dombrovskyj fertigte rasch eine neue Bittschrift und ein ausführliches Promemoria an, die gemeinsam dem Papst in der Audienz vom 12. März 1863 vorgelegt wurden[491]. Als Motiv für die Bluttat ist dort nicht ganz korrekt zu lesen, daß Josaphat „univit Ecclesiam Grecam cum Latina, et pro fide Christi passus est"[492]. Gegen Ende des Promemoria erfährt man näher, daß er „pro Christi nomine et fide catholica, et potissimum pro sancta Unione ecclesiae Grecae cum ecclesia Romana"[493] in Rußland den Märtyrertod erlitten habe. In der Bittschrift machte der polnische Ex-Provinzial die besondere Situation seines Ordens im Zarenreich deutlich. Die Provinz bestand aus nicht mehr als fünf Konventen, die kaum noch die frühere Bedeutung der Basilianer als Träger des monastischen und christlich kulturellen Lebens dieser Region widerspiegelten. Ständig war Apostasie oder Verfolgung durch die russischen Machthaber zu befürchten.

Dembrovskyj ging es schlicht um das Überleben der Union. Denn tatsächlich waren dort außer einigen verborgenen Ruthenen kaum Unierte zu finden; diese gehörten dem allein fortbestehenden Bistum Chełm im mit Rußland organisch vereinten Königreich Polen an[494]. Dombrovskyj erhoffte sich von einer Heiligsprechung nicht nur römische Unterstützung, sondern auch ein weltweites Aufmerksamwerden auf die desolate Lage der Ruthenen. Dabei war es sicherlich nicht unwesentlich, die besondere Unterstützung der polnischen Könige herauszustreichen, die die Causa in vergangenen Zeiten genossen hatte.

Pius IX. zeigte sich interessiert. Schon seit längerer Zeit war das Verhältnis zu Zar Alexander II. (1855–1881) wegen dessen rigider Kirchenpolitik gespannt und drohte zu eskalieren. Nach 1863 waren neben den Unierten auch die Lateiner der Verfolgung des russischen Statthalters in Polen ausgesetzt[495]. Dabei hatte der Papst der ostkirchlichen Union besonderes Interesse entgegengebracht[496]. Intuitiv scheint der Papst die Verfolgungssituation der Ruthenen im Zarenreich in ihrer Parallelität zu seiner eigenen, dem stetig voranschreitenden *Risorgimento*, begriffen zu haben[497]: 1861 war der Kirchenstaat auf das Gebiet Latiums zusammengeschrumpft[498]. Jedenfalls drückte Pius seinen erklärten Willen aus, Josaphat in den Katalog der Heiligen aufzunehmen und beauftragte Bartolini mit der Prüfung der Causa[499].

---

490 Archivio Grottaferrata, Ms. cryt. Z.a. XCIII., p. 5f.
491 ASRC, Decreta 1863–1864, fol. 10A: hier befinden sich – unpaginiert – beide undatierte Schriftstücke.
492 ASRC, Decreta S.R.C., 1863/64, fol. 10A: Promemoria. Der entsprechende Passus ist sogar unterstrichen.
493 Ebd.
494 Ammann 524f.
495 Ebd. 531f. Vgl. zu dieser Frage ausführlich: Martina II 533–546.
496 Archivio Grottaferrata, Ms. cryt. Z.a. XCIII., p. 6. Sogar Eduard Winter streicht heraus, daß in Rom nach dem Januaraufstand von 1863 beim Papst der Unionsgedanke wieder lebendig wurde: Winter, Rom und Moskau 147. Vgl. auch: Martina II 359: Pius IX. richtete 1862 in der Propagandakongregation eine spezielle Sektion für die Probleme der orientalischen Kirchen ein.
497 Darauf macht aufmerksam: Welykyj, La stampa romana del 1867 sulla canonizzazione di S. Giosafat 256. Er gibt an, daß dieser Gedanke von Bartolini stammte.
498 Schatz, Vaticanum I I 19; Martina II 83–119.
499 Welykyj, Historia Beatificationis et Canonizationis S. Josaphat 13.

Nachdem man sich des päpstlichen Interesses sicher war, galt der erste Gedanke der Basilianer dem *Nervus rerum*, nämlich dem Geld[500]. Man hatte keines; selbst aus dem fernen besetzten Ruthenien war keines zu erwarten[501]. Um die anfallenden Kosten der Kongregation decken zu können, kam ein offensichtlicher polnischer Glücksritter aus Paris gerade recht, der bei seiner Durchreise im Staatssekretariat versicherte, in Paris läge genügend Geld für die Causa bereit[502]. Dann kamen aber weder Pole noch Geld. Stattdessen sandten die Exilpolen aus Paris Agitatoren nach Italien, um mit Josaphats Martyrium Stimmung gegen die Russen in Szene zu setzen[503]. Zu jener Zeit wurde gerade der Januaraufstand in Kongreßpolen von den Russen blutig niedergeschlagen[504]. Für ihre nationalen Ziele suchten die Polen auch den Papst zu gewinnen, der, obgleich er für die polnische Bewegung offen Sympathien bekundet hatte[505], nun jedoch abwinkte und die Heiligsprechung zur „causa di tutta spiritual giurisdizione"[506] deklarierte. Selbst dem Vitenschreiber ordnete Pius den Rückzug aus der Politik an: Contieri erhielt Weisung, alle störenden politischen Implikationen, besonders die polnische Herkunft Josaphats, herauszulassen[507].

Die sich zuspitzende Situation – nach dem polnischen Januaraufstand wurde der neue Administrator von Chełm von den Russen an seiner Amtstätigkeit gehindert[508] – verhalf dem Papst zum Handeln. In der Audienz Ende Januar 1864 verkündete Pius IX., die Causa Josaphat zügig aufnehmen zu wollen[509]. Da kein offizieller Bittsteller aufgetreten war, stellte der Papst das Verfahren regelrecht auf den Kopf: Pius ernannte *motu proprio* den Präfekten der Kongregation, Costantino Patrizi[510], zum Ponens. Da Patrizi gleichzeitig Vikar von Rom war, wurde die Causa tatsächlich zu einer römischen. Gleichzeitig beauftragte der Papst den neuen Ponens, selbständig zwei Postulatoren aus dem Basilianerorden auszuwählen: einen Ruthenen und einen Mönch aus Grottaferrata. Wie zu erwarten war, fiel die Wahl Anfang Februar auf Contieri und Dombrovskyj[511], die sich beeilten, die fehlende Bittschrift nachzureichen[512].

---

[500] Die gesamte Bezahlung des Prozesses und der Feiern geschah über das Kloster Grottaferrata. Abrechunungen in: Archivio Grottaferrata, Busta XXIV (726).
[501] Archivio Grottaferrata, Ms. cryt. Z.a. XCIII., p. 6.
[502] Auch zum folgenden: Archivio Grottaferrata, Ms. cryt. Z.a. XCIII., p. 7f.
[503] Nachdem der Novemberaufstand von 1830, der auch auf das russische Besetzungsgebiet übergegriffen hatte, im Königreich Polen gescheitert war und überall bis Mitte 1831 niedergeschlagen wurde, verlagerte sich der Schwerpunkt des politischen und geistigen Lebens der Nation in die Emigration, vor allem nach Paris. Vgl. dazu: Rhode, Kleine Geschichte Polens 344–363.
[504] Ebd. 385–397.
[505] Ammann 528; Rhode, Kleine Geschichte Polens 380; Martina II 533–539.
[506] Archivio Grottaferrata, Ms. cryt. Z.a. XCIII., p. 8.
[507] Archivio Grottaferrata, Ms. cryt. Z.a. XCIII., p. 8f.: „ad appellarlo ruteno, qual egli era di fatto provincialmente, e non polacco".
[508] Vgl. Ammann 528.
[509] ASRC, Decreta 1863–1864, fol. 59: Aufzeichnung über die Audienz vom 28. Januar 1864.
[510] Patrizi (1798–1876), 1821 Priesterweihe, 1823 Rota-Auditor, 1828 Erzbischof von Philippi, 1829 ernannter Nuntius in Florenz, 1834 Kardinal (1836 publiziert), 1841–1876 Kardinalvikar von Rom, 1854–1876 Präfekt der Ritenkongregation, 1870–1876 Dekan des Hl. Kollegiums: Weber II 500f.
[511] Welykyj, Historia Beatificationis et Canonizationis S. Josaphat 13. – Die Ernennung erfolgte am 5. Februar.
[512] Bartolini, Commentarium actorum I 1.

Auch der *Modus procedendi* des Verfahrens mutet anormal an und legt den Verdacht nahe, als handele es sich bei der Causa Josaphat um ein veritables Politikum, das durch Absprache und nicht durch Prozeßverfahren entschieden wurde. Der Ritensekretär Bartolini bat im Juli 1864 Contieri in Grottaferrata, nun alle für das offizielle Prozeßverfahren wichtigen Dokumente der Kongregation zu übergeben; es wären bereits alle Hindernisse für einen zügigen und erfolgreichen Abschluß der Causa beseitigt[513].

Inzwischen hatte man für die neue projektierte Kanonisationsfeier Kandidaten gesammelt. Die offizielle Bittschrift aller beteiligten Postulatoren führte 1864 ausschließlich Namen von Märtyrern: Pedro de Arbués, Josaphat und die 19 Blutzeugen von Gorkum. Im letzten Abschnitt des Papiers arbeitete man das Gemeinsame heraus: das Zeugnis der Seligen für den römischen Primat[514]. Ähnlich wie in der Audienz vom Januar, in der man festhielt, daß Josaphat „a Schismaticis in odium Catholicae unitatis et veritatis interfectus fuit"[515], galt er den Postulatoren immer noch als Verteidiger der Union – nun allerdings mit dem Zusatz „unitatis et primatus Romani Pontificis, cum voce, tum scriptis propugnator"[516].

2.d. Das Punctum saliens der Causa

Woher kam plötzlich dieser Sinneswandel, der die Causa Josaphat zum Kirchen-Politikum stilisierte? Die Trendwende von der katholischen Aufklärung zum Ultramontanismus setzte etwa in den dreißiger Jahren des 19. Jahrhunderts ein[517]. Man entdeckte die Institution des Papsttums als Antwort auf die geistigen und häufig auch gesellschaftlichen Probleme der Zeit. 1868 sprach die *Civiltà Cattolica* von der „Wiederherstellung des Autoritätsprinzips als dem einzigen Mittel zur Rettung der Gesellschaft"[518]. Die Revolutionsereignisse von 1848 förderten diese Entwicklung und verursachten bei Papst und Kurie eine zunehmend antiliberale Einstellung. In diesem Zusammenhang muß die Causa Josaphat gesehen werden.

Im Fall Josaphats läßt sich zeigen, daß der Papst selbst oder seine nächste Umgebung die Wende herbeiführte. Der Gedanke stammte jedenfalls aus einem kleinen Bändchen des 17. Jahrhunderts, das anläßlich der Seligsprechung Kuncewyczs von einem Mitglied der *Famiglia* des Papstnepoten Antonio Barberini[519] verfaßt worden war[520]. Schon in der Widmung ist zu lesen, daß Josaphat sein Leben hingegeben habe, um

---

513 „… tutti ostacoli già sono levati": Dombrovskyj an Contieri, 28. Juli 1864: Archivio Grottaferrata, Busta XXIV (7126).
514 Bartolini, Commentarium actorum I 7: „… qui Romanorum Pontificum Primatum ab detractorium calumniis atque impetu vindicarunt". Offizielle Bittschrift aller Postulatoren: ebd. 2–7.
515 ASRC, Decreta 1863–1864, fol. 59: Aufzeichnung über die Audienz vom 28. Januar 1864.
516 Welykyj, S. Josaphat Hieromartyr III 249.
517 Schatz, Der päpstliche Primat 178–183.
518 Zitiert nach: ebd. 180.
519 Antonio Barberini (1607–1671), jüngerer Neffe Urbans VIII., seit 1628 Kardinal, in vielfältigen diplomatischen Aufgaben eingesetzt. Barberini scheint der Postulator der Causa Josaphats gewesen zu sein.
520 AP, SOCG, vol. 182: Antonio Gerardi, Sommaria relatione della vita, e miracoli del Beato martire Giosafat Cuncevitio, Rom 1643.

„mit mit der katholischen Religion den Primat der römischen Kirche zu verteidigen"[521].

Pius IX. erbat vom Promotor fidei, Pietro Minetti[522], ein Gutachten über die neue Causa. Der Funktionswechsel läßt sich kaum deutlicher als in Minettis Stellungnahme erkennen: Josaphat wurde mit demjenigen identifiziert, „qui institutum coelitus Tuae Sedis Primatum etiam fuso sanguine adseruit"[523]. Noch im selben Jahr wurde die *Positio* zusammengestellt, die auch die *Sententia* Minettis aufnahm[524]. Dort wurde der Promotor fidei ganz deutlich: In einer Welt, die von Aufständen und Verleumdungen geprägt sei, bedeute es für die auf festen Felsen gegründete Kirche Christi, den göttlichen Ratschluß zu verwirklichen und die Causa Josaphat abzuschließen[525]. Formal sei nichts weiter zu tun, als den Prozeßweg der japanischen Märtyrer einzuschlagen und eine *Congregatio Generalis super tuto* einzuberufen[526].

Der Rota-Dekan wurde beauftragt, einen Bericht über das Martyrium anzufertigen und seine persönliche Stellungnahme abzugeben; beide wurden dem *Summarium* von 1864 beigefügt[527]. Der Dekan legte seiner Interpretation die *Ipsissima* Josaphats zugrunde – nicht etwa die, die er im Moment des Todes gesprochen haben soll, sondern passendere: Während seines letzten Aufenthaltes in Vitebsk habe er im Oktober 1623 angesichts der sich zuspitzenden Situation geäußert: „Man fürchtet sehr, daß ich sterben werde! Oh, gefalle es dem Himmel, daß ich wirklich Blut und Leben für die hl. Union und den Gehorsam gegenüber dem Apostolischen Stuhl geben könnte!"[528] Daraus zog der Rota-Dekan den einzigen Schluß, daß der unierte Erzbischof für den katholischen Glauben sowie für den Primat der römischen Kirche und des Papstes in den Tod gegangen sei. Auch die Untersuchung der Prozeßakten aus Polozk ergäbe, „nulla alia de causa fuisse occisum Josaphat Archiepiscopum, quam pro obedientia Summi Romani Pontificis, pro defensione Primatus Sancti Petri et Sedis Apostolicae, pro fide catholica et Sancta Unione"[529]. Auch aus weiteren Zeugnissen konnte der Dekan nichts anderes herauslesen.

Schaut man in Josaphats selbstverfaßten Katechismus – in einen der wenigen authentischen Texte des Heiligen –, so wird man zur Vorsicht gemahnt. Zwar antwortete er im ersten Teil ‚De fide' auf die Frage, wer denn der *Vicarius Christi* sei: „Successor Principis Apostolorum Petri. Uni enim Sancto Petro commisit Deus Pastoratum Catholi-

---

521 Ebd., S. 3: „in difendere, con la Religione Cattolica, il Primato della Chiesa Romana". Unter Primat ist hier eher der Vorrang der Katholischen Kirche gemeint, verbunden mit der päpstlichen Gewalt: „perché difendeva la Potestà del Papa (S. 25).
522 Minetti war von 1864–1874 Promotor fidei der Ritenkongregation: Miscellanea in occasione del IV centenario della Congregazione per le Cause dei Santi 427.
523 ASRC, Fondo E, Josaphat, Sententia pro veritate (Rom 1864). Druck: Welykyj, S. Josaphat Hieromartyr III 251–253; Bartolini, Commentarium actorum I 18–19, hier: 19.
524 Welykyj, S. Josaphat Hieromartyr III 251.
525 Ebd. 252.
526 Dazu auch: Guèpin II 489.
527 Druck des Summariums: Welykyj, S. Josaphat Hieromartyr III 254–268.
528 Übersetzt aus: Contieri, Vita di S. Giosafat 325: „Si teme tanto che i muoia! Oh piacesse al cielo, che io dessi veramente il sangue e la vita per la santa Unione e per l'obbedienza alla Sede Apostolica!" Gleiches findet sich auch in dem 1866 von der Kongregation gedruckten Compendium Historiae Martyrii et miraculorum: ASRC, Fondo E, Josaphat, S. 8.
529 Welykyj, S. Josaphat Hiermartyr III 261.

cum Oecumenicum, et non aliis Apostolis; atque ideo potestas remanet tantum in successore Petri, et non in successoribus aliorum Apostolorum", doch bestand für Josaphat die Kirchenunion in dem einen Glauben und der Eucharistiegemeinschaft, unbeschadet des lateinischen oder ruthenischen Ritus[530]. Den Begriff „Primat" verwendet er verständlicherweise nicht. Seinen letzten überlieferten Worten und Handlungen kann man nichts weiteres entnehmen, als die Sorge für seine Gefährten und seinen Opferwillen für die Union und den Glauben an Christus[531].

Josaphat verstand die Einheit mit der römischen Kirche in Glaubensfragen als inhaltliche Substanz des Begriffes ‚Primat'. Der Jurisdiktionsprimat, so wie er auf dem I. Vaticanum dogmatisiert wurde[532], hatte für ihn keine Relevanz. Auf die Frage, wer denn die Patriarchen der orientalischen Kirchen seien, antwortete Josaphats Katechismus: „Episcopi sunt. Sed si in Unione cum successore Petri non fuerint, Pastores non sunt."[533] Tatsächlich war ihm demnach die Union in Glaubensfragen das Wesentliche und nicht die Jurisdiktion.

Die römische Deutung hatte sich augenscheinlich herumgesprochen, vermutlich angeregt durch die Postulatoren. Dieser Verdacht liegt nahe, da in einer Bittschrift polnischer Magnaten[534] vom Dezember 1864 plötzlich der Primatsgedanke auftauchte[535]. Die einflußreichen Hochadligen sahen in der römischen Kirche den einzigen Rückhalt für die polnischen Katholiken, vor allem für diejenigen, die im Exil leben mußten. Was Wunder, wenn man Josaphat als Schutzpatron und Anwalt der Einheit – sei sie nun national oder glaubensmäßig zu verstehen – kanonisieren wollte. Der polnische Nationalist und Erzbischof von Gnesen-Posen, Leon Michał von Przyluski[536], verhielt sich vorsichtiger; er bat schlicht um die Heiligsprechung Josaphats, ohne irgendwelche Deutungen abzugeben[537].

Die *Generalis super tuto*, die schon am 8. Januar 1865 abgehalten werden konnte, brachte – wie zu erwarten – ein klares Votum für die Causa[538], obgleich gerüchteweise bekannt geworden war, daß Kardinal Francesco Pentini[539] der bevorstehenden Heiligsprechung kritisch gegenüberstand, da er die damalige kirchliche und politische Situation für einen solchen Schritt nicht für opportun hielt[540]. Er war nicht der einzige hohe Kuriale, der seine Kritik äußerte. Ob dies der Grund war, weshalb in den Amtsakten

---

[530] Contieri, Vita di S. Giosafat, Annex, S. IX.
[531] So auch Contieri in der Schilderung des Martyriums: ebd. 340–342.
[532] Vaticanum I., DH 3061. Vgl. dazu: Klaus Schatz, Der päpstliche Primat. Seine Geschichte von den Ursprüngen bis zur Gegenwart, Würzburg 1990; Schwaiger, Päpstlicher Primat und Autorität 161; Karl Rahner/Joseph Ratzinger, Episkopat und Primat 13–49; Müller, Katholische Dogmatik für Studium und Praxis der Theologie 624f.
[533] Zitiert nach: Contieri, Vita di S. Giosafat, Annex, IX.
[534] Unterschrieben haben u.a. Fürst Sapieha, Fürst Czatoryski und Graf Zamoyksi.
[535] Bittschrift vom Dezember 1864: Welykyj, S. Josaphat Hieromartyr III 268–273.
[536] Zur Biographie vgl. Zdziław Grot, Art. Przyluski, Leon Michał von, in: Die Bischöfe 1785/1803–1945 577–579. Przyluski war 1845–1865 Erzbischof von Gnesen/Posen. Er förderte wie keiner seiner Vorgänger die polnische Nationalbewegung und wurde Ehrenpräsident der *Liga Polska*.
[537] Bittschrift vom 25. Februar 1865: Welykyj, S. Josaphat Hieromatyr III 273f.
[538] Welykyj, Historia Beatificationis et Canonizationis S. Josaphat 13.
[539] Pentini (1797–1869), 1828 Auditor der *Segnatura di Giustitia*, 1837 Kammerkleriker, 1847 *Presidente delle Acque e Strade*, 1863 Kardinal; vgl. Weber II 504f.
[540] Archivio Grottaferrata, Ms. cryt. Z.a. XCIII., p. 12.

der Ritenkongregation kein Protokoll der *Generalis* überliefert wurde[541], ist unbekannt. Fest steht jedenfalls, daß der Sonderstatus der Causa längst zementiert war. Inzwischen hatte sich auch im Ausland der Schwung der Josaphat-Propaganda in sein Gegenteil verkehrt; aus der Promulgierung eines neuen Heiligenkultes wurde Apologetik, die bereits seit einigen Monaten zarte Konturen zeigte. Die nationalistische Agitation[542] der Polen rief die russische Besatzungsmacht auf den Plan und nahm der ohnehin spannungsreichen päpstlichen Rußlandpolitik immer mehr Handlungsspielraum. Der Wind blies der lateinischen und unierten Kirche im Zarenreich ins Gesicht. Ende des Jahres 1865 schloß die russische Regierung vier von den noch bestehenden fünf Basilianerklöstern; nur noch das in Warschau blieb bestehen. Die polnische Sprache im ruthenischen Gottesdienst wurde getilgt und durch das Russische ersetzt. Ferner merzte man nun noch die letzten Reste des unionstreuen Klerus aus[543]. Die Mahnungen des Papstes im Jahre 1866 beantwortete der Zar mit dem Abbruch der offiziellen Verbindungen der Lateiner nach Rom. Als logische Folge unterstellte Alexander II. die gesamte geistliche und kirchliche Verwaltung der lateinischen Kirche seines Machtbereichs dem sogenannten Römisch-Katholischen Kollegium in St. Petersburg, an dessen Spitze der Erzbischof von Mohilev stand, und schuf damit de facto eine russisch-katholische Staatskirche[544].

In dieser spannungsgeladenen Situation war es nur folgerichtig, daß der Zar und seine Minister Einspruch gegen die bevorstehende Heiligsprechung erhoben. Russische Agenten in Rom machten zudem Stimmung gegen Josaphats Kanonisation, während polnische Katholiken offen um diese Auszeichnung baten[545].

Unschwer vorzustellen, daß auch die Ostkirchen die bevorstehende Heiligsprechung ungünstig aufnahmen – nicht nur wegen des prononciert primatialen Etiketts. Die Primatsfrage war letztlich – zumindest aus römischer Perspektive – der Ausgangspunkt der Trennung von Orthodoxie und Abendland; sie war der „entscheidende Grund des Nicht-mehr-Gelingens einer Einigung"[546]. Als Josaphat einmal mißtrauisch befragte wurde, ob er den Patriarchen von Konstantinopel anerkenne, antwortete er klipp und klar: „Der Patriarch erkennt den Papst an, und ich erkenne den Patriarchen an"[547]. Auch seinem Katechismus war Ähnliches zu entnehmen. Dieser geht sogar noch weiter. Falls die Patriarchen des Ostens nicht mehr in der Glaubensgemeinschaft mit dem Nachfolger Petri stünden, „salvari non possunt, tam illi ipsi, quam etiam sequaces illorum"[548]. Damit wurde Josaphat zum Schreckgespenst römisch-unitarischer Absichten.

---

541 Dort ist nur ein Vermerk der Sitzung ohne Datum zu finden: ASRC, Decreta 1865–1866, fol. 5. Es wurde auch kein Protokoll nachträglich dazugeheftet, wie es verschiedentlich vorkam.
542 Welykyj, Historia Beatificationis et Canonizationis S. Josaphat 13.
543 Dazu: Ammann 528. Zum Niedergang der Basilianerklöster: Himka, The Greek Catholic Church and the Ukrainian Nation in Galicia 13.
544 Ammann 531f.; Martina II 541–544.
545 Vgl. Guépin II 490.
546 Schatz, Der päpstliche Primat 143.
547 ASRC, Fondo E, Josaphat, *Compendium Historiae Martyrii et miraculorum*, Rom 1866, S. 7. Druck bei: Bartolini, Commentarium actorum I 123–132, hier 126.
548 Katechismus, Teil ‚De fide': Contieri, Vita di S. Giosafat, Annex, S. IX.

Aufgrund massiver Polemik – auch aus der Ukraine[549] – beschloß man, die Veröffentlichung des Dekrets *super tuto* zunächst zurückzustellen[550]. In seiner Heimat beschuldigte man Josaphat, mit außergewöhnlicher Härte gegen Andersgläubige vorgegangen zu sein. Auch die Orthodoxen verbreiteten solche Anklagen, die dann breiten Niederschlag in der internationalen Presse fanden.[551] Weil damit der heroische Tugendgrad des Kandidaten in Frage gestellt war, ordnete man eine nochmalige Prüfung des Dekrets an. Contieri wurde angewiesen, auch diesen dunklen Punkt zu prüfen und in seiner Vita zu widerlegen[552]. Entsprechendes Material fand man im Briefwechsel zwischen Josaphat und dem litauischen Großkanzler[553]. Bis zum Sommer 1865 rollte die Welle der publizistischen Gegenoffensive, in die sich auch der französische Josaphat-Biograph Alphonse Guépin[554] einschaltete[555].

Erst im Frühjahr 1865 entschied man sich[556], das Dekret zu drucken, um es am 2. Mai zu promulgieren[557]. Vorsichtshalber trat der Primatsgedanke zunächst zurück, um dem Apostel der Einheit breiten Raum zu gewähren. Schon die Einleitung sprach symbolisierend von der ungeteilten Tunica des Gekreuzigten; so solle auch die Kirche eins sein, die Christus bekleide. Um das Dekret wirksam vorzustellen, hatte der Papst bewußt den Gedenktag des östlichen Kirchenlehrers Athanasius von Alexandrien gewählt, des hartnäckigen und unbeugsamen Verteidigers des Glaubensgutes[558]. Pius IX. begab sich eigens am 2. Mai in die römische Titelkirche S. Atanasio, um in Wort und Tat auf die Parallelen zwischen den beiden Bischöfen aufmerksam zu machen, ihm Josaphat sogar gleichzustellen[559]. In einer langen Ansprache wies der Papst auf das Widerstehen in Verfolgungssituationen hin – ohne seine eigene bedrängte Lage aus dem Blick zu verlieren, obgleich zu seiner Zeit nicht Tyrannen und Messer Martyrien herbeiführten, sondern Presse und Feder[560]. In dieser Parallelsituation sei Josaphat derjenige, der „tapfer kämpfte gegen die Häresie und nicht zögerte, sein Blut für den

---

[549] Pavlyk, Nicola Contieri 205. – Der dortige Metropolit wurde mit Hilfe von Contieris historischen Schriften über Josaphat apologetisch tätig.
[550] Vgl. Welykyj, Historia Beatificationis et Canonizationis S. Josaphat 14; ders., La stampa romana del 1867 sulla canonizzazion di S. Giosafat 256.
[551] Archivio Grottaferrata, Ms. cryt. Z.a. XCIII., p. 13.
[552] Die Abfassung der Heiligenvita geschah in Zusammenarbeit mit der Ritenkongregation. Bartolini hatte bereits Anfang 1864 Contieri als versiertesten Autor für die Vita ins Spiel gebracht: Archivio Grottaferrata, Busta XXIV (726), Bartolini an Contieri, 6. Februar 1864.
[553] Pavlyk, Nicola Contieri 205. Vgl. auch: Archivio Grottaferrata, Ms. cryt. Z.a. XCIII., p. 14. – Gemeint war der Großkanzler Leon Sapieha (1588–1633).
[554] Guépin (1836–1917), 1858 Eintritt in die Benediktinerabtei Solesme, 1864 Priesterweihe, Restaurator des Klosterlebens und Hagiograph; Ernesto Zaragoza, Art. Guépin (Hildefons-Marie), in: DHGE XXII 670–672.
[555] Archivio Grottaferrata, Ms. cryt. Z.a. XCIII., p. 14. Guépin veröffentlichte einige Artikel in der *Le Monde* im Juni/Juli 1865.
[556] Archivio Grottaferrata, Ms. cryt. Z.a. XCIII., p. 14. Rocchi berichtete, daß die Entscheidung im März/April des Jahres fiel.
[557] Dekret vom 2. Mai 1864: ASRC, Decreta 1865–1866, fol. 32D.
[558] Zu Athanasius von Alexandrien (ca. 295–373) vgl.: Günther Gentz, in: Reallexikon für Antike und Christentum I 860–866.
[559] In der Titelkirche erhob der Papst die Statue des sel. Josaphat und stellte sie neben die des hl. Athanasius: Pavlyk, Nicola Contieri 205.
[560] Der Papst sprach von Martyrien, die von „una stampa iniqua" verursacht worden seien; Papstrede: Archivio Grottaferrata, Ms. cryt. Z.a. XCIII., p. 16–18.

Hl. Stuhl zu vergießen"[561]. Jeder rechtgläubige Katholik sei Verfolgung ausgesetzt, wie das Beispiel des kurz vor der Seligsprechung stehenden Johan Berchmans SJ wieder beweise[562]. Pius IX. zitierte nicht zufällig einen Jesuiten, da der Papst, wie er eigens hervorhob, den Orden als Bollwerk der Jugenderziehung im Strudel von Angriffen und Anfechtungen ansah. Auch Josaphats Vita war eingebettet in das Wirken der Gesellschaft Jesu im Osten Europas[563].

Damit war die letzte Etappe auf dem Weg zur feierlichen Kanonisation eingeläutet. Die Zeit drängte und das Geld fehlte[564]. Zunächst schien es, als wolle der Papst die Feierlichkeit schon am kommenden Peter-und-Pauls-Fest begehen, doch gab er dem Hinweis nach, die Säkularfeier der Apostelfürsten 1867 sei die bessere Gelegenheit – auch um verschiedene andere Causen noch rechtzeitig abschließen zu können[565]. Auch mit dieser Lösung blieb die uneingeschränkte Ausrichtung der Kanonisation auf das Papsttum gewährleistet.

Damit hatte der Orden zwar Zeit gewonnen, doch waren die Basilianer in Grottaferrata und vor allem die im Zarenreich nicht in der Lage, die Kosten für die Heiligsprechung aufzubringen. Dombrovskyj begab sich nach Galizien, um dort Gelder flüssig zu machen[566]. Dabei kam es zu einem Zwischenfall, der Person und Tätigkeit des Postulators diskreditierte: Nicht für die Allgemeinheit bestimmte Briefe nach Rom wurden abgefangen und veröffentlicht, so daß er selbst schon an Rücktritt dachte[567]. Die einzelnen Umstände liegen im Dunklen; fest steht, daß man in Rom nicht daran dachte, ihn offiziell abzulösen. Dennoch verschwand Dombrovskyj nun von der Aktionsfläche.

Inzwischen wurden die ersten Adunanzen der Postulatoren anberaumt, um die Feierlichkeit vorzubereiten und über die Finanzierung zu beraten[568]. Die Basilianer teilten sich nun den Einzugsbereich ihrer mühevollen Geldeintreibung in zwei Teile auf, wobei Contieri für Rom und Umgebung zuständig sein sollte und Dombrovskyj für Galizien und Deutschland[569].

An der Kurie dachte man derweil an einen Ersatz für Dombrovskyj. Dabei war weniger die Kampagne gegen den Postulator das auslösende Moment, als offensichtliche Kritik von den Ukrainern. Um diese stärker an die Causa anzubinden, wurde der rußlandfreundliche Bischof Sembratovych als sogenannter dritter Postulator eingesetzt,

---

561 Archivio Grottaferrata, Ms. cryt. Z.a. XCIII., p. 17.
562 Berchmans wurde am 28. Mai 1865 seliggesprochen. Vgl. zu Vita und Prozeß die Angaben im Kapitel „Jesuitenheilige".
563 Dazu die Angaben im Kapitel „Jesuitenheilige".
564 Archivio Grottaferrata, Ms. cryt. Z.a. XCIII., p. 6.
565 Bartolini, Commentarium actorum I S. II. Rocchi berichtete, der Papst habe bereits Anfang Januar im Anschluß an die *Generalis* geäußert, noch warten zu wollen: Archivio Grottaferrata, Ms. cryt. Z.a. XCIII., p. 12.
566 Bartolini berichtete Contieri am 24. August 1866 über 1400 Scudi von den Bischöfen Galiziens: Archivio Grottaferrata, Busta XXIV (726).
567 Archivio Grottaferrata, Ms. cryt. Z.a. XCIII., p. 22f. Die Briefe waren wegen ihres unverhüllten Nationalismus kompromittierend.
568 Schon am 23. Mai 1865 wurde die erste Adunanz, die sich aus den Postulatoren der Causen Josaphat, Arbués und Gorkum zusammensetzte, abgehalten: Bartolini, Commentarium actorum I 41.
569 Archivio Grottaferrata, Ms. cryt. Z.a. XCIII., p. 26f. – In Rom unterstützte der Propostulator Epifano Cotta, Mönch aus Grottaferrata, Contieri im Auftreiben von Geldmitteln: Pavlyk, Nicola Contieri 205.

der jedoch bald wegen seines rührigen Wirkens[570] den Neid der Basilianer auf sich zog[571]. Iosyf Sembratovych, der römische *Deus ex machina* der Ukrainer, erhielt in Lemberg 1865 *stante pede* die Bischofsweihe, um von seinem Metropoliten als besonderer Repräsentant der Kirche des byzantinischen Ritus nach Rom entsandt zu werden, damit er dort als „Weihbischof" und Kontaktmann fungieren könne[572]. Tatsächlich kam er eigens für die Kanonisation nach Rom[573].

Damit glaubte man, auch der internen kurialen Kritik, zu deren Nestor sich der schlesische Oratorianer Augustinus Theiner aufschwang[574], den Wind aus den Segeln zu nehmen. Theiner wurde seit 1840 von der Kurie als Berater für die Lage der russischen Katholiken und der Union mit den Orientalen herangezogen. 1855 zum Präfekt des Vatikanischen Geheimarchivs erhoben, hatte er zunächst guten Zugang zu Pius IX. Das beiderseitige Verhältnis verschlechterte sich jedoch zunehmend, ebenso wie seine Beziehungen zu den Jesuiten, deren Zorn er sich durch eine Biographie über Clemens XIV. zugezogen hatte[575].

Theiner nahm im Vorfeld der Heiligsprechung dezidiert gegen den Basilianerorden und das polnische Element in der Unierten Kirche Stellung. Schon 1843 hatte der gebürtige Schlesier in seinem vielzitierten Buch „Vicende della Chiesa Cattolica nella Polonia e nella Russia"[576] Haßtiraden gegen die Polen entfacht. Der Basilianerorden sei es gewesen, der in den Jahren der Verfolgung „schändlicherweise"[577] auf die Sicherung seiner Besitztitel bedacht gewesen sei, während der Säkularklerus wegen seines Bekennertums Verhaftungen und Drangsale habe erdulden müssen. Jener habe

---

[570] Pavlyk, Nicola Contieri 205.
[571] Archivio Grottaferrata, Ms. cryt. Z.a. XCIII., p. 23.
[572] Dieser Schritt war mit Rom abgesprochen. – Sembratovych (1821–1900) am 8. November 1821 in Krynica (Diözese Przemyśl) geboren, ruthenischer Pfarrer, am 24. März 1865 zum Titularbischof von Nazianz ernannt, am 27. März zum Vertreter seiner Kirche in Rom, Bischofsweihe im Lemberg am 10. Juni. Er war der einzige Ukrainer im Trio der Postulatoren. Er wurde auf römische Veranlassung am 1. Oktober 1867 zum Apostolischen Administrator für den greisen Erzbischof von Przemyśl eingesetzt und am 27. Juni 1870 nach Lemberg und Halisch transferiert, wo er bis zum Tod als Metropolit wirkte: Pavlyk, Nicola Contieri 204; Welykyj, Historia Beatificationis et Canonizationis S. Josaphat 14; HC VIII 404 Anm. 2 (Nazianzen.); Ammann 645, 651. Schon Ammann (651) schildert ihn als „fromm, aber seinen Aufgaben nicht gewachsen".
[573] Nur wenige Wochen nach der Heiligsprechung, am Ende der Sommerpause, wurde er am 1. Oktober mit der Aussicht auf eine Metropolie in die Heimat zurückgesandt: HC VIII 404 Anm. 2 (Nazianzen.).
[574] Pavlyk, Nicola Contieri 206.
[575] Der gebürtige Breslauer Augustinus Theiner (1804–1874) brach 1824 das Theologiestudium ab, veröffentlichte zusammen mit seinem rationalistischen Bruder Johann Anton ein Buch gegen das Priesterzölibat, kehrte 1833 zur Römischen Kirche zurück, Priesterweihe in Rom und Eintritt in den Oratorianerorden 1839. Schon vor dem I. Vaticanum verschlechterte sich sein Verhältnis zum Papst, der ihn als Präfekt des Archivs 1870 entpflichtete, nachdem er verbotenerweise die Geschäftsordnung des Tridentinums der Konzilsopposition ausgeliefert hatte. Nun nahm er Fühlung zu den Altkatholiken und bekämpfte die Dekrete des I. Vaticanums. Nach seiner Aussöhnung mit der Kirche starb er in Civitavecchia. Biographisch: Hubert Jedin, Augustinus Theiner, in: Archiv für Schlesische Kirchengeschichte 31 (1973) 134–176; Klaus-Gunther Wesseling, Art. Theiner, Augustinus, in: BBKL XI 791–795 (Lit.); Hermann H. Schwedt, Augustin Theiner und Pius IX., in: Festschrift für Hermann Hoberg II, Rom 1979, 825–868; Martina II 627–636.
[576] Hinter der Angabe der anonymen Autorenschaft – „ein Priester aus dem Oratorianerorden" – war unschwer Theiner zu vermuten. Das Werk erschien 1834 in Lugano. Deutsche Ausgabe: Augsburg 1841.
[577] Theiner, Vicende della Chiesa Cattolica 333.

auch erfolgreich danach gestrebt, die reichsten Pfründen anzuhäufen und lukrative Pfarreien dem Orden zu inkorporieren, um diese dann liturgisch und seelsorglich verarmen zu lassen. Basilianer hätten den Säkularklerus aus den Kapiteln und Kollegiatskirchen verdrängt, um sie dann zu dominieren, so daß ihr persönlicher Reichtum und Einfluß in einem Maße angewachsen sei, daß es sogar zu Entrüstungen im Kirchenvolk gekommen sei. Zu diesem schweren „iscandalo"[578] trat aber noch ein weiteres, entscheidendes Element: Der Großteil der Basilianer seien Polen gewesen, die den lateinischen Ritus verlassen und zunächst den griechischen angenommen hätten, um dann die Unierten mehr und mehr zu latinisieren – und zwar gegen das ausdrückliche Verbot Urbans VIII. von 1624, das Pius IX. erneut bestätigt hatte[579]. Theiner resümierte: Der Hl. Stuhl täte gut daran, den Einfluß der polnischen Basilianer zu bremsen und ihnen jegliche Pfarrfunktionen zu verbieten[580].

Auf der anderen Seite fand die Causa Förderer in den Kardinälen Jean-Baptiste Pitra und Antonino De Luca. Der französische Benediktinerkardinal Pitra[581] galt als ausgezeichneter Patrologe und Förderer der Ostkirchen, während der Kurienkardinal De Luca[582] das Ohr des Papstes hatte. Vor allem aber waren die Basilianer an der Kurie aufgrund ihrer publizistischen Tätigkeit und ihres Schülerkreises „für ihre absolute Romtreue bekannt"[583]. Außerdem konnte es als ermutigendes Zeichen gewertet werden, daß sich die Lemberger Oberhirten des lateinischen, ruthenischen und armenischen Ritus gemeinschaftlich an den Papst wandten und diesen um die Heiligsprechung Josaphats als Patron und Protektor ihrer verfolgten Kirchen baten. Hinsichtlich seines Martyriums hatte man sich sinnvollerweise auf den Unionsgedanken geeinigt[584].

Die Absicht des Papstes, den ruthenischen Erzbischof Josaphat zu kanonisieren, war indes ungebrochen. In seiner Ansprache im Konsistorium Mitte Mai 1866 konnte Pius

---

[578] Ebd. 335.
[579] Das Dekret Urbans VIII. vom 7. Februar 1624 verbot den umstrittenen Ritenwechsel. In der *Concordia* von 1863 einigten sich Polen und Urkainer über den Wechsel zur Lateinischen Kirche: Eduard Winter, Der Kampf der ecclesia ruthenica gegen den Rituswechsel, in: Grabmann/Hofmann, Festschrift für Eduard Eichmann zum 70. Geburtstag, Paderborn u.a. 1940, 237–243; Martina II 371.
[580] Martina II 334f. Die Mißbräuche seien besonders gravierend in den Diözesen Lemberg, Przemyśl und Kamieniecz.
[581] Pitra (1812–1889) trat 1840 in das Benediktinerkloster von Solesme ein, 1843 Prior von St-Germain in Paris, Mitarbeiter an Mignes Patrologie, seit 1858 in Rom als Experte des orientalischen Kirchenrechts, Reisen nach Ungarn und Rußland, 1863 Kardinal, 1869 Bibliothekar der Römischen Kirche, 1879 Kardinalbischof von Frascati, 1884 Bischof von Porto und S. Rufina: Weber II 507f.; Guépin I XXVI; Martina II 364. – Pitra gab Contieri wichtige Hinweise bei der Erstellung der Biographie Josaphats: Archivio Grottaferrata, Busta XXIV (726), Pitra an Contieri, 26. März 1867.
[582] De Luca (1805–1883) entstammte der Diplomatenlaufbahn: 1838–1841 Professor an der Sapienza, 1854–56 Nuntius in München, 1856–1863 Nuntius in Wien, 1863 Kardinal, 1864–1878 Präfekt der Indexkongregation, 1878–1883 Präfekt der Studienkongregation: Weber II 456f.; Archivio Grottaferrata, Ms. cryt. Z.a. XCIII., p. 21.
[583] Himka, The Greek Catholic Church and the Ukrainian Nation in Galicia 13.
[584] Bittschrift vom 24. August 1865: Welykyj, S. Josaphat Hieromartyr III 277f. Der Primatsgedanke tauchte hier nicht auf; das Martyrium wurde nur vor dem Hintergrund der Kirchenunion gedeutet.

IX. kaum deutlicher werden[585]. Hier war nichts mehr von Kirchenunion und bekennerhaftem Blutvergießen zu hören; stattdessen strich der Papst den Opfertod Kuncewyczs für den Primat heraus, unterlegt von einem infernalischen Novecento-Szenario bedrängter Christen angesichts der sich öffnenden Pforten der Unterwelt[586]. Immer wieder hob er die Verdienste Josaphats und Pedro de Arbués' hervor, die für die Integrität der wahren dogmatischen Lehre gelitten hätten und gestorben seien. Diesen Generalnenner vertrat auch der Präfekt der Ritenkongregation in seiner *Relatio* vor dem Konsistorium. Der Kurienkardinal ließ bei Josaphat ausschließlich das Blutvergießen für den Primat gelten[587].

Die äußeren Ereignisse im Zarenreich und in Italien eilten ihrem Höhepunkt zu und verstärkten die Fixierung des Papstes auf petrinisch-kirchenpolitische Themen: Im November 1866 zogen die Franzosen aus dem Kirchenstaat ab und leiteten dadurch den endgültigen Untergang des Patrimonium Petri ein[588]. Im Zuge dieser Mentalität der „belagerten Festung" wurden extrem papalistische Einstellungen und eine immer schärfere Abwehrhaltung gegen alle liberalen Freiheitsideen nach oben gespült und von Pius IX. selbst immer offener unterstützt[589]. Anfang Dezember 1866 kündigte der Pontifex für den Peter-und-Pauls-Tag des folgenden Jahres eine neue Kanonisationsfeier an, die nicht nur die Märtyrer, sondern zusätzlich auch vier weitere Causen berücksichtigen sollte, deren Verfahren aber noch nicht abgeschlossen waren[590].

Obgleich das angesetzte Datum für die Feier kaum mehr einzuhalten war – zwei Dekrete *super tuto* konnten erst im Oktober 1866 promulgiert werden[591] –, mahnte der Papst mit unverbrüchlichem Optimismus zur Eile. Dem Subpromotor wurde noch ein Priester beigegeben, um für einen schnelleren Abschluß der ausstehenden Causen zu sorgen. Schlimmstenfalls, meinte der Papst, müsse man einen Prozeß ausklammern und in der nächsten Kanonisation berücksichtigen[592]. Unter welchem Zeitdruck in Rom gearbeitet wurde, verdeutlicht auch die Publikation der kostspieligen Kanonisationsbulle für Josaphat[593]. Der Text, um den sich Contieri kümmerte, wies noch in der ersten Edition mehrere historische Fehler auf, so daß eine zweite Ausgabe der Bulle angefertigt werden mußte[594].

Das größte Problem stellte jedoch die Finanzierung dar: Die Bettelreisen Dombrovskyjs erbrachten nur aus Polen und der österreichischen Ukraine Gelder[595], auch

---

[585] *Allocutio* vor dem Konsistorium, 11. Mai 1866: Bartolini, Commentarium actorum I 61–63; Welykyj, S. Josaphat Hieromartyr III 281–283.
[586] Zum Vokabular als Zeitkolorit: Schatz, Vaticanum I I 1, 20.
[587] *Relatio* des Präfekten: Welykyj, S. Josaphat Hieromartyr III 279–281.
[588] Bartolini, Commentarium actorum I 90f.
[589] Schatz, Vaticanum I I 29.
[590] Bartolini, Commentarium actorum I 91.
[591] ASRC, Decreta 1865–1866, fol. 115A, 115B.
[592] ASRC, Fondo Sc, Acta Canonizationis 1867: Bd. 1, Bartolini an Patrizi, ohne Datum.
[593] Bulle, 29. Juni 1867: ASRC, Fondo E, Josaphat.
[594] Pavlyk, Nicola Contieri 208f. Allein das Faktum der notwendig gewordenen 2. Edition spricht nicht für ein sauberes historisches Arbeiten Contieris.
[595] Der Kapitularvikar aus Posen berichtete Contieri am 8. März 1866 über den Aufenthalt von Dombrovskyj; der Kapitularvikar kündigt eine größere Summe an: Archivio Grottaferrata, Busta XXIV (726).

Kaiser Franz Joseph I. (1848–1916) beteiligte sich[596]; die nach Frankreich geflohenen polnischen Priester ließen sich nicht zu einem finanziellen Beitrag überreden[597]. Der eigens angesprochene römische Adel, besonders die Bankiersfamilie Torlonia[598], zeigte keinerlei Interesse an der Heiligsprechung[599]. Seltsamerweise hielt sich in diesem Punkt auch die Propaganda-Kongregation zurück; sie steuerte nur 100 Scudi für die Ausgabe der Kanonisationsbulle bei. Für die 4000 von der Propaganda Fide gedruckten Viten wandte man dagegen 5665 Scudi auf[600].

Die 1800-Jahr-Feier des Apostelmartyriums gestaltete sich zu einer wahren papalistischen Bekenntnisfeier[601]. Unter den insgesamt 25 neuen Heiligen – immerhin 21 Märtyrer – war Josaphat der erste Platz reserviert[602]. Grund zum Feiern hatten vor allem die Exilukrainer, die die Heiligsprechung zu Zusammentreffen und Informationsgesprächen nutzten[603]. In der Heimat Josaphats hingegen rangierte das Ereignis „in secondo piano"[604], da die Kriegssituation einen weniger geeigneten Rahmen bot und man dort im allgemeinen kaum einen Unterschied zwischen einem Seligen und einem Heiligen kannte[605].

Sowohl im Vorfeld als auch im Anschluß an die Feier kam es zum erwarteten nationalen Dissens, der seine Ursache auch in der inhomogenen Gruppe der Postulatoren hatte. Dombrovskyj beabsichtigte, dem großes Bild Josaphats, das bei der Feierlichkeit enthüllt werden sollte, das Wappen Polens aufzudrücken. Dies konnte jedoch rechtzeitig verhindert werden, um die Ruthenen nicht zu verärgern[606]. Diese waren allerdings nach den Feierlichkeiten über die noch zu leistenden Abgaben, die an die Ritenkongregation abgeführt werden mußten, so entsetzt, daß sie Rom sofort verlassen wollten[607].

Den römischen Akteuren dagegen schien die päpstliche Gnadensonne. Noch im gleichen Jahr stellte Pius IX. die Unabhängigkeit des ins Rampenlicht der allgemeinen

---

[596] Zur habsburgischen Unterstützung der Ruthenen in Galizien: Ernst Christoph Suttner, Österreichs Politik gegenüber der griechisch-katholischen Kirche Galiziens, in: Ostkirchliche Studien 46 (1997) 3–14.
[597] Archivio Grottaferrata, Ms. cryt. Z.a. XCIII., p. 28: 1400 Scudi kamen aus Lemberg. Insgesamt waren 30 000 Scudi aufzubringen: ebd., p. 31.
[598] Zur Familie: Marina Caffiero, Torlonia, in: Reinhardt, Die großen Familien Italiens, Stuttgart 1992, 528–532.
[599] Archivio Grottaferrata, Ms. cryt. Z.a. XCIII., p. 29f.
[600] Archivio Grottaferrata, Ms. cryt. Z.a. XCIII., p. 41. Die ersten 500 Exemplare schickte die Propaganda im April 1866 nach Grottaferrata: Archivio Grottaferrata, Busta XXIV (726), Propaganda-Druckerei an Contieri, 14. April 1866.
[601] Zum Ablauf der Feier: Welykyj, La stampa romana del 1867 sulla canonizzazione di S. Giosafat 256–290. Vgl. hierzu auch die Angaben im Kapitel „Non olet".
[602] Welykyj, La stampa romana del 1867 sulla canonizzazione di S. Giosafat 254.
[603] Pavlyk, Nicola Contieri 209.
[604] Welykyj, La stampa romana del 1867 sulla canonizazzione di S. Giosafat 255 Anm. 4.
[605] Ebd.
[606] Archivio Grottaferrata, Ms. cryt. Z.a. XCIII., p. 34.
[607] ASRC, Fondo Sc, Acta Canonizationis 1867: Bd. 1, Contieri an die Kongregation, 7. Juli 1867. Sembratovych berichtete Contieri am 10. September, daß die letzte Postulatorenadunanz beschlossen habe, unverzüglich 800 Scudi bei der Ritenkongregation abzuliefern; allein für Kerzen wurden 4000 Scudi ausgegeben. Sembratovyc sprach von einer „mala fama" der Heiligsprechung: Archivio Grottaferrata, Busta XXIV (726). Neben den hohen Summen verärgerte die Ruthenen auch der Zahlungsmodus: Jeder Postulator zahlte einen anderen Betrag, der außerdem nicht mit der Preistabelle Benedikt XIV. korrespondierte (ebd., Pietro Alessandro an Contieri, 31. August 1867).

Aufmerksamkeit gerückten Klosters Grottaferrata wieder her und erhob es zur Abtei[608]. Im darauffolgenden Jahr zeichnete er gar das Kloster mit einem persönlichen Besuch aus und lobte die Leistungen des Vitenschreibers und Postulators Contieri vor der dortigen Kommunität[609]. Diesem verlieh der Papst 1869 die dortige Abtwürde und 1876 den Erzbischofsstuhl von Gaeta[610]. Der nächst bedeutende Postulator Sembratovych wurde Anfang Oktober 1867 zum Apostolischen Administrator von Przemyśl mit Aussicht auf die Nachfolge ernannt und 1870 zum Metropoliten von Lemberg[611].

Fazit: Die Instrumentalisierung von Josaphats Martyrium hatte viele Gesichter. Im Kontext der polnischen Aufstandsbewegung wurde der Pole Josaphat von einem Russen erschlagen; vor dem Hintergrund des siegreichen italienischen *Risorgimento* ging es um die Legitimität und Rechtgläubigkeit gegenüber der weltlichen Übermacht der Moskauer Orthodoxie; im zeitgenössischen theologischen Diskurs brauchte man eine Galionsfigur zur Etablierung der Primatsidee. Für die Basilianer bedeutete Josaphat den letzten Strohhalm vor dem Ertrinken, für die Unierten das Bindemittel für einen schutzsuchenden, engeren Anschluß an Rom. Die Kanonisation Josaphats zeigt unzweifelhaft die persönliche Handschrift Pius' IX., der die vergessene Causa in seinem eigenen kirchenpolitischen Interesse umdeutete und das Verfahren gegen alle äußeren Widerstände zu *seinem* Ende brachte. Im immer enger werdenden politischen Handlungsradius ging es Pius IX. um den Ausbau papaler Funktionen, für den die Causa Josaphat das rechte Material mitbrachte. Ostkirchliche Fragen spielten bei Josaphat nur eine Nebenrolle. Deutlicher manifestierte sich das Interesse des Papstes an den Ostkirchen in einer weiteren, gleichzeitigen Causa[612]: Er bemühte sich um die Seligsprechung des gänzlich unbekannten armenischen Pfarrers Gomidas Keumurdjian, der nach Missions- und Unionsbemühungen 1707 das Martyrium in Konstantinopel erlitten hatte[613].

3. Pedro de Arbués – der heilige Inquisitor

3.a. Die Bluttat von Zaragoza

Auch bei der Causa Arbués ging es um ein Martyrium, wobei nun das politische Moment der Kanonisation unverkennbar zutage trat. Ähnlich wie bei Josaphat handelte es

---

[608] Welykyj, La stampa romana nel 1867 sulla canonizzazione di S. Giosafat 256 Anm. 6.
[609] Der Papstbesuch fand am 10. August 1868 statt.
[610] Pavlyk, Nicola Contieri 207, 212f.; HC VIII 169. Seit 33 Jahren hatte Grottaferrata keinen Abt mehr gehabt.
[611] HC VIII 404 Anm. 2 (Nazianzen.).
[612] ASRC, Decreta 1863–1864, fol. 3. Als Postulator tritt der armenische Primas von Konstantinopel Antonius Hassua auf.
[613] Keumurdjian (1656–1707) oder Cosma da Carboniano konvertierte vom nichtunierten armenischen Ritus zum Katholizismus, missionierte und setzte sich für die Rückkehr seiner Landsleute zur römischen Kirche ein. Er wurde 1939 seliggesprochen. Giovanni Battista Proja, Art. Keumurdjian, in: BS VII 1042–1043; Walbert Bühlmann, Gomidas Keumurgian, in: Manns, Die Heiligen in ihrer Zeit II 377f. Vgl. zur Seligsprechung unter Pius XI.: Andrea Riccardi, Il Martirio: un modello per il cristiano nel mondo islamico tra Ottocento e Novecento? in: Emma Fattorini, Santi, culti, simboli nell'età della secolarizzazione (1815–1915), Turin 1997, 261–263. Keumurdjian wurde von Pius XI. als Märtyrer der Einheit beatifiziert.

sich um einen längst vergessenen Märtyrer des ausgehenden Mittelalters, der nie zu weltweiter Verehrung aufgerückt war[614]. Das hing in der Neuzeit sicherlich einerseits mit der zeitlichen Ferne zusammen, andererseits mit seinem „Handwerk", das für eine persönliche Identifizierung durch die Gläubigen wenig Raum bot – Ignaz von Döllinger[615] charakterisierte Arbués 1867 als denjenigen, „der bei der Einführung der spanischen Inquisition als ein Hauptwerkzeug diente und sein Andenken mit Blut in die Annalen derselben einschrieb"[616]. Der um 1441 auf den Landgütern der Familie im aragonesischen Epila geborene Pedro de Arbués begann seine theologischen und juristischen Studien in Spanien, um 1468 an das spanische Kolleg nach Bologna zu wechseln, wo er nach der Promotion (1473) Professor der Theologie wurde[617]. 1476 folgte er einem Ruf in das Domkapitel von Zaragoza, das damals noch nach der Augustinerregel lebte[618]. Da er als integre Persönlichkeit galt und der Reinheit des christlichen Glaubens verpflichtet war, ernannte ihn der spanische Generalinquisitor Tomás de Torquemada[619] am 4. Mai 1484 zum Leiter der neuerrichteten Inquisition in Aragón[620]. Die Genehmigung zur Einrichtung und zum Ausbau der Inquisition in Spanien erhielt der König vom Papst im Zuge der politischen Zentralisierung des unter den Katholischen Königen geeinten Landes. 1484 arbeiteten in Spanien vier Tribunale, die vor allem in Valencia und Katalonien auf Widerstände stießen. Die größte Opposition begegnete der Behörde aber in Aragón, wo es ihr an politischem Rückhalt fehlte und das Problem der *conversos* virulent war[621]. Unter *conversos* werden die mit zweifel-

---

[614] Der Hagiograph Cozza gibt sich alle Mühe, auf 150 Seiten (14 Kapitel) umständlich eine Verehrung nachzuweisen: Cozza, Arbues 107–257.

[615] Döllinger (1799–1890), 1822 Priesterweihe, 1823 Professor in Aschaffenburg, 1826 Professor für Kirchengeschichte in München, zunächst Hauptvertreter der katholischen Restauration in Deutschland, seit etwa 1860 wachsende Kritik an der römischen Kurie, die im Widerstand gegen das Unfehlbarkeitsdogma des I. Vaticanums gipfelte, 1871 exkommuniziert und Mitbegründer der Altkatholiken, ab 1872 mehrfach Rektor der Münchener Universität, 1873 Präsident der Bayerischen Akademie der Wissenschaften: Johann Friedrich, Ignaz von Döllinger I–III, München 1899–1901; Franz Xaver Bischof, Theologie und Geschichte. Ignaz von Döllinger (1799–1890) in der zweiten Hälfte seines Lebens, Stuttgart – Berlin – Köln 1997.

[616] Döllinger, Rom und die Inquisition 287.

[617] Das geringe Interesse an der Causa manifestiert sich auch in der spärlichen Anzahl von Biographien bzw. Viten. Die Biographie des Basilianers Giuseppe Cozza (Della vita, miracoli e culto del martire S. Pietro Arbues, Rom 1867), die auf der Grundlage des Apostolischen Prozesses angefertigt wurde, bildete lange Zeit die Basis für spätere Lebensbeschreibungen; vgl. noch: Henri Platelle, Art. Pietro di Arbuès, in: BS X 665f. Nach der Kanonisation wurde vor allem seine Tätigkeit als Inquisitor kontrovers diskutiert: Giuseppe Maria Filanti, Le stragi di Spagna e il beato Pietro de Arbués, Fossombrone 1872; Henry Charles Lea, The Martyrdom of San Pedro Arbués, New York 1889; Ignaz von Döllinger, Rom und die Inquisition, in: ders., Kleinere Schriften 286–356 (Zeitungsartikel aus der Allgemeinen Zeitung von 1867 im Vorfeld der Heiligsprechung); Pastor III/1 311f.; Llorca, La inquisición en España 140–160; Angel Alcalá Galve, Los orígenes de la inquisición en Aragón: S. Pedro Arbués, mártir de la autonomía aragonesa, Zaragoza 1984 (neue Deutung des Todes).

[618] Die Ernennung zum Kapitular erfolgte bereits am 30. September 1474. – Das Kapitel befolgte bis 1604 die Augustinerregel.

[619] Torquemada (1420–1498) OP, Professor der Theologie, 1483 Generalinquisitor in Spanien, Titularbeichtvater der Katholischen Könige. Er gab der spanischen Inquisition ihre endgültige Organisation; Ludwig Vones, Art. Torquemada, Tomás de, in: LMA VIII 878.

[620] Torquemada hatte von Innozenz VIII. die Fakultät erhalten, weitere Inquisitoren einzusetzen; Cozza, Arbues 52f.

[621] Hillgarth, The Spanish Kingdoms II 431; Netanyahu, The origins of the Inquisition 1164.

haftem Erfolg zum Christentum bekehrten Juden (Marranos) und Moslems (Moriscos) subsumiert, die in der Folge das Haupttätigkeitsfeld der neu eingerichteten aragonesischen Inquisitionsbehörde darstellten[622]. Bei der Bekämpfung der politischen und religiösen Opposition war Arbués eigentlich nur die zweite Wahl: Zunächst nur zur Unterstützung eines gleichzeitig eingesetzten Dominikaners vorgesehen, der jedoch schon Anfang 1485 starb, übernahm Arbués erst dann die ganze Last der neuen Aufgabe[623].

Arbués Amtszeit wird in der Literatur kontrovers beurteilt; die einen bezeichnen ihn als einen „der erbarmungslosesten Inquisitoren"[624], der „rigoros zahlreiche ‚Juden-Christen' der Hinrichtung übergab"[625], die anderen – vor allem der Kurie Nahestehende – verteidigen Arbués als denjenigen, dem „ganz fälschlich besondere Härte angedichtet"[626] worden sei, da er das Amt des Inquisitors „voller Nächstenliebe und Milde"[627] verwaltet habe. Fest steht jedenfalls, daß sich schon bald gegen ihn ein Komplott formierte, an dem auch aragonesische Adlige teilnahmen, die jüdische Vorfahren hatten[628]. Die Verschwörung kam Arbués bald zu Ohren; er setzte aber unbeirrt seine Tätigkeit fort, auch als Geld ins Spiel kam. Nach drei Todesurteilen lauerten ihm gedungene Mörder während der Matutin des 15. Septembers 1485 auf und stachen ihn an den Altarstufen nieder, so daß er zwei Tage später verstarb. Nach dieser Bluttat und der Verfolgung der Täter brach in Aragón der Widerstand gegen die Inquisition zusammen[629].

Eine Verehrung setzte bald in Zaragoza ein, und auffallenderweise verwandten sich die spanischen Könige seit Karl I. (1516–1556) für eine Seligsprechung des Inquisitionsmärtyrers[630]. Die Ritenkongregation erkannte die kultische Verehrung am 22. März 1652 an und machte den Weg für das Beatifikationsbreve frei, das am 20. April 1664 promulgiert wurde[631]. Nach der Seligsprechung ruhte die Causa Arbués[632].

---

[622] Vgl. dazu: Bernecker/Pietschmann, Geschichte Spaniens von der frühen Neuzeit bis zur Gegenwart 57; Hillgarth, The Spanish Kingdoms 431. Die *conversos* hatten häufig aus politischen Gründen rein äußerlich das Christentum angenommen, behielten aber ihre alten Bräuche, meist sogar ihren alten Kult bei und veranstalteten im Geheimen Zusammenkünfte, die sich nicht selten gegen die dem christlichen Glauben treu gebliebenen Spanier richteten.

[623] Cozza, Arbues 52f., 72.

[624] Döllinger, Rom und die Inquisition 287.

[625] Platelle, Art. Arbuès 665: „nell'esercizio delle sue funzioni si mostrò rigoroso e mandò al supplizio numerosi „ebrei-cristiani".

[626] Pastor III/1 311.

[627] Cozza, Arbues 57f.: „modo pieno di carità e di dolcezza usasse Pietro nell'esercitare il suo officio". – Das *Compendium Historiae Martyrii et Miraculorum* der Ritenkongregation (Rom 1866) bescheinigte Arbués Mäßigung, Milde, Verachtung weltlicher Dinge sowie die Liebe zu Gott und zu den Menschen: ASRC, Fondo Q, Pietro de Arbues, *Compendium Historiae* ..., 133–134.

[628] Ladero, Das Spanien der Katholischen Könige 180–182.

[629] Ebd. 180.

[630] ASRC, Fondo Q, Pietro de Arbues, *Compendium Historiae* ... 7. Kaiser Karl V. als Karl I. von Spanien bat 1537 um die Beatifikation. Bitte Philipps IV. um die feierliche Seligsprechung, 29. Juni 1664: ASRC, Fondo Q, Pietro de Arbues.

[631] Die Seligsprechung geschah durch die Erklärung des *casus exceptus* und die Ausgabe eines entsprechenden Beatifikationsdekrets: Veraja, La beatificazione 118f. Originalbreve: ASRC, Fondo Q, Pietro de Arbues. Druck des Breves: Cozza, Arbues 208–213. Das Verfahren zur Anerkennung des Kultes wurde in Rom 1660–64 durchgeführt. Prozeßabschriften: ASRC, Fondo Q, Pietro de Arbues.

Die Bluttat in der Kathedrale von Zaragoza forderte immer wieder den kriminalistischen Scharfsinn der Zeitgenossen und der Historiker heraus, denn das Verhör der Attentäter erbrachte kein befriedigendes Ergebnis. Die beiden Mörder, Vital Duranza und Juan Salvador alias Esperandeu[633], schienen aus Rache gehandelt zu haben, da sie vorher von der Inquisition wegen Häresie verurteilt worden waren[634]. Die im Sommer 1487 aufgenommenen Zeugenaussagen des Seligsprechungsprozesses bezeichneten die Täter überwiegend als Häretiker und Apostaten, zumal den Urhebern der Tat gar nicht das Hauptinteresse galt[635]. Entscheidend für den Prozeß war der Nachweis des Martyriums und der Tathergang, weniger die Identität der Mörder. Die Frage nach den Hintermännern ist verständlicherweise vom Informativprozeß nicht beantwortet worden; aber auch von staatlicher Seite wurden diese nie zur Rechenschaft gezogen, so daß Spekulation und Legendenbildung Tor und Tür geöffnet wurden[636]. Unter den zum Teil phantastischen Entwürfen ist sicherlich der von Benzion Netanyahu am weitesten gegangen, der die Theorie von Alcalá Galve konsequent zu Ende denkt: Wenn die Inquisition erst nach dem Tod von Arbués in Aragón Fuß gefaßt hatte, dann geht Alcalá Galve davon aus, daß die oberste Inquisitionsbehörde und der König, der über das Komplott nachweislich informiert gewesen war[637], die eigentlichen Drahtzieher des Attentats waren[638]. Arbués wäre damit ein „notwendiger Märtyrer"[639], eine Art Bauernopfer gewesen, um der Inquisition zum Durchbruch zu verhelfen[640]. Netanyahu geht einen Schritt weiter und bezeichnet direkt die Inquisition als den eigentlich Schuldigen am Tod ihres Inquisitors, um sich in Aragón durchzusetzen[641].

3.b. Das politische Programm der Causa

Daß das Interesse an den wahren Mördern von Pedro de Arbués kein kurzweiliges Gedankenspiel ist, das mit Kirchengeschichte nichts zu tun hat, zeigt das Verhalten der päpstlichen Kurie um 1860: Sie lieferte einen allzu bekannten Mörder. Es deutet

---

632 ASRC, Fondo Q, Pietro de Arbues, *Compendium Historiae* ... 9; Bartolini, Commentarium actorum I 31.
633 Duranza war Geldwechsler von Beruf, so daß der Verdacht naheliegt, er sei Jude gewesen.
634 ASRC, Fondo dei Processi Antichi, Nr. 226, *Summarium* um 1650. Das Motiv der persönlichen Rache hebt auch hervor: Döllinger, Rom und die Inquisition 346.
635 ASRC, Fondo Q, Pietro de Arbues, *Summarium*. Schon die Einleitung auf S. 4 spricht von „Haeretici et Apostati".
636 Hillgarth erwähnt etwa 60 Personen, die z.T. führende Stellen am Hof bekleideten, welche nach dem Mord an Arbués um ihre Stellung und ihr Leben fürchteten: Hillgarth, The Spanish Kingdoms 431f.
637 Vgl. Netanyahu, The origins of the Inquisition 1169.
638 Vgl. Alcalá Galve 60.
639 Ebd. 33.
640 Man geht heute allgemein davon aus, die Gruppe der tatsächlichen heimlichen Juden als relativ gering anzusetzen. Da die Inquisition an Bedeutung verlor, mußte man die Masse der klandestinen Juden erfinden, um der Behörde Gewicht zu verleihen. Vgl. zusammenfassend: Ladero, Das Spanien der Katholischen Könige 183.
641 Vgl. Netanyahu, The origins of the Inquisition 1170. Netanyahu entwickelt seine Beweisführung (S. 1164–1172) allein auf Literaturbasis und logischen Verknüpfungen. Ein gewisses Eigeninteresse wird ihm nicht abzusprechen sein.

auch alles darauf hin, daß der Gedanke, Arbués zu kanonisieren, an der römischen Kurie entstanden ist. In der Papstaudienz vom 14. Juli 1864 berichtete der Kardinalpräfekt der Ritenkongregation Patrizi über seine Nachforschungen zur Quellenlage der Märtyrercausen Gorkum, Josaphat und Pedro de Arbués[642]. Dann muß intern die Entscheidung gefallen sein, denn schon zwei Wochen später wandte sich der Sekretär der Ritenkongregation an den Nuntius in Spanien, Lorenzo Barili[643], um ganz diskret eine Art Tauschgeschäft abzuwickeln[644]: Ohne die Sicherstellung der Finanzen konnte der Prozeß an der Ritenkongregation nicht anlaufen! Der Sekretär ließ den Erzbischof von Zaragoza, Emmanuel García Gil[645], offensichtlich mündlich darauf aufmerksam machen, welchen Ruhm es für die Kirche und den Klerus der Diözese bedeute, einen weiteren Heiligen in ihren Reihen zu haben – zudem wäre die Kanonisation von Arbués eine einfache Sache, und die Gelegenheit würde sich wahrscheinlich auf lange Zeit nicht mehr bieten[646]. Die spanische Ehre kostete allerdings 11 000 Scudi.

Dem verlockenden Angebot konnten sich Erzbischof und Domkapitel nicht entziehen. Schon am 18. August signalisierte der Metropolit Interesse. Haupthindernis sei aber der Kirchenbau in Pilar. Die Diözese war hohe finanzielle Verpflichtungen eingegangen, um durch ihr Beispiel die Spendenfreudigkeit der Gläubigen anzustacheln[647]. Das Domkapitel setzte nun unter dem Vorsitz des Erzbischofs eine Kommission ein, die bis Mitte September die notwenigen Mittel fand, um die Prozeßkosten in Rom zu bestreiten. Am 23. September meldete Gil dem Nuntius, daß die Gelder bereitständen, allerdings nicht mehr als elf- bis zwölftausend Scudi. Inzwischen hatte man auch einen Postulator in Rom gefunden: So wie bei der Seligsprechung[648] sollten nun auch die Mercedarier die Causa betreuen[649]. Zwei Tage später berichtete der Nuntius nach Rom und betonte, daß Erzbischof und Kapitel tatsächlich ein großes finanzielles Opfer brächten[650], da hohe geistliche Würdenträger und Kapitulare in Spanien über kein

---

[642] ASRC, Decreta 1863–1864, fol. 97B: Aufzeichnung der Audienz vom 14. Juli 1864.
[643] Barili (1801–1875) war von 1857 bis 1867 Nuntius in Spanien, 1868 Kardinal: Marchi 237f.
[644] Auch zum folgenden: ASRC, Fondo Sc, Acta Canonizationis 1867: Bd. 1, Nuntius Barili an Bartolini, 25. September 1864.
[645] García Gil († 1881) war auf Vorschlag der spanischen Königin Erzbischof von Zaragoza von 1858 bis 1881, 1877 Kardinal: HC VIII 166.
[646] „... decoro e gloria del Clero Saragozzano avvesse nella cristianità l'onore che merita, ed essendo notevoli le facilitazioni che Ella [d.i. Bartolini] ha indicate, e probabilmente per lungo tempo non si offrirebbe ...": ASRC, Fondo Sc, Acta Canonizationis 1867: Bd. 1, Nuntius Barili an Bartolini, 25. September 1864.
[647] Das Erzbistum hatte sich seit fünf Jahren mit 14 000 Scudi für den Kirchenbau in Pilar verpflichtet. Die Diözese hatte so viel Geld wie möglich für das Bauprojekt aufgewandt.
[648] Cozza, Arbues 249.
[649] Der 1218 in Barcelona gegründete Ritterorden bemühte sich zunächst um die Sklavenbefreiung und die Missionsarbeit in Lateinamerika. Die Französische Revolution brachte den Orden um seine französischen Klöster; auch in Spanien gingen nach 1835 die Konvente verloren, ähnlich wie in Italien Jahre später. 1869 verfügte der Orden international nur noch über 26 Häuser und 315 Mitglieder in sechs Nationen: Heimbucher I 571–576; Antonio Rubino, Art. Mercedari, in: DIP V 1219–1228; L'ordine di Santa Maria della Mercede (1218–1992). Sintesi storica, Rom 1997.
[650] Im Anschluß an die Heiligsprechung bemühte sich die Metropolitankirche von Zaragoza, eine Dispens vom sonst üblichen Triduum zu erlangen, da ihr dafür das Geld fehlte: ASRC, Decreta 1867–1868, fol. 33: Aufzeichnung der Audienz vom 22. August 1867.

hohes Einkommen verfügten. Der Rapport schloß signifikant: „Nun, mir scheint die Sache damit entschieden!"[651]

In Rom setzte sich nun die Maschinerie der Ritenkongregation in Gang. Der um ein Gutachten[652] angegangene Promotor fidei lieferte keine Stellungnahme, sondern ein Programm: Nicht wenige seiner Zeitgenossen führten ein zügelloses Leben im Überfluß und lehnten Christus ab. Daher käme die Causa Arbués gerade recht, um die entstandenen Unsitten und Irrtümer zu geißeln und den katholischen Glauben zu fördern. Denn auch Pedro de Arbués mußte Verfolgung und Gefahren erleiden, bis ihn nachts im Gebet vor dem hl. Sakrament „Judaeorum manus furtim aggreditur"[653] und ihn tödlich verwundete. Der Promotor trat mit seinem Gutachten eine Lawine los, die sich mehr und mehr von der historischen Gestalt des Arbués entfernte. Die Bittschrift[654] der Actoren vom Oktober war nicht mehr als eine Formsache; sie spiegelte zudem den römischen Kanzleistil wider – sowie die Wendung „judaei sicarii"[655]. Formell sei der Prozeßweg der 26 japanischen Märtyrer zu beschreiten[656], der nur noch die *Congregatio Generalis* über zwei Wunder und die *Generalis super tuto* erfordere, meinte der Promotor. Als Postulatoren der Causa wurden der Ordensgeneral der Mercedarier und sein Sekretär, José Reig[657], eingesetzt[658], wobei dieser de facto die Hauptarbeit leistete.

Nun ging alles sehr rasch. In der Papstaudienz vom 10. November wurde Kardinal Carlo Sacconi-Contrari[659] zum Ponens bestellt[660]. Vier Tage später tagte das Konsistorium, das die Causa nun offiziell einleitete. Nach den Stellungnahmen einiger Kardinäle der Ritenkongregation sowie des Promotors fidei entschied der Papst, den Kanonisationsprozeß wieder aufzunehmen.[661] Schon am 16. Dezember fand die *Generalis super tuto* statt, die das Verfahren ohne Gegenstimmen zum Ab-

---

[651] „Dunque mi sembra decisa la cosa": ASRC, Fondo Sc, Acta Canonizationis 1867: Bd. 1, Nuntius Barili an Bartolini, 25. September 1864.
[652] *Sententia pro veritate* von Pietro Minetti, 4. November 1864: ASRC, Fondo Q, Pietro de Arbues. Druck: Bartolini, Commentarium actorum I 22f.
[653] *Sententia pro veritate* Minettis: Bartolini, Commentarium actorum I 23.
[654] Bittschrift des Erzbischofs und Kapitels von Zaragoza von 1864 (nicht datiert): ASRC, Fondo Q, Pietro de Arbues. Druck: Bartolini, Commentarium actorum I 12–17. Die Bittschrift muß im Oktober 1864 entstanden sein, denn Barili schickte sie im Auftrag des Erzbischofs von Zaragoza am 11. Oktober nach Rom: ASRC, Fondo Sc, Acta Canonizationis 1867: Bd. 1, Barili an Bartolini, 11. Oktober 1864.
[655] Diese Wendung kam in der offiziellen Bittschrift aber nur ein Mal vor. Bei der Schilderung der Mordtat taucht der Begriff „persecutores sui" auf.
[656] Vgl. hierzu das Kapitel: „Das wiederentdeckte Martyrium".
[657] Reig war Prokurator und Generalsekretär der Ordensleitung in Rom; er wurde im Februar 1868 von Pius IX. zum Ordensgeneral ernannt. Er starb am 20. September 1869: L'ordine di Santa Maria della Mercede (1218–1992) 237f.; Cozza, Arbues 248. Die Zahlung der Prozeßkosten wurde über Reig abgewickelt: Bartolini, Commentarium actorum II 476.
[658] Bittschrift: Bartolini, Commentarium actorum I 17.
[659] Sacconi-Contrari (1808–1889), 1851–53 Nuntius in München, bis 1861 in Paris, 1861 Kardinal, 1864–1867 Präfekt der *Economia di Propaganda Fide*, 1868–1870 Präfekt der *Segnatura di Giustitia*, 1884 Dekan des Hl. Kollegiums, Bischof von Ostia u. Velletri: Weber II 514f.
[660] ASRC, Decreta 1863–1864, fol. 109. Vgl. auch: Cozza, Arbues 249.
[661] Bartolini, Commentarium actorum I 17f. Minetti verlas dort seine *Sententia pro veritate* vom November.

schluß brachte[662]. Das entsprechende Dekret wurde erst am 23. Februar 1865 ausgestellt[663].

Das Programm hatte sich inzwischen längst verselbständigt. Bereits das Dekret *super tuto* brachte das Martyrium des aragonesischen Inquisitors in die Nähe des Leidens und Sterbens Jesu Christi, der Propheten sowie der Apostel und stempelte die Juden dafür verantwortlich[664]. Ähnlich wie Christus sei auch Arbués für Geld verkauft worden und erlitt dann den Tod für die Seinen.[665] Man ging sogar noch weiter: In einer Zeit, in der sich die Juden als Feinde der Kirche gebärdeten und Krieg gegen sie mit Wort und Geld führten, sei es wichtig, der Christenheit einen Mann vorzustellen, der ihnen widerstand[666]. Solche Verfolgungspsychosen konnte die Kurie nur entwickeln, weil sie wußte, daß um 1860 Juden in den meisten europäischen Parlamenten saßen, dem Liberalismus nahestanden und in zwei Regierungen Minister stellten[667].

Daß es Juden gewesen seien, die Arbués umgebracht hätten, daran ließ man keinen Zweifel. Das *Compendium Historiae Martyrii et Miraculorum* von 1866 zog deutlich eine Parallele zwischen Christus und Arbués und gab als Mörder einzig „scelerati Judaei"[668] an. Auch der kuriennahe Biograph Giuseppe Cozza arbeitete den vermeintlich Schuldigen deutlich heraus und bezeichnete die Bluttat als „opera della Sinagoga"[669]. Die spanischen Juden seien nur aus niederen Motiven zum christlichen Glauben übergetreten und hätten dann versucht, die öffentliche Ruhe zu stören, den geeinten Staat zu untergraben und die Inquisition durch Geld und Einfluß zu ruinieren.[670]

Dabei begann Mastai-Ferrettis Pontifikat sehr judenfreundlich: Das römische Ghetto wurde abgeschafft, Bekehrungspredigten unterblieben und das Katechumenenhaus wurde geschlossen. Zwischen 1846 und 1848 gewährten jüdische Bankiers dem Pontifex drei beträchtliche Anleihen und finanzierten seine Rückkehr aus Gaeta[671]. Der Umschwung hatte seinen Ausgangspunkt in der Revolution von 1848, die die Unter-

---

[662] Ebd. 23.
[663] ASRC, Decreta 1865–1866, fol. 16. Druck: Bartolini, Commentarium actorum I 29–32; Cozza, Arbues 250–254.
[664] Bartolini, Commentarium actorum I 29.
[665] „Christum imitatus qui Judaeorum pecunia venditus, et ab ipsis in Crucem actus pro suis interfectoribus veniam a Patre exoravit": ebd. Diese Parallele findet sich auch anschaulich geschildert bei: Cozza, Arbues 88f., 101.
[666] „At infinita Dei Sapientia disposuit ut luctuosis hisce temporibus, quibus Judaei qua scriptis qua pecuniis Ecclesiae hostilibus ad bellum acrius exercendum vires suppeditant, causa huiusmodi ad exitum perduceretur": Bartolini, Commentarium actorum I 31.
[667] Dazu: Lapide, Rom und die Juden 29; Martina, Storia della Chiesa III 345; Aubert, Vaticanum I 14.
[668] ASRC, Fondo Q, Pietro de Arbues, *Compendium Historiae* ... 6. „Collegerunt ergo in primis Judaei consilium, quemadmodum alias contra Christum, ut insidias struerent, quibus Petrum [de Arbués] facilius perdere possent": ebd., 5. Das war sicherlich eine historische Simplifizierung. Das *Compendium* selbst spricht von der hl. Inquisition in Spanien als der Behörde, die den „Judaeorum perfidiae et Mahometicae superstitionis semen" (S. 4) bekämpfen sollte.
[669] Cozza, Arbues XI.
[670] Ebd. 63–65. Dagegen bemüht sich Cozza, die spanische Inquisition als milde und gerecht darzustellen und sie gegen angeblich übertriebene Vorwürfe in Schutz zu nehmen: ebd. XIII u. 47.
[671] Dazu: Lapide, Rom und die Juden 29; Kertzer, Mortara 127. Caviglia weist nach, daß die antisemitischen Aktionen in Rom von 1850 von den unteren Volksschichten getragen wurden: Caviglia, L'identità salvata 4.

stützung der Juden gefunden und ihnen vollwertiges Bürgerrecht eingebracht hatte. Nach seiner Rückkehr aus dem Exil nahm der Papst den Kampf gegen alle liberalen Kräfte auf, und zwar nicht nur mit Hilfe der Exekutive, sondern auch auf ideologischem Gebiet[672]. Um die katholischen Werte tiefer im Bewußtsein der Bevölkerung zu verankern, wurden vor allem die Jesuiten herangezogen. Schon wenige Monate später trat die neugegründete Zeitschrift des Ordens, die *Civiltà Cattolica*, mit intensiver päpstlicher Unterstützung in die Presseschlacht gegen die Liberalen ein und avancierte rasch zum inoffiziellen publizistischen Organ des Hl. Stuhls[673]. Gleich in seinen ersten Nummern brachte das Blatt die verdeckte, aber unmißverständlich antijüdische Fortsetzungsgeschichte des *L'ebreo di Verona*[674], die die Revolutionsereignisse mit semitischen Machenschaften in Verbindung brachte. Da ist von Hostienschändungen in den Nächten von 1848 die Rede[675], vom Dämon der Geheimgesellschaften, der „der mysteriöse Demiurg der orientalischen Religionen"[676] sei, vom „Nest jeden Frevels und allen Unglaubens, dem Altar des Satans"[677].

Die semitenunfreundliche Politik der Kurie nach 1850 gipfelte zunächst in der Entführung des angeblich getauften jüdischen Kindes Edgardo Mortara 1858, die ein weltweites Echo auslöste. Der Junge wurde anschließend in einem Kloster versteckt, strikt antijüdisch erzogen und schließlich Missionar[678]. Pius IX. betrachtete sich selbst nicht als judenfeindlich, hielt jedoch unerschütterlich an der Überlegenheit des Christentums fest ebenso wie an der Vorstellung, die mosaischen Glaubensgenossen seien von Gott für die Kreuzigung Christi in der Geschichte gestraft worden. Die Prinzipien eines katholisch geprägten Staatswesens verteidigte er nicht nur für das Patrimonium Petri, sondern verurteilte auch jede Form von Religionsfreiheit im Ausland. Dessen ungeachtet konnten die Juden im Kirchenstaat ihre Religion mehr oder weniger ungehindert ausüben und ihre Synagogen bauen[679].

Es ist deutlich geworden, daß die ambivalente päpstliche Haltung gegenüber der mosaischen Religion nur vordergründig als Ursache für die Aufnahme des Heiligsprechungsverfahrens angesehen werden kann. Hinter der komplexen Judenpolemik, die im Zusammenhang mit der Causa Arbués kräftige Blüten trieb, steckte mehr. Was war die eigentliche Ursache dieser Haßtiraden? Antisemitismus oder Antijudaismus greifen bei näherem Hinsehen wesentlich zu kurz. Die expliziten Schuldzuweisungen der Kurie müssen vielmehr aus dem Zeitkontext der sechziger Jahre, dem beginnenden *Risorgimento*, begriffen und gedeutet werden – daher auch die radikale Verselbständi-

---

[672] Nach der Rückkehr von Pius IX. wurde die alte Judenpolitik der Jahre vor 1846 wiederaufgegriffen: Berliner, Geschichte der Juden in Rom 151; Caviglia, L'identità salvata 8.
[673] Zur Gründungsgeschichte der *Civiltà Cattolica*: Martina I 423–434; Kertzer, Mortara 131; Weber I 329f.
[674] Civiltà Cattolica 1850 I–III. Vgl. dazu: Martina I 288.
[675] Civiltà Cattolica 1850 I 411.
[676] Ebd. 405: „è il pandemonio delle Società segrete: questo è quel demiurgo misterioso delle religioni orientali".
[677] Ebd. 410: „il nido d'ogni scelleratezza e d'ogni empietà, l'altare di Satana".
[678] Zum Fall Mortara: Martina II 31–35; jüngst: David I. Kertzer, Die Entführung des Edgardo Mortara, München – Wien 1998; dezidiert jüdische Interpretation: Berliner, Geschichte der Juden in Rom 153–157.
[679] Dazu: Kertzer, Mortara 137f. – Die Juden genossen im Kirchenstaat weit mehr Freiheiten als die Protestanten.

gung der „Botschaft" vom Martyrium des Pedro de Arbués. Der Hagiograph Cozza gibt selbst eine vorsichtige Antwort: „In Europa wütet ein heidnischer Krieg des Rationalismus gegen den Glauben; [...] den Heiden ist das Kreuz Torheit, den Juden ein Skandalon"[680]. In dieser Zeit der Verfolgung sei die Rückbesinnung auf die wahren Heroen der Kirche wesentlich; die Heiligsprechung von Arbués solle zeigen, wer die wahren Kinder der großen Mutter Kirche seien[681]. Das *Compendium Historiae* nennt schließlich den aktuellen Feind der Kirche beim Namen: „Die wahren Juden unserer Tage sind die Freimaurer"[682]. Ähnlich äußerte sich auch der Erzbischof von Pisa, Kardinal Cosimo Corsi[683]: „Gegen uns erheben sich die Anhänger der gottlosen Freimaurerei"[684].

1859 wurde in Turin eine erste italienische Loge von Politikern, Journalisten, Literaten und Philosophen eingerichtet.[685] Camillo Cavour[686] stimmte schließlich zu, eine Art Heilige Legion zu gründen, die die Sache Savoyens – die der nationalen Einigung Italiens – unterstützen sollte[687]. Die Freimaurerei brachte dabei den Vorteil der internationalen Verbreitung sowie der eigenen Arkandisziplin verbunden mit absoluter Treue und Gegnerschaft gegen den katholischen Klerus, speziell gegen die Jesuiten, mit sich[688]. In den Jahren 1859/60 wurden die Freimaurer, die sich zu den Prinzipien der Unabhängigkeit und Freiheit bekannten, aufgerufen, sich in die Provinzial- und Kommunalverwaltung wählen zu lassen[689]. Schon acht Monate nach der Proklamation des Königreichs Italien konnte Ende 1861 in Turin die erste unabhängige, stark politisch ausgerichtete Großloge aus der Taufe gehoben werden, die 26 Logen Italiens aufnahm[690]. Die konstituierende Versammlung verlieh den Titel eines „Ersten Frei-

---

[680] Cozza, Arbues IV: „Mentre nell'Europa ferve una guerra secolare del razionalismo contro la fede [;... la croce] che è scandalo all'ebreo protevo e stoltezza al cieco pagano".

[681] Ebd., 246.

[682] ASRC, Fondo Q, Pietro de Arbues, *Compendium Historiae* ... 9: „Cum vero Judaei nostris hisce temporibus Massonicae impietatis sectatoribus ephemeridum ac pecuniarum ope plurimum faveant ut Ecclesiam Catholicam facilius ad extremam, si fieri posset, perniciem adducant". Diesen Zusammenhang deuten bereits vorsichtig an: Martina III 439; deutlicher: ders., Storia della Chiesa III 345; Relevanz erst für die 80er und 90er Jahre: Weber, Liberaler Katholizismus 71.

[683] Corsi (1798–1870), 1842 Kardinal, 1845 Bischof von Jesi, 1853 Erzbischof von Pisa: HC VII 61 u. 33; HC VIII 455.

[684] Votum Corsis: Bartolini, Commentarium actorum I 276f., hier 277: „At contra nos neoterici insurgunt Massonicae impietatis sectatores, qui nimiae ignorantiae et superstitioni tribuunt, quidquid vel dictum vel scriptum vel operatum fuerit a Christifidelibus et ab Ecclesia pro tuenda tanti viri in catholica Religione constantia".

[685] Mola, Storia della Massoneria italiana 33–35.

[686] Cavour (1810–1861), Leiter der liberalen Einigungspolitik unter dem Haus Savoyen, 1851 Minister für Agrikultur, 1852 Kabinettschef. Er selbst hielt sich der Freimaurerei fern: Ettore Passerin d'Entrèves, Art. Cavour, Camillo Benso Conte, in: DBI XXIII 120–138; Giuseppe Talamo, Cavour, Rom 1992; Martina, Storia della Chiesa III 335.

[687] Mola, Storia della Massoneria italiana 58f.

[688] 1853 wurde der Freimaurer und spätere Großmeister (1880–1885) Giuseppe Petroni zum Kopf einer Verschwörung gegen den Kirchenstaat, die aber frühzeitig aufgedeckt wurde. Petroni kam bis 1870 ins Gefängnis: Martina, Storia della Chiesa III 336; Romano Ugolini/Vittorio Pirro, Giuseppe Petroni. Dallo Stato pontificio all'Italia unita, Neapel 1991.

[689] Mola, Storia della Massoneria italiana 61.

[690] Ebd. 64f.

maurers Italiens" keinem anderen als Giuseppe Garibaldi[691] und legte als politische Hauptziele die „Befreiung" Roms und die Einigung Italiens unter laizistischen Gesichtspunkten fest. Als die italienische Großloge 1864 ihren Sitz nach Florenz verlegte, zählte sie bereits 72 Einzellogen[692]. 1865 nahm die Dachorganisation in ihrer Satzung und Zielsetzung bereits die administrative und judikative Vereinheitlichung Italiens vorweg[693] und hatte im König von Savoyen einen symbolhaften Sammlungspunkt der gesamten Freimaurerei[694]. Als deren Transmissionsriemen lassen sich Garbaldis siegreiche Operationen deuten.[695]

Seit der Exkommunikation durch Clemens XII. im Jahre 1738 ist das Logenwesen vielfach verurteilt worden.[696] Pius IX. verwarf das gesamte Sektenwesen bereits 1846 in seiner Antrittsenzyklika *Qui pluribus* und ließ über 70 weitere Dokumente folgen, die sich direkt oder indirekt mit der Freimaurerei beschäftigten[697]. Der Papst, dem allgemein eine antifreimaurerische Prägung[698] attestiert wird, wagte es jedoch nicht, das Logenwesen öffentlich anzugreifen[699]. Deutlich bezog er in der Allokution *Multiplices inter* Position: „Nie ist die freimaurerische Sekte […] bisher gezähmt oder gebremst worden, sondern sie hat sich im Gegenteil überall verbreitet, so daß sie in dieser Zeit der Bedrängnis ungestraft und kühn auf allen Gebieten agiert"[700]. Nach dem Fall Roms am 20. September 1870 verschärfte sich die Haltung des Papstes gegenüber den Freimaurern.[701] In einem Privatbrief an den Bürgermeister von Taubaté brachte er es 1873 auf den Punkt: „Nie zuvor befand sich die Kirche in einer solchen Verfolgungssituation wie heute, gleichzeitig entfesselt in allen Teilen der Welt und

---

[691] Ebd. 65. Zahlreiche Anhänger und Gefolgsleute Garibaldis befanden sich in z.T. führenden Positionen der Freimaurerei Italiens, z.B. das Gründungsmitglied Livio Zambeccari. Garibaldi selbst wurde 1844 in die Freimaurerloge eingeschrieben, als Großmeister amtierte er 1862 nur einige Monate: Martina, Storia della Chiesa III 335.

[692] Mola, Storia della Massoneria italiana 68.

[693] Ebd. 69.

[694] Ebd. 100.

[695] Ebd. 73; Weber, Liberaler Katholizismus 70. Martina (Storia della Chiesa III 335) schätzt stattdessen die italienische Freimaurerei bis 1860 als unbedeutend ein. Aubert spricht dagegen von einem „außerordentlichen Einfluß im politischen Bereich": Aubert, Vaticanum I 14.

[696] Mola, Storia della Massoneria italiana 81–90.

[697] Ebd. 91–97; Esposito gibt insgesamt 145 Schreiben der Kurie z.Z. Pius' IX. an: Esposito, Pio IX 60–66. Die Gründe, die Pius IX. im einzelnen zu solchen Verurteilungen bewogen haben, können hier beiseite bleiben. Eine knappe Zusammenstellung gibt: ebd. 75–79, 136–139.

[698] Das gilt aber grundsätzlich erst ab 1850: Rosario F. Esposito, Pio IX e la Massoneria, in: Atti del I Convegno di ricerca storica sulla figura e sull'opera di Papa Pio IX, Senigallia 1974, 170–294; ders., Pio IX 31–39, 196–224. Esposito weist alle Verdächtigungen zurück, Pius habe der Freimaurerei zumindest in früheren Jahren nahegestanden.

[699] Mola, Storia della Massoneria italiana 98; Martina III 435f. Mola führt als Gründe die uneinheitliche Haltung der Kurie sowie politische Inopportunität an. Auch im *Syllabus* wurde die Freimaurerei nur indirekt angegriffen. Der Papst forderte mit der Verwerfung der „Indifferenten" auch das Judentum heraus: Lapide, Rom und die Juden 30.

[700] „Non è stata mai domata o raffrenata questa sètta massonica di cui parliamo, ma al contrario s'è diffusa da ogni parte, tanto che in questo tempo pieno di calamità agisce impunemente in tutte le contrade e più audacemente si manifesta": *Multiplices inter* vom 25. September 1865 zitiert nach: Esposito, Pio IX 73.

[701] Esposito, Pio IX 67 (Tabelle); Mola, Storia della Massoneria italiana 97. Ein Höhepunkt wurde sicherlich 1873–1876 erreicht. „Immer stärker erschien im 19. Jahrhundert die Freimaurerei als Kraft, die die Kirche aus dem öffentlichen Leben ausschalten will, und als Prototyp jener Verbände, die auf den Sturz der alten Ordnung aus sind": Nedbal, Art. Freimaurerei 323.

beseelt von einem einzigen Geist, um gegen sie die Waffen der Macht, die öffentlichen Gesetze, Betrug, Sophismus, Verleumdung und Hohn zu richten. Das zeigt, daß alles geleitet und inspiriert ist von einem einheitliche Geist, der nichts anderes sein kann, als der ewige Gegner Gottes, der Satan. Er ist es, der zunächst die Konventikel seiner Gefolgsleute anzettelt, die Freimaurer"[702]. Die bereits schon hier deutlich faßbare Freimaurerpsychose gipfelte in den erfundenen, von der Kurie jedoch rasch adaptierten Enthüllungen des französischen Schriftstellers Léon Taxil[703], der gegen Ende des Jahrhunderts die Freimaurerei mit allen antikatholischen Kräften – bis zurück zur Reformation – in Verbindung brachte[704].

Schon 1861 stellte ein Priester aus Ancona in seinem Widmungsgedicht an Pius IX. die Verbindung zu den Juden her: „Aber vergeblich, ihr Hochmütigen: für eure Torheiten – die der Kinder des Satans – hauchte das Wort am Kreuz sein Leben aus! – Ihr Törichten lacht, gleich wie Juda!"[705] Deutlicher wurde der schriftstellerisch tätige Kanoniker Giacomo Margotti, dem familiäre Kontakte zu Pius IX. bescheinigt werden[706]. Er brachte die Dogmatisierung der *Immaculata* in Verbindung mit der Verurteilung der Freimaurerei[707]: Der Papst „verabreicht eine Probe der Göttlichkeit des Katholizismus und der erfolglosen Anstrengungen der Synagoge des Teufels, die versucht, ihn niederzuwerfen [...]. Pius IX. verspottet die Synagoge des Satans, welche ihm applaudiert, und dieselbe Synagoge, die ihn verfolgt"[708]. Dieselbe Titulatur für die Freimaurerei verwandte der Papst in der Enzyklika *Etsi multa luctuosa* vom 21. November 1873[709]. Schon im *Syllabus* von 1864 hatte der Papst im Kampf gegen die moderne Gesellschaft und Philosophie Freimaurer und Juden gemeinsam indirekt

---

[702] „Vi sarà indubbiamente noto, diletti figli, che mai prima di oggi la Chiesa si trovò esposta ad una persecuzione che, scatenata simultaneamente in tutte le parti del mondo e animata da identico spirito, accumulasse contro di essa, per rovinarla, le armi della potenza, delle pubbliche leggi, della frode, del sofisma, della calunnia, dello scherno. Ciò dimostra che tutto è diretto e disposto da un'unica mente, che altra non può essere se non quella dell'eterno avversario di Dio, il Diavolo. Fu egli a porre la prima orditura di questa tela nelle conventicole dei suoi seguaci, detti Framassoni": Brief vom 14. Juli 1873 zitiert nach: Mola, Storia della Massoneria italiana 169.

[703] Taxil (Pseudonym für Gabriel Jogand-Pagés) (1854–1907), seit 1871 antiklerikaler Publizist, 1881 Freimaurer: Josef Gelmi, Art. Taxil, Leo, in: LThK IX 1305.

[704] Zu Taxil und seinen „Enthüllungen": Weber, Liberaler Katholizismus 69–72; ausführlicher: Buchheim, Ultramontanismus und Demokratie 470–493.

[705] Der Priester Mariano Mattioni verfaßte dieses Gedicht auf Karfreitag 1861. Zitiert nach: Esposito, Pio IX 81: „Ma indarno, o superbi: alle vostre follìe – di Satana figlie, già chiuse le vie – quel verbo, ch'in croce per esse spirò. – Voi stolti, ridete, che simili a Giuda!"

[706] Esposito, Pio IX, 86 Anm. – Margotti (1823–1887) war Gründer und Leiter der antiliberalen und papsttreuen Zeitschrift *Unità Cattolica* und selbst politisch tätig (1857 in die Deputiertenkammer gewählt): Renzo U. Montini, Art. Margotti, in: EC VIII 74f.

[707] Pius IX. verkündete mit der Bulle *Ineffabilis Deus* vom 8. Dezember 1854 das Dogma von der Unbefleckten Empfängnis Mariens: Michael Seybold, Art. Unbefleckte Empfängnis, in: Bäumer/Scheffczyk, Marienlexikon VI 519–525; Weitlauff, Die Dogmatisierung der Immaculata Conceptio (1854) und die Stellungnahme der Münchener Theologischen Fakultät 433–460.

[708] Kommentar der *Immaculata* von Margotti in der *Unità Cattolica* 1873 Nr. 286; zitiert nach: Esposito, Pio IX 86 Anm.: „ci somministra una prova della divinità del cattolicismo, e degli sforzi inutili della Sinagoga di Satanasso per atterrarlo [...]. Pio Nono si ride della Sinagoga di Satanasso che lo applaude e della medesima Sinagoga che lo perseguita". Vgl. dazu auch: Martina III 438 Anm. 11.

[709] Pii IX Pontificis Maximi Acta VI/1 253–273. Dazu auch: Martina III 436.

getadelt[710]. „Synagoge des Satans"[711], die zukünftig zum Schlachtruf der antifreimaurerischen Polemik wurde[712], bedeutet nichts anderes als eine in sich geschlossene Trias von Logenwesen, Judentum und Teufelswerk, die „gegen die Kirche Christi ihr Heer befiehlt, ihr Banner erhebt und die Schlacht eröffnet"[713]. Das eigentlich Gefährliche und Verdammungswürdige an dieser Organisation war in den Augen des Papstes ihr weltweites Netz: Jahre später warnte Pius IX. die brasilianischen Bischöfe vor der Freimaurerei, die sich dort in verschiedenen kirchlichen Gemeinschaften Eingang verschafft hatte, da sie nicht nur in Europa operierte, „sondern ebensoviel auch in Amerika und in allen anderen Teilen des Erdkreises Schaden anrichtete"[714].

Die Identifizierung der Juden mit den Logenbrüdern fiel umso leichter, als es auch personell zu zahlreichen Überschneidungen kam: Verschiedene Freimaurer entstammten dem mosaischen Glauben[715]. Daß die Kurie in ihrem Kampf gegen die Moderne gleich zwei Fliegen mit einer Klappe schlagen wollte, dafür legen die obengenannten Voten Zeugnis ab. Dieser ewige Kampf zwischen Gut und Böse ist genau der, den Arbués gekämpft habe, und zwar erfolgreich trotz Meuchelmord, denn – um einen weiteren Topos zu bemühen – „die Pforten der Hölle werden die Kirche nicht überwältigen" (Mt 16,18).[716] Das Dekret über die Heiligsprechung des Arbués zeichnete diese Linie nach: „Diejenigen, die den Herrn Jesus und die Propheten töteten und die Apostel verfolgten und den Christgläubigen immer und überall feindlich gesonnen sind, das sind die Juden [..., die Arbués] zu einem ungerechten Preis ausgeliefert und den Hals durchbohrt haben, der blutgetränkt betend bei der Verteidigung des Katholischen Glaubens starb"[717]. Der Hagiograph Cozza nannte deutlich beim Namen, worin der Triumph Christi bestehe: im Widerstehen gegen „die Ruchlosen, die Christus verfolgen und seine Kirche auf ewige Zeiten"[718]. Die Heiligsprechung des Arbués

---

710 Lapide, Rom und die Juden 30. Zuletzt zusammenfassend zum Syllabus: Hubert Wolf, Der Syllabus errorum" (1864), in: Weitlauff, Kirche im 19. Jahrhundert, Regensburg 1998, 115–139.
711 Pii IX Pontificis Maximi Acta VI/1 270.
712 Esposito, Pio IX 90 u. 177. Vor allem im letzten Quartal des 19. Jahrhunderts griff die von den Jesuiten herausgegebene *Civiltà Cattolica* die Juden als „die wahren Herrscher" vieler Länder an. Sie stünden an der „Spitze der bösartigen Feldzüge gegen das Christentum": Lapide, Rom und die Juden 32. Vgl. dazu auch: Civiltà Cattolica 1884 Nr. 814; 1886 Nr. 862, 864; 1888 Nr. 921, 923; 1890 Nr. 964, 970, 972; 1892 Nr. 1004, 1023.
713 Pii IX Pontificis Maximi Acta VI/1 270: „Ex his namque coalescit synagoga Satanae quae contra Ecclesiam Christi suas instruit copias, infert signa et manum conserit". Diesen Zusammenhang bestätigt mit aller Vorsicht: Martina III 436; Weber, Liberaler Katholizismus 71.
714 Pius IX. an die Bischöfe Brasiliens, 29. April 1876: Pii IX Pontificis Maximi Acta VII/1 210–214, hier 211: „sed omnes quotquot in America aliisque totius orbis plagis habentur".
715 Martina, Storia della Chiesa III 335–337, 345. Eine solche Verbindung deutet vorsichtig an, ebenso wie Tiraden gegen beide Gruppierungen: Buchheim, Ultramontanismus und Demokratie 132.
716 Bei Angriffen auf die Freimaurerei bedienten sich der Papst selbst und ihm Nahestehende dieser Wendung: Esposito, Pio IX 87 u. 89.
717 ASRC, Decreta 1865–1866, fol. 16: „Qui Dominum occiderunt Jesum et Prophetas, quique Apostolos insectarunt, et Christifideles semper et ubique adversati sunt Judaei", „... a Judaeis iniquo pretio conductis gladio in gutture transfigitur, pro quibus sanguine madidus orans, in Fidei Catholicae defensione occubuit": Druck: Bartolini, Commentarium actorum I 29–32, hier 29. Von dem durch Dolchstiche zu Boden fallenden Arbués werden die Worte überliefert: „Laudatus sit Jesus Christus, quia morior propter eius sanctam fidem": ASRC, Fondo Q, Pietro de Arbues, *Compendium Historiae* ... 6.
718 Cozza, Arbues 247: „perfidi che insidiarono al Cristo e sempre alla sua Chiesa".

solle Ansporn und Auftrag sein, beherzt bis zum Tod gegen die Pforten der Unterwelt zu kämpfen; nach langem Leiden stelle sich der Sieg ein.[719]

Diesen Gedanken des Ausharrens in der Verfolgung hob der Papst im Konsistorium vom 11. Mai 1866 besonders hervor. Innerhalb der Gruppe der neuen Heiligen nahm der Inquisitor, wie er expressis verbis genannt wurde, eine Sonderstellung als derjenige ein, der gegenüber denen, die Christus ans Kreuz geschlagen hatten, die Reinheit der katholischen Lehre bewahrt habe.[720] Noch deutlicher und politischer wurde der Präfekt der Ritenkongregation in seiner sich anschließenden Rede: „Der allmächtige Gott hat in seiner weisen Vorsehung gewollt, daß die Katholische Kirche erneut über die Juden triumphiert, die sie durch Geld und Verleumdungsschriften heftig verfolgt"[721]. Der Feind war damit deutlich ausgemacht und in das kirchenpolitische Kampfprogramm eingebunden. In den *Litterae Apostolicae* der Heiligsprechung wurde es dann noch einmal auf den Punkt gebracht, ohne allzu oft den Begriff *Juden* zu verwenden: Das Leben des Arbués' wird als *certamen*, umstellt von Feinden, beschrieben, das heißt bei Pius IX.: von den Feinden des Apostolischen Stuhls. Doch: *Si Deus pro nobis, quis contra nos?*[722]

Die in der Endphase zu beobachtende Zurückhaltung gegenüber den Juden hatte Gründe. Kritik gegen die Heiligsprechung des Inquisitors kam nämlich auch aus den eigenen Reihen. „Die Kanonisation […] gab Anlaß zu den heftigsten Angriffen gegen den Heiligen Stuhl; die gehässigsten dieser Vorwürfe sind als das Werk Döllingers bekannt geworden"[723]. Der Kirchenhistoriker und Konzilskritiker Ignaz von Döllinger, der sich seit den sechziger Jahren zunehmend kritisch mit der römischen Kurie auseinandersetzte, richtete seine Angriffe nicht nur gegen die spanische Inquisition mit ihrem „gehässigsten und unsittlichsten Gehalt"[724], nämlich dem königlichen Fiskus durch die Vermögenskonfiskation der Verurteilten als Finanzquelle zu dienen, sondern auch gegen die unhistorische Bewertung von Pedro de Arbués und seines Martyriums. Der Inquisitor sei nicht gestorben, weil man ihn zur Verleugnung seines Glaubens zwingen wollte, sondern „weil er durch sein blutiges Geschäft das bedrängte Volk zur Verzweiflung brachte"[725]. Der im individuellen Zeitkontext verhaftete Döllinger führte die Causa Arbués zurück auf die „prinzipielle Tendenz, im Inneren des Organismus [der Kirche] die päpstliche Infallibilität festzustellen"[726] und den „rühmlichen Wetteifer zur Verteidigung des apostolischen Stuhls, des Sitzes der Wahrheit und der Einheit, zur Rettung der Glaubenseinheit"[727] herauszustellen. Der

---

[719] Ebd.
[720] Ansprache des Papstes: Bartolini, Commentarium actorum I 61–63: „servaret divinorum dogmatum integritatem ab iisdem, qui Christum Dominum crucis patibulo affixerant, sustinuit passionem" (S. 62).
[721] Ansprache Patrizis: Bartolini, Commentarium actorum I 67–72; „At Deus Omnipotens cuncta sapientissime disponens voluit ut Ecclesia Catholica de Judaeis novum eo tempore triumphum ageret, qui eam denariorum numero et ephemeridum calumniis acrius insectantur" (S. 70).
[722] *Litterae Apostolicae* vom 29. Juni 1867: Bartolini, Commentarium actorum II 351–366 (Arbués). Diese Gedanken tauchen in den *Monitiones* (S. 361) auf. Das Bibelzitat ist aus Röm 8,31.
[723] Pastor III/1 311 Anm. 2.
[724] Döllinger, Rom und die Inquisition 287.
[725] Ebd. 290.
[726] Ebd. 291.
[727] Ebd. 354. Döllinger zitiert hier die Allokution des Papstes vom 26. Juni 1866.

Kirchenhistoriker wird damit zweifellos dem Hauptmotiv des Papstes nicht gerecht, der eine Art Abrechnung mit den konspirativen Hintermännern des *Risorgimento* anstrebte.[728] Das Jesuitenorgan *Civiltà Cattolica* zeigte dagegen die tatsächliche Richtung auf: „Der Triumph des Arbués' ist eine Niederlage für die Juden und Judengenossen"[729]. Der Kritik aus jenen Reihen trat das Blatt vehement entgegen und stellte sogar die Argumentationsfigur auf den Kopf: Bis dato hätten die Juden versucht, die Erinnerung an Arbués auszulöschen. Dieser „letzte Schlag für den Märtyrer von seinen Verfolgern"[730] wende sich aber durch die Kanonisierung in sein Gegenteil. Das Dekret *super tuto* vom Februar 1865 zeigte es aller Welt autoritativ: „Es war ein besonderer Zug der göttlichen Vorsehung, den letzten Akt der Verherrlichung des hl. Märtyrers genau für den Zeitpunkt aufzusparen, in dem das Judentum mit der Presse und dem Geld mehr denn je anheben, den Krieg gegen die Kirche zu entfachen"[731].

Selten ist eine Causa so unbekümmert, zielsicher und bedingungslos in das kirchenpolitische Programm eines Pontifikats eingebunden worden. Die Verselbständigung des Prozesses hatte zweifellos in der „Flucht nach vorn"-Politik des Papstes angesichts dramatisch wachsender politischer und philosophisch-theologischer Widerstände seine tiefere Ursache. Arbués zählte wie Josaphat unzweifelhaft zu den Lieblingscausen von Pius IX., die er großzügig und einseitig zur Bekämpfung der inneren und äußeren Gegner einsetzte, um dem Kirchenvolk die Marschrichtung aufzuweisen: im Fall Arbués' die jüdisch unterwanderte Freimaurerei als Hauptfeind der Kirche, die er nach der Revolution von 1848 hinter jeder liberalen Aktion vermutete. Solche Anti-Freimaurer-Psychose zeigte gegen Ende des Jahrhunderts auf einem internationalen Kongreß über das Logenwesen und durch allzu große Leichtgläubigkeit gegenüber dem Taxil-Schwindel deutliche Wirkung[732]. Die offene Frontstellung gegen das Logenwesen ist also bereits in den sechziger Jahren vollständig entwickelt und in die päpstliche Politik eingebunden[733]. Dabei richtete sich die Causa Arbués nicht so sehr gegen die Juden als Religions- und Volksgemeinschaft, sondern gegen die antipapal und antiklerikal agierenden Freimaurer als den Feinden des Patrimonium Petri und der Kirche als Glaubensgemeinschaft. Die Heiligsprechung des Inquisitors Arbués zeigt auch, wie historisch unbekümmert die römische Kurie mit den heikelsten Kapiteln der Kirchengeschichte umsprang.

---

[728] In einem Brief an den Publizisten Franz Heinrich Reusch vom 29. Juli 1867 erkennt Döllinger immerhin die „offenbar steigende politische Macht des Protestantismus" – wie er es deutet – innerhalb des Aktionsradius der römischen Kurie als Faktor der Kanonisierung: Bischof, Theologie und Geschichte 121.

[729] Civiltà Cattolica 1867 III 277: „Ora il trionfo dell'Arbues è una sconfitta pei giudei e pei giudaizzanti". – Vor allem die römischen Jesuiten griffen die Enthüllungen Taxils und ähnlicher Schriftsteller willig auf und trugen nicht zum geringsten Teil zur Anti-Freimaurer-Hysterie bei: Weber, Liberaler Katholizismus 70f.

[730] Civiltà Cattolica 1867 III 277: „l'ultimo colpo dato al Martire da' suoi persecutori".

[731] ASRC, Decreta 1865–1866, fol. 16: „At infinita Dei Sapientia disposuit ut luctuosis hisce temporibus, quibus Judaei qua scriptis qua pecuniis Ecclesiae hostilibus ad bellum acrius exercendum vires suppeditant, causa huiusmodi ad exitum perduceretur".

[732] Ein internationaler Antifreimaurerkongreß fand in Trient im September 1896 statt: Buchheim, Ultramontanismus und Demokratie 470–493; Weber, Liberaler Katholizismus 71.

[733] Martina (Storia della Chiesa III 339–341) setzt die offene päpstliche Reaktion auf die Freimaurerei erst bei Leo XIII. an; ähnlich: Weber, Liberaler Katholizismus 70f.

3. Teil: Typologie

I. Jan Sarkander – Jubiläumsheiliger, Staatsprotektor, Nationalpatron

1.a. Die Anfänge der Causa

Der vor wenigen Jahren[1] heiliggesprochene Jan Sarkander läßt sich weder einem festumrissenen Kulturkreis zuordnen[2], noch ausschließlich mit einer bestimmten Funktionalisierung in Verbindung bringen: Sein Seligsprechungsprozeß an der Ritenkongregation, der sich weit über 100 Jahre hinzog und erst 1860 zum Abschluß kam, trug einem schillernden Kontext Rechnung, der von 1720 bis in die Mitte des 19. Jahrhunderts häufigen Veränderungen unterworfen war. Religiöse und politische Implikationen greifen hier soweit ineinander, daß sie kaum voneinander zu trennen sind. Auffallend ist in jedem Falle die Kontinuität des höfischen Interesses an der Seligsprechung.

Jan Sarkander wurde am 20. Dezember 1576 im schlesischen Skotschau geboren, das im österreichischen Teil des Fürstbistums Breslau lag[3]. Mit 15 oder 16 Jahren besuchte er die Lateinschule der Gesellschaft Jesu in Olmütz, dann durchlief er den Studiengang eines Jesuiten: Er studierte seit 1600 in Prag Philosophie, ab 1604 Theologie in Graz[4]. 1606 brach er das Theologiestudium ab und verlobte sich mit der lutherischen Anna Plachetska, die daraufhin zum katholischen Glauben übertrat. Sie starb aber bald, und Sarkander entschloß sich, Priester zu werden: Die niederen Weihen erhielt er im Dezember 1607 vom Olmützer Bischof Franz Seraph Kardinal Dietrichstein[5], die Priesterweihe in Brünn im März 1609. Der Kardinal übertrug ihm anschlie-

---

[1] Das Dekret über die Heiligsprechung wurde am 21. Mai 1995 promulgiert: AAS 88 (1996) 905–907.
[2] Deutsche, Tschechen und Polen nehmen ihn für sich in Anspruch: Grulich, Der selige Johannes Sarkander 9. Auch Matzke lehnt eine klare nationale Zuordnung ab: Matzke, Der selige Johannes Sarkander 31f.
[3] Zur Vita: Compendio della Vita del Beato Martire Giovanni Sarkander, Rom 1859; Francesco Liverani, Das Leben und Leiden des seligen Märtyrers Johannes Sarkander ... (Übersetzung der italienischen Ausgabe in 2 Bden. von Gustav Graf von Belrupt-Tissac), Olmütz 1860; Karl Wilk, Der selige Johannes Sarkander, Martyrer des Beichtgeheimnisses, Paderborn 1935; Bohumil Zlámal, Art. Sarkander, Giovanni, in: BS XI 654–659; Wilhelm Schamoni, Johann Sarkander, in: Manns, Die Heiligen in ihrer Zeit II 206–208; Josef Matzke, Der selige Johannes Sarkander, Königstein 1960; Bohumil Zlámal, Blahoslavený Jan Sarkander, Prag ²1990; Rudolf Grulich, Der selige Johannes Sarkander, in: Deutschland und seine Nachbarn 9, Bonn 1994, 3–26.
[4] Grulich mutmaßt, daß Sarkander zu jener Zeit die Absicht hatte, in diesen Orden einzutreten: Grulich, Der selige Johannes Sarkander 9.
[5] Dietrichstein (1570–1636), Bischof von Olmütz 1599–1636, gilt als einer der bedeutendsten Olmützer Oberhirten und als tatkräftiger Reformbischof: Matzke, Die Olmützer Fürstbischöfe 24–37; Pavel Balcárek, Kardinál František z Ditrichštejna (1570–1636), Kremsier 1990; Winfried Eberhard, Art. Dietrichstein, Franz Seraph, in: Die Bischöfe 1448–1648 129–133.

ßend die Pfarrei Jaktar bei Troppau, die in die Auseinandersetzung, welche sein Bruder Nikolaus als Pfarrer von Troppau mit den protestantischen Ständen auszufechten hatte, hineingezogen wurde. Im Oktober desselben Jahres wurde Sarkander Pfarrvikar in Mährisch-Neustadt, um in der Nähe seines Bruders zu bleiben, als dieser – der Verschwörung angeklagt – im Gefängnis saß. Es schlossen sich abenteuerliche Reisen, weitere Verhaftungen und die Flucht seines Bruders aus dem Gewahrsam an. In diesen unruhigen Zeiten der Glaubenskämpfe wurde Jan Sarkander im April 1611 Pfarrer in Charwath bei Olmütz, dann in Zdounek, Boskowitz und 1616 schließlich in Holleschau – seiner letzten großen Wirkungsstätte. Seine dortige Arbeit im Geiste der Katholischen Reform führte mit Hilfe der Jesuiten etwa 250 Bewohner zur Katholischen Kirche zurück, machte ihm aber den Patron Wenzel Bítovský zum erbitterten Gegner. Der Prager Fenstersturz von 1618 verschärfte die Situation: Nach der Verhaftung des katholischen Landeshauptmanns Ladislaus Popel von Lobkowitz und der Ausweisung der Jesuiten wurde die Lage für Sarkander 1619 unhaltbar: Er wallfahrtete zunächst nach Tschenstochau, kehrte aber Ende November 1619 nach Holleschau zurück und geriet dort unter die Räder des böhmischen Aufstands: Kaiser Ferdinand II. (1619–1637) hatte in Polen Hilfstruppen angeworben, die sich am 6. Februar 1620 Holleschau näherten. Um Plünderungen und Brandschatzungen vorzubeugen, zog Sarkander den polnischen Kosaken mit dem Allerheiligsten entgegen und bewog sie zum Weiterziehen. Die Protestanten beschuldigten ihn darauf, mit den Truppen im Einverständnis gestanden zu haben, nahmen ihn fest und brachten ihn nach Olmütz. Die Stände ließen ihn dort erfolglos verhören und foltern, damit Sarkander die Beichte seines angeblichen Bundesgenossen Popel von Lobkowitz preisgäbe. Nach einem weiteren Monat im Gefängnis erlag er am 17. März 1620 den schweren Verletzungen durch die Folter. Die Katholiken der Stadt Olmütz konnten eine Woche später erreichen, daß der von ihnen verehrte Sarkander in ihrer Kirche zu „Unserer Lieben Frau" beigesetzt wurde. Kardinal Dietrichstein nannte ihn schon im April 1620 einen wahrhaftigen Märtyrer[6].

Nachdem sich das Blatt nach der Schlacht am Weißen Berg vom 8. November 1620 gewendet hatte, wurden die Besitzungen von Sarkanders großem Widersacher Bítovský konfisziert und dieser in Olmütz enthauptet[7]. Das eingezogene Vermögen wurde „per decursum formandi Processus"[8] zur Beatifizierung Sarkanders bestimmt und bildete damit den Grundstock der später sogenannten „Sarkandischen Seeligsprechungskassa"[9]. Durch reiche Spenden umfaßte sie im Jahre 1836 immerhin 33 777 Gulden[10]. Aus diesem Vermögen, das der Pfarrer der Liebfrauenkirche im Auftrag der

---

[6] Zlámal, Art. Sarkander, Giovanni 657.
[7] ZAO, ACO 506, Johannes Großpetter/Brünn an den Domdechant von Olmütz, 25. Januar 1748. 1622 begannen die Konfiskationen und Hinrichtungen in Olmütz: Kux, Geschichte der königlichen Hauptstadt Olmütz 183f.; Válka, Morava, reformace, renesance a baroka 101–103.
[8] ZAO, ACO 506, Johannes Großpetter/Brünn an Domdechant von Olmütz, 25. Januar 1748.
[9] Das Vermögen trug spätestens 1749 diesen Namen: ZAO, ACO 506, Großpetter aus Brünn an den Fürstbischof von Olmütz, 18. November 1749 („Cassa Sarcandrina"). Vgl. auch: ZAO, ACO 511, Fasz. 1759–1783, Vermerk über die Nachfrage an die Landesregierung in Brünn bezüglich des Kassenstands, 25. Oktober 1783.
[10] Das waren etwa 10 000 Scudi. Zur Umrechnung: Weber I 170. – ZAO, ACO 511, Fasz. 1834–36, Landesregierung Brünn an den Fürsterzbischof von Olmütz, 9. Januar 1836.

Regierung der Markgrafschaft Mähren verwaltete[11], wurde der Unterhalt der später errichteten Sarkanderkapelle und der Seligsprechungsprozeß finanziert[12].

Der Dreißigjährige Krieg verhinderte zunächst seine Verehrung – von 1642 bis 1650 war Olmütz von den Schweden besetzt. Doch schon 1661 wurde die ehemalige Folterkammer als Gedächtnisstätte eingerichtet, 1672/73 als Kapelle ausgestattet und 1703/1704 über ihr ein geräumiger Neubau aufgeführt[13]. Etwa um die Mitte des 17. Jahrhunderts begann man, Material für die Seligsprechung Sarkanders zu sammeln und einen Informativprozeß in Olmütz durchzuführen[14]. Erste Schritte wurden in Rom allerdings erst vom Olmützer Bischof Wolfgang Kardinal von Schrattenbach[15] unternommen, der die Jahrhundertfeier des Märtyrertodes mit einer Seligsprechung krönen wollte[16]. Sowohl vom Wiener Hof als auch von der päpstlichen Kurie hochgeschätzt, ging dieser 1714 als kaiserlicher Gesandter nach Rom, 1719 als Vizekönig, Statthalter und Generalkapitän nach Neapel und kehrte erst 1722 in sein Bistum zurück. Schrattenbach, der als ein eifriger Förderer der Barockfrömmigkeit in seinem Bistum gilt[17], betrieb ab 1715 von Rom aus die Eröffnung des Seligsprechungsprozesses[18], hatte damit aber keinen Erfolg. Während seines römischen Aufenthaltes konnte er jedoch die Grundlage für den später aufgenommenen Prozeß an der Ritenkongregation legen und mit dem Promotor fidei, dem späteren Benedikt XIV., Absprachen über den Prozeßverlauf treffen[19]. Außerdem konnten im Jubiläumsjahr 1720 drei Altäre zu Ehren des Märtyrers Jan Sarkander in Wien, Brünn und Olmütz errichtet werden[20]. Noch ein Jahr vor Schrattenbachs Tod bemühte man sich durch einen in Rom ansässigen Mittelsmann um die Aufnahme des Verfahrens[21].

---

11 Die Liebfrauenkirche wurde erstmals um die Mitte des 13. Jahrhunderts als Pfarrkirche mit Friedhof in der Vorburg erwähnt. Im Zuge der josephinischen Reformen wurde sie 1784 entweiht, als Magazin genutzt und 1839 ganz abgebrochen. 1796 wurde auch der Friedhof der Kirche aufgegeben. Die Gebeine Sarkanders wurden 1784 in aller Stille in die St.-Michael-Kirche überführt: Matzke, Zur Siedlungsgeschichte von Alt-Olmütz 33–36; ders., Der selige Johannes Sarkander 40.
12 ZAO, ACO 511, Fasz. 1759–1783, Notiz über den Bericht des Pfarrers zu „Unser lieben Frau", Caspar Sommer, an die Landesregierung, 18. November 1783.
13 Zatloukal/Charouz/Hyhlík, Olomouc – Kaple bl. Jana Sarkandra 3; Matzke, Sudetenland – Marianisches Land III 28.
14 1749 mußte der Postulator der Causa eine Dispens einholen, da der Bistumsprozeß bereits vor etwa 100 Jahren durchgeführt worden war: ASRC, Decreta 1748–50, fol. 102: Bittschrift und Dispens vom 12. März 1749.
15 Schrattenbach (1660–1738), von 1711 bis 1738 Fürstbischof von Olmütz, 1712 Kardinal: Aleš Zelenka, Art. Schrattenbach, Wolfgang Hannibal Graf von, in: Die Bischöfe 1648–1803 450f.; Matzke, Die Olmützer Fürstbischöfe 63–67.
16 Grulich, Der selige Johannes Sarkander 19.
17 Zahlreiche Barockdenkmäler, Gnadenbilder sowie Um-, Aus- und Neubauten von Kirchen seines Bistums gingen auf ihn zurück: Zelenka, Art. Schrattenbach 451.
18 Zlámal, Blahoslavený Jan Sarkander 58.
19 Liverani, Das Leben und Leiden 147f.
20 Zlámal, Art. Sarkander, Giovanni 657.
21 Ein nicht näher zu identifizierender Kanoniker Trentini berichtete dem Fürstbischof Anfang April aus Rom über seine Bemühungen: ZAO, ACO 506, Trentini an Schrattenbach, 1. April 1737.

Günstiger verliefen die Kanonisierungsbemühungen für den Patron Böhmens, Johannes von Nepomuk[22]: 1729 beging man die Heiligsprechungsfeierlichkeiten[23] in Olmütz und Kremsier „mit größtem Pomp"[24].

1.b. Staatsprotektor gegen den protestantischen Eindringling

Schrattenbachs Nachfolger hatte offensichtlich weniger Sinn für diese Frömmigkeitsformen[25]. Erst der nächste Fürstbischof von Olmütz, Ferdinand Julius von Troyer[26], setzte sich wieder für die Causa ein und brachte den Prozeß nicht nur in Gang, sondern erzielte sogar rasche Fortschritte. Durch sein Studium am *Collegium Germanicum* in Rom hatte er Einblick in das römische Ambiente erhalten[27]. Schon ein Jahr nach seiner päpstlichen Bestätigung als Fürstbischof nahm Benedikt XIV. den „tätigen und eifrigen Oberhirten"[28] im April 1747 auf Vorschlag von Maria Theresia (1740–1780)[29] in das Kardinalskollegium auf[30]. Er „bedurfte wohl der hohen Empfehlung nicht"[31], da er das Vertrauen des Papstes genoß. Wenige Monate später reiste Troyer nach Rom, um mit dem Papst das Beatifizierungsprojekt zu erörtern und ihm den *Processus Ordinarius* zur Prüfung zu vorzulegen[32]. Bereits Anfang Dezember teilte ihm Benedikt XIV. die Schwierigkeiten bei der Feststellung des Martyriums mit, da er positive Aussagen von Tatzeugen vermisse, versicherte dem Fürstbischof aber seine Unterstützung, „damit für die anstehende Causa die aufgetretenen Schwierigkeiten aus dem Weg geräumt werden mögen"[33]. Der Papst, der eine gewisse Vorliebe für Glaubenszeugen der Katholischen Reform hatte, ließ sich durch Troyer unschwer von den Verdiensten Sarkanders um die Kirche von Olmütz überzeugen: Kurz nach dem gewaltsamen Tod des Pfarrers aus Holleschau wurde Mähren durch die Tätigkeit Dietrichsteins und des reinstallierten böhmischen Königs und Kaisers Ferdinand II. voll-

---

[22] Johannes von Nepomuk (vor 1350–1393), 1370 Kleriker, 1389 Generalvikar in Prag, nach unsicherer Überlieferung wegen der Wahrung des Beichtgeheimnisses 1393 in der Moldau ertränkt: Jaroslav V. Polc, Art. Giovanni Nepomuceno, in: BS VI 847–855; Miloslav Polívka, Art. Johannes v. Pomuk, in: LMA V 595; Vít Vlnas, Jan Nepomucký, Prag 1993.
[23] Zelenka, Art. Schrattenbach 451. Der Kult wurde durch päpstliches Dekret vom 31. Mai 1721 bestätigt, die Kanonisation erfolgte am 19. März 1729: Polc, Art. Giovanni Nepomuceno 853.
[24] Matzke, Die Fürstbischöfe von Olmütz 65.
[25] Darauf weist bereits hin: Grulich, Der selige Johannes Sarkander 19.
[26] Troyer (1698–1758), 1746 bis 1758 Fürstbischof von Olmütz, 1747 Kardinal: Aleš Zelenka, Art. Troyer, Ferdinand Julius Graf von, in: Die Bischöfe 1648–1803, 526–527; Matzke, Die Olmützer Fürstbischöfe 71–73.
[27] Ein Studienaufenthalt ist für die Jahre 1716–22 bezeugt, der mit der Promotion abgeschlossen wurde: Schmidt, Das Collegium Germanicum in Rom und die Germaniker 309.
[28] Pastor XIV/1 240.
[29] Maria Theresia (1717–1780), seit 1740 Herrscherin in den österreichischen Erblanden und Gemahlin Kaiser Franz' I. aus dem Hause Lothringen: Victor Lucien Tapié, Maria Theresia, Graz – Wien – Köln ²1989; vgl. auch die beiden Beiträge von Alois Schmid und Peter Baumgart in: Schindling/Ziegler, Die Kaiser der Neuzeit 1519–1918 232–276.
[30] Die Ernennung datiert auf den 10. April 1747; das rote Birett empfing er in Wien.
[31] Pastor XIV/1 240.
[32] Das geht aus der Antwort Benedikts XIV. hervor: ZAO, ACO 511, Fasz. ohne Datum, Benedikt XIV. an Troyer, 2. Dezember 1747.
[33] Ebd.: „Causa de qua nunc agitur, et difficultates exercitatas submoveant".

ständig und dauerhaft zum katholischen Glauben zurückgeführt, wie Troyer in einem Brief an den Papst hervorhob[34].

Unterstützung erhielt der Fürstbischof auch von den Kurienkardinälen Alessandro Albani[35] und Mario Millini[36]. Mit letzterem, der nach seiner Ernennung zum Kardinal Mitglied der Ritenkongregation geworden war[37], mußte ihn ein engeres Verhältnis verbunden haben, das sich spätestens seit Millinis diplomatischer Tätigkeit für das Wiener Kaiserhaus eingestellt hatte. Auch Albani wird Troyer aus dem Jahre 1720 näher bekannt gewesen sein, als jener als außerordentlicher Nuntius nach Wien entsandt worden war. Wegen seiner österreichfreundlichen Haltung wurde er 1743 zum Protektor der habsburgischen Erblande und zwei Jahre später zum Schutzherrn des Hl. Römischen Reiches Deutscher Nation bestellt. Zwischen 1744 und 1748 leitete er sogar die österreichische Gesandtschaft beim Hl. Stuhl, was auf den Unmut des Papstes stieß. Ferner förderte der Olmützer Kanoniker Franz Christoph Graf Migazzi von Wall die Causa in Rom um das Jahr 1748[38].

Neben dem Papst und einflußreichen Kurienkardinälen zählte ebenso Kaiserin Maria Theresia zu den Befürwortern der Causa. Es war nicht nur die rein institutionelle Förderung der Religion oder die Unterstützung eines gerechtfertigten Anliegens ihrer Landeskinder, die die Regentin veranlaßte, energische Maßnahmen zu ergreifen, um den Prozeß endlich in Gang zu setzen. Es war ihr augenscheinlich ein ganz persönliches spirituelles Anliegen, denn sie suchte eigens das Grab des Jan Sarkander in Olmütz auf[39]. Die Initiative ging jedoch eindeutig von Troyer aus, der sich für die Märtyrercausa begeistern konnte, wie Maria Theresia selbst berichtete[40]. 1748 wurden Kaiser und Kaiserin bei einer Inspektionsreise in Olmütz und Kremsier mit allem Pomp empfangen[41]. Vielleicht ging von diesem Besuch der entscheidende Impuls aus. Auf Bitten des Olmützer Fürstbischofs wies die Herrscherin die Provinzialregierung in Mähren an, „zur allerhöchsten göttlichen Ehre und Ansehen der wahren katholischen Kirche, auch zum Ruhm unseres Marggrafftums Mähren"[42] alle für den Beatifikationsprozeß notwendigen Akten und Dokumente zur Verfügung zu stellen. Zudem

---

34 ZAO, ACO 508, Troyer an Benedikt XIV., Bittschrift ohne Datum, um 1748/49.
35 Albani (1692–1779), galt als österreichfreundlich und sehr kunstsinnig, 1721 Kardinal, schon 1741 Mitglied der Ritenkongregation: ASRC, Decreta 1738–1741, fol. 341 (CG, 26. September 1741); Gianni Sofri, Art. Albani Alessandro, in: DBI I 595–598.
36 ZAO, ACO 508, Troyer an Migazzi ohne Datum, sicher aber aus dem Jahre 1748. Aus dem Brief geht hervor, daß Troyer kürzlich persönlich mit dem Papst, Albani und Millini die Causa erörtert hatte. Hinweis auf persönliche Absprachen mit Kurialen: Liverani, Das Leben und Leiden 148. – Millini (um 1677–1756), 1725 Rota-Auditor, dann Rota-Dekan, 1734 *Reggente* der Pönitentiarie, 1747 Kardinal (Ritenkongregation, Consulta, Konzil, Bischöfe), Botschafter Maria Theresias in Rom, Präfekt der Konzilskongregation: HC VI 15; Moroni XLV 143.
37 Ende 1748 taucht er als Ponens der Causa Sarkander auf: ASRC, Decreta 1748–1750, fol. 71: Ernennung vom 14. November 1748.
38 ZAO, ACO 508, Troyer an Migazzi, um 1748.
39 Grulich, Der selige Jan Sarkander 18. Der Besuch am Grab kam vermutlich bei einer Inspektionsreise 1748 zustande: Matzke, Die Olmützer Fürstbischöfe 72.
40 ZAO, ACO 508, Maria Theresia an das Tribunal in Mähren und den Statthalter in Prag (Or.), 28. März 1748.
41 Matzke, Die Olmützer Fürstbischöfe 72f.
42 ZAO, ACO 508, Maria Theresia an das Tribunal in Mähren und den Statthalter in Prag (Or.), 28. März 1748.

sollten allen weiteren Wünschen des Oberhirten „schleunige Assistenz und Beförderung uneigenlich geleistet werden"[43]. Damit nicht genug! Die kaiserliche Gesandtschaft beim Hl. Stuhl stand spätestens seit den fünfziger Jahren dem Postulator unterstützend zur Seite[44]. Woher das starke staatliche Interesse? Einen unscheinbaren Hinweis liefert ein vielfach vom Domkapitel gedruckter Gebetszettel, der auf das Jahr 1749 datiert[45]. Als „gerechter Diener Gottes" und „triumphierlicher Blut-Zeug Christi"[46] sollte Sarkander vor allem angerufen werden, weil er „wegen der Heil. Beicht, und vertheydiger reiner Treuheit dem Hause von Oesterreich dreymahlige ketzerische erschröckliche Peyn und Marter, ja so gar den Todt selbsten aus grossem Eyfer der Seelen starckmüthig mit gröster Gedult ausgestanden"[47] habe. Woher rührten diese Appelle zur Einigkeit und Treue der Untertanen, die am Schluß des Gebets noch deutlicher politisch besetzt und erweitert wurden: „Erlange zugleich der alleinseeligmachenden Römisch-Catholischen Kirchen Überwindung aller ihrer Feinde, Ausrottung deren Ketzereyen, Einigkeit deren Christlichen Potentaten! Durch Jesum Christum unseren Herrn"[48]. Tatsächlich stand der Feind und Ketzer aus dem Norden im eigenen Land, versehen mit einem Bündnis der Allerchristlichsten Majestät. Die Rede ist von Friedrich dem Großen[49] (1740–1786), der bis 1763 durch die Eroberung Schlesiens (1740) in ein fast ununterbrochenes Ringen mit der Donaumonarchie verwickelt war, das anfangs mit dem österreichischen Erbfolgekrieg in Zusammenhang stand. Im Ersten Schlesischen Krieg (1740–42) marschierten Bayern und Franzosen vereint auf Prag und Linz, Preußen verbündete sich mit Frankreich. Zwar kam der Konflikt zwischen Preußen und Österreich, der seit 1742 – wie auch später – größtenteils in Böhmen ausgetragen wurde, durch den Frieden von Dresden 1745 vorerst zum Abschluß, der britisch-österreichische Krieg gegen Spanien und Frankreich ging jedoch weiter[50]. Als Olmütz 1742 vorübergehend von den Preußen besetzt wurde, gab Maria Theresia den Befehl, die Stadt als Festung auszubauen; die Arbeiten wurden 1748 an Ort und Stelle persönlich inspiziert[51]. In einer solch wirren Kriegszeit mit häufig wechselnden Bündnissen, die nach Staatsräson und nicht nach Konfessionszugehörigkeit geschlossen wurden, nahm man jede Unterstützung für die schwer bedrängte Habsburgerin dankbar entgegen: Jan Sarkander wurde zum Symbol der Treue gegenüber dem von Gott eingesetzten, katholischen österreichischen Kaiserhaus, zum Zeichen der Einigkeit der Erblande und zu einem persönlichen Mahnmal konfessionsorientierter Bündnisse. Katholizismus und Staatsinteresse gingen hier eine unauflösliche Symbiose ein.

---

43 Ebd.
44 Schon 1749 erwähnte Großpetter, daß der Kaiser den Prozeß tatkräftig unterstützte: ZAO, ACO 506, Großpetter an den Olmützer Fürstbischof, 2. August 1749.
45 ZAO, ACO 510, Druckbögen der Gebetszettel von 1749.
46 Ebd.
47 Ebd.
48 Ebd.
49 Friedrich II. von Preußen, der Große (1712–1786), preußischer König von 1740–1786; aus der unübersehbaren Literatur vor allem: Reinhold Koser, Geschichte Friedrichs des Großen I–IV, Stuttgart – Berlin [7]1921–1925 = Neudruck Darmstadt 1963; Theodor Schieder, Friedrich der Große, Berlin [2]1996.
50 Zu den schlesischen Kriegen mit ihren internationalen Verflechtungen: Heinrich, Geschichte Preußens 197–219; Wagner, Europa im Zeitalter des Absolutismus und der Aufklärung 42–46.
51 Matzke, Die Olmützer Fürstbischöfe 72.

Das, was Maria Theresia unter dem „Ansehen der wahren katholischen Kirche"[52] verstand, ist in jenen Jahren gerade von ihrem erbittersten Feind, dem reformiert getauften, aufgeklärten Friedrich dem Großen, mit Füßen getreten worden. Von nationalpolitischen mährischen Gefühlen konnte in jenen Jahren keine Rede sein. Im Gegenteil: Ein Schreiben des Postulators bezeichnete Sarkander als „Exemplum hoc rarissimum est, et vix alius Teutonicae Nationis de hoc gloriari poterit"[53].

Ende 1748 wurde es ernst. Im Vorfeld der Prozeßeröffnung setzte eine Petitionskampagne ein, die bis 1749 zahlreiche Schreiben aus allen Teilen Zentraleuropas anregte[54]. Darunter befand sich auch eine Supplik Maria Theresias[55]. Etwa gleichzeitig kümmerte man sich auch um die Grundvoraussetzung der Prozeßführung, die Finanzierung. Ende Januar 1748 wurde aus Brünn gemeldet, daß diese nicht auf Schwierigkeiten stoßen werde, denn durch die Konfiskationen von 1622 stehe dem Beatifikationsprojekt die sogenannte Sarkanderkassa zur Verfügung: „omnia pro construendo Processu necessaria pro manibus fuerint"[56]. Tatsächlich wurden schon Mitte November 1748 die in Rom eingetroffenen Prozeßakten[57] geöffnet[58], und zu deren effektiver Bearbeitung war Geld vonnöten: Ein Agent verlangte bis Anfang März 1749 5000 Gulden und bis Ende April weitere 5000[59]. Offensichtlich hatte man solche Beträge nicht sofort flüssig, da der Kaiser sofort willig mit Geborgtem einsprang[60].

In diesem Zeitraum wurde auch ein Ponens ernannt. Die Wahl des Papstes fiel wohl nicht zufällig auf Kardinal Millini[61]. Gleichzeitig bestimmte der Fürstbischof einen Postulator[62], den Kanoniker Hermann Hannibal Freiherr von Blümegen, der 1748 die Prozeßakten aus Olmütz nach Rom brachte[63]. Der noch recht junge Doktor beider Rechte – den akademischen Titel hatte er sich an der römischen Sapienza erworben – wurde 1742 zum Priester geweiht, 1748 Domherr in Olmütz und 1751 infulierter

---

[52] ZAO, ACO 508, Maria Theresia an das Tribunal in Mähren und den Statthalter in Prag (Or.), 28. März 1748.
[53] ZAO, ACO 506, Blümegen an Fürstbischof von Olmütz, 29. Juli 1750.
[54] Zahlreiche Petitionsschreiben aus der zweiten Jahreshälfte 1748 und der ersten von 1749: ZAO, ACO 508.
[55] Matzke, Der selige Johannes Sarkander 34.
[56] ZAO, ACO 506, Großpetter aus Brünn an den Domdechant in Olmütz, 25. Januar 1748.
[57] Der Informativprozeß über Vita und Wunder wurde 1748 erstellt: ASRC, Decreta 1827–1831, fol. 177: Statusbericht aus der Ritenkongregation über den Prozeßverlauf.
[58] ASRC, Decreta 1748–1750, fol. 71: Vermerk über die Öffnung der Prozeßakten aus Olmütz *super martyrio*, 14. November 1748.
[59] ZAO, ACO 506, Großpetter an den Fürstbischof, 28. Februar 1749: „quod sequenti modo videlicet proximo die Luna 5000 fl. ad finem vero Aprilis reliqua 5000 fl. soldi debeant".
[60] Ebd. Hinweis auf einen Kredit des Kaisers auch: ZAO, ACO 506, Großpetter an den Fürstbischof, 18. November 1749.
[61] ASRC, Decreta 1748–1750, fol. 71: Ernennung von Millini zum Ponens, 14. November 1748.
[62] Das Bestallungsschreiben für Blümegen datiert vom 15. November 1748: ZAO, ACO 508. Zu dieser Zeit war Blümegen längst mit den Prozeßakten in Rom. In der Überlieferung der Ritenkongregation taucht er schon am 14. November 1748 nominell als Postulator auf: ASRC, Decreta 1748–1750, fol. 71: Ernennung von Millini zum Ponens auf Bitten Blümegens, 14. November 1748.
[63] Zu Blümegen (1716–1774): Aleš Zelenka, Art. Blümegen, Hermann Hannibal Reichsfreiherr (seit 1768 Reichsgraf) von, in: Die Bischöfe 1648–1803 34f.; Liverani, Das Leben und Leiden 149. Trotz seiner Besitzungen in Mähren und zahlreicher kirchlicher Ämter in Olmütz und Umgebung hatte er sich – wenn wohl auch nicht ständig – bis mindestens 1756 in Rom als Postulator aufgehalten: ZAO, ACO 506, Blümegen an den Fürstbischof von Olmütz, Rom, 14. April 1756.

Propst von St. Peter und Paul in Brünn. Maria Theresia nominierte ihn 1763 zum Bischof von Königgrätz. Blümegen, der in engem Kontakt mit der österreichischen Gesandtschaft in Rom operierte, galt dort als tatkräftig und geschickt[64]. Die Botschaft als Exekutivorgan des Kaiserhauses war es auch, die durch ihren Sekretär alle Geldgeschäfte des Prozesses nachweislich bis 1756 abwickelte[65].

Alle wesentlichen Voraussetzungen waren nun geschaffen, so daß die Causa, nachdem mancherlei Widerstände der Ritenkongregation überwunden worden waren, am 9. Mai 1750 eröffnet werden konnte[66]. Nun ging es rasch voran. Im Herbst 1751 wurde der Apostolische Prozeß über Martyrium und Wunder in Olmütz abgeschlossen und durch Blümegen nach Rom gesandt. In einer Audienz konnte der Postulator die fünf umfangreichen Aktenkonvolute Benedikt XIV. persönlich übergeben und auf die besonderen Umstände bei der Abfassung der Schriftstücke aufmerksam machen[67]. Der Papst sagte beschleunigte Bearbeitung zu[68], und tatsächlich wurden die Akten am 6. November 1751 geöffnet[69] und bis Anfang Januar des folgenden Jahres durchgearbeitet[70].

Dank der Unterstützung des Papstes und des von Troyer präparierten römischen Ambiente ging der Prozeß bis 1756 relativ zügig voran, obwohl von seiten der Kongregationsväter immer wieder Einwände erhoben wurden[71]. Im Mai 1754 konnte die *Ante praeparatoria* abgehalten werden[72], die insgesamt ein entmutigendes Resultat hervorbrachte. Hinzu kamen neue *Animadversiones* des Promotors fidei, die den Prozeßverlauf hemmten. Obendrein setzte der Papst im Juli die Zahl der Wunder auf vier fest, da für das Martyrium sehr wenig direkte Tatzeugnisse vorlagen[73]. Die letzte greifbare Aktivität der Kongregation war die Bestellung eines neuen Ponens am 13. Dezember 1756 für den verstorbenen Millini[74]. Auch die finanziellen Transaktionen durch die Gesandtschaft schienen seit April 1756 zum Erliegen gekommen zu sein[75].

Waren es tatsächlich nur die Schwierigkeiten in der Ritenkongregation, die den Stillstand der Causa herbeiführten? Vielmehr glaubt man, Zusammenhänge mit politischen und militärischen Ereignissen in den Ländern der böhmischen Krone wahrzunehmen,

---

[64] ZAO, ACO 506, Großpetter an den Fürstbischof, 2. August 1749.
[65] ZAO, ACO 506, Sekretär Crivelli an den Fürstbischof von Olmütz, 21. April 1756. Vgl. auch: Blümegen an den Fürstbischof von Olmütz, 14. April 1756: ebd.
[66] ASRC, Decreta 1748–1750, fol. 181: *Signatio Commissionis*, 9. Mai 1750.
[67] Geht aus dem Brief hervor, den Benedikt XIV. an Troyer am 4. Dezember 1751 richtete; Zusammenfassung bei: Liverani, Das Leben und Leiden 148.
[68] Ebd.
[69] ASRC, Decreta 1751–1753, fol. 51: Prozeßöffnung am 6. November 1751.
[70] Anfang Januar 1752 mußte die Ritenkongregation bereits Mängel bei der Durchführung des Olmützer Prozesses erkannt und der Postulator schon die nötige Dispens beantragt haben, da diese am 8. Januar gewährt wurde: ASRC, Decreta 1751–1753, fol. 70: Dispens vom 8. Januar 1752.
[71] Vgl. hierzu das Kapitel „Das wiederentdeckte Martyrium".
[72] ASRC, Decreta 1754–1757, fol. 40: CA über Martyrium und Wunder, 21. Mai 1754. Die geringe Resonanz bei den Wundern gründete vordringlich auf dem Fehlen von klaren Nachweisen: Kux, Geschichte der königlichen Hauptstadt Olmütz 330.
[73] ASRC, Decreta 1857–1859, fol. 203A: Bittschrift des Postulators ohne Datum: Notiz über das Dekret vom 17. Juli 1754.
[74] ASRC, Decreta 1754–1757, fol. 242: Ernennung Feronis zum Ponens, 13. Dezember 1756.
[75] ZAO, ACO 506, Blümegen an den Erzbischof von Olmütz, 14. April 1756.

die den Seligsprechungsprozeß für gut 70 Jahre ruhen ließen[76]: 1756/57 knüpften Österreich, Frankreich, Rußland, Schweden und die Mehrzahl der Reichsstände ein Offensivbündnis gegen Friedrich den Großen, der jedoch in einer Präventivoperation im August 1757 in Sachsen einfiel und damit den Siebenjährigen Krieg eröffnete[77]. Seit 1757 wurde wieder in Böhmen gekämpft und 1758 sogar Olmütz belagert[78]. Hinzu kam der Tod der beiden Hauptakteure: Kardinal Troyer starb am 5. Februar 1758 in Brünn, Benedikt XIV. kaum drei Monate später, am 3. Mai[79]. Im Anschluß an die Schlesischen Kriege hemmte der Josephinismus jeden weiteren Fortschritt in der Sache[80]. Joseph II. (1765–1790) hätte sogar die Sarkanderkapelle niedergerissen, wenn nicht die Bürger von Olmütz aufbegehrt hätten[81]. Der Fürstbischof rettete die Kapelle, indem er sie zu einem Oratorium für das städtische Gefängnis umwandelte.

1.c. Diözesane Feierlichkeiten

Im Rahmen der kirchlichen Neuordnung Mährens wurde Olmütz im Jahre 1777 zur Erzdiözese erhoben und mit dem neuerrichteten Bistum Brünn als Suffragan ausgestattet[82]. Aus diesem festlichen Anlaß tauchten wiederum Pläne auf, Sarkander in besonderer Weise herauszustellen. Da aber die äußeren Rahmenbedingungen dafür keinen Raum boten, versuchte man in reduzierter Form gleichsam eine Seligsprechung auf Sparflamme durchzubringen: 1778 bemühte man sich in Rom, ein Indulgenzbreve zu erwirken, um Jan Sarkander in Olmütz kultisch verehren zu können. Auch dieses Unternehmen scheiterte[83].

---

[76] Auch Liverani gibt als Ursache den Krieg mit Preußen an: Liverani, Das Leben und Leiden 149. So auch die Aufzeichnung der Ritenkongregation, um 1857: ASRC, Fondo Q, Giovanni Sarkander, 2. Bd.
[77] Zum Siebenjährigen Krieg: Heinrich, Geschichte Preußens 206–220; Wolfgang Venohr, Der große König, Bergisch Gladbach 1995.
[78] Kux, Geschichte der königlichen Hauptstadt Olmütz 243–256; Matzke, Die Olmützer Fürstbischöfe 75.
[79] Übereinstimmend der Meinung, daß diese Daten den vorläufigen Schlußpunkt des römischen Prozesses bildeten: Matzke, Der selige Johannes Sarkander 37; Zlámal, Blahoslavený Jan Sarkander 58; Grulich, Der selige Johannes Sarkander 19.
[80] Zlámal, Blahoslavený Jan Sarkander 58.
[81] Grulich, Der selige Johannes Sarkander 19.
[82] Matzke, Die Olmützer Erzbischöfe 12. Als weiteres Suffraganbistum sollte Troppau für Österreichisch – Schlesien errichtet werden, was aber damals nicht zustande kam.
[83] Gedacht war an ein Indult für die kultische Verehrung ohne formalen Beatifikationsprozeß, vermutlich eine *Beatificatio aequipollens*: ZAO, ACO 511, Fasz. 1759–1783: Brief eines unbekannten Augustiners in Rom an den Fürsterzbischof von Olmütz, 9. Januar 1779.

Im März 1826 erreichte den Olmützer Erzbischof und Kardinal, Erzherzog Rudolf[84], ein Schreiben des Obersten Kanzlers und Ministers des Innern aus Wien, Franz Josef Graf von Sarau[85]. Der kaiserliche Bruder Franz I.[86] hatte am 4. März ein Kabinettschreiben an Sarau ergehen lassen, um den „Seligsprechungsprozeß endlich einmal in Gang zu bringen"[87]. Das Geld sei ja da, werde aber zweckentfremdet.

Der Brief muß in Olmütz wie eine Bombe eingeschlagen sein; er hatte aber eine längere Vorgeschichte. Schon 1783 fragte der Olmützer Fürsterzbischof bei der mährischen Provinzregierung nach Bestimmung und Finanzvolumen der Sarkanderkassa nach[88] und erhielt vom Pfarrer der Olmützer Marienkirche kurze Zeit später zur Antwort, daß das Vermögen für den Unterhalt der Kapelle und die Beatifikation des Jan Sarkander bestimmt sei[89]. Die napoleonischen Wirren verhinderten jeden weiteren Vorgang. Erst Anfang 1821 interessierte man sich wieder für diese Gelder: Das mährische Fiskalamt erbat vom Pfarrer der St. Michaelskirche in Olmütz, auf die die Sarkandischen Vermögenswerte nach 1784 übergegangen waren[90], Auskunft über die Kassa[91]. Da sich der Pfarrer nicht meldete, fragte man zwei Jahre später nochmals an[92]. Nun mußte man die entsprechenden Auskünfte erhalten haben, denn die Angelegenheit wurde zur Chefsache erklärt – unter anderem, weil Franz I. aus persönlicher Verehrung ein Interesse an der Seligsprechung Sarkanders hatte: Auch ihn findet man nach Olmütz zum Grab des Holleschauer Pfarrers pilgern[93]. Hinzu kam, daß der Beatifikationsfonds zweckentfremdet wurde. Da der Prozeß in Rom ruhte, vergab man seit

---

[84] Rudolf Johann (1788–1831), Bruder des Kaisers Franz II. (I.), 1805 Olmützer Koadjutor, verzichtete aber 1811, 1819 bis 1831 Erzbischof von Olmütz und 1819 Kardinal, bedeutender Förderer Beethovens. Eine gründliche Biographie steht noch aus, vor allem, was sein kirchliches Wirken betrifft. Dagegen ist sein Verhältnis zu Beethoven relativ gut erforscht. Zu seiner Amtszeit als Olmützer Erzbischof: Matzke, Die Olmützer Erzbischöfe 25–37; Augustin Kurt Huber/Hubert Reitterer, Art. Rudolf Johann Josef Rainer, in: Österreichisches Biographisches Lexikon 1815–1950 IX 316f.; Art. auch in: Biographisches Lexikon zur Geschichte der böhmischen Länder III 538.

[85] Sarau (1760–1832), 1817 bis 1830 Oberster Kanzler und Minister des Innern. Er leitete die Vereinigte Hofkanzlei, somit unterstand ihm der böhmisch-galizische Hofkanzler: Andreas Cornaro, Art. Sarau Franz Josef Graf von, in: Österreichisches Biographisches Lexikon 1815–1950 IX 444f. – Zur Verwaltungsgliederung nach 1817: Hanke, Das Zeitalter des Zentralismus (1740–1848) 589.

[86] Franz (1768–1835), als Franz II. von 1792 bis 1806 römisch-deutscher Kaiser, ab 1804 Kaiser von Österreich: Walter Ziegler, Franz II./Franz I., in: Schindling/Ziegler, Die Kaiser der Neuzeit 1519–1918 289–328; Lorenz Mikoletzky, Art. Franz II., in: Hamann, Die Habsburger. Ein biographisches Lexikon 130–134.

[87] Der Brief des Kaisers ist zitiert im Brief Saraus an den Erzbischof von Olmütz, 7. März 1826: ZAO, MCO 1229, fol. 104.

[88] ZAO, ACO 511, Fasz. 1759–1783, Fürsterzbischof von Olmütz an die mährische Landesregierung, 25. Oktober 1783.

[89] ZAO, ACO 511, Fasz. 1759–1783, Caspar Sommer an den Fürsterzbischof, 18. November 1783.

[90] Die Kirche St. Michael nahe der Sarkanderkapelle übernahm 1784 die Pfarrfunktionen des aufgehobenen Klosters „Beatae Mariae Viginis" in Olmütz: Bláha/Pojsl/Hyhlík, Olomouc – Kostel sv. Michala 14.

[91] Aktenverzeichnis, Nr. 10: Fiskalamt an den Pfarrer von St. Michael, 9. Januar 1821: ZAO, ACO 511, Fasz. 1826–1829.

[92] Aktenverzeichnis, Nr. 10: Fiskalamt an den Pfarrer von St. Michael, 5. Januar 1823: ZAO, ACO 511, Fasz. 1826–1829.

[93] Grulich, Der selige Johannes Sarkander 18.

1793 aus der Kassa Stipendien für Theologiestudenten[94], so daß die Mittel in die Verfügungsgewalt des Olmützer Priesterseminars übergingen.
Kaiser Franz I. drängte energisch darauf, die Gelder endlich ihrem wahren Stiftungszweck zuzuführen, und beauftragte Saurau zu prüfen, ob das Kapital dafür ausreiche und „ob es nicht an der Zeit sey, diesen Seeligsprechungsprozeß in Gang zu bringen"[95]. Das war nicht etwa eine Verwaltungsanordnung oder ein Wunsch an den Bruder – das war ein Ukas, aus dem das ernste persönliche Anliegen der Apostolischen Majestät sprach. Saurau konnte nämlich in seinem eindringlichen Brief an den erzbischöflichen Bruder des Kaisers, Rudolf, nicht umhin, „Eure kaiserliche Hoheit und Eminenz ehrerbietlichst zu ersuchen, die von S.r Majestät verlangte getröstliche Anordnung unbedingt dem Anliegen des Vermögens der sogenannten Sarkandischen Seeligsprechungskassa"[96] entsprechend zu befolgen. Der Ukas erhielt dadurch noch mehr Gewicht, daß Saurau selbst einen namhaften Betrag für die Seligsprechung stiftete[97].
Der Fürsterzbischof hatte verstanden, obgleich die Mühlen der Schriftlichkeit auch in Mähren langsam mahlten[98]. In einem Schreiben an das Olmützer Metropolitankapitel – nicht einmal zwei Wochen später – drückte der Kardinal die feste Absicht nach einer Wiederaufnahme des Prozesses bei der Ritenkongregation aus[99]. Bruder Franz ließ es aber nicht dabei bewenden; er hielt die Angelegenheit für so wichtig, daß er „durch das höchste Handbillet vom 14. Mai"[100] 1827 nochmals auf die Sache zurückkam. Nun wurde Kassensturz gemacht[101] und in wohlerwogener Form geantwortet: „Ich sehe es als einen Wink der Vorsehung an, daß S.r Majestät […] diese zu meinem nicht geringen Bedauern seit 70 Jahren nun unterbrochene Angelegenheit wieder in das Leben gerufen haben [,] und ich werde mich glücklich schätzen, wenn [es] gerade meiner erzbischöflichen Amtszeit vorbehalten wäre, die Seligsprechung eines als selig ein Saeculum schon verehrten mährischen Märtyrers […] zu bewirken"[102]. In der Tat – wenn es so gekommen wäre!
Rudolf, der bestrebt war, das in Olmütz noch bestehende josephinische Staatskirchentum zu brechen oder doch zumindest zu mildern[103], war an der religösen Erneuerung seines Sprengels interessiert: Dem Redemptoristenorden und dem in Mähren geborenen Clemens Maria Hofbauer[104] stand er persönlich sehr nahe[105]. Er unter-

---

94   ZAO, ACO 511, Fasz. 1826–1829, Aufzeichnung des Domkapitels über die Vermögenswerte, 19. Juli 1827.
95   ZAO, MCO 1229, fol. 104: Saurau an den Erzbischof von Olmütz, 7. März 1826.
96   Ebd.
97   ZAO, MCO 1229, fol. 103: Brief des Erzbischofs von Olmütz an Migazzi, 22. März 1826.
98   Schon Matzke verbucht den Neuanfang des Seligsprechungsprozesses nicht auf Rudolfs Konto: Matzke, Die Olmützer Erzbischöfe 34.
99   ZAO, MCO 1229, fol. 102: Rudolf an das Metropolitankapitel, 22. März 1826.
100 ZAO, ACO 511, Fasz. 1826–29, Rudolf an Saurau, 21. Juli 1827.
101 Aufzeichnung über das Kapital der Sarkanderkassa vom 19. Juli 1827: ZAO, ACO 511, Fasz. 1826–29.
102 ZAO, ACO 511, Fasz. 1826–29, Rudolf an Saurau, 21. Juli 1827.
103 Matzke, Die Olmützer Erzbischöfe 29f.
104 Hofbauer (1751–1820) trat 1784 in den Redemptoristenorden ein, war erster deutscher Redemptorist und machte sich nach Alfonso de' Liguori am meisten um die Verbreitung des Ordens, vor allem auch in Österreich, verdient. Er wurde 1888 selig- und 1909 heiliggesprochen: Clemens

stützte auch das mährische Element in seinem Diözesanklerus. So ordnete er beispielsweise an, daß sich die Zahl der deutschsprachigen Seminaristen an der Anzahl der deutschen Pfarreien seines Erzbistums orientieren sollte; ansonsten müsse innerhalb von vier Jahren das mährische Idiom erlernt werden[106]. Was Wunder, wenn er Sarkander, der selbst des Deutschen nur unzureichend mächtig gewesen war[107], erstmals seit dem römischen Prozeßbeginn als „mährischen Märtyrer"[108] bezeichnete. Heilige und Jubiläen schienen bei ihm außerdem auf größeres Interesse gestoßen zu sein. Anfang 1830 ließ er sich eigens aus Rom Informationen über den von der Ritenkongregation approbierten Kult der sieben Engel, die den göttlichen Thron umstehen, zusenden und ordnete dieses Fest, das am 7. September gefeiert wurde, für das Olmützer Ordinarium an[109]. Die einhundertste Wiederkehr der Heiligsprechung des böhmischen Patrons Johannes von Nepomuk, der auch in Mähren breite Verehrung genoß, nahm man in Olmütz ebenfalls als Anlaß zum Feiern. Aus einem Brief eines dort ansässigen Pfarrers aus dem Jahre 1829 erfährt man, daß die Säkularfeier des zum Landespatron avancierten Nepomuk in der mährischen Bischofsstadt prächtig begangen wurde[110]. Bei näherem Hinsehen hatten beide Johanni nicht nur die Herkunft aus demselben Kulturkreis gemeinsam, sondern waren gleichfalls Säkularpriester, die selbst ikonographisch kaum zu unterscheiden waren, und Märtyrer des Beichtgeheimnisses. Die religiöse Barockkunst in Mähren bildete sie häufig gemeinsam in Form von Statuengruppen und Bildern ab[111]. Aus Anlaß der Jahrhundertfeier erschien 1829 in Prag ein Stich mit dem Titel „Johannes ist sein Name", der Johannes von Nepomuk neben seinem Namensvetter Sarkander zeigte[112].

Es ist nicht auszuschließen, daß in diesem spirituellen Umkreis der Gedanke entstanden ist, das bevorstehende Olmützer Domjubiläum mit einer Seligsprechung zu krönen. Beide Ereignisse von lokalkirchlicher Bedeutung und patriotischem Kolorit passen tatsächlich zueinander. 1831 feierte die Bischofskirche die 700jährige Wiederkehr der Domweihe, die Rudolf in großer Feierlichkeit zu begehen beabsichtigte. Die zur Kathedrale ausgebaute Wenzelskapelle der Olmützer Burg konnte am 30. Juni 1131 geweiht und als Bischofssitz eingerichtet werden[113]. Für das Jubiläum sollte Sarkander als Quasi-Bistumspatron herhalten. Dieses Projekt wurde aber zu kurzfristig in Angriff genommen, um erfolgreich abgeschlossen werden zu können. Da aber der Stein

---

Henze, Art. Clemente Maria Hofbauer, in: BS IV 50f. (Lit.). Zu seiner Wirkungsgeschichte: Weiss, Die Redemptoristen in Bayern (1790–1909) 129–169.
[105] Matzke, Die Olmützer Erzbischöfe 27–29.
[106] Ebd. 32.
[107] In den Verhören von 1620 gab Sarkander zu Protokoll, daß er der deutschen Sprache nicht kundig sei, muß sich aber schon in seinen Studienorten deutsche Sprachkenntnisse angeeignet haben: Matzke, Der selige Johannes Sarkander 31f.; Grulich, Der selige Johannes Sarkander 9.
[108] So im Brief des Fürsterzbischofs an Saurau, 21. Juli 1827: ZAO, ACO 511, Fasz. 1826–29.
[109] ZAO, AO 682, Informationsblatt zum Engelkult und Anordnung Rudolfs an das Ordinariat, 30. März 1830.
[110] ZAO, AO 682, Olmützer Pfarrer an Rudolf, 1829.
[111] Grulich, Der selige Johannes Sarkander 18.
[112] Ebd. 19.
[113] Kux, Geschichte der königlichen Hauptstadt Olmütz 17f.; Fischer, Geschichte der königlichen Hauptstadt und Gränzfestung Olmütz im Markgrafthume Mähren I 61; Matzke, Mährens frühes Christentum 70 u. 79.

durch den Kaiser ohnehin schon ins Rollen gebracht worden war, bot das Domjubiläum einen willkommenen Anlaß.

Rudolf ließ nun in Olmützer Archiven Nachforschungen über den Status der Causa anstellen, so wie sie 1756 liegengeblieben war,[114] und erkundigte sich nach den Modalitäten der Prozeßführung[115]. Der Kardinalerzbischof, der sich häufig in Wien aufhielt[116], nutzte außerdem das diplomatische Netz seines kaiserlichen Bruders, um durch die österreichische Gesandtschaft beim Hl. Stuhl vortasten und Erkundigungen einziehen zu lassen. 1829 konnten der spätere Legationssekretär Ferdinand von Ohms[117] und der *spedizioniere* und Attaché der Botschaft, Gaetano Sassi[118], wertvolle Hinweise aus erster Hand liefern. Sassi, eine typisch römische Janusgestalt, entwickelte sich auch in den folgenden Jahren zum unentbehrlichen Zuträger und Vermittler zur Ritenkongregation, da er über gute Kontakte zum *Sottosegretario* des Dikasteriums verfügte[119]. Nach gründlichen Recherchen berichtete die Botschaft nach Olmütz über den *Modus procedendi* und – vor allem – über die noch anfallenden Kosten des Beatifikationsverfahrens, für das „der Betrag von 36 000 Gulden ganz hinlänglich seyn würde"[120]. Auch die wichtigste Frage – die nach der Prozeßdauer – konnten die beiden römischen Mittelsmänner zur vollen Zufriedenheit des Erzbischofs beantworten: „wenn der Postulator sich rührig bemüht, [sei] in zwey bis drei Jahren das Ganze vollendet"[121]. Damit hatten Rudolfs Jubiläumspläne zum damaligen Zeitpunkt eine reale Chance.

Nachdem nun die Präliminarien geklärt worden waren und man eine feste Ausgangsbasis hatte, wandte sich das Fürsterzbistum offiziell an die römische Kurie. Als der Erzherzog Ende 1830 pflichtgemäß den Statusbericht über seine Erzdiözese an die Konzilskongregation sandte[122], fügte er diesem ein Privatschreiben an den zu dieser Zeit bereits verstorbenen Papst Pius VIII. (1829–1830) bei, um die Causa in Rom wieder in Gang zu setzen[123]. Ohne Umschweife stellte der Kardinal das Domjubiläum als Hauptmotiv seines Antrags heraus, räumte aber gleichzeitig ein, daß der Akt der Seligsprechung einen gewaltigen Aufschwung für das religiöse Leben der Region

---

[114] ASRC, Decreta 1827–1831, fol. 177: Rudolf an Pius VIII., 5. Dezember 1830.
[115] Das Metropolitankapitel erstellte im Jahre 1829 eine entsprechende Denkschrift: ZAO, ACO 511, Fasz. 1855–1860.
[116] Ein große Zahl von Briefen des Erzbischofs, die die Causa Sarkander betreffen, sind in Wien geschrieben worden.
[117] Ohms wurde am 24. Dezember 1834 zum Legationssekretär der österreichischen Botschaft in Rom ernannt (ZAO, ACO 511, Fasz. 1834–1836: Ohms an den Erzbischof von Olmütz, 10. Januar 1835), wirkte nachweislich jedoch schon 1829 dort (Denkschrift des Kapitels, 1829: ZAO, ACO 511, Fasz. 1855–60).
[118] Amtsbezeichnungen nach: ZAO, ACO 511, Fasz. 1834–36, Rosatini an Ohms, 1835. Sassi wird eine Art Botenfunktion der Botschaft übernommen haben. Ohms nennt ihn *expediteur de l'Agence*: ZAO/ACO 511, Fasz. 1834–36, Ohms an den Erzbischof von Olmütz, 10. Januar 1835.
[119] Geht aus dem Brief Sassis an Ohms hervor, 5. September 1834: ZAO, ACO 511, Fasz. 1837–1840.
[120] ZAO, ACO 511, Fasz. 1855–1860, Denkschrift des Domkapitels, 1829.
[121] Ebd.
[122] Die Übersendung des Berichtes wird wohl im Zusammenhang mit einer Ad-limina-Reise gestanden haben.
[123] Pius VIII. war bereits am 30. November 1830 gestorben. Der Brief des Erzherzogs datiert auf den 5. Dezember 1830: ASRC, Decreta 1827–1831, fol. 177.

Mähren bedeuten würde. Im Zeitalter der Glaubenskriege habe der Pfarrer von Holleschau durch sein Leiden und seinen Tod ein eindrucksvolles Glaubensbekenntnis abgelegt und seine Treue zur Katholischen Kirche unter Beweis gestellt. Im Umfeld des Domjubiläums sei ein solcher Stimulus für die Priester und Gläubigen umso notwendiger, als aus der Sicht des Erzbischofs nicht nur eine religiöse Erneuerung Mährens wünschenswert sei, sondern er auch in seinem eigenen Sprengel vielfach mit rebellischen und häretischen Landeskindern zu kämpfen habe[124].

Der unerwartet rasche Tod des Papstes und der Pontifikatswechsel vereitelten jedoch die ohnehin zu kurz greifenden Pläne. Das Staatssekretariat gab den Brief Rudolfs erst am 26. April 1831 weiter[125], so daß das Jubiläumsprojekt platzte wie eine Seifenblase. Hinzu kam, daß auch der Fürsterzbischof am 24. Juni in Baden bei Wien starb, so daß ein weiterer Fortgang der Causa mehr als fragwürdig schien. In Rom war jedoch die Maschinerie durch Rudolfs Brief bereits in Gang gesetzt worden. Das Staatssekretariat Gregors XVI. (1831–1846) leitete das Schreiben mit der Aufforderung weiter, „die lebhafteste Eile"[126] an den Tag zu legen und die Causa wieder aufzunehmen, denn der Papst selbst zeigte unerwartetes Interesse. Er wies die Ritenkongregation an, die alte *Positio* aus dem Archiv zu holen, den Stand der Causa zu erkunden und ihm sofort Bericht zu erstatten. Dabei sollte der Sekretär der Ritenkongregation „beurteilen, was für einen raschen Verlauf der Causen notwendig"[127] sei. Hierfür hatte der Papst bereits Ende März grünes Licht gegeben[128].

1.d. Bischöfliches Desinteresse

Nach diesem erfolgversprechenden Auftakt war nun Olmütz wieder am Zug. Dem neuen Erzbischof Ferdinand Maria Graf Chotek von Chotkowa und Wognin[129] eilte es jedoch nicht. Sein Interesse galt zunächst vor allem dem Ausbau des Priesterseminars in Olmütz[130], das sein Nachfolger als imposantes Gebäude vollenden ließ[131]. Der neue Erzbischof soll weiterhin „große Pläne gehegt"[132] haben, die vor allem kostspielig waren: die Umgestaltung des Schloßvorplatzes in Kremsier, die Errichtung einer neuen Gruftkirche auf dem nahegelegenen Barbaraberg, Straßenbauten in den Beskiden etc. Neue Investitionen für die landeseigenen Eisenwerke wurden sogar vom

---

124 Ebd.
125 ASRC, Decreta 1827–1831, fol. 177: Staatssekretariat an den Sekretär der Ritenkongregation, 26. April 1831. – Die Papstwahl Gregors XVI. erfolgte am 2. Februar 1831.
126 Ebd.: „le più vive premure".
127 Ebd.: „iudicare quello che occorra per proveder al disbrigo della medesima [causa]".
128 ASRC, Decreta 1827–1831, fol. 177: Statusbericht der Ritenkongregation über die Causa Sarkander mit Notiz über die Audienz vom 22. März 1831.
129 Chotek (1781–1836), 1806 Domherr in Olmütz, 1817 dort Weihbischof, 1831 bis 1836 Erzbischof von Olmütz: Matzke, Die Olmützer Erzbischöfe 37–39.
130 1790 wurde das Generalseminar im Kloster Hradisch aufgelöst und in den südlichen Trakt des aufgelösten Dominikanerkonvents bei St. Michael in Olmütz überführt. Die Räumlichkeiten reichten aber für die Zahl der Alumnen bei weitem nicht aus, so daß viele in Privathäusern untergebracht werden mußten: Matzke, Zur Siedlungsgeschichte von Alt-Olmütz 24.
131 Ebd. 38.
132 Ebd. Leben und Regierungszeit sind weitgehend unerforscht.

Domkapitel rundweg abgelehnt[133]. Als Förderer der Causa tritt er nicht in Erscheinung. Man gewinnt sogar den Eindruck, als habe er die Angelegenheit bremsen wollen, denn Ende 1835 setzte er ein schier unglaubliches Unternehmen in Gang: Das Ordinariat in Olmütz ließ in allen Pfarreien des Erzstifts eine Umfrage durchführen, ob Jan Sarkander dort bekannt sei und verehrt werde. Diese wahrhaft demokratische Erhebung als Legitimation für einen neuerlichen Prozeßeinstieg brachte zum Jahreswechsel 1835/1836 eine Flut von Stellungnahmen und Berichten über die aktuelle Situation vor Ort hervor[134]. Das Ergebnis fiel recht unterschiedlich aus. Einige Pfarrer berichteten von keinerlei Kenntnis im Kirchenvolk, andere von Verehrung bei der älteren Generation. Der Großteil aber enthielt sehr positive Nachricht: Das Andenken an Jan Sarkander habe sich nicht nur über die Jahrhunderte hinweg bewahrt, sondern sogar im Volk zugenommen. Einige Geistliche meldeten sehr starke Devotion. Vor allem an den Lebensstationen Sarkanders – Olmütz, Mährisch-Neustadt, Freiberg, Holleschau, Troppau –, aber auch in anderen mährischen Orten, die teilweise sogar außerhalb des Erzbistums lagen, blieb das Andenken an den Märtyrer sehr lebendig[135]. Ob Chotek nun wollte oder nicht, die Causa lief sehr erfolgreich wieder an – dank der Unterstützung durch die österreichische Gesandtschaft in Rom. Der Kaiserhof hatte außerdem den Wiener Nuntius Lodovico Altieri[136] eingeschaltet, um die Angelegenheit zu promovieren[137]. Im September 1834 erkundete Sassi das Terrain in der Ritenkongregation und erfuhr, „daß man glücklich und mit Beschleunigung abschließen wird"[138]. Das Nötigste – 300 Gulden – hatte man bereits vorher eingezahlt[139]. Sicherlich war die Hofburg die treibende Kraft, die auch nach 1835 den römischen Prozeß unterstützte[140]. Die Botschaft hatte sich bereits Ende 1834 nach einem Verbindungsmann in der Ritenkongregation umgesehen und fand den Konsistorialadvokaten Giovanni Rosatini[141]. Dieser konnte um die Jahreswende berichten, daß in der Kongregation bereits das Martyrium und die damals vorgeschlagenen Wunder diskutiert wurden, mit denen er selbst amtlich zu tun hatte[142]. Er nährte damit die Hoffnungen der Gesandtschaft auf rasche Fortschritte[143].

---

[133] Ebd. 39.
[134] ZAO, AO 682: Die Schachtel enthält Hunderte von z.T. sehr detaillierten Stellungnahmen der einzelnen Pfarrer, die wegen ihres vielschichtigen Inhalts eigens auszuwerten wären.
[135] Hierzu auch: Grulich, Der selige Jan Sarkander 18.
[136] Altieri (1805–1867), 1834–36 Sekretär der Studienkongregation, 1836–1845 Nuntius in Wien, 1840 Kardinal in petto (1845 publiziert), 1857 *Camerlengo* des Konsistoriums: Vittorio Emanuele Giuntella, Art. Altieri, Ludovico, in: DBI II 559f.; Weber II 426f.
[137] ASRC, Fondo Q, Giovanni Sarkander, 2. Bd., Aufzeichnung der Ritenkongregation, um 1857. Die Kaiserin hatte sich bei Altieri für die Causa verwandt.
[138] ZAO, ACO 511, Fasz. 1837–1840, Sassi an Ohms (Or.), 5. September 1834: „che potrà terminare felicemente e con sollecitudine".
[139] Ebd.
[140] Die Wiener Hof- und Staatskanzlei bemühte sich gegen 1838 um rasche Fortschritte im Prozeßverfahren: ZAO, ACO 511, Fasz. 1837–40, Haus-, Hof- und Staatskanzlei an den Erzbischof von Olmütz, 23. April 1838. – Im März 1835 starb Kaiser Franz I.
[141] Nachricht Rosatinis an die Botschaft, 1835: ZAO, ACO 511, Fasz. 1834–36. – Über Rosatini ist nichts Weiteres bekannt.
[142] ZAO, ACO 511, Fasz. 1834–1836, Ohms an den Erzbischof von Olmütz, 10. Januar 1835.
[143] ZAO, ACO 511, Fasz. 1834–1836, Nachricht Rosatinis, 1835: „ebbe presso la S.C. de' Riti un cominciamento felice per l'introduzione, ed una continuazione assai fortunata sulli dubbi minori, quali già superati".

Die Botschaft in Rom, die in diesen Jahren der eigentliche Motor der Seligsprechung war, drängte nun ihrerseits den Erzbischof von Olmütz, rasch einen Postulator zu ernennen, und konnte auch schon einen geeigneten Mann präsentieren[144]: Als eine „sehr würdige und fähige Persönlichkeit"[145] hatte Sassi – wohl auf Anraten der Kongregation – Joseph Coster, Benefiziar der vatikanischen Basilika, empfohlen[146]. Der Präsentation fügte der Legationssekretär Ohms eine Denkschrift Costers bei, die den Erzbischof um 1000 Gulden Prozeßspesen anging[147].

Die Gelder waren gut angelegt. Bis zum Sommer 1835 hatte der neue Postulator die Kongregationsväter vom Wert der Causa überzeugt und den Papst bewogen, einer neuen *Antepraeparatoria* zuzustimmen[148]. Auch der Wiener Nuntius Pietro Ostini[149] hatte sich eingeschaltet und mit dem Subpromotor der Ritenkongregation Kontakt aufgenommen, der auch versprach, die Sache zu fördern[150]. Mitte August wurde die Causa offiziell wieder aufgenommen[151].

Neue Geldforderungen Costers beantwortete Chotek vorsichtig und dilatorisch: Von den geforderten 2000 bis 3000 Gulden überwies er zunächst nur 500[152]. Es ging nun ums Ganze. Die Vorentscheidung hatte aber bereits der Kaiser 1826 gefällt. Das Domkapitel mußte nun eine definitive Entscheidung herbeiführen, ob die Gesamtsumme der Sarkanderkassa ausreichend sei und auch tatsächlich bewilligt werden könne. Das Kapitel wollte aber sichergehen, „um nicht für den immerhin möglichen, aber nicht wahrscheinlichen Fall, daß der Prozeß ungünstig ausfallen sollte"[153], die Verantwortung übernehmen zu müssen. Ende des Jahres gab das Gremium seine Zustimmung[154], ebenso der Kaiser, der am 17. Dezember der Landesstelle Brünn den Auftrag erteilte, 33 777 Gulden für den Seligsprechungsprozeß überweisen zu lassen[155]. Damit wurde es möglich, die bereits für den vergangenen Herbst vorgesehene *Antepraeparatoria* im März 1836 abzuhalten[156].

---

[144] ZAO, ACO 511, Fasz. 1834–1836, Ohms an den Erzbischof von Olmütz, 10. Januar 1835.
[145] ZAO, ACO 511, Fasz. 1834–1836, Nachricht Rosatinis, 1835, Notiz auf der Rückseite: „soggetto degnissimo, ed abile".
[146] ASRC, Decreta 1834–36, fol. 68, Aufzeichnung über die Fakultät, eine neue *Antepraeparatoria* abzuhalten, 14. August 1835. – Über die Person Costers ist nichts weiteres bekannt.
[147] ZAO, ACO 511, Fasz. 1834–36, Denkschrift Costers vom Januar 1835.
[148] ASRC, Decreta 1834–36, fol. 68: Aufzeichnung über die Fakultät, eine neue *Antepraeparatoria* abzuhalten, 14. August 1835. Die *Congregatio Ordinaria* stimmte diesem Vorschlag am 8. August zu.
[149] Ostini (1775–1849), nach kurzem Aufenthalt in Wien Nuntius in der Schweiz (1827–29), 1829–1832 Nuntius in Brasilien, 1832–1836 Nuntius in Österreich; bereits 1831 Kardinal *in pectore* (veröffentlicht 1836), 1836–1841 Bischof von Jesi: HC VII 28, 61, 360; Marchi 46, 75, 244.
[150] ZAO, ACO 511, Fasz. 1834–36, Ostini an Chotek, Wien, 1. September 1835.
[151] ASRC, Decreta 1834–36, fol. 68: Aufzeichnung über die Fakultät, eine neue *Antepraeparatoria* abzuhalten, 14. August 1835.
[152] Geldforderungen Costers: ZAO, ACO 511, Fasz. 1834–36, Coster an Chotek, 7. Oktober 1835; Antwort des Erzbischofs, 3. Dezember 1835: ebd.
[153] ZAO, ACO 511, Fasz. 1834–36, Erlaß des Domkapitels, 30. Dezember 1835.
[154] Ebd.
[155] ZAO, ACO 511, Fasz. 1834–36, Landesstelle Brünn an den Erzbischof von Olmütz, 9. Januar 1836.
[156] Im Oktober wollte Coster dafür sorgen, daß die *Antepraeparatoria* noch im Herbst stattfinden sollte. Es fehlte aber an Geld: ZAO, ACO 511, Fasz. 1834–36, Coster an Chotek, 7. Oktober 1835.

Ende September 1835 hatte man einen neuen Ponens bestellen müssen[157]. Auf den Vorschlag Costers[158] wurde Giuseppe della Porta Rodiani[159] mit dieser Funktion betraut. Überhaupt erwies sich Coster als richtiger Mann am richtigen Platz: Er entfaltete eine ausgedehnte Aktivität, um den Prozeß rasch durchzuführen[160]. Ständige Kontaktaufnahmen, Geschenke und Öffentlichkeitsarbeit verfehlten dann auch ihre Wirkung nicht. So ließ er kurz vor der *Antepraeparatoria* Abbildungen Sarkanders anfertigen und in Rom verteilen[161]. Der mährische Märtyrer hatte sich inzwischen zur rein innerkirchlichen Galionsfigur für die Verbreitung des katholischen Bekenntnisses, die Bekehrung der Irrgläubigen und die Verteidigung der kirchlichen Rechte gemausert[162]. Dennoch ließen sich die Kongregationsväter nicht so rasch überzeugen – mußte doch einem römischen Kurialen die Causa eines einfachen Pfarrers wie sprichwörtliche „böhmische Dörfer" vorgekommen sein. Die wiederholte *Antepraeparatoria* vom 9. März 1836 über Martyrium und sieben Wunder zeigte daher vor allem Unentschlossenheit. Bei den Wundern gab es nur sehr wenig Zustimmung, verschiedentlich wollte man nochmals die Voten der Experten hören[163]. Das Hauptproblem der Causa war sicherlich die siebzigjährige Prozeßpause, wie Coster im Vorfeld der Sitzung bemerkte[164], doch glaubte andererseits der Ponens, daß für den erfolgreichen Abschluß nicht mehr viel getan werden müsse[165]. Faktisch kam jedoch durch dieses entmutigende Ergebnis der Prozeß in Rom bis Mitte der fünfziger Jahre zum Erliegen. Coster gab sich jedoch weiterhin optimistisch und setzte unverdrossen seine Bemühungen zugunsten des Sarkander fort[166]. Obwohl man auch in Mähren einiges für die Bekanntheit des Märtyrers getan und über die römische Prozeßführung in der „Mährisch-Ständischen Brünner Zeitung"[167] berichtet hatte, wurde das Interesse von offizieller Seite noch weiter heruntergeschraubt. Der desinteressierte Chotek war im Sep-

---

[157] ASRC, Decreta 1834–36, fol. 77: Notiz über die Audienz vom 25. September 1835, in der Porta Rodiani zum Ponens ernannt wurde. Feroni, der praktisch nichts für den Fortgang des Prozesses getan hatte, war inzwischen gestorben.
[158] Es war allgemein üblich, daß der Postulator einen Kandidaten vorschlug. In diesem Fall bat der Papst jedoch Coster, einen Kardinal zu benennen. Der Postulator schrieb Anfang Oktober bezüglich Porta Rodianis, daß dieser dafür sorgen werde, damit die *Antepraeparatoria* noch im Herbst stattfinde: ZAO, ACO 511, Fasz. 1834–36, Coster an Erzbischof von Olmütz, 7. Oktober 1835.
[159] Der Römer Porta Rodiani (1773–1841), 1796 Priesterweihe, Konsultor der Inquisition, 1821 *Viceregente* von Rom, 1822 Erzbischof von Damaskus, 1823 Patriarch von Konstantinopel, 1834 Kardinal *in pectore* (1835 publiziert): HC VII 28, 161, 172.
[160] Davon legt der umfangreiche Briefwechsel zwischen Coster und dem Erzbischof Zeugnis ab: ZAO, ACO 511, Fasz. 1834–36, und Fasz. 1837–1840.
[161] Zu Weihnachten verteilte er kleine Geschenke und Schokolade an die mit der Causa befaßten Kurialen. Der Präfekt der Ritenkongregation, der Ponens und weitere Kardinäle erhielten Bilder Sarkanders: ZAO, ACO 511, Fasz. 1834–1836, Coster an den Erzbischof von Olmütz, 27. Februar 1836.
[162] Hinweise auf das Wirken Sarkanders und die bevorstehende *Antepraeparatoria*: ZAO, ACO 511, Fasz. 1837–1840, „Mährisch-Ständische Brünner Zeitung", Nr. 90, 30. März 1836.
[163] ASRC, Decreta 1834–36, fol. 93: CA, 9. März 1836. Bei der Abstimmung über das Martyrium votierten 9 mit „suspensive", die 7 Wunder wurden im Schnitt 3 bis 4 „constare".
[164] ZAO, ACO 511, Fasz. 1834–36, Coster an den Erzbischof von Olmütz, 27. Februar 1836.
[165] ZAO, ACO 511, Fasz. 1834–36, Porta Rodiani an Chotek, 23. Januar 1836.
[166] Coster glaubte Anfang 1838 an einen positiven Ausgang in absehbarer Zeit: ZAO, ACO 511, Fasz. 1837–1840, Coster an den Erzbischof von Olmütz, 2. Januar 1838.
[167] ZAO, ACO 511, Fasz. 1837–1840, „Mährisch-Ständische Brünner Zeitung", Nr. 90, 30. März 1836. Die Zeitung übernahm die Meldung des *Diario di Roma* vom 27. Februar in Übersetzung.

tember 1836 in Prag gestorben. Auch sein Nachfolger, Maximilian Joseph Freiherr von Somerau-Beeckh[168], hatte andere Pläne und Sorgen als den Prozeß des Sarkander fortzusetzen. Auf eine umfassende Seelsorgepraxis zurückblickend[169], widmete er sich in den Notzeiten vor allem den Bedürftigen und der Beschaffung von Arbeitsplätzen: Er gründete in Olmütz ein Armeninstitut, modernisierte die erzbischöflichen Eisenwerke und verschaffte durch seine rege Bautätigkeit zahlreichen Menschen Lohn und Brot. Zunächst brachte er den von seinem Vorgänger begonnenen Bau des Priesterseminars bis 1841 zum Abschluß, der 80 Theologiestudenten Wohnung bieten konnte. Die 1836 abgebrannte St.-Mauritz-Kirche in Kremsier errichete er im neogotischen Stil mit einem Aufwand von 100 000 Gulden neu und vermehrte das Kapital des Kollegiatskapitels um 24 000 Gulden. Außerdem baute er dort den Schloßpark aus, legte mit ungeheurem finanziellen Aufwand ein Wehr gegen Überschwemmungen an und versorgte Kremsier mit einer neuen modernen Wasserleitung. Bei diesen kostspieligen Unternehmungen mußte das Sarkanderprojekt beim Erzbischof notwendigerweise auf taube Ohren stoßen. Hinzu kam, das die Revolution von 1848 auch Mähren Not und Armut brachte. Die politischen Ereignisse führten auch zu Veränderungen im sozialen und innerkirchlichen Bereich. Für die Pfarreien wirkten sich die Aufhebung des Zehntrechts und die Abschaffung verschiedener Naturalleistungen gravierend aus; das Einkommen der Pfarrer fiel verschiedenen Orts unter 300 Gulden. Auch hier bemühte sich Somerau-Beeckh bei den Wiener Ministerien um eine gerechte Lösung dieser existenziellen Fragen[170].

Dem Seligsprechungsprozeß in Rom, der bereits seit einigen Jahren auf Sparflamme kochte, fehlte damit der notwendige Hintergrund. Es half auch nichts, daß sich die österreichische Botschaft seit 1838 wieder verstärkt um die Causa kümmerte, und der Missionschef Rudolf Graf Lützow[171], der „in enger Verbindung mit der Wiener Staatskanzlei"[172] agierte, geradezu eine Lebensaufgabe im Abschluß des Sarkanderprozesses sah[173]. Auch der rührige Einsatz von Porta Rodiani, der die Akzeptanz des Martyriums in der Kongregation entscheidend voranbrachte[174], konnte nichts daran ändern, daß in Olmütz alle Räder still standen.

Das tatsächliche Desinteresse vor Ort veranlaßte den österreichischen Botschafter beim Hl. Stuhl, sich beim Staatskanzler Clemens Fürst von Metternich[175] zu beschweren, daß nichts mehr in der Beatifikationsangelegenheit unternommen werde. Darauf-

---

[168] Somerau-Beeckh (1779–1853), 1813 Domherr in Olmütz, 1837–1853 Erzbischof von Olmütz, 1850 Kardinal: Matzke, Die Olmützer Erzbischöfe 39–47.
[169] Nach Militärdienst und Priesterweihe (1797) durchlief er die übliche Laufbahn eines Geistlichen. Nach etlichen Jahren der Tätigkeit im Olmützer Domkapitel kehrte er 1827, nach seiner Wahl zum Propst von St. Mauritz in Olmütz, wieder in die unmittelbare Seelsorge zurück.
[170] Vgl. dazu: Matzke, Die Erzbischöfe von Olmütz 45.
[171] Lützow war von 1826 bis 1848 österreichischer Botschafter beim hl. Stuhl: Hudal, Die österreichische Vatikanbotschaft 74–138.
[172] Ebd. 76.
[173] ZAO, ACO 511, Fasz. 1837–1840, Coster an den Erzbischof von Olmütz, 6. Februar 1838.
[174] Ebd.
[175] Clemens Fürst von Metternich (1773–1859), 1809 Staatsminister, 1821–1848 österreichischer Staatskanzler: Heinrich Ritter von Srbik, Metternich, der Staatsmann und der Mensch I–II, München ²1957; Giullaume de Bertier de Sauvigny, Metternich. Staatsmann und Diplomat für Österreich und den Frieden, Gernsbach 1988.

hin nahm der Staatskanzler auf den Olmützer Erzbischof im April 1838 Einfluß, „damit sich Eure fürstliche Gnaden zur Rücknahme der verfügten Einstellung der weiteren Schritte in dem Processe der Seligsprechung des Johann Sarcander bewogen finden wollten"[176]. Somerau-Beeckh glaubte, den Prozeß einfach einschlafen lassen zu können, ebenso wie die Korrespondenz zu Coster[177]. Ein Ausstieg war aber schon deshalb nicht möglich, weil die Postulatur und damit auch die Botschaft finanzielle Verbindlichkeiten eingegangen waren, die man nun in Olmütz begleichen mußte[178]. Seit dem Tode Choteks sind keine Zahlungen mehr geleistet worden[179]. Im Juni wandte sich der Botschafter direkt an den Erzbischof, um die überprüften und bestätigten Geldforderungen Costers einzutreiben. Offensichtlich schützte der Oberhirte schlechte Aussichten auf einen positiven Ausgang des Prozesses vor, denn Graf von Lützow mußte ihn darauf aufmerksam machen, daß „von einer auch nur zeitweiligen Einstellung unserer hiesigen Bemühungen bei so bewandten Umständen keine Rede sein kann"[180]. Wenig später meldete sich sogar ein Kongregationsadvokat in Olmütz und bat um die fälligen Gelder, da sonst der ganze Prozeß zu stocken drohe[181]. Mittlerweile waren die Aktionen der Kongregation, der österreichischen Botschaft und der Wiener Nuntiatur so miteinander verwoben und aufeinander abgestimmt[182], daß das Verhalten des Erzbischofs Somerau-Beeckh einem unlauteren Alleingang glich.

Von Graf von Lützow animiert, „welcher diese Sache mit vieler Wärme betreibt"[183], unternahm die Wiener Haus-, Hof- und Staatskanzlei Ende August einen weiteren Vorstoß in Olmütz, um dort den vermeintlichen Pessimismus zu bekämpfen. Der aktuelle Status der Causa verheiße „die sich mehr und mehr herausstellende Hoffnung eines günstigen Ausganges dieses Beatifikationsprozesses"[184]. Ungeteilt konnte diese Zuversicht jedoch nicht sein, da der Kongregationsadvokat wenige Wochen zuvor eine Auflistung von Einwendungen gegen das Martyrium, die aus der Feder des Promotors fidei stammten, nach Olmütz geschickt hatte[185].

Mittlerweile hatte man augenscheinlich in Wien erkannt, wo die tatsächlichen Schwierigkeiten lagen. Metternich packte das Problem an der Wurzel und ließ sich von der römischen Botschaft eine Aufstellung über die zu erwartenden Kosten anfertigen. Die Kalkulation wurde dem Fürsterzbischof mit der Bemerkung des Botschafters zugestellt, der Prozeß dürfe „nicht aufgehalten werden, weil dies einem gänzlichen Aufge-

---

[176] ZAO, ACO 511, Fasz. 1837–1840, Wiener Staatskanzlei an den Erzbischof von Olmütz, 23. April 1838. Der Beschwerdebrief der Botschaft vom 3. März wurde mitgesandt.
[177] Coster schrieb verwundert, daß er lange Zeit nichts mehr von Somerau-Beeckh gehört habe: ZAO, ACO 511, Fasz. 1837–1840, Coster an den Erzbischof von Olmütz, 26. Mai 1838.
[178] Coster stellt Forderungen von 2500 Scudi aus der Sarkanderkassa, wobei 900 sofort zur Zahlung anstanden: ebd.
[179] ZAO, ACO 511, Fasz. 1837–1840, Lützow an den Erzbischof von Olmütz, 9. Juni 1838.
[180] Ebd.
[181] ZAO, ACO 511, Fasz. 1837–1840, Bartoleschi an den Erzbischof von Olmütz, 2. August 1838.
[182] Bartoleschi hatte seine Informationen vom Auditor der Wiener Nuntiatur, Secundiani Bruschi, seinem Verwandten: ebd.
[183] ZAO, ACO 511, Fasz. 1837–1840, Haus-, Hof- und Staatskanzlei an den Erzbischof von Olmütz, 27. August 1838.
[184] Ebd.
[185] ZAO, ACO 511, Fasz. 1837–1840, Bartoleschi an den Erzbischof von Olmütz, 2. August 1838.

ben der Beatifikation gleich kommen würde"[186]. Als Termin für die *Praeparatoria* habe man bereits das Jahresende ins Auge gefaßt. Lützows Pessimismus war nicht ganz unbegründet, da das 70-Jahres-Intervall dem Postulator bereits vor wenigen Jahren Kopfzerbrechen bereitet hatte.

Es geschah jedoch nichts. Ohne Treibstoff lief selbst der beste Motor nicht. Der Erzbischof ließ die sich überschlagenden Aktivitäten der Botschaft schlicht im Sande verlaufen. Die staatliche Seite blieb davon jedoch unbeeindruckt. Da der genaue Wert der Sarkanderkassa nicht feststand, wies die Regionalregierung in Brünn Anfang Februar 1839 den Oberhirten an, „mit möglichster Beschleunigung uns die Nachweisung erstellen zu wollen, wie wir dem Sarkander'schen Beatifikationsfonds in seiner Valuta"[187] berechnen sollen. Einen Teil der Gelder hatte man inzwischen verzinslich angelegt[188]. Als das Ergebnis im Herbst endlich feststand, erhielt der Fürsterzbischof eine neue Anweisung, damit das Stiftungskapital „seinem Zwecke gemäß verwendet werden"[189] konnte.

Wiederum geschah in Olmütz nichts. Das ‚Sarkandische Trio' brachte seit Jahren nur noch Mißklänge hervor. Der Kongregationsadvokat machte gutes Wetter, indem er die Lage als „optimus causae status"[190] bezeichnete, obgleich er einräumen mußte, daß gegen die neuen *Animadversiones* des Promotors fidei nur noch der Papst selbst helfen könne[191]. Lützow ließ sich in seinem Übereifer blenden und kannte nur noch die Flucht nach vorn: Da das Abhalten der *Praeparatoria*, von deren Ausgang die „Seeligsprechung des ehrwürdigen Johann Sarkander hauptsächlich abhängt, nun mehr gewiß" sei, müsse auch in „dieser Angelegenheit die den Absichten des frommen Stifters des Sarkander'schen Beatifications-fonds entsprechende Folge"[192] geleistet werden. Der Erzbischof blieb davon ungerührt.

Der Kongregationsadvokat hatte die Situation richtig eingeschätzt, wenn er einen Abschluß nur noch vom päpstlichen Engagement erwartete. Die *Antepraeparatoria* hatte nur geringe Resonanz bei den Kongregationsvätern gezeigt, was sicherlich auch damit zusammenhing, daß Sarkander der erste Pfarrer qua Pfarrer war, der in den Ländern deutscher Zunge aufgrund seines Martyriums zu der Ehre der Altäre erhoben werden sollte, wie der Advokat bemerkte[193]. In formaler Hinsicht standen die vorgeschlagenen Wunder auf wackeligen Beinen, da die Kongregation bei einigen den klaren Nachweis vermißte[194].

---

[186] ZAO, ACO 511, Fasz. 1837–1840, Wiener Haus-, Hof- und Staatskanzlei an den Erzbischof von Olmütz, 31. Oktober 1838.
[187] ZAO, ACO 511, Fasz. 1837–1840, Provinzregierung Brünn an den Erzbischof von Olmütz, 8. Februar 1839.
[188] ZAO, AO 682, Aufstellung der Kapitalien, 19. Juli 1855. Die Gelder waren zum Teil zu 4–5% Zinsen angelegt.
[189] ZAO, ACO 511, Fasz. 1837–1840, Provinzregierung Brünn an den Erzbischof von Olmütz, 4. Oktober 1839. Die Kassa enthielt noch 20 128 Gulden.
[190] ZAO, ACO 511, Fasz. 1837–1840, Bartoleschi an den Erzbischof von Olmütz, 6. Februar 1840.
[191] Ebd.
[192] ZAO, ACO 511, Fasz. 1837–1840, Lützow an den Erzbischof von Olmütz, 15. Februar 1840.
[193] ZAO, ACO 511, Fasz. 1837–1840, Bartoleschi an den Erzbischof von Olmütz, 6. Februar 1840. Bartoleschi sprach von „Germania universa".
[194] ZAO, AO 682, Brief eines Unbekannten an den Erzbischof von Olmütz mit Informationen Bartoleschis, 17. November 1841.

Ohne die noch fälligen Zahlungen aus Olmütz geschah jedoch nichts. Lützow mahnte noch im April 1841 die Überweisung der Gelder mit der Bemerkung an, daß sonst die Causa auf der Stelle trete und keine weitere Kongregationssitzung abgehalten werden könne[195]. Als auch dies nichts fruchtete, schaltete Lützow den Wiener Nuntius ein, der sich Anfang November an den Olmützer Oberhirten wandte, um ihn zur Zahlung zu bewegen, ohne dabei zu verschweigen, daß die Causa gut stünde[196]. Auch dieser Vorstoß zeigte bei Somerau-Beeckh keinerlei Wirkung, da er für seine zahlreichen Bauprojekte und die Finanzierung des Priesterseminars zu sorgen hatte. Anfang 1844 erst wandte er sich an den Nuntius, beklagte die Einwände des Promotors und die zahlreichen Schwierigkeiten, die sich in der Kongregation auftürmten. Er selbst habe ja den guten Willen zum Abschluß der Causa, doch glaube er nicht an ihn. Außerdem fehlten ihm wenigsten 12 000 Gulden, um den Prozeß abschließen zu können[197]. Vorwände, Verschleppung, Verdunkelung! Vorerst war das letzte Wort gesprochen.

1.e. Zwiespältiger Nationalpatron

Als wichtigster Hemmschuh des Prozesses hatte sich ohne Zweifel der Olmützer Erzbischof erwiesen[198]. Mit dem Tod von Kardinal Somerau-Beeckh wurde der Weg frei für neue Schritte. Friedrich Egon Landgraf von Fürstenberg[199], der am 8. September 1853 feierlich in Olmütz als neuer Fürsterzbischof installiert wurde, zeigte endlich lebhaftes Interesse an der Causa. Im Kampf gegen den österreichischen Liberalismus geriet der sozial und pastoral eingestellte Fürstenberg[200] zwischenzeitlich in Konflikt mit der Wiener Regierung und mußte daher bis 1879 auf den roten Hut warten[201]. Relativ rasch nach seiner Erhebung ergriff Fürstenberg zugunsten der Causa Sarkander die Intitiative. Schon im Juni 1855 hatte er über die Konzilskongregation einen Postulator bestellen lassen[202] – das Mitglied dieses Dikasteriums, Kanoniker von Maria Maggiore in Rom und persönlicher Freund des Papstes, Francesco Liverani[203]. Es

---

[195] ZAO, AO 682, Lützow an den Erzbischof von Olmütz, 10. April 1841.
[196] ZAO, AO 682, Wiener Nuntius an den Erzbischof von Olmütz, 6. November 1841.
[197] ZAO, AO 682, Erzbischof von Olmütz an den Wiener Nuntius, 1. Februar 1844.
[198] Schon Matzke (Der selige Johannes Sarkander 37) berichtet, daß Somerau-Beeckh für den Seligsprechungsprozeß „kein besonderes Interesse" habe.
[199] Fürstenberg (1813–1892) 1832 Domherr in Olmütz, 1849 Propst von St. Mauritz in Kremsier, 1853 bis 1892 Erzbischof von Olmütz, 1879 Kardinal. Er und sein Vetter, Friedrich Fürst von Schwarzenberg (1850 Erzbischof von Prag) regierten in der zweiten Hälfte des 19. Jahrhunderts die beiden bedeutenden Erzbistümer der böhmischen Länder: Matzke, Die Olmützer Erzbischöfe 47–55.
[200] In den 39 Jahren seiner Amtszeit hatte er jede Pfarrei seines Spengels persönlich visitiert, fast 40 neue Seelsorgestellen geschaffen und zahlreiche Kirchen und Kapellen errichtet. Er beschäftigte einen personalintensiven Hofstaat aus sozialen Erwägungen. Das Äußere der Domkirche ließ er auf eigene Kosten im neugotischen Stil umbauen.
[201] Die österreichische Regierung verhinderte bis 1879 die Ernennung Fürstenbergs zum Kardinal; Leo XIII. hatte Kaiser Franz Joseph I. persönlich in Rom dazu bewogen, seine Zustimmung zur Kardinalserhebung zu geben.
[202] ZAO, ACO 511, Fasz. 1855–1860, Liverani an Fürstenberg, 28. Juni 1855.
[203] Liverani (1823–1894), der Pius IX. aus dessen Zeit als Bischof von Imola kannte, war ferner *Referendarius* der beiden Signaturen und Apostolischer Protonotar. In der Konzilskongregation war er für die Prüfung der Ad-Limina-Relationen zuständig. 1861 trat er mit seiner seit 1859 er-

ist nicht einfach, den Motivationshintergrund Fürstenbergs freizulegen. Eine nicht unwesentliche Komponente war sicherlich der seit 1848 in den böhmischen Ländern aufflammende Nationalismus, dem beispielsweise sein Vetter, Friedrich Kardinal Fürst zu Schwarzenberg, Erzbischof von Prag,[204] mit Neutralität und sanftem Entgegenkommen zu begegnen wußte. Fürstenberg ließ 1863 das Gedenken an die Ankunft von Cyrill und Method in Mähren vor 1000 Jahren feierlich begehen und belebte damit ihr Andenken bahnbrechend[205]. Er erreichte außerdem, daß das Fest dieser als mährische Landespatrone Verehrten auf den 5. Juli verlegt wurde[206], an dem fortan in Olmütz die Priesterweihen stattfanden[207]. Die Jubiläumsfeierlichkeiten in Mähren, die mit großem nationalen Pathos durchgeführt wurden, blieben auf Anordnung der staatlichen Behörden auf den religiösen Bereich beschränkt; öffentliche patriotische Kundgebungen wurden untersagt[208]. Die Feiern führten zwar zum „Aufblühen einer lebendigen Volksfrömmigkeit"[209], brachten aber andererseits die böhmische und mährische Kirchenleitung in arge Bedrängnis. Bei den darauffolgenden Jubiläen übernahm Fürstenberg nicht mehr die Schirmherrschaft und übte fortan nationale Abstinenz. Der slawische Gedanke ließ sich jedoch nicht mehr zurückdrängen, wurde seit Leo XII. (1823–1829) offen unterstützt und beschwor schließlich die Gefahr eines österreichischen Kulturkampfes herauf[210]. Vor allem im niederen Klerus, der sich volksnah gab, hatte die nationale Bewegung tiefe Wurzeln ausgebildet[211].
Einen deutlichen Hinweis auf die Relevanz nationaler Interessen lieferte Liverani im Vorfeld der Wiederaufnahme des Prozesses des Jan Sarkander: „Dieser Prototyp ist

---

kennbaren Oppositionshaltung an die Öffentlichkeit, da er keine eigentlichen Regierungsämter erhielt: Weber I 195; Liverani, Das Leben und Leiden, Einband.

[204] Schwarzenberg (1809–1885), 1836–1850 Erzbischof von Salzburg, 1842 Kardinal, 1850–1885 Fürsterzbischof von Prag: Erwin Gatz, Art. Schwarzenberg, Friedrich Fürst zu, in: Die Bischöfe 1795/1803–1945, 686–692; Salzburger Zeit: Sabine Falk-Veits, Friedrich Fürst zu Schwarzenberg (1836–1850), Säule der Kirche im Vormärz, in: Kramml/Weiß, Lebensbilder Salzburger Erzbischöfe aus zwölf Jahrhunderten, Salzburg 1998, 203–220.

[205] Allgemein gelten Cyrill und Method als Slawenapostel und Begründer der altslawischen Kirchensprache. Ihre Mission strahlte über Mähren, Böhmen, Ungarn bis nach Polen, Bulgarien und Rußland aus. Um 1860 verfaßte Kurzviten stellen sie als die Begründer des Christentums in Mähren dar: Stabell, Lebensbilder der Heiligen in der Ordnung des bürgerlichen Kalenders I 305–310 (11. März). Noch Matzke bezeichnet sie als „mährische Landespatrone": Matzke, Mährens frühes Christentum 29. Vgl. zu ihrem Wirken in Mähren: ebd. 29–48. Zur Vita vgl.: Venance Grumel, Art. Cirillo e Metodio, in: BS III 1328–1337 (Lit.). – Die Verehrung von Cyrill und Method hatte in Mähren bereits vor 1863 eingesetzt: Matzke, Mährens frühes Christentum 48. Die Anfänge der neueren Cyrill-Method-Idee werden zum ersten Mal in den dreißiger Jahren des 19. Jahrhunderts in Kreisen des mährischen Klerus faßbar: Machilek, Welehrad und die Cyrill-Method-Idee im 19. und 20. Jahrhundert 157.

[206] Das Fest ist bisher am 11. März begangen worden.

[207] Vgl. Matzke, Die Olmützer Erzbischöfe 54. Fürstenberg machte die Cyrill-Method-Idee bewußt zum Programm seiner Regierung: Machilek, Welehrad und die Cyrill-Method-Idee im 19. und 20. Jahrhundert 159.

[208] Machilek, Welehrad und die Cyrill-Method-Idee im 19. und 20. Jahrhundert 160f.; Huber, Nation und Kirche 1848–1918 252.

[209] Svoboda, Die innere Entwicklung des tschechischen Katholizismus in den letzten hundert Jahren 164.

[210] Huber, Nation und Kirche 1848–1918 252. Vgl. zu dieser Problematik auch: Prinz, Die böhmischen Länder von 1848 bis 1914 109f.

[211] Ebd. 110.

herausragend und geeignet, verehrt zu werden, speziell in unseren Tagen, wo es vielleicht keine Nation mehr gibt – in deutschen Landen und im Ausland –, die nicht mit der Seligsprechung einer ihrer Protagonisten ausgezeichnet wurde"[212]. Es ist sogar nicht auszuschließen, daß Fürstenberg eine Beatifikationsfeier mit dem Cyrill-Method-Jubiläum verknüpfen wollte. Ähnliche Projekte hatte die Geschichte des Sarkanderprozesses bereits erlebt. Allerdings ist hier Vorsicht geboten, denn im Laufe der folgenden Jahre schlug das religiöse Pathos im Rahmen der Seligsprechung – zumindest aus römischer Perspektive – in ein staatstragendes, österreichisches Interesse um. Indes brauchte in der Kongregation nicht mehr viel getan zu werden, wie der neue Postulator im Juni 1855 berichtete[213]. Ebenso wie Liverani eine exzellente Wahl war, so verliefen auch die anderen Vorbereitungen in Rom zügig und gründlich, denn schon am 19. Juli wurde ein neuer Ponens bestellt – der Präfekt der Ritenkongregation Patrizi[214] – und am 11. September die *Praeparatoria* abgehalten[215]. Dabei ist zu berücksichtigen, daß Entscheidungen an der Kurie in den Sommermonaten nur in dringenden Fällen vorgenommen wurden. Um die *Praeparatoria* vorzubereiten, mußte man sich also regelrecht überschlagen haben: Aus dem Archiv der „Anima" zog man die alte *Positio* hervor, ließ letzte Übersetzungen durchführen und alles in Eile drukken[216]. Auch in Olmütz arbeitete man im Sommer auf Hochtouren. Aufgrund einer Erhebung stand am 4. August 1855 das Finanzvolumen der Sarkanderkassa fest: 17 180 Gulden[217]. Schon am 18. Juli wies man den Pfarrer der Olmützer St. Michaelskirche im Auftrag des Erzbischofs an, das nun von ihm verwaltete Kapital der Sarkanderkassa verfügbar zu machen[218]. Das bedeutete, das man die Verbindlichkeiten – zum Teil waren es Staatsobligationen – lösen mußte, um liquid zu werden. Der Schritt war offensichtlich nicht mit der Landesregierung abgestimmt, weil diese sich überrascht an den Erzbischof wandte und ihn um Aufklärung über die Verpfändung der Obligationen bat[219].

Für Fortschritte in Rom war somit gesorgt. Im September 1855 verlief die *Praeparatoria* weit erfreulicher als die *Antepraeparatoria* vom Frühjahr 1836. Das Martyrium stieß nun mehrheitlich auf Zustimmung, ebenso die ersten drei Wunder[220]. Was fehlte, war das Interesse der Väter an der Causa: Zahlreiche Ordensleute und Kardinäle – insgesamt 17 Personen – vermieden es, zur Sitzung zu erscheinen oder zumindest

---

[212] ZAO, ACO 511, Fasz. 1855–1860, Liverani an Fürstenberg 28. Juni 1855: „Il Prototipo è sublime e degno di essere glorificato specialmente ai nostri giorni in cui non s'ha forse nazione, dall'alemanna in fuori, che non si sia segnatata coll'onore degli altari procurato ad alcuno dei suoi attachini".
[213] Ebd.
[214] ASRC, Decreta 1855–1856, fol. 39: Aufzeichnung über die Audienz vom 19. Juli 1855 mit der Bestellung Patrizis.
[215] ASRC, Decreta 1855–1856, fol. 54: CP, 11. September 1855.
[216] ZAO, ACO 511, Fasz. 1855–1860, Liverani an Fürstenberg, 28. Juni 1855.
[217] ZAO, AO 682, Summar-Ausweis der Pfarrkirche St. Michael/Olmütz über den Heiligsprechungs- und Kapellenstiftungsfonds, 4. August 1855.
[218] ZAO, AO 682, Domkapitel an Florian Schön, Pfarrer von St. Michael, 18. Juli 1855. Die Gelder waren zum Teil verzinslich angelegt.
[219] ZAO, AO 682, Provinzregierung in Brünn an den Erzbischof von Olmütz, 8. Februar 1856. – Der Bischof gab am 24. April Rechenschaft über den Zweck der Transaktion: ebd.
[220] ASRC, Decreta 1855–1856, fol. 54: CP, 11. September 1855.

Voten zu hinterlassen. Auch die *Generalis*, die im Januar 1859 abgehalten wurde[221], brachte keinen vollständigen Erfolg. Zwar wurde das Martyrium akzeptiert, ebenso die ersten drei Wunder, doch hatte bereits Benedikt XIV. ein viertes zur Bekräftigung des Martyriums gefordert, und neue lagen nicht vor. In dieser Situation half tatsächlich nur das lange vorher vom Kongregationsadvokaten empfohlene Mittel: ein Gnadenerweis des Papstes. Schon bald setzte Liverani den eigens nach Rom geeilten Erzbischof Fürstenberg in Kenntnis, der sich sofort beim Papst um die nötige Dispens vom vierten Wunder verwandte[222]. Wie Liverani in Rom erfahren hatte, war das Klima für einen solchen Schritt sehr vorteilhaft: Der Papst begünstigte die Causa, und Fürstenberg genoß in Rom hohes Ansehen[223]. Außerdem unterstützte die österreichische Botschaft die notwendigen Schritte[224]. Die Dispens wurde am 7. Februar ausgestellt, da über das Martyrium keine Zweifel mehr bestanden[225].

Der Gnadenakt machte den Weg frei für das Dekret über Martyrium und Wunder[226], das am 9. März im Beisein von Fürstenberg promulgiert wurde[227]. Schon eine knappe Woche später wurde die *Generalis super tuto* erfolgreich abgehalten[228]. Bislang war es dem Postulator nicht gelungen, in Rom größeres Interesse für Sarkander zu wecken; immerhin blieben acht Kongregationsväter der Sitzung fern. Das *Decretum super tuto*[229] ließ ebenfalls nicht lange auf sich warten, so daß bereits Anfang Juni der Prozeß zum Abschluß gekommen war. Allem Anschein nach hatte die Anwesenheit des Olmützer Erzbischofs die Sache in Rom erheblich beschleunigt. Ihm selbst brachte sie den Ehrentitel eines Päpstlichen Thronassistenten ein[230].

Trotz aller Bemühungen ließ es sich nicht erreichen, die feierliche Seligsprechung an Sarkanders Festtag, dem 17. März 1860, durchzuführen. Liverani setzte sich im Sommer mit aller Kraft für eine Beschleunigung der Vorbereitungen in Rom ein, mußte aber Mitte August bei allem „buon andamento dei preparativi per la beatificazione"[231] feststellen, daß auch hier nur der Papst selbst mit einem Indult helfen könne. Tatsächlich stellte Pius IX. Anfang September ein Dekret aus, kraft dessen sowohl in Olmütz

---

[221] ASRC, Decreta 1857–1859, fol. 184: CG, 9. Januar 1859.
[222] Die undatierte Bittschrift des Postulators wurde in der Audienz vom 7. Februar 1859 behandelt: ASRC, Decreta 1857–1859, fol. 203A. – Fürstenberg hielt sich nachweislich am 7. März in Rom auf: Kux, Geschichte der königlichen Hauptstadt Olmütz 330. Es ist daher anzunehmen, daß er schon Anfang Februar in Rom war und sich für einen raschen Fortgang der Causa persönlich verwandte, da weder in Olmütz noch in den römischen Archiven Schreiben aus diesem Zeitraum vorliegen.
[223] Liverani berichtete über diese Situation im August 1859: ZAO, ACO 511, Fasz. 1855–1860, Liverani an Fürstenberg, 20. August 1859: „lo stesso S[anto] P[adre] se ne mostrò pubblicamente inteso – dopo che le altre postulazioni, che non hanno un rappresentante così illustre come l'A.V., non hanno replicato parola a quanto è dovere e uso".
[224] Über die starke Unterstützung der Botschaft berichtete Liverani noch Anfang September: ZAO, AO 682, Liverani an Fürstenberg, 8. September 1859.
[225] ASRC, Decreta 1857–1859, fol. 203A: Aufzeichnung über die Audienz vom 7. Februar 1859.
[226] ASRC, Decreta 1857–1859, fol. 204: Dekret über Martyrium und Wunder, 9. März 1859.
[227] Kux, Geschichte der königlichen Hauptstadt Olmütz 330.
[228] ASRC, Decreta 1857–1859, fol. 212: CGST, 15. März 1859. Alle Anwesenden stimmten mit „tuto".
[229] ARSC, Decreta 1857–1859, fol. 229: *Decretum super tuto*, 2. Juni 1859.
[230] Mit diesem Titel unterzeichnete der Erzbischof Anfang November 1859: ZAO, MCO 1229, fol. 5ff.: Konzept des Briefes von Fürstenberg an die Ritenkongregation, 3. November 1859.
[231] ZAO, ACO 511, Fasz. 1855–1860, Liverani an Fürstenberg, 20. August 1859.

als auch in der deutschen Nationalkirche in Rom, S. Maria dell'Anima, Sarkanders Gedächtnis am 17. März festlich begangen werden konnte[232].

Bevor man sich auf den Festtag und die Feierlichkeiten der Seligsprechung von 1860 vorbereitete, klärte man die finanziellen Fragen und schloß am 10. November 1859 mit dem Pfarrer von St. Michael einen Vertrag ab, um die erforderlichen Mittel zur Verfügung zu haben[233].

Die Beatifizierung von Jan Sarkander fand am 6. Mai 1860 in der vatikanischen Basilika statt, zu der eine Olmützer Delegation angereist und von Pius IX. empfangen worden war[234]. Die Ansprache des Papstes bei der Feier entpuppte sich allerdings als bittere Pille für das mährische Nationalgefühl: „Der neue Selige möchte für das Kaisertum Österreich und auch ganz Deutschland bei Gott das irdische und geistige Wohl erbitten. Schwer seien die uns umgebenden Drangsale, aber groß sei auch die Macht des Gebetes; welchem, wenn es im Geist der Buße, der Liebe und Gottesfurcht verrichtet wird, nichts widersteht!"[235]. Wie konnte es aus der Perspektive der mährischen Volksfrömmigkeit zu einem solch radikalen Vorzeichenwechsel kommen? Fürstenberg und Liverani hatten bekanntlich in Rom nie einen Zweifel am „deutschen Charakter" der Causa aufkommen lassen. Weiteren Aufschluß gibt ein Brief Liveranis vom November 1859, in dem der stark politisch interessierte Postulator die oberitalienische Lage erörterte. Seit 1855/56 verwickelte die italienische Einigungsbewegung die europäische Politik in ein militärisches Abenteuer[236]. Der französische Kaiser versprach 1858 Kriegshilfe gegen das in Modena, Südtirol, Venetien, Istrien sowie in der Toscana und der Lombardei regierende Habsburg, um einen oberitalienischen Staatenbund unter päpstlichem Vorsitz zu errichten. Wien erklärte Sardinien den Krieg und erlitt 1859 vernichtende Niederlagen bei Magenta und Solferino. Nach Aufständen in Mittelitalien und dem drohenden Eingreifen Preußens einigte man sich im Juli auf einen Waffenstillstand, der vor allem Österreich zugute kam. Der Friedensvertrag von Zürich vom November legte fest, daß Venetien bei Österreich blieb und die Lombardei an Frankreich fiel. In dieser dramatischen Situation sprach Liverani von dem „erhabenen Haus Österreich"[237], das es zu stützen gelte gegen „das Symbol und den Hort der Revolution"[238], den Frankreich darstelle. Ein neues oberitalienisches Königreich unter Führung eines Erzherzogs, meinte Liverani im September gegenüber Fürstenberg, könne die Situation retten: „Die kaiserliche Familie würde dabei nichts verlieren, stattdessen gewänne sie die Vormachtstellung in Italien und einen unsterblichen Ruhm für ganz Europa"[239]. Und Sarkander? Folgt man Liverani,

---

[232] ZAO, MCO 1229, fol. 3v: Dekret vom 1. September 1859.
[233] ZAO, ACO 511, Fasz. 1855–1860, Vertrag mit dem Pfarrer von St. Michael, 10. November 1859. Das Kapital der Kassa ist außerdem durch Sammlungen und Spenden der Gläubigen im 18. und 19. Jahrhundert vermehrt worden: Matzke, Der selige Johannes Sarkander 38.
[234] Kux, Geschichte der königlichen Hauptstadt Olmütz 331. Der Empfang durch den Papst fand am 3. Mai statt. Der Fürsterzbischof befand sich nicht in der Delegation.
[235] Zitiert nach: Kux, Geschichte der königlichen Hauptstadt Olmütz 331.
[236] Vgl. dazu: Lill, Geschichte Italiens in der Neuzeit 168–172.
[237] ZAO, AO 682, Liverani an Fürstenberg, 8. November 1859: „augusta sua Casa", gemeint ist Österreich.
[238] Ebd.: „il simbolo e pretesto della rivoluzione".
[239] Ebd.: „la famiglia imperiale nulla perdeva, anzi acquistava la preponderanza in Italia e una gloria immortale per tutta Europa".

ergibt sich eine verblüffende Koinzidenz: „Zu dieser Stunde kennt Eure Hoheit den glücklichen Ausgang der Causa des seligen Johannes, dem Gott ein weiteres Wunder gewirkt hat, jenes nämlich, sein Vaterland zu retten"[240]. Mit anderen Worten: Sarkander als Patron Österreichs, der den Habsburgern den Waffenstillstand brachte! Die Mirakel des Hauses Österreich waren umso nötiger, „da es wahrhaft Schmerz bereitete, den Niedergang der einzigen wahrhaft katholischen Macht, Österreich, mitanzusehen"[241]. Hier lag des Pudels Kern! Vom mährischen Nationalbewußtsein, das sich gerade anschickte, Kraft und Selbstbewußtsein zu gewinnen[242], wußte man in Rom noch nichts. Selbst die vom Postulator geschriebene, 1860 erschienene offizielle Vita Sarkanders unterstreicht die römische Deutung der Seligsprechung: „Dieser glorreiche Ausspruch des heiligen Stuhles über die Verherrlichung des Märtyrers Johannes möge zum himmlischen Siegel werden, von Gottes Hand zur Bekräftigung auf das zwischen dem höchsten Priester der Christenheit und dem erhabenen und glorreichen Herrscher Österreichs geschlossene Bündnis gedrückt, in welchem der gläubig fromme Sinn des apostolischen Monarchen und die liebevolle Weisheit des höchsten Priesters so glücklich und heilvoll sich vereiniget haben"[243]: Schützenhilfe für Österreich durch das mythische Versatzstück des mittelalterlich anmutenden Kaiser-Papst-Gedankens, das von der tatsächlichen Situation vor Ort vollständig abstrahierte.

Indes wurde die Seligsprechung Sarkanders in Olmütz im September 1860 mit großem Pomp begangen. Um die 60 000 Besucher, darunter die auswärtigen Oberhirten von Breslau, Brünn, Budweis und St. Pölten, nahmen an den Feiern teil; die Sarkanderkapelle war eigens renoviert worden[244]. Drei volle Tage dauerten die Festlichkeiten, die sich um die Überführung der Gebeine in die Domkirche gruppierten[245]. Zum nationalen Dissens scheint es nicht gekommen zu sein. Die offiziellen Viten legten auch größten Wert auf den supranationalen, rein spirituell-religiösen Charakter der Seligsprechung, die ganz in den Dienst der Zeitgeistkontroverse gestellt wurde. Liverani hob in der Lebensbeschreibung des Märtyrers die vermeintliche Parallelität der beiden Zeitebenen heraus: Die zu Sarkanders Lebzeiten „herrschende Sitten-Verderbnis, die Entkräftung der katholischen Partei, und die bürgerlichen und religiösen Uneinigkeiten unter den Fürsten und Völkern öffneten Thür und Thor den Ketzereien, dem Unglauben, ja gewährten ihnen volle Freiheit sich auszubreiten, Straflosigkeit für das öffentliche Bekenntnis, verliehen ihnen Kraft und Herrschaft, sogar die Kirche

---

[240] Ebd.: „A quest'ora l'A.V. conosce l'esito fortunato della causa del beato Giovanni: al quale Dio ha serbato un altro miracolo, quello cioè di salvare la sua patria"

[241] Ebd.: „poiché fa veramente pena quello che adopera per perdere se stessa l'unica potenza veramente cattolica, l'Austria".

[242] Seit etwa 1830 läßt sich deutlich eine politische Nationalbewegung der Tschechen erkennen, die nach 1848 mehr und mehr an Schwung gewann. Nach 1860 erhielten auch Protestanten und Juden ihre Gleichberechtigung und die Liberalen Aufwind; vgl. hierzu: Schenk, Die Böhmischen Länder. Ihre Geschichte, Kultur und Wirtschaft 60–81; Kux, Geschichte der königlichen Hauptstadt Olmütz 332–337.

[243] Liverani, Das Leben und Leiden 150.

[244] Kux, Geschichte der königlichen Hauptstadt Olmütz 332.

[245] Die Feiern dauerten vom 22. bis 25. September 1860; am 22. September wurde abends ein Teil von Sarkanders Reliquien bei Fackelbeleuchtung in den Dom überführt, während der Rest in St. Michael verblieb: Kux, Geschichte der königlichen Hauptstadt Olmütz 332; Matzke, Der selige Johannes Sarkander 37.

Gottes zu durchwühlen und die Staaten zu verwüsten"[246]. Man werde beim Lesen „dieser Blätter aus der älteren Geschichte nicht selten glauben dürf[en], ein Bild unseres Jahrhunderts entworfen zu sehen, oder eine Vorhersagung trauriger Erfahrung zu finden, verwirklicht in den Zuständen der jetzigen Zeit"[247]. Das Beispiel Sarkanders stärke in dieser Zeit der Versuchung die Gläubigen, vor allem aber die Priester, um dem Bösen zu widerstehen, die auferlegten Pflichten gewissenschaft zu erfüllen und mit Gleichmut nichts von Mensch und Welt zu fürchten[248].

All das zeigt, wie schwer es selbst in der Retrospektive ist, die verschiedenen Ebenen auseinanderzuhalten. Auf den Zeitgenossen, dem ein Großteil der Deutungen und Schichtungen gar nicht bekannt war, wirkte das wenige Kontroverse zweifellos verwirrend und untergrub daher jede Identifikation mit dem neuen Seligen. Hinzu kommt, daß die Causa in den verschiedenen Epochen in einen je anderen Kontext gestellt wurde; Sarkander durchlief dadurch zahlreiche Heiligentypen: Um 1720 gab das Sarkanderjubiläum für die Einleitung der Causa den Ausschlag; durch die militärische Bedrohung des reformierten Preußenkönigs mutierte Jan gut 30 Jahre später zum Patron des Kaiserhauses, dem er bis zum Abschluß des Prozesses treu blieb – dank der Unterstützung der Wiener Hofkanzlei, ihrer Vatikanbotschaft und österreichisch gesonnener Kurienkreise. Um 1830 sollte Sarkander zum Aufputzen des Olmützer Domjubiläums herhalten und erhielt spätestens seit den fünfziger Jahren des 19. Jahrhunderts seinen eigenen nationalen Stellenwert, der jedoch auf römischer Seite keine Unterstützung fand.

Dieser häufige Funktionswechsel der Causa, der am Ende in den Strudel des Nationalismus und der staatlichen Selbstbehauptung Österreichs mündete, zeigt jedoch noch etwas ganz anderes. Die Inkonstanz der Interessen offenbart, daß ein – selbst starker – staatlicher Einfluß alleine nichts bewirkte. Kaiserliche Schreiben und Förderung konnten nur flankierend und unterstützend wirksam werden. Die Causa Sarkander beweist exemplarisch, daß ein weltlicher Alleingang nie zum Ziele führte; bei Sarkander hing alles letztendlich am Olmützer Oberhirten. Zudem führte die Ritenkongregation ein relatives Eigenleben, das nur durch innerkirchliche Einflußnahme steuerbar war. Der finanzielle Hintergrund war ein weiterer entscheidender Faktor für den glücklichen Verlauf einer Causa. In dieser Hinsicht verfügte Olmütz durch die wohldotierte Sarkanderkassa und den eigenen Reichtum des Fürsterzbistums, das immerhin „die reichste Diözese ganz Österreichs war"[249], über die besten Voraussetzungen. Durch das persönliche Prestige des Fürsterzbischofs, die Unterstützung des Wiener Hofes und den umfangreichen Geldtransfer wurde aus dem in jeder Hinsicht abseits gelegenen, zu Tode gequälten Pfarrer von Holleschau ein von Rom approbierter Seliger.

---

246 Liverani, Das Leben und Leiden 1.
247 Ebd.
248 Compendio della Vita del Beato Martire Giovanni Sarkander 66; Liverani, Das Leben und Leiden 154.
249 Matzke, Die Olmützer Erzbischöfe 48.

II. Farmacia Vaticana

1. Juan Grande – der selige Phönix aus der Asche

Eine Causa mußte nicht nur als Propagandainstrument im Dienste des Staates oder der *Ecclesia triumphans* stehen, sie konnte bei näherer Betrachtung auch als Indikator innerkirchlicher Schwierigkeiten dienen. Indem sie ganz bewußt den Finger in die Wunde einer spezifischen Krisensituation legte, der sie begegnen wollte, offenbarte sie die ganze Bandbreite und Intensität eines Problemfeldes. Daß eine Seligsprechung als inneres und äußeres Remedium gegen das Aussterben eines Ordens dienen sollte, zeigt die Causa des Juan Grande[250]. Er selbst, kein Italiener, sondern 1546 in Carmona bei Sevilla geboren, wurde von den Eltern in den Tuchhändlerberuf gedrängt. Nachdem er einige Jahre dieses Gewerbe in seiner Heimatstadt ausgeübt hatte, zog er sich 1563 als Eremit in die Einsamkeit von Marcena zurück und nannte sich fortan Juan Pecador – Johannes der Sünder. Ein Jahr später brach er zu seiner späteren Wirkungsstätte Jerez de la Frontera im Erzbistum Sevilla auf, um sein Leben fortan in den Dienst der Armen zu stellen. Auf dem Weg dorthin sammelte er Almosen für die Gefangenen, die häufig verlassen oder hungers starben. 1565 richtete er in Jerez einen ersten Krankenraum neben einer Kapelle ein, um die Siechen, um die sich niemand mehr kümmerte und die nicht selten in den Straßen und unter den Portiken starben, zu pflegen. Als dieser erste Versuch fehlschlug, schloß er sich der Bruderschaft von S. Giovanni in Laterano an und baute nun ein effizientes und gutorganisiertes Spital auf, das rasch zum Zentrum seiner vielfältigen caritativen Bemühungen und Ausgangspunkt für weitere Hospitalgründungen im Lande wurde. 1574 organisierte er den Kampf gegen die Pest in Jerez. Gemeinsam mit seinen jungen Schülern und Helfern trat er 1579 in Granada dem neugegründeten Hospitalorden des Johannes von Gott[251]

---

[250] Zur Vita: Juan Mascareñas, Vida, virtudes y maravillas del ven. siervo de Dios Fr. Juan Pecador, religioso de la Orden de S. Juan de Dios y fundadór del hospital de ciudad de Jerez de la Frontera, Madrid 1665 (vielfach wiederaufgelegt, zuletzt unter dem Titel: Juan Grande. El pobrecillo esclavo de los pobres de Cristo, Jerez 1981); [Giovanni Maria Alfieri], Vita del Beato Giovanni Grande detto il Pecador, religioso professo dell'Ordine Ospitaliero di S. Giovanni di Dio, Rom 1853; Hipólito Sancho de Sopranis, Biografía documentada del beato Juan Grande, O.H., Fundadór del hospital de Candelaria de Jerez de la Frontera I–II, Jerez 1960; Gabriele Russotto, Art. Grande, Giovanni, in: BS VII 145–149; Julia Bellido, Giovanni Grande, la grandezza di farsi piccolo, Rom 1996. – Juan Grande wurde am 2. Juni 1996 heiliggesprochen: AAS LXXXIX (1997) 433–435.

[251] Der Hospitalorden des hl. Johannes von Gott (Fatebenefratelli), dessen Mitglieder nach der Augustinerregel lebten, wurde 1571 von Pius V. approbiert und 1586 erneut bestätigt: Heimbucher I 600–607 (Barmherzige Brüder); Gabriele Russotto, L'ordine ospedaliero di S. Giovanni di Dio (Fatebenefratelli), Rom 1950; ders., Spiritualità Ospedaliera, Rom 1958; ders., San Giovanni di Dio e il suo Ordine Ospedaliero I, Rom 1969; Hermenegild Strohmayer, Der Hospitalorden des hl. Johannes von Gott, Regensburg 1978; Riccardo Botifoll, Art. Ospedalieri di San Giovanni di Dio, in: DIP VI 982–988; Mario Francini, Il tevere sotto il letto. Quattro secoli di assistenza a Roma nell'opera dei Fatebenefratelli, Rom 1982; L'ordine dei Fatebenefratelli (Ospedalieri di San Giovanni di Dio), in: Bosi, Gli ordini religiosi III 121–130. – Die neuere Forschung hat sich vor allem mit der Institutionalisierungsphase der italienischen Niederlassungen bis hin zur Französischen

bei. Sein Organisationstalent fiel bald dem Erzbischof von Sevilla, Rodrigo de Castro[252], auf, der ihm den Auftrag erteilte, in seiner Diözese ein flächendeckendes und effizientes Netz von Spitälern einzurichten, was sich nicht ohne Zusammenlegung und Auflösung von bereits bestehenden, aber reformbedürftigen Einrichtungen durchführen ließ[253]. Juans breitgefächerter Aktionsradius erfaßte auch die Straßenkinder, denen er gleichsam spielerisch die Katechismuswahrheiten beibrachte, und das „Öffentliche Gewerbe", das er mit Klugheit und Energie reduzierte. Als in Jerez 1599 erneut die Pest ausbrach, intensivierte Juan seine Arbeit, steckte sich selbst an und starb acht Tage später einsam im Juni 1600.

Der Seligsprechungsprozeß, der von der Generalprokuratur des spanischen Zweiges des Hospitalordens[254] betreut wurde[255], setzte relativ rasch ein, verlief dann aber bis 1775 schleppend[256]. Neuen Aufwind erhielt die Causa auf einer Sitzung der Ordensspitze Anfang Juni 1775 in Madrid[257]. Man beschloß, Juan Grande gemeinsam mit dem anderen herausragenden Ordensmitglied Francisco Camacho[258] selig- und heiligsprechen zu lassen[259]. Gerade rechtzeitig geschahen zwei Wunder in Rom und Tivoli[260]; das Verfahren geriet dann aber 1777 ins Stocken, als Pius VI. über beide Wunder ewiges Schweigen verhängte[261]. Die Angelegenheit war offensichtlich sehr delikat[262], denn der mündlich (!) informierte Papst beauftragte den Kardinal-Großpöniten-

---

Revolution beschäftigt. Die Ordensgeschichte des 19. Jahrhunderts konzentriert sich auf die Person Alfieris.

252 Rodrigo de Castro († 1600), 1581 Erzbischof von Sevilla, 1583 Kardinal: HC III 228.
253 Zu Juans Hospitalgründungen vgl. auch: Russotto, San Giovanni di Dio e il suo Ordine Ospedaliero I 79–81.
254 Seit 1608 gab es wegen des starken Aufblühens des iberischen Hospitalwesens einen eigenständigen Zweig des Ordens in Spanien, der auf Grande zurückging und nicht mehr der Gesamtkongregation unterstand, die in Rom ihren Hauptsitz hatte. Der spanische Zweig erfaßte auch die Häuser in Übersee: Russotto, L'ordine ospedaliero di S. Giovanni di Dio 63.
255 Der spanische Zweig hatte noch 1767 die Postulatur inne: ASRC, Fondo Q, Ioannes Grande, Aufzeichnung, 1767.
256 1626–1633 führte man den *Processus ordinarius* durch, die Apostolischen *super non cultu* 1668–1671 und 1753–54, über Fama und Wunder 1756–1767; vorläufiger Abschluß war die Approbation des heroischen Tugendgrades 1775: ASRC, Decreta 1775–1778, fol. 15: CG über Tugenden, 4. April 1775; ebd., fol. 20: Dekret über den Tugendgrad, 3. Mai 1775. Das Dekret legte die Approbation von drei Wundern fest.
257 ASRC, Fondo Q, Ioannes Grande, Aufzeichnung der Sitzung vom 1. Juni 1775.
258 Camacho (1629–1698) aus Jerez de la Frontera trat in Lima in den Hospitalorden ein. Sein heroischer Tugendgrad wurde 1881 approbiert; Gabriel Russotto, Art. Camacho, Francesco, in: BS III 704f. (Lit.).
259 ASRC, Fondo Q, Ioannes Grande, Aufzeichnung der Sitzung vom 1. Juni 1775.
260 Beide Wunder wurden sehr rasch 1775 bzw. 1776 untersucht: ASRC, Decreta 1775–1778, fol. 68 (Wunderuntersuchung in Tivoli angeordnet, 20. September 1775), fol. 69 (Prozeßöffnung, 9. November 1775), fol. 109 (Approbation, 17. April 1776), fol. 117 (Wunderuntersuchung in Rom angeordnet, 17. April 1776), fol. 145 (Prozeßöffnung, 13. Juli 1776), fol. 174 (Approbation, 18. September 1776).
261 ASRC, Decreta 1775–1778, fol. 252: Staatssekretariat an den Sekretär der Ritenkongregation, 22. September 1777.
262 Es liegt der Verdacht nahe, als handele es sich bei der einen Geheilten um eine Prostituierte, deren Name Generosa Amorosi lautete (Prozeß Tivoli, Oktober 1775). Die zweite Heilung geschah an Cristofero Borboni (Prozeß Rom, Juni 1776).

tiar[263], das Sekretariat der Ritenkongregation wiederum persönlich darüber in Kenntnis zu setzen, daß beide Wunder nicht in die *Antepraeparatoria* aufgenommen werden dürften[264].

Darauf ereigneten sich neue Wunder[265], die in der *Antepraeparatoria* und *Praeparatoria* diskutiert werden konnten[266]. Eine überraschende Wende brachte dann die *Generalis* im August 1787, als der Papst während der Sitzung über das erste und zweite Wunder ewiges Schweigen verhängte[267]. Damit war die Causa bis 1832 vom Tisch.

Offensichtlich war die Postulation schlecht informiert oder hatte das Interesse verloren, denn erst im Frühjahr 1832 erbat sich der Postulator des Hospitalordens, Gaetano Ludovici[268], Auskunft über den ins Stocken geratenen Prozeß[269]. Man hatte schon zuviel investiert, um die „vielen Tausende"[270] einfach preiszugeben. Daraufhin öffnete man in der Kongregation am 3. April den von Pius VI. 1787 versiegelten Faszikel mit den beiden Wundern.[271] Der Assessor der Ritenkongregation wurde mit der Prüfung des *Silentium perpetuum* betraut, konnte sich aber nicht zu einer Aufhebung durchringen[272]. In seiner Gesamtbeurteilung der Causa wies er jedoch den Weg, der etwa 20 Jahre später beschritten werden sollte. Er hielt es nämlich für vorteilhafter, eine Dispens zu erbitten, als in der Ritenkongregation die schwerwiegenden Zweifel der Ärzte und Experten gegenüber dem dritten Wunder auszuräumen.

In der Papstaudienz vom 20. Juli 1832 kamen dann die beiden Schweigegebote von 1777 und 1787 ungenügend vorbereitet zur Sprache, wobei Gregor XVI. in offensichtlicher Unkenntnis des gesamten Sachverhaltes das erste bestätigte[273]. Erst etwa ein Jahr später war Ludovici ganz im Bilde und erbat nun, da bereits zwei Wunder dem Verbot zum Opfer gefallen waren, vom Papst zumindest die Freigabe der beiden anderen – 1787 gesperrten – Wunder, die bereits in der *Antepraeparatoria* und *Prae-*

---

[263] Zur Apostolischen Pönitentiarie: Niccolò Del Re, Art. Penitenzieria Apostolica, in: ders., Mondo Vaticano, 823–825; Schmugge/Hersperger/Wiggenhauser, Die Supplikenregister der päpstlichen Pönitentiarie aus der Zeit Pius' II. 11–14.

[264] ASRC, Decreta 1775–1778, fol. 252: Staatssekretariat an den Sekretär der Ritenkongregation, 22. September 1777.

[265] Wunderuntersuchung in Tivoli, 14. Januar 1778: ASRC, Decreta 1775–1778, fol. 261; Wunderuntersuchung in Rom, 20. September 1780: ASRC, Decreta 1778–1780, fol. 228.

[266] CA über 4 Wunder, 27. November 1782: ASRC, Decreta 1781–1785, fol. 50; CP über 3 Wunder, 8. März 1785: ASRC, Decreta 1781–1785, fol. 247.

[267] ASRC, Decreta 1785–1791, fol. 173: CG über 3 Wunder, 28. August 1787. Der Papst legte fest, daß das dritte Wunder mit neuauftretenden, „die Gott gewähren möge", diskutiert werden sollte. – Bereits Anfang 1787 wurde der Bischof von Tivoli aufgefordert, die ersten beiden Wunder nochmals zu untersuchen: ebd., fol. 428 (Überprüfung der Wunder durch den Oberhirten von Tivoli).

[268] Die spanische Kongregation hatte den Priester Gaetano Ludovici zu ihrem Postulator ernannt: Mapelli/Della Croce, Padre Giovanni Maria Alfieri I 90.

[269] Bittschrift Ludovicis, undatiert: ASRC, Decreta 1832–1833, fol. 24. – Als *Terminus ante quem* für das wiederauftretende Interesse des Ordens ist der 3. April 1832 anzunehmen, als der 1787 versiegelte Faszikel mit den beiden gesperrten Wundern geöffnet wurde.

[270] Ebd.: „per non deplorare la perdita di tante migliaia fatta per tal causa e per poterlo beatificare".

[271] ASRC, Decreta 1785–1791, fol. 173: Vermerk über die Öffnung vom 3. April 1832 im Anschluß an den Faszikel.

[272] Auch zum folgenden: ASRC, Fondo Q, Ioannes Grande, Gutachten Frattinis, 18. Juni 1832.

[273] ASRC, Decreta 1832–1833, fol. 24v: Audienz vom 20. Juli 1832. Beide Schweigegebote wurden offensichtlich in einen Topf geworfen, denn als Verbotsdatum für die Wunder Amorosi/Borboni wurde das Jahr 1787 angegeben.

paratoria offen diskutiert worden waren[274]. Als Gregor XVI. dies am 14. Juni bewilligte[275], konnte Mitte November 1833 eine neue *Praeparatoria* über diese Heilungen abgehalten werden[276].

Der Prozeß wurde dann jedoch erst Anfang 1852 fortgesetzt – wegen innerer Schwierigkeiten des Ordens, vor allem wegen des praktisch nicht mehr existenten spanischen Zweiges. 1835 zählte die spanische Kongregation sieben Ordensprovinzen, 4000 Betten und 1300 Mitglieder[277]. Als das Dekret der liberalen Regierung Spaniens vom 25. Juli 1835 alle religiösen Institute unterdrückte, verlor der Orden 43 Hospitäler; allein sieben Häuser konnten gerettet werden, da dort weniger als zwölf Mitglieder tätig waren[278]. Ein weiteres Gesetz vom 9. März 1836 verbot das Tragen des Habits und die Aufnahme neuer Novizen, so daß der spanische Zweig um 1840 praktisch vollständig am Boden lag[279]. Der letzte Generalsuperior der spanischen Kongregation bat die italienische Linie kurz vor seinem Tod in Madrid im Jahre 1850 um die Wiederherstellung des Ordens in Spanien[280]. Damit waren nach 1850 die wenigen Häuser in Portugal und Amerika ohne Generalleitung[281]; in Spanien selbst waren drei große Ordensprovinzen mit 59 Hospitälern, 1720 Krankenbetten und 556 Brüdern erloschen[282].

Die Situation in anderen Ordensprovinzen sah ebenfalls düster aus: 1788 wurden die Hospitalbrüder aus dem Königreich Beider Sizilien vertrieben, und bald begannen auch die Verfolgungen im französisch besetzten Kirchenstaat[283]. 1810 verbot Napoleon die Tätigkeit der religiösen Orden im Patrimonium Petri ebenso wie das Tragen von Habits. Die Hospitalbrüder ließen jedoch ihre Kranken nicht im Stich und verzichteten auf das Ordenskleid. Durch die politische Wende von 1814 wurde der Ordensbesitz restituiert. Die Brüder konnten nach 1818 in das Königreich Beider Sizilien und in die Lombardei zurückkehren und begannen seit 1821/22 auch mit dem zögerlichen Wiederaufbau in Frankreich[284]; seit 1829 übertrugen die Päpste das stadtrömische Krankenwesen sukzessive an den sich nur sehr mühsam erholenden Orden[285]. Zu

---

274 ASRC, Decreta 1832–1833, fol. 54: Audienz, 14. Juni 1833.
275 Ebd.
276 ASRC, Decreta 1832–1833, fol. 73: CP über Wunder, 19. November 1833. Vgl. auch den kurzen Bericht in: ASRC, Fondo Q, Ioannes Grande, Aufzeichnung über die CP.
277 Die Besitzungen in Übersee sind in den Zahlen miteingeschlossen: Mapelli/Della Croce, Padre Giovanni Maria Alfieri I 165.
278 Russotto, L'ordine ospedaliero di S. Giovanni di Dio 80. Bereits 1810 vertrieb die napoleonische Regierung den Orden, der 1814 restituiert wurde. Die liberale Revolution von 1820–23 verjagte die Ordensbrüder von neuem; sie erhielten aber anschließend ihre alten Rechte und ihren Besitz wieder zurück: Strohmayer 195f.
279 Russotto, L'ordine ospedaliero di S. Giovanni di Dio 80; Strohmayer 197f.
280 Mapelli/Della Croce, Padre Giovanni Maria Alfieri I 163; Russotto, San Giovanni di Dio e il suo Ordine Ospedaliero I 155.
281 Mapelli/Della Croce, Padre Giovanni Maria Alfieri I 165.
282 Strohmayer 198.
283 Auch zum folgenden: Heimbucher I 604f.; Russotto, San Giovanni di Dio e il suo Ordine Ospedaliero I 164, 172; ders., L'ordine ospedaliero di S. Giovanni di Dio 88–93. – Die Zahl der Hospitalbrüder schrumpfte von 2731 (1800) auf 1073 (1850): Botifoll, Art. Ospedalieri di San Giovanni di Dio 986.
284 Der Wiederaufbau in Frankreich begann mit der Gründung der Häuser in Mende (Lozère) und Saint-Alban: Russotto, L'ordine ospedaliero di S. Giovanni di Dio 104.
285 Ebd. 92f.

dieser inneren Agonie des Instituts trat eine spirituelle Orientierungslosigkeit. Ein Anknüpfen an den alten geistlichen Auftrag war nicht mehr möglich; ebensowenig nahm die alte Ordensregel Rücksicht auf die gewandelten Zeitumstände[286].

Den eigentlichen Wendepunkt in der Ordensgeschichte bildete daher das Generalkapitel in Rom vom Juni 1850, das den 300. Todestag seines Ordensgründers feierte und Giovanni Maria Alfieri[287] zu ihrem neuen Generalsekretär wählte[288]. Alfieri entwickelte sich zum Motor des Neuanfangs und zur Seele des Beatifikationsprozesses von Juan Grande, indem er das eine programmatisch mit dem anderen verband. Ihm kam eine Vielzahl von günstigen Umständen zu Hilfe, beispielsweise die Doppelfunktion Kardinal Patrizis als prominentes Mitglied und späterer Präfekt der Ritenkongregation sowie als Protektor des Hospitalordens[289]. In dieser Eigenschaft hatte der Kardinal auf dem Generalkapitel von 1850 den Vorsitz übernommen[290]. Alfieri genoß außerdem das persönliche Vertrauen des Papstes[291].

Den Boden hatte bereits der 1846 zurückgetretene Ordensgeneral Benedetto Vernò bereitet, der sich wegen seiner Tatkraft und Verdienste auf dem medizinischen Sektor die größte Wertschätzung Gregors XVI. erworben hatte[292]. Vernò hatte den Papst als Arzt und kirchenpolitischer Ratgeber auf dessen Reisen durch Umbrien und die Marken begleitet und von ihm die unumschränkte Vollmacht über die stadtrömischen Hospitäler S. Gallicano und S. Giacomo erhalten[293].

Dem neuen Mann an der Ordensspitze, Pietro Deidda, gelang es, neue Ordensprovinzen in Bayern (1851), Schlesien (1853) und Ungarn (1856) einzurichten[294]. Der General hatte mit dem Wiederaufbau und der Anbindung der Provinzen an die Ordensleitung alle Hände voll zu tun, so daß er die Seligsprechung, die er persönlich intensiv unterstützte, seinem Sekretär Alfieri überließ[295]. In diesem Sinne entschied das *Definitorium Generale* des Ordens am 13. November 1851, alle Fragen der Beatifikation des Juan Grande Pater Alfieri zu übertragen; er solle sich um die Postulation und die Finanzierung des Prozesses bemühen[296].

---

[286] Francini, Il tevere sotto il letto 200.
[287] Alfieri (1807–1888), 1850 Generalsekretär der Fatebenefratelli, 1862–1888 General des Ordens, baute seit 1867 den Orden in Spanien wieder auf. Neueste wissenschaftliche Biographie: Mapelli/Della Croce, Padre Giovanni Maria Alfieri I–II, Rom 1988.
[288] Russotto, San Giovanni di Dio e il suo Ordine Ospedaliero I 370f.; Mapelli/Della Croce, Padre Giovanni Maria Alfieri I 79. – Johannes von Gott war am 8. März 1550 in Granada gestorben.
[289] Costantino Patrizi (1798–1876), Ordensprotektor von 1841–1876, seit 1841 Vikar von Rom, 1854–76 Präfekt der Ritenkongregation: Russotto, San Giovanni di Dio e il suo Ordine Ospedaliero I 270.
[290] Ebd. 370.
[291] Radice, Pio IX e Antonio Rosmini 249: „assai stimato da Pio IX".
[292] Vernò (1784–1858) verließ 1846 mit dem Tod des Papstes Rom: Mapelli/Della Croce, Padre Giovanni Maria Alfieri I 79. Vernò hatte die „massima fiducia del Papa Gregorio XVI" (ebd.). Für den Aufwärtstrend in den vierziger Jahren spricht sich ebenfalls aus: Spiriti, „Un bellissimo pezzo di fabbrica". Il Fatebenefratelli tra Barocco e Neoclassico 47.
[293] Mapelli/Della Croce, Padre Giovanni Maria Alfieri I 79f.
[294] Deidda war 1850–1862 Generaloberer der Hospitalbrüder: Russotto, L'ordine ospedaliero di S. Giovanni di Dio 113; Strohmayer 236, 249, 273.
[295] Mapelli/Della Croce, Padre Giovanni Maria Alfieri I 80.
[296] ASRC, Fondo Q, Ioannes Grande, Schreiben des Ordensgenerals an die Ritenkongregation, 27. Februar 1852. Ernennungsschreiben Alfieris: Mapelli/Della Croce, Padre Giovanni Maria Alfieri I

Tatsächlich hingen Reorganisation des Hospitalordens und Seligsprechung eng zusammen. Juan Grande war dabei nur Mittel zum Zweck; es hätte genauso gut ein anderer Ordensmann sein können, aber die Causa des Wohltäters aus Jerez de la Frontera war die am weitesten gediehene, die nur noch ein kurzes Verfahren und einen geringen Kostenaufwand zu erwarten verhieß. Außerdem galt Grande als Symbol für den aufblühenden spanischen Zweig, den er selbst begründet hatte[297]. Der neue Postulator brachte es in einer Supplik an die Ritenkongregation 1852 deutlich zum Ausdruck: „Von der Seligsprechung unseres Mitbruders erhofft man bei uns [...] die Regeneration unseres Instituts: Schon die bloße Wiederaufnahme der Causa bewirkte ein Interesse, einen Eifer, eine Vereinigung der Kräfte in allen unseren Provinzen"[298]. Der erhoffte Effekt der Beatifikation sollte nicht nur in einen neuen allgemeinen Enthusiasmus münden, sondern sich ebenso in der Anbindung der Häuser an die Zentralleitung des Ordens äußern. Von einem neuen Seligen erwartete man sich besonders für die nördlichen Provinzen, die „seit vielen Jahren getrennt vom Zentrum waren"[299], ein sich neuentwickelndes Zusammengehörigkeitsgefühl. Alfieri schrieb mit Enthusiasmus an den Papst: „Schon eine spontane und generöse Geste von Rang, die einen Beitrag zu den Prozeßkosten leistet, schon andersgeartete Versprechungen und hilfreiche Verbindungen werden bewirken, daß uns eine eindeutige Hoffnung auf bessere Zeiten für den Hospitalorden und auf ein wahrhaft geistliches Leben entsteht"[300]. Neben einer neugeschaffenen straffen Struktur des Ordens wurde die Beatifikation auch in den Dienst des inneren Neuanfangs, der Neuformulierung des geistlichen Auftrags, gestellt. Die verklärten Zukunftsvisionen des Postulators ergingen sich in der Durchführung eines Generalkapitels in Rom, das von den Reformfreudigen aller Provinzen beschickt werden sollte[301]. Ein Promemoria der Ordensleitung an die Ritenkongregation unterstrich im August 1852 diese Absicht und konkretisierte sie: Die Beatifizierung Juan Grandes sollte die längst überfällige Ordensreform unterstützen und die Union der Provinzen mit der römischen fördern; außerdem hoffte man, den spanischen Zweig wiederzubeleben, der praktisch ganz ausgelöscht war[302].

Alfieri selbst legte zunehmend stärkeren Wert auf eine spirituelle Neuausrichtung des Ordens. In seiner – anonymen – Vita des Spaniers, die 1853 in Rom erschien, beschrieb er das Ziel der Beatifikation Grandes folgendermaßen: „Seine Wirksamkeit hatten jedoch ein viel höheres Ziel, als der Welt ein Beispiel heldenhafter Caritas zu

---

80f. – Tatsächlich wurde Alfieri bis zum endgültigen Ausscheiden des bisherigen „spanischen" Postulators Ludovici zum „secondo postulatore" eingesetzt: ebd. 90.
[297] Dazu bereits: Russotto, L'ordine ospedaliero di S. Giovanni di Dio 40.
[298] Supplik Alfieris, undatiert: ASRC, Decreta 1852–1853, fol. 26A: „Dalla Beatificazione del nostro confratello si spera da noi [...] la rigenerazione del nostro istituto: già al solo ricominciar della causa si eccitò in interesse, un fervore, una riunione di sforzi in tutte le nostre provincie".
[299] Ebd.: „da tanti anni divise dal centro".
[300] Ebd.: „già uno spoglio spontaneo e generoso di livelli, di depositi per concorrerne alle spese; già altre promesse e grate combinazioni si suscitarono che ci presentano non equivoche speranze di un epoca migliore per la carità ospitaliera e per una vera vita religiosa!"
[301] Ebd.: „Oh! quale opportuno provvedimento vi avrebbe dalla Beatificazione, per un generale Convegno de' migliori dell'Ordine chiamati in Roma da una santa gioia, e non dalle brighe e basse passioni dei Capitoli".
[302] Promemoria vom 12. August 1852: Mapelli/Della Croce, Padre Giovanni Maria Alfieri I 81f.

geben: den Willen zur Erneuerung des Ordensgeistes und die Wiederanknüpfung an den ursprünglichen Auftrag des Gründers"[303].

Auch außerhalb der Ordensspitze verstand man den Zusammenhang von Seligsprechung und der Lösung der inneren Probleme ganz real. Ein Hofkaplan Kaiser Franz Josephs von Österreich schrieb 1852 unverblümt an Alfieri: „Ich weiß, wie sehr die Seligsprechung […] ein äußerst wichtiges Ereignis für das Wohl Ihres Ordens sein kann und wie günstig diese Gelegenheit ist, um die Ordensreform voranzubringen, was Sie mit all Ihren Kräften beabsichtigen"[304]. Auch im vor allem betroffenen Spanien erntete Alfieri Beifall. Aus Granada schrieb man ihm, daß eine Beatifizierung Grandes „einen Strahl lebendigen Lichtes auf die spanische Kongregation wirft, der sie in altem Glanz reanimiert und erneuert"[305]. Es kam nicht von ungefähr, daß dort wiederum das Projekt auftauchte, den Prozeß des Francisco Camacho flankierend einzuleiten, um den Reformabsichten größere Schubkraft zu verleihen[306].

Die Wiederaufnahme der Causa Grande erhielt auch vom Ordensgeneral Deidda Unterstützung, der selbst das spanische Königshaus für das Beatifikationsprojekt einspannen wollte. Er wußte, daß Juan der geistige Vater und Spiritual vom ersten Generalprior der spanischen Kongregation, Pedro Egiziano, war, der sich zu Anfang des 17. Jahrhunderts bei Hofe einen bedeutenden Ruf erworben hatte[307]. Aber auch an der päpstlichen Kurie stieß Alfieri nicht auf taube Ohren. Hatte bereits der General Vernò bei Gregor XVI. die Aufmerksamkeit für ordensinterne Fragen geweckt, so stieß die Causa als solche bei Pius IX. auf großes Interesse. Alfieri konnte es wagen, sich im Frühjahr 1852 an den Papst um eine tatsächlich außerordentliche Dispens zu wenden, da er wußte, „daß Eure Heiligkeit die Seligsprechung Grandes sehr protegiere"[308]: Die *Congregatio Generalis* über die zwei bislang gesperrten Wunder war Anfang 1852 glatt verlaufen[309], so daß nach der Approbation[310] der beiden Heilungen im Februar nur noch ein Mirakel für den Abschluß des Prozesses fehlte. Da keine weiteren vorlagen, wandte sich Alfieri unverzüglich an den Papst, um ihn kühn zu bitten, vom dritten Wunder zu dispensieren[311]. Er fügte hinzu, daß man sich beeilen

---

[303] „I suoi sforzi però avevano uno scopo più alto di quello di prestare al mondo un esempio di eroismo: lo scopo di rinovare lo spirito dell'ordine, di riportarlo a quello del suo Fondare", zitiert nach: ebd. 98.

[304] „Conosco come la Beatificazione […] sia un avvenimento importantissimo per tutto il benemerito di Lei Ordine, e come tale circostanza sia opportunissima per promuovere quelle riforme alle quali Ella intende con tutte le sue forze": Die Worte Luigi Bragato, der zur Hofkapelle des Kaisers gehörte, sind zitiert nach: Mapelli/Della Croce, Padre Giovanni Maria Alfieri I 98.

[305] Ebd. 97: Hospitalorden in Granada an Deidda, 5. Mai 1853: „faccia risplendere sulla nostra congregazione ispanica ovunque proscritta un raggio di vivificante luce, che la rianimi e la faccia di nuovo, in tutta la sua gloria sfolgorare in mezzo alle tenebre dell'empietà del nostro suolo".

[306] Ebd. 98.

[307] Pedro Egiziano war von 1608–1624 General der spanischen Linie: Strohmayer 28, 48f., 52. Deidda schrieb in dieser Angelegenheit am 21. November 1853 an die spanische Königin Isabella II.: Mapelli/Della Croce, Padre Giovanni Maria Alfieri I 95.

[308] ASRC, Decreta 1852–1853, fol. 26A (Supplik Alfieris): „che Vostra Beatitudine tanto protege".

[309] ASRC, Decreta 1852–1853, fol. 17: CG über 2 Wunder, 17. Januar 1852. Es waren alle Kongregationsväter anwesend, und alle stimmten den Wundern zu.

[310] Dekret über 2 Wunder, 17. Februar 1852: ASRC, Decreta 1852–1853, fol. 23B.

[311] Auch zum folgenden: ASRC, Decreta 1852–1853, fol. 26A: Supplik Alfieris. In den vorangegangenen 100 Jahren geschah dies nur bei Giovanni Leonardo, Colette Boilet und Angela Merici:

möge, denn die Zeit arbeite gegen die Ordensleitung und die Kritik an der Causa wachse[312].

Gottes Mühlen müssen nicht immer langsam mahlen. Die Eile, mit der man erneut den Prozeß aufnahm, verrät Wohlwollen und Verständnis der Kurie gegenüber der schwer bedängten und reformwilligen Ordensleitung: Schon am 1. April erteilte Pius IX. in einer Audienz den Auftrag, eine *Congregatio particularis* aus fünf Kardinälen der Ritenkongregation einzurichten, die ihm eine Entscheidungsgrundlage für diese Frage liefern sollte[313]. Mitte August votierte die *Particularis* einstimmig für eine Dispens vom dritten Wunder,[314] so daß der Papst noch am selben Tag ein entsprechendes Schreiben bewilligte[315]. Dann dauerte es nur noch zwölf Tage bis zur *Generalis super tuto*, die allen Erwartungen entsprach[316]. Schon Ende September sandte der Erzbischof von Sevilla auftragsgemäß die Reliquien Juans nach Rom[317] – noch bevor Anfang Oktober das Dekret *super tuto* ausgestellt wurde und der Prozeß damit zum Abschluß kam[318].

Bis zur Seligsprechung am 13. November 1853 blieb wenig Zeit. Bei der Beschaffung der Finanzmittel orientierte sich Alfieri an den Beatifikationen der Jesuiten, die bereits drei Causen im gleichen Jahr durchgebracht und erst vor zwei Jahren die Seligsprechung des Pedro Claver gefeiert hatten[319]. Über die in diesem Metier versierte Gesellschaft Jesu wickelte man auch die Abrechnungen der eigenen Feier ab[320]. Die Gelder wurden aus den französischen und den italienischen Provinzen – vor allem ober- und mittelitalienischen – eingetrieben, da alle anderen entweder in der Ausbauphase

---

Aufzeichnung der Ritenkongregation vom Sommer 1852: ASRC, Decreta 1852–1853, unpaginiertes Blatt hinter fol. 26A.

[312] Supplik Alfieris: ASRC, Decreta 1852–1853, fol. 26A: „In vista di tanto bene e del raffreddamento fatale che al contrario in tutte le Provincie dell'Ordine succederebbe, alimentato dai pregiudizii antichi e dalle critiche circonstanze presenti". – Zunächst peilte man die Seligsprechung für das Generalkapitel 1856 an; da aber der Orden insistierte, konnte sie schon drei Jahre früher stattfinden: Mapelli/Della Croce, Padre Giovanni Maria Alfieri I 81.

[313] ASRC, Decreta 1852–1853, fol. 26A Rückseite: Ergebnisvermerk der Audienz vom 1. April 1852; die Kommission bestand aus Lambruschini, Patrizi, Ferretti, Altieri und Bofondi.

[314] ASRC, Decreta 1852–1853, fol. 36A: Aufzeichnung der Sitzung vom 12. August 1852.

[315] ASRC, Decreta 1852–1853, fol. 36: Audienz vom 12. August 1852.

[316] ASRC, Decreta 1852–1853, fol. 43: CGST, 24. August 1852: alle waren anwesend und stimmten mit *tuto*.

[317] ARSC, Decreta 1852–1853, fol. 118D, Erzbischof von Sevilla an die Ritenkongregation, 27. September 1852.

[318] *Decretum super tuto*, 1. Oktober 1852: ASRC, Decreta 1852–1853, fol. 119.

[319] Pedro Claver wurde am 21. September 1851 seliggesprochen, João de Brito am 21. August 1853, Andrzej Bobola am 30. Oktober und Maria Anna di Gesù Paredes am 20. November. – Vgl. zur Zusammenarbeit mit den Jesuiten: Mapelli/Della Croce, Padre Giovanni Maria Alfieri I 85; ASRC, Fondo Q, Ioannes Grande, Brief Alfieris an die Ritenkongregation, 13. Dezember 1853 (Finanzierung der Feier).

[320] Das wird aus dem Brief Alfieris an die Ritenkongregation vom 13. Dezember 1853 deutlich. Man orientierte sich an den Kosten der Seligsprechungsfeier von Pedro Claver: ebd. Offensichtlich haben die Jesuiten zumindest einen Teil der Summen vorgestreckt, denn am 13. Dezember kam von seiten des Hospitalordens die erste Rate von 300 Scudi. Außerdem orientierte man sich an den Unkosten der Feiern von de Brito, Bobola und Maria Anna de Gesù Paredes: ASRC, Fondo Q, Ioannes Grande, Aufzeichnung über die Ausgaben des Jesuitenpostulators Chierighini für de Brito, Bobola, Paredes und Grande, 13. Dezember 1853.

steckten oder am Boden lagen[321]. Immerhin konnte die römische Provinz zu jener Zeit die stattliche Anzahl von 14 Häusern, die lombardo-venetische neun, die neapolitanische zwölf und Sizilien ein weiteres Dutzend aufweisen.[322]

Über den realen Effekt der Beatifizierung von Juan Grande vom November 1853, die ganz im Zeichen des Neubeginns in Frankreich und Spanien sowie für die erneute Anbindung der deutsch-österreichischen und italienischen Ordensprovinzen stand[323], kann nur spekuliert werden. Aufbrüche sind selten meßbar. Unzweifelhaft wirkte sich die Ernennung des tatkräftigen Alfieris zum General im Jahre 1862 fundamental für den Aufschwung des Ordens aus[324]. Er regenerierte den Orden von Grund auf. Im Auftrag Pius' IX. gab er den Hospitalbrüdern eine neue Konstitution, ordnete kanonische Visitationen in Österreich und Deutschland an und kümmerte sich vor allem um einen Neuanfang in Spanien[325]. Schon 1862 begab sich das Organisationstalent persönlich nach Spanien[326] und setzte dort Pater Benedetto Menni[327] zum Oberen ein, der nach der Überwindung größter Schwierigkeiten einen enormen Aufschwung des Hospitalwesens in Spanien, Portugal und Mexiko herbeiführte[328]. Zu einer Zeit, als ein italienisches Gesetz vom 7. Juli 1866 alle religiösen Korporationen verbot und ihre Güter einzog[329], breitete sich der Orden auf der iberischen Halbinsel zügig aus und verfügte bis zur Jahrhundertwende über 14 neue Häuser[330].

Die Seligsprechung Juan Grandes – zumindest in seiner letzten und entscheidenden Phase – stand ganz im Dienste der auch andernorts erforderlichen Ordensregeneration. Die Eile, mit der der Prozeß an der Ritenkongregation vorankam, und die besondere päpstliche Begünstigung des Hospitalwesens zeigen, daß das kuriale Klima für eine solche Funktionalisierung günstig war, ja daß man dort sogar bestrebt war, Alfieris Absichten weitestgehend entgegenzukommen und zu fördern. Die Kurie hatte schlicht mitgespielt! Wichtiger als Verehrung und Kult waren Ziel und Zweck. Daher war die Seligsprechung Juan Grandes keine Kultapprobation, sondern die Institutionalisierung eines Phönix, die Erschaffung eines Symbols zum Wiedererstehen *ex nihilo*. Die Geschichte zeigt, daß die Beatifikation Juan Grandes tatsächlich Früchte hervorbrachte. Der selige Juan Grande als einheitsstiftendes, reformförderndes und innovatives Element im Erneuerungskonzept Alfieris sollte beim Neuanfang des Ordens Wirkung zeigen. Alfieris Erfolg ist maßgeblich auf die Vereinigung verschiedener Amtsfunk-

---

[321] Den Hauptteil bestritt die französische Provinz, gefolgt von der römischen, der toscanischen und Lombardo-Venetien. Kleinere Beiträge kamen aus Sardinien, Sizilien, Österreich-Ungarn, Preußen und Bayern. Auch der österreichische Kaiser, der König von Neapel und der Großherzog der Toscana entrichteten kleinere Spenden für die Feierlichkeit: Mapelli/Della Croce, Padre Giovanni Maria Alfieri I 83f. (Abrechung der Feier).
[322] Die Statistik von 1863 ist entnommen: ebd. 131.
[323] Russotto, L'ordine ospedaliero di S. Giovanni di Dio 114.
[324] Alfieri war General des vereinigten Gesamtordens von 1862 bis zu seinem Tod 1888: Russotto, San Giovanni di Dio e il suo Ordine Ospedaliero I 258.
[325] Vgl. dazu: ebd. 228–325; Strohmayer 301.
[326] Russotto, San Giovanni di Dio e il suo Ordine Ospedaliero I 155.
[327] Zu Benedetto Menni (1841–1914): Riccardo Botifoll, Art. Benedetto Menni, in: DIP V 1218f.
[328] Botifoll, Art. Ospedalieri di San Giovanni di Dio 986.
[329] Russotto, L'ordine ospedaliero di S. Giovanni di Dio 96.
[330] Botifoll, Art. Ospedalieri di San Giovani di Dio 986. Zum Aufbau des Ordens in Spanien durch die Tätigkeit Alfieris: Mapelli/Della Croce, Padre Giovanni Maria Alfieri I 166–202.

tionen in seiner Person zurückzuführen: Als Postulator brachte er den erneut aufgegriffenen Beatifikationsprozeß erfolgreich zum Abschluß; als Generalsuperior erkannte er nach 1862 die wahren Probleme des Ordens und führte den organisatorischen, institutionellen und spirituellen Aufschwung der Hospitalbrüder herbei.

2. Märtyrer für die Mission

Einem ganz anderen Aufgabengebiet sollten nach dem Willen der Kurie mächtige Fürsprecher erwachsen, um einer ausgreifenden apostolischen Arbeit bedeutende innere Impulse zu geben: der Weltmission. 1862 wurden 26 japanische Märtyrer heiliggesprochen, die in der Fernostmission tätig waren[331]. Dabei ging es nur vordergründig um bestimmte Personen mit ihrer je eigenen Verehrung, Wirkungsgeschichte oder Charakteristik. Nicht einmal die pauschale Förderung der Missionsidee durch die Heiligsprechung eines von den Heiden umgebrachten Glaubensbringers war hier von zentralem römischen Interesse; vielmehr galt es, ein Vorbild für die Missionare zu installieren, die vor Ort mit vielfältigen, hausgemachten Problemen zu kämpfen hatten. Nicht nur die Idee der Mission selbst sollte also durch die Kanonisation von 1862 eine Aufwertung erhalten, man erhoffte sich weiterhin, durch diese neuen leuchtenden Beispiele die anwachsenden Schwierigkeiten in den Missionsländern zu bewältigen, zumindest Abhilfe zu schaffen.

Die Französische Revolution, die eine Zäsur in der Weltmission hervorgerufen hatte, führte auch in den folgenden Jahren notwendigerweise zu einer Selbstreflexion über Stand, Ziel und Methodik der Missionstätigkeit[332]. Angesichts der revolutionären Barbarei, der Säkularisierung von Kirche und kirchlichem Leben sowie der neuen rechtlichen, politischen und technischen Möglichkeiten für die Evangelisierung der Völker bildete sich in Frankreich nach 1815 ein neues Apostolat heraus, das für den katholischen Missionsgedanken breite Dynamik entwickelte[333]. Etwa gleichzeitig schickte sich die römische Propaganda-Kongregation an, durch ihre straffe und durchgreifende Organisation sowie durch den Ausbau und die Umgestaltung der kirchlichen Jurisdiktion in Asien und Afrika nationale Interessen der hauptsächlich französischen Missionsinstitute zu neutralisieren und sie in die römische Evangelisierungsstrategie und -theologie einzubinden[334]. Die Propaganda Fide entwickelte sich im Pontifikat Gregors XVI. zum zentralen Kontroll- und Regelinstrument der Weltmission[335].

Bei der seit den dreißiger Jahren des 19. Jahrhunderts geführten Diskussion um die Aufnahme einer Märtyrer-Missionscausa fällt das Fehlen von Namen und Kandidaten auf, ebenso die fast ausschließliche Behandlung der Materie durch die römische Kurie. Die Causen schienen hausgemacht gewesen zu sein. Der Präfekt der Propaganda-

---

[331] Vgl. dazu das Kapitel „Rom spricht für die Welt".
[332] Nanni, Il Mondo nuovo delle missioni (1792–1861) 402.
[333] Ebd. 402–405.
[334] Ebd. 412. Die Verbesserung der technischen Möglichkeiten, vor allem der Kommunikationsmittel, war entscheidend an diesem Prozeß beteiligt.
[335] De Rosa, Storie di Santi 113.

Kongregation, Kardinal Giacomo Filippo Fransoni[336], brachte das Ziel der kurialen Bemühungen Ende Mai 1840 auf den Punkt: Gesucht wurde ein „fidelium exemplar et Missionum"[337]. Schon sein Vorgänger Cappellari, der spätere Gregor XVI., erließ im August 1827 für das Missionsgebiet der Propaganda Fide eine Instruktion, die den vorbildlichen Lebenswandel der Missionare als wichtiges Anliegen herausstellte[338]. Der gewaltige Aufschwung des fernöstlichen Missionswesens – von Gregor XVI. eifrig gefördert – brachte verständlicherweise auch eine ganze Reihe Probleme mit sich. Nicht nur, daß die Verfolgungssituation Apostasien, Verrat und erkaufte Straffreiheit mit sich brachte[339], auch der innere Zustand der Mission hatte Schattenseiten aufzuweisen. Das Programm für die geplante chinesische Nationalsynode von 1848, die schließlich zurückgestellt werden mußte[340], setzte entsprechend als Hauptverhandlungspunkte die Vereinheitlichung der Missionsmethoden, die Beseitigung der Schwierigkeiten, die der Glaubensverkündigung im Wege standen, und die Schaffung einer ordentlichen kirchlichen Hierarchie im chinesischen Großreich an[341]. Dabei warf vor allem die Übertragung der Evangelisierungsmethoden von einer Region auf die andere kulturelle und mentalitätsmäßige Probleme auf: Landessitten, Klima und Traditionen beeinflußten vielerorts die Form der Sakramentenspendung[342]. Ebenfalls nicht unproblematisch verlief die Sakramentenverwaltung der einheimischen Priester in den Missionsgebieten: Die Synode von Kotschinchina, Kambodscha und Tschampa schärfte 1841 wiederholt ein, daß der autochthone Klerus ein- bis zweimal pro Jahr an liturgischen Unterweisungen europäischer Missionare teilnehmen sollte, um einer ungültigen Spendung vorzubeugen[343]. Ferner sah sich die Versammlung veranlaßt, von den Priestern und Missionaren strenge Zucht zu verlangen, besonders wenn es um Fragen des Unterhalts durch die Gemeinden und den Umgang mit Frauen ging[344].
Hinzu kam ein eher strukturelles Problem, das Konkurrenzdenken der Missionsorden. Eine bei der Propaganda-Kongregation eingegangene Denkschrift von 1838 vermittelt beispielsweise den Eindruck veritabler Haßtiraden gegen die Jesuiten[345]. Da zu jener

---

[336] Fransoni (1775–1856), 1807–1808 *Ponente del Buon Governo*, 1808 exiliert, 1822–1826 Nuntius in Lissabon, 1826 Kardinal, 1831–1834 Präfekt der *Immunità Ecclesiastica*, 1834–1856 Präfekt der Propaganda; galt als extrem konservativ und als Exponent der päpstlichen Einrichtungen in Rom: Weber II 467; Giuseppe Monsagrati, Art. Fransoni, Giacomo Filippo, in: DBI L 254–256.

[337] AP, Lettere/Decreti e Biglietti di Mons. Segretario, 1840, Teil 1, 479f.: Dekret der Propaganda, 25. Mai 1840.

[338] Druck der Instruktion in: Collectanea S.C. De Propaganda Fide seu decreta, instructiones, rescripta pro Apostolicis Missionibus I 465–467 (Nr. 798).

[339] Metzler, Die Synoden in Indochina 1625–1934 123.

[340] Zur Nationalsynode, die die Apostolischen Vikariate Chinas und die der angrenzenden Herrschaftsgebiete erfassen sollte: Metzler, Die Synoden in China, Japan und Korea 1570–1931 68–76.

[341] Rundbrief der Propaganda an die Apostolischen Vikare vom 29. Juni 1848: Metzler, Die Synoden in China, Japan und Korea 1570–1931 70f.

[342] Vgl. dazu die Beispiele bei: Metzler, Die Synoden in Indochina 1625–1934 128f.

[343] Ebd. 132f. – Schwierigkeiten bot besonders die Taufspendung bzw. die Taufkatechese. Zwar sollte nach Möglichkeit keiner ausgeschlossen werden, andererseits wollte man aber Apostasie vorbeugen.

[344] Vgl. hierzu: ebd. 149f. Besonders die Frage der priesterlichen Keuschheit war ein brennendes Problem.

[345] AP, Scritture riferite nei Congressi: Cina e regni adjacenti 1838–1840, fol. 44ff: Memoriale zu den Jesuiten in der Chinamission, 1838.

Zeit die Ernennung eines neuen Apostolischen Vikars[346] für die chinesischen Christen ins Haus stand, wird man verschiedene Äußerungen, wie die „scandalosa inobedienzia de' Gesuiti"[347], nicht immer ganz ernst zu nehmen haben. Klischeehafte Hauptangriffspunkte der Mendikantenorden waren traditionell die große Selbständigkeit der Gesellschaft Jesu und ihr Ungehorsam gegenüber dem päpstlichen Willen[348]. Trotz des zur Vorsicht mahnenden Kontextes der Denkschrift lassen sich dennoch ernstzunehmende Probleme bei der Koordination und Kooperation der Missionsgesellschaften herausfiltern. Außerdem fehlte es schlicht an Missionaren im Krisengebiet – durchaus verständlich bei den sich fast monatlich überschlagenden Greuelmeldungen aus China. Aus Macao wurde dem Kardinalpräfekten der Propaganda Ende Februar 1838 berichtet, daß die Peking- und Nanking-Mission einen unguten Verlauf nehme, da immer weniger Missionspriester bereit seien, sich dort einsetzen zu lassen[349].
Diese Schwierigkeiten waren es vor allem, die nach dem Geist der Erneuerung riefen. Die Vorbildfunktion des Heiligen mußte hier auf ein reiches Betätigungsfeld stoßen. Nachdem 1840 die erste Missionscausa, die von der Propaganda Fide betreut wurde, an der Ritenkongregation angelaufen war, wandte sich der Missionsbischof aus Szechwan an die Missionskongregation, um dort zur Eile zu mahnen. Der Grund: Die Causa als solche stärke die Gemüter der Missionare und erhöhe ihre Standhaftigkeit; sie sei Rüstzeug im Kampf und Kraft für die Seele[350]. Mit ähnlichen Worten warb auch der Direktor des Pariser Seminars um eine beschleunigte Fortsetzung des Prozesses[351].
Unter Pius IX. ist das gleiche Interesse für die Evangelisierung der Völker erkennbar wie unter seinem Vorgänger Gregor XVI.: Jener bemühte sich um eine funktionale Zirkumskription der Missionsregionen, die Ausweitung des Missionsradius, die Förderung von Berufungen und die Heranbildung eines würdigen Heimatklerus sowie die Unabhängigkeit des Missionswesens von den Zivilbehörden[352]. Der Exponent des kurialen Engagements schien zumindest in den ersten Jahren des neuen Pontifikats der Präfekt der Propaganda, Kardinal Fransoni, und sein engerischer Sekretär gewesen zu sein[353]. Die internen Probleme der jungen Kirche in Fernost waren weitgehend dieselben geblieben: Zu geringe Begeisterung bei den Apostolischen Vikaren, das Fehlen eines konstruktiven Zusammenarbeitens unter den Missionaren, Mangel an einheimi-

---

[346] Gemeint war die Ernennung von Pierre-André Retord (1803–1858), Mitglied des Missionsinstitutes in Paris, der 1838 Titularbischof von Acanthos und Apostolischer Vikar von West-Tonkin wurde: Metzler, Die Synoden in Indochina 1625–1934 129 Anm. 36; HC VII 56. Er wurde im Auftrag des Papstes vom Missionsseminar in Paris ausgewählt.
[347] AP, Scritture riferite nei Congressi: Cina e regni adjacenti 1838–1840, fol. 47v.
[348] Ebd., fol. 44.
[349] Ebd., fol. 66: Brief des Prokurators Teodoro Joset an den Präfekt der Propaganda, 23. Februar 1838.
[350] ASRC, Fondo Q, Martyres Sinarum, Pérocheau an Propaganda-Präfekt, 2. September 1841, eingefügt in die gedruckte Relation Frattinis vom 5. April 1843.
[351] Ebd., gedruckte Relation Frattinis, 5. April 1843.
[352] Martina I 479.
[353] Ebd.

schen Priestern, ungenügende Sprachkenntnisse und Schwierigkeiten der Missionare vor Ort, speziell mit den staatlichen Behörden[354].

Der erfolgreiche Abschluß einer Missionscausa sollte vor allem das Ethos der Glaubensboten schärfen. Die Einleitung zur offiziellen Vita der Franziskanerobservanten, die mit anderen Ordensleuten 1862 heiliggesprochen wurden, schilderte die neuen Helden des Glaubens folgendermaßen: „Das Apostolat, welches die Märtyrer in Japan mit ihrem eigenen Blut besiegelt haben, war nicht nur ein religöses [...], sondern auch vor allem ein ziviles"[355]: materielle Hilfe für die Armen und Kranken, ein gutes Wort für die Entrechteten, Gleichbehandlung von Armen und Reichen, Versorgung von Waisen und Alten[356]. „Animiert vom edlen Beispiel, das die Märtyrer in Japan vorlebten, erheben sich alle, um den Kampf des Herrn auf den Feldern der Vergötzung und der Barbarei zu kämpfen"[357].

Eine deutlichere Sprache führten die zeitgenössischen Viten des schon 1860 seliggesprochenen Jan Sarkander. Der im Zeitalter der Glaubenskriege ums Leben gekommene Sarkander wurde wegen seiner Standhaftigkeit und Sittenstrenge, wegen seines Mutes und seiner Treue gegenüber seinen Aufgaben gerade den Missionaren als leuchtendes Beispiel empfohlen[358]. Geradezu als Rezept für die Vorbereitung auf das Priestertum und den Missionsberuf sollte die Lebensschule des Jan Sarkander und seines böhmischen Schicksalsgenossen Johannes von Nepomuk dienen: „Diese beiden Helden bereiteten sich für ihren Kampf und ihr Leiden durch die Einsamkeit, Stillschweigen und das Gebet vor, und als sie diese Kampfesschule gekräftigt verließen, traten sie muthig ihrem Feind entgegen"[359].

Insgesamt betrachtet, besaß die Märtyrercausa aus dem Missionsbereich eine eindeutige und konstant zu beobachtende Finalität. Schon die Vorbereitung und Genese des Prozesses beweisen, daß es hier nicht um eine besondere Bewertung einer Person oder Personengruppe ging, sondern daß das Missionswesen mit seiner spezifischen Problematik durchgängig im Vordergrund der Seligsprechung stand. Fast ausschließlich waren kuriale Organe Träger und Motoren des Verfahrens. Die Ordensleitungen der Franziskaner und Jesuiten ergriffen erst im letzten Moment die Initiative, um ihre bereits sehr weit gediehenen Prozesse in einem äußerst günstigen Klima zu einem raschen Abschluß zu bringen. Gerade diese Orden waren es auch, die vor allem in die Weltmission ausgriffen. Die sich zu ihrer größten historischen Blüte aufschwingende reale Evangelisierungsarbeit der Kirche mit den vielfältigen inneren und äußeren Problemen für die Missionare erforderte eine Aufwertung und die Propagierung positiver

---

[354] Ebd. 480; vgl. auch das wahrscheinlich dem Papst zur Kenntnis gebrachte Buch: Joseph Gabet, Coup d'œil sur l'état des missions de Chine presenté au Saint Père, le Pape Pie IX, Poissy 1848.
[355] Da Osimo, Storia dei ventitre martiri giapponesi dell'Ordine dei Minori Osservanti, S. XI: „L'apostolato che i Martiri del Giappone suggellarono col proprio sangue, fu non solo religioso, [...] ma sì ancora eccellentemente civile".
[356] Ebd.
[357] Ebd., S. XII: „... animati al nobile esempio porto loro da' martiri del Giappone, sorgano a combattere le battaglie del Signore ne' campi della idolatria e della barbarie".
[358] Aus der Feder des Postulators: Liverani, Das Leben und Leiden 154; Compendio della Vita del Beato Martire Giovanni Sarkander 66f.
[359] Liverani, Das Leben und Leiden 154.

Leitbilder. Die Heiligsprechung von 1862 wurde als solche verstanden. Sie war nicht die letzte.

3. Giuseppe Maria Tomasi – die Seligsprechung als Kulteinsetzung

Bei der 1803 erfolgten Seligsprechung von Kardinal Giuseppe Maria Tomasi ging es weniger um die Funktionalisierung einer Persönlichkeit als vielmehr um die Instrumentalisierung der Kultsanktion als solcher. Sie wurde demnach zum puren Selbstzweck – bei allem was man feststellen kann. Dank Tomasis Herkunft wurde sie zu einer wahrhaft königlichen Causa, die den europäischen Hochadel involvierte.

Giuseppe Maria wurde 1649 als erster Sohn des Herzogs Giulio von Palma, Fürst von Lampedusa und Baron von Montechiaro in Licata auf Sizilien geboren[360]. Die Eltern sorgten für eine gründliche höfische und humanistische Ausbildung, die ihn auf den Dienst am spanischen Hof vorbereiten sollte. Es kam jedoch anders. Die Familie lebte offensichtlich im Odium der Heiligkeit; sie hat nicht nur einen Seligen in der engeren Verwandtschaft aufzuweisen – sie war selbst eine „heilige" Familie, die elf besonders verehrte Mitglieder aufzuweisen hatte[361]: Der Vater war bereits um 1680 als *Servus Dei* anerkannt[362]; sein zweites Kind Isabella[363] trat 1659 mit ihren drei Schwestern und der Mutter in das Benediktinerinnenkloster in Palma di Montechiaro ein, das der Vater innerhalb seines Familienpalastes hatte einrichten lassen. Berühmt wegen ihrer Tugenden – vor allem wegen ihrer Demut – und ihrer mystischen Visionen, starb Isabella (Maria Crocifissa) 1699. Der Prozeß der Seligsprechung wurde kurz nach ihrem Tod eröffnet. Auch ihr Onkel Carlo Tomasi e La Réstia, ein gelehrter Theatiner und

---

[360] Zahlreiche Lebensbeschreibungen erschienen kurz nach seinem Tod; eine gründliche und moderne Gesamtdarstellung stand bis zum Heiligsprechungsprozeß aus. Tomasi wurde am 12. Oktober 1986 kanonisiert. Zur Vita des Kardinals Giuseppe Maria Tomasi (Tommasi): F. Benedetto Pottino, Il Beato Cardinale G.M. Tomasi nella vita e nelle opere, Palermo ²1916; Gian Ludovico Masetti-Zannini, Art. Tomasi, Giuseppe Maria, in: BS XII 530–533; Ildebrando Scicolone, Il cardinale Giuseppe Tomasi di Lampedusa e gli inizi della scienza liturgica, Rom ²1982; Giovanni Battista Mattoni, Nei sentieri della Sapienza. Vita di San Giuseppe Maria Tomasi teatino. Cardinale di S. Romana Chiesa, Palermo 1986; Gian Ludovico Masetti-Zannini, Giuseppe Maria Tomasi, C.R., Cardinale Santo e Liturgista Principe, Rom 1986; David Gilmour, The last Leopard. A Life of Giuseppe di Lampedusa, London/New York 1988; Mario Pavone, I Tomasi di Lampedusa nei secoli XVII e XVIII 40–59; Angelo Rossi, Cardinali santi, Rom 1994, 52–54; Hermann H. Schwedt, Art. Tomasi, Giuseppe Maria, in: BBKL XII 318–326 (Lit.); letzte wissenschaftliche Untersuchung: Francesco Andreu, Il pellegrino alle sorgenti. S. Giuseppe Maria Tomasi dei principi di Lampedusa, Rom ²1987.

[361] Andreu, S. Giuseppe Maria Tomasi 51–58; Schwedt, Art. Tomasi, Giuseppe Maria 318; Scicolone, Il cardinale Giuseppe Tomasi 31f.

[362] Zu Giulio Tomasi (1614–1669): Andreu, S. Giuseppe Maria Tomasi 54–58; Pavone, I Tomasi di Lampedusa nei secoli XVII e XVIII 37–39; Biagio della Purificazione, Vita e virtù dell'insigne Servo di Dio don Giulio Tomasi ..., Rom 1685.

[363] Zur Vita der Maria Crocifissa della Concezione (1645–1699): Calogero Gallerano, Isabella Tomasi, Sorrent 1963; Francesco Andreu, Art. Maria Crocifissa della Concezione (Isabella Tomasi), in: BS VIII 1053–1055; Sara Cabibbo/Marilena Modica, La Santa dei Tomasi. Storia di suor Maria Crocifissa (1645–1699), Turin 1989.

geistlicher Schriftsteller, wurde mit einem Beatifikationsprozeß bedacht[364]. Der Onkel war es allem Anschein nach auch, der dem Frühberufenen Giuseppe Maria den Weg zum Theatinerorden wies. 1666 entsagte der erst 16jährige allen Erbschaftstiteln und -rechten und trat in das Theatinerkloster von S. Giuseppe in Palermo ein. In Sizilien und Rom erhielt er eine vielfältige theologische und philosophische Ausbildung – besonders auch in den orientalischen Sprachen. Seit 1673 hielt er sich ständig in Rom auf, um sich liturgischen Studien zu widmen und seine Sprachkenntnisse zu vertiefen, besonders auch die des Hebräischen. Sein Lehrer, ein Rabbiner, konvertierte und ließ sich auf den Namen Giuseppe taufen. Es folgte eine Reihe von zum Teil kritischen Editionen der Psalmen, Antiphonen- und Responsoriumsammlungen sowie der Bibel[365]. Seine für die damalige Zeit bedeutenden kritischen Textsammlungen haben die liturgische Forschung bis ins Zweite Vaticanum hinein durch das Bekanntwerden der antiken Riten der Kirche befruchtet. Der nicht nur wegen seiner hohen Bildung und Demut Geschätzte – gegen die Übernahme von kirchlichen Ämtern sträubte er sich entschieden[366] – förderte die Ausbildung und Erziehung der Jugend seiner Heimat durch öffentliche Schulen. Kurz nachdem ihm am 18. Mai 1712 der rote Hut verliehen wurde, starb er am Neujahrstag des Jahres 1713 in Rom, wo er in der Krypta seiner Titelkirche SS. Silvestro e Martino ai Monti beigesetzt wurde.

Clemens XI., der ihn als Theologe geschätzt und ihn zum Kardinal erhoben hatte, beweinte seinen Tod am 30. Januar 1713 öffentlich im Konsistorium[367]. Auch der gelehrte Benedikt XIV. brachte Tomasi aus persönlicher Kenntnis[368] ganz außerordentliche Wertschätzung entgegen. In einem Breve vom 20. März 1745 bestimmte er aus Verehrung für den sizilianischen Hochadligen, daß der Theatinerorden fortan Sitz und Stimme im Konsultorenkollegium der Ritenkongregation einnehmen sollte[369].

Benedikt XIV. war es auch, der die Seligsprechung Tomasis in Schwung brachte und im April 1748 einen Ponens aus königlichem Geblüt bestellte[370]: Kardinal Henry of

---

[364] Andreu, Art. Maria Crocifissa della Concezione 1053; ders., S. Giuseppe Maria Tomasi 34–37. – Carlo Tomasi (1614–1675) war der Zwillingsbruder von Giulio: Schwedt, Art. Tomasi, Giuseppe Maria 323; Pavone, I Tomasi di Lampedusa nei secoli XVII e XVIII 21–36.

[365] Sein Œuvre ist ediert bei: Antonio Francesco Vezzosi, Opera omnia ..., 11 Bde., Rom 1747–1769; ders., I scrittori dei Chierici Regolari II, Rom 1780, 409 u. 416–427; Giovanni Mercati, Opuscoli inediti del Beato Cardinale G.M. Tomasi, Rom 1905. Jüngstes Werkverzeichnis: Andreu, S. Giuseppe Maria Tomasi 481–529. Tomasi gilt als Vater der Liturgiewissenschaften.

[366] Er konnte sich dennoch einigen Berufungen (1704 Generalkonsultor des Ordens; 1708 als Examinator der Bischöfe, Konsultor der Ritenkongregation, Qualifikator der Inquisition) nicht entziehen. Das Kardinalat hatte er nur auf Drängen Clemens' XI. angenommen, da er diesem im Konklave empfohlen hatte, die Wahl anzunehmen: Weber, Die ältesten päpstlichen Staatshandbücher 157; Pastor XV 6f., 254; Benedikt XIV., Opera omnia III 360f (III, 31, 12).

[367] Masetti-Zannini, Art. Tomasi, Giuseppe Maria 533; Pastor XV 254 Anm. 2; Andreu, S. Giuseppe Maria Tomasi 395f.

[368] Masetti-Zannini, Art. Tomasi, Giuseppe Maria 533; Andreu, S. Giuseppe Maria Tomasi 396.

[369] Andreu, S. Giuseppe Maria Tomasi 396; Pastor XVI/1 218. Das Breve bezeichnete ihn als „immortalis memoriae vir, doctrinae praestantia, morum sanctimonia et austerissima vivendi forma clarissimus et spectantissimus". Vgl. auch: Benedikt XIV., Opera Omnia III 360f., 381f. (III, 31, 12; III 33, 16).

[370] ASRC, Decreta 1748–1750, fol. 13: Ernennung von York, 17. April 1748.

York[371]. Der letzte der Stuarts, der sich 1788 nach dem Tod seines Bruders Charles Edward als legitimer englischer König ausgab und sich von seiner Umgebung mit „Maestà" titulieren ließ[372], hatte sich in Rom und vor allem in Frascati bedeutendes Ansehen erworben. Benedikt XIV., der ihn schon 1747 zum Kardinal erhoben hatte, nannte seinen Lebensstil „musterhaft, sein Verhalten untadelig und seine Liebe zum Studium unglaublich; er sei ein Engel in Menschengestalt und erbaue ganz Rom"[373]. Als Ponens war er stets – schon aufgrund seines sozialen Prestiges – eine gefragte Persönlichkeit.

Die erste Prozeßhürde war schnell genommen, nachdem in der Ritenkongregation Zweifel über die Gültigkeit der Prozesse über *Fama*, *Virtutes* und *Miracula* entstanden waren: Der Papst gestattete im April 1749 kurzerhand die Diskussion ohne Konsultoren[374] und approbierte die Akten im September 1752[375]. Da noch keine 50 Jahre nach dem Tod Kardinal Tomasis verstrichen waren, der Informativprozeß jedoch schon vorlag, beantragte die Postulation im März 1753 eine Dispens von der Sperrfrist, um die Diskussion über Tugenden und Wunder aufnehmen zu können[376]. Interessanterweise berichtete der Postulator über eine Verehrung des Kardinals in Rom und im Kirchenstaat, erwähnte jedoch nicht das Königreich Beider Sizilien[377]. Daß man selbst in Rom nicht von einer glühenden Devotion ausgehen darf, wird anhand des Folgenden deutlich werden. Zunächst hatte Benedikt XIV. jedoch Ende März wohlwollend die Aufnahme des Prozesses an der Ritenkongregation gestattet[378].

Nun ereignete sich etwas mehr als Ungewöhnliches. Am 12. Juli gegen 21 Uhr setzte sich eine schwer beladene Karosse in Richtung S. Martino ai Monti in Bewegung. Man stieg in die Krypta hinab, um dort den verfallenen Grabstein des Giuseppe Maria Tomasi auszuwechseln und ein brennendes Licht aufzustellen – wußte man doch, daß

---

[371] Henry Benedict Maria Clement Herzog von York (1725–1807) war der letzte der Familie Stuart. Als Sohn Jakobs III. von England erhielt er von Benedikt XIII. die Taufe. Benedikt XIV. spendete ihm die niederen Weihen und verlieh ihm 1747 das Kardinalat. 1748 Priesterweihe, 1751 Erzpriester der vatikanischen Basilika, Vizekanzler der Hl. Römischen Kirche und *Commendatario* von S. Lorenzo in Damaso/Rom. 1758 Erzbischof von Korinth, 1761 Bischof von Frascati, wo er Synoden abhielt und das Seminar ausstattete. Dort bezog er die Villa Muti. Auch nach seiner Ernennung zum Vizedekan des Hl. Kollegiums 1774 verließ er Frascati nicht. 1803 Dekan des Hl. Kollegiums und Bischof von Ostia und Velletri: Moroni CIII 323; Herbert M. Vaughan, The last of the royal Stuarts: Henry Stuart, Cardinal Duke of York, London 1906; Pietro Bindelli, Enrico Stuart, Cardinale Duca di York, Frascati 1982.
[372] Mario de Camillis, Art. Stuart, Enrico Benedetto Maria Clemente, duca di York, in: EC XI 1434. – Nach dem Tod seines Bruders Charles Edward (1720–1788) nannte sich York „Henry IX. of Great Britan".
[373] Pastor XVI/1 241.
[374] ASRC, Decreta 1748–1750, fol. 114: Der Papst gestattete die Diskussion am 23. April 1749.
[375] ASRC, Decreta 1751–1753, fol. 137: Approbation der römischen Prozesse, 6. September 1752.
[376] Bittschrift des Postulators vom März 1753: ASRC, Fondo Q, Josephus Maria Tommasi.
[377] Ebd.
[378] ASRC, Decreta 1751–1753, fol. 190: Dispens für die Diskussion über die Tugenden/Wunder, 24. März 1753. Vgl. auch: ASRC, Fondo Q, Josephus Maria Tommasi, Bittschrift des Postulators, März 1753, Rückseite: Aufzeichnung über die Audienz vom 24. März 1753. Dazu auch: Andreu, S. Giuseppe Maria Tomasi 396.

in Kürze der Promotor fidei, Ludovico Valenti, und der Ponens der Causa, Kardinal York, incognito die Grabstätte aufsuchen würden[379].

Was waren Ursache und Absicht dieser veritablen Nacht-und-Nebel-Aktion? Nach 40 Jahren Grabesruhe war der Gedenkstein in der feuchten Unterkirche von S. Martino ai Monti so unkenntlich geworden, daß der Theatinerprokurator fürchtete, „in wenigen Jahren [bleibe] kein einziges Andenken"[380] an den Kardinal übrig. Eine Verehrung am Grab des Sizilianers kann daher bis dato nicht stattgefunden haben, sonst wäre die letzte Ruhestätte in anderem Zustand und das brennende Licht der nächtlichen Ruhestörer nicht erforderlich gewesen[381].

Helles Entsetzen mußte bei den Theatinern ausgebrochen sein, als sie die Kunde vernahmen, daß die Prälaten der Ritenkongregation dem Grab einen heimlichen Besuch abstatten wollten. Die Ordensleitung hatte am 7. Juli entsprechende Mitglieder der Kongregation gebeten, in der Krypta einen neuen Grabstein setzen zu dürfen[382]. Die interne Aufzeichnung der Kongregation[383] – nichts weiter als eine Notiz auf einem Schmierzettel – verrät, daß die ganze Aktion ein Manöver innerhalb der Ritenkongregation war, die ein gezieltes Interesse hatte, Potemkinsche Dörfer bei der unverdächtigen Inspektionsreise vorzuführen. Unbekannt Bleibende der Kongregation wollten Valenti und dem Herzog von York, auf die es ja ankam, eine intakte und lebendige Verehrung glauben machen.

Abgesehen von dieser „Kulteinsetzung" sorgte der König Beider Sizilien, Carlo IV.,[384] für den Fortgang der Causa. Aus eigener Tasche gedachte er die Beatifikationsprozesse von Giuseppe Maria Tomasi und seiner Schwester Maria Crocifissa (Isabella) zu bestreiten und setzte dazu einen Postulator aus der Familie Tomasi ein[385]. Die Causa des Königs machte nun auch rasche Fortschritte, obgleich man nicht annehmen darf, daß der Postulator sich längere Zeit in Rom aufgehalten hätte[386]. Dies mag auch der Grund dafür gewesen sein, weshalb etwa zwei Jahre später wieder die Ordensspitze der Theatiner mit der Postulation betraut wurde[387]. Anfang Juli 1755 wurde die

---

[379] ASRC, Fondo Q, Josephus Maria Tommasi, kleiner Zettel mit interner Handnotiz, Juli 1753: Anweisung für das Auswechseln des Grabsteins und Aufstellen des Lichtes gegen 21 Uhr. Valenti und York würden im *vestito di corto* vorbeikommen. – Im Rahmen des Heiligsprechungsprozesses wurden die Gebeine Tomasis 1971 in die römische Hauptkirche der Theatiner, S. Andrea della Valle, transferiert.

[380] ASRC, Fondo Q, Josephus Maria Tommasi, *Procurator Generalis* der Theatiner an die Ritenkongregation, 7. Juli 1753: „e ormai cancellato ogni memoria, in modo, che fra pochi anni non ne remarrà vestigio alcuno".

[381] Der Prokurator bat ausdrücklich um einen neuen Stein, um das Gedächtnis zu bewahren: ebd.

[382] Ebd.

[383] ASRC, Fondo Q, Josephus Maria Tommasi, interner Notizzettel der Kongregation mit dem Auftrag, den Stein auszuwechseln und das Licht aufzustellen, Juli 1753.

[384] Carlo IV. (1716–1788) hatte den Thron Beider Sizilien von 1734–1759 inne, folgte dann seinem Bruder Ferdinando 1759 als Carlos III. von Spanien nach und verzichtete daher auf das italienische Königreich: Raffaele Ajello, Art. Carlo di Borbone, in: DBI XX 239–251.

[385] ASRC, Fondo Q, Josephus Maria Tommasi, Bittschrift des Königs Carlo IV., 30. August 1753.

[386] Der Postulator Giulio Maria Tomasi, Fürst von Lampedusa, war Abt von S. Maria di Mandanici auf Sizilien: ebd.

[387] Als das Ergebnis einer weiteren Schriftenrevision am 20. September 1755 in der Ritenkongregation vorgelegte wurde, tauchte der Generalprokurator der Theatiner, Pater Pasciaudi, als Postulator auf: ASRC, Decreta 1754–1757, fol. 142.

Revision der Schriften Tomasis beendet und von der Kongregation approbiert[388]. Da bei der ersten Durchsicht der Werke, Briefe und Aufzeichnungen einige unedierte Papiere übersehen worden waren, gab die Kongregation eine weitere Revision in Auftrag, deren Ergebnis dem Papst am 20. September 1755 vorgetragen wurde[389]. Zwar warnte zumindest ein einzelnes Votum dezidiert vor der Gefahr des Jansenismus, dem die Schriften Tomasis Vorschub leisten könnten[390], doch wollte Benedikt XIV., den weder Kleinlichkeit noch Rigorismus in der Bekämpfung des Jansenismus leitete[391], diesem Einwand nicht nachgeben[392]. Daher entschied der Präfekt der Ritenkongregation, Fortunato Tamburini[393], bereits fünf Tage später, daß nichts in den Schriften dem Glauben und den guten Sitten widerspreche, so daß man im Prozeßduktus fortfahren könne[394].

Tatsächlich ging das Verfahren dann auch relativ rasch voran, rief aber vor allem bei den Prälaten der Kongregation wenig Interesse hervor. Die schon Mitte Juli 1757 abgehaltene *Antepraeparatoria* über den heroischen Tugendgrad brachte bei den Konsultoren aus dem Ordensstand breite Zustimmung, die Prälaten dagegen verlangten weitere Klärung[395]. Für die *Praeparatoria* interessierten sich knapp zwei Jahre später bereits sechs Kardinäle[396]. Es galt jedoch noch eine gewichtige Frage zu klären. Von hochadeliger Herkunft zu sein, konnte selbst im 18. Jahrhundert Nachteile mit sich bringen. Die in der Sitzung heftig diskutierte *humilitas* des Theatiners Tomasi mußte durch eine gezielte Ansprache des Kardinalponens York plausibel gemacht werden[397]. Er rettete die Situation durch eine Anekdote: Als dem Süditaliener einmal ein Gespräch über seine hochadelige Abkunft zu Ohren gekommen sei, habe er mit den Worten unterbrochen, er wisse nichts anderes, als daß er von Adam abstamme[398]. Nachdem dann York die wissenschaftliche Leistung des gelehrten Sizilianers hervorgehoben hatte, stimmte er signalgebend als erster Votant mit *constare*[399].

---

[388] ASRC, Decreta 1754–1757, fol. 120: Approbation der Revision, 2. Juli 1755.
[389] ASRC, Decreta 1754–1757, fol. 142: Aufzeichnung über die Papstaudienz, 20. September 1755.
[390] ASRC, Fondo Q, Josephus Maria Tommasi, nicht signiertes Votum vom September 1755. Der Votant bestätigte jedoch, daß die Schriften „non contenga [...] dottrina falsa, erronea, o scandalosa, che possa ritardare il corso della di lui causa". Vgl. zum Vorwurf des Jansenismus die Dokumentation bei: Pavone, I Tomasi di Lampedusa nei secoli XVII e XVIII 99–106.
[391] Zur Haltung des Papstes gegenüber dem Jansenismus: Pastor XVI/1 161–208; Schwaiger V 450–453; Dammig, Il movimento giansenista a Roma nella seconda metà del secolo XVIII 376f.
[392] Das Votum vom September 1755, das kurz vor der Papstaudienz vom 20. September verfaßt worden sein muß, weist darauf hin, daß die Frage des Jansenismus dem Papst vorzulegen sei: ASRC, Fondo Q, Josephus Maria Tommasi, Votum vom September 1755.
[393] Tamburini war von 1747 bis 1761 Präfekt der Ritenkongregation: Miscellanea in occasione del IV centenario della Congregazione per le Cause dei Santi (1588–1988) 424.
[394] ASRC, Decreta 1754–1757, fol. 143: Urteil Tamburinis über die weitere Revision, 25. September 1755.
[395] ASRC, Decreta 1757–1760, fol. 41: CA über die Tugenden, 19. Juli 1757. Bis auf die Prälaten, die meist mit *suspendit iudicium* stimmten, votierten alle anderen bis auf zwei mit *constare*.
[396] ASRC, Decreta 1757–1760, fol. 186: CP über die Tugenden, 8. Mai 1759. Die Anwesenheit der Kardinäle bei der *Antepraeparatoria* und *Praeparatoria* war nicht obligatorisch.
[397] Zusammenfassung der Rede Yorks: ASRC, Fondo Q, Josephus Maria Tommasi, Aufzeichnung über die *Praeparatoria* der Tugenden.
[398] Ebd.
[399] ASRC, Decreta 1757–1760, fol. 186: CP über die Tugenden, 8. Mai 1759. Alle bis auf einen stimmten mit *constare*.

Auch die *Generalis* sprach sich Ende 1760 bei großer Beteiligung für die Approbation des Tugendgrades aus[400], die einen Monat später, am Neujahrstag 1761, durch den Papst erfolgte[401]. Merkwürdigerweise rief das an sich positive Ergebnis den Protest des Theatinerkonsultors hervor, der mitten in der Sitzung sein Amt in der Kongregation niederlegte[402]. Nun ruhte der Prozeß für etwa 40 Jahre. Carlo IV. hatte 1759 das Land verlassen, um den spanischen Thron zu besteigen, und Tomasis großer Protektor mit persönlicher Kenntnis, Papst Benedikt XIV., war am 3. Mai 1758 gestorben.

Erst kurz nach dem venezianischen Konklave, aus dem Pius VII. (1800–1823) als neuer Papst hervorgegangen war, kam wieder Bewegung in die Causa. Die Kongregationsväter waren in der *Antepraeparatoria* vom 16. Juni 1801 über die beiden Wundervorschläge noch geteilter Meinung[403]; in der *Praeparatoria* erzielte man ein Jahr später fast vollständige Übereinstimmung[404], ebenso in der *Generalis* Mitte März 1803, die die beiden Wunder mit großer Mehrheit annahm[405]. Der Abschluß der Causa erfolgte nun im Eiltempo. Am 28. März wurde das Dekret über die beiden Wunder ausgestellt[406], die *Generalis super tuto* schon für den 14. Mai einberufen[407], das entsprechende Dekret[408] am 5. Juni ausgestellt und das Beatifikationsbreve am 16. September promulgiert[409], das aber erst 1804 erschien[410]. Die Seligsprechung, die am 29. September 1803 vorgenommen wurde, war die erste öffentliche Kultsanktionierung im Pontifikat Pius' VII.

Damit kam in zwei relativ kurzen Zeitintervallen – zusammengenommen etwa 15 Jahre – eine Causa zum Ziel, die eigentlich auf keiner erkennbar großen Verehrung basierte. Daß man von seiten der Kongregation etwas nachhalf, wirkt kurios, zeigt aber, daß gezieltes Interesse für eine Causa wichtiger werden konnte als die eigentliche Zielsetzung der Kongregationsarbeit, die päpstliche Sanktionierung einer bereits verwurzelten Verehrung. So hochrangig der Förderkreis einer Causa auch gewesen sein mag, wichtiger als königliche Patronage war das kuriale Klima und die Gunst der Ritenkongregation, die im Fall des Theatinerkardinals originelle Blüten trieb und selbst Ordenskonsultoren zu überstimmen vermochte.

---

[400] ASRC, Decreta 1760–1762, fol. 71: CG über Tugenden, 2. Dezember 1760. Es stimmten alle mit *constare*.

[401] ASRC, Decreta 1760–1762, fol. 93: *Approbatio* der Tugenden, 1. Januar 1761.

[402] Der Theatinerpater Giuseppe Maria del Pezzo legte in der Sitzung vom 2. Dezember 1760 sein Amt als Konsultor nieder: ASRC, Decreta 1760–1762, fol. 71: CG über die Tugenden. Sein Nachfolger wurde der Theatiner Giovanni Battista Negri: CG, 13. Juli 1762: ASRC, Decreta 1760–1762, fol. 271.

[403] ASRC, Decreta 1791–1804, fol. 333: CA über 2 Wunder, 16. Juni 1801. Von den fast vollständig anwesenden Vätern stimmte etwa die Hälfte mit *constare*, der Rest mit *suspendit iudicium*.

[404] ASRC, Decreta 1791–1804, fol. 364: CP über 2 Wunder, 31. August 1802. Fast alle anwesend, überwiegend *constare*.

[405] ASRC, Decreta 1791–1804, fol. 373: CG über 2 Wunder, 15. März 1803. Alle anwesend, fast alle *constare*.

[406] ASRC, Decreta 1791–1804, fol. 376: Wunderdekret vom 28. März 1803.

[407] ASRC, Decreta 1791–1804, fol. 378: CGST, 14. Mai 1803. Alle Väter waren anwesend und stimmten geschlossen mit *tuto*.

[408] ASRC, Decreta 1791–1804, fol. 380: Dekret *super tuto*, 5. Juni 1803.

[409] ASRC, Decreta 1791–1804, fol. 396: Beatifikationsbreve, 16. September 1803.

[410] Masetti-Zannini, Art. Tomasi, Giuseppe Maria 533.

III. Familienheilige

Dem himmlischen Patron wurde nach der altchristlichen Vorstellung von der personalen und sozialen Heiligkeit nicht nur geistliche Heilsfunktion sondern auch rein mitmenschliche Fürsorge zugesprochen[411]. Seine persönliche Wirksamkeit erstreckte sich zunächst auf die Ortsansässigen seiner Grablege, vor allem auf die dort tätige Kleriker- und Mönchsgemeinschaft, dann auch auf die pilgernden Wallfahrer, die sich zum Jahrgedächtnis am Gedenkort versammelten[412]. Ihnen allen gegenüber, die die *familia* des Heiligen bildeten, hatte der himmlische Fürsprecher eine besondere Fürsorgepflicht zu erfüllen; er war ihr *patronus specialis*, der geistliche Hilfe bei der Gewinnung des Heils vermittelte. In karolingischer Zeit kam der *familia*, die auf den rein profanen Schutz ihrer Patrone angewiesen war, überwiegend verbandlich-rechtliche Bedeutung zu, da für derartige Funktionen öffentlich-rechtliche Anstalten ausfielen[413]. In der Feudalgesellschaft erschienen die Heiligen als Gefolgs- und Lehensherren, verloren diese Funktionalität aber im hohen Mittelalter zugunsten einer stärkeren Differenzierung nach Berufs- und Standesgruppen, da die Staatsmacht entsprechende rein weltliche Aufgaben übernommen hatte[414].

Der Familienheilige stellt in diesem Zusammenhang die Zuspitzung eines besonderen sozialen Beziehungsgeflechts dar – nicht nur weil die Familie als solche ein engumrissenes, genau spezifiziertes gesellschaftliches Element darstellt, sondern auch, weil es sich hier um eine genetische, blutsmäßige Verbindung von Himmel und Erde handelt. Bereits im 11. und 12. Jahrhundert wiesen Adelshäuser in neu angelegten Stammbäumen Familienmitglieder nach, die heiliggesprochen waren oder zumindest im Ruf der Heiligkeit standen. Durch solche genealogische Tafeln wurde nicht nur die eigene Herrschaftssituation untermauert und legitimiert, sie insinuierten in jenem soziokulturellen Kontext, daß Heiligkeit gleichsam erblich sei[415]. Deutlichstes Beispiel hierfür ist die Familie Andechs-Meran, die zwischen 1050 und 1600 nicht weniger als 27 Heilige aufweisen konnte[416]. Ähnlich auch die Arpaden, die ihre „Familienheiligkeit" auf ihren Stammvater, den ersten ungarischen König Stephan den Heiligen[417], zurück-

---

[411] Angenendt 193.
[412] Ebd. Peter Brown geht sogar vom griechischen Heroenkult aus: Brown, Die Heiligenverehrung 71–103.
[413] Angenendt 193f.
[414] Ebd. 196.
[415] Vauchez, La sainteté 209f.
[416] Neben 21 direkten Familienmitgliedern stammten 6 weitere aus der näheren Verwandtschaft: Gottschalk, St. Hedwig Herzogin von Schlesien 52–60; Pankraz Fried/Heinrich Winterholler, Die Grafen von Dießen-Andechs, Markgrafen von Istrien, Pfalzgrafen von Burgund, Herzöge von Meranien, Dalmatien und Kroatien, München – Zürich 1988; Alois Schütz, Das Geschlecht der Andechs-Meranier im europäischen Hochmittelalter, in: Kirmeier/Schütz, Herzöge und Heilige. Das Geschlecht der Andechs-Meranier im europäischen Hochmittelalter, Regensburg 1993, 21–185;
[417] Stephan I. der Heilige (um 969–1038), 997/1000 erster christlicher König von Ungarn im Einvernehmen mit Papst und Kaiser, trieb die Christianisierung seines Landes tatkräftig voran, gründete zahlreiche Bistümer und Klöster und organisierte die kirchliche und weltliche Verwaltung des Landes. Seine Gebeine wurden 1083 durch feierliche Erhebung kanonisiert; vgl. Edith Pásztor, Art. Stefano, in: BS XII 19–22. – Zur Heiligkeit der Arpaden vgl. den Abschnitt „Nobilitas".

führten und die Könige von Neapel über Maria von Ungarn sakralisierten[418]. Auf diese Weise pflanzte sich die Heiligkeit der Herrscherfamilie auch im Mezzogiorno als Legitimation politischer Dominanz fort[419]. Die gesamte Familie wurde damit zur *beata stirps*.

Einen Heiligen in seiner Familie zu haben, brachte aber auch für jeden normalen Gläubigen eine besondere Auszeichnung und handfeste Vorteile mit sich[420]. Diese an sich plausible These ist jedoch schwer mit Quellen zu untermauern und zu spezifizieren. Schaut man in die einzelnen Prozesse, tauchen immer wieder Familienangehörige auf, die punktuell „ihre" Causa förderten. Sehr selten gelang es jedoch, diese unter der Actorenschaft der Sippe zum Abschluß zu bringen. Die wichtigsten Ursachen für den Mangel an echten Familiencausen sind in drei Gruppen zu klassifizieren: Diskontinuierliches Interesse, enormer Finanzbedarf für Prozeß und Feierlichkeit sowie die Seltenheit von nachgeborenen Familienangehörigen in führenden kirchlichen Stellungen.

1. Erfolg mit fremder Hilfe: Carlo Spinola

Der Beatifikationsprozeß des Carlo Spinola ist der typische Fall einer Familiencausa, die schließlich nur mit fremder Hilfe zum erfolgreichen Abschluß gebracht werden konnte. Der 1564 in Genua geborene Carlo Spinola[421] entstammte einer der einflußreichsten Geschlechter der Stadt: der Conti Spinola di Tassarolo[422]. Seine Jugendzeit verbrachte er im Haus seines Onkels Kardinal Filippo Spinola[423], der ihm die klassische Ausbildung eines italienischen Edelmannes vermitteln ließ. Der Wendepunkt seines Lebens war sicherlich der gewaltsame Tod des Jesuitenpaters Rodolfo Acqua-

---

[418] Karl I. von Anjou (1226–1285), 1266 als erster seines Hauses König Beider Sizilien, seit 1282 nur noch König von Neapel. Sein Sohn und Nachfolger in Neapel, Karl II. (1254–1309), heiratete Maria von Ungarn, Tochter König Stephans V. von Ungarn (1270–1272).

[419] Vauchez, La sainteté 213f.

[420] Auf den besonderen Prestigegewinn und die eigene Machtlegitimation weist bereits hin: Vauchez, La sainteté 209.

[421] Zur Vita: Fabio Ambrosio Spinola, Vita del Padre Carlo Spinola della Compagnia di Giesù, morto per la Santa Fede nel Giappone, Bologna ²1647; Boero, Relazione della gloriosa morte 69–71; Rudolf Cornely, Leben des seligen Märtyrers Karl Spinola aus der Gesellschaft Jesu, Mainz 1868; Koch, Jesuiten-Lexikon 1680; Gian Domenico Gordini, Art. Giappone, Martiri del, in: BS VI 434–441.

[422] Die Spinola gehörten zu den vier vornehmsten Familien Genuas, zu der jede monographische Untersuchung und verwendbare Stammbäume fehlen. Zur Familie: Pio Paschini, Art. Spinola, Famiglia, in: EC XI 1125f.; Spreti VI 422–433; Moroni LXVIII 293–299; Angelo M.G. Scorza, Le famiglie nobili Genovesi, Genua 1924, 234–239. – Die Familie stellte von 1527 bis 1858 allein 13 Kardinäle. Sie hatte – nachweislich im 19. Jahrhundert – eine „Familienprälatur" eingerichtet, welche den karrierewilligen Mitgliedern der Familie im geistlichen Stand bedeutende finanzielle Mittel zur Verfügung stellte. Die *Prelatura Spinola* besaß eine beachtliche Handschriftenbibliothek mit Werken des 16. und 17. Jahrhunderts: Weber I 138, 370; II 523.

[423] Spinola († 1593), Referendar beider Signaturen, 1566–1569 Bischof von Bisignano, 1569–1585 Bischof von Nola, 1583 Kardinal: HC III 52, 148 260, 277.

viva[424] in Indien 1583, von dem er in Neapel hörte. Dieses Martyrium für die Verbreitung des Glaubens übte einen solchen Eindruck auf ihn aus, daß er fortan nach einer Möglichkeit suchte, sein Leben in den Dienst der Mission zu stellen. Daher trat er schon Ende desselben Jahres in den Jesuitenorden ein, studierte zeitweilig zusammen mit dem hl. Luigi Gonzaga[425] Philosophie und Theologie in Lecce, Neapel und Mailand und erhielt endlich vom Ordensgeneral 1595 den Auftrag zur Japanmission. Sofort begab er sich zu seiner Familie nach Genua, die ihn vergeblich von dem gefährlichen Abenteuer zurückzuhalten versuchte, segelte dann nach Lissabon und von dort am 10. April 1596 nach Indien. Damit begann eine mehrjährige Odyssee, denn er geriet in einen Sturm, der ihn nach Brasilien verschlug. Bei einem weiteren Versuch, nach Indien zu gelangen, wurde sein Schiff geentert und er als Gefangener nach England verschleppt. Nach seiner Entlassung warteten er und seine Gefährten in Lissabon etwa ein Jahr auf eine erneute Überfahrt zum Subkontinent. Im März 1599 endlich schiffte er sich nach Goa ein, brach dann nach Malakka und Macao auf, um schließlich im Juli 1602 Nagasaki zu erreichen. Nach Sprachstudien und kurzer Missionstätigkeit in Arima/Arie gründete er in Kioto eine Gemeinschaft von Katecheten, mit der er in kurzer Zeit 4000 bis 5000 Japaner zur Taufe führte. 1611 drängten ihn die Oberen, das Amt eines Prokurators für die gesamte Japanmission seines Ordens in Nagasaki und das eines Generalvikars für Südjapan zu übernehmen. Am 14. Dezember 1618 wurde er mit acht anderen Jesuiten ins Gefängnis von Omura geworfen, wo er vier Jahre lang harte Strapazen und große Qualen erdulden mußte. Im Rahmen der großen, 1614 einsetzenden Verfolgungswelle, die das Christentum in Japan in 30 Jahren fast vollständig ausrottete[426], wurde Spinola nach Nagasaki überführt und am 10. September 1622 am sogenannten Heiligen Berg verbrannt, an dem schon 1597 26 später heiliggesprochene Blutzeugen hingerichtet worden waren. Mit ihm kamen weitere acht Jesuiten sowie andere Ordensleute und Gläubige zu Tode[427].

Bereits ein Jahr nach diesem außerordentlich grausamen Martyrium wurden im Auftrag der Ritenkongregation Informativprozesse durch den Nuntius in Madrid und den Gouverneur des Missionsbischofs von China und Macao durchgeführt[428]. Bei der Einleitung des Verfahrens zeigte sich die Gesellschaft Jesu besonders eifrig: Der Jesuitenprokurator der Japanmission, Sebastiano Vieira[429], trug das entsprechende Material über die Gemarterten zusammen und wandte sich dann an den Kurienkardinal

---

[424] Acquaviva (1550–1583), 1568 Eintritt in die Gesellschaft Jesu, 1577 Priesterweihe, 1578 Einschiffung nach Indien, Missionstätigkeit bis zum Martyrium am 15. Juli 1583. Er wurde am 6. Januar 1893 seliggesprochen: Pietro Pirri, Art. Acquaviva, Rodolfo, in: DBI 183f. (Lit.).

[425] Zu Gonzaga (1568–1591): Ferdinand Baumann, Art. Luigi Gonzaga, in: BS VIII 348–353.

[426] Pastor XIII/1 114f.; Boero, Relazione della gloriosa morte 4; Schmidlin, Katholische Missionsgeschichte 284–286; Masson, Art. Japon 1006f.

[427] Ausführlich: Breve narrazione del martirio di cento diciotto, e più martiri, martirizzati con atrocissimi tormenti per la fede di Nostro Sig. Gesù Cristo l'anno 1622 nel Giappone, Neapel 1625. Zu dieser Verfolgungswelle vgl. auch: Pedot, La S.C. De Propaganda Fide e le Missioni del Giappone (1622–1838) 275–282.

[428] Gordini, Art. Giappone, Martiri del 436.

[429] Der Portugiese Sebastiano Vieira SJ (1574–1634), 1591 Eintritt in den Jesuitenorden, um 1600 Missionar in Japan, 1620 Sondermission nach Macao, 1623 in Rom, erlitt nach seiner Rückkehr nach Japan am 16. März 1634 das Martyrium: Pedot, La S.C. De Propaganda Fide e le Missioni del Giappone (1622–1838) 97.

Giovanni Domenico Spinola[430], um ihm die Seligsprechung der Jesuitenpatres ans Herz zu legen[431]. Der Kardinal leitete auch augenblicklich die Causa als Actor ein und ernannte einen Postulator aus der Gesellschaft Jesu[432]. Die Jesuitencausa, die bis ins 19. Jahrhundert losgelöst von den anderen japanischen Märtyrern geführt wurde, lief fortan unter dem Titel „Spinola e Soci".

Besonders vorteilhaft für den Fortgang der Causa war es, daß der Kardinal nachweislich seit 1629 als Mitglied in der Ritenkongregation saß[433]. Er agierte aber nicht eigenständig, sondern trat als Haupt seiner Familie in Aktion: Aus Genua erreichte ihn Anfang 1627 ein Brief von Stefano, Mario und Giacomo Spinola des Zweiges Locoli, die den Kardinal als Einflußreichsten und Würdigsten der Familie baten, den Prozeß in Gang zu setzen und die *Litterae remissoriales* zu erwirken[434]. Die Genuesen waren bestrebt, ihrem Familienmitglied ein „christliches und frommes Gedächtnis"[435] als Held des Glaubens zu stiften.

Ein anderer Familienzweig der Spinola drückte sich etwas deutlicher aus: Bei Carlo „handelt es sich um einen Edelmann unserer Familie, dessen Leben und so bedeutendes Wirken Ehre einbringt bei Christus"[436]. Daher fühlte sich die Familie gewissermaßen verpflichtet, die Causa so intensiv wie möglich zu fördern[437]. Einen Heiligen unter seinen Verwandten zu haben, das heißt einen von Rom Beatifizieren bzw. Kanonisierten, bedeutete für die Sippe nicht nur kollektive Nähe zu Christus, sondern auch einen potenten Fürsprecher am göttlichen Thron zu haben. Die rein weltliche Ehre – innerhalb und außerhalb der Kirche – muß noch hinzugerechnet werden.

Als nun auch der spanische König und andere Orden ihr Interesse an den japanischen Martyrien anmeldeten, kam die Sache in Schwung: Die Ritenkongregation nahm die Blutzeugnisse des „Spinola e Soci" im November 1627 als Causa auf und ordnete den Apostolischen Prozeß in Manila und Macao an[438]. Die nach Rom gebrachten Prozeßakten schienen dort jedoch liegengeblieben zu sein. Obgleich sich zwischen den verschiedenen Ordenspostulatoren seit der Mitte des 17. Jahrhunderts eine Art konzertierte Aktion herausgebildet hatte, die aus festgesetzten Treffen zur Förderung einer

---

430 Kammerauditor Giovanni Domenico Spinola († 1646), auf Vorschlag des Kaisers am 19. Januar 1626 Kardinal, 1630 Erzbischof von Acerenza/Matera, 1632 auf das Bistum Luni/Sarzana transferiert und 1636 auf den Bischofsstuhl von Mazara, 1642 *Camerarius* des *Sacro Collegio*: Pastor XIII/2 700f.; HC IV 20, 67, 226, 235; Weber, Die ältesten päpstlichen Staatshandbücher 155.
431 Boero, Relazione della gloriosa morte 172.
432 Die Causa der Jesuiten wurde 1627 eingeleitet: Archivio della Postulazione SJ, Akte 42 (Spinola e Soci), Aufzeichnung. – Postulator war Virgilio Cepari SJ.
433 Weber, Die ältesten päpstlichen Staatshandbücher 203, 252. Als entsprechendes Mitglied tauchte er noch 1644 auf.
434 Brief der Spinola an den Kardinal vom 1. Januar 1627 abgedruckt bei: Boero, Relazione della gloriosa morte 173.
435 Ebd.: „alcun segno di una cristiana e pia memoria".
436 Giovanni Niccolò und Leonardo Spinola an Kardinal Spinola, 2. Januar 1627, Druck: Boero, Relazione della gloriosa morte 173f., hier 173: „trattandosi di un gentilhuomo della nostra famiglia, la cui vita e azione sì famosa può apportare onore a Cristo".
437 „... restiamo obbligati di procurare, quanto si può, quest'opera": ebd. 173f.
438 Die *Litterae remissoriales* wurden am 20. November 1627 ausgestellt. Die Prozesse wurden 1630 und 1632 durchgeführt. Man hoffte, in jenen Orten geflohene Zeugen befragen zu können: Boero, Relazione della gloriosa morte 174; Cornely, Leben des seligen Märtyrers Karl Spinola 165.

Gemeinschaftscausa bestand[439], fehlte es nach dem Tod des Kardinals Spinola 1642 an einem interessierten und einflußreichen Kurialen. 1667 verwandte sich die Republik Genua für den Sohn ihrer Stadt, damit dessen Seligsprechung den Ruhm der Jesuiten, der Seerepublik und der Familie Spinola vermehre[440]. Auch Kaiser Leopold I., die Könige von Spanien und Portugal reihten sich in die Schar der Supplikanten ein.[441] Fortschritte gab es jedoch erst, als ein Familienmitglied der Spinola sich wieder für den Fortgang der Causa verwandte: Kurienkardinal Giulio Spinola[442]. Sein besonderes Interesse ist mehrfach belegt, ebenso wie das seines Bruders Ottavio.[443] Giulios Mitgliedschaft in der Ritenkongregation, die immerhin 20 Jahre – von 1670 bis 1690 – währte, wirkte sich dabei besonders förderlich aus: 1669 wurde die Gültigkeit der Apostolischen Prozesse anerkannt, so daß im Jahre 1675 die *Antepraeparatoria* einberufen werden konnte[444]. Die sich anschließenden Einwände des Promotors fidei gegen das *Martyrium ex parte tyranni* waren im Januar 1685 ausgeräumt. Das Blutzeugnis wurde in den folgenden Jahren durch die beiden noch ausstehenden Kongregationssitzungen bestätigt und per Dekret der Ritenkongregation vom 3. Februar 1687 schlußendlich approbiert[445].

Neben dem familieneigenen Kurienkardinal erhielt die Causa sicherlich auch durch Aloisio Spinola Unterstützung, dem Rektor des Collegio Romano und des Germanicum et Hungaricum[446]. Er war außerdem Konsultor der Ritenkongregation für die Selig- und Heiligsprechung und Beichtvater Clemens X., in dessen Amtszeit die deutlich erkennbaren Fortschritte der Causa fallen.

Damit waren aber noch nicht alle Einzelcausen über den Berg. Vor allem erschwerte die Kongregation bis zur Mitte des 19. Jahrhunderts generell die Approbation des Martyriums. So entstanden dann auch dort nach der Veröffentlichung des Dekrets neue Zweifel an verschiedenen Blutzeugnissen von Spinolas Gefährten[447]. Kardinal Giulio Spinola bemühte sich, die besondere Größe der Glaubenszeugnisse in Japan

---

[439] Archivio della Postulazione SJ, Akte 45 (Spinola e Soci), Aufzeichnung. Inzwischen waren Dominikaner, Franziskaner, Augustiner und Jesuiten involviert; die Kandidaten entstammten zum Großteil adligen Familien aus Italien, Spanien, Portugal und Mexiko: Archivio della Postulazione SJ, Akte 42 (Spinola e Soci), *Informatio*.

[440] Brief des Dogen und der Gouverneure der Republik Genua an Clemens IX., 22. November 1667, Druck: Boero, Relazione della gloriosa morte 175f. Die Republik sprach beständig von „Canonizzazione".

[441] Ebd. 175.

[442] Spinola († 1691), 1667 Kardinal, 1670 Bischof von Nepi/Sutri, 1677 nach Lucca transferiert: Weber, Die ältesten päpstlichen Staatshandbücher 155; HC IV 35.

[443] Archivio della Postulazione SJ, Akte 42 (Spinola e Soci), Brief eines Unbekannten aus Wien an die Postulatur, 10. November 1665. Bescheinigt ebenfalls großes Interesse und die direkte persönliche Beschäftigung Spinolas mit dem Prozeßverfahren: ebd., Akte 43 (Spinola e Soci), Kardinalponens Azzolino an Kardinal Spinola, 5. April 1687.

[444] Archivio della Postulazione SJ, Akte 42 (Spinola e Soci), *Informatio*.

[445] Archivio della Postulazione SJ, Akte 42 (Spinola e Soci), *Informatio*. Auszug: Boero, Relazione della gloriosa morte 197.

[446] Spinola (um 1597–1673), leitete das *Germanicum* von 1657–1673: Schmidt, Das Collegium Germanicum in Rom 212; Steinhuber, Geschichte des Kollegium Germanikum Hungarikums II 3–32 (fälschlich: Luigi Spinola); Weber, Die ältesten päpstlichen Staatshandbücher 154. Spinola ist 1670 als Konsultor der Ritenkongregation nachgewiesen (Weber, Die ältesten päpstlichen Staatshandbücher 369).

[447] Archivio della Postulazione SJ, Akte 42 (Spinola e Soci), *Informatio*.

herauszustellen; ihm war aber längst klar geworden, daß der letzte Kandidat das Tempo des Prozesses angab[448]. Der Purpurträger entfaltete eine enorme Aktivität, um die Causa doch noch zu einem glücklichen Ende zu bringen, scheiterte aber an technischen Schwierigkeiten: 1689 berichtete ein Visitator des Jesuitenordens aus Japan über die Probleme, Informationen über Vorgänge vor Ort zu beschaffen[449]. Obwohl die kuriale Situation gegen Ende des Jahrhunderts günstig war[450] – die beiden gleichnamigen Giovanni Battista Spinola wurden 1681 bzw. 1695 mit dem roten Hut ausgezeichnet, jedoch nicht mit einem Sitz in der Ritenkongregation[451] –, ruhte die Causa nach dem raschen Tod Alexanders VIII. (1689–1691) bis 1862[452].

Bereits zu diesem Zeitpunkt wird deutlich, daß Familienpatronage allein keinen Durchbruch erwirken konnte, selbst wenn man über eine nicht unerhebliche Anzahl von Kardinälen und weiteren Kurialen verfügte. Auch der nicht nachweisbare, aber als gesichert anzunehmende Einfluß des 1858 gestorbenen Kardinals Ugo Pietro Spinola[453] hatte auf die Seligsprechung keinen nennenswerten Einfluß. Der Kardinal galt als Experte für chinesische Missionsfragen und wurde deshalb häufig von der Propaganda Fide um Rat gebeten[454]. Tatsächlich waren aber die zu überwindenden Schwierigkeiten der Causa Spinola unproportional hoch – generell schaffte es bis 1862 kaum ein Kandidat, die Meßlatte „Martyrium" zu überspringen –, so daß ohne allerhöchste Einflußnahme kaum etwas an der Ritenkongregation zu erreichen war[455].

Die Heiligsprechung der japanischen Märtyrer von 1862 brachte dann erneut den Stein ins Rollen. Interessanterweise ging die Initiative dieses Mal nicht von der Familie aus, sondern von den Orden, die nach der ersten erfolgreich durchgeführten japanischen Märtyrercausa von 1862 weitere Kandidaten lieferten. Die Generalpostulatoren der Dominikaner, Franziskaner, Augustiner und Jesuiten baten daher den Papst gemeinschaftlich um die Wiederaufnahme der liegengebliebenen Prozesse.

Die Familie Spinola unterstützte die Gesamtcausa seit 1864 nachweislich und wirksam. In einer Supplik an den Papst vom Februar äußerten Antonio, Vincenzo und Francesco Spinola aus Genua ihre Freude über die Wiederaufnahme des Verfahrens und baten um einen zügigen Abschluß[456]. Carlo Spinola, den man als „l'invittissimo

---

[448] Archivio della Postulazione SJ, Akte 43 (Spinola e Soci), Azzolino an Spinola, 5. April 1687.
[449] Archivio della Postulazione SJ, Akte 43 (Spinola e Soci), *Summarium* des Visitators in Japan, 6. November 1689. Entweder konnten die Jesuiten nicht ausreisen, oder ihre Briefe durften nicht weiterbefördert werden.
[450] Darauf macht schon das *Summarium* des Visitators in Japan aufmerksam: Archivio della Postulazione SJ, Akte 43 (Spinola e Soci).
[451] Giovanni Battista Spinola I († 1704), 1648 Erzbischof von Acerenza/Matera, 1664 nach Genua transferiert, 1681 Kardinal: HC IV 207; Weber, Die ältesten päpstlichen Staatshandbücher 154f. – Giovanni Battista Spinola II († 1719), 1689 Sekretär der *Consulta*, 1695 Kardinal: Weber, Die ältesten päpstlichen Staatshandbücher 155.
[452] Boero, Relazione della gloriosa morte 176: „rimase fino a' dì nostri dimentica".
[453] Spinola (1791–1858), 1819–1823 Delegat in Perugia, 1824–1836 Delegat in Macerata, 1826–1832 als Erzbischof von Theben Nuntius in Wien, 1831/32 Kardinal, 1841–43 Legat in Bologna, 1844–1858 Pro-Datar: Weber II 523.
[454] AP, Lettere/Decreti e Biglietti di Mons. Segretario, 1833. Hier zahlreiche Anfragen der Ritenkongregation.
[455] Auch zum folgenden das Kapitel „Das wiederentdeckte Martyrium".
[456] ASRC, Fondo Q, Martyres Japoneses, Supplik von Antonio, Vincenzo u. Francesco Spinola, 29. Februar 1864.

nostro Martire"[457] tituliert, genoß bereits bei den Vorfahren bedeutende Verehrung, die bisher vergeblich versucht hatten, eine Seligsprechung durchzubringen. Diese würde die „maggior gloria"[458] für die Familie bedeuten, denn „so hätten wir in diesen unglücklichen Zeiten ein großes Vorbild und einen mächtigen Anwalt in unserer Familie, welcher uns Antrieb und Hilfe sein möge, daß wir unverbrüchlich und fest den Glauben bewahren, für den er, mit unüberwindlicher Stärke bis zum letzten Atemzug einstehend, verbrannt wurde"[459]. Ähnlich lautete die Bitte des Marchese Francesco Paolo Spinola, der die Beatifizierung „zur größeren Ehre Gottes, zur neuerlichen Verherrlichung des Namens seiner Familie und als leuchtendes Beispiel der heroischen Tugenden"[460] seit langer Zeit gefördert hatte. Auch der zeitgenössische Hagiograph, der deutsche Jesuitenpater Rudolf Cornely[461], wertete die Seligsprechung Carlo Spinolas als einen Akt, der „dem Namen seines Geschlechtes einen unvergänglichen Glanz verleihen sollte"[462]. Die Familie erhoffte sich demnach von einer Beatifizierung eine Art päpstliche Approbation ihres persönlichen himmlischen Funktionsträgers, größeres weltliches Ansehen und eine besondere Qualifizierung ihres Erbgutes. Die Erinnerung an Spinola hatten die Nachgeborenen über Jahrhunderte hinweg durch die Pflege und Ausstattung einer großen Kapelle in der Kirche S. Ambrogio in Genua wachgehalten[463].

Die besondere Verehrung innerhalb der Familie trug offenbar Früchte. Während der Belagerung Genuas durch die französische Flotte schlug eine Bombe am 18. Mai 1663 unvorhergesehen in den Palast des Grafen Filippo Spinola di Tassarolo ein und drohte den Raum zu verwüsten, in dem sich der Conte aufhielt. Der fromme Graf wandte sich dem Bild Carlo Spinolas zu und wurde gerettet, obgleich das Geschoß einen Teil des Saales durch Einschlag und Brand vernichtete[464]. Der umgehend bei einem öffentlichen Notar niedergelegte Wunderbericht wurde in das römische Prozeßverfahren aufgenommen, schließlich aber nicht von der Ritenkongregation als Mirakel anerkannt[465].

---

[457] Ebd.
[458] Ebd.
[459] Ebd.: „e così potremo avere in questi infelicissimi tempi un grande esemplare e un potente avvocato nella nostra famiglia che ci sia di stimolo e di aiuto a mantenerci constanti e fermi in quella fede, cui Egli bruciato a fuoco lento [...] con insuperabile fortezza sino all'ultimo spirito".
[460] Archivio della Postulazione SJ, Akte 42 (Spinola e Soci), undatierter Brief an den Jesuitenpostulator über die Bitte des Francesco Paolo Spinola: „Conoscendo il marchese Francesco Paolo Spinola essere stata da varii anni introdotta, e promuoversi tuttora la causa di Beatificazione del Venerab. Padre Carlo Spinola della Compagnia di Gesù, che soffrì il martirio per la Fede cristiana al Giappone; e vivamente desiderando che a maggior gloria di Dio, a nuovo lustro del nome di Sua famiglia, e a luminoso esempio di eroiche cristiane virtù, particolarmente in questi tempi di tante calamità religiose, sia al più possibile portata a felice compimento la Causa della sudetta beatificazione".
[461] Über den Jesuitenpater Cornely (1830–1908): Alexander Baumgartner, P. Rudolf Cornely, in: Stimmen aus Maria Laach 74 (1908) 357–370.
[462] Cornely, Leben des seligen Märtyrers Karl Spinola aus der Gesellschaft Jesu 1.
[463] Archivio della Postulazione SJ, Akte 42 (Spinola e Soci), Bittschrift Antonio, Vincenzo und Francesco Spinolas an den Papst, 29. Februar 1864.
[464] Schilderung bei: Boero, Relazione della gloriosa morte 171f.; Cornely, Leben des seligen Märtyrers Karl Spinola aus der Gesellschaft Jesu 162.
[465] Nur insgesamt vier Wunder wurden von der Kongregation approbiert. Dekret über die Martyrien und Wunder, 26. Februar 1867: Boero, Relazione della gloriosa morte 199–203.

Im Anschluß an zahllose Bittschriften von italienischen und französischen Kardinälen, Erzbischöfen und Bischöfen[466] sowie von vielen Apostolischen Vikaren aus Fernost[467] wurde das Prozeßverfahren der 205 japanischen Märtyrer am 7. Mai 1867 abgeschlossen[468], so daß die feierliche Seligsprechung Spinolas am 6. Juli vorgenommen werden konnte. Die Prozeßkosten und die Ausgaben für die Feierlichkeit trug der Jesuitenorden[469].

2. Der Prototyp: Giacinta Marescotti

Anders verhielt es sich mit der Causa Marescotti, die institutionell durchgängig von der begüterten Familie getragen wurde. Clarice Marescotti[470] wurde 1585 auf dem Landgut Vignanello als Tochter des stadtrömischen Fürsten Marco Antonio Orsini[471] geboren. Nach dem Eintritt der Erstgeborenen Ginevra in das Klarissenkloster von S. Bernardino in Viterbo und der Heirat einer jüngeren Schwester übergab man auch die zwanzigjährige Clarice der Obhut der benachbarten Klarissen, die ihr den Namen Giacinta gaben. Trotz Klostermauern führte sie ein recht weltliches Leben, bis eine Krankheit sie zur Einsicht führte, so daß sie mit 24 Jahren eine radikale Umkehr vollzog: Armut, Sühne und christliche Vervollkommnung waren fortan die Inhalte ihres Lebens. Ihre echt franziskanische Spiritualität[472] zeichnete sich gleichfalls durch eine starke Verehrung des hl. Altarsakramentes aus, durch die sie später zu einer Gegnerin des Jansenismus stilisiert wurde. In Viterbo entfaltete sie gleichzeitig eine ausgedehnte caritative Tätigkeit: Sie widmete sich den Armen, Alten, Kranken und Gefangenen und bewirkte zahlreiche Bekehrungen. Ekstase, körperliche Schwerelosigkeit wurden ihr ebenso attestiert wie Prophetie und Herzenserforschung. Nach langen und schweren Leiden starb sie 1640 in ihrem Klarissenkloster.

---

466 Archivio della Postulazione SJ, Akte 42 (Spinola e Soci), Sammelbittschrift von 15 Kardinälen, Erzbischöfen und Bischöfen, 18. September 1863.
467 Archivio della Postulazione SJ, Akte 42 (Spinola e Soci), von der Propaganda Fide eingereichte undatierte Bittschrift der Apostolischen Vikare zugunsten der franziskanischen und jesuitischen Märtyrer.
468 Beatifikationsbreve vom 7. Mai 1867: Boero, Relazione della gloriosa morte 214–220.
469 Archivio della Postulazione SJ, Akte 49 (Spinola e Soci), Abrechnungen.
470 Zur Vita: Francesco Maria Ruspoli, Compendio della vita, virtù e miracoli della B. Giacinta Marescotti ..., Rom 1726; Geronimo Ventimiglia, Vita della Vergine S. Giacinta Marescotti ..., Rom ²1907; Goffredo Mariani, Art. Giacinta Marescotti, in: BS VI 322–324; Pier Luigi Zangelmi, Modernità e Attualità di Santa Giacinta Marescotti, Neapel 1982; Salvatore del Ciuco, Giacinta Marescotti, una Santa moderna, Viterbo 1991; Erina Russo de Caro, Giacinta, la santa degli emarginati, Gaeta 1992. – Für die großzügige Unterstützung meiner Forschungen danke ich dem Fürsten Sforza Ruspoli (Rom).
471 Zum alten römischen Stadtgeschlecht der Orsini: Marco Vendittelli, Orsini, in: Reinhardt, Die großen Familien Italiens, Stuttgart 1992, 389–402; Moroni IL 145–160.
472 Ein Selbstzeugnis ihrer spezifischen Frömmigkeit liegt in Form eines Autographs (Diarium) vor, das auf wenigen Seiten spirituelle Grundsätze, Meditationen und Entscheidungen enthält: Archivio della Curia Generalizia dei Francescani Conventuali, Akten der Postulatur, Scatola Giacinta Marescotti.

Kurz vor Ablauf der 50-Jahresfrist vor Eröffnung der Tugenddiskussion liefen in der Kongregation Bittschriften zur Aufnahme des Seligsprechungsverfahrens ein[473]. Kurze Zeit später schaltete sich auch derjenige in das Verfahren ein, der durch reiche finanzielle Eigenmittel[474] und sein direktes Eingreifen die tatsächlichen Grundlagen für die Selig- und Heiligsprechung legte: der Neffe der Giacinta, Kardinal Galeazzo Marescotti[475], der auch Erfahrungen aus der Ritenkongregation mitbrachte. Marescotti galt als „fromm, energisch und ungemein arbeitsfreudig"[476]; er kam im Konklave von 1700 als aussichtsreichster Kandidat für den päpstlichen Stuhl in Frage, wurde aber durch die französische Exklusive zu Fall gebracht[477]. Nach dem Rückzug aus dem öffentlichen Leben galt seine einzige Sorge der Seligsprechung von Giacinta, die er mit Feuereifer betrieb[478]. Sogar als Postulator trat der greise Kardinal in Erscheinung, richtete Ende des 17. Jahrhunderts zahlreiche Suppliken an die Ritenkongregation[479] und konnte erreichen, daß die Causa seit 1692 bei der päpstlichen Behörde anhängig war[480]. Diese übertrug dem Purpurträger 1714 sogar die Revision der Schriften seiner Tante[481]. Schon Anfang Februar 1715 wurde der heroische Tugendgrad approbiert und bis 1726 auch zwei Wunder.[482] Diesen raschen und erfolgreichen Abschluß des Verfahrens konnte der Kardinal in einem Pontifikat durchbringen, das ganz auf ihn und seine Tante zugeschnitten war: Benedikt XIII. – Pietro Francesco Orsini – war entfernt mit Giacinta und damit auch mit Kardinal Marescotti verwandt und schätzte darüber hinaus den Kardinal aus langer Erfahrung so hoch, daß nach Meinung des Pontifex nur Marescotti es verdient hätte, das päpstliche Staatssekretariat zu leiten, wenn er nicht bereits im Greisenalter gewesen wäre[483]. Auch von Kardinal Marescotti

---

[473] ASRC, Fondo Q, Giacinta Marescotti, Bittschrift vom 27. Juli 1688; Bittschriften aus Viterbo 1690. – Gleichzeitig wurde im Bistum Viterbo das Material über Tugenden und Wunder zusammengestellt: ASRC, Decreta 1805–1810, fol. 522: *Litterae decretales*, 24. Mai 1807.

[474] Galeazzo Marescotti erhielt von seinem Vater testamentarisch eine jährliche Pension von 2500 Scudi. Damit gehörte er als Prälat schon zu den Spitzenverdienern: Weber, Familienkanonikate und Patronatsbistümer 176.

[475] Stammbaum (Marescotti di Bologna): Litta IV tav. III u. IV; Russo de Caro, Giacinta 104f. – Galeazzo Marescotti (1627–1726) stammte auch aus Vignanello, 1650 Referendar beider Signaturen, 1661 Gouverneur in Ascoli, 1662 Priesterweihe, 1663 Inquisitor in Malta, nach seiner Rückkehr nach Rom 1666 Assessor des Hl. Offiziums, 1668 Erzbischof von Korinth und Nuntius in Polen (1668–1670), Nuntius in Madrid (1670–1675), 1675 Kardinal; saß von 1657 bis 1661 in der Ritenkongregation: Litta IV tav. III; Karttunen 18, 33, 38; Ruspoli, I Marescotti 38; HC V 9, 173, 380; Moroni XLII 291f.; Weber, Die ältesten päpstlichen Staatshandbücher 126.

[476] Pastor XV 5.

[477] Ebd. Auf Marescotti einigte sich die Partei der Zelanti. Aus dem Konklave ging schließlich Giovanni Francesco Albani als Clemens XI. hervor.

[478] AV, Archivio Ruspoli, Giacinta Marescotti, fasc. 5, Francesco Maria Ruspoli an Benedikt XIII. über Kardinal Galeazzo, 1726: „impiegò tutte le sue maggiori sollecitudini per la beatificazione della Ven. [...], essendosi egli anche quest'unica Cura nel suo ritiro dal Mondo".

[479] ASRC, Fondo Q, Giacinta Marescotti, Verschiedene Bittschriften aus den 90er Jahren des 17. Jahrhunderts. – Der Kardinal war die eigentlich treibende Kraft, obwohl er nicht als alleiniger Postulator auftrat. Etwa 50 Jahre später lassen sich die Franziskanerobservanten und -reformaten als (Mit)Postulatoren nachweisen.

[480] ASRC, Decreta 1805–1810, fol. 522: *Litterae decretales*, 24. Mai 1807.

[481] ASRC, Fondo Q, Giacinta Marescotti, Aufzeichnung über die *Congregatio Ordinaria* mit dem Papst, 1. September 1714.

[482] ASRC, Decreta 1805–1810, fol. 522: *Litterae decretales*, 24. Mai 1807.

[483] Pastor XV 475.

wird überliefert, daß er eine besondere Verehrung für Benedikt XIII. hegte[484]. Der fast 100jährige Kirchenmann erlebte zwar seinen Lebenstraum nicht mehr, denn erst am 7. August 1726 wurde das Breve über die Seligsprechung promulgiert[485], die im September vorgenommen wurde; er starb jedoch am 3. Juli im Bewußtsein, sein Werk vollendet und den Nachgeborenen die finanzielle Möglichkeit geschaffen zu haben, den Prozeß fortzusetzen[486]. Denn die Beatifizierung war nicht sein eigentliches Endziel; die Vorbereitungen des Kardinals waren ganz auf die Kanonisation der Tante ausgerichtet[487]. Seinem Neffen Francesco Maria Ruspoli[488], dem „Stammvater" der Principi Ruspoli, vertraute Marescotti die Verbreitung des Kultes und ein kurz vor dem Abschluß stehendes *Compendium*[489] über Leben und Wunder der Giacinta zum Druck an.

Wichtiger noch als die ideelle Unterstützung war die reiche Erbschaft Francesco Marias, die nicht nur von seiten des Kardinals kam, sondern auch durch Heirat[490]. Kardinal Marescotti hatte seinen Neffen Ruspoli quasi zum Alleinerben mit der ideellen Verpflichtung eingesetzt, „daß man mit aller Eile und großem Eifer die Causa weiterverfolge"[491]. Als vorrangiges Motiv für die Seligsprechung der Klarisse gab der Kardinal „Gründe des Blutes und der Verwandtschaft mit der Serva Dei"[492] an. Und eine zeitgenössische Vita der Giacinta pries die Familie folgendermaßen: „Oh, wie wunderbar ist die Vorsehung des Herrn! Mit welch vollen Händen hat er seinen Segen über das Haus Marescotti ausgegossen!"[493]

Der Kardinal hatte ein halbes Vermögen in einer Art verzinslicher Wertpapiere angelegt und damit tatsächlich sowohl den Seligsprechungsprozeß mit entsprechender Feierlichkeit als auch die spätere Kanonisation finanziert[494]. Kurz vor seinem Tod hatte der Kirchenfürst die Summe nochmals auf 30 000 Scudi aufgestockt, damit der

---

[484] AV, Archivio Ruspoli, Giacinta Marescotti, fasc. 5, Francesco Maria Ruspoli an Benedikt XIII., 1726.
[485] Bullarium diplomatum et privilegiorum sanctorum romanorum pontificium XX 389–391.
[486] AV, Archivio Ruspoli, Giacinta Marescotti, fasc. 5, Francesco Maria Ruspoli an Benedikt XIII., 1726.
[487] Vgl. hierzu die Aussage des Principe Francesco Maria Ruspoli, 1807: „Volendo poi lo stesso Cardinale Galeazzo, che non restasse dopo la sua morte la detta Causa abbandonata, ma bensì proseguita con zelo, ed attività fino alla canonizzazione": BN, H 975, *Devota Supplica con Sommario*, Rom 1807.
[488] Francesco Maria Ruspoli (1672–1731): Litta IV tav. IV; Ruspoli, I Marescotti 38f. Francesco Maria war der Sohn von Alessandro Marescotti, der der Bruder des Kardinals war: Stammbaum: AV, Archivio Ruspoli, Giacinta Marescotti, fasc. 19a.
[489] Das Werk kam unter Francesco Marias Autorenschaft unter dem Titel *Compendio della vita, virtù e miracoli della B. Giacinta Marescotti* ... 1726 in Rom heraus. Kurz nach Erscheinen wurde es Papst Benedikt XIII. zugesandt: AV, Archivio Ruspoli, Giacinta Marescotti, fasz. 5, Francesco Maria Ruspoli an Benedikt XIII., 1726; hier auch der Auftrag zur Kultverbreitung.
[490] Das Oberhaupt der Familie Ruspoli gehörte im 19. Jahrhundert zu einer Gruppe von 15 Clanchefs, die etwa 52% der Nutzfläche der Campagna Romana kontrollierten: Weber II 64.
[491] AV, Archivio Ruspoli, Giacinta Marescotti, fasc. 17, Kodizill des Testamentes, das am 3. Juli 1726 eröffnet wurde: „si proseguisca con tutta sollecitudine e premura la Causa".
[492] Ebd.: „per ragione del sangue e congiunzione colla medesima Serva di Dio".
[493] Compendio della Vita, virtù e miracoli della B. Giacinta Marescotti 352: „Oh quanto è mirabile la providenza del Signore! Che a piene mani avendo piovuto le benedizioni nella casa Marescotti".
[494] Im 17. Jahrhundert hatte er 300 *Luoghi de' Monti a Credito* erworben und den Ertrag aus diesen Papieren für die Prozeßkosten verwandt: AV, Archivio Ruspoli, Fasc. 17, Memoriale des Francesco Maria Marescotti, 1806.

gesamte Prozeß reibungslos bis zur Heiligsprechung ablaufen könne[495]. Welche Finanzkraft hinter dem Kapital stand, wird am ehesten aus der Abrechnung des Wunderprozesses aus Viterbo deutlich: Der Postulator zahlte im Mai 1711 insgesamt eine Summe von etwa 525 Scudi, wovon allein die Hälfte für Geschenke – Bewirtung der Richter, Schokolade, ein Silberkelch von 50 Scudi – verwendet wurde[496]. Der greise und lebenskluge Kirchenmann hatte diese Gewinnscheine dem Erstgeborenen der Familie Marescotti vermacht, der dem Fürsten Ruspoli die Prozeßspesen aus dem Ertrag der Papiere erstatten sollte. Zusätzlich sollte Ruspoli als Aufwandsentschädigung und Stimulus 300 Scudi pro Jahr erhalten[497]. Dieses ausgeklügelte System funktionierte tatsächlich und führte 1806 zur Heiligsprechung der Klarisse. Damit war aber auch gleichzeitig der Weg zur Familienheiligen zementiert. Einen Kardinal in der Familie zu haben, genügte alleine nicht; die solide finanzielle Grundlage und ein „langer Atem" waren die entscheidenden Ingredienzen einer erfolgreichen Postulation.

An Finanzkraft hat es der Familie Ruspoli wahrlich nicht gefehlt. Durch Nachlässe und Heirat erbte Francesco Maria nicht nur das Vermögen des Kardinals und der Ruspoli von Siena, sondern auch das anderer Linien: Francesco Maria Marescotti Capizucchi, dann Ruspoli – durch das Testament des Kardinals noch Conte di Vignanello –, war der Stammvater der Fürsten Ruspoli Herzöge von Alcudia Fürsten von Poggio Suasa[498].

Nachdem 1744 in Ravenna ein Heilungswunder aufgetreten war[499], nahm man den Kanonisationsprozeß auf[500]. Die reformierten Franziskaner wurden vom Fürsten Ruspoli als Prokuratoren eingesetzt; er selbst behielt sich den Titel eines Postulators vor[501], um in den Dekreten der Kongregation nominell erwähnt zu werden[502]. Der Neuanfang verlief nicht günstig, da sich die Untersuchung des Wunders hinzog. Zwei weitere ereigneten sich Mitte des Jahrhunderts in Ravenna und Rom, wurden untersucht[503], von der Kongregation angezweifelt[504], erneut geprüft und schließlich Anfang

---

[495] BN, H 975, *Devota Supplica con Sommario*, 1807, von Francesco Maria Ruspoli.
[496] AV, Archivio Ruspoli, Giacinta Marescotti, fasc. 10: Aufzeichnung über die Spesen, die Marescotti im Mai 1711 ausgegeben hatte.
[497] AV, Archivio Ruspoli, Giacinta Marescotti, fasc. 17, Memoriale des Conte Francesco Maria Marescotti, 1806.
[498] Neben den angegebenen Stammtafeln auch: Ruspoli, I Marescotti 38f.; Fabrizio Sarazani, Ruspoli, famiglia romana, Rom 1977. Vgl. auch den 1807 angelegten Stammbaum der wesentlichen Förderer der Causa: BN, H 975, Anhängsel an die *Devota Supplica con Sommario* von 1807. – Zur Finanzkraft der Familie: Weber, Familienkanonikate und Patronatsbistümer 252f.
[499] ASRC, Decreta 1745–1747, fol. 62: Verlängerung der Untersuchung, die am 26. August 1744 in Auftrag gegeben wurde.
[500] Aufnahme des Verfahrens am 8. April 1744: ASRC, Decreta 1742–1744, fol. 158.
[501] BN, H 975, *Devota Supplica con Sommario*, 1807. Ruspoli selbst legte größten Wert darauf, allein als Postulatur zu erscheinen. Er setzte einen Franziskaner als seinen Prokurator an der Ritenkongregation ein. ASRC, Decreta 1745–1747, fol. 181: Prokurator war Fr. Leopoldo, Lektor am römischen Franziskanerkloster der Reformaten. – Auch die Franziskanerobservanten bemühten sich um die Aufnahme des Prozesses: ASRC, Fondo Q, Giacinta Marescotti, Bittschriften der Franziskanerobservanten um 1740.
[502] BN, H 975, *Devota Supplica con Sommario*, 1807. Hier Auszug aus dem Breve vom 7. August 1726, in dem „personalmente nominato fu l'avo dell'Oratore il Principe Francesco Maria Ruspoli", also Alessandro Ruspoli.
[503] ASRC, Decreta 1748–1750, fol. 162: Wunderuntersuchung in Ravenna, 11. Februar 1750.

1752 wiederum der Behörde vorgelegt[505]. Diese Heilungen hätten dem Prozeß neuen Schwung geben müssen. Flüssige Finanzmittel waren außerdem in reichem Maße vorhanden. Da jedoch das persönliche Interesse der Familie fehlte, ereignete sich erst wieder 1780 ein neuer Vorstoß, als nämlich die fraglichen Wunderprozesse vom römischen Vikar wiederholt untersucht wurden[506]. Nachdem Francesco Marias Sohn Alessandro 1779 gestorben war[507], kümmerte sich dessen Sohn, der ebenfalls Francesco Maria[508] hieß, um den weiteren Fortschritt der Causa[509]. Er war ein glühender Verehrer der Giacinta und bezeichnete sie als „seine enge Verwandte und spezielle Anwältin"[510]. Im *Salotto* seines Familienpalastes in Cerveteri ließ er die acht großen Medaillons mit Szenen aus dem Leben der Klarisse aufhängen sowie ein großes Bildnis der Seligen und zwei Wappenschilde der Familien Cesi und Ruspoli, die allesamt aus der Seligsprechungsfeier in St. Peter stammten[511]. Francesco Maria war es auch dank der sicheren Finanzquellen vergönnt, die Causa trotz der Wirren der Französischen Revolution zu einem erfolgreichen Abschluß zu führen.

Zunächst nahm aber die eigentlich dafür vorgesehene Linie Marescotti die weitere Fortsetzung des Prozesses organisatorisch in die Hand. Gräfin Marianna di Gaspero de Torres Marescotti[512] versah energisch und stellvertretend für beide Familien die Actorenschaft der Causa und zog zunächst einen versierten reformierten Franziskaner als Postulator heran[513]. Der Prozeß machte nun rasche Fortschritte: Im Juli 1784 gestattete der Papst, die immer noch bestehenden Zweifel an den Wundern ohne Konsultoren zu diskutieren[514], so daß bereits Ende des Jahres die Gültigkeit der Wunderprozesse festgestellt werden konnte[515]. Ab 1786 griffen Francesco Maria Ruspoli und Conte Fran-

---

504 ASRC, Decreta 1748–1750, fol. 231: Eine Untersuchung der anhaltenden Genesung wurde am 3. Februar 1751 angeordnet.
505 ASRC, Decreta 1751–1753, fol. 77: Prozeßöffnung 22. Januar 1752.
506 ASRC, Decreta 1778–1780, fol. 216: Auftrag zur erneuten Untersuchung an den römischen Vikar, 5. August 1780.
507 Zu Alessandro Ruspoli (1708–1779): Litta IV tav. IV; Ruspoli, I Marescotti 43.
508 Zu Francesco Maria Ruspoli Principe di Cerveteri (1752–1829): ebd.; Litta IV tav. IV. – Die Causa ging nach dem Tod Alessandros wie eine Erbschaft an Francesco Maria weiter; vgl. dazu das Memoriale von 1806: AV, Archivio Ruspoli, Giacinta Marescotti, fasc. 19a.
509 Dies bezeugt die Aufzeichnung über die Spesen, die von Ruspoli von 1780 bis 1796/97 für den Prozeß gezahlt wurden: AV, Archivio Ruspoli, Giacinta Marescotti, fasc. 21, Aufzeichnung vom 23. Mai 1807.
510 AV, Archivio Ruspoli, Giacinta Marescotti, fasc. 8, Aufzeichnung von 1813: „sua stretta congiunta, e speciale avvocata".
511 Am 5. Mai 1807 beglaubigte Aufzeichnung des Personals in Cerveteri: AV, Archivio Ruspoli, Giacinta Marescotti, fasc. 2.
512 Sie war die Frau von Sforza Luigi Marescotti (1735–1779), der sie 1764 heiratete; dieser war der Sohn des Großneffen des Kardinals Galeazzo bzw. Großneffe von Francesco Maria Ruspoli (1672–1731). Marianna di Gaspero de Torres heiratete zum zweiten Mal den Herzog Luigi Lante: Litta IV tav. IV.
513 ASRC, Decreta 1781–1785, fol. 31: Verlängerung des römischen Prozesses, 14. Juli 1781. Die Gräfin berief sich auf das Testament des Kardinals Galeazzo Marescotti. Die Kongregation bezeichnet sie als „Jutrix et Curatrix". 1782 tritt Fr. Giacobo a Borgo Lucano OFMRef als Postulator auf: ebd., fol. 91: weitere Prozeßverlängerung am 6. Juli 1782.
514 ASRC, Decreta 1781–1785, fol. 219: Fakultät, die Wunderprozesse ohne Konsultoren zu diskutieren, 21. Juli 1784.
515 ASRC, Decreta 1781–1785, fol. 241: *Approbatio*, 18. Dezember 1784.

cesco Marescotti[516] persönlich in den Kanonisationsprozeß als Postulatoren ein, um für einen beschleunigten Ablauf der Kongregationssitzungen zu sorgen[517]. Die *Antepraeparatoria* vom Mai 1787 über die drei Wunder erbrachte jedoch ein eher niederschmetterndes Ergebnis: Viele Prälaten waren erst gar nicht gekommen, das zweite und dritte Wunder – Heilungen einer Ordensschwester und eines Mädchens aus Rom – wurden überwiegend abgelehnt, ansonsten meldeten die Konsultoren weiteren Klärungsbedarf an[518]. Die im Juli 1789 angesetzte *Praeparatoria* erbrachte immerhin für die ersten beiden Wunder eine deutliche Zustimmnung, beim dritten zeigte man sich immer noch unentschieden[519]. Die kurz darauf abgehaltene *Generalis* zeigte dann durchgängig breite Zustimmung[520], so daß schon am 10. Dezember alle drei Wunder approbiert werden konnten[521]. Auch die *Generalis super tuto* wurde überraschend schnell einberufen: Am 13. Juli 1790 sprachen sich alle Kongregationsväter einheitlich für die Kanonisation der Giacinta aus[522], so daß schon am 15. August das Dekret *super tuto* promulgiert werden konnte[523]. Die Causa konnte auch deshalb so rasch abgeschlossen werden, weil der Papst im Mai einen Zahlungsaufschub von sechs Monaten für die üblichen 1000 Goldscudi vor der *Generalis super tuto* gewährt hatte[524]. Die Ruspoli hatten verständlicherweise keine Schwierigkeiten, eine solch hohe Summe aufzutreiben, wohl aber die Postulatoren der vier anderen zur Heiligsprechung anstehenden Causen[525].

Die Gruppierung von insgesamt fünf Kandidaten in einer Feierlichkeit[526] und die ungünstigen äußeren politischen Umstände brachten es mit sich, daß Giacinta Marescotti erst am 24. Mai 1807 heiliggesprochen wurde, nachdem sich die Familie Marescotti, die Klostergemeinschaft von S. Bernardino in Viterbo und der Franziskanerorden für die baldige Abhaltung der Kanonisation beim Papst verwandt hatten[527]. Damit hatte

---

516 Francesco Marescotti war Sohn des Sforza Luigi Marescotti (1735–1779) und der Marianna di Gaspero de Torres. Er wurde 1790 Offizier des Regiments von Asti, 1796 Senator in Bologna, 1809 als päpstlicher Botschafter nach Paris entsandt, nach 1816 *Colonello* der *Cavalleria Pontificia*: Litta IV tav. IV.
517 ASRC, Decreta 1785–1791, fol. 101: Ernennung Dorias zum Ponens, 1. Juli 1786. Bei der Ernennung des neuen Ponens traten Ruspoli und Marescotti als Postulatoren auf.
518 ASRC, Decreta 1785–1791, fol. 161: CA über 3 Wunder, 22. Mai 1787; beim zweiten und dritten meist *non constare*, ansonsten überwiegend *suspendit iudicium*.
519 ASRC, Decreta 1785–1791, fol. 275: CP über 3 Wunder, 7. Juli 1789. Alle anwesend; bei den ersten beiden Wundern meist *constare*, beim dritten überwiegend *suspendit iudicium*.
520 ASRC, Decreta 1785–1791, fol. 296: CG über 3 Wunder, 24. November 1789; fast alle *constare*, beim 2. und 3. Wunder einige *non constare*.
521 ASRC, Decreta 1785–1791, fol. 300: Dekret über drei Wunder, 10. Dezember 1789.
522 ASRC, Decreta 1785–1971, fol. 334: CGST, 13. Juli 1790, alle *posse*.
523 ASRC, Decreta 1785–1791, fol. 341: *Decretum super tuto*, 15. August 1790.
524 Die Postulatoren der anstehenden und 1807 durchgeführten Heiligsprechung hatten sich deswegen an den Papst gewandt, der in der Audienz vom 22. Mai 1790 den Zahlungsmodus änderte. Einen solch hohen Betrag hatten die Postulatoren nicht verfügbar: ASRC, Decreta 1785–1791, fol. 324.
525 AV, Archivio Ruspoli, Giacinta Marescotti, fasc. 17, Memoriale des Francesco Marescotti, 1806. Neben Giacinta wurden Francesco Caracciolo, Benedetto da S. Filadelfo, Angela Merici und Coletta Boilet kanonisiert.
526 1804 wurde eine Sonderkommission eingerichtet, die sich mit den organisatorischen Fragen der anstehenden Heiligsprechung beschäftigen sollte: ASRC, Decreta 1791–1804, fol. 515, 519, 520, 521.
527 ASRC, Decreta 1805–1810, fol. 522: *Litterae decretales*, 24. Mai 1807.

man in etwa 100 Jahren einen Selig- und Heiligsprechungsproceß mit insgesamt fünf anerkannten Wundern erfolgreich durchgeführt.

Im Frühjahr 1807, kurz vor der Feierlichkeit, entbrannte zwischen den beiden Familien ein Präzedenzstreit, der bezeichnend für den ideellen Wert eines Familienheiligen war. Bei jeder Kanonisationsfeier war es üblich, daß enge Familienmitglieder die Standarten „ihrer" Heiligen beim Einzug in St. Peter begleiteten und für die Oblationen bei der Gabenbereitung zuständig waren[528]. Beide Familienzweige fühlten sich gleicherweise aufgrund des Testaments von Kardinal Marescotti berufen, diesen Ehrenplatz einzunehmen und damit aller Welt zu demonstrieren, welchen Vorfahren sie aufzuweisen hatten[529]. Es kam zu einer wahren Schlacht von Memoranden, die auf dem Rücken der Ritenkongregation, die die Plätze zu vergeben hatte, ausgetragen wurde. Die Ruspoli bekräftigten ihre Ansprüche durch ihre Ernennungsschreiben für die Postulatoren und forderten neben den Ehrenplätzen auch weiterhin, mit Namen und Wappen in den abschließenden Dekreten der Kongregation aufgeführt zu werden[530]. Die Marescotti hielten diese „neuen Ansprüche" für „wahre Capricen" der Ruspoli und nahmen die Familiengefolgschaft für sich allein in Anspruch[531].

Nach einigem Hin und Her vermittelte die Ritenkongregation eine Übereinkunft, die dem Geldgeber Ruspoli mit sicherlich größerem Recht den ersten Platz hinter der Standarte zusprach, der dann außerdem drei Familienmitglieder der Marescotti und der Capizucchi folgen durften – wenn auch in untergeordneter Funktion[532]. Auch über den Rest des angelegten Geldes konnte eine Einigung unter den Familien erzielt werden[533]. Der Streit um die Rangfolge in St. Peter, bei dem es in diesem öffentlichen Rahmen um nichts anderes als um die Manifestation der Indienstnahme eines Heiligen für die eigene Sippe ging, kam damit zu einem vorläufigen, wenn auch nicht vollständigen Ende[534].

Daß die Kanonisierung eines Familienmitgliedes nicht nur die direkte Verwandtschaft, sondern auch die Familie in einem weiteren Sinne betraf – etwa im Sinne des italienischen *famiglia*-Begriffes: eine Art Dienst- und Vertrauensverhältnis[535] –, zeigt das Verhalten des Sippenältesten: An der Freude über die Verwandtschaft ließ Francesco Maria Ruspoli auch seine Untergebenen auf den Familiengütern von Riano teilhaben. Er bat den Papst um ein Indulgenzbreve für alle, die zur Gedächtnisfeier der Giacinta

---

[528] Dazu: Brinktrine, Die feierliche Papstmesse 3f. 54–56. Zu den Oblationen bei der Kanonisation: Klauser, Die Liturgie der Heiligsprechung 212–229; Schalhorn, Historienmalerei und Heiligsprechung 59–64.
[529] Zum Streit und seiner Beilegung: ASRC, Fondo Q, Giacinta Marescotti, Brief Francesco Maria Ruspolis an die Ritenkongregation, Mai 1807.
[530] BN, H 975, *Devota supplica con Sommario* des Francesco Maria Ruspoli, 1807.
[531] BN, H 975, Denkschrift der Marescotti, 1807: „nuova pretensione, che per mero capriccio de' suoi Defensori …".
[532] Übereinkommen vom 13. Mai 1807: ASRC, Fondo Q, Giacintha Marescotti.
[533] Zum Streit über die angelegten Gelder: AV, Archivio Ruspoli, Giacinta Marescotti, fasc. 17, Memoriale des Francesco Marescotti, 1806; vgl. auch ebd., fasc. 16, Aufzeichnung von 1806.
[534] BN, H 975, Denkschrift der Marescotti von 1807.
[535] Vgl. zum Begriff: Völkel, Römische Kardinalshaushalte des 17. Jahrhunderts. Borghese – Barberini – Chigi 15–47.

nach Riano kamen, dort beichteten und kommunizierten[536]. Diese Indulgenz erteilte der Papst am 17. Januar 1813[537].

3. Familieninteresse in einzelnen Prozeßphasen

Welche Bedeutung die Ritenkongregation Familienbanden beimaß, zeigt noch ein weiterer Fall. Er offenbart noch deutlicher, wie eng das Verhältnis von Kanonisation und Erbgut eingestuft wurde. Im Juni 1867, im Vorfeld der Heiligsprechung von Pedro de Arbués, erschienen plötzlich in der spanischen Botschaft in Rom ein Kammerherr des spanischen Königs und Deputierter der Cortes, Angel Valero y Algora, ferner Ramon Valero y Lafiguera Graf von Torreflorida sowie Policarpo Valero, Edelmann und Gutsbesitzer von Epila[538]. Sie händigten dort die Dokumente ihrer Abstammung aus, die die Botschaft prüfte und an die Ritenkongregation weiterleitete. Der Botschafter fügte eigens eine Empfehlung bei, daß es sich auch „tatsächlich um Blutsverwandte"[539] des neuen Heiligen handelte. Aufgrund dieser Präsentation und dem offenkundigen Nachweis ihrer Abstammung galten sie dem Sekretär der Ritenkongregation als veritable Verwandte des Heiligzusprechenden – über 400 Jahre hinweg! Die Kongregation zollte diesem Umstand solchen Respekt, daß sie den spanischen Hidalgos den Vorrang noch vor den Vertretern des Domkapitels aus Zaragoza einräumte, die ja die Kanonisierung bezahlt hatten: Bei der feierlichen Heiligsprechung durften die Familienangehörigen die Standarte ihres Kandidaten beim Einzug in St. Peter begleiten[540]. Einen Heiligen in der Familie zu haben, schlug selbst Domkanoniker bei hochoffiziellen Anlässen aus dem Felde!

Das punktuelle Eingreifen einer Familie läßt sich in zahlreichen Causen nachweisen. Selten jedoch stand ein regierender Monarch direkt hinter einer Seligsprechung. Giuseppe Maria Tomasi, von dem bereits die Rede war, entstammte nicht nur einem alten süditalienischen Fürstengeschlecht[541], er war obendrein noch Kardinal der Heiligen Römischen Kirche. Obgleich im Jahre 1753 noch keine 50 Jahre nach seinem Tod verstrichen waren, setzte sich Carlo IV. von Sizilien für die beschleunigte Fortsetzung der Causa in der Ritenkongregation ein[542]. Der Monarch als tatsächlicher Actor des

---

[536] Ruspoli feierte den Gedenktag der Giacinta Marescotti am 6. Februar, obwohl sie liturgisch am 30. Januar, an ihrem Todestag, kommemoriert wurde. Die Feierlichkeiten auf den Besitzungen in Riano sollten am Sonntag in der Oktav auf den 6. Februar begangen werden: AV, Archivio Ruspoli, Giacinta Marescotti, fasc. 8, Aufzeichnung von 1813.
[537] Ebd.
[538] Auch zum folgenden: Minetti an Bartolini, Juni 1867: ASRC, Fondo Sc, Acta Canonizationis 1867: Bd. 1. Hier auch Stammbaum der Familie.
[539] Ebd. Sie entstammten aus der Vetternlinie des Heiligen: „... veramente cognati al Beato".
[540] ASRC, Fondo Sc, Acta Canonizationis 1867: Bd. 1, Schreiben des Sekretärs der Ritenkongregation an den obersten Zeremonienmeister des Papstes, 24. Juni 1867.
[541] Zur Familiengeschichte der Tomasi: Pavone, I Tomasi di Lampedusa nei secoli XVII e XVIII 15–39.
[542] Auch zum folgenden: ASRC, Fondo Q, Josephus Maria Tommasi, Bittschrift von Carlo IV. von Sizilien, 30. August 1753. – Tomasi war 1713 gestorben; der Prozeß wurde 1745 an der Ritenkongregation eröffnet.

Abb. 3: Ausschnitt aus der Prozessionsformation beim Einzug in St. Peter (Kanonisationsfeier von 1767).
(Aus: Giuseppe Andrea Mariotti [Hg.], Acta Canonizationis Iohannis Cantii, Josephi Calasanctii …, Rom 1769)

pres solemni
ducta.

Prozesses, den er aus eigener Kasse zu bezahlen gedachte[543], setzte als Postulator einen Blutsverwandten des Kardinals ein: Giulio Maria Tomasi, Fürst von Lampedusa und Abt von S. Maria di Mandanici. Aller Wahrscheinlichkeit nach war der blaublütige Abt die treibende Kraft der Beatifizierung. Die königliche Protektion erwirkte immerhin die nicht ganz einfache Approbation des *Processus Ordinarius* und des *Apostolicus* sowie eine Dispens zur Aufnahme des Tugend- und Wunderprozesses in der Ritenkongregation[544]. Nach dem ebenfalls erfolgreichen Abschluß der Schriftenrevision im September 1755[545] blieb dann der Prozeß für über 40 Jahre liegen. Schon zu dieser Zeit tauchte Lampedusa nicht mehr als Postulator auf, sondern hatte das Feld den Theatinern[546] überlassen[547]. 1759 hatte auch Carlo IV. Thron und Italien für immer verlassen, um seinem verstorbenen Bruder in Spanien nachzufolgen. Königlicher Eifer alleine genügte eben nicht; die Nähe zur Kongregation und Langzeitinteresse waren die notwenigen Ingredienzen der Selig- und Heiligsprechung.

Ein weiteres Beispiel intensiven Familieninteresses bietet der Kanonisierungsprozeß der Caterina de' Ricci[548]. Die 1523 Geborene trat 1536 in das Dominikanerkloster S. Vincenzo in Prato ein, wo auf Phasen schwerer Krankheit wunderbare Genesungen folgten. Ihre persönliche Verehrung des Leidens Christi wurde von regelmäßig wiederkehrenden Ekstasen der Passion begleitet, die durch den Ordensgeneral und den Papst geprüft wurden. Neben der vorbildlichen Beobachtung der Ordensregel stand sie im Briefwechsel mit den bedeutendsten Italienern ihrer Zeit. Nach ihrem Tod im Jahre 1590 lief der Seligsprechungsprozeß relativ rasch an[549], wurde aber erst 1732 erfolgreich beendet. Die Kanonisierung erfolgte dagegen schon im Jahre 1746.

In der Barockzeit gab es in Florenz zwei Adelsfamilien, die in den höchsten Ämtern der Stadt alternierten: die der Panzani und die der Ricci[550]. Schon für die Seligsprechung wurde eine Heilung an der Nichte der Caterina, der Klarisse Veronica de' Ricci, zur Untersuchung herangezogen[551]. Ein anderes Wunder im Haus des Senators Federigo de' Ricci wurde 1736 für die Heiligsprechung verwandt[552]. Ebenso sorgten

---

543 Ebd: Die Spesen sollte „Nostro Reale Erario" bezahlen.
544 ASRC, Decreta 1751–1753, fol. 137: Approbation der zunächst angezweifelten Prozesse aus Rom über *Fama*, Tugenden und Wunder, 6. September 1752; ebd., fol. 190: Dispens zur Aufnahme des Prozesses an der Ritenkongregation über Tugenden/Wunder, 24. März 1753.
545 ASRC, Decreta 1754–1757, fol. 143: Urteil über die Schriftenrevision, 25. September 1755.
546 Zum Theatinerorden: Heimbucher II 245–256 (Barmherzige Brüder); Francesco Andreu, Art. Chierici Regolari Teatini, in: DIP II 978–999; Jorgensen, The Theatines 1–29.
547 ASRC, Decreta 1754–1757, fol. 142: Vortrag des Revisionsergebnisses vor dem Papst, 20. September 1755. Die Postulation wurde vom Generalprokurator der Theatiner besorgt.
548 Zur Vita: Giovanni Bertini, Santa Caterina de' Ricci, Florenz 1935; Serafino Razzi, Vita di Santa Caterina de' Ricci, Florenz 1965; Guglielmo di Agresti, Art. Caterina de' Ricci di Firenze, in: BS III 1044f.; Hilde Firtel, Katharina de' Ricci, in: Manns, Die Heiligen in ihrer Zeit II 280f.; Caterina Pierini, La spiritualità di S. Caterina de' Ricci nel suo Epistolario, Rom 1994; Gabriela Anodal, Una maestra di vita per la donna d'oggi. Santa Caterina de' Ricci, Bologna 1995.
549 AGOP, Serie X, Akte 679b, *Informatio super dubio* (Seligsprechung).
550 AGOP, Serie X, Akte 685: *Summarium* der Seligsprechung. Zur Familie: Spreti V 685–687 (Ricci Crisolini).
551 AGOP, Serie X, Akte 685: *Summarium* der Seligsprechung.
552 AV, Arch. Congr. SS. Rituum, Processus 801, Brief des Erzbischofs von Florenz an die Ritenkongregation, 20. September 1736.

die beiden Kanoniker Antonio[553] und Rosso Maria de' Ricci[554], die Söhne des Senators, für einen rascheren Fortgang im Endstadium des Kanonisationsprozesses: Sie schafften Nachrichten und Dokumente aus Florenz nach Rom und versahen 1732 im Auftrag der Kongregation die Aufgabe, das Grab zu öffnen und Reliquien für die Beatifizierungsfeier zu entnehmen[555]. Der rasche Abschluß der Selig- und Heiligsprechungsprozesse 1732 bzw. 1746 war sicherlich auch weiteren Mitgliedern der Familie Ricci zu verdanken, die zu jener Zeit im kirchlichen Leben der Stadt Florenz führende Positionen innehatten: Während des Kanonisationsverfahrens war der Apostolische Protonotar Giulio de' Ricci[556] Domkapitular und Generalvikar des Erzbistums und Corso Atto de' Ricci[557] Pönitentiar der Kathedralkirche[558]. Faktisch wurden Selig- und Heiligsprechung der Ricci vom Dominikanerorden finanziert und in Auftrag gegeben[559]; die Familie unterstützte sie jedoch im eigenen Interesse tatkräftig.

4. Die Eitelkeit der Päpste

Auch der Papst widerstand dem Glanz des Heiligen nicht. So führte bekanntlich Clemens XIII. den Beatifikationsprozeß seines Verwandten Gregorio Barbarigo zu einem raschen Abschluß. Viel eklatanter ist jedoch eine andere Causa. Vom „gelehrten Kanonisten"[560] auf dem Stuhle Petri glaubte selbst Leopold von Ranke zu wissen, „wie wenig sich Benedict XIV. durch die hohe Bedeutung seiner Würde blenden, mit Selbstgefühl erfüllen ließ: [...] Er blieb immer über den Dingen"[561]. Benedikts geradezu skrupulantisches Arbeiten, das persönliche Prüfen jeder einzelnen Frage sowie sein strenger Rekurs auf die Geschichtsschreibung[562] scheinen Ranke Recht zu geben. Und der Papst versicherte in seinem ersten Geheimen Konsistorium über die Auswahl

---

[553] Antonio de' Ricci († 1775), 1714 als Kanoniker der Florentiner Kathedrale nachgewiesen: Catalogo cronologico della Chiesa Metropolitana Fiorentina 151, 174.
[554] Rosso Maria de' Ricci († 1781), 1722 und 1727 als Kanoniker der Florentiner Kathedrale nachgewiesen: ebd. 155, 174f.
[555] AGOP, Serie X, Akte 685, Aufzeichnung über die Translation der Ricci, 22. September 1733. Der Vater der beiden Kanoniker war der Patrizier und Senator Federico de' Ricci, der Neffe 3. Grades der Caterina.
[556] Giulio de' Ricci († 1750), 1734 als Kanoniker der Florentiner Kathedrale nachgewiesen: Catalogo cronologico della Chiesa Metropolitana Fiorentina 158.
[557] Corso de' Ricci († 1772), Sohn des Advokaten Ippolito de' Ricci, 1735 *Penitenziere Coadiutore*, nach 1735 Generalvikar von Fiesole, als Kanoniker der Florentiner Domkirche 1731 nachgewiesen: ebd. 157, 176.
[558] Beide fungierten 1743 als Richter bei der Untersuchung eines Heilungswunders in Florenz für den Seligsprechungsprozeß des Giuseppe a Mater Dei: AV, Arch. Congr. SS. Rituum, Processus 2706, Prozeßakten, S. 2.
[559] AGOP, Serie X, Akte 690 (Protokoll über die Seligsprechung) und Akte 691A (Abrechnung der Heiligsprechung 1746); ASRC, Fondo stampato, Catharinae de Ricciis C 35: *Libellus* von 1732. Ferner: ASRC, Fondo Q, Caterina de Ricci, Aufzeichnung vom 23. November 1732.
[560] Pastor XVI/1 24.
[561] Ranke, Die römischen Päpste in den letzten vier Jahrhunderten 736.
[562] Dazu: Bertone, Il governo della chiesa 175, 179.

der Neukreierten: „Wir haben sicherlich keinerlei Rücksichten auf Blut, Vorurteile und Gunst genommen!"[563].

Bevor jedoch von der Zuerkennung der Seligkeit für Imelda Lambertini die Rede ist, soll ein thematischer Rückschritt weitere Klarheit für das Phänomen Familienheilige zutage fördern. Es war nämlich nicht nur allein das familienstolze Verlangen der Bologneser Patrizier Lambertini, die sich bis in das 10. Jahrhundert zurückverfolgen lassen[564], die Stammtafel um einen weiteren seligen oder heiligen Ahnen zu vermehren – die päpstliche Kultanerkennung sollte ebenso eine Auszeichnung für die Heimatstadt sein. Der irrationale Stolz auf den Geburtsort läßt sich bei Benedikt XIV. tatsächlich konstant bis zum Ende seines Pontifikats nachweisen. 1744 sandte der Papst Breven nach Bologna mit der Bemerkung: „Wir rühmen uns, Bürger jener berühmten Heimatstadt zu sein! Wir haben sie, ohne sie zu verlassen, über zehn Jahre als Erzbischof geleitet; den Thron Petri bestiegen, haben Wir einzig und allein das Erzbistum aus Liebe zu jener Kirche und zu jenem Volk beibehalten"[565]. Bekanntlich ging seine lokalpatriotische Anhänglichkeit soweit, noch als Papst 14 weitere Jahre bischöfliche Funktionen seiner Heimatdiözese auszuüben – vor allem aber auch, um die Einkünfte des Erzbistums für die Instandsetzung der durch Krieg und Feuer stark beschädigten Kathedralkirche zu verwenden[566].

Lambertinis Bindung an seine Ursprünge manifestiert sich ebenso deutlich in den fast schon stereotypen Schlußformeln an den Senat von Bologna, die deswegen aber nichts an inhaltlichem Gewicht einbüßen: „Wir bekunden Unser Verlangen nach Gelegenheiten, Unsere Heimatstadt mit väterlichen Gefühlen begünstigen zu können und mit ihr besonders alle Unsere Mitbürger"[567]. Es waren aber nicht nur sentimentale Aufwallungen, die hier prononciert auftraten; die Beziehung zur Heimat besaß auch rationale Züge. Auf Wunsch des Papstes stellte ein vertrauter Bolognese, von dem noch die Rede sein wird, eine Dokumentensammlung über Imelda Lambertini zusammen, die direkt im Anschluß an die Zeugnisse des Papstes und seiner Familie signifikant vor allem anderen das Material aus Bologna aufführte[568]. Der päpstliche Mitarbeiter vergaß nicht, in seiner Präsentation zu erwähnen, daß Imelda „für sich selbst betrachtet, aus Liebe zum Vaterland und zur Ehre der Familie nichts anderes

---

[563] BCAB, Ms. B 3704, *Diario*: pars III C caput 5, 1. Blatt: „Non abbiamo certamente avuto alcun riguardo al Sangue, alla prevenzione, al favore" (9. September 1743).

[564] Allgemein wird Conte Mondo (nachgewiesen 964) als Stammvater der Sippe angegeben. Stammbäume: BCAB, Ms. B 698/2., fol. 66 (18. Jhd.); BUB, Ms. 1071, vol. 27 Nr. 2 (16./17. Jhd.).

[565] BCAB, Ms. B 3704, fol. 69v: Benedikt XIV. an den Senat Bolognas, undatiert: „ci gloriamo di essere Cittadino di quella illustre Patria. Siamo stati a piede fermo dieci anni a governare in qualità di Arcivescovo; assunti al Pontificato abbiamo, ritenuto, e riteniamo l'Arcivescovado unicamente per l'amore, che abbiamo a quella chiesa, a a quel popolo".

[566] Vgl. hierzu seine Ansprache im Geheimen Konsistorium vom 14. Januar 1754, die sich mit der Ernennung Malvezzis zum Erzbischof von Bologna befaßte: Lettere, brevi, chirografi, bolle ed appostoliche determinazioni prese dalla Santità di Nostro Sig. papa Benedetto XIV nel suo pontificato III 250–256.

[567] Beispiel: BCAB, Ms. B 3704, fol. 336v: Benedikt XIV. an den Senat Bolognas, 14. August 1743: „ci protestiamo desiderosi delle occasioni di poter beneficar la nostra patria, e tutti i nostri Concittadini in particolare con paterno affetto".

[568] BCAB, Ms. B 2729, Einleitung. Zur 2. Klasse der Zeugnisse gehörten Chroniken und Diarien aus Bologna, zur 3. Klasse Aussagen von Bologneser Historiographen etc.

sein kann als ein Gegenstand des Wohlgefallens und der Wertschätzung"[569]. Neben der Auszeichnung der Sippe treffe ihre Seligsprechung dann auch eine Aussage über die „Heiligkeit der Sitten der gefeierten Bolognesen"[570].

Wie personell und institutionell eng verwoben Familie und Heimatstadt waren, zeigt auch Lambertinis Interesse an der Seligsprechung des Kardinals Niccolò Albergati und der Heiligsprechung der Caterina Vigri. Die als *Beata* verehrte Giovanna Lambertini[571] war die Schülerin der in Bologna geborenen Klarissenäbtissin Caterina Vigri[572], an deren Heiligsprechung der Promotor fidei Prospero Lambertini entscheidenden Anteil gehabt hatte[573]. Schon als Konsistorialadvokat war ihm das Studium der Akten der damals noch als Selige verehrten Äbtissin übertragen worden[574]. Als Promotor fidei hatte er dann die Causa mit persönlichem Impetus vorantreiben können[575], so daß sie bereits am 22. Mai 1712 in die Liste der Heiligen aufgenommen werden konnte[576]. Vielsagend ist ferner, daß der Löwenanteil der Unkosten für die Feierlichkeit nicht vom Orden bestritten wurde, sondern vom Bologneser Kardinal Pompeo Aldrovandi[577] und der heimatlichen Botschaft in Rom[578]. Person und Stadt gingen hier eine geradezu irrationale und unentwirrbare Symbiose ein.

Lambertinis Beziehungen zu Kardinal Albergati[579] lassen sich schon fast als „familiär" charakterisieren – nicht nur weil der Purpurträger ebenfalls aus einem Bologneser Adelsgeschlecht stammte, sondern auch, weil er von 1417 bis 1443 den heimischen Bischofsstuhl innehatte und damit Lambertinis Vorgänger war. Die Kartäuser selbst hatten Lambertini um die Heiligsprechung ihres Ordensmitglieds gebeten[580]. Lange Zeit hatte sich Benedikt XIV. mit Leben und Werk des bedeutenden Kirchen-

---

[569] BCAB, Ms. B 2729, Einleitung: Widmung des Autors: „per se stessa, e per amore della Patria, e per onore della Famiglia, non può esservi oggetto di compiacenza, e di pregio".

[570] Ebd., „per santità di costumi celebratissimi Bolognesi".

[571] Pietramellara, Elenco delle famiglie nobili Bolognese 14f.; Pastor XVI/1 17.

[572] Zu Caterina Vigri oder Caterina da Bologna (1413–1463): Gian Domenico Gordini, Art. Caterina da Bologna, in: BS III 980–982. Die Seligsprechung erfolgte anläßlich der Kaiserkrönung Karls V. in Bologna 1530: Veraja, La beatificazione 41f.

[573] Pastor XVI/1 18. Zu Lambertinis Interesse: Benedikt XIV., Opera Omnia I 216 (I, 34, 10). Vgl. auch: Fanti, Prospero Lambertini, arcivescovo di Bologna (1731–1740) 169.

[574] BCAB, Ms. B 3704, fol. 6r.

[575] BCAB, Ms. B 3704, fol. 7v–8r.

[576] Gordini, Art. Caterina da Bologna 981.

[577] Aldrovandi (1668–1752), 1696 in Rom, 1708 Rota-Auditor, 1712 Legat in Frankreich und Spanien, Exil in Bologna, 1729 Patriarch von Jerusalem, 1733 Gouverneur von Rom, 1734 Kardinal und Bischof von Montefiascone und Corneto: Weber, Die ältesten päpstlichen Staatshandbücher 77; Elena Fasano Guarini, Art. Aldrovandi, Pompeo, in: DBI II 115–118; Emma Santovito, Art. Aldrovandi, Pompeo, in: EC I 741.

[578] BUB, Ms. 1071, vol. 7 Nr. 12: Abrechnung der feierlichen Heiligsprechung am 22. Mai 1712 von Pius V., Andrea Avellino, Felice da Cantalice und Caterina da Bologna. Allein 9000 Scudi hatte Aldrovandi übernommen; die Botschaft gab 192 Scudi dazu.

[579] Niccolò Albergati (1375–1443), 1395 Kartäuser, 1417 Bischof von Bologna, 1426 Kardinal, auf internationalem Parkett tätig in der Friedensvermittlung und Verteidigung der päpstlichen Rechte: Ercole Maria Zanotti, Vita del B. Nicolò Albergati, Bologna 1757; Fantuzzi, Notizie degli scrittori Bolognesi I 99–133; Paolo De Töth, Il beato Card. Nicolò Albergati e i suoi tempi 1375–1444 I–II, Acquapendente ²1934; Cosimo Damiano Fonsega, Art. Albergati, Niccolò, in: BS I 662–668; Edith Pásztor, Art. Albergati, Niccolò, in: DBI I 619–621.

[580] Dazu die eigene Aussage von Lambertini als Promotor fidei: Benedikt XIV., Opera Omnia I 82 (I, 13, 18); Zanotti, Vita del B. Nicolò Albergati 337.

fürsten beschäftigt[581], ehe er als Papst Albergati gleich in zweifacher Hinsicht ein „Denkmal" setzen konnte. Die Umbauarbeiten der römischen Kartäuserkirche Maria degli Angeli schlossen 1746 auf ausdrücklichen Wunsch des Pontifex die Einrichtung einer Kapelle zu Ehren des verewigten Ordenskardinals ein[582]. Damit er diesen Titel auch tatsächlich führen konnte, war wiederum das persönliche Eingreifen Benedikts XIV. erforderlich, da – wie dieser selbst zugeben mußte – „die Welt über die Verdienste des seligen Niccolò Albergati nicht genügend informiert"[583] und der Prozeß „stark vernachlässigt und schließlich abgerissen"[584] sei.

Im Unterschied zur „Causa" Imelda Lambertini wurde der Nachweis über die kultische Verehrung Albergatis *ab immemorabili tempore* prozessual korrekt durchgeführt[585]. Grundlage bildete der Bistumsprozeß aus Bologna[586] – immerhin hatte man einen –, der seit den Tagen des Kardinals Girolamo Boncompagni[587] in der Ritenkongregation ruhte[588]. Außerdem hatte man 1728 eigens einen Prozeß über die kultische Verehrung durchgeführt, der ebenso direkt von der Familie Albergati veranlaßt worden war[589] und sicherlich den damaligen Promotor fidei Lambertini im Hintergrund gehabt hatte[590], welcher daraufhin *Animadversiones* von vier Seiten Länge und leicht zu überwindenden Zweifeln verfaßte[591]. Den wesentlichen Teil der Widerstände, die fehlende Schriftenrevision, räumte er eigenhändig aus dem Weg, denn schon im Juli 1725 gab er stellvertretend für den Ponens der Causa das *Nihil obstat* bekannt[592]. Dennoch kam die Causa nicht bis zur *Signatio Commissionis* – wahrscheinlich auch, weil der unergiebige Bistumsprozeß, der nicht mehr als vier (!) Zeugnisse zu bieten hatte,

---

[581] Geht aus einem Brief des Papstes vom 8. Juli 1744 hervor: BCAB, Ms. B 3704, fol. 81r.

[582] Pastor XVI/1 115f.; Buchowiecki, Handbuch der Kirchen Roms II 391.

[583] BCAB, Ms. B 3704, fol. 81r: Brief Benedikts XIV., 8. Juli 1744: „il mondo non sia abbastanza informato del merito del B. Niccolò Albergati".

[584] Ebd.: „tanta negletta ed abbandonata".

[585] Die Untersuchung folgte dem Verfahren einer äquipollenten Seligsprechung im Sinne einer Anerkennung als *casus exceptus*: Veraja, La beatificazione 178.

[586] BN, H 1263, *Positio super dubio signanda Commissionis*, Rom 1725. Der Bistumsprozeß wurde zwischen 1651 und 1653 in Bologna durchgeführt.

[587] Boncompagni (1622–1684), 1651 Erzbischof von Bologna, 1660 Präfekt des Apostolischen Palastes, seit 1661 in der Ritenkongregation mit Seligsprechungen beschäftigt, 1664 Kardinal, 1667–1682 ordentliches Mitglied der Ritenkongregation: HC IV 34, 118; Weber, Die ältesten päpstlichen Staatshandbücher 88.

[588] ASRC, Decreta 1742–1744, fol. 28: Aufzeichnung über die Prozeßöffnung *super cultu immemorabilis temporis*, 21. Mai 1742. – 1633 wurde das Grab Albergatis untersucht, 1651 der Informativprozeß in Auftrag gegeben, der unter Boncompagni abgeschlossen und nach Rom gesandt wurde: Fonsega, Art. Albergati 667.

[589] BN, H 1263, *Summarium super dubio, an sit signanda Commissionis*, Rom 1725. – Am 14. Juli 1653 hatte der Senator Marco Gerolamo Albergati einen Postulator für die Causa Albergati eingesetzt.

[590] AV, Arch. Congr. SS. Rituum, Processus 273 (Nicolaus Albergati), Prozeßakten *super cultu ab immemorabili*, 1725, 26 Blätter. – Der Prozeß wurde in Bologna vom 2. Juli bis 29. August 1725 durchgeführt. Don Marchio und Aloisio Capacelli de Albergati, Bologneser Senatoren, haben den Prozeß veranlaßt (ebd., fol. 1).

[591] *Animadversiones* in: BN, H 1263, *Positio super dubio, an sit signanda Commissionis*. Lambertini forderte darin die Revision einiger Schriften und den Nachweis, ob die *Fama sanctitatis* bis dato anhielt.

[592] BN, H 1263, Positio super dubio, an sit signanda Commissionis, Dekret vom 7. Juli 1725.

nichts über Wunder und übernatürliche Gnadengaben berichtete[593]. Die Reaktion der Ritenkongregation lautete daher: *dilata*[594].

Durch den Ausgang des Konklaves von 1740 erschien die Sache in neuem Licht: Benedikt XIV. ging es nun nicht mehr um eine einfache Kultbestätigung, die die Verehrung als *Beatus* sanktionieren sollte. Lambertinis Pläne waren nun ehrgeiziger und weitreichender – daher der formelle Prozeßgang. Ende April 1742 hatte man mit dem Bolognesen Pompeo Aldrovandi genau den richtigen Ponens für die Causa Albergati gefunden[595]. Der heimatbezogene Aldrovandi war nicht nur Landsmann Lambertinis, sondern auch während des Prozesses päpstlicher Legat in Bologna. Ihm stand der Kleriker Costantino Ruggeri aus der *famiglia* des Papstes zur Seite, der weiteres Material in den Archiven Roms und Bolognas sammelte[596]. Auch die eigene Familie des Kandidaten schien sich nun wieder zu Wort gemeldet zu haben. Die 1743 erweiterte *Informatio* der Causa sagt auch ganz deutlich warum: Die Wiederaufnahme des Verfahrens nützte der „adligen Familie di Albergati, deren Frömmigkeit und Eifer ganz auf die Förderung der Verehrung des seligen Kardinals ausgerichtet war, der den Glanz und die Zierde derselben Familie, aus der er hervorgegangen war, durch außergewöhnliche Heiligkeit vermehrt hatte"[597]. Mit Hilfe des Papstes brachte man 1742 dann immerhin 14 zum Teil recht namhafte Petenten für die Wiederaufnahme der Causa zusammen: den Exilkönig von England, den Souverän von Polen und weitere Größen aus Bologna[598].

Dann dauerte es jedoch noch eine ganze Zeit, bis die Ende Mai geöffneten Prozeßakten[599] aus Bologna in der Ritenkongregation durchgearbeitet waren. Zweifel schienen aufgekommen zu sein, weil ab Mitte September die Diskussion über die *Signatio Commissionis* ohne Konsultoren durchgeführt werden mußte[600]. Da man bereits 1725 festgestellt hatte – wohl auf Veranlassung des damaligen Promotors fidei Lambertini –, daß mangels Masse nichts gegen den Tugendgrad oder die formelle Aufnahme des Prozeßverfahrens spreche, stimmte die verkleinerte Kongregation am 20. Juli 1743 der *Signatio* zu, die der Papst vier Tage später ausführte[601].

Wiederum tauchten Zweifel auf, ob man eine ununterbrochene kultische Verehrung Albergatis approbieren könne, so daß der Papst von neuem dispensieren mußte[602]. Die

---

[593] BN, H 1263, *Positio super dubio*. Der Informativprozeß aus Bologna umfaßte 13 Seiten.
[594] BN, H 1263, *Informatio additionalis super dubio*, Rom 1743.
[595] ASRC, Decreta 1742–1744, fol. 34: Ernennung Aldrovandis zum Ponens, 21. April 1742.
[596] Der Kleriker Ruggeri war Bibliothekar der *Ottoboniani* im Vatikan; er schrieb im Auftrag des Papstes eine Abhandlung über die Bischöfe von Bologna: Pastor XVI/1 136, 158 Anm. 5. – Ruggeris Tätigkeit zugunsten Imeldas geht aus den *Litterae Apostolicae* vom 25. September 1744 hervor: ASRC, Decreta 1742–1744, fol. 220. Vgl. zur Sammeltätigkeit auch: De Töth, Il beato cardinale Nicolò Albergati II S. XLVII Anm.
[597] BN, H 1263, *Informatio additionalis* S. 2 (Punkt 7): „Nobilis Familia de Albergatis, cuius pietas et sollicitudo tota est in promovendo cultu Beati Cardinalis, qui eidem Familiae, de qua ipse erat, per eximiam sanctitatem decum et splendorem adauxit".
[598] BN, H 1263, *Informatio additionalis*, Rom 1743.
[599] ASRC, Decreta 1742–1744, fol. 28: Prozeßöffnung am 21. Mai 1742.
[600] ASRC, Decreta 1742–1744, fol. 58: Dispens vom 15. September 1742.
[601] ASRC, Decreta 1742–1744, fol. 111: Aufzeichnung über die *Signatio*, 24. Juli 1743. Kardinal Gaulterio berichtete 1725, daß in Bologna und Florenz kein Werk Albergatis mehr greifbar war.
[602] Dispens von der Diskussion mit den Konsultoren, 5. Februar 1744: ASRC, Decreta 1742–1744, fol. 150.

Sondersitzung vom 1. August 1744, an der nur die Kardinäle teilnahmen, und selbst unter diesen fehlte eine Reihe Prominenter, erfüllte endlich den Herzenswunsch des Papstes und bestätigte die öffentliche Verehrung des Kartäusers[603]. Die Freude Benedikts XIV. entlud sich augenblicklich: Schon am 8. Juli 1744 sandte er eine Sammlung von Dokumenten über Albergati nach Bologna, die er selbst zusammengestellt hatte[604]. Ende September berichtete er an seine Heimatstadt von der bevorstehenden Publikation des Breves, konnte es aber offensichtlich nicht abwarten, bereits vorher Lobgedichte und Orationen in den stadtrömischen Kirchen vortragen zu lassen, worüber sich nicht wenige Römer wunderten[605].

Die *Litterae Apostolicae in forma Brevis*[606] stellten wiederum eine Eloge an die Heimat dar: Die göttliche Vorsehung habe Benedikt XIV. dazu ausersehen, der Causa Anfang, Fortschritt und Abschluß zu Ehren seiner Geburtsstadt zu geben. Das Breve testierte jedoch nicht etwa eine gewöhnliche Beatifizierung Albergatis, es spricht von einer *Canonizatio aequipollens*[607], um dem Kardinal auch über seine Ordensgemeinschaft hinaus Verehrung zuteilwerden zu lassen. Die nun erledigte Causa hatte man folglich „Causa Canonizationis B. Nicolai Albergati"[608] genannt. Der persönliche Wille des Papstes, seinem Landsmann und Vorgänger auf dem Bischofsstuhl weltweite Verehrung zu sichern und damit Bologna auszuzeichnen, ist unverkennbar. Schon am Tage nach der Promulgierung sandte Benedikt XIV. persönlich einige Exemplare des Breves an den Senat seiner Geburtsstadt[609].

Mit Imelda Lambertini[610] gedachte der Papst, nicht nur unmittelbar den Ruhm seiner Heimat zu mehren und damit sich selbst und seine nicht gerade begüterte Senatorenfamilie[611] indirekt herauszustellen, er wollte sich auch persönlich mit der approbierten Heiligkeit in Verbindung bringen. Dabei ging er formal ähnlich wie bei der Causa

---

[603] ASRC, Decreta 1742–1744, fol. 197: Aufzeichnung über die Sitzung vom 1. August 1744. Lercaro, Corsini und Valenti blieben ihr fern.

[604] BCAB, Ms. B 3704, fol. 81r: Benedikt XIV. an den Senat von Bologna, 8. Juli 1744: „Abbiamo somministrato il materiale degli autori d'ogni sorta di nazione".

[605] BCAB, Ms. B 3704, fol. 81v: Benedikt XIV. an den Senat von Bologna, 30. September 1744. Die Publikation des Breves war für den 6. Oktober vorgesehen. Es trug jedoch das Datum des 25. Septembers.

[606] Breve vom 25. September 1744: ASRC, Decreta 1742–1744, fol. 220.

[607] *Canonizatio aequipollens* meint die Kultausdehnung auf die Gesamtkirche eines noch nicht Kanonisierten durch den Papst. Dies geschieht durch Einfügung des Festes mit Meßformular und Offizium in den Kalender der Universalkirche: Benedikt XIV., Opera Omnia I 272–301 (I, 41); Fabijan Veraja, La Canonizzazione equipollente e la questione dei miracoli nelle cause di canonizzazione, in: Apollinaris 48 (Rom 1975) 222–245, 475–500 und Apollinaris 49 (Rom 1976) 182–200; ders., Heiligsprechung 93f.

[608] ASRC, Decreta 1742–1744, fol. 220. In der Literatur hat sich diese Aussage jedoch nicht niedergeschlagen: Pastor XVI/1 223; Fonsega, Art. Albergati 667; Veraja, La beatificazione 178. – Das Breve gibt als Datum der Beatifikation den 9. Februar 1658 an.

[609] BCAB, Ms. B 3704, fol. 69v: Benedikt XIV. an den Senat von Bologna, ohne Datum.

[610] Zur Vita: Timoteo Centi, La beata Imelda Lambertini vergine domenicana, con studio critico e documenti inediti, Florenz 1955; Leonard E. Boyle, Blessed Imelda Lambertini, in: Doctrine and Life 6 (1957) 48–65; Timoteo Centi, Art. Lambertini, Imelda, in: BS VII 1076f. Vgl. auch: Benedikt XIV., Opera Omnia III 463f. (III, 38, 25).

[611] Dazu: Mondani Bortolan, La famiglia Lambertini e gli ascendenti di Benedetto XIV 132. Mondani Bortolan weist nach, daß Benedikt XIV. nicht aus verarmtem Adelsgeschlecht stammte, sondern aus einer nie zu Reichtum gelangten Patrizierfamilie, wobei städtisches Patriziat durchaus dem Adel gleichzustellen sei.

Albergati vor, für die er einen Großteil der Arbeit eigenhändig verrichtet hatte, übte allerdings bei der Qualität des Verfahrens größere Vorsicht. Das Ziel war jedoch dasselbe: die universalkirchliche Verehrung. Solche Skrupel hatten reale Gründe. Über die pure Historizität der mit ihm verwandten[612] Ordensfrau aus dem 14. Jahrhundert lagen nur sehr wenige Nachrichten vor[613]; über Geburt und Tod fehlten sogar gesicherte Angaben. Imelda trat blutjung in das Dominikanerkloster S. Maria Maddalena in Valdipietra unweit Bolognas ein. Das einzig Biographische ist der zeitgenössische Bericht über ein eucharistisches Wunder vom 12. Mai 1333; viel mehr weiß man von ihr nicht: Als man bei der Vigil des Himmelfahrtsfestes der 13jährigen aus Altersgründen die Kommunion verweigerte, ersetzte eine von oben kommende Hostie diesen Mangel.

Imelda wurde sowohl von der Familie Lambertini als auch von beiden Zweigen des Dominikanerordens verehrt[614]. Die Vorbereitungen für die Eröffnung einer Causa kamen um 1724 auf Veranlassung des Promotors Lambertini in Gang. Der Syndikus des Dominikanerklosters in Bologna[615] ließ das Grab zur Identifizierung der Gebeine der Imelda öffnen und eine Sichtung der historischen Dokumente vornehmen[616]. 1728 glaubte der Promotor augenscheinlich, ausreichend Material beisammen zu haben, um den Nachweis zu führen, daß Imelda immer schon als Selige verehrt worden sei[617]. Unterstützung[618] erhielt er von seinem Freund, dem späteren Ordensgeneral der Dominikaner, Tommaso Ripoll[619].

Bis es dann mit der Seligsprechung soweit war, vergingen allerdings noch einige Jahre, die Zeugnis von der persönlichen Devotion der Lambertini ablegen. Als Bischof von Ancona hatte Prospero 1729 in Bologna ein Lobgedicht auf Imelda öffentlich vorgetragen[620]. Der Senator seiner Heimatstadt und Bruder des späteren Papstes,

---

612 Tatsächlich besteht eine direkte Abstammung durch Imeldas Bruder Guido, der 1331 den Titel *Conte* erwarb: BCAB, Ms. B 698/2., fol. 66: Stammbaum Lambertini.
613 Dazu bereits: Centi, Art. Lambertini, Imelda 1077. Zarri spricht von einer „erfundenen" Heiligen (Kapitel: „L',inventio' di una santa"), meint damit die fehlenden historischen Zeugnisse über Leben, Tugenden und Wunder: Zarri, Le sante vive 197–207. – Der Heiligsprechungsprozeß geriet in den vierziger Jahren des 20. Jahrhunderts ebenfalls wegen „historischer Schwierigkeiten" ins Stocken.
614 AGOP, Serie X, Akte 1401, *Positio* von 1826.
615 BCAB, Ms. B 2729, fol. 143–207: Kopie des Prozesses von 1724, 1725 und 1728.
616 AGOP, Serie X, Akte 1403, Aufzeichnung. – Die Untersuchung des Grabes wurde am 22. Juli 1724 vorgenommen. Vgl. dazu auch: ASRC, Decreta 1827–1831, fol. 35: Kultapprobation 1826. – Das Dominikanerkloster S. Maria Maddalena wurde 1582 in die Stadt Bologna verlegt: Centi, Art. Lambertini, Imelda 1076.
617 In Benedikts Nachlaß, der zum Teil in der Universitätsbibliothek in Bologna ruht, läßt sich ein Manuskriptband verifizieren, der sich *Positio Imeldae* nennt (BUB, Ms. 1071, vol. 27, Nr. 31). Die Identität ist durch den *Indice Generale Alfabetico* (BUB, Ms. 4107) gesichert. Das Material zu Imelda wurde 1728 zusammengestellt. Ein Faszikel des *Positio* (2 1/2 S.) trägt die Aufschrift: „Notizie che mostrano che la B. Imelda gode il titolo di Beata".
618 Beispielhaft: BUB, Ms. B 1071, vol. 27 Nr. 31: Lambertini an Ripoll, 26. August 1723, September 1723.
619 Ripoll (1654–1749), 1722 Provinzial von Aragón, 1725–1747 *Magister generalis* des Dominikanerordens: Taurisano 13. – Zur Freundschaft von Papst und General: Morelli I 19: Benedikt XIV. an Tencin, 1. September 1742: „il povero generale nonagenario, che è nostro amico di più di quarant'anni"; vgl. auch: Benedikt XIV. an Ripoll, 19. April 1743: ebd. 68.
620 Das Gedicht ist von Felice Carrara verfaßt und in der *Academia*, die von den Somaskern geleitet wurde, rezitiert worden: AGOP, Serie X, Akte 1401, *Positio* von 1826.

Giovanni Lambertini[621], interessierte sich 1725 für Reliquien der Imelda; 1739 setzte man in der wiedererrichteten Kirche S. Maria Maddalena di Galliera, die Erzbischof Lambertini persönlich einweihte[622], einen eigenen Altar mit dem Bildnis der Dominikanerin[623]; außerdem stiftete die Familie in ihren Patronatskirchen zwei weitere Altäre zum Gedenken an ihre Verwandte[624]. Der Erzbischof ließ in der Hauptkirche des Dominikanerordens in Bologna eine Kapelle restaurieren, die ein Gemälde der Imelda barg;[625] außerdem zelebrierte er in seiner Privatkapelle regelmäßig vor einem Bild Imeldas mit zwei silbernen Reliquiaren[626]. Ferner stiftete eine Nichte Benedikts XIV., Imelda Lambertini OP[627], die später Priorin des Dominikanerinnenklosters S. Maria Nuova in Bologna wurde, um 1750 einen Altar in ihrer Konventskirche zu Ehren der namensgleichen Verwandten[628].

Nachdem Kardinal Lambertini den Stuhl Petri bestiegen hatte, konnte seine persönliche Verehrung amtliche Formen annehmen. Bereits anläßlich der Papstwahl hatte ein römischer Jesuit in S. Ignazio ein Lobgedicht auf Benedikt XIV. vorgetragen und dabei das prominente Familienmitglied aus dem Dominikanerorden herausgestrichen[629]. Neben dem Institut des hl. Dominikus beauftragte der Pontifex altgediente Vertrauensleute mit weiteren Recherchen; ferner gab er einige Publikationen in Auftrag, die sich mit dem Leben und Wirken der Imelda auseinandersetzen sollten.[630] Einer dieser Weggefährten, Flaminio Scarselli, war vor allem an der Materialbeschaffung beteiligt. Die Seligsprechung seiner Mitbürgerin wurde ihm geradezu zu einem persönlichen Anliegen, denn er hatte sich, wie er selbst bekannte, „seit den ersten Jahren"[631] mit der „Causa" Lambertini befaßt. Für Benedikt XIV. war Scarselli der richtige Mann[632]. Der vielseitig gebildete Bolognese hatte rasch akademische Karriere gemacht, erhielt 1739 den Titel eines *Notaro Apostolico et Imperiale* und drei Jahre später das Sekretariat der Botschaft in Rom[633]. Der Papst zog ihn zur Abfassung von

---

621 Giovanni war der ältere Bruder Prosperos. Als der 1669 erstgeborene Giovanni nach kurzer Zeit verstarb, erhielt der zweite Sohn, der am 23. Juli 1673 zur Welt kam, ebenfalls den Namen Giovanni. Er erhielt 1712 einen Sitz im Senat von Bologna und starb 1730. Die Familie Lambertini hatte von 1506 bis 1796 mit zwei Unterbrechungen stets einen Senatorensitz inne: Mondani Bortolan, La famiglia Lambertini e gli ascendenti di Benedetto XIV 131, 135, 139; BCAB, Ms. B 698/2., fol. 66: Stammbaum der Familie Lambertini, 18. Jhd.
622 BCAB, Ms. B 2729, S. 222.
623 Zarri, Le sante vive 205.
624 ASRC, Decreta 1827–1831, fol. 35: Kultapprobation 1826. Der Altar befand sich allerdings außerhalb der Kirche.
625 Ebd.
626 BCAB, Ms. B 2729, S. 224 u. 238. Der Palast des Kardinals Lambertini (heute Palazzo Vizzani) befindet sich in der Via S. Stefano.
627 Imelda Lambertini OP stammte von Prosperos einzigem Bruder Giovanni ab: Mondani Bortolan, La famiglia Lambertini e gli ascendenti di Benedetto XIV 139.
628 ASRC, Decreta 1827–1831, fol. 35: Kultapprobation 1826.
629 BCAB, Ms. B 2729, S. 3f. Die Eloge wurde von Pater Contucci SJ am 10. Januar 1741 vorgetragen.
630 ASRC, Decreta 1827–1831, fol. 35: Kultapprobation 1826. Beispielsweise kamen 1742 gedruckte Gebetszettel zu Imelda in Bologna heraus.
631 BCAB, Ms. B 2729, Widmung Scarsellis: „... sin da' primi anni".
632 Zu Scarselli (1705–1776) ausführlich: Fantuzzi, Notizie degli scrittori Bolognesi VII 360–366.
633 Als Sekretär der Bologneser Botschaft wirkte er bis 1760. Die Berufung Scarsellis wird wohl auf den Wunsch des Papstes zurückgegangen sein, der mit ihm schon als Erzbischof von Bologna zusammengearbeitet hatte.

lateinischen Texten für den Privatgebrauch heran und verwandte ihn außerdem bei der „Heiligsprechung" Albergatis[634]. Scarselli stellte eine Dokumentation aus Diarien, Chroniken und weiteren historischen Werken über Leben und Verehrung der Imelda Lambertini zusammen, die, insgesamt betrachtet, recht dürftig erscheint[635]. Im Konvent der Dominikanerinnen in Bologna fanden sich nur Bilder und Orationen; die Suche in der Stadtbibliothek brachte einige Chroniken aus dem 16. und 17. Jahrhundert ans Licht, die Imelda flüchtig erwähnten[636]. Scarselli gab daher auch zu, daß „die Verschiedenheit der Meinungen, die geringe Anzahl von Notizen"[637] und seine häufige Abwesenheit aus Bologna die Sammeltätigkeit sehr erschwert hätten. Tatsächlich war die Quellenlage nicht nur äußerst diffizil, auch das Herausfiltern von eindeutigen Aussagen mußte ausgehen wie das Hornberger Schießen: Der Botschaftssekretär sprach von der „Dunkelheit der gesammelten Sachen, entweder durch die Unsicherheit von Indizien oder durch die geringe Stichhaltigkeit der Argumente"[638]. Und tatsächlich war Qualität und Quantität der Zeugnisse derart dürftig, daß man noch 1728 den Nachweis führen mußte, ob denn Imelda eine veritable Dominikanerin gewesen sei, oder nicht etwa eine Augustinerin[639].

Es spricht sowohl für die Hilflosigkeit der zeitgenössischen Historiker als auch für den Nationalstolz der Bolognesen, daß Scarselli als Kronzeuge seiner aufwendigen Recherche die Ausführungen aus Lambertinis Werk „De Servorum Dei Beatificatione"[640] zitierte, gefolgt von Chroniken und anderen historiographischen Werken seiner Heimatstadt[641].

Vermutlich angesichts der Quellenlage scheute sich der Rechtsexperte Lambertini, einen formalen Beatifikations- oder Kanonisationsprozeß durchzuführen. Der Papst verfiel auf eine andere Methode. Aufgrund des vermeintlich „übereinstimmenden Urteils der Historiker aus Bologna" erklärte Benedikt XIV. Imelda „ex mea Lambertinorum familia" zur „Serva Dei, sive Beata"[642]. Der Pontifex dekretierte den Kult *ab immemorabili tempore* und erklärte, daß kein Hindernis bestehe, zu einer formalen Beatifikation und Kanonisation zu schreiten[643]. Der Nachweis, daß sie von alters her

---

[634] Benedikt bekannte, daß er Scarselli zum Brevensekretär gemacht hätte, wenn dieser nicht verheiratet gewesen wäre: Fantuzzi, Notizie degli scrittori Bolognese VII 361.
[635] „Memorie intorno alla vita, ed a culto della Beata Imelda Lambertini": BCAB, Ms. B 2729. – Scarselli unternahm Recherchen in Rom (vatikanische Bibliotheken und Archive) und Bologna (Dominikanerinnenkloster, Stadtarchiv, Senatsarchiv).
[636] AGOP, Serie X, Akte 1403, Aufzeichnung. Das älteste Dokument ist eine kleine Chronik von 1344, die Imelda knapp erwähnt: BUB, Ms. B 1071, vol. 27 Nr. 31: *Positio Imeldae*.
[637] BCAB, Ms. B 2729, Widmung: „la diversità delle opinioni, la scarsezza delle notizie".
[638] Ebd.: „oscurità delle cose raccolte, o per la incertezza de' segni, o per la insufficienza degli argomenti".
[639] BUB, Ms. 1071, vol. 27 Nr. 31: Lodovico Gottardo OP (Bologna) an Lambertini, 1. Mai 1728. – Zarri weist nach, daß selbst das eucharistische Wunder nicht von den Zeitgenossen verzeichnet wurde: Zarri, Le sante vive 197–199.
[640] Benedikt XIV., Opera Omnia III 463f. (III, 38, 25).
[641] Über die Klasseneinteilung war bereits die Rede. Zeugnisse, die außerhalb Bolognas entstanden sind, wurden erst unter die 4. Kategorie subsumiert: BCAB, Ms. B 2729, Index der Zeugnisse.
[642] Benedikt XIV., Opera Omnia III 463 (III, 38, 25).
[643] Diese Interpretation findet sich in der Kultanerkennung 1826: ASRC, Decreta 1827–1831, fol. 35: Kultapprobation.

als *Beata* verehrt worden sei, liege nun vor[644]. Zur Untermauerung seiner Entscheidung führte Benedikt XIV. Erzbischof Gabriele Paleotti[645] von Bologna an, der Imelda 1594 in den neugedruckten *Catalogus Beatorum civitatis Bonomiae* aufgenommen hatte[646]. Eine tatsächliche lokale Verehrung als Selige läßt sich erst nach der ersten Öffnung des Grabes im Jahre 1582 erkennen[647].

Ausgerechnet der gelehrte Papst, der historische Zeugnisse als unverzichtbar für das Prozeßverfahren hielt[648], erlag dem eigenen, persönlichen Interesse, obgleich er für seinen Neffen festlegte, daß dessen Familie „in den gleichen einfachen und bescheidenen Verhältnissen wie bisher bleiben sollte"[649]. Aufgrund einer dürftigen Quellenlage, die dazu noch geringe Zeugniskraft besaß, hat er sich zu einer Seligsprechung hinreißen lassen; bei der Überprüfung des eucharistischen Wunders mangelte es zudem an historischen Beweisen und einer ausreichenden Dokumentationsgrundlage[650]. Es läßt sich fragen, wie man den heroischen Tugendgrad der *Serva Dei* feststellen soll, wenn das einzig mehr oder minder gesichert Biographische ein Wunderbericht war[651]. Im Breve „Beatus Andreas"[652] vom 22. Februar 1755 sprach sich der Papst dezidiert gegen die Kanonisierung der „kleinen Märtyrer" aus, über deren Tugenden man nichts aussagen könne[653].

Zu einem streng formalen Beatifikations- bzw. Kanonisationsprozeß ist es auch in den folgenden Jahrhunderten nicht gekommen. 1826 baten der Dominikanerorden sowie der Klerus und das Kirchenvolk von Bologna um eine offizielle Anerkennung des Kultes[654]. Die Ritenkongregation befaßte sich am 6. Mai mit dieser Frage, die jedoch

---

[644] Vgl. dazu auch die Sammlung Scarsellis, in dessen Zeugnissen Imelda stets als *Beata* geführt wird: BCAB, Ms. B 2729.

[645] Paleotti (1522–1597), Kardinal 1565, 1566 Bischof von Bologna, bedeutender Rechtsgelehrter und eifriger Verfechter der tridentinischen Reform: HC III 46, 151; Pio Paschini, Art. Paleotti, Gabriele, in: EC IX 600.

[646] Benedikt XIV., Opera Omnia III 464 (III, 38, 25).

[647] Zarri, Le sante vive 200. Die Öffnung am 24. Februar 1582 deutet Zarri als *Inventio* der Verehrung.

[648] Benedikt XIV., Opera Omnia III 13, 20–26 (III, 2, 5 u. 6; III, 3, 9–23). Vgl. dazu auch die Analyse von: Lodi, Contributi di metodologia storiografica del card. Lambertini all'agiografia bolognese 315f.

[649] Pastor XVI/1 30. Diese Bemerkung des Papstes fiel anläßlich der Aufnahme seines Neffen in das römische Collegio Clementino.

[650] Dazu das Urteil des Konsistorialadvokaten: Dalla Torre, Santità ed economia processuale 259 Anm. 53. Ebenso über Benedikt XIV.: Snider, Benedetto XIV. Maestro delle cause dei Santi 8f.: „proprio questo impegno di ricerca della verità storica come elemento indispensabile per lo studio e la trattazione delle cause". Vgl. auch: Zarri, Le sante vive 197–199. Zarri spricht von „eclatante mancanza di prove storiche del miracolo" (205).

[651] Selbst die Zeugniskraft der Dokumentation über das eucharistische Wunder wird vom renommierten Advokaten der Kongregation im Nachhinein angezweifelt: Dalla Torre, Santità ed economica processuale 259 Anm. 53. – Aufgrund des speziellen Prozeßverfahrens hatte es für Imelda keine Tugenddiskussion gegeben.

[652] Breve „Beatus Andreas" vom 22. Februar 1755: S.D.N. Benedicti Papae XIV. Bullarium IV 101–114.

[653] Diese Aussage bezog sich vor allem auf Kinder. Vgl. dazu auch: Dalla Torre, Santità ed economia processuale 237.

[654] Auch zum folgenden: ASRC, Decreta 1821–1826, fol. 175: Aufzeichnung über die Kultanerkennung.

dilatorisch behandelt wurde, da der Präfekt della Somaglia[655] weitere Bedenkzeit gefordert hatte. Die Sitzung vom 16. Dezember sprach sich schließlich für eine kultische Verehrung innerhalb des Dominikanerordens aus, die schließlich von Leo XII. am 20. Dezember approbiert wurde[656].

Wie dem auch sei, die Beatifikation der Imelda, so wie sie die Zeitgenossen verstanden, trug zur Bedeutungssteigerung von Papst, Familie und der Heimatstadt Bologna bei. Für die nachgeborenen Historiker scheint festzustehen, daß Lambertinis Bemühungen „den Eifer des Hauses, die Tugenden der eigenen *gens* bekanntzumachen"[657], zum Ausdruck brachten. Der gelehrte Landsmann Cesare Marescotti[658] pries in der Lebensbeschreibung des Kardinals Prospero Lambertini die Seligsprechung als eine Tat, durch die die gesamte Familie breiteste Publizität erlange[659]. „Überall verbreitete sich große Freude, daß Imelda, aus der Zahl der Lebenden herausgenommen, in den Himmel eingegangen sei"[660]. Durch die Beatifikation wurden die Lambertini zur „alten und adligen Sippe, aus der Imelda hervorging"[661], meinte Scarselli. Sie bedeute außerdem „ein ewigbestehendes Monument für die Ahne, für die Frömmigkeit und die Ehre des Hauses"[662], das in der Dominikanerin „eine der ältesten und ruhmreichsten Zierden der herausragenden Familie"[663] besitze. Von der „nobiltà di sangue"[664], die die päpstliche Sanktion bewirkt habe, profitierte vor allem auch die Stadt Bologna, die gleichsam zum Nährboden der Heiligkeit wurde. Familie und Heimat gehen hier gleichsam eine untrennbare Verschmelzung ein, um sich in gegenseitiger Wechselwirkung aus der Masse der Übrigen herauszuheben und dem Transzendenten näherzubringen. So wie ein weit zurückreichender Stammbaum die Nachfahren in ihrer politischen und gesellschaftlichen Stellung auszeichnen und legitimieren sollte, so gab es auch eine Genealogie der Heiligkeit, an der auch das regionale Umfeld partizipierte. War kein Heiliger greifbar, ersetzte die Nähe zu Beatifizierten und Kanonisierten diesen Mangel. Prospero Lambertini war trotz seiner rationalen Gelehrsamkeit ganz Kind seiner Zeit, das der irrationalen Versuchung, das eigene Blut zu veredeln und damit sein persönliches Ansehen und das der Heimat, nicht widerstehen konnte.

---

[655] Della Somaglia (1744–1830), 1774 Sekretär der Kongregation der Indulgenzen und Reliquien, 1784 Sekretär der Ritenkongregation, 1795 Kardinal, 1800–1830 Präfekt der Ritenkongregation, 1814 Bischof von Frascati, 1820 Kardinaldekan und Bischof von Ostia und Velletri, 1823–1828 Kardinalstaatssekretär; Emma Santovito, Art. Della Somaglia, Giulio Maria, in: EC IV 1382f.; Miscellanea in occasione del IV centenario della Congregazione per le Cause dei Santi 424.

[656] ASRC, Decreta 1821–1826, fol. 175: Aufzeichnung über die Kultanerkennung. – Die Verehrung der Imelda nahm um 1900 einen bedeutenden Aufschwung und überschritt erstmals die Grenzen Italiens: Zarri, Le sante vive 205–207.

[657] Zarri, Le sante vive 205: „sostanzialmente l'impegno della casata a far conoscere le virtù della propria ‚gens'".

[658] Marescotti (1671–1745), Studium der Medizin und Philosophie, nach 1697 Inhaber der Kathedra für Anatomie an der Universität Bologna, Leibarzt des Herzogs Cesare d'Este, Verfasser eines biographischen Werkes über Kardinal Prospero Lambertini: Fantuzzi, Notizie degli scrittori Bolognesi V 247f.

[659] BCAB, Ms. B 4383, fol. 10v.

[660] Ebd.: „Gaudium inde emanans grande fuit, ut Imelda ex viventium numero extracta Caelum invexerit".

[661] BCAB, Ms. B 2729, Widmung: „l'antica, e nobil Prosapia, da cui discese".

[662] Ebd.: „perpetuo monumento dell'avita, pietà, e della domestica gloria".

[663] Ebd.: „uno de' più antichi, e gloriosi ornamenti della chiarissima Vostra Famiglia".

[664] Ebd.

Clemens XIII. ging noch einen formalen Schritt weiter, als er seinen Verwandten und Vorgänger auf dem Bischofsstuhl von Padua, Kardinal Gregorio Barbarigo, nach einem regelrechten und ordentlichen Beatifikationsverfahren am 21. September 1761 feierlich seligsprach.

Als Ergebnis läßt sich festhalten, daß der Reiz, einen seligen oder heiligen Verwandten nachweisen zu können, einen nicht unerheblichen Faktor für den Ablauf des Prozeßverfahrens bildete. Da Familieninteresse faktisch diskontinuierlich war und erfahrungsgemäß stets am einzelnen Individuum hing, konnte es allein nicht den erforderlichen langen Atem für einen erfolgreichen Prozeßabschluß mitbringen; daher kamen Verwandtschaftscausen nur relativ selten zum Abschluß. Solche Prozesse dauerten gewöhnlich recht lange – es sei denn, der Papst selbst förderte sie. Zumindest kam der Actor einer solchen Causa nicht ohne eine direkte Verbindung zur Kurie aus. Ein Kardinal in der Familie machte es jedoch nicht alleine, man brauchte eine üppige finanzielle Grundlage. Im Zweifelsfalle mußte man sich an einen Orden hängen, der die Causa über einen langen Zeitraum hinweg voranbringen konnte.

Der Familienheilige wurde nicht nur als unmittelbarer Anwalt vor Gott in Not und Gefahr angerufen, da man zu ihm als Verwandten eine direkte Verbindung hatte und mit ihm auch weiterhin vertrauensvollen Umgang pflegen konnte; da das Blut zum Sitz der Heiligkeit wurde, hatte der Nachgeborene selbst Anteil an einer päpstlichen Kultsanktion, die ihn aus der Schar der Gläubigen heraushob und ihm eine besondere Stellung in der Kirche verschaffte. Selbst der so nüchtern agierende Benedikt XIV. konnte sich diesem Reiz nicht entziehen. Beatifikation und Kanonisation bewirkten für die ganze Familie größere Würde und höheres Ansehen als Adel und Talente, was sich gewiß nicht selten in der kirchlichen Karriereleiter niederschlug. Mit anderen Worten: Die Veredelung des Blutes mit päpstlicher Approbation verlieh der gesamten Familie eine Art Nimbus und machte sie selbst sakrosankt. Als Familienheiliger in reduzierter Form, der nicht mehr der christliche Held einer Sippe war, gewann der heiliggesprochene Landsmann mehr und mehr an Bedeutung. Die Prozeßverfahren Clemens' XIII. legen davon ein beredtes und kulminierendes Zeugnis ab[665]. Dieser abgewandelte Heiligentyp zeichnete wirksam eine bestimmte Gegend aus – gleichsam als Nährboden für die Nachgeborenen.

---

[665] Vgl. dazu ebd.

IV. Jesuitenheilige

Will man Selig- und Heiligsprechung als Indikator für den innerkirchlichen Einfluß eines straff organisierten Großordens – abgesehen von seiner Finanzkraft – deuten, dann führt dies vor allem für die Gesellschaft Jesu überzeugend zum Ziel. Wurde die Kanonisationspraxis der Kirche des 17. Jahrhunderts noch ganz von den Kandidaten der Gesellschaft Jesu dominiert[666], so läßt sich auch der ordensspezifische Niedergang in der zweiten Hälfte des 18. Jahrhunderts und sein kometenhafter Aufstieg seit den dreißiger Jahren des 19. Jahrhunderts, der im Pontifikat Pius' IX. kulminierte, an der Zahl der zur Ehre der Altäre Erhobenen ablesen. Die allseits bekannten innerkirchlichen, ordensspezifischen und politisch-gesellschaftlichen Faktoren, die mit ihrem jeweiligen Einflußpotential den Gang dieser Entwicklung herbeigeführt haben, brauchen hier im einzelnen nicht erörtert zu werden. Die folgenden Eckdaten geben eine knappe Orientierung.

Die im Anschluß an das Tridentinum von den Bischöfen zur Intensivierung der Seelsorge und zur Reform des Ordenslebens gerufenen Jesuiten stießen nicht selten auf die Animositäten des Weltklerus und die der anderen Ordensgemeinschaften. Außerdem wurde die häufig anzutreffende Institution der Fürstenbeichtväter von Weltlichen und Geistlichen gleicherweise angegriffen, ebenso wie verschiedene ordensimmanente Mißstände. Zu diesen Spannungen, die nicht nur die lokalkirchliche Atmosphäre vergifteten, sondern immer wieder auch den Papst und die Bischöfe direkt involvierten, kamen akademische Dispute über Fragen aus der Moral- und Gnadenlehre, die sich in den Auseinandersetzungen um das Verhältnis von Kirche und Staat fortsetzten, wie etwa im Kampf gegen den Gallikanismus und Jansenismus[667]. Vor allem jansenistische Zirkel in Rom inszenierten unter Benedikt XIV. eine „positive Rebellion" gegen den moralischen und intellektuellen Primat der Stadt sowie insbesondere gegen den politischen und wirtschaftlichen Einfluß der Gesellschaft Jesu[668]. Die sich bereits in jenen Jahren abzeichnende Radikalisierung der antijesuitischen Front wurde durch die simple Methode der Diffamierung unterstützt, die in vordergründiger Weise heterodoxieverdächtigte Lehrmeinungen attackierte[669].

Die Beschlagnahmung des Ordensgutes und die Ausweisung der Mitglieder begann 1759 in Portugal; es folgten Frankreich 1762/64, Spanien 1767 und kurz darauf weitere bourbonische Höfe in Italien, bis schließlich 1773 der Gesamtorden durch den Papst aufgehoben wurde. Nur in Rußland und zunächst auch in Preußen wurde diese päpstliche Verfügung nicht durchgeführt, weil man auf den Schulbetrieb der Jesuiten

---

666 Po-chia Hsia, Gegenreformation 165, 185f.
667 Auch zum folgenden: Becher, Die Jesuiten 286–317; Fois, Art. Compagnia di Gesù, II. Storia 1275–1277; Arens, Die Entwicklung der Gesellschaft Jesu bis zu ihrer Aufhebung im Jahre 1773 und nach ihrer Wiederherstellung im Jahre 1814 33–37; Chadwick, The popes and european revolution 346–359.
668 Belvederi, Il Giansenismo 389; Dammig, Il movimento giansenista a Roma nella seconda metà del secolo XVIII 242f., 375–377.
669 Belvederi, Il Giansenismo 386.

nicht verzichten wollte[670]. Erst 1801 bestätigte Pius VII. formell die Gesellschaft Jesu; sie brauchte dann aber noch etliche Jahre, bis sie in den verschiedenen Ländern im Anschluß an die napoleonischen Wirren allmählich wieder Tritt fassen konnte.

Es kann daher kein Zufall sein, daß zwischen 1740 und 1806 kein einziger Jesuit beatifiziert oder kanonisiert wurde, daß aber der Orden zwischen 1825 und 1870 sieben eigene Selig- und vier Heiligsprechungen durchbrachte, zuzüglich Maria Anna de Gesù de Paredes y Flores und Marguérite-Marie Alacoque, die zum inneren Kreis der „Jesuitenheiligen" zählen, sowie Jan Sarkander und Josaphat Kuncewycz, an deren Kultsanktion die Gesellschaft Jesu nachweislich großes Interesse hatte.

1. Benedikt XIV. und die Gesellschaft Jesu

1.a. Sein differenziertes Verhältnis zu den Jesuiten

Der Niedergang des Ordens zeichnete sich bereits deutlich im Pontifikat Benedikts XIV. ab[671]. Der Papst, der am Ordenswesen sehr interessiert war und den Grabenkämpfen der einzelnen Institutionen die Einheit der Kirche entgegenhielt[672], erwies der Gesellschaft Jesu trotz eines generellen Wohlwollens[673] keine große Förderung[674]. Obgleich sein Verhältnis zum Jesuitenorden bis auf den heutigen Tag hartnäckig diskutiert wird, blieb bisher eine notwendige Differenzierung aus[675]. Schon ein erster Blick in die Quellen verrät, daß sich die Summe seiner Äußerungen nicht in ein einheitliches Schema pressen läßt. Ganz offensichtlich schätzte Benedikt XIV. einzelne und vor allem gelehrte Mitglieder der Gesellschaft Jesu. 1742 zog sich der Papst für zehn Tage in die römische Kirche S. Ignazio zurück, um an Exerzitien teilzunehmen[676]. Bereits Pastor weist mit Recht darauf hin, daß Lambertini einzelne Wissenschaftler des Ordens für seine literarische Arbeit, beispielsweise für sein Werk über

---

[670] Zu den Jesuiten in Preußen zusammenfassend: Samerski, Jesuiten in Preußen. Toleranzprobleme.
[671] Becher, Die Jesuiten 286–291; Fois, Art. Compagnia di Gesù 1275f.; Schwaiger V 453.
[672] Zu seiner als Nachgiebigkeit charakterisierten Haltung, die tatsächlich nur nach dem Ausgleich der Interessen suchte: Dammig, Il movimento giansenista a Roma nella seconda metà del secolo XVIII 376f.
[673] Pastor bemüht sich, zahlreiche Gunstbeweise und die Mitarbeiter des Papstes aus der Gesellschaft Jesu aufzulisten: Pastor XVI/1 218–220. Schwaiger nimmt eine viel vorsichtigere Position ein: Persönlich sei der Papst dem Jesuitenorden nicht abgeneigt gewesen. „Andererseits war freilich Benedikt XIV. nicht gerade ein Freund des Ordens": Schwaiger V 453. Inkonstante Haltung Benedikts gegenüber den Jesuiten, die er vom Einzelfall abhängig gemacht habe: Belvederi, Il Giansenismo 399 Anm. 65.
[674] Dazu schon: Koch, Jesuiten-Lexikon 188: „Mit der GJ war er weder durch den Bildungsgang seiner Jugend noch durch freundschaftliche Beziehungen verbunden". Der Papst neige zu verächtlichen Äußerungen gegen die Jesuiten und sei mit leidenschaftlichen Gegnern des Ordens befreundet gewesen. Ähnlich: Raab, Das Jahrhundert der Aufklärung 149.
[675] Autoren, die Benedikt Jesuitophilie attestieren, basieren fast ausschließlich auf Pastors Papstgeschichte, so beispielsweise: Bertone, Il governo della chiesa nel pensiero di Bendetto XIV (1740–1758) 29f. Auf ein grundsätzlich kritisches Verhältnis zum Orden weist erstmals hin: Fanti, Prospero Lambertini, arcivescovo di Bologna (1731–1740) 196–210. Beide Extrempositionen treffen nicht den Kern. Eine Differenzierung der Jesuitenproblematik bei Benedikt XIV. hat bisher im wesentlichen noch nicht eingesetzt.
[676] BCAB, Ms. B 3704, *Diario* von 1742, ohne Folierung.

die Selig- und Heiligsprechung, heranzog[677] – aber nicht mit Ausschließlichkeit. Die Korrektur und Überarbeitung seines Standardwerkes überließ er bevorzugt dem Dominikanerorden[678], mit dem seine Familie seit alters her verbunden war[679]. Als Erzbischof von Bologna nahm er den Rektor des Jesuitenkollegs aufgrund persönlicher Qualifikation als Haustheologen in seinen Dienst[680], äußerte sich aber gerade in jener Zeit sehr kritisch über die Gesellschaft Jesu, was vor allem auf pastorale Ursachen zurückzuführen war. Ihn störte besonders der Eigensinn zahlreicher Ordensmitglieder, ihre Dominanz in Bologna sowie die verschiedentlich vorgetragene Zwei-Klassen-Seelsorge. Dazu einige Beispiele: Die breit angelegte Volksmission der Stadt von 1733 vertraute Lambertini nicht den Jesuiten an, welche faktisch das urbane religiöse Leben beherrschten[681], sondern berief von außerhalb Lazaristen für diese wichtige pastorale Aufgabe[682]. Als tiefer liegendes Motiv läßt sich seine Abneigung gegen die Theatralik und die extreme Bußfertigkeit jesuitischer Missionen erkennen[683].

Heftigen Unwillen rief auch die Weigerung der Jesuiten hervor, sich in der Krankenhausseelsorge zu engagieren: Bei einer Visitation der städtischen Hospitäler vermißte der Kardinal eine spirituelle Betreuung der Kranken[684]. Die fehlenden Priester gedachte er vor allem aus den Ordenshäusern heranzuziehen, wobei der neue und junge Rektor des Jesuitenkollegs seine Mitarbeit verweigerte, da er angeblich zuwenig Kräfte zur Verfügung habe und außerdem keinen ordensinternen Auftrag[685]. Kurzerhand erbat der Erzbischof vom Papst besondere Fakultäten, um die renitenten Or-

---

[677] Pastor XVI/1 218–220. Interessanterweise nahmen aber die Zeugnisse der Jesuiten, die im Auftrag des Papstes von seinem Vertrauten Scarselli für die Seligsprechung der Imelda Lambertini zusammengestellt wurden, nur viertklassige Bedeutung ein, während die Dokumente der Dominikaner, Augustiner etc. immerhin in Klasse 3 eingeordnet wurden: BCAB, Ms. B 2729, Einleitung zur Materialsammlung.

[678] BUB, Ms. 1071, vol. 27 Nr. 32: Antonio Bremond OP an Lambertini, 28. März 1733 (Brief Nr. 14): Der Dominikaner aus Rom schickte die erwünschte Liste mit Korrigenda zu Lambertinis Werk, eine weitere am 30. September 1733 (ebd., Brief Nr. 15). Ebenso konsultierte der Erzbischof von Bologna bevorzugt Dominikaner zu theologischen Fragen: ebd., Gotti an Lambertini, 7. Januar 1733 (Brief Nr. 10): „è Gloria de' Dominicani, che V.E. si degni consultarli nelle materie teologiche". – Auch beim „Beatifikationsverfahren" der Imelda Lambertini spannte der Papst bevorzugt Dominikaner ein: BUB, Ms. 1071, vol. 27 Nr. 31: *Positio* der Imelda. – Zur Bevorzugung von Dominikanertheologen: Fanti, Prospero Lambertini arcivescovo a Bologna (1731–1740) 208.

[679] Die Familienkapelle der Lambertini befand sich nicht ohne Grund unweit des Grabes des hl. Dominikus, in der Kirche S. Domenico in Bologna (Capella di S. Andrea). Die von der Familie besonders verehrte Verwandte Imelda war Dominikanerin; mit dem Ordensgeneral Ripoll verband Prospero Lambertini eine jahrzehntelange intensive Freundschaft. Bereits Dammig weist darauf hin, daß Benedikt seine theologische Ausbildung den Dominikanern verdankte: Dammig, Il movimento giansenista a Roma nella seconda metà del secolo XVIII 376.

[680] BUB, Ms. 1071, vol. 25 Nr. 7, Memoriale Lambertinis vom 2. Januar 1737. Er berichtete hier, daß Pater Battaghini, den er persönlich sehr schätzte, bis zu seinem kürzlich eingetretenen Tod sein Theologe war.

[681] BUB, Ms. 1071, vol. 25 Nr. 7: Memoriale Lambertinis vom 2. Januar 1737: In Bologna wirkten 150 Jesuiten.

[682] Die Volksmission wurde vom 12. April bis zum 1. Mai 1733 durchgeführt: Fanti, Prospero Lambertini, arcivescovo di Bologna (1731–1740) 196.

[683] Ebd. 196f.

[684] BUB, Ms. 1071, vol. 25 Nr. 7: Supplik Lambertinis an Clemens XII., ohne Datum. Die Visitation muß im Jahre 1735/36 stattgefunden haben.

[685] BUB, Ms. 1071, vol. 25 Nr. 7: Memoriale Lambertinis, 2. Januar 1737.

densleute zur Mitarbeit zu zwingen. Dabei machte er vor allem darauf aufmerksam, daß eine Zwei-Klassen-Seelsorge nicht nur für die Gläubigen unverträglich sei, sondern außerdem böses Blut unter den verschiedenen Orden stifte[686].

Ärger gab es auch bei der Pfarrbesetzung in seiner Heimatstadt. Lambertinis Landsmann Giovanni Giacomo Amadei[687] berichtete aus unmittelbarer Anschauung, „daß die Jesuiten immer das Ziel gehabt haben, den Klerus zu dominieren"[688], so daß der Erzbischof ihnen schließlich die Möglichkeit nahm, unmittelbare Pfarrfunktionen auszuüben. Als es 1734 um die Besetzung der Stadtpfarrei S. Maria Maggiore ging, vermerkte der Chronist: „Der Herr Kardinal Lambertini, unser Erzbischof, beabsichtigt die Jesuitenpatres auszuschalten und protegiert Dr. Giuseppe Pozzi für die Pfarrei Maria Maggiore"[689]. Noch 1742 erinnerte sich Amadei, daß Lambertini die Residenzverpflichtung der Pfarrer eingeschärft und die Absicht der Jesuiten verurteilt habe, „die Amtsgewalt der Pfarrer zu zerstören, da jene sich bei jeder Gelegenheit als Seelsorger und Führer der ganzen Welt aufschwingen"[690].

Die Haltung Kardinal Lambertinis schien aber noch grundsätzlicher zu sein: Der von ihm besonders geförderte pastorale Einsatz von Dominikanern und Oratorianern – traditionelle Gegner jesuitischer Spiritualität – ist nicht minder signifikant als die Volksmissions- oder Pfarrherrenfrage[691]. Obgleich er schon als Erzbischof bevorzugt vertrauten Umgang mit Gelehrten der Gesellschaft Jesu pflegte, schien dies nicht etwas Prinzipielles auszumerzen. Ein Bologneser Kanonikus berichtete über diese Paradoxie Lambertinis: „In jeder Beziehung zeigte er größten Haß gegen die Jesuiten, und bei aller Ruchlosigkeit, die er ihnen attestierte, ging er jeden Tag bei ihnen ein und aus"[692]. Den nach seiner Papstwahl vakanten Erzbischofsstuhl von Bologna vertraute Benedikt XIV. schließlich Vincenzo Malvezzi[693] an, einem notorischen Jesuitengegner und Philojansenist[694].

---

[686] BUB, Ms. 1071, vol. 25 Nr. 7: Supplik Lambertinis: „poter in caso di renitenza costringere anche gli altri Regolari e nominatamente i PP. della Compagnia di Gesù". Der Ausgang des Vorgangs ist unbekannt.

[687] Amadei († 1768) wurde 1727 Kanonikus der Kollegiatkirche Maria Maggiore in Bologna, war bekannt wegen seiner umfassenden Gelehrtheit, vor allem auch auf naturwissenschaftlichem Gebiet: Fantuzzi, Notizie degli scrittore Bolognesi I 197f.

[688] BCAB, Ms. B 517, fol. 234r: „che li Giesuiti anno sempre avuto la mira di dominare il clero".

[689] BCAB, Ms. B 517, fol. 49r: „Sig. Card. Lambertini nostro Arcivescovo ricordandosi di straparsi fuori alli sud. Padri, e desiderando di promuovere il Sig. Dr. Giuseppe Pozzi della Parocchia di S. Maria Maggiore".

[690] BCAB, Ms. B 517, fol. 245r: „a distruggere l'officio de' Parocchi avendo etsi sempre proposto di essere li curati et li direttori di tutto il mondo". – Schwierigkeiten traten besonders bei der Beichtpraxis auf, wo es vor allem zur Konkurrenz mit den Pfarrern kam.

[691] Fanti, Prospero Lambertini, arcivescovo di Bologna (1731–1740) 208.

[692] „In tutte le congiunture mostra un odio sommo contro li Gesuiti, e con tutte le empietà che dice di loro gli va in casa tutto il giorno": Giovanni Giacomo Amadei ist hier zitiert nach: ebd. 209. – Die Erinnerungen des Amadei, Kanoniker von S. Maria Maggiore in Bologna, wurden zwischen 1732 und 1743 aufgezeichnet: ebd. 167 Anm. 5.

[693] Malvezzi wurde am 14. Januar 1754 Nachfolger Lambertinis: HC VI 126. Benedikt XIV. behielt nach seiner Papstwahl für 14 Jahre die Erzdiözese Bologna inne, um aus den Erträgen der erzbischöflichen Mensa die Arbeiten an der Metropolitankirche zu vollenden: Fanti, Prospero Lambertini, arcivescovo a Bologna (1731–1740) 211.

[694] Ebd. 209 Anm. 139.

Als Papst hatte Lambertini freilich größere Unparteilichkeit an den Tag zu legen. Aber auch in dieser Lebensphase lassen sich im Umgang mit Ordensfragen Präferenzen erkennen: Bei der Wahl von neuen Generaloberen für die Franziskanerobservanten und -konventualen sowie für die Dominikaner führte er persönlich den Vorsitz[695]. Mit dem hochbetagten Dominikanergeneral Ripoll verband ihn eine tiefe langjährige Freundschaft. Die Kapuziner lobte er als einziges Beispiel evangelischer Vollkommenheit, das noch übrig geblieben sei.[696] Vor allem in der Anfangszeit seines Pontifikates schien er den sich häufenden Anklagen gegen die Gesellschaft Jesu, die sich vor allem auf den Ungehorsam gegenüber päpstlichen Verfügungen in den Missionsländern bezogen, nicht entgegengetreten zu sein[697]. Im Gegenteil! Mehrfach begegnet sein Ausspruch, die Jesuiten ständen außerhalb der Orthodoxie und des Gehorsams[698]. 1742 schrieb er an einen befreundeten Senator aus Bologna, daß er für die Chinamission keine „Händler haben wolle, also Kapuziner und keine Jesuiten"[699]. Drei Jahre später berichtete der Papst seinem Vertrauten, Kardinal Tencin: „Die Gesellschaft Jesu im ganzen ist eine respektable und angesehene Gesellschaft, nützlich für die Religion und für den Hl. Stuhl; aber es gibt auch dort schwarze Schafe, die nicht von der schuldigen Unterwerfung unter die apostolischen Dekrete durchdrungen sind"[700].

1.b. Papst und Ritenkongregation

Obgleich in den Jahren 1745 bis 1747 insgesamt elf Kandidaten der Gesellschaft Jesu an der Ritenkongregation verhandelt wurden,[701] brachte dieses Dikasterium keine entsprechende Causa tatsächlich voran[702]. Man erhält sogar den Eindruck, daß der Sand im Prozeßgetriebe zum geringeren Teil auf das Konto ordensimmanenter Schwierigkeiten ging, sondern vor allem „hausgemacht" war. Besonders die zahlreich in der Kongregation vertretenen Ordensleute nahmen eine nun stärker werdende Frontstellung gegen den Jesuitenorden ein – traditionell allen voran Dominikaner,

---

[695] Pastor XVI/1 216f.; Lombardi, Benedetto XIV e gli ordini religiosi 560–570.
[696] Pastor XVI/1 217.
[697] Ebd. 217 u. 315. Dazu auch: Auszug aus der Bulle über die chinesischen Riten vom 9. August 1742: BCAB, Ms. B 3704, fol. 89v. – In späteren Jahren, als auch der Kampf an Schärfe zunahm, modifizierte der Papst seine Haltung gegenüber den Jesuiten.
[698] BCAB, Ms. B 517, fol. 245v: „che li Giesuiti posero già fuori la dottrina". – Pastor schöpft aus Breven und Bullen, um das Gegenteil zu erweisen: Pastor XVI/1 218f. Dammig attestiert Benedikt XIV. generell eine eher tolerante Haltung gegenüber den römischen Jansenisten. Damit habe der Papst dieser Richtung die Möglichkeit eröffnet, in den folgenden Pontifikaten dominant zu werden: Dammig, Il movimento giansenista a Roma nella seconda metà del secolo XVIII 60, 388.
[699] BCAB, Ms. B 3704, fol. 80r: Benedikt XIV. an den Senator Paolo Magnani, 10. November 1742: „… non mercanti; che vuole dire Cappuccini, e non Gesuiti".
[700] Benedikt an Tencin, 14. April 1745: Morelli I 241: „il corpo della Compagnia di Gesù è un corpo rispettabile, autorevole, utile alla Religione ed alla Santa Sede; ma non essendovi veruno che possa far la sicurtà che tutti i membri di così vasto corpo siano dotati di prudenza, e penetrati della dovuta sottomissione ai decreti a tenore del loro instituto".
[701] ASRC, Decreta 1745–1747.
[702] Pastor bemüht sich, die besondere Gunst des Papstes für den Jesuitenorden herauszustreichen, indem er verschiedene päpstliche Erlasse zugunsten ihrer Kandidaten zur Sprache bringt (Pastor XVI/1 226f.). Tatsächlich förderte Benedikt keine einzige Jesuitencausa durchgreifend und zum Ziele führend.

Augustiner und die Franziskanerfamilie[703]. Was den Papst selbst anging, so erfährt man aus den Briefen an Tencin, daß sich Benedikt XIV. nur für zwei Jesuitencausen interessierte – und das mit recht mäßiger Intensität[704]. Auch der umstrittene Tugendgrad[705] des bedeutenden Jesuitengelehrten Roberto Bellarmino[706] fand im lambertinischen Pontifikat keine Approbation. Zwar gestattete der Papst, die *Generalis*, die bereits 1677 wenig zufriedenstellend verlaufen war, am 5. Mai 1753 zu wiederholen und erzielte damit sogar ein positives Votum[707], doch fand sich Benedikt XIV. nicht bereit, das entsprechende Dekret zu promulgieren[708]. Die heftig geführte Diskussion um die Tugenden des Kardinals aus der Gesellschaft Jesu zeichneten dafür ebenso verantwortlich wie die gallikanische und jansenistische Opposition[709], der der Pontifex nicht begegnete. Die „Verteidiger der gallikanischen Freiheiten in Frankreich sahen in Bellarmin ihren Todfeind"[710]. Die Phalanx gegen die Causa des Jesuitengelehrten, die sich auch innerhalb der Ritenkongregation formiert hatte, war inhaltlich bei weitem überzogen und weniger personenspezifisch als institutionsorientiert[711]. Obgleich Benedikts dilatorische Haltung Ende 1754 hinlänglich bekannt war, protestierte der französische Botschafter in Rom weiterhin gegen die Causa Bellarmin[712] und äußerte öffentlich, eine Seligsprechung würde in Frankreich niemals anerkannt werden[713]. Der aufklärerische Kurienkardinal Domenico Passionei[714] bewirkte sogar, daß die 1726

---

[703] Belvederi, Il Giansenismo 386; Dammig, Il movimento giansenista a Roma nella seconda metà del secolo XVIII 149 u. 242–254; Weber I 334. Vgl. auch Pastor XVI/1 270; Delumeau, Le catholicisme entre Luther et Voltaire 261.

[704] Morelli I 241 (de Brito); ebd. III 187 (Bobola).

[705] Vielfach wurde Bellarmin vorgeworfen – selbst in Gutachten der Kongregation –, er verachte den Ehrgeiz und den irdischen Glanz nicht (er war Purpurträger und Erzbischof), obgleich er als Jesuit ein entsprechendes Gelübde abgelegt hatte: C[arl] A. Kneller, Um Bellarmin, in: Zeitschrift für katholische Theologie 47 (1923) 141–154, vor allem: 149. – Ferner bot die Autobiographie des Kardinals Angriffspunkte ebenso wie die Vergabe von Pensionen an Verwandte; dazu: Tacchi Venturi, Il beato Roberto Bellarmino 59–123.

[706] Bellarmino (1542–1621), 1560 Eintritt in die Gesellschaft Jesu ein, 1570 Priester, 1599 Kardinal, 1602 Erzbischof von Capua, 1923 Seligsprechung, 1930 Heiligsprechung und Kirchenlehrer: Ignacio Iparraguirre, Art. Roberto Bellarmino, in: BS XI 248–259; James Brodrick, Robert Bellarmin, Saint and Scolar, London 1961; Gustavo Galeota (Hg.), Roberto Bellarmino Arcivescovo di Capua, Capua 1990.

[707] Hierzu: Tacchi Venturi, Il beato Roberto Bellarmino 103.

[708] Iparraguirre, Art. Roberto Bellarmino 256. – Pastor streicht in übertriebener Weise das Wohlwollen Benedikts gegenüber der Causa Bellarmin heraus: Pastor XVI/1 227f.; ähnlich: Tacchi Venturi, Il beato Roberto Bellarmino 103, 114f. Offensichtlich war es vor allem Kardinal Passionei, der sich bei der Diskussion um den Tugendgrad schließlich mit seiner Kritik durchsetzte. Auf die ungünstige Haltung Benedikts XIV. gegenüber der Causa Bellarmin weist bereits hin: Dudon, Pourquoi la cause de Bellarmin 149f., 154–160.

[709] Iparraguirre, Art. Roberto Bellarmino, 256; Pastor XVI/1 228. Jansenistische Störfeuer: Dammig, Il movimento giansenista a Roma nella seconda metà del secolo XVIII 277.

[710] Pastor XVI/1 228.

[711] Benedikt XV. urteilte 1920, daß die positiven Beweise für den heroischen Tugendgrad in den Gutachten unterbewertet und angebliche Fehler ausgebreitet und hochgespielt worden seien: Kneller, Um Bellarmin 149.

[712] Benedikt XIV. an Tencin, 27. November 1754: Morelli III 187.

[713] Pastor XVI/1 228; Dudon, Pourquoi la cause de Bellarmin 158.

[714] Passionei (1682–1761), 1721 Nuntius in der Schweiz, 1730 Nuntius in Wien, 1738 Kardinal und Brevensekretär, regte geheime Sympathien für die Jansenisten, las Montesquieu und Voltaire: Benvenuto Matteucci, Art. Passionei, in: EC IX 922–924. Zu seinen antijesuitischen Tiraden: Pastor XVI/1 271–274.

eröffnete Causa des Jesuitengegners Juan Palafox[715] ab 1741 bedeutende Fortschritte machte[716]. Der Kardinal war bekannt für seine antijesuitischen Zirkel, die in seiner römischen Villa stattfanden; jansenistische Abendveranstaltungen wurden außerdem in der Chiesa Nuova, in der Lungara und im Archetto abgehalten[717]. Auch der Papst selbst setzte sich dem wiederholten Vorwurf aus, er sei antijesuitisch eingestellt und zeige dem Jansenismus und der französischen Aufklärung zu großes Entgegenkommen, beispielsweise als er Werke und Widmung Voltaires entgegennahm und verteidigte[718].

Offensichtlich als Ausgleich griff der Papst auf eine andere Jesuitencausa zurück, die dem Orden einen gewissen Ersatz hätte bieten können – schon deshalb, weil die Approbation des Martyriums allgemein als kompliziert galt: die Causa des von den Kosaken im 17. Jahrhundert ermordeten Polen Andrzej Bobola[719]. Kurz nachdem Prospero Lambertini den Stuhl Petri bestiegen hatte, verwandte sich der Jesuitenorden dafür, die Untersuchung von Bobolas Martyrium abkürzend wiederaufzunehmen[720]. Anfangs geschah jedoch nichts Konstruktives. Erst 1748 wurden acht Wunder in die *Praeparatoria* eingebracht, wobei das Martyrium kaum auf Widerstände stieß und zwei Wunder breite Anerkennung fanden[721]. Das Blatt wendete sich auf der *Generalis* eineinhalb Jahre später: Die meisten Kardinäle stimmten gegen das Martyrium des Jesuiten[722], so daß der Papst weiteren Diskussionsbedarf über diesen Tatbestand anmeldete[723] und den Fortgang der Causa stoppte. Die Wiederholung der *Generalis*[724], um die man sich Ende November 1754 bemühte, muß als Zugeständnis an den Jesuitenorden und als Ersatz für Bellarmin verstanden werden. Benedikt selbst sprach gegenüber Tencin von „einem stillen Ausschluß der Causa Bellarmin durch Bobola"[725]. Zwei Monate später gab der Papst das Dekret über das Martyrium heraus, forderte aber die Anerkennung von vier Wundern für eine Seligsprechung[726]. Durch diese päpstliche Blockade ruhte der Prozeß im wesentlichen bis ins 19. Jahrhundert[727]. Das

---

[715] Palafox y Mendoza (1601–1659), Bischof von Puebla dann von Osma, geriet mit dem Jesuitenorden wegen Missionsfragen aneinander. Nachdem die Jesuiten zahlreiche Publikationen gegen ihn verfaßt hatten, strengte er in Rom etliche Prozesse an, die jedoch in Rom beigelegt wurden: Justo Fernández Alonso, Art. Palafox y Mendoza, in: BS X 45f.

[716] Pastor XVI/1 228f. Zum Palafox-Prozeß: Dammig, Il movimento giansenista a Roma nella seconda metà del secolo XVIII 281–186.

[717] Dazu: Belvederi, Il Giansenismo 389; Dammig, Il movimento giansenista a Roma nella seconda metà del secolo XVIII 51–63.

[718] Belvederi, Il Giansenismo 417. Der Papst hatte einen persönlichen Widmungsvers Voltaires akzeptiert und stand mit diesem im Briefverkehr: Pastor XVI/1 145–147.

[719] Zu Bobola vgl. die Angaben im Kapitel „Das wiederentdeckte Martyrium".

[720] ASRC, Decreta 1738–1741, fol. 267: Bittschrift des Postulators, November 1740.

[721] ASRC, Decreta 1748–1750, fol. 3: CP über Martyrium und Wunder, 30. Januar 1748.

[722] ASRC, Decreta 1748–1750, fol. 118: CG über Martyrium und Wunder, 13. Mai 1749.

[723] ASRC, Decreta 1748–1750, fol. 120: Dekret vom 22. Mai 1749.

[724] ASRC, Decreta 1754–1757, fol. 74: wiederholte CG über das Martyrium, 26. November 1754.

[725] Benedikt an Tencin, 27. November 1754: Morelli III 187: „Bobola porta seco una tacita esclusione della risoluzione in quella [causa] del card. Bellarmin".

[726] ASRC, Decreta 1754–1757, fol. 104: Dekret über das Martyrium Bobolas, 9. Februar 1755. Der Papst forderte vier Wunder, weil das Martyrium durch indirekte Beweise approbiert wurde.

[727] Im Juli 1757 wurden Wunderuntersuchungen in den polnischen Diözesen Luck und Pinsk in Auftrag gegeben; weiter geschah aber nichts: ASRC, Decreta 1757–1760, fol. 35: *Litterae remissoriales* vom 27. Juli 1757.

Jahr 1822, das zum Stichjahr für die Wiederaufnahme zahlreicher Jesuitencausen wurde, markierte auch für Andrzej Bobola den Neubeginn des Prozeßverfahrens.

João de Brito erging es nicht anders; sein Beatifikationsprozeß endete vorläufig, ehe er überhaupt richtig begonnen hatte. Der 1647 in Lissabon Geborene wirkte seit 1673 mit Unterbrechungen in Südostindien, erreichte die Bekehrung und Taufe einiger indischer Prinzen und erlitt in Oriur den Märtyrertod[728]. Gegen die *Signatio Commissionis* erhob der damalige Promotor Lambertini 1725 Einwände, konnte sich damit aber nicht durchsetzen[729]. Anfang Juli 1738 wurde bereits die *Antepraeparatoria* über das Martyrium abgehalten, das aber bald darauf mit neuen Zweifeln konfrontiert wurde, so daß sich im April 1741 ein *Congregatio Ordinaria* mit dieser Frage beschäftigen mußte. Der mittlerweile zum Papst avancierte Lambertini gab der Causa im Juli grünes Licht, konnte aber weitere *Animadversiones* aus der Kongregation, die sich auf das Martyrium bezogen, nicht ausräumen[730]. Zur *Praeparatoria* kam es nicht mehr, obgleich man 1744 bereits eine *Positio* erstellt hatte[731]. An Wundern, die gleichzeitig diskutiert wurden, scheiterte es nicht: Ganze 16 lagen der Postulatur vor; diese übergab der Ritenkongregation aber nur vier, die dort ebenfalls harscher Kritik unterzogen wurden[732].

Ähnlich versandeten bis zum Pontifikat Clemens' XIII. die beiden Prozesse des Petrus Canisius und des Pedro Claver. Der Katalane Claver[733], der 1604 die ersten Ordensgelübde in Tarragona abgelegt hatte, nahm 1605 das Philosophiestudium in Palma de Mallorca auf, wo ihm Alonso Rodríguez SJ den Weg zur Negermission wies. 1610 wurde er auf eigenen Wunsch nach Santa Fé di Bogotá entsandt, um dort als Laienbruder zu wirken. Sein Haupttätigkeitsfeld fand er jedoch in Cartagena, wo er 1616 die Priesterweihe erhielt und sich dann bis zu seinem Tode 1654 den Negersklaven zuwandte. Sein Protest gegen den Sklavenhandel fand nicht in spektakulären Aktionen Ausdruck, sondern er versuchte, das unmenschliche Los der Neger durch Almosen und die Mittel der Seelsorge zu lindern. Berühmt geworden sind vor allem seine Taufen an allen neuankommenden Sklaven, insgesamt an etwa 300 000.

---

[728] João de Brito (1647–1693), zunächst zum Hofpagen bestimmt, 1662 Eintritt in den Jesuitenorden in Lissabon, seit 1673 mit kurzer Unterbrechung als Missionar in Indien, 1687–1690 Aufenthalt in Portugal, wo ihn König Pedro II. als Kronprinzenerzieher gewinnen wollte, bekehrte in Indien einen Prinzen und seinen Onkel, wurde am 4. Februar 1693 in der Provinzstadt Oriur enthauptet: Heinrich Döring, Vom Edelknaben zum Märtyrer, Freiburg 1920; Manuel Trullás, San Juan de Britto, Barcelona 1950; Ferdinand Baumann, Art. Giovanni de Britto, in: BS VI 989–993; A.M. Nevett, John de Britto and his times, Anand/Indien 1980.

[729] Archivio della Postulazione SJ, Akte 732 (Giovanni de Britto), *Prima positio super martyrio et miraculis*, Rom 1851: *Animadversiones* Lambertinis und *Signatio* vom 23. März 1725 (S. 201–205).

[730] Archivio della Postulazione SJ, Akte 730 (Giovanni de Britto), *Secunda Positio* 1744, Fasz. A, S. 1: Die *Congregatio Ordinaria* tagte am 22. April 1741; Benedikt XIV. entschied am 2. Juli, daß keine Einwände bestünden. Im Anschluß erhoben sich weitere Bedenken gegen das Martyrium.

[731] Archivio della Postulazione SJ, Akte 731 (Giovanni de Britto), *Secunda Positio* von 1744, Fasz. F.

[732] Archivio della Postulazione SJ, Akte 730 (Giovanni de Britto), *Secunda Positio*, 1744, Fasz. C.

[733] Zur Vita Clavers: Max Schenk, Der Apostel einer großen Stadt, Regensburg 1954; Angel Valtierra, El santo que libertó una raza, San Pedro Claver, S.J., esclavo de los esclavos negros, Bogotá 1954; André Rayez, Art. Pietro Claver, in: BS X 818–821; Enrique Dussel, Petrus Claver, in: Manns, Die Heiligen in ihrer Zeit II 318–320.

Die Verehrung als Apostel der Neger und erste Informativprozesse setzten unmittelbar nach seinem Tod ein. Auf die ungeheuren Schwierigkeiten bei der Materialbeschaffung aus Übersee braucht an dieser Stelle nicht eingegangen zu werden. Immerhin konnte Anfang 1742 die *Antepraeparatoria* über die Tugenden abgehalten werden, die allgemein ein sehr positives Urteil hervorbrachte; allerdings fehlten alle Prälaten bis auf sieben[734]. Die *Praeparatoria* Ende Juli 1744 zeigte ein noch günstigeres Bild: Zwar blieben wieder einige Konsultoren der Sitzung fern, doch war das Abstimmungsergebnis einhellig positiv[735], so daß die *Generalis*, für die man immerhin erst drei Jahre später einen Termin fand, eigentlich nur noch eine Formsache war[736]. Für das Tugenddekret brauchte man dann nochmals einen ganzen Monat[737]. Weiter fanden keine Hauptsitzungen der Ritenkongregation zu Claver statt, vielmehr verschleppte man die nun einsetzende Bearbeitung der Wunderprozesse. Ende 1749 war eine päpstliche Dispens nötig, um einen Prozeß aus Übersee zu öffnen[738]; 1757 wurde dann die Untersuchung neuer Wunder in Cartagena angeordnet[739], deren Ergebnis allerdings erst 1766 in Rom eintraf. Die entsprechenden Prozeßakten, die Ende September geöffnet wurden[740], konnten erst ein Vierteljahr später inhaltlich geprüft werden, da fehlende Unterschriften und Datumsangaben Beanstandungen der Ritenkongregation hervorriefen[741]. Nach Schriftvergleichen mit anderen Briefen des Bischofs von Cartagena erteilte schließlich der Jesuitenfreund[742] Clemens XIII. die notwendige Dispens. Damit nicht genug! Der Promotor erhob wenig später neue Einwände gegen die Gültigkeit eines Prozesses, so daß der rührige Postulator[743] sich direkt an den Papst wenden mußte. Er tat dies nicht vergebens. Mitte Mai 1767 gestattete Clemens XIII., daß

---

[734] ASRC, Decreta 1742–1744, fol. 9: CA über Tugenden, 30. Januar 1742. Fast alle stimmten mit *constare*, nur zwei mit *suspensive*.
[735] ASRC, Decreta 1742–1744, fol. 195: CP über Tugenden, 28. Juli 1744. Drei theologische Konsultoren und zwei Prälaten fehlten.
[736] ASRC, Decreta 1745–1747, fol. 231: CG über Tugenden, 22. August 1747. Fast alle waren anwesend und stimmten durchgängig mit *constare*.
[737] ASRC, Decreta 1745–1747, fol. 247: Dekret über die Tugenden, 24. September 1747.
[738] ASRC, Decreta 1748–1750, fol. 133: In der Audienz vom 3. Dezember 1749 gestattete der Papst die Öffnung des Wunderprozesses aus Cartagena. Die Beanstandungen der Kongregation, die eine Dispens erforderten, richteten sich gegen die Identifizierung der Akten. Vgl. dazu auch die Aufzeichnung der Postulation: Archivio della Postulazione SJ, Akte 338 (Pietro Claver).
[739] ASRC, Decreta 1757–1760, fol. 31: *Litterae remissoriales* für Wunder in Cartagena, 27. Juli 1757; vgl. auch die Abschrift: Archivio della Postulazione SJ, Akte 338 (Pietro Claver).
[740] ASRC, Decreta 1766–1768, fol. 111: Prozeßöffnung über Wunder in Cartagena, 27. September 1766.
[741] Auch zum folgenden: ASRC, Decreta 1766–1768, fol. 146: Dispens für den Wunderprozeß aus Cartagena, 20. Dezember 1766; vgl. auch: Archivio della Postulazione SJ, Akte 338 (Pietro Claver).
[742] „Er war ein treuer Freund des Jesuitenordens, dessen Bestand er lieber durch Gewalttaten von außen gefährden als durch Zerreißung seiner Verfassung in Frage stellen wollte": Koch, Jesuiten-Lexikon 993. Vgl. auch: Becher, Die Jesuiten 283. Clemens XIII. erachte die europäischen Parlamentsbeschlüsse zur Ausweisung der Jesuiten als nichtig und bestätigte den Orden 1765 in seiner Bulle „Apostolicum pascendi" öffentlich und nachdrücklich: Pastor XVI/1 691–694. Pastor bezeichnete Clemens XIII. als „de[n] so jesuitenfreundliche[n] Papst": Pastor XVI/2 64.
[743] Der Postulator Serafino Mannucci SJ wird als sehr eifrig beschrieben: Archivio della Postulazione SJ, Akte 338 (Pietro Claver), Aufzeichnung über die Audienz vom 9. Januar 1828.

die formale Qualität des Materials ohne Konsultoren diskutiert werden konnte[744]. Als die Akten im Juli endlich approbiert wurden[745], war es bereits zu spät. Erst Anfang 1828 kam neue Bewegung in die Causa Claver.

Petrus Canisius erging es nicht besser[746]. Im Gegenteil! Das laufende Beatifikationsverfahren hebelte man rasch durch Schriftenuntersuchungen aus – noch im 19. Jahrhundert glaubte man, mit dieser Methode zum Ziel zu gelangen[747]. Zugegebenermaßen gehörte der sogenannte erste Jesuit Deutschlands zu den Vielschreibern[748]. Der 1521 in Nijmegen Geborene schloß sich nach Studien in Köln und Löwen als erster Deutscher 1543 der Gesellschaft Jesu an. Als Sprecher der katholischen Opposition gegen den protestantisierenden Kölner Erzbischof Hermann Graf zu Wied[749] vertrat er deren Sache vor Kaiser Karl V. (1520–1556), wurde von Ignatius von Loyola 1548 nach Rom berufen, wo er ein Jahr später als achter Jesuit die feierliche Profeß ablegte. Sein eigentliches Tätigkeitsfeld wurde aber der deutschsprachige Raum. Dort leitete er den Auf- und Ausbau der Ordensorganisation als oberdeutscher Provinzial und förderte durch verschiedene Lehr- und Predigttätigkeiten unmittelbar die katholische Erneuerung. Canisius gewann allmählich bedeutenden Einfluß auf die Kirchenpolitik im Reich und betätigte sich als Berater von Päpsten, Nuntien und katholischen Fürsten, mit denen er in regem Briefverkehr stand. Als päpstlicher Theologe nahm er 1562 am Tridentinum teil. Breiteste Wirkung erzielte er jedoch durch sein Schrifttum; allein drei Katechismen wurden bis 1597 über zweihundertmal aufgelegt. Trotz seiner

---

[744] ASRC, Decreta 1766–1768, fol. 197: Dispens zur Diskussion des Wunderprozesses ohne Konsultoren, 12. Mai 1767.

[745] ASRC, Decreta 1766–1768, fol. 211: Approbation des Prozesses am 8. Juli 1767 durch den Papst, nachdem die Kongregation am 4. Juli ein Votum herbeigeführt hatte. Vgl. auch: Archivio della Postulazione SJ, Akte 338 (Pietro Claver): Aufzeichnung über die Approbation.

[746] Über den Heiligen und Kirchenlehrer sind gerade in den letzten Jahren zahlreiche Ausstellungen durchgeführt und Veröffentlichungen herausgegeben worden. Die Literatur über den ersten Jesuiten Deutschlands ist unüberschaubar. Zum Stand der Forschung: Paul Begheyn, Canisiusliteratur im zwanzigsten Jahrhundert, in: Oswald/Rummel, Petrus Canisius – Reformer der Kirche, Augsburg 1996, 287–294. – Hier nur eine knappe Auswahl, vor allem der für das Prozeßverfahren zeitgenössischen und der neuesten Literatur: Giuseppe Boero, Vita del Beato Pietro Canisio della Compagnia di Gesù detto l'apostolo della Germania, Rom 1864; Florian Rieß, Der selige Petrus Canisius aus der Gesellschaft Jesu, Freiburg/Br. 1865; James Brodrick, St. Peter Canisius, London 1935 = 2 Bde., Wien 1950; Burkhart Schneider, Art. Pietro Canisio, in: BS X 798–814; Julius Oswald/Peter Rummel, Petrus Canisius – Reformer der Kirche. Festschrift zum 400. Todestag des zweiten Apostels Deutschlands, Augsburg 1996; Reinhold Baumstark, Rom in Bayern. Kunst und Spiritualität der ersten Jesuiten, München 1997. – Zu den neuesten Ausstellungen und Veröffentlichungen: Weber, Die Brieffreundschaft zwischen Petrus Canisius und dem Solothurner Patrizier Hans Jakob von Staal d.Ä. 93–95.

[747] Das deuten bereits an: Boero, Vita del Beato Pietro Canisio 444; Rieß, Der selige Petrus Canisius 553.

[748] Der Großteil der Schriften aus Canisius' Feder ist ediert bei: Otto Braunsberger, Beati Petri Canisii Societatis Iesu Epistolae et Acta I–VIII, Freiburg/Br. 1896–1923. Ergänzende Editionen bei: Weber, Die Brieffreundschaft zwischen Petrus Canisius und dem Solothurner Patrizier Hans Jakob von Staal d.Ä. 129–143. Vgl. auch: Rita Haub, Petrus Canisius als Schriftsteller, in: Oswald/Rummel, Petrus Canisius – Reformer der Kirche, Augsburg 1996, 151–177.

[749] Hermann Graf zu Wied (1477–1552), 1515–1547 Kurfürst und Erzbischof von Köln, 1532–1547 Administrator von Paderborn, bis 1538 bedeutende Stütze der alten Kirche und der Habsburger, plante seit 1542, die Reformation in seiner Diözese einzuführen. 1544 sagte er sich von der päpstlichen Jurisdiktion los und wurde 1546 exkommuniziert und abgesetzt: Franz Bosbach, Art. Wied, Hermann Graf zu, in: Die Bischöfe 1448–1648, 755–758.

Versetzung nach Fribourg in der Schweiz (1580), wo er ein neues Kolleg aufzubauen hatte, blieb er noch bis kurz vor seinem Tod 1597 schriftstellerisch tätig.

Die Verehrung des Jesuiten setzte im süddeutschen Raum direkt nach dessen Tod ein[750]. Ebenso früh bemühte man sich um eine Seligsprechung, die aber durch die Kriegsereignisse behindert wurde. Nach neuen Wundern wandten sich Kaiser Karl VI. (1711–1740), zahlreiche Kurfürsten und Bischöfe Deutschlands, Flanderns[751] und der Schweiz an den Papst, um das Verfahren wieder aufzunehmen[752]. Der erneute Vorstoß ging 1729 vom Rektor des Jesuitenkollegs in Antwerpen aus, der vom Statthalter der spanischen Niederlande Unterstützung erhielt[753]. In Rom fand dann ein erstes Prüfungsverfahren von Canisius' Hauptwerken statt[754], bevor der Beatifikationsprozeß an der Ritenkongregation 1735 offiziell eröffnet und der Apostolische Prozeß über Tugenden und Wunder *in specie* im Mai 1739 angeordnet werden konnte[755]. Bereits dieser Prozeß, den man in Rom durchführte, wurde aufgrund der Vielzahl von Schriften, die für den heroischen Tugendgrad zu prüfen waren, verschleppt, so daß man sich im Sommer 1742 um eine Verlängerung der Untersuchungsfrist bemühen mußte, die Anfang August für zwei weitere Jahre gewährt wurde[756]. Der im Dezember 1739 in Auftrag gegebene Apostolische Prozeß in Fribourg traf dagegen schon 1742 in der Kongregation ein[757], wobei sich der zuständige eidgenössische Bischof alle Mühe gab, die überall in Deutschland verstreuten Schriften des Jesuiten zu sichten und zu prüfen[758].

Nachdem auch der römische Prozeß Anfang 1744 abgeschlossen worden war[759], schritt die Kongregation zur langwierigen Prüfung der Akten, die erst endete, als der Postulator den Papst bat, die Diskussion über die Gültigkeit der Prozesse ohne Konsultoren durchführen zu lassen[760]. Als Benedikt XIV. diese Sonderregelung am 8. April 1747 gewährte, dauerte es nur noch ganze 14 Tage, bis die reduzierte Kongregation ein positives Votum vorlegte, dem der Papst allerdings erst am 12. Juni zu-

---

[750] Jüngst wurde nachgewiesen, daß die eigentliche Canisiusverehrung in Schwaben erst in der zweiten Hälfte des 19. Jahrhunderts einsetzte. Der Jesuit ist nie zum Volksheiligen geworden, galt eher als Patron der Studenten und der intellektuellen Kreise: Rummel, Canisiusverehrung im Bistum Augsburg 275f.
[751] Schon 1730 hatten sich die Oberhirten von Roermond, Antwerpen, Brügge, Ypern, Gent und Mecheln für Canisius verwandt: Archivio della Postulazione SJ, Akte 423 (Petrus Canisius), Brief des Rektors des Antwerpener Kollegs an den Ordensgeneral Retz, 1730.
[752] Boero, Vita del Beato Pietro Canisio 444.
[753] Archivio della Postulazione SJ, Akte 423 (Petrus Canisius), Rektor aus Antwerpen an den Ordensgeneral Retz, 1730. – Die Erzherzogin in den spanischen Niederlanden verwandte sich am 18. Juli 1729 zugunsten der Causa.
[754] 1734 wurden neben zwei Katechismen folgende Werke untersucht: De corruptelis Verbi Dei, Notae Evangelicae, Manuale, Exercitamenta: Rieß, Der selige Petrus Canisius 553 Anm. 2.
[755] ASRC, Decreta 1742–1744, fol. 48: Vermerk über die Verlängerung der im Mai 1739 herausgegebenen *Litterae remissoriales*.
[756] Ebd. Die Verlängerung geschah am 1. August 1742.
[757] Der Prozeß, den man vom 15. November 1740 bis zum 17. August 1741 in Fribourg durchgeführt hatte (Rieß, Der selige Petrus Canisius 552f.), wurde am 12. Dezember 1742 geöffnet: ASRC, Decreta 1742–1744, fol. 79: Anordnung der Prozeßöffnung.
[758] Rieß, Der selige Petrus Canisius 553.
[759] ASRC, Decreta 1742–1744, fol. 148: Prozeßöffnung am 22. Januar 1744.
[760] Auch zum folgenden: ASRC, Decreta 1745–1747, fol. 191: Aufzeichnung über die Audienz vom 8. April 1747.

stimmte[761]. Das alles bedeutete, daß man zwölf Jahre nach Eröffnung des römischen Verfahrens gerade erst mit der eigentlichen Arbeit beginnen konnte. Diese verlief allerdings zunächst so wie die Präliminarien: neue und immer neue Prüfungen von Briefen und Druckwerken[762], von denen es ja genügend gab. Auf diese Weise erstickte der Beatifikationsprozeß an der schriftlichen Hinterlassenschaft des bedeutenden Jesuiten. Dementsprechend kam es nicht mehr zu einer Kongregationssitzung; erst 1833 erhielt die Causa Canisius an der Ritenkongregation wieder neue Impulse.

Etwas länger hielt sich der Prozeß des Johan Berchmans, der ebenso wie Canisius aus den spanischen Niederlanden stammte. Kann man aufgrund des umfangreichen Schrifttums, das Canisius hinterlassen hatte, der genauen Untersuchungspraxis der Kongregation eine gewisse Berechtigung nicht absprechen, so grenzt die Anwendung derselben Methode bei Johan Berchmans nahezu ans Absurde, zumal sie bei dem Flamen geradezu unglaubliche Blüten trieb.

Vom Leben des Frühverstorbenen ist nicht viel zu berichten[763]. Der 1599 in Diest Geborene trat nach dem Besuch des neueröffneten Jesuitenkollegs in Mecheln gegen den Willen des Vaters 1618 in die Gesellschaft Jesu ein, nachdem jener eine Biographie über Aloisio di Gonzaga[764] gelesen hatte. Der Orden schickte ihn zur philosophischen Ausbildung an das Collegio Romano, wo er schon 1621 starb. Die Zeitgenossen sahen in Berchmans einen zweiten Aloisio di Gonzaga, ein jugendliches Vorbild tiefer Frömmigkeit, Jungfräulichkeit und vorbildlicher Beachtung der Ordensregel. Dementsprechend begann man kurz nach seinem Tod mit den Informativprozessen in Mecheln und Rom[765], die bereits 1622 in der Ritenkongregation vorlagen[766].

Was kann ein 22jähriger Student viel geschrieben haben, dessen hervorstechende Verdienste nicht gerade das Verfassen von Traktaten und Briefen gewesen war? Die Ritenkongregation war da anderer Meinung. Noch bevor der Fall Berchmans als Causa von der Kongregation aufgenommen wurde, ordnete man in alle Himmelsrichtungen die Untersuchung des Schriftgutes an. Im Mai 1744 erhielt der Erzbischof von Mecheln den Auftrag, die Papiere Berchmans zu untersuchen[767]; im Juli 1745 ließ man im Collegio Romano neue Nachforschungen anstellen[768]. Damit nicht genug. Man forderte den Oberhirten von Mecheln sogar mehrmals auf, Kopien verschiedener

---

[761] ASRC, Decreta 1745–1747, fol. 204: Approbation der Prozesse durch den Papst vom 12. Juni 1747 nach einem Votum der Kongregation vom 22. April.
[762] Boero, Vita del Beato Pietro Canisio 444; Rieß, Der selige Petrus Canisius 553.
[763] Zur Vita: Nicola Angelini, Vita di S. Giovanni Berchmans della Compagnia di Gesù, Rom 1888; Koch, Jesuiten-Lexikon 933f.; K[arel] Schoeters, De Heilige Joannes Berchmans, Alken ²1940; Paolo Molinari, Art. Giovanni Berchmans, in: BS VI 963–968; Burkhart Schneider, Johannes Berchmans, in: Manns, Die Heiligen in ihrer Zeit II 359–362.
[764] Aloisio (Luigi) di Gonzaga (1568–1591), 1578 Keuschheitsgelübde, 1581–1583 Aufenthalt am Hof Philipps II. von Spanien, 1583 Jesuit, starb in Rom bei der Pflege der Pestkranken. Er zeichnete sich durch Lebensernst, Frömmigkeit und Askese aus: Ferdinand Baumann, Art. Luigi Gonzaga, in: BS VIII 348–353.
[765] Molinari, Art. Giovanni Berchmans 966; Schoeters, De Heilige Joannes Berchmans 286.
[766] Archivio della Postulazione SJ, Akte 268 (Giovanni Berchmans), *Positio* über die Aufnahme der Causa, 1745
[767] ASRC, Decreta 1742–1744, fol. 286: Instruktion an den Erzbischof von Mecheln, 20. Mai 1744.
[768] Archivio della Postulazione SJ, Akte 268 (Giovanni Berchmans), *Summarium additionale*: Schriftenuntersuchungen in Rom am 3. Juli 1745 angeordnet.

Schreiben Berchmans anzufertigen und nach Rom zu senden[769]. Offensichtlich glaubte man, mit dem jungen Jesuiten genauso verfahren zu können wie mit seinem älteren Landsmann. Dieses Verfahren entwickelte sich in den Jahren 1744 und 1745 zu einem grotesken Tauziehen zwischen Papst und Kongregation, die immer neue Untersuchungen verlangte. Auf diese dilatorische Taktik reagierte Benedikt XIV. regelmäßig mit Dispensen, die kuriale Diskussion über die lokalen Schriftenrevisionen ohne Konsultoren durchzuführen, so daß die Approbation der Papiere meist relativ rasch und sicher erfolgte[770]. Approbation und erneuter Auftrag zur Revision hetzten sich wie Hase und Igel, wobei der Ausgang dieses Wettstreits durchaus offen war.

Auch für die *Signatio Commissionis* mußte der Papst den Kunstgriff anwenden, die Konsultoren auszuschließen[771], um am 11. September 1745 die Causa offiziell eröffnen zu können[772]. Aus der Chronologie der Ereignisse geht deutlich hervor, daß die Ritenkongregation die *Signatio* durch die im Vorfeld der Verfahrenseröffnung anberaumten Untersuchungen zu unterminieren beabsichtigte, was selbst den beteiligten Jesuiten auffiel[773]. Wenn man jedoch glaubte, mit der *Signatio Commissionis* einen Schlußstrich unter dieses absurde Spiel gezogen zu haben, täuschte man sich gewaltig. Kurz nach der offiziellen Aufnahme der Causa wurden weitere Schriftenrevisionen angeordnet[774].

Auch die Expedierung der *Litterae remissoriales* für die Apostolischen Prozesse *in genere* verzögerte sich bis zum Februar 1748[775], während sie sonst direkt nach der *Signatio* erfolgte. Die Jesuiten schienen offensichtlich aus der desinteressierten Behandlung ihres Kandidaten durch die Ritenkongregation gelernt zu haben, denn parallel zur Öffnung des Apostolischen Prozesses beantragten sie die Gültigkeitsdiskussion ohne Konsultoren, so daß bereits im März 1749 die zwei Monate vorher geöffneten Akten[776] für weitere Fortschritte der Causa zur Verfügung standen[777]. Auch weiterhin setzten die römischen Jesuiten alles daran, mit möglichster Eilfertigkeit vorwärts zu kommen. Die inzwischen aufgetretenen Wunder in Rom, Ronciglione und Nepi wurden in einer Rekordzeiten von drei bis vier Monaten untersucht[778]; als der Prozeß in

---

[769] Vgl. die mehrfachen Anweisungen an den belgischen Oberhirten: ASRC, Decreta 1742–1744.
[770] Vgl. dazu die beiden Beispiele der Schriftenapprobation: ASRC, Decreta 1745–1747, fol. 47 und 57.
[771] Der Papst gestattete dies am 10. Juli 1745: Archivio della Postulazione SJ, Akte 268 (Giovanni Berchmans), *Summarium additionale*.
[772] ASRC, Decreta 1745–1747, fol. 86: *Signatio Commissionis* am 11. September 1745 nach der Diskussion ohne Intervention der Konsultoren.
[773] Die ungerechtfertigt starke Verzögerung wird vom Postulator der Jesuiten 1745 eigens vermerkt: Archivio della Postulazione SJ, Akte 268 (Giovanni Berchmans), *Summarium additionale*.
[774] Vgl. die Anordnungen in: ASRC, Decreta 1745–1747.
[775] ASRC, Decreta 1748–1750, fol. 9: *Litterae remissoriales* für den Apostolischen Prozeß *in genere* in Rom, 8. Februar 1748.
[776] ASRC, Decreta 1748–1750, fol. 103: Approbation des Apostolischen Prozesses *in genere*, 12. März 1749. Wegen der Abwesenheit des Ponens Portocarrero wurde dieser durch Kardinal York vertreten, was der Causa zusätzliches Gewicht verlieh.
[777] Prozeßöffnung, 16. Januar 1749: ASRC, Decreta 1748–1750, fol. 86; Dispens, die Diskussion über die Gültigkeit ohne Konsultoren zu führen, 16. Januar 1749: ebd.
[778] Der Wunderprozeß in Ronciglione wurde am 23. April 1749 in Auftrag gegeben (ASRC, Decreta 1748–1750, fol. 114) und schon am 17. Juli 1749 in Rom geöffnet (ebd., fol. 131). Der Prozeß in Nepi wurde am 5. Dezember 1750 angeordnet (ebd., fol. 218) und nach Verzögerungen vor Ort am

Nepi nach knapp vier Wochen wegen Amtsbehinderung eines Bischofs hakte, ließ der Orden kurzerhand einen Ersatzmann mit der Prozeßführung beauftragen und bat außerdem „pro celeriori illius expeditione"[779]. Auch dieser Prozeß wurde von der Ritenkongregation formal in Zweifel gezogen, so daß man den Papst im Juli 1751 wiederum um eine Dispens angehen mußte, nämlich um die Diskussion ohne Konsultoren[780]. Die Kritikwut des Dikasteriums war aber damit noch nicht erschöpft. In nahezu schikanöser Weise zweifelte man in der zweiten Jahreshälfte nicht nur die soeben abgeschlossenen Wunderprozesse aus Ronciglione und Nepi an, nicht nur den Apostolischen Prozeß aus Rom – nein, sogar die Informativprozesse von 1622 und 1623 wurden nochmals hervorgeholt und nach Mängeln abgeklopft, so daß es sogar dem Papst zuviel wurde. Hatte er Unrecht? Kurzerhand sanierte er am 26. April 1752 alle bisher formal beanstandeten Prozesse[781] und machte auf diese Weise den Weg frei für eine konstruktive Arbeit – die nun spätestens hätte eintreten müssen.

Auch eine andere Verschleppungsmethode erwies sich als sehr probat. Während die Wunder- und Apostolischen Prozesse außerhalb Roms in Windeseile abgewickelt wurden, dauerten die der *Urbs* sehr viel länger. Mit der Durchführung wurde meist der Römische Vikar, ein Kurienkardinal, betraut. Beispielsweise mußte für den römischen Wunderprozeß zugunsten Berchmans Anfang 1754 eine Verlängerung von drei Jahren beantragt werden[782], so daß diese Untersuchung insgesamt sechs Jahre und fünf Monate in Anspruch nahm[783]. Der in Rom durchgeführte Apostolische Prozeß *in specie* verschlang sieben Jahre und vier Monate[784]. Selbstverständlich wurde auch dieser der harten Kritik des Promotors fidei unterzogen. Da der Papst aber immer noch nicht müde wurde, von der Teilnahme der Konsultoren zu dispensieren[785], konnte dieser – das Pontifikat Benedikts XIV. war inzwischen durch das ständige Katz-und-Maus-Spiel abgelaufen – Mitte 1766 approbiert werden[786]. Eine weitere Gunst gewährte Clemens XIII. für das mit geradezu unlauteren Machenschaften sabotierte Seligsprechungsverfahren nicht: 1752 bemerkte man plötzlich, daß im römischen Informativprozeß von 1622 einige Blätter fehlten. Der Postulator setzte eine lange, klar konzipierte Supplik auf, die um die nötige Dispens für den Prozeß bat, der im Collegio Romano durchgeführt worden war[787]. In der Audienz vom 20. September 1766 hörte der Papst zunächst den Promotor fidei an und verwies dann die Frage an den Präfekt und

---

24. April 1751 geöffnet (ASRC, Decreta 1751–1753, fol. 12). Allein der Prozeß in Rom zog sich hin: Auftrag am 23. April 1749: ASRC, Decreta 1748–1750, fol. 114.

[779] ASRC, Decreta 1748–1750, fol. 224: Bittschrift des Postulators zur Ersetzung des amtsbehinderten Bischofs, genehmigt am 12. Januar 1751.
[780] ASRC, Decreta 1751–1753, fol. 20: Dispens des Papstes vom 21. Juli 1751.
[781] ASRC, Decreta 1751–1753, fol. 104: Approbation der Wunderprozesse, des Apostolischen Prozesses aus Rom und der Informativprozesse aus Rom und Antwerpen (1622/1623) am 26. April 1752.
[782] ASRC, Decreta 1754–1757, fol. 3: Verlängerung der Untersuchungsfrist am 23. Januar 1754.
[783] Der Wunderprozeß konnte erst am 10. September 1755 geöffnet werden: ASRC, Decreta 1754–1757, fol. 139.
[784] ASRC, Decreta 1754–1757, fol. 253: Öffnung der Akten über Tugenden/Wunder *in specie*, 9. März 1757.
[785] ASRC, Decreta 1757–1760, fol. 49: Dispens, die Gültigkeit des Apostolischen Prozesses ohne Konsultoren zu diskutieren, 3. September 1757.
[786] ASRC, Decreta 1766–1768, fol. 65: Approbation am 19. Juli 1766.
[787] ASRC, Decreta 1766–1768, fol. 140: Bittschrift des Postulators, undatiert.

Ponens der Causa[788]. Das bedeutete das vorläufige Ende bis 1830. Eine *Sanatio* wäre kein Einzelfall gewesen – in der sich für den Orden zuspitzenden Situation sicherlich jedoch mehr als ein außerordentlicher päpstlicher Gunstbeweis.

Der Prozeß des Laienbruders Alonso Rodríguez ähnelt in manchem dem bisher Gesagten. Der schlichte Lebensweg von Rodríguez begann 1531 in Segovia[789]. Nach einjährigem Studium am Jesuitenkolleg in Alcalá heiratete er und gründete eine Familie, die ihm jedoch um 1567 starb. Nun nahm er seine Studien wieder auf und trat dem Orden 1571 als Laienbruder in Valencia bei. Dieser sandte ihn an das Kolleg in Palma de Mallorca, wo er bis zum Ende seines Lebens ein fruchtbares Apostolat als Pförtner ausübte. Neben beispielhafter Demut, Strenge und Obödienz stand der mystisch Begnadete für eine tiefe Marienfrömmigkeit und echte ignatianische Spiritualität.

Die Causa Rodríguez wurde schon Ende 1684 aufgenommen[790]. Anfang des 18. Jahrhunderts wurde der Promotor fidei mit der Revision der Schriften beauftragt[791], die Mitte September 1714 approbiert wurden, so daß man zur Diskussion der Tugenden übergehen konnte[792]. Unter Benedikt XIV. fand dann Mitte September 1757 die *Praeparatoria* über den heroischen Tugendgrad statt, die nur auf geringes Interesse bei den Prälaten stieß[793]. Auch die im April 1760 abgehaltene *Generalis* zeigte wenig Resonanz – sogar bei den Kardinälen –, brachte aber ein recht positives Votum zutage[794]. Durch die besondere Dispens, den Bistumsprozeß des 17. Jahrhunderts über die Wunder in einen Apostolischen umzuwandeln[795], war man in der Lage, eine *Antepraeparatoria* mit vier Wundern Ende Juni 1767 anzusetzen[796]. Das Ergebnis war vollständig disparat: Alle möglichen Voten traten parallel auf, die meisten Väter enthielten sich eines Urteils. Der Ausgang der Sitzung hätte noch nicht das Ende des Prozesses bedeutet, wenn nicht kurze Zeit später auch Clemens XIII. gestorben wäre und der Orden vor seiner Auflösung gestanden hätte. Erst 1822 setzte auch diese Jesuitencausa wieder ein.

2. Ein Prozeß in der Nischensituation des Ordens

Der Prozeß des Francesco de Gerolamo kann als Ausnahmeerscheinung unter den Jesuitencausen gelten, da das Seligsprechungsverfahren schon 1806 zum Abschluß

---

[788] Ebd., Rückseite: Vermerk über das Ergebnis der Audienz vom 20. September 1766.
[789] Zur Vita: Matthias Dietz, Der hl. Alfons Rodriguez, Freiburg/Br. 1925; Celestino Testore, Sant'Alfonso Rodriguez, Venedig 1938; ders., Art. Alfonso Rodriguez, in: BS I 861–863.
[790] Benedikt XIV., Opera Omnia II 335 (II, 38, 7).
[791] Ebd. 271 (II, 27, 10).
[792] Ebd. 273 (II, 28, 3).
[793] ASRC, Decreta 1757–1760, fol. 50: CP über die Tugenden, 13. September 1757. Sehr viele Prälaten waren nicht gekommen; vor allem die theologischen Konsultoren stimmten mit *constare*.
[794] ASRC, Decreta 1760–1762, fol. 12: CG über die Tugenden, 15. April 1760. Zahlreiche Kongregationsväter aus allen drei Gruppierungen fehlten. Neben 3 *non constare* votierte der Rest einhellig positiv.
[795] ASRC, Decreta 1766–1768, fol. 150: Dispens, den *Ordinarius* von 1618–1620 über die Wunder in einen *Apostolicus* umzuwandeln, 17. Januar 1767.
[796] Auch zum folgenden: ASRC, Decreta 1766–1768, fol. 205: AP über 4 Wunder, 26. Juni 1767. – Das zweite Wunder wurde häufig abgelehnt; ansonsten zahlreich *suspendit iudicium*.

kam. Das war nur durch die aktive Unterstützung von außen und die starke süditalienische Lobby möglich, die zudem noch von einer ordensgeschichtlichen Nischensituation begünstigt wurde. Dieser außergewöhnliche Prozeßverlauf bestätigt aber gleichzeitig die bisher gewonnenen Ergebnisse.

Der aus Süditalien stammende Volksmissionar Francesco de Gerolamo hatte sich beim Aufbau von sozialen Hilfswerken und Laienorganisationen in der zweiten Hälfte des 17. Jahrhunderts verdient gemacht[797]. Bereits kurz nach seinem Tod im Jahre 1716 begann man in der Stadt Neapel, die in seiner zweiten Lebenshälfte zu seinem Haupttätigkeitsfeld geworden war, mit dem Informativprozeß[798]. Neben der lokaltypisch intensiven Verehrung des Mezzogiorno erkennt man auch ausländische Devotion: Zahlreiche Deutsche, die zu seinem Grab in der neapolitanischen Jesuitenkirche pilgerten[799], berichteten dort über den Bekanntheitsgrad des Jesuiten in der Heimat und über etliche Zeichen, die sich zu Hause auf die Fürsprache Gerolamos ereignet hätten[800]. Da der Jesuit während des Spanischen Erbfolgekriegs bei der Belagerung der von den Österreichern besetzten Stadt Neapel[801] 1707 diplomatisch vermittelnd eingegriffen und sich dadurch große Verdienste bei der Bevölkerung erworben hatte[802], zeigten auch die Bourbonenkönige Beider Sizilien starkes Interesse an der Causa[803]. Als die Prozeßakten über Vita, Tugenden und Wunder aus Neapel 1743 in der Ritenkongregation eingetroffen waren, erhob diese Einwendungen gegen die Gültigkeit der Verfahren. Benedikt XIV. dispensierte vom üblichen Prozedere und ließ die formale Rechtmäßigkeit der Prozesse im Juli ohne Konsultoren prüfen[804]. Nun dauerte es aber noch ganze vier Jahre, bis man in der Sache weiterkam. Diese ungewöhnlich lange Zeitspanne ging nicht allein auf das Konto der Ritenkongregation; ursächlich spielte auch die noch nicht abgelaufene 50-Jahresfrist nach dem Tod des Kandidaten eine Rolle, die vor der Aufnahme der Tugenddiskussion obligatorisch war. Nachdem sich der König persönlich eingeschaltet[805] und man den Prozeß in Rom 1747 wiederaufge-

---

[797] Der aus Grottaglie bei Taranto stammende Gerolamo/Geronimo (1642–1716) ging 1665 nach Neapel, wurde 1666 zum Priester geweiht und trat 1670 in die Gesellschaft Jesu ein. Seit etwa 1675 hielt er sich fast durchgängig in Neapel auf, organisierte Volksmissionen und monatliche Generalkommunionen. Zur Vita: Francesco Maria D'Aria, Un restauratore sociale, Rom 1943; Egidio Papa, Art. Francesco de Geronimo, in: BS V 1201–1204; Burkhart Schneider, Francesco de Geronimo, in: Manns, Die Heiligen in ihrer Zeit II 362–364.

[798] Papa, Art. Francesco de Geronimo 1204.

[799] Gerolamo wurde in Neapel beigesetzt, nach seiner Heiligsprechung 1839 in eine umgebaute Kapelle in Gesù Nuovo überführt und nach 1945 in seine Heimatstadt Grottaglie gebracht: ebd. 1204.

[800] Archivio della Postulazione SJ, Akte 255 (Francesco de Gerolamo): Aufzeichnung über die Verehrung am Grab Gerolamos, 18. Jahrhundert.

[801] Zum Spanischen Erbfolgekrieg und zur Belagerung Neapels durch die Spanier: Krebs, Die iberischen Staaten von 1659 bis 1788, 555–558; Gleijeses, La storia di Napoli II 874–881, 961–966.

[802] Papa, Art. Francesco de Geronimo 1203.

[803] Archivio della Postulazione SJ, Akte 246 (Francesco de Gerolamo), Präfekt an den Sekretär der Ritenkongregation, 5. September 1747: Der König Beider Sizilien bat 1747 um die Dispens, die Diskussion über die Tugenden und Wunder in der Kongregation einsetzen zu lassen.

[804] ASRC, Decreta 1742–1744, fol. 114: Dispens, die Bistums- und Apostolischen Prozesse aus Neapel ohne Konsultoren zu diskutieren, 24. Juli 1743.

[805] Archivio della Postulazione SJ, Akte 246 (Francesco de Gerolamo), Brief des Kardinalpräfekten Tamburini an den Sekretär der Ritenkongregation, 5. September 1747.

nommen hatte[806], konnte man kleinere Fortschritte verbuchen. Anfang September gestattete Benedikt XIV. die Diskussion des Tugendgrades, obwohl erst 31 Jahre nach Gerolamos Tod verstrichen waren[807]; zehn Tage später wurden auch die strittigen Prozesse aus Neapel approbiert[808].

Das übliche Mittel der Kongregation, einen Prozeß in die Länge zu ziehen, wurde auch dieses Mal eingesetzt. Auf die Beanstandungen des Promotors fidei hin wurden die Oberhirten von Nola und Neapel im Mai 1750 mit der Untersuchung der bisher noch nicht berücksichtigten Schriften beauftragt[809]. Im September gestattete man dem Ponens außerordentlicherweise, neun weitere Schriften von hauseigenen Theologen prüfen zu lassen[810]. Obwohl der Promotor fidei noch bis 1751 Passagen aus der Feder Gerolamos beanstandete, die angeblich den heroischen Tugendgrad gefährdeten, entschied die Kongregation im Juli, die Durchsicht abzuschließen[811], so daß man die *Antepraeparatoria* über die Tugenden im März 1752 ansetzen konnte[812]. Nach einer so ausgedehnten Diskussionsphase war kein anderes als ein allgemein positives Votum der Kongregationsväter zu erwarten. Auch die erst zwei Jahre später abgehaltene *Praeparatoria* erbrachte ein sehr günstiges Ergebnis – dank des wirksamen süditalienischen Interesses. Immerhin nahmen sieben, meist süditalienische Kardinäle an der Sitzung teil, während bei den Prälaten sehr viele fehlten[813]. Die *Generalis* Anfang April 1758 war dann nur noch eine Formsache[814], so daß einen Tag vor dem Tod des Pontifex das Dekret über den heroischen Tugendgrad promulgiert werden konnte[815]. Weiter kam man im Pontifikat Benedikts XIV. nicht.

Das nun deutlich erkennbare abnehmende Interesse der Kurie an der Jesuitencausa, die insgesamt als Ausnahmeerscheinung gedeutet werden muß, spiegelte sich bei der Wunderdiskussion unter Clemens XIII. wider, der zwar dem Orden eindeutig positiv gegenüberstand, andererseits aber bekanntlich seine Landsleute bevorzugte. Die Ende 1760 aufgenommene Wunderdiskussion in der Ritenkongregation[816] führten erst im März 1767 durch reiche Geldgaben zur Abstimmung über die drei Mirakel in der *An-*

---

806 ASRC, Decreta 1745–1747, fol. 234: Bestellung Cavalchinis zum Ponens, 24. August 1747. Sein Vorgänger Belluga war schon 1743 gestorben, so daß die Causa in der Zwischenzeit ruhte.
807 ASRC, Decreta 1745–1747, fol. 234: Dispens vom 5. September 1747, um die Tugenddiskussion aufzunehmen.
808 ASRC, Decreta 1745–1747, fol. 243: Approbation des *Processus Ordinarius* und des *Apostolicus* durch die Kongregation am 16. September 1747; der Papst stimmte am 27. September zu.
809 ASRC, Decreta 1748–1750, fol. 310: Auftrag an den Bischof von Nola, 9. Mai 1750; ebd., fol. 314: Auftrag an den Erzbischof von Neapel, 9. Mai 1750.
810 ASRC, Decreta 1748–1750, fol. 207: Auftrag an Cavalchini und seine Theologen, neun Schriften zu untersuchen, 22. September 1750.
811 ASRC, Decreta 1751–1753, fol. 17: Aufzeichnung über die Entscheidung der Kongregation vom 26. Juni 1751. Der Papst stimmte der Approbation der Schriften am 21. Juli zu.
812 Auch zum folgenden: ASRC, Decreta 1751–1753, fol. 94: CA über die Tugenden, 21. März 1752.
813 ASRC, Decreta 1754–1757, fol. 22: CP über die Tugenden, 26. März 1754. Vgl. auch die Abschrift: Archivio della Postulazione SJ, Akte 251 (Francesco de Gerolamo). Das Votum war einhellig *constare*. Unter den süditalienischen Kardinälen ragten besonders Cavalchini und Portocarrero hervor.
814 ASRC, Decreta 1757–1760, fol. 108: CG über die Tugenden, 4. April 1758. Nur der Karmelit stimmte mit *non constare*.
815 ASRC, Decreta 1757–1760, fol. 113: Dekret über die Tugenden, 2. Mai 1758.
816 Dies zeigt die Abrechnung der Postulation: Archivio della Postulazione SJ, Akte 246 (Francesco de Gerolamo), „Libellus" der Ein- und Ausgänge, 1757, fortgesetzt bis 1760.

tepraeparatoria. Viele Konsultoren enthielten sich eines Urteils; leichte Zustimmung gab es beim zweiten und dritten Wunder. Kritik kam vor allem aus den Reihen der Prälaten, von denen gar fünf fehlten[817]. Die *Praeparatoria* vom August des Jahres zeigte zwar mehr Entscheidungskraft und größere Zustimmung zu den letzten beiden Mirakeln, motivierte aber ebenso wenige Kuriale[818]. Zur Fortsetzung des Prozesses kam es nicht mehr[819]. Der Promotor hatte schließlich gegen jedes Wunder zwölf bis 26 Punkte einzuwenden[820]. In einer wahren Materialschlacht versuchte die Postulatur, jeden Kritikpunkt ausführlich zu widerlegen, und führte dazu zwischen 89 und 132 Gegenargumente zugunsten eines jeden Wunders ins Feld[821]. Der Eifer war umsonst. Rezzonicos Nachfolger Clemens XIV. (1769–1774) hob den Orden auf, so daß die Causa Gerolamo bis Ende 1804 liegenblieb.

Dann allerdings ging alles sehr schnell. Ursache war die Wiederherstellung des Ordens in Süditalien. König Ferdinand IV. von Neapel[822], der sich nie mit der Aufhebung des Jesuitenordens abgefunden hatte[823], unternahm mit dem Jesuitenpater Giuseppe Pignatelli[824] 1799 erste Schritte zur Wiedereinführung des Ordens in Neapel[825]. Der Bitte des Monarchen vom März 1804 entsprach Pius VII. im Juli, so daß die Gesellschaft durch ein königliches Dekret vom 6. August[826] in den Stand gesetzt wurde, nach der ursprünglichen Regel zu leben, Kollegien zu übernehmen und die Sakramente zu spenden. Die tiefe Anhänglichkeit, die die Jesuiten seit alters her im Königreich Neapel genossen hatten, brachte auch in den nun folgenden Monaten dank Pignatellis Organisationstalents reiche Früchte hervor: Exerzitien, hl. Messen, Volksmissionen und Schulen stießen sofort auf breitesten Zulauf[827].

---

[817] ASRC, Decreta 1766–1768, fol. 176: CA über 3 Wunder, 9. März 1767.
[818] ASRC, Decreta 1766–1768, fol. 223: CP über 3 Wunder, 18. August 1767. Es fehlten wiederum 5 Prälaten; nur 8 Kardinäle waren anwesend.
[819] Das Rechnungsbuch der Postulation weist nach 1768 keine Zahlungen mehr aus: Archivio della Postulazione SJ, Akte 246 (Francesco de Gerolamo), Aufzeichnung über die Ausgaben von 1764–1768.
[820] BN, H 892, *Positio* über die Wunder, 1767, *Animadversiones* des Promotors vor der *Generalis*.
[821] BN, H 892, *Positio* über die Wunder, 1767, *Responsio* des Postulators.
[822] Ferdinand (1751–1825), 1759 als Ferdinand III. König von Sizilien und als Ferdinand IV. König von Neapel, kehrte nach der französischen Invasion 1799 zurück und mußte 1806 erneut den Franzosen weichen, seit 1816 Ferdinand I. König Beider Sizilien: Silvio de Majo, Art. Ferdinando I di Borbone, in: DBI XLVI 212–226.
[823] Volpe, I Gesuiti nel Napoletano 34.
[824] Der Heilige entstammte dem spanischen Zweig der neapolitanischen Fürstenfamilie (seit dem 17. Jahrhundert). Zur Vita Pignatellis (1737–1811), der 1933 selig- und 1954 heiliggesprochen wurde: José Maria March, El restaurador de la Compania de Jesús I–II, Barcelona 1935–44; Miguel Batllori, Art. Giuseppe Pignatelli, in: BS VI 1333–1337; Burkhart Schneider, Giuseppe Maria Pignatelli, in: Manns, Die Heiligen in ihrer Zeit II 395–398; Schamoni/Besler, Charismatische Heilige 110–113.
[825] Volpe, I Gesuiti nel Napoletano 34.
[826] Ebd.
[827] Von den 1767 vertriebenen Patres kehrten die allermeisten noch lebenden an ihre alten Wirkungsstätten zurück. Die Jesuitenschule in Monte Oliveto verzeichnete 1804 600 Anmeldungen, bis Februar 1805 kamen 1200 neue Schüler hinzu; vgl. dazu: Volpe, I Gesuiti nel Napoletano 36f.

Dieser Neuanfang, der wegen der bevorstehenden militärischen und politischen Umwälzung in Süditalien nicht von durchgreifendem Erfolg sein konnte[828], setzte die Jesuiten jedoch kurzfristig in den Stand der Legalität, so daß im Dezember 1804 wieder ein Ponens für die Causa Gerolamo eingesetzt werden konnte[829]. Zwei Faktoren zeichneten vor allem für die Wiederaufnahme zur Unzeit verantwortlich: zum einen die eindrucksvolle Verehrung, die Francesco de Gerolamo im Süden Italiens genoß, zum anderen die Person des Postulators. Der Ex-Jesuit Conte Alfonso Muzzarelli[830], der nach der Aufhebung des Ordens als Säkularpriester tätig war und seither in Parma lehrte, wurde 1803 von Pius VII. nach Rom gerufen, wo er mit dem Amt eines Theologen an der Pönitentiarie und dem eines Zensors an der *Accademia di Religione Cattolica*[831] betraut wurde. Der berühmte aszetische Schriftsteller und Förderer der Maiandachten sowie der Herz-Jesu-Verehrung bemühte sich 1804 um den Wiedereintritt in die Gesellschaft Jesu, wurde aber vom Papst daran gehindert[832]. Dem Conte Muzzarelli, der Ende 1804 das Amt des Postulators für die Causa Gerolamo übernahm, gelang es, den Beatifikationsprozeß trotz der Ungunst der Epoche in weniger als 15 Monaten zum Abschluß zu bringen.

Auch ein weiterer Jesuit, der später selbst selig- und heiliggesprochen wurde, hatte wesentlichen Anteil am Durchbruch der Causa – der bereits erwähnte Provinzial in Neapel, Giuseppe Pignatelli. Der der ursprünglich italienischen Familie der Herzöge von Monteleone aus Zargoza entstammende Pignatelli wurde mit seinen Confratres 1767 aus Spanien vertrieben, gab auch nach der Auflösung des Jesuitenordens ein „leuchtendes Beispiel unerschütterlicher Berufstreue"[833] im korsischen und italienischen Exil ab, erneuerte 1797 seine Ordensgelübde und wurde schließlich zum ersten Organisator der wiedererstehenden Gesellschaft Jesu. Pignatelli, der 1803 Provinzial in Italien wurde, reorganisierte seinen Orden von Neapel aus, wo er ein Jahr später das alte Kolleg beziehen konnte[834]. Sicherlich verwandte er sich bereits zu dieser Zeit für die Causa Gerolamo. Nachweisen lassen sich entsprechende Schritte allerdings erst 1806[835], als der von den Franzosen Vertriebene nach Rom ging.

---

[828] Schmidlin I 357f.; Becher, Die Jesuiten 329–333; Umberto Antonio Padovani, La soppressione della Compagnia di Gesù a Napoli, Neapel 1962; Volpe, I Gesuiti nel Napoletano 37f. – Bereits Anfang 1806 bereiteten sich die Patres angesichts der französischen Okkupation auf das Exil vor. Am 3. Juli 1806 wurde dem Orden von den französischen Machthabern 24 Stunden zum Verlassen des Königreiches eingeräumt; vgl. zur politischen Situation: Galasso, Napoli capitale 234–238.

[829] ASRC, Decreta 1791–1804, fol. 430: Ernennung des Süditalieners Saluzzo zum Ponens, Dezember 1804. – Ferdinando Saluzzo aus Neapel (1744–1816), 1783 Titularerzbischof von Cartagine und Nuntius in Polen, 1801 Kardinal: Mario de Camillis, Art. Saluzzo, Ferdinando, in: EC X 1713.

[830] Muzzarelli (1749–1813), 1768 Eintritt in das Noviziat der Jesuiten, nach der Auflösung des Ordens Kanoniker in Ferrara, kam 1803 nach Rom an die Apostolische Pönitentiarie, 1809 verhaftet wegen Eidverweigerung und exiliert: Koch, Jesuiten-Lexikon 1262f.; Tosti, Gli „atleti della Fede" 246 Anm. 26.

[831] Die *Accademia*, die religiöse Studien und die katholische Apologetik förderte, nahm 1801 ihre Tätigkeit auf: Niccolò Del Re, Art. Accademia di Religione Cattolica, in: ders., Mondo Vaticano 17f.

[832] ASRC, Decreta 1805–1810, fol. 430: Aufzeichnung über die Ernennung Saluzzos, 7. Januar 1805.

[833] Pastor XVI/1 830.

[834] Volpe, I Gesuiti nel Napoletano 37.

[835] ASRC, Decreta 1805–1810, fol. 697: Ritenkongregation an den Erzbischof von Neapel, 16. April 1806.

Die immense Verehrung, die Francesco de Gerolamo im Mezzogiorno genoß, unterstützte den Fortgang der Causa wesentlich. Schon die Anzahl der Suppliken, die sich im Anschluß an die Beatifikation um die Ausdehnung der kultischen Verehrung verwandten, zeigt, daß der selige Francesco de Gerolamo am Anfang des 19. Jahrhunderts eine kaum mit anderen vergleichbare Devotion genoß. Eine Vielzahl von Kirchen und Klöstern Süditaliens baten die Ritenkongregation in den Jahren 1806 und 1807, die öffentliche Verehrung des Jesuiten auch auf ihren Bereich auszudehnen. Auch die Diözesen Oria in Apulien, Fano in den Marken und sogar die neuerrichtete ostungarische Diözese Szatmár-Nagyvárad bemühten sich beispielsweise um ein solches Indult, das Pius VII. in der Audienz vom 16. November 1808 gewährte[836].

Dank der potenten Förderung und der historischen Nischensituation des Ordens in Neapel konnte die Causa Gerolamo zur einzigen werden, die in diesen wenigen Monaten vor der Besetzung Roms durch die napoleonischen Truppen im Februar 1808 nicht nur rasche Fortschritte machte, sondern auch zum feierlichen Abschluß der Seligsprechung kam. In der Ende April 1805 wiederholten *Praepartoria*, die auf der Grundlage der alten *Positio* von 1767 durchgeführt wurde[837], diskutierte man die drei Wunder weiterhin kontrovers und beurteilte sie schließlich negativ[838]. In der *Generalis* Mitte Januar 1806 schälte sich eine Zustimmung zum zweiten und dritten Wunder heraus[839], so daß beide schon am 11. Februar durch päpstliches Dekret approbiert werden konnten[840]. Noch im selben Monat wurde die *Congregatio Generalis super tuto* abgehalten, in der alle drei Parteien Einigkeit über eine bevorstehende Beatifikation demonstrierten[841]. Dieser unvergleichlich zügige Prozeßabschluß ist außerdem einem zusätzlich (!) ernannten Ponens zu verdanken, Kardinal Antonio Maria Doria Pamphili[842], dem Bruder des Kardinalstaatssekretärs Pius' VI.[843]. Das Dekret *super tuto* wurde am 19. März promulgiert[844], das Beatifikationsbreve am 2. Mai[845], so daß

---

[836] Kultausdehnung für den gesamten Welt- und Ordensklerus von Oria: ASRC, Decreta 1805–1810, fol. 530: Anweisung des Papstes in der Audienz vom 15. Juli 1807. Dasgleiche für Fano in der Mark Ancona: ebd., fol. 545a: Audienz, 7. Mai 1808; Szatmár-Nagyvárad: ebd., fol. 545g: Audienz, 16. November 1808. – Das Bistum Szatmár-Nagyvárad wurde 1804 errichtet.

[837] BN, H 892, *Positio* über die Wunder, Rom 1767 = Rom 1805.

[838] ASRC, Decreta 1805–1810, fol. 439: CP über 3 Wunder, 30. April 1805. Das Votum wies zahlreiche *suspensive* auf und nur wenige *constare*.

[839] ASRC, Decreta 1805–1810, fol. 461: CG über 3 Wunder, 14. Januar 1806. Die theologischen Konsultoren erteilten allen Wundern breite Zustimmung, die Prälaten und Kardinäle stimmten häufig beim ersten Wunder mit *non constare*.

[840] ASRC, Decreta 1805–1810, fol. 467: Dekret über zwei Wunder, 11. Februar 1806.

[841] ASRC, Decreta 1805–1810, fol. 468: CGST, 25. Februar 1806. Die theologischen Konsultoren, die Prälaten und Kardinäle stimmten einheitlich der Seligsprechung zu.

[842] Doria Pamphili aus Neapel (1749–1821), Bruder des Kardinalstaatssekretärs Giuseppe Maria (1751–1816), gemeinsam mit ihm Besuch des von den Jesuiten geleitete *Collegio dei Nobili* in Rom, 1785 Kardinal, 1801 Präfekt der *Congregazione delle Acque, Paludi Pontine e Chiane*, 1820 Präfekt der *Congregazione della Disciplina regolare*: Marina Formica, Art. Doria Pamphili Landi, Antonio Maria, in: DBI XLI 470–472.

[843] Die Ernennung eines zweiten Ponens – noch zu Lebzeiten Saluzzos, der bei der CGST anwesend war, – war für den Prozeßgang der Ritenkongregation äußerst ungewöhnlich. Doria Pamphili taucht expressis verbis im Dekret *super tuto* auf (19. März 1806): ASRC, Decreta 1805–1810, fol. 472.

[844] ASRC, Decreta 1805–1810, fol. 472: Dekret *super tuto*, 19. März 1806.

[845] ASRC, Decreta 1805–1810, fol. 478: Beatifikationsbreve, 2. Mai 1806.

die feierliche Seligsprechung am 11. Mai in der Peterskirche stattfinden konnte. Die im Sommer 1808 in Rom eintreffenden Bittschriften namhafter Persönlichkeiten legten Zeugnis ab von der breiten Volksverehrung, die Gerolamo im Mezzogiorno genoß, sowie von der Schubkraft der süditalienischen Frömmigkeit: Drei Fürsten, fünf Herzöge, etliche Kardinäle, zahlreiche Bischöfe aus allen Teilen des Südens, etwa 540 Pfarrer und Beichtväter Neapels und selbst der Oratorianerorden verwandten sich für die Kanonisierung des Seligen[846]. Antirevolutionäre Stimmung, von der noch die Rede sein wird[847], tat das Ihre, um die Causa in der Zeit der Auflösung des Ordens zu einem raschen Ende zu führen.

3. Ordensnahe Causen

3.a. Die „abenteuerliche" Causa der Paredes y Flores

Der Seligsprechungsprozeß der Maria Anna de Gesú de Paredes y Flores[848] war zwar keine Causa eines Jesuiten, doch eine seit 1745 von den Jesuiten betreute Causa[849]. Diese erste Heilige und Nationalheldin von Ecuador brachte der Gesellschaft Jesu[850] eine außerordentlich starke Verehrung entgegen, die beispielsweise darin zum Ausdruck kam, daß sie den hl. Ignatius ihren Vater nannte, die Patres ihre Brüder und von sich selbst sagte: „Ich bin ganz Jesuit"[851]. Täglich empfing sie die hl. Kommunion aus der Hand der Ordenspatres und wurde auf ihren eigenen Wunsch auch in der Kollegskirche in Quito beerdigt.

Weniger ihr Leben als die nach ihrem Tod einsetzende Verehrung liest sich wie eine veritable Heiligenlegende, entbehrt aber keineswegs der Wahrheit. Die 1614 in Quito Geborene wurde bereits mit sechs Jahren Vollwaise. Von Kindheit an zeigte sie große Frömmigkeit und die Neigung zur Abtötung des Leibes. Mit sieben Jahren empfing sie die erste hl. Kommunion und nahm unter Anleitung eines Jesuitenpaters den Namen Maria Anna de Gesú an, nachdem sie das Gelübde der Keuschheit abgelegt hatte. Eine Flucht in die Abgeschiedenheit scheiterte ebenso wie Versuche ihrer Familie, sie bei den Dominikanern oder Franziskanern unterzubringen. Daher zog sie sich in einen Raum ihres Wohnhauses zurück und führte fortan ein Leben des Gebets, der Entsagung und der Sühne, versammelte Neger und Indios und wirkte Wunder. Die breite Popularität, die Maria Anna als sogenannte „Lilie von Quito" bereits vor ihrem Tod 1645 genoß, steigerte sich zu einer nationalen Bewegung nach ihrer Beisetzung in der

---

[846] BN, H 892, Sammlung von Bittschriften vom August 1808.
[847] Dazu das Kapitel „Revolutions-Heilige?".
[848] Zur Vita: Juan del Castillo, Vita della venerabile Marianna di Gesù de Paredes y Flores, Rom 1776, ²1853; Giuseppe Boero, Vita della beata Marianna di Gesù de Paredes e Flores, Rom 1854 = Würzburg 1869; José Ignacio Tellechea, Art. Maria Anna di Gesù, de Paredes y Flores, in: BS VIII 1033–1035.
[849] Das Postulationsarchiv der Jesuiten bewahrte die Akten bis zum Abschluß des Heiligsprechungsverfahrens 1950 auf und gab sie dann an den Actor der Causa, den Erzbischof von Quito, ab. Das Findbuch des Jesuitenarchivs verzeichnet noch immer den ursprünglichen Aktenbestand (S. 152–153).
[850] Zu den Jesuiten in Quito und ihrer Missionstätigkeit: Koch, Jesuiten-Lexikon 468–470.
[851] Ebd. 1166.

Jesuitenkirche. Die Wunder, die bald nach ihrem Tod eintraten, bewogen die Jesuiten, den Seligsprechungsprozeß einzuleiten. Der Informativprozeß und die Untersuchungen der Wunder wurden zwischen 1670 und 1678 durch den Bischof von Quito durchgeführt[852]; aber erst der *Processus Ordinarius* von 1746 brachte den Stein ins Rollen, da nun das ganze Material nach Rom geschafft wurde und nun die Gesellschaft Jesu die Causa in die Hand nahm[853]. Unterstützung kam aber noch von einer ganz anderen Seite: Der 1746 auf den Thron gekommene spanische König Ferdinand VI.[854] interessierte sich intensiv für die Causa und setzte Bartolomeo de Olaran als Postulator ein[855].

Die königliche Hand ruhte auch weiterhin auf dem Prozeß. Nur kurze Zeit nachdem die Prozeßakten in der Ritenkongregation geöffnet worden waren[856], bestellte diese 1755 den spanischen Botschafter in Rom, Kardinal Joaquín Fernando Portocarrero[857], zum Ponens der Causa[858]. Wieder mahnten die Jesuiten zur Eile – verständlich nach ihren trüben Erfahrungen –, so daß der Papst Ende des Jahres eine Dispens ausstellen ließ, die die sofortige Diskussion über die Eröffnung der Causa verbriefte[859]. Etwa gleichzeitig schloß man auch die Konsultoren von jeder Mitwirkung aus, so daß diese geradezu exotisch anmutende Causa am 17. Dezember 1757 offiziell von der Ritenkongregation aufgenommen werden konnte[860]. Das erste, was das Dikasterium in Auftrag gab, waren Schriftenuntersuchungen[861], die im Falle Quitos etliche Zeit zu verschlingen versprach.

Um keine kostbare Zeit zu verlieren, bat Olaran den Papst, die *Litterae remissoriales* gemeinsam für die Apostolischen Prozesse *in genere* und *in specie*[862] auszugeben und das Schreiben ganz allgemein abzufassen, um im Falle einer Vakanz jede weitere Verzögerung zu vermeiden[863]. Solche Vorsichtsmaßnahmen waren nicht aus der Luft gegriffen; allein die Verkehrsverhältnisse jener Jahre waren abenteuerlich. Wie be-

---

[852] ASRC, Decreta 1769–1771, fol. 244: Bittschrift des Postulators um die Sanierung der Prozesse, Januar 1771.
[853] ASRC, Decreta 1769–1771, fol. 5: Bittschrift des Postulators um die Einrichtung einer *Congregatio particularis*, Januar 1769.
[854] Ferdinand von Bourbon (1713–1759) war spanischer König von 1746–1759.
[855] ASRC, Fondo Sc, Maria Anna a Jesu Paredes, Fasz. 18. Jhd., Aufzeichnung der Kongregation über den Stand der Causa, ohne Datum.
[856] ASRC, Decreta 1754–1757, fol. 98: Öffnung der Prozeßakten angeordnet: 11. Januar 1755.
[857] Joaquín Fernando Portocarrero Marquéz de Almenara Conde de Palma (1681–1760), Grande von Spanien, zunächst Feldmarschalleutnant und kaiserlicher Kämmerer, 1720 Botschafter des Malteser-Ordens beim Kaiserhof, 1722–1728 Vizekönig Beider Sizilien, 1730 Priesterweihe, 1735 Patriarch von Antiochien (Syrien), 1743 Kardinal, 1748–1760 spanischer Botschafter beim Papst, Präfekt der Kongregation der Indulgenzen und Reliquien: HC VI 12, 87; Repertorium der diplomatischen Vertreter II 196, 391.
[858] ASRC, Decreta 1754–1757, fol. 102: Ernennung Portocarreros zum Ponens, 22. Januar 1755.
[859] Zwischen dem Informativprozeß und der Aufnahme der Causa mußten 10 Jahre verstrichen sein. Dispens vom 10. Dezember 1755: ASRC, Decreta 1754–1757, fol. 153.
[860] ASRC, Decreta 1757–1760, fol. 88: *Signatio Commissionis* am 17. Dezember 1757 nach einem Votum der Kongregation ohne Konsultoren.
[861] Zwei Schriftrevisionen wurden am 17. Dezember 1757 in Auftrg gegeben; eine davon ging an den Bischof von Quito: ASRC, Decreta 1754–1757, fol. 286f. u. 294.
[862] Dazu: ASRC, Decreta 1769–1771, fol. 5: Bittschrift des Postulators um eine *Congregatio particularis*, Januar 1769.
[863] ASRC, Fondo Sc, Maria Anna a Jesu Paredes, Fasz. 18. Jhd., Bittschrift des Postulators vom Januar 1758.

fürchtet, wurden die beiden römischen Aufträge[864] in Quito nicht bearbeitet, da die formelhaften Briefe der lokalen Situation nicht Rechnung trugen[865]. Die römischen Schreiben beauftragten wie gewöhnlich mindestens vier Kanoniker und den Bischof oder Generalvikar mit der Durchführung der Untersuchungen, welche sich meist über mehrere Wochen hinzogen[866]. Zunächst gab es Probleme, die Kanoniker und andere Dignitäre der ecuadorianischen Kathedralkirche zu versammeln, da sehr viele alt und krank waren. Dann waren vor Ort nur etwa zwei bis drei greifbar, denn der Rest, wie auch der Bischof selbst, tat im ausgedehnten Bistum Dienst in der Seelsorge. Der Postulator bat daher, statt Kanoniker Präbendare oder promovierte Geistliche, gegebenenfalls auch Ordensobere aus Quito zu Richtern zu ernennen. Unter veränderten Prozeßbedingungen konnte schließlich 1761 mit den Untersuchungen begonnen werden[867].

Während nun der Apostolische Prozeß *in genere* 1765 in Rom eintraf[868], wartete man vergeblich auf den *in specie* – in Quito war inzwischen die befürchtete Vakanz eingetreten[869] –, so daß ein neuer Auftrag notwendig wurde[870]. Ein deutliches Beispiel für die abenteuerlichen Verkehrsverhältnisse liefert der Postweg des römischen Schreibens vom 29. Januar 1766 nach Quito: Der Auftrag wurde erst im März von Madrid aus an den Königlichen Rat für Indien in dreifacher Ausfertigung abgesandt, damit zumindest ein Exemplar Quito erreichen sollte[871]. Ob wenigstens ein Exemplar tatsächlich angekommen war, wußte man Anfang 1769 in Rom noch nicht[872].

In dieser chaotischen Situation fand sich ein Helfer, der dem Prozeß durch aktive Mithilfe zumindest bis zum Ende des Jahrhunderts Dynamik verlieh. Seinem selbstlosen Einsatz ist möglicherweise die gesamte Seligsprechung der Lilie von Quito zu verdanken. Was er tat, scheint einen Abenteurerroman des 19. Jahrhunderts zu füllen. Denn fast noch mirakulöser als das Leben der Paredes liest sich der ganz nüchtern gehaltene Reisebericht des Juan del Castillo von 1768[873], einem Jesuiten aus Quito[874]. Dieser wurde im September 1757 vom dortigen Bischof ausgewählt, um auf dem südamerikanischen Subkontinent Nachforschungen über die Paredes anzustellen und eine Do-

---

[864] ASRC, Decreta 1757–1760, fol. 95 (Apostolischer Prozeß *in specie*, 21. Januar 1758), fol. 133 (Apostolischer Prozeß *in genere*, 2. September 1758).
[865] Auch zum folgenden: ASRC, Decreta 1760–1762, fol. 67: Bittschrift des Postulators, November 1760.
[866] Auch zum folgenden: ASRC, Fondo Sc, Maria Anna a Jesu Paredes, Fasz. 18. Jhd., Aufzeichnung des Postulators, 1760.
[867] Clemens XIII. gestattete diese Vereinfachungen am 29. November 1760: ASRC, Decreta 1760–1762, fol. 67.
[868] Prozeßöffnung am 27. März 1765: ASRC, Decreta 1763–1765, fol. 174.
[869] Am 12. März 1759 war Bischof Johannes Nieto Polo del Aguila gestorben; Quito erhielt erst am 20. Dezember 1762 einen Nachfolger: HC VI 351.
[870] Erneuter Auftrag für den Apostolischen Prozeß *in specie*, 29. Januar 1766: ASRC, Decreta 1766–1768, fol. 18.
[871] ASRC, Decreta 1769–71, fol. 5: Bittschrift des Postulators für eine *Congregatio particularis*, Januar 1769.
[872] Ebd.
[873] Auch zum folgenden: ASRC, Fondo Sc, Maria Anna a Jesu Paredes, Fasz. 18. Jhd., Bittschrift von Castillo, 9. November 1768.
[874] Der spätere Postulator muß mit Juan del Castillo identifiziert werden, der am 15. August 1755 die Ordensgelübde der Jesuiten in Quito abgelegt hatte: ARSI, Elenco dei voti, Hisp. 32.

kumentation anzufertigen. Vor allem wird es sich dabei um eine Sammlung von Gebetserhörungen und Wunderberichten gehandelt haben. Am 26. September machte sich Castillo auf den Weg, verließ als einziger Sohn Haus und Hof, um auf eigene Kosten Material für die Seligsprechung zu beschaffen. Man darf annehmen, daß er als eine Art Wandermissionar Südamerika durchkämmte, da er von Beichtehören und Volkspredigten berichtete. Sein heroischer Idealismus überwand Berge und Wüsten – nicht selten zu Fuß –, besiegte zahlreiche Lebensgefahren und trotzte allen Anstrengungen und Entbehrungen, die er in seiner tiefen Herz-Jesu-Verehrung und Devotion gegenüber der Muttergottes von Loreto gelassen hinnahm. Die unglaubliche Reise, die ganze zehn Jahre und drei Monate in Anspruch nahm, führte ihn von Quito über Trujilo (Peru), Lima, Cuzco, Arequipa, La Paz, Tucuman, Concepción (Argentinien) bis nach Santiago de Chile und Buenos Aires, wobei er allein 20 900 Meilen ohne technische Hilfsmittel zurücklegte. In den großen Städten nahm er Kontakt zu den Bischöfen auf, die ihn bei seiner Reisetätigkeit und den Nachforschungen unterstützten, so daß er insgesamt 150 Zeugnisse zusammenbringen konnte. Schließlich schiffte er sich nach Spanien ein, wo ihm der König persönlich die Postulatur der Causa übertrug. Diese Geschichte wie aus Tausendundeiner Nacht endete 1768 zu Füßen des Papstes in Rom.

Nachdem Clemens XIII. den rührenden Bericht des jesuitischen Abenteurers angehört hatte, setzte jener mit seltener Großzügigkeit in der Audienz vom 25. Januar 1769 eine Sonderkongregation ein – bestehend aus drei Kardinälen, dem Kongregationssekretär sowie dem Promotor fidei – und stattete diese mit weitestgehenden Fakultäten aus[875]. Das war bitter nötig! Schon 1765 hatte die Ritenkongregation bei der Identifikation des Apostolischen Prozesses *in genere* Schwierigkeiten gemacht, so daß eine Dispens des Papstes erforderlich geworden war[876]. Etwa zwei Monate später war wieder ein päpstlicher Gnadenerweis fällig geworden, um die Diskussion in der Kongregation ohne Konsultoren zu führen, da die Gültigkeit desselben Prozesses kritisiert worden war[877]. Da nun die Kongregation die noch nicht abgeschlossene Schriftenrevision hätte vorschieben können, um den Fortgang der Causa zu blockieren, hatte sich der Papst auch hier etwas einfallen gelassen, kurzerhand vom gewöhnlichen Prozeßgang dispensiert und zunächst die Prüfung der spärlichen Werke und Briefe der Paredes zurückgestellt[878]. Erwartungsgemäß war der Prozeß *in genere* Ende Januar 1766 approbiert worden[879]; das Schriftgut der Paredes hatte für einen solchen Akt noch bis Ende 1767 gebraucht[880]. Als nun im Juli 1767 die Akten des Prozesses *in specie* aus Quito – Castillo vorauseilend – in Rom eingetroffen waren[881], mußten auch diese

---

[875] ASRC, Decreta 1769–1771, fol. 5: Die Rückseite der Bittschrift zeigt den Vermerk über die Audienz vom 25. Januar 1769.
[876] ASRC, Decreta 1763–1765, fol. 174: Prozeßöffnung mit Dispens von der Identifizierung von Siegel und Handschrift, 27. März 1765.
[877] ASRC, Decreta 1763–1765, fol. 191: Dispens vom 3. Juli 1765.
[878] ASRC, Decreta 1763–1765, fol. 193: Bittschrift des Postulators, die Zweifel am Prozeß *in genere* vor der Approbation der Schriften zu diskutieren; Vermerk über die Audienz mit Dispensgewährung vom 3. Juli 1765.
[879] ASRC, Decreta 1766–1768, fol. 6: *Approbatio* vom 29. Januar 1766.
[880] Approbation der Manuskripte am 23. Dezember 1767: ASRC, Decreta 1766–1768, fol. 251.
[881] ASRC, Decreta 1766–1768, fol. 217: Prozeßöffnung, 22. Juli 1767.

wieder umständlich per Dispensweg approbiert werden. Damit nicht genug. Längst anerkannte Akten aus dem Bischofsprozeß des 17. Jahrhunderts hatten nun wiederum Anlaß zur Kritik gegeben; selbst die Sonderkongregation hatte ein negatives Votum über die Gültigkeit abgegeben, so daß nur der Papst hier weiterhelfen konnte. Mit einem Federstrich hatte dann Clemens XIII. Ende August 1768 alle formalen Beanstandungen der Kongregation saniert[882].

In dieser Situation trat der südamerikanische *Deus ex machina* auf den Plan und wendete das Blatt. Die Einsetzung einer Sonderkongregation kam gerade recht, um dem konstanten Widerstand der Ritenkongregation Einhalt zu gebieten. Auch der Tod Clemens' XIII. konnte dem moralischen Vorteil, den die Causa seit dem Auftreten Castillos gewonnen hatte, nichts anhaben. Selbst Clemens XIV., der wenige Jahre später den Jesuitenorden aufhob, zeigte sich Anfang Dezember 1769 stark bewegt und persönlich betroffen[883], zog alle schwebenden Fragen an sich und versprach einen beschleunigten Fortgang des Beatifikationsverfahrens[884]. Neue Kritteleien der Kongregation an etlichen Prozessen halfen nichts: Der Papst dispensierte, wo er nur konnte – sogar vom obligatorischen Besuch des Grabes. Mehr noch! Aufgrund von Castillos eindrucksvollem Auftreten[885] konnte man in Rom einen Apostolischen Prozeß ohne Originaltexte durchführen[886]. Es genügte, einige Ex-Jesuiten, die sich gerade in Rom aufhielten, über die Tugenden der Paredes zu examinieren und ihre Aussagen schriftlich festzuhalten[887]. Etwas Vergleichbares hatte es bisher noch nicht gegeben. Castillo wurde auch weiterhin ins Rennen geschickt[888]: Auf der Welle der Sentimentalität wurde auch – zum wievielten Male ist unbekannt – der Informativprozeß aus Quito saniert[889].

Daß der Bericht Castillos tatsächlich jede Ordenskritik verstummen ließ, beweist außerdem die rasch angesetzte *Antepraeparatoria*, die der über 26 Jahre währenden Tugenddiskussion schließlich zu einem Etappensieg verhalf: Ende Mai 1771 spendeten die Kongregationsväter den *Virtutes* der Lilie von Quito noch ein desinteressiertes *suspendit iudicium*[890]. Die Konsultoren und der Promotor bemängelten, daß keine

---

[882] ASRC, Decreta 1766–1768, fol. 321: Aufzeichnung über das Votum der Kongregation vom 27. August 1768 und der Sanierung durch den Papst am 31. August 1768. Beim Ordinarius glaubte man „iuris et factae defectum" zu entdecken.

[883] ASRC, Fondo Sc, Maria Anna a Jesu Paredes, Fasz. 18. Jhd., Aufzeichnung der Postulatur über die Audienz vom 8. Dezember 1769.

[884] ASRC, Decreta 1767–1771, fol. 80: Audienz vom 8. Dezember 1769.

[885] ASRC, Fondo Sc, Maria Anna de Jesu Paredes, Fasz. 18. Jhd., Aufzeichnung des Assessors Gardellini, um 1820. – Clemens XIV. gab schließlich dem Drängen Castillos nach.

[886] ASRC, Decreta 1769–1771, fol. 80: Audienz vom 8. Dezember 1769. Es fehlte bisher der Apostolische Prozeß „Continuativus" über die Tugenden *in specie*.

[887] ASRC, Fondo Sc, Maria Anna de Jesu Paredes, Fasz. 18. Jhd., Aufzeichnung des Assessors Gardellini, um 1820.

[888] Die Audienzen wurden alle durch Bittschriften Castillos entschieden. Tatsächlich waren aber beide, Olaran und Castillo, offiziell zu Postulatoren bestellt: ASRC, Decreta 1769–1771, fol. 281: Ernennung Albanis zum Ponens, 6. April 1771.

[889] ASRC, Decreta 1769–1771, fol. 244: Bittschrift Castillos, Rückseite mit dem Vermerk über die Audienz vom 11. Januar 1771. In der Supplik wird ausdrücklich darauf verwiesen, daß dieser Prozeß bereits von Clemens XIII. 1768 anerkannt wurde.

[890] ASRC, Decreta 1769–1771, fol. 301: CA über die Tugenden, 28. Mai 1771. Die allermeisten enthielten sich der Stimme, nur 2 stimmten zu.

direkten Zeugnisse über den Tugendgrad aus der Jugendzeit der Paredes vorlägen[891]. 1763 hatte man Zeugnisse aus zweiter Hand gesammelt, die nicht bis in die ersten Lebensabschnitte der Kandidatin zurückreichten. Castillo hielt der Kritik die anerkannte Autorität Benedikts XIV. entgegen, der in solchen Fällen und expressis verbis in diesem speziellen indirekte Zeugnisse für die Approbation des Tugendgrades empfohlen hatte[892]. In seinem bemühten Italienisch hebelte der Postulator beflissen die Einwände der Kongregation in einem 13 Seiten langen Memorandum aus, „da er den größten Wunsch hatte, eiligst die Fragen in der *Praeparatoria* vorzuschlagen"[893]. Sogar der Promotor zollte dem „studiosissimi Postulatoris [...] studium"[894] Respekt, glaubte diesen aber durch neue *Animadversiones* unwirksam zu machen[895]. Den hartgesottenen Castillo schien es keine Mühe zu kosten, den Kampf, der sich zu einer wahren Materialschlacht von alternierenden Einwänden und Widerlegungen entwickelte, aufzunehmen. Wenig später legte er eine sechzigseitige *Responsio* von 163 Punkten vor, die den Weg für die nächste Sitzung freimachte[896]. Die *Praeparatoria*, die im März 1772 abgehalten werden konnte, brachte dann aber breite, wenn auch zähneknirschende Zustimmung[897], so daß man vier Jahre später die *Generalis* ansetzen konnte, die die Tugenden der Paredes nolens volens approbierte[898]. Das Dekret über die „virgo gloriosa Quitensis Lilii" erschien eine Woche später mit der Forderung nach drei Wundern[899].

Damit hatte die Causa Paredes den Jesuitenorden und das Entscheidungsjahr 1773 überlebt. Weitere Erfolge waren ihr jedoch nicht beschieden, obwohl der königliche Rat von Indien nach dem Tod Castillos[900] 1797 einen neuen Vorstoß unternahm, Giuseppe Garcia Malo zum Postulator einsetzte[901] und die weiteren Prozeßspesen übernahm[902]. Castillos Aura konnte jedoch keine Wirkung mehr erzielen. Ein Wunderprozeß aus Quito, der 1785 über den spanischen Botschafter beim Hl. Stuhl in die Riten-

---

[891] Hierzu und zum folgenden das handgeschriebene Memoriale Castillos vom Sommer 1771: BN, H 1242.
[892] BN, H 1242, Memoriale Castillos, 1771.
[893] BN, H 1242, Memoriale Castillos, 1771: „essendo al sommo desideroso il Postulatore di sollecitamente proporla nella Preparatoria".
[894] BN, H 1242, *Novae Animadversiones*. Weiter: „elaborantissima ad priores meas Animadversiones Responsione".
[895] BN, H 1242, Novae Animadversiones.
[896] BN, H 1242, *Responsio* auf die neuen *Animadversiones*.
[897] ASRC, Decreta 1772–1774, fol. 10: CP über die Tugenden, 24. März 1772. Viele votierten mit *ita constare, ut procedi possit ad discussionem trium miraculorum*.
[898] ASRC, Decreta 1775–1778, fol. 103: CG über die Tugenden, 12. März 1776. Die meisten stimmten mit *ita constare, ut possit ad discussionem* ...; es gab aber auch 6 negative Voten.
[899] ASRC, Decreta 1775–1778, fol. 112: Tugenddekret vom 19. März 1776.
[900] Das Todesdatum steht nicht fest, muß aber um 1781 angenommen werden. Einen Hinweis bei: ASRC, Fondo Sc, Maria Anna de Jesu Paredes, Fasz. 18. Jhd. (2. Teil), Promemoria, um 1820.
[901] ASRC, Fondo Sc, Maria Anna a Jesu Paredes, Fasz. 18. Jhd., Aufzeichnung der Ritenkongregation über den Prozeßablauf. Garcia Malo legte sein Bestallungsschreiben von der spanischen Botschaft am 27. Juli 1797 in der Kongregation vor.
[902] ASRC, Fondo Sc, Maria Anna de Jesu Paredes, Fasz. 18. Jhd. (2. Teil), Promemoria, um 1820. Nach Gesprächen mit dem Advokaten, der die Causa in der Ritenkongregation betreute, trat man an den spanischen Botschafter in Rom, José Nicolas de Azara (1765–1772), heran, der den Rat von Indien informierte. Dieser sprach sich für die Wiederaufnahme des Prozesses aus. Zu Azara: Repertorium der diplomatischen Vertreter III 436.

kongregation befördert wurde[903], stieß dort auf die bekannten Widerstände. Das Dikasterium bezweifelte die Konstanz der Heilung und ließ das Wunder – 1797 – nochmals untersuchen[904]. Königliche Protektion verhalf gerade noch einem weiteren Wunder 1798 zur Untersuchung[905], dann standen in Rom bis 1822 alle Räder still.

3.b. Herz-Jesu-Verehrung und die Seligsprechung der Marguérite-Marie Alacoque

Soviel zu den direkten Jesuitencausen im Ancien Régime, zu denen man zumindest technisch auch Maria Anna de Paredes zählen muß. Zum inneren Kreis der Beatifikationsaspiranten der Gesellschaft Jesu gehörte Marguérite-Marie Alacoque[906], deren Prozeßeröffnung bis 1824 warten mußte. Die 1647 geborene burgundische Mystikerin wurde nach dem Tod des Vaters den Klarissen übergeben, mußte aus Gesundheitsgründen jedoch bald wieder in die Familie zurückkehren. Mit knapp 24 Jahren trat sie in das Salesianerinnenkloster der Heimsuchung in Paray-le-Monial ein, wo sie 1690 starb. Ihre Bedeutung liegt vor allem in der Förderung der Herz-Jesu-Verehrung, der sie durch ihre Visionen zum Durchbruch verhalf[907]. Unter den zahlreichen Erscheinungen Christi ragte jene um den 16. Juni 1675 heraus, die ihr den Auftrag erteilte, die Einführung des Herz-Jesu-Hochfestes zu betreiben. Ihre Sendung brach sich unter der Seelenführung erfahrener Jesuiten Bahn, vor allem des Claude de la Colombière[908], der schon vorher den Herz-Jesu-Andachten große spirituelle Bedeutung beigemes-

---

[903] ASRC, Fondo Sc, Maria Anna a Jesu Paredes, Fasz. 18. Jhd., Bittschrift des Postulators von 1797.
[904] ASRC, Decreta 1791–1804, fol. 316: Anordnung der Untersuchung in Quito am 16. Dezember 1797.
[905] ASRC, Fondo Sc, Maria Anna de Jesu Paredes, Fasz. 18. Jhd., Aufzeichnung der Ritenkongregation über den Prozeßablauf. Der Auftrag wurde am 10. Januar 1798 erteilt.
[906] Zur Vita: Johann Joseph Languet, Das Leben der gottseligen Mutter Margaretha Maria Alacoque I–II, Regensburg/Landshut 1836; M[arianne] Marduel, Sainte Marguérite-Marie, sa physionomie spirituelle, Paray-le-Monial 1964; Raymond Darricau, Art. Margherita Maria Alacoque, in: BS VIII 804–809; Louis Cognet, Marguerite-Marie Alacoque, in: Manns, Die Heiligen in ihrer Zeit II 331–333.
[907] Die historische Darstellung der Herz-Jesu-Verehrung im 18. Jahrhundert ist über ein rudimentäres Grundraster nicht hinausgekommen: Raab, Zur Geschichte der Herz-Jesu-Verehrung im Mittelrheingebiet während des 18. Jahrhunderts 177. Für das 19. Jahrhundert liegt eine Vielzahl von Untersuchungen vor, die sich vor allem mit sozialgeschichtlichen Fragen und dem katholischen Milieu auseinandersetzen. Zur Herz-Jesu-Verehrung grundlegend: Karl Richstätter, Die Herz-Jesu-Verehrung des deutschen Mittelalters I–II, Paderborn 1919; André Jean Marie Hamon, Histoire de la devotion au Sacré-Cœur I–V, Paris 1923–1940; Koch, Jesuiten-Lexikon 793–799; Jacques Le Brun, Politik und Spiritualität. Die Herz-Jesu-Verehrung in der neueren Zeit, in: Concilium 7 (1971) 617–624; Patrizia Napoletano, Art. Sacri Cuori, Sacro Cuore di Gesù, Sacro Cuore di Maria, in: DIP VIII 258–274; Rosa, Regalità e „douceur" nell'Europa del '700 73–78; Norbert Busch, Frömmigkeit als Faktor des katholischen Milieus. Der Kult zum Herzen Jesu, in: Blaschke/Kuhlemann, Religion im Kaiserreich, Gütersloh 1996, 136–165. – Zur Entwicklung im 18. Jahrhundert jüngst: Busch, Katholische Frömmigkeit und Moderne 50–62.
[908] Zum 1992 heiliggesprochenen de la Colombière (1641–1682), 1669 Priesterweihe, ab 1674 in Paray-le-Monial, 1676 Hofkaplan der Herzogin von York in London, dann eingekerkert und verbannt: Franz Xaver Hattler, Lebensbild des ehrwürdigen Paters Claude de la Colombière nebst seinem geistlichen Tagebuch, Freiburg/Br. 1903; Il B. Claudio de la Colombière della C.d.G., direttore spirituale di S. Margherita M. Alacoque (1641–1682), in: Civiltà Cattolica 1929 (II) 490–504; Koch, Jesuiten-Lexikon 351f.

sen[909] und sich 1675 ganz dieser Sache verschrieben hatte. Auch durch eigene Tradition war die Gesellschaft Jesu der Herz-Jesu-Frömmigkeit fest verbunden[910]. Daher verbreitete sich die Botschaft von Paray-le-Monial gegen zahlreiche kirchenpolitische Widerstände „vor allem durch die Mithilfe der Gesellschaft Jesu"[911]. Zu einer umfassenden Existenzkrise des Kultes kam es in der zweiten Hälfte des 18. Jahrhunderts durch den Einfluß des Jansenismus, der sogenannten katholischen Aufklärung und nicht zuletzt durch die Aufhebung des Jesuitenordens[912]. Der Jansenismus erhob vor allem gegen die extreme Konkretisierung des Kultsymbols heftigen Widerspruch und diffamierte jene Verehrung als Fetischismus und Idolatrie[913].

Die Krise setzte jedoch schon früher ein. Im 17. und 18. Jahrhundert erreichte die Herz-Jesu-Verehrung in Frankreich zunächst große Verbreitung. Ludwig XIV. (1643–1715) hatte durch die Vermittlung seines Beichtvaters de La Chaise[914] das Land dem göttlichen Herzen geweiht. Benedikt XIV. konnte dieser besonderen Frömmigkeitsform nichts abgewinnen. Schon als Promotor fidei sprach er sich gegen die Gewährung eines eigenen Offiziums und Meßformulars aus[915]: Als „unflexibler Opponent"[916] des Kultes verzögerte Lambertini 1727 zunächst eine Entscheidung an der Ritenkongregtion[917]. Unter Verwendung eines Briefes vom hl. Bernhard von Clairvaux wies er 1729 schließlich die Visionen der Alacoque zurück[918] und blockierte damit die Seligsprechung sowie den Herz-Jesu-Kult[919]. Auch einer weiteren Bitte, die 1756 unter Vermittlung der Königin von Frankreich von den dortigen Karmeliten vorgetragen wurde, verschloß sich der Papst[920]. Die Jansenisten waren auch hier wieder am Werk, um die Causa Alacoque wie auch andere französische zu Fall zu brin-

---

909 Il B. Claudio de la Colombière della C.d.G. 497.
910 Zur engen Beziehung von Herz-Jesu-Verehrung und Jesuitenorden immer noch: Koch, Jesuiten-Lexikon 793–799; Busch, Frömmigkeit als Faktor des katholischen Milieus 158f.
911 Busch, Frömmigkeit als Faktor des katholischen Milieus 141; Brovetto/Mezzadri/Ferrario/Ricca, Storia della spiritualità V 317f.
912 Busch, Frömmigkeit als Faktor des katholischen Milieus 141; Dammig, Il movimento giansenista a Roma nella seconda metà del secolo XVIII 286. Vgl. auch: De Giorgi, Il culto al Sacro Cuore di Gesù 196–200; Brovetto/Mezzadri/Ferrario/Ricca, Storia della spiritualità V 316f.
913 Napoletano, Art. Sacri Cuori, Sacro Cuore di Gesù, Sacro Cuore di Maria 260; Rosa, Regalità e „douceur" nell'Europa del '700 77.
914 François de La Chaise SJ (1624–1709) war seit 1674 Beichtvater Ludwigs XIV.: Koch, Jesuiten-Lexikon 314f.
915 Benedikt XIV., Opera Omnia IV 701–705 (IV, 2, 19–25). Sein Votum vom 30. Juli 1729 lautete *negative*.
916 Continuatori del B. Claudio de la Colombière in Roma e il primo officio del S. Cuore 239.
917 Sein Gutachten schloß mit der Bemerkung *dilata*: ebd. Vgl. auch: Dammig, Il movimento giansenista a Roma nella seconda metà del secolo XVIII 286.
918 Benedikt XIV., Opera Omnia IV 703 (IV, 2, 24). Benedikt zog einen Brief des hl. Bernhard (Nr. 174) an die Kanoniker von Lyon heran, der sich mit einer Anfrage zum Fest der Empfängnis Mariens auseinandersetzte. Bernhard antwortete, das Fest sei neu, es stütze sich nicht auf eine päpstliche Anordnung; man hätte es nicht einführen dürfen, ohne den Apostolischen Stuhl zu befragen: Bernhard von Clairvaux. Sämtliche Werke lateinisch/deutsch II 1016–1025.
919 Rosa, Prospero Lambertini tra „regolata devozione" e mistica visionaria 526. In einem anderen Beitrag weist Rosa darauf hin, daß die römische Kurie trotz expandierendem Herz-Jesu-Kult sich nicht zu einer positiven Sanktion bereitfand: ders., Regalità e „douceur" nell'Europa del '700 80–82.
920 Pastor XVI/1 990; Chadwick, The popes and european revolution 65.

gen[921]. Erst unter Benedikts Nachfolger gelang ein kurzfristiger Durchbruch: Clemens XIII., der selbst der 1729 gegründeten römischen Erzbruderschaft vom Heiligsten Herzen[922] angehörte[923], approbierte am 6. Februar 1765 in beschränktem Rahmen Meßformular und Offizium auf wiederholtes polnisches Bitten[924]. Nicht zufällig kam der Beatifikationsprozeß der Alacoque erst 1824 – im Stichjahr der Jesuitencausen – in Gang.

3.c. Josaphat und Sarkander

Zum äußeren Kreis der Jesuitenheiligen muß neben Josaphat Kuncewycz auch Jan Sarkander gezählt werden, deren Prozesse an anderer Stelle eingehend erörtert wurden. Die geistige und lokale Nähe des mährischen Nationalpatrons Sarkander zur Gesellschaft Jesu springt schon beim Lesen seiner Vita ins Auge[925]: Im Alter von 15 oder 16 Jahren kam er an die Lateinschule der Jesuiten in Olmütz, am 8. Juni 1597 schrieb er sich in die dortige Jesuitenakademie ein. Auch das Studium der Philosophie absolvierte er in Prag bei der Gesellschaft Jesu, ebenso wie seine theologische Ausbildung in Graz ab 1604[926]. Nach diesem geradlinigen Bildungsgang, der Punkt für Punkt dem Studienkanon des Ordens entsprach, wäre ein Eintritt in den Jesuitenorden nur folgerichtig gewesen, und Sarkander schien auch diese Absicht gehabt zu haben, wie seine Biographen vermerken[927], wenn nicht eine Frau dazwischengetreten wäre: Am 3. September 1606 verlobte sich Sarkander mit der Protestantin Anna Plachetska, die nun mit ihrer Familie zum katholischen Glauben übertrat. Nach Annas Tod entschloß er sich, den Weg des Säkularpriesters von Olmütz einzuschlagen, und empfing am 22. März 1609 durch Kardinal Franz Seraph Dietrichstein die Priesterweihe. Selbst jesuitisch erzogen, wurde Dietrichstein zum großen kirchlichen Erneuerer Mährens. Seine Reformpolitik stützte sich vor allem auf die Gesellschaft Jesu, die in ihrem Kolleg einen Großteil des Diözesanklerus ausbildete, da ein eigenes bischöfliches Seminar fehlte. Der Kardinal förderte die Gesellschaft außerdem durch eigene Stiftungen, die nicht nur dem Ausbau von Kirchen und Kollegien im Lande dienten, sondern auch der Erweiterung des philosophischen und theologischen Lehrpersonals im Olmützer Kolleg zugute kamen. Das 1570 zur Akademie erhobene Jesuitenkolleg in Olmütz erhielt 1617 umfassende Promotions- und Universitätsrechte.
Neben dem Priestermangel war das zweite brennende Problem des Fürstbistums die tonangebende protestantische Ständeschaft. Durch die Schulen der Jesuiten war die

---

[921] Darricau, Art. Margherita Maria Alacoque 809.
[922] Zur Geschichte der 1729 gegründeten ersten *Confraternità del Sacro Cuore di Gesù*: Enrico Rosa, Nel secondo centenario della prima confraternità del Sacro Cuore di Gesù in Roma (1729–1929), Rom 1929.
[923] Dazu: Continuatori del B. Claudio de la Colombière in Roma e il primo officio del S. Cuore 239.
[924] Darricau, Art. Margherita Maria Alacoque 808; Pastor XVI/1 990f.
[925] Dazu die Angaben im entsprechenden Kapitel. Die Affinität zu den Jesuiten mag auch ein Verwandter ausgelöst haben, der am 10. Oktober 1608 in das rekatholisierte Troppau einzog: der Jesuitenpater Ignaz Sarkander: Duhr II/1 363.
[926] Duhr II/1 337.
[927] Matzke, Der selige Johannes Sarkander 15; Grulich, Der selige Johannes Sarkander 9.

Stellung der Katholiken im Land allmählich verbessert worden. Söhne des Bürgertums und des Adels, die jesuitische Ausbildungsstätten durchlaufen hatten, brachten den Mut und die Fähigkeit mit, die konfessionelle Auseinandersetzung offensiv zu führen. Mehrere adlige Grundherren wurden für den katholischen Glauben gewonnen und erklärten sich schließlich bereit, die Pfarreien ihres Patronats mit altkirchlichen Geistlichen zu besetzen. Da es aber überall an Priestern fehlte und auch zahlreiche Jesuiten in der Pfarrseelsorge eingesetzt wurden, konnte von einer geregelten und flächendeckenden Gemeindepastoral keine Rede sein, um so mehr, als sich der größte Teil der Bevölkerung vollkommen ablehnend verhielt[928].

In diese explosive Situation, am Vorabend des böhmischen Aufstandes, fiel das Wirken Sarkanders als Seelsorger in Troppau, Charwath, Zdounek, Boskowitz und seit 1616 in Holleschau. Zdounek war zwar um 1600 in der Hand eines katholischen Patronatsherrn, aber die Pfarrer hatten in so rascher Folge gewechselt, daß von einer durchgreifenden Rekatholisierung keine Rede sein konnte. Sarkander rief nun Olmützer Jesuiten zu Hilfe und ließ dort 1614 eine Volksmission abhalten[929]. In Boskowitz, das er schon nach relativ kurzer Zeit verlassen mußte, zog er für die Pfarrseelsorge ebenfalls Jesuiten heran, die 50 Familien bekehrten[930]. Sein Hauptbetätigungsfeld fand Sarkander jedoch in Holleschau, wo der Patronatsherr 1614 den katholischen Geistlichen reinvestierte und eine Niederlassung der Gesellschaft Jesu einrichtete. Auch dort unterstützte eine Anzahl Jesuiten Sarkanders Rekatholisierungsbemühungen[931], so daß mit Hilfe des Ordens 250 Bewohner zum katholischen Bekenntnis zurückgeführt werden konnten[932]. Nach der Verhaftung seines Patronatsherrn 1619 und der gleichzeitigen Vertreibung der Jesuiten aus Mähren war Sarkander dem Haß der überwiegend protestantischen Bevölkerung schutzlos ausgeliefert und sah sich deshalb gezwungen, Holleschau vorerst zu verlassen[933]. Seine pastorale Kooperation mit dem ignatianischen Orden wurde dann auch zu einem der Hauptanklagepunkte, die zum Prozeßverfahren und zur Folterung Sarkanders 1620 führten[934].

Diese enge Verbindung reichte über den Märtyrertod Sarkanders hinaus. Wie noch zu zeigen sein wird, leisteten die Jesuiten wertvolle Arbeit bei der Durchführung des Beatifikationsprozesses. Es kann daher kein Zufall sein, daß das Verfahren an der Ritenkongregation ähnlichen Verwerfungen ausgesetzt war, wie alle anderen Jesuitencausen. Nachdem der Fürstbischof von Olmütz in Rom 1747 die Einleitung des Prozesses betrieben hatte, der im Mai 1750 offiziell eröffnet wurde, fand das Verfahren nach der *Antepraeparatoria* über das Martyrium 1754 ein rasches Ende. Der letzte greifbare Vorgang an der Ritenkongregation läßt sich im Jahre 1756 beobachten. Die Wiederaufnahme der Causa erfolgte erst 1830.

---

[928] Bahlcke, Kontinuität und Wandel im politischen Selbstverständnis der katholischen Geistlichkeit Mährens (1580–1640) 85; Eberhard, Voraussetzungen und strukturelle Grundlagen der Konfessionalisierung in Ostmitteleuropa 100.
[929] Matzke, Der selige Johannes Sarkander 19.
[930] Grulich, Der selige Johannes Sarkander 12.
[931] Matzke, Der selige Johannes Sarkander 20.
[932] Grulich, Der selige Johannes Sarkander 12
[933] Zlámal, Sarkander 47.
[934] Grulich, Der selige Johannes Sarkander 15.

Auch für Josaphat Kuncewycz, dessen Kanonisationsprozeß allerdings erst 1864 anlief und – zumindest für den hier zu betrachtenden Zeitraum – keinen Niederschlag in den Akten der römischen Kongregation hinterlassen hatte, läßt sich eine gewisse Affinität zum Jesuitenorden attestieren. Daß dieses Element keine Marginalie war, verdeutlichen sein Lebenslauf, die Verehrung bei Ruthenen und Polen sowie die besondere Verknüpfung seines Wirkens mit der Union von Brest. Die durch die Reformtätigkeit der Jesuiten vorbereitete Kirchenunion führte die unter polnischer Herrschaft stehende Metropole von „Kiev und ganz Ruthenien" zur Katholischen Kirche[935]. Der vom Jesuiten Piotr Skarga[936] beschriebene Gedanke, der auf die Beseitigung des Schismas zwischen der Lateinischen Kirche und den Ruthenen in Galizien, Podolien, Wolhynien und der Ukraine abzielte, wurde vor allem von den Ordensbrüdern in Wilna – dem Zentrum der Unionsbestrebungen – mit Nachdruck verfochten. Der päpstliche Sondergesandte Antonio Possevino SJ[937] bewog Gregor XIII. (1572–1585), der Gründung eines Seminars in Wilna, das Russen und Ruthenen offenstehen sollte, sowie Studienstiftungen zugunsten dieser Landsleute im Griechischen Kolleg in Rom und in den Jesuitenakademien von Olmütz, Prag und Braunsberg zuzustimmen[938]. Die 1595 geschlossene Kirchenunion wurde ein Jahr später auf der Synode von Brest bestätigt.

Während seiner Studien in Wilna kam der junge Josaphat Kuncewycz zum ersten Mal mit dem Unionsgedanken in Kontakt. Durch den Einfluß der dort ansässigen Gesellschaft Jesu trat er 1604 in das dortige Basilianerkloster ein, dem als „Berater Jesuiten zur Seite"[939] standen. Die Jesuiten waren es auch, die Josaphat und seine Gefährten bewogen, neue Basilianerniederlassungen zu gründen. Diese Expansion war deshalb so bedeutsam, weil der Synode von Brest vor allem der Ordensklerus ferngeblieben war. Josaphats entschiedenes apostolisches Wirken sicherte schließlich der Kirchenunion in Ruthenien den Durchbruch – wenn auch erst posthum[940]. Damit wurde der Basilianerbischof zum Vollender der von den Jesuiten mitangestoßenen Unionsbewegung. Es konnte folglich nicht ausbleiben, daß die Verehrung des ruthenischen Märtyrerbischofs in Litauen vor allem von der Gesellschaft Jesu getragen wurde: Das Jesuitenkolleg in Vitebsk erhob Josaphat 1648 zu seinem Patron, ebenso das in Polozk,

---

[935] Hierzu: Himka, The Greek Catholic Church and the Ukrainian Nation in Galicia 18; Sophia Senyk, The Background of the Union of Brest, Rom 1994. Über die Konversionen des Adels zur römischen Kirche, die von den Jesuiten vorbereitet wurden: Jakovenko, The conversion of the ukrainian nobility 79f, 84.
[936] Skarga (1536–1612), 1569 Jesuit, 1564 Domherr in Lemberg, 1568 Reise nach Rom, schriftstellerische Tätigkeit in Wilna und Ruthenien (1577 kam sein Buch „De unitate Ecclesiae" in polnischer Sprache heraus), 1580 Rektor des Jesuitenkollegs in Polozk, 1583 Rektor der Jesuitenakademie in Wilna, 1588 Hofprediger Sigismunds III. in Krakau: Koch, Jesuiten-Lexikon 1652f.
[937] Possevino (1533–1611), 1559 Jesuit, 1572–1577 Sekretär des Ordensgenerals, zweimalige Sendung nach Schweden, 1582 päpstlicher Beauftragter für den Waffenstillstand zwischen Polen und Russen 1582, Religionsgespräche in Moskau, dann bis 1587 in Ostdeutschland, Litauen, Ungarn, Siebenbürgen und Mähren, gründete eine Reihe von Seminaren als Grundlage für die kirchliche Erneuerung: Liisi Karttunen, Antonio Possevino. Un diplomate pontifical au XVIe siècle, Lausanne 1908; Jaitner, Die Hauptinstruktionen Clemens' VIII. für die Nuntien und Legaten an den europäischen Fürstenhöfen 1592–1605 CCXXXVIf.
[938] Pastor XI 406f.
[939] Ammann 305.
[940] Ebd. 311.

wo der Basilianer besonders verehrt wurde; bereits in der zweiten Hälfte des 17. Jahrhunderts wurde sein Todestag von den Jesuiten in Polozk und anderen ruthenischen Städten besonders kommemoriert[941]. Aber auch im 19. Jahrhundert gab es deutliche Berührungspunkte zwischen der Gesellschaft Jesu und dem Basilianerorden. Bei der Rekrutierung und Ausbildung der Priesterschaft in Wilna und Polozk kooperierten Jesuiten, Basilianer und örtliche Seminarien[942]. Außerdem bildeten beide religiösen Kräfte bis 1839 den Stoßtrupp der nationalen Bewegung Weißrußlands gegen das russische Imperium[943].

4. Der Wiederaufbau der Gesellschaft Jesu und die erste Phase der Wiederbelebung der Ordenscausen

Das Jahr 1773 bedeutete für alle mittel- und unmittelbaren Jesuitencausen den vorläufigen Schlußpunkt. Nach der Auflösung des Ordens und der Vertreibung seiner Mitglieder vor allem aus den romanischen Ländern war es Pius VII., der sich intensiv um die Wiederherstellung der Gesellschaft Jesu bemühte[944]. Die Zulassung der Jesuiten im Königreich Neapel glich einem Intermezzo. Noch von Fontainebleau aus gestattete der Papst im Jahre 1813 die Ausdehnung des Ordens nach England, Irland und Nordamerika. Die Patres der aufgehobenen Gesellschaft sammelten sich in neugegründeten lokalen Priestervereinigungen der Väter vom heiligsten Herzen Jesu bzw. der Väter des Glaubens. Die Ordenshierarchie überlebte in Rußland, da sie dort auf das Wohlwollen der Zaren stieß[945]. Bereits 1801 hatte Pius VII. diesen Zweig der Gesellschaft Jesu offen anerkannt.
Unmittelbar nach seiner Rückkehr aus der französischen Gefangenschaft im Mai 1814 bemühte sich der Papst um den schrittweisen Wiederaufbau der Gesellschaft, die er anfangs nicht ohne die Zustimmung der Fürsten durchführen zu können glaubte. Schon im Juni des Jahres gab der Papst überraschend bekannt, zum Festtag des hl. Ignatius die Gesellschaft Jesu wiederherzustellen, ohne auf politische Implikationen Rücksicht zu nehmen. Die Promulgierung der Bulle verzögerte sich jedoch, da man befürchtete, durch den Text die immer noch zahlreichen Gegner des Ordens zu brüskieren. Am Oktavtag des Ignatiusfestes, am 7. August 1814, bestätigte Pius VII. den Orden schließlich in der alten Form weltweit. Durch diese neue Bewegungsfreiheit konnte der innere und äußere Wiederaufbau der Gesellschaft vor allem in den katholischen Ländern rasch voranschreiten. Damit waren aber noch nicht alle Widerstände aus dem Weg geräumt: Frankreich sperrte sich weiterhin gegen die Wiederzulassung der Jesuiten, in Spanien warf die Revolution von 1820/1823 den Orden aus dem Lande ebenso wie die russische Regierung 1820. Zudem spiegelte sich der Wandel der

---

[941] Dazu: J[an] Krajcar, Saint Josaphat and the Jesuits of Lithuania, in: Analecta Ordinis S. Basilii Magni VI, Rom 1967, 75–84.
[942] Flynn, The Uniate Church in Belorussia 34f.
[943] Ebd. 38.
[944] Zur Wiedererrichtung des Jesuitenordens: Brühl, Neueste Geschichte der Gesellschaft Jesu 1–29; Becher, Die Jesuiten, 329–360; Fois, Art. Compagnia di Gesù 1276–1279; Chadwick, The popes and european revolution 596–599.
[945] Dazu: Marie Josephine Rouet de Journel, La compagnie de Jésus en Russie, Paris 1922.

päpstlichen Politik kaum in der öffentlichen Meinung wider, so daß der Orden selbst in den katholischen Ländern weiterhin mit Anfeindungen rechnen mußte.

Um 1820 waren „wieder alle Posten in den Kollegien und Seminarien, auf Kathedern und Kanzeln, in Spitälern und Missionen"[946] mit neuen Kräfen aus der Gesellschaft besetzt. Damit gelang den Jesuiten der Wiederaufbau rascher als anderen Orden[947]. Im Gegensatz zu ihrer bisherigen Struktur verlagerte sich der Schwerpunkt ihrer Tätigkeit ab 1820 nach Rom, wo sie gegen Ein- und Angriffe von außen wirksamer gewappnet waren und fortan „indirekt durch Vermittlung der Kurie auf die Kirche"[948] einwirken konnten. Etwa zwei Jahre später war der Orden soweit wiederhergestellt, daß er an die Beatifikation bzw. Kanonisation seiner Mitglieder denken konnte. Er tat das mit Vehemenz: Gleich drei Causen – nimmt man die der Paredes und der Alacoque hinzu, waren es sogar fünf – wurden allein im Jahre 1822 wiederaufgenommen[949]. Zunächst kam der Seligsprechungsprozeß von Alonso Rodríguez zu einem raschen Abschluß – dank der Kooperation des Präfekten Giulio Maria Kardinal della Somaglia, der in jenen Jahren mit seiner nahezu vierzigjährigen Kongregationserfahrung die meisten Jesuitencausen als Ponens betreute[950]. Die Gesellschaft Jesu hatte mit della Somaglia einen guten Fang getan: Ihr potenter Ponens wurde 1820 Kardinaldekan und 1823 Kardinalstaatssekretär. Was Wunder, daß der Prozeß des Rodríguez so rasche Fortschritte verzeichnete: Schon im Juni 1823 wurde mit drei ausgewählten Wundern die *Praeparatoria* abgehalten, die noch die alte, obstruktive Haltung der Kongregation zeigte[951]. Zahlreiche Kongregationsväter waren nicht erschienen; das Votum fiel recht konfus aus, zeigte jedoch eine schwache Mehrheit zugunsten der Mirakel. Es war jedoch nicht allein der einflußreiche della Somaglia, der die Mannschaft der Kongregation auf den gewünschten Kurs brachte; der positive Ausgang der schon ein Jahr später angesetzten *Generalis* ging nicht zum mindesten auf das Konto eines als Postulator amtierenden Kurialen zurück, des Pönentiartheologen Vincenzo Zauli SJ[952], sowie auf zwei (!) theologische Konsultoren der Ritenkongregation aus dem Jesuitenorden[953]. Vor diesem Hintergrund kann das weiterführende Votum der *Generalis* vom

---

[946] Schmidlin I 359. Vgl. hierzu auch die Gesamtsituation der Kirche um 1820: Blessing, Reform, Restauration, Rezession 108.
[947] Weber I 252f.
[948] Böhmer, Die Jesuiten 249.
[949] Der Apostolische Prozeß aus Quito der Maria Anna de Paredes wurde am 21. Januar 1823 geöffnet: ASRC, Decreta 1821–1826, fol. 41. Nach der Bestellung eines Ponens für die Alacoque wurde am 6. Mai 1822 der Bistumsprozeß aus Autun geöffnet: ASRC, Decreta 1821–1826, fol. 24.
[950] Della Somaglia wurde am 12. November 1822 für Rodríguez, am 21. Januar 1823 für Bobola, am 21. Mai 1822 für die Alacoque zum Ponens bestellt.
[951] ASRC, Decreta 1821–1826, fol. 45: CP über das 1., 3. und 4. Wunder, 10. Juni 1823. Das Votum für jedes einzelne Wunder war in sich völlig inhomogen. Meist dominierte *suspensive*.
[952] Dekret *super tuto*, 29. September 1824: ASRC, Decreta 1821–1826, fol. 85.
[953] Der 1817 zum Konsultor bestellte, im Oktober 1820 aus dem Orden ausgeschlossene Aloisio Maria Rezzi (1785–1857) durfte auf die ausdrückliche Anordnung des Papstes ab Dezember 1820 weiterhin im Konsultorengremium bleiben: ASRC, Decreta 1814–1821, fol. 103: Aufzeichnung vom 3. Dezember 1820. Sein weiteres Abstimmungsverhalten war jesuitenfreundlich. Rezzi war Professor und Bibliothekar der *Corsiniana* in Rom. – Anfang 1827 läßt sich ein zweiter Jesuit, Domenico Zecchinelli, als Konsultor nachweisen: ASRC, Decreta 1827–1831, fol. 2–4. Zu Rezzi: Sommervogel VI 1701f.; Giuseppe Cugnoni, Vita di Luigi Maria Rezzi, Imola 1879; Radice, Pio IX e Antonio Rosmini 263.

Juni 1824 nicht überraschen; nur die Prälatenkonsultoren leisteten noch Widerstand[954]. Auch der Papst zeigte großes Interesse, das Dekret[955] über die zwei erforderlichen Wunder zu promulgieren, und ließ bereits wenige Wochen später die *Congregatio Generalis super tuto* durchführen[956], so daß Ende September das Beatifikationsverfahren durch das Dekret *super tuto* abgeschlossen werden konnte[957]. Die feierliche Seligsprechung erfolgte am 12. Juni 1825. Was in der zweiten Hälfte des 18. Jahrhunderts auf geradezu unüberwindliche Schwierigkeiten gestoßen war, kam nun in weniger als zwei Jahren zum Abschluß.

Der etwa gleichzeitig wiederanlaufende Prozeß des Andrzej Bobola wies Ähnlichkeiten mit einer Familiengeschichte auf. Die treibende Kraft dieses neu einsetzenden Verfahrens war die Familie Brzozowski, die zwischen 1805 und 1820 den General der Jesuiten stellte: Der im Ermland geborene Thaddäus Brzozowski[958] erhielt seine Ausbildung in Weißrußland und erklomm dort die Leiter der Ordenshierarchie. Das Zarenreich wurde nach dem Verbot des Ordens und der Ausweisung seiner Mitglieder rasch zum Sammelbecken der vertriebenen Jesuiten; diese mußten jedoch St. Petersburg und Moskau 1815 verlassen, da ihre Erfolge in der Sibirienmission und im Schulwesen die Eifersucht der Orthodoxie sowie der russischen Regierung geweckt hatten[959]. Brzozowski wurde mit Gewalt nach Polozk gebracht, wo er 1820 starb[960] – kurz vor der vollständigen Vertreibung des Ordens aus Rußland. Sein Wunsch, nach der Wiederherstellung des Ordens nach Rom reisen zu können, scheiterte am Verbot der russischen Zarenregierung.

Obgleich der General nichts für den direkten Fortgang der Causa des Polen Bobola tun konnte, hatte er sich dennoch für den Seligsprechungsprozeß interessiert, und zwar nicht nur der räumlichen Nähe wegen, sondern vor allem aus familiären Gründen. Der 1591 im Palatinat Sandomir geborene hochadelige Bobola[961] stellte sein Leben nach 1611 ganz in den Dienst von Mission und Krankenpflege und wurde wegen seiner Erfolge von erbitterten Schismatikern 1657 zu Tode gefoltert. Der unversehrte Leichnam, den man zunächst im Kolleg von Pinsk beigesetzt hatte, wurde 1808 nach Polozk, dem letzten Aufenthaltsort Brzozowskis, überführt.

Im Jahre 1730 ereignete sich an Katharina Brzozowska aus dem Fürstentum Brest ein Wunder[962], das in der Ritenkongregation auf gravierende Widerstände stieß, da Katha-

---

[954] ASRC, Decreta 1821–1826, fol. 62: CG über 4 Wunder, 15. Juni 1824. Die Prälaten votierten beim 3. und 4. Wunder häufig mit *non constare*, die übrigen geschlossen mit *constare*.
[955] ASRC, Decreta 1821–1826, fol. 68: Dekret über die Approbation von 2 Wundern, 1. August 1824.
[956] ASRC, Decreta 1821–1826, fol. 75: CGST, 21. September 1824: einheitliches Votum *tuto*.
[957] ASRC, Decreta 1821–1826, fol. 85: Dekret *super tuto*, 29. September 1824.
[958] Zu Brzozowski (1749–1820): Stanisław Bednarski, Art. Brzozowski, Tadeusz, in: Polski Słownik Biograficzny III 68; Bröhl, Neueste Geschichte der Gesellschaft Jesu 15–29; Koch, Jesuiten-Lexikon 272–274.
[959] Rouet de Journel, La compagnie de Jésus en Russie 258–266.
[960] Zu Brzozowskis Aufenthalt in Polozk: ebd. 294–297.
[961] Zur Vita: Koch, Jesuiten-Lexikon 219f.; Cesare Moreschini, S. Andrea Bobola, martire della Compagnia di Gesù, Isola del Liri 1938; Celestino Testore, Art. Andrea Bobola, in: BS I 1153–1155.
[962] Die Eltern, Anna von Nowicka und Michael Brzozowski, stammten aus der Pfarrei „Janoviensis" im Fürstentum Brest, das zur Diözese Luck gehörte. Katharina (geb. um 1717) heiratete als Waise zwölfjährig den Edelmann Kapowicz, der nach einem halben Jahr starb. Mit Adalbert Sienkowski aus (Ost-)Preußen ging sie eine zweite, 9 Jahre währende Ehe ein. Katharinas Bruder Joseph be-

rina nicht getauft war: Der Heimatpfarrer war vor der Geburt des Mädchens gestorben, und die Stelle wurde offensichtlich nicht mehr besetzt, so daß die Spendung dieses Sakramentes versäumt wurde[963]. Zwar beauftragte man um 1740 den Nuntius in Polen, erneut das Wunder an der Brzozowska zu untersuchen, doch schlief das Beatifikationsverfahren in Rom schon 15 Jahre später ein. Auch der Ordensgeneral Brzozowski konnte nicht mehr viel tun; er starb bereits 1820. Das Interesse an Bobola wurde durch ein anderes Familienmitglied wachgehalten: den Assistenten für Polen im Jesuitengeneralat, Pater Rajmund Brzozowski[964], der sich als Postulator für die Fortsetzung der Causa einsetzte[965]. Er war es, der den Papst Ende August 1822 bat, den liegengebliebenen Wunderprozeß der Brzozowska zu öffnen, um dadurch das Verfahren erneut in Gang zu bringen[966]. Im Januar 1823 erhielt die Causa della Somaglia zum Ponens[967]. Es zeigte sich jedoch bald, daß die alten Wunder in der Kongregation auf harsche Kritik stießen, so daß der Postulator kurzerhand den Papst um die Zulassung von neuen Mirakeln für die *Praeparatoria* bat. Leo XII. genehmigte tatsächlich dieses außerordentliche Gesuch Ende Mai 1826, so daß man 1827 insgesamt acht Wunder ins Rennen schickte, wobei die problematische Heilung der Brzozowska nicht weggelassen, sondern an achte Stelle gesetzt wurde[968]. Die weitere Wunderdiskussion, die Anfang 1828 in die *Praeparatoria* mündete, stufte nur noch sechs Mirakel als stichhaltig ein, welche in der Sitzung auf ein wenig günstiges Echo stießen[969]. Dem Abstimmungsergebnis zufolge konnte nur mit der Approbation von zwei Wundern gerechnet werden; vier waren jedoch erforderlich. 1829 starb Leo XII., 1830 dann noch della Somaglia, der durch Alter und Ämterhäufung kaum mehr tatkräftig die Sache hatte unterstützen können. Auch der Assistent Brzozowski schied 1829 aus[970], so daß die Causa ohne bedeutende Protektoren blieb. Der Ordensgeneral erwies außerdem anderen Kandidaten seine persönliche Präferenz.

Die *Generalis*, in der Pius VIII. den Vorsitz führte, verlief zwar in einer etwas günstigeren Atmosphäre, jedes Wunder traf jedoch immer noch auf die Ablehnung von mindestens neun Kongregationsvätern, wobei drei übernatürliche Ereignisse ganz

---

zeichnete sich als Deutscher: Archivio della Postulazione SJ, Akte 594 (Andreas Bobola), Memoriale über 8 Wunder von 1748 und *Summarium additionale* von 1748.

[963] Das entnimmt man dem *Summarium additionale* von 1748: Archivio della Postulazione SJ, Akte 594 (Andreas Bobola).

[964] Brzozowski (1763–1848) wurde bei Polozk in Litauen geboren, 1780 Eintritt in die Gesellschaft Jesu, unterrichtete in Polozk Philosophie und Theologie, 1820 Rektor des dortigen Kollegs und der Akademie, nach der Vertreibung aus Rußland bis 1829 Assistent von Polen in Rom; er starb 1848 in Neapel: Sommervogel II 306f.; Stanisław Bednarski, Art. Brzozowski, Rajmund, in: Polski Słownik Biograficzny III 67.

[965] Archivio della Postulazione SJ, Akte 599 (Andrea Bobola), *Positio super miraculis*, 1827. – Die polnische Assistenz umfaßte 1820 4 Kollegien, 2 Residenzen und 14 Missionsposten mit insgesamt 201 Jesuiten: Koch, Jesuiten-Lexikon 1442.

[966] ASRC, Decreta 1821–1826, fol. 26: Aufzeichnung der Audienz vom 27. August 1822.

[967] ASRC, Decreta 1821–1826, fol. 31: Ernennung della Somaglias zum Ponens am 21. Januar 1823.

[968] Archivio della Postulazione SJ, Akte 599 (Andreas Bobola): *Positio super miraculis*, 1827.

[969] Auch zum folgenden: ASRC, Decreta 1827–1831, fol. 45: CP über 6 Wunder, 8. Januar 1828. Das Votum war sehr uneinheitlich; Zustimmung erhielten vor allem die ersten beiden Wunder, die letzten 3 meist *non constare*.

[970] Am 29. November 1831 fungierte der Ordensprokurator Serafino Mannucci als Postulator: ASRC, Decreta 1827–1831, fol. 201.

verworfen wurden⁹⁷¹. Der erneute Pontifikatswechsel verzögerte den Fortgang kurzzeitig, weckte aber beim Orden neue Hoffnungen. Man erwartete, daß Gregor XVI., dem eine spezielle Verehrung für Franziscus Xaverius⁹⁷² nachgesagt wurde, das Dekret über die Wunder an dessen Gedenktag herausgeben würde⁹⁷³. Allein der Papst wurde wenige Tage vor dem Festtag krank, und die Jesuiten fürchteten, eine günstige Gelegenheit zu verpassen⁹⁷⁴. Ein neuer Postulator legte sich nun ins Zeug, um – vier Tage vorher – doch noch rechtzeitig das erhoffte Dekret zu erwirken. Die entsprechende Supplik überwies der Papst jedoch am 29. November 1831 an die Ritenkongregation zur Beratung. Zwar wurde die *Generalis* mit nun sieben Wundern knappe drei Monate später wiederholt – jedoch mit mäßigem Erfolg⁹⁷⁵: Das siebente Mirakel rückte mit großer Zustimmung auf, doch bei den ersten drei war nicht einmal immer die Zweidrittelmehrheit gewährleistet. Die Fronten waren nach so langer Diskussion abgesteckt. Nun hätte der Papst aufgrund des Zweidrittelvotums drei Wunder approbieren können – er tat dies aber nur für eines, den unverwesten Leichnam Bobolas⁹⁷⁶. Das war nach 13 Jahren Prozeßdauer zunächst einmal das Ende für das Verfahren des von den Kosaken ermordeten Polen. Erst Pius IX. zeigte wieder Interesse an der entlegenen Causa.

Bis zur Mitte des 19. Jahrhunderts und auch darüber hinaus wurde der Aktionsradius der Gesellschaft Jesu durch den politischen Kampf zwischen Konservativen und Liberalen determiniert. Mit den progressiven und revolutionären Bewegungen verbanden sich anfangs Reste der jansenistischen, nationalkirchlichen und aufklärerischen Gruppierungen, die die Jesuiten wiederholt als Staatsfeinde, als Gegner der Freiheit und des Fortschritts sowie als Verräter des Vaterlandes diffamierten. Folgenschwer wirkte sich außerdem der Vorwurf der politischen Tätigkeit aus. Periodisch auftretende Verfolgung und Vertreibung von Jesuiten in fast allen europäischen Ländern und in Übersee waren seit 1820 an der Tagesordnung; Revolutionen richteten die Speerspitzen der Volkswut geradezu regelmäßig gegen Jesuitenniederlassungen⁹⁷⁷. In Madrid beispielsweise zerstörte der Pöbel am 17. Juli 1834 das Kolleg und ermordete 15 Jesuiten⁹⁷⁸.

Der Anfang 1823 einsetzende Prozeß der Maria Anna de Gesù de Paredes versandete ebenfalls in der ersten Hälfte der dreißiger Jahre, um dann 1846 – tatsächlich wenige Wochen nach der Papstwahl Mastai-Ferrettis – wieder einzusetzen. Der Ordensgeneral

---

[971] ASRC, Decreta 1827–1831, fol. 148–155: CG über 6 Wunder, 8. Juni 1830. Gegen das erste Wunder stimmten 9, gegen das zweite 14 und gegen das dritte 10 Väter.

[972] Franziscus Xaverius (1506–1552) gehörte zu den ersten Gefährten des hl. Ignatius von Loyola, verließ 1540 Rom, um Japan und Indien zu missionieren. Sein Gedenktag wurde von Alexander VII. auf den 3. Dezember festgesetzt: Angelo Maria Raggi, Art. Francesco Saverio, in: BS V 1226–1238.

[973] Auch zum folgenden die Supplik des Postulators vom November 1831: ASRC, Decreta 1827–1831, fol. 201.

[974] Es war allgemein üblich, wichtige Dekrete an einem passenden Festtag zu promulgieren.

[975] Auch zum folgenden: ASRC, Decreta 1832–1833, fol. 7: CG über 7 Wunder, 21. Februar 1832. Von 33 Stimmen erhielt das erste Wunder 26 *constare*, das zweite 20, das dritte 22 und das siebente 27. Der Rest votierte mit *non constare*.

[976] ASRC, Decreta 1834–1836, fol. 44: Dekret über die Approbation eines Wunders, 25. Januar 1835.

[977] Dazu: Becher, Die Jesuiten 342f. Zur raschen Ausbreitung des Ordens vgl. den detaillierten Überblick bei: Brühl, Neueste Geschichte der Gesellschaft Jesu 169–186; Schmidlin I 659f.

[978] Koch, Jesuiten-Lexikon 1565.

Aloisio Fortis[979] nahm sich als Postulator persönlich dieser Causa an[980], die jedoch sehr schleppend anlief. In der Ritenkongregation bemängelte man augenscheinlich nach alter Manier die formale Durchführung der beiden Wunderprozesse, so daß sich Fortis im September 1826 genötigt sah, die Fakultät zur eigenständigen Untersuchung der Akten vom Papst zu erbitten[981]. Das änderte aber nichts an der dilatorischen Haltung der Kongregation. Anfang 1828 durchschlug der Substitut des Generals, Ildefonso Giuseppe della Pegna[982], den gordischen Knoten und bat, die immer noch schwelenden Zweifel an der Gültigkeit der Prozesse ohne Konsultoren diskutieren zu lassen[983], so daß man nach der Approbation der Akten im März[984] endlich Fortschritte erzielen konnte. Della Pegna wurde nicht müde, die Bedeutung der Paredes als erste zukünftige Heilige Südamerikas wiederholt herauszustreichen und dadurch der Causa neue Impulse zu verleihen[985].

Mitte April 1832 konnte endlich die *Antepraeparatoria* abgehalten werden. Da sich ein weiteres Sperren als aussichtslos herausgestellt hatte, strafte man die Causen nun nach einer anderen probaten Methode: mit Verzögerung. Von 23 Voten lauteten 14 bzw. 15 *suspensive*[986]. Anfang 1834 wendete sich das Blatt kurzzeitig, als die *Praeparatoria* ein überraschend positives Echo hervorbrachte[987]. Dann ruhte die Causa, die für die Gesellschaft Jesu eigentlich nur ein exotisches Auftragswerk mit deutlicher Verweisfunktion auf den Orden bedeutete.

Mehr Erfolg war dem bereits seligen Francesco de Gerolamo beschieden, der nach wie vor mit der intensiven Volksfrömmigkeit des Mezzogiorno rechnen durfte. Dank der Gunst der süditalienischen Regierung konnte sich der Jesuitenorden rasch verbreiten und neue, tiefe Wurzeln im Volke schlagen[988]. In der kritischen Phase der Jesuitencausen, den dreißiger Jahren, kam Gerolamo ein nicht unwesentlicher Verehrungsschub zustatten, der dem Prozeß Anfang 1837 zum Abschluß verhalf. Nach

---

[979] Der aus Verona stammende Aloisio Fortis (1748–1829), unter General Brzozowski Generalvikar für Italien, war 1820–1829 General der Gesellschaft Jesu: Koch, Jesuiten-Lexikon 568–570.
[980] ASRC, Decreta 1821–1826, fol. 41: Prozeßöffnung aus Quito, 21. Januar 1823. Fortis erscheint hier als Postulator.
[981] ASRC, Decreta 1821–1826, fol. 143: Audienz vom 23. September 1826. Der Papst erteilte die gewünschte Fakultät.
[982] Della Pegna war Substitut von Fortis und *Postulator substitutus*: ASRC, Decreta 1827–1831, fol. 51: Aufzeichnung aus der Audienz vom 30. Januar 1828.
[983] ASRC, Decreta 1827–1831, fol. 51: Aufzeichnung aus der Audienz vom 30. Januar 1828.
[984] ASRC, Decreta 1827–1831, fol. 58: Approbation der Wunderprozesse am 26. März 1828 nach dem Votum der Kongregation vom 22. März.
[985] Ebd.
[986] ASRC, Decreta 1832–1833, fol. 18: CA über 2 Wunder. Keiner stimmte mit *non constare*, 17. April 1832.
[987] ASRC, Decreta 1834–1836, fol. 2: CP über 2 Wunder, 21. Januar 1834. Fast alle befürworteten beide Wunder, die nur ein- bis zweimal *non constare* ernteten.
[988] Brühl, Neueste Geschichte der Gesellschaft Jesu 186. Unter der Herrschaft Ferdinands I. Beider Sizilien und seines Nachfolgers konnte sich der Orden ungehindert entfalten: „jede Stadt wollte sie haben [,] und eine Menge von Stiftungen zu ihren Gunsten bezeugen diesen Enthusiasmus" (ebd.). Als beispielsweise 1837 in Sizilien eine Choleraepidemie ausbrach, konnte der dortige Provinzial die Volkswut bändigen.

ersten zaghaften Ansätzen kurz nach der Seligsprechung[989] läßt sich auch bei dieser Causa wieder das Stichjahr 1822 als Ausgangspunkt für den Kanonisationsprozeß benennen. Wiederum war es Fortis, der den Prozeß von seiten des Ordens betreute. Dem General waren Causa und Reliquien nicht fremd. Er hatte sich 1794 Pignatelli angeschlossen, war dann mit ihm in die wiedererstandene Gesellschaft eingetreten und hatte sich dem Wiederaufbau in Parma und Neapel gewidmet. In der süditalienischen Metropole hatte er außerdem als Studienleiter und schließlich auch als Generalvikar für Italien gewirkt[990]. Im Vorfeld der Prozeßeröffnung sorgte Fortis für die präzise Identifikation der Reliquien Gerolamos, die man vor den Franzosen nach Rom geschafft hatte[991].

Außerdem wurde eine breit angelegte Petitionskampagne eingeleitet, für die man neben dem neapolitanischen Klerus wiederum den mittlerweile zum König Beider Sizilien avancierten jesuitenfreundlichen Ferdinand IV. (I.) gewinnen konnte[992]. Die um 1830 in Gerolamos Geburtsort Grottaglie auftretenden Wunder gaben dann den Ausschlag, die Causa tatsächlich – wenn auch mit den bekannten Widerständen der Ritenkongregation – zu eröffnen. Mitte November 1830 bat der neue rührige Jesuitengeneral Jan Philip Roothaan[993], der von seinem Vorgänger die Postulation übernommen hatte, um die Untersuchung der Ereignisse in Grottaglie[994], die sogleich in Auftrag gegeben wurde[995]. Roothaan, der „auf den Papst großen Einfluß ausübte"[996], konnte auch den neuen Präfekten der Ritenkongregation, Kardinal Carlo Maria Pedicini[997], als Ponens gewinnen[998].

Nachdem nun alle äußeren Faktoren in Einklang gebracht worden waren, galt es, die hauseigene Schwerkraft der Kongregation zu überwinden. Tatsächlich wandte man alle möglichen – und sogar ungewöhnlichen – Mittel an, um den Prozeßgang zu beschleunigen. Schon Anfang 1830 hatten sich die Oberhirten von Siracusa, Monreale

---

[989] Die vom Postulator Muzzarelli erbetene Prozeßeröffnung wurde von der Ritenkongregation am 3. September 1808 gutgeheißen. Die Päpste zögerten jedoch noch bis 1831: Archivio della Postulazione SJ, Akte 249 (Francesco de Gerolamo), Bittschrift Muzzarellis.

[990] Brühl, Neueste Geschichte der Gesellschaft Jesu 35; Koch, Jesuiten-Lexikon 568.

[991] Der Papst gestattete die Identifizierung in Neapel am 30. April 1822: ASRC, Decreta 1821–1826, fol. 23.

[992] ASRC, Decreta 1821–1826, fol. 30: Ritenkongregation an Fortis, 30. April 1822. Auffallend ist, daß die Petitionsbriefe aus Neapel parallel zu den Aktionen der Generalkurie eintrafen.

[993] Der Niederländer Roothaan (1785–1853), 1804 Eintritt in die Gesellschaft Jesu in Rußland, 1816–20 Professor und Volksmissionar in Polozk und Umgebung, 1823 Rektor des Kollegs in Turin, 1829 Nachfolger Fortis' bis 1853, gilt durch seine Tatkraft als einer der bedeutendsten Generale: Augustin Neu, Johann Philipp Roothaan, Freiburg/Br. 1928; Koch, Jesuiten-Lexikon 1563–1565.

[994] Archivio della Postulazione SJ, Akte 249 (Francesco de Gerolamo), Supplik Roothaans an die Ritenkongregation, 17. November 1830.

[995] Es liegt hier der seltene Fall einer datierten Supplik vor. Der Auftrag durch den Papst, die *Litterae remissoriales* auszustellen, wurde am 27. November 1830 erteilt: ASRC, Decreta 1827–1831, fol. 170.

[996] Schmidlin I 659.

[997] Pedicini (1769–1843), 1823 Kardinal, 1830–1843 Präfekt der Ritenkongregation, 1831 zusätzlich Präfekt der Propaganda Fide, 1834 *Vicecancellario* der römischen Kirche: Mario de Camillis, Art. Pedicini, Carlo, in: EC IX 1064; Miscellanea in occasione del IV centenario della Congregazione per le Cause dei Santi 424.

[998] ASRC, Decreta 1827–1831, fol. 173: Bestellung Pedicinis zum Ponens, 12. März 1831.

und Grigenti in einer konzertierten Aktion an den Papst gewandt und auf eine rasche Behandlung der Wunderuntersuchung gedrängt[999]. Im März 1831 ermöglichte es Roothaan, daß dem Prozeß in der Diözese Taranto der Rektor des dortigen Jesuitenkollegs beigegeben wurde[1000]; einen Monat später setzte der General sogar einen weiteren Richter für das Verfahren durch[1001], damit die Verhandlungen schneller zum Abschluß kämen. Diese außerordentliche Gunst gewährte der Papst, obwohl er Roothaan darauf hinwies, daß es dem Promotor fidei *ex officio* zustehe, die Mitglieder des Tribunals zur Untersuchung der Wunder zu ernennen[1002]. Gregor XVI. ging aber noch weiter: Die Jesuiten erhielten das Recht, die Prozeßakten vor Ort zu kopieren[1003]. Hatte man nicht 1752 schlechte Erfahrungen bei der Causa Berchmans gemacht?

Das entschiedene Engagement, das alle Beteiligten zu spüren bekamen, hatte Erfolg: Schon etwa drei Monate später konnte der Wunderprozeß geöffnet werden[1004]. Anfänglich sich regende Zweifel an der Gültigkeit merzte man bereits im Keime aus: Schon zehn Tage nach der Aktenöffnung setzte Roothaan die Diskussion ohne Konsultoren durch[1005], die Mitte November – eine Sommerpause lag dazwischen – erfolgreich abgeschlossen werden konnte[1006].

Dafür traf die Causa in der *Antepraeparatoria* Anfang April 1833 auf die ganze Wucht der römischen Widerstände: Fast alle Kongregationsväter stimmten mit *suspensive*, vereinzelt sogar mit *non constare*[1007]. Man ließ sich davon jedoch nicht irritieren. Wenn schon kleine Geschenke die Freundschaft erhalten, dann müßten große solche schaffen. Entsprechend wurde die *Praeparatoria* generalstabsmäßig vorbereitet: Man kaufte Informationen bei Advokaten und Prokuratoren der Ritenkongregation, besuchte Kardinäle und Konsultoren, die man für die nächste Sitzung vor ihrer Residenz abholte und zum Sitzungssaal geleitete, und ließ sich die Antwort auf neue *Animadversiones* 1834 ganze 200 Scudi kosten[1008]. Selbstverständlich wurden die Kongregationsväter am Morgen der *Praeparatoria* mit Süßigkeiten und Naschwerk

---

[999] Archivio della Postulazione SJ, Akte 249 (Francesco de Gerolamo), Schreiben aus Grigenti (Agrigento), 24. Januar 1830; Siracusa, 25. Januar 1830; Monreale, 25. Januar 1830.

[1000] Archivio della Postulazione SJ, Akte 253 (Francesco de Gerolamo), Briefkopie Roothaans, 30. März 1831. – Der Rektor des Kollegs in Taranto war Alfonso Maria Vinzi.

[1001] ASRC, Decreta 1827–1831, fol. 185: Aufzeichnung der Audienz vom 29. April 1831: Der Papst gestattete, einen weiteren Richter als *Amanuensis* zuzulassen.

[1002] Ebd. Vgl. auch: Archivio della Postulazione SJ, Akte 249 (Francesco de Gerolamo), Aufzeichnung. – Abschlägig beantwortete der Papst die Bitte Roothaans, erfahrene Richter und einen versierten Subpromotor fidei zu bestellen, da die Auswahl der Personen ebenfalls dem römischen Promotor fidei zustanden.

[1003] Archivio della Postulazione SJ, Akte 249 (Francesco de Gerolamo), Bittschrift Roothans. Die Abschrift liegt vor in: ebd., Akte 251 (Francesco de Gerolamo).

[1004] ASRC, Decreta 1827–1831, fol. 187: Prozeßöffnung durch den Papst gestattet, 2. August 1831.

[1005] ASRC, Decreta 1827–1831, fol. 188: Aufzeichnung der Audienz vom 12. August 1831.

[1006] Die verkleinerte Kongregation sprach sich für die Gültigkeit der Akten am 12. November 1831 aus, der Papst approbierte am 18. November: ASRC, Decreta 1827–1831, fol. 193.

[1007] ASRC, Decreta 1832–1833, fol. 45: CA über 2 Wunder, 2. April 1833.

[1008] Archivio della Postulazione SJ, Akte 256 (Francesco de Gerolamo), Abrechnung für die Heiligsprechung: Rechnung (23. Mai 1834) für die Antwort auf die *Animadversiones*: 200 Scudi; Rechnung (3. Juli 1834) für die Vorbereitung der *Praeparatoria*: 57,40 Scudi, davon 30 Scudi für Informationen *a voce* von Advokaten und Prokuratoren, 14 Scudi für einen günstigen Ablauf der Sitzung; dazu kamen noch 4,45 Scudi für das Abholen der Personen.

reich beschenkt[1009]. Das zeigte Wirkung! Die theologischen Konsultoren zollten beiden Wundern *constare*, die hartnäckigen Prälaten verharrten weiterhin in ihrer unentschiedenen Haltung[1010].

Die gleiche Prozedur wurde vor der *Generalis* am 17. März 1835 inszeniert[1011], so daß die beiden Wunder beinahe mühelos die Kongregation passierten[1012] – man hatte allerdings wieder eine fürstlich bezahlte Erwiderung in Auftrag gegeben[1013] und für Informationen über 60 Scudi aufgewandt[1014]. Das Dekret über die Wunder, das Mitte September promulgiert wurde[1015], honorierte man eigens mit üppiger Bewirtung und reichen Geschenken[1016].

Trotz dieser persönlichen Zuwendungen, die auch noch in der *Generalis super tuto* Anfang 1837 ihre Wirkung taten[1017], blieben etwa die Hälfte der Kardinäle hartnäckig der Sitzung fern. Selbst das entsprechende Dekret vermerkte diesen Mangel[1018], der sich nur mit der oppositionellen Haltung einiger Purpurträger und Ordensleute gegenüber der Gesellschaft Jesu erklären läßt.

Mit dem am 26. Mai 1839 heiliggesprochenen Francesco de Gerolamo bevölkerte die Gesellschaft Jesu erstmals seit 1726 wieder den Heiligenhimmel aus ihren eigenen Reihen. Die nächste Selig- bzw. Heiligsprechung eines Jesuiten erfolgte im Pontifikat Pius' IX. Bereits der Beatifikationsprozeß des Gerolamo bildete eine Ausnahmeerscheinung, die auf die Gunst des süditalienischen Ambientes, persönliche Beziehungen und die Nischensituation des Ordens zurückzuführen war. Die meisten dieser Faktoren können auch im Kanonisationsprozeß verifiziert werden, vor allem aber das gute Verhältnis Roothaans zum Papst. Daß die Finanzkraft des Ordens, die erst einmal wiederhergestellt werden mußte, keine untergeordnete Rolle spielte, zeigt bereits ansatzweise der Kostenaufwand bei Zuwendungen und Geschenken.

[1009] Ebd.: Für Schokolade und Naschwerk wurden am 4. Juli 1834 96,42 Scudi entrichtet.
[1010] ASRC, Decreta 1834–1836, fol. 20: CP über 2 Wunder, 1. Juli 1834. Der Abstimmungsmodus *non constare* tauchte insgesamt nur zweimal auf.
[1011] Archivio della Postulazione SJ, Akte 256 (Francesco de Gerolamo), Rechung für Schokolade etc. am 16. März 1835: 96,52 Scudi.
[1012] ASRC, Decreta 1834–1836, fol. 48–51: CG über 2 Wunder, 17. März 1835: Alle *constare*, bis auf drei Gegenstimmen beim 2. Wunder. Einige Kardinäle waren nicht gekommen.
[1013] Archivio della Postulazione SJ, Akte 256 (Francesco de Gerolamo), Rechnung vom 4. Februar 1835 über 150 Scudi.
[1014] Archivio della Postulazione SJ, Akte 256 (Francesco de Gerolamo): Am 17. März 1835 wurden 60,70 Scudi für Informationen von Kardinälen und Konsultoren mit Bartoleschi abgerechnet. Diese Summe war etwa die Hälfte der Gesamtkosten der *Generalis*!
[1015] ASRC, Decreta 1834–1836, fol. 74: Dekret über 2 Wunder, 15. September 1835.
[1016] Archivio della Postulazione SJ, Akte 256 (Francesco de Gerolamo): Abrechung über die Spesen des Dekrets, 15. September 1835. Für die Bewirtung mit Wein, Kaffee etc. wurde 7,33 Scudi ausgegeben, an Geschenken für die Beteiligten insgesamt 46,70 (!) Scudi.
[1017] ASRC, Decreta 1837–1840, fol. 2: CGST, 31. Januar 1837. Etwa die Hälfte der Kardinäle waren nicht erschienen, außerdem zahlreiche Ordensleute. Die Prälaten waren fast vollständig versammelt. Insgesamt fehlten 13 Väter.
[1018] ASRC, Decreta 1837–1840, fol. 6: *Decretum super tuto*, 12. März 1837: „caeteri Patres frequentissimi abstiterunt".

5. Der Schrittmacher: Alfonso de' Liguori

Noch ein anderes Ereignis im Pontifikat Gregors XVI. kam der Gesellschaft Jesu zugute. Es wirkte sich als Kontrapunkt gegen die Anfeindung des Ordens aus wie auch als indirekte Bestätigung der genuin jesuitischen Glaubenslehre: Alfonso de' Liguori, der Gründer des Redemptoristenordens, von dem noch ausführlich die Rede sein wird[1019], wurde am 26. Mai 1839 durch Gregor XVI. heiliggesprochen. In Lehre und Leben des populären Kirchenlehrers läßt sich nicht nur eine innere Nähe zu der Gesellschaft Jesu beobachten, seine eigenen Aussagen weisen eindeutig auf seine besondere Wertschätzung und geistige Verbundenheit mit dem Jesuitenorden hin[1020]. Gegenüber dem Ordensgeneral Lorenzo Ricci[1021] beteuerte er um 1760: „Obwohl mir nicht das Glück beschieden war, der Gesellschaft Jesu anzugehören, so liebe ich sie doch so innig, als wenn ich ihr Mitglied wäre"[1022]. In seiner regen Korrespondenz ermunterte er den General in den Krisenjahren, den Kampf gegen die Widersacher der Gesellschaft beherzt aufzunehmen. Er selbst wurde nicht müde, gegen das antijesuitische Klima seiner Jahre mit Wort und Tat vorzugehen[1023]. Auf die Aufhebung des Ordens reagierte er im Gehorsam gegenüber dem Pontifex mit einem Gebet, das emphatisch endete: „Doch ich sage euch: Ein einziger Jesuit, der übrigbleibt, dieser eine ist imstande, die Gesellschaft wiederherzustellen!"[1024] Von dem aufgehobenen Ordensbesitz bot man den Redemptoristen die römische Kirche Il Gesù und das Exerzitienhaus an, die der Ordensgründer rundweg ablehnte. Die Verehrung des hl. Ignatius und zahlreicher anderer Heiliger der Gesellschaft sowie die Herz-Jesu-Andachten pflegte Alfonso bis an sein Lebensende. Es konnte auch kein Zufall sein, daß er seine erste Messe als Bischof von Sant'Agata dei Goti am 21. Juni 1762 am Altar des hl. Luigi Gonzaga in S. Ignazio in Rom zelebrierte[1025].

Vor allem in seiner Moraltheologie manifestierte sich die enge geistige Verwandtschaft zu den Jesuiten, „von denen ich, so bekenne ich, das wenige gelernt, was ich geschrieben habe"[1026], so Liguori. Seine Abhandlungen stellten sich gegen den Rigorismus der Jesuitengegner, vor allem gegen die Jansenisten. Form und Inhalt seiner Lehre basierten auf der Moraltheologie des Jesuiten Hermann Busenbaum[1027]. Wie

---

[1019] Vgl. dazu das Kapitel „Revolutions-Heilige?".

[1020] Zur Affinität zum Jesuitenorden: Jones, Alphonsus de Liguori 331–334, 486; Orlandi, S. Alfonso Maria de Liguori e l'ambiente missionario napoletano nel Settecento 65–101; Goñi, Addio Tribunali! 199–207. Goñi wertet zusammenfassend: „Non è difficile dimostrare l'amore profondo e costante per la Compagnia e i motivi di tanta stima" (199).

[1021] Ricci (1703–1775), von 1758 bis 1773 letzter General der alten Gesellschaft Jesu: Koch, Jesuiten-Lexikon 1535–1538.

[1022] Lettere di S. Alfonso de' Liguori I 441: „Benché non abbia avuta la sorte di essere della Compagnia, nondimeno l'amo come fossi di essa" (Liguori an Lorenzo Ricci, um 1760).

[1023] Vgl. dazu seinen Brief an Pasquale de Matteis SJ, 17. August 1760: Lettere di S. Alfonso de' Liguori I 440f.

[1024] Tannoia III 282: „Dico bensì che un solo gesuita che resta, questo solo è capace di poter rimettere la Compagnia".

[1025] Jones, Alphonsus de Liguori 364; Goñi, Addio Tribunali! 155.

[1026] Lettere di S. Alfonso de' Liguori III 26: „… dai quali confesso aver imparato quel poco che ho scritto". Vgl. dazu auch: Becher, Die Jesuiten 235; Böhmer, Die Jesuiten 248.

[1027] Jones, Alphonsus de Liguori 207, 278, 332; Goñi, Addio Tribunali! 83–85. – Busenbaum (1600–1668) lehrte in Köln und Münster Moral, berühmt geworden durch seine *Medulla theologiae mo-*

konnte es daher anders sein, als daß Liguoris Werk, das selbst in seiner Wirkungsgeschichte eine Symbiose mit der Gesellschaft Jesu eingegangen war, stets in den Strudel der jesuitenfeindlichen Maßnahmen und Gesetze hineingezogen wurde. Vor diesem Hintergrund wird plausibel, weshalb Liguoris Jesuitophilie in einer seiner ersten Viten, die der Postulator und der Konsistorialadvokat auf der Grundlage der Prozeßakten 1796 herausgaben[1028], keine Rolle spielte[1029]. Der aus dem süditalienischen Ambiente stammende Liguori konnte bereits 1816, kurz nach der Wiederherstellung des Jesuitenordens, seliggesprochen werden, doch spielten hier andere Motive, von denen noch die Rede sein wird, eine zentrale Rolle. Seine Heiligsprechung war dagegen ganz in den Wiederaufstieg der Gesellschaft Jesu eingebunden[1030], weshalb der Kanonisationsprozeß zahlreiche Behinderungen erlitt. Daß das Dekret über die erforderlichen beiden Wunder[1031] am 3. Dezember 1829 – dem Festtag des hl. Franziscus Xaverius – in der Hauptkirche des Jesuitenordens Il Gesù verkündet wurde, „hatte für die Römer nichts Auffallendes"[1032], urteilten die Zeitgenossen. Auch war niemandem der Bezug der alfonsianischen Moral zu Busenbaum ein Geheimnis[1033]: „Die Lehre Liguoris ist identisch mit derjenigen der Theologen aus der Gesellschaft Jesu"[1034], hieß es damals. Dann dauerte es jedoch noch ganze zehn Jahre, bis man die feierliche Kanonisation abhielt, wobei die beiden großen Heiligen des Mezzogiorno, Francesco de Gerolamo SJ und Alfonso de' Liguori, bezeichnenderweise auch gemeinsam am 26. Mai 1839 zur Ehre der Altäre befördert wurden. Zwischen beiden bestand noch eine weitere konkrete Beziehung: Der Jesuit hatte Liguoris Mutter nach Alfonsos Geburt in Neapel besucht und dem Neugeborenen hohes Alter und große Taten verheißen.

---

ralis (Münster 1645), eine kurzgefaßte Anwendung von der Lehre der Klassiker der Moraltheologie auf die Praxis im Geist des Probabilismus. Angegriffen wurde seine Lehre u.a. wegen einzelner mißverständlicher Sätze (Tötung des Fürsten in Notwehr; utilitaristische Grundsätze): Duhr II/2 389f.; Koch, Jesuiten-Lexikon 281f.

[1028] Giacomo Amici/Vincenzo Antonio Giattini, Compendio della Vita, Virtù, e Miracoli del venerabil Servo di Dio Alfonso Maria de' Liguori …, Rom 1796. Im Vordergrund der Darstellung stand der Erweis der Tugenden. Etwa gleichzeitig erschien das Werk, das weiteste Verbreitung und zahlreiche Nachdrucke erhielt: Antonio Maria Tannoia, Della vita ed istituto del ven. servo di Dio mons. Alfonso Maria de' Liguori I–III, Neapel 1798–1802. Vgl. dazu: Weiß, Alfons von Liguori und seine Biographen. Ein Heiliger zwischen hagiographischer Verklärung und historischer Wirklichkeit 166f.

[1029] Amici/Giattini berichten über Liguoris Herz-Jesu-Frömmigkeit auf 1½ Seiten, ohne die Gesellschaft Jesu zu erwähnen (S. 75–77); seine erste Messe als Bischof in S. Ignazio bleibt unerwähnt, ebenso wie seine Morallehre. – In der ersten Phase von Liguoris Biographik (1782–1816) stehen Person und Wirken im Rahmen der Ordensgeschichte im Mittelpunkt. Im zweiten Zeitabschnitt (bis 1887) beobachtet man eine Akzentverschiebung zugunsten seiner theologischen, dogmatischen und aszetischen Werke: Weiß, Alfons von Liguori und seine Biographen. Ein Heiliger zwischen hagiographischer Verklärung und historischer Wirklichkeit 159.

[1030] Nach Böhmer war die Heiligsprechung Liguoris „mittelbar oder unmittelbar Ergebnisse der rührigen Arbeit des Ordens": Böhmer, Die Jesuiten 248. Vorsichtiger: Jones, Alphonus de Liguori 486.

[1031] ASRC, Decreta 1827–1831, fol. 128: Wunderdekret vom 3. Dezember 1829. Das Dekret *super tuto* wurde am 16. Mai 1830 ausgegeben (ebd., fol. 147). Brühl verwechselt den Titel beider Dekrete: Brühl, Neuste Geschichte der Gesellschaft Jesu 172 Anm.

[1032] Ebd.

[1033] Ebd.

[1034] Ebd.

6. Kein Durchbruch für ordenseigene und ordensnahe Causen

Die bekannte Verschleppungstaktik der Ritenkongregation läßt sich auch im Beatifikationsverfahren der Alacoque nachweisen, das geradezu wie eine typische „Jesuitencausa" ablief. Im Jahre 1715 wurde der Bischof von Autun beauftragt, einen *Processus Ordinarius* zur Seligsprechung der Salesianerin durchzuführen, der allerdings erst 1819 in der Kongregation eintraf und dort zunächst aufgrund von formalen Kriterien zurückgewiesen wurde[1035]. Auch nachdem der Kongregationspräfekt della Somaglia 1822 zum Ponens der Causa ernannt worden war[1036] – als Postulator hatte man immerhin den Prälaten Lorenzo Mattei, der wenig später zum Patriarch von Antiochien ernannt und 1833 Kardinal werden sollte[1037], gewinnen können –, kam der Prozeß schleppend in Gang. Erst Anfang Mai konnten die Akten aus Autun geöffnet werden[1038]; dann mußte der Papst noch zwei Indulte ausstellen, damit man endlich in der Sache weiterkam: die Schriften nach (!) der *Signatio Commissionis* zu untersuchen[1039] und selbige ohne Konsultoren zu diskutieren[1040]. Obwohl dann am 30. März 1824 die Prozeßakten gebilligt wurden und damit die Aufnahme der Causa an der Ritenkongregation beschlossene Sache war[1041], ließ die Behörde 1826 nochmals – aufgrund von Zweifeln des Promotors – überprüfen, ob noch kein öffentlicher Kult eingesetzt hatte[1042], so daß die *Signatio* zunächst faktisch ausgesetzt war. Nach einigem Hin und Her über die neue Untersuchung aus Autun – mittlerweile schrieb man das Jahr 1827[1043] – mußte sich der Ponens mit einer sechzehneinhalb Seiten langen Liste auseinandersetzen, die den Tugendgrad der Alacoque beanstandete[1044]. Della Somaglia ließ sich die Vollmacht erteilen, selbsttätig Theologen zur Untersuchung dieser Zweifel auszuwählen, so daß die *Signatio* am 30. September bestätigt werden konnte und der Prozeß nun nicht mehr rückwärtsgewandt ablief[1045].
Der Obstruktionskurs der Kongregation war dadurch aber nicht gebremst. Obgleich Mattei den Apostolischen Prozeß *in genere* vom römischen Kardinalvikar durchführen

---

[1035] ASRC, Decreta 1814–1821, fol. 81: Der Papst gestattete die Annahme des Prozesses am 28. September 1819.
[1036] ASRC, Decreta 1821–1826, fol. 23: Ernennung della Somaglias auf Bitten Matteis, 21. Mai 1822.
[1037] Mattei (1748–1833), Bruder des Kardinals Alessandro Mattei (1744–1820), 1771 Kanoniker im Lateran, Assistent der *Cappella Pontificia* und Prälat, 1822 Patriarch von Antiochien *in partibus*, 1833 Kardinal: Moroni XLIII 304–306.
[1038] ASRC, Decreta 1821–1826, fol. 24: Prozeßöffnung am 6. Mai 1822 angeordnet.
[1039] ASRC, Decreta 1821–1826, fol. 47: Fakultät vom 1. Juli 1823. Dieses Indult wurde vom Nachfolger Leo XII. eigens bestätigt: ebd., fol. 54: 3. Februar 1824.
[1040] ASRC, Decreta 1821–1826, fol. 47: Diskussion ohne Konsultoren, 1. Juli 1823.
[1041] ASRC, Decreta 1821–1826, fol. 57: Die verminderte Kongregation stimmte der Gültigkeit am 27. März 1824 zu, der Papst am 30. März. Am gleichen Tag erfolgte auch die *Signatio Commissionis*.
[1042] ASRC, Decreta 1821–1826, fol. 123: Aufzeichnung der Audienz vom 25. Januar 1826: Die Beanstandungen des Promotors fidei stützten sich auf Zweifel aus dem Jahre 1715. Der Papst entschied, daß der Bischof von Autun das gesamte Material zur Prüfung nach Rom überweisen sollte.
[1043] Der Prozeß über *non cultu* traf in Rom im Frühjahr 1827 ein: Prozeßöffnung am 28. April 1827: ASRC, Decreta 1827–1831, fol. 9.
[1044] Auch zum folgenden: ASRC, Decreta 1827–1831, fol. 24: Liste der Beanstandungen und Votum der Theologen vom 22. September 1827.
[1045] Ebd. Die *Commissio Introductionis Causae* wurde vom Papst am gleichen Tag bestätigt: ebd., fol. 33.

ließ[1046], erhob man selbst dort noch Zweifel an der Gültigkeit[1047]. In dieser Weise ging es bis 1834 weiter[1048], nachdem della Somaglia 1830 und 1833 auch Mattei gestorben waren. Die *Congregatio Antepraeparatoria* über den Tugendgrad, die erst Ende April 1840 abgehalten wurde[1049], brachte nur zwei positive Voten hervor. Nicht besser erging es der Alacoque in der *Praeparatoria* 1843: Von denjenigen, die überhaupt gekommen waren, stimmten nur sechs mit *constare*; sieben forderten drei Wunder für eine Approbation der Tugenden[1050]. Übernatürliche Zeichen ereigneten sich zwar seit 1828 mehrfach, ihre Untersuchung wurde indes immer wieder verzögert und das Ergebnis angezweifelt.

Es bedeutete auch keine große Hilfe, daß man den einflußreichen Kardinal Costantino Patrizi 1842 als Ponens gewinnen konnte[1051]. Immerhin erzielte man kleine Fortschritte im Prozeßgang. Die *Generalis* erbrachte ein ähnliches Ergebnis wie die *Praeparatoria*: Viele Ordensleute fehlten, 29 Väter forderten drei Wunder zur Anerkennung des Tugendgrades, nur fünf Mitglieder waren bereit, die *Virtutes* ohne weitere Einwände anzuerkennen[1052]. Gregor XVI. fand sich aufgrund dieses Votums nicht zur Approbation bereit; damit steckte der Prozeß der Alacoque nach 26 Jahren Kongregationsarbeit ohne greifbares Ergebnis in einer Sackgasse. Nach Gregors Tod im Juni 1846 setzte die Postulation neue Hoffnungen auf den Nachfolger, die nicht enttäuscht werden sollten.

Auch die weiteren Kandidaten – Claver, Berchmans und Canisius –, deren Causen sukzessive nach 1828 wiedereinsetzten, entstammten nicht dem italienischen Ambiente. Die Gesellschaft Jesu knüpfte im allgemeinen da an, wo sie unter Clemens XIII. aufgehört hatte – ganz gleich, ob die momentanen Aussichten auf einen raschen und positiven Abschluß günstig waren. Die gerade in den dreißiger Jahren anzutreffende Vielzahl von gleichzeitig betriebenen Jesuitencausen zeigt, daß die Finanzkraft des Ordens vollständig wiederhergestellt sein mußte.

Der Prozeß des Pedro Claver, den man Anfang 1828 wieder aufgriff, bot einen doppelten Vorteil: Der Tugendgrad war bereits 1747 approbiert, und der Jesuit Serafino Minucci setzte sich mit Feuereifer für rasche Fortschritte ein[1053]. Kein geringerer als

---

[1046] ASRC, Decreta 1827–1831, fol. 43: Aufzeichnung der Audienz vom 12. Dezember 1827. Die Prozeßdauer war auf 6 Monate festgesetzt worden. Als Richter sollten ausschließlich Erzbischöfe und Bischöfe herangezogen werden.

[1047] ASRC, Decreta 1827–1831, fol. 90: Aufzeichnung der Audienz vom 1. Oktober 1828: Die Zweifel am Prozeß aus Rom sollten ohne Konsultoren diskutiert werden.

[1048] Anfang Mai 1832 hatte man erst den *Processus Ordinarius* und die *Apostolici* approbiert: Dekret vom 4. Mai 1832: ASRC, Decreta 1832–1833, fol. 17/4. Der Papst ließ sich für die Approbation fast einen Monat Zeit. Nach der Öffnung der Prozeßakten über die Wunder im Bistum Autun, am 1. Dezember 1834 (ASRC, Decreta 1834–1836, fol. 40), machte der Prozeß abgesehen von Ponentenernennungen keine Fortschritte.

[1049] ASRC, Decreta 1840–1841, fol. 13: CA über die Tugenden, 28. April 1840. Der Rest stimmte einmütig mit *suspensive*.

[1050] ASRC, Decreta 1842–1844, fol. 38: CP über die Tugenden, 4. April 1843. 7 Väter waren nicht anwesend.

[1051] ASRC, Decreta 1842–1844, fol. 5: Ernennung Patrizis zum Ponens, 23. Februar 1842.

[1052] ASRC, Decreta 1845–1847, fol. 3: CG über die Tugenden, 14. Januar 1845.

[1053] Sogar in den Akten der Ritenkongregation wird der besondere Eifer Minuccis erwähnt, der den Papst zur Diskussion der Wunder veranlaßt hatte: ASRC, Decreta 1827–1831, fol. 50: Aufzeich-

der kurze Zeit später zum Präfekten aufrückende Pedicini wurde als Ponens ausgewählt[1054]; eine Dispens erleichterte die Anerkennung der Wunderprozesse, da fehlende Augenzeugenberichte den Fortgang behinderten[1055]. Dank Pedicinis Unterstützung kam die Causa bis zur *Praeparatoria*, die Mitte August 1840 jedoch nur ein Wunder begünstigte[1056]. Damit hatte man in über zwölf Jahren nicht viel erreicht.

Kaum besser erging es Johan Berchmans. Obgleich auch er Mitte Mai 1830 Pedicini als Ponens erhielt[1057], wodurch die Causa zunächst wieder in Gang kam, wärmte man noch einmal die Altlasten des Verfahrens auf. Der strittige Informativprozeß von 1622 konnte dank der Intervention Pedicinis Mitte November 1831 vom Papst approbiert werden[1058]. Alle weiteren formellen Probleme wurden zwei Wochen später kurzerhand durch die Umwandlung der bischöflichen Prozesse in Apostolische behoben[1059]. Die Gunst des Papstes war jedoch insoweit ineffektiv, als sie sich auf den Dispensweg beschränkte. Das wird vor allem dann deutlich, wenn man sich die Struktur der Verfahren unter Pius IX. vor Augen hält. Erst im November 1839 setzte man für die Tugenden des flämischen Jesuiten eine *Antepraeparatoria* an, deren Ergebnisse entmutigten[1060]. Bei der im April 1841 anberaumten *Praeparatoria* griff man zum bewährten Kunstgriff, die Anzahl der erforderlichen Wunder heraufzuschrauben, um den Prozeß auf die lange Bank zu schieben. Viele Kongregationsväter sprachen sich für drei, sogar vier Wunder aus, die den Tugendgrad bestätigen sollten. Nur zwei Kleriker glaubten, daß die *Virtutes* nach über elf Jahren ausgiebig und erfolgreich diskutiert worden waren[1061]. Ein Jahr später hatte man sich in der *Generalis* allgemein auf drei Wunder geeinigt; es gab jedoch auch Gegenstimmen, und immerhin fünf Kardinäle blieben der entscheidenden Abstimmung fern[1062]. Der Papst ließ sich mit der Approbation Zeit. Immerhin approbierte er – allerdings mit der Forderung nach vier Wundern[1063]. Mit dem Tode Pedicinis 1843 versandete auch hier der Prozeß.

Vier Wunder stellten eine fast unüberwindliche Barriere dar – zumal für einen Flamen, der in Italien keine bedeutende Verehrung genoß. Nach 13 Jahren hatte man zwar die Approbation des Tugendgrades erreichen können, doch der weitere Ablauf

---

nung der Audienz vom 9. Januar 1828: „vehementer exoptet …". Vgl. dazu auch die gleichzeitige Aufzeichnung im Archivio della Postulazione SJ, Akte 338 (Pietro Claver).

[1054] ASRC, Decreta 1827–1831, fol. 50: Ernennung Pedicinis zum Ponens, 9. Januar 1828.

[1055] ASRC, Decreta 1827–1831, fol. 82: Der Papst gestattete am 10. September 1828, die Zweifel in der *Congregatio Ordinaria* vorzutragen. Nach Meinung der Kongregation lagen zu den Wundern nur wenige Augenzeugenberichte vor.

[1056] ASRC, Decreta 1840–1841, fol. 28: CP über 2 Wunder, 11. August 1840. Das erste Wunder fand starke Anerkennung, nur die Prälaten stimmten häufig mit *suspensive*. Das 2. Wunder stieß zweimal auf *constare*, der Rest stimmte größtenteils mit *suspensive*.

[1057] ASRC, Decreta 1827–1831, fol. 146: Ernennung Pedicinis zum Ponens, 15. Mai 1830.

[1058] ASRC, Decreta 1827–1831, fol. 194: Approbation des Informativprozesses, 18. November 1831. Auf Vorschlag Pedicinis hatte die *Congregatio Ordinaria* am 12. November ein entsprechendes Votum abgegeben.

[1059] ASRC, Decreta 1827–1831, fol. 200: Aufzeichnung der Audienz vom 2. Dezember 1831.

[1060] ASRC, Decreta 1837–1840, fol. 199: CA über die Tugenden, 19. November 1839: fast alle *suspensive*, nur 4 *constare*.

[1061] ASRC, Decreta 1840–1841, fol. 47: CP über die Tugenden, 20. April 1841.

[1062] ASRC, Decreta 1842–1844, fol. 26: CG über die Tugenden, 22. November 1842: 22 sprachen sich für 3 Wunder aus, 4 stimmten mit *non constare*. Außer 5 Kardinälen fehlten 3 weitere Väter.

[1063] ASRC, Decreta 1842–1844, fol. 42: Dekret über die Tugenden, 5. Juni 1843.

des Prozesses wurde durch das Dekret nicht erleichtert. Für diesen zweifelhaften Erfolg hatte man eine ungeheure Summe aufgewandt: Allein die Prozeßkosten von 1830 bis 1851 verschlangen 3620 Scudi, wovon der allergrößte Teil bis 1843 ausgegeben wurde[1064].

Bei Petrus Canisius verfolgte die Ritenkongregation immer noch die alte Taktik der Schriftenrevision[1065]. Nachdem der Prozeß im April 1833 durch die Ernennung des hinlänglich bekannten Pedicini zum Ponens wieder in Gang gekommen war[1066], wurden Einwendungen gegen den Tugendgrad laut, die sich auf bisher noch nicht durchgesehene Papiere bezogen[1067]. Der Protest des Postulators verhallte ungehört, obgleich allen Beteiligten bekannt war, daß Canisius' Schriften bereits zwei Mal überprüft worden waren und sich die neuesten *dubii* des Promotors lediglich auf Werke anderer bezogen, die über Person und Werk Canisius' geschrieben hatten[1068]. Offensichtlich sah selbst der Papst diesen Mißstand ein und vergab eine ganz aus dem Rahmen fallende „specialis gratia"[1069], um keine unnötige Zeit verstreichen zu lassen: Parallel zur Schriftenrevision konnte die Diskussion des Tugendgrades bis zur *Praeparatoria* erfolgen[1070].

Der Pontifex hatte jedoch die Rechnung ohne seine Kongregation gemacht: Die *Antepraeparatoria* strafte die päpstliche Gunst mit Fernbleiben und Schulterzucken[1071]. Die Blockadepolitik nahm nun sogar skurrile Formen an: Im Eifer der Schriftenrevision hatte man versehentlich wieder von vorne angefangen – zum vierten Mal. 1834 setzte der Promotor fidei zu einem neuerlichen Generalangriff auf Canisius' Werke an, wurde aber rechtzeitig vom Postulator daran gehindert. Dieser reichte einen Katalog mit sämtlichen Werken und Briefen des ersten deutschen Jesuiten ein, die bereits 1732 und 1735 durchgesehen worden waren[1072]. Wenige, bisher unbekannte Briefe hatte der Bischof von Lausanne nun noch im Frühjahr 1834 durchzuarbeiten[1073].

Den Zeitverlust versuchte die Gesellschaft Jesu durch rascheren Transport aufzuwiegen. Durch den Kurierdienst eines Jesuiten erreichte die römische Instruktion den Schweizer Bischof in Eilmärschen[1074]. Mitte 1835 wurde die neuerliche Revision erfolgreich abgeschlossen, doch erst im Mai 1838 approbiert: Ganze 307 Schriftstücke aus dem römischen Generalat der Jesuiten, die allein schon ein Verzeichnis von 72 Seiten füllten, sowie weitere Papiere aus Rom und Fribourg erhielten nun den letzt-

---

[1064] Archivio della Postulazione SJ, Akte 308 (Giovanni Berchmans), Abrechnungen von 1830 bis 1851.
[1065] Darauf machte schon Boero aufmerksam: Boero, Vita del Beato Pietro Canisio 444.
[1066] ASRC, Decreta 1832–1833, fol. 44: Aufzeichnung der Audienz vom 1. April 1833: Ernennung Pedicinis.
[1067] ASRC, Decreta 1832–1833, fol. 45: Bittschrift des Postulators, April 1833.
[1068] ASRC, Decreta 1832–1833, fol. 45: Schriftenuntersuchung in Fribourg und im Collegio Romano angeordnet, 1. April 1833.
[1069] ASRC, Decreta 1832–1833, fol. 45: Indult des Papstes vom 1. April 1833.
[1070] Ebd.
[1071] ASRC, Decreta 1832–1833, fol. 77: CA über die Tugenden, 17. Dezember 1833: Viele Väter waren nicht erschienen; alle Anwesenden stimmten einheitlich mit *suspensive*.
[1072] ASRC, Decreta 1834–1836, fol. 15: Bittschrift des Postulators, die der Papst am 24. April 1834 guthieß.
[1073] ASRC, Decreta 1834–1836, fol. 15: Instruktion an den Bischof von Lausanne, 24. April 1834.
[1074] ASRC, Decreta 1837–1840, fol. 43ff.: Briefe des Bischofs und Kanzlers aus Lausanne, 1. Mai 1835.

gültigen Segen[1075] – wäre zu hoffen! In der Kongregation regte sich immer noch ungestillte Revisionswut, die dem rührigen Jesuitenpostulator nicht entging. Er bat den Papst drei Wochen später um einen definitiven Schlußstrich. Der Pontifex, offensichtlich ebenfalls des Revidierens müde, dispensierte nun von jeder weiteren Untersuchung[1076].

Nun endlich, nach neun Jahren, hatte eine weitere Kongregationssitzung Sinn. Der *Praeparatoria* von August 1842 blieben zunächst einmal fünf Väter fern, der Rest war unentschieden oder forderte drei Wunder[1077]. Noch vor dem Tod Pedicinis konnte man die *Generalis* unter Dach und Fach bringen, die jedoch die Anerkennung von drei bis vier Mirakeln forderte[1078]. Das Tugenddekret vom 28. Januar 1844 neigte auch hier der Obergrenze zu und schrieb die Approbation von vier Wundern fest[1079]. Dieses zweischneidige Ergebnis forderte wieder einen hohen realen Preis: Von 1829 bis 1846 mußte der Orden etwa 4700 Scudi an Prozeßkosten aufwenden[1080]. Auch diese Causa mußte nun einen Stillstand von etlichen Jahren hinnehmen ähnlich wie die anderen Verfahren.

7. Die Kampftruppe Pius' IX.

7.a. Der Papst und die Gesellschaft Jesu

Pius IX. war es, der eine deutlich erkennbare Wende herbeiführte. Sein Pontifikat bedeutete für die Selig- und Heiligsprechung von Jesuiten einen qualitativen und quantitativen Sprung: Zum einen wurden die alten Prozesse in kürzester Zeit zu Ende geführt und erfolgreich abgeschlossen, was sich zunächst kostensparend auswirkte, so daß die Gesellschaft Jesu an weitere Kandidaten denken konnte; zum anderen wurden die Widerstände in der Kurie und an der Ritenkongregation unter Pius IX. endgültig gebrochen, was sich am Werdegang jeder Einzelcausa ablesen läßt. Vor allem die Ordensleute, die samt und sonders das theologische Konsultorengremium stellten und häufig die Entscheidungen der Kardinäle vorbereiteten, wirkten nur bis in die ersten Pontifikatsjahre Pius' IX. obstruierend[1081]

Die Päpste seit Pius VII. zeigten dem Jesuitenorden ihre Gunst in Form von Indulten, Dispensen und Fakultäten. Eine durchgreifende atmosphärische Änderung führten sie jedoch nicht herbei, so daß die Arbeit der Kongregation im wesentlichen noch immer

---

[1075] ASRC, Decreta 1837–1840, fol. 41: Approbation aller Schriften durch den Papst am 25. Mai 1838, die durch die *Congregatio Ordinaria* am 19. Mai vorbereitet wurde.
[1076] ASRC, Decreta 1837–1840, fol. 84: Bittschrift und Dispens vom 20. Juni 1838.
[1077] ASRC, Decreta 1842–1844, fol. 18: CP über die Tugenden, 2. August 1842.
[1078] ASRC, Decreta 1842–1844, fol. 61: CG über die Tugenden, 21. November 1843. 7 waren abwesend, nur 5 stimmten mit *constare*, der Rest forderte 3 bis 4 Wunder.
[1079] ASRC, Decreta 1842–1844, fol. 73: Tugenddekret vom 28. Januar 1844. Druck: Boero, Vita del Beato Pietro Canisio 484–487.
[1080] Archivio della Postulazione SJ, Akte 420 (Petrus Canisius), Abrechnungen.
[1081] Die traditionelle Animosität vor allem der Dominikaner, der Franziskanerfamilie und der Augustiner blieb im Pontifikat Pius' IX. erhalten: Radice, Pio IX e Antonio Rosmini 258–262; Weber I 334.

unter denselben Vorzeichen stand, die bereits in der zweiten Hälfte des 18. Jahrhunderts zu beobachten waren: Der Wind blies den Jesuiten auch weiterhin ins Gesicht. Bis zum Pontifikat Pius' IX. läßt sich daher zeigen, daß der Obstruktionskurs der Ritenkongregation, der sich in Verschleppungen, Kritteleien, Aufbürden von zahlreichen Wundern, Schriftenrevisionen, Fernbleiben von Abstimmungen und Aussitzen äußerte, Jesuitencausen sabotierte. Allein ein Blick auf die Statistik der Beatifikationen und Kanonisationen bestätigt diese These: Von 1740 bis 1806 gelangte kein einziger Jesuit zur Ehre der Altäre – Kandidaten anderer Ordensgemeinschaften lassen sich für diesen Zeitraum unvermindert anführen. Zwischen 1814 und 1846 erreichten nur zwei Jesuiten die Selig- bzw. Heiligsprechung. Dagegen wurden zwischen 1846 und 1872 neun Ordenscausen zum Abschluß gebracht – nimmt man Josaphat, Sarkander und Marguérite-Marie Alacoque hinzu, sind es gar zehn Beatifikationen und zwei Kanonisationen in 26 Jahren.

Die gegenseitige Wechselwirkung zwischen Pius IX. und dem Jesuitenorden ist ein weites Feld, das breite Differenzierung und die Berücksichtigung von politischen Implikationen verlangt[1082]. Bei aller notwendigen Vergröberung läßt sich zunächst vor allem eine starke papale Affinität zur Gesellschaft Jesu feststellen. Mastai-Ferretti attestiert man allgemein „ignatianische Spiritualität, die ihm der heiligmäßige Kardinal Odescalchi vermittelte"[1083], welcher nach vergeblichen Versuchen schließlich 1838 in den Jesuitenorden eintrat[1084]. Neben der Verehrung des Herzens Jesu schätzte der Papst seit frühester Kindheit vor allem den hl. Luigi di Gonzaga als seinen besonderen Patron[1085]. Nach seiner Heilung erwog Mastai-Ferretti 1819 ernsthaft, in die Gesellschaft Jesu einzutreten[1086], wurde aber von seinem Beichtvater und dem Novizenmeister zurückgehalten[1087]. Seine weiteren Lebensstationen zeigten jedoch immer wieder seinen besonderen Bezug zu diesem Orden: Der junge Priester zog sich in Rom häufig zu Exerzitien bei den Jesuiten oder den Passionisten auf dem *Celio* zurück[1088]; seine Predigten als Erzbischof von Spoleto waren häufig von den Schriften des Seelenführers der Alacoque, Pater de la Colombières, inspiriert[1089]; nach dem großen Erdbeben in Spoleto und Umgebung zog er Jesuiten zur Volksmission heran, die er auch als Bischof von Imola zu ähnlichen Zwecken erbat[1090]. Mastai-Ferretti wandte sich bereits kurz nach seiner Ankunft in Imola an den Ordensgeneral, um in

---

[1082] Darauf verweist noch: Weber I 329f.
[1083] Schatz, Pius IX. 185.
[1084] Principe Carlo Odescalchi (1786–1841), 1823 Kardinal und Erzbischof von Ferrara. Sein Versuch, in den Orden einzutreten, wurde von Pius VII. verhindert. Nachdem er 1834 Vikar von Rom geworden war, legte er am 20. November 1838 den Purpur nieder, um in die Gesellschaft Jesu einzutreten: Koch, Jesuiten-Lexikon 1321; Pietro Pirri, Vita del servo di Dio Carlo Odescalchi, Isola del Liri 1935.
[1085] Bogliolo 62f., 153.
[1086] Ebd. 41.
[1087] Schatz, Pius IX. 185.
[1088] Bogliolo 47. Der Autor betont, daß die ignatianischen Exerzitien die Basis von Pius' Spiritualität gewesen seien: ebd. 48.
[1089] Der Todesgedanke als Schule des Lebens bildete häufig die Basis seiner Homilien, die er aus dem Buch *Il pensier della morte, rettore della vita* de la Colombières entnahm: ebd. 89.
[1090] Ebd. 94f., 113–115. Vgl. auch: Schmidlin II 311 (Die Jesuiten hatten zu jener Zeit noch nicht die Leitung des Collegio Romano inne, wie Schmidlin suggeriert).

der Bischofsstadt ein Kolleg einrichten zu können[1091]. Aus seiner eigenen Lebenserfahrung schöpfend, empfahl er auch dort eindringlich die Exerzitien der Gesellschaft Jesu zur Vervollkommnung des Klerus[1092] und verpflichtete bevorzugt Jesuiten als Prediger[1093]: „Er war überzeugt, daß die ignatianischen Exerzitien ein sicherer Weg seien, der zur Heiligkeit führte"[1094].

Abgesehen von seiner persönlichen Spiritualität, die unzweifelhaft ignatianische Prägung aufwies, kann sein Verhältnis zu den Vertretern dieses Ordens nicht einhellig als positiv bestimmt werden. Vor allem zu dem bis Anfang 1853 amtierenden General Roothaan waren „die Beziehungen sehr kühl"[1095]. Allmählich, besonders nach 1848, schien sich soetwas wie ein Zeckbündnis herausgebildet zu haben, als nämlich der Papst die vielfältige Einsatzfähigkeit und -bereitschaft der Jesuiten erkannt hatte. Eine umfassende Analyse ist schon deshalb nicht möglich, weil es immer wieder erforderlich ist, jeden Einzelfall zu prüfen[1096]. Dennoch kann als Generalnenner festgehalten werden: „Abgesehen von Einzelfällen, die die äußeren Umstände rechtfertigten, hegte er stets für die Gesellschaft Jesu die allergrößte Achtung"[1097]. Diese Haltung tritt auch in den Prozessen der Ritenkongregation gleich zu Beginn seines Pontifikats überdeutlich zutage und nicht erst nach 1850, als der Einfluß des Ordens auf die Kirchenpolitik stark angestiegen war[1098]. Die innerkirchliche Machtposition der Patres läßt sich auch bei der Ämtervergabe beobachten, die die „überlegene Stellung der Jesuiten, die es sich leisten konnten, das unwichtige Kleinzeug völlig beiseitezulassen"[1099], allen vor Augen führte.

Ein Teil der Gesellschaft Jesu, zu dem auch ihr General gehörte, verhielt sich gegenüber allen Formen einer modernen sozialen Ordnung sowie neuen Wegen in der Seelsorge extrem feindlich. Zu Beginn des Pontifikats waren daher Konflikte vorprogrammiert – genährt von Verleumdungen und Anklagen, die in der Verbannung des Generals gipfelten[1100]. An seinem großen Wohlwollen, das der Papst bereits vor der Revolution von 1848 dem Orden als ganzem entgegenbrachte, änderte sich indes nichts. 1847 rühmte er die Gesellschaft Jesu gerade wegen ihrer Vielzahl von Heiligen und Gelehrten[1101]. Er tat dann auch alles, um den Orden, dessen Mitgliederzahl sich in

---

[1091] Bogliolo 111.
[1092] Ebd. 107–111.
[1093] Ebd. 111f.
[1094] „Era convinto che gli esercizi spirituali sono una via sicura che conduce alla santità": ebd. 119.
[1095] Schatz, Pius IX. 193; Martina I 183. Grund war die charakterliche Verschiedenheit der beiden und die Intransigenz Roothaans gegenüber allen Strömungen der modernen Gesellschaft.
[1096] „Es liegt aber in der Natur der Sache, daß schlüssige, exakte Angaben hier große Mangelware sind": Weber I 329. Die Jesuiten waren außerdem selbst keine homogene Gruppe.
[1097] „Salvo casi personali, giustificati dai fatti, egli nutrì sempre per la Compagnia di Gesù, una considerazione superiore": Bogliolo 119; Koch, Jesuiten-Lexikon 1434.
[1098] Weber I 329.
[1099] Ebd. 257. Weber geht von einer Untersuchung der Konsultorenposten aus, wobei die der Riten-, der Index- und der Kongregation der Ablässe und Reliquien die bedeutendsten waren: ebd. 254–257.
[1100] Auch zum folgenden: Martina I 183–187.
[1101] Geht aus einem Breve vom 25. Oktober 1847 an den Professor des Collegio Romano, Giovanni Perrone (1794–1876) (Sommervogel VI 558), hervor: Martina I 185.

seiner Regierungszeit mehr als verdoppelte[1102], durch weitere Kanonisationen und Beatifikationen auszuzeichnen. Nicht nur die päpstliche Gunst sprach für die energische Fortsetzung der laufenden Jesuitencausen, offensichtlich hatte auch der Orden in den vierziger Jahren eine tragfähige Konsolidierung erfahren, so daß man an die Vermehrung der eigenen Causen denken konnte: Im September 1842 wurde der Beatifikationsprozeß des Giuseppe Pignatelli eingeleitet und etwa zeitgleich der des Roberto Bellarmino wiederaufgenommen[1103].

7.b. Der Ausbau des ordenseigenen Heiligenhimmels

Das Verfahren des Pedro Claver war das erste, das nun zum Abschluß kam. Zwar hatte die nicht sehr erfolgversprechende *Praeparatoria* über zwei Wunder von 1840 keine großen Hoffnungen auf konstruktive Fortschritte geweckt, doch kam der Causa die Ernennung des jesuitenfreundlichen und äußerst einflußreichen[1104] Patrizi zum Ponens[1105], der 1854 Präfekt der Ritenkongregation wurde, und die Unterstützung des spanischen Königs zu Hilfe[1106]. Die *Generalis*, die am 22. August 1848 mitten in der revolutionären Umwälzung Europas abgehalten wurde, stand vor allem für die Jesuiten unter keinem guten Stern. Am 28. April 1848 mußte Pius IX. ihre Niederlassungen im Kirchenstaat auf äußeren Druck hin aufheben, obschon er dem Orden am 3. April öffentlich seine Sympathie bekundet hatte[1107], und in den folgenden Monaten den liberalen und republikanischen Forderungen weite Zugeständnisse machen[1108]. Daß zahlreiche Kongregationsväter der Sitzung fernblieben, verwundert daher nicht weiter; die Abwesenheit so vieler Ordensleute – etwa die Hälfte – muß jedoch als antijesuitischer Affekt verstanden werden. Die übrigen, anwesenden Väter stimmten beiden Wundern jedoch geschlossen zu[1109]. Daß Pius IX. der Jesuitencausa inmitten einer gährenden Stadt Bedeutung und Priorität beimaß, zeigt die rasche Approbation der beiden Wunder am 27. August[1110]. Die *Generalis super tuto* mußte freilich bis zur Rückkehr des nach Gaeta geflohenen Papstes warten, der erst am 12. April 1850 mit dem päpstlichen Hof wieder in Rom eintraf[1111]. Schon Mitte Mai konnte die Schlußsitzung an der Ritenkongregation durchgeführt werden, ohne daß sich die Zahl der

---

[1102] 1846 zählte der Gesamtorden 4757 Mitglieder, 1878 10 033, davon 4660 Priester: Koch, Jesuiten-Lexikon 1434.
[1103] ASRC, Decreta 1842–1844.
[1104] Weber I 299–305, 336.
[1105] ASRC, Decreta 1842–1844, fol. 68: Ernennung Patrizis zum Ponens, 15. Dezember 1843.
[1106] Am 11. Mai 1850 spendete der spanische König eine namhafte Summe für die Beatifikationsfeierlichkeiten: Archivio della Postulazione SJ, Akte 337 (Pietro Claver), Abrechnung der Feier, 1850.
[1107] Am 3. April besuchte der Papst ostentativ die römische Hauptkirche der Jesuiten und bat das Volk um Schonung: Schmidlin II 31.
[1108] Becher, Die Jesuiten 349; Schmidlin II 31–34.
[1109] ASRC, Decreta 1848–1851, fol. 11: CG über 2 Wunder, 22. August 1848. Insgesamt waren 13 Väter nicht erschienen, vor allem bei den Kardinälen und den theologischen Konsultoren. Bis auf 2 *non constare* votierten alle mit *constare*.
[1110] ASRC, Decreta 1848–1851, fol. 14: Dekret über 2 Wunder vom 27. August 1848.
[1111] Schmidlin II 43.

anwesenden Ordensleute vergrößert hätte[1112]. Das Dekret *super tuto* wurde mit ähnlicher Beschleunigung am 26. Mai promulgiert[1113].
Es drängt sich die Frage auf, weshalb gerade diese nicht sehr aussichtsreiche Causa – über Revolutionswirren hinweg – in kürzester Zeit abgeschlossen werden konnte. Die ausgeprägte Affinität des Papstes zur Gesellschaft Jesu konnte es alleine nicht sein, ebensowenig wie das intensive Interesse des neapolitanischen Nachbarbistums Nocera[1114]. Der rasche Abschluß der Causa Claver hatte vor allem persönliche Gründe. Der junge Priester Mastai-Ferretti hatte in den Jahren 1823 bis 1825 an der Mission Muzi, welche das Verhältnis von Kirche und Staat in den unabhängig gewordenen südamerikanischen Staaten – vor allem in Chile – neu regeln sollte, als Auditor teilgenommen[1115]. Bei der Überquerung des Atlantiks hatten sie die Insel St. Helena passiert und waren auf ein Sklavenschiff gestoßen. Von Buenos Aires aus hatten sie auf dem beschwerlichen Landweg 1824 Santiago de Chile und im Herbst Montevideo erreicht, wo Mastai-Ferretti begeistert über die dortige Volksfrömmigkeit berichtete, die auf die Seelsorgepraxis der Jesuiten zurückging[1116]. Die Mission der Urbevölkerung, Volksmissionen und Exerzitien sind dann auch die stets wiederkehrenden Themen seiner Tagebuchaufzeichnungen[1117].
Der Apostel der Negermission in Kolumbien, Pedro Claver, paßte demnach ins Bild, ebenso wie die südamerikanische Kandidatin Maria Anna de Gesù de Paredes, dann aber auch die beiden Missionare de Brito und Bobola, deren Verfahren nun allesamt rasch zum Abschluß kamen. Schon zwei Wochen nach der Wahl Mastai-Ferrettis erhielt die seit 1834 ruhende Causa der Paredes einen neuen Ponens[1118], den konservativen Kardinal Metternich'scher Prägung, Ludovico Altieri[1119]. Schon Mitte November 1846 wurde die *Generalis* anberaumt, die fast einmütig beiden Wundern zustimmte – allerdings fehlten wiederum zehn Kongregationsväter[1120]. Das entsprechende Dekret wurde Mitte Januar 1847 promulgiert[1121]. Der Schönheitsfehler dieses Erfolges war das fehlende dritte Wunder. Da man keines vorzuweisen hatte, mußte man den Papst um eine Dispens angehen. General Roothaan, der auch persönlich die Postulatur übernommen hatte, bat im Januar um eine Spezialkommission, die eine Anwendung der päpstlichen Gnadenpraxis prüfen sollte. Roothaan wurde nicht müde,

---

[1112] ASRC, Decreta 1848–1851, fol. 36: CGST, 14. Mai 1850. Insgesamt fehlten 11 Väter.
[1113] ASRC, Decreta 1848–1851, fol. 40: Dekret *super tuto*, 26. Mai 1850.
[1114] Archivio della Postulazione SJ, Akte 338 (Pietro Claver), Postulationsbriefe und weitere Unterstützung um 1851.
[1115] Schmidlin II 8; Martina I 472f. Vgl. auch die Aufzeichnungen Mastai-Ferrettis: Viaggio al Chile di G.M. Mastai, Rom 1846.
[1116] Bogliolo 76.
[1117] Ebd. 66–77.
[1118] ASRC, Decreta 1845–1847, fol. 63: Ernennung Altieris zum Ponens, 3. Juli 1846. Der Vorgänger Pedicini starb am 19. November 1843. – Mastai-Ferretti wurde am 16. Juni 1846 gewählt.
[1119] Altieri (1805–1867), 1836–1845 Nuntius in Wien, 1845 Kardinal, 1847–1855 *Presidente di Roma e Comarca*, 1861–1864 Präfekt der Indexkongregation: Vittorio Emanuele Giuntella, Art. Altieri, Ludovico, in: DBI II 559f.; Weber I 277, 299f.; Weber II 426f. Altieri wird keine konstante Haltung attestiert. Im Streit um das Werk Rosminis setzte er sich sogar für eine scharfe Zurückweisung der dem Jesuitenorden angehörenden Gegner ein: Weber I 334.
[1120] ASRC, Decreta 1845–1847, fol. 129: CG über 2 Wunder, 20. November 1846. Abgesehen von einem *non constare* für das erste Wunder und drei für das zweite, äußerten sich alle befürwortend.
[1121] ASRC, Decreta 1845–1847, fol. 137: Dekret über 2 Wunder, 15. Januar 1847.

die Bedeutung der Causa für die Kirche Südamerikas herauszustellen, ebenso wie die besonderen Schwierigkeiten der Aktenbeschaffung aus Übersee. Ferner machte er darauf aufmerksam, daß eine Wunderdispens kein Einzelfall sei[1122]. In allen Punkten den Vorschlägen Roothaans folgend, setzte Pius IX. Mitte Januar 1848 eine hochkarätige Kommission ein, die aus den einflußreichen und erzkonservativen Kardinälen Lambruschini[1123], Patrizi und Altieri sowie dem Promotor, Sekretär, Assessor und dem Apostolischen Protonotar der Kongregation gebildet wurde[1124]. Auch hier wirkte sich die Revolution in Rom retardierend aus. Doch schon im Juli 1850 trat die *Congregatio particularis* zu ihrer letzten und entscheidenden Sitzung zusammen, um ein Votum zustande zu bringen: Einzig der Promotor fidei stemmte sich gegen die Empfehlung, den Papst um die notwendige Dispens zu bitten. Interessant ist ferner, daß Pius IX. gegen alle Gewohnheit am selben Tag die Entscheidung der Kommission guthieß und vom dritten Wunder dispensierte[1125]. Die Ereignisse überschlugen sich auch weiterhin: In der 24 Stunden später stattfindenden Audienz ordnete der Papst an, das notwendige Dekret auszugeben[1126], das auf denselben Tag datiert wurde[1127]. Ebenfalls im Galopp wurde die *Generalis super tuto* elf Tage später abgehalten, die auch die erforderliche Zustimmung erbrachte, aber augenscheinlich die Ordensleute erbitterte, welche auf breiter Front fehlten[1128]. Unbekümmert promulgierte man Ende September das Schlußdekret, mußte dann aber einige Zeit warten, bis die Reliquien aus Quitos Jesuitenkirche in Rom eingetroffen waren[1129]. Die feierliche Beatifikation fand schließlich am 20. November 1853 statt.

Die nun nacheinander wiedereinsetzenden Causen Bobola und de Brito schlossen sich nicht zufällig nahtlos an die Prozesse von Claver und Paredes an. Sie alle folgten einem spätestens 1851 greifbaren „Fahrplan" des Ordensgenerals, der eine systematische und sukzessive Wiederaufnahme der liegengebliebenen Causen vorsah. Daß Claver und Paredes größtenteils parallel verhandelt wurden, widerspricht der Projektidee keineswegs, da Maria Anna de Paredes fremdfinanziert wurde[1130]. Ohne Zweifel standen nämlich wirtschaftliche Fragen im Vordergrund der Planung, wobei sich Roothaan an der Seligsprechung des reformierten Franziskaners Leonardo da Porto

---

[1122] ASRC, Decreta 1848–1851, fol. 1: Bittschrift Roothaans, vor dem 14. Januar 1848. – Roothaans Substitut war Giuseppe Aloisio Chierighini.
[1123] Luigi Lambruschini (1776–1854), 1793 Barnabit, 1819–1830 Erzbischof von Genua, 1826–1831 Nuntius in Paris, 1831 Kardinal, 1834–1845 Präfekt der Studienkongregation, 1836–1846 Staatssekretär, 1847–1854 Präfekt der Ritenkongregation: Luigi Manzini, Il card. Luigi Lambruschini, Vatikanstadt 1960; Weber II 475f.; Weber I 276: „Hochkonservativer reinsten Wassers" und österreichfreundlich.
[1124] ASRC, Decreta 1848–1851, fol. 1: Vermerk auf der Bittschrift Roothaans, 14. Januar 1848.
[1125] ASRC, Decreta 1848–1851, fol. 44: Aufzeichnung der *Congregatio particularis* vom 18. Juli 1850 und der Entscheidung des Papstes am selben Tag.
[1126] ASRC, Decreta 1848–1851, fol. 44: Aufzeichnung der Audienz vom 19. Juli 1850.
[1127] ASRC, Decreta 1848–1851, fol. 44: Dekret über die Dispens vom 3. Wunder, 19. Juli 1850.
[1128] ASRC, Decreta 1848–1851, fol. 49: CGST, 30. Juli 1850. Alle stimmten mit *tuto*; 12 waren abwesend, insbesondere die theologischen Konsultoren.
[1129] Die Bittschrift Roothaans zur Reliquienentnahme in Quito datiert auf den Oktober 1850: ASRC, Decreta 1848–1851, fol. 77.
[1130] Der Actor der Causa war die Diözese Quito, die nach dem Prozeßabschluß auch die Postulationsakten erhielt.

Maurizio von 1796 orientierte[1131]. Claver und Paredes, die man zuerst abwickelte, wurden gemeinsam abgerechnet[1132]; es folgten de Brito und Bobola[1133], die wegen ihrer kurzen Prozeßdauer etwa eineinhalb Jahre nacheinander fertig wurden. Für die kostspielige Beatifikationsfeier dieser beiden Märtyrercausen forderte man gemeinsam Mittel aus allen Ordensprovinzen an; Gelder flossen vor allem aus den US-amerikanischen Bundesstaaten Maryland und Missouri[1134]. Schon ein Blick in die Bilanzen zeigt, daß beispielsweise eine parallele Prozeßführung der beiden iberischen Seligen – Claver und de Brito – unmöglich gewesen wäre: Obgleich man in ihrer Heimat gleichzeitig mit den Sammlungen für beide Causen begonnen hatte, reichten die bis Ende November 1851 überwiegend aus Spanien eingetroffenen Mittel nicht aus, um die Verfahren nebeneinander zum Abschluß zu bringen[1135].

Roothaan sah sich demnach gezwungen, die einzelnen Prozesse auseinanderzuziehen, und zwar nicht nur aus wirtschaftlichen Gesichtspunkten, sondern offensichtlich auch aus Gründen der päpstlichen Präferenz: Bekanntlich zeigte Pius IX. an der Causa Paredes unmittelbar nach seiner Papstwahl starkes Interesse. Aller Wahrscheinlichkeit nach werden beide Motive hier eine Rolle gespielt haben. Wie dem auch sei, schon Ende November 1851 drückte der Ordensgeneral die sichere Hoffnung aus, daß Prozeßabschluß und feierliche Beatifikation de Britos binnen Jahresfrist über die Bühne gehen könne[1136]. Diese kühne Vision entbehrte nicht eines *fundamentum in re*, da man bis Ende September 1851 die allermeisten Schwierigkeiten in der Kongregation überwunden hatte. Obgleich man schon im Frühjahr des Jahres mit der 1744 verhinderten *Praeparatoria* über das Martyrium eingesetzt hatte, ließ sich die Zeitplanung nicht vollständig realisieren.

Selten ist in einem derartigen Eilverfahren ein Beatifikationsprozeß abgeschlossen worden, den man aus der Tiefe der Archive zog. Das, was die Causa seit dem Pontifikat Benedikts XIV. behinderte, nämlich das Martyrium, wirkte sich nun positiv aus, wenn nicht sogar stark beschleunigend. Außerdem hatte man sich die Vorbereitung der Sitzungen wesentlich erleichtert: Im Falle de Britos druckte man das alte Material, das größtenteils noch aus dem 18. Jahrhundert stammte, 1851 schlicht neu ab[1137]. Die Aktenlage war also bekannt und ausdiskutiert; es hatte bisher nur an einem positiven Votum gefehlt. Dieser Causa wurde noch eine weitere Vergünstigung gewährt: Wun-

---

[1131] Archivio della Postulazione SJ, Akte 751 (Giovanni de Britto), Fasz. Abrechnungen über alle Seligsprechungen der 50er Jahre.

[1132] Archivio della Postulazione SJ, Akte 751 (Giovanni de Britto), Fasz. Abrechnungen der Seligsprechungen von Paredes und Claver.

[1133] Archivio della Postulazione SJ, Akte 751 (Giovanni de Britto), Fasz. Abrechnungen über alle Seligsprechungen der fünfziger Jahre.

[1134] Archivio della Postulazione SJ, Akte 751 (Giovanni de Britto), Fasz. Abrechnung der Spesen.

[1135] Dafür spricht die Äußerung Roothaans Ende November 1851 über die Abzahlung der Seligsprechungsfeier Clavers. Die spanische Provinz hatte bereits einen gewissen Betrag bereitgestellt, der aber noch aus anderen Provinzen aufgestockt werden mußte: Archivio della Postulazione SJ, Akte 751 (Giovanni de Britto), Zirkularbrief Roothaans, 25. November 1851.

[1136] Archivio della Postulazione SJ, Akte 751 (Giovanni de Britto), Zirkularbrief Roothaans, 25. November 1851.

[1137] Archivio della Postulazione SJ, Akte 734 (Giovanni de Britto): *Secunda Positio super martyrio et miraculis*, Rom 1851; Akte 736: *Novissima seu tertia positio ...*, Rom 1851.

der und Martyrium de Britos konnten außerordentlicherweise gemeinsam begutachtet und approbiert werden.

Die Anfang April 1851 mit der alten Substanz durchgeführte *Praeparatoria* war sicherlich kein durchschlagender Erfolg. Immerhin erkannten 19 von 23 Vätern das Martyrium an; die vier Wunder stießen auf ein geteiltes, wenn auch überwiegend positives Echo[1138]. Dabei hatte man sich von Seiten des Ordens augenscheinlich wenig Mühe bei der Vorbereitung gegeben: Die *Informatio* über die Diskussion der Wunder und des Martyriums war ganze neun Seiten stark[1139]. Die *Generalis*, die schon Mitte September 1851 stattfand, zollte dem Opfertod de Britos vollständige Anerkennung, ähnlich den Wundern[1140]. Das entsprechende Dekret über beide Fragen wurde schon am 29. September promulgiert[1141], so daß nur noch die *Generalis super tuto* ausstand, für die man ebenfalls nur eine zehn Seiten lange *Informatio* vorbereitete[1142]. Auch diese Sitzung wurde rasch durchgeboxt[1143], so daß das Schlußdekret schon am 18. Februar 1852 expediert werden konnte[1144]. Die feierliche Seligsprechung wurde am 21. August 1853 begangen.

Kaum ein anderer Jesuitenprozeß verdeutlicht, wie rasch man mit alten Akten zu einem raschen Abschluß kommen konnte. Die Schlußphase von de Britos Beatifikationsprozeß läßt außerdem einen Mentalitätswechsel an der Ritenkongregation erkennen: Nach 1850 blieb kaum ein Kongregationsvater den Abstimmungen fern.

Roothaans präziser Fahrplan, eine Causa nach der anderen abzuwickeln, läßt sich auch beim Prozeß des Andrzej Bobola verifizieren. Kaum war die *Generalis super tuto* über de Brito, die am 27. Januar 1852 stattfinden sollte, angesetzt, fädelte der Ordensgeneral bereits die nächste Causa in der Papstaudienz vom 19. Januar ein. Der ebenfalls mit Altieri als Ponens[1145] bedachte Prozeß des Polen Bobola hatte den Hemmschuh von vier Wundern – eines wurde bereits 1835 anerkannt – zu überwinden. Bekanntlich hatte die Postulation im 18. Jahrhundert 40 Wunder vorgeschlagen, von denen sieben zur näheren Prüfung durch die Kongregation ausgewählt worden waren. Da man bereits bei Claver mit einer Sonderkommission gute Erfahrungen gemacht hatte, setzte auch diesmal der Orden auf die päpstliche Gnadensonne, der man nun noch mehr Licht abzuringen versuchte: Anfang 1852 erbat der Postulator eine *Congregatio particularis*, die aus dem Fundus der 40 Wunder fünf bisher noch nicht untersuchte prüfen und von diesen wiederum zwei oder drei als stichhaltig auswählen sollte, um eine Seligsprechung durchzuführen[1146]. Pius IX. setzte in der Audienz vom

---

[1138] ASRC, Decreta 1848–1851, fol. 101: CP über Martyrium und 4 Wunder, 8. April 1851. Es sprachen sich zwischen 12 und 14 Väter positiv für jedes Wunder aus, der Rest votierte mit *suspensive*.
[1139] Archivio della Postulazione SJ, Akte 738 (Giovanni de Britto), *Informatio*.
[1140] ASRC, Decreta 1848–1851, fol. 112: CG über Martyrium und 4 Wunder, 16. September 1851. Bei den Wundern tauchten nur je 3 bis 5 *non constare* auf.
[1141] ASRC, Decreta 1848–1851, fol. 117 Nr. 3: Dekret über das Martyrium und 4 Wunder vom 29. September 1851.
[1142] Archivio della Postulazione SJ, Akte 740 (Giovanni de Britto), zehnseitige *Positio super dubio …*, Rom 1851.
[1143] ASRC, Decreta 1852–1853, fol. 20: CGST, 27. Januar 182; alle waren anwesend und stimmten mit *tuto*.
[1144] ASRC, Decreta 1852–1853, fol. 23C: *Decretum super tuto*, 18. Februar 1852.
[1145] ASRC, Decreta 1848–1851, fol. 107: Ernennung Altieris zum Ponens, 20. Juni 1851.
[1146] ASRC, Decreta 1852–1853, fol. 23A: Bittschrift der Postulatur, Anfang 1852.

19. Januar eine leicht vergrößerte Kommission ein, die präzise über die vom Postulator umschriebenen Fragen zu befinden hatte[1147]. Dieses Mal bestand die Kommission jedoch nicht allein aus konservativen Kardinälen; man hatte die beiden Liberalen Bofondi[1148] und Ferretti[1149] hinzugezogen[1150]. Was anfangs wie eine Niederlage für den Orden aussah, zeigte schließlich Wirkung: Die *Congregatio particularis* votierte am 14. April überwiegend ablehnend, nur eine Minderheit sprach sich für die Konsultation des Papstes aus[1151]. Die Frage kam dann am 22. April direkt vor Pius IX. Nun zeigte sich, daß die Jesuiten nicht auf die falsche Karte gesetzt hatten: Der Papst suspendierte das Votum der Kommission und zog kurzerhand die Causa an sich[1152]. Dann ließ er sich die *Positiones* der *Praeparatoria* und der *Generalis* vorlegen und überwies am 22. Juli dem Gremium die Frage, ob denn nicht gar ein einziges Wunder ausreiche[1153]. Da die Kongregation immer noch kein grünes Licht gab, approbierte der Papst Anfang Mai 1853 ebenso hartnäckig drei bereits vorgeschlagene Wunder[1154] und machte damit den Weg für die *Generalis super tuto* frei, die in aller Eile schon Ende des Monats ohne Widerspruch durchgeführt wurde – mit Beteiligung aller Väter[1155]! Auch mit dem Schlußdekret ließ man sich keine Zeit[1156], da die Seligsprechung bereits für den 30. Oktober anberaumt war[1157].

Die letzten von Roothaan geplanten Seligsprechungen erlebte der General nicht mehr[1158]; sein Beatifikationsplan kam jedoch bündig in seinem Todesjahr 1853 zum Abschluß. Die rasch zu Ende geführten Causen weckten außerdem die Hoffnung auf ebenso zügige Kanonisationsprozesse: Ende September 1852 wurde das Verfahren für Pedro Claver aufgenommen[1159], Anfang Mai 1854 das des João de Brito[1160].

[1147] ASRC, Decreta 1852–1853, fol. 23A: Vermerk über die Audienz vom 19. Januar 1852 auf der Bittschrift der Postulatur.

[1148] Giuseppe Bofondi (1795–1867), 1842 Rotadekan, 1847 Kardinal, 1847–1848 Legat in Ravenna, 1848 Kardinalstaatssekretär: Giuseppe Pignatelli, Art. Bofondi, Giuseppe, in: DBI XI 172f.; Weber II 441f. Pignatelli weist darauf hin, das Bofondis Familie traditionell liberal eingestellt gewesen war.

[1149] Gabriele Ferretti (1795–1860), 1833–1837 Nuntius in Neapel, 1839 Kardinal, 1843 Präfekt der *Congregazione delle Indulgenze e Sacre Reliquie*, 1847–1848 Kardinalstaatssekretär, nach 1848 Rückzug aus dem öffentlichen Leben: Giuseppe Monsagrati, Art. Ferretti, Gabriele, in: DBI XLVII 72–77; Weber II 462–464.

[1150] Neben den als konservativ geltenden Kardinälen Patrizi, Lambruschini und Altieri nahm man nun noch die beiden Liberalen Ferretti und Bofondi hinzu (Weber I 306f.): Archivio della Postulazione SJ, Akte 603 (Andrea Bobola): *Informatio super dubio*.

[1151] ASRC, Decreta 1852–1853, fol. 23C: Aufzeichnung über die Audienz vom 22. April 1852.

[1152] ASRC, Decreta 1852–1853, fol. 26C: Aufzeichnung über die Audienz vom 22. April 1852.

[1153] ASRC, Decreta 1852–1853, fol. 33: Aufzeichnung der Audienz vom 22. Juli 1852.

[1154] ASRC, Decreta 1852–1853, fol. 84A: Dekret über 3 Wunder, 3. Mai 1853. Unter den anerkannten Wundern war auch das der Brzozowska, so daß das auslösende Moment für den Neuanfang des Prozesses Anfang des 19. Jahrhunderts auch tatsächlich zum Ziel führte.

[1155] ASRC, Decreta 1852–1853, fol. 91: CGST, 31. Mai 1853.

[1156] Das *Decretum super tuto* wurde am 8. Juli 1853 promulgiert: ASRC, Decreta 1852–1853, fol. 97.

[1157] ASRC, Decreta 1852–1853, fol. 118: Seligsprechung vom 30. Oktober 1853.

[1158] Roothaan starb am 8. Mai 1853.

[1159] ASRC, Decreta 1852–1853, fol. 48: Die Kongregation diskutierte diese Frage am 23. September 1852; das Dekret wurde am 30. September promulgiert.

[1160] ASRC, Decreta 1854, fol. 12: Die Kongregation beschloß die Aufnahme des Verfahrens am 8. April 1854; das Dekret wurde am 4. Mai promulgiert.

Breitere Aktivität ist auf dem Feld der Beatifikation und Kanonisation von Jesuiten erst wieder um 1860 zu beobachten. Das Datum fällt in die lange Amtszeit des belgischen Ordensgenerals Pieter Johan Beckx[1161], dessen Haupttätigkeit um den Ausbau und die Optimierung des Ordensstudiums sowie um die Organisation des kräftig expandierenden Missionswesens kreiste[1162]. Anders als Beckx hatte dessen unmittelbarer Vorgänger Roothaan mit anderen Problemen zu kämpfen: In Zeiten des explosionsartigen Wachstums der Gesellschaft und dramatischer Verfolgungswellen setzte Roothaan auf wissenschaftliche Schulung und aszetische Ausbildung, die ihre Schwerpunkte in Betrachtungen, Exerzitien und Andachtsübungen zum göttlichen Herzen Jesu und zum Herzen Mariens hatte[1163]. Selige und heilige Vorbilder aus dem eigenen Orden scheinen in diesem Zusammenhang einen besonderen Stimulus gebildet zu haben. Beckx kam entgegen, daß er auf dem Feld der Selig- und Heiligsprechung selbständiger und unabhängiger als Roothaan agieren konnte, der bekanntlich beim Papst schlecht angeschrieben war.

Trotz dieser Schwerpunktverlagerung in der spirituellen Ausrichtung wurden in den sechziger Jahren zwei liegengebliebene Causen des niederdeutschen Raums aufgegriffen, aus dem auch der neue General stammte: Canisius und Berchmans. Zufall? Mehr noch als mit Canisius war Beckx mit Berchmans verbunden, der im brabantischen Diest – wenige Kilometer vom Geburtsort des Generals – zur Welt gekommen war, in Mecheln das Gymnasium besuchte, wo Beckx anfangs Seminarist war, und dessen Herz in der Kirche des Jesuitenkollegs in Löwen ruhte, wo der spätere Ordensobere als Rektor gewirkt hatte.

Mit der Ernennung Karl August Kardinal von Reisachs[1164] zum Ponens[1165] Ende April 1861 kam der Prozeß Berchmans' rasch wieder in Gang. Der als päpstlicher Vertrauensmann und kurialer Deutschlandexperte hochgeschätzte Reisach stand als Erzkonservativer und ehemaliger Germaniker[1166] dem Jesuitenorden nahe. Der Konzilsbeobachter Vincenzo Tizzani[1167] beschrieb ihn folgendermaßen: „von Reisach war ein als Kardinal maskierter Jesuit, [...] der von Pius IX. und von vielen Kardinälen geschätzt

---

[1161] Beckx (1795–1887) wurde in Sichem bei Diest geboren, trat mit 20 Jahren in Mecheln ins Seminar ein, wurde 1819 Novize in Hildesheim, anschließend als Beichtvater und Seelsorger tätig, 1849–1850 Sekretär des belgischen Provinzials, 1850–1852 Rektor des Scholastikats in Löwen, 1853 Ordensgeneral: Joseph Martin, Leben des P. Pieter Beckx, General der Gesellschaft Jesu, Ravensburg 1897; Koch, Jesuiten-Lexikon 170–172.

[1162] Becher, Die Jesuiten 368.

[1163] Koch, Jesuiten-Lexikon 1564; Neu, Jan Roothaan, der bedeutendste Jesuitengeneral neuerer Zeit 137–141; Becher, Die Jesuiten 363–365.

[1164] Reisach (1800–1869) trat nach der Lektüre von Liguoris Werken ins Germanikum ein, 1836–1846 Bischof von Eichstätt, 1846–1856 Erzbischof von München und Freising, 1855 Kardinal: Wilhelm Molitor, Cardinal Reisach, Würzburg 1874; Anton Zeis, Art. Reisach, Karl August Graf von, in: Die Bischöfe 1785/1803–1945, 603–606; Weber II 511f.

[1165] ASRC, Decreta 1860–1862, fol. 107: Ernennung von Reisachs zum Ponens, 25. April 1861.

[1166] Reisach war von 1824 bis 1829 Germaniker: Schmidt, Das Collegium Germanicum in Rom 339. Vgl. dazu auch von Reisachs Rede über Canisius von 1865: Molitor, Cardinal Reisach 144f.

[1167] Tizzani (1809–1892), 1833 Professor für Kirchengeschichte an der Sapienza, 1843–1848 Bischof von Terni, 1855 Titularbischof von Nisibi, Konzilsteilnehmer: Pásztor, Diario di Vincenzo Tizzani (1869–1870) I S. IX.

wurde"[1168]. Schon Mitte Juni wurde die *Antepraeparatoria* über vier Wunder abgehalten – jedoch mit niederschmetterndem Ergebnis. Nur etwa zwei bis drei Konsultoren hielten die Mirakel für stichhaltig; die meisten zeigten sich unentschieden oder forderten ein weiteres Votum der Experten[1169]. Bis zur *Generalis* am 10. Januar 1865 waren dann alle Zweifel ausgeräumt, so daß bis auf eine Gegenstimme alle Wunder auf Anerkennung stießen[1170]. Trotz dieses günstigen Ergebnisses wurden nur drei Wunder approbiert[1171], so daß der Postulator wenige Tage später um eine Dispens bitten mußte, die von Pius IX. rasch gewährt wurde[1172]. Die nur einen Monat später stattfindende *Generalis super tuto* war dann lediglich eine Formsache[1173]. Sechs Wochen später fand bereits die feierliche Seligsprechung statt[1174]. Auch mit der Eröffnung des Kanonisationsverfahrens wartete man nicht lange; bereits am 8. März 1866 wurde das Dekret über die Aufnahme des Verfahrens promulgiert[1175].

Einen ähnlichen Abschluß fand nun auch der Prozeß des Petrus Canisius, der auf die Approbation von vier Wundern wartete. Die *Antepraeparatoria* Mitte Juni 1860 bildete jedoch keinen positiven Auftakt: Vier Konsultoren fehlten, keines der vorgeschlagenen Wunder erhielt auch nur ein Zeichen von Zustimmung, und 16 Väter zweifelten das Gutachten eines Mediziners an, so daß das Abstimmungsergebnis insgesamt sehr disparat ausfiel[1176]. Die Situation wandelte sich erst – dann allerdings durchgreifend –, als durch den Tod des alten Ponens der Präfekt der Ritenkongregation für jenes Amt gewonnen werden konnte[1177]: Costantino Patrizi galt als erzkonservativ und extrem jesuitenfreundlich[1178]. Die *Praeparatoria* vom 16. Dezember 1862 zeigte entsprechend bei fast allen Wundern durchgängig Zustimmung[1179]. Die *Generalis* im Jahr darauf brachte ein ähnliches Ergebnis zutage; man merkte jedoch, daß noch mit Widerstand zu rechnen war: Vier Kongregationsmitglieder blieben der Abstimmung fern[1180]. Dieser Wermutstropfen verwundert nicht weiterhin; immerhin war Canisius diejenige Jesuitencausa, der die Ritenkongregation den heftigsten Widerstand entgegengebracht hatte – sei es durch Abwesenheit der Väter, sei es durch unverständlich

---

[1168] Vollständiges Zitat: „Era il de Reisach un gesuita mascherato da cardinale. Di poca scienza, di facile loquela, era stimato da Pio IX e da molti cardinali": Pásztor, Diario di Vincenzo Tizzani (1869–1870) I 46.

[1169] ASRC, Decreta 1860–1862, fol. 113: CA über 4 Wunder, 18. Juni 1861. Die allermeisten Väter waren anwesend.

[1170] ASRC, Decreta 1865–1866, fol. 5: CG über 4 Wunder, 10. Januar 1865. Alle Väter waren anwesend; nur bei einem Wunder gab es eine Gegenstimme.

[1171] ASRC, Decreta 1865–1866, fol. 19: Dekret über 3 Wunder, 28. Februar 1865.

[1172] ASCR, Decreta 1865–1866, fol. 21A: Bittschrift des Postulators und rückseitige Aufzeichnung über die Audienz vom 9. März 1865.

[1173] ASRC, Decreta 1865–1866, fol. 29: CGST, 8. April 1865: Alle waren anwesend und stimmten mit *tuto*.

[1174] ASRC, Decreta 1865–1866, fol. 39: Vermerk über die Seligsprechung Berchmans, 28. Mai 1865.

[1175] ASRC, Decreta 1865–1866, fol. 72A: Dekret über die Eröffnung des Heiligsprechungsverfahrens, 8. März 1866.

[1176] ASRC, Decreta 1860–1862, fol. 34: CA über 4 Wunder, 19. Juni 1860.

[1177] ASRC, Decreta 1860–1862, fol. 120: Nach dem Tod von Kardinal Vincenzo Macchi wurde Patrizi am 20. Juni 1861 zum Ponens ernannt.

[1178] Weber I 336; Pásztor, Diario di Vincenzo Tizzani (1869–1870) I 23.

[1179] ASRC, Decreta 1860–1862, fol. 239: CP über 4 Wunder, 16. Dezember 1862. Nur etwa 2 bis 4 Väter stimmten mit *suspensive*.

[1180] ASRC, Decreta 1863–1864, fol. 51: CG über 4 Wunder, 12. Januar 1864.

häufige Schriftenrevision, sei es durch Verzögerungstaktik. Tatsächlich bot das lange und intensive Wirken des rührigen Jesuiten vielfach Angriffspunkte für die Kritik, die nun plötzlich nicht mehr unüberwindlich war. Im Pontifikat Pius' IX. war die antijesuitische Frontstellung der Kongregation soweit überwunden, daß man nach 1860 daranging, auch noch die diffizilste Causa durchzubringen. Eile auch hier wieder! Das Dekret über alle vier Wunder wurde am 17. April 1864 ausgegeben[1181], die *Generalis super tuto* tagte am 14. Juni, zehn Tage später erschien das Schlußdekret[1182] und schon am 2. August das Beatifikationsbreve für die feierliche Seligsprechung am 20. November[1183].

Geradezu *en passant* lief zwischenzeitlich eine weitere Causa ab: die der drei Jesuitenmärtyrer aus Japan, von denen noch die Rede sein wird[1184]. Als Beckx 1862 vom überraschend schnellen Abschluß[1185] des Kanonisationsprozesses der japanischen Märtyrer aus der Franziskanerfamilie hörte, sprang er auf den fahrenden Zug auf – zumal die neuen Heiligen kostengünstig zu haben waren: Es stand nur noch die *Generalis super tuto* aus. Der Nachholbedarf der Jesuiten schien keine Grenzen zu kennen. Als Beckx also von der Abfassung der Kanonisationsbulle für die 23 Franziskanerobservanten erfuhr, bat er den Papst, in das Schreiben auch die drei gleichzeitig zu Tode gekommenen Jesuiten aufzunehmen[1186]. Ganz so einfach ging es jedoch nicht. Pius IX. konsultierte den Promotor fidei sowie die Kardinäle der Ritenkongregation[1187] und ernannte ganz regelrecht einen Ponens, der jesuitenfreundlich war[1188]. Dann hielt man etwa zwei Wochen später die *Generalis super tuto* ab[1189], um pünktlich am 8. Juni zusammen mit den Franziskanern die Kanonisation zu feiern[1190]. Damit war die Gesellschaft Jesu gleich um drei Heilige reicher – und der Orden nicht wesentlich ärmer[1191].

Nicht nur die Geschwindigkeit und das mehr als wohlwollende Abschließen beweisen wiederum, wie jesuitenfreundlich das Pontifikat Pius' IX. war, selbst der individuelle Prozeßverlauf weist auf die günstige Situation für den Orden hin. Mehr noch! Die Schlußphase dieser Pseudocausa wurde zur Farce. Noch bevor nämlich die „Causa" tatsächlich anlief, hielt die Kongregation – bereits weniger als eine Woche nach der Ernennung des Ponens – mit den Postulatoren Treffen ab, um die groß angelegte Kanonisationsfeier vorzubreiten und die Mittel dafür zu organisieren[1192]. Die drei Jesui-

---

[1181] Druck des Dekrets über die Approbation der 4 Wunder: Boero, Vita del Beato Pietro Canisio 487–490.
[1182] *Decretum super tuto*, 24. Juni 1864: ebd. 491–493.
[1183] Beatifikationsbreve: ASRC, Decreta 1863–1864, fol. 113A; Druck: Boero, Vita del Beato Pietro Canisio 511–518.
[1184] Vgl. das Kapitel „Das wiederentdeckte Martyrium".
[1185] Die *Congregatio generalis super tuto* fand am 3. September 1861 statt.
[1186] Archivio della Postulazione SJ, Akte 259 (Martiri giapponesi), Aufzeichnung über die Causa.
[1187] Ebd.
[1188] ASRC, Decreta 1860–1862, fol. 191: Ernennung Niccola Clarelli-Paracciani (1799–1872) zum Ponens, 20. Februar 1862. Er gehörte auf dem Vaticanum zur Jesuitenpartei (Weber I 343).
[1189] ASRC, Decreta 1860–1862, fol. 192: CGST, 6. März 1862. Hier liegt nur ein Vermerk über die Sitzung vor; ein Protokoll ist nicht angefertigt worden.
[1190] ASRC, Decreta 1860–1862, fol. 206B: Kanonisationsbulle vom 8. Juni 1862.
[1191] Archivio della Postulazione SJ, Akte 264 (Martiri giapponesi), Abrechungen der Feierlichkeit.
[1192] Schon am 24. Februar tagten die beiden Postulatoren der Franziskanerobservanten und der Jesuiten unter der Leitung des Sekretärs der Ritenkongregation: Archivio della Postulazione SJ, Akte 262

ten profitierten unzweifelhaft von ihrem Status als Märtyrer, doch erhält man darüber hinaus den Eindruck, als habe bei diesem speziellen Verfahren nur ein Blick in das Indult[1193] Urbans VIII. genügt, um die entsprechenden Dekrete auszustellen.

Ähnlich rasch verfuhr man mit Carlo Spinola und seinen Gefährten, die 1867 mit weiteren 199 Märtyrern aus Japan beatifiziert wurden. Auffallend wiederum, daß die zweite japanische Märtyrercausa sich fast nahtlos an die erste anschloß. Da das Prozeßverfahren der 1862 heiliggesprochenen Blutzeugen aus Japan allmählich Schule gemacht hatte und die Martyriumsidee gewissermaßen *en vogue* war, verlief auch dieser Prozeß reibungslos und zügig, obgleich er die größten inneren Schwierigkeiten zu bewältigen hatte. Auffallend viele Bischöfe und Kardinäle aus Frankreich, dem bedeutendsten staatlichen Träger der Fernostmission, verwandten sich in der zweiten Jahreshälfte 1863 um die Aufnahme der Causa der ersten 26 Kandidaten, zu denen auch Spinola gehörte[1194]. Das, was im Vordergrund stand, war zweifellos das Missionswesen, für dessen ordensspezifische Förderung Beckx sich handfeste Vorteile versprach. Der General erlebte in seiner Amtszeit nicht nur eine Verdoppelung der Mitgliederstärke der Gesellschaft, sondern auch eine enorme geographische Expansion der Ordenstätigkeit in der Mission, die vielfältige, vor allem innere Probleme aufwarf[1195]. Als Superior der Gesellschaft Jesu stand er mit solchen neuen Anforderungen an das Ordensleben nicht alleine, was kurioserweise eine Allianz mit dem „Todfeind", den Franziskanern, bei der Selig- und Heiligsprechung zustande brachte. Der Papst gab dazu seinen Segen: Am 15. November wurde eine *Congregatio particularis* eingerichtet, die ein ganzes Bündel von Zweifeln auszuräumen hatte[1196]. Nach nur zwei Sitzungen schloß man die Diskussion des Martyriums und der Wunder gleichzeitig mit dem Dekret vom 26. Februar 1867 ab[1197], setzte am 13. April die *Generalis super tuto* an, so daß das Schlußdekret am 30. April 1867 promulgiert werden konnte[1198]. Dank des Märtyrer- und Missionsbonus war die Gesellschaft Jesu am 7. Juli 1867 rasch und kostengünstig zu weiteren sechs Seligen gekommen.

In diesem Zusammenhang muß auch die Kultanerkennung des Petrus Faber vom 5. September 1872 erwähnt werden, dessen Informativprozeß bereits 1626 in Auftrag gegeben worden war[1199]. Faber, der zu den sieben Gründungsmitgliedern der Gesellschaft Jesu gehörte, stieg damit in den Rang eines Seligen auf.

(Martiri giapponesi), Einladung der *Presidenza di Canonizzazione* an Pater Boero, 24. Februar 1862.

[1193] Das Breve vom 15. September 1627 gestattete die Feier des Offiziums für die seliggesprochenen Jesuiten: Veraja, La beatificazione 65f.

[1194] Archivio della Postulazione SJ, Akte 42 (Spinola e Soci): Bittschrift vom 18. September 1863, unterschrieben von 15 Kardinälen, Erzbischöfen und Bischöfen, vorwiegend aus Frankreich; Postulationsbrief vom 26. Oktober 1863; undatierte Bittschriften französischer Bischöfe.

[1195] Hierzu: Becher, Die Jesuiten 367f.; Fois, Art. Compagnia di Gesù, Missioni 1298f.

[1196] Archivio della Postulazione SJ, Akte 44 (Spinola e Soci), undatierte Bittschrift der Postulatur, die am 15. November 1866 genehmigt wurde.

[1197] Druck: Boero, Relazione della gloriosa morte di ducento e cinque beati martiri nel Giappone 199–203.

[1198] Druck: ebd. 208–210.

[1199] Faber (1506–1546) kam 1525 nach Paris, wo er auf Franz Xaver und Ignatius von Loyola stieß. 1534 wurde er zum ersten Priester der späteren Gesellschaft Jesu geweiht, 1537–1539 Professor an der Sapienza in Rom, ausgedehnte Reisen nach Deutschland, Spanien und Portugal: Koch, Jesui-

7.c. Causen im Schlepptau der päpstlichen Gunst

Auch der Prozeß der Alacoque kam im Pontifikat Pius' IX. zum Abschluß. Die Causa war trotz der Ponentenschaft des jesuitennahen Kardinals Odescalchi[1200] in den zwanziger und dreißiger Jahren nur schleppend in Gang gekommen und hatte noch 1840 so gut wie keine Aufmerksamkeit der Kongregationsväter hervorgerufen[1201]. Daran hatte auch die Ernennung Patrizis zum Ponens im Jahre 1842 nichts geändert[1202]. Die *Praeparatoria* vom April 1843 hatte die Tugenden der Alacoque immer noch mit Abwesenheit und Schulterzucken gestraft[1203]. Auch hatte man es wieder mit Zweifeln an der Gültigkeit der Wunderprozesse versucht[1204]. Die *Generalis* vor dem greisen Gregor XVI. hatte zwar keine grundsätzlichen Bedenken mehr geäußert, ohne die Approbation von drei Wundern war aber nichts zu machen. Außerdem waren wieder eine Reihe von Vätern nicht gekommen – besonders viele Ordensleute[1205]. Zur Anerkennung der Tugenden fand sich Gregor XVI. jedoch nicht bereit.

Kurz nach dem Tod des Papstes und der Wahl eines Nachfolgers bemühte sich der rührige Postulator – selbst ein Kurialer der Apostolischen Signatur[1206] – um den Fortgang der Causa. Pius IX. ließ sich nicht lange bitten: Schon am 4. Juli 1846 – am selben Tag, als der französische Botschafter ihm zu seiner Wahl zum Papst gratulierte[1207] – gestattete der Pontifex die Wiederholung der *Generalis*[1208], die jedoch Mitte August ein noch schlechteres Ergebnis hervorbrachte. Dieses Mal fehlten sogar zahlreiche Kardinäle[1209]. Dessen ungeachtet, ließ der Papst unbekümmert am 22. August das Dekret über den Tugendgrad ausstellen, forderte allerdings im Einklang mit der Kongregation drei Wunder[1210].

---

ten-Lexikon 1413f.; Cándido de Dalmases, Art. Favre, Pietro, in: BS V 501–503. – Faber wurde auf der Weg der aequipollenten Beatifikation zum Seligen erklärt: Veraja, La beatificazione 186.

[1200] Am 17. März 1835 wurde Odescalchi Ponens der Causa: ASRC, Decreta 1834–1836, fol. 52. Er legte am 20. November 1838 den Purpur nieder, um Jesuit zu werden.

[1201] Die *Antepraeparatoria* über die Tugenden vom 28. April 1840 brachte nur 2 *constare* hervor, der Rest war *suspensive*: ASRC, Decreta 1840–1841, fol. 13.

[1202] ASRC, Decreta 1842–1844, fol. 5: Ernennung Patrizis zum Ponens, 23. Februar 1842.

[1203] ASRC, Decreta 1842–1844, fol. 38: CP über Tugenden, 4. April 1843. Nur 6 *constare* und 11 *suspensive*; 7 waren nicht gekommen.

[1204] Ende Juli 1842 wurde die Untersuchung eines neuen Wunders an einer Ordensschwester in Auftrag gegeben (ASRC, Decreta 1842–1844, fol. 17). Aufgrund von Einwänden mußte das Wunder im Februar 1844 nochmals untersucht werden (ASRC, Decreta 1842–1844, fol. 73).

[1205] ASRC, Decreta 1845–1847, fol. 3: CG über die Tugenden, 14. Januar 1845. 5 stimmten mit *constare*, 29 mit *constare, ut deveniri possit ad discussionem trium miraculorum*, 7 waren abwesend.

[1206] Der Postulator Giovanni Battista Arnaldi war päpstlicher Hausprälat und Votant der *Signatura di Giustitia*: ASRC, Decreta 1845–1847, fol. 66: Bittschrift Arnaldis. Er ist in der Funktion des Postulators bereits im Sommer 1842 nachgewiesen: ASRC, Decreta 1842–1844, fol. 17: Wunderuntersuchung am 29. Juli 1842 angeordnet.

[1207] Am 4. Juli sprach Pellegrino Rossi die Glückwünsche der französischen Regierung aus, Neapel schon am 22. Juni, Sardinien am 11. Juli und die Niederlande am 14. Juli: Schmidlin II 20f.

[1208] ASRC, Decreta 1845–1847, fol. 66: Bittschrift Arnaldis mit Rückvermerk über die Audienz vom 4. Juli 1846.

[1209] ASRC, Decreta 1845–1847, fol. 68: CG über Tugenden, 11. August 1846: 2 *constare*, 25 *ita constare, ut ...* Es fehlten immerhin 11 Kongregationsväter.

[1210] ASRC, Decreta 1845–1847, fol. 70: Dekret über den Tugendgrad, 22. August 1846. Druck: Vita della Beata Margherita Maria Alacoque 243–245.

Woher rührt die besondere Gunst des Papstes? Neben seiner Jesuitophilie wird ihm eine damit korrespondierende[1211], ausgeprägte Herz-Jesu-Frömmigkeit attestiert[1212] – nicht zuletzt war er es, der das entsprechende Hochfest 1856 weltweit einführte[1213]. Schon als junger Priester schrieb er sich in die römische Erzbruderschaft vom Heiligsten Herzen Jesu bei der römischen Kirche S. Teodoro al Foro Boario ein[1214]. Als Erzbischof von Spoleto gründete er mit einer Ordensschwester ein Institut zur Anbetung des göttlichen Herzens[1215]. Auf den Throne Petri erhoben, „ließ er die Seligsprechung [der Alacoque] zu seinen ersten Aufgaben werden"[1216]. Der Ordensgeneral Roothaan und sein Nachfolger Beckx[1217] zogen am selben Strang. Roothaan förderte die Herz-Jesu-Verehrung durch Schriften, Betrachtungen und Belehrungen als Ausdruck der Geduld in den Zeiten der Verfolgung[1218].

Die Ritenkongregation setzte andere Prioritäten. Im Sommer 1851 zweifelte man immer noch an der Stichhaltigkeit verschiedener Wunder, so daß sich Pius IX. herbeiließ, die Widerstände durch die interne Diskussion ohne Konsultoren auszuräumen[1219]. Erst Ende September 1852 attestierte die Kongregation vier Wunderprozessen aus Venedig und Autun, daß sie *rite et recte* durchgeführt worden seien. Die Zustimmung des Papstes ließ jedoch nicht lange auf sich warten[1220].

Aus alledem wird deutlich, daß man keine genuine Jesuitencausa vor sich hat. Schon die Prozeßdauer und die Behandlung der Materie durch die Kongregation sprechen für ein Verfahren geminderter Priorität. Erst im September 1859 fand die *Antepraeparatoria* über drei Wunder statt, die schlicht auf keine Resonanz stießen: Zehn Väter waren nicht erschienen und hatten auch kein schriftliches Votum hinterlassen; nur ein *constare* fiel in der Abstimmung, der Rest stand dem Votum der Experten kritisch gegenüber[1221]. Vor allem der Widerstand der Orden, besonders der in Frankreich, war nicht zu unterschätzen[1222]. Die Wende trat erst Anfang der sechziger Jahre ein, als der Herz-Jesu-Kult im fortschreitenden *Risorgimento* stark antirevolutionäre Züge ausbildete und vor allem von den Jesuiten als Zeichen der Königsherrschaft Christi – teil-

---

[1211] Zu den Jesuiten als Initiatoren und Organisatoren des Herz-Jesu-Kultes detailliert: Busch, Katholische Frömmigkeit und Moderne 143–198.
[1212] Bogliolo 53, 63, 123f., 132, 134f., 162; Busch, Katholische Frömmigkeit und Moderne 133–142; ders., Frömmigkeit als Faktor des katholischen Milieus 151.
[1213] Schmidlin II 306.
[1214] Bogliolo 47.
[1215] Ebd. 124.
[1216] Vita della Beata Margherita Maria Alacoque 234: „Elevato alla Sede di S. Pietro il regnante sommo Pontefice Pio IX mostrò di aver questa tra le prime cure del suo pontificato".
[1217] Beckx teilte die Herz-Jesu-Verehrung seines Vorgängers: Becher, Die Jesuiten 368.
[1218] Koch, Jesuiten-Lexikon 1564.
[1219] ASRC, Decreta 1848–1851, fol. 108: Indult, die Zweifel an den Wunderprozessen aus Venedig und Autun ohne Konsultoren zu diskutieren, 8. August 1851.
[1220] ASRC, Decreta 1852–1853, fol. 48D: Dekret über die Approbation der Wunderprozesse aus Venedig und Autun, 30. September 1852. Die verminderte Kongregation stimmte den Wunderprozessen am 25. September zu. Der Papst approbierte die Entscheidung am 30. September.
[1221] ASRC, Decreta 1857–1859, fol. 252: CA über 3 Wunder, 6. September 1859.
[1222] Beispielsweise hatte die Ausdehnung des Herz-Jesu-Festes 1856 für Frankreich keinerlei Bedeutung: De Giorgi, Il culto al Sacro Cuore di Gesù 204; Menozzi, Devozione al Sacro Cuore e instaurazione del regno sociale di Cristo 166.

weise mit sozialem Anstrich – energisch propagiert und auf breiter Front popularisiert wurde[1223].

Bis zur *Generalis* Anfang März 1864 waren alle Schwierigkeiten ausgeräumt[1224], so daß schon am 24. April das Dekret über die erforderlichen Wunder promulgiert werden konnte[1225] und, nach geglückter *Generalis super tuto*, Ende Juni auch das Schlußdekret[1226]. Die feierliche Seligsprechung fand dann im Eiltempo einen Monat später statt[1227], und schon nach zwei Jahren nahm man den Prozeß der Heiligsprechung auf[1228]. Die Beatifikation der Alacoque führte nicht nur zu einem spürbaren Aufschwung des Herz-Jesu-Kultes in der katholischen Welt[1229], er fokussierte die Jesuiten geradezu auf diese Frömmigkeitsform: Beckx erbat sich 1870 von Pius IX. die Erlaubnis, das Herz-Jesu-Fest mit größter liturgischer Feierlichkeit im Gesamtorden begehen zu dürfen; am 1. Januar 1872 weihten sich alle Provinzen feierlich dem Symbol der göttlichen Liebe[1230]. Man kann nach neuesten Untersuchungen sogar noch einen Schritt weiter gehen[1231]: Der Gedanke des Jesuiten Johannes Wieser aus dem Jahre 1869, die Herz-Jesu-Verehrung bilde den Spiegel der Kirche des 19. Jahrhunderts[1232], hatte nicht nur in der geographischen Verbreitung dieser Frömmigkeitsform sein *fundamentum in re*, er korrespondierte auch in auffälliger Weise mit dem Konzentrationsprozeß der Kultpraktiken im Pontifikat Pius' IX. und mit der Ausbildung

---

[1223] Menozzi, Devozione al Sacro Cuore e instaurazione del regno sociale di Cristo 161–168; Busch, Frömmigkeit als Faktor des katholischen Milieus 151–154; vgl. auch: Napoletano, Art. Sacri Cuori, Sacro Cuore di Gesù, Sacro Cuore di Maria 262f. – Nicht nur die *Civiltà Cattolica* griff in jenen Jahren diese Thematik verstärkt auf, es erschienen auch zahlreiche Veröffentlichungen, vor allem in Italien und Frankreich, die sich mit den Visionen der Alacoque auseinandersetzten. Gerade in jener Zeit entstanden verschiedene Gebetsapostolate, Bruderschaften und andere religiöse Institute, die die persönliche Vervollkommnung durch den Herz-Jesu-Kult propagierten: De Giorgi, Il culto al Sacro Cuore di Gesù 204. De Giorgi weist neben der Breitenwirkung vor allem auf die Bedeutung des Kultes und seines Symbolismus für den Modernisierungsprozeß der katholischen Frömmigkeitsformen hin: ebd. 196–199.

[1224] ASRC, Decreta 1863–1864, fol. 62: CG über 3 Wunder, 1. März 1864: alle *constare*, nur 3 Väter fehlten. Die *Praeparatoria* fand am 15. September 1863 statt.

[1225] Darricau, Art. Margherita Maria Alacoque 809; Druck: Vita della Beata Margherita Maria Alacoque 246f.

[1226] *Decretum super tuto*, 24. Juni 1864, Druck: Vita della Beata Margherita Maria Alacoque 248f.

[1227] ASRC, Decreta 1863–1864, fol. 101B: Beatifikationsbreve, 18. September 1864.

[1228] Darricau, Art. Margerita Maria Alacoque 809. Das Dekret über die Aufnahme des Kanonisationsprozesses datiert vom 6. September 1866: ASRC, Decreta 1865–1866, fol. 102. Die Bittschrift war von zahlreichen Kardinälen und Bischöfen gezeichnet.

[1229] Vgl. vor allem: Busch, Katholische Frömmmigkeit und Moderne 67–72; Menozzi, Devozione al Sacro Cuore e instaurazione del regno sociale di Cristo 164; Busch, Frömmigkeit als Faktor des katholischen Milieus 141.

[1230] Becher, Die Jesuiten 368f. – Das spirituelle Signum der Gesellschaft Jesu war im 19. Jahrhundert die Herz-Jesu-Verehrung, die vor allem durch die von den Jesuiten getragenen „Messaggeri del S. Cuore di Gesù" – „Messager du Cœur de Jésus" – „Sendboten des göttlichen Herzens Jesu" weltweite Verbreitung erlangte: Iparraguirre, Art. Compagnia di Gesù, Spiritualità 1290; Busch, Frömmigkeit als Faktor des katholischen Milieus 144f.; Menozzi, Devozione al Sacro Cuore e instaurazione del regno sociale di Cristo 166.

[1231] Busch, Katholische Frömmigkeit und Moderne 312. – Zur Expansion des Herz-Jesu-Kultes nach der Seligsprechung der Alacoque: ebd. 72–83.

[1232] Wieser, Die Bedeutung der Herz-Jesu-Andacht und des Gebetsapostolats für unsere Zeit 10.

des katholischen Milieus in der zweiten Hälfte des 19. Jahrhunderts[1233]. Bisherige traditionelle regionale Eigenarten der Volksreligiosität verloren ihre Bedeutung zugunsten zentraler, römisch approbierter Frömmigkeitsformen mit weltweiter Verbreitung. Die Andachten zum Herzen Jesu und Mariens avancierten damit zum Signum einer Epoche[1234]. Nach alledem läßt sich der Siegeslauf dieser Kultpraxis eindeutig auf die kirchenpolitisch bewußt eingesetzte Sanktionsgewalt Pius' IX. zurückführen, der dieser dominant werdenden Frömmigkeitsform seit 1856 das Marschgepäck zur weltweiten Verbreitung schnürte, und zwar durch die Approbation des gesamtkirchlichen Herz-Jesu-Festes, der Seligsprechung der Alacoque und – was vielleicht das wichtigste war – das vom Papst intensiv geförderte Junktim von Jesuitenorden und Herz-Jesu-Kult, das gleichsam als katholischer Transmissionsriemen bis in die äußerste Dorfkirche des Weltkreises vorstieß.

Der Beatifikationsprozeß der Alacoque war sicherlich diejenige „Jesuitencausa", die im Pontifikat Pius' IX. auf die größten Hindernisse in der Ritenkongregation stieß, obgleich das Klima in der römischen Kurie seit der Mitte des 19. Jahrhunderts die Protagonistin der Herz-Jesu-Verehrung begünstigen mußte. Im Vergleich zur Alacoque hatten echte Jesuiten an der Ritenkongregation gewissermaßen leichtes Spiel. In dieser projesuitischen Strömung schwammen auch Josaphat Kuncewycz und Jan Sarkander, die in raschen Prozeßverläufen 1867 bzw. 1860 zur feierlichen Seligsprechung befördert wurden. Josaphats Prozeß dauerte ganze 17 Monate bis zu seinem Abschluß 1865; die Endphase der Causa Sarkander umfaßte seit der Ponentenschaft Patrizis weniger als vier Jahre. Damit kamen im Pontifikat Pius' IX. bis zum Ersten Vaticanum elf „Jesuiten"-Causen zum feierlichen Abschluß, das heißt, in jedem zweiten Pontifikatsjahr wurde durchschnittlich eine Jesuitencausa zur Kanonisation bzw. Beatifikation geführt. Bei der Auswahl der Kandidaten manifestierte sich die weltweite Verbreitung der Kirche, denn anders als bei den anderen religiösen Genossenschaften begleitete die Gesellschaft Jesu kaum einen Italiener zur Ehre der Altäre.

Die Prozesse erreichten noch unbeeindruckt von der großen internationalen Agitation, die sich seit 1867/68 sturmflutartig gegen die Gesellschaft Jesu richtete[1235], ihr gestecktes Ziel. Die geradezu hemmungslose Förderung der Jesuiten durch Pius IX., so wie sie sich überdeutlich in der Arbeit der Ritenkongregation seit Anfang der fünfziger Jahre nachweisen läßt, mag der von außen kommenden Kritik ein neues Argument in die Hände gespielt haben.

Im epochenübergreifenden Überblick zeigt sich, daß Jesuitencausen im 18. Jahrhundert nicht allein am Zeitgeist und an Dekadenzerscheinungen innerhalb der Gesellschaft Jesu scheiterten, wie bisher allgemein angenommen wurde. Auch der jeweilige Papst tat das Seine, um Jesuitencausen keine Chance zu geben – vor allem Benedikt XIV. durch sein reichgeschnürtes formales Marschgepäck, weniger Clemens XIII., dessen Gunst jedoch nicht zum Zuge kam. Der behördenimmanente Widerstand der

---

[1233] Zur Rolle von Kultformen und Frömmigkeitspraktiken bei der Milieubildung: Korff, Kulturkampf und Volksfrömmigkeit 151; Altermatt, Katholizismus und Moderne 69; Gabriel, Christentum zwischen Tradition und Postmoderne 96.
[1234] Darauf wies schon 1949 hin: Schrott, Seelsorge im Wandel der Zeiten 208. Bestätigt jüngst: Busch, Frömmigkeit als Faktor des katholischen Milieus 140.
[1235] Weber I 332; Becher, Die Jesuiten 349.

Ritenkongregation speiste sich vor allem aus der Opposition der dort zahlreich beschäftigten Ordensleute und jansenistisch bzw. liberal gesonnenen Purpurträger. Ihre Obstruktionspolitik, die sich in besonderem Maße im 18. Jahrhundert hauptsächlich durch umfassende und wiederholte Schriftenrevisionen, Verschleppung von Terminen, Kritteleien an Bistumsprozessen sowie Aufbürden von Wundern äußerte, war auch nach 1846 noch nicht vollständig überwunden, wie die Causa Alacoque deutlich macht. Der innerkirchliche Einfluß der Gesellschaft Jesu, die Gunst Pius' IX. und der personelle Umbau der Kongregation nach 1850 nahmen dieser Behörde jedoch den lähmenden Giftzahn der Kritik an den Jesuitencausen. Kein Papst zuvor hatte den Orden so zielsicher und effektiv durch neue Selige und Heilige ausgezeichnet und ihm dadurch wachsendes Ansehen und kirchenpolitische Bedeutung verliehen. Er schuf durch das Ignorieren der lambertinischen Vorgaben und seinen selbstbewußten Umgang mit der Ritenkongregation eine ganz neue Realität für Beatifikation und Kanonisation. Waren die Zeitströmungen des 18. Jahrhunderts gegen die Gesellschaft Jesu gerichtet, so profitierte sie von einzelnen Phänomen des religiösen Zeitgeists des 19. Jahrhunderts, wie dem Märtyrer- und Missionsgedanken. Dabei gehörte sie selbst zu den bedeutendsten Einrichtungen der Evangelisierung der Völker und war in ihrer eigenen Geschichte, vor allem seit dem ausgehenden 18. Jahrhundert, mit dem Odium des Blutzolls behaftet.

Die bereits weitgehend erfolgte Konsolidierung des Jesuitenordens spiegelte sich im Stichjahr 1822 wider, einem Datum, mit dem eine ganze Reihe von liegengebliebenen Jesuitencausen wiedereinsetzte. Seit den vierziger Jahren schaltete man dann zielstrebig und planmäßig – vorwiegend aus finanziellen Gründen – eine Causa nach der anderen. Der Siegeslauf der Jesuiten war nicht zuletzt das bewußte Werk Pius' IX., der mit der inflationären Zunahme der Prozesse auch neue Frömmigkeitsformen, wie die des Herzens Jesu, sanktionierte und ihnen dadurch den Weg zur dominanten und weltweiten Verbreitung wies. Die Feststellung greift kaum zu weit, daß Pius IX. durch die entscheidende Positionierung der Jesuiten und der Institutionalisierung der Herz-Jesu-Verehrung der Weltkirche für über 80 Jahre vorgab, wie sie zu beten hatte.

V. Revolutions-Heilige?

1. Die Kirche und die Französische Revolution

Die Französische Revolution bedeutete für die Katholische Kirche ohne Zweifel eine epochale Katastrophe[1236]. Sie bewirkte nicht nur einen politischen, gesellschaftlichen und wirtschaftlichen Umsturz in Frankreich, sie führte auch insgesamt zu einer bisher nicht dagewesenen „Radikalisierung des Verhältnisses von Kirche und Staat"[1237] unter weitgehend nichtchristlichen Vorzeichen. Aufhebung und Zerstörung des Kirchengutes, Profanierung von Gotteshäusern und Klöstern, Verfolgung und Ermordung von Klerikern, Ordensleuten und Laien waren vor allem in der Zeit der Schreckensherrschaft (1793–1794) an der Tagesordnung.

Pius VI. hatte in einer Ansprache vor dem Konsistorium vom 29. März 1790 die Prinzipien der Revolution, namentlich die der Religionsfreiheit, welche mit der katholischen Lehre unvereinbar sei, verurteilt, hielt den Inhalt der Rede aber auf Drängen des französischen Botschafters in Rom geheim[1238]. In einem Breve an den französischen König vom 10. Juli brachte er deutlich zum Ausdruck, daß er die Zivilkonstitution des Klerus ablehne, und warnte Ludwig XVI. (1774–1792) vor Schisma und Religionskrieg[1239]. Der Ex-Jesuit Alfonso Muzzarelli bezeichnete in seiner Streitschrift *Dell'obligo dei pastori in tempo di persecuzione* aus dem Jahre 1791 diejenigen Priester, die die Zivilkonstitution verurteilten, als „herausragende Athleten des Glaubens […], die sich an den Geboten Jesu Christi und der Kirche orientierten"[1240]. Die Geschehnisse in Frankreich, die allmählich ihrem Höhepunkt zusteuerten, stellte er pointiert in eine Reihe mit den Christenverfolgungen der Urkirche: „Ihr sprecht von Verfolgung der Gläubigen, und ich spreche von der Verfolgung des Glaubens selbst!"[1241] Trotz zahlreicher Revolutionsanhänger zeigte auch die stadtrömische Publizistik zwi-

---

[1236] Zur Französischen Revolution und ihren Folgen für die Katholische Kirche: Maier, Revolution und Kirche 73–135; Karl Griewank, Die Französische Revolution 1789–1799, Wien ⁷1980; Hans Maier, Die Revolution und die Kirchen, in: Schubert, Die Französische Revolution. Wurzeln und Wirkungen, St. Ottilien 1989, 155–189; Ernst Schulin, Die Französische Revolution, München ³1990; Hans Maier, Die Französische Revolution und die Katholiken, in: ders., Nachdenken über das Christentum, München 1992, 38–51; Chadwick, The popes and european revolution 445–449. Bibliographische Skizze: François Furet, Zur Historiographie der Französischen Revolution heute, München 1989.

[1237] De Rosa, Storie di Santi 163.

[1238] Pastor XVI/3 452f. – Die Zivilkonstitution paßte die Jurisdiktionsbezirke der Departementstruktur an, änderte die Pfarrumschreibung und die Besoldung der Geistlichen, schaffte die Pfründenwirtschaft ab und schrieb einen neuen Modus für die Ernennung der Bischöfe und Pfarrer vor, der gallikanische Prinzipien verwirklichte.

[1239] Ebd. 455; Pii, Un aspetto della reazione cattolica: Il caso Spedalieri 47.

[1240] Zitiert nach: Tosti, Gli „atleti della Fede" 245: „questi illustri Atleti della Fede […], che dovevano fare secondo la dottrina di Gesù Cristo e delle chiesa". – Vollständiger Titel: Dell'obligo dei pastori in tempo di persecuzione. Opuscolo del conte canonico Alfonso Muzzarelli per servire di apologia alla generosa fermezza dei zelanti Pastori della Chiesa Gallicana in questi tempi, Foligno 1791.

[1241] Zitiert nach: Tosti, Gli „atleti della Fede" 246: „Voi parlate della persecuzione de' fedeli, e io parlo della persecuzione della fede".

schen 1785 und 1795 allgemein einen stark antirevolutionären, apologetischen Grundzug[1242].

Auf die französische Kriegserklärung an Österreich vom April 1792 reagierte der Papst durch Noten an Rußland, England und die katholischen Mächte, Ludwig XVI. zu Hilfe zu kommen und die dem Hl. Stuhl geraubten Gebiete Avignon und Venaissin zu befreien. Nach ersten militärischen Niederlagen trat die Revolution ihren Siegeslauf durch Europa an. Die Intervention des Papstes sowie die Eidverweigerung auf die Verfassung durch zahlreiche französische Priester, von denen sich eine Vielzahl durch Flucht entzogen hatte[1243], erregte die Massen in Paris, provozierte Anfang September das Gemetzel an 300 Klerikern und hatte im weiteren Sinne auch die Abschaffung der Monarchie zur Folge. Im Januar des folgenden Jahres wurde Ludwig XVI. hingerichtet. „Dadurch öffnete sich ein weithin unüberwindlicher Abgrund zwischen Katholischer Kirche und Revolution"[1244]. Die nun einsetzende Diktatur der Schreckensherrschaft der Jahre 1793 und 1794 ging zum offenen Kampf gegen die christliche Religion über.

Im Kirchenstaat ist seit etwa 1793 eine schroffe Abwehrhaltung gegen die Französische Revolution zu beobachten, die beispielsweise in Predigten mit einer gewaltsamen Entchristianisierung identifiziert wurde[1245]. Der in Ferrara wirkende Apologet Francesco Gusta[1246] scheute sich nicht, die Opfer der Schreckensherrschaft mit den Märtyrern der ersten christlichen Jahrhunderte zu vergleichen[1247]. Er ging sogar noch einen Schritt weiter: In einer gewissen Weise überträfen die französischen Toten die urchristlichen Blutzeugen, „da sie nicht in Zeiten der Ignoranz und der Finsternis, nicht von Barbaren und nicht von Tyrannen"[1248], sondern in einem Jahrhundert des Lichtes, in einer Zeit bedeutender humaner Fortschritte umgebracht worden seien. Die Schreckensereignisse der Revolution waren für Gusta Früchte des späten Jansenismus, ihre Opfer stilisierte er zu treuen Söhnen der Römischen Kirche[1249]. Angesichts solchen moralischen Druckes wurde selbst die im italienischen Episkopat geübte vermittelnde Haltung zwischen Gehorsam gegenüber der weltlichen Obrigkeit und der Verurteilung des Revolutionsgeschehens mehr und mehr zum Dilemma[1250].

Im Februar 1797 erzwang Napoleon im Vertrag von Tolentino die Abtretung päpstlicher Gebiete und besetzte am 2. Februar 1798 Rom. Als am 15. des Monats die römi-

---

[1242] Dazu: Fiorani, Città religiosa e città rivoluzionaria 96–105.

[1243] Die beiden Pole der Exilbewegung waren London und Rom. Die geflohenen Bischöfe und Priester verstärkten zunächst in Rom das antirevolutionäre Klima: Plongeron, Chiesa e rivoluzione: i sacerdoti emigrati a Roma e a Londra raccontano (1792–1802) 82–95.

[1244] Martina, Storia della Chiesa III 15: „Si apriva così un abisso a lungo insormontabile fra Chiesa Cattolica e Rivoluzione".

[1245] Menozzi, Le chiese italiane e la rivoluzione 122f., 131.

[1246] Der spanische Apologet Gusta (1744–1816) hielt sich von 1773 bis 1794 in Ferrara auf, ging dann nach Venedig und 1805 nach Neapel und Palermo: Tosti, Gli „atleti della Fede" 247 Anm. 29. Seine Streitschrift trägt den Titel: Dell'influenza dei giansenisti nella rivoluzione di Francia aggiuntevi alcune notizie interessanti sul numero e qualità dei preti costituzionali, Ferrara ²1794.

[1247] Tosti, Gli „atleti della Fede" 247.

[1248] Zitiert nach: ebd. 247: „poiché non in tempi d'ignoranza, e di tenebre, non da barbari, non da tiranni".

[1249] Ebd. 249.

[1250] Menozzi, Le chiese italiane e la rivoluzione 131–133; Chadwick, The popes and european revolution 449–476, 487–513.

sche Republik ausgerufen wurde, nötigte die Besatzungsmacht Pius VI., die Stadt zu verlassen. Er starb 1799 im französischen Exil. Seinem Nachfolger Pius VII. erging es kaum besser. Nach erpreßtem Konkordat und Napoleons Kaiserkrönung versuchte er zunächst, politische Neutralität zu wahren und widersetzte sich immer häufiger den an Heftigkeit zunehmenden Forderungen des französischen Autokrators, die schließlich in die zweite Besetzung Roms im Februar 1808 mündeten. Der Papst antwortete mit der Bannbulle und mußte bis 1814 ebenfalls ins Exil gehen.[1251]

Mit Revolution und Säkularisation erfuhr die Sinnkrise des Heiligen- und Reliquienkults einen traurigen Höhepunkt: Kirchen und Kultgegenstände wurden in ganz Europa als Objekte des Aberglaubens profaniert oder zerstört, Reliquien wurden dem Spott der Menge ausgesetzt, Schreine und Reliquiare eingeschmolzen oder zerlegt, Heiligenbilder aus den Kirchen entfernt und verkauft[1252].

Kardinalstaatssekretär Bartolomeo Pacca[1253] urteilte in der Retrospektive zusammenfassend über die Französische Revolution und ihre Folgen: „Man erblickte damals ein in der Geschichte nie erhörtes Schauspiel. Ein großer Theil einer Nation [...], vom Schwindel und Fanatismus plötzlich ergriffen, stürzte wüthend die stärksten Grundfesten einer Monarchie von vierzehn Jahrhunderten um; sie achtete bei den andern Classen und Ständen der Gesellschaft weder das seit Jahrhunderten verjährte Recht, noch die von ihren Vorältern mit Blut und ehrenvollen Anstrengungen erworbenen Privilegien und Auszeichnungen, und streckte gottlos ihre Hände auf die Güter der Kirche und auf die Werke der frommen Stiftungen der großmüthigen Wohlthätigkeit ihrer Väter aus. Eine kluge und weise Politik rieth allen europäischen Regierungen, die gehörigen Mittel zu ergreifen und alle Vorsichtsmaßregeln anzuwenden, um die Ausbreitung jener aufrührerischen Grundsätze, welche offenbar den Zweck hatten, die Throne und Altäre umzustürzen, zu verhindern"[1254].

In diesem Zitat steckten alle revolutionären Elemente, auf die ein neuer Heiligentyp, wenn man denn überhaupt nach einem solchen suchte[1255], eine adäquate und deutliche Antwort geben mußte. Nach diesen Auswahlkriterien kamen zunächst die Gestalten in Betracht, die direkt in den Revolutionswirren zu Tode gekommen waren, etwa die Karmeliten von Compiègne oder die Vinzentinerinnen von Arras, welche in der Schreckensherrschaft Robespierres das Martyrium erlitten und tatsächlich 1906 bzw. 1920 beatifiziert wurden[1256]. In der ersten Hälfte des 19. Jahrhunderts war für eine

---

[1251] Vgl. zum ganzen: Martina, Storia della Chiesa III 18–25; Schmidlin I 1–120.

[1252] Dazu kurz: Angenendt 271–273; aus dogmatischer Sicht: Müller, Gemeinschaft und Verehrung der Heiligen 123–128.

[1253] Pacca (1756–1844), Jesuitenschüler in Neapel, 1785 Nuntius in Köln, 1794 Nuntius in Lissabon, 1801 Kardinal, seit 1808 Kardinalstaatssekretär, ging mit Pius VII. in die Verbannung, 1830 Bischof von Ostia und Velletri: Bernd Blisch, Art. Pacca, Bartolomeo, in: BBKL VI 1405f.; Koch, Jesuiten-Lexikon 1349–1351. Burkhard Roberg wies kürzlich darauf hin, daß eine Biographie Paccas noch aussteht: Roberg, Verkehrung der Fronten? Bartolomeo Pacca und der Nuntiaturstreit 1785–1794 376 Anm. 1.

[1254] Pacca, Historische Denkwürdigkeiten 96f.

[1255] Nientiedt hielt noch 1991 die aktuelle Seligsprechung von französischen Märtyrern wegen des „schwierigen Verhältnisses der katholischen Kirche zur Französischen Revolution" für ein „heikles Unterfangen": Nientiedt, Neue Heilige – immer zahlreicher und umstrittener 576.

[1256] Die Karmeliten starben am 17. Juli 1794, am Vorabend des Sturzes von Robespierre; die Vinzentinerinnen wurde am 26. Juni 1794 umgebracht: Brovetto/Mezzadri/Ferrario/Ricca, Storia

solche Kultsanktion aus rein formalen Gründen die Zeit noch nicht reif, da prozessuale Schwierigkeiten bei der Anerkennung des Martyriums erst ab etwa 1860 überwunden wurden[1257] und die Tugenddiskussion generell erst 50 Jahre nach dem Tod eines im Rufe der Heiligkeit Gestorbenen aufgenommen werden konnte. Sollte man solange warten? Konnte es dann überhaupt einen Heiligen der Revolution geben, zumal die Heiligenverehrung seit der Aufklärung in einer tiefen Sinnkrise steckte?[1258] Schon um die Wende zum 19. Jahrhundert wurde eine Gegenbewegung eingeleitet, die in Deutschland zunächst von protestantischen Romantikern wie Novalis und Heinrich von Kleist, aber auch von Johann Wolfgang von Goethe getragen und nach den napoleonischen Wirren von der katholischen Romantik fortgeführt und intensiviert wurde[1259]. Die Rückkehr zu den alten Frömmigkeitsformen stieß bei der katholischen Bevölkerung häufig auf willige Annahme, da die von oben dekretierte Aufklärung und Revolution im Volk meist nur geringe Resonanz gefunden hatte[1260]. Der Heiligen- und Reliquienkult erfuhr auf diesem Hintergrund eine durchgreifende Restauration, nicht ohne jedoch gewisse renovative Elemente in sich aufzunehmen[1261]. Auf diesem Nährboden konnte sich ein in sich differenzierter neuer Heiligentyp ausbilden.

2. Der „weiche Revolutions-Typ"

Benoît-Joseph Labré wurde bereits mit der Französischen Revolution in Verbindung gebracht[1262]. Der 1748 in Amettes im Artois geborene Labré[1263] führte nach vergeblichen Versuchen, in einen Orden einzutreten, seit 1770 das Leben eines heimatlosen, anonymen Pilgers. Auf seiner Irrfahrt durch Europa, die er bettelnd und unbeirrt von Spott und Anfeindungen im stillen Gebet vollzog, besuchte er die bedeutendsten Wall-

---

      della spiritualità V 398; Valentino Di S. Maria, Art. Compiègne, XVI Carmelitane, in: BS IV 135–138; Luigi Chierotti, Art. Arras, Martiri di, in: BS II 468f.; Louis Cognet, Die Karmelitinnen von Compiègne, in: Manns, Die Heiligen in ihrer Zeit II 399–401.

[1257] Vgl. hierzu das Kapitel „Rom spricht für die Welt".

[1258] Bereits 1799 erschien das Buch Cappellaris, des späteren Gregors XVI., *Il trionfo della Santa Sede e della Chiesa ..., Rom 1799*, das selbst die weltliche Institution des Papsttums gegen alle kirchlichen Neuerer verteidigte und seine unantastbare Freiheit hervorhob. Cappellari streicht heraus, daß es die kirchlichen Neuerer gewesen seien, die in den Revolutionsereignissen Schiffbruch erlitten hätten. Vgl. dazu: Buchheim, Ultramontanismus und Demokratie 18–20. Mit einer solchen Schrift wird bereits eine Gegenbewegung in Rom greifbar, die sich nicht in Apologetik erschöpft, sondern zum Gegenangriff übergeht.

[1259] Blessing, Reform, Restauration, Rezession 108; Angenendt 274f.

[1260] Angenendt 275. Blessing spricht von vitaler Religiosität nichtbürgerlicher Schichten: Blessing, Reform, Restauration, Rezession 108f.

[1261] Angenendt 276.

[1262] Diese Verbindung hat Caffiero hergestellt: Marina Caffiero, Santi, miracoli e conversioni a Roma nell'età rivoluzionaria, in: Fiorani, „Deboli progressi della filosofia". Rivoluzione e religione a Roma, 1789–1799, Rom 1992, 155–186; ausführlich: dies., La politica della santità. Nascita di un culto nell'età dei Lumi, Rom/Bari 1996.

[1263] Zur Vita vgl. das Werk seines Beichtvaters: Giuseppe Loreto Marconi, Ragguaglio della vita del Servo di Dio Benedetto Giuseppe Labre, francese, Rom 1783, deutsche Übersetzung: Augsburg 1787; ferner: Vie de Benoît-Joseph Labré mort a Rome en odeur de sainteté, Lille [12]1839; Hubert Claude, Art. Benedetto Giuseppe Labre, in: BS II 1218–1220; Louis Cognet, Benoît-Joseph Labré, in: Manns, Die Heiligen in ihrer Zeit II 393–395; Yves-Marie Hilaire, Benoît Labré, Paris 1984.

fahrtsorte und wurde schließlich 1777 in Rom seßhaft, wo er 1783 in völliger Armut starb. Nicht praktische Tätigkeit, sondern Marienfrömmigkeit, Sühne und Betrachtung waren die wichtigsten Merkmale seines Lebens. Das brachte ihn in diametralen Gegensatz zur vorherrschenden philosophischen Richtung des Jansenismus und der Aufklärung.

Sein Tod in Rom wurde im allgemeinen Bewußtsein aufgenommen, einen Heiligen verloren zu haben[1264]. Sein Beichtvater berichtete von mehr als 100 Heilungen in vier Monaten[1265], so daß man sogleich an die Vorbereitung für das Seligsprechungsverfahren ging[1266]. Im Spätsommer 1786 startete man eine breitangelegte Petitionskampagne, der sich nicht weniger als sechs Kardinäle sowie zahlreiche Erzbischöfe und Bischöfe aus ganz Italien anschlossen[1267].

Im August 1783, weniger als vier Monate nach Labrés Tod, wurde ein Ponens bestellt, der gleichzeitig Präfekt der Ritenkongregation war: Giovanni Archinto[1268]. Das Interesse des Kardinals entsprang zunächst eher der persönlichen Neigung als politischen Absichten: Im Januar 1793 beauftragte Archinto den Promotor fidei, das Sterbezimmer Labrés so herzurichten, wie es in dessen letzten Lebenstagen eingerichtet gewesen war[1269]. Der Promotor mußte sich nun mit dem Hausbesitzer in der *Via dei Serpenti* einigen, Möbel vom Speicher holen, das Inventar auswechseln und zu guter Letzt einen Künstler heranziehen, um alles möglichst lebensnah auszustatten. Anhaltspunkte für den Originalzustand des Raumes erhielt man aus dem *Summarium* des Informativprozesses. Am 1. März besuchte Archinto mit großem Gefolge die letzte Wohnstätte des intensiv Verehrten und ordnete an, dort in Zukunft nichts zu verändern, sondern den Raum fortan als Gedenkstätte zu nutzen[1270].

Archintos Enthusiasmus machte sich auch bei der zügigen Eröffnung des Prozeßverfahrens bezahlt. Nachdem bis 1785 bereits vier Informativprozesse eingetroffen waren[1271], konnte mit Hilfe eines päpstlichen Indults[1272] am 31. März 1792 die *Signatio*

[1264] BN, H 728, *Positio super dubio, an sit signanda Commissio*, Rom 1787, S. 39–44. – Obgleich er einsam und weitgehend anonym in Rom gelebt hatte, erreichte seine Popularität und sein Ruf als Heiliger bedeutende Ausmaße: Caffiero, Santi, miracoli e conversioni a Roma 155.

[1265] Claude, Art. Benedetto Giuseppe Labre 1220. Die *Positio* von 1787 listet 168 geprüfte Wunder, zumeist aus Mittelitalien, nach dem Tod Labrés auf: BN, H 728, *Positio super dubio, an sit signanda Commissio*, S. 478–504.

[1266] Informativprozesse wurden 1783 in Rom, 1784 in Boulogne und Recanati/Loreto sowie 1785 in Autun durchgeführt: BN, H 728, *Summarium* in der *Positio super dubio, an sit signanda Commissio*, Rom 1787.

[1267] BN, H 728, *Summarium* der *Positio super dubio, an sit signanda Commissio*, Rom 1787, S. 504–533: Postulationsbriefe von August bis Oktober 1786, darunter die Kardinäle Garampi, Antamori, Zurli, Mattei, Giovannetti, Calcagnini.

[1268] ASRC, Decreta 1781–1785, fol. 164: Ernennung Archintos zum Ponens, 6. August 1783. – Labré war am 16. April 1783 gestorben. – Giovanni Archinto (1732–1799) war von 1781 bis 1799 Präfekt der Ritenkongregation: Elvira Gencarelli, Art. Archinto, Giovanni, in: DBI III 766f.; Miscellanea in occasione del IV centenario della Congregazione per le Cause dei Santi 424.

[1269] Auch zum folgenden: Aufzeichnung des Promotors vom 3. April 1793: ASRC, Decreta 1791–1804, fol. 112.

[1270] Bis heute ist der Raum in der *Via dei Serpenti 2* ein Memorialraum.

[1271] BN, H 728, *Summarium* der *Positio super dubio, an sit signanda Commissio*, Rom 1787. Der letzte Informativprozeß wurde in der Kongregation am 11. Januar 1786 geöffnet: ASRC, Decreta 1785–1791, fol. 71.

Commissionis erfolgen[1273]. Der Eifer Archintos war aber nicht singulär. Die Devotion der Bevölkerung, die unmittelbar nach Labrés Tod einsetzte, verlief parallel und proportional zu den französischen Revolutionsereignissen; sie stand damit für eine filopapale, kirchenkonservative Haltung der Massen, die zu den dominanten philosophischen Strömungen Frankreichs kontrastierte[1274]. Dadurch wurde auch die Gestalt Labrés gleichsam zu einem Kontrapunkt gegenüber jeglicher antirömischen Kritik. Die gewollte Armut und Selbstverleugnung des Franzosen waren in ihrer Zeichenhaftigkeit eine deutliche Absage an alle gallikanischen Kirchenreformen der Aufklärer und an ein ganzes Zeitalter der Philosophie und des Rationalismus[1275]. Beispielsweise titulierte man 1793 Labré in römischen Burlesken als Verteidiger des Glaubens, der Kirche und der französischen Monarchie. Auch die Landbevölkerung in Frankreich verehrte ihn in jener Zeit als Schutzpatron vor weiteren revolutionären Übeln[1276]. In verschiedenen Visionen schien er die Schrecken der Revolution vorausgesehen zu haben. Sein Beichtvater gab zu Protokoll: „Manchmal erklärte er mir, er haben einen Ort oder ein Gehöft in Flammen aufgehen sehen, wo man ihn auf seinen Wanderungen in Frankreich aufgenommen habe. [...] Sicher habe ich damals nicht begriffen, aber später, nachdem im Königreich Frankreich die Revolution gewütet hatte, habe ich gedacht, [...] daß man [diese Visionen] vielmehr auf göttliche Erleuchtung zurückführen müsse"[1277]. Nur auf diesem Hintergrund ist die eindrucksvolle Zahl von Zeugnissen in den Informativprozessen zu erklären und die Geschwindigkeit, mit der diese durchgeführt worden sind: In Rom hatte man beispielsweise 91 Zeugenaussagen zusammengetragen, in Loreto, wo sich Labré nur kurz aufgehalten hatte, immerhin 17[1278].

Die Kurialen ergriffen die Gelegenheit, um eine „Interpretation der Figur und des signifikativen Symbolgehaltes von Labré als Held der Kirche im Kampf gegen die moderne Welt"[1279] zu entwerfen. Sie kreierten damit ein neues Modell, einen neuen Typus der Heiligkeit[1280]. Die Gestalt des Labré erhielt auf diesem Hintergrund vor allem prophetische Funktion in seiner „Vorausschau auf die großen Umwälzungen, die Europa als Strafe für die Sünden einer Epoche erschüttern würden, und seiner Ermahnung zur Umkehr und Rückkehr zum Glauben und zur Gefolgschaft der Kirche"[1281].

[1272] Am 11. Juni 1791 gestattete der Papst, die Zweifel an der *Signatio* ohne Konsultoren zu diskutieren: ASRC, Decreta 1791–1804, fol. 22.
[1273] *Signatio Commissionis*, 31. März 1792: ASRC, Decreta 1791–1804, fol. 65.
[1274] Das weist detailliert nach: Caffiero, Santi, miracoli e conversioni a Roma 156–159.
[1275] Ebd. 159.
[1276] Ebd. 166.
[1277] Die Aussage des Beichtvaters Giuseppe Loreto Marconi aus der *Positio super Introductione* ist zitiert nach: Schamoni/Besler, Charismatische Heilige 94.
[1278] BN, H 728, *Summarium* der *Positio super dubio, an sit signanda Commissio*, Rom 1787.
[1279] Caffiero, Santi, miracoli e conversioni a Roma 161: „interpretazione della figura e del significato simbolico di Labre in quanto campione della Chiesa nella lotta contro il mondo moderno". – Caffiero zieht die Prozeßakten der Kongregation, vor allem die Voten, heran, um ihre Theorie zu untermauern.
[1280] Caffiero, Santità, politica e sistemi di potere 363.
[1281] Caffiero, Santi, miracoli e conversioni a Roma 163: „previsione dei grandi sconvolgimenti che avrebbero scosso l'Europa a punizione dei peccati di un'epoca – e ammonitiva – esortazione alla conversione e al ritorno alla religione e alla tutela della Chiesa".

Bis 1797 wurden in Rom die Apostolischen Prozesse *in genere* und *in specie* durchgeführt[1282]. Nach etwa 1804 verlor das Beatifikationsverfahren deutlich an Schwung, obwohl nach Archintos Tod der neue Präfekt della Somaglia im Jahre 1800 die Ponentenschaft übernommen hatte[1283]. Seine persönliche Verehrung für Labré ist unbestritten; er hatte bereits am 8. Juli 1796 dem Grab des Franzosen einen Besuch abgestattet[1284]. Auch nachdem man 1824 die Untersuchung eines Wunders angeordnet hatte[1285], kam der Prozeß nach anfänglicher Begeisterung nicht recht in Gang. Der Promotor fidei beanstandete 1825 immer noch einzelne Schriften Labrés[1286]. Das Hauptproblem des Prozesses waren jedoch nicht interne bürokratische Widerstände, sondern die fehlende kontinuierliche Betreuung von seiten des Actors. Labré war weder ein Ordensmann, noch ein Kleriker. Dementsprechend wechselte die Herkunft der Postulatoren[1287], so daß eine unregelmäßige und wenig effektive Prozeßbegleitung angenommen werden muß. Es verwundert daher auch nicht, daß die Seligsprechung erst 1860 erfolgte.

Trotz der tatsächlich eindrucksvollen Volksbewegung, die Labré in der Zeit um 1789 zu einer antirevolutionären Symbolfigur stilisierte, der sich auch die römische Kurie verpflichtet fühlte, scheidet der pilgernde Franzose doch als eigentlicher Patron revolutionsfeindlicher Gesinnung aus chronologischen Gründen aus[1288]: Die Devotion und der stürmische Prozeßbeginn greifen zu früh, um dem Ganzen der Revolution in ihrer weiteren Entwicklung und mit ihren späteren Folgen überzeugend zu begegnen. Das Verfahren an der Ritenkongregation versandete, noch bevor die römische Republik ausgerufen, der Papst nach Valence geschleppt, Rom zum zweiten Mal von den Franzosen überrollt wurde und der Pontifex nochmals ins Exil gehen mußte. Auf diese für Rom und Italien wesentlichen und real spürbaren Konsequenzen der Ereignisse von 1789 antwortete die Gestalt Labrés nicht. Sie taugt zweifelsohne als „weicher" Antirevolutionstyp, der sich mit den geistigen Grundlagen der Ereignisse in Frankreich auseinandersetzte, nicht aber mit der politischen und militärischen Entfesselung der sich seit der Schreckensherrschaft verselbständigenden Revolution als gesamteuropäischem Phänomen des religiösen und politischen Umsturzes.

[1282] Der Informativprozeß wurde bereits Ende Februar 1794 approbiert (ASRC, Decreta 1791–1804, fol. 154). Der Apostolische Prozeß über Tugenden/Wunder *in specie* wurde am 6. Mai 1797 geöffnet (ebd., fol. 298).

[1283] ASRC, 1791–1804, fol. 320: Ernennung della Somaglias zum Ponens, 19. Juli 1800.

[1284] Caffiero, Santi, miracoli e conversioni a Roma 176.

[1285] Der Papst erteilte am 30. November 1824 den Auftrag, das 1818 aufgetretene Wunder zu untersuchen: ASRC, Decreta 1821–1826, fol. 88.

[1286] ASRC, Decreta 1821–1826, fol. 105: Aufzeichnung über die *Congregatio ordinaria*, 2. August 1825.

[1287] 1783 bis gesichert 1807 trat ein Vertreter der Ordensgenossenschaft der *Pii Operai*, Pater Gaetano Palma, als Postulator auf (ASRC, Decreta 1781–1785, fol. 164; ASRC, Decreta 1805–1810, fol. 519: Bittschrift Palmas von 1807), 1824 der Säkularpriester Filippo Colonna (ASRC, Decreta 1821–1826, fol. 88: Aufzeichnung der Kongregationssitzung vom 30. November 1824), nach 1825 trat der Franziskanerobservant Joseph Vidal in Erscheinung (ASRC, Decreta 1821–1826, fol. 105).

[1288] Die Argumentation Caffieros (Santi, miracoli e conversioni a Roma), die zwar auf dem Gesamtbestand der Primärquellen basiert, schießt über das Ziel hinaus. Sie erliegt der Versuchung, neben einem neuen Heiligentyp auch ein Symbol antirevolutionärer Gesinnung zu konstruieren.

3. Antirevolutionäre Kampftypen

3.a. Francesco de Gerolamo

In das nächste Zeitintervall fiel der Abschluß des Beatifikationsprozesses von Francesco de Gerolamo. Die Seligsprechung des neapolitanischen Jesuiten im Jahre 1806 und die Bemühungen um die Aufnahme des Kanonisationsverfahrens zwei Jahre später standen ganz im Zeichen der sich zuspitzenden Auseinandersetzung zwischen Pius VII. und Napoleon. Die erste französische Besetzung Roms und die Exilierung des Papstes wurzelten noch im Bewußtsein von Kurie und Kirchenvolk. Für die *Generalis super tuto* 1806 lieferte die Ritenkongregation das Bild eines unerschrockenen Volkspredigers, der die Irrenden in gewaltiger Zahl wieder auf den Pfad der Tugend und der Kirche zurückgeführt habe: „in dies magis ad excolendam pro virili parte vineam Domini, atque errantes in viam salutis reducendos excitabitur"[1289]. Die großen, drei bis vier Stunden andauernden Predigten des Gerolamo hätten die Gläubigen von Neapel zur Buße aufgefordert und sie in großer Zahl zur Umkehr gebracht[1290]. Mit dieser vereinseitigenden Chiffre verknüpfte der Jesuitenpostulator die Hoffnung auf das gesamtkirchliche Wiedererstehen seines Ordens: Die Gesellschaft Jesu habe von Paul III. (1534–1549) bis Clemens XIII. nur Lob empfangen. Selbst das Tridentinum hatte sich expressis verbis für den Dienst der Jesuiten an der Gesamtkirche ausgesprochen[1291], so daß man eine Wiederzulassung des Ordens erwägen sollte[1292]. Für diesen Nebeneffekt der Causa standen die Zeichen der Zeit jedoch nicht günstig. Die Botschaft der Beatifikation Gerolamos – Buße und Umkehr angesichts von Revolutionsgreuel und Umstürzen – konnte ebenfalls keine Wirkung zeigen, da 1809 die französische Kriegsfurie der weltlichen Herrschaft des Papstes wiederum ein Ende setzte. Aus kurialer Perspektive schien es jedenfalls auf die päpstliche Enttäuschung über die Krönungsreise nach Paris 1804/5, die ständigen Konkordatsbrüche durch Napoleon, die herrischen Anmaßungen der französischen Regierung und ihre unvermittelten Brüskierungen sowie die Bedrohung des Kirchenstaates durch französische Truppen[1293] nur eine Antwort zu geben: Reue und Umkehr. Dafür stand der Jesuit Francesco de Gerolamo, den die Ritenkongregation zu einer Art Bußapostel stilisierte. Damit waren gleichzeitig noch gewisse Hoffnungen auf eine Besserung der Situation ohne eine Verteufelung des Gegners ausgedrückt; mit einem zweiten römischen Desaster schien man nicht gerechnet zu haben.

Im Gegensatz zu Labré, dem „weichen" Revolutions-Typ, hatte die Gestalt des neapolitanischen Jesuiten härtere, wirksamere, jedoch noch wenig realistische Züge angenommen, um der Französischen Revolution tatsächlich begegnen zu können. Mit dem Lauf der Ereignisse veränderten sich das Aussagepotential der Ritenkongregation und sein konkreter Zuschnitt. Die Antwort der Behörde auf die Jahre 1789 bis 1815

[1289] BN, H 892, *Positio super tuto procedi* …, Rom 1806, S. 1. Das Zitat stammt aus den *Annotationes*, die der Subpromotor Gerolamo Napuleoni verfaßt hatte.
[1290] BN, H 892, *Positio super tuto procedi* …, S. 4.
[1291] Vgl. sess. 25 cap. 16 De Regularibus et Monialibus.
[1292] BN, H 892, *Positio* über die Wunder, Rom 1805, Bittschrift Muzzarellis, S. 1.
[1293] Schmidlin I 81–99; Martina, Storia della Chiesa III 23f.

fiel in Form einer appellativen Funktionalisierung von Heiligengestalten aus, die sukzessive immer schärfere Konturen und aktivere Handlungsmuster annahmen.

3.b. Alfonso de' Liguori

In der Selig- und Heiligsprechung des Alfonso Maria de' Liguori[1294] 1816 bzw. 1839 läßt sich in abgestufter Intensität ebenfalls die antirevolutionäre Gesinnung der Kurie erkennen. Die typologischen Aussagen haben sich nun jedoch verändert. Stärker noch als Liguoris Werke steht die Tätigkeit des vom ihm gestifteten Redemptoristenordens für Revolutionsabwehr und Prophylaxe[1295]. Sein Leben bot dagegen weniger Ansatzpunkte für eine mögliche Instrumentalisierung. Der aus altem neapolitanischem Adel stammende Liguori schlug zunächst auf Wunsch des Vaters die Anwaltskarriere ein. Mit 19 Jahren führten Exerzitien die Wende in seinem Leben herbei. Gegen den Willen seiner Eltern entschloß er sich, Priester zu werden. Nach seiner Weihe 1726 predigte er den unteren Schichten Neapels einen menschennahen Gott, besuchte Gefangene und Kranke, nahm sich der Armen an, gründete Gebetsgruppen, förderte das Laienapostolat und hielt Volksmissionen ab. Nach Krankheit und völliger Erschöpfung zog er sich mit Freunden nach Scala in die Nähe von Amalfi zurück, wo er die Not der seelsorglich vollständig vernachlässigten Landbevölkerung kennenlernte. Dort gründete er 1732 den Redemptoristenorden, widmete sich fortan ganz der Volksmission und dem Dienst an den Armen. 1762 ernannte ihn Clemens XIII. zum Bischof von Sant'Agata dei Goti bei Neapel, wo er seine missionarisch-caritative Arbeit fortsetzte. Der musisch und schriftstellerisch reich begabte Bischof veröffentlichte in seiner dreizehnjährigen Amtszeit etwa 50 Bücher, die er seinen Diözesanpriestern als praktische Hilfe an die Hand gab. Aus Gesundheitsgründen bat er den Papst wiederholt um seine Demissionierung als Ortsbischof, die Pius VI. 1775 schließlich gestattete. Liguori lebte zwar fortan zurückgezogen in Pagani, beschäftigte sich jedoch auch weiterhin mit der äußerst wechselhaften Entwicklung seines Ordens. Schwere Glaubenszweifel und Altersschwäche blieben ihm nicht erspart. Er starb als neunzigjähriger Greis am 1. August 1787.

Die *Fama sanctitatis* verbreitete sich nicht nur aufgrund seines aufopfernden Lebens und des von ihm gegründeten Ordens, der durch Volksmissionen rasch zu großer Bekannt- und Beliebtheit auch außerhalb Italiens aufstieg[1296], sie ist zu einem großen

---

[1294] Zur Vita Liguoris vgl. aus der unüberschaubaren Literatur: Giacinto Amici/Vincenzo Antonio Giattini, Compendio della Vita, Virtù, e Miracoli del venerabil servo di Dio, Alfonso Maria de' Liguori, Rom 1802 (Postulatur); Antonio Maria Tannoia, Della vita ed istituto del ven. Servo di Dio Alfonso Maria de' Liguori I–III, Neapel 1798–1802; Clemens Henze, Art. Alfonso Maria de' Liguori, in: BS I 837–859; Giuseppe Cacciatore, Art. Alfonso Maria de Liguori, in: DBI II 342–350 (Lit.); Josef Heinzmann, Unruhe der Liebe. Alfons Maria von Liguori, Freiburg/Br. ²1984; Frederick M. Jones, Alphonsus de Liguori, Dublin 1992; Théodule Rey-Mermet, Il santo del secolo dei lumi: Alfonso de Liguori (1696–1787), Rom ²1993; Dionisio Ruiz Goñi, Addio tribunali! S. Alfonso Maria de Liguori (1696–1787), Materdomini 1995.

[1295] Orlandi, I redentoristi napoletani tra rivoluzione e restaurazione 201, 220–225.

[1296] Dazu die Kongreßakten aus Rom (5.–7. März 1997): La Recezione del pensiero Alfonsiano nella Chiesa. Atti del congresso in occasione del terzo centenario della nascita di S. Alfonso Maria de

Teil auf seine 111 teils kleineren, teils größeren Werke zurückzuführen, die eine rasche und weite Verbreitung erfuhren. Schon zu Lebzeiten erhielten seine Schriften 402 Auflagen in der Originalsprache und weitere 90 als Übersetzungen[1297]. Seine wesentlichen theologischen Verdienste[1298] wurden auf seine Morallehre zurückgeführt sowie auf seine indirekte Kritik am Jansenismus: Er predigt keinen fernen Gott in unendlicher Majestät, sondern den in Bethlehem geborenen Christus, der die Nähe des Menschen suchte und für diesen am Kreuz gestorben ist[1299].

Die schon kurz nach Liguoris Tod einsetzenden Bemühungen um eine Seligsprechung verliefen noch ganz in den Bahnen der persönlichen Verehrung gegenüber dem Ordensstifter. Da er den allermeisten Petenten noch persönlich bekannt war, ließ sich das Material relativ rasch zusammentragen. Bereits Anfang Dezember 1793 lag der Bistumsprozeß aus Liguoris Heimatdiözese und aus Nocera de' Pagani in der Ritenkongregation vor[1300]. Im darauffolgenden Juli wurde bereits der Präfekt der Behörde als Ponens eingesetzt[1301] und aufgrund des umfangreichen Schrifttums die Möglichkeit ventiliert, die Tugenddiskussion vorzuziehen. Nicht nur eine solche Fakultät gewährte Pius VI. am 9. Juli[1302], sondern gleichzeitig auch die Dispens, die *Signatio Commissionis* zu diskutieren, obgleich noch keine zehn Jahre nach dem Tod des Kandidaten verstrichen waren[1303].

Etwa zur selben Zeit setzten auch die Postulationsschreiben ein, unter denen das des Königs von Neapel vom 13. August 1794 besondere Bedeutung hatte[1304]. Der Grundtenor dieser Briefe waren Liguoris Verdienste als Bischof und Volksmissionar im Mezzogiorno. Gerade aber seine Amtszeit als Oberhirte und Ordensgründer stieß beim Promotor fidei auf Widerstände, der dazu eigens die zahlreichen Akten der Bischofs- und Regularkongregation durchgearbeitet hatte[1305]. Seine *Animadversiones* zielten hauptsächlich auf die sich in der letzten Lebensphase äußernde Altersschwäche des Kandidaten und die sich häufenden Glaubenszweifel, die sogar die Existenz Gottes nicht ausgespart hatten[1306]. Um nun diese gewichtigen Anfangsschwierigkeiten zu

---

Liguori, Roma 5–7 marzo 1997, Rom 1998. Ferner: Otto Weiß, Deutsche oder römische Moral? Regensburg 2001.

[1297] Goñi, Addio tribunali! 75.

[1298] 1871 wurde der zum Kirchenlehrer erhoben; 1950 ernannte ihn Pius XII. zum Patron der Beichtväter und der Moraltheologen.

[1299] Zur antijansenistischen Haltung: Giuseppe Cacciatore, S. Alfonso de' Liguori e il Giansenismo, Florenz 1944; Jones, Alphonus de Liguori 291–295.

[1300] ASRC, Decreta 1791–1804, fol. 144: *Processus Ordinarius super fama sanctitatis* etc. aus S. Agata dei Goti und Nocera de' Pagani geöffnet, 7. Dezember 1793.

[1301] ASRC, Decreta 1791–1804, fol. 169: Ernennung Archintos zum Ponens, 9. Juli 1794.

[1302] ASRC, Decreta 1791–1804, fol. 169: Fakultät vom 9. Juli 1794, vor der Revision der Schriften die Zweifel an der *Signatio* zu diskutieren.

[1303] ASRC, Decreta 1791–1804, fol. 170: Dispens, den Zweifel an der *Signatio* vor der Sperrfrist zu diskutieren, 9. Juli 1794.

[1304] Druck: Amici/Giattini, Compendio della Vita, Virtù, e Miracoli del ven. Servo di Dio Alfonso Maria de' Liguori 265–267.

[1305] Auch zum folgenden: ASRC, Decreta 1791–1804, fol. 229: Aufzeichnung über die Einrichtung einer *Congregatio particularis*, 2. Dezember 1795.

[1306] Die Rede ist von „Variationes" Liguoris. Dazu: Jones, Alphonsus de Liguori 485. Hinzu kam der Kampf um die Zulassung des Ordens im Königreich Neapel, wobei man sich verschiedener Kunstgriffe bediente, um die Arbeit der Redemptoristen zu legalisieren: Goñi, Addio Tribunali! 225–239; Pastor XVI/3 269f.

überwinden, richtete der Papst Ende 1795 eine *Congregatio particularis* ein, die dem Bündel an Widersprüchen, Einwänden und Vorwürfen begegnen sollte. Zunächst wurden die vom Promotor fidei vorgebrachten weitgehenden Zweifel mit ewigem Schweigen belegt. Als am 8. März 1796 das Ergebnis der internen Diskussion vorlag, die vor allem die kirchenpolitischen Probleme bei der Anerkennung der Ordensregel betraf, approbierte Pius VI. sofort das Votum der Spezialkongregation und verhängte über alle neuen Vorwürfe wiederum ein *Silentium perpetuum*[1307]. Aufgrund dieser weitreichenden papalen Gunstbezeugungen konnte am 4. Mai die *Signatio Commissionis* erfolgen[1308]. Auch die Apostolischen Prozesse in Sant'Agata dei Goti und Nocera de' Pagani verliefen sehr zügig, da der Papst die Ergänzung des Tribunals durch je zwei weitere Notare gestattet hatte[1309]. Das altbekannte Argument, Eile sei geboten, da sonst viele Augenzeugen stürben, fand bei Pius VI. gnädiges Gehör, obgleich er ganz andere Sorgen hatte: Die Ankündigung der französischen Soldateska, auf Rom zu marschieren, beantwortete der Papst im Juli 1796 mit einer Volksmission, die ebenso zu Buße und Umkehr aufrief wie zum Widerstand gegen Anarchie und antireligiöse Umtriebe[1310].

Auf diesem Hintergrund ist das von der Ritenkongregation im Mai 1797 angelegte Verzeichnis[1311] von Liguoris Schriften mehr als aufschlußreich. Im Katalog befindet sich bei seinen Hauptwerken, den „Opere Ascetiche e Dommatiche di Mons. di Liguori", unter Nr. 11 ausgerechnet ein Heftchen von etwa zehn Seiten: Dieser erstmals 1777 in Neapel erschienene Aufsatz *La fedeltà de' vassalli verso Dio li rende fedeli al loro principe*[1312], dessen Titel bereits Bände spricht, wurde von der Kongregation lapidar mit folgenden Worten kommentiert: „Dieses Werk ist zugunsten der Fürsten geschrieben"[1313]. Die direkte politische Implikation der Causa, die in jenen Tagen noch verhalten zutage trat, ist allein schon durch den hohen kurialen Stellenwert der heute vergessenen Schrift Liguoris greifbar. Von dem Opuskulum, das – im Licht der Restauration gelesen – ungeheure Sprengkraft freisetzen mußte, wird noch die Rede sein.

Im Februar 1798 wurde Rom von den französischen Revolutionstruppen erobert, der Papst als weltlicher Souverän für abgesetzt erklärt und die Republik ausgerufen. Am 20. Februar zwang man den todkranken Greis, Rom zu verlassen. Er fand zunächst in Siena Aufnahme, ging dann Anfang Juli nach Florenz. Ende März 1799 trat er dann seine letzte Reise ins französische Exil nach Valence an, wo er am 29. August verstarb[1314]. Trotz des katastrophalen Gesundheitszustands des Papstes und der tatsäch-

---

[1307] ASRC, Decreta 1791–1804, fol. 241: Approbation der Ergebnisse der *Congregatio Particularis*, 9. März 1796.
[1308] ASRC, Decreta 1791–1804, fol. 255: *Signatio Commissionis*, 4. Mai 1796.
[1309] *Litterae remissoriales* für Nocera de' Pagani, 4. Mai 1796: ASRC, Decreta 1791–1804, fol. 257; dasselbe für Sant'Agata dei Goti, 4. Mai 1796: ebd.; Fakultät, bei beiden Prozessen zwei weitere Notare hinzuzuziehen, 8. März 1797: ebd., fol. 291.
[1310] Fiorani, Città religiosa e città rivoluzionaria 118f.
[1311] Katalog: ASRC, Fondo Q, Alphonsus de Liguori, Bd. 1 (18. Jhd.).
[1312] Druck in der Werkausgabe: Opere ascetiche di S. Alfonso Maria de Liguori II 505–514.
[1313] ASRC, Fondo Q, Alphonsus de Liguori, Bd. 1 (18. Jhd.), Kommentar zu *La fedeltà de' vassalli*: „Questa opera è in beneficio de Sovrani".
[1314] Dazu: Pastor XVI/3 587–598, 603–628; Martina, Storia della Chiesa III 19.

lich stillstehenden Kurialmaschinerie bemühte sich der Postulator in Florenz um eine übergreifende Schriftenrevision durch die Bischöfe von Sant'Agata und Nocera de' Pagani, die Anfang Dezember 1798 auch gewährt wurde[1315].

Die Revolutionsereignisse und die französische Besetzung verzögerten dann die Durchführung der Prozesse und Untersuchungen. Es ist dennoch erstaunlich, wie zäh in dem ganzen politischen und militärischen Durcheinander am weiteren Prozeßverlauf gearbeitet wurde. Beispielsweise gewährte der neue Papst Ende Januar 1802 eine Dispens, die Diskussion über die Gültigkeit des Apostolischen Prozesses *in genere* aus Nocera de' Pagani ohne Konsultoren durchführen zu lassen[1316]. Schon zwei Monate später konnte dieser approbiert werden[1317].

Trotz der allgemeinen Krisensituation war der Widerstandswille der Kongregationsbeamten ungebrochen: Alle einlaufenden Prozesse wurden scharfer Kritik unterzogen, so daß der Papst immer wieder dispensieren mußte. Außerdem hörte die Schriftenrevision nicht auf: Allein 1803 wurden elf Untersuchungen in Auftrag gegeben[1318], obgleich bereits im Mai 1797 zehn Oberhirten mit der Revision beauftragt worden waren[1319]. Alles sah ganz nach einem Zweikampf zwischen Papst und Ritenkongregation aus. Ende September 1803 versuchte Pius VII. mit einem Federstrich, jeder destruktiven Diskussion ein Ende zu bereiten, indem er alle bisherigen Prozesse approbierte[1320].

Unterstützung kam auch aus dem Süden: Der neapolitanische Kardinal Diego Innico Caracciolo[1321], der im März 1802 zum Ponens bestellt worden war[1322], entpuppte sich neben dem Papst als größter Förderer der Causa Liguori. Trotz der politischen Unruhe, der Abwesenheit Pius' VII. und der prozeßimmanenten Probleme wurde im Juni 1806 die *Antepraeparatoria* über die Tugenden abgehalten[1323]. Zum Hauptgegenargument stilisierte man das Fehlen einer Diözesansynode, die Liguori auf Anraten seiner Amtsbrüder wegen der widrigen Zeitumstände nicht durchgeführt hatte[1324]. Ebenso ließen sich in der Konzilskongregation keine Aufzeichnungen über Ad-limina-Besuche und Statusberichte aus Sant'Agata dei Goti finden[1325]. Diesen alten Argumenten

---

[1315] ASRC, Decreta 1791–1804, fol. 320: Aufzeichnung der Papstaudienz vom 7. Dezember 1798.
[1316] ASRC, Decreta 1791–1804, fol. 348: Dispens für die Gültigkeitsdiskussion ohne Konsultoren, 30. Januar 1802.
[1317] Approbation des Prozesses am 3. April 1802: ASRC, Decreta 1791–1804, fol. 353.
[1318] ASRC, Decreta 1791–1804, fol. 396–398.
[1319] ASRC, Decreta 1805–1810, fol. 622–651: Revisionsaufträge vom 5. Mai 1797.
[1320] ASRC, Decreta 1791–1804, fol. 394: Approbation aller Prozesse, 24. September 1803.
[1321] Caracciolo (1759–1820), 1767 Eintritt ins Collegio Clementino, 1782 Adept der *Congregazione delle Indulgenze e sacre reliquie*, 1786 Gouverneur von San Severino, 1790 von Jesi, 1794 von Fermo, 1795 *Maestro di camera*, folgte Pius VI. ins Exil, 1800 Kardinal und Mitglied der Ritenkongregation, 1808 aus Rom vertrieben, ging nach Fondi, dann nach Neapel, wo er nach 1815 über die Kirchengüter und ein Konkordat verhandelte, 1814 Bischof von Palestrina: Silvio Furlani, Art. Caracciolo, Diego Inigo, in: EC III 737f.; Giuseppe Pignatelli, Art. Caracciolo, Diego Innico, in: DBI XIX 335–337.
[1322] ASRC, Decreta 1791–1804, fol. 350: Ernennung Caracciolos zum Ponens, 6. März 1802.
[1323] Protokoll der Sitzung vom 10. Juni 1806: ASRC, Decreta 1805–1810, fol. 480.
[1324] Stattdessen führte er gleich zu Beginn seiner Amtszeit Volksmissionen zunächst in der Bischofsstadt, dann auch in den ländlichen Regionen durch: Jones, Alphonsus de Liguori 372–377.
[1325] ASRC, Fondo Q, Alphonsus de Liguori, Bd. 2 (19. Jhd.), Aufzeichnung der Ritenkongregation über die *Antepraeparatoria*. – Tatsächlich ist Liguori aus Gesundheitsgründen nie *ad limina apo-*

schlossen sich die theologischen Konsultoren bei der Endabstimmung jedoch nicht an; Widerstand drohte allein von den Prälatenkonsultoren[1326]. Damit hatte die Causa Liguori in ihrer wichtigsten Prozeßphase keine ungünstige Ausgangsposition. Caracciolo drängte nun auf die *Praeparatoria*, die jedoch immer wieder verschoben wurde. Nachdem der Kardinal zunächst auf Juli und September vertröstet worden war, bat er Mitte November kompromißlos um einen festen Termin für die Sitzung[1327]. Den ihm mitgeteilten 3. Februar 1807 hielt er für unwürdig, da dieser Karnevalstag stets „eine große Belustigung für die Römer"[1328] bedeutete. Der Purpurträger dachte gar nicht daran, sich in seiner Karosse auf dem Weg zur Sitzung von Maskierten belästigen zu lassen. Also entweder im Januar oder in der Fastenzeit!

Dem energischen Wirken Caracciolos war es außerdem zu verdanken, daß an der *Praeparatoria* vom 17. Februar ungewöhnlich viele Kardinäle teilnahmen; dafür fehlten auf der anderen Seite zahlreiche Prälaten[1329]. Das Votum fiel allgemein positiv aus, so daß schon Ende April die Generalkongregation vor dem Papst stattfinden konnte. Auch dieses Blitzverfahren brachte einheitliche Zustimmung[1330]. Daß politische Momente im bisherigen Prozeßverlauf nur unterschwellig eine Rolle gespielt haben können, zeigt das Tugenddekret vom Mai, das seine Hauptverdienste „de castis sanctisque moribus"[1331] herleitete.

Die Wunderdiskussion stand unter der erneut hereinbrechenden französischen Invasion. Am 2. Februar 1808 rückten napoleonische Truppen in die Ewige Stadt ein und führten Pius VII. im Juli des folgenden Jahres nach Frankreich. Am 9. Juni 1809 hatte er das Delegationsdekret für Kardinal Michele Di Pietro unterzeichnet[1332]. Etwa gleichzeitig wurde auch ein Termin für die *Antepraeparatoria* der Wunder festgesetzt, die wieder verschoben werden mußte, da die äußeren Umstände keine Sitzung zuließen[1333]. Caracciolo konnte in all dem Wirrwarr einen Termin für den 25. September durchsetzen, obwohl er selbst der Sitzung fern bleiben mußte[1334]. Aus diesen Manövern schloß der Apostolische Delegat Di Pietro, daß man die *Antepraeparatoria* nur durchpeitschen wollte, um den Enthusiasmus Caracciolos zu beflügeln[1335].

Angesichts der geradezu aussichtslosen Situation beklagte Di Pietro im Sommer die

---

stolorum gereist (Goñi, Addio Tribunali! 155). Der erste Ad-limina-Bericht vom 8. Juli 1765 ist jedoch nachweislich in Rom eingetroffen (ebd. 183).

[1326] Die theologischen Konsultoren stimmten fast ausschließlich mit *constare*, die Prälaten gemeinhin mit *suspensive*.

[1327] Caracciolo an den Sekretär der Ritenkongregation, 18. November 1806: ASRC, Fondo Q, Alphonsus de Liguori, Bd. 2 (19. Jhd.).

[1328] Ebd.: „di gran solazzo pe' Romani".

[1329] Protokoll über die CP der Tugenden, 17. Februar 1807: ASRC, Decreta 1805–1810, fol. 506. 12 Kardinäle waren anwesend, bei den Prälaten nur 7, von denen lediglich 2 mit *suspensive* stimmten.

[1330] ASRC, Decreta 1805–1810, fol. 516: CG über die Tugenden, 28. April 1807.

[1331] Tugenddekret, 9. Mai 1807: ASRC, Decreta 1805–1810, fol. 518.

[1332] Schmidlin I 101.

[1333] ASRC, Fondo Q, Alphonsus de Liguori, Bd. 2 (19. Jhd.), Aufzeichnung aus der Ritenkongregation von 1809.

[1334] Caracciolo ging nach der französischen Okkupation nach Fondi, dann nach Neapel. 1811 konnte er dem Exil in Paris aus Krankheitsgründen entgehen. Nach dem Zusammenbruch der napoleonischen Herrschaft kehrte er kurzfristig nach Rom zurück, ging im Juni 1815 aber wieder nach Neapel, um dort mit den staatlichen Behörden Verhandlungen aufzunehmen: Pignatelli, Art. Caracciolo 336f.

[1335] ASRC, Fondo Q, Alphonsus de Liguori, Bd. 2 (19. Jhd.), Aufzeichnung Di Pietros.

Hilflosigkeit der Kurie, da außerdem kaum Kardinäle in Rom waren und ein Provisorium ihm nicht opportun erschien, weil Beatifizierung und Kanonisierung „sicherlich zu den gewichtigsten und bedeutendsten Fragen der Kirche Gottes"[1336] gehörten. Worte eines Apostolischen Delegaten, der nicht zur Ritenkongregation gehörte! Von einer Sinnkrise des Heiligenkultes während der Revolutionsepoche war also in Rom nichts zu spüren! In geradezu panischer Eile versuchte man aber dennoch, eine Kongregationssitzung durchzuboxen. Offensichtlich hielt man die Causa für so gewichtig, daß die Besetzung Roms, die Abwesenheit des Papstes, zahlreicher Kardinäle und Kurialer diese nicht behindern durften. Eine Aufzeichnung aus der Ritenkongregation vom Sommer 1809 weist mit Blick auf Liguoris Prozeß eindringlich auf „das Verdienst der Frage, die zur Untersuchung ansteht"[1337] hin; außerdem hatte die Furcht vor einem Stillstand der Causa einen finanziellen Hintergrund: Die umfangreichen Spesen wären umsonst investiert worden[1338].

Am 27. August hatte sich Di Pietro zu einem geradezu abenteuerlichen Modus durchgerungen[1339], über den die Kongregation im Sommer lange diskutiert hatte: Die in alle Winde verstreuten Konsultoren sollten bis zum 25. September schriftliche Voten einreichen, mit denen man dann die *Antepraeparatoria* bestreiten wollte[1340]. Caracciolo wurde durch „den Würdigsten der Kongregation"[1341] ersetzt, den römischen Hauptvertreter der antirevolutionären Richtung, Kardinal Alessandro Mattei[1342], welcher hektisch das rasch zusammengestellte Material in der Sitzung vortrug und diese – in welcher Weise auch immer – über die Bühne brachte[1343].

In der Substanz hatte die Versammlung nichts erbracht, konnte auch nichts erbringen. Im Gegenteil! Die *Antepraeparatoria* war nur dazu angetan, dem Promotor fidei neues Material für seine *Animadversiones* zu liefern. Man trat auf der Stelle, da die Seele des Prozesses, Caracciolo, fehlte. Di Pietro war der Ansicht, daß Abhilfe in dieser Situation nur von einem neuen, energischen Ponens zu erwarten sei, der allerdings vom Papst eingesetzt werden mußte[1344]. Trotz der allgemeinen Skepsis des Delegaten schien bereits zu diesem Zeitpunkt die Causa entschieden. Eine Aufzeichnung der Ritenkongregation über die *Antepraeparatoria* maß dieser Sitzung von ihrem formalen Charakter her das richtige Gewicht bei[1345]: Es gehörte nicht zu ihrer Aufgabe, eine

---

[1336] Ebd.: „sono certamente uno de' più gravi e maggiori affari nella Chiesa di Dio".
[1337] ASRC, Fondo Q, Alphonsus de Liguori, Bd. 2 (19. Jhd.), Aufzeichnung der Kongregation von 1809: „possa prendere idea del merito della Questione, che si esamina".
[1338] Ebd.
[1339] ASRC, Fondo Q, Alphonsus de Liguori, Bd. 2 (19. Jhd.), Aufzeichnung di Pietros, 27. August 1809.
[1340] ASRC, Fondo Q, Alphonsus de Liguori, Bd. 2 (19. Jhd.), *Biglietto* für die Konsultoren, August 1809: Einladung für den 25. September 1809.
[1341] ASRC, Fondo Q, Alphonsus de Liguori, Bd. 2 (19. Jhd.), Aufzeichnung der Ritenkongregation 1809: „il più degno della Congregazione".
[1342] Mattei (1744–1820), 1777 Erzbischof von Ferrara, 1782 Kardinal, unterzeichnete als päpstlicher Bevollmächtigter den Vertrag von Tolentino 1797, 1804 Bischof von Palestrina, 1814 Dekan des Hl. Kollegiums: Gennaro Auletta, Art. Mattei, Alessandro, in: EC VIII 481.
[1343] Die Sitzung wurde zunächst auf den 17. Juli anberaumt, tatsächlich aber am 25. September 1809 abgehalten. Das Ergebnis ist unbekannt. Aufzeichnung: ASRC, Decreta 1805–1810, fol. 545q.
[1344] ASRC, Fondo Q, Alphonsus de Liguori, Bd. 2 (19. Jhd.), Aufzeichnung di Pietros.
[1345] ASRC, Fondo Q, Alphonsus de Liguori, Bd. 2 (19. Jhd.), Aufzeichnung der Kongregation über die *Antepraeparatoria*.

Entscheidung herbeizuführen, da zudem alle Sachfragen noch nicht ausreichend diskutiert waren. Die *Animadversiones* des Promotors sprachen zwar vom „Gewicht der Schwierigkeiten"[1346], die aber nach der Meinung des Kongregationsbeamten „überwindlich"[1347] seien.

Selbst die Abwesenheit Caracciolos schien schließlich der Eigendynamik der Causa keinen Abbruch zu tun, da nun der Postulator mit derselben Energie den Prozeß voranbrachte: Um die Widerstände des Promotors gegen die Wunder zu entschärfen, sollte ein Experte aus der Kongregation ein Gutachten *pro veritate* aufsetzen, der vom Sekretär des Dikasteriums bestellt werden mußte[1348]. Dazu war eine päpstliche Fakultät erforderlich. Di Pietro war inzwischen – im Januar 1810 – von den Franzosen nach Frankreich verschleppt worden, und auch sein Subdelegat, der papsttreue Süditaliener Emanuele de Gregorio[1349], mußte mit der Verbannung nach Paris rechnen, die Ende des Monats tatsächlich ausgesprochen wurde[1350]. Gleichzeitig wurden sämtliche Kurienbeamten und Ordensgenerale vertrieben, Ämter, Kanzleien und Kongregationen geschlossen sowie Akten und Kunstobjekte nach Frankreich verbracht. Der Ersatzponens, Kardinal Mattei, hatte Rom schon im Oktober 1809 verlassen müssen[1351]. Dennoch fand sich de Gregorio buchstäblich in letzter Minute bereit, den Kongregationssekretär am 11. Januar 1810 zu ermächtigen, einen Experten für das Votum zu bestimmen[1352].

Das war zunächst der Schlußpunkt der Causa, die tatsächlich bis zum letzten Moment verhandelt wurde. Auffällig dabei ist, daß dies nur durch die aktive Mithilfe von strikt antirevolutionären Kurialen, die zum Großteil aus Neapel stammten, möglich geworden war. Diese konterrevolutionäre Aura überschattete bei näherem Hinsehen die Hauptphase von Liguoris Beatifikationsprozeß nicht zufällig. Der zügige Prozeßverlauf in der äußerlichen Krisenzeit zeigte aber neben aller persönlichen Wertschätzung für den Ordensstifter auch ein generelles Interesse am Seligen- und Heiligenkult, an dem die harsche Kritik der Aufklärung und der Revolution spurlos vorübergegangen war.

Nach dem Zusammenbruch der napoleonischen Herrschaft trieb die immanente antirevolutionäre Sprengkraft der Causa noch kräftigere Blüten. Nachdem Pius VII. am 15. März 1814 in seine alten Rechte eingesetzt worden und am 24. Mai in die *Urbs* zurückgekehrt war[1353], machte man sich unverzüglich an die Arbeit. Schon am 28. Februar 1815 – zwei Tage nachdem Napoleon Elba verlassen hatte – hielt man die

---

[1346] Ebd.: „il peso delle difficoltà".
[1347] Ebd.: „superabile".
[1348] ASRC, Fondo Q, Alphonsus de Liguori, Bd. 2 (19. Jhd.), Supplik des Postulators von 1810.
[1349] De Gregorio (1748–1839), 1785 Statthalter des Kardinalvikars von Rom, 1800 Sekretär der *Congregazione deputata di Governo*, mußte am 31. Januar 1810 Rom verlassen, wurde am 2. Januar 1811 in Paris verhaftet, 1816 Kardinal und Mitglied zahlreicher Kongregationen: Niccolò Del Re, Art. De Gregorio, Emanuele, in: EC IV 1332; Marina Caffiero, Art. De Gregorio, Emanuele, in: DBI XXXVI 212–215.
[1350] Caffiero, Art. De Gregorio 213. Di Pietro hatte de Gregorio durch ein Breve als seinen Stellvertreter bevollmächtigt.
[1351] Schmidlin I 104.
[1352] ASRC, Fondo Q, Alphonsus de Liguori, Bd. 2 (19. Jhd.), Vermerk auf der Rückseite der Supplik des Postulators von 1810.
[1353] Schmidlin I 121f.; Martina, Storia della Chiesa III 24.

Praeparatoria ab, allerdings mit mäßigem Erfolg. Vor allem bereitete das dritte Wunder Schwierigkeiten[1354]. Dessen ungeachtet, boxte Kardinal Mattei als Termin für die *Generalis* Anfang September durch, obgleich der Papst im Spätfrühjahr vor den revolutionären Truppen Murats nach Genua ausgewichen war[1355]. In der Sitzung fanden die beiden ersten Wunder fast widerspruchslos Billigung[1356], so daß man schon am 17. September approbieren konnte[1357]. Noch im selben Jahr wurde die *Generalis super tuto* abgehalten[1358] und das gleichnamige Dekret promulgiert[1359] – als wenn es bei der Restauration der päpstlichen Herrschaft nichts Wichtigeres zu tun gegeben hätte.

Das Schlußdekret beschrieb noch mit aller Vorsicht den neuen Heiligentyp: Gleich der erste Satz deutete Alfonso de' Liguori als leuchtendes Beispiel der *Ecclesia militans*, das mit Schrift und Tat ein Zeugnis zugunsten der christlichen Tugenden – vor allem für Disziplin und Tapferkeit – abgelegt habe[1360]. Er zeige den Irrenden den Weg, auf dem man geleitet vom Licht Gottes durch die Nacht des Jahrhunderts hindurchkomme. Das sollte möglichst rasch aller Welt bekannt werden! Kardinal Mattei, der inzwischen zum Dekan des Hl. Kollegiums aufgestiegen war, scheint man es zu verdanken, daß das Beatifikationsbreve am 4. September 1816 promulgiert und die feierliche Seligsprechung etwa zehn Tage später durchgeführt wurde[1361].

Mit der Beatifikation Liguoris brach sich die bisher verhaltene antirevolutionäre Schubkraft offen und ungehemmt Bahn. Das zeigt zunächst die rasche Aufnahme des Kanonisationsverfahrens, dann aber auch die politische Couleur der Hauptprotagonisten sowie die verengte Perspektive von Leben und Werk des Ordensgründers. Schon Anfang 1818 erörterte man in der Ritenkongregation die von Kardinal Mattei vorgebrachte Frage, ob der Heiligsprechungsprozeß aufgenommen werden könne. Sie wurde am 3. März positiv beantwortet[1362]. Ausschlaggebend war ein eindrucksvoller Stapel von Postulationsbriefen hoher geistlicher und weltlicher Würdenträger. Nicht nur, daß der erzkonservative Kardinaldekan Mattei, der nun offiziell als Ponens auftrat[1363], sich mit dem Kanonisationsverfahren identifizierte und Unterstützung von Kardinal Pacca erhielt, der sich zum Haupt der Zelanti – der strikt reformfeindlichen Partei[1364] – aufgeschwungen hatte, auch die Jesuiten zollten Liguori Tribut[1365]. Pacca,

---

[1354] ASRC, Decreta 1814–1821, fol. 5: Aufzeichnung der CP über 3 Wunder, 28. Februar 1815: Einige enthielten sich der Stimme, der Rest stimmte zur Hälfte mit *constare*, sonst *suspensive* und *non constare*.

[1355] Am 22. März hatte der Papst Rom verlassen und zog am 3. April in Genua ein. Am 7. Juni 1815 kehrte er wieder in die Ewige Stadt zurück: Schmidlin I 124–127.

[1356] ASRC, Decreta 1814–1821, fol. 11: CG über 3 Wunder, 5. September 1815. Bis auf eine Ausnahme stimmten alle bei den ersten beiden Wundern mit *constare*.

[1357] ASRC, Decreta 1814–1821, fol. 16: Wunderdekret vom 17. September 1815.

[1358] ASRC, Decreta 1814–1821, fol. 18: CGST, 10. Dezember 1815.

[1359] ASRC, Fondo Q, Alphonsus de Liguori, Bd. 2 (19. Jhd.), *Decretum super tuto*, 21. Dezember 1815.

[1360] Vgl. *Decretum super tuto*: ASRC, Fondo Q, Alphonsus de Liguori, Bd. 2 (19. Jhd.).

[1361] Beatifikationsbreve vom 4. September 1816: ASRC, Fondo Q, Alphonsus de Liguori, Bd. 2 (19. Jh.).

[1362] ASRC, Decreta 1814–1821, fol. 59: Aufzeichnung über die Aufnahme des Verfahrens, 3. März 1818. Die Kongregationssitzung fand am 28. Februar statt.

[1363] Bei der Eröffnung des Heiligsprechungsverfahrens trat er als Ponens auf: ASRC, Decreta 1814–1821, fol. 59: Aufzeichnung über die Aufnahme des Verfahrens, 3. März 1818.

[1364] Blisch, Art. Pacca 1406.

dem Liguori von Kindesbeinen an eine vertraute Gestalt war, hatte sich bereits als Nuntius in Köln (1785–1794) zugunsten des Beatifikationsverfahrens verwandt und warf nun nochmals sein persönliches Gewicht in die Waagschale[1366]. Er stand nicht alleine! Nicht weniger als vierzehn, meist als konservativ geltende Kardinäle, etliche Kurienbischöfe und Ortsordinarien reihten sich in die gewaltige Schar der Postulanten ein[1367]. Dabei wirkte sich die Eile beim Prozeßverfahren vorteilhaft aus: Die meisten Bittsteller beriefen sich auf ihre persönliche Kenntnis von Liguoris Person und Werk. Von weit größerer inhaltlicher Bedeutung für die Funktionalisierung der Causa waren jedoch die weltlichen Postulationsschreiben; die geistlichen spielten das über alle Maßen günstige Klima an der Kurie wider, das für einen glatten Prozeßverlauf tatsächlich ausschlaggebend war. Der Kaiser in Wien, die Könige von Spanien, Neapel, Frankreich und Portugal, die Fürsten von Modena und Toscana und sogar der russische Zar favorisierten die Kanonisation Liguoris[1368]. Woher dieser monarchisch bzw. monarchistische Ansturm? War er allein der Verehrung gegenüber dem Ordensgründer zuzuschreiben oder hatte das königliche Engagement aus allen Teilen Europas tiefere Ursachen? Tatsächlich fielen solch hochrangige Postulationsbriefe nicht aus heiterem Himmel; sie waren das Werk des Redemptoristengenerals, der bei der Einleitung der Heiligsprechung nicht anders als generalstabsmäßig vorging. 1818 versandte der Ordensobere Musterschreiben an alle Höfe Europas und bat diese um ihr Patrozinium für die neue Causa[1369]. Ihm ging es dabei nicht nur um finanzielle Fragen, obgleich die ordenseigenen Geldquellen inzwischen versiegt waren[1370], sondern um die weltliche Einflußnahme auf die Kurie. Dabei bediente er sich als Hauptargument der kleinen Schrift Liguoris von 1777: „Wie er mit den genannten Werken sich um den Vorteil jedes gesellschaftlichen Standes bemühte, so verschaffte er sich auch Verdienste um die Regierenden, als er nämlich mit einem speziellen Heftchen die Verpflichtung der Untergebenen aufzeigte, treu zu ihren Herrschern zu stehen, und die wahre Wohlfahrt der Völker in der Unterwerfung unter die Souveräne und ihre Gesetze sah"[1371].

[1365] Bittschrift des Ordensgenerals Brzozowski, 26. Mai 1818: ASRC, Fondo Q, Alphonsus de Liguori, Bd. 2 (19. Jhd.). Brzozowski erwähnte eigens, daß sich Liguori gegen die Aufhebung des Jesuitenordens ausgesprochen hatte. – Die 1814 wiederzugelassenen Jesuiten schlossen sich nicht ohne Grund den Interessenten des Kanonisationsverfahrens an. Buchheim deutet die Wiederzulassung als „das unverkennbare Zeichen des gestärkten katholischen Selbstbewußtseins. Der Hauptangriff des Jansenismus und der Aufklärung war abgewehrt": Buchheim, Ultramontanismus und Demokratie 21.
[1366] Votum und Supplik Paccas, um 1818: ASRC, Fondo Q, Alphonsus de Liguori, Bd. 2 (19. Jhd.). Als Kölner Nuntius hatte er zweimal wegen der Aufnahme des Beatifikationsverfahrens nach Rom geschrieben.
[1367] ASRC, Fondo Q, Alphonsus de Liguori, Bd. 2 (19. Jhd.), Postulationsbriefe von Kurialen und Kardinälen.
[1368] ASRC, Fondo Q, Alphonsus de Liguori, Bd. 1 (18. Jhd.), weltliche Postulationsschreiben, um 1818.
[1369] Solch ein Musterschreiben an den König von Spanien findet sich in: ASRC, Fondo Q, Alphonsus de Liguori, Bd. 1 (18. Jhd.).
[1370] Orlandi, Centocinquanta anni fa Alfonso de Liguori veniva proclamato santo 238–240.
[1371] ASRC, Fondo Q, Alphonsus de Liguori, Bd. 1 (18. Jhd.): „Come Egli con detti scritti provide al vantaggio di ciascun ceto di Persone, così si rese anche benemerito de' Regnanti, avendo dimostrato con speciale opuscolo l'obligo de' sudditi di essere fedeli ai suoi sovrani, e consistene la vera felicità de' Popoli nella soggezione ai medesimi, quella osservanza delle loro leggi".

Hier ist des Pudels Kern endlich in Worten greifbar. Liguoris *La fedeltà de' vassalli* ist tatsächlich eine antirevolutionäre Kampfschrift, vor allem wenn man sie im Anschluß an die Ereignisse von 1789 bis 1815 liest. Deutlicher, wenn auch unbeabsichtigt, hat das keine andere Schrift eines prominenten Kirchenmannes auf den Punkt gebracht als dieses schmale Bändchen des Redemptoristengründers, das die Ritenkongregation zu den moralischen und aszetischen Schriften Liguoris zählte. Dieser führte ganz unbekümmert aus, daß „die Untertanen, welche gehorsam gegenüber den Vorschriften Gottes, notwendigerweise auch gehorsam gegenüber den Gesetzen der Fürsten sind"[1372], denn „dieselbe Treue, die die Untertanen Gott entgegenbringen, hält sie auch in ihrer Anhänglichkeit an ihre Souveräne"[1373], denn „allein die Religion läßt die guten Sitten in der Seele entstehen und sorgt auf diese Weise dafür, daß die Gesetze eingehalten werden"[1374]. Selbstverständlich mußte eine Stelle aus dem Römerbrief (Röm 13,5–6)[1375] herhalten, damit Liguori mit größerer Autorität das Verhältnis von Volk und Herrscher apodiktisch mit den Worten umschreiben konnte: „Allein die Religion ist in der Lage, die Untertanen tatsächlich gehorsam gegenüber ihren Fürsten zu machen, da sie jene lehrt, daß sie gehalten sind, ihren Souveränen zu gehorchen – nicht nur, um der Strafe zu entgehen, die sie bei Überschreitungen erdulden müßten, sondern auch, um Gott gehorsam zu sein und Frieden mit ihrem Gewissen zu halten"[1376]. Schließlich seien die Könige „Diener Gottes und seine Statthalter, so daß die Untertanen verpflichtet sind, auch aus Gewissensgründen ihren Monarchen zu gehorchen"[1377].

Auf der anderen Seite waren die Herrscher aus Liguoris Perspektive dazu verpflichtet, „über ihre Untertanen zu wachen, damit sie Gott Gehorsam schulden. Für den Privatmann genügt es, die göttlichen Gesetze zu beobachten, um sich zu retten; aber für einen König ist das nicht ausreichend: Er muß außerdem mit aller Kraft dafür sorgen, daß die Untertanen die göttlichen Gebote halten"[1378]. Daher kann es nicht das Hauptziel eines guten Herrschers sein, „die eigene Ehre zu mehren, sondern die Ehre Gottes"[1379]. Die gute Regierung besteht nach Liguori darin, „Gott immer vor Augen zu

---

[1372] Opere ascetiche di S. Alfonso Maria de Liguori II 505: „quei sudditi che sono ubbidienti a' precetti di Dio sono necessariamente ancora ubbidiente alle leggi de' principi".

[1373] Ebd.: „La stessa fedeltà che conservano i vassalli verso Dio li rende fedeli ai loro sovrani".

[1374] Ebd.: „la sola religione ingerisce e forma i s. costumi nelle anime, e così ella opera che le leggi sieno osservate".

[1375] „Darum ist es geboten, sich zu unterwerfen, nicht nur um des Zornes, sondern auch um des Gewissens willen. Deshalb zahlt ihr ja auch Steuern; denn Gottes Diener sind sie, wenn sie beharrlich diesem Amt obliegen".

[1376] Opere ascetiche di S. Alfonso Maria de Liguori II 505: „La sola religione poi rende i vassalli veri ubbidienti a' loro principi, facendo ad essi intendere che son tenuti ad ubbidire a' sovrani, non solo per evitare le pene imposte a' trasgressori, ma anche per ubbidire a Dio e tenere la pace le loro coscienze".

[1377] Ebd. 506: „ministri di Dio e suoi luogotenenti, siccome i vassalli son tenuti anche per obbligo di coscienza di ubbedire a' loro monarchi".

[1378] Ebd.: „d'invigilare sovra i loro vassalli acciocch'essi ubbidiscano a Dio. Ad un uomo privato basta che osservi la divina legge per salvarsi; ma ad un re non basta: gli bisogna inoltre che si adoperi quanto può, affinché i sudditi osservino la divina legge".

[1379] Ebd.: „fine principale de' principi nel loro governo non dev'essere la gloria propria, ma la gloria di Dio".

haben und die göttlichen Interessen immer denen der Staatsraison vorzuziehen"[1380]. Das führt schließlich dazu, daß ein rein rationales Volkswohl nicht die oberste Prärogative sein kann, sondern „die Unterwerfung unter den göttlichen Willen ist es, welche das wahre Glück jedes einzelnen begründet und speziell das der Monarchen"[1381]. Eine Trennung von Thron und Altar ist schon wegen der herausgehobenen sakrosankten Stellung der Souveräne, denen Liguori geradezu quasi-episkopale Funktionen zuordnet[1382], kaum mehr möglich. Göttliche und weltliche Sphäre gehen eine kompakte Einheit ein, die von innen her ihre Legitimität erfährt.

Als erstes und wichtigstes Muster eines vorbildlichen Fürsten benennt Liguori Kaiser Konstantin den Großen, der den Unglauben mit Rücksicht auf das eingewurzelte römische Götterwesen nicht sofort beseitigt, sondern sich mit aller Kraft für die Verbreitung des Glaubens an Jesu Christi eingesetzt habe[1383]. Im gleichen Atemzug führt der Ordensgründer eine Wendung an, die im Anschluß an die französische Besetzung Roms, die Ausrufung der Republik und die Vertreibung des Papstes und der Kurialbürokratie von ungeheurer aktueller Bedeutung sein mußte: Thematisch unmittelbar an die Glaubensverbreitung anschließend, erwarb sich Konstantin dadurch ewige Meriten, daß er „in der Stadt Rom die Ehre zur Anerkennung brachte, die dem Papst und den Priestern gebührte"[1384]. Dann erst spricht Liguori von Kirchengründungen, Konzilien und Konstantins Treue im Glauben. Daher sei dieser Kaiser „an erster Stelle unter solchen Fürsten würdig, gefeiert zu werden"[1385].

Aus der Retrospektive waren das deutliche Worte und eine eindeutige Absage an jegliche revolutionäre Umtriebe. Daß dies keine Lippenbekenntnisse oder dürre Gedankenkonstrukte waren, die der Ordensgründer seinen Lesern und vor allem seinen Redemptoristen mit auf den Weg gab, sondern daß es sich hier um ein tätig geübtes Credo des Ordens in der Seelsorge handelte, wird sich gleich zeigen. Noch mehr! Es läßt sich sogar nachweisen, daß Monarchen aufgrund jener sakrosankt-konservativen Herrschervorstellung des Ordens diesen gerade deshalb heranzogen, um das Verhältnis von Fürst und Untertan im Gleichgewicht zu halten: Liguori – Patron gegen Revolution *par excellence*.

Deutlichstes Beispiel für diesen gesellschaftspolitischen Hintergrund der Causa waren die Volksmissionen im Süden Italiens, die seit dem Ende des 17. Jahrhunderts große Breitenwirkung erzielten und seit dem zweiten Viertel des 18. Jahrhunderts zu einem großen Teil von Redemptoristen getragen wurden[1386]. Der König von Neapel war

---

[1380] Ebd. 507: „tiene sempre Dio avanti gli occhi, e preferisce gl'interessi della divina gloria ad ogni ragione di stato".
[1381] Ebd. 508: „la pietà verso Dio è quella che fonda la vera fortuna di ognuno e specialmente de' principi".
[1382] Ebd.: „Non è solo officio del vescovo, ma anche del sovrano, promuovere tra' vassalli gli esercizi di divozione e l'onore di Dio".
[1383] Ebd. 509.
[1384] Ebd.: „Diè a conoscere nella stessa città di Roma l'onore che si dovea al papa [...] ed ai sacerdoti ammettendoli". Dies ist als Anspielung auf die Konstantinische Schenkung und die Gründung des Kirchenstaates zu verstehen.
[1385] Ebd. 508: „in primo luogo fra tali principi merita di essere celebrato".
[1386] Orlandi, I redentoristi napoletani tra rivoluzione e restaurazione; Palese, L'attività dei Vincenziani di terra d'Otranto 383, 385.

diejenige Institution, bei der die Ortsbischöfe Missionare anforderten[1387]. Der Monarch zeigte nicht nur Interesse an dieser neuen Art von Seelsorge und Glaubensverbreitung, er förderte auch die Tätigkeit der Patres nach Kräften, beispielsweise durch finanzielle Zuschüsse – wußte er doch um die Effektivität der Missionen und „ihre Anlehnung an die Herrschenden"[1388]. Die Redemptoristen übten in der Seelsorge im allgemeinen äußerste Disziplin, arbeiteten konstruktiv mit den Lokalbehörden zusammen, mischten sich nicht in weltliche Angelegenheiten ein und antworteten mit großer Klugheit auf die nicht ausbleibende Kritik der Landbevölkerung an der Regierung[1389]. Neben der Glaubensverbreitung hatten die Patres bedeutenden Anteil an der Verbesserung der Lebenskultur der größtenteils verwahrlosten Bevölkerung sowie an der Wahrung des sozialen Friedens und der politischen Eintracht[1390]. „Die bourbonische Regierung unterließ es nicht, die Missionare zur Restabilisierung der Ordnung und zur Wahrung der sozialen Verhältnisse zu gebrauchen"[1391]. Schon bei der von den Volksmissionaren durchgeführten Erstkommunion wurde bei der Aufstellung auf soziale Hierarchie geachtet, ebenso wie bei den Prozessionen, die im Mezzogiorno aufgrund lokaler Gebräuche besonders zahlreich waren[1392]. Darüber hinaus wurden Redemptoristen in politisch-soziale Krisengebiete entsandt, um die Volksseele zu beruhigen, Aufständen vorzubeugen oder solche direkt zu schlichten[1393]. Beispielsweise wurden bereits 1647 in der Stadt Neapel Volksmissionen durchgeführt, um soziale Spannungen auszumerzen und politische Intoleranz zu beheben; im 18. Jahrhundert wurden Redemptoristen nach Kalabrien geschickt, um einen Aufstand abzuwenden[1394]. Diese Sonderwirkung der Patres war nur möglich, weil sie sich durch ihre seelsorgliche Tätigkeit tragfähiges Vertrauen bei der Bevölkerung erworben hatten, indem sie die lokalen Eigenarten und die tatsächlichen Probleme vor Ort pastoral adaptierten und dadurch eine enorme Breitenwirkung erzielten[1395]. Dieses „Kapital" nutzte die Regierung des Südens im Zeitalter der Restauration – beispielsweise 1828, als sie nach einem ökonomisch-sozialen Desaster der Region „mit der Aussendung von Volksmissionaren aus dem Redemptoristenorden Ruhe zu verschaffen gedachte"[1396]. Vor und nach der Französischen Revolution galten sie daher im Königreich Neapel nicht ohne Grund als staatstragend und gerieten wegen ihrer Gefolgschaft gegenüber den Bourbonen in den Strudel des revolutionären Umsturzes[1397]. Vor

---

[1387] Rienzo, Il processo 446.
[1388] Ebd. 447: „loro attaccamento ai regnanti".
[1389] Ebd. 451.
[1390] Ebd. 468f.; Palese, L'attività dei Vincenziani di terra d'Otranto 385–387.
[1391] Rienzo, Il processo 446: „Il governo borbonico non mancò di utilizzare le missioni per ristabilire l'ordine e la conservazione sociale".
[1392] Ebd. 477.
[1393] Ebd. 468.
[1394] Ebd. 469.
[1395] Delumeau, Le catholicisme entre Luther et Voltaire 275–277; Palese, L'attività dei Vincenziani di terra d'Otranto 383, 387; Rienzo, Il processo 473–480.
[1396] Rienzo, Il processo 446: „il governo provvide a riportare la calma con l'invio dei missionari redentoristi". – Vor allem nach Napoleon trug die pastorale Tätigkeit des Ordens, der massiv von der Monarchie gestützt wurde, zur sozialen Befriedung bei: De Rosa, Storie di Santi 63f.; Orlandi, I redentoristi napoletani tra rivoluzione e restaurazione 220–225.
[1397] Rienzo, Il processo 447.

diesem Hintergrund wird auch deutlich, warum der wiedereingesetzte bourbonische Monarch 1817/1818 den Kult des seligen Alfonsos auf die Königreiche Sizilien und Neapel ausdehnen wollte[1398] – nicht zuletzt um schwelenden Umsturzneigungen zu begegnen.

Die Verehrung des aus dem Mezzogiorno hervorgegangenen Liguori beschränkte sich jedoch nicht auf diese Region. Auch in anderen Teilen Italiens erkannte man nach seiner Beatifikation die stabilisierend-restaurative Wirkung seiner Schriften und seines persönlichen Beispiels. So charakterisierte der Bischof von Imola den Ordensgründer als ein seelsorgerliches Vorbild, das sich um das Heil der Gläubigen sorgte, die daniederliegenden Sitten wieder aufrichtete und sich als guter Kämpfer Christi im Weinberg des Herrn bewährte und vielen Gerechtigkeit predigte[1399]. Nach Kardinal Giacomo Filippo Fransoni habe Liguori die Herde vor Irrtümern bewahrt und sie vor den Wölfen geschützt, die die Schafsherde bedrohten[1400].

Es ist deutlich geworden, daß die allgemeine Situation für die Heiligsprechung eines zurechtgestutzten Liguori im kirchlichen und weltlichen Bereich überaus günstig war. Was fehlte, waren die Wunder. Bis 1825 mußte man warten, bis in der umbrischen Diözese Cagli eine Heilung auftrat[1401]. Kurze Zeit später brachte in Sizilien ein weiteres Mirakel die Causa in Schwung[1402]. Inzwischen hatte sich offenbar die neue Botschaft von Liguori in allen Teilen Europas verbreitet[1403]. Im April 1827 interpretierte der Erzbischof von Marseille die Gestalt des Redemptoristengründers als Bollwerk des Glaubens in der Brandung der immer wieder aufflackernden Kirchenverfolgung, des Jansenismus und der Klerusfeindlichkeit[1404].

Obgleich die Wunderprozesse und ihre Diskussion in der Kongregation bis Anfang 1828 abgeschlossen waren und eines päpstlichen Indults bedurften[1405], mußte man noch bis zum August mit der *Antepraeparatoria* warten. Ihr Ergebnis war verheißungsvoll: Eine leichte Mehrheit stimmte mit *constare*, der Rest verhielt sich abwartend[1406]. In der elf Monate später stattfindenden *Praeparatoria* war die Wunderdiskussion so weit gediehen, daß nur noch die Rota-Prälaten widerstrebten[1407]. Was Wunder,

---

[1398] ASRC, Decreta 1814–1821, fol. 54: Kultausdehnung auf Neapel, 11. Dezember 1817; ebd., fol. 61: Kultausdehnung auf Sizilien, 7. April 1818.
[1399] Postulationsbrief des Bischofs von Imola: ASRC, Fondo Q, Alphonsus de Liguori, Bd. 2 (19. Jh.).
[1400] Postulationsbrief Fransonis: ASRC, Fondo Q, Alphonsus de Liguori, Bd. 2 (19. Jh.).
[1401] Die Wunderuntersuchung wurde am 6. Dezember 1825 in Auftrag gegeben: ASRC, Decreta 1821–1826, fol. 116.
[1402] Am 5. Juli 1826 wurde die Untersuchung der Heilung einer Frau aus Catania in Auftrag gegeben: ASRC, Decreta 1821–1826, fol. 141.
[1403] Henze weist darauf hin, daß Liguori nach der Beatifikation vor allem durch seine Schriften auch außerhalb Italiens weitere Bekanntheit errang: Henze, Art. Alfonso Maria de' Liguori 843f. Dazu auch: Weiß, Deutsche oder römische Moral?
[1404] ASRC, Fondo Q, Alphonsus de Liguori, Bd. 2 (19. Jhd), Brief des Erzbischofs von Marseille an die Ritenkongregation, April 1827.
[1405] Vor allem der Prozeß in Cagli verzögerte sich bis Juni 1827. Am 18. Juli 1827 gestattete der Papst, beide Wunderprozesse ohne Konsultoren diskutieren zu lassen (ASRC, Decreta 1827–1831, fol. 18). Der Papst approbierte beide Prozesse am 26. August 1827 (ebd., fol. 35). Dann war noch ein weiteres Indult notwendig, das am 9. Januar 1828 ausgegeben wurde: ebd., fol. 51.
[1406] ASRC, Decreta 1827–1831, fol. 80: Aufzeichnung der CA über 2 Wunder, 19. August 1828.
[1407] ASRC, Decreta 1827–1831, fol. 110: Aufzeichnung der CP über 2 Wunder, 7. Juli 1829. Die drei Rota-Mitglieder stimmten mit *suspensive*.

daß die *Generalis* im September 1829 einheitlich beiden vorgeschlagenen Heilungen zustimmte[1408]. Das Dekret wurde am 3. Dezember promulgiert[1409]. Alles übrige war nur noch Formsache. Die *Generalis super tuto* verlief im April 1830 erwartungsgemäß[1410]; das Schlußdekret wurde Mitte Mai ausgegeben[1411]. Dann allerdings verstrichen fast neun Jahre, bis Gregor XVI. zur feierlichen Heiligsprechung schritt[1412]. Spezielle Gründe lassen sich nicht nachweisen. Man darf annehmen, daß der Papst erst eine Reihe von Causen zum Abschluß bringen wollte[1413], um durch eine Vielzahl von Kandidaten eine größtmögliche Feierlichkeit beim Gottesdienst[1414] erzielen zu können und um den entsprechenden Postulatoren die Finanzierung zu erleichtern[1415]. Säkularisation und Revolution hatten den Haushalt der Orden zusammenschmelzen lassen, so daß man auf keinen Kandidaten verzichten konnte[1416]. Vorbild für die bevorstehende Kanonisationsfeier sollte nicht etwa die von 1807 sein, sondern die letzte große des Ancien Régime von 1767[1417]. Der alte, längst überholte und kaum zu finanzierende Pomp[1418] sollte nicht nur die Sinnkrise des Heiligenkultes vergessen machen, sondern geradezu einen restaurativen Kontrapunkt der Katholischen Kirche nach der siegreichen Überwindung der Revolution darstellen.

In diesem Sinne sind auch die Voten des halböffentlichen Konsistoriums kurz vor der großen Kanonisation zu verstehen[1419]. Der Erzbischof von Bari setzte Liguori ganz dem Licht antirevolutionärer Gesinnung aus: Er sei es gewesen, der das Volk gelehrt habe, den Königen zu gehorchen und sich von allem unkirchlichen Treiben fernzu-

---

[1408] ASRC, Decreta 1827–1831, fol. 124: CG über 2 Wunder, 22. September 1829: alle *constare*.

[1409] ASRC, Decreta 1827–1831, fol. 128: Dekret über 2 Wunder, 3. Dezember 1829.

[1410] ASRC, Decreta 1827–1831, fol. 137: CGST, 20. April 1830; die Abstimmung zeigte allgemeine Zustimmung.

[1411] ASRC, Decreta 1827–1831, fol. 147: *Decretum super tuto*, 16. Mai 1830.

[1412] Am 26. Mai 1839 sprach Gregor XVI. außer Liguori Francesco di Gerolamo, Giovanni Giuseppe della Croce, Pacifico da S. Severino und Veronica Giuliani heilig.

[1413] Erst im Juli 1836 wurde eine Kommission zur Vorbereitung der Heiligsprechung eingesetzt: Ernennungsschreiben Ugolinis, 16. Juli 1836: ASRC, Fondo Sc, Acta Canonizationis 1839, Alfonso de' Liguori, Bd. 1. – Auf diesem Hintergrund wird auch verständlich, warum die Ritenkongregation sich so viel Zeit bei der Beschaffung der Reliquien von Liguori ließ: Erst am 4. Mai 1832 erließ die Kongregation den Auftrag (ASRC, Decreta 1832–1833, fol. 21), der zweimal verlängert werden mußte: Ende 1832 (ebd., fol. 35) und am 11. Januar 1833 (ebd., fol. 38).

[1414] Vgl. den kurzen Bericht über die große Feierlichkeit bei: Henze, Art. Alfonso Maria de' Liguori 844. Am 12. Dezember 1837 teilte der Sekretär der Ritenkongregation den Postulatoren mit, daß der Papst sich einen Gottesdienst mit großer Feierlichkeit wünsche, die künde „dal gloria a Dio, e sodisfare i desideri del Sommo Pontefice": ASRC, Fondo Sc, Acta Canonizationis 1839 (alle Heiligen): Ugolini an die Postulatoren, 12. Dezember 1837.

[1415] 1830 fehlte den Redemptoristen nachweislich das Geld für die Zeremonie: Jones, Alphonsus de Liguori 486; Orlandi, Centocinquanta anni fa Alfonso de Liguori veniva proclamato santo 238–240.

[1416] Man dachte bereits daran, einen sechsten Heiligen, Michele de Santis, dazuzunehmen, um die Kosten zu senken: Aufzeichnung der Adunanz vom 19. Januar 1839: ASRC, Fondo Sc, Acta Canonizationis 1839 (alle Heiligen).

[1417] In der Literatur ist dies wiederholt falsch dargestellt worden. – Die Einladung für die liturgische Feier strich den „antichissimo rito" der Zeremonie heraus: ASRC, Fondo Sc, Acta Canonizationis 1839 (alle Heiligen). Der Papst trug im Dezember 1838 dem Hl. Kollegium vor, daß er die Heiligsprechung nach den Regeln seiner Vorgänger abhalten wolle: ASRC, Fondo Sc, Acta Canonizationis 1839 (alle Heiligen), Brief des Sekretärs der Ritenkongregation, 10. Dezember 1838.

[1418] Vgl. dazu das Kapitel „Non olet".

[1419] Das halböffentliche Konsistorium tagte am 8. Mai 1839.

halten. Dieser zweite Samuel habe die Stimme erhoben gegen die „blasphemantes contra superiores potestates quae a Deo ordinatae sunt"[1420]. Er gebe außerdem als gerechter Kämpfer dem Episkopat ein Beispiel. Auch hier fällt wieder die Vermischung von weltlicher und überweltlicher Autorität ins Auge. Ungewöhnliche Sprengkraft hatte aber immer noch der persönliche Kontakt zum Heiligen. Der Bischof von Pozzuoli betonte vor allem, daß er über vier Jahre hinweg Umgang mit Liguori gepflegt und seine Ordensgelübde in dessen Hände abgelegt habe[1421]. Auch der in Neapel geborene Erzbischof von Capua, Kardinal Francesco Serra Cassano[1422], strich in seinem Votum die persönliche Freundschaft seines Vaters mit dem Ordensgründer heraus[1423]. Die Nähe zum Heiligen verschaffte nicht nur persönliches Prestige und der eigenen Aussage besonderes Gewicht, sie wirkte sich im Selig- und Heiligsprechungsverfahren auch unterstützend und fördernd aus. Gewinner waren in diesem Zusammenhang alle: der Postulator, die Kongregation, die Freunde, Bekannten und Anhänger. Die Legitimität der 50-Jahres-Frist, die vor der Diskussion der Tugenden verstrichen sein mußte, war auf diesem Hintergrund recht fragwürdig und ist inzwischen beseitigt worden[1424]. Sie wurde im Falle Liguoris von vorn herein durchbrochen, um ein aktuelles und zugkräftiges Beispiel des Revolutions-Heiligen installieren zu können.

4. Frankreichs Reaktion schlägt zurück: Germaine Cousin

Man muß schon genauer hinschauen, um in dem kleinen Hirtenmädchen Germaine Cousin[1425] das Antlitz einer Revolutionsheiligen zu entdecken. Ihr beispielloser Selig- und Heiligsprechungsprozeß, der jeweils weniger als zehn Jahre in Anspruch genommen hatte, übertraf an Schnelligkeit sogar noch die Causen Liguori und Paolo della Croce[1426]. Aber noch viel erstaunlicher ist das Faktum, daß über Germaines Leben kaum etwas überliefert ist, schon gar nichts typisch Hagiographisches. Die historischen Tatsachen sind rasch erzählt: Germaine kam in Pibrac, etwa 15 km von Toulouse entfernt, während der Hugenottenkriege 1579 behindert zur Welt. Krankheit und Schwäche waren zeit ihres Lebens Ziel von Spott und Benachteiligung. Mit neun Jah-

---

[1420] Votum des Erzbischofs von Bari: ASRC, Fondo Q, Alphonsus de Liguori, Bd. 2 (19. Jhd.).
[1421] Pietro Ignazio Marolda (1770–1842), 1793 Priesterweihe, Studienpräfekt und Novizenmeister der Redemptoristen in Neapel, 1822 Bischof von Marsico Nuovo und Potenza, 1837 Bischof von Pozzuoli; HC VII 254f.; Orlandi, Centocinquanta anni fa Alfonso de Liguori veniva proclamato santo 244. – Maroldas Votum: ASRC, Fondo Q, Alphonsus de Liguori, Bd. 2 (19. Jhd.).
[1422] Serra Cassano (1783–1850), 1806 Priesterweihe, 1817 Apostolischer Protonotar, 1818 Nuntius in Bayern, 1826 Erzbischof von Capua, 1831 Kardinal *in pectore*, 1833 publiziert; HC VII 26, 132, 281.
[1423] Votum Serra Cassanos: ASRC, Fondo Q, Alphonsus de Liguori, Bd. 2 (19. Jhd.).
[1424] Schulz, Das neue Selig- und Heiligsprechungsverfahren 36.
[1425] Zur Vita: Giuseppe Boero, Breve Istoria della vita e dei miracoli della beata Germana Cousin, Rom 1854; Marie-Louise Garmier-Azais, Germaine, enfant sans importance, Toulouse 1960; René Wasselynck, Art. Germana Cousin, in: BS VI 226f.; Roger Aubert, Art. Germaine Cousin, in: DHGE XX 937f.
[1426] Zum Passionistengründer della Croce (1694–1775) vgl. die Angaben im Abschnitt „Ordensgründer".

ren wurde sie bewußt isoliert und zum Schafehüten auf das Feld geschickt, so daß sie oft auf der Straße oder in Ställen übernachten mußte. Wegen ihres täglichen Meßgangs wurde sie ebenso gehänselt wie wegen ihrer materiellen Hilfe für die anderen Hirten. Zwei Hinweise auf ihre *Humilitas* sind überliefert. Sonst weiß man nichts von ihr. Sie wurde eines Morgens im Sommer 1601 tot auf der Treppe ihres Elternhauses aufgefunden, ohne jemals besonders in Erscheinung getreten zu sein.

Erst 1644 zeichneten sich zarte Ansätze von lokaler Verehrung ab, als nämlich eine Familienangehörige bestimmte, neben Germaine beigesetzt zu werden. Als man das Grab aushob, stieß man auf den vollkommen intakten Leichnam der Germaine, den man in einer Kiste neben der Kanzel in der Dorfkirche ausstellte[1427]. 1645 brachte man sie in die Sakristei und konnte bereits erste Wunder prüfen. Neue Untersuchungen an der Leiche fanden 1661 und 1698 statt, ebenso an weiteren Mirakeln, die aber ohne greifbares Resultat blieben. Weiterhin geschah bis 1793 nichts Erwähnenswertes.

Der eigentliche Durchbruch, sowohl für die Verehrung, als auch für die Aufnahme eines Prozesses, war ein Ereignis der Französischen Revolution[1428]. Die lokale Devotion in der Dorfkirche zu Pibrac war den neuen revolutionären Machthabern des Distrikts ein Dorn im Auge: Man ordnete an, den Körper der Germaine in einer Grube zu bestatten. Es wurde berichtet, daß die drei Täter nach dieser Schandtat von verschiedenen Krankheiten befallen wurden, die erst nach der persönlichen Umkehr der Revolutionsknechte wichen[1429]. 1795 erhob man den unverwesten Leichnam und deponierte ihn 1820 in der neuen Sakristei[1430]. Mit diesen Ereignissen hob eine breite Verehrung an: Ihre neue Ruhestätte wurde zum Ziel von Pilgerreisen aus ganz Frankreich, ebenso wie ihr Geburtshaus in Pibrac[1431]. Neue Wunder, die nun zahlreich auftraten und in den meisten Fällen in direkter Verbindung zu ihrer Grabstätte standen, wurden zur Grundlage für den Beatifikationsprozeß[1432]. Auf diese Weise bildeten die Revolutionsereignisse und der *Corpus incorruptum* der Germaine den Ausgangspunkt des Interesses, was noch 1850 in einem Vortrag vor Pius IX. festgehalten und als dominante Größe des Verfahrens beschrieben wurde[1433]. Ihre Jungfräulichkeit und die persönliche Verfolgungssituation des Hirtenmädchens aus Pibrac kamen hinzu[1434], um aus Germaine Cousin eine echte „Heilige der Revolution" zu formen, damit eine antirevolutionäre Heilige.

Da die Französin jedoch über keine unmittelbare Lobby verfügte, zog sich die Eröffnung des Prozesses bis Mitte der vierziger Jahre hin, als der Erzbischof von Toulouse

---

[1427] Boero, Breve Istoria della vita 28f.
[1428] Darauf weist vor allem hin: Wasselynck, Art. Germana Cousin 228.
[1429] Boero, Breve Istoria della vita 40–43.
[1430] Ebd. 43f.
[1431] Wasselynck, Art. Germana Cousin 228; Boero, Breve Istoria della vita 44.
[1432] ASRC, Fondo Sc, Acta Canonizationis 1867: Germana Cousin, Fasz. ohne Datum: Heilungsbericht von 1828, Toulouse. Vgl. auch: Boero, Breve Istoria della vita 44, 56–68.
[1433] ASRC, Fondo Sc, Acta Canonizationis 1867: Germana Cousin, Fasz. Varia, Aufzeichnung über den Vortrag bei Pius IX., 14. Mai 1850. Die Schändung des Grabes und die Krankheiten der Revolutionsknechte wurden ausführlich geschildert.
[1434] ASRC, Fondo Sc, Acta Canonizationis 1867: Germana Cousin, Fasz. Varia, Aufzeichnung der Ritenkongregation aus dem Pontifikat Pius' IX. Ihr Leben sei häufigen *incommodi* und *persecuzioni* unterworfen, „per maggiormente purificare il suo spirito e per raffinare le sue virtù".

und Narbonne, Paul Thérèse David d'Astros[1435], alle Hebel in Bewegung setzte, um Germaine seligzusprechen[1436]. D'Astros war in den Revolutions- und napoleonischen Wirren als entschiedener Verteidiger der kirchlichen Rechte hervorgetreten und hatte diese Haltung mit Gefängnis bezahlen müssen. 1843 ließ der Erzbischof den Informativprozeß in Pibrac durchführen[1437], der sofort das Hauptproblem der Causa offenlegte: den Nachweis des heroischen Tugendgrades. Da Germaine nichts Schriftliches hinterlassen hatte und es nach über 200 Jahren größte Schwierigkeiten bereitete, Zeugenaussagen zu sammeln, mußte man größtenteils auf direkte Zeugnisse verzichten. Alles schien generalstabsmäßig organisiert worden zu sein. Im folgenden Jahr startete d'Astros eine breitangelegte Petitionskampagne, um der Causa weitreichendes Prestige zu verschaffen: Nicht nur, daß der Kirchenfürst persönlich seit 1844 die Ritenkongregation mit unzähligen Schreiben bombardierte, er initiierte auch eine wahre Supplikenflut französischer Bischöfe, um rasch das Beatifikationsverfahren in Rom zu eröffnen[1438]. Gewiß nicht unerheblich wirkte sich auch das Interesse der Jesuiten aus, die sich durch Postulationsschreiben und Viten um die Seligsprechung und Kultverbreitung bemühten[1439].

Der nächste Schritt war die Ernennung eines Postulators. Auch hier schien man nichts dem Zufall überlassen zu wollen. D'Astros entsandte Anfang 1845 seinen Ehrendomherrn und Notar, Jacques Estrade, nach Rom[1440], den man bald in unmittelbarer Nähe

---

[1435] Astros (1772–1851) hatte sich nach seinen Studien in Marseille versteckt gehalten, um den Eid auf die Zivilkonstitution des Klerus nicht ablegen zu müssen. Als Generalvikar von Paris nahm er die Bannbulle gegen Napoleon entgegen und wurde, nachdem man ihn beschuldigt hatte, diese verbreitet zu haben, bis 1814 in Vicennes und Angres inhaftiert. 1817 Bischof von Orange; 1819 von Staint-Flour; 1820 von Bayonne; die Ernennung zum Erzbischof von Besançon 1828 wies er zurück; 1829 Erzbischof von Toulouse und Narbonne; 1850 Kardinal. Bekannt für seinen kämpferischen Geist, trat der Jesuitenfreund in zahlreichen Schriften für die Freiheit der Kirche ein. Zur Biographie: Richard P. Caussette, Vie du Cardinal d'Astros archevêque de Toulouse, Paris 1853; Joseph Dedieu, Art. Astros, in: DHGE IV 1253–1255; Antoine Rispal, Art. Astros, Paul-Thérèse-David D', in: Nouvelle Biographie Générale III 485f.; HC VII 367.

[1436] Boero, Breve Istoria della vita 69: „caldo di zelo, per la gloria della serva di Dio Germana Cousin, si pose in cuore di metter mano e promuovere con ogni studio la causa della beatificazione".

[1437] Ebd. 69f. Über den Prozeß und seine Schwierigkeiten: ASRC, Fondo Sc, Acta Canonizationis 1867: Germana Cousin, Fasz. Varia, Aufzeichnung über den Vortrag beim Papst, 14. Mai 1850, und weitere Aufzeichnung der Kongregation über die Forderung nach 4 Wundern.

[1438] ASRC, Fondo Sc, Acta Canonizationis 1867: Germana Cousin, Fasz. *Lettera Postulatoria*: Postulationsbriefe (November 1844) der Bischöfe von Montpellier, Limoges, Bayonne, Auch, Carcassonne, Montauban, Perpignan, Tarbes, Cahors, Nancy, Nîmes; Erzbischöfe von Paris, Rouen, Aix en Provence, Bordeaux. Aus zahlreichen Supliken geht hervor, daß die Bischöfe von d'Astros zum Schreiben aufgefordert wurden. Der Erzbischof und der Bürgermeister von Toulouse wandten sich 1844 und 1845 mehrfach an den Papst.

[1439] Hervorzuheben ist vor allem die Vita des Professors am Collegio Romano, Giuseppe Boero (1854). – Der Jesuitenprovinzial aus Lyon wandte sich mit einem Postulationsbrief Ende 1844 an den Papst: ASRC, Fondo Sc, Acta Canonizationis 1867: Germana Cousin, Fasz. *Lettera Postulatoria*. Um die Aufnahme des Heiligsprechung bemühte sich 1854 auch der Jesuitengeneral Beckx.

[1440] ASRC, Fondo Sc, Acta Canonizationis 1867: Germana Cousin, Fasz. *Lettera Postulatoria*, Beglaubigungsschreiben für Estrade, 1. Januar 1845. Bei der Bestellung des Postulators wählte man eine eigenwillige Konstruktion: Der offizielle Postulator, Jean Marie Barthier (Superior der Herz-Jesu-Priester), residierte offensichtlich die meiste Zeit in Toulouse. Estrade, der die eigentliche kuriale Arbeit in Rom leistete, war in den ersten Jahren offiziell sein Bevollmächtigter: ASRC, Fondo Sc, Acta Canonizationis 1867: Germana Cousin, Fasz. Varia, Aufzeichnung über das Mandat Barthiers, 1846. In den römischen Amtsakten wird er seit 1845 fast durchgängig als „Postula-

des Papstes installierte – als *Cubicularius Secretus*[1441]. Damit waren alle wichtigen Weichen gestellt, um einen raschen und reibungslosen Ablauf zu gewährleisten, obwohl die Prozeßmaterie alles andere als griffig und unproblematisch war. Am 24. Januar 1845 wurde der konservative Kardinalstaatssekretär Luigi Lambruschini zum Ponens bestellt[1442] und der Diözesanprozeß *super non cultu* geöffnet[1443]. Gleichzeitig erhob die Kongregation die zu erwartenden ersten Zweifel, ob man überhaupt eine Causa ohne direkte schriftliche Zeugnisse aufnehmen könne[1444]: Bekanntlich hatte weder Germaine etwas derartiges hinterlassen, noch lagen fixierte Aussagen von Augenzeugen vor. Noch bevor also die *Signatio Commissionis* erfolgte, mußte eine Reihe von Dispensen erteilt werden – man hatte ja das Ohr des Papstes und wollte keine Zeit verlieren. Zunächst setzte Gregor XVI. die übliche zehnjährige Sperrfrist für den Prozeß *non cultu* außer Kraft[1445] und gestattete gleichzeitig die Diskussion über die *Signatio* ohne Konsultoren[1446]. Nachdem der halbe französische Episkopat interveniert hatte, räumte die verkleinerte Kongregation alle Zweifel an der Aufnahme der Causa Cousin bis zum 14. Juni aus, so daß die *Commissio* am 20. Juni signiert werden konnte[1447].

Den Franzosen schien selbst dieses Eiltempo nicht der Bedeutung der Causa angemessen zu sein. Bereits drei Tage vor (!) der *Signatio* durch den Papst wurde der Apostolische Prozeß *in genere* angeordnet[1448], der dann schon Ende des Jahres auf dem Tisch der Kongregation lag[1449]. Ähnlich rasch entledigte man sich in Toulouse der Verpflichtung, den *Processus Apostolicus in specie* durchzuführen, obgleich sich größte personelle Engpässe auftaten. Ende Januar 1846 gestattete daher der Papst, den Diözesanrichtern einige Gehilfen beizugeben, um die Texte zügiger zu untersuchen[1450];

---

tor" bezeichnet: ASRC, Decreta 1845–1847, fol. 5: Aufzeichnung über die Ernennung des Ponens, 24. Januar 1845. 1860 fungierte Estrade immer noch als „Postulator" in Rom: ASRC, Fondo Sc, Acta Canonizationis 1867: Germana Cousin, Fasz. 1850–1864, Aufzeichnung über die Wunderprozesse 1860.

[1441] Moroni beschreibt dieses Hofamt folgendermaßen: „Intimo, particolare, domestico, famigliare, addetto als servigio del sommo Pontefice, ed a lui immediatamente soggetto": Moroni XIX 6. Mit der Titulatur aus der Päpstlichen Familie erscheint Estrade schon im September 1852: ASRC, Decreta 1852–1853, fol. 43B: Aufzeichnung über die Dispens vom Lateinischen beim Wunderdiskussion, 2. September 1852. Obgleich das Amt käuflich war – immerhin der dritteuerste Titel –, tat Estrade tatsächlich in den päpstlichen Gemächern Dienst, was aus den Aufzeichnungen der Ritenkongregation hervorgeht, obgleich er in den Postulationsschreiben verschiedentlich als *Cubicularius honorarius* geführt wurde. Zu Titel und Hofamt: Silvagni, La corte pontificia e la società romana II 58, 63f.; Felici, Art. Famiglia Pontificia 1003; Weber I 186f.

[1442] ASRC, Decreta 1845–1847, fol. 5: Aufzeichnung über die Bestellung Lambruschinis zum Ponens, 24. Januar 1845.

[1443] ASRC, Decreta 1845–1847, fol. 7: Prozeßöffnung aus Toulouse *super non cultu*, 24. Januar 1845.

[1444] ASRC, Decreta 1845–1847, fol. 5: Aufzeichnung über die Bestellung des Ponens, 24. Januar 1845.

[1445] ASRC, Decreta 1845–1847, fol. 8: Dispens vom 23. Februar 1845, den Prozeß in der Kongregation zu diskutieren, obwohl noch nicht 10 Jahren verstrichen waren.

[1446] ASRC, Decreta 1845–1847, fol. 8: Zweifel über die Aufnahme der Causa kann ohne Konsultoren diskutiert werden, 23. Februar 1845.

[1447] ASRC, Decreta 1845–1847, fol. 19: Dekret über die Aufnahme der Causa, 20. Juni 1845. Das Votum der Kongregation erfolgte am 14. Juni.

[1448] ASRC, Decreta 1845–1847, fol. 21: *Litterae remissoriales* vom 17. Juni 1845.

[1449] ASRC, Decreta 1845–1847, fol. 50: Prozeßöffnung am 19. Dezember 1845.

[1450] ASRC, Decreta 1845–1847, fol. 53: Der Papst billigte die entsprechende Bittschrift am 23. Januar 1846.

gleichzeitig ernannte Gregor XVI. einen Ersatz für den ausgefallenen Generalvikar[1451]. Auch für den Notar des Prozesses wurde im März ein neuer Mann bestellt[1452]. Dann starben ein Diözesanrichter und ein Notar, so daß im Juli wiederum neue Geistliche bestellt werden mußten[1453]. Wie man sieht, wurde jede Hürde mit Leichtigkeit genommen; die große Zahl von Bittschriften schien in unbegrenztem Umfang auf das Placet des Papstes und wohl auch der Kongregationsväter zu stoßen. Immer wieder bat der Postulator um eine schnelle Durchführung des Prozesses[1454], der man in Rom offensichtlich Vorschub leistete.

Kritik am Prozeß *in genere* wurde kurzerhand durch die Eliminierung der Konsultoren ausgeschaltet[1455] – schon nach drei Monaten lag die Approbation vor[1456]. Nach weiteren vier Monaten traf auch der Prozeß *in specie* in Rom ein, bedurfte allerdings noch der Übersetzung aus dem Französischen[1457]. Der Papst wurde auch hier nicht müde, seine stete Gunst unter Beweis zu stellen, so daß das Verfahren eine bisher nicht dagewesene Beschleunigung erfuhr. Diese Eilfertigkeit war offensichtlich ansteckend, denn etwa zur selben Zeit ereigneten sich dringend erwartete Wunder, die Ende September 1846 in Toulouse untersucht werden sollten[1458]. Da es auch hier dem Postulator zu langsam ging, erbat sich Estrade die Ersetzung des Generalvikars als *Judex* und die Vergrößerung des erzbischöflichen Tribunals um einen weiteren Notar und einen Gehilfen[1459]. Wenige Monate später wurde ein neuer Wunderprozeß in Bourges in Auftrag gegeben, dem man von vornherein einige Mitarbeiter zuordnen ließ[1460]. Die Akten beider Wunderprozesse trafen etwa gleichzeitig Ende November 1847 in Rom ein[1461], und man wartete gar nicht ab, bis sich mögliche Zweifel erhoben, sondern ließ die formale Gültigkeit sofort ohne Konsultoren diskutieren[1462]. Faktisch hebelte man damit die eigentliche Kongregationsarbeit aus, indem man im vorhinein Dispensen beantragte, so daß der Behörde faktisch jede Möglichkeit zur Kritik genommen

---

[1451] ASRC, Decreta 1845–1847, fol. 54: Bittschrift des Postulators und Billigung des Papstes am 23. Januar 1846.

[1452] ASRC, Decreta 1845–1847, fol. 58: Bittschrift des Postulators und Genehmigung des Papstes am 16. März 1846.

[1453] ASRC, Decreta 1845–1847, fol. 64: Bittschrift des Postulators und Billigung des Papstes, 3. Juli 1846.

[1454] So beispielsweise in der Bittschrift vom 3. Juli 1846: ASRC, Decreta 1845–1847, fol. 64.

[1455] ASRC, Decreta 1845–1847, fol. 55: Bittschrift des Postulators, die Konsultoren bei der Diskussion des Prozesses *in genere* auszuschalten, genehmigt durch den Papst am 5. Februar 1846.

[1456] Zustimmung der Kongregation am 23. Mai 1846; Approbation durch den Papst am 24. Mai 1846: Dekret vom 24. Mai 1846: ASRC, Decreta 1845–1847, fol. 62.

[1457] Man hatte den Prozeß in Toulouse aus Zeitersparnis in der Muttersprache durchgeführt. Der Papst gestattete am 18. September 1846 die Bestellung eines Übersetzers und Prüfers: ASRC, Decreta 1845–1847, fol. 72. Gleichzeitig wurde die Öffnung dieses Prozesses gestattet: ebd.

[1458] ASRC, Decreta 1845–1847, fol. 126: *Litterae remissoriales* für Toulouse, 25. September 1846.

[1459] Dem Generalvikar wurde am 14. November 1846 gestattet, einen *Judex delegatus* auszuwählen; ferner wurde ein *Notarius actuarius* und ein *Amanuensis* hinzugezogen: ASRC, Decreta 1845–1847, fol. 128.

[1460] ASRC, Decreta 1845–1847, fol. 139: *Litterae remissoriales* für Bourges, 29. Januar 1847. Gleichzeitig gestattete der Papst die Bestellung einiger Gehilfen für das erzbischöfliche Tribunal: ebd.

[1461] Öffnung der Prozeßakten aus Toulouse am 26. November 1847: ASRC, Decreta 1845–1847, fol. 166; Prozeßöffnung Bourges, 26. November 1847: ebd.

[1462] ASRC, Decreta 1845–1847, fol. 167: Der Papst gestattete am 26. November 1847, das „quamprimum proponendum dubium" an der Gültigkeit der Prozesse ohne Konsultoren zu diskutieren.

wurde. Tatsächlich vergingen in den Jahren 1846 und 1847 kaum zwei Monate, in denen nicht für die Causa Cousin eine Dispens oder ein Indult erteilt wurde.

Als nun die Wunderprozesse Ende Juli 1848 approbiert worden waren[1463], konnte man an die *Antepraeparatoria* denken. Selbst Revolution und römische Republik konnten der Idee des antirevolutionären Heiligentyps keinen Widerstand entgegensetzen. Der Papst hatte am 24. November heimlich Rom verlassen[1464] und den wichtigsten römischen Dikasterien eine Vollmacht erteilt, welche den geregelten Fortgang der Kurienarbeit garantieren sollte[1465]. Auch der Kardinalponens und Präfekt Lambruschini befand sich Anfang 1849 außerhalb der *Urbs*[1466], so daß die *Antepraeparatoria*, wenn man denn nicht warten wollte, außerhalb der Ewigen Stadt abgehalten werden mußte. Dazu bat Estrade Pius IX. in Gaeta um die außerordentliche Gnade, die seit den Tagen Pius' VII. – für den Prozeß des Alfonso de' Liguori – nicht mehr gewährt worden war: eine Sitzung außerhalb der römischen Stadtmauern aufgrund von schriftlichen Voten. Pius IX. approbierte die Supplik des Postulators am 13. Januar, so daß kurz darauf der Kongregationssekretär die Voten einsammeln und dem Promotor fidei übergeben konnte[1467]. Die *Antepraeparatoria* fand dann schon am 23. Januar 1849 vermutlich in Gaeta statt[1468], da der Papst teilnahm[1469]. Die Haltung von elf Vätern konnte nicht ermittelt werden; der Rest votierte abwartend oder forderte vier Wunder zur Bekräftigung des Tugendgrades[1470]. Diese *Conditio* war bei der dürftigen Aktenlage der Causa sicherlich gerechtfertigt; es spricht nichts dafür, sie wie bei den Jesuitenprozessen als Schikane der Kongregation zu deuten. Insgesamt jedoch ist dieses erste Ergebnis als positiv zu bewerten – selbst der Subpromotor fidei stimmte „nur" mit *suspensive*[1471]. Allen Beteiligten war unzweifelhaft bewußt, daß die schriftlichen Zeugnisse für die Anerkennung des heroischen Tugendgrads vollständig unzureichend waren. Man half sich argumentativ mit einem Konstrukt, das für die mit stichhaltigen Beweisen arbeitende Ritenkongregation zumindest merkwürdig war: Die fehlenden Zeugnisse von Menschenhand seien durch himmlische Zeichen – die zahlreichen Wunder – aufgewogen. In einem solchen Fall dürfe das Zeugnis Gottes nicht durch weiteres mensch-

---

[1463] Approbation der Wunderprozesse durch die verkleinerte Ritenkongregation, 22. Juli 1848; der Papst stimmte am 28. Juli zu: Dekret: ASRC, Decreta 1848–1851, fol. 9.

[1464] Zu Flucht und Aufenthalt in Gaeta: Martina I 287–376; Schmidlin II 31–45.

[1465] Martina I 300. Die Vollmachten wurden am 29. November durch Antonelli vervollständigt. Die Kongregationen arbeiteten in Rom weiter: ebd. 336.

[1466] Lambruschini hatte am 16. November 1848 Rom verlassen, um sich überwiegend in Neapel aufzuhalten. Im Dezember 1848 und Januar 1849 suchte er den Papst in Gaeta auf: Manzini, Il card. Luigi Lambruschini 399–408.

[1467] Bittschrift Estrades und Vermerk über die Audienz vom 13. Januar 1849: ASRC, Decreta 1848–1851, fol. 20. – Ähnliches hatte es am selben Tag im Rahmen des Seligsprechungsprozesses für Francesco Saverio M. Bianchi (1743–1815), einen neapolitanischen Barnabit, gegeben (Manzini, Il card. Luigi Lambruschini 402). Bianchi wurde 1893 beatifiziert und 1951 kanonisiert: Umberto M. Fasola, Art. Bianchi, Francesco Saverio Maria, in: BS V 1238–1241.

[1468] Die Voten der Teilnehmer sind erhalten: ASRC, Fondo Sc, Acta Canonizationis 1867: Germana Cousin, Fasz. 1844–1849. – Für Gaeta spricht außerdem: Manzini, Il card. Luigi Lambruschini 402.

[1469] Die Anwesenheit des Papstes ist verbürgt: ASRC, Fondo Sc, Acta Canonizationis 1867: Germana Cousin, Fasz. 1844–1849, Anonymes Memorandum für den Papst.

[1470] ASRC, Decreta 1848–1851, fol. 20: CA über die Tugenden, 23. Januar 1849. Acht Väter stimmten mit *suspensive*, neun forderten vier Wunder.

[1471] Votum Minettis: ASRC, Fondo Sc, Acta Canonizationis 1867: Germana Cousin, Fasz. 1844–1849.

liches Nachforschen behindert werden; der übernatürlichen Manifestation sei eher Glauben zu schenken. Damit wurde die allgemeine Arbeitsweise der päpstlichen Behörde auf den Kopf gestellt. Die Hauptfrage lautete nicht mehr, ob die dürftigen Zeugenaussagen für die Approbation des heroischen Tugendgrades ausreichen, sondern ob der Mangel die Causa behindern dürfe[1472]. Manch ein Jesuit hätte sich vor 1846 eine solche Haltung der Ritenkongregation gewünscht!

Wie kam ein solcher Umschwung in der Beatifikationspraxis zustande? Schaut man sich die Voten der Konsultoren aus dem Ordensstand an, so fällt auf, daß selbst diejenigen, die für einen Aufschub plädierten, keine substantiellen Einwände wegen fehlender Zeugnisse erhoben. Der Olivetaner- und der Karmelitenpater sowie der Ex-Jesuit brachten gar das Traditionsargument vor, um mangelnde Zeugenaussagen auszugleichen[1473]. Das allgemein vorherrschende Moment der Causa Cousin waren ihre Unschuld, ihre Virginität und ihr Leben abseits von Gesellschaft und Zivilisation – Momente, die jedem Revolutionstreiben entgegenstanden.

Auch die *Praeparatoria*, die im November 1849 im Quirinal stattfand[1474], zeigte ein deutliches Hinneigen der Väter zur Approbation der Tugenden – jedoch unter der Voraussetzung von vier Wundern[1475]. Trotz der ungünstigen äußeren Umstände – der Papst saß seit September 1849 in Portici[1476], der alles beherrschende Lambruschini in Neapel und nur ein Teil der Kongregationsbeamten in Rom – dachte man bereits an die *Generalis*. Lambruschini war in jener Krisenzeit derjenige, der die spärlichen Aktionen der Causa von Süditalien aus koordinierte[1477]. Unschwer vorzustellen, daß die Diskussion der Tugenden in jenen Tagen keine nennenswerten Fortschritte verzeichnete. Der Promotor fidei sandte Lambruschini bis Anfang 1850 keine weiteren *Animadversiones* zu und erbat auch keine neuen Instruktionen, so daß der Kardinal dem Papst im Februar die Aktenlage referierte, die sich in keiner Weise geändert hatte.

An Abwarten dachte man jedoch nicht, da auch Rom seit Juli 1849 befreit war und der päpstliche Hof im Herbst die Übersiedlung vorbereitete, diese aber bis Anfang März 1850 hinausschob[1478]. Vor allem waren es wieder französische Bischöfe, Kleriker und schlichte Gläubige, die Pius IX. mit einer wahren Briefflut bedrängten[1479]. Dieser ließ sich nicht lange bitten, sondern gab Mitte Februar 1850 Anweisung, die *Generalis*

[1472] Hierzu eine anonyme Aufzeichnung für den Papst zur Zeit der *Antepraeparatoria*: ASRC, Fondo Sc, Acta Canonizationis 1867: Germana Cousin, Fasz. 1844–1849.

[1473] Die Wunder und Verehrung nach ihrer ersten Exhumierung wurden als Traditionsargumente angeführt. Vgl. Votensammlung der *Antepraeparatoria*: ASRC, Fondo Sc, Acta Canonizationis 1867: Germana Cousin, Fasz. 1844–1849.

[1474] Boero, Breve Istoria della vita 71.

[1475] ASRC, Decreta 1848–1851, fol. 28: CP über die Tugenden, 20. November 1849. 9 Väter hatten keine Voten hinterlassen, 15 stimmten unter der Bedingung von 4 Wundern zu.

[1476] Pius IX. siedelte mit seinem Hof am 14. September nach Portici über: Schmidlin II 42.

[1477] Auch zum folgenden: Lambruschini an den *Sostituto* des Sekretärs der Ritenkongregation, 16. Februar 1850: ASRC, Decreta 1848–1851, fol. 32. – Boero schreibt über Lambruschinis Eifer für die Causa: „con molto zelo e singolare pietà si studiò sempre di promuoverne e accelerarne gli atti": Boero, Breve Istoria della vita 70.

[1478] Martina I 347–349; Schmidlin II 40–42.

[1479] Geht aus der Bittschrift Estrades hervor, die am 15. Februar 1850 in die Audienz gelangte: ASRC, Decreta 1848–1851, fol. 32.

baldigst anzusetzen[1480], und zwar mit der alten *Positio*, den alten *Animadversiones* sowie der alten *Responsio* der Postulatur[1481]. Etwa sechs Wochen nach der Rückkehr des Papstes hielt man unter den in Rom herrschenden disaströsen Bedingungen[1482] die Generalkongregation ab, an der weniger teilnahmen als an der Sitzung im Quirinal. Fast alle Anwesenden sprachen sich für die Approbation des Tugendgrades aus, wenn dieser von vier Wundern bekräftigt würde[1483]. Das entsprechende Dekret wurde am 26. Mai promulgiert[1484].

Die Causa Cousin schien aus der Revolution von 1848 weitere Lebenskraft zu ziehen. Auch die Anerkennung der Wunder verlief Schlag auf Schlag, obgleich sie mit massiven Einwänden der Kongregationsväter kämpfen mußte. Die *Antepraeparatoria* vom 2. Dezember 1851 forderte abgesehen vom vierten Wunder eine genauere Untersuchung aller Mirakel und schob eine Entscheidung auf[1485]. Der medizinische Kronzeuge, den Estrade schließlich ins Rennen schickte, sprach jedoch kein Latein, so daß der Papst wiederum Dispens erteilten mußte, damit der Arzt eine beeidete Aussage machen konnte[1486].

Die alles entscheidende *Praeparatoria* basierte auf der diffizilen Überzeugungsarbeit des neuen Mediziners. Noch während der Sitzung meldeten die Kongregationsväter vor allem beim dritten und vierten Wunder Informationsbedarf und Klärung an[1487]. Der Experte Estrades leistete jedoch ganze Arbeit: Die Schlußabstimmung zeigte keine Gegenstimme und besonders beim vierten Mirakel breite Zustimmung[1488]. Die *Generalis* am 19. April 1853 approbierte in seltener Einmütigkeit alle heftig diskutierten Wunder[1489]. In rascher Folge absolvierte man auch die Schlußakkorde: Das Dekret über die vier Mirakel erschien am 3. Mai[1490], die *Generalis super tuto* tagte am Letzten des Monats[1491], das Schlußdekret wurde am 23. Juni promulgiert[1492], so daß

[1480] Lambruschini an den *Sostituto* des Sekretärs der Ritenkongregation, 16. Februar 1850: ASRC, Decreta 1848–1851, fol. 32.

[1481] ASRC, Decreta 1848–1851, fol. 32: Bittschrift Estrades mit Vermerk der Audienz vom 15. Februar 1850.

[1482] Zur wirtschaftlichen Talfahrt seit 1848 und den katastrophalen Zuständen bei der Rückkehr des Papstes: Bartoccini, Roma nell'Ottocento 253–255; Schmidlin II 43.

[1483] ASRC, Decreta 1848–1851, fol. 38: CG über Tugenden, 14. Mai 1850. 12 Väter waren nicht gekommen, 2 enthielten sich, der Rest sprach sich für den Tugendgrad unter der Voraussetzung von 4 Wundern aus. Votensammlung bei: ASRC, Fondo Sc, Acta Canonizationis 1867: Germana Cousin, Fasz. 1850–1864.

[1484] Dekret über den Tugendgrad, 26. Mai 1850: ASRC, Decreta 1848–1851, fol. 40.

[1485] ASRC, Decreta 1848–1851, fol. 120: CA über 4 Wunder, 2. Dezember 1851. Das erste bis dritte Wunder erhielt nur 3 *constare*, das vierte 9, der Rest *suspensive*.

[1486] Dispens vom Lateinischen für Antonio Baccelli, 2. September 1852: ASRC, Decreta 1852–1853, fol. 43B.

[1487] ASRC, Fondo Sc, Acta Canonizationis 1867: Germana Cousin, Fasz. 1850–1864: Aufzeichnung von 1852 über die *Praeparatoria*. Das 3. und 4. Wunder waren Heilungen.

[1488] ASRC, Decreta 1852–1853, fol. 59: CP über 4 Wunder, 23. November 1852. Es waren alle Väter anwesend. Das 4. Wunder erhielt 20 *constare*, das 1. und 2. 13–14 positive Voten.

[1489] ASRC, Decreta 1852–1853, fol. 77: CG über 4 Wunder, 19. April 1853. Alle Väter waren anwesend.

[1490] ASRC, Decreta 1852–1853, fol. 84B: Dekret über die Approbation von 4 Wundern, 3. Mai 1853; Druck: Bartolini, Commentarium actorum I 32–34.

[1491] ASRC, Decreta 1852–1853, fol. 92: CGST, 31. Mai 1853. Alle Väter waren anwesend und stimmten mit *tuto*.

die feierliche Beatifikation am 7. Mai 1854 stattfinden konnte. Der Ponens Lambruschini konnte den Schlußpunkt des Prozesses noch in seinen letzten Lebenstagen verfolgen; der große Spiritus Rektor d'Astros war bereits im September 1851 gestorben[1493]. Die Causa Cousin hatte jedoch mittlerweile eine solche Eigendynamik entwickelt, daß man keinen großen Anstoß von außen mehr brauchte, um ihr zur Weltgeltung zu verhelfen. Dem sofort einsetzenden Kanonisationsverfahren stand nun der Primas von Frankreich, Jean Marie Mioland, als neuer Erzbischof von Toulouse und Narbonne zur Seite[1494].

Noch ehe die Seligsprechungsfeiern in Rom und Toulouse stattfanden, hatte man sich hinter den Kulissen um den nächsten Schritt bemüht, die Kanonisation[1495]. Interessant ist dabei nicht nur, daß sich zahlreiche Ordensgenerale[1496] für Germaines Heiligsprechung verwandten, so auch eine ganze Reihe von konservativen und reformfreudigen Kurienkardinälen[1497], sondern vor allem ihre Motivation, die wohl tatsächlich das war, was so viele unterschiedliche Würdenträger einte: In einem Gutachten für die Kongregation beschrieb der Konsultor der Pallottiner Germaine als *puella* mit dem Epitheton *simplex innocens*, die abseits vom menschlichen Treiben in Einsamkeit lebte[1498]. Auf den Sekretär der Ritenkongregation machte der *Corpus incorruptum* großen Eindruck, dem Olivetaner war ihre lilienreine Unschuld wichtig[1499], der Dominikanergeneral pries ihre Abkehr von der säkularen und glaubensfeindlichen Welt, während Kardinal Roberto Roberti[1500] von ihrer Armut, Geduld, Unschuld und Demut beeindruckt war[1501]. Abgesehen von der Wunderfreudigkeit lassen sich demnach auch für Germaines Heiligsprechung Unschuld, Weltabgeschiedenheit und Unverwestheit als zentrale Motive herausfiltern – Antworten auf das noch frische Revolutionsereignis, die zunächst alles andere als kämpferisch sind. All diese Begriffe, die in den Postulationsschreiben häufig erscheinen, stehen für persönlichen Rückzug, weltabgewandte Spiritualität und späteres Ins-Recht-gesetzt-werden durch die göttliche In-

---

[1492] ASRC, Decreta 1852–1853, fol. 97D: Dekret *super tuto*, 23. Juni 1853; Druck: Bartolini, Commentarium actorum I 42–44.
[1493] Lambruschini verschied am 12. Mai 1854, d'Astros starb am 29. September 1851.
[1494] Mioland († 1859), 1849 Koadjutor von d'Astros, 1851 sein Nachfolger, 1857 päpstlicher Thronassistent: HC VII 551.
[1495] ASRC, Fondo Sc, Acta Canonizationis 1867: Germana Cousin, Fasz. ohne Datum, Aufzeichnung über die Wunder für die Heiligsprechung. – Eine Feier in Toulouse fand ebenfalls am 7. Mai statt.
[1496] Postulationsbriefe vom Jesuitengeneral Beckx (7. Juni 1854); vom Dominikanergeneral (23. Juni 1854), vom General der Regularkanoniker von S. Paul (1. Mai 1854): ASRC, Fondo Sc, Acta Canonizationis 1867: Germana Cousin, Fasz. 1850–1864.
[1497] Giuseppe Ugolini (1. Juli 1854), Adriano Fieschi (26. Mai 1854), Lodovico Altieri (2. Juni 1854), Vincenzo Macchi (12. Juli 1854), Roberto Roberti (12. Juli 1854): ASRC, Fondo Sc, Acta Canonizationis 1867: Germana Cousin, Fasz. 1850–1864. Macchi galt als extrem-konservativ (Weber I 276, 291), Fieschi als reformfreudig-antiösterreichisch (ebd. 289), Roberti war ein Freund Antonellis (ebd. 271), Altieri schwankend konservativ und österreichfreundlich (ebd. 277).
[1498] Mit diesem Vokabular beschrieb der Präfekt der Ritenkongregation Germaine Cousin in einer Ansprache im Konsistorium vom 27. Mai 1867: Bartolini, Commentarium actorum I 108–111.
[1499] Die entsprechenden Voten der Konsultoren bzw. des Sekretärs der Ritenkongregation: ASRC, Fondo Sc, Acta Canonizationis 1867: Germana Cousin, Fasz. 1844–1849.
[1500] Roberti (1788–1867), 1850 Kardinal, Mitglied der Ritenkongregation, 1855–60 *Presidente di Roma e Comarca*, 1860–1867 Sekretär der *Memoriali*: Weber II 513f.
[1501] Entsprechende Postulationsbriefe in: ASRC, Fondo Sc, Acta Canonizationis: Germana Cousin, Fasz. 1850–1864.

stanz. Hatten Papst und Kurie nicht auf diese Weise die revolutionären Wirren durchlebt und durchlitten? War nicht Germaine Spiegel des eigenen Verhaltens?

Nachdem Pius IX. persönlich die *Commissio* zur Aufnahme des Heiligsprechungsverfahrens im August 1854 signiert hatte[1502], ließ man zunächst neue Wunder im Erzbistum Toulouse untersuchen[1503]. Ein weiteres geschah in Langres 1859[1504]. Als dann bis Anfang 1860 alle Prozeßunterlagen in Rom eingetroffen waren[1505], konnte die gut geölte Maschinerie Estrades von neuem anlaufen. Gleich in einem Vorgang verschaffte er sich beim Papst eine Dispens für die Diskussion aller Wunderprozesse ohne Konsultoren[1506], die man in Windeseile aus dem Französischen übersetzt hatte[1507]. Sie konnten bereits Mitte August approbiert werden[1508].

Es schien jedoch zunächst, als habe man die Rechnung ohne den Wirt gemacht. Die Ritenkongregation ließ sich nicht so einfach übergehen. In der ersten Jahreshälfte 1861 erhob der Promotor fidei in neuen *Animadversiones* Einspruch gegen ein Wunder aus Toulouse. Zwar stimmten die Ärzte in ihren Gutachten überein, doch gaben die Experten der Kongregation vollständig disparate Voten ab, die teilweise nicht nur wenig stichhaltig, sondern dazu noch untereinander widersprüchlich waren[1509]. Die *Antepraeparatoria* vom 2. September 1862 bedeutete einen Denkzettel für den französischen Parforceritt: Fast alle Kongregationsväter enthielten sich eines Urteils aufgrund der unsicheren Vorgaben der Experten[1510]. Auch in der *Praeparatoria* war noch ein hartnäckiger Widerstand gegen zwei Heilungen spürbar; man hielt allgemein die Krankheiten für nicht so schwerwiegend, als daß man bei der raschen Genesung von einem Wunder sprechen könnte[1511]. Urplötzlich gab dann der Promotor seinen Widerstand auf[1512], so daß im Anschluß an die durchweg positive *Generalis*[1513] vom Dezember 1864 zwei erforderliche Mirakel im darauffolgenden Februar approbiert werden konnten[1514]. Die *Generalis super tuto* sechs Wochen später war dann nur noch eine

---

[1502] ASRC, Decreta 1854, fol. 32A: Dekret über die Aufnahme des Prozesses, 24. August 1854. Die Kongregation stimmte am 12. August zu.

[1503] ASRC, Decreta 1855–1856, fol. 120: *Litterae remissoriales* für Toulouse, 3. Juni 1856.

[1504] ASRC, Decreta 1857–1859, fol. 232: *Litterae remissoriales* für Langres, 9. Juni 1859.

[1505] Die letzten Prozeßakten aus Toulouse wurden am 12. Januar 1860 geöffnet: ASRC, Decreta 1860–1862, fol. 5.

[1506] ASRC, Decreta 1860–1862, fol. 28: Bittschrift Estrades, das *Dubium* an den Prozessen aus Toulouse und Langres in der Kongregation ohne Konsultoren zu diskutieren. Der Papst gestattete dies in der Audienz vom 14. Juni 1860.

[1507] ASRC, Fondo Sc, Acta Canonizationis 1867: Germana Cousin, Fasz. 1850–1864: Aufzeichnung über die rasche Übersetzung der Wunderprozesse 1860.

[1508] ASRC, Decreta 1860–1862, fol. 47f.: Die verkleinerte Kongregation räumte am 11. August 1860 alle Zweifel aus; der Papst approbierte die Prozesse am 16. August.

[1509] ASRC, Fondo Sc, Acta Canonizationis 1867: Germana Cousin, Fasz. 1850–1864: *Animadversiones* vom 6. Juni 1861.

[1510] ASRC, Decreta 1860–1862, fol. 228: CA über 2 Wunder, 2. September 1862.

[1511] ASRC, Fondo Sc, Acta Canonizationis 1867: Germana Cousin, Fasz. ohne Datum, Aufzeichnung der Kongregation im Anschluß an die *Praeparatoria* vom 9. Juni 1863.

[1512] Aufzeichnung über die Aufgabe des Widerstandes gegen die beiden Heilungswunder, ohne Datum: ASRC, Fondo Sc, Acta Canonizationis 1867: Germana Cousin, Fasz. ohne Datum. – Die Brot- und Mehlvermehrungen wurden schon vorher ausgeschieden.

[1513] ASRC, Decreta 1863–1864, fol. 116: CG über 2 Wunder, 6. Dezember 1864. Alle stimmten mit *constare*. Nur 4 Väter waren nicht anwesend.

[1514] ASRC, Decreta 1865–1866, fol. 17: Dekret über 2 Wunder, 23. Februar 1865.

Formsache[1515], so daß der Kanonisationsprozeß Ende Juli 1865 zum Abschluß kam[1516]. Die feierliche Heiligsprechung der Germaine bettete man in die Zentenarfeier von 1867 ein. Damit wurde die „Heilige der Revolution" mit der Siegesgewißheit des Papstes in Verbindung gebracht, der dem Konsistorium am 26. Juni im Hinblick auf das Aposteljubiläum mitteilte: „Jetzt können die Gegner es verstehen, wie groß die Stärke und Lebenskraft der katholischen Kirche ist, die sie mit ihrem Haß unablässig verfolgen. [...] Der Stuhl Petri ist seit achtzehn Jahrhunderten als Organ der Wahrheit, Mittelpunkt der Einheit, Fundament und Bollwerk der Freiheit unbeweglich und unverletzt geblieben, während König- und Kaiserreiche fortwährend nacheinander entstanden und zusammenstützten"[1517]. Die Antwort, die der französische Episkopat, die Ritenkongregation und nicht zuletzt Pius IX. auf Umsturz und Revolution – näherhin die Französische – parat hatten, war Virginität, Simplizitas und Einsamkeit[1518].

Mit einer gewissen prozeßbedingten Phasenverschiebung hatten Labré, de Gerolamo, Alfonso de' Liguori und Germaine Cousin auf die Ereignisse nach 1789 eine Antwort gegeben – die Antwort der Kurie, die je nach Zeitkontext neu bzw. modifiziert ausfiel. Bei genauerem Hinsehen lassen sich also tatsächlich antirevolutionäre Patrone der Kirche ausmachen, die teils in der Volksverehrung, teils in der Intention der Kirchenleitung ihren Ursprung hatten. Dabei ist eine Entwicklungslinie von Labré zu Germaine erkennbar: Die funktionalisierte Figur des introvertierten, auf Meditation und Sühne ausgerichteten Franzosen Labré, die auf die philosophischen und kirchenpolitischen Ursachen der Französischen Revolution in ihren Anfängen eine Antwort gab, erfuhr eine vorsichtige Weiterentwicklung und theologische Vertiefung in der Gestalt des Jesuiten Francesco de Gerolamo, der angesichts der direkten Verfolgungssituation der Kirche in Frankreich und Italien, die im Tod des Papstes im Exil gipfelte, Buße und Umkehr predigte. Die reinste und politisch konkreteste Causa antirevolutionärer Ausrichtung ist die des Alfonso de' Liguori, den man mit Hilfe seiner ausgegrabenen Schriften zu einem Apostel der Restauration – selbst der politischen – zurechtzimmerte. Aus dem verschwindend geringen historischen Befund der Germaine Cousin entwarf Pius IX. unbekümmert eine introvertierte Kämpfernatur – ein Paradoxon in sich.

Aus dem unbekannten Hirtenmädchen, wurde durch die Revolutionsereignisse eine anfangs lokal verehrte Gestalt, die immer größere Breitenwirkung hervorrief. Die Tatsache, daß sie keine genuine Lobby hatte und keinen Rombezug aufwies, bewirkte zwar eine Verzögerung bei der Aufnahme des Prozeßverfahrens, führte aber dennoch durch das entschiedene Vorgehen der Oberhirten von Toulouse zu einem relativ raschen Abschluß der Causa. Die Antwort, die Germaine auf die Revolutionsereignisse gab, war die Antwort der Romantik: Rückzug, Einsamkeit, Virginität.

Die Causa des Alfonso de' Liguori entwickelte sich noch unter anderen Kategorien. Seine Seligsprechung wurde größtenteils von der Volksfrömmigkeit des Mezzogiorno getragen, obgleich die Interna des Verfahrens bereits vorsichtig, aber eindeutig auf

---

[1515] ASRC, Decreta 1865–1866, fol. 27: CGST, 8. April 1865.
[1516] ASRC, Decreta 1865–1866, fol. 44: *Decretum super tuto*, 23. Juli 1865.
[1517] Ansprache in: Acta Sanctae Sedis III 3–10; zitiert nach: Schmidlin II 295 Anm. 10.
[1518] Vgl. dazu auch die Ansprache des Papstes im Konsistorium vom 27. Mai 1867: Bartolini, Commentarium actorum I 111–113.

eine politische Ausrichtung des Prozesses schließen lassen. Diese brach sich bei der Kanonisierung ungehemmt Bahn, unterstützt vom Redemptoristenorden und einer Vielzahl von europäischen Potentaten. Auf den Zusammenbruch von Königreichen, geistlichen Fürstentümern, Staatengemeinschaften, auf die Auflösung der alten Untertanenverhältnisse, die selbst vor dem Papsttum nicht halt machte, auf die Entchristlichung des Staatsgedankens und der Gesellschaftsordnung, der man als Folgen Gewalt, Zügellosigkeit und Sittenverfall zuschrieb, fand man eine schlüssige Antwort in der Gründergestalt der Redemptoristen. Daß man sich hier bereits ein ganzes Stück von der historischen Persönlichkeit entfernt und die ihr übergestülpte Funktionalität mit seinem, von der Restauration gern herangezogenen Orden in Verbindung gebracht hatte, verwundert nicht weiter, bestätigt aber auf der anderen Seite die historische Wahrheit von der Suche nach antirevolutionären Leitbildern durch die Ritenkongregation. Liguoris Heiligsprechung ist die gewollte Antwort der Kirche auf den politischen und gesellschaftlichen Umsturz. Die nun wichtiger werdenden Tugenden und Taten des Heiligen sollten den Gläubigen zu einem gerechten Kämpfer erziehen, der schwelenden Revolutionsneigungen begegnen konnte und wußte, wo sein Platz war. Labré und de Gerolamo steckten in diesem mentalitären Entwicklungsstrang noch ganz in den Kinderschuhen. Vor allem Labré hat als erste greifbare Ausformung des neuen Heiligentyps noch nicht die Wucht der Ereignisse erfahren müssen und kam daher mit einer passiv-büßenden Alternativhaltung als Antwort auf das bisher Geschehene aus.

Weiterhin ist aber noch ein anderes, viel grunsätzlicheres Faktum wichtig: die Beatifikation und Kanonisation als solche. Man hielt an ihr nach wie vor in ungedrosselter Frequenz fest, als habe es keine Sinnkrise des Heiligen- und Seligenkultes gegeben. Man kann sogar noch einen Schritt weiter gehen. Betrachtet man das Umfeld der Kanonisation von 1839 – der ersten nach Napoleon –, drängt sich der Eindruck auf, als schlage die Katholische Kirche mit doppelter Stärke zurück. Nicht etwa, daß die Heiligen auch weiterhin und uneingeschränkt ihren festen Platz im religiösen Leben der Gläubigen einnehmen sollten, die frisch Kanonisierten wurden mit kaum zu bezahlendem Pomp als Sieger über alle philosophisch-rationalistische „Anfechtungen" und (gesellschafts)politische Infragestellungen inthronisiert. Damit nahm man nicht nur den Heiligen als solchen generell in eine neue, antirevolutionäre Aura hinein, seine angebliche Lebensaussage und seine Funktionalität waren zudem genau auf diese Fragen abgestimmt. Damit wurde Beatifikation und Kanonisation nach 1815 zur verdichteten Gesamtaussage der Kirche.

VI. Rom spricht für die Welt

1. Erste Ansätze

Die Selig- und Heiligsprechungspraxis der römischen Kurie läßt erst im 19. Jahrhundert ein tatsächliches prozeßhaftes Eigenbewußtwerden der Kirche als Weltkirche erkennen. Das romzentrierte kuriale Interesse, das allenfalls die italienische Halbinsel miteinbezog, wurde erst um 1850 gesprengt. Zunächst war nämlich keineswegs selbstverständlich, daß eine Beatifikation bzw. Kanonisation nicht nur *urbi* sondern auch *orbi* galt. Außerdem war der Prozentsatz nichtitalienischer Causen sehr gering. Zwar gab es immer wieder außeritalienische Kandidaten, die selig- bzw. heiliggesprochen wurden, wie Simone de Roxas 1766, Jan Kanty 1767, Martín de Porres 1837 und andere, doch waren diese lediglich Einzel- bzw. Sonderfälle, die meist in die Ordenskalkulationen eingebunden waren. Daß man Kandidaten aus der Weltkirche für die Weltkirche bewußt ehrte, geschah mit anhaltender Wirkung erst seit Gregor XVI. Unter Pius IX. kam dann die Weltkirche in der ganzen Tragweite des Begriffes zu sich. Dieses neuartige Phänomen hing mit dem sprunghaften Aufblühen des Missionswesens im 19. Jahrhundert ebenso zusammen wie mit der wachsenden Wertschätzung des Martyriums, das nun wieder in das Bewußtsein der Gläubigen trat[1519]. Martyrium und Mission gingen seit etwa 1830 eine so enge Symbiose ein, daß sich ursächlich gar nicht mehr unterscheiden läßt, wem der Vorrang zukam. Beide bedingten sich gegenseitig und sind eng miteinander verzahnt[1520].
Einen deutlichen Beweis für den bis ins 19. Jahrhundert vorherrschenden, eher regionalen Charakter selbst der Kanonisationsfeier, die nach ihrer inneren Bestimmung als Akt der Universalkirche zu verstehen ist, liefern die Einladungen zu solchen Festmessen. Als die Heiligsprechung von 1839 vorbereitet wurde, sprach sich Gregor XVI. dafür aus, dem „antichissimo rito"[1521] zu folgen, das heißt dem Reglement, das Clemens X. für die Kanonisation vom 12. April 1671 eingeführt hatte[1522]. Dabei konnte Gregor auf die Organisationsprinzipien der Feiern von 1767[1523] und 1807[1524] zurück-

---

[1519] Deutet bereits an: Nanni, Il Mondo nuovo delle missioni (1792–1861) 409: „Le opportunità offerte dal colonialismo e dagli indirizzi nuovi della chiesa romana aprono orizzonti concreti alla espansione universale del cattolicesimo".

[1520] Auf diesen engen Zusammenhang weist 1992 Horst Rzepkowski nachdrücklich hin: „Die Missionsgeschichte zeigt, daß Martyrium und Mission erfahrungsgemäß zusammengehören": Rzepkowski, Lexikon der Mission. Geschichte, Theologie, Ethnologie 287 (Art. Martyrium).

[1521] ASRC, Fondo Sc, Acta Canonizationis 1839: alle Heiligen, *Invito Sagro* (gedruckt) zur Heiligsprechungsfeier von 1839, ausgegeben am 19. Mai 1839.

[1522] ASRC, Fondo Sc, Acta Canonizationis 1839: alle Heiligen, Biglietto des Präfekten der Ritenkongregation an die 5 Postulatoren, vor Dezember 1838. Zu den Selig- und Heiligsprechungen unter Clemens X. (1670–1676): Pastor XIV/1 636f.; Arisio, Memorie sulla vita di Clemente X 27. Clemens sprach in dieser Feier Rosa von Lima, Luigi Bertrán, Gaetano da Tiene, Francesco Borgia und Filippo Benizi heilig.

[1523] ASRC, Fondo Sc, Acta Canonizationis 1839: alle Heiligen, Aufzeichnung über die Organisation der Feier unter Clemens XIII. Vgl. zur Feier: Pastor XVI/1 987.

[1524] ASRC, Fondo Sc, Acta Canonizationis 1839: alle Heiligen, Aufzeichnung über die Heiligsprechung vom 24. Mai 1807 durch Pius VII.

greifen, die noch „im alten Stil" abgehalten worden waren. Nachdem man Anfang 1767 die entsprechenden Dekrete *super tuto* expediert und die Präzedenz der Kandidaten protokollarisch festgelegt hatte, erging an den Sekretär der Konzilskongregation im Frühjahr der Auftrag, die Einladungen für die bevorstehende Feierlichkeit auszugeben[1525]. Dazu lud die Kurie 1767 wie auch noch 1839 zunächst alle Bischöfe im Umkreis von 100 Meilen ein, dann auch die übrigen Oberhirten der italienischen Halbinsel[1526]. Kardinal Nicholas Wiseman[1527] erinnerte sich noch Mitte des 19. Jahrhunderts: „Gewöhnlich sind alle Bischöfe aus dem Kirchenstaate und viele aus andern Theilen Italiens und aus noch ferneren Ländern bei der Feierlichkeit zugegen"[1528]. Bei der großen Zahl der italienischen Heiligen, die zudem häufig genug im römischen Ambiente verwurzelt waren, nimmt das nicht Wunder, obgleich ihnen durch die festliche Kanonisation weltweite liturgische Verehrung zugestanden wurde.

Auch das innere Profil der Beatifizierung und Kanonisierung trug bis ins 19. Jahrhundert durchweg römisch-italienische Konturen. Die Weltmission war in dieser Prozeßpraxis noch nicht thematisiert. Nach den Wirren der Französischen Revolution und der Herrschaft Napoleons erholten sich Kirchenstaat und Ordenswesen nur langsam. Nicht anders erging es der katholischen Mission, die damals größtenteils in französischen Händen lag[1529]. Auch hier behinderte der mühsame Neuanfang der Ordensinstitute und der Propaganda Fide nach Unterdrückung und Säkularisation eine breite Aktivität. Zu Beginn des 19. Jahrhunderts war die Zahl der Katholiken in den außereuropäischen Ländern wie auch die der Missionare erheblich zurückgegangen; weltweit scheint es nicht mehr als 300 bis 500 Missionare gegeben zu haben[1530]. Der Tiefpunkt wurde 1820 erreicht, als in China 116 europäische Glaubensboten mit 180 chinesischen Priestern und in Indochina 60 spanische bzw. französische Missionare mit 89 einheimischen Geistlichen zusammenarbeiteten[1531]. Der dann einsetzende Aufschwung der Missionen ist nicht zuletzt auf die geographische, verkehrstechnische und wirtschaftliche Erschließung zurückzuführen, die von der kolonialen Expansion Europas getragen wurde.

Bereits Chateaubriand widmete dem Missionsgedanken in seinem 1802 veröffentlichen Werk *Le Génie du Christianisme* breiten Raum[1532]; bis 1817 folgten Werke von

---

[1525] ASRC, Fondo Sc, Acta Canonizationis 1839: alle Heiligen, Aufzeichnung über die Heiligsprechung durch Clemens XIII.
[1526] Ebd.
[1527] Nicholas Patrick Wiseman (1802–1865), Studium in Rom 1818–24, Rektor des dortigen Collegio Inglese, 1828 Professor an der Sapienza, 1840 Titularbischof von Melipotamos und Koadjutor des Apostol. Vikars des Distrikts Midland, 1849 Apostolischer Vikar des Distrikts London, 1850 erster Erzbischof von Westminster und Kardinal: Charles Kent, Art. Wiseman, in: Dictionary of National Biography LXII 243–246; Antonio Piolanti, Art. Wiseman, Nicholas Patrick, in: EC XII 1704–1706.
[1528] Wiseman, Erinnerungen an die letzten vier Päpste 332.
[1529] Hajjar, Die Kirche im Nahen Osten 379; Mulders, Missionsgeschichte 362f. – Die Ursachen des französischen Missionsinteresses erörtert: Nanni, Il mondo nuovo delle missioni (1792–1861) 401–419.
[1530] Mulders, Missionsgeschichte 361.
[1531] Bertier de Sauvigny, Die Kirche im Zeitalter der Restauration 340.
[1532] Vgl. dazu den vierten Teil des vierten Buches von Le Génie du Christianisme. – François-René Vicomte de Chateaubriand (1768–1848), franz. Politiker (Außenminister 1822–1824), Apologet und Schriftsteller, nachdem er sich um 1800 wieder dem Glauben zugewandt hatte: C. Constantin,

Denis Chaumont und Joseph-Marie de Maistre, die die Evangelisierung der Völker vor allem in Ostasien propagierten[1533]. Das 1815 wiedereröffnete Seminar der *Société des Missions étrangères de Paris*[1534] und das 1822 gegründete Werk der Glaubensverbreitung in Lyon, dem sich in wenigen Jahren zahlreiche europäische Länder und die Vereinigten Staaten anschlossen[1535], entfalteten vor allem in Fernost eine rege missionarische Tätigkeit[1536]. Der *Société* wurden von der Kurie 1831 die Missionsterritorien Japan und Korea übertragen sowie 1838 die Mandschurei, 1841 Malaysia, 1846 Tibet und 1848 südwestchinesische Gebiete[1537].

Pius VII. legte die Basis für das Wiederaufblühen der Mission, indem er die Propaganda-Kongregation 1814/1817 restituierte und den Jesuitenorden 1814 wiederherstellte[1538]. Die epochale Zäsur auf dem Weg zur Weltkirche bildete jedoch ein von außen kommendes Ereignis, der Märtyrertod des Apostolischen Vikars von Szechwan[1539], Jean Gabriel Taurin Dufresse MEP[1540], am 14. September 1815 in Chengtu. Das Pariser Missionsseminar hatte Pater Dufresse Ende 1775 nach China[1541] gesandt und ihm den nördlichen Teil des Distrikts Szechwan übertragen. Nach Verfolgung und Haft kehrte er über Kanton und Manila nach Szechwan zurück, wo er weiterhin erfolgreich missionierte. 1793 wurde er zum Provikar des Distriktes ernannt und erhielt 1800 als Koadjutor die Bischofsweihe. Als er 1801 Vikar des ausgedehnten Missionsgebietes wurde, wandte er all seine Kräfte auf und hielt dort 1803 eine zukunftsweisende Diözesansynode[1542] ab, die in Rom nicht nur mit großem Beifall approbiert,

---

Art. Chateaubriand (François-René, vicomte de), in: Dictionnaire de Théologie Catholique II 2331–2339.

[1533] Der Direktor des französischen Missionsseminars, Chaumont, veröffentlichte 1814 einen Appel aux âmes charitables en faveur des missions chez les peuples idolâtres de la Chine, de la Cochinchine et du Tonkin; 1815 folgte Exposé de l'état actuel et des besoins des missions françaises de la Chine, du Tonkin, de la Cochinchine, de Siam et des Indes orientales, confiées aux soins du Séminaire des Missions Etrangères de Paris. Der erste Band von de Maistres Werk *Du Pape* begann mit einem Kapitel über das Missionswesen.

[1534] Die Mitte des 17. Jahrhunderts gegründete, 1646 approbierte französische Missionsgesellschaft beschäftigte sich vor allem mit der Ausbreitung des Glaubens in Thailand, Indochina und China. Zwischen 1793 und 1798 konnte das Institut nur 7 Missionare in den Fernen Osten aussenden, bis 1815 nur noch 2. Der Aufschwung trat nach 1820 ein: Adrien Launay, Histoire de la Société des Missions Etrangères I–III, Paris 1894; Georges Goyau, Les Missions Étrangères de Paris, Paris 1960; Jean Guennou, Art. Società per le Missioni estere, in: DIP VIII 1654–1661; Jean Guennou, Floraison missionnaire dans les persécutions 462–464.

[1535] Belgien schloß sich 1825 an, Italien, Deutschland, Österreich und die Schweiz 1827, England 1833, Portugal 1837, Spanien 1839, die Vereinigten Staaten 1840 und die Niederlande 1844: Mulders, Missionsgeschichte 363.

[1536] Dazu auch: Schmidlin I 312f.

[1537] Guennou, Art. Società per le Missioni estere 1656.

[1538] Dazu kurz: Schmidlin I 312f.; Metzler, Compendio di Storia della Sacra Congregazione 88–90.

[1539] Wie bei den übrigen Namen variiert die Transkription: Setchoan, Se-tchoan, Se-tch'oan, Sutchuen, Su-Tchuen, S'-tchuen, Se-ciuen, Sut-koen, Sütschüen, Se-tch-ouan etc.

[1540] Zur Vita des Jean Gabiel Taurin Dufresse (1750–1815): Celestino Testore, Art. Dufresse, Gabriele Taurino, in: BS IV 851f.; Jean Masson, Art. Dufresse (Jean-Gabriel-Taurin), in: DHGE XIV 1006f. – Er wurde am 27. Mai 1900 seliggesprochen.

[1541] Der dehnbare Begriff „China" wurde von den Kurialbehörden, vor allem von der zunächst zuständigen Propaganda Fide als sehr weiträumig verstanden. Die Propaganda sprach zusammenfassend von „Cina e regni adjacenti", d.h. der Ferne Osten von der Mandschurei bis nach Kambodscha. Vgl. hierzu: Metzler, Die Synoden in China, Japan und Korea 1570–1931 68.

[1542] Zur Diözesansynode: Metzler, Die Synoden in China, Japan und Korea 1570–1931 43–67.

sondern auch wegen ihrer Missionsstrategie exemplarisch von der Propaganda Fide mehrfach publiziert wurde[1543]. Während der 1805 einsetzenden Christenverfolgungen in Szechwan wurde Dufresse 1814 denunziert und 1815 verhaftet. Sein gewaltsamer Tod im September 1815 machte ihn zum ersten Märtyrer des französischen Missionsinstituts. Etwa ein Jahr später strich Pius VII. die „passione e la gloriosa morte del Vicario Apostolico del Sutchuen, Mons. Gabriele Taurino Dufresse"[1544] im Konsistorium ungewöhnlich deutlich heraus. Damit wurde der Apostolische Vikar nicht nur zum Eisbrecher für die Reform des Prozeßverfahrens, die Märtyrern in absehbarer Zeit kultische Anerkennung verschaffen sollte, er ebnete auch als Galionsfigur des französischen Missionsinstituts den Weg für die Aufnahme außereuropäischer Causen durch die Ritenkongregation.

2. Aufbruch unter Gregor XVI.

Die zahlreichen administrativen und prozeßimmanenten Hindernisse räumte aber erst jener Papst entschieden beiseite, den Josef Schmidlin nicht zu Unrecht als „Missionspapst" bezeichnet hat[1545]: Gregor XVI. Der gelehrte Kamaldulenserpater Bartolomeo Alberto (Mauro) Cappellari hatte nach der napoleonischen Ära sehr zurückgezogen als Theologiedozent und Abt in Rom gelebt, obgleich er neben hohen Ordensämtern verschiedene kuriale Funktionen wahrgenommen hatte, wie beispielsweise die des Konsultors der Propaganda. In dieser Eigenschaft hatte er um 1818 ein Votum über die Synode Dufresses angefertigt[1546]. Am 25. März 1825 hatte ihn Leo XII. *in petto* zum Kardinal kreiert und ihm die Präfektur der Propaganda Fide übertragen, die Cappellari bis zu seiner Papstwahl 1831 verwaltet hatte[1547]. Auffallend viele von ihm initiierte Grundsatzentscheidungen für die Chinamission fallen in seine Amtszeit[1548]. Mit ihm

---

[1543] Die Synodalakten wurden noch vor Dufresses Tod ins Chinesische übersetzt: ebd. 59.

[1544] AP, Lettere/Decreti e Biglietti di Mons. Segretario 1842, Teil 1, fol. 517: Propaganda-Sekretär an Sekretär *delle lettere latine di V.S.*, 2. Juni 1842. Hier wird die Ansprache im Konsistorium vom 23. September 1816 zitiert. Vgl. auch: ASRC, Decreta 1842–1844, fol. 43: Relation Frattinis vom 15. April 1843.

[1545] Schmidlin I 662; ders., Gregor XVI. als Missionspapst (1831–46), in: Zeitschrift für Missionswissenschaft und Religionswissenschaft 21 (1931), 209–228. – Zu Vorleben und Pontifikat: ders. I 510–687; Lill, Das Zeitalter der Restauration 176–181; Gregorio XVI. Miscellanea commemorativa I–II, Rom 1948; kritisch: Bertier de Sauvigny, Die Kirche im Zeitalter der Restauration 214–218.

[1546] Durch die napoleonischen Wirren hatte sich die Prüfung der Synode durch die Propaganda verzögert: Metzler, Die Synoden in China, Japan und Korea 1570–1931 58f.

[1547] Metzler, Präfekten und Sekretäre 35–37.

[1548] Darunter fallen die Dekrete über die Teilnahme der Russen am Gottesdienst in Peking und über die Zinseinnahme in Peking-Macao von 1826, ferner die Promulgation des tridentinischen Ehedekrets in Tonkin von 1827 und der Erlaß über die Beerdigungsriten von Kotschinchina. Weiterhin erließ die Propaganda Anweisungen für die Spendung des Bußsakraments an die Bischöfe Kotschinchinas, das Glaubensbekenntnis für Katecheten und eine Regelung der Ehedispensen für das östliche Tonkin sowie Anweisungen über die Meßfeier ohne Utensilien etc. Dazu: Schmidlin, Gregor XVI. als Missionspapst 209f.

„begann eine neue Ära der Missionsgeschichte"[1549], die auch nach 1831 nicht endete, als er Carlo Maria Pedicini zu seinem Nachfolger bestimmte, welcher die Propaganda-Kongregation aus langjähriger Tätigkeit als Substitut und Sekretär kannte.

In einer Allokution vor dem Konsistorium erklärte Gregor 1838 mit Deutlichkeit, daß die unablässige Hauptsorge seines Pontifikats die Förderung und Ausdehnung des Missionswerks betreffe[1550]. Innerhalb dieses anspruchsvollen Programms wurde das Propagandakolleg, das er den Jesuiten anvertraute, 1837 erweitert und besser dotiert; es erbte die wertvolle und umfangreiche Bibliothek des Papstes. Außerdem vermachte er der Propaganda-Kongregation testamentarisch 17 000 Dukaten für die Mission[1551]. In der Enzyklika *Probe nostris* von 1840 empfahl er nachdrücklich das Werk der Glaubensverbreitung[1552], wobei er der Erstevangelisierung der Völker Priorität vor Wiedervereinigungsbemühungen mit den orthodoxen Kirchen sowie der Seelsorge in den Regionen des Nahen Ostens und der europäischen Diaspora einräumte[1553]. Solche Schwerpunktsetzung hatte er schon als Propaganda-Präfekt vertreten, ebenso wie die organisatorische Verbesserung der Missionen, die Errichtung neuer Zirkumskriptionsbezirke, den Ausbau der örtlichen Hierarchie[1554] sowie die Heranbildung einheimischer Priester[1555]. Bereits aus seiner Instruktion als Präfekt vom August 1827 geht hervor, daß ihm der vorbildliche Lebenswandel der Missionare ein bedeutendes Anliegen war[1556]. Außerdem ließ er den einzelnen Missionsinstituten umfassende Unterstützung zukommen, wobei sein Wohlwollen neben italienischen Einrichtungen vor allem dem französischen Seminar in Paris galt. Schon im ersten Jahr seines Pontifikats versicherte er dessen Leiter des besonderen päpstlichen Wohlwollens, lobte die Arbeit und Integrität des Instituts und übersandte 1845 sogar Reliquien aus Rom. Auch das Lyoner Werk fand den Beifall des Papstes, der die Missionstätigkeit der Franzosen 1840 als Triumphe der Kirche titulierte[1557]. Diese beiden Institute bildeten unzweifelhaft die Hauptstütze der Ostasienmission unter Gregor XVI.[1558]. Ihre Arbeit unterstützte der Papst 1831 auch durch einen Koadjutor mit dem Recht auf Nachfolge für

---

[1549] Metzler, Compendio di Storia della Sacra Congregazione 154: „Con lui, perciò, si può affermare che inizia un nuovo periodo nella storia missionaria". Vgl. zu dieser Tätigkeit: Schmidlin, Gregor XVI. als Missionspapst; Costantini, Gregorio XVI e le missioni.

[1550] Schmidlin I 663.

[1551] Ebd.

[1552] *Probe nostris* vom 18. September 1840: Acta Gregorii papae XVI. III 83–86.

[1553] Auch zum folgenden: Metzler, Präfekten und Sekretäre 36f.

[1554] Allein die Errichtung von weltweit 70 Missionsbistümern und -vikariaten ging auf Cappellari zurück: Schmidlin, Gregor XVI. als Missionspapst 227.

[1555] Nachdrücklich empfahl er auch die Heranbildung einheimischer Priester in der von ihm gutgeheißenen Propaganda-Instruktion von 1845, *Neminem profecto*: Celso Costantini, Richerche d'archivio sull'istruzione „de clero indigena" emanata dalla S.C. de Propaganda Fide il 23 novembre 1845, in: Miscellanea Pietro Fumasoni Bioni I, Rom 1947, 1–78.

[1556] Ebd. 36. Druck der Instruktion: Collectanea S.C. De Propaganda Fide I 465–467 (Nr. 798).

[1557] Apostolisches Schreiben vom 18. September 1840: Iuris Pontificii De Propaganda Fide, pars prima V 250–253 (Nr. 174).

[1558] Schon früher lag das Missionsgebiet in Süden und Westen Chinas in der Hand des Pariser Missionsseminars. Ausgangspunkt war das alte Vikariat von Szechwan: Schmidlin, Katholische Missionsgeschichte 471. 1832 übertrug die Propaganda-Kongregation dem Pariser Seminar die Missionierung Koreas und ordnete gleichzeitig an, auch für Japan zu sorgen: Laures, Geschichte der katholischen Kirche in Japan 162.

die Apostolischen Vikare von Kotschinchina (Indochina) und Kambodscha sowie 1832 für West-Tonkin[1559], obgleich die Situation dafür nicht günstig war.

Durch das Edikt vom 6. Januar 1831 gingen die staatlichen Behörden in Tonkin und Kotschinchina gegen Gläubige und Missionare vor[1560]. Noch im Frühjahr erreichte die Propaganda Fide ein Bericht über Greuel und Verfolgungen[1561], die sowohl in Rom als auch im Pariser Missionsseminar größte Aufmerksamkeit und tiefe Erschütterung hervorriefen[1562]. Im Frühjahr 1832 erörterte man in der Propaganda die Situation der südchinesischen Gebiete ausführlich und setzte über die Ergebnisse auch das Seminar in Paris in Kenntnis[1563]. Offen bleibt, ob der Superior jenes Instituts, Charles-François Langlois[1564], bereits zu dieser Zeit an eine außerordentliche Hervorhebung der Märtyrer aus Kotschinchina und Tonkin dachte, um der Fernost-Mission neue Impulse zu geben.[1565] Die Propaganda verhielt sich in dieser Frage noch sehr vorsichtig[1566], obgleich die chinesischen Angelegenheiten längst zur Chefsache erklärt worden waren[1567]. Das dilatorische Vorgehen der Missionsbehörde hatte vor allem technische Gründe: Authentische Nachrichten aus dem chinesischen Großreich waren für die Propaganda zu dieser Zeit eine Rarität; wenn überhaupt, dann konnte man nur aus Korea oder Macao mit Informationen über die Lage der Katholiken Chinas rechnen[1568]. Solange jedoch Pedicini alle Fäden in der Hand hielt, war es ein leichtes, auch die Ritenkongregation zu involvieren – immerhin leitete der Kardinal bis Ende 1834 gleichzeitig Propaganda- und Ritenkongregation. 1833 sandte er einen zusammenfassenden Bericht aus der in der Propaganda gebildeten „Congregatio particularis über China und die angrenzenden Königreiche" an die Ritenkongregation, ebenso wie 1834

[1559] Zur Ausdehnung, Katholikenzahl und Situationsanalyse: Guennou, Floraison missionnaire dans le persecutions 465–471; Metzler, Die Synoden in Indochina 1625–1934 126.

[1560] AP, CP Cina e regni adjacenti, vol. 76 (1833–1840), S. 223ff, Delgado an die Propaganda Fide, 30. Mai 1833. – Die Christenverfolgungen in den 3 Vikariaten begannen 1825, als den Missionaren die Einreise in diese Gebiete verweigert wurde. Seit 1833 wurden Kirchen niedergerissen, Bischöfe und Priester hingerichtet: Schmidlin, Katholische Missionsgeschichte 461; Metzler, Die Synoden in Indochina 1625–1934 122–124.

[1561] AP, CP Cina e regni adjacenti, vol. 76 (1833–1840), S. 221: Bericht aus Kotschinchina an die Propaganda, 20. März 1831.

[1562] Der Apostolische Vikar Delgado hob die Verfolgungsmaßnahmen in seinem ausführlichen Bericht besonders hervor; der Bearbeiter in der Kongregation hatte diesen Passus eigens angestrichen.

[1563] AP, Lettere/Decreti e Biglietti di Mons. Segretario, 1832, S. 211f.: Propaganda-Sekretär an Langlois, 3. März 1832.

[1564] Metzler, Die Synoden in China, Japan und Korea 1570–1931 57f.

[1565] Die schlechte Überlieferung bietet dafür keinen direkten Beweis. Die weitere Entwicklung legt aber diese Annahme nahe. Wegen notwendiger Konsequenzen aus der Verfolgungssituation stand Langlois in engem Kontakt mit dem Ritensekretär, der zunächst bremste: AP, Lettere/Decreti e Biglietti di Mons. Segretario, 1832, S. 211f.: Propaganda-Sekretär an Langlois, 3. März 1832.

[1566] Der Sekretär schrieb an Langlois, die Lage erfordere reifliche Überlegung: ebd.

[1567] „Ponens" der *Sacra Congregazione Particolare della Cina* war der Präfekt Pedicini: AP, CP Cina e regni adjacenti, vol. 76 (1833–1840), S. 1: *Ristretto con sommario* der Sitzung vom August 1833.

[1568] Das geht aus einem Memoriale vom 23. August 1832 hervor: AP, CP Cina e regni adjacenti, vol. 76 (1833–1840), S. 10. Man erhielt vor allem Informationen über Verfolgungen und Inhaftierungen. Vgl. auch zu den Schwierigkeiten des Informationsflusses: Metzler, Die Synoden in Indochina 1625–1934 126.

und 1835[1569]. Im Mittelpunkt dieser Mitteilungen stand die Verfolgungssituation der Kirche und die Martyrien von Missionaren und Gläubigen, allen voran Bischof Dufresse. Da das eingesandte Material zweifelsohne einschlägig war, für die Eröffnung einer Causa aber bei weitem nicht ausreichte, ließ man die Angelegenheit in der Ritenkongregation zunächst auf sich beruhen.

Eine wunderbare Heilung, die sich auf die Fürsprache Dufresses in Frankreich im November 1837 ereignet hatte, schärfte an der Kurie den Blick für die Märtyrercausa[1570]. Weitere Massaker an Missionaren, Katecheten und einfachen Gläubigen in Tonkin wurden in Rom zu hektographierten Berichten verarbeitet und in ganz Italien verbreitet, wo sie „allgemeine Bestürzung und Erbauung"[1571] hervorriefen. Als dann die römische Kurie die Nachricht von heftiger werdenden Christenverfolgungen und dem grausamen Tod des Dominikanerbischofs Clemente Ignacio Delgado y Cebrian[1572] und seines Koadjutors Domenico Henares[1573] 1838 erreichte, geriet die Sache in Bewegung. Gregor XVI. übersandte den Gläubigen von Tonkin und Kotschinchina am 4. August 1839 Aufmunterungs- und Trostworte[1574]. Angesichts der sich häufenden Martyrien in Tonkin lobte Gregor XVI. im Geheimen Konsistorium vom 27. April 1840 die Beharrlichkeit und Tugend der Missionare und Gläubigen, die ihr Leben für Christus hingegeben hätten[1575]. Als besondere Auszeichnung ermächtigte er den Erzbischof von Manila, den Dominikanerprovinzial der Philippinen sowie das Pariser Missionsseminar, Nachfolger für die ermordeten Vikare aus ihren Instituten zu benennen[1576].

Die Unterdrückung der Kirche durch die staatlichen Machthaber in China verhinderte eine weitere Evangelisierung, konnte aber die Zahl der Katholiken nicht reduzieren, die sogar bis zur Mitte des 19. Jahrhunderts zunahm[1577]. Durch die um 1810 einsetzenden Verfolgungen hatte der letzte Missionar Peking 1825 verlassen müssen. Die eigentliche Chinamission erfuhr erst seit dem Opiumkrieg (1840–42) durch das Eingreifen der Kolonialmächte – hier vor allem durch Frankreich – eine deutliche Ver-

---

[1569] AP, CP Cina e regni adjacenti, vol. 76 (1833–1840), S. 876: Liste der Originalschreiben, die der Ritenkongregation übersandt wurden: Summarium Nr. 18 der *Congregatio particularis* 1833; Extra-Summarium mit Aufzeichnung über die Verfolgungen aus der *Congregatio particularis* 1834; Summarium Nr. 1 und 2 der *Congregatio particularis* 1835.

[1570] ARSC, Fondo Q, Ignatius Delgado et soc., ärztliches Gutachten über eine Wunderheilung in Ambérieu-en-Bugey (zwischen Lyon und Genf) vom November 1837. Das Gutachten ist in der erst später angelegten Akte fälschlich abgelegt worden.

[1571] *Relazione del Martirio di due Cristiani nel Tonkino* (BV, Ferrarioli IV 8405 [int. 12]), ein Heft von ca. 30 Seiten in Schreibschrift, ohne Datum und Autorenschaft, sicher aber von einem Missionar verfaßt. Die Martyrien ereigneten sich im November 1837.

[1572] Delgado y Cebrian (1762–1838) verhungerte am 21. Juli 1838 in einem Käfig kurz vor seiner Hinrichtung. Er wurde am 27. Mai 1900 seliggesprochen: Sadoc M. Bertucci, Art. Delgado y Cebrian, Clemente Ignazio, in: BS IV 542–543.

[1573] Zu Bischof Domenico Henares (1765–1838): Sadoc M. Bertucci, Art. Henares, Domenico, in: BS VII 586–587. Henares wurde zusammen mit den anderen 76 Märtyrern am 27. Mai 1900 seliggesprochen.

[1574] Iuris Pontificii De Propaganda Fide, pars prima V 218–220 (Nr. 153). Im westlichen Tonkin erlag Bischof Havard seinen Leiden; zahlreiche Missionare wurden getötet.

[1575] Ebd. 229–231 (Nr. 163).

[1576] Schmidlin I 670f.

[1577] Schmidlin, Katholische Missionsgeschichte 462f.

besserung[1578]. Die drei auf Druck der europäischen Mächte ab 1844 erlassenen Edikte sicherten die freie Religionsausübung, die Rückerstattung der Kirchen und die Missionstätigkeit (Predigt, Kirchenbau) in fünf Freistädten[1579]. Die jurisdiktionellen Voraussetzungen hatte Gregor XVI. bereits 1838 geschaffen, indem er im chinesischen Kaiserreich neue Apostolische Vikariate eingerichtet und dadurch auch das alte Bistum Peking verkleinert hatte, um die kirchliche Verwaltung und Evangelisierung effektiver zu gestalten[1580].

Der grausame Tod Delgados und seiner Gefährten im Juli 1838 erschütterte nicht nur die römische Kurie, er mobilisierte auch das Missionsseminar in Paris zu einem neuen Vorstoß. Kurz nach Weihnachten 1839 sandte Langlois einen folgenschweren Brief an die Propaganda-Kongregation, der die römische Maschinerie tatsächlich in Bewegung setzte[1581]. Langlois verwandte sich für diejenigen, „qui pro Catholica Fide invicta fortitudine artantes persecutorum gladio interierunt"[1582]. Obgleich der Superior keine Namen nannte und wohl auch nicht nennen wollte, bat er expressis verbis um eine Heiligsprechung von chinesischen Märtyrern – ganz gleich welcher spezifischen Identität[1583].

Eine solche Bitte verwundert, da eine Causa notwendigerweise immer mit einer Persönlichkeit verknüpft sein muß. Wenn aber das Individuum mit seinem vorbildhaften Wirken und heroischem Tugendgrad hier nicht im Vordergrund der Kanonisation oder Beatifizierung stand, ja nicht einmal interesseleitend war, dann kann die Supplik Langlois' nur auf die besondere Herausstellung des Missionswesens abgezielt haben – und damit war nichts anderes als die Tür zu einer neuen Heiligenkategorie aufgestoßen: zu der der Märtyrer der Mission. Es war nicht nur die ständig zunehmende Zahl von Glaubensboten, die von fernen, paganen Machthabern mit grausamsten Methoden ermordet worden waren, welche an diokletianische Verfolgungen erinnerten, es war die Mission selbst, die nach einem Echo aus der römischen Zentrale für die äußere und innere Förderung ihrer Aufgaben verlangte.

[1578] Zur Chinamission: ebd. 465f.; Margiotti, La Cina cattolica al traguardo della maturità 517–519; Mulders, Missionsgeschichte 380f.; Bernard-Maitre, Art. Chine 714–718.

[1579] Es handelte sich dabei um die 5 Hafenstädte Shanghai, Ningpo, Futschou, Amoy und Kanton.

[1580] Bis zum Regierungsantritt Gregors war China in 3 Bistümer (Peking, Nanking und Macao) und 3 Apostolische Vikariate (Szechwan, Shansi-Shensi und Fukien) eingeteilt. 1838 wurden die Vikariate von Hukwang, Chekiang-Kiangsu und Leaotung (für die Mongolei und Mandschurei), 1839 Shantung als Vikariat von Peking abgetrennt, 1840 Yunnan als Vikariat von Szechwan dismembriert ebenso wie das neue Vikariat der Mongolei von Leaotung. 1841 wurde die englische Kolonie Hongkong zur Apostolischen Präfektur erhoben. 1844 wurden Shansi und Honan selbständige Vikariate, 1846 Kweichow errichtet und das Vikariat Chekiang-Kiansu geteilt: Schmidlin, Katholische Missionsgeschichte 471; Costantini, Gregorio XVI e le missioni 24f. Die Bistümer Peking und Nanking wurden 1856 aufgehoben und durch Apostolische Vikariate ersetzt.

[1581] Der Inhalt geht aus dem Antwortschreiben des Sekretärs der Propaganda hervor: AP, Lettere/Decreti e Biglietti di Mons. Segretario, 1840, Teil 1, fol. 60–62: Sekretär der Propaganda an Langlois, 19. Januar 1840.

[1582] Zitiert nach: ebd.

[1583] Es geht um die Martyrien von 1815–1839; Namen werden nicht genannt: ebd. – Bis 1841 zählte die junge Kirche in Tonkin-Kotschinchina 78 namentlich bekannte Märtyrer und 56, deren Namen nicht überliefert sind: Metzler, Die Synoden in Indochina 1625–1934 124.

Anfang 1840 entsandte das Seminar in Paris sechs neue Missionare nach Indien und China[1584]. Was lag näher, so der Superior Langlois, ihnen gleichzeitig den Auftrag für einen Quasi-Informativprozeß mitzugeben[1585]. Auch die Propaganda-Kongregation hielt es für zweckmäßig, zunächst die Martyrien vor Ort zu prüfen sowie Identität, Wirksamkeit und die Schriften der gemarterten Missionare festzustellen und das entsprechende Material nach Rom zu schicken[1586]. Mitte März wurde die Propaganda Fide konkreter, ohne jedoch genaue Namen und Orte anzugeben: Sie beauftragte Langlois, einen „Informativprozeß" über die noch namenlosen Martyrien in China anfertigen zu lassen und erbat, dafür etwa 31 000 Franc als Prozeßkosten bereitzustellen[1587].

Inzwischen erreichten neue Hiobsbotschaften aus China den Hl. Stuhl. Der neue Apostolische Vikar in West-Tonkin berichtete gleich zu Anfang seiner Tätigkeit sehr ausführlich über die Martyrien von 1838[1588], die in der Propaganda Fide offensichtlich auf großes Interesse stießen und tiefen Eindruck hinterließen. Dominikanermissionare aus Ost-Tonkin hatten schon im April 1839 einen 20 Seiten langen Bericht über die Massaker an Christen von 1838 angefertigt und nach Rom gesandt[1589]. Die Spezialkongregation der Propaganda für China diskutierte die verschiedenen Dokumentationen und entschloß sich nun endlich zu einem entschiedenen Vorgehen[1590]. Treibende Kraft[1591] war der allseits verehrte Präfekt, Kardinal Giacomo Filippo Fransoni, der 1828 Mitglied der päpstlichen Missionsbehörde und 1834 ihr einflußreicher Leiter wurde[1592]. Unterstützung im Bemühen um eine Aufwertung des Missionsberufes fand er in seinem Sekretär, Ignazio Giovanni Cadolini[1593], der in der entscheidenden Phase des Informationsaustausches die Drehscheibe zwischen Rom, Paris und Fernost dar-

---

[1584] Es wird sich dabei auch um die 3 Missionspriester des Seminars, Pierre-Irénée Duclos, Jean Chamaison und Jean-Claude Miche, handeln, die im Juni 1841 nach abenteuerlicher Fahrt in Kotschinchina eintrafen: Metzler, Die Synoden in Indochina 1625–1934 125.

[1585] AP, Lettere/Decreti e Biglietti di Mons. Segretario, 1840, Teil 1, fol. 60–62: Sekretär der Propaganda Fide an Langlois, 19. Januar 1840.

[1586] Ebd.

[1587] AP, Lettere/Decreti e Biglietti di Mons. Segretario, 1840, Teil 1, fol. 307–308: Sekretär der Propaganda Fide an Langlois, 14. März 1840. Insgesamt waren 31 507 französische Franc zu zahlen.

[1588] In seinem ersten gedruckten Bericht schrieb Bischof Pierre-André Retord umfassend über die Martyrien von Delgado und Henares: AP, Scritture riferite nei Congressi: Cina e regni adjacenti 1838–1840, fol. 566: Auszug aus dem Brief Retords an die Propaganda, 21. Februar 1840.

[1589] AP, Scritture riferite nei Congressi: Cina e regni adjacenti 1838–1840, fol. 6: „Relazione della persecuzione contro la religione cristiana ... 1838" vom 25. April 1839, verfaßt vom Dominikanersuperior und Vizeprovinzial in Ost-Tonkin.

[1590] Der Bericht der Dominikaner wurde nachweislich 1840 in der *Congregazione particolare della Cina e regni adjacenti* besprochen: Vermerk vgl. ebd.

[1591] Geht aus dem Votum des Promotors Fidei der Ritenkongregation vom 15. April 1843 hervor: ASRC, Decreta 1842–1844, fol. 43–48. Als treibende Kräfte der Seligsprechung werden hier Fransoni und der spätere Kardinal Cadolini bezeichnet.

[1592] Der in Genua geborene Fransoni (1775–1856) wurde 1822 Nuntius in Portugal, 1826 Kardinal. Er war wegen seiner Frömmigkeit und Güte überall bekannt, versah die Präfektur von 1834 bis 1856: Metzler, Präfekten und Sekretäre 38–40; Weber II 467.

[1593] Der in Cremona geborene Cadolini (1794–1850), 1826 Bischof von Cervia, 1831 Bischof von Foligno, 1832 Erzbischof von Spoleto, 1838 Titularerzbischof von Edessa und Sekretär der Propaganda (bis 1843), 1843 Kardinal, Erzbischof von Ferrara und Mitglied der Propaganda: Metzler, Präfekten und Sekretäre 58; Renzo Paci, Art. Cadolini, Ignazio Giovanni, in: DBI XVI 88; Weber II 446.

stellte. Seit dem Frühjahr 1840 bemühte sich nämlich Kardinal Fransoni in der Ritenkongregation um die Einrichtung einer *Congregatio particularis* für die chinesischen Causen, um die Vielzahl von Schwierigkeiten gebündelt diskutieren und leichter bewältigen zu können[1594]. Die Allokution des Papstes vor dem Konsistorium am 27. April 1840 unterstrich nicht nur Fransonis Bemühen, sie ebnete auch in formaler Hinsicht den Weg zur Seligsprechung. Gregor XVI. ging ausführlich auf die letzte Verfolgung der Christen in Tonkin ein, würdigte ihr Sterben als Märtyrertum und nannte sie Heroen des katholischen Glaubens. Der Papst hoffte in Hinblick auf die drängenden Sorgen der Weltmission, daß durch diese Beispiele der Lebenshingabe die Gemüter der Gläubigen in aller Welt aufgerüttelt würden[1595]. Formal qualifizierte der Missionspapst die Berichte der Apostolischen Vikare und die Briefe der Missionare als „testimonia satis idonea"[1596], um ein Martyrium als gesichert festzustellen. Gregor XVI. würdigte damit die turmhohen Probleme, die in den unüberschaubar großen und unwegsamen ostasiatischen Königreichen bei der Informationsbeschaffung zu überwinden waren[1597]. Diese Riesenreiche waren in relativ weiträumige Apostolische Vikariate unterteilt, die durch die flächenmäßige Ausdehnung und die Verfolgungssituation kaum die Möglichkeit boten, gesicherte Nachrichten einzuziehen. Allenfalls aus dem Teil der Provinz, in dem sich der Sitz des Vikariates befand, versprach man sich einigermaßen wahrheitsgemäße, präzise und vollständige Informationen[1598]. Deshalb glaubte der Papst auch, auf den *Processus Ordinarius* verzichten zu können, wenn nur für das Martyrium ausreichend Zeugnisse vorlägen und diese umfassend beglaubigt seien[1599].

Es erstaunt vor allem, mit welcher Eile man nach der Papstallokution vorging, um endlich einen Durchbruch bei der Ritenkongregation zu erreichen. Neben der Beschaffung von Informationen bildete der Zeitfaktor bei der Überwindung der großen Entfernungen das gravierendste Problem, das es zu bewältigen galt. Schon am 20. Mai übte Cadolini Einfluß auf den Promotor Fidei aus, um die langwierige Prozedur bei der Untersuchung des Martyriums und der Zeichen der Heiligkeit abzukürzen[1600]: Der Glaubensanwalt solle sich mit seinem Präfekten beraten, um nach Wegen zu suchen, den Apostolischen Prozeß in den entlegenen Gebieten zu vereinfachen, und um Möglichkeiten für eine Dispens zu ventilieren. Geradezu beschwörend verwandte sich Cadolini für die Bewilligung von Spezialfakultäten, die „den besonderen Verhältnissen vor Ort und den bedrängten Zeitumständen der dortigen Christenheit angepaßt"[1601] wären. Als Beispiel übersandte der Propaganda-Sekretär eine Instruktion aus seiner

---

[1594] ASRC, Decreta 1842–1844, fol. 43–48: Votum Frattinis von 15. April 1843.
[1595] AP, Lettere/Decreti e Biglietti di Mons. Segretario, 1840, Teil 1, fol. 417–418: Sekretär der Propaganda an Langlois, 30. April 1840: Bericht über das Konsistorium.
[1596] ASRC, Decreta 1842–1844, fol. 45: Votum Frattinis vom 15. April 1843.
[1597] Hierzu auch die Erwägungen des Promotors Fidei vom 15. April 1843: ASRC, Decreta 1842–1844, fol. 43–48.
[1598] Ebd. Berichte aus anderen Regionen „non possono essere mai così certe, così piene come quelle del suo Vicariato" (S. 48).
[1599] Der Papst schloß sich hier dem Votum des Promotors Fidei an: AP, CP Cina, Scritture Originali, vol. 76 (1833–1840), fol. 849v: Aufzeichnung über die Papstansprache vom 27. April 1840.
[1600] AP, Lettere/Decreti e Biglietti di Mons. Segretario, 1840, Teil 1, fol. 468–469: Sekretär der Propaganda an Frattini, 20. Mai 1840.
[1601] Ebd.: „adatte alla circonstanza dei luoghi e tempi calamitosi di quelle cristianità".

Behörde, die dem Promotor Fidei als Vorlage für den Auftrag zum *Processus Apostolicus* dienen sollte, damit die Causa zügig und situativ angepaßt in Gang kommen konnte[1602]. Eile war schon wegen der wenigen greifbaren Zeugen für die Martyrien geboten, die es in Krieg und Verfolgung zu befragen galt – so berichtete eine Supplik der Propaganda[1603], die dem Papst am 24. Mai präsentiert werden sollte.

Die Bittschrift enthielt außerdem einen wichtigen Hinweis auf den Gesamthorizont der neuen Causa. Sie lenkte die Aufmerksamkeit darauf, daß es „in unseren Tagen von herausragender Bedeutung ist, vor dem gesamten Erdkreis zu dokumentieren, daß im Schoß der Katholischen Kirche stets Helden sind [...], die den Tod nicht scheuten, um die heiligste Religion rein zu halten"[1604]. Damit wandte sich die neue Causa nicht mehr nur an die Katholiken in Rom und Italien, allenfalls noch wie bisher an die des Abendlandes, sondern ihr Programm war weltumspannend und universell: weltumspannend, weil durch die Aufwertung der Märtyrer in Tonkin „katholische Christen leuchtende Beispiele zum Nachahmen hätten und weil sie diese als Protektoren bei Gott mit Sicherheit anrufen könnten"[1605]; und universell, weil es gegenüber allen Nichtchristen „immer eine lobenswerte Pflicht der Heiligen Kirche gewesen ist, das Andenken der Märtyrer zu ehren als Triumph unserer Religion"[1606]. Diese Supplik der römischen Missionsbehörde sollte dann auch zum Passierschein in das Bewußtsein der Weltkirche werden. Schließlich war es der vordringlichste Auftrag der Kirche, das Evangelium bis an die Grenzen der Erde zu tragen (Mt 28, 19) und dort wie Schafe unter Wölfen zu leben (Mt 10, 16), wie eine weitere Bittschrift von 1842 nochmals mahnend ins Gedächtnis rief[1607].

Am 24. Mai 1840 kam die Sache vor den Papst. Kardinal Fransoni erreichte in der Audienz, daß Gregor XVI. den Vorschlag des Präfekten billigte, die *Signatio Commissionis* der *Causa Martyrii* des Bischofs Delgado und seiner Gefährten in der Ritenkongregation zu diskutieren[1608]. Fransoni bezeichnete dabei die Märtyrer in den „Sinarum regionibus"[1609] signifikant als „Catholicae Ecclesiae decus, fidelium exemplar et Missionum"[1610]. Er konnte außerdem durchsetzen, daß der Propaganda-Sekretär als Postulator der Causa mit allen notwendigen Fakultäten ausgestattet wurde – und zwar

---

[1602] Ebd. Cadolini bat darum, der Promotor Frattini solle sie kritisch durcharbeiten und weitere Anregungen geben.
[1603] AP, CP Cina, Scritture Originali, vol. 76 (1833–1840), fol. 848–850: Supplik der Propaganda, die zunächst an die Ritenkongregation ging.
[1604] Ebd., fol. 850: „ai dì nostri, nei quali troppo importa il giustificare all'Orbe Universo, che nel grembo della Cattolica Chiesa sonovi sempre Eroi, emulatori dei primi cristiani che tutto dispregiano, strazi, atroci tormenti, e la istessa morte per conservare illibata quella Religione Santissima".
[1605] Ebd., fol. 848: „perché i fedeli abbiano luminosi esempi d'imitare, e perché possano con sicurezza invocare protettori presso Dio".
[1606] Ebd., fol. 848: „Come sempre è stata una lodevole premura della Chiesa Santa di onorare la memoria dei Martiri [...] per ricordare i trionfi della Religione nostra".
[1607] Vgl. undatierte anonyme Bittschrift (wohl aus der Propaganda-Kongregation, Mai 1842): ASRC, Fondo Q, Martyres Sinarum.
[1608] Dekret der Propaganda, 25. Mai 1840: AP, Lettere/Decreti e Biglietti di Mons. Segretario, 1840, Teil 1, fol. 479–480.
[1609] Ebd.
[1610] Ebd.

sowohl in Rom als auch außerhalb.[1611] Damit avancierte erstmals eine hochrangige Kurialbehörde zum Actor einer Beatifikationscausa! Dem Papst schien die Sache offensichtlich ebenfalls eilbedürftig zu sein, denn er ordnete für die nächste Sondersitzung der Ritenkongregation eine erste Diskussion des Delgado-Prozesses an[1612].

Rasch setzte man sich mit der Ritenkongregation in Verbindung, um auf das in der Propaganda liegende Material über das Martyrium der „celebrati campioni del cattolicismo"[1613] aufmerksam zu machen, das der Papst in seiner Allokution bereits als tragfähig gewürdigt hatte[1614]. Die Propaganda fuhr nun fort, die Ritenkongregation bis 1843 mit zahllosem Material zu unterschiedlichen Martyrien zu überschwemmen und richtete damit zweifellos einige Verwirrung und Unordnung an. Denn dort mußten Causen und Einzelfragen peinlich genau auseinandergehalten und geprüft werden. Außerdem mußte zunächst die heikle Frage geklärt werden, ob man eine Causa eröffnen konnte, die aus Mangel an Dokumenten gleich mehrere Personen umfaßte[1615].

Zunächst jedoch lief die Sondersitzung der Ritenkongregation, die schon am 29. Mai 1840 stattfand[1616], erwartungsgemäß ab. Die Sammelcausa, die nach dem Willen der Propaganda namentlich vom 1833 enthaupteten Vietnamesen Petrus Tuy[1617] angeführt wurde und weitere Missionare – darunter auch Delgado – einschloß, die aus dem Seminar in Paris hervorgegangen waren und zwischen 1833 und 1839 zu Tode kamen[1618], wurde eingehend diskutiert und auf das ausschlaggebende Wort des Papstes angenommen[1619].

Am 19. Juni 1840 signierte Gregor XVI. *propria manu* das in der Propaganda gedruckte[1620] Dekret[1621] zur Aufnahme der Causa Tuy/Delgado und setzte damit den Prozeß in Gang, der das Bewußtsein der Weltkirche transportierte. Die zahlreichen und sich in Zukunft noch häufenden Schwierigkeiten und Zweifel, die vor allem von der Ritenkongregation immer wieder vorgetragen wurden, konnten nur durch das hartnäckige Wohlwollen des Papstes überwunden werden. Einfluß und Energie der Propaganda-Kongregation allein, die gemeinsam mit dem Pariser Seminar mehr aus missionsinterner Motivation zum Träger des Weltkirchenbewußtseins avancierte,

---

[1611] Ebd.
[1612] AP, Lettere/Decreti e Biglietti di Mons. Segretario, 1840, Teil 1, fol. 480–481: Cadolini an Pedicini, 25. Mai 1840.
[1613] Ebd.
[1614] Ebd.
[1615] ARSC, Decreta 1842–1844, fol. 43: Relation Frattinis vom 15. April 1843.
[1616] ASRC, Decreta 1842–1844, fol. 48: Aufzeichnung von 1843 über die Kongregationssitzung vom 29. Mai 1840.
[1617] Der Einheimische Tuy starb als erstes Opfer der Verfolgungswelle am 11. Oktober 1833 in Hanoi. Er wurde am 27. Mai 1900 seliggesprochen: Niccolò Del Re, Art. Tuy, Pietro, in: BS XII 724f.
[1618] Vgl. *Summarium* der Causa, das von der Propaganda Fide angefertigt wurde: AP, CP Cina, Scritture Originali, vol. 76 (1833–1840), fol. 850v.
[1619] ASRC, Decreta 1842–1844, fol. 48: Aufzeichnung von 1843 über die Kongregationssitzung vom 29. Mai 1840.
[1620] AP, Lettere/Decreti e Biglietti di Mons. Segretario, 1840, Teil 2, fol. 672–673, Propaganda-Sekretär an den Pro-Tesoriere, 22. Juli 1840. Der Papst hatte den Druck des Dekretes am 14. Juni gestattet.
[1621] AP, CP Cina, Scritture Originali, vol. 76 (1833–1840), fol. 880: Dekret vom 19. Juni 1840. Vgl. auch: ebd., fol. 878: Aufzeichnung über die *Signatio Commissionis*. Vgl. ebenfalls: ASRC, Decreti 1842–1844, fol. 48: Aufzeichnung von 1843.

konnten jedoch bei der ersten tatsächlich internationalen Causa keinen Durchbruch erzielen. Die römische Missionszentrale hatte nämlich als Namensgeber für die Causa einen Vietnamesen eingesetzt, der nach heimischer Seminarausbildung in der Provinz Ha Noi eine Pfarrei im Vikariat West-Tonkin übernommen hatte und wegen seines bekennenden Priestertums 1833 enthauptet wurde. Wenige Jahre nach seinem Tod wurde der Leichnam nach Paris überführt und im Missionsseminar verehrt[1622]. Er war nicht der einzige Einheimische, der in die neue Causa einbezogen wurde.

Mit der *Signatio Commissionis* war zunächst nur die erste Hürde auf dem Weg zur Seligsprechung genommen; der Anspruch des weit ausgreifenden Programms dieser Causa wurde damit jedoch mit Hilfe des Papstes vollständig anerkannt. Daß dieser Etappensieg der Propaganda Fide nicht unangefochten blieb oder durchschlagenden Erfolg hatte, zeigt die weitere Vorgehensweise in der Ritenkongregation. Dort blieben auch weiterhin Zweifel an der Durchführbarkeit einer solchen Causa bestehen[1623].

Nach der Eröffnung des Verfahrens erwog man zunächst, den entsprechenden Apostolischen Vikar in Übersee mit dem Apostolischen Prozeß zu betrauen. Außerdem erbat die Propaganda Fide vom Pariser Missionsseminar weiteres Material für die *Causa Sinarum*[1624]. Die römische Missionsbehörde tat nun alles, was den Fortgang des Prozesses beschleunigen könnte: Damit es beim Anfertigen des Apostolischen Prozesses keine unnötigen Mißverständnisse und Rückfragen gab, sandte die missionserfahrene Kongregation einen neuartigen Fragekatalog für die Zeugenvernehmung an den Promotor Fidei zur Approbation[1625]. Außerdem mahnte sie die Ritenkongregation wiederholt zur Eile[1626], trug aber verschiedentlich dort wiederum zur Verwirrung bei, da sie bis 1843 immer wieder ergänzendes und neues Material mit bisher unbekannten Glaubenszeugen einsandte, um diese in die Gesamtcausa einzubinden: Bis April 1843 lagen in der Ritenkongregation insgesamt 55 Kandidaten mit recht unterschiedlicher Dokumentationsgrundlage vor; das erste von der Propaganda zusammengestellte *Summarium* umfaßte 41 Personen, ein zweites weitere 14 Märtyrer[1627]. Trotz all dieser Unregelmäßigkeiten konnte bis zum Januar 1843 eine *Positio* zusammengestellt werden[1628].

Diese formal und inhaltlich neue Causa, die in weiten Teilen Neuland betrat, brachte für die Ritenkongregation erhebliche Schwierigkeiten und Präzedenzfälle mit sich; das nun vorliegende Material war mit dem gesamten Apparat der Kongregation und seiner spezifischen Schwerkraft bei der Entscheidungsfindung gar nicht zu bewältigen. Dem Drängen der Propaganda Fide gab der Papst schließlich nach und richtete in der Ri-

---

[1622] Del Re, Art. Tuy, Pietro 724f.
[1623] AP, Lettere/Decreti e Biglietti di Mons. Segretario, 1840, Teil 1, fol. 570–571: Propaganda-Sekretär an Langlois, 29. Juni 1840.
[1624] AP, Lettere/Decreti e Biglietti di Mons. Segretario, 1840, Teil 1, fol. 530–531: Propaganda-Sekretär an Langlois, 9. Juni 1840.
[1625] AP, Lettere/Decreti e Biglietti di Mons. Segretario, 1840, Teil 2, fol. 854: Propaganda-Sekretär an Frattini, 24. August 1840.
[1626] Ebd.
[1627] ASRC, Decreta 1842–1844, fol. 43–48: Relation Frattinis vom 15. April 1843. Vgl. auch die Liste von 1843 mit 55 Märtyrern aus der Zeit 1798–1840: ASRC, Fondo Q, Martyres Sinarum.
[1628] ASRC, Decreta 1842–1844, fol. 43–48: Relation Frattinis vom 15. April 1843.

tenkongregation eine *Congregatio particularis* für die chinesischen Märtyrer[1629] ein, die am 20. Januar 1842 erstmals in der *Cancelleria* tagte[1630]. Dieser bedeutsame Akt zugunsten rascherer Fortschritte korrespondierte mit einer hochrangigen Besetzung: Die Kommission bestand aus vier kongregationseigenen Kardinälen – allen voran Kardinalstaatssekretär Luigi Lambruschini, Costantino Patrizi, Giuseppe Mezzofanti[1631] und dem Altpräfekten Pedicini – sowie dem Promotor Fidei, dem Assessor und dem Sekretär der Heiligsprechungsbehörde[1632]. Außerdem wurden Vertreter der Orden hinzugezogen, die direkt in die chinesische Causa involviert waren: die Dominikaner und die Lazaristen[1633]. Weiterhin hielt der Propaganda-Sekretär die Ergänzung dieses Gremiums durch einen ausgewiesenen Experten seines Dikasteriums für erforderlich[1634]. Der Papst stimmte am 17. Oktober dem Vortrag Cadolinis zu und berief als weiteres Mitglied Kardinal Carlo Acton[1635] aus der Propaganda-Kongregation[1636]. Hauptarbeitsfeld der *Congregatio particularis* bildete die Erarbeitung von Kriterien für ein spezielles, reformiertes Prozeßverfahren. Der alte Modus procedendi war auf die Erfassung umfangreichen Dokumentationsmaterials ausgerichtet; die Zeugenvernehmung geschah ähnlich der zivilen Gerichtsverfahren vor einem Tribunal, das sich aus etlichen hohen Geistlichen des entsprechenden Bistums zusammensetzte. Die besonderen Umstände in Ostasien erforderten jedoch eine weitreichende Anpassung der Prozeßordnung an die gegebenen Verhältnisse, um in absehbarer Zeit zum Ziel zu gelangen, so daß nicht wertvolle Zeugnisse verlorengingen. Das bedeutete zunächst die Verkürzung des gesamten Prozeßablaufs und eine Dispens vom *Processus Ordinarius*[1637]. Für die spezifische Arbeit der Ritenkongregation würde das bedeuten, daß ihre *Congregatio particularis*, die die anfallende Arbeit der Prozeßeinleitung übernehmen sollte[1638], ohne „besondere Umstände und förmliches Urteil sowie ohne die

---

[1629] Entsprechend einer Absprache zwischen dem Propaganda-Sekretär und dem Promotor fidei sollten zur bereits laufenden Causa noch weitere Märtyrer hinzutreten: AP, Lettere/Decreti e Biglietti di Mons. Segretario, 1842, Teil 1, fol. 386: Propaganda-Sekretär an Frattini, 14. April 1842.

[1630] ASRC, Decreta 1842–1844, fol. 48: Dekret über die *Signatio Commissionis* für Dufresse, 9. Juli 1843.

[1631] Giuseppe Mezzofanti (1774–1849), bis 1831 im Bibliotheksdienst der Universität Bologna, 1838 Kardinal, 1845–1849 Präfekt der Studienkongregation: Weber II 485–486.

[1632] ASRC, Decreta 1842–1844, fol. 6: Vermerk auf der Bittschrift vom 10. April 1842.

[1633] ASRC, Decreta 1842–1844, fol. 48: Dekret über die *Signatio Commissionis* für Dufresse, 9. Juli 1843. Das direkt betroffene Missionsseminar in Paris war wohl deswegen nicht vertreten, weil es keinen entsprechenden Repräsentanten in Rom hatte.

[1634] Cadolini bescheinigte dem von ihm vorgeschlagenen Kardinal Acton eine „estesa cognizione degli affari della Sagra Congregazione di Propaganda": ASRC, Decreta 1842–1844, fol. 4: Bittschrift des Propaganda-Sekretärs, Oktober 1842.

[1635] Carlo (Charles) Januarius Acton (1803–1847), 1830 Vizelegat in Bologna, seit 1831 kuriale Tätigkeiten, 1840 als Generalauditor der Apostolischen Kammer und Konsultor der Ritenkongregation nachgewiesen (ASRC, Decreta 1840–1841, fol. 13: CA über Tugendgrad (Alacoque), 28. April 1840), 1839/42 Kardinal, 1847 Präfekt der Indulgenz und Reliquienkongregation: Fausto Fonzi, Art. Acton, Carlo, in: DBI I 204; Weber II 425.

[1636] ASRC, Decreta 1842–1844, fol. 4: Bittschrift des Propaganda-Sekretärs und Aufzeichnung vom 17. Oktober 1842. Acton sollte Kardinal Giuseppe della Porta Rodiani (1776–1841) (1822 Erzbischof von Damaskus, 1823 Patriarch von Konstantinopel, 1834 Kardinal: HC VII 28, 161, 172) ersetzen, der als Mitglied zwar vorgesehen war, aber schon am 18. Dezember 1841 starb.

[1637] Dazu die Bittschrift der *Congregatio particularis* vom 10. April 1842: ASRC, Decreta 1842–1844, fol. 6.

[1638] Hierzu auch: ebd.

gewöhnlich vorgeschriebenen Formalitäten nur denjenigen Dokumentenbestand diskutieren würde, der von der Kongregation der Propaganda eingereicht worden war, und so die *Commissio* zur Einleitung derjenigen Märtyrercausen signieren würde, die ihr von der Propaganda besonders angezeigt worden waren"[1639]. Die nächsten Dispensen, die in diesem Zusammenhang von der *Congregatio particularis* vom Papst erbeten werden mußten, betrafen die Vereinfachung der Materialprüfung in der Ritenkongregation und den Mangel an Dokumenten[1640]. Außerdem beschäftigte man sich in der *Congregatio* mit der Einleitung neuer Causen, da die Ritenkongregation mit ständig neuem Material aus der Propaganda überschwemmt wurde[1641].

Dies war nicht zuletzt auf die unermüdliche Tätigkeit des Seminarsuperiors Langlois zurückzuführen[1642], der nicht nur eine Unmenge von neuem Material über Märtyrer aus Fernost herbeischaffte, sondern auch die dortigen Apostolischen Vikare für die besondere Aufwertung ihres Berufsstandes interessieren konnte[1643]. Vor allem der Vikar von Szechwan, Bischof Jacques Léonard Pérocheau[1644], hatte sich schon 1841 direkt an die Propaganda-Kongregation gewandt und sich dort für die Aufnahme eines Seligsprechungsverfahrens für die Märtyrer in China eingesetzt[1645]. Der Bischof bat im Namen seiner Missionare eindringlich, neue Märtyrercausen beschleunigt anzugehen, um den Eifer und die Standhaftigkeit seiner Priester zu stärken[1646]. Pérocheau dachte dabei zunächst an den inzwischen fast vergessenen Ausgangspunkt der neuen Ära, den 1815 bei einer Christenverfolgung in Szechwan ums Leben gekommenen Bischof Jean-Gabriel-Taurin Dufresse[1647]. Ihm wurde neben anderen ein noch früherer, einheimischer Missionsmärtyrer zur Seite gestellt, der 1798 gemarterte Johannes

---

[1639] ASRC, Decreta 1842–1844, fol. 43–48: Relation und Votum Frattinis vom 15. April 1843: „senza strepito, e forma di giudizio, e senza le solite prescritte formalità si discutesse se non la scorta dei documenti esibiti dalla S.C. di Propaganda potesse segnarsi la commissione d'introduzione della causa di martirio per quelli che venivano particolarmente ivi nominati" (fol. 43).

[1640] Ebd.

[1641] ASRC, Decreta 1842–1844, fol. 4: Vermerk vom 29. Mai 1842 auf der Bittschrift der *Congregatio particularis* vom 10. April 1842.

[1642] Seit etwa 1850 fand Langlois in Gustav Adolf Fürst von Hohenlohe-Schillingsfürst (1823–1896) einen namhaften Repräsentanten in Rom, der sich mit Eifer für verschiedene Missionscausen des Pariser Seminars einsetzte: Martyrs de la Corée, du Tonkin, de la Cochinchine et de la Chine 532.

[1643] Am 9. März 1842 sandte Langlois weiteres Material nach Rom: AP, Lettere/Decreti e Biglietti di Mons. Segretario, 1842, Teil 1, fol. 318–319: Dank des Propaganda-Sekretärs, 14. April 1842. Langlois unterstützte die Bitten der Apostolischen Vikare mit Nachdruck bei der Propaganda: AP, Lettere/Decreti e Biglietti di Mons. Segretario, 1842, Teil 1, fol. 467–468: Propaganda-Sekretär an Langlois, 31. Mai 1842.

[1644] Pérocheau (1787–1861), zunächst Seminarregens in La Rochelle, 1817 Bischof von Maxula Prates, 1818 Mitglied des Pariser Missionsinstituts, 1820 Koadjutor des Apostolischen Vikars von Szechwan, 1838 sein Nachfolger: HC VII 257, 306, 346. Den Vorstoß Pérocheaus wurde von Langlois angeregt: AP, Lettere/Decreti e Biglietti di Mons. Segretario, 1842, Teil 1, fol. 467–468: Propaganda-Sekretär an Langlois, 31. Mai 1842.

[1645] APF, Lettere/Decreti e Biglietti di Mons. Segretario 1842, Teil 1, fol. 482v: Propaganda-Sekretär an Pérocheau, 4. Juni 1842 als Antwort auf Brief und Denkschrift Pérocheaus vom 2. September 1841. Der Anlaß war die Bitte Pérocheaus um einen Koadjutor cum iure successionis.

[1646] ASRC, Decreta 1842–1844, fol. 43–48: Relation und Votum Frattinis, 15. April 1843.

[1647] ASRC, Decreta 1842–1844, fol. 4: handschriftliche Aufzeichnung der Audienz vom 29. Mai 1842.

Dat[1648]. Wunderheilungen in Paris und Istanbul hatten die Bedeutung dieser Blutzeugen erheblich erhöht[1649].

Die Bitte Pérocheaus, die vom Missionsseminar und der Propaganda energisch unterstützt wurde[1650], fand auch den Beifall des Papstes, dem man die mögliche Ausweitung der Causa referierte[1651]. Gregor XVI. überwies am 29. Mai 1842 das Material über Dufresse und Dat an die *Congregatio particularis*, der die *Signatio Commissionis* der *Causa Martyrii Sinarum* zustand[1652]. Der Papst gestattete in jener Audienz nicht nur die Vereinfachung des Prozesses, er forderte das Missionsseminar regelrecht auf, kurze und authentische Dokumente einzusenden, um die Eröffnung eines Prozesses an der Ritenkongregation zu betreiben[1653].

Der neue Vorstoß platzte regelrecht in die Arbeit der Ritenkongregation hinein, die sich gerade anschickte, eine *Positio* über die unübersichtliche chinesische Märtyrercausa herauszubringen und die *Litterae remissoriales* für den Apostolischen Proceß auszufertigen[1654]. Der Propaganda-Sekretär reagierte höchst ungehalten, da nun die *Positio* über die Märtyrer von 1833 bis 1839, die sich bereits im Druck befand, durch die Ergänzungen unbrauchbar geworden war[1655]. Das alles bedeutete zunächst einmal eine erhebliche Verzögerung des ganzen Prozederes, vor allem aber auch einen erheblichen Zeitverlust für die Zeugenvernehmung in Fernost.

Wiederum überschlugen sich die Aktionen des römischen Missionsdikasteriums. Um seinem Anliegen Nachdruck zu verleihen, bat Cadolini das päpstliche *Sekretariat für die lateinischen Briefe*[1656], „mit jener größten Eilfertigkeit, die möglich sein wird"[1657], den Text der Ansprache, die Pius VII. 1816 auf den Tod Dufresses gehalten hatte, ausfindig zu machen und sie der Ritenkongregation zuzustellen[1658]. Dieser Behörde wurde dann auch Anfang Juli 1842 die offizielle Supplik, die sich um die *Signatio Commissionis* für Dufresse und Dat bemühte, und das vom Papst eigenhändig unterschriebene Reskript, das die Überweisung der Martyrien an die *Congregatio particu-*

[1648] Der in West-Tonkin geborene Johannes Dat (1765–1798) erhielt seine Erziehung in der Missionsschule von Loan. Nach der Ausbildung im katholischen Kolleg arbeitete er zunächst als Katechet in der Provinz, wurde dann 1798 zum Priester geweiht, verfolgt, inhaftiert und am 28. Oktober desselben Jahres enthauptet. Er wurde am 27. Mai 1900 seliggesprochen: Celestino Testore, Art. Dat, Giovanni, in: BS IV 486–488.

[1649] ASRC, Decreta 1842–1844, fol. 43: Relation und Votum Frattinis vom 15. April 1843.

[1650] ASRC, Decreta 1842–1844, fol. 4: Bittschrift vom 10. April 1842.

[1651] AP, Lettere/Decreti e Biglietti di Mons. Segretario, 1842, Teil 1, fol. 482v: Propaganda-Sekretär an Pérocheau, 4. Juni 1842.

[1652] ASRC, Decreta 1842–1844, fol. 4: handschriftliche Aufzeichnung der Audienz vom 29. Mai 1842.

[1653] AP, Lettere/Decreti e Biglietti di Mons. Segretario, 1842, Teil 1, fol. 482v: Propaganda-Sekretär an Pérocheau, 4. Juni 1842.

[1654] AP, Lettere/Decreti e Biglietti di Mons. Segretario, 1842, Teil 1, fol. 467–468: Propaganda-Sekretär an Langlois, 31. Mai 1842.

[1655] Ebd.

[1656] Zur 1967 aufgehobenen *Segreteria delle Lettere Latine*: Niccolò del Re, Art. Segretaria delle Lettere Latine, in: ders., Mondo Vaticano 972.

[1657] AP, Lettere/Decreti e Biglietti di Mons. Segretario, 1842, Teil 1, fol. 517: Propaganda-Sekretär an *Segretario delle Lettere Latine di V.S.*, 2. Juni 1842: „con quella maggior sollecitudine che le sarà possibile".

[1658] Ebd.

laris anordnete, zugesandt[1659]. Mittlerweile hatte offensichtlich auch die Propaganda die Übersicht verloren; im Begleitschreiben Cadolinis war neben Dufresse und Dat auch die Rede von „verschiedenen anderen Dienern Gottes, die in China und den benachbarten Königreichen umgebracht worden waren"[1660].

Nun ging die Propaganda daran, eine neue *Positio* zusammenzustellen. Ende des Jahres 1842, als diese Arbeit über insgesamt 55 Martyrien abgeschlossen war[1661], sandte Cadolini das neue Werk an die Ritenkongregation, schlug seinen *Sottosegretario* und späteren Nachfolger Giovanni Brunelli[1662] als Postulator vor und bat darum, schnellstmöglich die *Congregatio particularis* zusammenzurufen[1663]. Obwohl die Mühlen der Ritenkongregation allgemein langsam und zäh mahlten, beeilte man sich dank des übermächtigen Einflusses der Propaganda und der erleichterten Arbeit in der *Congregatio particularis* (die inzwischen um den Subpromotor fidei und Apostolischen Protonotar der Ritenkongregation erweitert worden war[1664]), einen Termin festzulegen. Zunächst wurde die Sitzung[1665] auf den 12. Juni 1843 angesetzt, dann jedoch auf den 20. Januar vorgezogen[1666], so daß kaum Zeit blieb, das Material zu prüfen. Bei neun von 55 Martyrien bestanden *dubia*[1667]. Schwerer wog jedoch, daß in dem wahren Wirrwarr von Kandidaten, Dokumentationen und kurialen Schreiben eine Entscheidungsfindung zwangsläufig nicht leicht fiel; man glaubt sogar, eine gewisse Hilflosigkeit bei den Teilnehmern angesichts der Pionierarbeit bei der Prozeßreform und der Erstellung neuer Verfahrensweisen feststellen zu können. Obgleich es schon um die zweite *Signatio Commissionis* einer Causa neuer Art ging – bei der ersten hatte allerdings der Papst tatkräftig nachgeholfen –, steckte man noch immer in der Erörterung von Grundsätzlichem. Wie neuartig und anspruchsvoll auch diese *Causa Sinarum* für die Experten der Ritenkongregation gewesen sein mußte, zeigt mit Deutlichkeit das unsichere Diskutieren über den Modus procedendi in der *Congregatio particularis*. Man konnte sich anfangs grundsätzlich nicht einigen, ob zunächst der Prozeß an der Kongregation offiziell eröffnet werden und man dann die entsprechenden Dispensen einholen sollte, oder ob man die *Commissio* signieren sollte, ohne auf die strenge

---

[1659] AP, Lettere/Decreti e Biglietti di Mons. Segretario, 1842, Teil 2, fol. 627: Propaganda-Sekretär an den Präfekt der Ritenkongregation, 8. Juli 1842. Anbei Supplik und Reskript.

[1660] Ebd.: „vari altri servi di Dio uccisi in Cina e Regni adjacenti". Der Terminus *Servo di Dio* war eindeutig ein Vorgriff und zeugt von mangelnder Kompetenz der Propaganda in Fragen der Selig- und Heiligsprechung.

[1661] ASRC, Decreta 1842–1844, fol. 48: Aufzeichnung über die *Signatio Commissionis* der Causa Dufresse e soci, 9. Juli 1843.

[1662] Brunelli (1795–1861), Januar 1843 bis 1847 Sekretär der Propaganda, 1845 Erzbischof von Thessaloniki, 1847 außerordentlicher Gesandter, 1848 Nuntius in Madrid, 1852/53 Kardinal, 1854 Mitglied der Propaganda. Er wurde am 24. November 1855 der permanenten Partikularkongregation der Propaganda für China zugeordnet: Metzler, Präfekten und Sekretäre 58; Weber II 444f.

[1663] AP, Lettere/Decreti e Biglietti di Mons. Segretario, 1842, Teil 2, fol. 1049–1050: Propaganda-Sekretär an den Präfekt der Ritenkongregation, 16. Dezember 1842. Vgl. auch Empfängerüberlieferung: ASRC, Fondo Q, Marytres Sinarum.

[1664] AP, Lettere/Decreti e Biglietti di Mons. Segretario, 1842, Teil 2, fol. 1049–1050: Propaganda-Sekretär an den Präfekt der Ritenkongregation, 16. Dezember 1842.

[1665] ASRC, Decreta 1842–1844, fol. 33: Aufzeichnung über die Sitzung vom 20. Januar 1843; vgl. auch: ASRC, Fondo Q, Marytres Sinarum.

[1666] Das geht aus einem undatierten anonymen Votum für die Sitzung am 20. Januar hervor: ASRC, Fondo Q, Martyres Sinarum.

[1667] ASRC, Fondo Q, Martyres Sinarum, Namensliste der 55 Märtyrer.

Formpflicht der Prozeßordnung Rücksicht zu nehmen[1668]. Der Präfekt der Ritenkongregation Pedicini schloß sich anfangs dem Votum seines Promotors an, wechselte dann aber die Fronten zu Lambruschini, der dazu riet, zunächst abzuwarten, jede Einzelcausa zu dokumentieren und erst dann in Sachen *Signatio* eine Entscheidung zu treffen[1669]. Patrizi, Mezzofanti und Acton traten der Position Pedicinis bei, der Kongregationssekretär nahm den Standpunkt des Promotors ein und der Assessor legte gar ein eigenes Votum vor[1670]. Disparater konnte man kaum abstimmen! Die Mehrzahl der Kardinäle und Prälaten, die die „große Bedeutung"[1671] der anstehenden Fragen erkannte, neigte schließlich fast ängstlich dazu, zunächst bei Gregor XVI. die nötigen Dispensen einzuholen. Ohne Zweifel war allen Mitgliedern bewußt, daß diese Causa *sui generis* einen Dammbruch auslösen konnte, der unabsehbare Folgen hätte – daher die Vorsicht und Ratlosigkeit. Man einigte sich auf das typische Verhaltensmuster: *dilata*[1672]. Der mittlerweile zum Kardinal promovierte Cadolini[1673], der gemeinsam mit dem Papst als Seele der ganz neuen Heiligenkategorie galt, wurde um einen ausführlichen Bericht über den gesamten Themenkomplex gebeten, „speziell über die Nachweise, die sich auf jeden einzelnen beziehen, den man vorschlägt"[1674].

Cadolini drängte auf eine *Signatio Commissionis*. Den springenden Punkt, die Prüfung jedes einzelnen Martyriums, versuchte er mit päpstlicher Unterstützung auszuhebeln: Als Modus procedendi schlug der Kardinal zunächst die Eröffnung des Prozesses an der Ritenkongregation vor, der dann die Diskussion über die indirekten Nachweise der Martyrien folgen sollte. Tatsächlich konnte sich der frischkreierte Purpurträger damit durchsetzen, obwohl Gregor XVI., der zwar vom *Processus Ordinarius* dispensiert hatte, anfangs keine *Signatio Commissionis* ohne eingehende Kenntnis der Causa zulassen wollte. Daher hatte der Papst die Prüfung der Dokumentenlage der *Congregatio particularis* anvertraut, die zu entscheiden hatte, ob es „sichere und verläßliche Indizien [gäbe] oder solche Quasinachweise, welche ohne Ausnahme die Aufnahme der Causa rechtfertigen können"[1675]. Cadolinis Argumentation schloß sich auch das Votum des Promotors Fidei, Andrea Maria Frattini[1676], an[1677]: Ein ordentlicher Prozeß als Grundlage der *Signatio*, wie ihn Urban VIII. vorgeschrieben hatte, könne hier nicht gemeint sein, „sondern es ist ausreichend, wenn vom Ortsbischof ein Prozeß mit der Formpflicht durchgeführt werde, die das öffentliche Recht vorschreibt, wobei es ge-

---

[1668] Auch zum folgenden: ASRC, Decreta 1842–1844, fol. 43–48: Relation und Votum des Promotors Fidei vom 15. April 1843.
[1669] Zur Diskussion in der Sitzung der *Congregatio particularis*: ASRC, Fondo Q, Martyres Sinarum, Aufzeichnung über die Sitzung vom 20. Januar 1843.
[1670] Ebd.
[1671] ASRC, Decreta 1842–1844, fol. 43–48: Relation und Votum des Promotors Fidei vom 15. April 1843: „tanto rilievo".
[1672] Ebd.
[1673] Cadolini wurde am 27. Januar 1843 Kardinal: HC VII 33.
[1674] ASRC, Decreta 1842–1844, fol. 43–48: Relation und Votum des Promotors Fidei vom 15. April 1843: „relazione di tutto, e specialmente delle prove, che riguardo a ciascuno si presentano".
[1675] Ebd.: „indizi certi e sicuri o tali semiprove che possano rendere giustificata e senza eccezioni l'introduzione della causa".
[1676] Frattini war von 1840 bis 1864 Promotor Fidei der Ritenkongregation: Miscellanea in occasione del IV centenario della Congregazione per le Cause dei Santi (1588–1988) 427.
[1677] Siebenseitiges Votum Frattinis: ASRC, Decreta 1842–1844, fol. 43; ASRC, Fondo Q, Martyres Sinarum.

nügen würde, wenn die Aufnahme der Zeugenaussagen vor einem vom Ortsbischof delegierten Notar geschehe – ohne Fragenkatalog des Postulators, ohne Verhör durch den Promotor und ohne Geheimhaltungspflicht –, mit einem Wort: Es ist möglich, die *Signatio Commissionis* zu erbitten und zu erlangen auf der Grundlage verschiedener Zeugenaussagen, die vom Ortsbischof, wie man sagt, ad perpetuam anerkannt wurden, da man aus diesen Zeugnissen sichere Indizien erhält oder sogenannte nicht vollständige Nachweise"[1678]. Ähnlich solle man auch bei der Feststellung des Tugendgrades vorgehen. Die bekannten Allokutionen Pius' VII. aus dem Jahre 1816 und Gregors XVI. von 1840 unterstützten mit dem alles entscheidenden Terminus *testimonia satis idonea* die Argumentation Frattinis. Damit kapitulierte der Promotor fidei vor den geradezu unüberwindlichen Schwierigkeiten bei der Zeugenvernehmung im Fernen Osten[1679] und schloß sich der Haltung Cadolinis an. Denn auch jener mußte feststellen: „Man kann nicht in Worte fassen, welche Freude und Jubel die Missionare in China empfinden würden, wenn sie vom Eifer der hl. Kongregation der Propaganda hörten, ihre Märtyrer zur Ehre der Altäre zu befördern"[1680]. Damit erhielt die *Signatio Commissionis* grünes Licht: In der Sitzung der *Congregatio particularis* vom 12. Juni 1843 billigten alle Mitglieder das Votum Frattinis[1681]. Auf die genaue Anzahl der Martyrien konnte man sich jedoch immer noch nicht einigen; es zirkulierten zudem unterschiedliche Kataloge der zu Tode gekommenen Missionare[1682]. Das Dekret über die Aufnahme der neuen Causa, die von Dufresse und Dat angeführt wurde, konnte schon am 9. Juli promulgiert und der Propaganda-Sekretär – wie vorgeschlagen – zum Postulator berufen werden[1683].

Damit hatte die Propaganda-Kongregation einen Erfolg auf ganzer Linie errungen, selbst bei der Eilfertigkeit der Entscheidungsfindung. Das neue Verfahren an der Ritenkongregation war nun definitiv in Gang gesetzt, obwohl längst noch nicht alle Schwierigkeiten beiseite geräumt waren. Man hatte lediglich das Prozeßverfahren an verschiedenen Stellen vereinfacht; am prozessualen Gesamtsystem, das der fernöstlichen Verfolgungssituation wenig angemessen war, hatte sich jedoch nichts geändert. Obwohl durch die konstruktive Kooperation mit der Propaganda Fide Missions- und Fernostexperten in die Beratungen einbezogen worden waren, hatte man insgesamt nur kosmetische Eingriffe vorgenommen, statt das gesamte Untersuchungsverfahren

---

[1678] ASRC, Decreta 1842–1844, fol. 43–48: Relation und Votum Frattinis: „ma è sufficiente che dall'Ordinario si faccia un processo colle sole formalità che si prescrivono nel diritto comune, onde basterebbe un esame di testimoni fatto avanti un notaro delegato dall'Ordinario senza articoli per parte del Postulatore, senza interrogatori per parte del Promotore della Fede, senza vincolo di segreto, in una parola si può domandare ed ottenere la segnatura di commissione con vari esami che diconosi ad perpetuam riconosciuti dall'Ordinario, purché da quelli si abbiano indizi certi, o vogliamo dire non pienissime prove".

[1679] Ebd.

[1680] Ebd.: „Non può esprimersi il piacere, ed il gaudio, che ebbero i missionari della Cina nel sentire la premura che la S. Congregazione di Propaganda si prende per ottenere ai martiri loro l'onore degli altari".

[1681] ASRC, Fondo Q, Martyres Sinarum, Aufzeichnung über die Sitzung der *Congregatio particularis* vom 12. Juni 1843.

[1682] Ebd. Schon in der Sitzung vom 20. Januar kursierten 2 Kataloge: ASRC, Fondo Q, Martyres Sinarum, anonymes Votum für die Sitzung vom 20. Januar 1843.

[1683] ASRC, Decreta 1842–1844, fol. 48: Dekret über die *Signatio Commissionis* vom 9. Juli 1843.

an die chinesischen Verhältnisse anzupassen. Solch revolutionierende Veränderungen waren sicherlich auch nicht von einer seit über 200 Jahre geübten starren Prozeßpraxis zu erwarten. Weiterhin hemmend wirkte sich für die Zukunft das Ausscheiden Cadolinis aus, der 1843 als Erzbischof von Ferrara das Sekretariat der Propaganda verließ. Damit fehlte die treibende Kraft für die chinesischen Causen.

Inzwischen hatte die Ritenkongregation beide Causen zusammengezogen, da es mehr oder minder um denselben Kontext ging[1684]. Der neue Postulator ging aber noch weiter: Er warnte bei der Absendung der *Litterae remissoriales* vor einer Zersplitterung der Prozesse vor Ort, da dies einen erheblichen Zeitverlust mit sich bringen würde. Brunelli bat daher Anfang Januar 1845 den Papst, in ein und demselben Prozeß Zeugnisse *super non cultu*, über die Martyrien sowie über die Wunder zu erheben[1685]. Wie nicht anders zu erwarten, gestattete Gregor XVI. dieses rationelle und zeitsparende Vorgehen[1686], löste damit aber noch nicht alle Probleme der Praxis. Als Experte für die Missionsländer erarbeitete die Propaganda Fide nun einen detaillierten Katalog mit vereinfachten Prozeßformalitäten für die Erhebung von Zeugnissen oder Indizien, der im Juli 1845 dem Papst vorgelegt und approbiert werden konnte[1687]. Er sah vor allem Erleichterungen bei der Zusammensetzung der Prüfungskommission und der Eidesleistung sowie eine Verlängerung der Prozeßfrist auf 10 Jahre vor.

3. Durchbruch unter Pius IX.

Inzwischen war der große Missionspapst und vorbehaltlose Förderer Gregor XVI. im Juni 1846 gestorben. Sein Nachfolger Pius IX. wandte sich mit gleichem Eifer Missionsfragen zu[1688] und förderte die entsprechenden Causen noch zielstrebiger und entschiedener. Verlief das Denken seines Vorgängers noch vorwiegend in italienischen Bahnen, was sich beispielsweise in seinen Kardinalserhebungen niederschlug, so zeigte bereits die Massenkreation Pius' IX. von 1850 ansatzweise den Geist der Weltkirche: zehn Ausländer standen vier Italienern gegenüber[1689].

Die Christenverfolgungen in China, die in den Jahren 1846–1848 einen weiteren Höhepunkt erlebten, und die seit 1851 in verschiedenen Provinzen einsetzenden Bürgerkriege verhinderten jede missionarische Aktivität[1690]. Erst der massive Druck der Kolonialmächte zwang die kaiserliche Regierung in den Verträgen von Tientsin (1858) und Peking (1860), Religionsfreiheit zu gewähren[1691]. Pius IX. bedauerte in seiner Ansprache vor dem Konsistorium Ende 1860 die Verfolgungen in jener Region und bekundete kurz, aber mit besonderem Nachdruck seine lebhafte Solidarität mit den

---

[1684] ASRC, Decreta 1845–1847, fol. 1v: Aufzeichnung über die Audienz vom 11. Januar 1845.
[1685] ASRC, Decreta 1845–1847, fol. 1: undatierte Bittschrift des Postulators, Januar 1845.
[1686] ASRC, Decreta 1845–1847, fol. 1v: Aufzeichnung über die Audienz vom 11. Januar 1845.
[1687] ASRC, Decreta 1845–1847, fol. 23–32: Katalog mit neuem *regolamento* für den Prozeß; auf der Rückseite Vermerk über die Approbation des Papstes vom 7. Juli 1845.
[1688] Martina II 357.
[1689] Schmidlin II 302. Auch die Kreation vom 17. Dezember 1855 bestätigte diese Tendenz.
[1690] Mulders, Missionsgeschichte 381f.
[1691] Ebd. 382.

Opfern[1692]. Schon Anfang Februar 1860 hatte er sich direkt an den chinesischen Kaiser gewandt, um ihn auch auf die politischen Werte der katholischen Mission im von Aufständen geschüttelten China aufmerksam zu machen[1693].

Eine geringfügige Unterstützung für die *Causa Sinarum* bedeutete die Zustimmung des Papstes zu einer weiteren Arbeitserleichterung der Ritenkongregation. Das Dikasterium hatte Ende Februar 1847 vorgeschlagen, daß für die Sammlung der Dokumente und die Anhörung von Zeugen in Fernost weitere Mitarbeiter als die sonst üblichen herangezogen werden sollten[1694]. Das alles war aber nur ein Tropfen auf den heißen Stein. In der Propaganda arbeitete man daher an einem weitreichenden Papier zur Vereinfachung der Prozeßmodalitäten, das schließlich 23 Punkte umfaßte und von Pius IX. Ende Januar 1848 gebilligt wurde[1695]. Auch diese Korrekturen nahmen sich angesichts der sich qualitativ und quantitativ auftürmenden Schwierigkeiten und Hindernisse wie kosmetische Veränderungen aus; die Verfahrensreform drohte damit zu einer Sisyphusarbeit zu werden.

Außerdem sah es zu jenem Zeitpunkt so aus, als ob die Causa mangels treibender Kraft versanden würde. Erst Mitte der fünfziger Jahre kam wieder Bewegung in das Verfahren. Im September 1855 wurden endlich die *Litterae remissoriales* an die Apostolischen Vikare ausgegeben, um den Apostolischen Prozeß in Ostasien anhand einer beigefügten Instruktion durchzuführen[1696]. Bis es soweit war, hatte man insgesamt 23 Dispensen und Fakultäten erbitten müssen, wie die Kongregation kurze Zeit später halb resignierend feststellte[1697]. Das war aber noch nicht alles. Im Februar 1858 kamen weitere Fakultäten hinzu, die die Durchführung der Prozesse in Fernost erleichtern sollten[1698].

In dieser so überaus günstigen Atmosphäre für Missionsfragen, Märtyrerwesen und Kultapprobation besannen sich die Großorden auf die eigenen Helden der Glaubensverbreitung. Diese waren zwar rund 200 Jahre vor den Kandidaten der Propaganda und des Pariser Missionsseminars zu Tode gekommen und büßten daher das Signum der Aktualität ein; dafür versprachen die Ordensleute, die bereits kultische Verehrung genossen, keinen langen und umständlichen Prozeßweg, sondern einen raschen Abschluß des Kanonisationsverfahrens. Die Rede ist von den 26 Märtyrern in Japan, die den Franziskanerkonventualen bzw. der Gesellschaft Jesu angehörten: drei Jesuitenpatres (Paolo Miki, Giovanni Soan di Gotó, Giacomo Kisai), sechs Franziskaner und 17 Franziskanerterziare[1699]. Bemerkenswert dabei war vor allem, daß sämtliche Jesui-

---

[1692] Martina II 422.
[1693] Ebd. 420. Der Brief datiert vom 2. Februar 1860.
[1694] ASRC, Decreta 1845–1847, fol. 146: Supplik der Ritenkongregation vom 27. Februar 1847. Der Papst stimmte dem Vorschlag am 5. März zu (rückseitiger Vermerk).
[1695] ASRC, Decreta 1848–1851, fol. 1: undatierte Supplik der Propaganda mit Liste von 23 Punkten. Rückseite: Aufzeichnung über die Audienz vom 28. Januar 1848.
[1696] ASRC, Decreta 1855–1856, fol. 53: *Litterae remissoriales* und Instruktion vom 10. September 1855.
[1697] ASRC, Decreta 1855–1856, fol. 66–73: Auflistung der 23 für die Causa Dufresse bisher gewährten Dispensen und Fakultäten, 1. Oktober 1855.
[1698] ASRC, Decreta 1857–1859, fol. 121: Erweiterung der Fakultäten für den Prozeß in Tonkin, 23. Februar 1858.
[1699] Zu Vita und Martyrium: Luis Frois, Relatione della gloriosa morte di XXVI. posti in croce, Rom 1599; Agostino Da Osimo, Storia dei ventitre martiri giapponesi, Rom 1862; Villefranche, Die ja-

ten und die Terziare Japaner waren[1700]. 1593 schifften sich etliche Franziskaner auf den Philippinen nach Japan ein, um dort ohne Rücksicht auf die religionspolitische Situation öffentlich zu predigen. Ihre unkluge Aktion fand im Gefängnis ein rasches Ende, wo sie auf einige frischgetaufte Japaner und drei Jesuiten stießen. Nach ihrer Überstellung nach Nagasaki wurden die 26 Ordensleute auf dem dortigen „heiligen Hügel" am 5. Februar 1597 gekreuzigt. Aufsehenerregend war das Martyrium des Jesuitenpaters Miki, der noch sterbend am Kreuz Vergebung predigte.

In der Propaganda-Kongregation hatte man im 17. Jahrhundert die einlaufenden Berichte über die Martyrien diskutiert, Dokumente gesammelt, Informativprozesse veranlaßt und das entsprechende Aktenmaterial an die Ritenkongregation weitergeleitet[1701]. Der besondere Förderer der Missionen und Gründer von Kolleg und Druckerei der Propaganda Fide[1702], Urban VIII., hatte durch das Breve[1703] vom 15. September 1627 die kultische Verehrung der ersten Märtyrer aus Ostasien gestattet, nachdem er diese eigenmächtig bereits am 7. August 1627 in die „Zahl der heiligen Blutzeugen" aufgenommen hatte[1704]. Grundlage für diesen Akt war das Votum des Kardinals Giovanni Battista Deti[1705] vom 3. Juli gewesen, der nach der Prüfung der Akten durch Rota und Ritenkongregation zu dem Schluß gekommen war, daß man die 26 Märtyrer „in Sanctorum numerum cooptari"[1706] könne.

Pius IX. brachte der Japanmission besondere Aufmerksamkeit entgegen. Schon 1854 zeigte er gegenüber einem römischen Vertreter der US-amerikanischen Regierung starkes Interesse an der wirtschaftlichen Öffnung Japans für die westliche Welt[1707]. Mehrfach ließ sich der Papst in Audienzen über amerikanische Expeditionen nach Japan berichten, von denen er sich vermutlich eine neue Ära der Evangelisierung erhoffte, nachdem 1638 alle Missionsversuche abgebrochen werden mußten[1708]. Erste

---

panischen Martyrer 33–41; Pedot, La Sacra Congregazione De Propaganda Fide 19; Laures, Takayama Ukon und die Anfänge der Kirche in Japan, in: Missionswissenschaftliche Abhandlungen und Texte XVIII 274–279; ders., Geschichte der katholischen Kirche in Japan 104–110; Gian Domenico Gordini, Art. Giappone, Martiri del 434f.; Pirotte, Art. Japon (Martyrs du) 1024f.

[1700] Die Franziskanerobservanten waren bis auf eine Ausnahme – den gebürtigen Inder Gonsalo García – spanischer Abstammung.
[1701] Willeke, Maßnahmen für die verfolgte Missionskirche in Japan 595.
[1702] Zur Förderung des Missionswesens: Pastor XIII/2 740–776.
[1703] ASRC, Decreta 1860–1862, fol. 206A: Breve vom 15. September 1627 über die 23 Märtyrer.
[1704] Archivio della Postulazione SJ, Akte 258 (Martiri giapponesi). Vgl. auch kurz: Pastor XIII/2 593. Das Breve vom 15. September schloß ein Meßindult ein.
[1705] Deti (1581–1630) – nicht zu verwechseln mit dem gleichnamigen Bischof von Castro und Anglona – kam 1594 nach Rom, 1599 Kardinal, 1618 Camerlengo des Hl. Kollegiums, 1626 Bischof von Frascati, wenig später von Porto, 1629 nach Ostia und Velletri transferiert und Dekan des Hl. Kollegiums, im gleichen Jahr Mitglied der Ritenkongregation: HC IV 6; Matteo Sanfilippo, Art. Deti, Giovan Battista, in: DBI XXXIX 460f.; Weber, Die ältesten päpstlichen Staatshandbücher 106.
[1706] Archivio della Postulazione SJ, Akte 257 (Martiri giapponesi), Votum Detis vom 3. Juli 1627.
[1707] Martina II 423. Im Juli 1853 bot der US-amerikanische Präsident dem japanischen Kaiser einen Handels- und Freundschaftsvertrag an, der 1854 geschlossen wurde: Laures, Geschichte der katholischen Kirche in Japan 166.
[1708] Martina II 424. Die Kirche Japans war fortan zu einem Katakombendasein verurteilt: Marasharu Anesaki, Prosecution of Kirishitans after the Shimabara Insurrection, in: Monumenta Nipponica 1 (1938) 293–300. 1634 wurde allen Japanern der Auslandsaufenthalt strengstens verboten, damit sie dort nicht möglicherweise mit dem christlichen Glauben in Kontakt kämen. Nach 1635 wurde

zaghafte Neuanfänge in den Jahren 1844 und 1855/56 mißglückten bzw. mußten rasch wieder abgebrochen werden[1709], führten aber auf Vorschlag des Pariser Seminars dazu, am 2. Oktober 1845 nominell ein Apostolisches Vikariat für Japan einzurichten[1710]. Erst der politische und militärische Druck der Westmächte auf Japan eröffnete neue Möglichkeiten. Der japanisch-französische Vertrag vom 9. Oktober 1858 gestattete französischen Priestern das Recht auf Wohnung und örtlicher pastoraler Betätigung[1711], obgleich die alten Verfolgungsgesetze aus dem 17. Jahrhundert noch in Kraft waren und 1869 nochmals durch ein kaiserliches Edikt eingeschärft wurden. Erst 1873 wurde die christenfeindliche Gesetzgebung offiziell aufgehoben[1712]. Die eigentliche Missionsarbeit konnte gegen 1865 aufgenommen werden: Französische Priester öffneten in Nagasaki eine Kirche und stießen dort auf Christen, die ihren Glauben über Generationen hinweg bewahrt hatten[1713]. Massenbekehrungen waren die Folge[1714]. Als solche Nachrichten in Rom eintrafen, konnte der Papst seine Rührung nicht verbergen; schon im März 1866 ernannte er einen Missionar aus dem Pariser Seminar zum Apostolischen Vikar in Japan[1715]. Damit stand die Japanmission nun auch organisatorisch vor einem Neubeginn, ohne sich allerdings auf günstige Voraussetzungen stützen zu können. Bereits 1862 hatte ein französischer Japanexperte die Situation der Katholischen Kirche in Japan als kritisch und wenig hoffnungsvoll beurteilt, vor allem wegen fehlender Priester aus dem eigenen Land[1716].

Die Wiederaufnahme der Causa aus dem 17. Jahrhundert, die faktisch einem abschließenden Federstrich gleichkam, schien von den Observanten in Übersee initiiert worden zu sein. Um 1860 wandte sich die philippinische Ordensprovinz der Franziskanerobservanten an den römischen Generalminister der Minderbrüder, Bernardino da Montefranco[1717], um die offizielle und vollgültige Kanonisation ihrer 23 Märtyrer zu erwirken, die 1597 ums Leben gekommen waren[1718]. Der Unterstützung des franziska-

---

auch der Auslandshandel unterbunden. Zur Isolierung Japans: Laures, Geschichte der katholischen Kirche in Japan 142–145.
[1709] Mulders, Missionsgeschichte 385.
[1710] Willeke, Die Propagandakongregation und die Erneuerung der japanischen Kirche (1800–1922) 544. Dem 1846 ernannten Vikar Théodore-Auguste Forcade MEP (1816–1885) wurde jedoch die Einreise verweigert, so daß er 1853 auf seinen Titel resignierte. Vgl. auch: Laures, Geschichte der katholischen Kirche in Japan 163–166.
[1711] Schmidlin, Katholische Missionsgeschichte 477; Martina II 424; Willeke, Die Propaganda-Kongregation und die Erneuerung der japanischen Kirche (1800–1922) 545.
[1712] Mulders, Missionsgeschichte 386; Laures, Geschichte der katholischen Kirche in Japan 180f.
[1713] Mulders, Missionsgeschichte 385f.; Willeke, Die Propagandakongregation und die Erneuerung der japanischen Kirche (1800–1922) 545; Laures, Geschichte der katholischen Kirche in Japan 168–172.
[1714] Das bedeutete jedoch noch nicht das Ende der Verfolgungen für die Kirche in Japan. Von 1867 bis 1873 war sie neuen, blutigen Ausschreitungen ausgesetzt: Laures, Geschichte der katholischen Kirche in Japan 174–179.
[1715] Martina II 424.
[1716] Villefranche, Die japanischen Märtyrer 87–94.
[1717] Bernardino Trionfetti da Montefranco war von 1856 bis 1862 Generalminister der Franziskaner: Holzapfel, Handbuch der Geschichte des Franziskanerordens 692.
[1718] Da Osimo, Storia dei ventitre martiri giapponesi 251.

nischen Generalpostulators Francesco da Lucca[1719] und des Advokaten der Ritenkongregation, Giovanni Sottovia, konnte er sicher sein, da er zu beiden ein enges Verhältnis aufgebaut hatte[1720].

Relativ rasch ließ sich auch der Papst für diese Frage gewinnen, gestattete in der Audienz vom 22. August 1861 die Aufnahme der Causa und setzte den Präfekt der Ritenkongregation als Ponens ein[1721]. Nach kurzer Prüfung der Dokumente entschied die Kongregation, nur noch eine *Generalis super tuto* anzusetzen, die auf der Grundlage des Votums *pro veritate* des Promotors Fidei den Weg für die feierliche Heiligsprechung freimachen sollte[1722]. Die *Congregatio Generalis* fand bereits am 3. September statt – allerdings unter merkwürdigen Umständen: Es wurde weder ein Sitzungsprotokoll angefertigt noch das Ergebnis in den Registerbänden der Behörde vermerkt[1723]. Zeitmangel war hier sicherlich nicht am Werk, obgleich alle Seiten größte Eile an den Tag legten: Zwei Tage später forderte die Ritenkongregation den Bischof von Manila auf, Reliquien der Märtyrerobservanten für die Heiligsprechung nach Rom zu senden[1724]. Schon am 8. September kündigte der Ordensgeneral die bevorstehende Heiligsprechung in einem Zirkularschreiben an und bat die Provinzen um Geld zur Finanzierung von Prozeßabschluß und Feierlichkeit[1725].

Diese günstige Gelegenheit ließ sich die Gesellschaft Jesu nicht entgehen. Während noch das Dekret *super tuto* für die Observanten abgefaßt wurde[1726], schaltete sich der Ordensgeneral Pieter Johan Beckx ein und bat den Papst, die drei gleichzeitigen Jesuitenmärtyrer im entsprechenden Dekret über die feierliche Heiligsprechung zu berücksichtigen[1727]. Wiederum in aller Eile wurde als Ponens Kardinal Niccola Clarelli Paracciani[1728] eingesetzt[1729] und der Promotor um ein Gutachten gebeten[1730], so daß schon etwas mehr als zwei Wochen später, am 6. März 1862, die *Congregatio Generalis super tuto* unter denselben ominösen Umständen abgehalten werden konnte[1731].

[1719] Der *Postulator generalis* Francesco da Lucca OFM trat 1861 auch tatsächlich als Postulator der Observantencausa auf: ASRC, Decreta 1860–1862, fol. 140: Aufzeichnung der Audienz vom 22. August 1861.

[1720] Da Osimo, Storia dei ventitre martiri giapponesi 251.

[1721] ASRC, Decreta 1860–1862, fol. 140: Aufzeichnung der Audienz vom 22. August 1861.

[1722] Auch zum folgenden: ASRC, Decreta 1860–1862, fol. 153: Vermerk über die CGST vom 3. September 1861.

[1723] In den „Decreta" der Kongregation ist nur ein Vermerk über die Sitzung zu finden. Der Kongregationssekretär notierte, daß das Abstimmungsergebnis nicht festgehalten wurde.

[1724] ASRC, Decreta 1860–1862, fol. 154: Ritenkongregation an den Bischof von Manila, 5. September 1861.

[1725] Da Osimo, Storia dei ventitre martiri giapponesi 255. Am 17. September erfolgte ein weiteres Schreiben in gleicher Sache.

[1726] Druck des Dekrets: Da Osimo, Storia dei ventitre martiri giapponesi 252–255.

[1727] Archivio della Postulazione SJ, Akte 259 (Martiri giapponesi): Aufzeichnung.

[1728] Clarelli Paracciani (1799–1872), 1844 Kardinal, 1844 Bischof von Montefiascone und Corneto, 1860–1863 Präfekt der Bischofskongregation und der *della Disciplina Regolare*, 1863–1872 Brevensekretär, 1867 Bischof von Frascati: Weber II 451f.

[1729] Archivio della Postulazione SJ, Akte 259 (Martiri giapponesi): Patrizi an Beckx, 20. Februar 1862. Die Ernennung geschah in der Audienz vom 20. Februar 1862: ASRC, Decreta 1860–1862, fol. 191: Aufzeichnung über die Audienz vom 20. Februar 1862.

[1730] Archivio della Postulazione SJ, Akte 259 (Martiri giapponesi): Aufzeichnung.

[1731] ASRC, Decreta 1860–1862, fol. 192: Vermerk des Sekretärs über die CGST, 6. März 1862.

Nach dem Placet des Papstes und der Kongregationsväter[1732] konnte schon am 25. März das entsprechende Dekret promulgiert werden[1733].

Weshalb die Eile? Die Kanonisationsfeier war bereits seit einiger Zeit für den 8. Juni 1862, den Pfingsttag, angesetzt worden[1734], und die Vorbereitungen liefen schon seit Anfang des Jahres in vollem Gange[1735]. Am 8. Januar desselben Jahres hatte der Präfekt der Konzilskongregation, Kardinal Prospero Caterini[1736], traditionell die Bischöfe zur Heiligsprechung nach Rom gerufen – dieses Mal jedoch mit einer entscheidenden Änderung[1737]: „Weil aber die traurigen Zeitverhältnisse die Entfernung der italienischen Bischöfe von ihren Herden nicht gestatten, so hat der heilige Vater beschlossen, für diesmal von dem gewöhnlichen Gebrauche abzugehen"[1738]. Wahrscheinlich fürchtete der Papst eine zu geringe episkopale Beteiligung, denn die Einladung zur Kanonisation am bevorstehenden Pfingstfest erging nun erstmals „nicht nur an die Bischöfe Italiens, sondern an alle Bischöfe der ganzen katholischen Welt"[1739].

Pfingsten 1862 waren erstmals fernasiatische Märtyrer zur Ehre der Altäre aufgerückt. Damit wurde nicht nur das Tor zur Weltkirche aufgestoßen, sondern diese nun auch zur Teilnahme an der Feierlichkeit eingeladen. Im Rückblick erscheint der Abschluß dieser Causa vollständig unkompliziert und problemlos verlaufen zu sein; dies war jedoch tatsächlich nur möglich, weil sie sich auf erhebliche „Vorarbeiten" der Ritenkongregation bei den Prozessen Delgado und Dufresse stützen konnte, die zumindest den Blick auf das Martyrium geschärft und die Bedeutung des Missionswesens deutlich herausgestellt hatten. Außerdem konnte die neue Causa mit dem alles entscheidenden Wohlwollen des Papstes rechnen.

Die Kanonisation von 1862, die im Rahmen der Selig- und Heiligsprechungspraxis der Katholischen Kirche tatsächlich als ein pfingstliches Novum zu bezeichnen ist, markierte nicht nur den Schlußpunkt eines über 40 Jahre währenden Entwicklungsprozesses innerhalb der Kurie, an dessen Ende irreversibel die Weltkirche stand – und zwar sowohl in ihrer aktiven Gestalt als auch in ihrer passiven –, diese Feierlichkeit eröffnete auch exemplarisch die Aufnahme neuer Missionscausen, die seither die Ritenkongregation bevölkerten.

Durch das Abstreifen der Fesseln der okzidentalen Selbstbeschränkung wurde Rom zur „Dominatrice del Mondo"[1740], wie der franziskanische Hagiograph Agostino da Osimo rückblickend ganz richtig erkannte. Die zum Abschluß gebrachte Causa paßte nämlich wegen ihres Welthorizonts in das universalistische Programm Pius' IX., der

---

[1732] Einstimmiges Abstimmungsergebnis nach: Archivio della Postulazione SJ, Akte 259 (Martiri giapponesi): Aufzeichnung.
[1733] Archivio della Postulazione SJ, Akte 259 (Martiri giapponesi): Dekret *super tuto* vom 25. März 1862.
[1734] Zusammen mit den 26 Märtyrern aus Japan wurde Michele de Santi heiliggesprochen.
[1735] Archivio della Postulazione SJ, Akte 262 (Martiri giapponesi): Aufzeichnung über die *Congregazione economica* vom 24. Februar 1862.
[1736] Caterini (1795–1881), 1840–41 Sekretär der Studienkongregation, 1845–53 Assessor des Hl. Offiziums, 1859–60 *Prefetto dell'Economia di Propaganda Fide*, 1860–1881 Präfekt der Konzilskongregation, 1879–81 der *Immunità Ecclesiastica*: Weber II 449f.
[1737] Zirkularschreiben in deutscher Übersetzung bei: Villefranche, Die japanischen Märtyrer VII–IX.
[1738] Ebd. VIII.
[1739] Ebd.
[1740] Da Osimo, Storia dei ventitre martiri giapponesi X.

geradezu einen apokalyptischen Kampf gegen die Mächte des Bösen austrug: „Die Kirche hob für ihre Helden die höchsten Ehren des katholischen Kultes für jene Tage auf, in welchen die Welt, die sich ganz den Genüssen des Fleisches und des Reichtums hingibt, wirklich angsterfüllte Abneigung gegen das Leiden und Kreuz Jesu Christi zeigt"[1741]. Die japanischen Märtyrer waren es nämlich, die „sich erhoben, um den Kampf unseres Herrn auf den Schlachtfeldern der Gottlosigkeit und der Barbarei aufzunehmen"[1742].

Der insgeheim befürchtete Dammbruch ereignete sich tatsächlich. Daß nämlich die japanische Causa Schule machte, zeigte der kurz darauf begonnene Prozeß des seligen Josaphats und der der Märtyrer aus Gorkum. Schon Anfang Juli 1861 schlug ein Sachverständiger für die 19 Priester und Religiosen, die 1572 in den Generalstaaten von Protestanten grausam gemartert worden waren[1743], jenen Prozeßweg vor, den schon die japanischen Märtyrer eingeschlagen hatten[1744]. Der Experte der Ritenkongregation befürchtete merkwürdigerweise nicht so sehr Einwände gegen die Substanz des Materials, sondern eher gegen den Modus procedendi. Zwar hielt noch ein weiteres Gutachten von 1862 zwei prozessuale Modelle für möglich – wobei die japanischen Märtyrer von 1862 als „nostri beati"[1745] bezeichnet wurden –, doch schob der Papst persönlich eine Alternative beiseite, als die Mitte 1863 eröffnete niederländische Causa etwa ein Jahr später auf die Prozeßregeln der japanischen Märtyrer verpflichtet wurde[1746].

Auch die 1867 vorgenommene Seligsprechung der 205 Märtyrer aus Japan, die bei Christenverfolgungen zwischen Mai 1617 und September 1632 ums Leben gekommen waren[1747], folgte demselben Vorbild. Schon 1862 baten die Generalpostulatoren der Jesuiten, Bernhardiner, Dominikaner und Franziskaner Pius IX., die Causa der japanischen Märtyrer, die seit dem Tod Alexanders VIII. (1689–1691) ruhte, wiederaufzunehmen[1748]. Inzwischen hatten sich neben der Familie Spinola, die ihren verwandten Jesuiten Carlo unter den Märtyrern wußte, auch zahlreiche italienische Bischöfe und Kardinäle für die Wiederaufnahme des Prozesses eingesetzt[1749]. Ebenso reihten sich in

---

[1741] Ebd. XII: „la chiesa riserbasse a' nostri eroi gli onori più solenne del culto cattolico proprio in questi nostri giorni, in che il mondo datosi tutto a' godimenti della carne e delle ricchezze, mostra avversione veramente paurosa a' patimenti ed alla croce di Gesù Cristo".

[1742] Ebd.: „sorgano a combattere le battaglie del Signore ne' campi della idolatria e delle barbarie".

[1743] Zu Martyrien und Prozeß vgl. die Angaben im Kapitel „Das wiederentdeckte Martyrium".

[1744] ASRC, Decreta 1863–1864, fol. 97: Bittschrift und Gutachten über die Causa Gorkum von Luigi da Trento, 9. Juli 1861.

[1745] ASRC, Decreta 1863–1864, fol. 97ff: 20 Seiten Gutachten für den Papst über die Märtyrer von Gorkum.

[1746] ASRC, Decreta 1863–1864, fol. 97B: Aufzeichnung der Audienz vom 16. Juli 1864. Hier Einsetzung der Causa am 16. Juli 1863. Der Prozeßweg wurde in der Audienz festgelegt.

[1747] Gordini, Art. Giappone, martiri del 435–441; Pirotte, Japon (Martyrs du) 1025–1032. Ausführlicher Katalog der Seligen mit ihren Martyrien: Boero, Relazione della gloriosa morte 179–196. Zur Verfolgungssituation: Pedot, La Sacra Congregazione De Propaganda Fide 23–42, 275–282, 294–297.

[1748] Boero, Relazione della gloriosa morte 176. Die einzelnen Postulatoren der Orden taten sich schon Mitte des 17. Jahrhunderts zusammen und hielten zu festgesetzten Zeiten Adunanzen ab, um gemeinsam eine Art Sammelcausa voranzubringen: Archivio della Postulazione SJ, Akte 45 (Spinola e Soci), Aufzeichnung.

[1749] Boero, Relazione della gloriosa morte 176.

die Zahl der Petenten der Apostolische Vikar von Japan und sein Provikar ein, die auf den von der Märtyrercausa von 1862 vorgezeichneten raschen Abschluß hofften[1750]. Der Papst billigte die Aufnahme der Causa am 30. Juli 1863 und beschleunigte die Verhandlungen dadurch, daß er die Konsultoren aus der Diskussion über Martyrium und Wunder ausschloß[1751]. Pius IX. kam den Bitten der Ordenspostulatoren Mitte November 1866 noch weiter entgegen, als er in der Ritenkongregation eine *Congregatio particularis*, die aus fünf Kardinälen bestand, einrichtete[1752], um die Faktizität der Martyrien zu diskutieren[1753]. Dort kristallisierte sich rasch heraus, daß man auf Wunder verzichten könne, wenn nur die Echtheit des Martyriums zweifelsfrei dokumentiert sei. Das war dann der Fall, wenn ausreichend Nachweise für das Blutzeugnis vorlagen und die Authentizität der entsprechenden Texte sichergestellt war.[1754] Die Rota-Auditoren unterstützten diese Position mit der Bemerkung, daß man die Katakombenheiligen in der alten Kirche ebenfalls ohne Forderung nach Wundern öffentlich verehrt habe; es genüge also die Faktizität des Martyriums. Die *Congregatio* kam schließlich zu dem Ergebnis, daß das Blutzeugnis als zweite Taufe zu gelten habe, die in sich den Akt der „perfettissima carità"[1755] einschlösse. Das Dekret über Martyrium und Wunder vom 26. Februar 1867 approbierte schließlich vier Wunder zur Bestätigung des Opfertodes aller Kandidaten[1756]. Und schon am 30. April konnte das *Decretum super tuto*[1757] in einem feierlichen Akt, der in der Biblioteca Angelica des römischen Augustinerkonvents stattfand, promulgiert werden[1758]. Die feierliche Seligsprechung, die am 6. Juli vorgenommen wurde, stand in unmittelbarem Zusammenhang mit ganz prominenten Martyrien, nämlich mit der Säkularfeier des Todes der Apostelfürsten Petrus und Paulus vom 29. Juni 1867.

Damit kam die bislang personenreichste Causa zum Abschluß. Ein großer Teil der neuen Seligen waren Ordensleute; die Mehrheit bestand aus Einheimischen, darunter viele Kinder, z.T. von zwei und vier Jahren[1759]. Offensichtlich war man bei der Feststellung des Martyriums sehr großzügig verfahren.

[1750] Archivio della Postulazione SJ, Akte 42 (Spinola e Soci), entsprechende Bittschrift ohne Datum.

[1751] Archivio della Postulazione SJ, Akte 44 (Spinola e Soci), Dekret über die Wiederaufnahme der Causa vom 30. Juli 1863 mit der Fakultät, die Zweifel ohne Konsultoren zu diskutieren.

[1752] Archivio della Postulazione SJ, Akte 44 (Spinola e Soci), Bittschrift des Jesuitenpostulators, die vom Papst am 15. November 1866 gewährt wurde. Die Bildung einer *Particularis* war notwendig geworden, da die Diskussion über zahlreiche Zweifel in den ordentlichen Kongregationssitzungen zu zeitaufwendig gewesen wäre.

[1753] Hierzu: Boero, Relazione della gloriosa morte 176–178.

[1754] Vgl. dazu bereits die undatierte Aufzeichnung über die Adunanz der Postulatoren, die vom Jesuitenpostulator Boero verfaßt wurde: ASRC, Fondo Q, Giapponesi Martiri; Alfonso Navarette O.P. e compagni. Boero hatte vorgeschlagen, die wenigen vorliegenden Wunder als für alle ausreichend anzuerkennen. Der Papst und der Sekretär der Ritenkongregation hielten die bisher vorliegenden Proben für die Martyrien für ausreichend.

[1755] Boero, Relazione della gloriosa morte 178.

[1756] Druck des Dekrets: ebd. 199–203.

[1757] Druck: ebd. 208–210.

[1758] Ebd. 179.

[1759] Zum Beispiel der zweijährige Japaner Domenico Nisaki, der mit seiner Familie am 8. September 1628 umgebracht wurde, oder der vierjährige Francesco Tschaschiki, der mit seiner ganzen Familie am 2. Oktober 1622 umkam. Fälschlich behauptet Indelicato, es hätte bislang nie Causen mit Kindern gegeben: Indelicato, Il Processo Apostolico di Beatificazione 115.

Die visuelle Manifestation der Weltkirche in Rom hatte sich bereits 1862 erstmals ereignet: Zahlreiche Kardinäle und Bischöfe aus Italien sowie einige auswärtige Oberhirten, die einer bestimmten Causa nahestanden[1760], waren dazu angereist. Die Feier von 1867 übertraf die Kanonisation von 1862 jedoch noch im Umfang, weniger in der Form: Auch dieses Mal erging die Einladung zur Heiligsprechung vom 29. Juni 1867, die ganz im Zeichen der Säkularfeier stand, an den gesamten Weltepiskopat[1761]. „Gegen fünfhundert Bischöfe, unzählige Gläubige, Priester und Laien, aller Zungen und Nationen hatten sich eingefunden" zu einer „glänzenden Volksversammlung, wie die Welt wohl keine zweite je gesehen hatte"[1762]. Damit hatte sich der Gedanke der tatsächlichen Katholizität der Kirche endgültig durchgesetzt und in einer Massen-Feierlichkeit sinnenfällig manifestiert. Diese wiederentdeckte Idee fand ihre Fortsetzung im Ersten Vaticanum, das mit der Kanonisation in enger geistiger und organisatorischer Verbindung stand[1763]: Zum Vatikanischen Konzil wurden erstmals auch die Apostolischen Vikare aus den Missionsgebieten nach Rom eingeladen[1764]; ferner wurde den Vätern das „schema constitutionis super missionibus apostolicis Patrum examini propositum" vorgelegt, das jedoch wegen der Vertagung des Konzils nicht beraten werden konnte[1765].

Als Ergebnis läßt sich folgendes festhalten: Die Entwicklung des weltkirchlichen Selbstbewußtwerdens war ein langwieriger und mühsamer Prozeß, der nach den napoleonischen Wirren einsetzte und kurz vor dem Untergang des Kirchenstaates sein Ziel erreichte. Er wurde durch antikirchliche, liberale Strömungen in Politik und Gesellschaft begünstigt. Entscheidend war jedoch der Missionsgedanke, der zum Träger des universalen Kirchenbewußtseins avancierte und sich als durchsetzungsfähiges Argument seit den dreißiger Jahren des 19. Jahrhunderts schließlich allgemeine Anerkennung verschaffte. Dementsprechend stand auch als Schrittmacher die Propaganda-Kongregation an der Wiege dieses Phänomens, die ihre avantgardistischen Missionscausen in dem Pontifikat zur Sprache brachte, das ganz auf die Weltmission zugeschnitten war – das Gregors XVI. So wie der andere große Papst der Mission, Urban VIII., den japanischen Causen großes Interesse und Förderung entgegengebracht hatte, kam Gregors Engagement – anders als bei Urban – nicht über eine großzügige Fakultäten- und Dispenspraxis hinaus. Gregors Nachfolger Pius IX. legte eine unverkennbar eigenmächtige und selbständige Vorgehensweise an den Tag, die

---

[1760] Vgl. Elenco dei cardinali, patriarchi, arcivescovi e vescovi presenti in Roma il giorno della canonizzazione dei martiri del Giappone, Rom 1862.

[1761] ASRC, Fondo Sc, Acta Canonizationis 1867, Bd. 1 (Josaphat et altri), Brief des Sekretärs der Ritenkongregation an verschiedene Kongregationsväter vom 22. Dezember 1866. Hier wird das Zirkularschreiben des Papstes an den Weltepiskopat vom 8. Dezember 1866 erwähnt.

[1762] Cornely, Leben des seligen Märtyrers Karl Spinola 170. Martina III 39, gibt an, daß 500 Bischöfe, 14 000 Priester und 130 000 Pilger nach Rom kamen. – Eine ausführliche Beschreibung der Selig- und Heiligsprechungsfeierlichkeiten in Rom: Civiltà Cattolica 1867 (III) 227–251 (Cronaca contemporanea, Roma 13 luglio 1867).

[1763] Drei Tage vor der eigentlichen Feier verkündete der Papst vor den versammelten Bischöfen den Konzilsplan: Schatz, Vaticanum I I 111.

[1764] Mulders, Missionsgeschichte 365.

[1765] Dazu: Schatz, Vaticanum I I 84–87; ders., Vaticanum I III 208f.; Ignatius Ting Pong Lee, De jure missionario in Concilio Vaticano, in: Commentarium pro Religiosis et Missionariis 25 (1944/46) 105–137.

schließlich die entscheidenden fernöstlichen Causen zu einem erfolgreichen Abschluß führte. Dabei hatte Pius mit diesen Selig- und Heiligsprechungen durchaus eigene Pläne; sie waren ganz in den Kontext seiner persönlichen kirchenpolitischen Vorstellungen eingebunden und wiesen damit gewissermaßen über sich hinaus. Martyrium, Mission, Verfolgung durch heidnische Machthaber sowie das Christentum in den Grenzregionen der Erde hatten eines gemeinsam: ihre Ausrichtung auf die endzeitliche Bewährung der Kirche in Not und Anfechtung. Auf diesem Hintergrund durchdringen sich bei Pius IX. zwei Gedanken unauflöslich; der Universalismus hatte gewissermaßen ein Janus-Gesicht, das paradoxe Züge trug: Die Universalisierung der Kirche war nur durch die Europäisierung der Welt aufgrund der Kolonialisierung möglich geworden – und: Die Kurie wurde sich ihrer weltweiten Verantwortung sichtbar bewußt, weil oder damit sie universale Ansprüche glaubhaft vertreten wollte bzw. konnte. In diesem Zusammenhang steht auch die verstärkte Ernennung von außerkirchenstaatlichen Kardinälen und außeritalienischen Protonotaren[1766].

Ohne die fortschreitende wirtschaftliche und politische Ausdehnung der westlichen Mächte, vor allem Frankreichs, Großbritanniens und der Vereinigten Staaten im fernöstlichen Asien seit dem zweiten Viertel des 19. Jahrhunderts, die in ihrem Schlepptau Missionare als Exponenten der westlichen Zivilisation mit sich führten, wären die rasanten Fortschritte bei der Evangelisierung der Völker und das weitreichende Interesse Europas an den Vorgängen in der Ferne nicht denkbar gewesen. Da neue ausgeprägte Interessen innovativ wirken und verkrustete Denkstrukturen sprengen, konnte der Missionsgedanke einen neuen Horizont entwerfen – den der Weltkirche. Zu diesem Kontext kam noch die persönliche Situation des Papstes im fortschreitenden *Risorgimento* gewissermaßen als Folie hinzu, die auf eine notwendige Solidarität mit den Verfolgten und Unbeheimateten hinwies und die Verklärung der eigenen Existenzangst ermöglichte[1767]. Diese Flucht nach vorn, die Pius IX. aus dieser Situation heraus wagte, bedeutete nicht nur neue Aktionsmöglichkeiten, sie evozierte damit auch seine eigene Inthronisation als Haupt einer universalistischen „Widerstandsbewegung". Die Kurie hatte nicht nur begriffen, daß sie weltweit verbreitet war, sie beanspruchte nun auch die ganze Menschheit als Ansprechpartner. Rom wurde damit zur Weltkirche, und Rom wurde die Weltkirche: Rom sprach *für* die Welt.

[1766] Dazu: Weber I 114, 163.
[1767] Hierzu andeutungsweise: Schatz, Vaticanum I I 20.

VII. Das wiederentdeckte Martyrium

Martyrium und Mission sind im 19. Jahrhundert bekanntlich eine geradezu untrennbare Symbiose eingegangen. Ähnlich wie der Typ des Revolutions-Heiligen hatte der des Märtyrers alle Elemente eines katholischen Kampfbegriffs in sich, der in einer Umwelt mangelnder Akzeptanz von Papsttum und Kirche florierte. Im 18. Jahrhundert fehlte der Nährboden für die Re-Etablierung dieser Idee, die so alt ist wie das Christentum selbst.

Das Urchristentum sprach bekanntlich bis zum Ende des 4. Jahrhunderts ausschließlich Märtyrern kultische Verehrung zu[1768]. Schon aufgrund des Mangels an solchen Glaubenshelden wurde ihre Kanonisierung spätestens seit dem Hochmittelalter zur Seltenheit, obgleich der Begriff „Martyrium" gerade zu jener Zeit durch Thomas von Aquin seine weithin bestimmende theologische Fassung erhielt[1769]. Das römische Sanktionsmonopol gewährte der Martyriumsidee nur geringen Entfaltungsspielraum[1770]. Zwischen 1244 und 1431 haben mindestens 38 Bitten um die Heiligsprechung von 28 Personen oder Gruppen von Märtyrern nicht zur Eröffnung auch nur eines Verfahrens in Rom geführt[1771].

Reformation[1772] und Katholische Reform verschafften dem Märtyrerkult einen Aufschwung. Das Konzil von Trient empfahl ausdrücklich die Verehrung der Blutzeugen durch die Gläubigen, „wodurch den Menschen von Gott viele Wohltaten erwiesen werden"[1773]. Jesuiten, Kapuziner und auch Franziskaner bemühten sich um Reform und Reaktivierung alter Verehrungsformen[1774]. Die von der Gesellschaft Jesu gepflegten Volksmissionen und das Schultheater intensivierten häufig die Heiligenverehrung, vor allem aber die der Blutzeugen[1775]. Das Märtyrerdrama wurde geradezu zu einer barocken Spezialität[1776]. Aber auch die Wiederentdeckung der römischen Katakomben im letzten Viertel des 16. Jahrhunderts wirkte sich belebend aus und hatte nicht zuletzt die Erforschung altkirchlicher Märtyrerverehrung unter apologetisch-gegenreformato-

---

[1768] Religionssoziologisch: Angenendt, Geschichte der Religiosität im Mittelalter 359–367.

[1769] Gherardini, Il martirio nella moderna prospettiva teologica 25; Kubis, La théologie du martyre au vingtième siècle 130–132; Müller, Gemeinschaft und Verehrung der Heiligen 221–235.

[1770] Dazu: Sieger 79: „Der Kanonisierungsprozeß wurde dabei zu einem Steuerungsmittel und zu einem Instrument, Causen zu blockieren, die nicht dem erwünschten Heiligkeitsideal entsprachen, eine nur lokal beschränkte Bedeutung hatten oder (kirchen)politisch unerwünscht waren".

[1771] Vauchez, La sainteté 82f.

[1772] Martin Luther und andere Reformatoren lehnten die Heiligenverehrung aufgrund fragwürdiger Legendengrundlage und Wildwuchs in der kirchlichen Praxis ab: Ton, Suffering, Martyrdom, and Rewards in Heaven 379–392; Müller, Gemeinschaft und Verehrung der Heiligen 28–45; Angenendt 236–241.

[1773] Zitiert nach: Angenendt 242; Concilium Tridentinum, sess. 25, Dekret *De invocatione, veneratione, et reliquiis sanctorum, et sacris imaginibus*. Vgl. dazu: Jedin, Geschichte des Konzils IV/2 183. Vgl. auch: Brückner, Die Katakomben im Glaubensbewußtsein des katholischen Volkes 288.

[1774] Angenendt 244.

[1775] Dazu: Duhr I 473; Müller, Das Jesuitendrama in den Ländern deutscher Zunge vom Anfang (1555) bis zum Hochbarock (1665) I 77, 94; Harvolk, „Volksbarocke" Heiligenverehrung und jesuitische Kultpropaganda 271; Walter Michel, Das Jesuitentheater, in: Für Gott und die Menschen. Die Gesellschaft Jesu und ihr Wirken im Erzbistum Trier 147–158.

[1776] Harvolk, „Volksbarocke" Heiligenverehrung und jesuitische Kultpropaganda 271.

rischer Prämisse zur Folge[1777]; „Katakomben-Heilige" wurden in großer Zahl vor allem in süddeutsche und Schweizer Stifte bzw. Klöster übertragen und mit eindrucksvollen Barockbauten geehrt[1778]. Glaubenskämpfer und Blutzeugen wurden zum zeitgenössischen Ideal, aus dem man pädagogisch und seelsorglich Kapital schlug. Um 1690 erreichte die Translationswelle ihren Höhepunkt, die dann ihren Charakter wandelte und schließlich bis Mitte des 18. Jahrhunderts verebbte[1779]. Auch die römische Kurie handhabte seit dem letzten Viertel des 17. Jahrhunderts die offizielle Verehrung von Katakombenheiligen restriktiv und erließ seit etwa 1730 konsequent keine Indulte mehr für solche, deren Namen nicht im Martyrologium Romanum verzeichnet waren[1780].

Der päpstlich sanktionierte Märtyrerkult erreichte daher einen vorläufig letzten Höhepunkt unter Urban VIII., der vermutlich mit dem ausgreifenden Missionswesen in seinem Pontifikat in Zusammenhang steht[1781]. Der Papst leitete im November 1627 den Beatifikationsprozeß der erst 1867 seliggesprochenen 205 Blutzeugen in Japan ein[1782] und gestattete im gleichen Jahr die Verehrung der japanischen Märtyrer aus dem Franziskaner- und Jesuitenorden[1783]. Außerdem ließ er 1628 Informativprozesse für die Seligsprechung des Märtyrers der Unierten Kirche, Josaphat Kuncewycz, durchführen, den er 1643 beatifizierte[1784]. Damit war der Zenit bereits überschritten. Es verwundert daher nicht, daß unter den 55 zwischen 1588 und 1767 kanonisierten Heiligen nur zwei Blutzeugen waren[1785]. Ein direkter Rückschluß von der Kanonisationspraxis auf die Volksfrömmigkeit verbietet sich daher zumindest für den Märtyrerkult[1786].

[1777] Dazu: Holzem, Katakomben und katholisches Milieu 261. Seit dem Hochmittelalter waren die Katakomben mehr und mehr in Vergessenheit geraten: Polonyi, Römische Katakombenheilige 251.

[1778] Angenendt 250. Vgl. das Beispiel Oberschwabens: Polonyi, Römische Katakombenheilige 251–255.

[1779] Ebd. 253–258. Die restriktiven Bestimmungen der *Congregazione per le indulgenze e reliquie* wurden im 18. Jahrhundert stärker beachtet: Achermann, Die Katakombenheiligen und ihre Translationen 17.

[1780] Polonyi, Römische Katakombenheilige 254, 256.

[1781] Die Antwort auf die Frage, warum die Kirche der Katholischen Reform kaum Märtyrer kanonisiert hatte, gibt Po-chia Hsia keine überzeugend belegte Antwort: Po-chia Hsia, Gegenreformation 170–172.

[1782] Cornely, Leben des seligen Märtyrers Karl Spinola 165.

[1783] Pastor XIII/2 593. Es handelt sich dabei um die 26 Franziskaner und Jesuiten, die am 4. September 1627 seliggesprochen wurden: Da Osimo, Storia dei ventitre martiri giapponesi 251.

[1784] Welykyj, Historia Beatificationis et Canonizationis S. Josaphat 5f., 9f.

[1785] Dabei handelt es sich um die Glaubenszeugen Johannes von Nepomuk, der 1729 kanonisiert, und Fidelis von Sigmaringen, der 1746 heiliggesprochen wurde. Dazu: Harvolk, „Volksbarocke" Heiligenverehrung und jesuitische Kultpropaganda 217; Peter Burke, Städtische Kultur in Italien zwischen Hochrenaissance und Barock, Berlin 1986. Po-chia Hsia (Gegenreformation 170) spricht nur von einem „Heiligen", Giovanni da Prado (1563–1631), der allerdings 1728 „nur" seliggesprochen wurde: Isidoro da Villapadierna, Art. Giovanni da Prado, in: BS VI 870f.

[1786] Harvolk, „Volksbarocke" Heiligenverehrung und jesuitische Kultpropaganda 271. Vgl. auch die Angaben im Abschnitt „Ordensdominanz".

1. Fundamentale Weichenstellung durch Benedikt XIV.

Zwischen 1740 und 1840 diskutierte man in der Ritenkongregation nur vier *Causae Martyrii* ausführlich – einschließlich der des Fidelis von Sigmaringen, der 1746 kanonisiert wurde[1787] –, wobei die übrigen Prozesse erst nach 1850 zum Abschluß kamen: Andrzej Bobola und João de Brito 1853, Jan Sarkander 1860. Das lag nicht zum wenigsten an der umfassenden und präzisen Neufassung von Begriff und Prozeßweg durch Benedikt XIV.[1788]. Seine Autorität auf diesem Gebiet galt bis in die erste Hälfte des 19. Jahrhunderts unangefochten als verbindlich, ebenso wie seine punktuellen Entscheidungen innerhalb der einzelnen Prozesse. Im Verfahren *De causa martyrii quoad persecutorem seu tyrannum* wird nur ein zweifelsfreier und eindeutiger Nachweis des Martyriums zugelassen; der heroische Tugendgrad des Kandidaten ist dabei nicht gefragt. Aber nicht nur der Tathergang und der Zeitkontext des gewaltsamen Todes *ex parte tyranni et ex odium in fidem motum*[1789] ist von der Ritenkongregation zu untersuchen[1790], sondern auch die Disposition und das Verhalten des Märtyrers vor seinem Blutopfer: Wenn dafür Zeit ist, muß der Katechumene vor dem Martyrium die Taufe empfangen; der Getaufte muß im Bewußtsein seiner Sünden vorher beichten und sollte auch kommunizieren. Wenn das ohne Grund vernachlässigt wird, liegt eine Geringschätzung der Sakramente vor[1791].

Der Märtyrer wird in seinem Tod Christus ähnlich, der sein Leiden und Sterben im Gehorsam auf sich genommen hatte. Dies ist die letzte Ursache dafür, daß bei der Untersuchung des Martyriums in jedem Falle der eindeutige Nachweis erbracht werden muß, daß der Kandidat das Ganzopfer für den Glauben freiwillig auf sich genommen hat. Die Gefallenen beispielsweise, die im Kampf gegen die Ungläubigen ihr Leben gelassen haben, wurden nie von der Kirche als Blutzeugen verehrt[1792]. Das geduldige und beständige Ausharren bis zum Tod erfordert Stärke; daher ist das Martyrium der höchste Ausdruck der christlichen Tugenden. Das freiwillige Annehmen des Todesgeschicks muß sich in einem eigenen, faßbaren Akt äußern; es genügt aber eine implizite Zustimmung. Entscheidend ist dementsprechend, ob ein abgelegtes Zeugnis greifbar ist, das der Überprüfung durch die Ritenkongregation zugrunde gelegt werden kann[1793]. Eine bloße habituelle Zustimmung, das heißt den gewaltsamen

---

[1787] Fidelis von Sigmaringen (1578–1622) seit Ende 1621 in der rätischen Mission tätig, 1622 deren Leiter, wurde von calvinistischen Bauern am 24. April 1622 vor der Kirche in Seewis erschlagen. Seligsprechung am 24. März 1729, Heiligsprechung am 29. Juni 1746: Mariano D'Alatri, Art. Fedele da Sigmaringen, in: BS V 521–524; Fernando da Riese Pio X, Il protomartire di Propaganda Fide. San Fedele da Sigmaringen, in: D'Alatri, Santi e Santità nell'ordine cappuccino I 153–173. – Benedikt XIII. ebnete ihm durch sein Eingreifen den Weg zur Seligsprechung; für die Kanonisation waren nur noch zwei Wunder notwendig, die in das Pontifikat Benedikts XIV. fielen: Öffnung des Wunderprozesses aus Mailand am 23. August 1740 (ASRC, Decreta 1738–1741, fol. 249); CGST am 24. März 1744 (ASRC, Decreta 1742–1744, fol. 162).
[1788] Vgl. dazu: Benedikt XIV, Opera Omnia III 112–207 (III, 13–20).
[1789] Benedikt subsumiert unter *fides* auch die christlichen *virtutes* und *opera bona*, die ebenfalls Ursache für das Martyrium durch den Verfolger oder Tyrannen sein können: ebd. 113f. (III, 13, 2).
[1790] Ebd. 112–121 (III, 13).
[1791] Ebd. 135–139 (III, 15, 10–14).
[1792] Ebd. 173 (III, 18, 4).
[1793] Ebd. 145–147 (III, 16, 4).

Tod als eine mögliche oder wahrscheinliche Eventualität zu akzeptierten, ohne Widerruf dieser Einstellung in Worten oder Taten, genügt für die Anerkennung des Martyriums nicht[1794]. Ebenso verlangt die Selig- und Heiligsprechung den Nachweis über ein kontinuierliches und geduldiges Ausharren bis zum Letzten[1795]. Auch das muß sich in Worten oder äußeren Zeichen manifestieren, die von der Ritenkongregation geprüft werden können[1796]. Damit kommen für die Selig- und Heiligsprechung eigentlich nur erwachsene Kandidaten in Frage. Auf diesem Hintergrund stellt sich die Frage, ob überhaupt das Martyrium von Kindern von der Kongregation anerkannt werden kann. Benedikt XIV. beantwortete dies ablehnend, da bei ihnen der Gebrauch der Vernunft nicht vorausgesetzt werden kann[1797].

Während die Flucht vor der Verfolgung, wenn sie nicht die Vernachlässigung von Pflichten nach sich zog, zunächst nicht der Anerkennung des Martyriums im Wege steht, rufen auf der anderen Seite Provokation und Ein-Sich-Anbieten begründete Zweifel an der Echtheit des Blutzeugnisses hervor[1798]. Werden dagegen Tollkühnheit, Überheblichkeit oder weitere unlautere Eigenschaften als Motivation ausgeschieden und können stattdessen andere Gründe, wie die Inspiration durch den Hl. Geist, nachgewiesen werden – etwa zur Bekehrung der Umstehenden, zur Stärkung der Schwachen im Glauben oder um den Verfolger von seinem kirchenfeindlichen Vorhaben abzuhalten –, dann kann ein provozierter Tod als Martyrium Anerkennung finden[1799]. Den Nachweis dieser Spezialfälle zu erbringen, ist im allgemeinen recht schwierig[1800]. Abgesehen von solchen Ausnahmen galt der gesamte Prozeßweg zu Recht als sehr aufwendig und langwierig. Im November 1740 bat daher der Postulator der Causa Andrzej Bobola SJ[1801] den Papst signifikant wenn auch ergebnislos, das Verfahren zur Prüfung des Martyriums grundsätzlich zu vereinfachen und abzukürzen[1802]. Ohne Umschweife griff der Jesuitenpater das Prozeßverfahren als veraltet an und bat um eine Modifizierung[1803].

Die Causa Bobola kam aber dennoch relativ rasch voran – nicht zuletzt wegen der zahlreichen Wunder und Zeichen, die im Vorfeld des römischen Verfahrens bis 1730

[1794] Ebd. 146 (III, 16, 5).
[1795] Ebd. 178 (III, 18, 12).
[1796] Ebd. 178f. (III, 18, 14).
[1797] Ebd. 133f. (III, 15, 6). Er fordert die freiwillige Zustimmung von Erwachsenen. Dazu auch das Breve *Beatus Andreas* vom 22. Februar 1755: S.D.N. Benedicti Papae XIV. Bullarium IV 101–114. Indelicato versteigt sich zu der irrigen Annahme, die Kirche hätte bis dato nie Prozesse von Kindern eingeleitet, geschweige denn abgeschlossen: Indelicato, Il Processo Apostolico di Beatificazione 115. Für die Zeit Benedikts XIV. war dies zweifellos richtig; die Unschuldigen Kinder (Gedenktag 28. Dezember) wurden immer von der Kirche – ohne formelles Verfahren – als heilige Märtyrer verehrte wurden.
[1798] Benedikt XIV., Opera omnia III 156 (III, 17, 1)..
[1799] Ebd. 156–160 (III, 17, 3).
[1800] Sieger 246.
[1801] Andrzej Bobola (1591–1657) 1611 Jesuit, 1622 Priesterweihe, dann Predigt- und Krankendienst in Litauen, seit 1636 sehr erfolgreiche Missionstätigkeit in der Gegend um Pinsk, gewann ganze Ortschaften für den katholischen Glauben, in den Kämpfen um die Kirchenunion mit den Ruthenen und aus Haß gegen den „Seelenräuber" nach der Messe am 16. Mai 1657 in Janov grausam umgebracht: Celestino Testore, Art. Andrea Bobola, in: BS I 1153–1155; Mirosław Paciuszkiewicz (Hg.), Będę jej głownym patronem: o świętym Andrzeju Boboli, Krakau 1995.
[1802] ASRC, Decreta 1738–1741, fol. 267: Bittschrift des Postulators, November 1740.
[1803] Ebd.

in Polen auftraten: Die Bittschrift des Postulators berichtet von etwa 400 außergewöhnlichen Ereignissen, die fünf Prozeßakten füllten[1804]. Benedikt XIV. hatte Ende 1740 die Diskussion von Martyrium und Wundern, die zur Bestätigung des Blutzeugnisses verwandt werden sollten, großzügig miteinander verbunden, um schneller zu einem Ergebnis zu gelangen[1805]. Die frappierende Anzahl der *Miracula* schrumpfte schließlich auf immer noch 20 zusammen, welche die Postulatoren für präsentabel hielten[1806]. Der Schwachpunkt der Wunderflut war jedoch ihre dünne Basis: Für jedes Zeichen lieferte die Postulatur etwa zwei bis drei Zeugnisse[1807], so daß sich der Papst veranlaßt sah, das eine oder andere Wunder nochmals durch den Nuntius in Polen untersuchen zu lassen[1808].

Die *Antepraeparatoria* brachte zunächst wieder eine Aufspaltung in Martyriums- und Wunderdiskussion, die für die Akzeptanz des Opfertodes nicht vorteilhaft war[1809]. Auf das Junktim hatte die Postulatur größten Wert gelegt[1810]. Die *Congregatio Praeparatoria* erzielte Anfang 1748 ein recht erfreuliches Ergebnis: Gegen das Martyrium erhoben sich nur zwei Gegenstimmen; nach der Prüfung der auf mittlerweile acht Wundervorschläge reduzierten Liste[1811] hatten zwei Mirakel gute Aussichten, approbiert zu werden[1812]. Der Postulator versicherte, daß auch weiterhin in Polen entsprechende übernatürliche Vorkommnisse aufträten, doch blieb die Sammlung entsprechender Zeugnisse ein schwieriges Feld. Der Papst wurde daher gebeten, sich mit zwei relativ stichhaltigen Wundern zu begnügen, um die Echtheit des Martyriums festzustellen[1813]. Die *Generalis* im Mai 1749, die nur noch sechs Mirakel[1814] berücksichtigte, zeigte einen erheblichen Meinungsumschwung[1815]: Die meisten Kardinäle votierten bei der Feststellung des Martyriums mit *non constare*, so daß sich auch der Papst genötigt sah, weiteren Diskussionsbedarf anzumelden[1816]. Dann verstrich etliche Zeit, bis die *Generalis* wiederholt werden konnte. In der neuen Sitzung war man sich bei der Beurteilung des Martyriums nun wieder weitgehend einig, nur die Wunder wurden

---

[1804] ASRC, Decreta 1748–1750, fol. 28: Bittschrift des Postulators an den Papst, um 1747/48.
[1805] ASRC, Decreta 1748–1750, fol. 28: Hinweis auf das Reskript des Papstes vom 24. November 1740.
[1806] ASRC, Decreta 1748–1750, fol. 28: Bittschrift der Postulatoren, um 1747/48.
[1807] Ebd.
[1808] Vgl. beispielsweise das Heilungswunder an Catharina Brzozowska, das nach 1740 durch den Nuntius ein weiteres Mal untersucht wurde: Archivio della Postulazione SJ, Akte 594 (Andrea Bobola), *Memoriale* von 1748 über acht Wunder. Ferner: Instruktion an den Nuntius, 7. Mai 1748: ASRC, Decreta 1748–1750, fol. 28.
[1809] ASRC, Decreta 1748–1750, fol. 28: Vermerk über die *Antepraeparatoria* in der Bittschrift der Postulatur, um 1747/48.
[1810] Ebd., Bittschrift des Postulators, um 1747/48.
[1811] ASRC, Decreta 1748–1750, fol. 28: Vermerk über die Antepräparatoria in Bittschrift der Postulatur, um 1747/48. In jener Sitzung wurde die Liste aufgrund mangelnder Zeugnisse reduziert.
[1812] ASRC, Decreta 1748–1750, fol. 3: CP über Wunder und Martyrium, 30. Januar 1748.
[1813] ASRC, Decreta 1748–1750, fol. 28: Bittschrift der Postulatur, um 1747/48.
[1814] Archivio della Postulazione SJ, Akte 599 (Andrea Bobola): *Positio super miraculis* von 1827. Das 4. und 5. Wunder wurde in der CP ausgeschlossen.
[1815] ASRC, Decreta 1748–1750, fol. 118: Vermerk über die CG, 13. Mai 1749. Eine Aufzeichnung über das Abstimmungsergebnis liegt nicht vor.
[1816] ASRC, Decreta 1748–1750, fol. 120: Dekret vom 22. Mai 1749. Das Dekret ist vom Papst eigenhändig unterzeichnet worden.

äußerst kontrovers beurteilt, zum Teil sogar vollständig abgelehnt[1817]. Daraufhin bat der Papst den Jesuitenpostulator und den Advokat der Ritenkongregation um ihre Stellungnahmen, so daß man schließlich zu dem Ergebnis kam, das Martyrium auch „per prova indiretta"[1818] zu approbieren. Das Dekret vom 9. Februar 1755 bestätigte zwar das Blutzeugnis Bobolas, schrieb aber als Bedingung für die Seligsprechung die Approbation von vier Wundern fest[1819]. Danach ruhte die Causa bis in die zwanziger Jahre des 19. Jahrhunderts[1820].

Die zweite Märtyrercausa der Gesellschaft Jesu, die des portugiesischen Indienmissionars João de Brito, lief weit weniger erfolgreich an. Der Seligsprechungsprozeß de Britos wurde am 23. März 1725 durch seinen Orden eingeleitet[1821]. Noch im gleichen Jahr machte der damalige Promotor fidei, Prospero Lambertini, Einwände gegen die *Signatio Commissionis* geltend[1822]. Nachdem das Beatifikationsverfahren von der Ritenkongregation aufgenommen und die *Antepraeparatoria* am 1. Juli 1738 abgehalten worden war, äußerte Lambertinis Nachfolger Ludovico Valenti[1823] Kritik an der Stichhaltigkeit des Martyriums, so daß eine eigene *Congregatio Ordinaria* im April 1741 angesetzt werden mußte, um die *Impedimenti* zu diskutieren[1824]. Obgleich Benedikt XIV. etwa zwei Monate später den Weg für den Fortgang des Prozesses frei machte, erhob die Ritenkongregation immer neue Einwände gegen das Martyrium[1825], zu denen schließlich noch Zweifel an den vier vom Postulator vorgeschlagenen Wundern kamen[1826].

Auch ein weiterer Vorstoß der Gesellschaft Jesu im Jahre 1744 verlief im Sande: Eine neue – zweite – *Positio* konnte die Zweifel am Martyrium und an den Wundern ebenfalls nicht auflösen[1827]. Auch die Einflußnahme von Indienmissionaren änderte nichts an der Situation der Märtyrercausa, die sich seit 1741 in einer Sackgasse befand: Ausgerechnet ein prominenter Missionskapuziner aus Madras verwandte sich 1746 bei

---

[1817] ASRC, Decreta 1754–1757, fol. 74: CG über das Martyrium und die Wunder, 26. November 1754. Gegen das Martyrium sprachen sich nur zwei Kongregationsväter aus; das 2. und 3. Wunder ernteten leichte Zustimmung; viele Väter waren nicht anwesend.

[1818] ASRC, Decreta 1754–1757, fol. 104: Dekret über das Martyrium, 9. Februar 1755. Druck: S.D.N. Benedicti Papae XIV. Bullarium IV 255.

[1819] Ebd.

[1820] Archivio della Postulazione SJ, Akte 599 (Andrea Bobola): *Positio super miraculis* von 1827.

[1821] Archivio della Postulazione SJ, Akte 732 (Giovanni de Britto): Erste *Positio super martyrio et miraculis* von 1851.

[1822] Ebd., S. 201–205: Gutachten Lambertinis von 1725.

[1823] Der spätere Kardinal und Ritenpräfekt Valenti war von 1734 bis 1754 Promotor fidei: Miscellanea in occasione del IV centenario della Congregazione per le Cause dei Santi 427.

[1824] Archivio della Postulazione SJ, Akte 730 (Giovanni de Britto), *Secunda Positio super declaratione martyrii et super miraculis* von 1744. Die *Ordinaria* tagte am 22. April 1741.

[1825] Archivio della Postulazione SJ, Akte 730 (Giovanni de Britto), *Secunda Positio* von 1744. Benedikt XIV. räumte alle bisherigen Einwände am 2. Juli 1741 aus. Weitere Zweifel am Martyrium in: ebd., Fasz. A, S. 1.

[1826] Zweifel an den Wundern: Archivio della Postulazione SJ, Akte 730 (Giovanni de Britto), *Secunda Positio* von 1744, Fasz. C. Von den 16 bei der Jesuitenpostulatur eingegangenen Wundern legte diese nur 4 der Kongregation vor. Zweifel an den Wundern und dem Martyrium gesammelt in: Archivio della Postulazione SJ, Akte 731 (Giovanni de Britto): *Secunda Positio* von 1744, Fasz. F.

[1827] Archivio della Postulazione SJ, Akte 731 (Giovanni de Britto): *Secunda Positio* von 1744.

Benedikt XIV. für die Seligsprechung des Jesuiten[1828]. Der Papst reichte dieses Gesuch jedoch an die Propaganda-Kongregation weiter, welche das Schreiben erst mit etwa drei Jahren Verzögerung an die zuständige Ritenkongregation überwies[1829]. Die Kurie schien ganz allgemein Märtyrercausen kein besonderes Interesse entgegenzubringen. Der Prozeß des de Brito ruhte dann auch bis 1851[1830], ohne daß zwischenzeitlich deutliches Interesse zu beobachten gewesen wäre.

Ähnlich verhielt es sich bekanntlich mit der Causa Jan Sarkander. Seine Lobby als einfacher Dorfpfarrer war weit kleiner als die eines Ordensmannes. Zudem war er kein Italiener, sondern gebürtiger Schlesier, der als Seelsorger des mährischen Dorfes Holleschau infolge von Folterqualen am 17. März 1620 starb[1831]. Das Seligsprechungsverfahren leitete der Fürstbischof von Olmütz 1715 ein, um die Säkularfeier von Sakranders Tod 1720 besonders feierlich zu begehen[1832]. Die Prozeßakten über das Martyrium konnten von der zuständigen Diözese jedoch erst im Herbst 1748 an die Ritenkongregation überwiesen werden[1833]. Anfang des Jahres war die Postulatur anscheinend noch unentschieden, ob man Sarkander als Märtyrer oder als Bekenner seligsprechen sollte[1834] – wahrscheinlich weil der Nachweis des Blutzeugnisses auf zahlreiche Schwierigkeiten stoßen würde, wie Benedikt XIV. nach einer kurzen Einsicht in die Prozeßakten bemerkte[1835]. Gleichwohl sprach sich der Papst Ende 1747 für die Durchführung eines Märtyrerprozesses aus[1836]. Anfang 1749, also noch bevor das eigentliche Verfahren bei der Ritenkongregation in Gang gesetzt wurde, stellte ein Agent des Olmützer Kapitels fest, daß „de dubio & Causa Martyrii multa interim Adversarios"[1837] diskutiert worden sei.

Mit viel Wohlwollen[1838] gestattete Benedikt XIV., daß die Zweifel an der *Signatio Commissionis* ohne die Konsultoren der Ritenkongregation erörtert werden konnten[1839]. Der Promotor fidei erhob jedoch schon im Vorfeld Einspruch, da noch keine

---

[1828] Es handelte sich um Pater Renato, Kustos der Missionskapuziner in Madras. Abschrift des Briefes vom 2. Oktober 1746 an Benedikt XIV.: ASRC, Decreta 1748–1750, fol. 130.

[1829] ASRC, Decreta 1748–1750, fol. 130: Propaganda Fide an die Ritenkongregation, 31. Juli 1749. Der Brief Pater Renatos aus Madras wurde mitgesandt.

[1830] Archivio della Postulazione SJ, Akte 736 (Giovanni de Britto), Fasz. A, S. 7 (3. *Positio* über Martyrium und Wunder, Rom 1851).

[1831] Dazu die Angaben im Abschnitt „Jan Sarkander – Jubiläumsheiliger, Staatsprotektor, Nationalpatron".

[1832] Grulich, Der selige Johannes Sarkander 19.

[1833] ASRC, Decreta 1748–1750, fol. 71: Öffnung der Olmützer Prozeßakten *super martyrio* am 14. November 1748. – Gleichzeitig wurde ein Ponens bestimmt: ASRC, Fondo Q, Giovanni Sarcander, 2. Bd., Bittschrift um einen Ponens, 1748; vgl. auch: ASRC, Decreta 1748–1750, fol. 71.

[1834] Der in Brünn ansässige Johannes Großpetter, der seine Informationen aus Rom bezog, schrieb an den Domdechant von Olmütz am 25. Januar 1748 (ZAO, ACO, 506): „Beatificationis sive Martyris sive Confessoris Processus".

[1835] ZAO, ACO, 511, Fasz. ohne Datum, Benedikt XIV. an Troyer, 2. Dezember 1747.

[1836] Ebd.

[1837] ZAO, ACO, 506, Großpetter an den Olmützer Domdechant, 15. Februar 1749.

[1838] Grulich, Der selige Johannes Sarkander 19.

[1839] ASRC, Decreta 1748–1750, fol. 102: Bittschrift des Postulators und Dispens Benedikts XIV. vom 12. März 1749. Der Papst dispensierte außerdem vom Alter der Prozeßakten, die vor etwa 100 Jahren angefertigt worden waren.

Revision der nicht sehr zahlreichen Schriften vorgenommen worden war[1840]. Durch die Tatkraft des mährischen Postulators konnte auch hier rasch eine Lösung herbeigeführt werden, ohne das weitere Prozedere wesentlich zu behindern: Er hatte vorgeschlagen, die Untersuchung der Papiere ohne formelle kuriale Beauftragung durch eine vom Olmützer Fürstbischof bestimmte Person durchzuführen[1841]. Da das Ergebnis bereits im Frühjahr 1750 vorlag und von der Ritenkongregation approbiert wurde[1842], stand der *Signatio Commissionis* am 9. Mai 1750 nichts mehr im Wege[1843]. Schon knapp drei Monate später wurde der Apostolische Prozeß über das Martyrium angeordnet[1844].

Rasch lag auch hier wieder das Ergebnis aus Olmütz vor[1845]. Die Kongregationsväter bemängelten nun aber einige Unregelmäßigkeiten im Informativprozeß – geringfügige formale Unachtsamkeiten bei der Zeugenvernehmung[1846] –, so daß die Causa erst nach drei Dispensen in die *Antepraeparatoria* gelangen konnte[1847]. Das umständliche Verfahren an der Kongregation bei der Feststellung des Martyriums führte auch in diesem Falle zum Unwillen des Postulators. Er beschwerte sich beim Papst über den „veralteten Stil"[1848] der Märtyrerprozesse, die bis zum Pontifikat Pius' IX. de facto kaum eine reale Möglichkeit zu einem erfolgreichen Abschluß besaßen. Benedikt XIV. bemühte sich indes auf dem Dispensweg immer wieder um eine Milderung der Situation.

Die relativ schwach besuchte *Antepraeparatoria* vom 21. Mai 1754 spiegelte schonungslos die Haltung der Kongregationsväter wider: Allgemein überwog eine schwankende Haltung; die Prälaten – wenn sie überhaupt anwesend waren – stimmten überwiegend mit *non constare*, wenn es um die Anerkennung des Martyriums und der sechs vorgeschlagenen Wunder ging[1849]. Prompt vorgetragene neue *Animadversiones* des Promotors[1850] bedeuteten schließlich das vorläufige Ende des Prozesses, zumal

---

[1840] ASRC, Decreta 1748–1750, fol. 295: Ritenkongregation an den Fürstbischof von Olmütz, 25. September 1749.

[1841] Ebd. Der Postulator bat am 20. September darum, die Revision ohne *Litterae remissoriales* vom Generalvikar oder einem anderen Würdenträger in Olmütz, Mährisch-Neustadt und Holleschau durchführen zu lassen. Instruktion: ebd., fol. 296-299.

[1842] ASRC, Decreta 1748–1750, fol. 171f.: Approbation der Revision am 12. April 1750.

[1843] ASRC, Decreta 1748–1750, fol. 181: *Signatio Commissionis* am 9. Mai 1750.

[1844] ARSC, Decreta 1748–1750, fol. 198: *Litterae remissoriales* für Olmütz vom 29. Juli 1750.

[1845] ASRC, Decreta 1751–1753, fol. 51: Prozeßöffnung am 6. November 1751.

[1846] ASRC, Decreta 1751–1753, fol. 108: Bittschrift des Postulators, die vom Papst am 10. Mai 1752 genehmigt wurde. Bei der Eidesleistung der Zeugen hielt man sich nicht an die vorgeschriebene Formel. Insgesamt wurde die Gültigkeit von 2 Texten (Nr. 18 und 55) aus dem Informativprozeß in Frage gestellt.

[1847] Der Papst dispensierte am 8. Januar 1752 von der Diskussion mit den Konsultoren: ASRC, Decreta 1751–1753, fol. 70. Eine weitere Dispens (10. Mai 1752) war für die *Sanatio* der Formfehler aus Unkenntnis nötig: ASRC, Decreta 1751–1753, fol. 108. Ebenso erteilte er am 12. Dezember 1752 eine Dispens, damit die Causa trotz zweier Zweifel an Texten zur *Antepraeparatoria* zugelassen werden konnte: ASRC, Decreta 1751–1753, fol. 164.

[1848] In der Bittschrift vom Dezember 1752 sprach der mährische Postulator vom „inveterato stile" des Prozeßweges: ASRC, Decreta 1751–1753, fol. 164.

[1849] ASRC, Decreta 1754–1757, fol. 40: CA über das Martyrium und 6 Wunder vom 21. Mai 1754. Leichte Zustimmung erhielten das 3. und 6. Wunder.

[1850] ASRC, Decreta 1754–1757, fol. 350: Ritenkongregation an den Fürstbischof von Olmütz, 6. Juli 1754. Der Promotor legte seine *Animadversiones* kurz nach der *Antepraeparatoria* vor.

bald darauf noch der einflußreichste Gönner der Seligsprechung, Benedikt XIV., starb[1851]. Die *Animadversiones* brachten vor allem theologische Einwände gegen die Causa vor und verlangten eine weitere, akribische Untersuchung der wenigen Papiere Sarkanders – insgesamt waren ganze fünf Schriften auf 14 theologische Fragen hin zu überprüfen; allein die entsprechende Instruktion umfaßte 15 Seiten[1852]. Die Wiederaufnahme des Verfahrens, das wiederum durch den Erzbischof von Olmütz betrieben wurde, setzte erst Ende 1830 ein[1853].

Aus den drei Prozessen wird folgendes deutlich: Durch seine formaljuristische Beschreibung des Märtyrerprozesses hatte Benedikt XIV. die Meßlatte für derartige Causen sehr hoch gelegt, bemühte sich aber gleichzeitig *in praxi*, daß die wenigen an der Ritenkongregation anhängigen Märtyrercausen vorankamen. Der präzise Jurist bürdete den noch laufenden Prozessen seines Pontifikats ein „Marschgepäck" in Form von zahlreichen Wundern auf, das weitere Fortschritte bis etwa 1830/40 faktisch blockierte, weil sich seine Nachfolger an Benedikts Vorgaben autoritativ orientierten. Erst in Zeiten, in der der Missionsgedanke seine Virulenz und Dynamik an der Kurie entwickelte, brachen solche ‚lambertinischen Dämme': Die Auflagen Benedikts XIV. wurden entweder auf dem Dispensweg außer Kraft gesetzt oder geschickt umgangen.

2. Zaghafte Ansätze seit der Wende zum 19. Jahrhundert

Blutzeugen zogen aber nicht nur aus der zunehmend an Bedeutung gewinnenden Weltmission neue Lebenskraft, auch der Begriff „Märtyrer" in seiner kulturpolitischen und theologischen Dimension machte in der ersten Hälfte des 19. Jahrhunderts eine Wandlung durch und schien am Ende geradezu deckungsgleich mit der Grundbefindlichkeit des „wahren Katholiken" zu werden, der sich als Zeitgenosse in einem liberalen Staat von feindlich empfundenen wirtschaftlichen, gesellschaftlichen und sozialen Strömungen entdeckte.

Ein nicht unwesentliches Moment, das die Kirche in die Defensive führte, war die Säkularisierung kirchlichen Besitzes und die Aufhebung ihrer Einrichtungen, die zwar in der Kirchengeschichte immer wieder wellenartig auftraten – vor allem im Zeitalter der Reformation und in der zweiten Hälfte des 18. Jahrhunderts –, jedoch im Gefolge der Französischen Revolution weitreichende Folgen für die Kirche in Europa zeitigten. Nicht nur die deutsche Kirche verlor nach 1803 ihre wirtschaftliche Existenzgrundlage und stand dem Staatskirchentum machtlos gegenüber, wobei ihre Gläubigen nun vielfach unter protestantische Landesherren kamen, auch der italienischen Halbinsel blieben die Einziehung von Kirchengütern und die Auflösung kirchlicher Ein-

---

[1851] Auf diesen Zusammenhang weisen bereits hin: Zlámal, Art. Sarkander, Giovanni 657f.; Grulich, Der selige Johannes Sarkander 19.
[1852] ASRC, Decreta 1754–1757, fol. 350–356: Instruktion an den Fürstbischof von Olmütz.
[1853] ASRC, Decreta 1827–1831, fol. 177: Supplik des Erzbischofs Rudolf von Habsburg an den Papst, 5. Dezember 1830 (Kopie).

richtungen vor allem unter Napoleon nicht erspart. 1820/21 trat dort eine weitere Welle von solch kirchenfeindlichen Aktionen auf[1854].

Weiterhin hatte die Französische Revolution erstmals seit dem Zeitalter der Glaubenskämpfe eine beträchtliche Anzahl von unmittelbar wahrnehmbaren Blutzeugnissen dem Kirchenvolk vor Augen geführt, die nicht ohne Folgen für das innerkirchliche Denken und die spirituelle Ausrichtung bleiben konnten. Vor allem das Jahr 1794 brachte in verschiedensten Teilen Frankreichs ganze Gruppen von Märtyrern – Priester, Ordensleute und Laien – hervor, die tatsächlich seit Anfang des 20. Jahrhunderts ihren Weg zur Ehre der Altäre fanden[1855]. Nicht unwesentlich ist in diesem Zusammenhang auch die Neuauflage des Werkes „Vittorie de' Martiri"[1856] des vielgelesenen[1857] Alfonso de' Liguori. Der Gründer der Redemptoristen blieb nicht in der Deskription stecken, er verstand seine Sammlung von Blutzeugnissen als Schule der christlichen Tugenden[1858]. Das umfangreiche, 1829 wiedererschienene Buch setzte sich nicht nur mit den Märtyrern der Alten Kirche auseinander, es beschrieb auch auf etwa 100 Seiten die Blutzeugen aus dem Japan des 17. Jahrhunderts, die kurz nach Erscheinen der neuen Auflage beatifiziert bzw. kanonisiert wurden[1859].

Ein neuer, noch zaghafter Schritt zur Seligsprechung eines Märtyrers ereignete sich gegen Ende des Pontifikats von Pius VII. Eine Reihe günstiger Umstände ließen einen raschen Erfolg erwarten: Der Postulator und Assistent der Jesuiten für Polen, Rajmund Brzozowski[1860], bat den Papst im August 1822, neue Wunder untersuchen zu lassen, die auf die Fürsprache Bobolas im polnischen Bistum Luck geschehen waren. Pius

---

[1854] Vgl. den umfangreichen Artikel „Soppressioni" mit detaillierten Literaturangaben in: DIP VIII 1781–1891, vor allem: 1791–1797, 1837–1865; Carmelo Amedeo Naselli, La soppressione napoleonica delle corporazioni religiose, Rom 1986. Forschungsüberblick: Rudolf Vierhaus, Säkularisation als Problem der neueren Geschichte, in: Crusius, Zur Säkularisation geistlicher Institutionen im 16. und im 18./19. Jahrhundert, Göttingen 1996, 13–30; vgl. auch den Sammelband: Albrecht Langner, Säkularisation und Säkularisierung im 19. Jahrhundert, München – Paderborn – Wien 1978; vgl. zuletzt: Manfred Weitlauff, Der Staat greift nach der Kirche, in: ders., Kirche im 19. Jahrhundert, Regensburg 1998, 15–53.

[1855] Die am 17. Juli 1794 in Compiègne ermordeten Karmeliten wurden 1906 seliggesprochen; die am 26. Juni 1794 in Arras umgebrachten vier Vinzentinerinnen wurden 1920 beatifiziert, von den 332 in Orange 1794 hingerichteten Personen wurden 22 Ordensleute 1925 seliggesprochen; aus den zahlreichen Märtyrern von Laval wählte man 19 für die Beatifikation von 1955 aus; aus den kollektiven Hinrichtungen in Angers vom April 1794, die zwischen 650 und 2000 Opfer forderten, wählte man 99 Personen für die Seligsprechung von 1984 aus. Ferner muß Elisabeth von Frankreich, die Schwester Ludwig XVI., die sich 1790 dem Herz Mariens geweiht und in ihrer Residenz wie eine Ordensfrau gelebt hatte, in diesem Zusammenhang erwähnt werden. Sie wurde am 10. Mai 1794 enthauptet; vgl. zusammenfassend: Brovetto/Mezzadri/Ferrario/Ricca, Storia della spiritualità V 397–399.

[1856] Vittorie de' Martiri ovvero le vite dei più celebri martiri della Chiesa I–II, Bassano 1829 (erste Auflage: Bassano 1775).

[1857] Kaum ein geistlicher Autor hat im 18. und 19. Jahrhundert so viele Auflagen erreicht, wie Alfonso de' Liguori: Brovetto/Mezzadri/Ferrario/Ricca, Storia della spiritualità V 349f. Das war bezeichnenderweise nicht zum mindesten auf die Förderung durch den Hl. Stuhl zurückzuführen: Weiß, Die Redemptoristen in Bayern 123f.

[1858] Alfonso de' Liguori, Vittorie de' Martiri I 13–27.

[1859] Ebd. II 5–93.

[1860] Als solcher taucht er in den Akten der Ritenkongregation um 1822 auf: ASRC, Decreta 1821–1826, fol. 26: Aufzeichnung der Audienz vom 27. August 1822. – Zu Biographie und Prozeßverlauf vgl. das Kapitel „Jesuitenheilige".

VII. erklärte am 27. August sein Einverständnis, um den seit den Tagen Benedikts XIV. ruhenden Prozeß wieder in Gang zu setzen[1861]. Bekanntlich hatte man bereits 1755 das Martyrium mit der Auflage von vier Wundern approbiert. Um aus dieser Sackgasse herauszukommen – die alten übernatürlichen Ereignisse waren bei den Kongregationsvätern auf keine positive Resonanz gestoßen[1862] –, hatte sich der persönlich engagierte[1863] Brzozowski für neue Mirakel interessiert[1864]. Der jesuitenfreundliche[1865] Leo XII. billigte entsprechend Ende Mai 1826, die frischuntersuchten Wunder in die *Praeparatoria* einzubringen[1866]. 1827 wurde eine neue *Positio* zusammengestellt[1867], die die Grundlage für die am 8. Januar 1828 stattfindende *Praeparatoria* bildete[1868]. Sie enttäuschte jedoch alle Erwartungen der Postulatur: Die ersten beiden Wunder stießen zwar auf größere Zustimmung, die letzten drei dagegen wurden überwiegend abgelehnt[1869]. Auch die *Generalis* im Juni 1830 brachte keine wesentliche Verbesserung der Situation[1870].

3. Gregor XVI. und die Mission

Ein qualitativer Sprung ist erst im Pontifikat Gregors XVI. erkennbar: Nicht nur die bereits weit fortgeschrittene Causa Bobola durfte zu jener Zeit mit wohlwollender Unterstützung rechnen, auch andere Prozesse profitierten nun von dem günstigen römischen Klima, das Mission, Weltkirche und Martyrium gleichermaßen zugute kam.

Der neue Jesuitenpostulator Serafino Mannucci[1871] schien große Hoffnungen in den neugewählten Gregor XVI. zu setzen. Voll Ungeduld wandte er sich im November 1831 an den Papst, um ihn zur Publikation des Wunderdekrets zu bewegen[1872]. Gregor wollte die Kongregation jedoch aufgrund ihres wenig positiven Votums nicht über-

---

[1861] ASRC, Decreta 1821–1826, fol. 26: Aufzeichnung über die Audienz vom 27. August 1822.
[1862] Die *Praeparatoria* vom 30. Januar 1748 schloß sogar das 4. und 5. Wunder aus; der *Generalis* wurden dann nur noch 6 Wunder vorgelegt: Archivio della Postulazione SJ, Akte 599 (Andrea Bobola): *Positio super miraculis*, 1827.
[1863] Unter den Wundern befand sich auch das der Catharina Brzozowska aus Luck, die wahrscheinlich eine Verwandte des Generalassistenten war. Brzozowski bemühte sich eifrig um die Approbation dieses Wunders, das in der alten *Positio* auf Platz 8 stand: Archivio della Postulazione SJ, Akte 594 (Andrea Bobola), Memoriale von 1748 über 8 Wunder; ebd., Akte 599 (Andrea Bobola): *Positio super miraculis*, 1827.
[1864] ASRC, Decreta 1821–26, fol. 140: Aufzeichnung der Audienz vom 31. Mai 1826.
[1865] Della Genga zeigte sich erst als Papst jesuitenfreundlich: Koch, Jesuiten-Lexikon 1093f.; Chadwick, The popes and european revolution 597; Schmidlin I 460f.
[1866] ASRC, Decreta 1821–26, fol. 140: Aufzeichnung der Audienz vom 31. Mai 1826.
[1867] Archivio della Postulazione SJ, Akte 599 (Andrea Bobola): *Positio* von 1827.
[1868] ASRC, Decreta 1827–1831, fol. 45: CP über 6 Wunder, 8. Januar 1828.
[1869] Auch bei den ersten zwei Wundern votierten einige Väter mit *non constare*.
[1870] Bei der Abstimmung zeigte sich wiederum ein sehr uneinheitliches Bild. Bei den ersten drei Wundern stimmten viele mit *constare*, jedoch auch 9 bis 14 mit *non constare*: ASRC, Decreta 1827–1831, fol. 148–155: CG über 6 Wunder, 8. Juni 1830.
[1871] Mannucci war Generalprokurator des Ordens; er betreute die Causa Bobola seit 1831: ASRC, Decreta 1827–1831, fol. 201: Bittschrift Mannuccis, vor Ende November 1831.
[1872] Bittschrift Mannuccis: ASRC, Decreta 1827–1831, fol. 201. Manucci erhoffte die Publikation am 3. Dezember, dem Gedenktag des hl. Franz Xaver.

gehen und überwies die Bittschrift Ende November an die zuständige Behörde zur Beratung[1873]. Allerdings erfuhr Bobola im Februar 1832 durch päpstliche Gunst die Wiederholung der *Generalis*, die durch die Berücksichtigung eines weiteren Wunders eine breite, jedoch nicht ausreichende Zustimmung zeigte[1874]. Das Dekret vom 25. Januar 1835 erkannte lediglich ein einziges Wunder an[1875], so daß bis 1851 ein weiterer Stillstand im Prozeßverlauf eintrat.

Weiterhin sind im Pontifikat Gregors XVI. neue Vorstöße in der Causa Sarkander und – auf Veranlassung der Propaganda-Kongregation – erstmals im Verfahren der ostasiatischen Märtyrer erkennbar. Sarkander hatte schon 1830 einen zunächst glücklosen Neuanfang genommen, während die andere Causa im Juni 1840 von der Ritenkongregation als eine Art „Sammelcausa" aufgenommen wurde. Schon diese Daten zeigen unverzerrt das seit Beginn seines Pontifikats bestehende Interesse an der Selig- bzw. Heiligsprechung eines Märtyrers. Bezeichnend ist bereits die italienischen Verhältnissen eher fernstehende Causa des Jan Sarkander. Der Olmützer Fürsterzbischof hatte sich Ende 1830 an den zu diesem Zeitpunkt bereits verstorbenen Pius VIII. gewandt, „damit man zur Beatifizierung des Dieners Gottes, Johannes Sarkander, Pfarrer in Mähren, schreite, der am Anfang des 17. Jahrhunderts von Häretikern aus religiösem Haß umgebracht worden war"[1876]. Dieses Schreiben griff Gregor XVI. sogleich auf und veranlaßte, sich anhand der alten *Positio* über den Stand der 1756 liegengebliebenen Causa zu informieren und Maßnahmen zu ergreifen, „die zur Beschleunigung der Causa nötig sind"[1877]. 1834 konnte ein mährischer Verbindungsmann über ein Gespräch in der Ritenkongregation melden, „daß man glücklich und mit Eile abschließen könne mit Hinsicht auf das Martyrium"[1878]. Auch etwa ein Jahr später gab sich der Konsistorialadvokat der Kongregation optimistisch. Die Angelegenheit sei „an dem Punkt, zur Diskussion des Martyriums und der entsprechenden Causa überzugehen, welche sich eigentlich nicht verzögern dürfte, wenn keine Wunder fehlen"[1879].

Ein treffendes Zeugnis über das Prestige, das das Martyrium am Hof Gregors XVI. genoß, legte dessen „treuer Diener und Vertrauter"[1880] Gaetano Moroni[1881] in seinem

---

[1873] Ebd., Vermerk vom 29. November 1831 auf der Rückseite.
[1874] ASRC, Decreta 1832–1833, fol. 7: CG über 7 Wunder, 21. Februar 1832. Von 33 Stimmen erhielt das erste Wunder 26, das zweite 20, das dritte 22 und das siebente 27 *constare*; der Rest votierte mit *non constare*.
[1875] ASRC, Decreta 1834–1836, fol. 44: Dekret über die Anerkennung des unverwesten Körpers Bobolas als Wunder, 25. Januar 1835.
[1876] ASRC, Decreta 1827–1831, fol. 177: „perché si procedesse alla Beatificatione del Ven. Servo di Dio Giovanni Sarkander parroco in Moravia, che nel principio del secolo XVII fu ucciso dagli Eretici in odio della religione": Bittschrift Rudolfs an Pius VIII., 5. Dezember 1830.
[1877] ASRC, Decreta 1827–1831, fol. 177: „che occorra per proveder al disbrigo della medesima [causa]": Staatssekretariat an die Ritenkongregation, 26. April 1831.
[1878] ZAO, ACO, 511, Fasz. 1837–1840, Sassi an Ohms, 5. September 1834: „che potrà terminare felicemente e con sollecitudine, in vista del Martirio".
[1879] ZAO, ACO, 511, Fasz. 1834–1836, Nachricht Rosatinis, 1835: „è in istato di procedere alla discussione del martirio, e causa di esso, quale non dovrebbe trascurarsi, obbenché manchino li miracoli".
[1880] Hayward, Le dernier siècle de la Rome pontificale II 187: „son fidèle serviteur et confident Gaetano Moroni".

Dizionario ab. Ganze achtzehn Seiten widmete er dem Phänomen des Blutzeugnisses, klassifizierte Typen, lotete ihre Geschichte aus und stellte aktuelle Causen dar, darunter die der Märtyrer aus Gorkum sowie die der japanischen und chinesischen Glaubenszeugen[1882]. Katakombenheilige nahmen dabei breiten Raum ein: Seit ihren Anfängen lasse die Kirche den Märtyrern „feierlichen Kult"[1883] zukommen, preise deren „unbesiegbaren Tugenden, die die Wahrheit der katholischen Religion aufzeigten"[1884]. Daher gebühre ihnen im Jüngsten Gericht der Ehrenplatz als Richter mit Christus[1885]. Von der Aktualität dieser Thematik kündeten zahlreiche und ausgesprochen grausame Martyrien aus Fernost. Entsprechende Berichte aus Tonkin und China erfuhren in Italien rasche Verbreitung und riefen rege Anteilnahme der Gläubigen hervor[1886]. Das knappe Schlußkapitel einer solchen publizistischen Meldung mündete in ein appellatives Fanal für die Gläubigen: „Siehe, wie die römische Kirche zu allen Zeiten durch das Blut der Märtyrer genährt wurde, das mit deutlicher Stimme vor aller Welt offenbarte: Dieses ist die wahre Kirche Jesu Christi!"[1887]

Trotz aller wiedererwachten Wertschätzung, die man in jenen Jahren dem Martyrium und dem damit verbundenen neuen Kirchenbild entgegenbrachte, wirkten sich die anspruchsvollen und prozeßimmanenten Hürden faktisch immer noch hinderlich für die entsprechenden Causen aus. Der Postulator des Jan Sarkander brachte es prägnant auf den Punkt: „Dem Mann kommt die höchste Ehre zu, die Märtyrercausa ist in unseren Zeiten jedoch ungewöhnlich"[1888]. Die Achtung und die Wertschätzung für den heroischen Glaubensakt, die im Kirchenvolk wie auch an der Kurie selbst deutlich spürbar waren, standen in einem Mißverhältnis zur traditionellen Verfahrensweise der Ritenkongregation. Im Rahmen des herkömmlichen Prozeßweges war dem neu postulierten Anspruch, der gläubigen Welt einen „wieder" zeitgemäßen Streiter vorzustellen, nicht nachzukommen. In der Supplik eines Postulators aus dem Jahre 1840 heißt es beispielhaft, daß die Braut Christi – die römische Kirche – erwählt sei, den gerechten Kampf für den katholischen Glauben zu führen[1889]. Im gleichen Jahr begründete die Propaganda-Kongregation ihren Anspruch auf die Aufnahme der ostasiatischen Märtyrercausa: „Immer ist es eine lobenswerte Pflicht der Heiligen Kirche gewesen,

---

[1881] Gaetano Moroni (1802–1883) war Cappellaris Kammerherr, als dieser noch Präfekt der Propaganda war. Gregor XVI. zog ihn als „primo aiutante di camera del Pontefice" zu zahlreichen vertraulichen Aufgaben heran. Bekanntheit erlangte er durch das von ihm kompilierte „Dizionario di erudizione storico-ecclesiastica", 103 Bde., Venedig 1840–1861: Enrico Croci, Gaetano Moroni e il suo Dizionario, in: Gregorio XVI. Miscellanea commemorativa I 135–152; Renzo U. Montini, Art. Moroni, Gaetano, in: EC VIII 1423.

[1882] Moroni XLIII 180–198.

[1883] Ebd. 184: „solenne culto".

[1884] Ebd. 181: „La virtù invincibile de' martiri dimostra la verità della religione cattolica".

[1885] Ebd.: „Nel giudizio universale i martiri saranno giudici insieme con Gesù Cristo".

[1886] Dazu beispielsweise das Bändchen: Relazione del Martirio di due cristiani nel Tonkino, ohne Ort, ohne Datum (um 1838).

[1887] Ebd.: „Ecco come in tutti i tempi la Chiesa Romana viene fecondata dal Sangue de' Martiri, che con chiara voce eloquentissima dice a tutto il mondo: Questa è la vera Chiesa di Gesù Cristo".

[1888] ZAO, ACO 511, Fasz. 1837–1840, Coster an den Erzbischof von Olmütz, 6. Februar 1838: „summi et enim honoris est vir, et Martyrii Causa Nostris temporibus inusitata".

[1889] ASRC, Fondo Q, Martyres Sinarum, 1. Satz aus der Supplik an den Papst zur Aufnahme der Causa, 1840.

das Andenken der Märtyrer zu ehren, nicht nur um den Triumph unserer Religion in Erinnerung zu rufen, sondern auch, weil die Gläubigen dann leuchtende Beispiele zum Nachahmen haben"[1890]. Unterstützt wurde die Propaganda-Behörde durch den Papst selbst, der vor allem die fernöstlichen Martyrien aufwerten wollte. Die *Signatio Commissionis* der ersten Missionscausa ging 1840 dank des päpstlichen Wohlwollens relativ unkompliziert vonstatten. Aber auch die Kardinäle sprachen sich einmütig dafür aus, das vorliegende Material als ausreichend anzuerkennen, denn es ginge ja einzig und alleine darum, durch einen Abschluß das Renommée und die innerkirchliche Bedeutung des Martyriums herauszustreichen[1891].

4. Der Dammbruch unter Pius IX.

Der letzte Schritt zum endgültigen Durchbruch des Martyriums im Selig- und Heiligsprechungsverfahren ereignete sich im Pontifikat Pius' IX. Nun war der Erfolg dank der Modifizierung der Verfahrensweise so durchschlagend, daß man in seiner Regierungszeit von einer Dominanz von Blutzeugen sprechen muß. Nicht ohne Grund setzte nach der Revolution von 1848 und der Restauration des Kirchenstaates eine breite Wieder- bzw. Neuaufnahme von zum Teil liegengebliebenen Märtyrerprozessen ein, die sich nicht allein auf äußere Ereignisse zurückführen ließ. Die Causa Bobola, die seit der Approbation des Martyriums von 1755 keine nennenswerten Fortschritte erzielt hatte, erhielt am 20. Juni 1851 einen neuen Ponens[1892]. Den Hemmschuh der noch fehlenden drei Wunder glaubte der Postulator durch die Untersuchung neuer Mirakel überwinden zu können; außerdem hatte man der Kongregation im 18. Jahrhundert an die 40 Wunder vorgeschlagen, aus denen nur ein Bruchteil in die Sitzungen eingebracht worden war.[1893] Nun sollte das Votum einer Spezialkongregation eine Entscheidung herbeiführen. Eine entsprechende Bittschrift an den Papst wurde am 19. Januar 1852 positiv beschieden[1894]: Pius IX. setzte ein Gremium aus fünf Kardinälen und einem Prälaten der Kongregation ein[1895], das über die Frage debattierte, „an ex quinque signis seu miraculis de quibus pronunciatum non est, duo vel triam et quae eligenda ad effectum procedendi ad Beatificationem"[1896]. Am 14. April gab die Kommission ein niederschmetterndes Votum ab: Die meisten Mitglieder sprachen sich grundsätzlich negativ aus; die übrigen meinten, daß hier der Papst zu konsultieren sei,

---

[1890] AP, CP Cina, Scritture Originali, vol. 76 (1833–1840), fol. 848: „sempre è stata una lodevole premura della Chiesa Santa di onorare la memoria dei Martiri, non solo per ricordare i trionfi della Religione nostra, ne anche perché i fedeli abbiano luminosi esempi d'imitare".
[1891] Martyrs de la Corée, du Tonkin, de la Cochinchine et de la Chine 532.
[1892] ASRC, Decreta 1848–1851, fol. 107: Lodovico Altieri wurde in der Papstaudienz vom 20. Juni 1851 zum Ponens bestellt.
[1893] ASRC, Decreta 1852–1853, fol. 23A: Aufzeichnung der Audienz vom 19. Januar 1852.
[1894] Ebd.
[1895] Die *Congregatio particularis* bestand aus den Kardinälen Lambruschini (Präfekt), Altieri (Ponens), Patrizi, Ferretti und Bofondi sowie einem Prälaten der Behörde: Archivio della Postulazione SJ, Akte 603 (Andrea Bobola), *Informatio super dubio*.
[1896] ASRC, Decreta 1852–1853, fol. 23A: Aufzeichnung der Audienz vom 19. Januar 1852.

was faktisch einer Enthaltung gleichkam[1897]. In der eine Woche später stattfindenden Audienz suspendierte der Papst kurzerhand das Votum „et causam ad Se avocavit"[1898]. Außerdem verlangte er am folgenden Tag die *Positiones* der Sitzungen zur Prüfung.[1899] Die nächste Audienz in dieser Frage, die auf den 22. Juli anberaumt worden war, mußte für die Kongregationsväter, die dem Prozeßreglement Benedikts XIV. immer noch geradezu dogmatischen Wert beimaßen, ein Schlag ins Gesicht gewesen sein. Nicht nur, daß Pius IX. das Votum der *Congregatio particularis* vollständig mißachtete, er wünschte außerdem, daß die geforderte Anzahl der Wunder zur Bekräftigung des Martyriums auf ein einziges herabgesetzt werden sollte[1900]. Nach einigem Hin und Her entschied man sich schließlich, drei der bislang vorgeschlagenen und diskutierten Wunder anzuerkennen und ein entsprechendes Dekret am 5. Mai 1853 zu promulgieren[1901]. Die *Generalis super tuto*, die schon Ende des Monats stattfand[1902], erbrachte keine Gegenstimme – die wohl auch zwecklos gewesen wäre –, so daß das Abschlußdekret am 8. Juli ausgestellt werden konnte[1903], da die Seligsprechung bereits für den 30. Oktober anberaumt war.

Obwohl interne Absprachen nachweislich mit im Spiel waren[1904], macht die Schlußphase des Prozesses deutlich, daß der päpstliche Wille der allein entscheidende war, um der ersten Märtyrercausa zum Durchbruch zu verhelfen, so daß man tatsächlich unter Pius IX. von einem „kurzen Prozeß" sprechen kann: In etwas mehr als zwei Jahren wurde ein Verfahren zum Abschluß gebracht, das vorher knapp 100 Jahre geruht hatte.

Parallel und ebenfalls recht zügig verlief ein anderer steckengebliebener Märtyrerprozeß. João de Brito erhielt am 24. Januar 1851 einen neuen Ponens[1905]. Zweieinhalb Monate später konnte die *Praeparatoria*[1906] über den Märtyrertod und vier Wunder abgehalten werden und weitere fünf Monate darauf bereits die *Generalis*[1907]. Sie ließ einen seltenen Konsens bei der Anerkennung des Martyriums und der Mirakel erkennen, so daß schon Ende September das Dekret[1908] über das Blutzeugnis ausgestellt wurde. Im November konnte der Jesuitengeneral den Ordensprovinzen melden, daß die Causa mit Sicherheit zu einem raschen und glücklichen Abschluß kommen

---

[1897] ASRC, Decreta 1852–1853, fol. 26C: Aufzeichnung über die *Congregatio particularis* vom 14. April 1852.
[1898] Ebd., Aufzeichnung über die Audienz vom 22. April 1852.
[1899] Ebd.
[1900] ASRC, Decreta 1852–1853, fol. 33: Aufzeichnung der Audienz vom 22. Juli 1852.
[1901] ASRC, Decreta 1852–1853, fol. 84A: Dekret über drei Wunder, 3. Mai 1853.
[1902] ASRC, Decreta 1852–1853, fol. 91: CGST, 31. Mai 1853: alle anwesend, alle *tuto*.
[1903] ASRC, Decreta 1852–1853, fol. 97: Dekret *super tuto*, 8. Juli 1853.
[1904] Vgl. dazu die Angaben im Kapitel „Jesuitenheilige".
[1905] ASRC, Decreta 1848–1851, fol. 82: In der Papstaudienz vom 24. Januar 1851 wurde Gabriele della Genga Sermattei zum Ponens bestellt.
[1906] ASRC, Decreta 1848–1851, fol. 101: CP über das Marytrium und 4 Wunder, 8. April 1851. Zugunsten des Martyriums stimmten 19 mit *constare*, 4 mit *suspensive*, bei den Wundern etwa zwei Drittel mit *constare*, der Rest *suspensive*.
[1907] ASRC, Decreta 1848–1851, fol. 112: CG über Martyrium und 4 Wunder, 16. September 1851. Hinsichtlich des Martyriums stimmten alle mit *constare*, bei den Wundern gab es ingesamt nur 3 bis 5 *non constare*.
[1908] ASRC, Decreta 1848–1851, fol. 117 Nr. 3: Dekret über das Martyrium, 29. September 1851.

werde[1909]. Nach einer eiligst anberaumten *Generalis super tuto*[1910], die im Januar 1852 stattfand, wurde schon im Februar das Schlußdekret[1911] promulgiert. Damit war in etwas mehr als eineinhalb Jahren der Seligsprechungsprozeß eines Märtyrers zum Abschluß gebracht worden, der seit fast einem Jahrhundert geruht hatte. Das wiederum zu beobachtende gedrängte Prozeßende verdeutlicht weiterhin ein starkes kuriales Interesse an solchen Causen: Sowohl bei der *Generalis* über Martyrium und Wunder als auch bei der *super tuto* waren fast alle Kongregationsväter versammelt[1912]. Das war für jene Zeit durchaus keine Selbstverständlichkeit, wie beispielsweise eine andere Jesuitencausa, die des Pedro Claver, zeigt: Bei der *Generalis* über zwei Wunder im August 1848 waren dreizehn Kongregationsmitglieder nicht anwesend[1913], bei der *super tuto* Mitte Mai 1850 immerhin elf[1914].

Weiterhin verdeutlicht der relativ geringe Aufwand an Prozeßmaterial die Absicht der Kongregation, zügig zu einem Ende zu kommen: Die erste, zweite und dritte *Positio de Britos* von 1851 waren zum allergrößten Teil Neuauflagen derjenigen des 18. Jahrhunderts[1915]. Die eigentlich neue Auseinandersetzung mit Zweifeln an Martyrium und Wundern kam 1851 mit ganzen neun bis zehn Seiten *Informatio* für die Schlußsitzung aus[1916]. Es verwundert daher nicht, daß die zügige Seligsprechung de Britos Interesse an weiteren Causen weckte: Schon Anfang Mai 1854 wurde das Verfahren für die Heiligsprechung aufgenommen[1917].

Ähnlich verlief die Causa Sarkander, die in den dreißiger Jahren des 19. Jahrhunderts ein kurzes Intermezzo hatte. Nachdem der Präfekt Patrizi Mitte Juli 1855 zum Ponens ernannt worden war[1918], hielt man bereits zwei Monate später die *Praeparatoria* über Martyrium und Wunder ab, die jedoch auf geringe Resonanz stieß – sowohl was die Anwesenheit der Väter anging, als auch bezüglich ihrer Voten[1919]. Nun aber erntete das Martyrium größere Zustimmung als noch in der *Antepraeparatoria*[1920]. Die *Generalis* im Januar 1859 zog zwar Sarkanders Blutzeugnis nicht in Zweifel, zeigte aber bei der Anerkennung der von Benedikt XIV. geforderten vier Wunder Schwierigkeiten[1921]. Deshalb bat der Olmützer Erzbischof den Papst persönlich um eine Dispens

---

[1909] Archivio della Postulazione SJ, Akte 751 (Giovanni de Britto), Rundbrief Roothaans, 25. November 1851.
[1910] ASRC, Decreta 1852–1853, fol. 20: CGST, 27. Januar 1852.
[1911] ASRC, Decreta 1852–1853, fol. 23C: Dekret *super tuto*, 18. Februar 1852.
[1912] Bei der *Generalis* am 16. September 1851 waren fast alle Väter versammelt; bei der am 27. Januar 1852 waren alle anwesend.
[1913] ASRC, Decreta 1848–1851, fol. 11: CG über 2 Wunder, 22. August 1848.
[1914] ASRC, Decreta 1848–1851, fol. 36: CGST, 14. Mai 1850.
[1915] Die drei *Positiones* von 1851 in: Archivio della Postulazione SJ, Akten 732, 734, 736 (Giovanni de Britto).
[1916] Die *Informatio* von der Diskussion über die Gültigkeit des Martyriums und der Wunder umfaßt 9 Seiten: Archivio della Postulazione SJ, Akte 738 (Giovanni de Britto); die *Positio super tuto* von 1851 10 Seiten (ebd., Akte 740).
[1917] ASRC, Decreta 1854, fol. 12: Dekret über die Aufnahme des Prozesses, 4. Mai 1854.
[1918] ASRC, Decreta 1855–1856, fol. 39: Aufzeichnung der Audienz vom 19. Juli 1855.
[1919] ASRC, Decreta 1855–1856, fol. 54: CP über das Martyrium und die Wunder. Insgesamt waren die meisten Kardinäle nicht gekommen, ebenso kaum Ordensleute. Die Fehlenden hatten auch keine Voten hinterlassen. Nur die ersten drei Wunder zeigten schwache Zustimmung.
[1920] Zugunsten des Martyriums stimmte die Mehrheit mit *constare*: ebd. Das Martyrium erhielt in der *Antepraeparatoria* von 1836 noch 19 *suspensive*.
[1921] ASRC, Decreta 1857–1859, fol. 184: CG über das Martyrium und die Wunder, 9. Januar 1859.

vom vierten Wunder, die auch prompt gewährt wurde[1922]. Damit war der Weg frei für das Dekret über Martyrium und Wunder, für die *Generalis super tuto* und für das Schlußdekret, das schon am 2. Juni 1859 promulgiert wurde[1923]. Auch bei dieser Causa ist wieder eine relativ kurze Prozeßdauer von weniger als vier Jahren und die sofortige Bereitwilligkeit des Papstes zu einer für einen raschen Abschluß erforderlichen Dispens zu beobachten. Das Finale der Causa Sarkander zeigte ebenso wie das anderer Verfahren, daß die prozessuale Akzeptanz des Martyriums nun nicht mehr auf Schwierigkeiten in der Kongregation stieß. Vielmehr hatte das Interesse der Väter an Märtyrercausen sogar zugenommen, so daß offensichtlich nurmehr das Material des 17. und 18. Jahrhunderts für einen positiven Abschluß ausreiche, was insbesondere für die Wunder galt.

Solch ein Umgang mit alten Causen ließ sich jedoch noch steigern. Nur mit altem Material kam die bereits erwähnte Heiligsprechung der japanischen Märtyrer von 1862 aus[1924]. Für den Abschluß reichten lediglich ein Gutachten und die *Congregatio Generalis super tuto*: In der Audienz vom 22. August 1861 wurde die Causa der 23 franziskanischen Missionsmärtyrer aus Japan dem Papst vorgestellt[1925], der dann nur die Kardinäle der Ritenkongregation zu sich rief, um schon am 3. September eine Quasi-*Generalis* – eine Abstimmung *super tuto* – durchzuführen[1926]. Fünf Monate später erweiterte man die Causa um drei Jesuiten[1927], so daß die Kanonisation der insgesamt 26 japanischen Märtyrer am 8. Juni 1862 erfolgen konnte. Sie löste eine erdrutschartige Wirkung aus, die nicht zuletzt auch im Missionsgedanken ihre Ursache hatte.

Nach Meinung der Kongregationsväter gab es im Endstadium dieser Causa wenig zu tun, um zur Heiligsprechung zu schreiten; tatsächlich aber ist unter Urban VIII. kein regelrechtes Prozeßverfahren zur Selig- bzw. Heiligsprechung der fraglichen Märtyrer durchgeführt worden. Dennoch zog man 1861/62 jene Unterlagen als vollwertige Grundlage für die *Congregatio Generalis super tuto* heran[1928].

Ähnlich verfuhr man bei Pedro de Arbués und Josaphat Kuncewycz. Die Causa Josaphat wurde nachweislich durch die Kanonisation von 1862 angeregt und unmittelbar nach der Papstaudienz vom 28. Januar 1864 eingeleitet[1929]. Pius IX. setzte persönlich einen Ponens ein und ließ Postulatoren auswählen, um die Causa ohne Verzögerung in

---

[1922] ASRC, Decreta 1857–1859, fol. 203A: Bittschrift und Aufzeichnung der Audienz vom 7. Februar 1859.

[1923] ASRC, Decreta 1857–1859, fol. 229: Dekret *super tuto*, 2. Juni 1859.

[1924] Vgl. dazu das Kapitel „Rom spricht für die Welt".

[1925] ASRC, Decreta 1860–1862, fol. 140: Audienz vom 22. August 1861 über die 23 Franziskanermärtyrer.

[1926] ASRC, Decreta 1860–1862, fol. 153: Abstimmung vor dem Papst, 3. September 1861. Der Sekretär der Ritenkongregation vermerkte ausdrücklich, daß der Verlauf dieser „Sitzung" nicht aufgezeichnet wurde. Daher liegt auch kein Ergebnis vor.

[1927] Die „Generalis" für die Jesuiten, über deren Verlauf ebenfalls keine Aufzeichnung vorliegt, fand am 6. März 1862 statt: ASRC, Decreta 1860–1862, fol. 192.

[1928] In der Audienz vom 22. August 1861 berief man sich auf die „Bulle" der Heiligsprechung der japanischen Märtyrer – in Wahrheit ein Apostolisches Schreiben vom 19. September 1627 für die Franziskaner (ASRC, Decreta 1860–1862, fol. 206A) – bzw. auf das Breve vom 15. September 1627, das die kultische Verehrung der 3 Jesuiten gestattete (ASRC, Decreta 1860–1862, fol. 206B). Vgl. dazu auch: Veraja, La beatificazione 65f.

[1929] ASRC, Decreta 1863–1864, fol. 59: Vermerk über die Audienz vom 28. Januar 1864.

Gang zu bringen[1930]. Die gleiche Selbständigkeit ist beim Kanonisationsverfahren der 19 Märtyrer aus Gorkum[1931] zu beobachten. Schon in der ersten Jahreshälfte 1861 beauftragte der Präfekt der Ritenkongregation einen Sachverständigen, die Wünsche des Postulators zu prüfen und das Votum des Promotors über eine mögliche Heiligsprechung zu begutachten[1932]. Der Experte stellte ganz deutlich heraus, daß möglicherweise auftretende Schwierigkeiten und Zweifel nicht die „sostanza"[1933] der Causa berührten, sondern gegebenenfalls Formfragen. Er schlug daher vor, die Causa der japanischen Märtyrer als Präzedenzfall heranzuziehen. Ein weiteres, 20 Seiten langes Gutachten zeigte denselben Tenor. Die grundsätzliche Frage, ob die Causa „kanonisationsträchtig" sei, schien auch hier bereits entschieden; es ging nur noch darum, eine möglichst probate Lösung für einen raschen Abschluß zu finden: Entscheidend sei nicht, ob eine Heiligsprechung neue Wunder erfordere, sondern welche Schritte die opportunsten wären, um zu diesem Ziel zu gelangen, meinte jener Experte[1934]. Interessanterweise sprach er sich für einen anderen Prozeßweg als den der japanischen Märtyrer aus, denn jenes andere prozessuale Verfahren brächte der Causa Gorkum „maggior gloria"[1935]. Man solle daher abwarten, bis sich neue Wunder ereigneten, damit man durch eine formelle Heiligsprechung alten Stils „eine sehr viel glänzendere Ehre für die Märtyrer"[1936] herausschlagen könne. Diese Intention bezeugt deutlich den hohen Stellenwert, den die römische Kurie nun ganz uneingeschränkt dem Heiligentypus des Märtyrers beimaß. Erst zu jener Zeit kamen die niederländischen Bischöfe, näherhin der zunächst betroffene neue Bischof von Haarlem[1937], ins Spiel. In persönlichen Gesprächen konnte er (!) von der Bedeutung der Causa überzeugt werden[1938], die für das konfessionelle und politische Umfeld in den Niederlanden drastische Konsequenzen mit sich zu bringen drohte. Denn die Bluttat von Gorkum bildete den Höhepunkt des niederländischen Aufstands unter der Führung des Hauses Oranien, der durch die Heiligsprechung der Märtyrer ins Gegenteil verkehrt würde. Bereits 1840 schrieb eine holländische katholische Zeitschrift unverblümt, die mögliche Kanonisation sei als Racheakt für die Erbschaft der Väter zu verstehen[1939]. Auch der Internuntius in den Niederlanden meldete eine solche Interpretation nach Rom: Die Einführung der Refor-

---

[1930] Ebd.
[1931] 1572 wurden im niederländischen Gorkum 11 Franziskaner, ein Dominikaner, drei Prämonstratenser, ein Augustiner, ein Säkularpriester und ein Laie von Protestanten verleumdet, mißhandelt und ermordet. Sie wurden 1675 beatifiziert und 1867 heiliggesprochen: Agostino Da Osimo, Storia dei diciannove martiri gorcumiesi, Rom 1867; Gerald Jansen, Art. Gorcum, Martiri di, in: BS VII 111f.
[1932] Auch zum folgenden: ASRC, Decreta 1863–1864, fol. 97: Bittschrift von Luigi da Trento an den Papst, 9. Juli 1861.
[1933] Ebd.
[1934] ASRC, Decreta 1863–1864, fol. 97v–107v: 20 Seiten langes, undatiertes und anonymes Gutachten für den Papst, 1864.
[1935] Ebd.
[1936] Ebd.: „d'una gloria più luminosa pei martiri".
[1937] Gerardus Petrus Wilmer (1800–1877), Seminarprofessor in 's-Hertogenbosch, dann dort Dekan, 1861–1877 Bischof von Haarlem: HC VIII 299.
[1938] Valk macht auf das Interesse des Bischofs im Jahre 1863 (Statusbericht) aufmerksam, ohne Gründe dafür zu nennen. Die Chronologie spricht jedoch zugunsten der römischen Initiative: Valk, Roomser dan de paus? 158.
[1939] Ebd. 158.

mation durch den Sieg der Protestanten unter der Führung Oraniens würde durch die Heiligsprechung moralisch desavouiert werden; ein solcher Akt bedeute ein Attentat auf die nationale Ehre der Niederländer und das Königshaus selbst[1940].

Pius IX. ließ sich davon nicht irritieren – im Gegenteil! Mitte Juni 1863 eröffnete er offiziell die *Causa Gorcumensis*, ohne den Prozeßgang näher zu definieren[1941]. Mittlerweile war man auch auf den Inquisitor Pedro de Arbués und Josaphat Kuncewycz aufmerksam geworden. Der Präfekt der Ritenkongregation trug Mitte Juli 1864 dem Papst die Aktenlage aller drei Causen vor. Daraufhin verfügte Pius IX. wieder einmal den „japanischen" Sonderweg, der auf weiteres Dokumentationsmaterial und Wunder verzichtete[1942]. Diese erhebliche Arbeitserleichterung machte es der Ritenkongregation möglich, für die Märtyrer aus Gorkum schon am 15. November desselben Jahres die *Generalis super tuto* anzusetzen, die freilich ebenso ominös wie die der anderen vergleichbaren Causen durchgeführt wurde[1943]: Offenbar waren auf dieser Sitzung neben dem Papst nur wenige Kardinäle erschienen; ein sonst übliches Protokoll wurde nicht angefertigt[1944]. Schon am 8. Januar 1865 promulgierte Pius IX. das Dekret *super tuto*[1945], so daß die feierliche Kanonisierung der Märtyrer aus Gorkum am Peter-und-Pauls-Fest des Jahres 1867 begangen werden konnte.

Die Causa Gorkum ist deshalb so aufschlußreich für die Sanktionspraxis Pius' IX., weil der Papst mit der Kanonisation nicht nur nationale und konfessionelle Spannungen in Kauf nahm, sondern dem Protestantismus sogar bewußt einen Schlag versetzte. Zunächst spricht die Durchführung der Causa mit all ihren Begleiterscheinungen eine deutliche Sprache, dann aber auch die kirchenamtliche Publizistik, die nicht zufällig korrespondierte: Als Verurteilung liberal-rationalistischer Zeitströmungen und akatholischer Lehren erhielt der *Syllabus errorum* vom 8. Dezember 1864 in der Heiligsprechung der Märtyrer von Gorkum eine flankierende Maßnahme[1946].

Ähnlich rasch, mit vergleichbarem Prozeßaufwand und mit altem Aktenmaterial, das zum allergrößten Teil noch aus dem 17. Jahrhundert stammte[1947], verliefen die Verfahren des Josaphat und des Pedro de Arbués. Auch diese Causen folgten bei näherer

---

[1940] Ebd. 163.
[1941] ASRC, Decreta 1863–1864, fol. 98: Aufzeichnung über die Audienz vom 28. Juli 1864. Hier findet sich der Hinweis auf die Audienz vom 16. Juni 1863.
[1942] ASRC, Decreta 1863–1864, fol. 97B: Aufzeichnung über die Audienz vom 16. Juli 1864.
[1943] ASRC, Decreta 1863–1864, fol. 110: Vermerk über die CGST; der Sekretär bemerkte, das kein Sitzungsprotokoll angefertigt wurde.
[1944] Das Dekret *super tuto* spricht – abgesehen vom Papst – nur von Kardinälen, die zugestimmt hätten (ASRC, Decreta 1865–1866, fol. 2A). Aus der Bemerkung des Sekretärs – „abstantibus tantum Eminentis Cardinalibus et Praelatis Officialibus" (ASRC, Decreta 1863–1864, fol. 110: Notiz des Sekretärs über die CGST, 15. November 1864) – läßt sich entnehmen, daß es etliche Kardinäle gab, die Vorbehalte gegen die Heiligsprechung in dieser Form hegten. Insgesamt scheint man innerhalb der Kongregation dem Schnellverfahren wenig Interesse entgegengebracht zu haben.
[1945] ASRC, Decreta 1865–1866, fol. 2A: Dekret *super tuto*, 8. Januar 1865.
[1946] Darauf weist überzeugend hin: Valk, Roomser dan de paus? 164. Er deutet die Kanonisation als markanten Akzent gegen den Protestantismus.
[1947] Die Ritenkongregation hielt 1864 den Kanonisationsprozeß des Pedro de Arbués, so wie er 1664 liegengeblieben war, für abgeschlossen: ASRC, Decreta 1863–1864, fol. 109: Aufzeichnung aus der Audienz vom 10. November 1864. – In der *Sententia pro veritate* des Promotors fidei von 1864 hieß es, es müsse für den Abschluß des Prozesses nur noch eine *Generalis super tuto* abgehalten werden: Welykyj, S. Josaphat Hieromartyr III 252.

Betrachtung ganz der persönlichen Absicht des Papstes. Josaphat brauchte von der offiziellen „Wieder"-Aufnahme des Verfahrens an der Ritenkongregation bis zum Dekret *super tuto* ganze 15 Monate, Pedro de Arbués gar nur dreieinhalb.

Auch mit den 205 japanischen Märtyrern, die in der Oktav der Zentenarfeier von 1867 seliggesprochen wurden[1948], kam man in ähnlicher Weise zu einem zügigen Abschluß. Nachdem das *Martyrium ex parte tyranni* – damals lediglich der situative Kontext der Tötung[1949] – bereits 1687 approbiert worden war, nahm man Ende Juli 1863 die Causa offiziell wieder auf[1950]. Unmittelbar nach der Ausstellung des entsprechenden Dekrets[1951] waren weitere Zweifel an der Stichhaltigkeit des Martyriums aufgetaucht, so daß das Seligsprechungsverfahren schließlich zum Erliegen gekommen war[1952]. Um einen raschen Abschluß sicherzustellen, hatte Pius IX. wiederum einige Dispensen auszustellen. Weit schwerer wog aber der grundsätzliche Verzicht auf Wunder als üblichen Nachweis für die Tatsächlichkeit des Blutzeugnisses. Bislang, selbst bei den 26 japanischen Märtyrern, hatte man in jedem einzelnen Fall eine Entscheidung herbeiführen müssen und besondere Gnadenerweise des Papstes erwirkt; nun aber wurde die Frage des Nachweises durch Wunder grundsätzlich zur Sprache gebracht und von einer Spezialkongregation, die aus fünf Kardinälen bestand, eingehend diskutiert[1953]. Das Gremium gab schließlich in einer kurzen Abhandlung den obligatorischen Konnex von Martyrium und Wundern auf[1954]. Uralter Brauch der Kirche sei es, meinten die Kardinäle, die Märtyrer zu ehren, ohne eventuelle Mirakel zu untersuchen. Um dann aber dennoch nicht den Opfertod als solchen isoliert zu betrachten und damit einen Bruch mit alten Prozeßtraditionen zu vollziehen, brachte man in die letzten beiden noch ausstehenden Kongregationssitzungen vier Mirakel ein – stellvertretend für alle Einzelpersonen[1955]. Damit war faktisch die Bindung von Martyrium und Wunder aufgegeben. Die vier von den Kongregationsvätern akzeptierten übernatürlichen Ereignisse hatten nur noch Alibifunktion. Am 13. April 1867 hielt man aufgrund dieser beiden Dekrete die *Generalis super tuto* ab, die entsprechend positiv verlief, so daß am 30. April bereits das Dekret *super tuto* promulgiert werden konnte[1956]. Damit war auch diese Causa, die erhebliche Problemkandidaten wie beispielsweise drei- bis vierjährige Kinder in sich aufnahm, in weniger als vier Jahren erfolg-

---

[1948] Die Seligsprechung fand am 6. Juli 1867 statt.
[1949] Man hatte lediglich den Täter als glaubensfeindlichen Tyrannen festgestellt, nicht aber die Glaubens- und Opferhaltung des zu Beatifizierenden.
[1950] Archivio della Postulazione SJ, Akte 42 (Spinola e Soci), *Informatio* über die in Japan ermordeten Dominikaner, Franziskaner, Augustiner und Jesuiten. – Die Causa wurde offiziell am 23. Juli 1863 wiederaufgenommen.
[1951] Druck des Dekrets vom 3. Februar 1687: Boero, Relazione della gloriosa morte 197.
[1952] Archivio della Postulazione SJ, Akte 42 (Spinola e Soci), *Informatio* über die in Japan ermordeten Dominikaner, Franziskaner, Augustiner und Jesuiten.
[1953] Cornely, Leben des seligen Märtyrers Karl Spinola 168.
[1954] Ebd.
[1955] Vgl. dazu das Dekret vom 26. Februar 1867; Druck: Boero, Relazione della gloriosa morte 199–203.
[1956] Druck: ebd. 208–210.

reich abgeschlossen. Die eigentlichen Prozeßakten über die Martyrien stammten ebenso aus dem 17. Jahrhundert wie die vier Wunder zu ihrer Bekräftigung[1957].

Die 205 japanischen Märtyrer waren die letzten, die Pius IX. zur Ehre der Altäre beförderte. Bei all diesen Causen fällt ausnahmslos das Tempo ins Auge, mit dem eine Selig- bzw. Heiligsprechung aufgrund von altem Prozeßmaterial zustande kam. Vergleicht man diese Verfahren mit anderen zeitgenössischen oder erst recht mit zeitlich zurückliegenden, kann man sich dem Eindruck nicht verschließen, daß es sich die Kurie mit der Beatifikation und Kanonisation von Märtyrern relativ leicht gemacht hatte. Die prozeßimmanente Betrachtung der Märtyrercausen zeigt, daß das Pendel, das Benedikt XIV. weit in eine Richtung auslenkte, nun in die Gegenrichtung schnellte. Offenbar hatte man um die Mitte des 19. Jahrhunderts ein großes Bedürfnis nach beglaubigten Blutzeugen. Entsprechend tat auch Pius IX. alles, um diesen spezifischen Kult zu fördern – und das nicht ohne Absicht. Verglich er doch die Situation „seiner" Kirche mit der der Märtyrer des 15., 16. und 17. Jahrhunderts. Aus dem gemarterten Glaubenszeugen wurde eine kirchenpolitischer Kampfbegriff: Den seligen Josaphat setzte Pius IX. Mitte April 1865 mit dem Typus des Gläubigen gleich, der „tapfer kämpfte gegen die Häresie und nicht zögerte, für den Hl. Stuhl all sein Blut zu vergießen"[1958]. Schließlich müßten alle, die ihr Leben durch den Glauben definierten, Verfolgung erleiden – meinte der Papst, aus seiner eignen Lebenserfahrung schöpfend. Auch das Martyrium des Pedro de Arbués zeige, so der Pontifex in seiner Ansprache vor dem Konsistorium im Juni 1867, daß der neue Heilige in Zeiten der Bedrängung keinerlei Angst und Sorge zeige, sondern nur Gottesfurcht[1959]. Die *Monitiones* der *Litterae Apostolicae* zur Peter-und-Pauls-Feier rafften die gesamte Lebenssituation des heiligen Inquisitors in zwei Worten zusammen: „in certamine"[1960]. Das Fanal des Märtyrers sei daher das paulinische „Si Deus pro nobis, quis contra nos?"[1961] Ähnlich kämpferisch lauten auch die ersten Worte aus dem Dekret *super tuto* für Jan Sarkander: „Die unvergängliche Krone der Ehre ist denen bereitgelegt, die bis zum Tode für die Gerechtigkeit kämpfen"[1962]. Urkirche, Kampfesgeist und *Ecclesia Triumphans* faßt das Abschlußdekret der 205 japanischen Märtyrer in einem Satz zusammen: „Seit ihren Anfängen wächst die Kirche üppig durch das Blut der Märtyrer und hört niemals auf, wunderbare Beipiele der Tapferkeit vorzuweisen"[1963].

Das hohe Ansehen, das das Martyrium Mitte des 19. Jahrhunderts genoß, läßt sich nicht nur beim Papst selbst und seiner Umgebung nachweisen, es scheint auch Teil des innerkirchlichen Zeitgeistes geworden zu sein. Der Erzbischof von Pisa, der sich

---

[1957] Zu den Wundern von 1663, 1670, 1671 sowie zu den zeichenhaften Begleitumständen der Martyrien: ebd. 167–172.

[1958] Allokution des Papstes vom 17. April 1864 bei der Veröffentlichung des Dekrets *super tuto* in: Archivio Grottaferrata, Ms. cryt. Z.a. XCIII, p. 17: „combattò forte contro l'eresia e per questa S. Sede non dubitò di spargere tutto il suo sangue".

[1959] Allokution des Papstes vom 4. Juni 1867: Druck in: Bartolini, Commentarium actorum I 231.

[1960] *Monitiones* für die Gläubigen in: Bartolini, Commentarium actorum II 361.

[1961] Ebd. Das Zitat stammt aus Röm 8,31.

[1962] Dekret *super tuto*, 2. Juni 1859: ASRC, Decreta 1857–1859, fol. 229: „Immarcescibilem gloriae coronam ei repositam, qui usque ad mortem certaverit pro iustitia".

[1963] Dekret *super tuto* der 205 japanischen Märtyrer, 7. Mai 1867; Druck: Boero, Relazione della gloriosa morte 214: „Martyrum rigata sanguine vel ab ipsis suis primordiis Ecclesia exhibere postea nunquam destitit miranda exempla fortitudinis".

in einer Supplik für die Seligsprechung der 205 japanischen Märtyrer verwandte, sprach 1864 in frühchristlicher Diktion von Siegern und „campioni"[1964], die die Kirche zu Triumphen geführt hätten. Der Postulator der Causa Sarkander deutete das beispielhafte Leben seines Helden als Kampfesschule, die dieser gestärkt verlassen habe, um dem Feind mutig entgegenzutreten[1965]. Selbst im fernen Asien schien man noch diesen urkirchlichen Enthusiasmus zu spüren: In einer Bittschrift von zwei Apostolischen Vikaren aus China zugunsten der besagten japanischen Märtyrer fiel der Begriff der *Ecclesia triumphans*, und die Blutzeugen werden als *Milites Christi* bezeichnet[1966]. Auch dort läßt sich also die semantische Erweiterung des Märtyrerbegriffes durch pompös auftrumpfendes, apologetisches Gedankengut erkennen.

Weiterhin ergibt sich daraus noch eine andere wichtige Facette des blutigen Glaubenszeugnisses, die gleichsam logisch aus dem bisher Gesagten hervorgeht: die Weltverachtung. Entsprechend beschrieb ein französischer Hagiograph die 1862 zur Kanonisierung anstehenden japanischen Märtyrer, „welche den Flittertand menschlichen Ruhmes mit Füßen getreten haben"[1967]. Der Biograph des Pedro de Arbués bescheinigte den Blutzeugen der Heiligsprechung von 1867 die rechte Erkenntnis des Kreuzes, „welches ein *scandalon* für die Juden und Dummheit für den blinden Heiden war"[1968]. Beim Vitenschreiber des Carlo Spinola SJ schlägt die Weltverachtung gleichsam zurück; die Seligsprechung des Jesuiten nimmt sich aus wie eine nachträgliche göttliche Rehabilitation: „Gott gefällt sich darin, seinen treuen Dienern, welche um seinetwillen den Ruhm dieser Welt verachtet haben, auch hienieden eine Ehre zu ertheilen, wie die Welt sie nicht zu vergeben vermöchte"[1969].

Zusammenfassend läßt sich folgendes festhalten: Alle bis 1867 abgeschlossenen Märtyrercausen weisen kaum zufällige Gemeinsamkeiten auf. Das bezieht sich zunächst auf den übereinstimmenden Rhythmus ihrer Prozeßabläufe, aus dem man epochengebundene Bewertungen des prozessualen Phänomens „Martyrium" innerhalb des Untersuchungszeitraums (1740 bis 1870) ablesen kann. Wurden unter Benedikt XIV. nur wenige entsprechende Causen verhandelt, wovon ein bis zwei sogar die Anerkennung des Martyriums erreichten, so versandeten nach dem Tod dieses Papstes sämtliche Märtyrerprozesse und blieben fast ohne Ausnahme bis in das Pontifikat Gregors XVI. liegen. Ursache hierfür war mangelndes Interesse an diesem Heiligentypus sowie die von Benedikt XIV. sehr hoch gelegte Meßlatte, die einigen Causen noch zusätzlich ein schweres Wunderpaket aufbürdete. Erst der Missionsgedanke und der sich allmählich zum weltpolitischen Drama aufbauende Zeithintergrund ließen diese verkrusteten Strukturen aufbrechen und führten den Begriff des Martyriums zu einer seit der Urkirche nicht gekannten Renaissance. Gregor XVI. war der erste, der die lambertinische Autorität zaghaft in Frage stellte, wagte aber keine Reform des

---

[1964] Archivio della Postulazione SJ, Akte 42 (Spinola e Soci), Supplik des Erzbischofs von Pisa, 10. September 1864.
[1965] Liverani, Das Leben und Leiden 154.
[1966] Archivio della Postulazione SJ, Akte 42 (Spinola e Soci), Supplik von zwei Apostolischen Vikaren Chinas, 6. November 1865.
[1967] Villefranche, Die japanischen Martyrer IX.
[1968] Cozza, Della vita, miracoli e culto del martire S. Pietro de Arbues, S. IV: „che è scandalo all ebreo protervo e stoltezza al cieco pagano".
[1969] Cornely, Leben des seligen Märtyrers Karl Spinola 157.

Verfahrens, die einen veritablen Bruch mit gepflegter Rechtspraxis bedeutet hätte. Dazu war erst Pius IX. bereit, der nicht nur Kompromisse einging, sondern vielfach geradezu das Prozeßverfahren aushebelte und an sich zog. Sowohl starkes persönliches Interesse als auch ein sehr freizügiger Umgang mit der formaljuristischen Arbeit der Ritenkongregation kennzeichneten seine Sanktionspraxis. Nur so ist es zu erklären, daß das Martyrium nach der Restauration von 1850 in der Ritenkongregation wieder „hoffähig" wurde. Zu jener Zeit stand das Prestige des Blutzeugnisses bereits so hoch, daß ein einfacher, völlig unbekannter Dorfpfarrer aus den rauhen Gegenden des Nordens die Ehre der Altäre erreichen konnte.

Bereits die rein prozeßimmanente Reflexion über Wandel und Semantik des theologischen Märtyrerbegriffes, der eine Symbiose mit dem vorherrschenden Zeitgeist einging, spiegelt den Siegeslauf der Martyriumsidee wider. Hatten in der zweiten Hälfte des 18. Jahrhunderts entsprechende Kultapprobationen fast vollständig gefehlt, so erlebte die Martyriumsidee dreißig Jahre später eine Renaissance und führte im Pontifikat Pius' IX. zur erdrückenden Dominanz in der Selig- und Heiligsprechungspraxis. „Urkirche", „Ecclesia Triumphans", „Kämpfertum", „Weltverachtung" wurden im Endstadium dieses Entwicklungsprozesses zu begriffsbestimmenden Ingredienzen, die entlarvende Indikatoren für den situativen Kontext der Kirche in der Welt der Moderne darstellten. Das Martyrium wird dadurch zur Ursache und zum Ausdruck der kirchlichen Standortbestimmung.

4. Teil: Grundkonstanten

I. Ordensfragen

1. Ordensdominanz

Schon die Statistik der Selig- und Heiligsprechungen zeigt, daß die überwiegende Mehrheit der Causen aus dem Ordensbereich stammte[1]. Dabei überwiegen eindeutig die Kandidaten der zentral organisierten Großorden – ein Phänomen, das bis heute zu beobachten ist. Von den 96 Causen, die in den Jahren 1740 bis 1867 in einem regulären und streng formalen Prozeßverfahren an der Ritenkongregation zum Abschluß gebracht worden sind, gingen sechs aus dem Dominikaner-, vier aus dem Augustiner-, nur einer aus dem Benediktinerorden hervor, dagegen zehn aus der Gesellschaft Jesu und ganze 33 aus der Franziskanerfamilie, von denen allein neun Kapuziner waren. Diese Ordensgemeinschaften des hl. Franziskus erreichten 1761 den Kulminationspunkt ihrer Personaldichte von 34 000 Mitgliedern in 64 Provinzen[2]. Im Gegensatz dazu befanden sich unter allen Beatifizierten und Kanonisierten nur vier Säkularpriester[3] und zwei Bischöfe[4], die keinem Orden angehörten. Die Anzahl der Laiencausen – rein statistisch fünf – schrumpft bei näherer Betrachtung auf eine Person zusammen[5], da die Märtyrercausen aus Japan und Gorkum[6] sowie der Prozeß der Paredes[7] von den Großorden betrieben wurden.

---

[1] Darauf weist bereits hin: Chadwick, The popes and european revolution 25.
[2] Frank, Franziskaner, Minoriten, Kapuziner, Klarissen 211.
[3] Jan Kanty (1390–1473) war Diözesanpriester und Professor der Theologie in Krakau, 1690 selig- und 1767 heiliggesprochen; – Jan Sarkander (1576–1620) wurde 1609 zum Priester für die Diözese Olmütz geweiht, er wurde 1860 beatifiziert; – José Oriol (1650–1702) war Beneficiarpriester von S. Maria del Pino in Barcelona, er wurde 1805 selig- und 1909 heiliggesprochen (Niccolò Del Re, Art. Giuseppe Oriol, in: BS VI 1331–1333); – Giovanni Battista de Rossi (1698–1764) wurde 1721 in Rom zum Priester geweiht, trat dann in das Kapitel von S. Maria in Cosmedin ein; er wurde 1860 seliggesprochen (Giovanni Battista Proja, Art. Giovanni Battista de Rossi, in: BS VI 959–963).
[4] Es handelt sich dabei um Giovanni de Ribera und Gregorio Barbarigo. Ribera (1532/33–1611) wurde 1568 Patriarch von Antiochien und Erzbischof von Valencia; er wurde 1796 seliggesprochen: Ramón Robres Lluch, Art. Giovanni de Ribera, in: BS VI 1053–1059. Josaphat Kuncewycz war Basilianer, Paolo Burali Theatiner, ebenso wie Kardinal Giuseppe Maria Tomasi, der nicht im Bischofsrang war.
[5] Germaine Cousin, 1854 selig- und 1867 heiliggesprochen (vgl. „Revolutions-Heilige?"), kann allein als echte Laiencausa bezeichnet werden; Joseph Benoît Labré war Gürtelträger des Franziskanerordens: Iriarte, Der Franziskusorden 384.
[6] Unter den 1867 beatifizierten 205 Märtyrern aus Japan befanden sich zahlreiche Katecheten und Gläubige, sogar Kinder. Die Causa wurden von den Großorden (Jesuiten, Dominikaner, Franziskaner und Augustiner) durchgeführt; vgl. hierzu die Ausführungen im Kapitel „Das wiederentdeckte Martyrium".
[7] Maria Anna de Gesù de Paredes wurde 1853 seliggesprochen. Der Prozeß wurde vom Jesuitenorden geführt. Vgl. dazu die Angaben im Kapitel „Jesuitenheilige".

Auch nach der Reform des kanonischen Verfahrens für die Selig- und Heiligsprechung (1983), die als Hauptziel eine Vereinfachung und Verkürzung des Prozesses anpeilte, empfehlen sich korporative juristische Personen wie Diözesen, kirchliche Vereinigungen oder Ordenskongregationen als Träger eines Beatifikations- oder Kanonisationsverfahrens[8]. Als Gründe werden immer wieder die auch nach 1983 erkennbare lange Prozeßdauer und die nicht geringen finanziellen Mittel angeführt, die selten genug von Einzelpersonen aufgebracht werden können[9]. Es kommt aber noch ein weiteres Moment hinzu, das Korporationen den Vorzug gegenüber Privatleuten, ja sogar gegenüber Ortsordinarien gibt, nämlich schlicht die Kontinuität des Interesses an einer Kultsanktion. Hatte man es bei individuellen Actoren, etwa bei einer Familiencausa, häufig mit einer diskontinuierlichen Motivationsgrundlage zu tun, die schon durch das begrenzte menschliche Lebensalter gegeben ist, denn bei Nachkommen oder anderen Verwandten kann eine gleiche Absicht nicht grundsätzlich vorausgesetzt werden, so entfällt dieser entscheidende Nachteil bei Ordenscausen, da bereits schon der Prestigegewinn als Attraktions- und Wirtschaftsfaktor für ein Kloster oder kirchliches Institut leb- und dauerhaftes Interesse an einer Selig- oder Heiligsprechung gewährleistete[10]. Selbst wenn Bistümer als Actoren auftraten, brachte der Amtswechsel des Oberhirten häufig Prozeßpausen mit sich, wie die Olmützer Causa des Jan Sarkander deutlich vor Augen führt[11]. Immerhin mußte bei jedem Verfahren zunächst ein halbes Jahrhundert nach dem Tod des Kandidaten überbrückt werden, ehe man mit der Diskussion der Tugenden beginnen konnte.

Diese an sich plausiblen Argumente werden noch durch eine Reihe von historischen, verfahrensimmanenten und finanziellen Momenten unterstützt. Geschichtlicher Ausgangspunkt war das frühchristliche Streben nach Vollkommenheit, das die Apostolischen Väter in Askese und Mönchtum, welches Virginität, Abtötung und Weltverachtung praktizierte, verwirklicht sahen[12]. In der Spätantike erlangte der monastische Heiligkeitstyp bereits eine Gleichstellung mit dem Märtyrer[13]. Von dort ging die Entwicklungslinie weiter zu den Mendikantenorden[14], die im Hochmittelalter aufkamen und seither mit ungeheurer Wucht das religiöse Leben prägten[15]. Das Milieu der Bettelorden, die im Rückgriff auf das Ideal der evangelischen Christusnachfolge versuchten, die Perfektion des christlichen Lebens zu restaurieren, bot der Heiligkeit fruchtbaren Nährboden[16]. Hinzu kam, daß Prozeßlänge und -kosten seit dem Pontifikat Innozenz' III. in die Höhe schnellten: Durfte man zu seiner Zeit für ein durchschnittliches Kanonisationsverfahren etwa zwei Jahre veranschlagen, so hatte sich im

---

8   Dazu: Veraja, Heiligsprechung 29. Schulz bezweifelt expressis verbis die Opportunität von rein zivilen Rechtspersonen als Actor einer Causa: Schulz, Das neue Selig- und Heiligsprechungsverfahren 51f.
9   Schulz, Das neue Selig- und Heiligsprechungsverfahren 52; Chadwick, The popes and the european revolution 25.
10 Chadwick, The popes and the european revolution 25.
11 Vgl. dazu die Angaben im Abschnitt „Jan Sarkander".
12 Malone, The monk an the martyr 10; Angenendt 55–61.
13 Baumeister, Die Entstehung der Heiligkeitsverehrung in der Alten Kirche 20; Sieger 25.
14 Vauchez, La sainteté 132.
15 Dazu kurz: Schwaiger, Bettelorden (Mendikanten) 111–113.
16 Vauchez, La sainteté 131; Angenendt 60f.

14. Jahrhundert die Verfahrensdauer verfünfzehnfacht. Die wachsende Komplexität und die Länge der Prozesse führten allmählich zu einer ausufernden finanziellen Belastung für die Interessenten, der nur noch herausragende Herrscherhäuser und bedeutende religiöse Gemeinschaften gewachsen waren[17]. Schon im 13. Jahrhundert waren 40 Prozent der von Rom Kanonisierten Ordensleute[18]. Mit dieser Entwicklung ging eine Klerikalisierung der Heiligkeit und die Vermehrung von Lokalkulten einher, die vor allem den Mendikantenorden zugute kamen, welche zudem in der Konkurrenzsituation einen höheren geistlichen Standard durch die Vergrößerung des „Ordenshimmels" nachzuweisen versuchten[19]. Als sich die Volksfrömmigkeit im ausgehenden Mittelalter mehr und mehr vom Adels- und Königstypus des Heiligen entfernte und volksnahen Persönlichkeiten oder Kandidaten aus der Bürgerschicht zuwandte[20], war der Siegeszug der zentral organisierten Großorden – vor allem der Dominikaner und der Franziskanerfamilie – nicht mehr aufzuhalten, die sich spätestens seit der Reformation eine nahezu ausschließliche Position erobert hatten[21]. Hinzu kamen die neuen Orden der Katholischen Reform, die einen bedeutenden Anteil an den Beatifikationen und Kanonisationen gewannen[22].

Daß diese Faktoren sich bis weit über das Ende des Ancien Régime hinaus prägend auf den sanktionierten Heiligenkult auswirkten, verwundert nicht weiter, wenn man die intensive Verbreitung der Mendikanten auf der italienischen Halbinsel betrachtet, die bekanntlich die überwiegende Anzahl von Heiligen stellte. Vor allem das Italien des 18. Jahrhunderts wird als „Paradies der Mönche"[23] bezeichnet – nicht ohne Grund. Zum einen herrschte dort die Spiritualität der Jesuiten und Franzikanerfamilie vor[24], zum anderen waren diese Orden rein zahlenmäßig den anderen überlegen. Man schätzt die Zahl der Religiosen auf etwa 126 000 Personen bei einer Einwohnerzahl von ca. 13,5 Millionen. Das besagt statistisch: ein Ordensmitglied auf etwa 115 Einwohner[25]. Im Mezzogiorno weist die Schätzung für das Jahr 1787 9700 Mendikanten und 15 700 übrige Ordensmänner aus – hinzu kamen noch etwa 26 700 Ordensfrauen, die sich auf die verschiedenen Institute verteilten[26]. Als drastisches Beispiel – dabei kein Einzelfall – gilt die 12 000 Einwohner zählende Stadt Taranto, die um 1730 drei Frauen- und elf Männerklöster beherbergte, ohne die 300 bis 400 Säkularpriester mitzurechnen, wobei eine Mitgliederstärke von 50 Personen pro Konvent keine Seltenheit war[27]. Sogar der dortige Ortsbischof konstatierte, man könne zwei Drittel des Ordenslebens

---

[17] Vgl. dazu: Sieger 78; Vauchez, La sainteté 75–77.
[18] Vauchez, La sainteté 373. Bereits ab 1300 dominieren die Religiosen in Italien den Heiligenkult.
[19] Ebd. 249, 373. Allein der Franziskanerorden konnte für das 13. Jahrhundert 17 Heilige und 21 Selige aufweisen: Holzapfel, Franziskanerorden 706f.; Iriarte, Franziskusorden 374f.
[20] Vauchez, La sainteté 207f. Vgl. hierzu auch die Tabellen: ebd. 216–218.
[21] Ebd. 396.
[22] Jesuiten, Kapuziner, Theatiner stellten zusammen mit den Ordensgründern fast die Hälfte der neuen Heiligen: Po-chia Hsia, Gegenreformation 165.
[23] Orlandi, Il Regno di Napoli nel Settecento 155.
[24] Petrocchi, Storia della spiritualità italiana 209–229; Brovetto, Il Settecento spirituale 200–402.
[25] Etwa 65 000 Ordensmänner und 61 000 Ordensfrauen standen 13,5 Mio. Einwohnern gegenüber: Orlandi, Il Regno di Napoli nel Settecento, 154, 166. Zur klerikalen Dichte vgl. auch: Chadwick, The popes and the european revolution 25, 96.
[26] Orlandi, Il Regno di Napoli nel Settecento 156, 166.
[27] Ebd. 155.

eliminieren, ohne dadurch das spirituelle und pastorale Angebot in der Diözese einzuschränken[28].

Auch die wirtschaftliche Stärke des italienischen Ordenslebens korrespondierte mit dem bisher Gesagten[29]. Großzügige Schätzungen gehen davon aus, daß die Orden im Königreich Neapel etwa fünf Millionen Dukaten jährlich einnahmen. Wenn man bedenkt, daß die großen Konvente im 18. Jahrhundert etwa 100 Dukaten, die kleineren etwa 80 Dukaten jährlich für Verpflegung sowie Unterhalt von Gebäuden und Kirchen aufwenden mußten, so ist selbst die mittlere Rendite der kleinen Klöster von 150 Dukaten – die der Großabteien betrug im Schnitt 770 Dukaten – eine sehr günstige wirtschaftliche Basis für die kostspielige Kultsanktion[30].

Damit war die Kontinuität des Interesses an einer Selig- und Heiligsprechung sowie das notwendige finanzielle Fundament gewährleistet. Mit diesen günstigen Voraussetzungen, die die Ordensinstitute mitbrachten, korrelierte das Entgegenkommen der Ritenkongregation: Der von Benedikt XIV. dekretierte „Mengenrabatt" für ordenseigene Causen wurde bereits angesprochen[31]. Die Verminderung der Ausgaben für die feierliche Kanonisation bis zu 60 Prozent beim fünften Kandidaten war nicht nur ein Anreiz, eine Vielzahl von Prozessen in die Wege zu leiten und parallel durchzuführen, sie begünstigte ganz eindeutig die finanzkräftigen und zentral organisierten Großorden; Benediktiner, Augustiner, Kartäuser u.ä. hatten dagegen aufgrund ihrer inneren Verwaltungsstruktur und starken Zersplitterung Mühe, eine einzige Causa durchzubringen[32], da im wesentlichen die einzelnen Konvente wirtschaftlich autark arbeiteten[33]. Zudem war der Zenit ihrer innerkirchlichen Bedeutung längst überschritten. Benedikts „Mengenrabatt" zeigte ganz offensichtlich, daß man den Großorden, die willens waren, fünf Kandidaten durchzubringen, Ausgaben von annähernd 100 000 Scudi zumuten konnte – allein für die entsprechenden Prozeßabschlüsse[34]. Die erheblich höheren Beträge für Prozeßführung, Feierlichkeit, Triduum und Drucklegung der Viten sind dabei noch nicht berücksichtigt. Daher verwundert es nicht, daß Benedikt

---

28 Vgl. die Aussage des dortigen Erzbischofs Giuseppe Capecelatro (1744–1836, Erzbischof 1778–1817): „... togliere almen due terzi senz'alcun pregiudicio de' bisogni spirituali della medesima [chiesa]": zitiert bei: ebd. 155.
29 Dazu: Chadwick, The popes and the european revolution 244–252.
30 Galanti, Nuova descrizione storica e geografica delle Sicilie I 327f. Von den Großabteien bezogen die reichsten etwa 100 000 Dukaten jährlich, die anderen etwa 45 000 Dukaten. Vorsichtig bestätigend: Orlandi, Il Regno di Napoli nel Settecento 197f. – Zu den Kosten des Verfahrens und der entsprechenden Feier vgl. das Kapitel „Non olet".
31 Vgl. dazu den Abschnitt „Benedikt XIV."
32 Im fraglichen Zeitraum wurde als einziger Vertreter des Benediktinerordens Giovanna Maria Bonomo (1606–1670) 1783 seliggesprochen. Pedro de Arbués befolgte zwar als Kanoniker von Zaragoza die Augustinerregel, der kurze Kanonisationsprozeß wurde aber vom Kapitel und Oberhirten der Diözese finanziert (vgl. entsprechendes Kapitel). Die Augustinermärtyrer in Japan (205 Märtyrer) und Gorkum befanden sich beim raschen Abschluß ihrer Causen im Schlepptau der Großorden (vgl. „Das wiederentdeckte Martyrium"). Die „Causa" des Kartäuserkardinals Niccolò Albergati verlief auf dem Wege der Kultanerkennung und war ganz das Werk Benedikts XIV. (vgl. den Abschnitt „Benedikt XIV.").
33 Dazu: Schwaiger, Mönchtum, Orden, Klöster 59–66 (Manfred Heim), 84–111 (Ulrich Faust), 277–283. Vor allem die Augustiner waren in zahlreiche Zweige und Zusammenschlüsse zerfallen: Heimbucher I 394–432, 536–571.
34 AV, Arch. Congr. SS. Rituum, Processus 6866, fol. 270: Dritter Abschnitt der Gebührenordnung vom 14. April 1741.

XIV. in seinen „Vier-Jahres-Plan" fast ausschließlich Ordensleute aufnahm, wobei die meisten den zentral organisierten Großorden angehörten[35]. Auf diese Weise gewährleistete er nicht nur für beide Seiten ein kontinuierliches Arbeiten an der Ritenkongregation, sondern schuf außerdem einen Anreiz zur langfristigen, planvollen und kalkulierten Finanzierung, die wirtschaftlich schlechter gestellte Ordensgemeinschaften faktisch ausschloß. Damit wurden Beatifikation und Kanonisation bewußt zu einem kurialen Instrument des jeweils regierenden Papstes degradiert, an dem nur noch die bekannten Großorden partizipieren konnten. Wirtschaftliche Gesichtspunkte drängten die *Vox populi* ins zweite Glied[36].

Ein weiteres Moment ist ebenfalls nicht außer acht zu lassen, nämlich die Personalstruktur der Ritenkongregation. Die theologischen Konsultoren des Dikasteriums – ausschließlich Ordensleute – hatten im Entscheidungsprozeß ein gewichtiges Wort mitzureden[37]. Ihr Votum wurde nicht nur bei Einzelentscheidungen herangezogen, sie hatten auch bis zu der Abstimmung in der *Congregatio Praeparatoria* zusammen mit den Prälatenkonsultoren ausschließliche Entscheidungskompetenz. Von Anfang an gehörten ein Dominikaner und ein Franziskaner zu den *Consultores nati* des theologischen Gremiums; Benedikt XIII. vermehrte ihre Zahl um einen Franziskanerkonventualen, einen Barnabiten sowie einen Serviten, und Benedikt XIV. zog außerdem je einen Jesuiten, Theatiner und Augustinereremiten hinzu[38]. 1741 zählten zu den insgesamt 17 theologischen Konsultoren acht Mendikanten und ein Jesuit[39], 1782 waren es von insgesamt 21 Konsultoren neun Bettelbrüder bei einer inzwischen angewachsenen Anzahl von Ordensinstituten[40] und 1827 blieben immerhin noch vier Mendikanten und praktisch zwei Jesuiten von nunmehr elf Mitgliedern des Gremiums übrig[41]. Damit verfügten diese Großorden fast durchgängig über eine Mehrheit[42] und bestimmten zumindest die Diskussion in dieser Kommission, obgleich man gerade zwischen Mendikanten und Jesuiten mit erheblichen Grabenkämpfen rechnen mußte. Nichtsdestotrotz verlieh diesen Orden allein ihre zahlenmäßige Präsenz in der Ritenkongregation Einfluß und Gewicht, was ihren Causen unzweifelhaft zugute kam.

Schwieriger als die äußeren Ursachen für die Dominanz der Ordensleute ist die innere Motivation der kirchlichen Institute zu fassen. Abgesehen von der Volksfrömmigkeit ist die Intention, die von der Ordensseite ausging, wohl zunächst im Schritthalten mit anderen Religiosenkongregationen und Instituten zu suchen, sicherlich aber auch im Niedergang von Ordensdisziplin und Regeltreue sowie in der rückläufigen Zahl der

---

[35] Von 25 Kandidaten, die in den Plan der Kongregation aufgenommen wurden, gehörten 21 einem Orden an. Vgl. dazu die Angaben im Abschnitt „Benedikt XIV.".
[36] Chadwick konstatiert in diesem Zusammenhang für das 18. Jahrhundert mit aller Vorsicht noch „popular sentiment": Chadwick, The popes and the european revolution 25.
[37] Dazu: Papa, La Sacra Congregazione dei Riti nel primo periodo di attività 46f.; Bangen, Die Römische Curie 221f.
[38] Vgl. dazu die Angaben im Abschnitt „Personelle Verwaltungsstruktur".
[39] ASRC, Decreta 1738–1741, fol. 341: CG, 26. September 1741.
[40] ASRC, Decreta 1781–1785, fol. 61–63: CG, 22. Januar 1782.
[41] ASRC, Decreta 1827–1831, fol. 2–4: CG, 12. Februar 1827. Neben dem Jesuiten Domenico Zecchinelli verhielt sich der Ex-Jesuit Aloisio Maria Rezzi im Abstimmungsverhalten ebenfalls ordenskonform.
[42] Bei den Abstimmungen in den Kongregationssitzungen war eine Zweidrittelmehrheit für den Fortgang der Causa erforderlich.

Eintritte im 18. Jahrhundert[43], wie sie beispielsweise aus dem Mezzogiorno detailliert überliefert ist[44]. Als sakralisiertes Korrektiv kam dem Ordensheiligen besondere Bedeutung zu[45]. Gerade durch solche Causen wie die des Crispino da Viterbo OFMCap[46], des Tommaso da Cori OFM[47], des Bernardo da Corleone OFMCap[48], des Giovanni Giuseppe della Croce OFMDisc, der Giacinta Marescotti OSCl, des Bonaventura da Potenza OFMConv, des Alonso Rodríguez SJ und des Johan Berchmans SJ, die allesamt keine spektakulären „Leistungen" in ihrem Leben aufzuweisen hatten[49], durch die sie breitere Bekanntheit erlangt hätten, beabsichtigten die Großorden im 18. Jahrhundert, auf eine strenge Regelbeobachtung aufmerksam zu machen.

Diese Situation änderte sich trotz Säkularisierung, napoleonischer Wirren sowie Kritik an den Orden und ihre Aufhebung bis in das Pontifikat Pius' IX. hinein statistisch in keiner Weise. Unvermindert drängten die Kandidaten der Großorden, nun vor allem auch die der Jesuiten, zur Beatifikation und Kanonisation. Neue Heiligentypen, wie beispielsweise die der Märtyrer, die sich erst die Aufmerksamkeit von Papst und Kongregation mit Hilfe neuer kirchlicher Herausforderungen erkämpfen bzw. zurückerobern mußten, wurden relativ früh von den alten Großorden reklamiert: Anhand der Missionscausen läßt sich beispielsweise eindeutig nachweisen, daß diese Institute ihre alten Kandidaten zu der Zeit ins Rennen schickten, als in der Ritenkongregation alle Voraussetzungen für ein zügiges Verfahren durch prozessuale Vereinfachungen erfüllt waren. So verwundert es nicht, daß zwar die ersten Missionscausen des 19. Jahrhunderts, die quasi als Eisbrecher fungierten, nicht von den Großorden betreut wurden, diese jedoch fast ausschließlich die ersten Heiliggesprochenen der Weltmission stellten.

Die Dominanz der Ordensleute, die in der Literatur immer wieder stillschweigend vorausgesetzt wird, scheint *per se* schon eine plausible These zu sein. Die historische Entwicklung der Spiritualität und der innerkirchlichen Ideale haben ganz offensichtlich zu diesem Phänomen aus dem Bereich der Selig- und Heiligsprechung beigetragen. Askese und Jungfräulichkeit reichen aber nicht aus, um eine befriedigende Antwort auf die Frage nach der Ursächlichkeit zu geben. Die Personalstruktur der Riten-

---

[43] Chadwick, The popes and the european revolution 235–252.
[44] Orlandi, Il Regno di Napoli nel Settecento 156–162, 167. Zwischen 1680 und 1790 ging der Eintritt in Frauenklöster in Neapel um 40% zurück. Im Mezzogiorno verringerte sich die Zahl der weiblichen Berufungen zwischen 1765 bis 1801 um 18%.
[45] Vgl. zu diesem Phänomen: Sallmann, Il santo e le rappresentazioni della santità 593; Caffiero, La politica della santità 85; Sallmann, Sainteté et société 335f.
[46] Crispino von Viterbo (1668–1750) trat 1693 in den Kapuzinerorden ein und absolvierte verschiedene Klosterarbeiten; er wurde am 26. August 1806 seliggesprochen: Bonaventura d'Arenzano, Art. Crispino da Viterbo, in: BS IV 312f.
[47] Tommaso da Cori (1655–1729), 1677 Eintritt in den Franziskanerkonvent in Orvieto, 1678–83 Studium generale in Viterbo, Seelsorgetätigkeit in der Diözese Subiaco, 3. September 1786 Seligsprechung: Severino Gori, Art. Tommaso da Cori, in: BS XII 573–576.
[48] Bernardo da Corleone aus Palermo (1605–1667), zunächst Soldat, 1631 Eintritt in den Kapuzinerorden, zeichnete sich durch große Bußfertigkeit, körperliche Abtötung und Visionen aus, 1768 Seligsprechung: Giuseppe Morabito, Art. Bernardo da Corleone, in: BS III 42f.; Spagnolo, Generosità ed espiazione nella vita del beato Bernardo da Corleone, in: D'Alatri, Santi e santità nell'ordine cappuccino I 325–340.
[49] Vgl. zu den übrigen Biographien die Angaben in den Kapiteln: „Jesuitenheilige", „Familienheilige" und „Non olet".

kongregation sowie die wirtschaftliche Potenz des italienischen Ordenswesens, die man auch im 19. Jahrhundert beobachten kann, haben mindestens in gleichem Maße Ordenscausen gefördert, wenn nicht sogar erst ermöglicht. Zumindest daher ist es kurzschlüssig und gefährlich, vom Heiligenkult direkt auf die zeitgenössische Spiritualität zu schließen[50].

2. Ordensgründer

Eine ebenso verbreitete wie gefährliche These ordnet jedem Orden oder kirchlichen Institut einen früher oder später heiliggesprochenen Stifter zu. Die kultische Verehrung der ersten Päpste und Bischöfe eines Sprengels scheint dieser Behauptung recht zu geben; sie nahmen in der Alten Kirche einen Rang ein, wie er zunächst nur Märtyrern zugekommen war[51]. Und tatsächlich wurden zwischen 1740 und 1870 21 Ordensgründer beatifiziert und kanonisiert[52]. Dies impliziert die Annahme, als wäre ihre Beatifikation und die möglichst sofort anschließende Kanonisation mehr oder weniger reine Formsache gewesen. Analysiert man aber die einzelnen Gründercausen genauer, so stößt man keineswegs auf reibungslose und zügige Verfahren[53]. Im Gegenteil! Gerade bei den bedeutenden Stiftern mußte eine Vielzahl von künstlichen Hürden und Widerständen in der Kongregation überwunden werden. Prominentestes Beispiel ist die Causa des heiligen Ignatius von Loyola, dem erst der italienische Jesuit Aloisio Gonzaga zuvorkommen mußte, ehe jener selbst kultische Verehrung genießen konnte[54].

Dabei waren es nicht nur breite Bevölkerungskreise und das entsprechende Ordensinstitut, die den Gründervater bzw. die Gründermutter von Anfang an in hohen Ehren hielten; auch die Kurie und vor allem die Ritenkongregation schätzten den Stiftertypus ganz außerordentlich – allerdings erst seit dem 18. Jahrhundert. Aus einem Dekret der Ritenkongregation von 1622 geht hervor, daß dem Ordensgründer keinerlei hierarchische Relevanz in der liturgischen Rangordnung der Heiligen zukam[55]. Das Todesdatum des Kandidaten regelte bei der Heiligsprechung den Vorrang vor anderen. Auch 50 Jahre später kam dem Verdienst einer Gründung noch keine Bedeutung für die Kanonisationsordnung zu: Die Ritenkongregation legte Ende 1670 fest, daß die kirch-

---

50 Das ist noch jüngst immer wieder zu beobachten: Brovetto, Il Settecento spirituale 199–404; Petrocchi, Storia della spiritualità italiana 209–229. Auf diese Gefahr weist bereits hin: Harvolk, „Volksbarocke" Heiligenverehrung und jesuitische Kultpropaganda 271.
51 Angenendt, Geschichte der Religiosität im Mittelalter 226; Elm, Franziskus und Dominikus 396f.
52 Bereits zur Zeit der Katholischen Reform bestand die größte Gruppe der Kanonisierten aus Stiftergestalten: Po-chia Hsia, Gegenreformation 165–167. Das hängt aber zweifellos mit dem innerkirchlichen Umbruch nach dem Tridentinum und der Vielzahl von Neugründungen zusammen.
53 Das deutet bereits vorsichtig und ohne Beweislage an: Sallmann, Sainteté et société 336.
54 Das Bild des Aloisio Gonzaga konnte seit 1605 zur kultischen öffentlichen Verehrung auf dem Altar von S. Andrea al Quirinale ausgestellt werden. Seit diesem Datum wird er als Seliger verehrt. Meßformular und Offizium wurden aber erst 1618 zugestanden: Veraja, La beatificazione 59f. Das Beatifikationsbreve für Ignatius von Loyola wurde am 3. Dezember 1609 promulgiert: ebd. 51f.
55 Dazu das Dekret vom 3. Januar 1622 und die dazugehörigen Ausführungen Lambertinis: Benedikt XIV., Opera Omnia I 227 (I, 36, 5).

liche Hierarchie das Regulativ für eine Mehrzahl von gleichzeitig Heiliggesprochenen sein sollte. Erst wenn mehrere Selige gleichen Ranges miteinander konkurrierten, sei das Todesdatum ausschlaggebend[56]. Ein weiteres Dekret der Kongregation von 1671 berücksichtigte die Ordenshierarchie an zweiter Stelle nach dem kirchlichen Weihegrad[57]. Erst anläßlich der Heiligsprechung des Lazaristengründers Vinzenz von Paul 1737 schien man dem Fundator eine eigene Qualität zuzubilligen. Der Papst setzte eine *Congregatio particularis* in der Ritenkongregation ein, um die neuaufgekommene Präzedenzfrage zu klären[58]. Diese entschied schon wenige Tage später, dem Ordensgründer den Vorzug vor allen anderen zu geben, wenn diese nicht einen höheren kirchlichen Rang einnähmen[59]. Benedikt XIV. beschäftigte sich sogar mit der Frage, ob nicht etwa ein Stifter ohne Weihen den Vorrang vor einem Priester habe, mußte dies jedoch mit Rücksicht auf zurückliegende Präzendenzfälle verneinen, wenn auch mit aller Vorsicht und Unsicherheit[60]. Lambertini strich nicht nur die himmlischen Verdienste der Fundatoren mit seltener Deutlichkeit heraus, er stellte sie auch Gründerbischöfen und Glaubensboten gleich, denen höchstes Lob und Ehre zukomme[61]. Damit hatten die Ordensgründer quasi-apostolischen Rang[62].

Die lambertinische Tradition wurde auch in der Folgezeit respektiert. Vor der Kanonisationsfeier von 1767 kam es unter den sechs Kandidaten wiederum zu Konkurrenzsituationen[63]. Das Hauptproblem bestand darin, ob der Somaskergründer Gerolamo Miani, der weder die Priester- noch die niederen Weihen hatte, gegenüber einem Ordensmann und Priester bevorzugt werden konnte. Der päpstliche Zeremonienmeister stufte Miani und den Kapuzinerpater Giuseppe da Copertino als gleichrangig ein, gab aber zu bedenken, daß auf jeden Fall der Ordinierte vor einem einfachen Laien den Vorrang hätte[64]. Die Episode zeigt, wie weit die Diskussion um das innerkirchliche Ansehen eines Fundators ging. Die vom Papst eingesetzte *Congregatio particularis* entschied schließlich am 20. März 1767, daß Miani doch hinter dem Kapuzinerpater rangieren müsse[65], aber noch vor dem Kapuzinerbruder Serafino da Montegranaro. Diese Grundsatzentscheidung wurde zumindest bis in die Zeiten Pius' IX. konsequent

---

56 Dekret der Ritenkongregation vom 6. Dezember 1670: ebd. (I, 36, 6).
57 Dekret der Ritenkongregation vom 26. Januar 1671: ebd. 227f. (I, 36, 7).
58 Das Gremium wurde durch das Reskript vom 13. April 1737 gebildet: Benedikt XIV., Opera Omnia I 228f. (I, 36, 8).
59 Dekret der Ritenkongregation vom 17. April 1737: „si inter plures eiusdem status et ordinis reperiatur unus qui sit Fundator alicuius Religionis, Congregationis, Societatis, aut alterius huiusmodi Instituti sive clericalis, sive regularis a S. Sede approbati, praeferatur aliis qui hanc qualitatem Fundatoris non habent": ebd. 229 (I, 36, 8).
60 „Porro crederem, hunc illi [die Geweihten] esse praeponendum": ebd.
61 „Sapientiam, Christum, et Deiparam imitantur, qui per Dei electionem et gratiam faciunt se auctores magnorum et heroicorum operum, ut qui instituunt novas Ecclesias, sanctos Ordines, Religiones, Congregationes etc. quales fuere Apostoli"; „quae sane magna est laus et gloria. Hi enim sunt novi Ordinis, quasi novae Ecclesiae, et novi mundi sancti conditores": Benedikt XIV., Opera Omnia IV 467 (IV/2, 6, 8). Vgl. auch: ebd. 467–470 (IV/2, 6, 8–11).
62 Das galt gleich in zweifacher Hinsicht, denn die von ihnen gegründeten Institute mußten päpstlich approbiert sein, damit die Kandidaten den Rang eines Ordensstifters genießen konnten.
63 Am 16. Juli 1767 wurden Jan Kanty, Giuseppe Calasanzio, Gerolamo Miani, Serafino da Montegranaro, Giuseppe da Copertino und Jeanne Françoise de Chantal heiliggesprochen.
64 „Parere" des Zeremonienmeisters vom März 1767: ASRC, Decreta 1766–1768, fol. 175.
65 Entscheidung der *Congregatio particularis* vom 20. März 1767: ASRC, Decreta 1766–1768, fol. 182. Das Ergebnis der Sitzung wurde vom Papst in der Audienz vom 21. März 1767 approbiert.

beobachtet. Sie spiegelte aber nur die liturgische Ordnung der Heiligsprechungsfeier wider und weniger das eigentliche Prestige, das dem Ordensgründer im Prozeßgeschehen von Beatifikation und Kanonisation allmählich zugewachsen war. Denn auch Clemens XIII. strich den besonderen Rang der Stifterfiguren heraus: Für die große Kanonisationsfeier von 1767 verlangte er noch größere Prachtentfaltung als bisher, da „unter den Kandidaten drei Ordensgründer"[66] waren. Das von Benedikt XIV. propagierte „apostolische Gütesiegel" behielt auch weiterhin seine Bedeutung.

Von dieser Regelung waren Frauen jedoch ausgeschlossen; Madame de Chantal nahm diskussionslos den letzten Platz in der hierarchischen Rangordnung ein[67]. Das bedeutet aber nicht, daß weibliche Ordensgründer nicht am Bonus des Stiftertypus partizipieren konnten. Das Beispiel der Maria Vittoria Fornari Strata[68] belegt, daß der Gründungsakt der Annunziate-Celesti-Schwestern[69], die zwar auch in späteren Zeiten keine größere Verbreitung genossen[70], sehr wohl ihre Causa entscheidend förderte. Nach der *Antepraeparatoria* über die Tugenden Ende 1740 stockte die Causa durch neue *Animadversiones* des Promotors fidei[71]. Nach elf Jahren vergeblichen Wartens wandte sich der Postulator an den Papst, um die Fortsetzung der Diskussion in einer *Praeparatoria* zu erreichen. Sein Hauptargument, die Causa berühre das „Privileg der Gründerin eines neuen Instituts, durch welche die Serva Dei vor vielen anderen ausgezeichnet ist"[72], erwies sich tatsächlich als zugkräftig. Benedikt XIV. setzte im März 1752 eine Sonderkongregation ein[73], die Anfang Mai alle Zweifel an den Tugenden ausräumte[74], so daß der heroische Tugendgrad schließlich 1759 approbiert werden konnte[75].

Bereits diese kleine Episode demonstriert die unverkennbare Gunst, die die Ritenkongregation Ordensgründern entgegenbrachte. Ganz deutlich heißt es in der besagten Petition, daß aus Prestigegründen Stiftercausen „in der Vergangenheit bevorzugt und

---

[66] Zitiert nach dem italienischen Original bei: Garms, Kunstproduktion aus Anlaß von Heilig- und Seligsprechungen 159f.

[67] Entscheidung der *Congregatio particularis* vom 20. März 1767: ASRC, Decreta 1766–1768, fol. 182.

[68] Maria Vittoria (1562–1617) gelobte nach dem Tod ihres Ehemanns Keuschheit und Armut und gründete um 1604 ein erstes Kloster zu Ehren der *S.ma Vergine Annunziata*, das vom Erzbischof von Genua approbiert wurde. Der Orden verbreitete sich in Oberitalien und Frankreich: Cassiano da Langasco, Art. Fornari Strata, Maria Vittoria, in: BS V 969–971.

[69] Zu den *Suore Annunziate Celesti*: Andrea M. Erba, Art. Annunziate Turchine o Celesti, in: DIP I 668–670.

[70] 1771 umfaßte der Orden immerhin 53 Häuser, die von der Französischen Revolution zum Großteil vernichtet wurden. Bis etwa 1960 bestanden 4 Klöster fort: Langasco, Art. Fornari Strata, Maria Vittoria 970.

[71] Auch zum folgenden: Bittschrift des Postulators vom März 1752: ASRC, Decreta 1751–1753, fol. 91. Skurrilerweise bezweifelte man vor allem, daß sie schon im Himmel sei und glaubte sie noch im Fegefeuer.

[72] Ebd.: „prerogativa di Fondatrice di un nuovo istituto, per cui la sudetta Serva di Dio viene da molti altri contradistinta".

[73] Benedikt XIV. setzte in der Audienz vom 11. März 1752 eine *Congregatio particularis* ein, die die Vorwürfe des Promotors zu prüfen hatte: ebd.

[74] Das Gremium sprach sich am 4. Mai 1752 für *non obstare* aus (ASRC, Decreta 1751–1753, fol. 107), so daß man am 10. Mai die Fortsetzung der Causa dekretieren konnte (ebd., fol. 110).

[75] Tugenddekret vom 1. April 1759: ASRC, Decreta 1757–1760, fol. 179.

beschleunigt"[76] wurden. Auch als der Beatifikationsprozeß des Giovanni Leonardi[77] wegen fehlender Wunder zu scheitern drohte[78], brachte der Postulator 1772 das Faktum der Kongregationsgründung der *Chierici Regolari della Madre di Dio*[79] ins Spiel, deren „Causa ein vernünftiges eigenmächtiges Vorgehen [des Papstes] verdient"[80]. Trotz der sehr sorgfältig angefertigen Prozesse, solle der Papst Gnade walten lassen, empfahl der Promotor fidei in seinem Votum, da es sich ja um einen Ordensgründer handelte[81].

Daß Stiftercausen trotz der allgemeinen Gunst dennoch nicht mit einem raschen und reibungslosen Prozeßverlauf rechnen durften, zeigen die folgenden Beispiele. Erschwerend wirkte sich zunächst das stets umfangreiche Schriftgut der Gründer aus, dann aber auch die Tatsache, daß das entscheidungsgewaltige theologische Konsultorengremium ausschließlich aus Ordensleuten bestand, die der neuetablierten Konkurrenz nicht kampflos das Feld überließen. Auf die Widerstände, die die Ritenkongregation der Selig- und Heiligsprechung der Madame de Chantal entgegenbrachte, wurde bereits hingewiesen[82]. Auch die Ursulinengründerin[83] Angela Merici hatte zahlreiche Hindernisse in der Kongregation zu überwinden, bis ihr Beatifikationsprozeß nach fast 200 Jahren durch einen päpstlichen Kunstgriff zum Abschluß gekommen war[84]. Die Konkurrenten des Ursulinenordens, die Piaristen[85] und Somasker,

---

[76] Bittschrift des Postulators vom März 1752: ASRC, Decreta 1751–1753, fol. 91: „a riguardo di somigliante prerogativa sono state per il passato preferite, ed accelerate le proposizioni delle Cause de' Fondatori, e di Fondatrici".

[77] Zur Vita des aus Lucca stammenden Leonardi (1541–1609): Compendio cronologico della vita del beato Giovanni Leonardi, Rom 1861; Vita del beato Giovanni Leonardi, Rom 1861; Gian Domenico Gordini, Art. Giovanni Leonardi, in: BS VI 1033–1039.

[78] Der Postulator bat um die Reduktion der Wunderzahl auf 2, gegen die sich bisher nur der Präfekt der Ritenkongregation stemmte: vgl. Reskript vom 18. Februar 1772: ASRC, Decreta 1772–1774, fol. 18.

[79] Leonardi gründete 1574 die *Confraternità dei Preti riformati della S.ma Vergine* zur Jugenderziehung und Katechese, die Paul V. 1614 definitiv in *Chierici Regolari della Madre di Dio* umbenannte: Vittorio Pascucci, Art. Chierici regolari della Madre di Dio, in: DIP II 909–912.

[80] Bittschrift des Postulators vom Mai 1772: ASRC, Decreta 1772–1774, fol. 18: „la di cui causa merita ragionevole arbitrio".

[81] Zweiseitiges Votum des Promotors vom 17. Mai 1772: ASRC, Decreta 1772–1774, im Anschluß an fol. 18. Der Sekretär der Kongregation schloß sich der Meinung des Promotors an.

[82] Vgl. die Angaben im entsprechenden Abschnitt.

[83] Nach Mericis „Ordens"-Regel sollten die Ursulinen nicht weltabgeschieden in Klöstern leben, sondern integriert in ihren Familien und den evangelischen Räten verpflichtet sein. Schon kurz nach dem Tod der Merici entwickelten sich klösterliche Gemeinschaften und eigene Zusammenschlüsse mit internen Regeln. Bis zur Mitte des 17. Jahrhunderts hatte sich die Umgestaltung in einen monastischen Orden durch französischen Einfluß durchgesetzt. Zu den Ursulinen: Heimbucher I 628–639; Thérèse Lédochowska/Davide-Marie Montagna/Giancarlo Rocca, Art. Orsoline, in: DIP VI 834–857 (Lit); 450 Jahre Ursulinen. Festschrift hrsg. von der Föderation deuschsprachiger Ursulinen, Werl 1985.

[84] Giovan Battista Nazari berichtete in der Lebensbeschreibung der Merici, daß erste Schritte zur Kultanerkennung bereits 1568 erfolgt wären. 1581 verkündete Carlo Borromeo, daß er aufgrund neuer Wunder die feste Absicht habe, die Kanonisierung der Ursulinengründerin voranzubringen. Sixtus V. gestattete 1584 eine lokale Verehrung in Frankreich; dazu: Mariani/Tarolli/Seynaeve, Angela Merici 332.

[85] Der Schulorden der Piaristen wurde von Giuseppe da Calasanzio 1597 in Trastevere gegründet: Giovanni Antonio Aussenda, Art. Chierici regolari poveri della Madre di Dio delle scuole pie, in: DIP II 927–945; Schwaiger, Mönchtum, Orden, Klöster 352f.

welche stets einen Vertreter in das Gremium der theologischen Konsultoren der Kongregation entsandten, arbeiteten von Anfang an gegen die Causa Merici[86]. Der Prozeß kam faktisch erst Mitte des 18. Jahrhunderts in Gang, als die venezianische Ursuline Madre Maria Luisa durch weltweite Korrespondenz und große Sammelleidenschaft die Weichen für einen geordneten und zentral begleiteten[87] Prozeß stellte[88]. Anfang 1759 sorgte man in Rom für einen Postulator,[89] da der erste Diözesanprozeß bereits seit Ende Oktober 1758 abgeschlossen vorlag[90]. Jetzt erst tauchten gewichtige Probleme auf, denn die Behörde sperrte sich vehement gegen die *Signatio Commissionis*, so daß der Papst von der Beteiligung der Konsultoren an der Diskussion dispensieren mußte[91]. Damit nicht genug! Die schikanös ausgedehnte Schriftenrevision, unter der auch zahlreiche Jesuitencausen litten, hätte auch die Causa Merici fast zu Fall gebracht, wenn nicht Clemens XIII. aus Heimatverbundenheit zum entschiedenen Förderer des Prozesses avanciert wäre[92]. Obgleich der Postulator zusammen mit den Prozeßakten auch das Schriftgut der Ursulinengründerin in der Kongregation abgegeben hatte, forderte der Promotor fidei in seinen *Animadversiones* immer neue auswärtige Prüfungen[93]. Weiterhin wirkte sich die Nähe zum Jesuitenorden schädlich für den Fortgang des Verfahrens aus[94]. Zwei Jahre später beklagte sich der Postulator bitter über die Verschleppung der Causa, da man offensichtlich mit der Revision nicht vorankam[95]. Kurzerhand erteilte Clemens XIII. dem Präfekten der Kongregation, der auch als Ponens fungieren sollte, die Fakultät, mit mehreren Theologen seiner Wahl diese Frage abschließend zu beurteilen[96], so daß schon zwei Monate später alle Schriften durch den Papst approbiert werden konnten[97]. Dann dauerte es noch zwei weitere

---

[86] Schon 1616 kam es mit den Somaskern zum offenen Konflikt, der seine Ursache im Wachstum des Ursulinenordens hatte: Ledóchowska/Montagna/Rocca, Art. Orsoline 848.
[87] Der Prozeß des 18. Jahrhunderts stand ganz im Zeichen der stets selbständig agierenden Zweige der Ursulinen. Zum ersten Mal hatte man eine gemeinsame Aktion organisiert. Vor allem entstand zwischen dem Kloster in Rom und der Madre generale der Compagnia di S. Orsola in Brescia eine wirksame Zusammenarbeit: Ledóchowska/Montagna/Rocca, Art. Orsoline 850.
[88] Natalina Schiantarelli aus Venedig (1718–1802) nahm nach ihrer Einkleidung den Namen Maria Luisa di S. Giuseppe an. Ihre Korrespondenz reichte bis Kanada und Brasilien: Mariani/Tarolli/Seynaeve, Angela Merici 338.
[89] ASRC, Fondo Q, Angela Merici, Ernennung Domenico Troianis zum Postulator durch die Generaloberin, 23. Januar 1759
[90] Der Prozeß aus Rom wurde Anfang Juli 1759 abgeschlossen, der aus Brescia bereits Ende Oktober 1758: Mariani/Tarolli/Seynaeve, Angela Merici 343.
[91] Dispens vom 29. November 1760: ASRC, Decreta 1760–1762, fol. 63.
[92] Vgl. dazu den Abschnitt: „Die Verstaatlichung der Heiligen".
[93] Brief und Instruktion an den Oberhirten von Brescia zur Schriftenprüfung, 16. Dezember 1760: ASRC, Decreta 1760–1762, fol. 377–382.
[94] Madre Maria Luisa hatte das Prozeßmaterial mit Hilfe ihrer beiden Onkel aus dem Jesuitenorden zusammengestellt (Mariani/Tarolli/Seynaeve, Angela Merici 338). Beide Orden waren durch ihre geschichtliche Nähe und ihren Schuldienst geistig verbunden; die Gründungen zahlreicher Ursulinenzweige in Frankreich geschah unter der Assistenz der Jesuiten: Heimbucher I 628–639; Koch, Jesuiten-Lexikon 1786–1788.
[95] Brief des Postulators an die Ritenkongregation, 8. Juni 1761: ASRC, Fondo Q, Angela Merici.
[96] ASRC, Decreta 1760–1762, fol. 145: Fakultät für Feroni, 22. Juli 1761.
[97] ASRC, Decreta 1760–1762, fol. 174: Approbation durch den Papst am 16. September 1761.

Jahre ohne wahrnehmbare Bewegung, bis die Causa offiziell an der Ritenkongregation anlief[98].

Den bisher erlebten Widerständen Rechnung tragend, wählte man eine einfachere Verfahrensweise aus, die allerdings der Kandidatin weniger Ehre einbrachte: die der Kultbestätigung[99]. Der Hinweis kam vom Bischof von Brescia, Kardinal Giovanni Molino[100], der sich als großer Förderer der Causa erwies. Nur auf diese Weise wurde es tatsächlich möglich, in relativ kurzer Zeit zur Beatifikation zu gelangen: Als nach der Verfahrenseröffnung nichts weiteres geschah, übertrug Clemens XIII. der Ritenkongregation Mitte August 1767 die Prüfung der Kultbestätigung, die jedoch nach einem halben Jahr zu dem Ergebnis kam: *dilata*[101]. Der Papst blieb hartnäckig. Er ließ den Promotor fidei ein weiteres Mal zu sich kommen, um seine persönlichen Pläne „abzusegnen": Das Dekret *pro cultu immemorabilis*[102] vom 30. April 1768 öffnete den Weg für die Indulte vom Mai und Juni[103], die der Merici weltweite kultische Verehrung zubilligten.

Dieser Kunstgriff hatte jedoch seine Tücken. Die Ursulinen, die sich sofort an die Einleitung des Kanonisationsverfahrens machten, sahen sich nun mit der verfahrenstechnischen Forderung nach einem *Processus super virtutibus in specie* konfrontiert[104]. Die tatkräftige Madre Maria Luisa, die 1766 in einem wohl einzigartigen Schritt persönlich die Postulatur an der Ritenkongregation übernommen hatte[105], veranlaßte schon im Juli 1769 die *Litterae remissoriales* zur Prüfung der Tugenden in Brescia [106]. Der dortige große Förderer der Causa starb jedoch schon 1773, so daß man bis 1775 warten mußte, bis die Akten aus Oberitalien in Rom eingetroffen waren[107]. Als Promotor und tatkräftiger Ponens[108] des Verfahrens sprang nun Kardinal Lodovico Calini ein[109], der aus Familientradition[110] der Gesellschaft Jesu große Sym-

---

[98] Aufzeichnung über die *Signatio Commissionis* vom 13. August 1763: ASRC, Decreta 1763–1765, fol. 45.

[99] Nach den Angaben der Kongregation kam der Vorschlag vom Bischof von Brescia: ASRC, Decreta 1766–1768, fol. 277 (Entscheidung der Kongregation über die Kultbestätigung vom 15. März 1768).

[100] Der Venezianer Molino (1705–1773), 1728 Priesterweihe, 1729 Dr. iur. utr. in Padua, 1755 Bischof von Brescia, 1761 Kardinal: HC VI 23, 131.

[101] Dekret vom 30. April 1768: ASRC, Decreta 1766–1768, fol. 292.

[102] ASRC, Decreta 1766–1768, fol. 292.

[103] Vgl. hierzu die Angaben im Abschnitt „Clemens XIII. als Ausdruck der Symbiose von Kirche und Staat".

[104] Vgl. zur Forderung nach dem Tugendgrad des *Beatus*, der durch die *declaratio casus excepti* seliggesprochen wurde: Veraja, Heiligsprechung 109–114.

[105] Mariani/Tarolli/Seynaeve, Angela Merici 352.

[106] ASRC, Decreta 1769–1771, fol. 17: *Litterae* vom 8. Juli 1769.

[107] Der Apostolische Prozeß *in specie* wurde erst am 20. April 1775 in der Kongregation geöffnet: ASRC, Decreta 1775–1778, fol. 19.

[108] Pignatelli gibt an, Calini wäre erst unter Pius VI. in die Ritenkongregation berufen worden (Pignatelli, Art. Calini, Lodovico 725); tatsächlich läßt er sich bereits im April 1773 als Ponens nachweisen: ASRC, Decreta 1772–1774, fol. 91: Aufzeichnung der *Ordinaria* vom 3. April 1773.

[109] Der aus Brescia stammende Calini (1696–1782), dort 1717 Kanoniker, 1730 Bischof von Crema, 1751 Patriarch von Antiochien, 1766 Kardinal, 1767 Präfekt der *Congregazione delle Indulgenze e s. Reliquie*. Er zog sich nach 1780 endgültig nach Brescia zurück: Giuseppe Pignatelli, Art. Calini, Lodovico, in: DBI XVI 723–725.

[110] Pignatelli, Art. Calini, Ferdinando 722: „ormai era diventata una tradizione famigliare [...] vestì il 15 ott. 1730 l'abito della Compagnia di Gesù".

pathien entgegenbrachte[111]. Er war es auch, der den Beatifikationsprozeß des Jesuitengegners Palafox[112] 1777 durch ein Votum endgültig scheitern ließ.

Es trat noch ein weiteres Problem auf – zwar viel marginaler, aber umso hartnäckiger: die Bekleidung der sterblichen Reste nach der *Recognitio*, also nach Exhumierung, Identifizierung und Übertragung der Gebeine der Merici[113]. Es ist kaum anders als mit einer kongregationsinternen Polemik gegen die Causa zu erklären, daß eine solch nebensächliche Frage Orden und Dikasterium jahrelang beschäftigte und fortwährend Anlaß zu „Spannungen und Kontroversen"[114] lieferte. Der Promotor fidei hatte in einer privaten Instruktion von 1769 Anweisung gegeben, den Originalzustand wiederherzustellen, der aber nicht dem Ordenskleid der Ursulinen entsprach[115]: Angela Merici wurde als Angehörige des dritten Franziskanerordens beigesetzt. Zunächst konnte sich Madre Maria Luisa mit ihrer Forderung nach dem Ursulinenhabit durchsetzen, traf aber 1772 auf den heftigen Widerstand der Franziskanerobservanten[116]. Kardinalponens Calini mußte sich energisch ins Zeug legen, um eine neue Untersuchung durch den Oberhirten von Brescia durchzusetzen, da nämlich die Kongregation die lästige Kontroverse um Farbe, Form und Qualität des neuen Habits mit *dilata* quittiert hatte[117]. Diese groteske Angelegenheit hielt Rom und Brescia noch bis in den August 1774 in Atem, als die *Recognitio* in einer privaten Zeremonie abgeschlossen wurde – und zwar mit dem Ursulinenhabit, aber unter dem Titel der Franziskanertertiare[118]!

Im April 1777 wurde die Grabesruhe der Seligen erneut gestört, da wegen der großen Feuchtigkeit in der Unterkirche von S. Afra zu Brescia[119] eine Translation in die Oberkirche erforderlich wurde[120]. Drei Tage später setzte dann eine Serie von Wundern

---

[111] Seine römische Laufbahn setzte unter dem Jesuitenfreund und Venezianer Clemens XIII. ein: Pignatelli, Art. Calini, Lodovico 724f.
[112] Vgl. dazu die Angaben im Kapitel „Benedikt XIV.".
[113] Merici hatte zu Lebzeiten das Habit des 3. Franziskanerordens getragen. Die Ursulinen legten jedoch Wert darauf, daß die Gründerin im Gewand des Ordens bestattet werden sollte. Noch 1807 reklamierten die Franziskanerobservanten Angela Merici für sich und forderten deren bildliche Darstellung als Tertiare: ASRC, Decreta 1805–1810, fol. 514: Aufzeichnung der *Ordinaria* vom 13. April 1807.
[114] Mariani/Tarolli/Seynaeve, Angela Merici 354: „tensioni e polemiche".
[115] Die undatierten „Istruzioni private" wurden der *Littera compulsoriale* vom 30. August 1769 beigefügt: ebd. 354f.
[116] Üblicherweise werden die Ordensgründer bei der *Recognitio* mit dem Habit ihres Ordens bekleidet, selbst wenn sie zu Lebzeiten etwas anderes getragen hatten. Angela Merici wurde mit dem Aschgrau des Franziskanischen Drittordens bestattet, dem sie zu Lebzeiten angehört hatte. Der Promotor fidei ordnete für die *Recognitio* zunächst das schwarze Augustinergewand als Tracht der Ursulinen an. 1772 forderten die Franziskanerobservanten ihren eigenen Habit für die Merici, so daß die Ritenkongregation eine neue Entscheidung fällen mußte; vgl. ebd. 205.
[117] ASRC, Decreta 1772–1774, fol. 91: Entscheidung der Kongregation über die Habitfrage vom 27. März 1773, die vom Papst am 3. April bestätigt wurde. Eine vorausgegangene Sitzung schob die Sache auf, so daß Calini eine Untersuchung am Ort durchsetzen mußte, damit die Kongregation neues Material als Entscheidungsgrundlage besäße. Die Behörde entschied sich dann für den Ursprungszustand, den auch die frühesten Bildnisse der Gründerin widerspiegeln: ebd. 205f.
[118] Die Neueinkleidung erfolgte am 30. August 1774: Mariani/Tarolli/Seynaeve, Angela Merici 206, 355.
[119] Zur Lokalität: Sergio Pagiaro, Il santuario di S. Angela Merici, Brescia 1985.
[120] ASRC, Decreta 1775–1778, fol. 143: Bittschrift der Postulatorin mit Vermerk über die Audienz vom 1. Juli 1776. Die Translation erfolgte am 4. April 1777: Mariani/Tarolli/Seynaeve, Angela Merici 355.

ein, die der Causa schließlich zum Durchbruch verhalf. Zunächst ereignete sich eine Heilung an der Frau des Notars aus Brescia, 1778 dann die Genesung einer Ordensschwester aus Verona und 1779 eine weitere in Brescia[121].

Vorab war aber die Hürde des Tugendgrades zu nehmen. Nach bekanntem Muster zweifelte die Kongregation die Gültigkeit des entsprechenden Prozesses aus Brescia hartnäckig an, so daß man auf der anderen Seite bei einem bekannten Kunstgriff Zuflucht suchte: die Dispens, die Gültigkeit der Akten ohne Konsultoren zu diskutieren[122]. Auch die Erörterung des heroischen Tugendgrades geschah ohne Mitwirkung des Konsultorengremiums. Unter dem Eindruck des ersten aufgetretenen Wunders und eines positiven Gutachtens des Promotors war die Approbation der Heroizität keine große Sache mehr[123].

Die größte Prozeßhürde, die Approbation von vier Wundern[124], ging wider Erwarten relativ unproblematisch und recht zügig vonstatten. Wieder versuchte die Kongregation, die drei vorliegenden Wunderprozesse durch Zweifel zu blockieren, mußte sich aber nach bewährtem Ausschalten der Konsultoren 1784 geschlagen geben[125]. Damit war der Widerstand jedoch noch nicht überwunden. Die erst Ende September 1787 angesetzte *Antepraeparatoria* stimmte nur dem ersten Wunder zu[126]. Kurz zuvor machten neue Einwendungen des Promotors gegen ein Wunder aus Verona Furore, da es in der oberitalienischen Stadt Stimmen gab, die die Heilung der dortigen Ordensschwester untergruben. So wurde eine erneute Untersuchung durch den Bischof von Verona notwendig[127].

Nachdem die entsprechenden Zweifel bis 1789 ausgeräumt worden waren, absolvierte man relativ rasch – in nur vier Monaten – die beiden noch ausstehenden Kongregationssitzungen[128], so daß am 27. Januar 1790 immerhin drei Wunder approbiert werden konnten[129]. Was nun nur noch helfen konnte, war eine päpstliche Dispens, um die

---

[121] Dazu: Mariani/Tarolli/Seynaeve, Angela Merici 355f.

[122] Dispens vom 17. April 1776: ASRC, Decreta 1775–1778, fol. 115. Der Prozeß wurde am 15. Juni approbiert: ebd., fol. 136.

[123] Die Kongregation stimmte am 12. Juli 1777 zu, der Papst bestätigte das Votum am 16. Juli: ASRC, Decreta 1775–1778, fol. 233.

[124] Das Dekret Benedikts XIV. vom 23. April 1741 erforderte vier Wunder für die Kanonisation, da bei der vorausgegangenen Seligsprechung *per viam casus excepti* und bei der Approbation des Tugendgrades nur indirekte Zeugnisse (*per testes de auditu et probationes subsidiarias*) herangezogen werden konnten: Benedikt XIV., Opera Omnia I 199f. (I, 32, 5); Veraja, Heiligsprechung 114.

[125] Die Gültigkeit der beiden Prozesse aus Brescia bzw. des Prozesses aus Verona wurde in Zweifel gezogen. Am 23. September 1784 wurde von der Diskussion mit den Konsultoren dispensiert (ASRC, Decreta 1781–1785, fol. 223), am 22. Dezember 1784 alle Akten approbiert (ebd., fol. 237). Vgl. dazu auch: Mariani/Tarolli/Seynaeve, Angela Merici 358.

[126] ASRC, Decreta 1785–1791, fol. 178: CA über 3 Wunder, 25. September 1787. Das 2. und 3. Wunder ernteten *suspendit iudicium*.

[127] Betroffen war die Heilung der Schwester Angela Maria Comini aus dem Kloster S. Giovanni Evangelista della Beverara. Der Bischof von Verona wurde am 8. September 1787 beauftragt, den kritischen Stimmen nachzugehen: ASRC, Decreta 1785–1791, fol. 436.

[128] Die drei Wunder fanden in der *Praeparatoria* fast allgemeine Zustimmung, allerdings fehlten zahlreiche Prälaten: ASRC, Decreta 1785–1791, fol. 289: CP über 3 Wunder, 15. September 1789. Für die *Generalis* hatte man noch ein 4. Wunder hinzugenommen, das allerdings von den meisten abgelehnt wurde: ASRC, Decreta 1785–1791, fol. 305: CG über 4 Wunder, 12. Januar 1790.

[129] Wunderdekret vom 27. Januar 1790: ASRC, Decreta 1785–1791, fol. 307.

die Postulatur auch umgehend bat[130]. Ordnungsgemäß setzte der Papst eine *Congregatio particularis* ein[131], die Ende April grünes Licht gab[132], so daß schon bis zum 15. August das Dekret *super tuto* promulgiert werden konnte[133]. Dann dauerte es wegen der revolutionären Wirren noch bis zum 24. Mai 1807, bis die feierliche Heiligsprechung erfolgen konnte[134].

Bereits der Prozeßverlauf einer solch bedeutenden Stifterin – die Ursulinen besaßen vor 1789 allein in Frankreich um die 300 Niederlassungen[135] – zeigt bereits, wie schwer es die Ritenkongregation dem Ordensgründer machte. Man gewinnt den Eindruck, daß man nicht nach dem Prinzip der bona fide vorging, sondern eingriff, wo man nur konnte, um einen positiven Abschluß zu torpedieren. Dieselben Mechanismen mit der gleichen Intensität lassen sich bei den Jesuitencausen des 18. Jahrhunderts beobachten. Ohne päpstliche Gunst und die rührige Mitarbeit der Ursulinen wäre dieser Prozeß wohl nie zum Abschluß gekommen.

Über die Causa des Redemptoristengründers Alfonso de' Liguori war bereits ausführlich die Rede; deshalb brauchen in diesem Zusammenhang nur bestimmte Stationen des Prozesses beleuchtet zu werden[136]. Trotz der bis dahin nicht gekannten Volksverehrung verlief seine Selig- und Heiligsprechung alles andere als reibungslos. Der Druck von außen stellte sich jedoch als wirksamer heraus als die Opposition in der Ritenkongregation. Zwar kam der römische Beatifikationsprozeß des 1787 verstorbenen Bischofs von S. Agata dei Goti bereits 1794 in Gang[137], doch stieß schon die *Signatio Commissionis* auf Widerstände, die sich zunächst auf die Schriftenrevision bezogen. Seine Amtszeit als süditalienischer Oberhirte, die Schwierigkeiten bei der Approbation der Ordensregel und Liguoris Altersschwäche wurden dann für den Promotor fidei zum Hauptansatzpunkt der Kritik, der der Papst nur mit einer *Congregatio particularis* und schließlich mit ewigem Schweigen begegnen konnte[138]. Daher konnte die *Commissio* erst nach etwa zwei Jahren durch den Papst signiert werden[139]. Das bekannte Trommelfeuer der Kongregation – Forderungen nach Prüfung neuentdeckter Schriften und Briefe, zahlreiche neuinitiierte Bistumsprozesse sowie die sich daran anschließende Kritik an deren Gültigkeit – zogen das Verfahren bis 1803 beträchtlich

---

[130] Die Postulatorin bat um diese Dispens, um die Causa nicht noch weiter zu verzögern: Mariani/Tarolli/Seynaeve, Angela Merici 359.
[131] Pius VI. an den Sekretär der Ritenkongregation, 3. Februar 1790: ASRC, Decreta 1785–1791, fol. 310.
[132] Aufzeichnung über die Entscheidung der *Congregatio particularis*, 20. April 1790: ASRC, Decreta 1785–1791, fol. 317.
[133] Das Dekret über die Dispens vom 4. Wunder wurde am 21. April 1790 promulgiert (ASRC, Decreta 1785–1791, fol. 318), die *Generalis super tuto* am 13. Juli 1790 abgehalten (ebd., fol. 334) und das Dekret *super tuto* am 15. August promulgiert (ebd., fol. 342).
[134] Dazu: Mariani/Tarolli/Seynaeve, Angela Merici 360–362.
[135] Ledóchowska/Montagna/Rocca, Art. Orsoline 848.
[136] Vgl. dazu das Kapitel „Revolutions-Heilige?"
[137] Die Ernennung Kardinal Archintos zum ersten Ponens erfolgte am 9. Juli 1794: ASRC, Decreta 1791–1804, fol. 169.
[138] Erst am 8. März 1796 hatte die *Congregatio* grünes Licht für das weitere Vorgehen gegeben: ASRC, Decreta 1791–1804, fol. 241.
[139] ASRC, Decreta 1791–1804, fol. 255: *Signatio Commissionis* vom 4. Mai 1796.

in die Länge. Ohne ein Machtwort des Papstes wäre ein Ende nicht absehbar gewesen: Im September 1803 wurden mit einem Strich alle bisherigen Prozesse approbiert[140]. Dann ging es erst 1806 weiter, und zwar verhältnismäßig zügig und ohne größere kuriale Einwendungen: Schon die *Antepraeparatoria* Mitte 1806 zeigte breite Zustimmung zum heroischen Tugendgrad[141], obgleich man immer noch die von Liguori unterlassene Diözesansynode monierte[142]. Im November desselben Jahres klagte der Ponens energisch darüber, daß die Kongregation die nächste Sitzung immer wieder verschöbe[143]. Die *Generalis* fand schließlich Ende April 1807 statt, dann allerdings mit einstimmigem Ergebnis[144]. Der Grund für die Verzögerung ist weniger in den militärisch-politischen Rahmenbedingungen zu suchen; diese kamen dem Beatifikationsprozeß des Moraltheologen Liguori sogar entgegen. Das *ritardando* läßt sich nicht anders als mit einer gezielten kongregationsimmanenten Opposition erklären. Der Apostolische Delegat Di Pietro konstatierte um 1809, daß die Kongregationsväter „keinen irgendwie substantiellen Willen"[145] zeigten, um die Causa voranzubringen.

Die nun folgenden Jahre, in denen die Kurie zur Arbeitsunfähigkeit verurteilt war, brachte für die Causa einen erzwungenen Einschnitt, obgleich die Postulatur alles nur Erdenkliche unternahm, um den Prozeß nicht versanden zu lassen. Die *Antepraeparatoria* über drei Wunder konnte sogar noch kurz nach der Deportation des Papstes, am 25. September 1809, abgehalten werden[146]. Zwei Tage, nachdem Napoleon die Insel Elba verlassen hatte, erzielte die *Praeparatoria* mit dem sich gerade wieder etablierenden päpstlichen Verwaltungsapparat einen nur mäßigen Erfolg: Einige Konsultoren enthielten sich, der Rest stimmte für Ablehnung oder Aufschub[147]. Bis zum Herbst 1815 waren alle Zweifel gegen die ersten beiden Wunder ausgeräumt[148], so daß die *Generalis super tuto* im Dezember den Sitzungsmarathon abschließen konnte[149]. Damit erreichte der Beatifikationsprozeß des Alfonso de' Liguori nach 21 Jahren sein Ziel – wegen der ungünstigen politischen Umstände kein rasches, vor allem aber kein widerstandsfreies Verfahren.

Der Kanonisationsprozeß, der im Normalfall eigentlich nur aus der Approbation von zwei Wundern bestand, setzte bereits knappe zwei Jahre nach der feierlichen Selig-

---

[140] ASRC, Decreta 1791–1804, fol. 394: Approbation aller bisherigen Prozesse, 24. September 1803.
[141] ASRC, Decreta 1805–1810, fol. 480: CA über die Tugenden, 10. Juni 1806. Die theologischen Konsultoren votierten fast alle mit *constare*, die Prälaten überwiegend mit *suspensive*.
[142] ASRC, Fondo Q, Alphonsus de Liguori, Bd. 2 (19. Jhd.), Aufzeichnung der Kongregation vom 10. Juni 1806.
[143] ASRC, Fondo Q, Alphonsus de Liguori, Bd. 2 (19. Jhd.), Caracciolo an den Sekretär der Ritenkongregation, 18. November 1806.
[144] ASRC, Decreta 1805–1810, fol. 516: CG über die Tugenden, 28. April 1807.
[145] ADRC, Fondo Q, Alphonsus de Liguori, 2. Bd. (19. Jhd.), Aufzeichnung Kardinal Di Pietros, um 1809: „che non si prenderebbe alcun sostanziale arbitrio".
[146] ASRC, Decreta 1805–1810, fol. 545q: CA über 3 Wunder, 25. September 1809.
[147] Der Papst war am 24. Mai 1814 feierlich in Rom eingezogen. Napoleon hatte am 26. Februar 1815 mit neun Schiffen und 1500 Mann Elba verlassen. – Von den Konsultoren, die sich nicht enthielten, stimmte etwa die Hälfte mit *suspensive* bzw. mit *non constare*, der Rest mit *constare*: ASRC, Decreta 1814–1821, fol. 5: CP über 3 Wunder, 28. Februar 1815.
[148] ASRC, Decreta 1814–1821, fol. 16: Dekret über die Approbation von 2 Wundern, 17. September 1815.
[149] ASRC, Decreta 1814–1821, fol. 11: CGST, 10. Dezember 1815.

sprechung ein[150]. Er schwamm nun ganz auf der Welle der strikt antirevolutionären Haltung der Kurie, so daß Liguori selbst zu einem Revolutions-Heiligen stilisiert werden konnte. Die sich noch steigernde Volksverehrung des Redemptoristengründers stand jedoch im Gegensatz zu den ausbleibenden Wundern. Nach der Aufnahme des Verfahrens 1818 mußte man noch bis Ende 1825 warten, ehe ein erstes Mirakel untersucht werden konnte[151]. Dann setzte die schon fast obligatorische Kritik an der Durchführung der Wunderprozesse ein, die nur durch eine päpstliche Dispens Mitte 1827 unwirksam gemacht werden konnte[152]. Die *Antepraeparatoria* vom August 1828 brachte den beiden vorgeschlagenen Wundern eine nur leichte Mehrheit[153], die bis zur *Generalis* im September 1829 zur Einstimmigkeit anschwoll[154]. Mit dem Schlußdekret[155] vom 15. Mai 1830 kam der Kanonisierungsprozeß des Alfonso de' Liguori nach zwölf Jahren zum Ziel. Wenn man die breite Verehrung sowie die äußerst günstigen kirchenpolitischen und sogar politischen Rahmenbedingungen berücksichtigt, stellt dieser Prozeß einen überraschend langen Weg zur Heiligkeit für einen der prominentesten und beliebtesten Ordensgründer der Katholischen Kirche dar.

Auch die Selig- und Heiligsprechung eines weiteren Ordensstifters hatte mit einer ähnlichen Opposition zu kämpfen. Der Piemontese Paolo della Croce[156] meldete sich 1715 freiwillig als Soldat, um mit der Republik Venedig gegen die Türken zu kämpfen, erkannte aber ein Jahr später seine wahre Berufung zur Vollkommenheit. In den Tagen der Einsamkeit, des Gebets und der Buße verfaßte er die ursprüngliche Passionistenregel, ging dann nach Rom, wo er 1725 von Benedikt XIII. die Erlaubnis erhielt, Gefährten um sich zu sammeln. Er wirkte zunächst im Dienst an den Kranken, zog sich aber 1728 auf den Monte Argentario bei Orbetello zurück, wo 1737 die erste Niederlassung der Passionisten[157] entstand. Unter dem Titel „Apostolischer Missionar" und mit dem Auftrag zur Missionspredigt (1731) wurde er zu einem der erfolgreichsten Prediger seines Jahrhunderts, der die Passionsmystik in das Zentrum seiner Verkündigung stellte. Gegen den Widerstand der Mendikanten approbierte Benedikt XIV. 1741 eine gemilderte Fassung der Ordensregel und eröffnete damit der Gemeinschaft Ausbreitung und Wachstum. Seine Kongregation, die er seit 1769 als General von Rom aus leitete, zählte in seinem Todesjahr 1775 bereits etwa 180 Mitglieder und zwölf Häuser[158].

---

[150] Die Aufnahme des Kanonisationsverfahrens zeichnete der Papst am 3. März 1818: ASRC, Decreta 1814–1821, fol. 59.
[151] ASRC, Decreta 1821–1826, fol. 116: Wunderuntersuchung am 6. Dezember 1825 angeordnet.
[152] Der Papst gestattete am 18. Juli 1827, die Gültigkeit von 2 Wunderprozessen ohne Konsultoren zu diskutiern: ASRC, Decreta 1827–1831, fol. 18. Am 26. August 1827 wurden die Prozesse approbiert: ebd., fol. 35.
[153] ASRC, Decreta 1827–1831, fol. 80: CA über 2 Wunder, 19. August 1828.
[154] ASRC, Decreta 1827–1831, fol. 124: CG über 2 Wunder, 22. September 1829.
[155] *Decretum super tuto*, 16. Mai 1830: ASRC, Decreta 1827–1831, fol. 147.
[156] Zur Vita des Paolo della Croce (1694–1775): Enrico Zoffoli, S. Paolo della Croce I–III, Rom 1962–1968; ders., Art. Paolo della Croce, in: BS X 232–257 (Lit.); Antonio Calabrese, Maestro e mistico. San Paolo della Croce, Rom 1993.
[157] Zur Ausbreitung und Geschichte des Ordens: Heimbucher II 341–345; Fabiano Giorgini/Carmelo Amedeo Naselli, Art. Passionisti, in: DIP VI 1236–1247; Schwaiger, Mönchtum, Orden, Klöster 349.
[158] Giorgini/Naselli, Art. Passionisti 1241f.

Wiederum war es ein Papst, der an der Wiege des Beatifikationsprozesses stand und diesem entscheidende Anstöße vermittelte: Bereits ein Jahr nach della Croces Tod regte Pius VI. an, das biographische und hagiographische Material zu sammeln[159]. Der Orden förderte die Verehrung seines Gründers durch gedruckte Abbildungen der Totenmaske, die weiteste Verbreitung erlangten[160]. Schon Anfang Januar 1777 begann der Informativprozeß in Rom; ab April setzten fünf weitere Bistumsprozesse ein[161], die bis zum 11. September 1779 abgeschlossen in Rom vorlagen[162]. Bereits die relativ große Anzahl von Informativprozessen – typisches Merkmal für das Beatifikationsverfahren von Ordensgründern – war eine kostenintensive und zeitraubende Angelegenheit, ließ sich aber wegen breiter Schriftlichkeit in der Anfangs- und Aufbauphase eines Ordens nicht vermeiden[163]. Merkwürdigerweise brauchte der römische Prozeß bis zum Abschluß länger als die übrigen, lag dann auch noch zwei Monate nutzlos in der Kongregation, ehe er Ende September 1779 geöffnet wurde[164]. Anschließend wurden noch zwei (!) Prozesse über die nichtamtliche kultische Verehrung durchgeführt[165], die das weitere Verfahren zunächst bis Ende April 1780 verzögerten[166]. Damit aber nicht genug! Erst Ende 1782 wurde ein Ponens eingesetzt – und zwar kein unbedeutender und gewiß auch der dienstälteste: Kardinal York[167]. Der schien auch nötig zu sein, denn man brauchte drei Dispensen, um keine weitere Zeit mehr zu verlieren: Zunächst mußte von der üblichen 10-Jahres-Frist im Anschluß an den *Processus Ordinarius* befreit, dann eine Entscheidung über die *Signatio Commissionis* ohne Mitwirkung der Konsultoren herbeigeführt[168] und – vor allem – eine Vertagung der Schriftenrevision durchgesetzt werden[169]. Alles wurde am selben Tag genehmigt! Dann vergingen noch einmal zwei Jahre, ehe die *Signatio* Ende des Jahres 1784 erfolgen konnte[170]. Nichts anderes als Verzögerungstaktik war hier am Werk, die nicht auf Zeitströmungen oder prozeßimmanente Komplikationen zurückgeführt werden kann. Ähnlich anderen vergleichbaren Stifterprozessen war es auch hier der Papst, der faktisch über Gedeih und Verderb der Causa entschied, denn ohne seine Dispensgnade

---

159 Calabrese, Maestro e mistico 316; Zoffoli, S. Paolo della Croce I 1530.
160 Allein an seinem ersten Todestag, dem 2. April 1778, wurden 12 000 Abbildungen seiner Totenmaske verteilt: Zoffoli, S. Paolo della Croce I 1530.
161 Informativprozesse wurden an den Stationen von della Croces Leben durchgeführt: Corneto (Tarquinia), Gaeta, Alessandria, Vetralla und Orbetello: ebd.
162 Öffnung der fünf *Processi Ordinarii*, 11. September 1779: ASRC, Decreta 1778–1780, fol. 135.
163 Paolo della Croce schrieb in der Spätphase seines Lebens wöchentlich etwa 30 Briefe; davon sind insgesamt rund 2000 erhalten: Pastor XVI/1 230 Anm. 3.
164 Der römische Informativprozeß war am 19. Juli 1779 abgeschlossen. Er wurde erst am 25. September 1779 geöffnet: ASRC, Decreta 1778–1780, fol. 136. Die Sommerpause scheidet als Erklärungsmodell aus, weil häufig genug noch im August Sitzungen abgehalten und Dekrete ausgestellt wurden.
165 Calabrese, Maestro e mistico 316: fälschlich ein (!) Prozeß *super non cultu*.
166 Öffnung der Prozesse *super non cultu*, 29. April 1780: ASRC, Decreta 1778–1780, fol. 193.
167 Ernennung Yorks zum Ponens, 13. November 1782: ASRC, Decreta 1781–1785, fol. 109. York betreute schon seit über 40 Jahren Causen für die Ritenkongregation.
168 Aufzeichnung über die Dispens (13. November 1782) von der 10-Jahres-Frist und der von der Diskussion ohne Konsultoren: ASRC, Decreta 1781–1785, fol. 110.
169 Dispens über die Aufnahme des Verfahrens ohne Schriftenrevision, 13. November 1782: ASRC, Decreta 1781–1785, fol. 110.
170 *Signatio Commissionis* vom 22. Dezember 1784: ASRC, Decreta 1781–1785, fol. 240.

wäre auch dieser Prozeß zweifellos in den sich häufenden Widerständen steckengeblieben.

Die Eröffnung des offiziellen Verfahrens an der Ritenkongregation war irreversibel; nun wurde die Schriftenprüfung unvermeidlich, und hier sahen die Kongregationsväter ihre Chance. Zunächst – nach acht Monaten – wurde Kardinal York ermächtigt, Theologen auszuwählen, die sich an die mühevolle Arbeit der Revision begeben sollten[171]. Vier Jahre später legte der Promotor fidei neue *Animadversiones* vor, die die *Signatio* aufgrund weiteren bisher unbekannten Schriftgutes in Zweifel zogen[172]. Dieses Geschäft überließ man nun nicht mehr Seiner Königlichen Hoheit, sondern beauftragte 22 andere kirchliche Würdenträger – vom Kardinal bis zum einfachen Abt – mit der Durchsicht der verstreut liegenden Briefe und Opuskeln[173].

Solange wollten die Passionisten nicht warten. Der neue Generalpostulator des Ordens, Vincenzo Maria Strambi[174], verschaffte sich im Mai 1792 beim wohlgesonnenen Papst kurzerhand die Fakultät, mit dem Apostolischen Prozeß in Rom über die Tugenden und Wunder beginnen zu können, obgleich die Revision noch nicht abgeschlossen war[175]. Auch der Apostolische Prozeß über die *Fama sanctitatis* stand noch aus. Der neue Postulator erkannte ganz richtig, daß man Gefahr lief, durch weiteres Zuwarten die erforderlichen Zeugen *de visu* zu verlieren, so daß man notwendigerweise den zweiten Schritt vor dem ersten machen müsse. Auch hier erteilte Pius VI. Dispens[176]. Dann verstrich wiederum kostbare Zeit, bis man die oberitalienischen Oberhirten mit der entsprechenden Prozeßführung beauftragt hatte[177].

Nach einer nie dagewesenen mehrphasigen Marathonuntersuchung konnte die Schriftenrevision schließlich Ende August 1794 abgeschlossen werden: Kardinal York hatte den ersten Teil der Recherche bereits Ende 1785, den zweiten Mitte 1792 und den letzten Ende Mai 1794 unterzeichnet, die zusammengenommen ein Gesamtverzeichnis von ungefähr 100 Seiten ergaben. In dieses groteske Unternehmen waren neben der römischen Metropolie weitere 24 Diözesen eingebunden[178].

Auch der weitere Prozeßverlauf glich der Parabel von Hase und Igel. Immer neue Widerstände der Ritenkongregation stießen auf die rührige und zähe Gegenarbeit des Postulators und die schier unerschöpfliche päpstliche Gunst, die auch im Pontifikat Pius' VII. nicht versiegte: Pius brachte Paolo della Croce, den er noch persönlich ge-

---

[171] Instruktion an York vom 24. August 1785: ASRC, Decreta 1785–1791, fol. 37.
[172] ASRC, Decreta 1785–1791, fol. 490: York wird aufgrund neuer *Animadversiones* beauftragt, weitere Schriften aufzuspüren und zu prüfen, 21. August 1789.
[173] 22 Aufträge zur Schriftenrevision vom 21. August 1789: ASRC, Decreta 1785–1791, fol. 494ff.
[174] Strambi wurde am 21. April 1792 zum Generalpostulator ernannt: Calabrese, Maestro e mistico 316.
[175] ASRC, Decreta 1791–1804, fol. 77: Fakultät, mit dem Apostolischen Prozeß in Rom zu beginnen, 23. Mai 1792. – Strambi fuhr außerdem fort, die weit verstreut liegenden Briefe della Croces zu sammeln und der Prüfung zur Verfügung zu stellen: Calabrese, Maestro e mistico 316.
[176] Supplik des Postulators und Fakultät für den Beginn des Apostolischen Prozesses *super virtutibus et miraculis* vor dem *super fama sanctitatis*, 23. Mai 1792: ASRC, Decreta 1791–1804, fol. 77.
[177] Die Bischöfe von Montefiascone/Corneto, Viterbo u.a. wurden am 25. September 1793 (ASRC, Decreta 1791–1804, fol. 140) bzw. am 7. Dezember 1793 (ebd., fol. 144) mit dem Apostol. Prozeß über Tugenden und Wunder beauftragt.
[178] Vgl. zur Frage des Abschlusses der Schriftenrevision die entsprechende Aufzeichnung über die Approbation vom 27. August 1794: ASRC, Decreta 1791–1804, fol. 173f. Das Dekret spricht von „amplissimo e favorevolissimo".

kannt hatte, tiefe Verehrung entgegen[179]. Welche Blüten ein solch absurdes Treiben hervorbringen konnte, zeigt das Beispiel von der Sanierung des Apostolischen Prozesses aus Montefiascone: 1801 wurden Prozeßakten approbiert, ohne die Kongregation überhaupt einzuschalten[180]. Die andere Seite war nicht weniger zimperlich. Die bei der Vielzahl der Apostolischen Prozesse bereits üblich gewordene Dispenspraxis, die für eine Diskussion ohne Konsultoren sorgte, wurde noch überboten: Einige Apostolische und sogar Bischöfliche Prozesse wurden 1805 nochmals mit Zweifeln an der Gültigkeit belegt[181].

Napoleon verordnete eine Zwangspause. Aber auch im Anschluß daran schien die Kongregation ihre alte Politik wiederaufzunehmen. Das 1816 in Fondi auftretende Wunder[182] konnte erst ab April 1818 untersucht werden[183]. Unglücklicherweise verzögerte sich der dortige Prozeß durch den Tod des Bischofs nochmals[184]. Ein weiteres Wunder wurde 1820 in Rom untersucht[185]. Inzwischen arbeiteten die Passionisten an der Approbierung des heroischen Tugendgrads ihres Gründers. Erfahrene Skeptiker sollten auch dieses Mal Recht behalten: Die *Antepraeparatoria* erbrachte nur drei positive Voten, alle anderen Kongregationsväter sprachen sich für einen Aufschub aus[186] – *ad calendas graecas*? Soweit sollte es nicht kommen! Eineinhalb Jahre später war immerhin schon die Hälfte der Väter vom Tugendgrad della Croces überzeugt[187], so daß die *Generalis*[188] Mitte Februar 1821 mit nur zwei Gegenstimmen den Weg für die Approbation vom 18. Februar freimachte[189].

In den zwanziger Jahren wurde zunächst viel Zeit mit dem penetranten und unwürdigen Gerangel um die Gültigkeit der Wunderprozesse vertan, bis dann endlich ab September 1827 die Sitzungstrias abgehalten werden konnte. Ähnlich wie beim Tugendgrad vereinigte jedes Wunder nur fünf bis sechs *constare* auf sich; der Rest verhielt sich ablehnend oder aufschiebend[190]. Die *Praeparatoria* verzeichnete ein günstigeres Ergebnis[191]; dann ruhte die Causa für ganze neun Jahre. Die Gründe dafür sind nicht klar ersichtlich. Fest steht jedoch, daß der Orden in der Zwischenzeit kräftig prospe-

---

[179] Das geht aus dem Tugenddekret vom 18. Februar 1821 hervor: ASRC, Decreta 1814–1821, fol. 111: „quem viventem Ipsa cognoverat". Vgl. auch: Zoffoli, S. Paolo della Croce I 1521.
[180] ASRC, Decreta 1791–1804, fol. 347: Sanierung der Akten aus Montefiascone, 5. Dezember 1801.
[181] Dispens, verschiedene *Processi Ordinarii* und *Apostolici* ohne Konsultoren zu diskutieren, 6. Februar 1805: ASRC, Decreta 1791–1804, fol. 422.
[182] Calabrese, Maestro e mistico 317.
[183] ASRC, Decreta 1814–1821, fol. 62: Wunderuntersuchung in Fondi, 21. April 1818.
[184] Am 19. Januar 1819 gestattete der Papst auf Bitten des Postulators, den Prozeß einem anderen Bischof zu übertragen: ASRC, Decreta 1814–1821, fol. 66.
[185] ASRC, Decreta 1814–1821, fol. 87: Wunderuntersuchung in Rom am 11. Januar 1820 angeordnet.
[186] ASRC, Decreta 1814–1821, fol. 67: CA über Tugenden, 1. Dezember 1818.
[187] ASRC, Decreta 1814–1821, fol. 96: CP über Tugenden, 13. Juni 1820: Die Hälfte stimmte mit *constare*, der Rest mit *suspensive*.
[188] ASRC, Decreta 1814–1821, fol. 109: CG über Tugenden, 13. Februar 1821; 2 *non constare*, ein *suspensive*, der Rest stimmte zu.
[189] ASRC, Decreta 1814–1821, fol. 111: Tugenddekret vom 18. Februar 1821.
[190] ASRC, Decreta 1827–1831, fol. 21: CA über 2 Wunder, 4. September 1827: 3 *non constare*, 5–6 Mal *constare*, der Rest *suspensive*.
[191] ASRC, Decreta 1827–1831, fol. 73: CP über 2 Wunder, 8. Juli 1828: 3 *non constare*, 7–8 *suspensive*, der Rest *constare*.

rierte[192]: Die Mitgliederzahl hatte sich seit dem Tod des Gründers nahezu verdoppelt[193].

Wer glaubte, daß die Wartezeit der Causa gedient hätte, sah sich Mitte 1839 bitter enttäuscht. Der *Generalis* vom 4. Juni blieben zahlreiche Väter fern – davon allein sieben Kardinäle. Das erste Wunder lehnten immer noch acht Anwesende ab, das zweite gar zwölf[194]. Ein solches Votum reichte für eine Approbation nicht aus – mit anderen Worten: Der Papst war nicht bereit, über diese Entscheidungsgrundlage hinwegzugehen, wie es später Pius IX. des öfteren getan hatte. Den Passionisten blieb nichts anderes übrig, als auf neue Wunder zu warten. Erneutes Pech für die Causa bedeutete es, daß zwar 1844 in Roccasecca bei Frosinone eine Heilung auftrat[195] – aber offensichtlich im „falschen" Bistum. Auf die *Litterae remissoriales*[196] zur Untersuchung reagierte der Bischof mit italienischem Schlendrian: Roccasecca sei zu weit von seiner Residenz entfernt, und den Kanonikern könne man eine solch unbequeme Reise nicht zumuten. Man brauche daher die Delegationsfakultät für das Kollegiatskapitel in Roccasecca, um dort den Wunderprozeß durchzuführen[197]. Nur kurze Zeit später erhielt der Bischof das entsprechende Schreiben, ohne daß er Gebrauch davon gemacht hätte[198].

Inzwischen war auch noch der Papst gestorben, so daß mit dem Schlimmsten gerechnet werden mußte. Das eigentliche Wunder der Causa war aber der Ausgang des Konklaves: Pius IX. interessierte sich intensiv für die Seligsprechung des Passionistengründers und konnte sogar noch die Kanonisation begehen[199]. Damit war aber der Schlendrian in Aquino noch nicht behoben. Mitte November 1846 klagte der Oberhirte über Schwierigkeiten; die mit Aquino unierten Bistümer Sora und Pontecorvo[200] seien näher am Ort des Geschehens[201]. Noch Mitte 1847 sahen sich auch diese Bischöfe nicht in der Lage, den Prozeß durchzuführen; man brauche eine neue Delegationsfakultät für den Generalvikar und einige Kanoniker[202].

Anfang Oktober konnten die Akten aus Sora endlich geöffnet werden[203]. Nach der Rückkehr des Papstes aus Gaeta 1850 ging dann alles ganz rasch und reibungslos,

---

[192] Vgl. dazu schon: Schmidlin I 361.
[193] Im Jahre 1840 zählte der Orden 356 Mitglieder: Giorgini/Naselli, Art. Passionisti 1241f.
[194] ASRC, Decreta 1837–1840, fol. 120–123: CG über 2 Wunder, 4. Juni 1839.
[195] Gemeint ist das Heilungswunder an Maria di Rollo, das später tatsächlich von der Kongregation anerkannt und das damit für das Beatifikationsverfahren konstitutiv wurde: Calabrese, Maestro e mistico 318f.
[196] ASRC, Decreta 1845–1847, fol. 45: *Litterae* vom 28. November 1845 an den Bischof von Aquino.
[197] Auch zum folgenden: ASRC, Decreta 1845–1847, fol. 50: Bittschrift und Fakultät, 2 Kanoniker der städtischen Kollegiatskirche als Richter und 2 weitere Priester durch den Bischof von Aquino zu ernennen, 19. Dezember 1845.
[198] Bis Mitte 1847 waren die Briefe nicht einmal geöffnet worden: ASRC, Decreta 1845–1847, fol. 65: Bestätigung der alten Fakultäten durch den neuen Papst, 3. Juli 1846.
[199] Paolo della Croce gehörte zu den meistverehrten Heiligen Pius' IX.: Bogliolo 154f.
[200] Das Bistum Aquino war 1725 mit Pontecorvo und 1818 mit Sora *aeque principaliter* uniert worden: Noemi Crostarosa Scipioni, Art. Aquino-Sora-Pontecorvo, in: EC I 1729.
[201] ASRC, Decreta 1845–1847, fol. 128: Delegationsfakultät für Sora und Pontecorvo, 14. November 1846.
[202] ASRC, Decreta 1845–1847, fol. 155: Fakultät zur Delegation von Generalvikar und Kanonikern, 23. Juli 1847.
[203] ASRC, Decreta 1845–1847, fol. 165: Öffnung der Prozeßakten, 1. Oktober 1847.

nachdem die Kongregation wiederum die Gültigkeit der Prozeßakten moniert hatte[204]. Pius IX. approbierte zunächst Ende Februar 1851 ein Wunder, das bereits die *Generalis* von 1839 passiert hatte[205]. Das zweite, nun noch fehlende Mirakel wurde durch drei Kongregationssitzungen gepeitscht – zunächst auch nur mit mäßigem Erfolg[206]. Im Juli 1852 konnte die *Generalis* in großer Geschlossenheit ein Votum präsentieren[207], das die Approbation des fehlenden Wunders erleichterte[208]. Noch im folgenden Monat konnte das Dekret *super tuto* promulgiert werden[209]. Damit kam der Beatifikationsprozeß für den Ordensgründer della Croce nach achtundsechzigeinhalb Laufjahren zum Abschluß.

Das Kanonisationsverfahren, das bereits knapp fünf Monate nach der feierlichen Seligsprechung offiziell eröffnet wurde[210], war unter Pius IX. kaum mehr als eine Formsache. Schon die Ernennung des Präfekten zum Ponens war ein hoffnungsvolles Zeichen[211]. Der Himmel schien ebenfalls seinen Segen zu geben: Im August und September 1854 konnten Wunder in Viterbo und Rom untersucht werden[212], wobei die Frist des letzten Prozesses noch Mitte Mai 1859 verlängert werden mußte[213]. Das war noch nicht alles! Mitte 1860 und nochmals Mitte 1861 mußte das Zeitlimit um jeweils ein Jahr hinausgeschoben werden[214]. Als dann die Akten endlich in der Kongregation ankamen, begann man mit dem kongregationseigenen Gebaren, Widerstände aufzutürmen. Auf Zweifel an der Gültigkeit der Prozesse antwortete der Papst Ende 1862 mit einer Dispens für die Diskussion[215]. Ganze zwei Jahre verstrichen, bis die Akten durch die Kardinäle approbiert werden konnten[216], und selbst dann schien man die Wunder nicht für unanfechtbar zu halten. Glücklicherweise trat in Pontecorvo 1858 eine Heilung auf die Fürsprache des Paolo della Croce auf[217]. Sie konnte allerdings erst Anfang 1863 untersucht werden[218], so daß man ein mühsam durchgesetztes Wunder wegfallen lassen konnte: In der *Antepraeparatoria* vom 14. November 1865 ka-

---

[204] Fakultät zur Diskussion ohne Konsultoren, 21. Januar 1848: ASRC, Decreta 1848–1851, fol. 1.
[205] ASRC, Decreta 1848–1851, fol. 86: Dekret über die Approbation des 2. Wunders, 25. Februar 1851.
[206] *Praeparatoria* über 1 Wunder, 12. August 1851: ASRC, Decreta 1848–1851, fol. 109.
[207] In der *Generalis* waren alle anwesend; bis auf eine Ausnahme stimmten alle mit constare: ASRC, Decreta 1852–1853, fol. 30: CG über 1 Wunder, 13. Juli 1852.
[208] ASRC, Decreta 1852–1853, fol. 35: Dekret über das Wunder an Maria di Rollo, 2. August 1852.
[209] ASRC, Decreta 1852–1853, fol. 50D: *Decretum super tuto*, 28. September 1852.
[210] Die Beatifikation erfolgte am 1. Mai 1853, das Heiligsprechungsverfahren wurde am 22. September 1853 aufgenommen: ASRC, Decreta 1852–1853, fol. 109.
[211] ASRC, Decreta 1854, fol. 34: Ernennung Patrizis zum Ponens, 17. August 1854.
[212] Wunderuntersuchung im Bistum Viterbo angeordnet, 17. August 1854: ASRC, Decreta 1854, fol. 34. Zum Wunder im Passionistenkloster von Vetralla: Calabrese, Maestro e mistico 321. – Wunderuntersuchung in der Diözese Rom, 7. September 1854: ASRC, Decreta 1854, fol. 37f.
[213] Erneute Fristverlängerung um ein Jahr am 19. Mai 1859: ASRC, Decreta 1857–1859, fol. 227.
[214] Verlängerung am 5. Juli 1860 um ein weiteres Jahr: ASRC, Decreta 1860–1862, fol. 40; Verlängerung am 13. Juni 1861 um ein weiteres Jahr: ebd., fol. 110. Die Akten aus Rom und Viterbo wurden am 3. Juli 1862 geöffnet: ebd., fol. 233.
[215] ASRC, Decreta 1860–1862, fol. 233: Gültigkeitsdiskussion ohne Konsultoren, 13. November 1862.
[216] Aufzeichnung über die *Congregatio Ordinaria* vom 20. Dezember 1864, deren Votum der Papst am 22. Dezember unterschrieb: ASRC, Decreta 1863–1864, fol. 121.
[217] Zum Wunder an Rosa d'Alema: Calabrese, Maestro e mistico 320f.
[218] ASRC, Decreta 1863–1864, fol. 3: *Litterae remissoriales* vom 15. Januar 1863.

men nur zwei Wunder zum Zuge, die allerdings bei geringer Beteiligung der Väter auf noch weniger Zustimmung stießen[219]. Doch schon die *Praeparatoria* ließ ein halbes Jahr später erahnen, daß man es mit einer von Pius IX. favorisierten Causa zu tun hatte: Die allermeisten Kongregationsväter waren anwesend und stimmten durch die Bank mit *constare*[220]. Der ausschlaggebende Impuls für die Beschleunigung war die große Kanonisationsfeierlichkeit von 1867, deren Glanz durch einen weiteren Heiligen vermehrt werden sollte[221]. Mitte November 1866 wurde der Präfekt der Ritenkongregation daran erinnert, daß der Papst für die entsprechenden Causen schnelle Fortschritte wünsche. Zu diesem Zweck hatte man dem Promotor fidei eigens einen neuen Mitarbeiter zugestanden[222]. Etwa gleichzeitig hatte Pius IX. offiziell den 29. Juni 1867 als das Datum der Kanonisationsfeier und die Zahl der Kandidaten verkündet, zu der auch Paolo della Croce gehörte[223].

Diese offizielle Verlautbarung warf bereits ihre Schatten voraus. Zweieinhalb Monate nach der *Praeparatoria* ging die *Generalis* glatt über die Bühne[224], so daß schon am 26. August 1866 die beiden erforderlichen Wunder approbiert werden konnten[225]. Auch die *Generalis super tuto*, die am 18. September abgehalten wurde[226], und das Schlußdekret vom 4. Oktober verraten den Druck[227], unter dem die Kongregation ganz offensichtlich arbeiten mußte. Genug Zeit hatte man bis dahin vertan, obgleich die 13 Jahre Prozeßdauer ein relativ zügiges Verfahren abbildeten. Ausschlaggebend war die Schlußphase, die beweist, daß das päpstliche Interesse sich nicht nur förderlich auf die Arbeit der Kongregation auswirkte, sondern auch schließlich entscheidende Bedeutung bei der Durchführung einer Causa hatte.

Beatifikation und Kanonisation della Croces zeigen exemplarisch – ähnlich den Verfahren anderer bedeutender Stifter –, daß heiligkeitsdeterminierte Ordensgründer an der römischen Kurie grundsätzlich mit einer „schizophrenen" Haltung rechnen mußten: einerseits große Achtung vor den Verdiensten solch herausragender Männer und Frauen, denen man apostolische Bedeutung beimaß, andererseits die Arbeitsweise der Ritenkongregation, die immer wieder den Fortgang der Causen verschleppte, belastete

---

[219] Von nur 19 Anwesenden stimmten für das erste Wunder 9, für das zweite nur 2 mit *constare*: ASRC, Decreta 1865–1866, fol. 56: CA über 2 Wunder, 14. November 1865.
[220] ADRC, Decreta 1865–1866, fol. 84: CP über 2 Wunder, 15. Mai 1866.
[221] Der Papst, der die Kanonisation zunächst am Peter-und-Pauls-Fest von 1865 begehen wollte, wurde darauf aufmerksam gemacht, daß er die Säkularfeier von 1867 für eine solche Feierlichkeit nutzen könne und damit Zeit für den Abschluß weiterer Causen gewänne: Bartolini, Commentarium actorum I S. II. Im Mai 1864 war der Postulator der Passionisten noch nicht bei den Adunanzen für die Vorbereitung der Kanonisation vertreten: ebd. 41.
[222] ASRC, Fondo Sc, Acta Canonizationis 1867, Bd. 1 (Josaphat et altro), Agostino Caprara an Patrizi, Mitte November 1866. Zu diesem Zeitpunkt stand noch nicht fest, ob die Causa der Maria Francesca delle Cinque Piaghe rechtzeitig fertig würde.
[223] Zur Audienz vom 7. Dezember 1866: Bartolini, Commentarium actorum I 90f.
[224] ASRC, Decreta 1865–1866, fol. 97: CG über 2 Wunder, 31. Juli 1866: Fast alle waren anwesend und stimmten mit *constare*.
[225] ASRC, Decreta 1865–1866, fol. 101A: Wunderdekret vom 26. August 1866; vgl. auch: Calabrese, Maestro e mistico 322.
[226] ASRC, Decreta 1865–1866, fol. 107: CGST, 18. September 1866; es fehlten einige Kongregationsväter.
[227] ASRC, Decreta 1865–1866, fol. 115A: *Decretum super tuto*, 4. Oktober 1866. Vgl. auch: Calabrese, Maestro e mistico 322.

und störte. Bei Paolo della Croce ist sogar eine sicherlich nicht unbeabsichtigte Verzögerung des Wunderprozesses in Rom zu beobachten, der gewöhnlich in den Zuständigkeitsbereich des Vikars der *Urbs* fiel. Die Widerstände in der Ritenkongregation gingen größtenteils auf das Konto der Ordenskonkurrenz. Ironie des Schicksals oder Zugeständnis an die Kritiker, daß der große Widersacher des Passionistengründers, der Franziskanerreformat Leonardo da Porto Maurizio, genau am selben Tag kanonisiert wurde wie Paolo della Croce[228].

---

[228] Während der großen Auseinandersetzung der Mendikanten mit den um die päpstliche Approbation ihrer Regel ringenden Passionisten hatte Leonardo da Porto Maurizio Benedikt XIV. ein Memorial übergeben, das sich gegen Paolo della Croce und sein Institut aussprach: Calabrese, Maestro e mistico 134–169, 322 Anm. 71. Zur Auseinandersetzung mit den Mendikanten, vor allem mit Leonardo da Porto Maurizio: Zoffoli, S. Paolo della Croce I 764–773.

II. Mezzogiorno

Die Statistik der bis 1867 Selig- und Heiliggesprochenen wirft eine überproportionale Häufigkeit von Gestalten aus dem Mezzogiorno aus. Das hängt nicht zum wenigsten damit zusammen, daß Heiligkeit in Italiens Süden vor allem und radikal personalisiert verstanden wurde, das heißt, „der Kult des Sacrums ist der Kult der Persönlichkeit eines Heiligen"[229]. Der 1816 selig- und 1839 heiliggesprochene Alfonso de' Liguori stammte aus Neapel, der 1825 beatifizierte Angelo da Acri wurde bei Cosenza geboren, der 1807 heiliggesprochene Benedetto da San Filadelfo kam bei Messina zur Welt, der Sizilianer Bernardo da Corleone wurde 1768 beatifiziert, Bonaventura aus Potenza bedachte man 1775 mit der Seligsprechung, der 1742 selig- und 1746 heiliggesprochene Camillo de Lellis kam aus den Abruzzen, der in Chieti geborene Francesco Caracciolo wurde 1769 selig- und 1807 heiliggesprochen, Giuseppe von Leonessa 1746 kanonisiert, der Neapolitaner Francesco de Gerolamo 1806 beatifiziert und 1839 kanonisiert, Giovanni Giuseppe della Croce aus Ischia kam 1789 in den Genuß der Selig- und 1839 der Heiligsprechung, der in Brindisi geborene Giuseppe da Copertino wurde 1753 beatifiziert und 1767 kanonisiert, der Sizilianer Giuseppe Maria Tomasi 1803 seliggesprochen, Lorenzo von Brindisi widerfuhr gleiches 1783, ebenso der Neapolitanerin Maria Francesca delle Cinque Piaghe 1843, dem aus Cosenza stammenden Nicola Saggi 1786 sowie 1772 dem Erzbischof von Neapel: dem bei Gaeta geborenen Kardinal Paolo Burali. Damit stehen zwischen 1740 und 1850 22 süditalienischen Causen insgesamt 49 aus anderen Teilen der Welt gegenüber.

Diese überraschende Proportion kann nicht allein auf die lokalspezifische Volksfrömmigkeit zurückgeführt werden, die geprägt ist von euphorischer Glaubensmanifestation und starkem Wunderglauben, welcher sich nicht immer klar von magischen Vorstellungen trennen läßt[230]. Tatsächlich waren im Mezzogiorno die Verehrung von Reliquien und deren heilschaffende Verwendung besonders ausgeprägt und von den Volksmissionen aufgegriffen und unterstützt worden[231]. Feldsegnungen, Flurumgänge und Bittgänge um gedeihliches Wetter oder Abwendung von Katastrophen bedeuteten für die Regionen, die noch überwiegend agrarisch strukturiert waren, nichts außergewöhnliches[232]. Trotz der Zunahme der Bevölkerung im Mezzogiorno und der Verbesserung der Agrarwirtschaft seit dem Anfang des 18. Jahrhunderts verblieb des Leben der Landbevölkerung weiterhin auf niedrigstem Niveau[233]. Neben witterungsbeding-

---

[229] Galasso, L'altra Europa 68: „Il culto del sacro è culto della personalità di un santo".
[230] Delumeau, Le catholicisme entre Luther et Voltaire 276; Rienzo, Il processo 469; Palese, L'attività dei Vincenziani di terra d'Otranto 383; De Rosa, Storie di Santi 25f.; Galasso, L'altra Europa 99. Galasso warnt jedoch vor der These, daß im Mezzogiorno heidnische Elemente überlebt hätten oder daß die Christianisierung nicht vollständig Fuß gefaßt hätte: Galasso, L'altra Europa 74.
[231] Rienzo, Il processo 476. Vgl. auch die zahlreichen Einzeluntersuchungen im Sammelband: Pietro Borzomati u.a., Chiesa e società nel Mezzogiorno I–II, Soveria Mannelli 1998.
[232] Rienzo, Il processo 479. De Rosa weist in diesem Zusammenhang darauf hin, daß das Schicksal des Menschen an eine Religion der Erde geknüpft wurde, an eine kosmische Intelligenz der Ereignisse des Alltags: De Rosa, Storie di Santi 47.
[233] Galasso, Mezzogiorno medievale e moderno 304f.; Orlandi, Il Regno di Napoli nel Settecento 97–124.

ten Risiken wurde Süditalien von zahlreichen Naturereignissen wie Überschwemmungen, Erdbeben und Flächenbränden sowie muselmanischen Überfällen heimgesucht[234]. Gute Ernten und Fruchtbarkeit standen für die dortige Bevölkerung mit dem Gottesbegriff in unmittelbarem Zusammenhang, der Glaube erfuhr dadurch gewissermaßen eine Materialisierung[235]. „Man richtete auf diese Weise eine quasi-vertragliche Beziehung zur Gottheit ein, in der die Madonna und die Heiligen als Vermittler inbegriffen waren"[236]. Beispielhaft für diese Art der Frömmigkeit war die Aussetzung der Reliquien des hl. Vinzenz von Paul im Rahmen der Volksmission von 1817, um Regen für die von der Dürre gezeichnete Region zu erflehen[237].

Diese Facette der Volksfrömmigkeit schlug sich auch in der Heilig- und Seligsprechungspraxis deutlich nieder. Bei der Durchsicht der Prozeßakten aus dem Mezzogiorno stößt man auf eine hohe Zahl von übernatürlichen Gaben und Wundern, die der Ritenkongregation als göttliche Bekräftigung der *Fama sanctitatis* unterbreitet wurden[238]. Da, wo andere Causen wegen mangelnder transzendenter Bestätigung über Jahrzehnte liegenblieben, konnten beispielsweise im Seligsprechungsverfahren des neapolitanischen Jesuiten Francesco Caracciolos aus der langen Liste der Wunder immerhin acht stichhaltige für die *Antepraeparatoria* 1747 ausgewählt werden[239]. 1743 brachte man sechs Wunder in die Abstimmungen über die Kanonisierung des Giuseppe da Leonessa ein[240]. Für den Beatifikationsprozeß des Kardinals Paolo Burali[241] schlug man der Kongregation 19 Wunder vor[242]; die Aufzählung seiner verschiedenen überirdischen Fähigkeiten – Teufelsaustreibungen, Heilungen, Prophetie, Engelserscheinungen etc. – füllten zwei volle Seiten[243]. Nach dem Tod der neapolitanischen Franziskanerin Maria Francesca delle Cinque Piaghe[244] sammelte man 18 Wunder[245];

---

[234] Vgl. dazu die Liste der Katastrophen und Dürreperioden für das 18. Jahrhundert: Palumbo, Enti ecclesiastici e congiuntura nell'età moderna 459–466. Zu diesem Problem, dem die Bevölkerung hilflos gegenüberstand: ebd. 444.

[235] De Rosa, Storie di Santi 45.

[236] Rienzo, Il processo 481: „Si instaurava così un rapporto contrattualistico con la divinità, in cui la Madonna e i santi erano assunti come intermediari".

[237] Ebd. 476.

[238] Dabei handelte es sich nicht um Gebetserhörungen etc., die in die Prozesse *in genere* und *in specie* einflossen. Ausschlaggebend war nicht die Übernatürlichkeit des Ereignisses, sondern der Nachweis als solcher, der von Experten (Medizinern etc.) dokumentiert und attestiert werden mußte, um der erneuten Prüfung durch die Kongregation standhalten zu können.

[239] ASRC, Decreta 1745–1747, fol. 211: CA über 8 Wunder, 9. Mai 1747. Gewöhnlich wurden nach einer Prüfung zwei bis drei von der Kongregation für die entsprechenden Sitzungen ausgewählt.

[240] ASRC, Fondo Sc, Acta Canonizationis 1746, Abrechnungsbuch Sonzonios über den Prozeß des Giuseppe. Für die *Antepraeparatoria* vom 18. Juni 1743 wurden 6 Wunder vorgeschlagen.

[241] Die Familie stammte eigentlich aus Arezzo. Burali (1511–1578) wurde aber in Itri bei Gaeta geboren, studierte in Salerno und Bologna, war dann 12 Jahre Anwalt in Neapel, 1557 Theatiner, 1564 Botschafter bei Philipp II. von Spanien, 1568 Bischof von Piacenza, 1570 Kardinal, 1576 Erzbischof von Neapel: Francesco Andreu, Art. Burali, Paolo, in: BS III 602–604.

[242] BN, H 1281, *Memoriale Iuris super statu causae*, S. 4. Nach dem Tod Buralis zählte man 24 Wunder bis 1648.

[243] BN, H 1281, Memoriale über seine übernatürlichen Gaben, S. 2f.

[244] Maria Francesca delle Cinque Piaghe aus Neapel (1715–1791), charismatisch begabt, 1731 Eintritt in den Franziskanerorden, beispielhafte Beobachtung der Ordensregel, Bußübungen, damit Gegenpol zu jansenistischen Strömungen: Domenico Ambrasi, Art. Maria Francesca delle Cinque Piaghe, in: BS VIII 1065–1067 (Lit.). – Die *Signatio* datiert zwar vom 18. Mai 1803 (ASRC, Decreta 1791–1804, fol. 381), doch kam der Apostolische Prozeß erst nach 1816 in Gang: Wieder-

27 Mirakel trug man nach dem Ableben des Sizilianers Benedetto da San Filadelfo zusammen[246]. Dem neapolitanischen Jesuiten Francesco de Gerolamo schrieb man nach dessen Tod gar 56 außerordentliche Gebetserhörungen zu[247]. Die Bedeutung seiner Wundertätigkeit für die Menschen des Mezzogiorno geht auch aus den zahlreichen Bittschriften von 1808 hervor, die sich für die Aufnahme des Kanonisationsverfahrens verwandten. Immer wieder heißt es dort über die *Fama sanctitatis*, daß diese „specialmente per le grazie e miracoli"[248] stetig wuchs. Dies wurde sogar vom Subpromotor fidei hervorgehoben und als bedeutender Aktivposten für das Verfahren anerkannt[249]. Die Wundertätigkeit im Mezzogiorno schien ein typisches Charakteristikum dieser Region zu sein. Immer wieder betonten Petenten und Postulator – so bei der Causa des Angelo da Acri[250] –, daß man „im Königreich Neapel [...] täglich von Wundern nach Anrufungen hört und seine Reliquien Wunder wirken"[251]. Mirakel begegneten in süditalienischen Causen vor allem auch gehäuft zu Lebzeiten des Kandidaten, hauptsächlich in dessen letzten Stunden, die hagiographisch in eine Aura der Übernatürlichkeit getaucht wurden[252]. Dieses Spezifikum der Vita ist anderen italienischen Causen und erst recht auswärtigen weitestgehend fremd. Gegen diese dominierende Verschränkung von Wunderwirkung und Heiligenkult im Mezzogiorno hatte die Amtskirche stets opponiert, sie aber nicht ausmerzen können. Die kirchliche Hierarchie schlug daher den Weg der Kontrolle und der Beeinflussung der religiösen Praxis ein, statt eine orthodoxe Gegenposition aufzubauen[253]. Denn es waren die tief im Menschen wurzelnde, regionaltypische extreme Personalisierung der Beziehung Heiliger-Gläubiger und ihre ausgeprägte Familiarisierung – der unmittelbare und freundschaftliche Umgang mit den verewigten Gestalten –, die die Grundlage für die direkte Anrufung bildeten[254]. Der Heilige wird vor allem in seiner Wunderkompetenz als Machtfaktor verstanden; seine „Physiognomie" trägt daher wenig mystische und spi-

---

aufnahme des Prozesses am 9. April 1816: ASRC, Decreta 1814–1821, fol. 24. Decretum ST, 20. April 1840: ASRC, Decreta 1840–1841, fol. 13.
[245] BN, H 1210, *Summarium super Introduct. Causae*, Rom 1803, S. 508–511. – Die nun folgenden Beispiele geben die Wunderzahl aus den Informativ- und Apostolischen Prozessen an.
[246] BN, H 734, *Positio super Signatura Commissionis*, Rom 1713, S. 9–12: Von seinem Tod bis 1626 sammelte die Postulatur 27 Wunder. 16 Wunder waren zu Lebzeiten bekannt: ebd., S. 5–7.
[247] BN, H 892, *Nova Positio* über die Tugenden, Rom 1754, S. 19.
[248] BN, H 892, Bittschrift des Klerus von Neapel, 29. August 1808.
[249] BN, H 892, *Positio super tuto*, Rom 1806, Zusammenfassung des Subpromotors, S. 4.
[250] Der Kapuziner Angelo da Acri (1669–1739) legte 1691 die Ordensgelübde ab, galt als großer Volksprediger des Mezzogiorno, 1825 Seligsprechung: Bonaventura da Arenzano, Art. Angelo da Acri, in: BS I 1234f. (Lit.); Fernando da Riese Pio X, Il beato Angelo d'Acri, frate e missionario dai difficili inizi, in: D'Alatri, Santi e santità nell'ordine cappuccino II 9–28.
[251] BN, H 675, *Summarium* über den Zweifel an der Gültigkeit des Apostolischen Prozesses, 1791, S. 53: „Al presente codesta fama di Santità, delle virtù, dei doni sopranaturali, e dei miracoli l'è universale per ogni ceto di Persone, et in Acri, ed in quasi tutto il Regno di Napoli, perché alla giornata si sentono dei miracoli a di lui intercessione, et in di lui Reliquie fanno dei prodigi".
[252] Vgl. beispielsweise die breite Schilderung des Todes der Maria Francesca delle Cinque Piaghe: BN, H 1210, *Summarium super Introduct. Causae*, Rom 1803, S. 461–490. Vgl. auch die Causa des Bendetto da S. Filadelfo: BN, H 734, *Summarium* der *Positio* über die Wiederaufnahme des Heiligsprechungsprozesses, 1713, S. 81f.
[253] Galasso, L'altra Europa 97, 99.
[254] Ebd. 70.

rituelle Züge[255]. Er ist es, der Wunder wirken kann, wann immer er will[256]. Daraus resultiert auf der anderen Seite eine außerordentliche Vertrauenshaltung gegenüber einem bestimmten Heiligen, die einem persönlichen bzw. lokalen Patronat gleichkommt[257].

Die Volksmissionen der Reformorden christianisierten seit dem Ende des 17. Jahrhunderts nicht nur weite Teile Süditaliens, sie führten auch zu einer großen Anhänglichkeit der Landbevölkerung gegenüber den Patres und zu einer Überformung der noch weitgehend rural-paganen Volksbräuche[258]. Die Diözesanverwaltungen hatten seit dem Mittelalter ihre dominante Position in der Heiligenpraxis allmählich zugunsten der Orden eingebüßt[259], die ihr Potential im Königreich Neapel bis zur Säkularisation auf über 3500 Klöster und Konvente ausbauten[260]. Diese spirituellen Zentren griffen die vorhandene Volksverehrung und den typischen Wunderglauben auf und gestalteten auf diese Weise eine eigene „Heiligenpolitik"[261]. Von der zweiten Hälfte des 16. Jahrhunderts bis zum 20. Jahrhundert standen daher 72 Ordenscausen – davon allein 28 aus der Franziskanerfamilie – elf Prozessen von Säkularpriestern gegenüber[262]. Damit blieb die vor allem im Mezzogiorno relevante Maxime „Vox populi – Vox Dei" auch weiterhin gewährleistet[263]. Dieser reiche Nährboden bot den dort im Rufe der Heiligkeit Gestorbenen beste Aussichten auf breite Volksverehrung; sie verfügten in allen Schichten des Volkes, in den Städten wie auf dem Lande, über eine treue Anhängerschaft[264]. Und tatsächlich war es auch größtenteils die Volksfrömmigkeit des Südens, die ihre Heiligen hervorbrachte[265], ohne zu verkennen, daß die Intention der Orden und die der breiten Landbevölkerung häufig eine rein praktische Symbiose eingingen. Nicht nur die außerordentliche Vielzahl der Postulationsbriefe aus dem Süden läßt sich so erklären, sondern auch die ungewöhnlich hohe Anzahl von persönlichen Aussagen und Zeugnissen, die die Grundlage jedes Bistumsprozesses bildete. Zugunsten der Maria Francesca delle Cinque Piaghe konnten in den Informativprozessen von Neapel und Massalubrense beispielsweise insgesamt 47 Zeugnisse gesammelt werden, bei den dortigen Prozessen *in specie* sogar 78 Berichte[266]. Für den Seligsprechungsprozeß des Benedetto da San Filadelfo wurden im Informativprozeß

---

[255] Ebd. 71, 80.
[256] Ebd. 69.
[257] Ebd. 81–94. Diese Patronage konnte sich auch auf Herrschaften, Orte oder Regionen erstrecken.
[258] Rienzo, Il processo 480; Palese, L'attività dei Vincenziani di terra d'Otranto 385; Orlandi, Il Regno di Napoli nel Settecento 205f. Undifferenziert und ungenau zu den süditalienischen Volksmissionen: Hersche, Italien im Barockzeitalter 193f.
[259] Galasso, L'altra Europa 95. Außerdem ist der Beitrag der Orden in der Pfarrseelsorge nicht zu unterschätzen: Hersche, Italien im Barockzeitalter 192f.
[260] Zu den um 1800 bestehenden Klöstern und Konventen kamen noch die 1550 in Frankreich aufgelösten Häuser hinzu: Orlandi, Il Regno di Napoli nel Settecento 197.
[261] Galasso, L'altra Europa 77, 93.
[262] Ebd. 108; Orlandi, Il Regno di Napoli nel Settecento 199.
[263] Galasso, L'altra Europa 76.
[264] Neapel wies als Kapitale die meisten Heiligengestalten auf: Von 72 Causen kamen 16 aus der Stadt und 11 aus der Provinz Neapel, gefolgt von anderen Städten des Mezzogiorno. Dabei ist zu berücksichtigen, daß zahlreiche Kandidaten aus agrarisch strukturierten Regionen in die Konvente der Städte abwanderten: Galasso, L'altra Europa 112.
[265] De Rosa, Storie di Santi 48.
[266] BN, H 1210, *Summarium super Introduct. Causae,* Rom 1803.

in Palermo 97 Aussagen zusammengetragen, im dortigen *Processus Ordinarius* 68 und im *Apostolicus in genere* sogar 121 Mitteilungen[267]. Für die Beatifikation des Kapuziners Angelo da Acri wurden im Rahmen des Informativprozesses in Bisignano 48 Zeugen vernommen, in Cosenza 38 für den Apostolischen Prozeß *in genere*[268]. Zwischen 1628 und 1634 hörte man in den Diözesen Neapel, Gaeta und Piacenza insgesamt 124 Zeugen (Apostolische Prozesse *in specie*) als Grundlage für die Beatifikation des Paolo Burali[269]. Für den heroischen Tugendgrad des Bernardo da Corleone wurden über 220 Zeugenaussagen aufgeboten[270]. Causen anderer Herkunft mußten dagegen in der Regel mit zehn bis 30 Berichten auskommen.

Ähnlich außergewöhnlich war auch die Zahl der Petenten. Die Gestalt der Maria Francesca delle Cinque Piaghe motivierte drei Mitglieder der königlichen Familie, drei Erzbischöfe und zehn Bischöfe, Bittgesuche für die Aufnahme des Seligsprechungsverfahrens einzureichen[271]. Der Jesuit Francesco da Gerolamo durchbrach jedoch jede Schallgrenze. Nicht nur, daß die Supplik zur Aufnahme des Kanonisationsverfahrens von 1808 von drei Fürsten, fünf Herzögen, zahlreichen Marchesen und hohen Staatsbeamten des Mezzogiorno signiert wurde, auch allein etwa 560 Pfarrer und Beichtväter der Stadt Neapel unterzeichneten die Sammelbittschrift vom 29. August[272]. Die gesonderten Einzelschreiben der süditalienischen Oberhirten waren kaum zu zählen. Imposant ist auch die Zahl der tatsächlichen Petenten für die Aufnahme des Beatifikationsverfahrens von Alfonso de' Liguori: Mit dem König, sechs Kardinälen, zwölf Erzbischöfen und 36 Bischöfen belief sich die Zahl der Postulanten auf insgesamt 408 Personen[273]. Massenfrömmigkeit, die tatsächlich alle Schichten der Gesellschaft erfaßte, wie in den süditalienischen *Positiones* stets zu lesen ist, und Heiligenkult gingen hier sehr anschaulich und effizient eine untrennbare Einheit ein.

Außerdem mußten diejenigen Regionen bei der Beatifikation und Kanonisation begünstigt werden, die vom Regularklerus dominiert wurden, da die aussichtsreichsten Prozesse bekanntlich Ordenscausen waren. Genau das war in den süditalienischen Städten vor allem seit der Mitte des 17. Jahrhunderts der Fall[274]. Dabei wies der Mezzogiorno eine besondere Dichte von Religiosen auf[275]. Beispielsweise befanden sich von den 46 italienischen Konventen des Theatinerordens (1644) allein 13 in der Provinz Neapel und weitere sieben in der Siziliens und Kalabriens[276]. Der Regularklerus

---

[267] BN, H 734, *Positio super Signatura Commissionis,* Rom 1713, Summarium.
[268] BN, H 675, *Positio,* Rom 1791.
[269] BN, H 1281, *Positio super dubio* der Prozesse, Rom 1675.
[270] ASRC, Decreta 1760–1762, fol. 190: Bittschrift des Postulators, 1761. Bis 1689 hatten über 220 Augenzeugen in den Bistumsprozessen von Monreale und Palermo ihre Aussagen gemacht.
[271] BN, H 1210, *Summarium super Introduct. Causae,* Rom 1803, S. 511ff.
[272] BN, H 892, Sammlung von Bittschriften aus dem Sommer 1808. Die Unterschriftenliste der Supplik vom 29. August 1808 umfaßte 7 Seiten. Das Schreiben des Adels datiert auf den 12. August 1808.
[273] Amici/Giattini, Compendio della Vita, Virtù, e Miracoli del ven. Servo di Dio Alfonso Maria de' Liguori 263f.
[274] Colapietra, Insediamenti ambientali e funzione socio-culturale degli ordini religiosi 30; Orlandi, Il Regno di Napoli nel Settecento 154–179.
[275] Für das Jahr 1722 wird die Zahl der Religiosen im Mezzogiorno auf 30 000 geschätzt: ebd. 156 Anm. 127.
[276] Campanelli, Note sul patrimonio dei Teatini in Italia 184.

schwang sich „zum exklusiven Protagonisten des kirchlichen Lebens im achtzehnten Jahrhundert"[277] auf. Neben der traditionell einflußreichen Franziskanerfamilie[278] bauten auch die übrigen Orden – im 18. Jahrhundert hauptsächlich die Träger der Volksmissionen – das Netz ihrer Niederlassungen aus und expandierten auch auf wirtschaftlicher Ebene[279]. Seit der Mitte des Jahrhunderts erreichte die Konzentration von Ordenseinrichtungen im Mezzogiorno ein unproportional hohes Maß, was sich auch im Bau von Klöstern und Kirchen niederschlug[280]. Die verschiedenen Franziskanerzweige waren beispielsweise um 1750 allein in Kalabrien in insgesamt acht Provinzen organisiert; sie verfügten über 300 Konvente mit nicht weniger als 1200 Brüdern[281]. Es gab also in Kalabrien keinen Landstrich, der nicht mit den Söhnen des hl. Franziskus in Berührung gekommen wäre. Aber auch die anderen Ordensgemeinschaften zeigten vorwiegend in den Städten eine nahezu erdrückende Präsenz: Allein in Lecce waren 1754 insgesamt 20 Klöster angesiedelt[282].

Auch die finanzielle Basis als wichtigste Voraussetzung für jede Causa war im Mezzogiorno gegeben. Die wirtschaftliche Entwicklung des 16. bis 18. Jahrhunderts begünstigte die Orden, so daß der Regularklerus des Südens im Settecento generell wirtschaftlich besser gestellt war als der Säkularklerus[283]. Bis etwa zur Mitte des 18. Jahrhunderts war die finanzielle Situation der Ordensgemeinschaften, deren Wohlstand größtenteils auf der Feudalwirtschaft beruhte[284], generell als außerordentlich gut zu bezeichnen[285]. Ein wohl nicht repräsentatives, doch sprechendes Beispiel für die Finanzkraft des süditalienischen Ordenslebens ist der Theatinerkonvent San Giuseppe in Palermo, dessen Bilanz 1666 Einnahmen von 3583 Scudi auswarf, denen 503 Scudi an Ausgaben gegenüberstanden[286]. Seit der Mitte des 18. Jahrhunderts war die finanzielle Situation der Klöster durch Witterungseinflüsse und sinkende Renditen eher angespannt, verschlechterte sich gegen Ende des Jahrhunderts durch die Säkularisierung

---

277 Colapietra, Insediamenti ambientali e funzione socio-culturale degli ordini religiosi 30: „esclusivo protagonista della vita ecclesiastica nel Settecento".
278 Dazu: Russo, Presenza francescana in Calabria in età moderna 261, 266.
279 Colapietra, Insediamenti ambientali e funzione socio-culturale degli ordini religiosi 30f.; Palese, L'attività dei Vincenziani di terra d'Otranto 392.
280 Spedicato, Capacità contributiva ed articolazione patrimoniale dei regolari 367. Zur extremen Expansion der Vinzentiner im Mezzogiorno ab 1729: Palese, L'attività dei Vincenziani di terra d'Otranto 392.
281 Die Region Kalabrien wurde von einer Provinz der Konventualen, einer der regulierten Terziare und je zwei der Observanten, Reformierten und Konventualen erfaßt: Russo, Presenza francescana in Calabria in età moderna 261. – Für die Dominanz der Mendikanten im Süden Italiens sprechen auch folgende Zahlen: 1787 standen ca. 9700 Mitglieder der Bettelorden etwa 15 700 Angehörige anderer Orden gegenüber: Orlandi, Il Regno di Napoli nel Settecento 156.
282 Spedicato, Capacità contributiva ed articolazione patrimoniale 367.
283 Mariotti, Rapporti tra vescovi e religiosi in Calabria 308; Orlandi, Il Regno di Napoli nel Settecento 197f.
284 Die Jesuiten finanzierten sich zu 80% aus Feudalrenten, die Dominikaner, Zölestiner, Augustiner und Theatiner zu 75%, die Konventualen zu 70–75%: Spedicato, Capacità contributiva ed articolazione patrimoniale 367.
285 Palumbo, Enti ecclesiastici e congiuntura nell'età moderna 447. – Die Zahlen der durchschnittlichen jährlichen Einkünfte der Konvente werden in der Literatur uneinheitlich angegeben. Die Zahl der Abteien mit über 100 000 Dukaten schwankt für die Region des Mezzogiorno zwischen 10 und 60; kleine Institute verfügten etwa über 45 000 Dukaten jährlich; vgl. zur Diskussion: Orlandi, Il Regno di Napoli nel Settecento 197 Anm. 305.
286 Campanelli, Note sul patrimonio dei Teatini in Italia 185 Anm. 15.

zusehends[287], um nach dem Konkordat von 1818 eine spürbare Besserung zu verzeichnen, die jedoch längst nicht der Wirtschaftskraft der Blütezeit entsprach[288]. Neben der wirtschaftlichen Eigenleistung bildeten Stiftungen und Spendengelder der Gläubigen einen nicht zu unterschätzenden Finanzfaktor. Das Theatinerkloster in Bitonto beispielsweise, das selbst über keinen Landbesitz verfügte, wies 1644 ein Spendenaufkommen von 22 000 Dukaten auf[289].

Da also die notwendigen Voraussetzungen bei den süditalienischen Causen gegeben waren – Lobby mit Bodenhaftung sowie eine solide finanzielle Grundlage – sind die Vielzahl von Causen aus dem Mezzogiorno und auch die Zügigkeit des Prozeßverfahrens nicht verwunderlich. Mit einem solchen Bonus versehen, konnte auch der Beatifikationsprozeß der wohl berühmtesten und typischsten süditalienischen Heiligenfigur[290], der des Alfonso Maria de' Liguori, in etwa 19 Jahren trotz mehrfacher militärischer Besetzung Roms, mehrjähriger Abwesenheit des Papstes und der Schließung der Kurialbehörden zügig abgeschlossen werden. Sein Heiligsprechungsprozeß zwischen 1818 und 1830 zeigte dieselbe Dynamik. Trotz gleicher politischer und militärischer Schwierigkeiten, die das 1808 aufgenommene Kanonisationsverfahren des Francesco de Gerolamo trafen[291], konnte auch dieser Prozeß nach achtundzwanzigeinhalb Jahren zum Abschluß gebracht werden[292]. Francesco Caracciolo mußte auf die Heiligsprechung nur 18 Jahre warten[293]. Camillo de Lellis gelangte mit einer „Rekordzeit" zur Ehre der Altäre: Zwischen der *Signatio Commissionis*[294] und dem *Decretum super tuto*[295] lagen weniger als drei Jahre. Dasselbe Verfahren für Giuseppe da Leonessa kam nach knapp sechs Jahren zum Abschluß[296]. Der an sich aufwendige Beatifikationsprozeß des Giovanni Giuseppe della Croce[297] aus Ischia wurde in etwa 33 Jah-

---

[287] Vor allem Dürrejahre und das verheerende Erdbeben von 1783 fügten der Klosterwirtschaft erheblichen Schaden zu, so daß nicht selten Kredite aufgenommen werden mußten. Beispiele bei: Mariotti, Rapporti tra vescovi e religiosi in Calabria 306; Russo, Presenza francescana in Calabria in età moderna 267; Palumbo, Enti ecclesiastici congiuntura nell'età moderna 444f. Die Rendite sank seit etwa 1770 und damit die Liquidität der Klöster: Spedicato, Capacità contributiva ed articolazione patrimoniale 378f.

[288] Das Konkordat von 1818 erstattete den Großteil des kirchlichen Besitzes zurück, dessen Nutzung blieb jedoch weiterhin eingeschränkt. Außerdem waren die Renditen aus den Ländereien nun weit niedriger als vor der Säkularisierung. Das führte schließlich dazu, daß der Säkularklerus, zum Teil gezielt, wirtschaftlich aufgewertet wurde. Vgl. zu dieser Problematik: Vitiis, Il concordato del 1818 e la proprietà ecclesiastica 539–541.

[289] Campanelli, Note sul patrimonio dei Teatini in Italia 207.

[290] Galasso, L'altra Europa 108.

[291] ASRC, Decreta 1805–1810, fol. 545e: *Signatio Resumptionis Causae*, 3. September 1808.

[292] *Decretum* ST, 12 März 1837: ASRC, Decreta 1837–1840, fol. 6.

[293] *Signatio Commissionis*, 29. August 1772: ASRC, Decreta 1772–1774, fol. 54. Decretum ST, 15. August 1790: ASRC, Decreta 1785–1791, fol. 338.

[294] ASRC, Decreta 1742–1744, fol. 76: *Signatio* am 12. Dezember 1742.

[295] ASRC, Decreta 1745–1747, fol. 79: *Decretum* ST, 17. August 1745.

[296] Die Aufnahme des Kanonisationsprozesses geschah am 11. September 1739: ASRC, Decreta 1738–1741, fol. 217. Das *Decretum* ST wurde am 17. August 1745 promulgiert: ASRC, Decreta 1745–1747, fol. 78.

[297] Der Franziskaner Giovanni Giuseppe della Croce aus Ischia (1654–1734) war Guardian und Novizenmeister in Neapel, gesuchter Seelenführer und strenger Asket: Domenico Ambrasi, Art. Giovanni Giuseppe della Croce, in: BS VI 1009–1012 (Lit.).

ren bewältigt[298]; etwa 24 Jahre benötigte man für die Seligsprechung der Maria Francesca delle Cinque Piaghe und des Bonaventura da Potenza[299].

Der mit reichen übernatürlichen Gaben ausgestattete Franziskanerkonventuale Giuseppe da Copertino gelangte nach zwölfeinhalb Jahren zur Kanonisation[300], nachdem eine starke Volksverehrung bereits den letzten Impuls zur Beatifikation gegeben und man von der *Generalis super tuto* nach dem Grundsatz dispensiert hatte[301]: „Vox populi, vox Dei"[302]. Bei dessen Seligsprechung läßt sich allerdings das persönliche Interesse Benedikts XIV. nachweisen. Der 85. Generalminister der Konventualen, Carlo Antonio Calvi[303], war ein Landsmann des Papstes. Calvi selbst gab zu, daß Lambertini schon als Promotor fidei die Causa günstig beurteilt habe und dann als Papst wohlwollend begleitete, weshalb der Pontifex die erste Messe des Triduums, das im Anschluß an die Beatifizierung vom Orden abgehalten werden sollte, für sich beanspruchte[304]. Von der süditalienischen Glaubenskraft inspiriert, gewährte der Papst im Frühjahr 1753 nicht nur für das Abhalten dieser Feierlichkeiten Erleichterungen[305], sondern brachte auch seine persönliche Beziehung zur Causa und zur Heimatstadt Bologna durch die Übersendung von entsprechenden Reliquien an die dortigen Konventualen zum Ausdruck. „Wir können, teure Söhne, nicht genug Worte finden, um die Größe der geistlichen Freude auszudrücken"[306], meinte der sonst eher nüchtern und sachlich agierende Pontifex angesichts der Tatsache, daß „wir ununterbrochen Mühe aufwandten, damit die Causa des seligen Giuseppe bis zur Seligsprechung [...] gelangte"[307]. Am Gedenktag des Seligen sollten die Reliquien in der „civitas nostrae Bononiae"[308] ausgesetzt und vom Volk verehrt werden.

---

298 Nach einer Dispens wurde am 10. Dezember 1755 das Verfahren aufgenommen: ASRC, Decreta 1754–1757, fol. 152. Das Dekret ST wurde am 23. Februar 1789 promulgiert: ASRC, Decreta 1785–1791, fol. 256.

299 Bonaventura da Potenza (1651–1711), 1666 Eintritt in das Konventualenkloster in Nocera de' Pagani, 1703 Novizenmeister, geistlicher Vater in verschiedenen Konventen in Neapel, Amalfi etc.: Giovanni Odoardi, Art. Bonaventura da Potenza, in: BS III 300f. (Lit.); Gianfranco Grieco, Il pellegrino della costiera. Vita del Beato Bonaventura da Potenza, Gorle 1989. – Schon bevor die 50jährige Sperrfrist abgelaufen war, nahm man die Causa am 6. Dezember 1750 an der Ritenkongregation auf: ASRC, Decreta 1748–1750, fol. 218. Das Dekret ST datiert vom 29. Juni 1775: ASRC, Decreta 1775–1778, fol. 36.

300 *Signatio Commissionis*, 17. Juli 1754 (ASRC, Decreta 1754–1757, fol. 53), *Decretum super tuto*, 2. Februar 1767 (ASRC, Decreta 1766–1768, fol. 160)

301 Bittschrift des Postulators und Dispens von der *Generalis*, 12. Dezember 1752: ASRC, Decreta 1751–1753, fol. 166.

302 Tatsächlich wurde dieses Sprichwort vom Postulator zitiert, um den Papst zu einer sofortigen Beatifizierung zu bewegen: Bittschrift des Postulators: ASRC, Decreta 1751–1753, fol. 166. – Auf der anderen Seite hatten gerade Copertinos Charisma und Wunderbegabungen zu hartnäckigen Einwänden des Promotors fidei geführt.

303 Calvi war von 1747 bis 1753 Generalminister des Ordens: Holzapfel, Handbuch der Geschichte des Franziskanerordens 700.

304 BN, H 1130, Zirkularbrief Calvis, 26. Februar 1753.

305 Ebd.

306 BN, H 1130, Benedikt XIV. an den Guardian des Klosters in Bologna, 7. März 1753: „Non possumus, dilecti filii, satis aptis verbis explicare ingentem spiritualis laetitiae magnitudinem".

307 Ebd.: „constantemque operam adhibuimus, ut eiusdem Beati Josephi Causa quoad Beatificationem [...] succederet".

308 Ebd.

Nicht nur, daß die Prozesse von Süditalienern rasch vorankamen, sie waren auch von zahlreichen und zum Teil außerordentlichen Dispensen und Fakultäten begleitet. Von der Vielzahl päpstlicher Gunstbeweise, die den Beatifikationsprozeß des Alfonso de' Liguori begleiteten, war bereits die Rede. Als geradezu spektakulär muß die Dispens von der *Generalis super tuto* gelten, die Pius VI. dem Jesuiten Francesco Caracciolo erließ. Der Postulator köderte den Papst mit einer als schicksalhaft ausgegebenen Koinzidenz: Der Todestag Caracciolos, der 4. Juni, war mit dem Krönungstag des Papstes identisch[309]. Ohne die Ritenkongregation zu befragen, erteilte Pius VI. in der Audienz vom 13. Juni 1769 die gewünschte Dispens und ließ außerdem das Beatifikationsbreve auf den 4. Juni zurückdatieren[310]. Neben der außerordentlichen Verehrung, die Francesco Caracciolo im Volk genoß[311], förderte der Erzbischof von Otranto, Niccolò Caracciolo[312], das Verfahren. Der Oberhirte hatte bereits die Bistumsprozesse erfolgreich abschließen können[313]. Ein ähnlich gelagerter Sonderfall ereignete sich im Dezember 1752, als Benedikt XIV. im Beatifikationsprozeß „seines" Giuseppe da Copertino von der *Generalis super tuto* dispensierte, um kostengünstiger und rascher zum Ziel zu gelangen[314]. Keine andere Causa ist in jenem Zeitraum in einen solchen oder ähnlich außergewöhnlichen Genuß gekommen.

Eine weitere nahezu einzigartige päpstliche Gunst erleichterte den Kanonisationsprozeß des Camillo de' Lellis, von dem bereits die Rede war. Nachdem acht Monate nach der Seligsprechung verstrichen waren, stimmte der Papst Mitte Dezember 1742 der Aufnahme des Heiligsprechungsverfahrens zu[315]. Etwa ein Jahr später war die *Antepraeparatoria* so ungünstig verlaufen, daß die Anerkennung der vorgeschlagenen Wunder bereits im Ansatz zu scheitern drohte: Nur etwa ein Drittel der Konsultoren hielt die Mirakel für stichhaltig[316]. Zusätzlich erhob der Promotor fidei zwei Monate später hartnäckige Zweifel an der Persistenz einer Heilung[317]. Eine neue und rasche Untersuchung konnte den Promotor umstimmen. Da jedoch die anderen Wunder ebenfalls „auf wackeligen Beinen" standen, erbat sich der Postulator kurzerhand die Einstellung aller weiteren Diskussionen, um sofort zur *Praeparatoria* überzugehen[318]. Außer Zeit wollte man hauptsächlich auch Geld sparen. Dazu sollte ein einziges Votum des Promotors genügen. Tatsächlich gewährte Benedikt XIV. ein solches Indult: Nachdem sich der Promotor für die Gültigkeit der Prozesse ausgesprochen hatte[319],

---

[309] Dazu die Bittschrift des Postulators vom Juni 1769: ASRC, Decreta 1769–1771, fol. 12.
[310] Beatifikationsbreve, 4. Juni 1769: ASRC, Decreta 1769–1771, fol. 53.
[311] Das bezeugen zahlreiche Fakultäten aus der Kongregation für die Durchführung eines eigenen Triduums in verschiedenen Städten im Mezzogiorno: ASRC, Decreta 1769–1771, fol. 94, 95, 119, 120, 127, 201, 202, 289, 396.
[312] Caracciolo (1699–1774), 1715 Eintritt in den Theatinerorden, 1715 Tonsur, 1722 Priesterweihe, dann Lektor und Studienpräfekt des Konvents in Neapel, 1754–1766 Erzbischof von Otranto: HC VI 238.
[313] Bittschrift Caracciolos, 1755: ASRC, Decreta 1769–1771, fol. 141.
[314] BN, H 1130, Zirkularbrief Calvis, 26. Februar 1753. Die Dispens datiert vom 12. Dezember 1752.
[315] ASRC, Decreta 1742–1744, fol. 76: *Signatio Commissionis* am 12. Dezember 1742.
[316] Aufzeichnung der *Antepraeparatoria* über 3 Wunder, 28. April 1744: ASRC, Decreta 1742–1744, fol. 167.
[317] ASRC, Decreta 1742–1744, fol. 187: Aufzeichnung über die neue Untersuchung der Heilung an Margherita Castelli, 27. Juni 1744.
[318] Auch zum folgenden: ASRC, Decreta 1742–1744, fol. 208: Bittschrift des Postulators, 1744.
[319] Votum Valentis auf kleinem, angehängtem Zettel: ebd.

konnte nur drei Monate später die *Praeparatoria* abgehalten werden – und zwar mit Erfolg[320]. Durch solche aus dem Rahmen fallenden Zugeständnisse konnte eine Kanonisation in nur drei Jahren zuwege gebracht werden!

Eine andere einmalige päpstliche Gunstbezeugung wurde kurz vor der Approbation des Tugendgrades des Angelo da Acri wirksam. Der Dekan des Hl. Kollegiums, Kardinal Alessandro Mattei[321], hatte die entsprechende Diskussion bis zur *Generalis* in kürzester Zeit durchgeboxt, obgleich noch in der *Praeparatoria* eisige Ablehnung herrschte[322]. Noch die *Generalis* vom August 1820 meldete rigide Kritik an den Tugenden des Kapuziners an: Zehn *non constare* standen 19 *constare* gegenüber[323]. Zeitgenossen verschiedenster Gesellschaftsschichten und Profession hatten nämlich Vorwürfe gegen das Auftreten Angelos erhoben. So berichtete der Guardian seines Klosters, daß der leicht cholerische Kapuziner „heftig donnernd und aufgebracht gepredigt und befohlen habe, daß man sich öffentlich im Refektorium hinkniee"[324]. Der Sakristan einer neapolitanischen Kirche hatte den Kapuziner einmal aus dem Gotteshaus geworfen, da „seine Predigt zu heftig und derb war und den Zuhörern tatsächlich nicht gefiel"[325]. Die Tochter des Fürsten von Bisignano nannte ihn mehrmals „barba di Zimbaro"[326], was der temperamentvolle Ordensmann – wie auch andere Kränkungen – gelassen hinnahm[327].

Der Papst schob sein Urteil auf[328]. Ratlosigkeit machte sich breit. Die Causa galt bis zum Mai 1821 als „sospeso"[329]. Dann betrieb die Ordensleitung die Rettung der Causa direkt bei Pius VII., von dem sie wußte, daß er den Kapuzinern gewogen und von Angelos Tugendgrad persönlich überzeugt war[330]. Auf die Bitte des Generalvikars des Ordens und des *Magisters Sacri Palatii* rief Pius VII. im Mai den Präfekt der Kongregation, den Ponens, den Promotor fidei und den Sekretär zu sich, um über den Fortgang der Causa zu beraten. Die dabei entwickelte Strategie war plumpe Augenwischerei und geheuchelte Formalität: Der Papst gab Weisung, ihm als offizielle Entscheidungsgrundlage nur die positiven Voten über den Tugendgrad vorzulegen und zusätzlich ein oder zwei Theologen seines Vertrauens zur Ausarbeitung eines positiven Gutachtens zu delegieren[331].

---

[320] ASRC, Decreta 1742–1744, fol. 225: Aufzeichnung über die *Praeparatoria*, 24. November 1744: Fast alle stimmten bei allen drei Wundern mit *constare*.

[321] Mattei wurde am 14. April 1818 nach dem Tode Yorks zum Ponens ernannt: ASRC, Decreta 1814–1821, fol. 61.

[322] ASRC, Decreta 1814–1821, fol. 64: CP über die Tugenden, 23. Juni 1818. Fast alle Väter stimmten mit *supensive* oder *non constare*.

[323] ASRC, Decreta 1814–1821, fol. 101: CG über die Tugenden, 31. August 1820.

[324] BN, H 675, *Animadversiones* über die Gültigkeit des Prozesses in Cosenza, S. 2: „li parlò un pò fuori di tuono et esasperato l'ordinò, che si fosse inginocchiato in pubblico Refettorio".

[325] BN, H 675, *Animadversiones*, S. 2: „il suo predicare l'era troppo grosso e grossolano, e che non piaceva affatto all'Udienza".

[326] Bedeutet wörtlich übersetzt „Schafsbockbart", frei in etwa „Dreckschwein".

[327] BN, H 675, *Animadversiones*, S. 2.

[328] Dazu das Tugenddekret vom 17. Juni 1821: ASRC, Decreta 1814–1821, fol. 118.

[329] Brief Luigi Gardellinis, 4. Juni 1821: ASRC, Decreta 1814–1821, fol. 121a (unpaginiert).

[330] Aufzeichnung der Kongregation vom 17. Juni 1821: ASRC, Decreta 1814–1821, fol. 119.

[331] Brief Gardellinis, 4. Juni 1821: ASRC, Decreta 1814–1821, fol. 121a (unpaginiert).

Die Audienz vom 5. Juni markierte die Wende[332]. Der Papst erklärte die Tugendfrage des Kapuziners zur Chefsache. Selbst die Ritenkongregation sollte nur auf ausdrückliche Anweisung des Papstes agieren, denn es gab im Leben des Angelo da Acri dunkle Punkte, die Pius VII. nicht ungeschminkt der Öffentlichkeit preisgeben wollte. In den Prozessen waren historische Fakten aufgetaucht, die nach damaligem Verständnis anstößig wirkten[333]. Kurzerhand verbot der Papst den Druck einer Vita, um keine „Gelegenheit für einen Skandal vor allem solchen Leuten zu bieten, die frei von gesunder Kritik und nicht mit den örtlichen Gewohnheiten und nationalen Eigenheiten vertraut seien"[334]. Damit hatte sich Pius VII. noch besorgter um den Ruf des künftigen Seligen erwiesen als der Kapuzinerorden, der nur ein Imprimatur für den Druck der Vita glaubte verlangen zu müssen[335]. Erst nachdem die Öffentlichkeit und selbst die Ritenkongregation ausgeschaltet worden waren, ließ Pius VII. das Tugenddekret promulgieren[336]. Nach diesem unschwer gelungenen Manöver konnte der Beatifikationsprozeß des Angelo da Acri ungehindert fortgesetzt werden.

Neben solch aparten päpstlichen Gunstbezeugungen und kurialem Wohlwollen lassen sich immer wieder Dispensen nachweisen, die auch bei anderen Prozessen auftreten konnten. Als besonderes Charakteristikum süditalienischer Causen fällt jedoch noch ein weiteres auf. Für die *Signatio Commissionis* verwandte sich neben einer Vielzahl von Bischöfen sehr häufig auch der Monarch selbst. 1747 setzte sich der König Beider Sizilien erfolgreich bei der Ritenkongregation dafür ein, die Causa des Jesuiten Francesco de Gerolamo aufzunehmen und mit der Diskussion über den heroischen Tugendgrad vor Ablauf der 50-Jahres-Frist zu beginnen[337]. Derselbe Herrscher bemühte sich 1753 nicht nur um die vorzeitige Aufnahme eines weiteren Prozeßabschnitts, er setzte auch eigenhändig einen Postulator für die Causa ein und besoldete ihn aus eigener Tasche[338]. Als Petenten, die um die Eröffnung des Heiligsprechungsverfahrens für Giuseppe da Copertino baten, konnten die Franziskaner 1754 Kaiserin Maria Theresia und den König Carlo Emanuele III. von Savoyen-Sardinien (1730–1773) gewinnen[339]. Das Eingreifen des spanischen Königs Philipps IV. (1621–1665) im Jahre 1625 zeitigte in einem anderen Fall allerdings erst 1743 Erfolge: Die *Signatio Commissionis* für den Beatifikationsprozeß des Sizilianers Benedetto da S. Filadelfo erfolgte am 11. Mai[340]. Der Einsatz des Königs von Neapel zugunsten der Eröffnung der Causa Li-

---

[332] Auskunft über Verlauf und Ergebnis gibt der Brief der Ritenkongregation an den Generalvikar des Kapuzinerordens, 21. Juni 1821: ASRC, Decreta 1814–1821, fol. 120.
[333] So die Meinung des Sekretärs der Ritenkongregation, Juni 1821: ASRC, Decreta 1814–1821, fol. 120.
[334] Ebd.: „occasione di scandalo particolarmente alle persone della più sana critica sfornite, e non pratiche delle costumanze de' luoghi, e geni nazionali".
[335] Vgl. die Minute des Briefes an den Generalvikar vom 21. Juni 1821: ASRC, Decreta 1814–1821, fol. 121.
[336] ASRC, Decreta 1814–1821, fol. 118: Tugenddekret vom 17. Juni 1821.
[337] ASRC, Decreta 1745–1747, fol. 234: Entsprechende Bittschrift des Postulators und deren Gewährung vom 5. September 1747.
[338] ASRC, Fondo Q, Josephus Maria Tommasi, Bittschrift des Königs Beider Sizilien, 30. August 1753.
[339] ASRC, Decreta 1754–1757, fol. 53: Aufzeichnung über die *Signatio Commissionis*, 17. Juli 1754.
[340] ASRC, Decreta 1772–1774, fol. 113: Bittschrift des Postulators von 1773.

guori vom August 1794 zeigte dagegen sofortige Wirkung[341], so wie im Jahre 1818 seine Verwendung für dessen Heiligsprechung[342]. Bereits Monate zuvor hatte der Monarch Indulte erwirkt, die die Verehrung des Redemptoristengründers in den süditalienischen Königreichen ermöglichten[343]. Auch die Aufnahme des Kanonisationsverfahrens des Giovanni Giuseppe della Croce im September 1796 wurde vom Herrscher Neapels persönlich unterstützt[344]. Ebenso bemühte sich 1818 Ferdinand I. (1816–1825) um die Beatifizierung Angelos da Acri[345].

Ohne Zweifel weisen die Causen des Mezzogiorno eine überdurchschnittliche Nähe zum Monarchen auf. Süditalienische Königsgunst, die hauptsächlich im Ancien Régime häufig zu beobachten war, förderte die Eröffnung und den zügigen Verlauf einer Causa. Effektiver und unmittelbarer konnten verständlicherweise klerikale Kreise auf Ablauf und Ausgang einer Causa einwirken, und das waren zunächst und vor allem die Kardinäle aus dem Königreich Beider Sizilien. Diese Purpurträger agierten als Ponenten nicht nur auffallend rührig, energisch, zielbewußt und oftmals sehr geschickt, wie die Causen Liguori, Gerolamo und Caracciolo[346] als Paradebeispiele zeigen, sie waren als Kongregationsväter auch relativ zahlreich in der Behörde vertreten und hatten daher bei der Entscheidungsfindung besonderes Gewicht: Etwa drei bis fünf von zehn bis 18 Kardinälen stammten aus dem Königreich Beider Sizilien. Dabei muß man bei diesen Kirchenfürsten von einer kompakten familiären Einheit – damit von einer Interessengemeinschaft – ausgehen, da nur vier traditionelle Adelsfamilien zum Kardinalat vorstoßen konnten[347].

Waren nicht die eigenen Landsleute als Ponenten am Werk, suchte man sich prominente Vertreter. Vor allen anderen war der prestigereiche, von den Kurialen stets mit „Königliche Hoheit" titulierte Kardinal York begehrt, der für die Causen Angelo da Acri[348], Giuseppe Maria Tomasi[349] und Lorenzo da Brindisi[350] als Ponens gewonnen werden konnte. Auch Ganganelli, der künftige Papst Clemens XIV., war ein gesuch-

---

341 Druck des Petitionsschreibens vom 13. August 1794: Amici/Giattini, Compendio della Vita, Virtù, e Miracoli del ven. Servo di Dio Alfonso Maria de' Liguori 265–267.
342 ASRC, Fondo Q, Alphonsus de Liguori, Bd. 1 (18. Jhd.), undatiertes Postulationsschreiben des Königs.
343 ASRC, Decreta 1814–1821, fol. 54: Indult vom 11. Dezember 1817 für Neapel; ebd., fol. 61: für Sizilien, 7. April 1818.
344 ASRC, Decreta 1791–1804, fol. 279: Aufzeichnung über die *Signatio Commissionis*, 17. September 1796.
345 ASRC, Decreta 1814–1821, fol. 61: Verehrungsindult vom 7. April 1818.
346 Vgl. die Angaben im Kapitel „Jesuitenheilige".
347 Weber, Senatus Divinus 126.
348 York wurde nur für kurze Zeit, bis zu seinem Tod, am 6. September 1800 Ponens: ASRC, Decreta 1791–1804, fol. 321.
349 Ernennung Yorks zum Ponens, 17. April 1748: ASRC, Decreta 1748–1750, fol. 13.
350 Der Kirchenlehrer Lorenzo da Brindisi (1559–1619), zunächst Konventuale, dann Kapuziner, zeichnete sich durch Seeleneifer, Rednergabe und vorbildliches Leben aus, stieg rasch zu hohen Ordensämtern in Norditalien auf, gewann Einfluß auf die Religionspolitik in Österreich, Bayern und Ungarn (Bildung der Katholischen Liga), verschiedene diplomatische Missionen, zuletzt für den Vizekönig von Neapel in Madrid, 1783 Selig-, 1881 Heiligsprechung, 1959 Kirchenlehrer: Moßmaier, Laurentius von Brindisi, in: Manns, Die Heiligen in ihrer Zeit II 239–241; Arturo M. da Carmignano di Brenta, San Lorenzo da Brindisi, „Dottore Apostolico", in: D'Alatri, Santi e santità nell'ordine cappuccino I 121–151. – Ernennung zum Ponens, 16. März 1748: ASRC, Decreta 1748–1750, fol. 10.

ter, weil einflußreicher Kandidat. Bis zu seiner Papstwahl betreute er die Causen Bonaventura da Potenza[351], Francesco Caracciolo[352] und Giovanni Giuseppe della Croce[353]. Gern griff man auch auf den Präfekten zurück, hauptsächlich bei Giulio Maria della Somaglia[354], der die Causen Angelo da Acri[355] und Giovanni Giuseppe della Croce[356] betreute, sowie Kardinal Carlo Maria Pedicini[357], der die Kanonisierung des Francesco de Gerolamo[358] und die Beatifizierung der Maria Francesca delle Cinque Piaghe[359] vorantrieb.

Hochgestellte Gönner und der rechte Kardinal in der Kongregation als Betreuer der Causa förderten unzweifelhaft den Prozeßverlauf; da aber auch untere und mittlere Chargen über ein nicht unerhebliches Einflußpotential in der Kongregation verfügten und nicht selten durch ihre Eigendynamik störend oder auch nur verzögernd wirkten, galt es, auch diesen Teil der Maschinerie geölt zu halten. Dabei griffen süditalienische Vertreter zu Mitteln, die zwar nicht unüblich waren, doch – wie es scheint – vom Mezzogiorno mit besonderer Intensität eingesetzt wurden. Bezeichnenderweise klagten süditalienische Postulatoren immer wieder über hohe Prozeßkosten und mahnten daher die Kongregation zur Eile – so beispielsweise in der Schlußphase des Kanonisationsprozesses des Camillo de Lellis 1744. Der Postulator bat um die Einstellung der Diskussion über die Gültigkeit eines Wunderprozesses, „um überflüssige Spesen zu umgehen und unnötige Verzögerungen zu vermeiden, welche die formale Erörterung in den Kongregationssitzungen mit sich bringt"[360]. 1761 ging es um einen ähnlichen Fall: Die Kongregation bezweifelte plötzlich, ob bei der Causa Bernardo da Corleone die bereits 1699 durchgeführte Umwandlung des Bistums- in einen Apostolischen Prozeß rechtens sei. Diese Transformation hatte man zur Rettung der Zeitzeugnisse und aus Kostengründen vorgenommen[361]. Um eine neuerliche Diskussion zu beenden, machte der Postulator auf die „großen Spesen, die die formale Diskussion der Gültigkeit des Prozesses erfordert"[362], aufmerksam und erreichte auch tatsächlich die nötige Dispens durch den Papst.

Schon diese beiden Beispiele machen stutzig. Weshalb kosten den Betreibern einer Causa interne Diskussionen in der Kongregation so viel Geld? Analysiert man die Abrechnungsbücher einiger Postulatoren genauer, lösen sich diese und andere Rätsel, die mit der Schnelligkeit der süditalienischen Prozeßverläufe in Zusammenhang ste-

---

351 Ernennung Ganganellis zum Ponens, 29. November 1768: ASRC, Decreta 1766–1768, fol. 124.
352 Ernennung zum Ponens, 24. Mai 1766: ASRC, Decreta 1766–1768, fol. 47.
353 Ernennung zum Ponens, 30. Januar 1762: ASRC, Decreta 1760–1762, fol. 215.
354 Della Somaglia war von Juli 1800 bis März 1830 Präfekt der Ritenkongregation.
355 1825 ist della Somaglia als Ponens nachweisbar: ASRC, Decreta 1821–1826, fol. 109: CG über 3 Wunder, 30. August 1825.
356 Bei der Aufnahme des Heiligsprechungsverfahrens konnte der künftige Präfekt della Somaglia am 4. Mai 1796 als Ponens gewonnen werden: ASRC, Decreta 1791–1804, fol. 258.
357 Pedicini war von Juli 1830 bis November 1843 Präfekt der Ritenkongregation.
358 Pedicini wurde am 12. März 1831 zum Ponens bestellt: ASRC, Decreta 1827–1831, fol. 173.
359 Pedicini wurde am 23. Juni 1837 Ponens: ASRC, Decreta 1837–1840, fol. 10.
360 ASRC, Decreta 1742–1744, fol. 208: Bittschrift des Postulators, die die Wunderuntersuchung an der Castelli betraf: „... per togliere le spese superflue e per evitare la inutile longhezza del tempo, che si richiederebbe per disputare formalmente nelle Congregazioni [...] la detta validità". Der Papst hieß den Antrag am 26. August 1744 gut.
361 Vgl. zum ganzen: ASRC, Decreta 1760–1762, fol. 190: Bittschrift des Postulators von 1761.
362 Ebd.: „grossa spesa, che si richiedeva per la formale discussione della validità del processo".

hen, rasch auf. Als Paradebeispiel sei die Gesamtabrechnung des Kanonisationsverfahrens von Giuseppe da Leonessa angeführt[363]. Nicht nur, daß man 1701 für den Wunderprozeß in Spoleto 400 Scudi überwies, was mehr als üblich war, man sandte auch die begehrte Schokolade, Tabak aus China und weitere kleine Geschenke, die das Tribunal zweifelsohne erfreuten. Stärker ins Gewicht fielen die 15,86 Scudi, die der Subpromotor der Kongregation am 21. November 1742 für sein positives Gutachten über diesen Prozeß erhalten hatte. Weitere 130 Scudi – eine enorme Summe – erhielt der Kuriale Giuseppe Luna als „Honorar" am 7. Dezember 1742, weil er mitgewirkt hatte, den Zweifel an der Gültigkeit des Wunderprozesses auszumerzen. Ein auswärtiger Arzt erhielt für seine Stellungnahme nur 30 Scudi. Um insgesamt sechs Wunder in die *Antepraeparatoria* zu bringen, waren weitere Zahlungen fällig: Der Subpromotor erhielt am 3. April 1743 16,83 Scudi, der Arzt Raimondo Tarozzi für seine neuen Gutachten 30 Scudi. Solche Aufwendungen machten sich bezahlt: Die Sitzung vom 18. Juni 1743 verlief durchaus freundlich. Die ersten beiden Wunder ernteten durchweg Zustimmung, beim dritten und sechsten stimmten viele Väter mit *constare*[364]. Auch das ließ man sich etwas kosten. Dem zukünftigen Ponens der Causa[365], Kardinal Antonio Saverio Gentili[366], schenkte man im Juni 1743 ein Reliquiar im Wert von 10 Scudi.

Nun mußte die *Praeparatoria* vorbereitet werden. Im September 1743 erhielt der Arzt für ein günstiges Gutachten zwölf Pfund Schokolade und der Advokat der Kongregation, Cesare Pievetti, 30 Scudi für seine Stellungnahme. Auch die Geheimhaltungspflicht der Kongregationsmitglieder bedeutete für den Postulator kein unüberwindliches Hindernis: Pievetti gab man am 20. März 1744 15 Scudi, damit er in aller Ausführlichkeit sein Schweigen über den Verlauf der *Praeparatoria* brach. Weitere 25 Scudi flossen für zusätzliche Informationen in andere Taschen. Für die *Congregatio Generalis* stiegen die Sätze nochmals. Pievetti erhielt für seinen positiven Einfluß, den er auf den Papst, die Kardinäle und die Konsultoren ausübte, nach der Sitzung 35 Scudi, der bewährte Arzt gar 75 Scudi. Eilverfahren waren also kostspielig. Daher mußte der Orden über ein beträchtliches Barvermögen verfügen, erzielte damit jedoch rasche Erfolge und sparte am Ende sogar Gelder ein.

Als weiteres Beispiel sei der Seligsprechungsprozeß des Bonaventura da Potenza angeführt[367]. Um den Prozeß überhaupt in Gang zu bringen, gab man beträchtliche Summen aus: Mitte September 1741 erhielt der Notar der Kongregation 100 Scudi, bis Anfang 1742 wandte man nochmals rund 620 Scudi auf, um alle Schwierigkeiten bei der Eröffnung der Causa aus dem Weg zu räumen. Die Apostolischen Prozesse in

---

[363] Vgl. zum folgenden die Abrechnungen des Abtes Sonzonio in: ASRC, Fondo Sc, Acta Canonizationis 1746.
[364] ASRC, Decreta 1742–1744, fol. 108: CA über 6 Wunder, 18. Juni 1743.
[365] Gentili wurde am 25. November 1744 Ponens für den verstorbenen Kardinal Giuseppe Firrao: ASRC, Decreta 1742–1744, fol. 228.
[366] Der Römer Gentili (1681–1753), 1727 Priesterweihe, Dr. iur. utr. in Rom 1699, 1727 Titularbischof von Petra und Päpstl. Thronassistent, 1731 Kardinal: Dario Busolini, Art. Gentili, Antonio Saverio, in: DBI XXXVI 253–255.
[367] Auch zum folgenden: Archivio della Curia Generalizia dei Francescani Conventuali, Akten der Postulatur, Scatola Bonaventura da Potenza: „Libro d'introito per il ven. P. Bonaventura da Potenza", unfoliert.

Neapel und Ischia verschlangen 100 Scudi; für Prozeßkopien mußten bei der Kongregation im Dezember 1742 dann nochmals 50 Scudi aufgewandt werden. Als die Ritenkongregation die Gültigkeit der Prozesse approbierte, verteilte der Postulator 39 Scudi – „um den Subpromotor fidei für die Durchsicht zufriedenzustellen"[368]. Auch hier zahlte der Orden 90 Scudi für eine Prozeßkopie aus der Kongregation. Eine weitere Approbation eines Verfahrens kostete im Januar 1746 94 Scudi, so daß man bis 1750 insgesamt 2951,49 Scudi aufgewendet hatte, ohne einen größeren sichtbaren Erfolg erzielt zu haben: Am 6. Dezember 1750 gestattete der Papst, daß man bereits vor Ablauf der üblichen Sperrfrist mit der Diskussion des heroischen Tugendgrades beginnen konnte[369]. Damit war durch die Dispens immerhin ein Anfang gemacht. In den nächsten zwanzig Jahren tat sich jedoch nicht viel, da das Geld ausgegangen war[370].

Bereits diese Beispiele zeigen, daß nicht nur viel Geld im Spiel war, welches häufig ausschlaggebende Wirkung erzielte, sondern daß die Postulatoren aus dem Mezzogiorno dieses auch ungehemmt einzusetzen verstanden. Sie wußten, wie man eine Causa in Gang hielt und Schwierigkeiten überbrückte. Vor dem Hintergrund all dieser Momente werden der überdurchschnittlich rasche Prozeßverlauf und die Vielzahl von süditalienischen Heiligen und Seligen – vor allem im Ancien Régime – erklärlich. Die im alltäglichen Leben wurzelnde, breite Volksfrömmigkeit des Mezzogiorno, die in ihrer typischen Ausprägung und Strahlkraft ihren Eigencharakter bewahrt hatte, tat durch ihren spezifischen Heiligenkult, ihren direkten Bezug zu den Großorden und ihre Spendenfreudigkeit[371] das Ihre, um die Zahl der zu den Altären Erhobenen beträchtlich zu vermehren. Dabei wurde sie vom bourbonischen Königshaus überzeugend unterstützt, ebenso vom Adel, wie überhaupt die sogenannte „Volksfrömmigkeit" alle Schichten und Gruppen des Mezzogiorno erfaßte. Auch die Wahl des Ponens war nicht ohne Ausschlag. In der Regel entstammte er der süditalienischen Adelsclique, die durch ihren familiären bzw. interessegeleiteten Zusammenhalt einen wichtigen Faktor in der Arbeitswelt der Kongregation bildete, oder man griff auf den Kardinaldekan bzw. den Präfekten der Ritenkongregation zurück, der der Causa durch seine kuriale Funktion nicht nur Prestige, sondern meist auch raschen Erfolg verhieß. Kurz: Der Mezzogiorno beherrschte die „Feinmechanik" der komplizierten Prozeßmaschinerie und wußte für ein reibungsloses Ineinandergreifen des Räderwerks zu sorgen. Sich manifestierende Volksfrömmigkeit, Königsnähe, Lobbyismus und Zuwendungen bildeten in der Praxis häufig genug die entscheidenden Kriterien.

Außerdem war Süditalien durch breite Geschlossenheit in vielerlei Hinsicht ein Nährboden für den Heiligenkult. Der Mezzogiorno war wohl am ehesten die Region, wo die römische Kultsanktionierung in Form von Heilig- und Seligsprechung tatsächlich eine Approbation einer im Volke wurzelnden Verehrung darstellte, was sie nach amt-

---

[368] Ebd., Eintrag vom Dezember 1742: „per sodisfare il sottopromotore della Fede per la revisione".
[369] ASRC, Decreta 1748–1750, fol. 218.
[370] Eine Kassenrevision vom 16. Februar 1757 erbrachte ein Minus von 104 Scudi. Anfang der siebziger Jahre nahm der Orden namhafte Stiftungen ein, so daß die Causa wieder in Schwung kam: Archivio della Curia Generalizia dei Francescani Conventuali, Akten der Postulatur, Scatola Bonaventura da Potenza: „Libro d'introito per il ven. P. Bonaventura da Potenza".
[371] Palese, L'attività dei Vincenziani di terra d'Otranto 397.

licher Definition auch sein sollte. Zwar muß bei aller Evidenz vor der simplen Annahme gewarnt werden, die römische Selig- und Heiligsprechungspraxis sei ein zuverlässiger und allein gültiger Indikator für die süditalienische Volksfrömmigkeit, doch ist wohl keine Zone auf der Apenninhalbinsel zu finden – wenn man geographische Kriterien anlegt –, die bei allen genannten einschränkenden Faktoren das juridische Axiom von der Kult-„Sanktionierung" stärker erfüllt als der Mezzogiorno. Der norditalienische Antipode Venedig unterstreicht diese These ganz augenfällig. Hier hatten nur Kandidaten aus der Adelsschicht, die sich außerdem der staatlichen Unterstützung sicher sein mußten, eine Chance. Der Senat, der das kirchliche Leben der Lagunenrepublik vollständig kontrollierte, war es, der Kandidaten nominierte und sie durch Gehilfen – und sei es der Papst selbst – durchsetzte. Das inneritalienische Nord-Süd-Gefälle präsentierte sich auch hier wieder in seltenen Extremen. Damit ist der Mezzogiorno nicht nur Nährboden für den Heiligenkult, sondern gleichzeitig auch Aufweis echter Kultsanktionierung und damit Bestätigung der juristisch normierten, zentral ausgeübten Selig- und Heiligsprechungspraxis nach deren eigenem Selbstverständnis.

III. Nobilitas

Das Verhältnis von Adel und Kirche benennt einen breiten Themenkomplex, der hier nur engbegrenzt, in einzelnen Aspekten, beleuchtet werden kann[372]. Die Alte Kirche hat nachdrücklich die Gleichheit aller vor Gott herausgestellt und nur die durch das Ethos ausgewiesene Heiligkeit als besondere Qualifikation anerkannt[373]. Die dem hl. Hieronymus zugeschriebene Formel: „Adlig durch Geschlecht und mehr noch durch Heiligkeit"[374] erfuhr in der merowingischen Hagiographie eine Erweiterung, als sich der Adel seit dem 5. Jahrhundert dem Christentum zuwandte: Das Heiligenideal wurde geradezu „aristokratisiert"[375]. Über das gesamte Mittelalter hinweg gab es eine bedeutende Anzahl von Königen und Fürsten, die als Heilige verehrt wurden. In England und Frankreich schrieb man ihnen per se übernatürliche Kräfte und Wunderwirkung zu, in Deutschland war gar das Kaisertum als solches sakralisiert[376]. Da Potentaten häufig auf den Schlachtfeldern oder bei Verschwörungen ums Leben kamen, konnte ihr Leben und Sterben vom Klerus zu katechetischen Lehrstücken für das Kirchenvolk verarbeitet werden: Heilige Könige wurden als Personen verehrt, die mit der Priesterschaft zusammengearbeitet, Kirchen und Abteien gegründet, den christlichen Glauben verbreitet und verteidigt hatten und schließlich seit dem 11. und 12. Jahrhundert selbst zum Symbol der staatlichen Einheit avancierten[377].

Bereits im 10. und 11. Jahrhundert kämpfte der Territorialadel um politische Aufwertung. Herzöge und Grafen suchten in ihren Herrschaftsgebieten die Gleichstellung mit den Monarchen auch durch eine Annäherung an die sakrale Prärogative des Königtums zu erreichen[378]. Der Ausbildung des Adelsheiligen als dominierender Typ kam die Symbiose von Aristokratie und Episkopat zugute, die im 11. und 12. Jahrhundert breite Relevanz erlangte[379]. Obgleich der Adel des Hohen Mittelalters immer wieder

---

[372] Selbst Vauchez (La sainteté 190) spricht angesichts der geringen Erforschung der Materie und der Fülle des Stoffes von Hypothesen, die zur Bewältigung des Materials notwendig seien.
[373] Angenendt 99; ders., Geschichte der Religiosität im Mittelalter 342f.
[374] Hieronymus, Ep. 108,1 (CSEL 55), S. 306.
[375] Hierzu vor allem: Karl Bosl, Der „Adelsheilige". Idealtypus und Wirklichkeit, Gesellschaft und Kultur im merowingischen Bayern des 7. und 8. Jahrhunderts, in: Bauer/Böhm/Müller, Speculum historiale, München 1965, 167–187. Vgl. auch: Angenendt 99f., Graus, Volk, Herrscher und Heiliger 117; Holzbauer, Mittelalterliche Heiligenverehrung 12; Keller, „Adelsheiliger" und Pauper Christi in Ekkeberts Vita sancti Haimeradi 313. – Ein wichtiges Moment war die anwachsende Bedeutung des zumeist dem Adel entstammenden Bischofs als Heiligentypus der Merowingerzeit.
[376] Vauchez, La sainteté 187. Zum sakralisierten Königtum die Tagungsbände: The Sacral Kingship. Contributions to the central theme of the VIIIth international congress for the history of religions (Rome, April 1955), Leiden 1959; Jürgen Petersohn, Politik und Heiligenverehrung im Hochmittelalter, Sigmaringen 1994. – Zu den sakralisierten englischen Königen in vornormannischer Zeit: Harald Kleinschmidt, Formen des Heiligen im frühmittelalterlichen England, in: Dinzelbacher/Bauer, Heiligenverehrung in Geschichte und Gegenwart 81–85.
[377] Vauchez, La sainteté 188, 190, 193–195; Angenendt 101; Graus, Volk, Herrscher und Heiliger 433; Holzbauer, Mittelalterliche Heiligenverehrung 12; Angenendt, Geschichte der Religiosität im Mittelalter 314–316.
[378] Vauchez, La sainteté 189.
[379] Hierzu: Petersohn, Bischof und Heiligenverehrung 209; Vauchez, La sainteté 197, 206. Zur erdrückenden Mehrheit der Adelsheiligen im Mittelalter: Angenendt 100.

sein doppeltes Gesicht – das der Geburt und das der Macht – mit sakralisierenden Rückgriffen auf die eigene Familiengeschichte zu legitimieren versuchte, bestritt die Hagiographie des 11. Jahrhunderts jeden direkten Zusammenhang zwischen Blut und Tugend. Die klassische Wendung *nobilis origine ... sed nobilior virtute* erscheint sehr häufig in den Viten des Mittelalters[380], läßt sich darüber hinaus ununterbrochen bis ins 19. Jahrhundert nachweisen. Aus der Sicht des Klerus hatte der Adel nicht durch seine Abstammung eine andere moralische Dimension und christliche Perfektion aufzuweisen, sondern durch seine real geübten Tugenden. Die kirchliche Botschaft von der Aristokratie wurde damit zu einer „message ambigue"[381] der Heiligkeit. Damit wurde auch die Deduktion von der Vererbung der Heiligkeit zumindest stark in Frage gestellt, obgleich Prestigegewinn und Häufung von Familienheiligen, wie sie beispielsweise bei der Dynastie der Andechs-Meranier oder der Arpaden[382] auftrat, durchaus nicht mit kirchlichem Widerstand rechnen mußten[383].

Für solche Kandidaten, die außerhalb der sich mehr und mehr auf Italien konzentrierenden Heiligenwelt saßen, traf außerdem das Verdikt zu, daß zwischen 1150 und 1500 nur diejenigen „Landfremden" zur Heiligkeit vorstoßen konnten, die von hohem Adel oder königlichem Geblüt waren[384]. Das hing hauptsächlich mit der rein praktischen Notwendigkeit zusammen, einflußreiche Interessenvertreter in Rom zu postieren, was nur der dünnen Herrschaftsschicht möglich war. Am Ende des Mittelalters war dann die große Zeit der Adelsheiligen vorbei, denn seit dem beginnenden 15. Jahrhundert macht sich eine Klerikalisierung der Heiligkeit bemerkbar, die vor allem mit dem Aufkommen der Mendikantenorden zusammenhing[385]. Der Siegeslauf der Ordenskandidaten war auch in den kommenden Jahrhunderten nicht mehr aufzuhalten. Dennoch blieb die adlige Abkunft bei der Selig- und Heiligsprechung auch nach 1500 zumindest ein wichtiger Pluspunkt. Die zwischen 1740 und 1870 beatifizierten bzw. kanonisierten Alfonso Maria de' Liguori, Giuseppe Maria Tomasi, Giacinta Marescotti, Niccolò Albergati, Carlo Spinola, Gregorio Barbarigo waren Personen aus bekannten und alten Adelsgeschlechtern – noch dazu mehrfach mit Papst- und Kardinalsfamilien verwandt. Insbesondere in den Kanonisationsakten des Redemptoristengründers stößt man immer wieder auf Bemerkungen über seine adlige Herkunft[386] – gleichsam als induktiver Hinweis auf seine Heiligkeit. Zu diesen Italienern kam noch eine ganze Reihe von ausländischen Adligen, wie etwa Jeanne Françoise Frémyot de Chantal und Pedro de' Arbues bis hin zu dem Mulatten Martín de Porres, dessen Vater ein spanischer Hidalgo war[387]. Die überdurchschnittlich hohe Adelsquote mag im Ancien Régime nicht überraschen, sie ist jedoch durchgängig bis zum Ersten Vaticanum zu beobachten, und zwar ohne Einbußen. Das Dekret vom Februar 1867 über die

---

380 Vauchez, La sainteté 204f.; Heinzelmann, „Adel" und „Societas sanctorum" 234.
381 Vauchez, La sainteté 205.
382 Gábor Klaniczay, Königliche und dynastische Heiligkeit in Ungarn, in: Petersohn, Politik und Heiligenverehrung im Hochmittelalter, Sigmaringen 1994, 343–361.
383 Vauchez, La sainteté 211f.; Angenendt 101.
384 Vgl. die entsprechenden Tabellen bei: Vauchez, La sainteté 216–218.
385 Ebd. 249, 253.
386 Vgl. die Aufzeichnungen aus den Konsistorien und Audienzen kurz vor der Heiligsprechung: ASRC, Fondo Q, Alphonsus de Liguori, Bd. 2 (19. Jhd).
387 Bertucci, Art. Martino de Porres 1240.

in Japan gemarterten Missionare des 17. Jahrhunderts listet noch an erster Stelle die „dynastes nobiles regio sanguine clari"[388], dann die übrigen Glaubenszeugen auf. Besonders deutlich ist die Präsenz und Qualität des Faktors *Nobilitas* im Heiligenkult in der Republik Venedig greifbar. Das hing nicht zum wenigsten mit dem regionalspezifischen Verhältnis von Kirche und Staat als auch mit der vom Patriziat dominierten Oligarchie zusammen[389]. Zumindest im venezianischen Settecento, das für die Markusrepublik eine ganze Reihe von Selig- und Heiligsprechungen bzw. Kultapprobationen zeitigte und im Pontifikat Clemens' XIII. kulminierte, bestand die Heiligenwelt der Serenissima – ähnlich der profanen – noch fast durchgängig aus Edelleuten. Volksverehrung und *Vox populi* waren eindeutig den ausschlaggebenden politischen und aristokratischen Belangen nachgeordnet und im Beatifikations- bzw. Kanonisationsverfahren geradezu belanglos geworden[390]. Selbst die hohe Geistlichkeit der Seerepublik machte sich solche Denkstrukturen zu eigen. Deutlichstes Beispiel hierfür ist der Seligsprechungsprozeß des Erzbischofs von Padua, Kardinal Gregorio Barbarigos. In der *Positio* für die *Introductio Causae* heißt es, daß die *Fama sanctitatis* außer im venezianischen Stadtpatriziat bei „molti altri Principi, e Signori Grandi"[391] verbreitet gewesen sei. Die Volksverehrung schien für die Antragsteller von untergeordneter Bedeutung gewesen zu sein; nur „Principi Grandi, sì ecclesiastici, come secolari"[392] waren einer Erwähnung wert. Ähnliche Wendungen finden sich auch in zahlreichen Postulationsschreiben der Jahre 1716 bis 1720: Nicht nur die eindrucksvolle Anzahl gekrönter Häupter, die sich zum Zwecke der Beatifikation zu Schreiben herbeiließen[393], spricht für einen Adelskult bei der Heiligenverehrung, selbst hohe kirchliche Würdenträger der Serenissima, die ja meist selbst dem Patriziat entstammten, erwiesen der *Nobilitas* Reverenz. So unterstrich der Bischof von Belluno, daß sich eigens zahlreiche Fürsten für die Aufnahme des Verfahrens eingesetzt hätten[394]. Der Bischof der dalmatischen Diözese Makarska zeigte auf, „daß durch die Abkunft vom venezianischen Patriziat und aufgrund seiner herausragenden Tugenden"[395] Barbarigo zur Ehre der Altäre zu erheben sei. Das würde eine Auszeichnung für die gesamte Adelsrepublik bedeuten, die erfolgreich gegen den gemeinsamen Feind der Christenheit, die Türken, gekämpft hätte. Selbst der Patriarch von Venedig sprach wiederholt von „un Patrizio"[396], den noch dazu „der Adel seiner Geburtsstadt"[397] Venedig auszeichne.

---

[388] Dekret über das Martyrium und die Tugenden vom 26. Februar 1867: Druck: Boero, Relazione della gloriosa morte 199–203, hier: 199. Es handelt sich hier um die Seligsprechung der 205 japanischen Märtyrer.
[389] Vgl. hierzu die Ausführungen im Abschnitt „Die Verstaatlichung der Heiligen".
[390] Hierzu: Niero, Spiritualità dotta e popolare 133.
[391] Marciana, Ms. IT VII 2220, fol. 93r (*Positiones et articuli*, um 1745).
[392] Marciana, Ms. IT VII 2220, fol. 97r.
[393] Unter den Bittstellern finden sich der Kaiser, der König und die Königin von Portugal, die Könige von Spanien und Frankreich sowie der Exilkönig Jakob von England: Archivio Seminario, Ms. 1202, fol. 181, 188f., 214, 257, 268f.
[394] Archivio Seminario, Ms. 1202, fol. 7: Bischof von Belluno an den Papst, 15. Dezember 1716.
[395] Archivio Seminario, Ms. 1202, fol. 20f.: Bischof von Makarska, 16. Juli 1717: „instantissime precor, ut Patritium Venetum genere, & virtute clarissimum Gregorium Card. Barbadicum …".
[396] Archivio Seminario, Ms. 1202, fol. 192f.: Patriarch von Venedig an den Papst, 4. September 1717.
[397] Archivio Seminario, Ms. 1202, fol. 192: Patriarch von Venedig, 3. Juli 1717: „questa Città, e Diocesi, ove riportò la nobiltà de' suoi natali".

Integrativer Lokalpatriotismus verschmolz hier mit einem aristokratischen Sendungsbewußtsein, das Barbarigos Seligsprechung für Venedigs Verdienste gleichsam einklagte. Auch die Überreichung eines Reliquiars an den Papst unterstrich diese Instrumentalisierung zum Zwecke oligarchischer Selbstdarstellung: Der Behälter mit dem neuen Seligen, den eine Abordnung Clemens XIII. im September 1761 überbrachte, kam nicht etwa von der Bevölkerung der Lagunenstadt, sondern allein von der venezianischen Aristokratie[398]. Ausschließlicher und enger konnte sich das Beziehungsgeflecht von Adel und Kirche in der Heiligenpraxis kaum manifestieren.

Die Qualifikation „Adel" war jedoch nicht durchgänig positiv besetzt. Das zeigt eine Episode aus dem Prozeß des Theatinerkardinals Giuseppe Maria Tomasi, dem Erstgeborenen einer alt- und hochadligen sizilianischen Familie. Ihm wurden während der Diskussion des Tugendgrades mangelnde Demut und Eitelkeit vorgeworfen[399]. Dieser häufig wiederholte Vorwurf hatte sich so hartnäckig in die Köpfe der meist bäuerlich-bürgerlichen Kongregationsväter eingeprägt, daß es schwer war, ihn durch Argumente aus dem Weg zu räumen. Die Situation erforderte einen Mentor mit Prestige und Autorität vom Zuschnitt eines Kardinals York. Dieser beendete dann auch als Ponens der Causa jede weitere Debatte mit einem Bonmot, das aus dem Munde des Theatinerkardinals stammte: Auf die Frage nach seinen Ahnen antwortete Tomasi, daß er nichts anderes wisse, als daß er von Adam und Eva abstamme[400].

Daß die *Nobilitas* ihren festen Platz im hierarchischen Denken der Kurie hatte, zeigt ein ganz anderes Element der Heiligsprechung. Bei der großen Kanonisationsfeier von 1839[401], die nach „ältestem Ritus"[402] abgehalten wurde, hatten ausschließlich Kleriker Zutritt zum Petersdom. Als einzige Ausnahme billigte man den Verwandten der Kandidaten, Mitgliedern königlicher Familien und dem römischen Hochadel einen Platz zu[403]. Damit gestand man dem Adel indirekt, speziell wenn er Selige oder Heilige aufzuweisen hatte, sakrale Würde zu.

Von Bedeutung ist auch die bereits erwähnte Qualität der Autorenschaft von Postulationsschreiben. Ein königlicher Brief wog mehr als Unterschriftenlisten von Gläubigen; selbst Sammelgesuche von Priestern standen dahinter zurück. Das läßt sich für Causen aus allen Teilen Europas beobachten. Für die Eröffnung des Beatifikationsverfahrens von Niccolò Albergati, dessen Informativprozeß nur aus vier Zeugnissen bestand, sammelte man gekrönte Häupter – nicht ohne eigenes Zutun des Papstes: Jakob III. von England[404] und der polnische König August III. (1733–1763) sandten ebenso

---

[398] Biblioteca del Museo Correr, Cod. Cicogna 1540, S. 432f.: Clemens XIII. an den Senat Venedigs, 19. September 1761.
[399] ASRC, Fondo Q, Josephus Maria Tommasi, Aufzeichnung der *Praeparatoria* über die Tugenden vom 8. Mai 1759.
[400] Ebd.
[401] Gregor XVI. kanonisierte am 26. Mai 1839 Alfonso de' Liguori, Francesco de Gerolamo, Giovanni Giuseppe della Croce, Pacifico da S. Severino und Veronica Giuliani.
[402] ASRC, Fondo Sc, Acta Canonizationis 1839: alle Heiligen, gedruckte Einladung vom 19. Mai 1839: „antichissimo rito".
[403] Das geht aus einer Bittschrift der Familie de' Liguori vom Mai 1839 hervor: ASRC, Fondo Sc, Acta Canonizationis 1839: Alfonso Maria de Liguori, Bd. 1.
[404] Jakobs Vater, Jakob II. (1633–1701), trat nach der Revolution von 1672 offiziell zum Katholizismus über und bestieg nach dem Tod dessen Bruders 1685 den Thron, mußte aber 1688 nach Frankreich fliehen: Gabriele Musatti, Art. Giacomo II, in: EC VI 325.

Petitionen ein wie hochrangige Kardinäle und geistliche Würdenträger, welche jedoch klar an zweiter Stelle figurierten[405]. Für die Heiligsprechung des neapolitanischen Jesuiten Francesco de Gerolamo engagierten sich 1808 neben dem König gleich drei Fürsten, fünf Herzöge, zahlreiche Marchesi und der niedere Beamtenadel[406]. Die Eröffnung des Verfahrens für Giovanni Leonardi unterstützten Kaiser Leopold I., dessen Frau Eleonore, der Großherzog der Toskana und die Herzöge von Mantua und Savoyen durch Schreiben aus den Jahren 1678 bis 1688[407]. Bei außeritalienischen Causen sah es nicht anders aus. So verwandten sich beispielsweise für das Beatifikationsverfahren des Spaniers Simon de Rojas[408], das 1766 zum Abschluß kam, König Carlos III. (1759–1788), dessen Mutter sowie der Herrscher Beider Sizilien[409]. Der Apostolische Prozeß *in specie*, der immerhin 240 Zeugen aufführte, wurde von einem Beamten der Ritenkongregation um 1740 mit besonderem Respekt behandelt – keineswegs wegen der eindrucksvollen Dokumentationsgrundlage[410]: „Ich für mich glaube, daß wenige *Positiones* – und vielleicht keine – in der Hl. Kongregation bearbeitet wurden, die so voll von Zeugnissen waren, wie die des wahrhaften Servus Dei, da dort königliche Persönlichkeiten auftreten und eine weitere Anzahl von 240 Zeugen, die mit apostolischer Autorität befragt wurde, zum Großteil Fürsten, Edelleute, Damen und andere Personen von qualifizierter Herkunft"[411]. Adel machte Eindruck, half bei der Aufnahme von Causen und bei der Überbrückung von Schwierigkeiten, erzielte aber letztlich keine entscheidende Wirkung. Denn trotz des Lobes auf die *Positio* aus berufenem Munde mußte mit der Seligsprechung noch 26 Jahre gewartet werden.

Auch ein anderer Prozeßverlauf stützt diese These. 1744 drängten die Könige Beider Sizilien und Spaniens auf die Fortsetzung der höchst umstrittenen Causa der Maria a Gesù Ágreda[412]. Seit etwa 70 Jahren hatten Ritenkongregation und Hl. Offizium die Schriften der Ágreda geprüft; beide waren bislang zu keinem positiven Ergebnis gekommen[413]. Eine zeitgenössische Aufzeichnung der Kongregation beschreibt, wie die

---

[405] BN, H 1263, Informatio additionalis super dubio, Rom 1743.
[406] BN, H 892, Sammlung von Bittschriften zur Eröffnung des Verfahrens, August 1808.
[407] BN, H 1066, *Positio super Introductione Causae*, Rom 1701, S. 158–164.
[408] De Rojas (1552–1624), mit 17 Jahren Trinitarier in Valladolid, seit 1579 Professor in Toledo und Alcalà, gesuchter Superior zahlreicher Konvente, längerer Aufenthalt am Hof von Philipp III., Visitator der Provinz Andalusien, lehnte die Ernennung zum Bischof von Jaén und Valladolid ab: Niccolò Del Re, Art. Rojas, Simone de, in: BS XI 298f.
[409] ASRC, Fondo Q, Simone de Roxas, Fasz. A, Minute des Seligsprechungsbreves.
[410] Vgl. auch zum folgenden: ASRC, Fondo Q, Simone de Roxas, Fasz. B, Aufzeichnung der Kongregation über den Prozeßverlauf, ohne Datum.
[411] ASRC, Fondo Q, Simone de Roxas, Fasz. B, Aufzeichnung über den Prozeßverlauf, ohne Datum: „Io per me credo, che poche positioni, e forse niuna si siano veduto in questa sagra Congr. così guernite di testimonii, come è la presente del Vero Servo di Dio; poiché v'entrano personaggi Regii, et un numero di 240 testimonii esaminati con autorità Apost., la maggior parte grandi, cavalieri, Dame et altre persone di qualificata conditione".
[412] Die in Burgos geborene Maria a Gesù Ágreda (1602–1665) trat 1618 in den Franziskanerkonvent ein, wo sie an schweren Krankheiten litt und härteste Buße tat. 1637 wurde sie Äbtissin und führte das Kloster zu einer Blüte. Entscheidend waren ihre Visionen, die sich in verschiedenen Schriften niederschlugen. Eines ihrer wichtigsten Werke, *Mística Ciudad de Dios*, eine Lebensbeschreibung der Madonna, bildete den Ausgangspunkt der Kritik: Antonio Blasucci, Art. Maria di Gesù di Ágreda, in: BS VIII 995–1002.
[413] Die ihr zugeschriebenen Schriften mit den angeblichen Offenbarungen wurden nach vierzehnjähriger Untersuchungszeit von der spanischen Inquisition gebilligt. Die Sorbonne verurteilte sie je-

beiden Monarchen mit „maximo studio [...] vehementer rogaverint"[414], um theologische Schwierigkeiten zu überwinden und den Beatifikationsprozeß zu einem baldigen Abschluß zu bringen[415]. Wenige Jahre später wandten sich die beiden Potentaten nochmals an den Papst, um ihrer alten Bitte Nachdruck zu verleihen[416]. Ihre Bemühungen zeitigten bis zur Gegenwart keinen Erfolg.

Zusammenfassend läßt sich festhalten, daß Adel durchaus ein besonderes Qualitätsmerkmal innerhalb der Selig- und Heiligsprechungspraxis bedeutete. Dabei ist klar zwischen der adligen Herkunft eines Kandidaten und dem Einfluß der Aristokratie auf das Verfahren zu unterscheiden. Während edle Abstammung zunächst eindeutig als Bonus für die Verhandlungen in der Ritenkongregation gewertet werden muß, besaßen adlige oder sogar königliche Fürsprecher keinerlei Freibrief für die Kultsanktionierung. Dafür kam ihnen jedoch rein liturgisch quasi-klerikale Position zu. Der Einfluß der *Nobilitas* im Kongregationsgeschehen stieg dann – und zwar rapide –, wenn der Weihegrad hinzukam. Neben den von Kardinal York betreuten Causen traf das auch für den Prozeß des Jesuiten Francesco de Gerolamo[417] zu, der in der Ungunst der Ordenssituation Conte Alfonso Muzzarelli[418] als Postulator und Herzog Giuseppe Pignatelli SJ als Lobbyist auf seiner Seite hatte. Ihr Eingreifen war jedoch nur ein Moment von mehreren, die schließlich zur Seligsprechung im Jahre 1806 führten.

Die Adelsrepublik Venedig nahm in diesem Kontext eine Sonderstellung ein, die man nur aus ihrer spezifischen Kirche-Staat-Beziehung heraus verstehen kann. Hier kulminierte der Adelskult bis zur Ausschließlichkeit. Das hängt nicht zuletzt damit zusammen, daß der eigentliche „Postulator" der aristokratisch geführte Staat selbst war, der sich die Kirche unterordnete. Die Französische Revolution mit ihren Folgewirkungen bedeutete dort eine epochale Zäsur, die man anderenorts, vor allem in der römischen Kurialpraxis nicht beobachten kann. Noch unter Pius IX. griffen dieselben Mechanismen zugunsten des Adels, die unter Benedikt XIV. zu beobachten gewesen waren.

---

doch und in Rom wurden sie 1681 verboten, auf Bitten des spanischen Hofes aber wieder zugelassen. Benedikt XIV. entschied 1748, es stehe nicht fest, ob die strittigen Schriften tatsächlich von der Ágreda verfaßt worden seien. Bevor diese Frage nicht geklärt sei, könne man die Tugenden nicht diskutieren: Pastor XVI/1 225; Blasucci, Art. Maria di Gesù di Ágreda 999; Rosa, Prospero Lambertini tra „regolata divozione" e mistica visionaria 536–541. – Die Causa wurde 1673 von der Ritenkongregation aufgenommen.

414 ASRC, Decreta 1745–1747, fol. 73: Aufzeichnung der Ritenkongregation über ein Indult, die Schriften von einer Sonderkommission untersuchen zu lassen. Das Indult wurde von Benedikt am 3. August 1745 gutgeheißen.
415 Vgl. auch: Rosa, Prospero Lambertini tra „regolata devozione" e mistica visionaria 537.
416 ASRC, Decreta 1745–1747, fol. 148: Undatiertes Bittgesuch an den Papst.
417 Zu Person und Prozeßverlauf vgl. die Angaben im gleichlautenden Abschnitt.
418 1805 stieß der Theologe der Pönitentiarie, Conte Alfonso Muzzarelli, den Beatifikationsprozeß erneut an: ASRC, Decreta 1805–1810, fol. 430: Aufzeichnung über die Ernennung Saluzzos zum Ponens, 7. Januar 1805. Muzzarelli wurde von dem häufig in Rom weilenden süditalienischen Provinzial Pignatelli unterstützt.

IV. Romanitas

„Nam, posteaquam sensi populi Romani auris hebetiores, oculos autem esse acris atque acutos destiti"[419] – diese Worte Ciceros[420] haben bis in die Tage Pius' IX. nichts von ihrer Gültigkeit eingebüßt: In Zeiten großer Teuerung hatte Cicero als Quästor des westlichen Siziliens Rom mit günstigem Getreide versorgt; nach Ablauf seiner Amtszeit hatte sich der maßlos eitle Politiker einen triumphalen Empfang in der *Urbs* versprochen. Umso mehr wurde er bei seiner Ankunft enttäuscht, als einige Römer nicht wußten, daß er Quästor gewesen war, andere nicht die Provinz, die er verwaltet hatte. Er überzeugte sich also, daß man sich, um in Rom sein Glück zu machen, dort Verdienste erwerben müsse, weil das römische Volk zwar taube Ohren, aber sehr scharfe Augen habe.

Wie anders ist die Seligsprechung des Spaniers Giuseppe da Calasanzio denkbar, der aus italienisch-römischer Perspektive als Exot gelten müßte, wenn er nicht den wesentlichen Teil seines Lebens und Wirkens mit der Stadt Rom verbunden hätte. Der 1556/57 in Aragón Geborene war nach Studium und Priesterweihe 1592 in die Tiberstadt gekommen, wo er eine breite apostolische Tätigkeit entfaltet und 1597 in Trastevere die erste unentgeltliche Elementarschule Europas eröffnet hatte. Mit seinen Mitarbeitern hatte er sich zur Genossenschaft der Piaristen zusammengeschlossen, die er als General mit kurzen Unterbrechungen und mit sehr wechselvollem Schicksal geleitet hatte. Er starb 1648 in Rom, wo er in der Kirche S. Pantaleo beigesetzt wurde. 1651 führte der Kardinalvikar von Rom den Informativprozeß durch[421], der den Auftakt für den kurialen Beatifikationsprozeß bildete. Nach der feierlichen Seligsprechung 1748 ereigneten sich in den Jahren 1752, 1753 und 1760 Wunder[422], die, ohne größere Schwierigkeiten approbiert, zum raschen Abschluß des Kanonisationsprozesses 1766 beitrugen[423].

Ähnlich verlief die Causa des eher unbedeutenden Giovanni Battista de Rossi[424] aus Genua, der 1711 von seinen Verwandten nach Rom gerufen worden war, wo er Theologie studiert, sich fortan in strenger Bußfertigkeit der Armen und Kranken angenommen und ein Hospiz für obdachlose Frauen gegründet hatte. 1737 wurde er in das Kapitel von S. Maria in Cosmedin aufgenommen, stiftete seine Einkünfte und

---

[419] Cicero, Pro Cn. Plancio Oratio, cap. 27 § 66.
[420] Marcus Tullius Cicero (106–43 v. Chr.), 75 Quästor in Lilybaeum in West-Sizilien (heute Marsala), 70–63 Konsul, 58–57 verbannt, zog sich nach Pompeius' Sturz vom politischen Leben zurück, opponierte 44 nach Caesars Tod gegen Octavian, der Ciceros Ächtung und Tod betrieb; vgl. die immer noch grundlegende, weil ausführlichste Biographie: Matthias Gelzer, Cicero. Ein biographischer Versuch, Wiesbaden ²1983; Christian Habicht, Cicero, der Politiker, München 1990.
[421] Santoloci, San Giuseppe Calasanzio 52.
[422] Wunderuntersuchungen angeordnet am 8. März 1752 (ASRC, Decreta 1751–1753, fol. 88), am 23. Mai 1753 (ebd., fol. 211) und am 6. Dezember 1760 (ASRC, Decreta 1760–1762, fol. 75).
[423] Dekret ST, 12. Oktober 1766: ASRC, Decreta 1766–1768, fol. 117. Die Feier fand im folgenden Jahr statt.
[424] Zu de Rossi (1698–1764): Giovanni Battista Proja, Art. Giovanni Battista de Rossi, in: BS VI 959–963. Zeitgenössisch für die Beatifikation: Michele Tavani, Vita del B. Giovanni Battista de Rossi, Rom 1867.

wirkte als Beichtvater und Volksmissionar. Bereits 15 Jahre nach seinem Tod bemühte sich das Kollegiatskapitel bei der Ritenkongregation um die Seligsprechung[425]. Seine Akten trugen fortan das Signum eines römischen Kanonikers, was ihn gleich zu Anfang in den Genuß zweier wichtiger Dispensen brachte: Im August 1779 erlaubte der Papst, daß man über die *Signatio Commissionis* diskutieren könne, obgleich noch nicht zehn Jahre nach Abgabe des Bistumsprozesses verstrichen waren[426]; 1781 gestattete man, die Schriftenrevision nach der *Signatio* durchführen zu können[427], wodurch man erheblich Zeit gewann. Vier Monate später erfolgte tatsächlich die offizielle Aufnahme des Verfahrens[428]. 1790 wurde eine neue Dispens fällig, um den Informativprozeß zu approbieren[429]; ein Jahr später wandelte man jene Prozeßakten kurzerhand in einen Apostolischen Prozeß um[430]. Nach unerheblichen Schwierigkeiten gab die *Generalis* 1834 fast einstimmig grünes Licht für die Approbation des heroischen Tugendgrades[431]. Dann warfen die Wunder, die 1822 in Genua[432] und 1837 in Rom[433] untersucht werden sollten, gravierende Probleme auf. 1840 half eine päpstliche Dispens, die Wunderprozesse zu approbieren[434]. Obgleich die beiden Heilungen in die *Antepraeparatoria* kamen, waren die kurialen Widerstände noch immer nicht restlos beseitigt[435]. Einen Monat nach der Sitzung gewährte der Papst dem Promotor fidei besondere Fakultäten, damit der Prozeß endlich zum Abschluß käme[436]. Es dauerte dann nur noch etwa zweieinhalb Jahre, bis das Schlußdekret promulgiert wurde[437].

In Rom gelebt zu haben, zahlte sich aus. Man durfte mit einer Lokallobby rechnen, die ihren Einfluß direkt in der Kurie ausübte. Die beiden Verfahren der Giacinta Marescotti[438] erreichten deshalb so schnell ihr Ziel, da die Ordensfrau über eine in Rom präsente Verwandtschaft, ja sogar über einen der einflußreichsten Kurienkardinäle, Galeazzo Marescotti, als Sponsor und Postulator des Beatifikationsverfahrens verfügte. Die bedeutende römische Familie der Ruspoli und die der Orsini, aus der Benedikt XIII. hervorgegangen war, standen mit ihrem kurialen Einfluß und ihrer Finanzkraft im Hintergrund der Selig- und Heiligsprechung. Aber nicht nur Giacintas Lobby

---

425 ASRC, Decreta 1778–1780, fol. 36: Ernennung Viscontis zum Ponens, 13. Juni 1778.
426 ASRC, Decreta 1778–1780, fol. 120: Dispens vom 4. August 1779.
427 ASRC, Decreta 1778–1780, fol. 248: Dispens vom 14. Februar 1781.
428 *Signatio Commissionis* vom 23. Juni 1781: ASRC, Decreta 1781–1785, fol. 24.
429 Am 19. Mai 1790 gestattete der Papst, daß man die Diskussion über die Gültigkeit des Informativprozesses ohne Konsultoren durchführen könne: ASRC, Decreta 1785–1791, fol. 322.
430 ASRC, Decreta 1791–1804, fol. 32.
431 Aufzeichnung über die *Generalis* vom 12. August 1834: ASRC, Decreta 1834–1836, fol. 28. Nur Kardinal Tiberi zeigte sich unschlüssig.
432 Wunderuntersuchung in der Stadt Galli (Diöz. Genua) am 6. April 1824 angeordnet: ASRC, Decreta 1821–1826, fol. 58.
433 Die Wunderuntersuchung in Rom wurde am 14. Juli 1837 angeordnet: ASRC, Decreta 1837–1840, fol. 12. Die Untersuchungsfrist mußte immer wieder verlängert werden.
434 Am 10. März 1840 gestattete der Papst, daß die Gültigkeit beider Prozesse ohne Konsultoren diskutiert werden konnte: ASRC, Decreta 1840–1841, fol. 5.
435 Die allermeisten Väter verhielten sich schwankend, nur 2 stimmten mit *constare*. Aufzeichnung der *Antepraeparatoria*, 15. Juli 1856: ASRC, Decreta 1855–1856, fol. 130.
436 Audienz vom 11. August 1856: ASRC, Decreta 1855–1856, fol. 134.
437 Dekret ST, 9. März 1859: ASRC, Decreta 1857–1859, fol. 204.
438 Vgl. dazu den entsprechenden Abschnitt.

wies einen deutlichen Rombezug auf, auch sie selbst wurde mit der *Urbs* in Verbindung gebracht, obwohl sie nie dort gewesen war: In einer Bittschrift von 1688, die sich um die Aufnahme des Seligsprechungsverfahrens bemühte, wird sie – wohl wegen ihrer Familie – als „Romana Monaca"[439] bezeichnet.

Auch der Sizilianer Giuseppe Maria Tomasi zog aus seinem Romaufenthalt Vorteile für die Seligsprechung. Der 1649 geborene Hochadlige hatte bereits in Rom studiert und hielt sich von 1673 bis zu seinem Tod 1713 ständig im Zentrum der katholischen Christenheit auf[440]. Als Gelehrter der alten Sprachen und der Liturgie machte er von sich reden, erhielt 1712 sogar den roten Hut, war aber durch sein zurückgezogenes Leben nie ein „Volksheiliger" oder Kirchenmann, der die Massen anzog. Die Umstände, daß er in der stadtrömischen Kirche SS. Silvestro e Martino ai Monti beigesetzt wurde, und daß über seine Bescheidenheit und Demut Gerüchte kursierten, von denen noch Benedikt XIV. voller Hochachtung berichtete[441], machten ihn in der Stadt präsent und ließen ihn geradezu zu einem Teil des römischen Lebens werden. Derselbe Benedikt hielt Tomasis römische Jahre für so wichtig – um nicht von entscheidend zu sprechen –, daß er eigens die Bemerkung „semper in Urbe [...] vixit" in die kurze Lebensbeschreibung des Theatinerkardinals einfügte[442]. Tatsächlich wurde sein verwaistes Grab zum Ausgangspunkt des Beatifikationsprozesses, den Kardinal York anstieß.

Ähnliches ereignete sich mit dem Sterbezimmer des Franzosen Benoît Joseph Labré[443] – für römische Verhältnisse ebenfalls ein Exot –, dem allerdings die starke Volksverehrung kurz nach seinem Tod 1783 zu Hilfe kam. Auch hier war die persönliche Devotion des Kardinalpräfekten gegenüber der Gestalt des büßenden Bettlers das entscheidende Moment, das den Purpurträger 1793 motivierte, die Räume Labrés als Gedenkstätte herzurichten.

Auch der Abruzzese Camillo de Lellis fand seinen Weg nach Rom. Als er wegen eines Fußleidens aus dem Kapuzinerorden ausgeschlossen wurde, fand er in der *Urbs* Heilung und eine Lebensaufgabe im Dienst an den Kranken und Armen. Der römische Volksmissionar Filippo Neri ebnete ihm 1584 den Weg zum Priestertum und leitete ihn zur Gründung einer Krankenpflegergemeinschaft an. De Lellis' Seligsprechung erfolgte 1742 nach kurzem Verfahren; seine Kanonisation war in drei Jahren abgeschlossen[444].

Giovanni Leonardi gründete zunächst in Lucca um 1560 eine Laienkongregation zur Unterstützung der Armen und Pilger[445]. Nach seiner Priesterweihe 1571 widmete er sich ganz der Katechese und der Beichtpraxis und erwarb sich damit den Ruf eines Apostels der Katholischen Reform. Seine 1574 ins Leben gerufene Priesterbruderschaft zur Erziehung der Jugend, die *Congregazione dei preti riformati*, verschrieb

---

[439] ASRC, Fondo Q, Giacinta Marescotti, Bittschrift vom 27. Juli 1688.
[440] Zu Vita und Prozeß vgl. die Angaben im entsprechenden Abschnitt.
[441] Benedikt XIV., Opera Omnia III 360f. (III, 21, 12).
[442] Die Bemerkung bezieht sich allerdings auf die Zeit seines Kardinalats: Benedikt XIV., Opera Omnia III 381 (III, 33, 16).
[443] Vgl. dazu die Angaben im Kapitel „Revolutions-Heilige?"
[444] Vgl. hierzu die Angaben im Abschnitt „Mezzogiorno".
[445] Vgl. zur Vita die Angaben im Abschnitt „Ordensgründer".

sich ebenfalls diesen Zielen[446]. Zehn Jahre später reiste er nach Rom zur Approbation der Ordensstatuten, mußte dort längere Zeit ausharren, da sich in seiner Geburtsstadt Lucca Widerstand gegen ihn erhob. Die Päpste nutzten seine Talente für die Reformierung des Klosterwesens und für verschiedene diplomatische Missionen. Auch bei der Verkündigung des Evangeliums an die Ungläubigen machte er sich verdient; gemeinsam mit einem Spanier gründete er 1603 das *Collegio Urbano* der Propaganda Fide. Seine römischen Freunde Filippo Neri und Giuseppe Calasanzio, mit denen er vielfach zusammengearbeitet hatte, legten später Zeugnis über seinen heroischen Tugendgrad ab. Leonardi starb 1609 in Rom und wurde zunächst in S. Maria in Portico beigesetzt; als dann das Generalat seines Ordens umzog, wurde er in die Kirche S. Maria in Campitelli transferiert. Nach über 50 Jahren Beatifikationsprozeß approbierte Benedikt XIV. den Tugendgrad am 27. Dezember 1757, allerdings mit der Auflage von drei Wundern[447]. Auch weiterhin stand die Causa unter keinem guten Stern. Als nur zwei Mirakel Aussicht hatten, von der Kongregation anerkannt zu werden, bat der Postulator 1770, die Anzahl der erforderlichen Wunder zu reduzieren[448]. Der Papst versicherte sich im November bei der Kongregation, ob man Leonardi mit dem bisherigen Ergebnis beatifizieren könne. Einzig der Präfekt der Behörde erwies sich als Hemmschuh der Causa[449], so daß die Ritenkongregation keinerlei Erklärung abgab. Anfang 1772 schaltete sich der Ordensgeneral ein, und der Papst war sogar bereit, eine Reduktion auf zwei Wunder zu gestatten, wenn dem nichts Gravierendes entgegenstünde[450]. Außerdem machte der Postulator nochmals auf den Rombezug Leonardis aufmerksam ebenso wie auf dessen Missionen im Dienst der Päpste. Auch sei ein Teil der Prozesse in Rom durchgeführt worden und damit unanfechtbar[451].

Nun endlich gaben Präfekt, Ponens, Promotor und Sekretär schriftliche Voten ab, die die Haltung des Papstes stützten – bis auf das Gutachten des Präfekten[452]. Dieser strich die überlegene Kompetenz Benedikts XIV. heraus, dessen Entscheidung über den heroischen Tugendgrad damals schließlich von allen Kardinälen mitgetragen worden war[453]. Neue, vom Papst im Mai erbetene Voten fielen nicht anders aus. Mitte des Monats sprach sich sogar der Promotor fidei unverblümt für die Verminderung der Wunderzahl aus und bat ausdrücklich um die „clemenza"[454] des Papstes. Auch der Sekretär der Kongregation schloß sich dieser Meinung an[455]. Alles half jedoch nichts! Die Causa stockte, bis 1821 ein neues, drittes Wunder auftrat und der Prozeß damit

---

[446] Der Orden wurde mit der von Giuseppe da Calasanzio gestifteten Gemeinschaft durch Clemens VIII. zu den *Chierici Regolari della Madre di Dio*, den Piaristen, zusammengeschlossen.
[447] Tugenddekret vom 27. Dezember 1757: ASRC, Decreta 1757–1760, fol. 91.
[448] Auch zum folgenden: Bittschrift des Postulators: ASRC, Decreta 1769–1771, fol. 226.
[449] Kardinal Mario Marefoschi, Präfekt von Juli 1771 bis Dezember 1780, boykottierte die Causa: Miscellanea in occasione del IV centenario della Congregazione per le Cause dei Santi 424.
[450] ASRC, Decreta 1772–1774, fol. 1: Bittschrift des Ordensgenerals und Entscheidung des Papstes vom 18. Januar 1772.
[451] Weitere Bittschrift des Postulators, die vom Papst am 9. Mai 1772 beantwortet wurde: ASRC, Decreta 1772–1774, fol. 18.
[452] Das geht aus der zweiten Supplik des Postulators hervor: ASRC, Decreta 1772–1774, fol. 18.
[453] Gutachten Marefoschis: ASRC, Decreta 1772–1774, im Anschluß an fol. 18.
[454] Kurzes Gutachten des Promotors Domenico Sampieri, 17. Mai 1772: ASRC, Decreta 1772–1774, im Anschluß an fol. 18.
[455] Gutachten des Sekretärs, 2 Seiten: ASRC, Decreta 1772–1774, im Anschluß an fol. 18.

wieder in Gang kam[456] und 1861 seinen feierlichen Abschluß fand. Trotz der insgesamt langen Prozeßdauer ist auch an diesem Beispiel deutlich geworden, daß alle beteiligten Personen dieser römischen Causa sehr wohlwollend gegenüberstanden – bis auf eine Ausnahme, die tatsächlich über das Schicksal des Prozesses entschied.

Rascher verlief der Beatifikationsprozeß des Franziskaners Leonardo da Porto Maurizio[457], der selbst Römer war. Der 1676 Geborene wurde nach seinem Studium am Collegio Romano 1702 zum Priester geweiht und führte in 44 Jahren 343 Volksmissionen vor allem in Rom, Mittel- und Oberitalien durch[458]. Das brachte ihm nicht zu Unrecht den Titel eines „Apostels Italiens" ein[459]. In diesem Rahmen verhalf er der Kreuzwegfrömmigkeit zu großer Verbreitung, verlieh den entsprechenden Andachten eine feste Form und richtete im Collosseum Kreuzwegstationen ein. Sein Grab in Rom entwickelte sich daher rasch zu einer Pilgerstätte[460]. Vor allem Benedikt XIV. schätzte ihn sehr; er ließ ihn das Heilige Jahr 1750 vorbereiten und verhinderte erfolgreich, daß der Franziskaner in dieser Zeit die Tiberstadt verließ[461].

Nur mit Hilfe einiger Dispensen konnte schon 1764 mit dem offiziellen Beatifikationsverfahren begonnen werden[462], der dann gute Fortschritte zeitigte. Nachdem der Papst 1778 von der Teilnahme der Konsultoren an der Diskussion über zwei Bistumsprozesse dispensiert hatte[463], konnte er die Akten nach einem Schnellverfahren bereits zwei Monate später approbieren[464]. 1780 wandelte der Pontifex den Informativprozeß kurzerhand in einen Apostolischen Prozeß um[465]. Die eigentliche Tugenddiskussion begann dann erst im Januar 1786 – nicht ohne eine Dispens, da noch nicht 50 Jahre nach dem Tod des Franziskaners verstrichen waren[466]. Im selben Eiltempo approbierte der Papst bis Mitte 1795 Tugenden und Wunder[467] und promulgierte im März 1796 das Decretum *super tuto*[468]. Schon im September desselben Jahres wurde das Verfahren der Heiligsprechung aufgenommen[469], das allerdings erst 1867 zum Abschluß kam, da sich zunächst nicht genügend Wunder einstellten.

Alle diese unterschiedlichen Beispiele weisen Rom als Lebensmittelpunkt des Kandidaten aus. Dort fand er seine letzte Ruhestätte, die von den Römern direkt erreich- und verehrbar war; dort lag seine Lebensaufgabe – sei es als Schriftsteller, Gründervater

---

[456] Vita del beato Giovanni Leonardi 142.
[457] Zur Vita Leonardos da Porto Maurizio (1676–1751) vgl. die Angaben im Abschnitt „Benedikt XIV.".
[458] Überblick über seine Stationen als Volksprediger: Gori, Art. Leonardo da Porto Maurizio 1211f.
[459] Zu seiner Bedeutung als Volksmissionar in Mittel- und Norditalien: Brovetto, Il Settecento spirituale 236–239.
[460] Grazioli, Vita di San Leonardo da Porto Maurizio 112f.
[461] Pastor XVI/1 122, 230f.; Gori, Art. Leonardo da Porto Maurizio 1212.
[462] *Signatio Commissionis*, 11. Juli 1764: ASRC, Decreta 1763–1765, fol. 124. Vorher wurde von der 10-Jahres-Frist und der Schriftenrevision dispensiert.
[463] ASRC, Decreta 1778–1780, fol. 40: Ausschluß der Konsultoren von der Diskussion über die Gültigkeit der Prozesse aus Rom und Florenz, 11. Juli 1778.
[464] ASRC, Decreta 1778–1780, fol. 58: Approbation der Prozesse, 16. September 1778.
[465] ASRC, Decreta 1778–1780, fol. 216: Umwandlung des Prozesses, 5. August 1780.
[466] ASRC, Decreta 1785–1791, fol. 72: Dispens von der 50-Jahres-Frist, 11. Januar 1786.
[467] Die Tugenden wurden am 16. Februar 1792 approbiert: ASRC, Decreta 1791–1804, fol. 58.
[468] ASRC, Decreta 1791–1804, fol. 242: *Decretum ST*, 19. März 1796. Die feierliche Beatifikation fand im selben Jahr statt.
[469] ASRC, Decreta 1791–1804, fol. 279: *Signatio Commissionis*, 20. September 1796.

oder Volksprediger. Damit waren diese Gestalten untrennbar mit der Stadt der Päpste und der Kurie verbunden, die den pastoralen Einsatz durch breites Entgegenkommen während des Selig- und Heiligsprechungsverfahrens honorierten. Rasch einsetzender Prozeßbeginn, zügige Fortschritte und die Häufung von Dispensen werden als Ausnahmeerscheinungen erst dann deutlich, wenn man romferne Causen als Vergleichsobjekte heranzieht. Zum verständlicherweise geringeren kurialen Interesse kamen noch erhebliche technische Schwierigkeiten in Form von Übersetzungsarbeiten, Transportfragen und Kommunikationsstörungen, die nichtrömische und erst recht außeritalienische Causen stark belasteten.

Der 1600 gestorbene Giovanni Grande, der zeit seines Lebens auf seine südspanische Heimat bezogen war, hätte wahrscheinlich trotz seines aufopfernden sozial-caritativen Lebens und der Gründung eines sich rasch ausbreitenden Hospitalordens kaum die Aussicht auf eine Selig- und Heiligsprechung gehabt: Dem stockend verlaufenden Beatifikationsprozeß kam jedoch eine Ordenskrise, die nach einem Remedium verlangte, und das besondere Interesse Pius' IX. am Hospitalwesen entgegen, der noch dazu mit dem Ordensgeneral befreundet war. Die Apostolischen Prozesse wurden in den Jahren 1756 bis 1767 durchgeführt; erst 1775 hatte der Papst den heroischen Tugendgrad approbiert. Dann wurden die Wunder gleich zweimal mit ewigem Schweigen belegt, so daß noch ein drittes geschehen mußte, um den Prozeß wieder in Gang zu bringen. Das ereignete sich allerdings erst 1852 – zu einem Zeitpunkt, als Pius IX. energisch eingriff und das Verfahren noch im gleichen Jahr zum Abschluß brachte.

Noch weiter außerhalb des Gesichtskreises Roms lebte und wirkte Maria Anna de Gesù de Paredes y Flores[470]. Die „Lilie von Quito" erfreute sich bereits zu Lebzeiten großer Volksverehrung; nach ihrem Tod 1645 genoß sie sogar nationale Popularität. Bald traten Wunder auf, die allerdings erst 1670 und 1678 untersucht werden konnten. Der Bistumsprozeß erfolgte 1746 mit erheblichen juristischen Unsicherheiten. Nicht vor 1755 wurden die entsprechenden Akten in der Ritenkongregation geöffnet und erst 1758 die sehr allgemein gehaltenen Aufträge zur Anfertigung der Apostolischen Prozesse ausgegeben. Zunächst lag das größte Problem darin, in Quito überhaupt ein kompetentes Tribunal aus Kanonikern zusammenzurufen, denen man die Untersuchungen anvertrauen konnte. Der Bischof selbst mußte pastoralen Verpflichtungen in seiner ausgedehnten Diözese nachkommen. Das ganze Beatifikationsprojekt wäre sicherlich bereits in Lateinamerika gescheitert, wenn es nicht den glühenden Verehrer Juan del Castillo gegeben hätte, der mehrmals die Anden überquerte, um Material zu sammeln. Es war daher sein ganz persönliches Verdienst, daß die erforderlichen Prozesse durchgeführt werden konnten, nach Rom gelangten und – dank seines farbigen Abenteuerberichts – bei der Kurie auf offene Ohren stießen. Die Beatifikation erfolgte nach verschiedenen Ansätzen jedoch erst 1853, als päpstliche Gunst mit im Spiel war.

Jan Sarkander[471], der als Säkularpriester noch nicht einmal eine Ordenslobby hinter sich hatte, wirkte in der Zeit der Konfessionskriege als einfacher Pfarrer im fernen Mähren. Der Auftakt des Beatifikationsprozesses stand zwar 1740 unter einem sehr

---

470 Vgl. zur Paredes die Angaben im Kapitel „Jesuitenheilige".
471 Zu Vita und Prozeß vgl. die Angaben in dem entsprechenden Kapitel.

günstigen Stern: Der Causa besaß in der Person des Romkenners und Kardinals Ferdinand Julius Graf von Troyer einen einflußreichen Actor und in der Regentin Maria Theresia eine bedeutende Gönnerin – Finanzmittel waren außerdem ausreichend vorhanden. Dennoch kam der Prozeß trotz vieler positiver Faktoren erst 1860 zum Abschluß.

Der Mulatte Martín de Porres, der zwar im Dominikanerorden einen einflußreichen Anwalt besaß, mußte dennoch fast 170 Jahre auf seine Seligsprechung warten[472]. Der 1569 in Lima Geborene hatte zunächst Heilkunde studiert, war dann den Dominikanern beigetreten, wo er sich fortan durch Demut, große Bußstrenge und aufopfernde Nächstenliebe im Dienst an den Kranken ausgezeichnet hatte[473]. Der Prozeß verlief äußerst schleppend. Erst 1763 wurde der Tugendgrad mit großem Desinteresse anerkannt[474], im März 1836 dann zwei Wunder, so daß de Porres im Oktober des folgenden Jahres seliggesprochen werden konnte[475].

Technische Schwierigkeiten, das Fehlen einer schlagkräftigen Lobby sowie kuriales Desinteresse waren Faktoren, mit denen abseits liegende Causen generell zu rechnen hatten. Römische dagegen durften auf den Lokalstolz der Kurialen, auf die programmatische Inanspruchnahme der Apostelfürsten sowie zahlreicher anderer Heiliger bauen. Vollmundige Emphasen bei der Präsentation römischer Causen bringen dies deutlich zum Ausdruck. So lautete etwa der erste Satz der *Positio* für die *Signatio* de' Rossis von 1781: „Über die anderen bedeutenden Gnaden hinaus, welche der Allerhöchste in der Mutter des gesamten katholischen Erdkreises, in der Lehrerin des Glaubens und der Wahrheit vereinigt hat, ist diejenige zunächst von Bedeutung, die den Weg des Heils zu jeder Zeit als Richtschnur zeigt"[476]: Petrus und Paulus sind aus Palästina nach Rom gerufen worden; an dieser Stadt hing das Schicksal unzählig vieler bekannter heiliger Helden, die „den reinsten Ruhm, den sonst kein anderes Fürstentum aufzuweisen hat, beglaubigt"[477] haben. Um 1700 formulierte man es anders, meinte aber dasselbe. Die Apostelfürsten und ihre Nachfolger in Rom „machen zum allgemeinen Wohl des Erdkreises die heilige Mutter der Gläubigen durch hervorragende Nachkommenschaft fruchtbar"[478]. Sie bringen nämlich für die Katholische Kirche Männer hervor, welche sich durch vollendete Tugenden und Heldentaten auszeichnen. Von Leonardo da Porto Maurizio heißt es vor der Aufnahme des Prozeßver-

---

[472] Die *Signatio Commissionis* erfolgte am 10. Dezember 1668, die feierliche Beatifikation am 29. Oktober 1837: Bertucci, Art. Martino di Porres 1244.
[473] Zur Vita de Porres' (1569–1639): Sadoc M. Bertucci, Art. Martino di Porres, in: BS VIII 1240–1245; Enrique Dussel, Martin von Porres, in: Manns, Die Heiligen in ihrer Zeit II 315–317; Reginaldo Frascisco, Il primo santo dei negri d'America. San Martín de Porres, Bologna 1994.
[474] ASRC, Decreta 1763–1765, fol. 3: Tugenddekret vom 27. Februar 1763. Der *Generalis* vom 25. Januar blieben 6 Kardinäle und sehr viele Prälaten fern. Es gab eine Gegenstimme und drei Zustimmungen mit Vorbehalt (vgl. ebd., fol. 1).
[475] Frascisco, Il primo santo dei negri d'America 149.
[476] BN, H 1027, *Positio super Signatione Commissionis*, Rom 1781, S. 1: „Ultra alia insignia beneficia, quibus hanc almam totius Orbis catholici Metropolim, religionis, veritatisque magistram cumulavit Altissimus, illud in primis aestimandum, quod selectiores ad eandem in via salutis dirigendam operarios omni tempore seligere dignatus est".
[477] Ebd.: „sane gloria de nullo alio Principatu verificatur".
[478] BN, H 1066, *Positio super Introductione Causae* des Giovanni Leonardi, Rom 1701, S. 1: „communi Orbis bono Sanctam Credentium Matrem prole praeclarissima fecundarent".

fahrens: „Unter den unzähligen Städten, in welchen das Lob der Heiligkeit des verehrungswürdigen Dieners Gottes blühte, gebührte der Stadt Rom der erste Platz, dem Haupt und der Lehrerin aller anderen"[479].

Roma aeterna wurde durch den Aufenthalt und den Tod der Apostel Petrus und Paulus zum Nährboden der Heiligkeit per se stilisiert, der für den gesamten Erdkreis Segen, Vorbild und Weisung bedeuten sollte. Dafür sprächen nach kurialer Ansicht nicht nur die christlichen Geschichtsdaten, sondern auch die zahlreichen Heiligengestalten. Diese „Heilsgewißheit" brachte auf der anderen Seite eine großzügige Verfahrensweise bei der Selig- und Heiligsprechungspraxis mit sich. Beispielsweise sind etliche ältere römische Positionen nahezu vollständig auf italienisch abgefaßt[480], während sich auswärtige mit dem Lateinischen abmühen mußten. Häufig wurden auch relativ wenige Zeugnisse für die Lokalprozesse zusammengetragen, die den Vergleich mit dem Mezzogiorno zu scheuen hatten. So kam beispielsweise der Apostolische Prozeß *in genere* (1789) für Giuseppe Battista de Rossi mit neun Zeugnissen[481] aus, der römische Apostolische Prozeß *in specie* (1702) für Giovanni Leonardi nur mit sechs[482]. Der Informativprozeß zu de Rossi aus dem Jahre 1775 nahm nur 15 Aussagen auf[483].

Über Wunderwirkung zu Lebzeiten wurde im Gegensatz zu den Gestalten des Mezzogiorno überraschend wenig berichtet. Bei Giovanni Leonardi findet man keinen entsprechenden Hinweis in der *Positio super Introductione Causae* von 1701[484], ebensowenig in der *Positio* über Joseph Benoît Labré[485]. Für den bedeutenden mittelitalienischen Volksmissionar Leonardo da Porto Maurizio reichten ganze 14 Zeilen über thaumaturgische Fähigkeiten zu Lebzeiten, um die Causa bei der Ritenkongregation vorzustellen[486].

Als Ausgleich für diesen Mangel konnten die Prozeßakten mit besonderen Autoritäten aufwarten. Zugunsten der Seligsprechung von Leonardo da Porto Maurizio warf kein geringerer als Papst Clemens XIII. seine Aussage in die Waagschale[487]. Das war kein Einzelfall. Es wurde fast schon zum gewohnheitsmäßigen „Gütesiegel", daß die Päpste aufgrund ihres persönlichen Kontakts Erlebnisse mit den römischen Kandidaten zu Protokoll gaben[488]. Auch der Kardinalvikar von Rom ließ seine Erlebnisse mit dem

---

[479] BN, H 1168, *Positio super dubio, an sit signanda Commissionis*, Rom 1764, *Informatio*, S. 68: „Inter innumerabiles Urbes, in quibus Ven. Dei Servus Sanctitatis laude florit, primum certe obtinet locum Urbs Roma caeterarum omnium Caput et Magistra".

[480] So die *Positio super Introductione Causae* des Giovanni Leonardi, Rom 1701 (BN, H 1066); ebenso die *Positio* für denselben Prozeßabschnitt von Leonardo da Porto Maurizio, Rom 1764 (BN, H 1168) und Joseph Benoît Labré, Rom 1787 (BN, H 728).

[481] BN, H 1027, *Summarium additionale super dubio*.

[482] BN, H 1066, *Summarium super dubio* über Apost. Proz. in specie.

[483] BN, H 1027, *Summarium super dubio signanda Commissionis*, Nr. 2.

[484] BN, H 1066, *Positio* aus Rom 1701.

[485] BN, H 728, *Positio super dubio, an sit signanda Commissionis*, Rom 1787.

[486] BN, H 1168, *Positio super dubio, an sit signanda Commissionis*, Rom 1764, S. 69.

[487] BN, H 1168, *Summarium super dubio*, S. 33: Clemens XIII. hatte seine Aussage am 31. März 1762 gemacht.

[488] So werden bei der Aufnahme des Prozeßverfahrens des Leonardo da Porto Maurizio gleich drei Päpste – Clemens XII., Benedikt XIV. und Clemens XIII. – als persönliche Zeugen mit eigenen Aussagen aufgeführt (BN, H 1168, *Positio super dubio, an sit signanda Commissionis*, Rom 1764, *Informatio*, S. 68). Von Benedikt XIV. wird berichtet, daß er für Giovanni Battista de Rossi „grande stima" empfand (BN, H 1027, *Positio super Signanda Commissionis*, Rom 1781, S. 127).

Franziskaner Leonardo in den Informativprozeß einfließen; weitere Kardinäle folgten seinem Beispiel[489].

Außerdem führten die Römer die besondere Qualität ihrer Prozesse ins Feld. Als man in der Ritenkongregation 1772 über die erforderliche Wunderzahl für eine Beatifikation des Giovanni Leonardi diskutierte[490], bediente man sich einer äußerst signifikanten Argumentation. Zunächst verdiene die Frage, ob nicht zwei statt der drei geforderten Mirakel genügten, „vernünftiges Abwägen, besonders weil er vom Hl. Stuhl mit gewichtigen Missionen beauftragt wurde, die er erfolgreich zum Abschluß gebracht habe"[491]. Leonardis Bonus als päpstlicher Emmissär und Ordensgründer schien dem Postulator für seine Bitte um eine Dispens vom dritten Wunder noch nicht zugkräftig genug zu sein. Er versuchte, die Forderung nach drei Mirakeln auszuhebeln, indem er insgesamt die Autorität des Tugenddekrets Benedikts XIV. erschütterte. Der Postulator führte nämlich den Nachweis, daß die Bistumsprozesse aus Lucca und Rom ausreichend Zeugnisse für den heroischen Tugendgrad böten, so daß man sich mit den sonst üblichen zwei Wundern begnügen könne. Der Papst überwies diese gravierende Frage im Mai 1772 an ein besonderes Gremium der Kongregation[492]. Der Ponens kam zu dem Schluß, daß die Prozesse aus Lucca und Rom tatsächlich ausreichend seien, so daß man auf ein drittes Wunder verzichten könne[493]. Die interessantere Variante bot aber das Votum des Promotors, der ganz anders argumentierte – aus seiner Erfahrung heraus? Schon der römische Prozeß genüge inhaltlich und vor allem formal, da man in Rom die Vorschriften der Prozeßordnung am schärfsten beobachte[494].

Dies war kein Einzelfall. Ganz unvermittelt berichtet die *Positio* über die Aufnahme des Beatifikationsverfahrens für Giovanni Battista de Rossi, daß der römische Informativprozeß „accuratissime constructus"[495] sei, da ja „in diesem sehr viele Texte mit allen Ausnahmen besser untersucht worden waren"[496]. Selbst die stadtrömische Volksverehrung partizipierte an dieser kurialen Infallibilität, da ihr ein „aequum, firmum ac stabil judicium"[497] zukomme. Diese Argumentation haben sich manche kenntnisreiche Postulatoren zunutze gemacht. Durch eine wahrscheinliche Manipulation fehlten im römischen Informativprozeß über Jan Berchmans von 1622 plötzlich zwei Seiten[498]. Der Jesuitenpostulator bat den Papst 1766 um eine Sanierung, da die Akten ansonsten

---

[489] Ebd., S. 34–51.
[490] ASRC, Decreta 1757–1760, fol. 91: Tugenddekret vom 27. Dezember 1757, das drei Wunder forderte, da Zeugen *de visu* fehlten.
[491] ASRC, Decreta 1772–1774, fol. 18: Bittschrift des Postulators, Frühjahr 1772: „la di cui causa merita ragionevole arbitrio, particolarmente per esser egli stato impiegato dalla S. Sede in gravissimi affari a felice esito condotti".
[492] ASRC, Decreta 1772–1774, fol. 18: Vermerk über die Audienz vom 9. Mai 1772.
[493] Votum Cavalchinis, Mai 1772: ASRC, Decreta 1772–1774, im Anschluß an die Bittschrift auf fol. 18.
[494] Kurzes Votum des Promotors, 17. Mai 1772: ASRC, Decreta 1772–1774, im Anschluß an die Bittschrift auf fol. 18.
[495] BN, H 1027, *Positio super signanda Commissionis*, Rom 1781, S. 2. Der Informativprozeß wurde vom Vikar von Rom in den Jahren 1772 bis 1775 durchgeführt.
[496] Ebd.: „in quo perplures Testes omni exceptione majores examinati fuerunt".
[497] Ebd.
[498] Zu diesem Vorgang vgl. das Kapitel „Jesuitenheilige".

präzise, gewissenhaft und von ausgezeichneten Leuten in Rom angelegt worden waren[499].

Die kuriale Bevorzugung römischer Arbeit konnte sogar soweit führen, daß man auswärtige Akten einfach liegenließ. 1675 hatte man das Beatifikationsverfahren des sizilianischen Kapuziners Bernardo da Corleone aufgenommen und sofort einen Apostolischen Prozeß durchgeführt[500]. Um Zeit und Geld zu sparen, hatte man gestattet, die Zeugnisse des Bistumsprozesses auch für den Apostolischen zu verwenden, so daß diese Akten mit immerhin 220 Aussagen aufwarten konnten. Als diese 1689 in Rom eingetroffen waren, hatte man offensichtlich keinen Gebrauch von dem wertvollen Material gemacht. Wie sollte man auch! Die Akten sind nachweislich bis 1761 nicht geöffnet worden, so daß der Postulator nun um die Würdigung der Dokumentation und um eine Dispens von der internen Diskussion bat. Recht betreten wurden dann alle Gremien ausgeschaltet und der Prozeß aus Sizilien am 19. September 1761 durch einen Federstrich des Promotors approbiert[501].

All diese Einzelfälle zeigen zumindest bis ins 19. Jahrhundert hinein, daß sich die Worte Ciceros auf die Selig- und Heiligsprechungspraxis in ihrer ganzen Bandbreite anwenden lassen. Rom hatte immer noch scharfe Augen und schlechte Ohren. Der Gesichtsradius des Papstes, der Kardinäle und zahlreicher Kurialbeamter wirkte sich faktisch selektiv auf die Aufnahme und Durchführung von Beatifikations- und Kanonisationsprozessen aus. Die lokalstolze Haltung der Kurie, der Rückgriff auf die apostolische Tradition und Aura Roms als *Caput mundi* gaben der Ritenkongregation und dem römischen Vikariat eine derartige Sicherheit im Anfertigen und Prüfen von Prozessen, daß man alle anderen weniger hoch einschätzte und meinte, auf die mühselige Sammlung von möglichst zahlreichen Aussagen und auf äußerste Formstrenge verzichten zu können. Schließlich war es einer von ihnen, den man zur Selig- bzw. Heiligsprechung befördern wollte. Und zum Römer wird man immer noch sehr rasch. Oft genügte ein kurzer Aufenthalt, sicher war Tod und Grab!

Unter Pius IX. erfuhr diese Perspektive eine gewisse Öffnung, die jedoch ihrer Intention nach immer noch den universalen Anspruch als *Caput mundi* unterstreichen sollte. Die „Lilie von Quito", Maria Anna de Jesù de Paredes, wurde 1853 beatifiziert, der mährische Priester Jan Sarkander 1860, der in Indien verstorbene Jesuit João de Brito[502] 1853 – alles Gestalten des 17. Jahrhunderts, ebenso wie der Ruthene Josaphat Kuncewycz, der 1867 kanonisiert wurde, und die beiden Gruppen von japanischen Märtyrern, von denen die eine 1867 selig-, die andere 1862 heiliggesprochen wurde[503]. Im selben Kontext stehen auch die Kultsanktionierungen des Flamen Jan Berchmans 1865, der Französin Germaine Cousin 1854 und 1867, des Spaniers Juan Grande 1853, der 19 niederländischen Märtyrer aus Gorkum 1867, der Französin Marguèrite Marie Alacoque 1864, des Spaniers Pedro de Arbués 1867, des Petrus Canisius 1864 und des in Kolumbien gestorbenen Petrus Claver 1851, die allesamt den sich weitenden Horizont der Weltkirche unterstreichen.

---

499 ASRC, Decreta 1766–1768, fol. 140: Bittschrift des Postulators.
500 Dazu die Bittschrift des Postulators vom Herbst 1761: ASRC, Decreta 1760–1762, fol. 190.
501 Ebd., Aufzeichnung auf der Rückseite der Bittschrift.
502 Vgl. zu de Brito die Angaben im Kapitel „Jesuitenheilige".
503 Vgl. dazu das Kapitel „Rom spricht für die Welt".

Diese wie ein Paradoxon klingende Entwicklung – Aufweichung zwecks Radikalisierung des Romgedankens – hat ihre tieferen Ursachen im geradezu explosiv sich ausdehnenden Missionswesen, in permanenten Revolutionsneigungen und nicht zum wenigsten im anhebenden Risorgimento. Die neuen technischen Möglichkeiten, seien es nun bessere Verkehrsverbindungen oder der Ausbau der kirchlichen Hierarchie in Übersee, schufen die Voraussetzung dafür, daß weit entfernte Kandidaten zu einer gesteigerten Rom- und Papstidee herangezogen werden konnten – andererseits aber auch, daß allmählich das römisch elitäre Denken bei der Prozeßführung zurückgedrängt wurde.

5. Teil: Non olet

I. Voraussetzungen

So wie heikle Themen im allgemeinen Spekulation und Legendenbildung Tor und Tür öffnen, so ist auch die Frage nach den realen Gesamtkosten einer Kanonisation ein ebenso gutgehütetes Geheimnis wie der Anlaß zu Hochrechnungen gewesen. Absolute und isolierte Ziffern allein bieten auch für diesen Themenkreis kaum anschauliche und aussagekräftige Anhaltspunkte. Angaben über die zeitgenössische Lebenshaltung können als Vergleichszahlen hier eine ungefähre Vorstellung von der Kaufkraft und dem Marktwert des realen Finanzvolumens vermitteln, das der Prozeß an der Ritenkongregation sowie die feierliche Selig- bzw. Heiligsprechung in St. Peter einforderte. Grundlegende Eckdaten sind die Einkommensverhältnisse, die vor allem im 18. Jahrhundert stark differierten und damit einen höchst unterschiedlichen Lebensstandard ermöglichten. Der vierte Minutant[1] im päpstlichen Staatssekretariat beispielsweise erhielt 1720 bei seinem Diensteintritt drei Scudi und 60 Bajocchi monatlich, 1724 bereits zehn Scudi, die bis 1727 auf 20 Scudi aufgestockt wurden. Hinzu kamen noch ein entsprechender Anteil an täglichen Naturalien und verschiedene kleinere Pensionen aus Pfründen[2], die zusammen gerade zum Leben ausreichten. Diese Einkommensverhältnisse eines unteren Kurialen blieb zumindest bis zum Ende des Jahrhunderts stabil[3]. Höhere Prälaten standen sich dagegen wesentlich besser. So verfügte ein Brevensekretär über ein jährliches Gehalt von etwa 1500 Scudi; hinzu kamen gewöhnlich noch verschiedene Einkünfte aus Benefizien und private Zuwendungen[4]. Das Militär, das aus Sicherheitsgründen ausreichend besoldet werden mußte, aber nicht an der Pfründenwirtschaft teilhatte, wies folgendes Einkommensgefälle auf: Der General der päpstlichen Garde erhielt etwa 2400 Scudi jährlich, ein einfacher Waffenmeister zum Schutz des Staatsschatzes der Engelsburg 240 Scudi im Jahr und diensterfahrene Kapitäne 180 Scudi[5].
Ähnliches gilt noch für das Pontifikat Pius' IX.: 30 Scudi monatlich erlaubten eine ehrenvolle, wenn auch eingeschränkte Lebenshaltung[6]. Die wichtigsten kirchlichen Funktionen in Rom wurden dagegen von Klerikern eingenommen, deren Einkommen 100 Scudi im Monat überschritten[7]. Der Kardinalpräfekt des *Buon Governo*[8] beispiels-

---

[1] Der Minutant ist eine Art Hilfsarbeiter vor allem im Staatssekretariat, der vorrangig die Konzepte (Minuten) der Korrespondenz anzufertigen hatte. Er hatte in der Regel eine gründliche Ausbildung genossen, nicht selten ein Doktorat aufzuweisen, verfügte aber kaum über Aufstiegschancen: Niccolò Del Re, Art. Minutanti, in: ders., Mondo vaticano 696; Gelmi, Die Minutanten im Staatssekretariat Benedikts XIV. 538–543.
[2] Vgl. dazu: Gelmi, Die Minutanten im Staatssekretariat Benedikts XIV. 544.
[3] Ebd. 552.
[4] Silvagni, La corte pontificia e la società romana 60f.
[5] Ebd. 64–66.
[6] Bartoccini, Roma nell'Ottocento 139f.
[7] Ebd. 140

weise erhielt als Gehalt um die 125 Scudi pro Monat, also etwa 1500 pro Jahr, die Schreiber dieser Kongregation zwischen 12 und 16 Scudi monatlich[9]. Da Nebeneinnahmen aus Gebühren, *Mancie*, Sporteln u.ä. bei der Gehaltsbemessung der Kurie mitberücksichtigt wurden, kam es zu erheblichen Verwerfungen bei der Besoldung[10]. Auch die 5000 bis 6000 Scudi Gehalt, über die ein Kardinallegat pro Jahr verfügen konnte, täuschen, da ein Großteil zur Deckung von Verwaltung und Hofhaltung verwendet werden mußte[11].

Neben Naturalien waren Kanonikate die wichtigste „Neben"-Einnahmequelle der Kurienprälaten: Ein Kanonikat in St. Peter brachte die namhafte Summe von 1500 bis 1800 Scudi jährlich ein, während das Kapitel von S. Maria Maggiore nur 290 Scudi im Jahr abwarf[12]. Hohe Geistliche und Kardinäle finanzierten sich weiterhin aus Pensionen bedeutender Pfründen: 500 bis 600 Scudi *per annum* waren für Purpurträger keine Seltenheit[13]. Zu diesem Betrag sind noch die Einkünfte aus Kurienämtern u.ä. dazuzurechnen, so daß das Durchschnittseinkommen der Kardinäle zwischen 8000 und 12 000 Scudi pro Jahr lag; der Dekan des Heiligen Kollegiums verfügte unter Pius IX. über etwa 18 000 Scudi, mußte davon aber eine beträchtliche Summe für Repräsentation und Hofhaltung aufwenden[14]. Das Mindesteinkommen im Senat der Kirche lag bei 4000 Scudi[15].

Zu den Lebensverhältnissen der einfachen Landbevölkerung und der Bürger der Städte liegen für das Jahr 1837 Schätzungen vor. Im Kirchenstaat gab eine Landarbeiterfamilie von sechs Personen etwa 205 Scudi pro Jahr aus; ein Schäfer erhielt nur um die vier Scudi monatlich, wovon er seinen Lebensunterhalt bestreiten mußte. In Rom gab eine entsprechende Familie mittleren Einkommens etwa 628 Scudi jährlich an Lebenshaltungskosten aus. Ein Professor an der *Sapienza*, dem im Vergleich zum Kurialprälaten nur wenig gesellschaftliches Prestige zukam, erhielt ein Jahresgehalt von etwa 400 Scudi[16].

---

[8] Der Kongregation oblagen wirtschaftliche, finanzielle und administrative Fragen des *Patrimonium Petri*. Sie wurde unter Pius IX. aufgelöst: Del Re, Art. Congregazioni romane soppresse 364f.
[9] Weber I 175 Anm. 69; vgl. dazu auch: Lodolini, L'amministrazione pontificia del „Buon Governo" 17 Anm. 1.
[10] Weber I 174. So erhielt bespielsweise der Sekretär der Konzilskongregation 180 Scudi pro Jahr, der Subsekretär dagegen 600 Scudi.
[11] Ebd. 179.
[12] Ebd. 176f.
[13] Von der *mensa episcopalis* von Aversa erhielt Kardinal Antonino de Luca (1805–1883) 1874 570 Scudi: ebd. 177.
[14] Ebd. 179f.
[15] Zum *Piatto cardinalizio*, dem Mindesteinkommen der Kardinäle ohne Amtsgehälter, vgl. ebd. 179.
[16] Dazu: ebd. 181f.

II. Der Prozeß an der Ritenkongregation

Über die Abgaben und Taxen, die im Verlauf des Selig- und Heiligsprechungsverfahrens anfielen, liegen amtliche Gebührenordnungen[17] aus der Zeit Benedikts XIV. vor[18]. Bedeutendster Posten war traditionell das *Decretum super tuto*, das bei einer Seligsprechung um die 825 Scudi[19], bei einer Heiligsprechung 1650 Scudi verschlang. Außerdem mußten beim Abschluß einer Causa nochmals 650 Scudi für die Kanonisationsbulle bzw. etwa 43 Scudi für das Beatifikationsbreve gezahlt werden[20]. Schon für Kopien von Dekreten, Reskripten und sonstigen amtlichen Schreiben waren pro Seite drei bis fünf Scudi zu entrichten.

Diese Zahlen sagen aber über den realen Umfang der Prozeßkosten, die den Actoren tatsächlich entstanden sind, recht wenig aus. Aufmerksamkeiten, Trinkgelder, Gutachten und allgemein übliche Aktenvorgänge, die bis zum Vorlegen eines unterschriftwürdigen Papiers üblicherweise bezahlt wurden, schlugen für jede Causa stärker zu Buche, als die Gebühren für Dekrete und Reskripte[21]. Da jeder Prozeß über eine individuelle Länge verfügte sowie unterschiedliche inhaltliche und formale Hürden zu überwinden hatte, sind selbst hypothetische Prozeßkosten eines durchschnittlichen Beatifizierungs- bzw. Kanonisierungsverfahrens wenig aussagekräftig. Zuverlässige Anhaltspunkte ergeben sich aus den Abrechnungen der Postulaturen, die selbstverständlich schwer greifbar sind. Die im folgenden angeführten Beispiele sollen einen Eindruck von dem enormen Finanzvolumen vermitteln, über das der Actor verfügen mußte, um ein kontinuierliches Verfahren zu gewährleisten. Aus dem Abrechnungsbuch[22] des Beatifikationsprozesses für den Franziskanerkonventualen Bonaventura da Potenza, das alle Ausgaben des Ordens zwischen 1741 und 1757 auflistete, gewinnt man einen Einblick in die Anfangsphase des Prozesses, der faktisch erst Ende 1750 an der Ritenkongregation einsetzte, nachdem von der 50-Jahres-Frist dispensiert und mit der Diskussion der Tugenden und Wunder begonnen worden war[23]: Am 17. September 1741 erhielt der Notar der Ritenkongregation 100 Scudi für die Prüfung von Prozeßakten. Im Februar des folgenden Jahres mußten weitere 100 Scudi für die Apostolischen Prozesse in Neapel und Ischia aufgewandt werden; 50 Scudi gab man

---

17 AV, Arch. Congr. SS. Rituum, Processus 6866, fol. 322–336: Taxenordnung vom 14. April 1741.
18 Vgl. hierzu das Kapitel „Benedikt XIV." und die Preislisten für Kanonisation und Beatifikation: AV, Arch. Congr. SS. Rituum, Processus 6866, fol. 270ff., 331ff. Zur Taxen- und Abgabenfrage an den Kongregationen: Bangen, Die Römische Curie 455.
19 AGOP, Akte 690 (Caterina de' Ricci), Abrechnung der Seligsprechung.
20 Zu den Taxen für Bullen und Breven: Bangen, Die Römische Curie 458f.
21 An der römischen Kurie war es beispielsweise üblich, daß bei einem Prozeßverfahren die gewinnende Seite eine *mancia* zahlte, wenn ein *dubium* entschieden war. Diese sollte allerdings in der Regel 1 bis 2 Scudi betragen: ebd. 455 Anm. 3.
22 Zu den folgenden Angaben: Archivio della Curia Generalizia dei Francescani Conventuali, Akten der Postulatur, Scatola Bonaventura da Potenza, Libro d'introito per il ven. P. Bonaventura da Potenza.
23 ASRC, Decreta 1748–1750, fol. 218: Dispens von der 50-Jahres-Frist, 6. Dezember 1750. Die Informativprozesse begannen zwischen 1727 und 1730. Der Apostolische Prozeß in Ravello wurde 1740 abgeschlossen. Bonaventura wurde am 26. November 1775 seliggesprochen: Grieco, Il pelegrino della Costiera 157.

im Dezember allein für den Kopiervorgang eines dieser Prozesse aus. Im gleichen Monat zahlte man 39 Scudi für die positive Entscheidung über die formale Gültigkeit der Akten und „um den Sottopromotor fidei für die Durchsicht zufriedenzustellen"[24]. Da nun das Jahr abgelaufen war, erhielt der Postulator als Gratifikation 219 Scudi, Mitte des folgenden Jahres nochmals 95 Scudi, so daß bis Juli 1746 insgesamt 1864 Scudi und 76 Bajocchi ausgegeben waren. Obgleich der Prozeß an der Ritenkongregation in den kommenden Jahren keine nennenswerten Fortschritte machte, beliefen sich die laufenden Kosten, Geschenke für *Ferragosto* (Maria Himmelfahrt) im Wert von 12 Scudi und Honorare des Postulators bis Februar 1750 zusammen auf weitere 2951 Scudi und 49 Bajocchi. Bereits diese Zahlen machen deutlich, daß feste Honorare und amtliche Gebühren nicht von privaten Sonderleistungen für Kuriale zu trennen waren. Die Grenzen zwischen Gebühr, üblichem Trinkgeld und Bestechung waren fließend.

Die Endphase des Beatifikationsverfahrens für den Kapuziner Giuseppe da Leonessa verdeutlicht in noch stärkerem Maße die Unübersichtlichkeit und das Ineinandergreifen der verschiedenen Ausgaben des Actors. Die Durchführung der *Generalis*[25] über die Tugenden kostete den Orden 103 Scudi[26]; die „reinen" Prozeßkosten von der *Antepraeparatoria* der Wunder bis zum *Decretum super tuto* wurden auf 2300 Scudi und 26 Bajocchi beziffert[27]. Rechnet man Bilder und offizielle Geschenke noch dazu, waren es 2856 Scudi und 60 Bajocchi[28]. Ein Großteil dieser zwischen Juni 1736 und Juni 1737 aufgewandten Gelder flossen als Sondervergütungen und „Geschenke" für Informanten in die Ritenkongregation.

Auch das Finanzgebaren des entsprechenden Postulators aus dem Kapuzinerorden und die effektiven Ausgaben im Rahmen des Kanonisationsverfahrens sind sehr detailfreudig überliefert. Nach der offiziellen Aufnahme des weiteren Verfahrens am 11. September 1739[29] gab die Kongregation im Sommer 1741 den Auftrag zur Untersuchung verschiedener Wunder[30]. Der am 22. September beginnende Apostolische Prozeß in Spoleto kostete den Orden ganze 400 Scudi[31]. Diese gewaltige Summe überrascht zunächst – hatte man doch für die etwa gleichzeitigen Apostolischen Prozesse *in genere* des Bonaventura da Potenza je etwa 50 Scudi ausgegeben. Um das Prozedere in Spoleto zu beschleunigen, hatte man im April 1742 eigens Schokolade und echten Tabak aus China verteilen lassen. Es verwundert daher nicht, daß dieser

---

[24] Libro d'introito, Dezember 1742: „anche per sodisfare il sottopromotore della Fede per la revisione".
[25] Die *Generalis* über die Tugenden wurden am 6. Juli 1734 abgehalten: Chiaretti, Archivio Leonessano 464.
[26] ASRC, Fondo Sc, Acta Canonizationis 1746, 3. Abrechnungsbuch für die Causa des Giuseppe da Leonessa.
[27] Die *Antepraeparatoria* der Wunder wurde am 5. Juni 1736 abgehalten; das Dekret *super tuto* wurde am 16. Juni 1737 promulgiert: Chiaretti, Archivio Leonessano 464f.
[28] ASRC, Fondo Sc, Acta Canonizationis 1746, 3. Abrechnungsbuch für Giuseppe da Leonessa.
[29] ASRC, Decreta 1738–1741, fol. 217: Aufzeichnung über die Aufnahme des Verfahrens, vom Papst am 11. September 1739 bestätigt.
[30] Apostolische Prozesse wurden in den Diözesen Spoleto, Rieti, Cittacastellana und San Severino am 13. Juli 1741 angeordnet: ASRC, Decreta 1738–1741, fol. 319.
[31] Vgl. auch zum folgenden: ASRC, Fondo Sc, Acta Canonizationis 1746: Abrechnungsbuch Sonzonios über den Kanonisationsprozeß von Giuseppe da Leonessa (unpaginiert), Eintrag April 1742.

Wunderprozeß schon am 24. Juli 1742 in der Ritenkongregation ankam und als erster geöffnet werden konnte[32]. Die Investition zahlte sich aus – auch bei der Diskussion über die formale Gültigkeit der Akten. Am 1. September dispensierte der Papst von der Mitwirkung der Konsultoren bei der Erörterung der Validität[33]. Die Approbation der Wunderprozesse am 12. Dezember stand nicht zufällig im Zusammenhang mit reichen Gaben[34]: Am 21. November erhielt der Subpromotor 15 Scudi und 86 Bajocchi für sein positives Gutachten zugunsten der Gültigkeit (das entsprach dem Monatsgehalt eines unteren Kurialen), ein weiteres Kongregationsmitglied gar 130 Scudi als Honorar im Rahmen der Approbation[35].

Damit in der *Antepraeparatoria*[36] vom 18. Juni 1743 möglichst zahlreiche Wunder vertreten waren, verteilte der Postulator Anfang April 1743 an die Ärzte Clementini und Prunetti je 30 Scudi für ihre positiven Gutachten und an den Subpromotor 16 Scudi und 86 Bajocchi, weil er sechs Mirakel in die Sitzung einbrachte[37]. Immerhin zollte die *Antepraeparatoria* zwei Wundern breite Zustimmung[38], die dem Postulator ein kostspieliges Reliquiar wert war[39]. Anschließend kamen Zweifel an einem Wunder auf, die durch Gutachten des Advokaten und eines bei der Kongregation beglaubigten Arztes ausgeräumt werden mußten: Neben drei Scudi und 90 Bajocchi erhielt der Mediziner außerdem 12 Pfund Schokolade, der Rechtsgelehrte 30 Scudi für seine Gutachten, die der *Praeparatoria* zugrunde gelegt wurden[40]. Diese verlief am 3. März 1744 nicht ohne den gewünschten und wohl auch nicht ganz unvorhergesehenen Erfolg: Die ersten drei und das sechste Wunder ernteten einhellige Anerkennung[41].

Auch bei der *Generalis* überließ man nichts dem Zufall. Zunächst erkundete der Orden das Terrain durch gekaufte Informationen. Allein am 20. März ging 40 Scudi von einer Tasche in die andere, um mündlich Details zu erfahren[42]. Zur *Generalis* am 22. September wurden die Kardinäle und Konsultoren mit eigenen Kutschen abgeholt, die der Orden stellte[43]. Was zunächst aussieht wie ein Akt der Höflichkeit, hatte noch

---

[32] ASRC, Decreta 1742–1744, fol. 45: Prozeßöffnung am 24. Juli 1742 angeordnet.
[33] ASRC, Decreta 1742–1744, fol. 52: Dispens von der Diskussion mit Konsultoren, 1. September 1742.
[34] ASRC, Decreta 1742–1744, fol. 77: Approbation des Prozesses aus Spoleto, 12. Dezember 1742.
[35] ASRC, Fondo Sc, Acta Canonizationis 1746, Abrechnungsbuch Sonzonios, Eintrag vom 7. Dezember 1742.
[36] ASRC, Decreta 1742–1744, fol. 108: CA über 6 Wunder, 18. Juni 1743.
[37] ASRC, Fondo Sc, Acta Canonizationis 1746, Abrechnungsbuch Sonzonios, Eintrag vom 3. April 1743.
[38] Die ersten beiden Wunder ernteten ausschließlich, das 3. und 6. Wunder überwiegend *constare*: ebd.
[39] ASRC, Fondo Sc, Acta Canonizationis 1746, Abrechnungsbuch Sonzonios, Eintrag 19. Juni 1743.
[40] ASRC, Fondo Sc, Acta Canonizationis 1746, Abrechnungsbuch Sonzonios, Eintrag vom 11. und 14. September 1743.
[41] ASRC, Decreta 1742–1744, fol. 152: CP über 6 Wunder, 3. März 1744.
[42] ASRC, Fondo Sc, Acta Canonizationis 1746, Abrechnungsbuch Sonzonios, Eintrag vom 20. März 1744.
[43] Ebd., Eintrag 26. September 1744. Die Fahrt und die Informationen kosteten 35 Scudi. – Das Abholen der Kongregationsväter mit Karossen war durchaus nicht unüblich. Aus einer Aufzeichnung aus dem Dominikanergeneralat vom Juli 1741 geht hervor, daß man für die *Antepraeparatoria* über Tugenden und Wunder des Juan Massias (18. Juli 1741) insgesamt 7 Karossen aussandte, die je zwei Kongregationsväter bis 12.30 Uhr in die Residenz des Vikars von Rom bringen sollten: AGOP, Akte 1534 (Giovanni Massias), Aufzeichnung vom Juli 1741.

einen ganz anderen Nebeneffekt: Die Kurialen wurden noch kurze Zeit vor der entscheidenden Sitzung mit Informationen gefüttert und gleichsam auf die Causa eingestimmt[44]. Eine lohnende Investition! Die *Generalis* nahm einstimmig vier Wunder an[45], von denen zwei erforderliche am 1. Mai 1745 approbiert wurden[46]. Der Orden verhielt sich auch hier generös und verteilte Schokolade im Wert von zehn Scudi, seidene Taschentücher und Servietten. Allein der Kongregationsadvokat erhielt für seine Unterstützung ein „Honorar" von 75 Scudi[47]. Die Promulgierung des *Decretums super tuto* vom 17. August zeigte nichts Auffälliges, da die dabei fälligen Geldgeschenke und Aufmerksamkeiten strikt reglementiert und durch die Gebührenordnung Benedikts XIV. taxiert waren. Damit hatte der Orden bis Mitte August, also bis zur Ausgabe des *Decretums*, 3053 Scudi und 57 Bajocchi für einen reibungslosen Heiligsprechungsprozeß ausgegeben, der weniger als vier Jahre gedauert hatte[48]. Was außerhalb der hier angegebenen Summe noch gezahlt wurde, ist nicht bekannt. Der unproblematische Ablauf der Causa war nicht zum wenigsten auf den finanziellen Aufwand des Ordens zurückzuführen.

Ein anderer, fast zeitgleich ablaufender Kanonisationsprozeß, der der Dominikanerin Caterina de' Ricci[49], verschlang mit seiner Gesamtlaufzeit von etwa vier Jahren dagegen 15 015 Scudi und 19 Bajocchi[50]. Er verlief allerdings nicht ganz so reibungslos wie das Verfahren des Giuseppe da Leonessa, kommt aber wohl dem realistischen Gesamtvolumen für ein Heiligsprechungsverfahren wesentlich näher.

Im 19. Jahrhundert schien das durchschnittliche Finanzvolumen keineswegs moderater ausgefallen zu sein, obgleich die finanzielle Situation der meisten Orden nach Säkularisation, Krieg und Verwüstung desolat war. Der Löwenanteil der Ausgaben umfaßte wie bisher Entgelte für Informationen aus der Kongregation und Erwiderungen auf die *Animadversiones* des Promotors sowie weitere Honorare. Allein das letzte Jahr des Beatifikationsprozesses für den Märtyrer João de Brito kostete den Jesuitenorden 1852 um die 1900 Scudi[51]. Dabei waren nur zwei Kongregationssitzungen durchzuführen, und das teure *Decretum super tuto* war nicht in dieser Summe inbegriffen. Für die reibungslos verlaufende Approbation des Tugendgrades des flämischen Jesuiten Johan Berchmans wandte der Orden zwischen 1830 und 1843 insgesamt etwa 3600 Scudi an Prozeßkosten auf[52].

---

[44] ASRC, Fondo Sc, Acta Canonizationis 1746, Abrechnungsbuch Sonzonios, Eintrag vom 20. März 1744.
[45] ASRC, Decreta 1742–1744, fol. 215: CG über 6 Wunder, 22. September 1744. Die ersten drei und das sechste Wunder wurden einstimmig angenommen.
[46] ASRC, Decreta 1745–1747, fol. 31: Wunderdekret vom 1. Mai 1745.
[47] ASRC, Fondo Sc, Acta Canonizationis 1746, Abrechnungsbuch Sonzonios, Eintrag vom 5. Mai 1745.
[48] Ebd., Eintrag vom 15. August 1745.
[49] Vgl. zu Caterina de' Ricci die Angaben im Kapitel „Familienheilige".
[50] AV, Arch. Congr. SS. Rituum, Processus 6866, fol. 315: *Bilancio delle Spese* für Caterina de' Ricci.
[51] Diese Summe erfaßt alle Kosten von der Vorbereitung für die *Praeparatoria* des Martyriums (8. April 1851) bis zum Dekret *super tuto*: Vom 3. Februar 1851 bis Februar 1852 wurden 10 000 Lire ausgegeben (=ca. 1900 Scudi): Archivio della Postulazione SJ, Akte 751 (Giovanni de Britto), Abrechnungszettel vom Februar 1852.
[52] Archivio della Postulazione SJ, Akte 308 (Giovanni Berchmans), Abrechnung des Seligsprechungsprozesses. Von 1830 bis 1851 wurden insgesamt 3623,67 Scudi ausgegeben, wobei nach dem Tugenddekret vom 5. Juni 1843 keine wesentlichen Zahlungen mehr geleistet wurden.

Über das Kanonisationsverfahren des neapolitanischen Jesuiten Francesco de Gerolamo liegen detaillierte Nachrichten aus den dreißiger Jahren des 19. Jahrhunderts vor. Das Original des *Summariums* von den Wunderprozessen aus Taranto, welches einen Umfang von etwa 70 Seiten hatte, erforderte drei Scudi und 50 Bajocchi; dessen Kopie bereits 4,20 Scudi[53]. Mit den übrigen Taxen und Abgaben beliefen sich die Ausgaben für die Prozeßakten allein an der Ritenkongregation auf 24,30 Scudi[54], zu denen nochmals 70,34 Scudi für die Approbation des Materials kamen[55], die am 18. November 1831 ohne Mitwirkung der Konsultoren erfolgte[56].

Die *Praeparatoria* über die Wunder war besonders kostenintensiv, da hier angesichts der schwankenden Haltung der Konsultoren „Überzeugungsarbeit" geleistet werden mußte[57]. Zunächst ließ man sich die Erwiderung auf die neuen *Animadversiones* ganze 200 Scudi kosten[58], dann wurden insgesamt 57,40 Scudi für den Ablauf der Kongregationssitzung aufgewandt, zu denen noch 4,45 Scudi für die Karossen u.ä. kamen[59]. Außerdem bewirtete man die Kongregationsväter mit Kaffee, Schokolade und kleinen Geschenken im Wert von knapp 100 Scudi[60]. Dieses Prozedere wiederholte sich selbstverständlich von Sitzung zu Sitzung, wobei auffällt, daß etwa die Hälfte der Ausgaben fast regelmäßig auf Informationen aus der Kongregation entfiel. Den Tag, an dem das Wunderdekret promulgiert wurde, ließ man sich 46,67 Scudi für Bewirtung und Zuwendungen kosten, die der Behörde und der *Famiglia* des Ponens zugute kamen[61]; die Publikation des an sich schon kostspieligen *Decretums super tuto* wurde mit einem Gesamtaufwand von 733 Scudi gefeiert[62].

Allein diese Zahlen des Kanonisationsprozesses von Francesco de Gerolamo, denen keineswegs singuläre Bedeutung im Rahmen der Finanzwirtschaft einer Causa zukommt, zeigen nicht nur, wie unübersichtlich und unkalkulierbar Kultsanktionierung generell war, so daß weder Gesamtsummen noch Durchschnittskosten errechnet werden können[63]. Die Ziffern vermitteln ebenso einen Einblick in den Haushalt des

---

[53] Archivio della Postulazione SJ, Akte 256 (Francesco de Gerolamo), Rechnung vom 21. Oktober 1831.
[54] Ebd.
[55] Archivio della Postulazione SJ, Akte 256 (Francesco de Gerolamo), Rechnungsbilanz vom 14. September 1831.
[56] ASRC, Decreta 1827–1831, fol. 193: Approbation der Akten am 18. November 1831.
[57] Auf der *Antepraeparatoria* vom 2. April 1833 stimmten die meisten mit *suspensive*.
[58] Archivio della Postulazione SJ, Akte 256 (Francesco de Gerolamo), Rechnung für die *Responsio*, 23. Mai 1834.
[59] Archivio della Postulazione SJ, Akte 256 (Francesco de Gerolamo), Rechnung vom 3. Juli 1834.
[60] Archivio della Postulazione SJ, Akte 256 (Francesco de Gerolamo), Rechnung vom 4. Juli 1834 für Kaffee, Schokolade etc.
[61] Archivio della Postulazione SJ, Akte 256 (Francesco de Gerolamo), Abrechnung der Spesen vom 15. September 1835.
[62] Archivio della Postulazione SJ, Akte 256 (Francesco de Gerolamo), Abrechnung vom 12. März 1837.
[63] Das Hauptproblem liegt vor allem in der Überlieferung. Wenn überhaupt Abrechnungsbücher vorliegen, dann nur für einen kurzen Zeitabschnitt. Bei gelegentlich anzutreffenden Gesamtsummen bleibt meist offen, welche Beträge darin enthalten sind. Häufig verlief ein Prozeß in Phasen, die unterschiedlich dokumentiert sind. Für die Feierlichkeiten dagegen liegen genaue Bilanzen vor, die den Finanzhaushalt für die Feier in St. Peter erfassen. Bilder, Bücher, Triduum, ordenseigene Feier etc. sind in diesem Gesamtvolumen jedoch selten enthalten, so daß sich diese Zahlen jeweils als Untergrenze der Gesamtkosten einer Beatifikation bzw. Kanonisation verstehen.

Actors einer Causa, der von erheblicher Etatgröße sein mußte und in keinem Zusammenhang mit den zeitgenössischen Lebenshaltungskosten stand. Selbst die Großorden hatten bei der Finanzierung, vor allem bei der der liturgischen Feier, nicht unbeträchtliche Schwierigkeiten zu bewältigen.

Bisher war von den periodisch anfallenden, relativ geringen Summen die Rede, die in keiner Weise mit den hohen Kosten konkurrieren konnten, die das Ende eines Kanonisationsprozesses mit sich brachte. Vor der feierlichen Heiligsprechung wurden nämlich geradezu astronomisch hohe Gebühren und Geschenke fällig, die üblicherweise im Anschluß an das *Decretum super tuto* an der Kurie abzuliefern waren. Benedikt XIV. hatte allein diese Ausgaben auf ein Gesamtvolumen von 28 682 Scudi veranschlagt – ohne *Decretum* und Feierlichkeit[64]. Aus diesem Budget erhielten alle zukünftigen Mitwirkenden an der liturgischen Feier – vom Papst bis zum Ausfeger der Basilika – Zuwendungen in Form von Kelchen, Bildern, kostbaren Kleidungsstücken, hohen Gratifikationen und schlichten Trinkgeldern. Den größten Posten stellte jedoch die Abgabe an die Propaganda Fide dar, die 6000 Scudi ausmachte[65]. Da diese Kosten en bloc und in kurzer Zeit fällig wurden, hatte die Ritenkongregation die Actoren immer wieder ermahnt, nicht nur Ersparnisse anzuhäufen, sondern auch rechtzeitig Gelder anzulegen, um aus jährlichen Renditen einen stetig wachsenden Grundstock für die später fälligen Beträge aufzubauen[66]. Eine Vorbereitungskommission, die meist einige Jahre vor der Feierlichkeit durch den Papst ins Leben gerufen wurde, hatte außerdem für die Sicherstellung der Finanzen am Ende des Kanonisationsprozesses zu sorgen. Von ihr wird später noch die Rede sein.

Daß diese gewaltigen Summen selbst für die finanzkräftigsten Großorden eine außerordentliche Belastung waren, beweisen etliche Klagen und Dispensen. Selbst der Preis für das *Decretum super tuto* der Beatifikation wurde gewöhnlich nicht wie selbstverständlich aufgebracht. Beispielsweise mußten die Franziskaner im Februar 1789 um eine Dispens bitten, um die Summe von 825 Scudi zugunsten der Seligsprechung des Giovanni Giuseppe della Croce nachzureichen, da sie ihre Kapitalanlagen noch nicht verkauft hatten[67]. Fünf Tage vor der Promulgation dispensierte Pius VI. von dieser *conditio sine qua non*[68]. Nach Revolution, Säkularisation und Auflösung von Ordensinstituten war die finanzielle Situation selbst der Großorden stark angespannt. Aus

---

[64] Diese Summe legte man noch 1837 für die Vorbereitung der Kanonisation von 1839 zugrunde: Archivio della Postulazione SJ, Akte 256 (Francesco de Gerolamo), Memoriale des Postulators an den Papst, 14. August 1837.

[65] So verteilte der Papst etwa 200 bis 300 Scudi an die Päpstliche Familie im Apostolischen Palast; der Prälat, der die Bulle ausstellte, erhielt 150 Scudi; der erste Zeremonienmeister erhielt 50 Scudi für Kleidung und 150 Scudi als Gratifikation etc. Insgesamt werden auf 4 1/2 Seiten Ämter mit den entsprechenden Zuwendungen aufgelistet: AV, Arch. Congr. SS. Rituum, Processus 6866, fol. 333–336.

[66] Beispielsweise verfügte die Ritenkongregation im Juli 1792, jedes Jahr für die noch laufenden Prozesse der Dominikaner Martín de Porres und Juan Massias 300 Scudi einzuzahlen. Zinsen und Gesamtsumme sollten dem Prozeßabschluß und der Feierlichkeit zugute kommen: AGOP, Akte 1556 (Martino de Porres), Aufzeichnung über die Heiligsprechung des Martín de Porres.

[67] ASRC, Decreta 1785–1791, fol. 253: Supplik des Postulators, Februar 1789. – Zwei Dekrete Alexanders VII. verboten die Promulgierung des Dekrets *super tuto*, wenn keine 825 Scudi hinterlegt waren.

[68] Dispens vom 18. Februar 1789: ASRC, Decreta 1785–1791, fol. 253.

einem *Memoriale* von 1837 erfährt man, daß nicht nur die weltpolitischen Ereignisse zu einem katastrophalen Einbruch im ordenseigenen Haushalt geführt hatten, sondern hauptsächlich auch die Spendenfreudigkeit der Gläubigen, aus der sich vor allem die Finanzierung von Kanonisation und Beatifikation speiste[69]: „Die Kriege, die Hungersnöte, die Revolutionen, die Epidemien, welche quasi die ganze Christenheit geplagt hatten, machten das Almosensammeln sehr schwierig, welches in vielen Ländern sogar durch Verbote unmöglich wurde, die die entsprechenden Regierungen erlassen haben; und es ist kaum zu hoffen, daß sich die Umstände rasch ändern werden oder zumindest die Folgen der Ausfälle behoben werden könnten"[70]. Die Postulatoren der großen Heiligsprechung von 1839[71] klagten entsprechend im August 1837, die Fixkosten für die Kanonisationsfeier beim besten Willen nicht aufbringen zu können[72]. Die mit großen Anstrengungen zusammengetragenen Gelder reichten bei weitem nicht für die Finanzierung der Feierlichkeit aus. Deshalb sahen sich die Orden gezwungen, entweder die liturgische Feier aufzuschieben oder mit wesentlich geringerem Aufwand durchzuführen. Man habe gerade einmal die Mittel für Gebühren, Geschenke und das Dekret beisammen – immerhin über 30 000 Scudi. Die Postulatoren gaben zu bedenken, daß Benedikt XIV. diese Ausgaben in wirtschaftlich günstigeren Zeiten festgelegt hatte; man müsse die Ausgaben entweder stunden oder drastisch reduzieren. Das hatte man bereits 1807 getan[73] – aber nur in sehr begrenztem Umfang. Von den kalkulierten Gesamtkosten am Ende eines Kanonisationsprozesses – stolzen 36 932,10 Scudi – hatte der damalige Papst jedem einzelnen Postulator um die 3000 Scudi erlassen[74]. Darin waren aber noch nicht die Ausgaben für die liturgische Feier enthalten. Am 22. August 1837 setzte Gregor XVI. eine Sonderkongregation ein, die auf der Grundlage der Bilanzen von 1807 eine erneute Reduzierung ausarbeiten sollte[75]: Die Abgabe an die Propaganda wurde auf die Hälfte zusammengestrichen, ähnlich wie die meisten Gratifikationen und Zuwendungen, so daß von den zur Disposition stehenden 28 682 schließlich nur noch 8177,70 Scudi übrig blieben[76]. Obgleich die Postulatoren

---

[69] Auch zum folgenden: Archivio della Postulazione SJ, Akte 256 (Francesco de Gerolamo), Memoriale des Postulators an den Papst, 14. August 1837.

[70] Ebd.: „Le guerre, le carestie, le rivoluzioni, le pestilenze, che hanno afflitto quasi tutto il Christianesimo, hanno reso difficoltosa la questua di Limosine, che in molti paesi è stata impossibile per la poibizione, che ne hanno fatto i respettivi governi; e non è sperabile che presto le corcostanze si mutino o almeno che siano presto riparate le consequenze di tante calamità".

[71] Am 26. Mai 1839 wurde Alfonso Maria de' Liguori, Francesco de Gerolamo, Giovanni Giuseppe della Croce, Pacifico da S. Severino und Veronica Giuliani kanonisiert.

[72] Archivio della Postulazione SJ, Akte 256 (Francesco de Gerolamo), Memoriale des Postulators an den Papst, 14. August 1837.

[73] Am 24. Mai 1807 wurden Francesco Caracciolo, Benedetto da S. Filadelfo, Angela Merici, Colette Boilet und Giacinta Marescotti heiliggesprochen.

[74] Archivio della Postulazione SJ, Akte 256 (Francesco de Gerolamo), Kostenaufstellung von 1807. Vgl. auch: ASRC, Fondo Sc, Acta Canonizationis 1767–1807, Bericht über die Heiligsprechung von 1807.

[75] Reskript vom 22. August 1837 zur Einsetzung einer Sonderkongregation: Archivio della Postulazione SJ, Akte 256 (Francesco de Gerolamo). Das Gremium bestand aus den Kardinälen Pedicini, Mattei und Sala, hinzugezogen wurden außerdem Mons. Giuseppe Ugolini, der die Verhandlungen mit den Postulatoren führte.

[76] ASRC, Fondo Sc, Acta Canonizationis 1839: alle Heiligen, Aufzeichnung der Adunanz vom 19. Januar 1838.

noch gegen die 3000 Scudi für die Propaganda opponierten[77] und selbst die Ritenkongregation von „scandagli" unter den Postulatoren berichtete[78], gab die Behörde zu bedenken, daß es sich hierbei um einen Gnadenakt handele und nicht um eine wirtschaftliche Reduktion der Abgaben[79]. Insgeheim hatte man noch auf einen sechsten Kandidaten für die Kanonisationsfeier gehofft[80], damit die Mindereinnahmen der Kurie nicht so stark zu Buche schlagen würden. Hauptnutznießer der Gelder waren neben den Kurialen die Propaganda-Kongregation, die der Missionspapst Gregor XVI. besonders förderte. Bei den Kosten für die Feierlichkeit machten Papst und Ritenkongregation jedoch keinerlei Konzessionen, denn der Gottesdienst, der nach altem Ritus abgehalten wurde, sollte eine pompöse Manifestation sein, die „vom Ruhme Gottes [künden] und die Wünsche des Papstes zufriedenstellen" sollte[81].

Auch die darauffolgende Heiligsprechung von 1867 brachte verschiedene Postulatoren in finanzielle Schwierigkeiten. Die Franziskaner sahen sich beispielsweise Anfang des Jahres außerstande, die üblichen Abgaben für den Prozeßabschluß des Leonardo da Porto Maurizio zu zahlen. An liquiden Mitteln standen dem Orden für diese Causa nur 6210 Scudi zur Verfügung, und die festangelegten Kapitalien konnte man zu jener Zeit nur mit Verlusten abstoßen[82]. Die Franziskaner waren sogar bereit, die Parallelcausa[83] des Bonaventura da Barcellona[84] zu opfern, um den großen Volksmissionar Mittelitaliens ohne Verzögerungen zur Ehre der Altäre zu erheben. Aber selbst mit dem Kapital des Mitbruders, der mit seiner Beatifikation nun bis 1906 warten mußte, kam man nicht aus[85]. Der Postulator bat im Februar 1867 um eine weitere Reduzierung um 720 Scudi, um nicht Einbußen für die eigene Ordenstätigkeit hinnehmen zu müssen. Gregor XVI. gestattete zwar die Minderung der Abgaben, verlangte aber, den eingesparten Betrag in Missionseinrichtungen zu investieren[86].

---

[77] Ebd.
[78] Bericht der Ritenkongregation an die Postulatoren vom 12. Dezember 1837: Archivio della Postulazione SJ, Akte 256 (Francesco de Gerolamo): „scandagli fatti tanto sulle spese particolari, quanto sulle comuni".
[79] Aufzeichnung aus dem Sekretariat der Ritenkongregation, Januar/Februar 1838: ASRC, Fondo Sc, Acta Canonizationis 1839: alle Heiligen.
[80] Gedacht war an Michele de Santi, der aber erst 1862 kanonisiert wurde.
[81] Rundbrief Giuseppe Ugolinis an die Postulatoren, 12. Dezember 1837: ASRC, Fondo Sc, Acta Canonizationis 1839: alle Heiligen: „dal gloria a Dio, e sodisfare i desideri del Sommo Pontefice".
[82] ASRC, Decreta 1867–1868, fol. 5Ba: Bittschrift des Postulators vom Januar 1867.
[83] Beide Gestalten gehörten den reformierten Franziskanern an, die in der römischen Provinz für ihre *conventi del ritiro* einen gewissen Autonomiestatus besaßen. 1845 wurden die von Bonaventura gegründeteten italienischen Konvente sowie die Häuser in Florenz und Prato zur sog. „Riformella" zusammengeschlossen. 1897/1900 wurde dieser Franziskanerzweig mit dem Mutterorden uniert: Pratesi, Art. Bonaventura da Barcellona 284.
[84] Bonaventura da Barcellona (1620–1684) trat 1640 in den Minoritenkonvent in Escornalbou ein, ging 1658 nach Rom und gründete von dort aus etliche Konvente *del ritiro* in der römischen Provinz der Reformaten. Er wurde 1906 seliggesprochen: Riccardo Pratesi, Art. Bonaventura da Barcellona, in: BS III 283–285.
[85] Der Papst gestattete am 31. Januar 1867, daß das Kapital des Bonaventura da Barcellona angegriffen werden durfte: ASRC, Decreta 1867–1868, fol. 5Ba.
[86] Die *Frati Minori del Ritiro* wollten ursprünglich um weitere 30 Missionen expandieren. Der Papst ordnete an, daß der Betrag von 720 Scudi für die Ausweitung der Ordenstätigkeit eingesetzt werden sollte: ASRC, Decreta 1867–1868, fol. 11C: Bittschrift und Dispens des Papstes vom 14. Februar 1867.

III. Die feierliche Beatifizierung und Kanonisierung

1. Die Seligsprechung

Bisher war von den Beträgen die Rede, die bis zum Prozeßabschluß fällig wurden, also nichts mit der liturgischen Feier der Selig- bzw. Heiligsprechung zu tun hatten. Jene Summen mußten meist – vor allem bei der Beatifikation – vor oder mit dem Schlußdekret abgeführt werden. Die Seligsprechung fand für jeden Kandidaten in einer gesonderten Feier in St. Peter statt, die in die Form eines Hochamtes gekleidet war[87]. Der Papst trat dabei in der Regel nur am Nachmittag kurz zur Anbetung in Erscheinung[88]. Dagegen war die Kanonisation ein festlicher Akt der Weltkirche, der entsprechend pompös und aufwendig begangen wurde[89]. Das hatte zunächst inhaltlich-formale Ursachen: Basierte die Seligsprechung juristisch nur auf einer Approbation, die eine lokal gebundene kultische Verehrung des betreffenden Kandidaten ermöglichte, so bedeutete die Kanonisation die feierliche und unwiderrufliche Erklärung des Papstes über die universelle Verehrung des neuen Heiligen, dem Kirchen und Altäre errichtet werden konnten[90]. Aus Kostengründen hatte man für die Kanonisationsfeier stets mehrere Kandidaten zusammengelegt, um über größere Finanzmittel zu verfügen.

Wegen der geringeren liturgischen Konsequenzen einer Beatifikation war ihre Feier schlichter und weniger aufwendig als die der Kanonisation. So kostete beispielsweise die Seligsprechung der toskanischen Dominikanerin Caterina de' Ricci 1732 mit Dekret und Breve 3626,47 Scudi[91]. Hinzu kamen aber noch Trinkgelder und Geschenke für die Akteure sowie die im Anschluß an das Hochamt verteilten Bilder und Viten der neuen Seligen, die nochmals nicht unbedeutende Mittel erforderten. Gegen Ende des Jahrhunderts wandten die Franziskaner für die feierliche Beatifikation des Leonardo da Porto Maurizio[92] 6890 Scudi auf[93].

---

[87] Liturgische Feiern wurden erst seit dem 17. Jahrhundert üblich: Veraja, La beatificazione 108. Seit Benedikt XIV. fanden diese ausschließlich in St. Peter statt. – Eine knappe Übersicht über die Beatifikationsfeiern bei: Giuseppe Löw, Art. Beatificazione II, in: EC II 1096–1100. Eine Liste der Seligen durch eine *Beatificatio Aequipollens*, die in der Regel keine liturgische Feierlichkeit erhielten, bei: Veraja, La beatificazione 174–190.

[88] Dazu: Brinktrine, Die feierliche Papstmesse 47f.; Indelicato, Il Processo Apostolico di Beatificazione 381–383.

[89] Überblick über die Feiern bei: Löw, Art. Canonizzazione 599–602; Brinktrine, Die feierliche Papstmesse; Klauser, Die Liturgie der Heiligsprechung.

[90] Brinktrine, Die feierliche Papstmesse 45; Veraja, La beatificazione 103–106; Indelicato, Il Processo Apostolico di Beatificazione 383f. – Nach altem Recht legt das Beatifikationsbreve die Orte fest, wo das Anbringen eines Bildes gestattet ist; die Dedikation eines Altares (nicht einer Kirche) hing von einer besonderen Fakultät ab, die keineswegs das dortige Feiern einer Messe oder des liturgischen Offiziums einschließen mußte: ebd. 385f.

[91] AGOP, Akte 690 (Caterina de' Ricci), Abrechnung über die Seligsprechung.

[92] Leonardo da Porto Maurizio wurde am 19. Juni 1796 beatifiziert.

[93] Archivio della Postulazione SJ, Akte 751 (Giovanni de Britto), Faszikel mit Abrechnungen der Seligsprechungen von Claver bis Maria Anna de Gesù de Paredes.

Die finanzielle Regeneration der Orden war bis zum Pontifikat Pius' IX. noch nicht vollständig abgeschlossen, so daß man auch bei den Feierlichkeiten Abstriche machen mußte. Hinzu kam, daß man seit etwa 1820 eine Vielzahl von Prozeßabschlüssen in Angriff nahm, die die Kassen der Ordensinstitute zusätzlich belastete. Das galt vor allem für die Jesuiten, die unter Pius IX. eine ganze Reihe von Kandidaten nach einem bestimmten „Fahrplan" zur Seligsprechung führten[94]. Die Gesellschaft Jesu wandte beispielsweise 1851 nur für das Hochamt in St. Peter zu Ehren des neuen Seligen Pedro Claver 2170 Scudi auf[95], während die ganze Feierlichkeit mit Trinkgeldern, Bildern und Viten um die 4500 Scudi kostete[96]. Diese Summe ist in etwa mit den Ausgaben für die Seligsprechung des Leonardo da Porto Maurizio zu vergleichen. Die Gesamtkosten der Beatifikation mit Dekret, Breve, Triduum u.ä. lag dann bei Claver bei etwa 8000 Scudi. Seither gingen die Ausgaben deutlich erkennbar zurück: Für die vergleichbare Seligsprechung (Feierlichkeit mit Trinkgeldern etc.) des João de Brito SJ verbuchte man 1853 etwa 2900 und an Gesamtkosten um die 6000 Scudi. Bei Andrzej Bobola waren es im gleichen Jahr nur noch ca. 2300 Scudi für das Hochamt und etwa 5000 an Gesamtausgaben[97]. Das Schlußlicht bildete Maria Anna de Gesù de Paredes, deren Causa von der Gesellschaft Jesu nur betreut wurde: Für die Feierlichkeit[98] gab man stellvertretend nur noch etwa ein Drittel des Betrages aus, den man für Claver aufgewandt hatte; die Gesamtkosten lagen unter 4000 Scudi. Gespart hatte man vor allem beim Meßornat[99] und bei den Abgaben für die *Fabbrica di S. Pietro*[100]. Die feierliche Seligsprechung der 205 japanischen Märtyrer 1867, an der bekanntlich vier Großorden beteiligt waren[101], ließ man sich 9368,91 Scudi kosten, die jedoch auf die vier Postulatoren verteilt wurden[102].

Wie setzte sich eine solch hohe Summe zusammen? Hauptkostenfaktor war ohne Zweifel die Beleuchtung von St. Peter. Die Beatifikation Clavers wurde von Kerzen im Wert von 2738 Scudi illuminiert; die Ausstattung der Basilika war dagegen relativ preiswert: Für Drapperien, spezielle Altäre und weitere Dekorationsartikel wurden 246 Scudi ausgegeben[103]. Der Architekt, der die Ausstattung der Peterskirche und den *Apparato* – eine Art bühnenartiger Aufbau im Chor[104] – entwarf, wurde beispielsweise 1732 für die Seligsprechung der Caterina de' Ricci mit 30 Scudi entlohnt[105]. Als „Mietzins" für die vatikanische Basilika hatte Benedikt XIV. die Summe von 500

---

94 Vgl. hierzu die Angaben des Kapitels „Jesuitenheilige".
95 ASRC, Fondo Q, Ioannes Grande, Brief Alfieris vom 13. Dezember 1853.
96 Auch zum folgenden: Archivio della Postulazione SJ, Akte 751 (Giovanni de Britto), Faszikel mit Abrechnungen der Seligsprechungen von Claver bis Maria Anna de Gesù de Paredes.
97 Die Abrechnungen der beiden Feierlichkeiten wurde gemeinsam durchgeführt. Bobola wurde am 30. Oktober 1853 seliggesprochen.
98 Maria Anna de Gesù de Paredes wurde am 20. November 1853 beatifiziert.
99 Hatte man bei Claver noch 150 Scudi aufgewandt, so waren es bei Maria Anna kaum mehr 7 Scudi.
100 Die *Fabbrica* war für die Verwaltung und Erhaltung der Peterskirche verantwortlich: Niccolò Del Re, Art. Fabbrica di San Pietro, in: ders., Mondo Vaticano 477f.
101 Vgl. hierzu die Angaben im Abschnitt „Märtyrer für die Mission".
102 Archivio della Postulazione SJ, Akte 49 (Spinola e Soci), Abrechnung der Feierlichkeit.
103 Archivio della Postulazione SJ, Akte 751 (Giovanni de Britto), Fasz. mit Abrechnungen der Seligsprechung von Claver bis Paredes.
104 Dazu: Schalhorn, Historienmalerei und Heiligsprechung 49–56.
105 AGOP, Akte 690 (Caterina de' Ricci), Abrechnung der Seligsprechung.

Scudi festgelegt[106]. Auch die Personalkosten schlugen zu Buche, wenn man die einzelnen, vom Lambertini-Papst festgelegten Sätze mit der entsprechenden Anzahl der Personen multipliziert: Die Sakristane von St. Peter sollten beispielsweise nicht mehr als je 21,50 Scudi erhalten; der Lektor, der das Beatifikationsbreve vom Ambo verlas, bekam nicht mehr als 15 Scudi; die Schweizergarde wurde mit zwölf Scudi pro Mann entlohnt; die Artillerie für die Salutschüsse von der Engelsburg mit vier Scudi, die Trompeter mit drei Scudi und die Bediensteten der Ritenkongregation ebenfalls mit drei Scudi.

Die im Anschluß an die Feierlichkeit übliche Verteilung von Viten und Bildern des neuen Seligen kostete den Orden gewöhnlich nochmals zwischen 400 und 500 Scudi. Beispielsweise betrugen die Druckkosten für die Lebensbeschreibung und für die kleineren Bildnisse der Caterina de' Ricci insgesamt 465,60 Scudi[107]. Neben den Gläubigen erhielten vor allem auch die Kurialen hagiographisches Material, das nach alter Tradition beim *Maestro di Camera di S. Santità*[108] abgeliefert wurde, damit dieser es an die gesamte *Famiglia* der betreffenden Kardinäle und an eine Vielzahl von Prälaten verteilen konnte. Da man bis zu 20 Exemplare pro Purpurträger reklamierte, war die Anzahl der „Pflichtexemplare" für die Kurie sehr hoch und nicht konstant[109]. Hinzu kam, daß die Zahl der abzuliefernden Viten von Beatifikation zu Beatifikation anstieg – bei den Heiligsprechungen wird man mit Ähnlichem rechnen müssen. So mußten die Jesuiten 1851 noch 815 Viten für eine Seligsprechung abführen, 1853 waren es bereits 1064 und für die beiden Beatifikationen von 1864/65 je 2384 Stück[110].

Auch das Triduum in Rom[111], eine dreitätige Feier mit besonderen Indulgenzen, die meist im Anschluß an die Selig- und Heiligsprechung als öffentliche Veranstaltung vom Orden oder einem anderen Actor ausgerichtet wurde, war eine kostspielige Angelegenheit. Dieser war zu solchen besonderen Gebetstagen nicht verpflichtet; vereinzelt verzichtete man auch auf diese Einrichtung nach einer aufwendigen Kanonisationsfeier[112]. Für die beiden 1837 beatifizierten Dominikaner Martín de Porres und

---

[106] Auch zum folgenden vgl. die Gebührenordnung Benedikts XIV. vom 14. April 1741, in: AV, Arch. Congr. SS. Rituum, Processus 6866, fol. 331.
[107] AGOP, Akte 691B (Caterina de' Ricci), Abrechnung der Unkosten für die Feierlichkeit.
[108] Der *Maestro di Camera* regelte das Hofzeremoniell des Papstes und der päpstlichen Familie: Niccolò Del Re, Art. Maestro di Camera, in: ders., Mondo Vaticano 679f.
[109] Vgl. hierzu den Bericht aus der *Anticamera Pontificia* an den Jesuitenpostulator Boero, 6. Juli 1867: Archivio della Postulazione SJ, Akte 49 (Spinola e Soci). Die *Famiglia* des Präfekten der Ritenkongregation umfaßte zu jener Zeit beispielsweise 19 Personen.
[110] ASRC, Fondo Sc, Acta Canonizationis 1867: Bd. 1 (Josaphat et altri), Bittschrift der Postulatoren an den Papst, 1863. Es handelte sich dabei um die Seligsprechungen von Pedro Claver (1851), João de Brito bzw. Andrzej Bobola (1853) sowie Petrus Canisius und Johan Berchmans (1864/65).
[111] Neben dem Triduum nach einer Selig- und Heiligsprechung, die in der Regel in der Ordens- oder Nationalkirche in Rom durchgeführt wurde, fanden meist auch in anderen Städten, vor allem am Begräbnisort des Kandidaten vergleichbare Feiern statt. Zum Triduum: Löw, Art. Triduo, Ottavario, Novena 517f.; Radó, Enchiridion Liturgicum 482f.
[112] So hatte der Jesuitengeneral nach der Seligsprechung von Francesco de Gerolamo kein Triduum angesetzt: Archivio della Postulazione SJ, Akte 46 (Spinola e Soci), Aufzeichnung der Ordensleitung über das Triduum.

Juan Massias[113] hatte man beispielsweise ein gemeinsames Triduum im Jahr 1838 abgehalten[114].

Einen Anhaltspunkt für die Ausgaben einer solchen Festlichkeit liefert das Triduum der Caterina de' Ricci, das im Anschluß an die Beatifikation in der römischen Hauptkirche des Dominikanerordens S. Maria sopra Minerva abgehalten wurde und 939,76 Scudi kostete[115]. Der Jesuitenorden, der um die Mitte des 19. Jahrhunderts zahlreiche Seligsprechungen zu feiern hatte, kalkulierte für ordenseigene öffentliche Gebetstage 500 bis 700 Scudi[116].

2. Die Heiligsprechung

2.a. Vorbereitung und Kosten im 18. Jahrhundert

Die feierliche Kanonisation als weltkirchliches Ereignis erforderte den größten finanziellen Aufwand[117]. Die Vorbereitung der Feier verlangte aus organisatorischen Gründen und wegen des größeren Finanzvolumens eine längere Vorlaufzeit. Für die Heiligsprechung des Jahres 1746[118] hatte Benedikt XIV. im August 1745 eine Kommission eingesetzt, die vom finanzerfahrenen Teodoro Boccapaduli[119] geleitet wurde[120]. Sie beschäftigte sich mit der Auswahl der Künstler, der Entscheidung über die künstlerischen Entwürfe sowie mit dem Abschluß von Verträgen und der Koordination der Arbeiten. Ferner hatte das Gremium, das periodisch mit den entsprechenden Postulatoren tagte, einen Finanzierungsplan auszuarbeiten und dafür zu sorgen, daß die Mittel rechtzeitig zur Verfügung standen. Die Auszahlung der Löhne an Künstler und Arbeiter sowie die Begleichung von Rechnungen für das Arbeitsmaterial und die Kunstobjekte zogen sich gewöhnlich noch über etliche Monate im Anschluß an die Feierlichkeit hin. Vor allem Boccapaduli fungierte bei diesen Verhandlungen, die gewissermaßen in zwei Richtungen gingen, als Sprachrohr des Papstes, welcher seine persönlichen Wünsche immer wieder in der Vorbereitungsphase einbrachte[121]. Die erste

---

[113] Der Spanier Juan Massias (1585–1645) wanderte 1620 nach Amerika aus, wo er 1622 als Laienbruder in den Dominikanerkonvent in Lima eintrat und sich dort den Ruf eines „Vaters der Armen" erwarb: Luigi Abele Redigonda, Art. Massias (Macías), Giovanni, in: BS IX 11. – Juan Massias wurde am 22. Oktober 1837 seliggesprochen, Martín de Porres am 29. Oktober.

[114] AGOP, Akte 1534 (Giovanni Massias), Aufzeichnung über das gemeinsame Triduum Ende Mai 1838.

[115] AGOP, Akte 690 (Caterina de' Ricci), Abrechnung der Seligsprechung.

[116] Archivio della Postulazione SJ, Akte 46 (Spinola e Soci), Aufzeichnung der Ordensleitung über das Triduum.

[117] Vgl. als Beispiel den Ablauf und die Festdekoration von 1746: Schalhorn, Historienmalerei und Heiligsprechung 49–64.

[118] Am 29. Juni 1746 wurden Fidelis von Sigmaringen, Camillo de Lellis, Pietro Regalato, Giuseppe da Leonessa und Caterina de' Ricci kanonisiert.

[119] Boccapaduli, seit 1740 *Elemosiniere Segreto*, 1746 Apostolischer Protonotar, 1754 *Maestro di Camera*: Pastor XVI/1 31; Schalhorn, Historienmalerei und Heiligsprechung 50 Anm. 207.

[120] AGOP, Akte 691A (Caterina de' Ricci), Staatssekretariat an das Ordensgeneralat, 18. August 1745. Vgl. dazu: Schalhorn, Historienmalerei und Heiligsprechung 49f.

[121] AGOP, Akte 691A (Caterina de' Ricci), Staatssekretariat an das Ordensgeneralat, 18. August 1745: „non lascerà di essere da S.S.tà per intendere in voce i più precisi ordini della medesima".

Zusammenkunft der Kommission, die unter dem Vorsitz Boccapadulis am 14. September in der Wohnung des Dominikanergenerals Ripoll stattfand, verpflichtete die Postulatoren zunächst auf einen Vorschuß von 5000 Scudi, den jeder der fünf Ordensleute in der päpstlichen Bank auf ein Konto Ripolls – eines persönlichen Freundes Benedikts XIV. – einzahlen sollte[122]. Auf der vierten Sitzung am 18. November stellte der hochkarätige Architekt Luigi Vanvitelli[123] seine Pläne für die Gestaltung der Petersbasilika vor[124]. Sein Honorar setzte man auf 200 Scudi fest. Weiterhin wurden Preise und Kontrakte mit den Handwerkern ausgehandelt und weitere Angebote eingeholt[125]. Spätestens auf der fünften Besprechung Ende November wurde deutlich, daß sich der Papst an der Dekoration und dem Haushalt der Feiern von 1712 und 1726[126] orientieren wollte[127].

Anfang 1746 stand man unmittelbar vor dem Baubeginn. Die Arbeiten in der Basilika setzten schließlich nach dem römischen Karneval ein[128]. Mitte Januar debattierte man nochmals über den prunkvollen Kelch, den der Papst bei der Eucharistiefeier benutzen sollte. In der Kommission hatte man sich zwar geeinigt, nicht mehr als 700 Scudi aufzuwenden, mußte schließlich jedoch 730 Scudi akzeptieren[129]. Ende Februar lag dann die Kalkulation Vanvitellis für die Ausleuchtung von St. Peter vor, die 610 Pfund Wachskerzen erforderte[130]. Die Zeit eilte, denn Benedikt hatte bereits den Termin für die Feierlichkeit auf den 29. Juni festgelegt[131]. Nun gab er auch seine Wünsche für die liturgische Kleidung zu erkennen, die eigens angefertigt werden mußte[132].

---

[122] Vgl. dazu die Aufzeichnung der ersten Zusammenkunft vom 14. September 1745: AGOP, Akte 691A (Caterina de' Ricci).

[123] Vanvitelli (1700–1773), 1741 Mitglied der Malerakademie *San Luca* in Rom, seit 1724 in der *Fabbrica di S. Pietro* mit kleineren Aufträgen betraut, entwarf zahlreiche Sakral- und Profanarchitektur im Patrimonium Petri, seit 1751 nach Neapel übergesiedelt (Schloß Caserta): Thieme/Becker, Allgemeines Lexikon der bildenden Künstler XXXIV 103–105; zuletzt: Schalhorn, Historienmalerei und Heiligsprechung 49–56.

[124] Zur tatsächlichen Gestaltung der Basilika vgl. die Abbildungen: Benedikt XIV., Opera Omnia VII 292a, 306a, 376a.

[125] Aufzeichnung der 4. Zusammenkunft bei *Sopra Minerva*, 18. November 1745: AGOP, Akte 691A (Caterina de' Ricci).

[126] Am 22. Mai 1712 kanonisierte Clemens XI. Pius V., Andrea Avellino, Felice da Cantalice und Caterina Vigri da Bologna. Benedikt XIII. sprach am 10. Dezember 1726 Turibio Alfonso di Mogrovejo, Giacomo della Marca und Agnese Segni da Montepulciano, am 27. Dezember 1726 Pellegrino Laziosi, Giovanni della Croce und Francesco Solano sowie am 31. Dezember Luigi Gonzaga und Stanislaus Kostka heilig.

[127] Den Postulatoren wurden die Preislisten von 1712 und 1726 vorgelegt. Vgl. die Aufzeichnung der Zusammenkunft vom 25. November 1745 bei *Sopra Minerva*: AGOP, Akte 691A (Caterina de' Ricci). – Tatsächlich sind große Ähnlichkeiten mit dem *Apparato* der Feier von 1712 erkennbar (Abbildung in: EC III 583f.).

[128] Geht aus der Aufzeichnung der Sitzung vom 17. Februar 1746 hervor: AGOP, Akte 691A (Caterina de' Ricci).

[129] Aufzeichnung über die Sitzung vom 13. Januar 1746: AGOP, Akte 691A (Caterina de' Ricci).

[130] Aufzeichnung über die Zusammenkunft vom 25. Februar 1746: AGOP, Akte 691A (Caterina de' Ricci).

[131] Der Termin stand schon vor der Sitzung am 3. März fest (vgl. die entsprechende Aufzeichnung: AGOP, Akte 691A [Caterina de' Ricci]), wurde aber offiziell erst am 6. Mai den Actoren der 5 Causen mitgeteilt: Brief aus dem Quirinal an den Dominikanergeneral, 6. Mai 1746: AGOP, Akte 691A (Caterina de' Ricci).

[132] Päpstliche Wünsche in der Sitzung vom 3. März 1746: AGOP, Akte 691A (Caterina de' Ricci).

Anfang Mai wurden die Postulatoren gebeten, weitere 2000 Scudi einzuzahlen[133]; am 20. Juni wurden dann nochmals 300 Scudi fällig, die unter der päpstlichen Familie des Apostolischen Palastes verteilt werden sollten. Von diesem Posten war allerdings in keinem Finanzierungsplan die Rede[134]. Man darf nicht annehmen, daß diese Beträge selbst von den Großorden ohne Schwierigkeiten zur Verfügung gestellt werden konnten. Beispielsweise mußten die Kapuziner die im September 1745 fällige Summe von 5000 Scudi in zwei Raten abzahlen; die Kamillianer beglichen ihre Verpflichtungen vom Juni 1746 ebenfalls in zwei Etappen[135]. Von dem bis Anfang Mai 1746 beträchtlich angewachsenen Grundstock von 35 000 Scudi wurden bis zum 17. Mai 34 526 Scudi für Materialien, Handwerkerlöhne u.ä. ausgegeben. Der Restbetrag wurde bis Mitte Februar 1748 für noch ausstehende Rechnungen aufgewandt[136].

Diese gewaltige Gesamtsumme ist isoliert betrachtet wenig aussagekräftig; erst aufgefächert in Einzelposten ergibt sie einen Eindruck von der außerordentlichen Prachtentfaltung, mit der eine Kanonisation Mitte des 18. Jahrhunderts durchgeführt wurde. Allein die Paramente, die zelebrierende und assistierende Geistliche in der Petersbasilika trugen, kosteten 2195,52 Scudi – davon die Meßgewänder des Papstes allein 142,12 Scudi. Die Kerzenbeleuchtung verschlang insgesamt 2195,52 Scudi[137].

Allein der Dominikanerorden hatte bisher einen Betrag von 7300 Scudi für die Feierlichkeit aufgewandt, zu dem dann nochmals 4955 für Geschenke (die in der Tarifliste des Papstes nicht angegeben waren), weitere 760 für sogenannte „Anerkennungen" sowie knapp 500 Scudi für Viten und Bilder kamen, die nach der Feier an die Gläubigen verteilt wurden[138]. Ferner waren insgesamt 40 große Ölgemälde und 43 kleinere Bildnisse der Caterina de' Ricci an die Ritenkongregation abzuliefern[139], was die stattliche Summe von 2442,77 Scudi erforderte[140]. Das Triduum in S. Maria sopra Minerva am 14. September 1746 kostete den Dominikanerorden den namhaften Betrag von 1179,93 Scudi[141]; allein für die Beleuchtung von St. Peter und der römischen Dominikanerkirche gab der Orden 1882 Scudi aus[142].

Für die lange Zeit vorbildliche Kanonisationsfeier von 1767 mußten dann schon 35 900 Scudi aufgewandt werden, also etwa 25% mehr als 1746. Dafür galt es aber, einen Seligen mehr heiligzusprechen, wie Clemens XIII. bemerkte, obgleich der zusätzliche Kandidat nichts an Programm und Struktur der Feierlichkeit änderte, somit

---

[133] Brief aus dem Quirinal an den Dominikanergeneral vom 6. Mai 1746: AGOP, Akte 691A (Caterina de' Ricci).
[134] Brief aus dem Quirinal an den Dominikanergeneral vom 20. Juni 1746: AGOP, Akte 691A (Caterina de' Ricci). Ursprünglich waren 200 Scudi vorgesehen.
[135] Abrechnungen und Belege der Heiligsprechung von 1746: AGOP, Akte 691A (Caterina de' Ricci).
[136] Ebd.
[137] Vgl. dazu die Abrechnungen der Kanonisationsfeier: AGOP, Akte 691B (Caterina de' Ricci).
[138] Vgl. dazu: ebd.
[139] Liste der abzuliefernden Bilder für die Kongregation: AGOP, Akte 691C (Caterina de' Ricci). – Zur Tradition (seit etwa 1665) und Funktion der Bildgeschenke an Kuriale: Schalhorn, Historienmalerei und Heiligsprechung 69–77.
[140] Quittung für die Bildwerke: AGOP, Akte 691C (Caterina de' Ricci).
[141] Abrechnung des *Ottavario*: AGOP, Akte 691C (Caterina de' Ricci).
[142] AGOP, Akte 691C (Caterina de' Ricci), Abrechnung der Feierlichkeiten von 1746.

der Aufwand nur unwesentlich größer war[143]. Die größten Posten bildeten die Ausstattung der Basilika mit 7841 Scudi sowie die Summe für Paramente und Goldstickereien mit 3686,96 Scudi[144].

Nun erst lassen sich die absoluten Gesamtkosten einer Heiligsprechung des 18. Jahrhunderts erahnen, wenn man voraussetzt, daß zumindest das Prozeßverfahren ohne größere Schwierigkeiten ablief. Als Beispiel sei die Kanonisation der Caterina de' Ricci angeführt, die den Dominikanerorden bei vorsichtiger Schätzung von der Wiederaufnahme des Verfahrens an der Ritenkongregation bis zur Durchführung des feierlichen Triduums mehr als 70 000 Scudi gekostet hatte.

2.b. Apologetik und Anachronismus

Wie bei der Beatifikation waren auch die Päpste des 19. Jahrhunderts nicht bereit, den Actoren bei der Ausrichtung der Kanonisationsfeiern entgegenzukommen. Die Ursache war schlicht Apologetik. Das zeigte sich bereits bei der Heiligsprechung von 1807: Dem antichristlichen Revolutionstreiben, das noch wenige Jahre zuvor im Zentrum der Katholischen Kirche gewütet hatte, erwiderte man die unfehlbare Wahrheit des christlichen Glaubens durch die „geheimnisvollen Zeremonien, mit welchen man dem dreifaltigen und einen wahren Gott Ruhm, Kult und Ehre zollt. Unter diesen ist die erhabendste und großartigste die Kanonisation der Heiligen"[145], so die offizielle Berichterstattung. Daher sei es erforderlich, „die heilige Feierlichkeit äußerst prächtig und aufwendig"[146] zu gestalten. Ausdrücklich ist davon die Rede, die Kanonisation mit „heiligem Pomp, ungeachtet der Einschränkung der Zeit, überaus erbaulich und grandios"[147] durchzuführen.

Auch die Heiligsprechung von 1839 sollte im „antichissimo rito"[148] durchgeführt werden. Kam man den Postulatoren bei den Gratifikationen und Abgaben gnadenhalber entgegen, so konnte bei der Ausrichtung der Feierlichkeit keine Einschränkung hingenommen werden, da es schließlich um die Ehre Gottes ging und darum, die Wünsche des obersten Pontifex zufriedenzustellen[149]. Obgleich der päpstlichen Vorbereitungskommission, der „Congregazione economica della Canonizzazione", die angespannte wirtschaftliche Situation der Orden bekannt war, reduzierte man die Kosten für das Hochamt in St. Peter in keiner Weise[150]. Ebenso verfuhr man noch bei der großen Kanonisation von 1867, die im Rahmen der Säkularfeier des Todes der Apo-

---

[143] Garms, Kunstproduktion aus Anlaß von Heilig- und Seligsprechungen 159–161. Hier ausführlich die Kosten der Feierlichkeit.
[144] ASRC, Fondo Sc, Acta Canonizationis 1767–1807, Abrechnung der Feierlichkeit von 1767.
[145] ASRC, Fondo Sc, Acta Canonizationis 1767–1807: Bericht über die Heiligsprechung von 1807: „misteriose ceremonie, colle quali si tributa al vero Dio Trino ed Uno gloria, culto et onore. Fra queste la più maestosa ed augusta è la canonizzazione dei Santi".
[146] Ebd.: „A rendere poi questa sacra funzione più magnifica e decorosa".
[147] Ebd.: „la sacra pompa, malgrado la ristrezza de' tempi oltremodo edificante e grandiosa".
[148] ASRC, Fondo Sc, Acta Canonizationis 1839: alle Heiligen, *Sagro Invito* vom 19. Mai 1839.
[149] ASRC, Fondo Sc, Acta Canonizationis 1839: alle Heiligen, Rundbrief Ugolinis an die Postulatoren, 12. Dezember 1837.
[150] Die Gesamtsumme, die der Präsident der Kommission den Postulatoren Mitte Dezember 1837 bekanntgab, entsprach in etwa der der Feiern von 1767 und 1807: ebd.

Abb. 4: Festapparat im Chor von St. Peter für die Kanonisation von 1767. Stich von Oscar Savio.
(Aus: Giuseppe Andrea Mariotti [Hg.], Acta Canonizationis Iohannis Cantii, Josephi Calasanctii …, Rom 1769)

... per la solenne Canonizazione dei Beati Giovanni Canzio, Giuseppe Calasanzio, Giuseppe da Cupertino
... il di 16 Luglio dell'anno 1767. dal Sommo Pontefice Clemente Papa XIII

15. Referendari di Segnatura
16. Camerieri Segreti, e di Onore
17. Avvocati Concistoriali
18. Cappellani Segreti
19. Trono per l'ora di terza
20. Consultori della Sagra Congregazione de' Riti
21. Credenza delle Oblazioni
22. Delatori delle Oblazioni
23. Credenza per servizio dell'Altare
24. Credenza della Bottiglieria
25. Palchetti per la nobiltà

stelfürsten besonders festlich begangen wurde. Die Kurie hatte zwar die Abgaben an die Ritenkongregation sowie Geschenke und Zuwendungen reduziert, nicht aber an der Ausstattung von St. Peter sparen wollen[151].

2.c. Vorbereitungen und Kosten im 19. Jahrhundert

Da trotz desolater finanzieller Situation nichts an Umfang und Form der liturgischen Heiligsprechung geändert wurde, setzte man mit den Vorbereitungen schlicht früher ein: Für die Kanonisation des Jahres 1807 wurden die Postulatoren bereits 10 Jahre zuvor zusammengerufen und über den Finanzbedarf informiert. Ihnen stand daher entscheidend mehr Zeit zur Verfügung, um ihre Gelder in das päpstliche Geldinstitut, der *Banco S. Spirito*[152], einzuzahlen[153]. Eine jährliche Rate wurde zwar nicht festgesetzt; man kam aber darin überein, bereits im ersten Jahr um die 700 Scudi abzuführen[154].

Auch die Heiligsprechung von 1839 hatte eine längere Vorlaufzeit und basierte auf einer außergewöhnlich detaillierten und umfassenden Vorbereitungsphase. Man gewinnt den Eindruck, daß die komplizierte und heikle Aktion ganz das Werk des Finanzexperten Giuseppe Ugolini war, der es in der Durchführung und Finanzierung der Kanonisation zur Meisterschaft brachte. Sein wirtschaftliches Geschick wurde von Gregor XVI. 1838 mit dem roten Hut honoriert[155]. Ugolini war seit 1806 in der päpstlichen Finanzverwaltung tätig, hatte sich Einblicke in verschiedenste Ressorts kurialer Geldwirtschaft erworben und es 1818 zum Präsidenten der Apostolischen Kammer gebracht[156]. Außerdem hatte er mit höchstem Lob an der Heiligsprechung von 1807 mitgewirkt[157]. Für die Vorbereitung der Feierlichkeit von 1839 war er also genau der rechte Mann.

Nachdem Gregor XVI. seine Absicht auf eine Kanonisation zu erkennen gegeben und als Vorbild die Feier von 1767 festgelegt hatte, sammelte Ugolini ab Juli 1836 in einer ersten Phase[158] Informationen[159]: Man zog Abrechnungen und Aufzeichnungen über

---

[151] ASRC, Fondo Sc, Acta Canonizationis 1867, Bd. 1 (Pedro de Arbués), Abrechnung der Feierlichkeit.
[152] Zum 1605 gegründeten öffentlichen Geldinstitut des Kirchenstaates vgl. die umfassende Gesamtdarstellung: Ermanno Ponti, Il Banco di Santo Spirito e la sua funzione economica in Roma papale (1605–1870), Rom 1951.
[153] ASRC, Fondo Sc, Acta Canonizationis 1767–1807, Aufzeichnung des Domenico Coppola.
[154] Ebd. Die Postulatoren stimmten dieser Vereinbarung am 16. September 1797 zu.
[155] Ugolini (1783–1867) aus den Marken, 1804 *Prelato Referendario*, 1806 *Ponente del Buon Governo*, 1818–1821 Präsident der Apostolischen Kammer, 1822–1838 Kammerkleriker, 1826 Sekretär der *S. Congregazione del Censo*, 1835–1838 Dekan der Kammerkleriker, 12. Februar 1838 Kardinal, 1838–1847 Legat in Ferrara: Weber II 525f.
[156] Die Apostolische Kammer, eines der ältesten kurialen Dikasterien, war für die Vermögensverwaltung des Hl. Stuhls zuständig; vgl. kurz: Niccolò Del Re, Art. Camera Apostolica, in: ders., Mondo Vaticano 168–170 (Lit.).
[157] ASRC, Fondo Sc, Acta Canonizationis 1839: alle Heiligen, Aufzeichnung über die Organisation der Feierlichkeit von 1839.
[158] Die Vorbereitung der Kanonisation wurde von der Ritenkongregation im Nachhinein in drei Etappen eingeteilt. Die erste Periode umfaßte die Präsidentschaft Ugolinis vom 16. Juli 1836 (offizielle Ernennung) bis Mai 1838; die zweite die Präsidentschaft Crescentio Bussi Ubaldinis, der am 21.

die Heiligsprechung unter Clemens XIII. aus den Archiven, stellte erste Bilanzen auf und sandte Agenten aus, um die Finanzkraft der Orden diskret auszuloten – ein ebenso heikles wie nicht unbedeutendes Unternehmen, denn es galt nach den eigenen Worten der Ritenkongregation, der „immensa quantità di varie spese"[160] Herr zu werden. Unbeirrt – der Pomp des Ancien Régime mußte bezahlt werden – machte man bereits die Postulatoren im Vorfeld des Finanzierungsplanes darauf aufmerksam, daß eine Festlichkeit „mit allen jenen ökonomischen Mitteln, die man auftreiben könne"[161], geplant sei. Daher rief Ugolini die Postulatoren schon am 25. August 1836 zu einer ersten Sitzung zusammen, um ihnen eine Liste von Objekten vorzulegen, die sie der liturgischen Feier auf eigene Kosten zur Verfügung zu stellen hatten[162]. Am 15. September verschickte der künftige Kardinal eine Taxen- und Gebührenaufstellung, die sich an den Vorgaben Benedikts XIV. orientierte und den Verhältnissen von 1807 angepaßt war[163]. Einen Monat später wurde das dekorative Programm für St. Peter präsentiert und die Anzahl der abzuliefernden Ölgemälde festgelegt[164]. Ende Februar 1837 leistete man bereits die ersten Zahlungen: Der Postulator der Redemptoristen hinterlegte beispielsweise für die Heiligsprechung seines Gründers 2000 Scudi[165]. Es stellte sich jedoch rasch heraus, daß die Orden außerstande waren, den Aufwand an Gebühren und Geschenken gemeinsam mit der Finanzierung der Feierlichkeit zu bewältigen, so daß man sich auf das Abliefern von Geldern in zwei Etappen einigte: zunächst die Deckung von Taxen und Gratifikationen, dann die Einzahlungen für die Ausrichtung des Hochamts[166].

Die entscheidende Sitzung des Vorbereitungskomitees war ohne Zweifel die des 17. Aprils 1837, die tatsächlich zur „Stunde der Wahrheit" wurde. Ugolini legte den Postulatoren erstmals eine Gesamtberechnung der Heiligsprechungsfeier vor, die bei etwa 53 000 Scudi lag[167]. Außerdem sollten sich die beteiligten Orden schriftlich verpflichten, gegebenenfalls mehr aufzuwenden, falls die veranschlagten Gelder nicht

---

    Mai 1838 ernannt wurde, die dritte die des Antonio Matteuccis, der am 21. März 1839 seine Ernennung erhielt: ASRC, Fondo Sc, Acta Canonizationis 1839: alle Heiligen, Aufzeichnung über die Organisation der Feier von 1839.

159 ASRC, Fondo Sc, Acta Canonizationis 1839: alle Heiligen, Aufzeichnung aus der Ritenkongregation über die Tätigkeit Ugolinis in der sog. ersten Phase.

160 Ebd.

161 Ebd.: „con tutti quei mezzi economici, che avrebbero potuto ottenere".

162 Archivio della Postulazione SJ, Akte 248 (Francesco de Gerolamo), Brief Ugolinis an den Jesuitengeneral, 4. September 1836. Art und Umfang der Gegenstände werden hier nicht aufgeführt.

163 Archivio della Postulazione SJ, Akte 248 (Francesco de Gerolamo), Ugolini an Jesuitengeneral, 15. September 1836.

164 Archivio della Postulazione SJ, Akte 248 (Francesco de Gerolamo), Ugolini an Jesuitengeneral, 17. Oktober 1836.

165 ASRC, Fondo Sc, Acta Canonizationis 1839: Alfonso de Liguori, Bd. 1, Faszikel mit den Abrechnungen der Feier, *Titolo* 2: Deposito vom 27. Februar 1827.

166 Vgl. hierzu die Aufzeichung des *Notaro sostituto*, Luigi Ciampoli, der von der Ritenkongregation für die Eintreibung der Gelder eingesetzt worden war: ASRC, Fondo Sc, Acta Canonizationis 1839: alle Heiligen.

167 Ein Protokoll der Sitzung liegt nicht vor. Der Inhalt geht aus der Einladung Ugolinis und dem Brief des Präsidenten des Gremiums an den Jesuitengeneral vom 28. April 1837 hervor: Archivio della Postulazione SJ, Akte 248 (Francesco de Gerolamo).

ausreichen sollten[168]. Diese Summe löste unter den Postulatoren ganz offensichtlich einen Schock aus. Noch Mitte August baten die Redemptoristen um eine Reduktion der Kosten. Die von Ugolini vorgeschlagenen Zahlungen seien entschieden zu hoch veranschlagt; hinzu kam, daß wegen der Ungunst der Zeit und der vielerorts anzutreffenden restriktiven staatlichen Gesetzgebung Spenden ausblieben. Die konsternierten Postulatoren unterließen es daher auch, sich zwischenzeitlich zu versammeln, um über die Zahlungsmodalitäten mit Ubaldini zu verhandeln[169]. In diesem unwürdigen Finanzschacher hatte der findige Wirtschaftsfachmann nicht nur den Sieg davongetragen, sondern auch durch windiges Kalkül und ausgekochte Taktik einen Bonus für den Hl. Stuhl von 3000 Scudi erwirtschaftet, der geschickt als Sonderabgabe getarnt war[170]. Am 29. November hatte Ubaldini den Postulatoren den neuberechneten Umfang ihres Scherfleins präsentiert, der für Alfonso de' Liguori bei 13 000 Scudi, für Giovanni Giuseppe della Croce bei 12 000, für Pacifico da S. Severino[171] und Francesco de Gerolamo jeweils bei 10 000 sowie für Veronica Giuliani[172] bei 8000 Scudi lag. Da jedoch die Gesamtkosten der Feier – vermutlich durch kleinere Einsparungen – nun auf 50 147 Scudi veranschlagt wurden, entstand ein Überschuß von 2853 Scudi, der auf Vorschlag Ugolinis als besagte neue Abgabe deklariert wurde, welche man noch auf glatte 3000 Scudi aufstockte[173].

Diese Kröte schienen die Postulatoren geschluckt zu haben, denn schon am 3. Dezember verpflichtete sich der Jesuitengeneral zur Abzahlung seines Beitrages für Francesco de Gerolamo[174]. Auch die Redemptoristen hatten die erste Rate von 1500 Scudi Anfang März 1838 geleistet[175]. Damit war die Finanzierung zunächst gedeckt; Ugolini hatte ganze Arbeit geleistet und wurde am 12. Februar 1838 mit dem roten Hut ausgezeichnet. Seine Tätigkeit im Vorbereitungsgremium war am 11. Mai beendet[176].

---

[168] Vgl. hierzu den Brief der Präsidentschaft zur Vorbereitung der Heiligsprechung an den Redemptoristenpostulator, 23. August 1839: ASRC, Fondo Sc, Acta Canonizationis 1939: Alfonso de Liguori, Bd. 1.

[169] Vgl. hierzu die Supplik des Redemptoristenpostulators an den Papst, 14. August 1837: ASRC, Fondo Sc, Acta Canonizationis 1839: alle Heiligen. – Tatsächlich wurden von April bis Dezember 1837 zahlreiche Sitzungen abgehalten, wobei es jedoch nicht um Finanzfragen, sondern um die Ausstattung der Basilika und die Paramente ging: Archivio della Postulazione SJ, Akte 248 (Francesco de Gerolamo): Sammlungen von Einladungen Ugolinis für die bevorstehenden Sitzungen.

[170] Ugolini an die beteiligten Postulatoren, 12. Dezember 1837, und Protokoll der Adunanz vom 27. Dezember: ASRC, Fondo Sc, Acta Canonizationis 1839: alle Heiligen. – Im kongregationseigenen Sitzungsprotokoll wird ungeschminkt von „Taktik" und „Kalkulation" gesprochen, um die Gelder einzutreiben.

[171] Pacifico da S. Severino OFM (1653–1721), 1680–1683 Lektor der Philosophie, dann mehrere Jahre Prediger und Volksmissionar, 1786 Selig-, 1839 Heiligsprechung: Giacomo Turchi, Art. Pacifico da S. Severino Marche, in: BS X 7–9.

[172] Veronica Giuliani (1660–1727), 1677 Eintritt in den Clarissenorden, 1716 Äbtissin von Città di Castello, gilt als stigmatisierte Mystikerin: Felice Da Mareto, Art. Veronica Giuliani, in: BS XII 1050–1056.

[173] Vgl. dazu den Brief Ugolinis an die einzelnen Postulatoren vom 12. Dezember 1837: ASRC, Fondo Sc, Acta Canonizationis 1839: alle Heiligen.

[174] Ebd.

[175] ASRC, Fondo Sc, Acta Canonizationis 1839: Alfonso de Liguori, Bd. 1, Faszikel der Abrechnungen, *Titolo* 2: Am 3. März 1838 wurden 1500 Scudi geleistet, am 7. Juli 1600, am 28. September 600, am 7. November 1400, am 10. November 800, am 22. Dezember 508.

[176] ASRC, Fondo Sc, Acta Canonizationis 1839: alle Heiligen, Aufzeichnung der Ritenkongregation über die Kanonisation von 1839.

Gregor XVI. hatte sich mit den Vorschlägen der Kommission einverstanden erklärt und Ugolini den Rücken gedeckt, konnte sich jedoch nicht mit seiner Absicht durchsetzen, die Kanonisierung der fünf Seligen schon im September durchzuführen. Man einigte sich im Frühjahr 1838 auf einen Termin im Mai des folgenden Jahres[177]. Die Ursache liegt vor allem in der Finanznot der Orden, die ihren Obolus nur in mühsamen Ratenzahlungen entrichten konnten[178]. Noch Anfang 1838 monierten die Postulatoren die hohen Abgaben für die Propaganda Fide[179]. Bis Anfang Dezember hatte man soviel Geld beisammen, daß der Papst offiziell zu werden glaubte: Aus der Ritenkongregation erfuhr man, daß Gregor XVI. im nächstmöglichen Konsistorium eine bevorstehende Kanonisationsfeier mit den Namen der entsprechenden Kandidaten ankündigen werde[180]. Das Interesse des Papstes an der Heiligsprechung als solcher blieb nicht im Äußeren verhaftet, sondern ging ganz offensichtlich bis in die Detailplanung: Sogar die Vorlagen der Silbermedaillen, die von den Orden für dieses Ereignis eigens geprägt wurden, ließ er sich zur Begutachtung vorlegen[181].

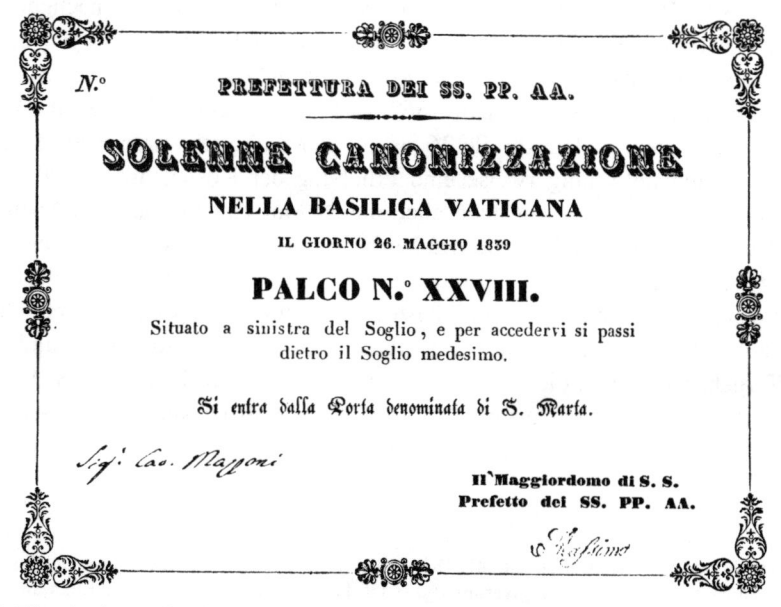

Abb. 5: Eintrittskarte für die Kanonisationsfeier von 1839.
(Aus: ASRC, Fondo Sc, Acta Canonizationis 1839 [alle Heiligen])

---

[177] Vgl. hierzu die undatierte Aufzeichnung des Sekretärs der Ritenkongregation, Frühjahr 1838: ASRC, Fondo Sc, Acta Canonizationis 1839: alle Heilige.
[178] Vgl. hierzu den Faszikel über die deponierten Gelder der Redemptoristen (ASRC, Fondo Sc, Acta Canonizationis 1839: Alfonso de Liguori, Bd. 1) und das Verzeichnis der im *Sacro Monte di Pietà di Roma* deponierten Gelder des Jesuitenordens (1838–1839): Archivio della Postulazione SJ, Akte 256 (Francesco de Gerolamo).
[179] Aufzeichnung über die Adunanz vom 19. Januar 1839: ASRC, Fondo Sc, Acta Canonizationis 1839 (alle Heiligen).
[180] Pedicini an den Jesuitenpostulator, 4. Dezember 1838: Archivio della Postulazione SJ, Akte 248 (Francesco de Gerolamo).
[181] Das geht aus einem Brief des Sekretärs Becchi (Vorbereitungskommission) an den Jesuitenpostulator vom 6. Juli 1839 hervor: Archivio della Postulazione SJ, Akte 248 (Francesco de Gerolamo).

Die Finanzierung der Feier vom 26. Mai 1839 stand jedoch auf tönernen Füßen. Zwar war sie nominell und durch die schriftlichen Verpflichtungen der Postulatoren gedeckt, doch liefen längst nicht alle Gelder termingerecht ein. Die Franziskaner hatten beispielsweise bis zum Juli erst 5537 von den erforderlichen 10 000 Scudi eingezahlt; sie hatten sich schon im Februar 1839 außerstande gesehen, weitere Mittel abzuführen[182]. Ganz düster sah es bei den Kapuzinern aus, die bis Mitte Mai erst 3408 der fälligen 8000 Scudi deponiert hatten[183].

Trotz der desolaten Finanzlage der Orden und der nur sehr zäh fließenden Zahlungen durch die einzelnen Postulatoren überschritten die tatsächlichen Ausgaben die Planung um einen beträchtlichen Betrag. Als Deckungslücke klafften 8000 Scudi, wie man im August 1839 feststellte[184]. Rechtlich traten keine Schwierigkeiten auf, da man sich im April 1837 bereits zu eventuellen Mehrzahlungen verpflichtet hatte. Auf den Postulator von Alfonso de' Liguori kamen nun noch einmal lediglich 1000 Scudi zu – und zwar nur, weil dieser bereits bei der Gesamtfinanzierung den Löwenanteil erbracht hatte[185]. Bis die Orden ihren Verbindlichkeiten vollständig nachgekommen waren und man alle Künstler und Handwerker ausgezahlt hatte, vergingen über vier Jahre. Erst Anfang 1844 konnte die Akte *Kanonisation 1839* geschlossen werden[186].

Die nächste Heiligsprechung im Jahre 1862 warf ganz andere Probleme auf. Die Vielzahl von Kandidaten – allein für die 26 japanischen Märtyrer waren Bildwerke abzuliefern – brachte notwendigerweise eine Erhöhung der Kosten mit sich[187]. Mit der Organisation der Feier betraute man auch dieses Mal einen erfahrenen Mann, Vincenzo Becchio, der bereits Sekretär des Vorbereitungsgremiums für die Kanonisation von 1839 gewesen war[188]. Die Vertrauensperson Pius' IX. sprang recht selbstherrlich mit den eigentlichen Geldgebern, den Postulatoren, um und zog sich schließlich deren Unmut zu[189]. Wahrscheinlich war es überhaupt nur durch unerbittliches und energisches Vorgehen möglich, die Vorbereitungen der Heiligsprechung vom 8. Juni 1862 in relativ kurzer Zeit durchzupeitschen. Die beiden äußerst kurzen Prozesse für die

---

[182] ASRC, Fondo Sc, Acta Canonizationis 1839: Alfonso de Liguori, Bd. 1, Abrechnungsfaszikel des Postulators für Pacifico da S. Severino und Brief desselben Postulators an die Ritenkongregation vom 9. Februar 1839.

[183] ASRC, Fondo Sc, Acta Canonizationis 1839: Alfonso de Liguori, Bd. 1, Abrechnungsfaszikel zur Heiligsprechung von Veronica Giuliani. Bis Juni 1840 wurden weitere 1500 Scudi eingezahlt.

[184] ASRC, Fondo Sc, Acta Canonizationis 1839: Alfonso de Liguori, Bd. 1, *Presidenza della Postulazione* an Redemptoristenpostulator, 23. August 1839.

[185] Ebd. Insgesamt zahlten die Redemptoristen 8408 Scudi für die Feier: Orlandi, Centocinquanta anni fa Alfonso de Liguori veniva proclamato santo 240.

[186] ASRC, Fondo Sc, Acta Canonizationis 1839: Alfonso de Liguori, Bd. 1, Fasz. *Miscellanea*, Aufzeichnung über die Endabrechnung.

[187] Am 8. Juni 1862 wurden neben Michele de Santi 26 japanische Märtyrer kanonisiert: 6 Franziskaner, 3 Jesuiten und 17 Franziskanerterziare.

[188] Aufzeichnung über die Organisation der Kanonisation: ASRC, Fondo Sc, Acta Canonizationis 1839: alle Heilige.

[189] Undatierter Handzettel aus der Postulatur der Jesuiten: Archivio della Postulazione SJ, Akte 264 (Martiri giapponesi): „il quale convocò i Postulatori et constituì la Postulazione, avendo anche fatto intervenir in qualità di segretario, senza sentire il parere dei postulatori, il S.or Becchio persona della Sua [d.i. der Papst] confidenza nota".

Franziskaner- und Jesuitenmärtyrer begannen erst Ende August 1861 bzw. im Februar 1862[190], so daß nur wenige Monate für die Ausrichung der Feier blieben.

Eine der ersten Adunanzen mit den Postulatoren schien Ende Februar 1862 stattgefunden zu haben[191]. Auf der Sitzung Anfang April erörterte man dann erstmals das Problem der Taxen und der Gratifikationen sowie die Schwierigkeiten, die die Vielzahl von Bildwerken einer bislang unbekannten Menge von Kandidaten mit sich brachte[192]. Diese Fragen ließen sich nur in Kooperation mit den Kardinälen der Ritenkongregation lösen, die dafür eigens eine Spezialkommission einsetzte[193]. Die eigentliche Hauptfrage, die Finanzierung des Hochamtes mit dem Papst in St. Peter, schien weniger Bedenken auszulösen als 1839. Das lag gewiß an der Regeneration und Konsolidierung der wirtschaftlichen Verhältnisse. Der Jesuitengeneral hatte dem Papst bereits Ende Februar einen Betrag von 20 000 Scudi in Aussicht gestellt[194]. Außerdem flossen nun nicht unbeträchtliche Spenden, die für die Finanzierung eine wesentliche Hilfe darstellten[195]. Aber auch 1862 gab es wieder Beschwerden der Postulatoren, die sich vor allem gegen die ständig wachsenden Ausgaben richteten[196] – ein Zeichen für mangelhafte kuriale Kalkulation. Die Hauptstoßrichtung der Kritik wandte sich jedoch gegen die beschämend wenigen Plätze, die man den Postulaturen zugestehen wollte: Für jeden Orden sollten ganze 25 Sitze in der Basilika zur Verfügung stehen, weitere 20 Plätze gingen an Begleitpersonen[197]. Obgleich die Sitzverteilung immer ein heißumkämpftes Feld der Beatifikations- bzw. Kanonisationspraxis gewesen war, scheint doch dieses Mal der Raum für die offensichtlich gestiegene Anzahl von Wohltätern nicht einmal ansatzweise ausgereicht zu haben[198]. Die beteiligten Postulatoren wandten sich gemeinsam sogar an den Kardinalstaatssekretär, da ihrer Meinung nach die hohen Kosten in keinem Verhältnis zur Teilnahmemöglichkeit an der *Cappella Papale* standen[199]. Für 52 450,67 Scudi, die die Feierlichkeit insgesamt verschlang, durfte

---

[190] Der Kanonisationsprozeß für die 23 Franziskaner kam erst durch die Audienz vom 22. August 1861 ins Rollen, der der Jesuiten durch die Audienz vom 20. Februar 1862: ASRC, Decreta 1860–1862, fol. 140, 191.

[191] Archivio della Postulazione SJ, Akte 262 (Martiri giapponesi), Einladung der *Presidenza* an den Jesuitenpostulator vom 24. Februar 1862 für den 26. Februar.

[192] *Presidenza* an die Postulatoren vom 16. April 1862 über die Adunanz vom 2. April: Archivio della Postulazione SJ, Akte 262 (Martiri giapponesi).

[193] *Presidenza* an die Postulatoren, Ende April 1862: Eine *Congregatio particularis* der Ritenkongregation sollte am 30. April zusammenkommen: Archivio della Postulazione SJ, Akte 262 (Martiri giapponesi).

[194] ASRC, Fondo Q, Martyres Japoneses, Beckx an Pius IX., 20. Februar 1862.

[195] Aus der französischen Botschaft kamen beispielsweise um die 550 Scudi für alle drei Causen, der römische Fürst Ruspoli steuerte ebenfalls eine nicht unbedeutende Summe bei: Archivio della Postulazione SJ, Akte 262 (Martiri giapponesi), Vitelleschi an den Jesuitenpostulator, 16. Juni 1862. – Es darf ebenfalls davon ausgegangen werden, daß der einflußreiche römische Bankier, Principe Alessandro Torlonia (1809–1886), eine bedeutende Summe den Jesuiten zur Verfügung gestellt hatte.

[196] Brief des Jesuitenpostulators an die *Presidenza* vom 30. Mai 1862: Archivio della Postulazione SJ, Akte 264 (Martiri giapponesi): „le tante spese, che contra le previsioni fatte sono venute sempre più crescendo".

[197] Ebd.

[198] Archivio della Postulazione SJ, Akte 264 (Martiri giapponesi), Jesuiten- und Trinitarierpostulator an den *Magister Sacri Palatii*, undatierte Minute.

[199] Archivio della Postulazione SJ, Akte 264 (Martiri giapponesi), Jesuiten- und Trinitarierpostulator an Antonelli, undatierte Minute.

man mit mehr als 45 Stühlen rechnen. Allein die Ausstattung der Petersbasilika kostete die drei Postulatoren 39 795 Scudi, die traditionelle Beleuchtung der Kuppel bei Nacht 752,32 Scudi[200]. Das Vorbereitungsgremium schien trotz der üblichen Kritik im Vorfeld insgesamt, vor allem aber bei der Gesamtabrechnung, humaner verfahren zu sein als sein Vorgänger: Der Überschuß von etwa 1500 Scudi, der bei der Endabrechnung im Dezember 1862 übriggeblieben war, wurde zu gleichen Teilen an die drei Postulatoren zurückerstattet[201].

Das rasche Aufeinanderfolgen der Kanonisationen von 1862 und 1867 wäre Grund genug gewesen, den finanziellen Aufwand der Feiern zu reduzieren. Da aber die Heiligsprechung von 1867 in das Aposteljubiläum eingebettet war[202], das einen äußerst regen Zulauf von Gläubigen und Würdenträgern aller Art erwarten ließ, wollte man an den festlichen Zeremonien nicht sparen. Zunächst wirkte sich die Vielzahl der zum Abschluß gekommenen Causen[203] für die Orden kostensenkend aus. Zudem hatte der Papst die Abgaben und Geschenke an die Kurie drastisch reduziert[204], so daß er glaubte, bei den Ausgaben für die Feierlichkeit keine Zugeständnisse machen zu brauchen.

Die Vorbereitung setzte im November 1866 ein[205], obwohl zu diesem Zeitpunkt noch gar nicht absehbar war, welche Causen rechtzeitig abgeschlossen sein würden. Anfang Dezember ist jedenfalls die Weltkirche von einer neuen Kanonisationsfeier informiert worden[206]. Um rasche Fortschritte in der Schlußphase der säumigen Causen zu gewährleisten, wurden verschiedene Geistliche als neue Mitarbeiter in der Kongregation eingestellt, deren Besoldung schließlich von den Postulatoren aufgebracht werden mußte[207]. Rechtzeitig vor der Säkularfeier war das Geld beisammen: 72 909,09 Scudi[208]. Die relativ zügige Beschaffung einer solch hohen Summe überrascht zu-

---

200 Archivio della Postulazione SJ, Akte 264 (Martiri giapponesi), Gesamtabrechung der *Congregazione economica*, 10. Dezember 1862.
201 Ebd.
202 Ausführliche Schilderung der Feier: Civiltà Cattolica 1867 (III), 227–251.
203 Am 29. Juni 1867 wurden Josaphat Kuncewycz, Pedro de Arbués, 19 Märtyrer aus Gorkum, Paolo della Croce, Leonardo da Porto Maurizio, Maria Francesca delle Cinque Piaghe und Germaine Cousin heiliggesprochen.
204 Pius IX. reduzierte die Abgabe an die Propaganda auf 1750 Scudi; die Gratifikationen wurden meist um die Hälfte vermindert, nur die kleineren Trinkgelder blieben konstant. Daher reduzierten sich die *Propine* von 37 129 Scudi auf 8914,95 Scudi: ASRC, Fondo Sc, Acta Canonizationis 1867, Bd. 1 (Josaphat et altri), Abrechnung der Feierlichkeit von 1867.
205 Caprara an den Präfekten Patrizi, Mitte November 1866: ASRC, Fondo Sc, Acta Canonizationis 1867, Bd. 1 (Josaphat et altri).
206 Rundbrief des Sekretärs der Ritenkongregation an verschiedene Kurienkardinäle und Prälaten, 22. Dezember 1866: Information über das Zirkularschreiben des Papstes vom 8. Dezember, das die Einladung zum Konzil und zur Kanonisation aussprach: ASRC, Fondo Sc, Acta Canonizationis 1867, Bd. 1 (Josaphat et altri).
207 Schon im November 1866 setzte sich Agostino Caprara als Mitarbeiter des Promotors fidei dafür ein, das die Postulatoren in Form einer „nuova contribuzione" für sein Gehalt aufkamen: ASRC, Fondo Sc, Acta Canonizationis 1867, Bd. 1 (Josaphat et altri), Caprara an Patrizi, Mitte November 1866.
208 Am 31. Mai 1867 verbuchte der *S. Monte di Pietà di Roma* diesen Betrag, der von den Postulatoren aufgebracht worden war: ASRC, Fondo Sc, Acta Canonizationis 1867, Bd. 1 (Josaphat et altri), Rechnungszettel.

nächst, war aber nur möglich, weil sich die Gesamtkosten auf insgesamt zehn Postulatoren verteilten, so daß jeder einzelne um die 7000 Scudi hinterlegen mußte.

Aus all dem ist zunächst deutlich geworden, daß Beatifikation und Kanonisation eine genuin päpstliche Angelegenheit war. Papales Interesse schien nicht nur bei der spezifischen Prozeßführung durch, sondern ebenso bei der Vorbereitung und Finanzierung der Feierlichkeit in St. Peter. Die astronomisch hohen Kosten für die Selig- und Heiligsprechung haben die Ordensdominanz, abgesehen von ganz wenigen Ausnahmen, bis zur Ausschließlichkeit gefördert. Schon ein Blick in die Prozeßverfahren zeigt, daß derjenige rascheren Erfolg hatte, der über den größeren Geldbeutel verfügte und das Räderwerk der Ritenkongregation durch „Ölen" in Gang hielt. Aber selbst die Großorden hatten vor allem in der ersten Hälfte des 19. Jahrhunderts immer wieder erhebliche Schwierigkeiten, die erforderlichen Mittel aufzubringen. Die Kurie kam ihnen nur bei Abgaben und Gratifikationen entgegen, verlangte jedoch den gesamten prunkvollen Aufwand für die liturgische Feier, die in ihrer äußeren Form noch ganz aus dem Ancien Régime stammte. Die hohen Abgaben für die Kurialen während und im Anschluß an das Prozeßverfahren der Ritenkongregation hatte eine Ursache im Besoldungsgebahren der Kurie, die Gratifikationen und Trinkgelder bei der besoldungsmäßigen Zumessung stets einzukalkulieren pflegte. Daß der Usus der Abgaben und *Mancie* rasch zu Auswüchsen und Mißbräuchen ausufern konnte, braucht nicht eigens betont zu werden und war selbst den Päpsten bewußt. Schon Benedikt XIV. hatte versucht, durch die Festsetzung von Obergrenzen Mißständen Einhalt zu gebieten. Seine Nachfolger im 19. Jahrhundert waren aus rein praktischen Gründen gezwungen, die kaum mehr nachvollziehbare Abgabenflut zu reduzieren und das eigentliche Ärgernis der Kultsanktion dadurch abzubauen.

3. Päpstliche Sonderwünsche

Aus dem immer wieder zu beobachtenden regen päpstlichen Interesse an speziellen Causen sowie an der Gestaltung der feierlichen Beatifikationen bzw. Kanonisationen gingen auch persönliche Sonderwünsche des Pontifex für Dekor und Ablauf des Hochamtes hervor. Benedikt XIV. verzichtete für die Kanonisation von 1746 auf die sonst übliche juwelenbesetzte Mitra und verlangte statt dessen ein reich verziertes Ostensorium, das ihm die beteiligten Postulatoren finanzieren mußten[209]. Was kostengünstiger gewesen war, läßt sich nicht feststellen. Der Reliquienbehälter verschlang jedenfalls die gewaltige Summe von 1600 Scudi, was gemessen an den Ausgaben für die Paramente (3056 Scudi) und die bühnenartigen Aufbauten im Chor von St. Peter, dem sogenannten *Apparato* oder *Teatro* (8390 Scudi), ein bemerkenswerter Posten war[210]. Clemens XIII. erbat sich für die Kanonisation von 1767 wieder eine Juwelenmitra im Wert von 1600 Scudi[211]. Zweifellos hatte das Ostensorium reichere liturgische Verwendung gefunden, als die wenige Male getragene Prunkmitra des Papstes.

---

[209] Vgl. dazu die Aufzeichnung der 13. Sitzung des Vorbereitungsgremiums, 1. April 1746: AGOP, Akte 691A (Caterina de' Ricci).
[210] ASRC, Fondo Sc, Acta Canonizationis 1746, Gesamtabrechnung der Kanonisation von 1746.
[211] ASRC, Fondo Sc, Acta Canonizationis 1767–1807, Abrechnung der Feierlichkeit von 1767.

Die Heiligsprechung von 1767 galt lange Zeit als vorbildlich, da sie die alte und uneingeschränkte Prachtentfaltung des Ancien Régime zum Ausdruck brachte. Allein zur nächtlichen Illumination der Peterskuppel leuchteten 8794 Kerzen[212]. Besondere päpstliche Wünsche sind nicht zu registrieren; man erkennt lediglich eine ausgeprägte Vorliebe für prunkvolle Paramente und kostbar gearbeitete Goldstickereien, für die etwa 20 Prozent mehr ausgegeben wurde als noch 1746[213].

Die Krisenzeiten um 1800 machten auch vor dem Altar nicht halt. So begnügte sich Pius VII. bei der Kanonisationsfeier von 1807 mit einem minder kostbaren Kelch und schien auch auf die aufwendige Mitra verzichtet zu haben[214]. Dafür schnellten jedoch die Kosten für Paramente in die Höhe, die selbst die Ausgaben unter Clemens XIII. bei weitem in den Schatten stellten[215].

Die feierliche Kanonisation von 1867 sollte nicht nur durch die 1800. Wiederkehr des Todes der Apostelfürsten Petrus und Paulus größeren Glanz erhalten, sondern auch gleichsam in neuem Goldlicht strahlen. Pius IX. kam auf den Gedanken, die Bedeutung des Papsttums durch die auf Primat und Universalität ausgerichteten Märtyrer- und Missionscausen herauszustreichen und dieses gleichsam in neues, überirdisches Licht zu tauchen. Es war mehr als nur ein Renovierungsbedürfnis, die Cathedra Petri[216] in der vatikanischen Basilika neu zu vergolden. Dieser Absicht kam ohne Zweifel starke symbolische Bedeutung zu. Sie stand ganz in der ekklesiologisch-kirchenpolitischen Linie Pius' IX., der durch die Kanonisation Josaphats seinen primatialischen Anspruch gegenüber den Ostkirchen zum Ausdruck brachte, durch die Heiligsprechung der japanischen Märtyrer das weltweite Ausstrahlen des Evangeliums und der römischen Kirche dokumentierte, durch Pedro de Arbués das kirchenfeindliche *Risorgimento* zu entlarven glaubte und jede liberale Bewegung, die sich gegen die weltliche Macht des Papstes richtete, in die Knie zu zwingen beabsichtigte[217]. Die Cathedra Petri als das Symbol der obersten Lehr- und Jurisdiktionsgewalt, als ein seit alters her gefeiertes Erinnerungsobjekt an die Berufung Petri zum Schlüsselinhaber und Fundament der Kirche sollte vieldeutig im neuen Glanz leuchten[218]. Kaum etwas hätte symbolträchtiger für das Pontifikat Pius' IX. sein können als die kolossal inthro-

---

212 ASRC, Fondo Sc, Acta Canonizationis 1767–1807, Bericht über die feierliche Heiligsprechung von 1767.
213 ASRC, Fondo Sc, Acta Canonizationis 1767–1807, Abrechnung der Feier von 1767.
214 Für Kelch, Patene und 4 Reliquiare wurden nur 777 Scudi ausgegeben, während 1746 allein für den Kelch 730 Scudi aufgewandt wurde: ASRC, Fondo Sc, Acta Canonizationis 1767–1807, Abrechnung über die Ausstattung der Basilika, 1807.
215 1807 wurden 4356 Scudi für Paramente ausgegeben: ebd.
216 Die Cathedra Petri, der Überlieferung nach später prunkvoll verkleideter Stuhl des hl. Petrus, wurde 1667 durch Bernini in einem monumentalen Altargebäude im Chorschluß der vatikanischen Basilika eindrucksvoll inszeniert. Vgl. dazu: Michele Maccarone, Die Cathedra Petri im Hochmittelalter. Vom Symbol des päpstlichen Amtes zum Kultobjekt, in: Römische Quartalschrift 75 (1980) 171–207; 76 (1981) 137–172; erweiterte Fassung: Zerbi/Volpini/Galuzzi, Romana Ecclesia, Cathedra Petri II 1249–1373. Vgl. auch: Borsi, Gian Lorenzo Bernini 338–340; Giovanni Morello, Art. Cattedra di S. Pietro, in: Del Re, Mondo Vaticano 243–245 (Lit.).
217 Vgl. dazu die Angaben in den Abschnitten „Josaphat Kuncewycz – das zweifache Martyrium" und „Pedro de Arbués – der heilige Inquisitor".
218 Vgl. zum symbolischen Gehalt der Cathedra: Michele Maccarone, La „cathedra sancti Petri" nel Medioevo, in: Zerbi/Volpini/Galuzzi, Roma Ecclesia, Cathedra Petri II, Rom 1991, 1249–1373.

nisierte Reliquie, die sogleich beim Betreten der Peterskirche ins Auge fällt und alle Blicke auf sich zieht[219].

Schon 1863 läßt sich die Absicht des Papstes fassen, die Cathedra Berninis neu zu vergolden – und das bei sich mehrenden Protesten der Postulatoren über die Finanznot der Orden[220]. Für die Arbeiten wurde eine Summe von 500 Scudi veranschlagt[221]. Am 8. Mai 1867 schloß man mit dem stadtrömischen Vergolder Giovanni Riunda einen Kontrakt, der die Neufassung der Wolken, Strahlen und Seligen über dem Cathedra-Altar vorsah[222]. Dabei überließ man dem Künstler nicht unkritisch die Wahl des Materials: Nur das beste Gold sollte aufgetragen werden, nämlich „oro di Germania di buona qualità"[223].

Der Cathedra-Kult im Rahmen der Zentenarfeier zog jedoch noch weitere Kreise. Am Morgen des 28. Juni wurde der antike Sitz, „von dem der erste Vicarius Christi sein Amt in oberster Autorität ausgeübt hatte"[224], zur besseren Verehrung in feierlicher Prozession in die *Capella Gregoriana* von St. Peter übertragen[225] – begleitet vom Kanonendonner der Engelsburg und aller Kirchenglocken Roms, die um zwölf Uhr einsetzten[226].

So wie neue östliche und westliche Heroen der Christenheit in der Zentenarfeier zur Ehre der Altäre und des Papsttums erhoben wurden, so stützen lateinische und griechische Kirchenväter die Cathedra Petri in St. Peter, die zum Jubiläum in neuem Licht erstrahlen sollte. Man wird nicht müde, dieses symbolische Beziehungsgeflecht auszudeuten und um immer weitere universalistisch-triumphalistische Anspielungen zu erweitern. Tatsächlich erhielt das Papsttum neuen Glanz und erreichte in jenen Tagen den Zenit seines innerkirchlichen Prestiges, das in der Reliquie Petri zeichenhaft zum Ausdruck kam: Personenkult, Papalismus, Zentralismus und Universalismus – Orient und Okzident heben den Stuhl Petri in neuem Goldglanz in die Höhe.

4. Die Finanzierung durch die Orden

Die Finanzierung von Beatifizierung und Kanonisierung war meist eine sehr komplexe Angelegenheit. Bei einer Familiencausa war es insofern einfacher, als ein großes Vermögen oder die Hinterlassenschaft einer oder mehrerer Mitglieder für die Prozeßführung bzw. die Feierlichkeit zur Verfügung stand. Das Beispiel der Giacinta Marescotti zeigt exemplarisch, daß man für die kurialen Vorgänge Erträge aus ver-

---

[219] Vgl. hierzu die Baubeschreibung bei: Pastor XIV/1 515–518.
[220] ASRC, Fondo Sc, Acta Canonizationis 1867, Bd. 1 (Josaphat et altri), Supplik der Postulatoren an den Papst, 1863.
[221] Ebd.
[222] Kontrakt vom 8. Mai 1867: ASRC, Fondo Sc, Acta Canonizationis 1867, Bd. 1 (Josaphat et altri).
[223] Ebd.
[224] Die zeitgenössische Schilderung des *Giornale di Roma* wurde von der *Civiltà Cattolica* wörtlich übernommen: Civiltà Cattolica 1867 (III) 231: „su cui il Vicario di Gesù Cristo esercitò l'ufficio della suprema sua autorità".
[225] Vgl. dazu auch: Maccarone, La „cathedra sancti Petri" nel Medioevo 1257. Den Motivationshorizont läßt er allerdings im Dunkeln.
[226] Vgl. *Cronaca Contemporanea*: Civiltà Cattolica 1867 (III) 230.

zinslichen Anlagen nutzte. Für die Feierlichkeit wurden dann entweder die gesamten Einlagen oder ein großer Teil veräußert, um die gewaltigen Summen aufzutreiben. Stand eine Diözese hinter einem Prozeß, wie im Fall des Jan Sarkanders, verfuhr man in wirtschaftlichen Fragen ähnlich wie bei einer Familiencausa.

Ordenscausen wurden dagegen vorwiegend vom Generalat in Rom betrieben, dem jedoch im Gegensatz zu den einzelnen Klöstern häufig nicht die erforderlichen finanziellen Mittel zur Verfügung standen[227]. Aus diesem Grunde schrieb man bei einem Prozeßabschluß meist Sammlungen innerhalb der einzelnen Ordensprovinzen aus, um die noch fehlenden Gelder zusammenzubringen. Dabei spielte das persönliche Interesse des Ordensoberen keine unbedeutende Rolle. So steuerte beispielsweise der Dominikanergeneral Tommaso Ripoll, der eine besondere Affinität zu der Causa der Caterina de' Ricci mitbrachte, Anfang 1743, als man gerade die Wunder in der Ritenkongregation zu untersuchen begann, 3580 Scudi aus der eigenen Tasche und später weitere 6800 Scudi aus der Kasse der Ordensleitung zur Deckung der Kosten bei[228]. Als schließlich am 6. Oktober 1744 das Dekret *super tuto* promulgiert wurde[229], versandte Ripoll Zirkularschreiben an alle Ordensprovinzen und Klöster, fügte das päpstliche Schreiben bei und bat um einen angemessenen Beitrag für die Kanonisation[230]. Obwohl die Heiligsprechung der Caterina de' Ricci zunächst eine besondere Auszeichnung für ihr Heimatkloster S. Vincenzo in Prato bedeutete, das daraus auch entsprechenden wirtschaftlichen Nutzen zog, galt ein solch gesamtkirchlicher Akt doch auch der ganzen Ordensgemeinschaft und erforderte deren Solidarität bei der Finanzierung. Das vor allem betroffene Kloster S. Vincenzo zahlte zunächst das Schlußdekret mit 1650 Scudi[231], dann im nächsten Jahr nochmals etwa 5370 Scudi[232], so daß es auf einen Gesamtbeitrag von 7019 Scudi kam[233] und damit das Gros der Gesamtkosten übernommen hatte.

Keineswegs verfügte aber das Kloster der Caterina de' Ricci über eine solche Liquidität. Aus den Aufzeichnungen der Ordensleitung ergibt sich ein ganz anderes Bild. Bereits im September 1743 hatte sich der Konvent ein Reskript der *Congregazione dei Vescovi e Regolari*[234] verschafft, das eine Genehmigung für den Verkauf der hauseigenen Güter in Rom aussprach. Diese Veräußerung des Klosterbesitzes erbrachte aber

---

[227] Wirtschaftsfragen der Orden sind bislang ein noch weitgehend unerforschtes Feld. Für den Mezzogiorno liegen brauchbare Einzeluntersuchungen und Schätzungen vor.

[228] AGOP, Akte 691C (Caterina de' Ricci), Ripoll zahlte am 15. Januar 1743 – die *Antepraeparatoria* über 3 Wunder war am 8. Januar – den entsprechenden Betrag in ein päpstliches Bankinstitut ein. Die anderen Beträge gehen aus einer anderen Auflistung der Spendengelder, nach Provinzen geordnet, hervor: ebd.

[229] ASRC, Decreta 1742–1744, fol. 221.

[230] Zirkularschreiben Ripolls ohne Datum: AGOP, Akte 691C (Caterina de' Ricci): „domandando il soccorso di elemosine per le spese da farsi in detto canonizzazione".

[231] AGOP, Akte 691C (Caterina de' Ricci), Einzahlung von 1650 Scudi am 28. September 1744 durch den Prokurator des Klosters.

[232] AGOP, Akte 691C (Caterina de' Ricci), Einzahlung von 5369,47 Scudi durch den Prokurator von S. Vincenzo am 30. September 1745.

[233] AGOP, Akte 691C (Caterina de' Ricci), Spendenliste nach Provinzen.

[234] Sie war vor allem für wirtschaftlich-administrative Fragen der Bischöfe und Religiosen aller Orden, später auch für Rechtsangelegenheiten zuständig; vgl. zur 1908 aufgelöste Kongregation: Del Re, Art. Congregazioni romane soppresse 371.

„nur" 3950 Scudi[235]. Daß das bei weitem nicht ausreichte, wurde dem Kloster spätestens nach der *Generalis* über die Wunder vom 24. März 1744 bewußt[236], als die Priorin einen Brief der Ritenkongregation erhielt, der um die fälligen Gelder für das bevorstehende Dekret *super tuto* bat[237]. In Rom schaltete sich Ripoll ein und klagte seinem Freund Benedikt XIV. sein Leid: S. Vincenzo in Prato habe bereits Kredite für die Prozeßführung aufnehmen müssen; angesichts der gewaltigen Kosten, die nach dem Prozeßende auf den Dominikanerorden zukämen, könne der Finanznot nicht anders begegnet werden als durch weitere Veräußerung von Klostergut[238]. Nachdem der Papst dazu seine Zustimmung gegeben hatte, konnten im Juli rund 2400 Scudi flüssig gemacht werden[239].

Einen nicht unbeträchtlichen Teil der Gesamtkosten deckten Spenden aus den verschiedenen Provinzen und Dominikanerklöstern ab. Auf das besagte Zirkularschreiben des Generals trafen vor allem im Sommer 1745 Gelder aus allen Teilen Europas ein: Zwei adlige Dominikanerinnen aus Madrid stifteten gemeinsam 168 Scudi, aus anderen Klöstern flossen im Schnitt Beträge zwischen 20 und 70 Scudi. Aus Litauen kamen zunächst 18, später weitere 100 Scudi[240]. Die finanzkräftigeren Provinzen steuerten erheblich höhere Beträge bei: So erhielt die Ordensleitung aus Spanien 1250 Scudi, aus Sachsen 672, aus den italienischen Provinzen um die 650, aus Böhmen 444, aus Ungarn 350, aus Polen 320 und aus der Provence 141. Allein durch diesen Spendenaufruf konnte Ripoll ab 1747 über 30 749,80 Scudi verfügen[241]. Die vielfältigste Herkunft der Gelder legt nicht nur Zeugnis von der ordensimmanenten Solidarität ab, sie weist auch auf den weiten Bekanntheitsgrad hin, den Caterina de' Ricci Mitte des 18. Jahrhunderts genossen hatte[242].

Ähnlich verfuhr man bei der Beatifikation des Franziskanerkonventualen Bonaventura da Potenza. Die Sammlungen für den 1775 Seliggesprochenen setzten allerdings sehr viel früher ein und begleitete gewissermaßen den gesamten Prozeß an der Ritenkongregation. In periodischen Abständen trafen Summen von 40 bis 50 Scudi aus den einzelnen Provinzen im Generalat ein[243]. Ermüdungserscheinungen blieben dabei

---

[235] Das geht aus einem Brief Ripolls an die Ritenkongregation hervor, 22. Juli 1746: AGOP, Akte 691C (Caterina de' Ricci). Das Reskript der Kongregation datiert vom 20. September 1743.
[236] ASRC, Decreta 1742–1744, fol. 160.
[237] Auch zum folgenden: Kopie der Supplik Ripolls, Mai 1744: AGOP, Akte 691C (Caterina de' Ricci).
[238] Benedikt XIV. gewährte die Bitte Ripolls in der Audienz vom 27. Mai 1744: ebd.
[239] Durch den Verkauf von Klostergütern wurden am 14. Juli immerhin 2422,50 Scudi erwirtschaftet: ebd.
[240] AGOP, Akte 691C (Caterina de' Ricci), Aufzeichnung über die Finanzierung der Feierlichkeit. Gelder kamen weiterhin aus Klöstern in Lissabon, Malta, Neapel, Ungarn, Neapel und Deutschland.
[241] Vgl. die Auflistung der Spenden nach Provinzen und die Endsumme aller auswärtigen Spenden: AGOP, Akte 691C (Caterina de' Ricci).
[242] Die Verehrung verbreitete sich vor allem durch ihre anonym erschienene Biographie aus der Feder des Tommaso Neri: Po-chia Hsia, Gegenreformation 189.
[243] In den Jahren 1741 bis 1746 liefen Gelder vorwiegend aus den Provinzen Neapel, Sizilien und Bologna ein. Bis zum Juli 1746 waren es 2605 Scudi: Archivio della Curia Generalizia dei Francescani Conventuali, Akten der Postulatur, Scatola Beato Bonaventura da Potenza, Libro d'introito.

nicht aus. Nach 1746 versiegten die Quellen mehr und mehr[244], so daß auch der weitere Fortschritt der Causa in Mitleidenschaft gezogen wurde. Eine reiche Schenkung von 1000 Scudi brachte dem Prozeß im Juni 1771 neuen Aufwind[245].
Selten hatte eine Ordenscausa das Glück, durch eine reiche Stiftung über ein wirtschaftlich tragfähiges Fundament zu verfügen. Ein Mitglied desselben Ordens, Giuseppe da Copertino, verzeichnete eine rasche Selig- und Heiligsprechung[246], da die testamentarische Verfügung des Kardinals Lorenzo Brancati di Lauria[247] einen reibungslosen Ablauf des Verfahrens an der Ritenkongregation garantierte. Brancati, selbst Konventuale und lange Zeit mit Selig- und Heiligsprechungen befaßt, kannte die Lebensstationen seines Mitbruders Giuseppe und hatte bereits früh Material über Leben und Wirken des ekstatisch Begabten gesammelt[248]. Die Summe der angelegten Gelder, die das Testament vom 30. November 1693 für das Beatifikations- und Kanonisationsverfahren reservierte, belief sich immerhin auf 7024 Scudi, welche durch geschicktes Wirtschaften auf 15 340 Scudi vermehrt werden konnten[249]. Mit einem solchen Kapital, dessen Rendite mäßige Prozeßfortschritte gewährleistete, konnte man einen Großteil des gesamten Verfahrens bestreiten. Erst in den sechziger Jahren des 18. Jahrhunderts, in der entscheidenden Phase des Kanonisationsprozesses[250], reichten die Erträge aus den Anlagen nicht mehr, so daß man Einlagen abstoßen mußte[251]. Im Jahre 1766 – kurz vor der Heiligsprechung – veräußerte man wie gewöhnlich den gesamten Kapitalstock, um die hohen Abgaben und die Feierlichkeit zu finanzieren[252]. Über eine ähnliche Grundlage verfügten auch die Causen der Dominikaner Martín de Porres und Juan Massias, die gemeinsam 1837 seliggesprochen wurden. Der um die Wende zum 19. Jahrhundert wiedereinsetzende Prozeß des de Porres konnte auf jährliche Ausschüttungen von 1263 Scudi zurückgreifen[253]. Außerdem setzte die Ritenkongregation in der Krisenzeit fest, ab Juli 1792 jährlich bestimmte Beträge anzu-

---

[244] Ebd.
[245] Vgl. den letzten Eintrag des Abrechnungsbuches der Causa: ebd. – Der Prozeß erfuhr nicht zuletzt durch Papst Clemens XIV. starke Förderung, der selbst Franziskanerkonventuale war.
[246] Er wurde 1753 selig- und 1767 heiliggesprochen.
[247] Der Franziskanerkonventuale Brancati (1612–1693) war 1652 Theologieprofessor am römischen Archigymnasium, Studienpräfekt am *Collegio Urbano*, 1657 in die Inquisition berufen, seit 1661 mit Selig- und Heiligsprechungen beschäftigt, 1681 Kardinal, seit 1682 Mitglied der Ritenkongregation, bedeutender Duns Scotus-Forscher: Celestino Testore, Art. Brancati di Lauria, in: EC III 23; Weber, Die ältesten päpstlichen Staatshandbücher 90.
[248] Archivio della Curia Generalizia dei Francescani Conventuali, Akten der Postulatur, Giuseppe da Copertino: Scatola 4, Aufzeichnung über die schriftliche Hinterlassenschaft des Kardinals Brancati.
[249] Ebd., Scatola 3, Abrechnungsbuch von 1694–1716.
[250] Die Wunderprüfungen an der Ritenkongregation setzte um 1760 ein; die *Antepraeparatoria* über 3 Wunder fand am 18. September 1764 statt, die *Praeparatoria* am 10. Dezember 1765: ASRC, Decreta 1763–1765, fol. 134 u. 222.
[251] Ende Oktober 1764, also kurz nach der *Antepraeparatoria*, waren noch 219 Scudi in der Kanonisationskasse: Archivio della Curia Generalizia dei Francescani Conventuali, Akten der Postulatur, Giuseppe da Copertino: Scatola 3, Abrechnungsbuch von 1694–1716.
[252] Verkauf der Anlagen im Jahre 1766: ebd., Abrechnungsbuch von 1694–1716.
[253] AGOP, Akte 1556 (Martino de Porres), Aufzeichnung über die Ausgaben der Prozesse de Porres/Massias. – Der Orden organisierte die Finanzierung bereits seit dem 17. Jahrhundert gemeinsam für de Porres und Massias.

legen, deren Rendite dann die Prozeßführung speisen konnte[254]. Nach dieser Methode wurden beispielsweise 1796 2000 Scudi angelegt, die größtenteils aus der Generalkurie kamen[255]. Der Rest wurde aus Einzelspenden und Beiträgen von verschiedenen Klöstern bestritten[256].

Eine weitere Variante, die hohen Prozeßkosten aufzubringen, war das Sammeln von Meßstipendien. Die Kapuziner brachten es aus Anlaß des Kanonisationsverfahrens von Giuseppe da Leonessa, das 1746 zum feierlichen Abschluß kam, zur wahren Meisterschaft, indem sie 1400 Scudi zusammentrugen, die aus über 14 000 Stipendien hervorgingen[257]. An dieser Causa haben sich auffallend viele Privatpersonen als Einzelspender beteiligt, die die ordenseigenen Beiträge fast ins zweite Glied verwiesen. So traf beispielsweise im April 1742 ein zweckgebundener Betrag von 443 Scudi im Generalat ein und 1743 weitere 185 Scudi aus privater Hand[258]. In den beiden letzten Jahren vor der feierlichen Kanonisation wurden verstärkt Provinzen und Klöster des Ordens zur Finanzierung herangezogen, um das notwendige Volumen aufzubringen[259].

Spenden konnten aber auch direkt von auswärts fließen, wie beispielsweise die Heiligsprechung des Alfonso de' Liguori zeigt. Von den Gesamtkosten der Kanonisation mit den entsprechenden Kunstobjekten von rund 26 000 Scudi bestritt der Orden etwa 16 500, den Rest steuerten interessierte Bischöfe bei[260]. Das wurde aber nur durch breiteste Volksverehrung und das politische Moment von Liguoris Kanonisation möglich. Außerdem zeigte sich die Ordensleitung auffallend rührig und politisch klug, wie die Sammlung von hochrangigen Postulationsschreiben beweist[261].

Waren die bisher beschriebenen Finanzierungsmodelle meist ad-hoc-Einrichtungen, die erst gegen Ende eines Verfahrens ins Leben gerufen wurden, um die gewaltigen Abgaben für die Kongregation und die Feierlichkeit aufzubringen, so schuf die Gesellschaft Jesu die wirtschaftlichen Voraussetzungen für das erforderliche Finanzvolumen planvoll und mit Weitsicht. Der sich bereits lange vorher ankündigende Einschnitt von 1773 verzögerte zwar ihre Prozesse an der Ritenkongregation, konnte aber die entsprechenden Abschlüsse im 19. Jahrhundert nicht verhindern. Schaut man sich die solide Finanzierung der Causen an, erhält man den Eindruck, als hätten die Jesuiten den wirtschaftlichen Teil der Kultsanktionierung geradezu generalstabsmäßig organisiert. Für den Beatifikationsprozeß des Süditalieners Francesco de Gerolamo rührte man direkt nach dessen Tod die Werbetrommel. Bereits 1718 – zwei Jahre nach Gerolamos Heimgang – wurden der römischen Generalkurie 1000 Scudi eines italieni-

---

[254] AGOP, Akte 1556 (Martino de Porres), Aufzeichnung über die Finanzsituation der Causa. – Die jährlichen Zahlungen gingen bis Juni 1801. Ab 1803 wurden die Gelder nur halbjährlich angelegt.
[255] Von insgesamt 24 000 Scudi Kapitel (1797) kamen 16 100 aus der Generalkurie: ebd.
[256] Ebd.
[257] ASRC, Fondo Sc, Acta Canonizationis 1746, Aufzeichnung über die Geldeingänge für den Kanonisationsprozeß des Giuseppe da Leonessa. Der General sammelte 270 Stipendien ein, der Ordensprokurator weitere 13 800.
[258] ASRC, Fondo Sc, Acta Canonizationis 1746, *Registro de' Danari* des Alessandro Sonzonio: Eintrag April 1742 und Einträge des Jahres 1743.
[259] Ebd.: Einträge von 1744/1745.
[260] Orlandi, Centocinquanta anni fa Alfonso de Liguori veniva proclamato santo 241.
[261] Vgl. dazu die Angaben im Kapitel „Revolutions-Heilige?"

schen Adligen anvertraut; 1728 trafen weitere 200 Scudi eines anderen Stifters ein, 1729 und 1741 erneut jeweils 1000 Scudi, die für die Prozeßführung verwandt werden sollten[262]. Mitte des 18. Jahrhunderts, als man mitten in der Tugenddiskussion steckte, liefen Gelder aus den Provinzen ein, die ebenfalls nicht unerheblich waren. So kamen 1757 aus Spanien 468 Scudi, aus Neapel 200 Scudi und ebensoviel von einem Pater aus derselben Provinz[263]. Anfang 1759 erhielt die Causa eine weitere Zuwendung eines Jesuiten von 109 Scudi, 1760 221 Scudi aus Spanien und vom Rektor des Königlichen Kollegs in Madrid 71 Scudi[264]. Durch diese planvoll motivierte Spendenfreudigkeit der Provinzen brauchte die Generalkurie nur noch in Notfällen einzuspringen.

Entdeckt man bei Causen anderer Orden immer wieder, daß aufgrund unregelmäßig und sporadisch fließender Spenden die entsprechenden Prozesse immer wieder in Mitleidenschaft gezogen wurden oder gar zum Erliegen kamen, so hatte die Gesellschaft Jesu für jeden Kandidaten ein eigenes solides Finanzpolster geschaffen, das ein reibungsloses Verfahren zumindest aus wirtschaftlichen Gesichtspunkten garantierte. So konnte beispielsweise die Causa des Francesco de Gerolamo mitten in der Diskussion um die Wunder eine erstaunliche Bilanz aufweisen: Zwischen 1761 und 1763 wurden 1961 Scudi ausgegeben, während 2054 Scudi im Generalat eingingen[265]; in den Jahren 1764 bis 1768 standen gar 1002 Scudi Prozeßausgaben 2054 Scudi Einnahmen gegenüber[266]. Finanzkräftige Gönner waren ebenso die Ursache für den günstigen Kassenstand wie rührige Provinziale, vor allem Pater Jaime Andres[267], der aus der spanischen Provinz weitaus mehr Gelder beschaffte, als aus der Heimat des Francesco de Gerolamo einliefen. Auf Andres' Initiative ging beispielsweise auch die Spende des mexikanischen Bischofs von Tlaxcala[268] von 823 Scudi zurück[269]. Der Beitrag des Ordensgenerals nimmt sich dagegen mit 698 Scudi bescheiden aus; er brauchte auch nur im Bedarfsfall einzuspringen[270]. Dank dieser weitsichtigen Finanzpolitik, die sich überwiegend auf private Einzelspenden und Legate stützte, konnten

---

[262] Verzeichnis der der Generalkurie anvertrauten Gelder: Archivio della Postulazione SJ, Akte 256 (Francesco de Gerolamo).
[263] Archivio della Postulazione SJ, Akte 246 (Francesco de Gerolamo), *Libellus* der Ein- und Ausgaben 1757–1760: Einnahmen vom 28. Juni 1757.
[264] Archivio della Postulazione SJ, Akte 246 (Francesco de Gerolamo), *Libellus* der Ein- und Ausgaben 1757–1760: Einnahmen vom 4. Januar 1759, 7. September und 26. November 1760.
[265] Archivio della Postulazione SJ, Akte 246 (Francesco de Gerolamo), Rechnungsbilanz für 1761–1763.
[266] Archivio della Postulazione SJ, Akte 246 (Francesco de Gerolamo), Aufzeichnung über die Finanzen 1764–1768.
[267] Der in Aragón geborene Andres (1708–1773) trat 1731 ins Noviziat ein, wurde Prokurator der spanischen Assistenz in Rom und betreute als Postulator verschiedene Jesuitencausen, beispielsweise die des Alonso Rodríguez: Sommervogel I 341.
[268] Domingo Pantaleon Alvarez de Abreu war von 1743 bis zu seinem Tode 1763 Bischof von Tlaxcala: HC VI 409.
[269] Aus der Rechnungsbilanz von 1761–1763 geht hervor, daß Andres die meisten Spenden mobilisierte. Am 23. November 1761 vertraute der Bischof von Angelopolis dem spanischen Provinzial die Summe von 823 Scudi für den Prozeß an: Archivio della Postulazione SJ, Akte 246 (Francesco de Gerolamo), Rechnungbilanz für 1761–1763.
[270] Ebd.

die Mittel für die Seligsprechung im Jahre 1806 relativ problemlos aufgebracht werden. Man erwirtschaftete sogar noch einen Überschuß von 300 Scudi[271].

Auch die Kanonisation wurde von langer Hand vorbereitet. Bereits vor dem Abschluß des Seligsprechungsverfahrens hatte man bereits 1700 Scudi für den sich anschließenden Prozeß beisammen[272]. Seit 1833 deponierte man auf einer römischen Bank zweckgebundene Legate von Stiftern, wobei nur ein relativ geringer Teil aus dem Königreich Neapel stammte[273]. 1836 mobilisierte die römische Provinz alle ihre Wohltäter, trieb noch ausstehende Schulden ein und kratzte buchstäblich die letzten Gelder zusammen, um 1247 Scudi für die Feierlichkeit aufzubringen[274]. Nur durch solche Weitsicht war es möglich, zwischen Juni 1838 und September 1839 insgesamt 6500 Scudi in der päpstlichen Bank einzuzahlen, wie es das Vorbereitungsgremium für die Kanonisation von 1839 gefordert hatte[275]. So verwundert es auch nicht weiter, daß der Jesuitenorden bereits am 1. Mai 1839 – über drei Wochen vor der Feier – alles bezahlt hatte, während die Franziskaner noch 2400 Scudi schuldig waren[276].

Der jesuitische „Seligsprechungsfahrplan" des Generals Roothaan, der liegengebliebene Ordenscausen seit 1850 sukzessive zum Abschluß brachte[277], hielt die Provinzen gewissermaßen ständig in Atem. Bereits zwei Monate nach der Beatifikation des ersten Kandidaten Pedro Claver, für den die spanische Provinz bereits über die Hälfte der erforderlichen Mittel zur Verfügung gestellt hatte[278], richtete Roothaan eine Rundschreiben an alle Provinzen, um Gelder für die gerade wieder anlaufende Causa des de Brito zu erbitten[279]. Zielsicher visierte der General den Prozeßabschluß für das nächste Jahr an und sollte damit recht behalten[280]. Direkt im Anschluß wurde das Verfahren für Andrzej Bobola wiederaufgenommen und im Juli 1853 zu Ende gebracht[281], so daß man aus praktischen Erwägungen die Finanzierung beider Feiern zusammenlegte. Zum einen lagen die Beatifikationen nur zwei Monate auseinander[282], zum anderen

---

[271] Archivio della Postulazione SJ, Akte 256 (Francesco de Gerolamo), Liste der der Generalkurie anvertrauten Gelder.
[272] Ebd.
[273] Von den 5410 angelegten Scudi kamen nur 560 aus dem Königreich Neapel. Die Gelder wurden in Rom von 1833 bis 1838 fest angelegt: Archivio della Postulazione SJ, Akte 256 (Francesco de Gerolamo), Gesamtabrechnung für die Heiligsprechung des Francesco.
[274] Aufstellung der römischen Jesuitenprovinz, 1836: Archivio della Postulazione SJ, Akte 256 (Francesco de Gerolamo).
[275] Auflistung der Einlagen für die Causa de Gerolamo im *Sacro Monte di Pietà di Roma*: 1000 Scudi wurden am 12. Juni 1839 hinterlegt, weitere 1000 am 23. Februar 1839 und am 6. Mai 1839, 908 am 18. Juni 1839, 500 am 14. August 1839, 400 am 24. August 1839, 800 am 9. September 1839 und 800 am 14. September 1839: Archivio della Postulazione SJ, Akte 256 (Francesco de Gerolamo).
[276] Kassenabrechnung der Ritenkongregation vom 1. Mai 1839: Für Pacifico di S. Severino standen zu diesem Zeitpunkt noch 2400 Scudi aus: Archivio della Postulazione SJ, Akte 256 (Francesco de Gerolamo).
[277] Vgl. dazu die Ausführung im Kapitel „Jesuitenheilige".
[278] Vgl. den Faszikel mit der Abrechnung der Seligsprechungen von Claver bis Paredes, 2. Aufzeichnung: Archivio della Postulazione SJ, Akte 751 (Giovanni de Britto).
[279] Auch zum folgenden: Zirkularschreiben Roothaans vom 25. November 1851: Archivio della Postulazione SJ, Akte 751 (Giovanni de Britto).
[280] Das *Decretum super tuto* wurde am 18. Februar 1852 promulgiert.
[281] Das *Decretum super tuto* wurde am 8. Juli 1853 promulgiert.
[282] Brito wurde am 21. August, Bobola am 30. Oktober beatifiziert.

hatte man dank des kurialen Entgegenkommens bedeutende Beträge einsparen können. Kam der Großteil der Mittel für Clavers Seligsprechung aus Spanien, so verteilten sich die Kosten für de Brito und Bobola auf mehrere Schultern: In der Generalkurie waren Spenden aus allen Provinzen eingetroffen, auffallend viele aus Maryland und Missouri[283].

Der Heiligenmarathon der Jesuiten riß bis 1867 nicht ab, was zu einer kaum zu überschätzenden finanziellen Belastung des Großordens führte – noch dazu, da das Spendensammeln im 19. Jahrhundert durch die wirtschaftliche und politische Ungunst erheblich erschwert war. Auf die überraschende Heiligsprechung des Jahres 1862, auf die sich bekanntlich die Jesuiten wegen der Kürze der Zeit kaum haushaltsmäßig vorbereiten konnten[284], war nur mit einem Spendenappell an alle Provinzen zu reagieren. Auf angesparte Gelder oder Stiftungen konnte man nicht zurückgreifen. Der Papst hatte bereits das Problem rechtzeitig erkannt und etliche Selige zusammengezogen, um die Kosten der Feierlichkeit zu senken[285]. Der Aufruf an die Ordensprovinzen schien auch den gewünschten Erfolg erzielt zu haben, so daß bis zum Herbst 1862 zusammen mit nicht unbedeutenden Spenden von Wohltätern[286] die erforderliche Gesamtsumme bereitstand[287].

Aus alldem ist deutlich geworden, daß Selig- und Heiligsprechung eine kostspielige Angelegenheit war, die sich nur die finanzkräftigsten Großorden leisten konnten. Die tatsächliche Gesamtsumme der Ausgaben, die Prozeßführung, notwendige Geschenke und Trinkgelder, Abgaben an die Kurie, das Bereitstellen von Bildern und Viten sowie die Ausrichtung der liturgischen Feier und des Triduums erforderten, läßt sich nur erahnen und war individuell verschieden. Vor allem im 19. Jahrhundert erkennt man die Bereitschaft der Kurie, aufgrund der allgemeinen wirtschaftlichen Ungunst die Abgaben am Ende des Prozeßverfahrens zu reduzieren, ohne jedoch den Aufwand bei der Feierlichkeit wesentlich einzuschränken. Erfahrene kuriale Finanzexperten standen der Vorbereitung des Hochamts zur Seite und führten sie wirtschaftlich und organisatorisch zum erfolgreichen Abschluß. Der persönliche Wille des Papstes ist dabei in allen Bereichen bis ins Detail erkennbar – sei es bei der Auswahl der Kandidaten, sei es bei der Anfertigung von Silbermedaillen. Pius IX. nimmt in dieser Hinsicht eine Sonderstellung ein, da er die Selig- und Heiligsprechung unter Vernachlässigung der persönlichen Individualität des Heiligen vollständig in sein kirchenpolitisches Programm integrierte.

---

[283] Archivio della Postulazione SJ, Akte 751 (Giovanni de Britto), Faszikel mit der Abrechnung der Seligsprechungen von Claver bis Paredes, 2. Aufzeichnung.

[284] Im Anschluß an den Abschluß des Kanonisationsprozesses der japanischen Märtyrer aus dem Franziskanerorden bat General Beckx am 20. Februar 1862 um die Bestellung eines Ponens für die japanischen Märtyrer seines Ordens: ASRC, Decreta 1860–1862, fol. 191: Aufzeichnung der Audienz vom 20. Februar 1862.

[285] Vgl. auch zum folgenden: Archivio della Postulazione SJ, Akte 264 (Martiri giapponesi), Zirkularschreiben des Ordensgenerals an alle Provinzen, ohne Datum, Spätfrühjahr 1862.

[286] Eine Großspende des bedeutenden römischen Bankiers Principe Alessandro Torlonia zugunsten der Jesuiten darf als sicher angenommen werden.

[287] Vgl. Abrechnung der Feierlichkeit für den Zeitraum März bis November 1862: Archivio della Postulazione SJ, Akte 264 (Martiri giapponesi). – Am 10. Dezember konnten sogar 500 Scudi vom Vorbereitungsgremium zurückgezahlt werden.

Die Beschäftigung mit Geldfragen bringt unter anderem neben der Funktionalität der ärgerlichen *Mancie*-Wirtschaft noch ein weiteres zutage, nämlich die Abhängigkeit der Verfahren von einer dauerhaften Liquidität. Verwerfungen bei der Prozeßführung traten vor allem durch inkonstantes und uneinheitliches Wirtschaften der Actoren auf, die sich häufig ad hoc von Spendengeldern abhängig machten oder nicht langfristig planten. Die Jesuiten zeigten sich hier als wahre Meister. Weitsicht und Organisationstalent lassen sich dabei als entscheidende Faktoren herausfiltern. Außerdem konnte die Gesellschaft Jesu selbst im 19. Jahrhundert immer wieder Großspender motivieren, die die Generalkurie in der Endphase entlasteten. Bei den Dominikanern läßt sich dagegen erkennen, daß keine Causa ohne die entscheidenden Finanzspritzen des Generals zum feierlichen Abschluß kommen konnte.

Die Tatsache, daß das Gros der Mittel für die Finanzierung von Beatifikation und Kanonisation aus Spendengeldern hervorging – testamentarische Verfügungen, Legate, Sammlungen, Privatspenden –, verdeutlicht auf sympathische Weise die Relevanz der *Vox populi*: Die meisten Ordenscausen, vor allem die der Jesuiten, basierten auf der Spendenfreudigkeit der Gläubigen. Die Beispiele der Giacinta Marescotti, die sich vollständig aus dem Familienvermögen finanzierte, und verschiedener Causen Pius' IX. – zu denken ist vor allem an Pedro de Arbués und Josaphat Kuncewycz – sind zwar bemerkenswert und keine Einzelfälle, müssen jedoch angesichts der großen Menge der vom Volk verehrten Ordensleute als Ausnahmen gelten, wenngleich sie für das zweite Drittel des 19. Jahrhunderts zu einem Signum der zunehmenden Politisierung des katholischen Heiligenhimmels wurden. Gerade auch die sich zu jener Zeit häufenden Märtyrerprozesse lassen sich selten – gerade auch in finanzieller Hinsicht – in den Kontext der Volksreligiosität stellen.

Zusammenfassung und Ausblick

Die zahlreichen, sehr unterschiedlichen Ergebnisse der einzelnen Kapitel lassen sich schwer bündeln und zusammenfassen; gleichzeitig verlangen sie geradezu nach einer Einordnung in den historiographischen Gesamtkontext. Zunächst ist folgendes festzuhalten: Die Selig- und Heiligsprechungspraxis des 18. und 19. Jahrhunderts ist ein integrativer Bestandteil der Papstgeschichte – nicht allein wegen ihrer rechtlichen Hinordnung auf die oberste kirchliche Lehrgewalt, die seit dem 10. Jahrhundert das päpstliche Reservatrecht ausgebildet hatte, sondern vielmehr aufgrund der konkreten Anwendung dieser umfassenden papalen Kompetenzen in den Einzelfällen der Kultapprobation. Es läßt sich nicht nur beobachten, daß jeder zu einem positiven Abschluß gekommene Prozeß der Ritenkongregation eine außerordentliche Einflußnahme des Papstes erfahren hatte, die von einer Dispens bis zur Modifizierung des gesamten Verfahrens reichen konnte. Auch persönliche Präferenzen treten dabei deutlich zutage, die entweder in das Programm des Pontifikats eingebettet waren oder ihre Ursache in individuellen Neigungen hatten, etwa das persönliche Interesse des Papstes an einer bestimmten Causa. Deutlich erkennbar ist beispielsweise die Vorliebe Benedikts XIV. für Kandidaten der Katholischen Reform und der Caritas, exemplarisch greifbar im Prozeß von Madame de Chantal. Der hochgelehrte und wissenschaftlich arbeitende Papst, dem das moderne Beatifikations- und Kanonisationsverfahren zu verdanken ist, widerstand jedoch der Versuchung nicht, Familienangehörige zur Ehre der Altäre zu befördern. Dabei war der Begriff „Familie" zeitgebunden, kulturhistorisch weit gefaßt und schloß in einem weiteren Sinne auch die Mitbewohner ein. Ähnliches ist auch im Pontifikat Clemens' XIII. zu beobachten, der ohne nennenswerte Vorgaben aus dem Kirchenvolk seinen Verwandten mütterlicherseits, Kardinal Gregorio Barbarigo, in einem Schnellverfahren seligsprach. Bei dieser und anderen Causen des Veneto wirkte sich das spezifische Kirche-Staat-Verhältnis der Seerepublik auf die Motivation und Intention der Träger eines Verfahrens aus. Der zahlenmäßig eher dürftige venezianische Heiligenhimmel sollte zum Ruhm der Markusrepublik ausgebaut werden, wobei die entsprechenden Gestalten mit dem Schicksal und den momentan vorherrschenden, konkret politischen Aufgaben der sich „totalitär" gebärdenden Staatsmacht symbiotisch verknüpft wurden. Dabei ist der Senat der Republik stets als federführend, zumindest auf „ideologischem Gebiet", erkennbar.

Das lange Pontifikat Pius' VI. weist nicht nur überdurchschnittlich viele Beatifikationen auf, es verleiht der Praxis der Kultsanktionierung eine ganz neue Richtung: Haben bisher immer schon latent politische Implikationen eine Rolle bei Selig- und Heiligsprechungen gespielt, die aber auf die kirchliche Binnenwirkung abzielten, so wird seit Pius VI. eine breite (kirchen)politische Dimension der Kultapprobation erkennbar, die vor allem die Außenkräfte, wie Zeitgeist, akatholische philosophische Strömungen, politische Entwicklungen etc. berührte. Diese besondere politische Absicht des Papstes sollte durch eine effektiver gestaltete Arbeit der Ritenkongregation gesteigerten Ausdruck erlangen, die man durch eine Vielzahl neuer Vollmachten zu erreichen suchte, was sich jedoch als Irrweg erwies. Die Abtretung päpstlicher Hoheitsrechte machte die Kongregation zwar unabhängiger und selbständiger, dadurch aber auch gleichzeitig anfälliger für Mißbräuche und Fehlentwicklungen. Ebenso drohte der Papst als institutionalisierter Part des Selig- und Heiligsprechungsverfahrens seine Schlüsselstellung und besondere Relevanz einzubüßen, so daß solche Vollmachten bald wieder zurückgenommen werden mußten. Denn gerade durch den engen Bezug von päpstlicher Gewalt und der Praxis der Kultapprobation war zum einen ein systembedingtes, strukturelles Korrektiv zur Arbeit des Dikasteriums gewährleistet, andererseits eine direkte Koppelung von Beatifikation bzw. Kanonisation an den päpstlichen Willen. Hier drohten zentralistische Strukturen verlorenzugehen, und zwar nicht zugunsten einer Aufwertung der Ortskirchen.

Anfang des 19. Jahrhunderts zeigte sich die allgemeinpolitische Dimension von Selig- und Heiligsprechung besonders deutlich im Typus des „Revolutions-Heiligen". Die Antwort der Kirche auf die bisher nicht dagewesene Krise, die Säkularisierung, Aufklärung und das sich dramatisch verschärfende und ausgreifende Geschehen der Französischen Revolution hervorriefen, zeigt eine Entwicklungslinie, die subtil differenziert betrachtet werden muß. Bekämpfte man durch Labré Ende des 18. Jahrhunderts noch die philosophische, rationalistische Facette der Revolution, so erhielt der Typus in Francesco de Gerolamo, Alfonso de' Liguori und Germaine Cousin schärfere Konturen und deutliche tagespolitische Aussagen. Daß dabei die historische Gestalt des entsprechenden Kandidaten Verzerrungen erfuhr und teilweise stark entstellt wurde, um der politischen Botschaft Raum zu gewähren, konnte nicht ausbleiben. Der unzeitgemäß gewordene Prunk und die hervorstechende Feierlichkeit der Kanonisationen waren zusätzliche kämpferische Signale an eine Welt des Umbruchs. Offenbar hatte man verstanden, daß ein Rückzug auf eine innere Spiritualität kaum die geeignete Antwort auf die Identitätskrise der Kirche um 1800 sein konnte.

Unter Pius IX. erreichte diese Entwicklung ihren Höhepunkt. Ganz eindeutig ist die Praxis der Kultsanktionierung, die dieses Wort in seiner eigentlichen Bedeutung kaum mehr verdiente, nach der Klausewitz'schen Redewendung zur Fortsetzung der (Kirchen)Politik mit anderen Mitteln geworden. Kämpferisch gaben sich nach 1850 nicht nur der Papst, sondern auch seine Kandidaten. Unschwer erkennbare Zielgruppen der päpstlichen Attacken waren Protestanten, die durch Jan Sarkander und die Märtyrer aus Gorkum einen triumphalistischen „Denkzettel" erhalten sollten, die Ostkirchen, die durch Josaphat an den Jurisdiktionsprimat der römischen Kirche erinnert wurden, die Träger des *Risorgimento*, die als vermeintlich jüdisch unterwanderte Freimaurer enttarnt werden sollten, ebenso wie das Kirchenvolk in aller Welt, das durch den nun kulminierenden Märtyrergedanken auf Widerstand eingeschworen und auf die gewachsene Bedeutung des Papsttums hingewiesen wurde. Gerade das wiederentdeckte Märtyrertum erhielt unter Pius IX. symbolische Relevanz als Signum des weltlich aufs äußerste bedrängten Papstes. Kein Heiligentyp verkörperte so eindringlich und verdichtet die Selbstaussage Pius' IX. wie der Blutzeuge, zeigte auf der anderen Seite aber auch die ekklesiologisch verstandene Tragweite der Geschehnisse von 1848 und 1860 auf, die mit den Ursprüngen dieses Typus, dem Urchristentum, gleichgesetzt wurden. Damit standen Papst und Kirche in einem geradezu simplifizierten frühchristlichen Entscheidungskampf von Gut und Böse. Indem Pius IX. diesen altbekannten Typ mit dem aufblühenden Missionswesen verknüpft, erwies er diesem durch die Kultapprobation zahlreicher gemarterter Missionare bedeutende Förderung. Der Papst griff damit ein echtes pastorales Anliegen und systembedingte Schwachstellen auf. Die neuen Heiligen sollten exemplarisch nicht nur die Spiritualität und die Disziplin in den Missionsländern intensivieren, sondern ebenso das Ansehen des Papstes erhöhen, der nun als Oberhaupt einer tatsächlichen Weltkirche sprach. Dieses manifestierte sich erstmals ganz deutlich in der großen Heiligsprechung von 1867, die durch die Verbindung mit der Zentenarfeier der Apostelfürsten Petrus und Paulus vor einem bisher nicht gekannten, tatsächlich internationalen Publikum abgehalten wurde. Dabei war nicht nur die Anzahl der Anwesenden und ihre Herkunft entscheidend, sondern ebenso der Mittelpunkt der Feier, die frischvergoldete Cathedra Petri.

Der Kampftruppe des Papstes, den Jesuiten, schien im Pontifikat Pius' IX. alle Türen offenzustehen. Jede nur denkbare Dispens für den Fortgang ihrer Causen wurde dem Orden gewährt und ihre Heiligenzahl erheblich vergrößert, so daß die Gesellschaft Jesu tatsächlich für die erlittenen Einbußen, die ihr die Ritenkongregation und verschiedene andere Ordensgemeinschaften vor allem im 18. Jahrhundert zufügten, entschädigt wurde. Aber auch eine ganz andere Institution durfte unter Pius IX. mit dem päpstlichen Wohlwollen rechnen, nämlich sozial-caritative, medizinische Einrichtungen. Die Seligsprechung des Juan Grande war in ihrer Intention nichts anderes als ein Impuls für den Neuanfang der Hospitalbrüder und eine öffentliche Auszeichnung ihrer Arbeit.

Bereits diese funktionale Vielfalt in der römischen Kultsanktionierung, die durch die Arbeit der Ritenkongregation vorbereitet und letztinstanzlich durch den Papst entschieden wurde, zeigt grundsätzlich einerseits eine zunehmende Politisierung der Approbationspraxis, andererseits aber auch ihre wachsende Bedeutung, was sich allein schon anhand der Zahl der Causen ablesen läßt. Gerade in Krisenzeiten wie beispielsweise in der Aufklärung, die vor allem auch für den Heiligenkult eine radikale Infragestellung bedeutete, nahm die römische Sanktionspraxis an Quantität zu – gleichsam als Gegengewicht zum Zeitgeist. Bei genauerer Betrachtung läßt sich jedoch bei der Heiligenverehrung im Kirchenvolk keine wesentliche Inkonstanz erkennen; das zeigen die meisten Devotionsformen des entsprechenden Zeitraums. Obgleich die Kultapprobation seit dem Ausgang des 18. Jahrhunderts mehr und mehr zu einem päpstlichen Instrument der Kirchenpolitik geworden ist, läßt sie sich nicht als Gegenbewegung zur Volksfrömmigkeit verstehen, entlastet oder ersetzt sie also folglich nicht. Der Krisenherd des Heiligenkultes ist gewissermaßen außerhalb der Kirche beheimatet und wird durch die als Mittel der Kirchenpolitik verstandene Kultsanktion seit Pius VII. bekämpft. Auf der anderen Seite wird die römische Approbationspraxis durch die zunehmende Politisierung und die erdrückende Dominanz des Ordenswesens immer weniger zu einem unverfälschten Zeichen der zeitgenössischen, bodenständigen Spiritualität und ist daher auch nur bedingt als Ausdruck einer genuinen Volksfrömmigkeit „vor Ort" heranzuziehen.

Damit verbieten sich jedoch nicht Aussagen über die Mentalitätsgeschichte des Kirchenvolks selbst für das 19. Jahrhundert. Hier sind es vor allem die Postulationsarchive, die eine Vielzahl neuer und gesicherter Einsichten ermöglichen, sei es bei spezifischen Verehrungsformen, die regional unterschiedlich sind, sei es bei der Intensität der Devotion, die sich beispielsweise an der Spendenfreudigkeit und an den besonders zahlreichen Meßintentionen ablesen läßt, welche selbstverständlich nicht ohne einen institutionellen Rahmen auskamen, wie ihn die Großorden mitbrachten. Trotz all dieser inneren und außerhalb der Ritenkongregation liegenden Faktoren, die seit dem ausgehenden Mittelalter unangefochten zu einer Dominanz der Ordensleute bei der Kultapprobation führte, spielten mentalitätsmäßige Elemente im Prozeßverfahren häufig eine erkennbare, wenn auch untergeordnete Rolle. Das streng reglementierte juristische Verfahren als solches und die Betreuung einer Causa durch die zentral organisierten Großorden führten zwangsläufig zu einer Kanalisierung und Verzeichnung volkskundlicher und mentalitätsgeschichtlicher Elemente. Interessant aber auch die „Mentalität" der Behörde und die eines speziellen Prozeßtyps, die sich kaum deutlicher als an der Sanktionspraxis zulasten bzw. zugunsten der Jesuiten ablesen läßt. Bereits unter Benedikt XIV., der der Gesellschaft Jesu keineswegs uneingeschränkt positiv gegenüberstand, läßt sich eine abnehmende Akzeptanz von Jesuitencausen erkennen. Das lag zunächst an der Person des Papstes, dann aber auch vor allem an der Haltung und Personalstruktur der Ritenkongregation. Neben dem Zeitgeist waren es vor allem die Animositäten der anderen Orden, die in der zweiten Hälfte des 18. Jahrhundert jedes Jesuitenverfahren erstickten, sei es durch übertriebene prozeßimmanente Kritik, Verschleppung von Terminen oder überzogene Forderungen nach einer Schriftenrevision. Im Zeitalter der Restauration hatte sich das Bild grundsätzlich gewandelt. Nicht nur, daß sich der wieder zugelassene Orden bis 1820 neu etabliert und konsolidiert hatte, auch das innerkirchliche Klima hatte sich entscheidend verändert, so daß der Orden nun an die Beatifikation bzw. Kanonisation seiner liegengebliebenen Kandidaten denken konnte, die mit einer günstigeren Behandlung durch die Ritenkongregation rechnen durften. Erst unter Pius IX. gelangte diese neue Entwicklung zum Durchbruch und zu einem vorläufigen Höhepunkt. Fast im Zweijahresrhythmus konnte die Gesellschaft Jesu nun mit einem Prozeßabschluß rechnen, wobei ihr der Papst konstant mit Dispensen und Fakultäten entgegenkam. Im Schlepptau dieser ordenseigenen Causen befanden sich eine ganze Reihe von Kandidaten, die der Gesellschaft Jesu nahestanden und einen vergleichbaren Prozeßgang aufwiesen. Vor allem das Verfahren der Marguérite-Marie Alacoque verdient hier besondere Beachtung, da durch deren Beatifikation die jesuitennahe Herz-Jesu-Verehrung ihren weltweiten Siegeslauf antreten konnte. Mit dieser Seligsprechung wurde eine Verehrungsform institutionalisiert, die regional verschiedene, gewachsene Frömmigkeitsformen verdrängte und um die Wende zum 20. Jahrhundert zur zentralen und zentralisierten Kultform wurde. Damit erweist sich das Pontifikat Pius' IX. einmal mehr als romzentrierter Abschnitt der neuzeitlichen Kirchengeschichte[1].

Sozialgeschichtliche Bedeutung kommt auch den sogenannten Familienheiligen zu, die spätestens seit dem Mittelalter in der Geschichte der Kirche anzutreffen sind. Die genealogische Aufwertung der eigenen Sippe entwickelte eine Dynamik, der sich selbst nüchtern denkende Päpste wie Benedikt XIV. nicht entziehen konnten. Als Hauptproblem für ein erfolgreiches Verfahren stellten sich weniger Finanzfragen her-

---

[1] Auf diesen Modernisierungsprozeß im 19. Jahrhundert weist bereits hin: Korff, Kulturkampf und Volksfrömmigkeit 138f.

aus, als die natürliche Diskontinuität des Interesses, das nicht zwingend von Generation zu Generation weitervererbt wurde. Interessanter ist aber unzweifelhaft die inhaltliche Füllung des Begriffes und die Intention der Petenten: Durch den Heiligen in der eigenen Familie erwarb die *stirps* nicht nur besonderes Prestige in Kirche und Welt, was sich in der Karriereleiter und im sozialen Aufstieg greifbar niederschlug, die Kultapprobation veredelte gleichsam das Blut und machte damit jeden Nachgeborenen sakrosankt. Die Aussagen der direkt betroffenen Angehörigen weisen auf eine ganz engeführte, irdisch verhaftete Denkweise hin: Der Sippenheilige stand nicht nur als unmittelbarer Schutzherr und Anwalt vor Gott, man konnte mit ihm auch quasi wie zu Lebzeiten korrespondieren und ihn als transzendenten Mittelsmann für persönliche Anliegen nutzen. Hatte man keinen persönlichen Vorfahren aufzuweisen, durfte man sich zu einer „erweiterten Familie", der in Italien deutlich ausgebildeten Landsmannschaft, zählen, die ihren je eigenen Heiligenhimmel besaß. Die Republik Venedig spielte in diesem Zusammenhang eine eigene, unvergleichliche Rolle. Das gesamte Herrschaftsgebiet der Serenissima wurde durch die politische Kultur der Seerepublik zu einer großen Familie zusammengeschlossen und von staatswegen mit Patronen ausgestattet. Der persönliche Familienheilige als prozeßspezifischer Typus gehört ganz in das Ancien Régime. Mit dem Ende der Adelsgesellschaft fiel einerseits der weniger relevante Bezugsrahmen weg, vor allem aber die finanzielle Leistungskraft des Adels. Auch ein Blick in die Heiligenstatistik zeigt, daß nach der Kanonisation von Giacinta Marescotti von 1807 keine Causa mehr direkt von einer Familie zum Abschluß gebracht wurde. Weitere Forschungen müssen hier aber noch letzte Klarheit schaffen.

Ein ganz anderes Kapitel der päpstlichen Sanktionspraxis ist unter dem Begriff *Farmacia Vaticana* subsumiert. Dabei handelt es sich um die gewollte Funktionalisierung von Kandidaten, denen der Actor der Causa nicht nur eine ganz eigene Botschaft mit auf den Prozeßweg gegeben hatte; auch der Papst wurde um die Bestätigung dieses „Auftrags" gebeten, um dem Remedium gleichsam die „höheren Weihen" und größere Breitenwirkung zu verleihen. Dem daniederliegenden spanischen Zweig der Fatebenefratelli sollte durch die Seligsprechung des Juan Grande neuer Lebensodem eingehaucht werden. In diesem Fall sind die Erwartungen der Ordensleitung durch die Unterstützung des Papstes auch tatsächlich in Erfüllung gegangen. Die Seligsprechung sollte aber auch auf die besondere Bedeutung des italienischen Hospitalwesens aufmerksam machen und ihr eine neue, zeitgemäße Spiritualität verleihen. Ob auch hier die Absichten des Ordens zum Ziel gelangt sind, ist nicht bekannt.

Auch das seit Gregor XVI. kräftig expandierende Missionswesen wurde mit neuen Patronen bedacht. Klagen über nachlassende Disziplin, der Mangel an Berufungen, organisatorische Schwächen und die Konkurrenz der Orden untereinander verlangten nach einer beispielgebenden Abhilfe. Die Propanda-Kongregation war anfangs federführend in der Suche nach aktuellen Vorbildern. Erst durch das direkte Eingreifen des Papstes in die entsprechenden Prozesse, die unter Pius IX. effektive Fortschritte erzielten, schlug sich der Missionsgedanke in der Praxis der Kultapprobation nieder, vor allem weil er sich den neuetablierten Typus des Märtyrers zunutze machen konnte. Missionscausen brachten aber auch gewollt die Weltkirche zu sich, die diese ihre Identität erst prägend unter Pius IX. begriff, in Beatifikationen und Kanonisationen umsetzte und erstmals auch den Erdkreis dazu einlud. Der geringer werdende inneritalienische Handlungsradius des Papstes suchte sich gewissermaßen eine Kompensation durch das Ausgreifen in die Ferne. Daß das mit zentralistischen und universalistischen Absichten geschah, lag in der Logik des Pontifikats. Nun sprach Rom tatsächlich für die Welt.

Die Causa des Theatinerkardinals Giuseppe Maria Tomasi gehört zwar nur in einem weiteren Sinn zur Arbeit der *Farmacia Vaticana*, legt aber in bedrückender Weise den mangelnden Konnex von Volksverehrung und Sanktionspraxis frei. Prinzipiell gehörten die allermeisten Familiencausen in dieses Problemfeld. Der Prozeß des sizilianischen Kardinals zeigt aber deutlich, wie sich das persönliche Interesse hochstehender einflußreicher Kurialer im päpstlichen Sanktionswesen Bahn brechen konnte. Die bei Nacht und Nebel ausgewechselte Grabplatte hätte keinen Seligsprechungsprozeß legitimieren dürfen. Daß soetwas aber dennoch möglich war und verhältnismäßig rasch zum Erfolg führte, stellte die Institution der Selig- und Heiligsprechung an der Ritenkongregation punktuell in Zweifel. Hier ist die Gretchenfrage der Sanktionspraxis berührt, nämlich der vom Verfahren selbst geforderte Konnex von *Vox populi* und römischer Approbation. Die intensive Verehrung eines Kandidaten durch das Volk, die als Vorbedingung für die Aufnahme eines Selig- bzw. Heiligsprechungsverfahrens gilt, ist in den meisten Fällen schwer meßbar; sie darf am ehesten für den Mezzogiorno angenommen werden. Zwar ist sie dort weitgehend authentisch, vielgestaltig und aufgrund der besonderen Mentalität des Volks breit und intensiv, doch lassen sich auch dort Initiatoren dieser besonderen Devotion ausmachen, so beispielsweise der Jesuitenorden bei Francesco de Gerolamo. Für das 19. Jahrhundert erkennt man einen stärker rationalen Umgang mit den Kandidaten. Ordensgründer und beispielsweise auch Germaine Cousin konnten eine bedeutende Anzahl hoher geistlicher Würdenträger mobilisieren, die stärker von der Botschaft der Causa motiviert waren als von der konkreten historischen Gestalt. Das zeigen zumindest mit Deutlichkeit die überlieferten Postulationsschreiben. Welche Volksverehrung hinter solchen Briefen stand, läßt sich im einzelnen nicht immer klar erkennen. Unzweifelhaft hatten aber Gestalten wie Alfonso de' Liguori, Francesco de Gerolamo, Leonardo da Porto Maurizio und Giuseppe da Copertino tiefe Wurzeln in der Volksfrömmigkeit ausgebildet.

Im gesamten Beatifikationsprozeß des Jan Sarkander begegnet dem Betrachter ein ganzes Bündel von einander ablösenden Instumentalisierungen. Das Verfahren zeigt daher exemplarisch, welch verschlungene und widersprüchliche Wirkungsgeschichte ein Märtyrer haben und wie rasch ein Etikett gegen ein neues ausgewechselt werden konnte. Erhoffte sich der Fürstbischof von Olmütz zunächt von der Seligsprechung größeren Pomp und Feierlichkeit für den hundertjährigen Todestag des mährischen Märtyrers, so erhielt dieser im Siebenjährigen Krieg die Funktion eines Staatsprotektors gegen den protestantischen Eindringling Friedrich den Großen. Bekanntlich führte diese Funktionalisierung durch den Wiener Kaiserhof nicht zum Ziel der Beatifikation, ebensowenig wie der Vorstoß von 1830, der das Domjubiläum durch eine Seligsprechung zu krönen beabsichtigte. Der schließlich 1860 erfolgte feierliche Prozeßabschluß Sarkanders stand ganz im Zeichen des Nationalitätenkampfes und der Suche nach einem eigenen Landespatron. Merkwürdigerweise überlagerten sich zu jenem Zeitpunkt zwei gegensätzliche Interpretationen. Für die von Wien und Olmütz beeinflußte römische Kurie galt Sarkander ganz als Schutzherr der Habsburger, die zu jener Zeit um ihre Herrschaft in Oberitalien bangen mußten, während der Pfarrer von Holleschau im mährischen Kirchenvolk zu einer Identifikationsfigur der nationalen Sammlung wurde. Das wirkt auf den ersten Blick skurril, wirft dann aber wieder mit Deutlichkeit die Frage nach dem eigentlichen Träger von Selig- und Heiligsprechungsprozessen auf. Die Vielschichtigkeit der Interessenslage ist bei Jan Sarkander aufgrund der überaus guten Quellenlage deutlich zu erkennen. Diese Multifunktionalität muß auch für andere Causen angenommen werden. Eine ähnliche Mehrgleisigkeit läßt sich punktuell bei anderen Prozessen erkennen: Francesco de Gerolamo setzte der Jesuitenorden als Eisbrecher für die Wiederzulassung der Gesellschaft ein, Alfonso de' Liguori wollten die Redemptoristen als Gründervater beatifizieren, von Josaphat Kuncewycz erhoffte sich das Kloster Grottaferrata Neueintritte.

Darüber hinaus lassen sich kontextübergreifende Konstanten erkennen, die gleichsam selbst den Kontext des Selig- und Heiligsprechungsverfahrens bilden. Da ist zunächst das erdrückende Ordenswesen, das sich die Praxis der Kultsanktionierung institutionell und personell gleichsam inkorporiert hatte. Diese Dominanz führte jedoch bei der Sakralisierung der Ordensgründer zur Konkurrenz und damit zur „Verzögerung der Heiligkeit". Hier erstickte die Monopolstellung der Orden sogar die prestigereiche Priorität, die die Kongregation der Stifterfigur einräumte.

Während „Adel" einen Bonus, wenn auch kein entscheidendes Kriterium im Kongregationsgeschehen bedeutete, so verfügte der Mezzogiorno über alle wichtigen Ingredienzen und beherrschte die zum Ziel führenden Mechanismen in Perfektion. Die Römer brauchten sich für ihre Kandidaten weniger anzustrengen, da hier der Prophet im eigenen Land alles galt – zumindest nach dem Tod.

Die Frage nach den Finanzen, die abschließend geklärt wurde, ist ein sehr unübersichtliches Feld. Da der Kostenfaktor für jeden Prozeß individuell verschieden ist und kaum vollständiges Material vorliegt, läßt sich dieses Problem nur mit Annäherungen und Hochrechnungen angehen. Aus dem Quellenmaterial lassen sich dennoch gewisse Eckwerte deutlich herausfiltern, die die wirtschaftliche Dimension der Kultsanktionierung exemplifizieren und verständlich machen, warum Selig- und Heiligsprechung zu einer fast ausschließlichen Sache der zentral organisierten Großorden wurde. Mit den Taxen und Gebühren für die Ritenkongregation kam man bei weitem nicht hin. Prozeßbegleitende Gaben und vor allem die Abschlußkosten jeder Causa sowie die astronomischen Summen für die Feierlichkeit, die auch im 19. Jahrhundert keine Reduzierung erfuhren, schlugen weit mehr zu Buche. Damit ist das geheimnisumwitterte Kapitel der Finanzierung weitgehend geklärt. Gleichzeitig wurde aber auch deutlich, woher die Gelder kamen. Geradezu erfreulich ist es, einen Konnex zur Volksverehrung erkennen zu können. Spendengelder, Meßstipendien und Legate legen Zeugnis von der Breitenwirkung und Intensität eines Kultes ab. Auf der anderen Seite läßt sich erkennen, daß aufgrund der zurückgegangenen Spendenfreudigkeit im 19. Jahrhundert die aufwendige Kanonisation kaum mehr finanzierbar war und tatsächlich nur durch verschiedene Kunstgriffe finanziert werden konnte.

Selig- und Heiligsprechung als Wirtschaftsfaktor bleibt immer noch ein Forschungsdesiderat; ebenso regt auch die Fülle des greifbaren Materials weitere Fragestellungen an. Zweifellos lassen sich bei genauerer Betrachtung eine Reihe weiterer Heiligentypen herausfiltern. Die vorliegende Arbeit versteht sich gerade als Hinführung und Anregung zur Untersuchung neuer Themenhorizonte. Allein die Amtsakten der Ritenkongregation, die sich in ihrer Gesamtheit als äußerst vielschichtig und aussagekräftig erweisen, eröffnen ganz neue Perspektiven und Forschungsdimensionen. Interessant wäre sicherlich auch die Untersuchung der nicht zum Abschluß gekommenen Causen oder – auf Bistumsseite – der Verfahren, die nie von der Ritenkongregation als Causen aufgenommen wurden. Der gesamte Bereich der Vorgeschichte, das heißt die Phase vor dem Bistumsprozeß, bedeutet gewiß ein ebenso spannendes wie weiterführendes Desiderat, ist aber quellenmäßig gesichert schwer zu erfassen, da zuverlässiges Material weit verstreut und häufig nicht ohne Schwierigkeiten einsehbar ist. Als methodisches Problem stellt sich hier zusätzlich das Erfordernis, auf möglichst breiter Quellengrundlage vergleichbare Aussagen zu treffen, um tatsächlich zu übergreifenden und zuverlässigen Interpretationen zu gelangen.

Grundvoraussetzung ist zunächst jedoch eine solide und umfassende behördengeschichtliche Untersuchung der Ritenkongregation als Schaltzentrale von Beatifikation und Kanonisation. Leider hat jedoch die Erforschung der neuzeitlichen Kuriengeschichte in den letzten Jahren kaum mehr für Schlagzeilen gesorgt[2], so daß wesentliches Vergleichsmaterial fehlt, ebenso wie in weiten Teilen eine hilfswissenschaftliche Basis. Aber selbst im Bereich der Papstgeschichte sind für das 18. Jahrhundert erstaunliche Grauzonen zu entdecken.

---

2 Puza weist mit Rückgriff auf den Kirchenrechtler Willibald M. Plöchl darauf hin, daß die Erforschung der römischen Kurie immer noch unzureichend ist: Puza, Konzilskongregation 23. Vgl. dazu differenzierter: Schwedt, Die römischen Kongregationen der Inquisition und des Index und die Kirche im Reich (16. und 17. Jahrhundert) 43–46.

Personen- und Ortsregister

Selige und Heilige sind unter ihrem Vornamen aufgeführt.

Acotanto, Pietro; *siehe*: Pietro Acotanto
Acquaviva, Rodolfo; *siehe*: Rodolfo Acquaviva
Acri, Angelo da; *siehe*: Angelo da Acri
Acton, Carlo Januarius; Kardinal 358, 362
Alacoque, Marguérite-Marie; *siehe*: Marguérite-Marie Alacoque
Albani, Alessandro; Kardinal 175
Albergati, Niccolò; *siehe*: Niccolò Albergati
Alcalá 261
Aldrovandi, Pompeo; Kardinal 237, 239
Alexander II.; russischer Zar 144, 149
Alexander III.; Papst 66f.
Alexander VII.; Papst 73, 113
Alexander VIII.; Papst 222, 370
Alfieri, Giovanni Maria; Generalsekretär der Fatebenefratelli 202–206
Alfonso Maria de' Liguori; Ordensgründer und Heiliger 287f., 319–325, 326–329, 331–333, 338, 343f., 383, 411–413, 421, 425, 427, 429, 431, 438, 476, 478, 487, 493, 497f.
Aloisio di Gonzaga; Heiliger des Jesuitenordens 219, 258, 287, 294, 403
Alonso Rodríguez; Jesuitenheiliger 254, 261, 279, 402
Altieri, Lodovico; Kardinal 185, 297f., 341, 387
Amadei, Giovanni Giacomo; Bologneser Kanoniker 250
Amalfi 319
Amettes 314
Ancona 75, 101, 166, 241
Andres, Jaime; Jesuitenpater 488
Andrzej Bobola; Heiliger des Jesuitenordens 103, 253f., 280, 282, 297–301, 376–379, 383–387, 466, 489f,
Angela Merici; Ursulinengründerin und Heilige 110, 125–127, 129, 406f., 409–411
Angelo da Acri; Seliger des Kapuzinerordens 421, 423, 425, 430–433
Annecy 94, 96
Antwerpen 257
Aquileia 123
Aquino 417
Arbués, Pedro de; *siehe*: Pedro de Arbués
Archinto, Giovanni; Kardinal 315–317

Arequipa 270
Arima/Arie 219
Arnauld, Angélique; Äbtissin von Port-Royal 95f.
Arras 313
Ascoli, Serafino da; *siehe*: Serafino da Montegranaro
Athanasius von Alexandrien; Kirchenvater 150
August III.; König von Polen 440
Autun 289, 307
Avignon 312

Baden 184
Basel 85
Barbarigo, Agostino; venezianischer Oberbefehlshaber 116, 440
Barbarigo, Giovanni Francesco; venezianischer Kardinal 118f.
Barbarigo, Gregorio; *siehe*: Gregorio Barbarigo
Barberini, Antonio; Kardinal 146
Barbon-Mancini-Mazarini, Louis-Jules; französischer Botschafter in Rom 99
Bari 332
Barili, Lorenzo; Nuntius in Spanien 160
Bartolini, Domenico; Sekretär der Ritenkongregation 143f., 146
Basilius der Große; Mönchsvater 139
Becchio, Vincenzo; römischer Kleriker 137, 478
Beckx, Pieter Johan; Jesuitengeneral 302, 304f., 307f., 368, 479
Bellarmino, Roberto; *siehe*: Roberto Bellarmino
Belluga y Moncada, Luis Antonio; Kardinal 97f., 115–117, 439
Belluno 115–117, 439
Benedetto da S. Filadelfo; Heiliger 129, 421, 423f., 431
Benedikt XIII.; Papst 116, 225f., 401, 413, 444
Benedikt XIV.; Papst 53, 55–57, 70, 74–78, 80f., 85–93, 96–103, 105f., 109, 120, 123, 125f., 133, 173f., 178f., 179, 194, 212f., 215f., 235–254, 257, 259–263, 272, 274f., 299, 309f., 376–382, 384, 388f., 394f.,

500

400f., 404f., 413, 428f., 442, 445–447, 451, 457, 460, 462f., 466–469, 475, 481, 485, 492, 495
Benoît-Joseph Labré; Heiliger 314–318, 343f., 397, 445, 450, 493
Benvenuti, Cesare; römischer Kleriker 94
Berchmans, Johan; siehe: Johan Berchmans
Bergamo 113, 122, 126
Bernardo da Corleone; Seliger des Kapuzinerordens 402, 421, 425, 433, 452
Bernhard von Clairvaux; Ordensgründer 68, 274
Bernini, Giovanni Lorenzo; italienischer Künstler 483
Bisignano 425, 430
Bitonto 427
Bítovský, Wenzel; mährischer Adliger 172
Blümegen, Hermann Hannibal Freiherr von; Olmützer Kanoniker, dann Bischof von Königgrätz 177f.
Bobola, Andrzej; siehe: Andrzej Bobola
Boccapaduli, Teodoro; Maestro di Camera 468f.
Bofondi, Giuseppe; Kardinal 301, 387
Boillet, Coletta; siehe: Coletta Boillet
Bologna 75, 89, 101, 105, 157, 236–244, 249–251, 428
Bonaventura da Barcelona; Seliger 464
Bonaventura da Potenza; Seliger 402, 421, 428, 433f., 457f., 485
Boncompagni, Girolamo; Kardinal 238
Bonomo, Giovanna Maria; siehe: Giovanna Maria Bonomo
Borromeo, Carlo; siehe: Carlo Borromeo
Boskowitz 172, 276
Bourges 337
Brancati, Lorenzo; Kardinal 486
Braunsberg 277
Brescia 127, 408–410
Breslau 171, 196
Brest 139f., 277, 280
Brindisi 421
Brito, João de; siehe: João de Brito
Brunelli, Giovanni; Kardinal 361, 364
Brünn 171, 173, 177–179, 186f., 190, 196
Bruno, Giordano; Renaissancephilosoph 111
Brzozowska, Katharina; 280f., 384
Brzozowski, Rajmund; Assistent für Polen im Jesuitengeneralat 281, 383
Brzozowski, Thaddäus; Jesuitengeneral 280
Budweis 196
Buenos Aires 270, 297

Burali, Paolo; siehe: Paolo Burali
Burgos 90
Busenbaum, Hermann SJ; Moraltheologe 287f.
Byten 139

Cadolini, Ignazio Giovanni; Kardinal 353f., 358, 360–364
Cagli 331
Calasanzio, Giuseppe da; siehe: Giuseppe da Calasanzio
Calini, Lodovico; Kardinal 408f.
Calvi, Carlo Antonio; Generalminister der Konventualen 428
Camacho, Francisco; siehe: Francisco Camacho
Camillo de Lellis; Ordensgründer und Heiliger 102, 421, 427, 429, 433, 445
Cappellari, Bartolomeo Alberto (Mauro); siehe: Gregor XVI.
Caprara, Alessandro; Rota-Auditor 75
Capua 333
Caracciolo, Diego Innico; Kardinal 322–325, 432
Caracciolo, Francesco; siehe: Francesco Caracciolo
Caracciolo, Niccolò; Erzbischof von Otranto 429
Carlo Borromeo; Reformbischof und Heiliger 113, 122
Carlo Spinola; Heiliger des Jesuitenordens 218f., 222–224, 305, 370, 393, 395, 438
Carlo IV.; König Beider Sizilien 214, 216, 231, 234
Carlo Emanuele III.; König von Savoyen-Sardinien 431
Carlos III.; König v. Spanien 441
Carmona 198
Cartagena 254f.
Castillo, Juan del; Postulator 269–272, 448
Castro, Rodrigo de; Erzbischof von Sevilla 199
Caterina de' Ricci; Heilige des Dominikanerordens 234, 460, 465–468, 470f., 484f.
Caterina Thomás; Mystikerin und Heilige 130
Caterina Vigri oder da Bologna; heilige Äbtissin des Klarissenordens 75, 237
Caterini, Prospero; Kardinal 369
Cavour, Camillo; italienischer Politiker 164
Cerveteri 228

Chantal, Jeanne Françoise de; *siehe:* Jeanne Françoise Frémyot de Chantal
Charles Edward Stuart; Sohn Jakobs III. von England 213
Charwath 172, 276
Chateaubriand, François-René Vicomte de; französischer Politiker und Schriftsteller 346
Chaumont, Denis; Direktor des Seminars der Société des Missions étrangères 347
Chełm 143–145
Chengtu (China) 347
Chieti 421
Chigi, Fabio; *siehe:* Alexander VII.
Chotek von Chotkowa und Wognin, Ferdinand Maria Graf; Fürsterzbischof von Olmütz 184–187, 189
Cicero, Marcus Tullius; römischer Politiker und Orator 443, 452
Clarelli Paracciani, Niccola; Kardinal 368
Claude de la Colombière; Heiliger des Jesuitenordens 273, 294
Claver, Pedro; *siehe:* Pedro Claver
Clemens von Alexandrien; Kirchenschriftsteller 62f.
Clemens VIII.; Papst 70
Clemens IX.; Papst 74
Clemens X.; Papst 109, 221, 345
Clemens XI.; Papst 75, 114, 212
Clemens XII.; Papst 96, 165
Clemens XIII.; Papst 56, 93, 106–110, 112, 119–125, 127f., 235, 246, 254f., 260f., 263, 270f., 275, 290, 309, 318f., 405, 407f., 439f., 450, 470, 475, 481f., 492
Clemens XIV.; Papst 152, 264, 271, 432
Clemens Maria Hofbauer; Heiliger des Redemptoristenordens 182
Clemente Ignacio Delgado y Cebrian; Heiliger 351f., 355f., 369
Coletta Boillet; Selige des Klarissenordens 129
Collalto, Giuliana da; *siehe:* Giuliana da Collalto
Colombière, Claude de la; *siehe*: Claude de la Colombière
Compiegne 313
Concepción 270
Contieri, Nicola; Erzbischof von Gaeta 143, 145f., 150f., 154, 156
Cordoba 90
Cornelio, Giovanni; Rota-Auditor 121
Cornely, Rudolf SJ; Hagiograph 223

Corner, Flaminio; venezianischer Senator und Hagiograph 121, 125f., 128
Corsi, Cosimo; Kardinal 164
Cosenza 421, 425
Coster, Joseph; Postulator 186f., 189
Cousin, Germaine; *siehe*: Germaine Cousin
Cozza, Giuseppe; italienischer Hagiograph 162, 164, 167
Croce, Giovanni Giuseppe della; *siehe*: Giovanni Giuseppe della Croce
Croce, Paolo della; Passionistengründer und Heiliger 333, 413–420
Cuzco 270
Cyprian von Karthago; Bischof und Kirchenschriftsteller 62
Cyrill; Slawenapostel 192f.

D'Astros, Paul Thérèse David; Erzbischof von Toulouse und Narbonne 335, 341
Dat, Johannes; *siehe*: Johannes Dat
De Luca, Antonino; Kardinal 153
Deidda, Pietro; Ordensoberer der Hospitalbrüder 202, 204
Delgado y Cebrian, Clemente Ignacio; *siehe*: Clemente Ignacio Delgado y Cebrian
Desenzano 110, 127
Deti, Giovanni Battista; Kardinal 366
Di Pietro, Michele; Kardinal 51, 323–325, 412
Diest 258, 302
Dietrichstein, Franz Seraph; Fürstbischof von Olmütz und Kardinal 171f., 174, 275
Döllinger, Ignaz von; Kirchenhistoriker 157, 168
Dombrovskyj, Michael; Basilianerpater 143–145, 151, 154f.
Doria Pamphili, Antonio Maria; Kardinal 266
Dresden 176
Dufresse, Jean Gabriel Taurin; *siehe*: Jean Gabriel Taurin Dufresse
Duranza, Vital; spanischer Häretiker 159
Duvergier de Hauranne, Jean-Ambroise; Abt von Saint-Cyran 95

Eduard der Bekenner; englischer Heiliger 66
Egiziano, Pedro; Generalprior der Hospitalbrüder 204
Eleonore; Frau von Kaiser Leopold I. 441
Epila 157, 231

Estrade, Jacques; französischer Ehrendomherr 335, 337f., 340, 342
Eugen III.; Papst 65f.
Eugen IV.; Papst 69
Eustochio (Lucrezia Bellini); venezianische Selige 125

Faber, Petrus; *siehe*: Petrus Faber
Fano 266
Ferdinand I.; König Beider Sizilien, als Ferdinand IV. König von Neapel 264, 268, 284, 432
Ferdinand II.; römisch-deutscher Kaiser 172, 174
Ferrara 85, 312, 364
Ferretti, Gabriele; Kardinal 301, 387
Fidelis von Sigmaringen; Heiliger des Kapuzinerordens 102, 376
Filippo Neri; Ordensgründer und Heiliger 445f.
Florenz 85, 165, 235, 321f.
Fondi 416
Fontainebleau 278
Fortis, Aloisio; Jesuitengeneral 283f.
Francesco Caracciolo; Ordensgründer und Heiliger 129, 421f., 427, 429, 433
Francesco de Gerolamo SJ; Volksmissionar und Heiliger 261–267, 283f., 286, 288, 318, 343f., 421, 423, 425, 427, 431–433, 441f., 461f., 476, 487f., 493, 497f.
Francisco Camacho; Seliger der Fatebenefratelli 199, 204
Fransoni, Giacomo Filippo; Kardinal 208f., 331, 353–355
Franz von Assisi; Ordensgründer und Heiliger 69
Franz von Sales; Ordensgründer und Heiliger 74, 94, 100–103
Franz I.; Kaiser von Österreich 180f., 183
Franz Joseph I.; Kaiser von Österreich 155, 204
Franziscus Xaverius; Heiliger des Jesuitenordens 282, 288, 397, 426
Frascati 213
Frattini, Andrea Maria; Promotor Fidei 362f.
Freiberg 185
Frémyot de Chantal; *siehe*: Jeanne Françoise Frémyot de Chantal
Fribourg (Schweiz) 257, 292
Friedrich II.; König v. Preußen 176f., 179, 197, 497
Frosinone 417

Fürstenberg, Friedrich Egon Landgraf von; Kardinal u. Fürsterzbischof von Olmütz 191–195

Gaeta 136, 156, 162, 296, 338, 417, 421, 425
Garibaldi, Giuseppe; italienischer Staatsmann 165
Gaspero de Torres Marescotti, Marianna di; italienische Gräfin 228
Gentili, Antonio Saverio; Kardinal 434
Genua 218–223, 326, 443f.
Germaine Cousin; französische Heilige 333–336, 338–343, 397, 452, 493, 497
Gerolamo, Francesco de; *siehe*: Francesco de Gerolamo
Giacinta Marescotti; Heilige des Klarissenordens 129, 224–226, 228–230, 402, 438, 444f., 483, 491, 496
Giacomo Kisai; japanischer Heiliger des Jesuitenordens 365
Gil, Emmanuel García; Erzbischof von Zaragoza 160
Giovanna Maria Bonomo; Benediktinerinnenäbtissin und Selige 107
Giovanni Battista de Rossi; römischer Kanoniker und Heiliger 397, 443, 449–451
Giovanni Giuseppe della Croce; Heiliger 402, 421, 427, 432f., 462, 476
Giovanni Leonardi; Ordensgründer und Heiliger 406, 441, 445–447, 450f.
Giovanni Soan di Gotó; japanischer Heiliger 365
Girolamo Miani (Aemiliani); Ordensgründer und Heiliger 103, 107–110, 125–127, 404
Giuliana da Collalto; venezianische Äbtissin und Selige 125
Giuliani, Veronica; *siehe*: Veronica Giuliani
Giuseppe da Calasanzio; Ordensgründer und Heiliger 102, 108–110, 443, 446
Giuseppe da Copertino; Heiliger des Franziskanerordens 108–110, 404, 421, 429, 431, 486, 497
Giuseppe da Leonessa; Heiliger des Kapuzinerordens 102, 421f., 427, 434, 458, 460, 487
Giuseppe Maria Tomasi; Kardinal und Theatinerheiliger 89, 211f., 213–215, 231, 397, 421, 432, 438, 440, 445, 497
Giuseppe Pignatelli; Heiliger des Jesuitenordens 264f., 284, 296, 442

503

Giustiniani, Lorenzo; *siehe*: Lorenzo Giustiniani
Goa 219
Godehard; Heiliger 68
Goethe, Johann Wolfgang von; deutscher Schriftsteller 314
Gomidas Keumurdjian (Cosma da Caboniano); Seliger 156
Gonzaga, Aloisio di; *siehe*: Aloisio di Gonzaga
Gonzaga, Antonio Ferdinando; Herzog von Guastalla 115
Gonzaga, Luigi di; *siehe*: Aloisio di Gonzaga
Gorkum 146, 160, 370, 386, 391f., 397, 452, 493
Granada 198, 204
Grande, Juan; *siehe*: Juan Grande
Graz 171, 275
Gregor IX.; Papst 67
Gregor XIII.; Papst 277
Gregor XV.; Papst 109
Gregor XVI.; Papst 184, 200–204, 207–209, 282, 285, 287, 290, 306, 332, 336f., 345, 348f., 351f., 354–357, 360, 362–364, 372, 384f., 395, 463f., 474, 477, 496
Gregorio Barbarigo; venezianischer Heiliger 107, 110, 112f., 115–119, 120–124, 128, 235, 246, 397, 438f., 492
Gregorio, Emanuele de; Kardinal 325
Grigenti 285
Grottaferrata; Abtei 142f., 145f., 151, 156, 498
Grottaglie 284
Guépin, Alphonse; französischer Hagiograph 150
Gusta, Francesco; ital. Apologet 312

Haarlem 391
Hanoi 357
Heinrich II.; römisch-deutscher Kaiser 66
Heinrich von Segusia; Kardinalbischof v. Ostia 69
Henares, Domenico; Bischof 351
Henry Benedict Stuart Herzog von York; Kardinal 212–215, 414f., 432, 440, 442, 445
Hermann Graf zu Wied; Erzbischof von Köln 256
Hieronymus; hl. Kirchenlehrer 437
Hofbauer, Clemens Maria; *siehe*: Clemens Maria Hofbauer

Holleschau 172, 174, 180, 184f., 197, 276, 380, 498

Ignatius von Loyola; Ordensgründer und Heiliger 256, 267, 278, 287, 403
Imelda Lambertini; Selige des Dominikanerordens 236, 238, 240–244
Imola 294, 331
Innozenz III.; Papst 67, 69, 398
Innozenz X.; Papst 79
Innozenz XI.; Papst 80, 90f., 120
Istanbul 114, 360

Jakob III.; englischer König 440
Jaktar (bei Troppau) 172
Jan Kanty; Heiliger aus Krakau 108–110, 345, 397
Jan Sarkander; mährischer Heiliger 171–177, 179–197, 210, 275f., 294, 309, 376, 380, 382, 385f., 389f., 394, 395–398, 448, 452, 484, 497f.
Jansenius; häretischer Theologe 95
Japanische Märtyrer (23), 1862 kanonisiert; *siehe auch*: Paolo Miki, Giovanni Soan di Gotò, Giacomo Kisai 142f., 147, 161, 207, 210, 222, 304, 365, 369f., 375, 390f., 393, 395, 397, 439, 452, 478–480, 482, 490
Jean François Régis; Heiliger des Jesuitenordens 101
Jean Gabriel Taurin Dufresse; Apostolischer Vikar von Szechwan, Märtyrer und Heiliger 347f., 351, 359–361, 363, 369
Jeanne Françoise Frémyot de Chantal; Ordensgründerin und Heilige 93–96, 98, 100–102, 106, 108, 110, 126, 405f., 438, 492
Jerez de la Frontera 198f., 203
João de Brito; Heiliger des Jesuitenordens 254, 297–301, 376, 379f., 388f., 452, 460, 466, 489f.
Johan Berchmans; Heiliger des Jesuitenordens 151, 258–260, 285, 290f., 302f., 402, 451f., 460
Johannes Dat; fernostasiatischer Märtyrer und Heiliger 359–361, 363
Johannes Paul II.; Papst 51
Johannes von Gott; Ordensgründer und Heiliger 198
Johannes von Nepomuk; böhmischer Heiliger 174, 182, 210
Josaphat Kuncewycz; ruthenischer Erz-

bischof und Heiliger 135, 138–151, 153–156, 160, 248, 275, 277, 294, 309, 375, 390, 392, 394, 397, 452, 482, 491, 493, 498
Joseph II.; römisch-deutscher Kaiser 179
Juan Grande; Heiliger der Hospitalbrüder 198f., 202–204, 206, 452, 488, 494, 496
Juan Massias; Heiliger des Dominikanerordens 468, 486

Kanton 347
Kanty, Jan; *siehe*: Jan Kanty
Karl I.; König von Spanien 158
Karl V.; römisch-deutscher Kaiser, *siehe auch*: Karl I. 256
Karl VI.; römisch-deutscher Kaiser 257
Karlowitz 114
Katharina II.; russische Zarin 141
Keumurdjian; *siehe*: Gomidas Keumurdjian
Kiev 139–141, 277
Kioto 219
Kisai, Giacomo; *siehe*: Giacomo Kisai
Kleist, Heinrich von; deutscher Schriftsteller 314
Köln 256, 327
Königgrätz 178
Konstantin der Große; römischer Kaiser 329
Konstantinopel 102, 156
Krakau 397
Kremsier 174f., 184, 188
Kuncewyc; *siehe*: Josaphat Kuncewyc
Kunigunde; Heilige, Frau Kaiser Heinrichs II. 67

La Chaise, François de SJ; Beichtvater Ludwig XIV. 274
La Paz 270
Labré; *siehe*: Benoît-Joseph Labré
Lambertini, Giovanna; Klarisse 237
Lambertini, Giovanni; Senator in Bologna 242
Lambertini, Imelda OP; Nonne 242
Lambertini, Imelda; *siehe*: Imelda Lambertini
Lambertini, Prospero; *siehe*: Benedikt XIV.
Lambruschini, Luigi; Kardinal 336, 338f., 341, 358, 362, 387
Langlois, Charles-François; Superior des Pariser Missionsinstituts 350, 352f., 359
Langres 342
Lausanne 292
Lecce 219

Lemberg 140, 152f., 156
Leo X.; Papst 68, 78
Leo XII.; Papst 192, 245, 281, 348, 384
Leonardi; *siehe*: Giovanni Leonardi
Leonardo da Porto Maurizio; Heiliger der Franziskanerreformaten 105, 298f., 420, 447, 449–451, 464–466, 497
Leopold I.; römisch-deutscher Kaiser 140, 221, 441
Lepanto 116
Licata 211
Liguori, *siehe*: Alfonso Maria de' Liguori
Lima 270, 449
Linz 176
Lissabon 219, 254
Liverani, Francesco; Apostolischer Protonotar 191–196
Lorenzo da Brindisi; Heiliger des Kapuzinerordens 110, 125, 421, 432
Lorenzo Giustiniani; Protopatriarch von Venedig und Heiliger 110
Loreto 270, 316
Löwen 256, 302
Lucca 445f., 451
Lucca, Francesco da; Generalpostulator der Observanten 368
Luck 383
Ludovici, Gaetano; Postulator des Hospitalordens 200
Ludwig XIV.; König v. Frankreich 274
Ludwig XVI.; König v. Frankreich 311f.
Luigi di Gonzaga; *siehe*: Aloisio di Gonzaga
Luna, Giuseppe; Kurialbeamter 434
Lützow, Rudolf Graf; österreichischer Botschafter in Rom 188–191
Lyon 347, 349

Macao 209, 219f., 350
Madras 379
Madrid 199, 201, 219, 269, 282, 485, 488
Magenta 195
Mährisch-Neustadt 172, 185
Mailand 219
Maistre, Joseph-Marie de; französischer Staatsphilosoph 347
Makarska 116–118, 439
Malakka 219
Malo, Giuseppe Garcia; Postulator 272
Malvezzi, Vincenzo; Erzbischof von Bologna 250
Manila 220, 347, 351, 368

505

Mannucci, Serafino; Postulator des Jesuitenordens 384
Mantua 441
Marcena 198
Marescotti, Cesare; Bologneser Gelehrter 245
Marescotti, Clarice; *siehe*: Giacinta Marescotti
Marescotti, Francesco; italienischer Adliger 229
Marescotti, Galeazzo; Kardinal 225–227, 444
Marescotti, Giacinta; *siehe*: Giacinta Marescotti
Marescotti, Ginevra; Klarisse 224
Margotti, Giacomo; röm. Kanoniker 166
Marguérite-Maria Alacoque; Heilige der Salesianerinnen 248, 273–275, 279, 289f., 294, 306–310, 452, 495
Maria a Gesù Ágreda; spanische Mystikerin 441f.
Maria Anna de Gesù de Paredes y Flores; Heilige aus Quito 248, 267, 269–273, 279, 282f, 297–299, 397, 448, 452, 466
Maria Crocifissa (Isabella Tomasi); sizilianische Benediktinerin 211, 214
Maria Francesca delle Cinque Piaghe; franziskanische Heilige 421f., 424f., 428, 433
Maria Giovanna Bonomo; benediktinische Mystikerin und Selige 107
Maria Leszczyńska; Königin von Frankreich 96, 98
Maria Luisa di S. Giuseppe (Natalina Schiantarelli); Ursuline 407–409
Maria Theresia; österreichische Regentin 174–178, 431, 449
Maria Vittoria Fornari Strata; Ordensgründerin und Selige 405
Maria von Ungarn; Königin v. Neapel 218
Marseille 331
Martín de Porres; Heiliger des Dominikanerordens 345, 438, 449, 467, 486
Massalubrense 424
Massias; *siehe*: Juan Massias
Mastai-Ferretti, Giovanni Maria; *siehe*: Pius IX.
Mattei, Alessandro; Kardinal 324–326, 430
Mattei, Lorenzo; Postulator 289
Mecheln 258, 302
Menni, Benedetto; Oberer der Hospitalbrüder 206
Merici; *siehe*: Angela Merici

Messina 421
Method; Slawenapostel 192
Metternich, Clemens Fürst von; österreichischer Staatskanzler 188f., 297
Mezzofanti, Giuseppe; Kardinal 358, 362
Miani; *siehe*: Girolamo Miani
Michele dei Santi; spanischer Trinitarier und Heiliger 55, 58
Migazzi von Wall, Franz Christoph Graf; Olmützer Kanoniker 175
Miki, Paolo; *siehe*: Paolo Miki
Millini, Mario; Kardinal 175, 177f.
Minetti, Pietro; Promotor fidei 147
Minucci, Serafino; italienischer Jesuit 290
Mioland, Jean Marie; Erzbischof von Toulouse und Narbonne 341
Modena 195, 327
Mohilev 149
Molino, Giovanni; Bischof von Brescia, Kardinal 408
Monreale 284
Montefiascone 416
Montefranco, Bernardino da; Generalminister der Franziskaner 367
Montegranaro, Serafino; *siehe*: Serafino da Montegranaro
Montevideo 297
Moroni, Gaetano; Herausgeber des „Dizionario" 385
Mortara, Edgardo; getaufter Jude 163
Moskau 142, 280
Mstystaw 139
Münster 113
Murat, Joaquin; neapolitanischer Staatsmann 326
Muzzarelli, Alfonso Conte; Ex-Jesuit 265, 311, 442

Nagasaki 219, 366f.
Nagyvárad 266
Nanking 209
Napoleon I.; Kaiser von Frankreich 57, 201, 312f., 318, 325, 344, 346, 348, 383, 412, 416
Napoleon III.; Kaiser von Frankreich 134, 195
Narbonne 335, 341
Neapel 89, 173, 218f., 262–267, 278, 284, 288, 318–321, 325, 327, 329–331, 333, 339, 400, 421, 423–425, 430–432, 435, 457, 488f.
Nepi 259f.

Niccolò Albergati; Seliger des Kartäuserordens 85f., 237–241, 243, 438, 440
Nicola Saggio *oder* da Langobardi; Seliger der Minimi 421
Nijmegen 256
Nikolaus I.; russischer Zar 142
Nobili Vitelleschi, Salvatore; Kardinal 137
Nocera de' Pagani; 297, 320–322
Nola 263
Novalis (Friedrich Frhr. von Hardenberg); deutscher Dichter 314

Odescalchi, Carlo Principe; Kardinal 294, 306
Ohms, Ferdinand von; österreichischer Legationssekretär 186
Olaran, Bartolomeo de; spanischer Postulator 183, 268
Olmütz 171–180, 182–186, 188–197, 275–277, 380–382, 385, 389, 397f., 398, 497
Omura 219
Orbetello 413
Oria 266
Origenes; altkirchlicher Schriftsteller 62f.
Oriur 254
Orlèans 99
Orseolo; *siehe*: Pietro I Orseolo
Orsini, Marco Antonio; römischer Adliger 224
Orsini, Pietro Francesco; *siehe:* Benedikt XIII.
Osimo, Agostino da; franziskanischer Hagiograph 369
Ostia 69
Ostini, Pietro; Wiener Nuntius und Kardinal 186
Otranto 429
Otto III.; römisch-deutscher Kaiser 65

Pacca, Bartolomeo; Kardinalstaatssekretär 313, 326
Pacifico da S. Severino; Heiliger des Franziskanerordens 476
Padua 115f., 118–120, 122, 124f., 246, 439
Pagani 319
Palafox y Mendoza, Juan; Bischof von Puebla, dann von Osma 253, 409
Paleotti, Gabriele; Erzbischof von Bologna und Kardinal 244
Palermo 212, 425f.
Palma de Mallorca 254, 261
Palma di Montechiaro 211

Paolo Burali; Kardinal und Seliger 397, 421f., 425
Paolo della Croce; Ordensgründer und Heiliger 413–420
Paolo Miki; japanischer Heiliger 365f.
Paray-le-Monial 273f.
Paris 57f., 99, 145, 312, 318, 325, 347, 349–353, 356f., 360, 367
Parma 265, 284
Passarowitz 120
Passionei, Domenico; Kardinal 252
Patrizi, Costantino; Kardinal 145, 160, 168, 193, 202, 290, 296, 298, 303, 306, 309, 358, 362, 368, 387, 389
Paulus; Apostel 61, 86, 151, 154, 371, 392, 394, 449f., 482, 494
Paul III.; Papst 318
Paul V.; Papst 71
Pedicini, Carlo Maria; Kardinal 284, 291–293, 349f., 362, 433
Pedro Claver; Heiliger des Jesuitenordens 205, 254–256, 290, 296, 297–301, 389, 452, 466, 489f.
Pedro de Arbués; spanischer Heiliger 135, 146, 154, 156–164, 167–169, 231, 390, 392–395, 438, 452, 482, 491
Pegna, Ildefonso Giuseppe della; Substitut des Jesuitengenerals 283
Peking 209, 351f., 364
Pentini, Francesco; Kardinal 148
Pérocheau, Jacques Léonard; Apostolischer Vikar von Szechwan 359f.
Petrus; Apostel 86, 88, 96, 130, 147–149, 151, 154, 236, 242, 253, 307, 343, 371, 392, 394, 449f., 482f., 494
Petrus Canisius; Heiliger des Jesuitenordens 254, 256–258, 290, 292, 302–304, 452
Petrus Faber; Heiliger des Jesuitenordens 305
Petrus Tuy; vietnamesischer Märtyrer 356
Philipp IV.; König von Spanien 431
Piacenza 425
Pibrac 333–335
Pietro Acotanto; venezianischer Seliger 125
Pietro I Orseolo; venezianischer Doge und Heiliger 112
Pievetti, Cesare; Kongregationsadvokat 434
Pignatelli; *siehe*: Giuseppe Pignatelli
Pilar 160
Pinsk 280
Pisa 164, 394
Pitra, Jean-Baptiste; Kardinal 153

Pius V.; Papst 75, 115f.
Pius VI.; Papst 56, 129–133, 136, 199f., 266, 311, 313, 319–321, 414f., 429, 462, 492
Pius VII.; Papst 216, 248, 264–266, 278, 293, 318, 322f., 325, 338, 347f., 360, 363, 415, 430f., 482, 494
Pius VIII.; Papst 183f., 281, 385
Pius IX.; Papst 56f., 93, 99, 129, 133–138, 141, 143–145, 147, 149–156, 162f., 165–169, 194f., 204–206, 209, 247, 282, 286, 291, 293–304, 306–310, 334, 338f., 342f., 345, 364–366, 368–373, 381, 387f., 390, 392–394, 396, 402, 404, 417–419, 442f., 448, 452, 455f., 466, 478–480, 482f., 490f., 493–496
Pius XII.; Papst 55, 75
Plachetska, Anna; mährische Konvertitin 171, 275
Polozk 138–141, 147, 277f., 280
Pontecorvo 417f.
Popel von Lobkowitz, Ladislaus; mährischer Landeshauptmann 172
Porres, Martín de; *siehe*: Martín de Porres
Porta Rodiani, Giuseppe della; Kardinal 187f.
Portici 339
Porto Maurizio, Leonardo da; *siehe*: Leonardo da Porto Maurizio
Portocarrero, Joaquín Fernando; Kardinal 268
Possevino, Antonio; Jesuit und päpstlicher Sondergesandter 277
Potenza 402, 421, 428, 433f., 457f., 485
Pozzi, Giuseppe; Pfarrer in Bologna 250
Pozzuoli 333
Prag 171f., 176, 182, 188, 192, 275, 277
Prato 234, 484f.
Przemyśl 156
Przyluski, Leon Michał von; Erzbischof von Gnesen-Posen 148

Quito 267–269, 270–272, 298, 448, 452

Ranke, Leopold von; deutscher Historiker 235
Ravenna 227
Régis, Jean François; *siehe*: Jean François Régis
Reig, José; Sekretär des Mercedarier-Generals 161
Reisach, Karl August von; Kardinal 302
Rezzonico, Carlo; Kardinal 107, 109, 121, 126, 264

Rezzonico, Carlo; *siehe*: Clemens XIII.
Rezzonico, Giovanni Battista; Maggiordomo 109
Riano 230f.
Ricci, Antonio de'; Florentiner Kanoniker 235
Ricci, Caterina de'; *siehe*: Caterina de' Ricci
Ricci, Corso Atto de'; Florentiner Generalvikar 235
Ricci, Federigo de'; Senator in Florenz 234
Ricci, Giulio de'; Apostolischer Protonotar 235
Ricci, Lorenzo; Jesuitengeneral 287
Ricci, Rosso Maria de'; Florentiner Kanoniker 235
Ricci, Veronica de'; Klarisse 234
Richelieu, Jean-Armand du Plessis de; Staatsmann und Kardinal 95
Ripoll, Tommaso; Dominikanergeneral 241, 251, 469, 484f.
Riunda, Giovanni; römischer Vergolder 483
Roberti, Roberto; Kardinal 341
Roberto Bellarmino; Heiliger des Jesuitenordens 93, 252f., 296
Robespierre, Maximilien; französischer Revolutionär 313
Roccasecca 417
Rodolfo Acquaviva; Seliger des Jesuitenordens 218f.
Rodríguez, Alonso; *siehe*: Alonso Rodríguez
Rojas, Simon de; *siehe*: Simon de Rojas
Ronciglione 259f.
Roothaan, Jan Philip; Jesuitengeneral 284–286, 295, 298–302, 307, 489
Rosatini, Giovanni; Konsistorialadvokat 185
Rossi, Giovanni Battista de; *siehe*: Giovanni Battista de Rossi
Rudolf Johann von Österreich; Fürsterzbischof von Olmütz und Kardinal 180–184
Ruggeri, Costantino; Bologneser Kleriker 239
Ruspoli, Alessandro; römischer Adliger 227
Ruspoli, Francesco Maria (Marescotti Capizucchi); römischer Adliger 226–228
Ruspoli, Francesco Maria; römischer Adliger 228, 230

Saccarelli, Antonio; römischer Postulator 96
Sacconi-Contrari, Carlo; Kardinal 161
Saggio, Nicola; *siehe*: Nicola Saggio

Salvador alias Esperandeu, Juan; spanischer Häretiker 159
Sandomir 280
Sant' Agata dei Goti 287, 319, 321f., 411
Santa Fé di Bogotá 254
Santiago de Chile 270, 297
Sapieha, Léon; polnischer Kanzler 150
Sarkander, Jan; *siehe*: Jan Sarkander
Sarkander, Nikolaus; mährischer Pfarrer 172
Sarpi, Paolo; venezianischer Staatstheologe 111
Sassi, Gaetano; österreichischer Botschaftsattaché 183, 185f.
Saurau, Franz Josef Graf von; österreichischer Kanzler 180f.
Scala 319
Scarselli, Flaminio; Bologner Historiker 242f., 245
Schiantarelli, Natalina; *siehe*: Maria Luisa di S. Giuseppe
Schrattenbach, Wolfgang von; Fürstbischof von Olmütz und Kardinal 173f.
Schwarzenberg, Friedrich Fürst zu; Erzbischof von Prag und Kardinal 192
Segovia 261
Sembratovych, Iosyf; ruthenischer Bischof 151f., 156
Serafino da Montegranaro *oder* da Ascoli; Heiliger des Kapuzinerordens 108, 110, 126, 404
Serra Cassano, Francesco; Kardinal 333
Sevilla 198f., 205
Siemaszko, Iosyf; unierter Bischof 142
Siena 321
Simon de Rojas; Seliger der Trinitarier 345, 441
Siracusa 284
Sixtus IV.; Papst 68
Sixtus V.; Papst 70
Skarga, Piotr; Jesuitenpater 277
Skotschau 171
Smotryckyj, Meletij; Erzbischof 140
Solferino 195
Somaglia, Giulio Maria della; Kardinal 245, 279, 281, 289f., 317, 433
Somerau-Beeckh, Maximilian Joseph Freiherr von; Fürsterzbischof von Olmütz 188–191
Sora 417
Sottovia, Giovanni; Kongregationsadvokat 368

Spinola di Locoli, Giacomo; genuesischer Adliger 220
Spinola di Locoli, Mario; genuesischer Adliger 220
Spinola di Locoli, Stefano; genuesischer Adliger 220
Spinola di Tassarolo, Filippo; genuesischer Adliger 223
Spinola, Aloisio; Jesuit 221
Spinola, Antonio; genuesischer Adliger 222
Spinola, Carlo; *siehe*: Carlo Spinola
Spinola, Filippo; Kardinal 218
Spinola, Francesco Paolo; genuesischer Adliger 223
Spinola, Francesco; genuesischer Adliger 222
Spinola, Giovanni Battista; Kardinal 222
Spinola, Giovanni Domenico; Kardinal 220
Spinola, Giulio; Kardinal 221
Spinola, Ottavio; genuesischer Adliger 221
Spinola, Ugo Pietro; Kardinal 222
Spinola, Vincenzo; genuesischer Adliger 222
Spoleto 294, 307, 434, 458
St. Helena 297
St. Petersburg 149, 280
St. Pölten 196
Stephan der Heilige; König v. Ungarn 217
Strambi, Vincenzo Maria; Generalpostulator der Passionisten 415
Stuart, Henry Benedict; *siehe*: Henry Benedict Stuart
Szatmár 266

Tagliapetra, Contessa; venezianische Selige 126
Tamburini, Fortunato; Präfekt der Ritenkongregation und Kardinal 215
Taranto 285, 399, 461
Tarozzi, Raimondo; römischer Arzt 434
Tarragona 254
Taubaté 165
Taxil, Léon (Gabriel Jogand-Pagés); französischer Publizist 166, 169
Tencin, Pierre Guérin de; Kardinal 97–99, 101 251, 253
Theiner, Augustinus; Oratorianer 152f.
Thomas von Aquin; Kirchenlehrer 374
Thomás, Caterina; *siehe*: Caterina Thomás
Tientsin (China) 364
Tivoli 199

Tizzani, Vincenzo; Bischof und Konzilsbeobachter 302
Tlaxcala 488
Tolentino 312
Tomasi e La Réstia, Carlo; sizilianischer Theatiner 211
Tomasi, Giulio Maria; Herzog von Palma Fürst von Lampedusa 211, 234
Tomasi, Giuseppe Maria; *siehe*: Giuseppe Maria Tomasi
Tomasi, Isabella; *siehe*: Maria Crocifissa Tomasi
Tommaso da Cori; Seliger des Franziskanerordens 402
Tonkin 350f., 354–386
Torcello 116
Torquemada, Tomás de; Generalinquisitor 157
Toscani, Teodoro; Basilianermönch 142f.
Toulouse 333f., 336f., 341–343
Treviso 117
Trient 126, 374
Troppau 172, 185, 276
Troyer, Ferdinand Julius von; Fürstbischof von Olmütz 174f., 178f., 449
Trujilo 270
Tschampa 208
Tschenstochau 172
Tucuman 270
Turin 96, 164
Tuy, Petrus; *siehe*: Petrus Tuy

Ugolini, Giuseppe; Kardinal 341, 474–477
Ulrich von Augsburg; Bischof und Heiliger 65
Urban VIII.; Papst 70f., 74, 78, 91, 140, 153, 305, 362, 366, 372, 375, 390

Valdipietra 241
Valence 317, 321
Valencia 90, 157, 261
Valenti, Ludovico; Promotor fidei, dann Kardinal 97, 214, 379

Valero y Algora, Angel; spanischer Adliger 231
Valero y Lafiguera Graf von Torreflorida, Angel; spanischer Adliger 231
Valero, Policarpo; spanischer Adliger 231
Vanvitelli, Luigi; Architekt 469
Venedig 107, 110–128, 307, 413, 436, 439f., 442, 492, 496
Vernò, Benedetto; General der Hospitalbrüder 202, 204
Verona 119, 410
Veronica Giuliani; Mystikerin und Heilige 476
Vieira, Sebastiano; Jesuitenprokurator 219
Vignanello 224
Vigri, Caterina; *siehe*: Caterina Vigri
Vinzenz von Paul; Ordensgründer und Heiliger 101–103, 404, 422
Vitebsk 139f., 147, 277
Viterbo 224, 227, 229, 402, 418
Voltaire (François-Marie Arouet); französischer Schriftsteller 253

Warschau 149
Wied, Hermann; *siehe*: Hermann Graf zu Wied
Wien 173, 175, 180, 183f., 188f., 191, 195, 197, 327, 497
Wieser, Johannes; deutscher Jesuit 308
Wilna 139, 277f.
Wiseman, Nicholas; Kardinal 346
Wolodymyr 139

York, Henry Benedict of; *siehe*: Henry Benedict Stuart

Zara 117
Zaragoza 156–160, 231, 265
Zauli, Vincenzo; Jesuitenpostulator 279
Zdounek 172, 276
Zürich 195